濉溪大桥

跨浦建大桥

施工中的九龙溪大桥

T 梁架设

路基及路堑绿化

路基骨架护坡

成型的路基及涵洞

均口会让站

武调隧道及金溪隧道出口

峰果岭隧道贯通

隧道多功能拱架安装机作业

无砟轨道精调

冠豸山站站改施工

站改施工切割钢轨

建宁南站

冠豸山站

站内洗漱池

宁家弃渣场

综合辅助生产基地

钢结构加工厂

建宁南站梁场及铺轨基地

邓家牵引变电所

浦城至梅州铁路建宁至冠豸山段
工程总结

中国铁路南昌局集团有限公司浦梅铁路工程建设指挥部　等编著

中国铁道出版社有限公司

2023年·北 京

内 容 简 介

本书从建设管理、勘察设计、工程施工以及科技创新等角度全方位归纳总结了浦城至梅州铁路建宁至冠豸山段建设过程中的成果。即在利用 BIM 技术对悬臂浇筑连续梁深化设计技术、铁路沿线绿色通道建设、地域文化特色与智能技术融合车站设计技术、隧道洞口危岩落石防控管理技术、隧道二次衬砌质量管控技术、调度集中系统中心站集中控制技术、牵引变电所无人值守技术等方面。

本书可供从事铁路工程建设管理、设计施工人员及相关专业的工程技术人员参考使用。

图书在版编目（CIP）数据

浦城至梅州铁路建宁至冠豸山段工程总结/中国铁路南昌局集团有限公司浦梅铁路工程建设指挥部等编著. —北京：中国铁道出版社有限公司，2023.4

ISBN 978-7-113-30011-1

Ⅰ.①浦… Ⅱ.①中… Ⅲ.①铁路工程-总结-南昌 Ⅳ.①U21

中国国家版本馆 CIP 数据核字(2023)第 043279 号

书　　名：**浦城至梅州铁路建宁至冠豸山段工程总结**

作　　者：中国铁路南昌局集团有限公司浦梅铁路工程建设指挥部　等

责任编辑：李露露　　　　**编辑部电话**：(010)51873240　　　　**电子邮箱**：790970739@qq.com

封面设计：尚明龙

责任校对：苗　丹

责任印制：高春晓

出版发行：中国铁道出版社有限公司(100054,北京市西城区右安门西街 8 号)

网　　址：http://www.tdpress.com

印　　刷：北京铭成印刷有限公司

版　　次：2023 年 4 月第 1 版　2023 年 4 月第 1 次印刷

开　　本：880 mm×1 230 mm 1/16　**印张**：44.75　**插页**：6　**字数**：1 334 千

书　　号：ISBN 978-7-113-30011-1

定　　价：500.00 元

编委会名单

郭仲林　李生海　张继忠　程宝松　刘昌青　刘兴国　何生龙
何小龙　李声作　范起楼　邱伟文　陈良锋　钟文锋　李　钰
邱荣文　陶　涛　龙　君　张洪波　黄满元　颜志坚　王智勇
刘雨萌　戴　轶　徐　剑　苗天雨　上官凌飞

参 编 单 位：中国铁路南昌局集团有限公司
　　　　　　中国铁路南昌局集团有限公司浦梅铁路工程建设指挥部
　　　　　　中国铁路设计集团有限公司
　　　　　　中铁二院工程集团有限责任公司
　　　　　　武汉铁四院工程咨询有限公司
　　　　　　中铁十一局集团有限公司
　　　　　　中铁十七局集团有限公司
　　　　　　中铁五局集团有限公司
　　　　　　中铁二局集团有限公司
　　　　　　中铁武汉电气化局集团有限公司
　　　　　　通号工程局集团有限公司
　　　　　　中铁二十四局集团有限公司
　　　　　　西安铁一院工程咨询监理有限责任公司
　　　　　　南昌华路建设咨询监理有限公司
　　　　　　中国华西工程设计建设有限公司
　　　　　　北京现代通号工程咨询有限公司
　　　　　　西南交通大学

前言

新建浦城至梅州铁路位于沪昆通道、京广通道和沿海通道构成的三角形地带中部,是粤东北部、厦漳泉地区与长三角地区间的新通路,在提升东南地区路网整体质量和水平的同时,进一步服务于国家"一带一路"倡议的实施。

浦梅铁路建宁至冠豸山段位于福建省西北部,正线全长约 162 km,设计时速 160 km,途经建宁、宁化、清流、连城四个行政县,沿线青山绿水、蓝天白云、风景优美,设计中积极贯彻"绿水青山就是金山银山"理念,坚持在绿色中绘制蓝图,在蓝图中播撒绿色,形成了铁路线路与自然环境交相呼应的唯美画卷。该段铁路的建成通车,将福建西北部山区市县有机地连接起来,是福建省"三纵六横"铁路网的重要组成部分。

浦梅铁路建宁至冠豸山段地处闽赣两省交界武夷山中脉鞍部,沿线以低山丘陵为主,地质构造复杂,地层岩性多变,是典型的山区单线铁路,桥隧占比约 55%;同时线路多处临近既有昌福铁路、赣龙铁路等,施工风险极高。沿线控制性和重难点工程包括武调隧道、武调1号隧道、莲花山隧道、峰果岭隧道、岐山隧道、濂溪大桥、跨浦建高速大桥、九龙溪大桥、吉龙河大桥等。在此背景下,参建各方联合攻关,迎难而上,群策群力,众志成城,经过近五年的艰辛建设实现按期通车。

本书从管理、设计、施工等角度全方位整理总结浦梅铁路建宁至冠豸山段建设过程中的创新技术及管理成果,并提出了相应的经验体会和问题探讨。主要的创新成果体现在利用BIM 技术对悬臂浇筑连续梁深化设计及应用、铁路沿线绿色通道建设及应用、地域文化特色与智能技术融合设计在车站的应用、隧道洞口危岩落石防控管理、二次衬砌质量管控、调度集中系统中心站集中控制技术及应用、牵引变电所无人值守技术及应用等方面,希望本书形成的技术成果可为同行提供参考和借鉴。

书中参考或引用了国内外专著、论文、规范的部分研究成果和工程资料,同时编写过程中也得到许多同行专家的大力支持,在此向其作者及相关人士表示感谢。

鉴于编写人员认知水平及经验的局限,书中疏漏不妥之处在所难免,敬请读者批评指正!

编 著 者

2022 年 10 月

目录

第三篇　勘察设计

第四篇　工程施工

第五篇　科研与技术创新

第一篇

综　述

第一章 概 述

第一节 建设目的和意义

一、建设目的

新建浦城至梅州铁路建宁至冠豸山段位于福建西北部,线路起自向莆铁路建宁县北站,终至赣瑞龙铁路冠豸山南站,途经建宁、宁化、清流、连城等四个行政县,在宁化、清流与兴泉铁路共线相交。正线全长162.403 km,另新建斗埕疏解线长度 5.341 km、陈坡疏解线长度 5.542 km。其中建化段起点为建宁县北站 11 号道岔尖轨尖,终点为宁化站 14 号道岔尖轨尖;清连段起点为清流站 5 号道岔尖轨尖,终点为冠豸山南站(原冠豸山、朋口)3 号道岔尖轨尖;宁化至清流段约 12.1 km 线路与新建兴国至泉州铁路共线,纳入兴泉铁路建设并以兴国至泉州线作为贯通里程,不纳入本工程。

新建浦梅铁路建宁至冠豸山段是完善海西铁路网的重要项目,填补了闽西北部山区铁路空白,将福建西北部山区市县有机地连接起来,不仅是福建省"三纵六横"铁路网的重要组成部分,而且与龙厦、温福—福厦、合福、南三龙、宁衢等线形成福建省境内的环线铁路,为福建省内铁路客货交流提供了多重保障。

二、修建意义

浦梅铁路的建设是加快海西经济区建设,促进沿线经济社会发展的需要;是优化完善东南地区路网布局,加强海西经济区与长三角、珠三角、中西部地区间的交通联系,促进区域合作的需要;是强化福建"一带一路"核心区地位的需要;是打造"生态旅游""红色旅游",促进沿线旅游资源开发建设的需要;是加强对台经济合作,促进祖国和平统一大业战略部署顺利实施的需要;是适应我国能源政策,贯彻可持续发展战略的必然选择。

1. 在国民经济中的意义和作用

(1)有利于填补路网空白、促进福建西北部开发、带动沿线经济发展

福建西北部地区矿产资源丰富。同时沿线经济林、竹林、种苗和花卉、森林食品和药材等资源也十分丰富。由于受交通运输条件制约,各类资源开发程度较低,建宁至冠豸山段建设前,宁化、清流等县路网空白,大部分原材料和产品通过公路外运至福建沿海、长三角和珠三角地区。

国务院《关于支持福建省加快建设海峡西岸经济区的若干意见》中提出,"立足资源优势和市场需求,大力扶持特色产业发展,提高农产品和特色资源深加工水平",因此,沿线交通运输条件亟须改善,以适应经济区的建设。本项目的建设为沿线资源的开发和外运提供了一条大能力的外运通道,有利于吸引企业投资,加快资源开发建设步伐,进而带动区域经济发展。

(2)有利于促进国家"一带一路"倡议的实施

厦漳泉地区是福建省乃至全国最为活跃的地区之一,是"一带一路"倡议核心区的重要载体,该倡议的实施,将充分发挥该区域向我国中西部地区的辐射带动作用。浦梅铁路建宁至冠豸山段与赣龙铁路、龙厦铁路、向莆铁路一起构成了闽西地区及厦漳泉地区通往中西部地区的最便捷的客货运输通路。

(3)有利于沿线旅游资源的开发,促进沿线经济发展

项目沿线是我国最著名和重要的旅游地带之一,旅游景区主要有世界自然遗产和文化遗产——武夷山风景区、泰宁世界地质公园、宁化天鹅洞群国家地质公园、连城冠豸山国家 4A 级重点风景区、建宁闽江源等风景名胜区,这些生态景区目前已成为长三角、珠三角和中南地区城市居民周末休闲和旅游度假的

"后花园";另外,沿线有多处客家人的聚居地,其中梅州被誉为世界客都,宁化是客家人的祖籍地,素有"客家祖地"和"客家摇篮"之称,沿线还有世界文化遗产上杭土楼与永定土楼等,浦梅铁路的建设有利于形成"客家文化长廊"。本项目的建设将沿线的各旅游景点连成一线,改变了沿线综合运输条件,为打造多系列、深度开发的旅游精品线路提供了一条重要的客运通路。

2. 在路网中的意义和作用

东南沿海地区是我国经济发展最有活力和最具潜力的地区之一。从路网布局看,浦梅铁路位于沪昆通道、京广通道和沿海通道构成的三角形地带的中部,构成了粤东北部、厦漳泉地区与长三角地区间的新通路,不仅加强了通道间联系,而且也增强了路网的机动灵活性,提升了东南地区路网的整体质量和水平。

第二节　建设项目总体目标

在确保安全和质量的前提下,加强组织领导和协调配合,加强质量管理,强化施工安全,注重技术创新,全面推行项目标准化管理,落实"六位一体"管理要求,稳步推进重点隧道、桥梁施工进程,"见缝插针"地组织好站后工程的施工任务,衔接好站前工程和站后工程接口关系,科学有序地推进项目建设,全面落实各项管理目标。

一、设计运量

新建浦城至梅州铁路建宁至冠豸山段分为建化线和清冠线。

建化线:初期(2025年)客车6对,货运上行227万t,下行440万t;近期(2030年)客车10对,货运上行521万t,下行764万t;远期(2040年)客车12对,货运上行755万t,下行1056万t。

清冠线:初期(2025年)客车5对,货运上行215万t、下行477万t;近期(2030年)客车9对,货运上行505万t,下行801万t;远期(2040年)客车11对,货运上行732万t,下行1097万t。

二、项目总体安排

浦梅铁路工程总工期计划为54个月,2016年年底开工,2021年5月建成投产。

施工准备于2016年12月开始,按3个月计划(2016年12月1日~2016年2月28日);路基工程按19个月计划(2016年12月1日~2018年6月30日);桥涵下部和连续梁以及涵洞施工按25个月计划(2016年12月1日~2018年12月31日);隧道工程(含无砟轨道)按44个月计划(2016年12月1日~2020年7月31日);铺轨从建宁往冠豸山方向,架梁从建宁往宁化及连城往清流方向,利用建宁南铺架基地和连城制架梁基地,采用换铺法,铺轨机铺设、架桥机架梁,铺架工期安排15.5个月(2019年9月1日~2020年12月16日);站后"四电"工程安排24个月(2019年3月1日~2021年2月28日);竣工验收(含系统调试、试运行)3个月(2021年3月1日至2021年5月31日)。

三、质量和安全目标

质量目标:全部工程质量达到国家、中国国家铁路集团有限公司(以下简称"国铁集团")现行的工程质量验收标准,满足设计要求,单位工程一次验收合格率100%;无质量较大及以上事故;正线开通速度达到160 km/h,全线一次开通成功;竣工文件真实可靠,规范齐全。

安全目标:"两杜绝、四消灭、一创建"。

两杜绝:杜绝较大及以上等级生产安全事故;杜绝一般B类及以上等级铁路交通事故。

四消灭:消灭重大职工死亡事故,消灭重大机械设备事故,消灭重大火灾事故,消灭重大爆炸事故。

一创建:创建安全文明标准工地。

四、施工总工期

浦梅铁路工程总工期计划为54个月,2016年年底开工,2021年5月建成投产。

节点目标：

★第一个节点目标：2016年12月，浦梅铁路全线开工；

★第二个节点目标：2018年12月，除控制和重点工程外，其余线下工程基本建成；

★第三个节点目标：2019年9月，铺架工程开始，由建宁南向建宁北方向铺轨架梁；

★第四个节点目标：2020年1月，全线隧道贯通；无砟轨道2020年7月完成；

★第五个节点目标：2020年12月，完成全线铺轨；

★第六个节点目标：2021年2月，"四电"工程；

★第七个节点目标：2021年5月，完成初验工作，为投产运营做好各项准备工作。

第三节　建设程序与决策

一、项目立项及可研批复

2015年11月30日，中国铁路总公司、福建省人民政府联合向国家发展改革委发出《关于报送浦城至梅州铁路建宁至冠豸山段可行性研究报告的函》（铁总计统函〔2015〕1347号）。

2016年1月15日，国家发展改革委下发《关于新建浦城至梅州铁路建宁至冠豸山段可行性研究报告的批复》（发改基础〔2016〕89号）。

2016年1月24日，中国铁路总公司下发《关于新建浦城至梅州铁路建宁至冠豸山段先期开工段站前工程初步设计的批复》（铁总鉴函〔2016〕62号）。

二、初步设计

2016年8月30日，中国铁路总公司、福建省人民政府联合下发《关于新建浦城至梅州铁路建宁至冠豸山段初步设计的批复》（铁总鉴函〔2016〕666号），初步设计概算总额按1 065 796万元控制。

2018年11月29日，中国铁路总公司下发《关于新建浦城至梅州铁路建宁至冠豸山段建宁南站等4座车站站房、雨棚及相关工程修改初步设计的批复》（铁总鉴函〔2018〕834号），初步设计概算总额调增687万元。

2016年8月17日，福建省水利厅下发《关于新建浦梅铁路建宁至冠豸山段水土保持方案变更的批复》（闽水水保〔2016〕107号）。

2017年7月27日，国土资源部下发《关于新建浦城至梅州铁路建宁至冠豸山段（龙岩市境内）工程建设用地的批复》（国土资函〔2017〕504号）。

2017年11月22日，国土资源部下发《关于新建浦城至梅州铁路建宁至冠豸山段（三明市境内）工程建设用地的批复》（国土资函〔2017〕711号）。

三、招投标

先期开工段站前工程施工标，划分为1个标段，标段名称PMXQ-1标段，采用公开招标方式，于2016年4月12日在江西省南昌公共资源交易中心开标、评标；中标单位为中铁二局股份有限公司，中标价28 279 533元。先期开工段站前工程监理标，划分为1个标段，标段名称PMXQJL-1标段，采用公开招标方式，于2016年4月20日在江西省南昌公共资源交易中心开标、评标；中标单位为西安铁一院工程咨询监理有限责任公司，中标价249 900元。

全线站前工程（不含已招标的先期开工段站前工程，不含全线四电工程、房建、给排水（隧道消防给水除外）、站台面铺装、站台雨棚、地道装饰及附属），分PM-2标段、PM-3标段、PM-4标段、PM-5标段共4个标段，采用公开招标方式，于2016年11月15日在江西省南昌公共资源交易中心开标，11月15日～11月17日评标。中标单位：PM-2标段，中铁十一局集团有限公司，中标价1 469 884 397元；PM-3标段，中铁十七局集团有限公司,中标价 1 615 480 318 元;PM-4 标段,中铁五局集团有限公司,中标价 1 131 917 414
元;PM-5 标段,中铁二局工程有限公司,中标价 1 499 779 329 元。

全线站前(不含已招标的先期开工段站前工程)、站后工程施工监理,分 PMJL-2 标段、PMJL-3 标段、
PMJL-4 标段、PMJL-5 标段共 4 个标段,采用公开招标方式,于 2016 年 11 月 15 日在江西省南昌公共资
源交易中心开标,11 月 15 日～11 月 17 日评标。中标单位:PMJL-2 标段,南昌华路建设咨询监理有限公
司,中标价 18 663 176 元;PMJL-3 标段,中国华西工程设计建设有限公司,中标价 13 092 800 元;PMJL-4
标段,北京现代通号工程咨询有限公司,中标价 9 319 500 元;PMJL-5 标段,西安铁一院工程咨询监理有
限责任公司,中标价 17 394 087 元。

全线四电系统集成及相关工程施工标,划分为 1 个施工标,标段名称 PM-6 标段,采用公开招标方式,
于 2019 年 9 月 3 日在江西省南昌公共资源交易中心开标,9 月 3 日至 9 月 4 日评标。中标单位:中铁武汉
电气化局集团有限公司与通号工程局集团有限公司联合体,中标价 543 294 629 元。

站房、生产生活房屋及相关工程,分 PM-7 标段、PM-8 标段共 2 个标段,采用公开招标方式,于 2020
年 5 月 8 日在江西省南昌公共资源交易中心开标、评标。中标单位:PM-7 标段,中铁五局集团有限公司,
中标价 14 673.069 6 万元;PM-8 标段,中铁二十四局集团有限公司,中标价 15 970.662 9 万元。

四、项目开工

先期工程于 2016 年 4 月开工建设,全线工程于 2016 年 12 月开工建设。

第二章 工 程 概 况

第一节 主要自然特征和地质概况

一、自然特征

浦城至梅州铁路建宁至冠豸山段处于闽赣两省交界武夷山中脉鞍部,属强切割的中低山,山脉展布整体呈北东、北北东向,地形北高南低,地面高程多在 300~1 100 m,区域内最高点为建宁白石顶,海拔1 857.3 m。沿线山体自然坡度一般 20°~60°;线路通过地段地貌上可分为山间盆地、丘陵、中低山、低山四种,全线地貌上以低山丘陵为主。

二、气象特征

气候属中亚热带季风气候区,因属闽西北高寒地带,气候不稳定,冷热变化异常,冬季有短期霜冻和降雪,对铁路工程影响的气候分区属于温暖地区。

区内各地的年平均气温随海拔高度不同而有差异,600 m 以下地区 16 ℃~17 ℃,600~800 m 地区14 ℃~15 ℃,800 m 以上地区低于 14 ℃,各地极端最高气温 39.9 ℃,最低气温−9.6 ℃,无霜期约 240 d,雨季和旱季界限明显,2~4 月为春雨季,连阴小雨天数多,5~6 月梅雨季雨量多,强度大,7~9 月为台风雷阵雨,10 月~次年 1 月为旱季,年降雨量约 1 800 mm。累年平均降雪天数 6.5 d,最大雪深 29 cm。累年平均风速 1.7 m/s,极端风速为 32 m/s;宁化平均雷暴天数 78 d,最多 111 d,各地气象要素见表 1-2-1。

表 1-2-1　沿线各地气象要素表

地名	历年年平均气温(℃)	历年极端最高气温(℃)	历年极端最低气温(℃)	历年最冷月平均气温(℃)	历年年平均降雨量(mm)	历年年平均蒸发量(mm)	历年平均相对湿度	累年平均风速(m/s)	历年最大风速(m/s)	主导风向	大风最多日数(d)	最大积雪深度(mm)
建宁	16.8	39.9	−9.6	6.7	1 762.4	887.2	84	1.7	2.0	C,NE	16	29
宁化	17.1	38.3	−3.5	2.3	1 783.7		81		3.7	WNW	10.3	20
清流	18.1	38.2	−2.5	3.6	1 851.1		79		2.8	C,ESE		
连城	18.6	38.5	−4.5	5.6	1 753.4					C,W		

三、地震动参数区划

根据《中国地震动参数区划图》(GB 18306—2015),结合沿线地质条件分析,建宁至冠豸山段地震动峰值加速度为 0.05g(相当于地震基本烈度六度),反应谱特征周期 0.35 s,分区为三区。

四、地层岩性

沿线地层属华南地层区四明山至武夷山地层分区的邵武小区,地层发育较全,除早第三系、志留系、早泥盆系缺失外,从新生界至太古界均有出露。沿线上覆第四系全新统(Qh)冲洪积、坡洪积、坡残积黏土、粉质黏土、卵砾石土、碎块石土及更新统(Qp)冲洪积粉质黏土、砂土、圆砾土、卵石土、漂石土等,一般厚2~8 m,花岗岩及变质岩区坡残积土局部达 10~30 m;下伏基岩包括沉积岩、变质岩、侵入岩三大岩类,主要为白垩系(K)、侏罗系(J)、二叠系(P)、石炭系(C)、泥盆系(D)、寒武系(∈)、震旦系(Z)地层及燕山期、华力西—印支期、加里东期侵入岩。沉积岩以砂岩、钙质粉砂岩、砾岩、砂砾岩、泥岩、页岩等碎屑岩为主,局部分布有碳酸盐岩,除白垩系、泥盆系外,其他沉积岩地层均含有煤层或煤线;寒武系变质岩以变质砂岩、板岩、千枚岩为主;太古界、上元古界变质岩以黑云斜长变粒岩为主;侵入岩(γ)主要为黑云母花岗岩、黑云母二长花岗岩、片麻状黑云母花岗岩,局部存在辉绿岩脉、石英岩脉。

五、地质构造

浦梅线位于欧亚板块的东南部,大地构造属华南褶皱系的武夷岛海褶带,由闽西北隆起带、闽西南拗陷带两个构造单元组成,主要由东西向构造体系、华夏系、新华夏体系控制。东西向构造体系主要表现为一组走向东西的压扭性断裂和褶皱。华夏系由北东向的褶皱、压扭性断裂及与其大致呈直角相交,走向北西的张扭性断裂组成。新华夏系表现为一组走向近于南北而逐渐向北东方向偏转的压扭性断裂、挤压带,长轴呈北北东向的大型花岗岩侵入体。这三个构造体系由于出现的先后各不相同,新老构造形迹之间产生限制、迁就、利用和改造,出现明显的构造复合现象。地质构造图如图1-2-1所示。

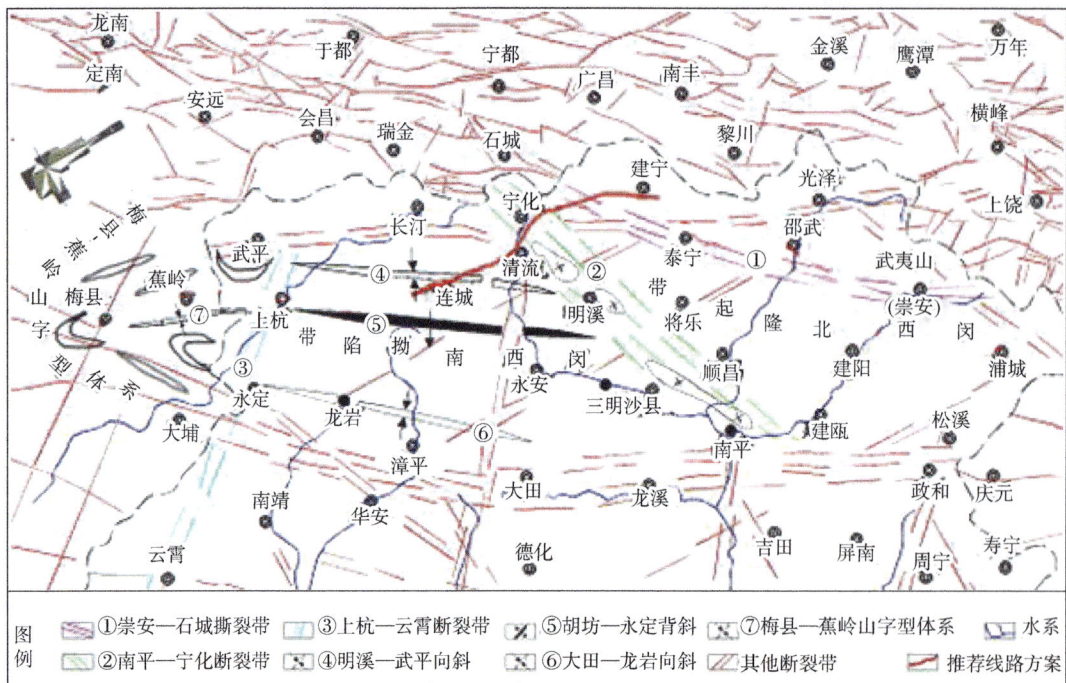

图 1-2-1　区域地质构造图

自晚元古代开始有地层记录,志留纪开始岩浆侵入,盖层主要为中生代地层,经历了裂陷海、陆内—陆表海及濒太平洋边缘活动带的地质环境演变。断裂以北东、北北东向为主,东西向次之,推覆构造较多,褶皱样式多样,可分为五台、晋宁期、震旦—加里东期、燕山期和喜马拉雅山期五个构造旋回。

六、水文地质

1. 地表水

沿线水系以山溪型外流河流为主体,湖泊较少,河系发育受地质构造体系控制,多呈格子状,主要有闽江、九龙江两个水系。经过的河流主要有黄溪、滩溪、宁溪、翠江、九龙溪等。河水化学类型以重碳酸盐类为主,径流含沙量一般不大,天然水质较好。

2. 地下水

根据地下水赋存条件、水力特征及水理性质,区内地下水主要有松散岩类孔隙水、碎屑岩类孔隙裂隙水、花岗岩裂隙水及碳酸盐岩类裂隙溶洞水四大类型。松散岩类孔隙水主要有冲洪积层孔隙水和坡残积层孔隙裂隙水两种,主要分布于区内河谷盆地及河流Ⅰ级阶地和丘陵地带及低山山前地带。地下水主要接受大气降水补给,径流途径短,没有明显的补、径、排分区,水位的起落较为频繁和迅速。碎屑岩类孔隙裂隙水富水性各异,水量贫乏~中等,局部丰富,地下水接受大气降水补给,由四周山区向河谷、洼地汇集,多以散流的形式向低洼处排泄。花岗岩裂隙水赋存于岩石的风化裂隙,构造裂隙中,以裂隙潜水为主,局部为承压水,一般水量贫乏,仅在构造破碎带水量较大。碳酸盐岩类裂岩溶水主要赋存于灰岩的裂隙溶洞中,具有承压水性质,水量中等~丰富,地下水主要接受大气降水补给,部分为上覆第四系孔隙水的越流补给。

第二节 主要技术标准

浦城至梅州铁路建宁至冠豸山段全线新建正线长度161.527 km,运营长度175.047 km。中国铁路设计集团有限公司(简称"中国铁设")为本项目全线的总体设计单位,其中,中国铁设负责建宁至宁化(不含)段的具体设计工作,中铁二院工程集团有限责任公司(简称"中铁二院")负责清流(不含)至冠豸山段具体设计工作。全线设建宁县北(接轨站)、建宁南、黄岭、均口、黄沙潭、水茜、何屋、宁化(纳入兴泉铁路项目)、清流(纳入兴泉铁路项目)、严坊、田源、邓家、杨源、连城、文亨、冠豸山(接轨站)16座车站。主要技术标准如下:

(1)铁路等级:Ⅰ级;
(2)正线数目:单线;
(3)设计速度:160 km/h;
(4)最小曲线半径:一般2 000 m,困难1 600 m;
(5)牵引种类:电力;
(6)限制坡度:13‰,本段按9‰控制设计;
(7)机车类型:客运HXD_3,货运HXD_5;
(8)牵引重量:4 000 t;
(9)到发线有效长:850 m;
(10)闭塞类型:自动站间闭塞。

第三节 主要工程特点和工程数量

一、工程特点

浦梅铁路工程量较大,工程艰巨,地形复杂,桥隧工点多,路基支挡工程量大。全线重点路基工程有浸水路堤、顺层路堑、深路堑等;重点桥梁工程有濉溪大桥、跨浦建高速大桥、九龙溪大桥等;重点隧道工程有莲花山隧道、峰果岭隧道、岐山隧道、武调与武调1号隧道等。

二、工程数量

1. 路基
(1)路基长度
建宁县北站(含)至宁化站(不含)段新建正线长度79.346 km,路基工程总长38.907 km,占线路总长度的49.03%;区间路基工程总长30.933 km,占线路总长度的39.06%。宁化(不含)—冠豸山段新建正线长度82.181 km,路基工程总长35.85 km,占线路总长度的43.62%;区间路基工程总长28.085 km,占线路总长度的34.17%。

建宁县北站疏解线线路长度5.341 km。路基工程总长1.103 km,占线路总长度的20.65%。

冠豸山站联络线线路长度 6.499 km。路基工程总长 1.649 km,占线路总长度的 25.37%。

(2)路基工点类型

路基工点类型主要有路堤坡面防护、高路堤、浸水路堤、路堑坡面防护及深路堑、顺层路堑、地下水路堑、膨胀土(岩)地段路基、陡坡路基、崩塌、落石地段路基、软土及松软土地基路堤等。

(3)土方数量及公里指标

建宁县北站至宁化站段正线区间路基土石方总量 1 052.06×10⁴ m³,平均每千米 32.77×10⁴ m³;其中填方总量 342.98×10⁴ m³,挖方总量 709.08×10⁴ m³。

宁化站至冠豸山站段正线区间路基土石方总量 650.99×10⁴ m³,平均每千米 21.89×10⁴ m³;其中填方总量 166.13×10⁴ m³,挖方总量 484.86×10⁴ m³。

2. 桥涵

(1)建宁至宁化段

建宁至宁化段正线线路长度 79.346 km,单线桥梁共 59 座/13.747 km、双线桥共 3 座/0.560 km、三线桥共 1 座/0.396 km,占正线线路总长的 18.53%;正线涵洞 215 座,平均 5.43 座/千米路基。疏解线线路长度 5.341 km,单线桥梁共 5 座/1.233 km,占正线线路总长的 23.09%,涵洞 2 座,平均 1.82 座/千米路基。桥涵分布见表 1-2-2。

(2)宁化至冠豸山段

宁化至冠豸山段位于闽西北地区,线路在宁化、清流与吉永泉并站后,从清流车站引出向南经田源、邓家、灵地、连城、文亨最后引入赣龙线冠豸山车站。本段新建线路长度为 88.68 km(含冠豸山有联络线),共有各类桥梁 72 座,20.607 km,桥梁占线路的比例约为 23.2%。其中单线特大桥 9 座—8 099.68 延长米;单线大桥 42 座—10 590.73 延长米;单线中桥 19 座—1 685.3 延长米;双线大桥 1 座—139.8 延长米;双线中桥 1 座—91.1 延长米;框架桥 6 座—1 141.6 m²,涵洞 183 座—5 016.9 横延米,地道 1 座—593.9 m²,公路桥 2 座—924 m²。桥涵分布见表 1-2-3。

表 1-2-2　建宁至宁化段桥涵分布表

序号	项　目		正　线			建宁疏解线		
			座　数	长　度 (m)	面　积 (m²)	座　数	长　度 (m)	面　积 (m²)
1	特大桥	双线						
		单线	3	1 821.9				
2	大桥	三线	1	396.36				
		双线	2	480.70				
		单线	45	10 910.76		5	1 232.68	
3	中桥	双线	1	79.73				
		单线	11	1 014.5				
4	框构	新建	6		2 129.07			
		接长				1		190.84
5	地道	新建	1		423.4			
		接长						
6	涵洞	框架涵	104	2 641				
		盖板涵	111	6 550		2	14.72	
7	渡槽		1	96				
8	公路桥		3		1 277.64			

表 1-2-3　宁化至冠豸山段桥涵分布表

全线桥梁(新建)			
类 别	项 目	单 位	数 量
单线	特大桥(特殊)	座—延长米	2—2 949.05
	大桥(特殊)	座—延长米	3—798.8
	特大桥(普通)	座—延长米	7—5 150.63
	大桥(普通)	座—延长米	39—9 791.93
	中桥(普通)	座—延长米	19—1 685.3
双线	大桥(普通)	座—延长米	1—139.8
	中桥(普通)	座—延长米	1—91.1
桥梁合计		座—延长米	72—20 606.61
本线其他工程			
框架桥		座—m²	6—1 141.6
涵渠		座—横延米	183—5 016.9
地道		座—m²	1—593.9(含出入口)
公路桥		座—m²	2—924

3. 隧道

(1)建宁至宁化段

本段正线新建隧道 22 座,建宁上行疏解线新建隧道 4 座,均为单线隧道。其中正线隧道全长 25 734.96 m,建宁疏解线隧道长 3 004.95 m。其中正线线隧比:31.9%,建宁疏解线线隧比:57.9%。新建最长隧道为莲花山隧道,长 10 500 m,位于正线上。新建隧道工程简表详见表 1-2-4 和表 1-2-5。

表 1-2-4　正线新建隧道工程表

隧道长度	隧道座数	隧道长度(m)	附 注
$L \leqslant 1$ km	16	6 406.9	单线
1 km$<L\leqslant$2 km	4	5 521.06	单线
3 km$<L\leqslant$4 km	1	3 307	单线
$L>3$ km	1	10 500	单线
合 计	22	25 734.96	单线

表 1-2-5　疏解线新建隧道工程表

隧道长度	隧道座数	隧道长度(m)	附 注
$L \leqslant 1$ km	2	813.70	单线
1 km$<L\leqslant$2 km	2	2 191.25	单线
合 计	4	3 004.95	单线

(2)宁化至冠豸山段

本段新建隧道 23 座,隧道总长度 29 660 m。其中正线隧道 18 座,隧道长度 27 714 m,除峰果岭隧道为"燕尾式"隧道(进口段与兴泉线并线合修),横通坡隧道出口车站进洞外,其余均为单线隧道,正线隧道长度占正线线路总长 33.7%;冠豸山站右线隧道 5 座,隧道长度 1 946 m,均为单线隧道,冠豸山站右线隧道长度占右线线路总长 29.9%;新建隧道工程简表详见表 1-2-6~表 1-2-8。

表 1-2-6　正线隧道统计表

长度 L	隧道座数(座)	隧道总长(m)
L≤1 km	11	4 671
1 km≤L<2 km	2	2 590
2 km≤L<3 km	1	2 005
3 km≤L<4 km	1	3 022
4 km≤L<5 km	2	8 424
L≥5 km	1	7 002
合　计	18	27 714

表 1-2-7　联络线隧道表

编号	名　称	进口里程	出口里程	隧道长度(m)
1	马埔隧道	DyK390+752	DyK391+135	383
2	杨屋隧道	DyK391+813	DyK392+105	292
3	洋坊隧道	DyK392+582	DyK392+950	368
4	岐山 1 号隧道	DyK394+065	DyK394+685	620
5	岐山 2 号隧道	DyK394+815	DyK395+098	283

表 1-2-8　联络线隧道统计表

长度 L	隧道座数	隧道总长(m)
L≤1 km	5	1 946
合　计	5	1 946

4. 站场

建宁县北站(含)至宁化站(不含)段设建宁县北(接轨站)、建宁南、黄岭、均口、黄沙潭、水茜、何屋等 7座车站,新设斗埕线路所 1 处。宁化站(含)至冠豸山站段设宁化、清流、严坊、田源、邓家、杨源、连城、文亨、冠豸山(接轨站)等 9 座车站,其中宁化、清流两车站纳入拟建的兴泉铁路项目。车站分布见表 1-2-9。

表 1-2-9　车站分布表

顺序	站　名	中心里程	站线分界里程	站间距离(km)	站房左右侧	车站性质	附　注
1	建宁县北	K226+700=DK226+700	DK225+583	起点	左	接轨站	县城站,向莆线上
			DK227+433	5.35			
2	斗埕线路所	DK232+050	DK232+050		—	线路所	
			DK232+050	8.013			
3	建宁南	DK240+350	DK239+055		右	中间站	
			DK241+050	9.55			
4	黄岭	DK249+900	DK249+235		右	会让站	
			DK250+450	12.16			
5	均口	DK262+050	DK261+300		右	会让站	
			DK262+750	12.00			
6	黄沙潭	DK274+050	DK273+555		左	会让站	
			DK274+800	7.238			
7	水茜	DK281+280	DK280+350		左	中间站	
			DK281+750	14.125			

续上表

顺序	站　名	中心里程	站线分界里程	站间距离(km)	站房左右侧	车站性质	附　注
8	何屋	DK295+400	DK294+700	14.125	右	会让站	
			DK296+000	13.053			
9	宁化	兴泉 DK160+875＝浦梅 DK301+175	CK160+000(兴泉里程)	9.58	右	中间站	纳入兴泉铁路工程
			CK162+200(兴泉里程)				
10	清流	兴泉 DK170+455＝浦梅 DK310+806	CK169+549(兴泉里程)	9.694	右	中间站	纳入兴泉铁路工程
			CK171+250(兴泉里程)				
11	严坊	DK320+500	DK320+356.59	10.47	左	会让站	
			DK321+190.73				
12	田源	D1K330+970	D1K330+500	12.538	左	会让站	
			D1K331+800				
13	邓家	DK343+450	DK342+800	12.039	左	会让站	
			DK343+900				
14	杨源	DK356+300	DK355+712.75	14.418	左	会让站	
			D1K356+918.41				
15	连城	DK370+730	DK369+627.85	13.02	左	中间站	
			DK371+500				
16	文亨	DK383+750	DK382+900	12.718	左	会让站	
			DK384+023.25				
17	冠豸山	DK205+532.1(新赣龙)	DK204+000		左	接轨站	接新、旧赣龙车场
			DK206+150				

5. 汇总工程数量

中国铁设范围:建宁县北站(含)至宁化站(不含)段线路正线 79.346 km。路基土石方 1 902.43×10^4 m³。正线桥长 14.703 km,占正线长度的 18.53%,其中单线特大桥 1 821.9 延米,三线大桥 396.4 延米,双线大桥 480.7 延米,单线大桥 10 910.76 延米,单线中桥 1 014.5 延米,双线中桥 79.7 延米,框沟桥 2 129.07 m²,涵洞 9 191 横延米。正线隧道 25.788 km,占正线长度的 32.5%。正线铺轨 78.07 铺轨公里,其中弹性支撑块式无砟轨道 19.088 铺轨公里。站线铺轨 14.392 铺轨公里,道岔 45 组,其中新铺 40 组,重铺 5 组,正站线道砟 23.49×10^4 m³,房屋 1.98×10^4 m²,用地 7 757.4 亩。

联络线 5.341 km。路基土石方 3.08×10^4 m³,桥梁 1.233 km,占线路长度的 23.09%。其中,单线特大桥 1 232.7 延米,涵洞 14.7 横延米。隧道 3.013 单线公里,占线路长度的 56.41%。铺轨 4.802 铺轨公里,道砟 0.80×104 m³,用地 141 亩。

中铁二院设计范围:拆迁房屋 15.60 m²,全线需征地 8 213.3 亩。路基土石方 1 023.83 万断面方,挡护坊工 70.39 万坊工方。桥梁 72 座共计 20 606.61 延长米,涵洞 181 座共计 4 992.62 横延米。隧道 24 座计 29 660 延长米。正线铺轨 87.71 铺轨公里,站线铺轨 13.05 铺轨公里,铺道岔 42 组。房屋 23 292 m²。

第三章 建 设 概 况

一、前期工作

2006 年 3 月,福建省宁化、建宁、清流、连城等县联合发起修建建宁至龙岩铁路的倡议,并开展了部分前期研究工作。

2007 年 6 月,广东省提请将梅州至上杭铁路纳入全国铁路网规划并尽快实施。9 月,福建省政府致函国家发改委提请将建龙铁路和建宁至武夷山铁路列入国家中长期铁路网规划。

2008 年 10 月,国家发改委将浦建龙铁路纳入《中长期铁路网规划(2008 年调整)》。12 月,铁道部在《关于进一步加快海峡西岸经济区铁路建设的会议纪要》中,同意加快推进浦建龙梅铁路前期工作,按照双线电气化、时速 200 km 设计,2010 年开工建设。

2009 年 3 月,铁道部在《全面推进海峡西岸经济区铁路建设发展会议纪要》中,同意尽快安排浦建龙梅铁路前期工作,争取 2009 年底控制性工程开工建设。同月,广东省提出将梅州经上杭至龙岩铁路与浦建龙铁路相结合。4 月,铁道部计划司委托中铁建设投资公司开展浦城至梅州铁路预可研方案竞选,并确定铁道第三勘察设计院为方案竞选优胜单位。

2010 年 5 月,在梅州召开了预可研审查会;2010 年 12 月,铁道部、福建省、广东省联合报送了《新建浦城至梅州铁路项目建议书》(铁计函〔2010〕1679 号)。

2011 年 4 月,铁道部计划司组织召开了《31 个国家发改委待批项目技术标准和技术方案深化研究》会议,根据会议精神,对浦梅线技术标准和技术方案进行了进一步研究,2011 年 7 月,完成了《新建浦城至梅州铁路技术标准和技术方案深化研究报告》。2012 年 7 月,完成了修改预可研设计文件。

2013 年 10 月,中国铁路总公司计统部组织对本项目修改预可研进行了审查。并于 12 月,完成了修改预可研审查后补充材料上报工作。

2014 年 11 月,完成预可研补充研究材料上报中国铁路总公司计统部。(重点为补充通路方案研究,即峰福线接轨方案),2014 年 12 月,完成了补充方案研究工作。

2015 年 5 月 10 日,完成了建宁至冠豸山段预可行性研究报告。

2015 年 6 月,完成本可行性研究报告(送审稿)。

2015 年 6 月 23 日至 6 月 27 日在福建省进行了可研审查。

2015 年 7 月 5 日,根据可研审查意见完成可研审查后修改补充材料上报。

2015 年 9 月,完成可行性研究报告文件上报中国铁路总公司。

2015 年 11 月,完成可行性研究报告上报中国国际工程咨询有限公司(以下简称"中咨公司")及国家发改委,12 月中咨公司组织了现场调研及审查评估会并出具咨询评估报告,2016 年 1 月 15 日,国家发改委以"发改基础〔2016〕89 号"文批复可研报告。

2015 年 10 月初开始定测的勘测勘探工作,至 12 月完成定测测量工作,2016 年 1 月完成勘探工作,2 月完成初步设计文件。

2016 年 2 月 29 日至 3 月 2 日,中国铁路总公司在北京组织了相关单位对宁至冠豸山段初步设计文件进行了审查。

2016 年 6 月 15 日至 18 日,中国铁路总公司工程管理中心(以下简称"中国铁路总公司工管中心")对新建铁路浦城至梅州线建宁至冠豸山段站前工程施工图设计情况及审核工作进行了审查检查,进行了现场踏勘,抽查了部分施工图,8 月工管中心再次组织相关专业对施工图进行复审。

2016 年 9 月 14 日,中国铁路总公司工管中心以"工管施审函〔2016〕182 号"文件对本项目站前工程施工图进行批复。

二、招 投 标

1. 建设单位

建设单位为中国铁路南昌局集团有限公司浦梅铁路工程建设指挥部。

2. 勘察设计单位

中国铁路设计集团有限公司为浦城至梅州铁路建宁至冠豸山段总体设计单位,其中,中国铁路设计集团有限公司负责建宁至宁化(不含)段的具体设计工作,中铁二院工程集团有限公司负责清流(不含)至冠豸山段具体设计工作。

3. 施工图审核单位

2016 年 4 月,南昌铁路局浦梅铁路工程建设指挥部通过公开招标确定武汉铁四院工程咨询有限公司为施工图审核单位。

4. 施工单位

施工单位见本篇第一章第三节。

5. 监理单位

监理单位见本篇第一章第三节。

三、开 工

浦城至梅州铁路建宁至冠豸山段工程总工期为 58 个月,2016 年 12 月 1 日开工,2021 年 9 月 30 日建成。

四、各专业开竣工时间

1. 路基工程

路基主体工程 2018 年 12 月全部完成。

2. 桥涵工程

桥梁主体工程 2019 年 12 月全部完成。

3. 隧道工程

隧道工程 2019 年 11 月主体全部完成,无砟轨道铺设 2020 年 6 月完成。

4. 铺架工程

2020 年 11 月完成架梁,2020 年 12 月铺轨工程完成。

5. 四电工程

四电工程 2021 年 6 月全部完成。

6. 房建工程

房建工程 2021 年 6 月全部完成。

五、竣工验收

1. 静态验收

南昌局集团公司成立浦梅铁路建宁至冠豸山段工程静态验收工作领导小组,一是负责制定验收工作总体方案,建立沟通协调机制,落实工作责任。二是负责验收组织工作,推进现场验收开展,研究解决验收过程中的重大问题,组织审定验收总报告。

2021 年 5 月 21 日至 8 月 12 日集团公司按验收方案组织完成了静态验收工作,8 月 12 日形成了静态验收报告并召开了总结会。静态验收结论为:新建浦城至梅州铁路建宁至冠豸山段静态整体系统及其专业接口满足设计要求及验收标准,工程总体质量合格,具备动态验收条件。

2. 动态验收

南昌局集团公司成立动态验收工作组,负责新建浦城至梅州铁路建宁至冠豸山段动态验收工作的组织、实施,审核确认动态验收报告。

2021年8月15日至22日,集团公司组织完成了动态检测工作。中国铁道科学研究院集团有限公司(以下简称"铁科院")对轨道几何状态、接触网几何参数、通信系统、轨旁信号、列控系统、综合视频监控系统、客运服务系统等内容进行了检测,检测期间各系统检测出的问题均已在规定时间内整治完毕,9月5日铁科院出具了动态检测报告,9月7日至9日完成运行试验,2021年9月10日集团公司召开动态验收总结会,形成了动态验收报告。

动态验收结论:新建浦城至梅州铁路建宁至冠豸山段动态整体系统及各系统的主要功能和实体质量符合设计要求和验收标准,正线满足列车160 km/h及以下速度运行时的相关标准要求,斗埕疏解线和陈坡疏解线满足列车100 km/h及以下速度运行时的相关标准要求,工程质量合格,同意通过动态验收,具备初步验收条件。

3. 初步验收

2021年9月10日至13日,初步验收委员会各成员单位对新建浦城至梅州铁路建宁至冠豸山段工程静态、动态验收和专项验收等工作完成情况进行了检查确认,9月13日召开初步验收会议,形成了初步验收报告。

六、验收结论

初步验收委员会认为:新建浦城至梅州铁路建宁至冠豸山段工程在建设过程中执行了国家有关政策,铁路行业有关规定和强制性标准,以及国铁集团有关规定和批复意见。各专项验收均已完成;出具了工程质量内部监督工作报告;静态、动态验收合格,工程质量和系统功能满足设计要求和验收要求,验收遗留问题已基本整改完毕;地质灾害整治措施及建筑抗震设防已按设计文件落实到位。

经初步验收委员会评定:新建浦城至梅州铁路建宁至冠豸山段工程满足设计要求和验收标准,正线满足列车160 km/h及以下运行时的相关标准要求,斗埕疏解线和陈坡疏解线满足列车100 km/h及以下速度运行时的相关标准要求,工程质量合格,验收程序符合规定,同意通过初步验收。

第四章 综合评价

一、项目总体评价

浦梅铁路工程建设指挥部在国铁集团、南昌局集团公司的有力领导下,贯彻"高标准、强基础、严程序、勤思考、重落实"建设理念,在"两坚守两实现"攻坚战中重点落实好十项开通条件,确保了浦梅铁路2021年9月30日依法高质量开通,造福沿线老区人民。

二、取得的经验、体会及建设性意见

1. 规范程序,逐项落实,全面落实依法开通条件

(1)环水保方面。通过开展现场监控监测、专项检查、示范点观摩、邀请专家授课等方式强化管理,尤其是在动态验收工作开展前,每周召开推进会,通过现场督导、集中办公、约谈施工单位主要负责人等手段,按时完成环水保专项验收和报备工作。

(2)消防方面。面对新消防法出台后消防验收主体不够明确的问题,从2020年起,积极同三明市和龙岩市住建局消防主管部门、南昌铁路公安局、福建省重点办、福建省住建厅等多部门沟通协调,在2021年5月明确由三明住建局负责后,先后四次至三明报送相关验收资料,确保开通前取得消防验收合格意见书。

(3)外部环境整治方面。指挥部提前谋划,及早组织参建四方、设备管理单位及沿线政府开展全面排查,现场逐处确定整改方案,针对发现的1654条问题,重点盯控地方政府发动力量和施工单位日销号,确保100%按期完成整改。

(4)三电迁改方面。面对地方政府三电迁改缺乏专业知识、管理上不知如何下手的问题,主动介入进行技术指导,与各个铁路运营管理单位加强沟通,确保了全线无一因迁改方案问题引起返工再迁的记录,高效解决了挡在工程线路上的"绊脚石"。

(5)资金到位方面。坚持资金不到位不开工,确保建宁、清流、连城共计4315万元资金及时到位;面对运营亏损补贴迟迟没有着落的问题,发扬钉钉子精神,从领导到部门层面不厌其烦地加强沟通协调,确保5000万元运营亏损补贴资金及时到位。此外,上跨立交桥及渡槽移交和特种设备、职业卫生、竣工文件等验收均在开通前顺利完成。

2. 强化底线,细化流程,实现工程安全优质开通目标

(1)强化安全底线意识。严格落实安全责任,开展好施工安全隐患排查整治,实现不发生生产安全事故、不发生因施工引起的责任铁路交通一般C类及以上事故的安全工程目标。

(2)强化红线底线思维。严格按照"五定、三统一、一查处"制度开展红线管理,建设期间2次接受国铁集团红线督查均未发现红线问题。

(3)积极推进问题的整改销号。定期召开问题整改推进会议落实相关措施,每月通报问题整治销号及考核情况,对未完成销号指标和销号率排名末位的施工单位和相应监理单位给予激励约束和信用评价考核,截至目前,红线、第三方检测、外部环境、动态验收问题已全部完成整改销号,静态验收问题整改率99.5%,安全评估问题整改率96.2%。

3. 超前谋划,高标定位,实现打造精品工程目标

(1)如期兑现工期节点目标。坚持以施工组织管理为龙头,对实施性施组实施分级、分色管理,开展"凝心聚力、学史力行,确保浦梅铁路高质量按期开通"立功竞赛活动,组建三支突击队,紧盯"三桥三隧"、

站改等重点控制性工程,确保工程建设有序推进。

(2)高质量推进单位工程验收。制定各方职责、验收范围与依据、项目与内容、流程与程序、整改与销号、究责与考核等验收管理体系,选取 16 个单位工程作为样板工点,以点带面强化过程管理,实现分项、分部、单位工程验收合格率 100%。

(3)强化线路施工质量管控,加密 CPⅢ网,组织线上线下达标交接,推行机械化、工厂化、智能化、信息化管理,有效保证了线路施工质量,轨道几何状态动态检测结果平均 TQI 值 2.9 mm,为南昌局集团公司建局以来新建普速铁路开通最好成绩。

(4)建设一体化精品站房工程。利用 BIM 技术对站房进行虚拟建造,从建筑寓意、建造技艺上,充分体现当地民居建筑的深厚文化底蕴,分别以"建莲""本固枝荣""冠豸山(莲花山)"等为设计元素,优化站区一体化设计,站区同步建成生活、体育、文化设施,打造"一站一景"精品工程。

(5)践行好绿色发展理念。结合项目实际制定"绿色为底、绿篱成带、坡面点种、打造景观"的绿色通道建设方案,通过现场观摩固化建设标准,选择适宜当地环境生长的草种、灌木、乔木,在路堑端头采用小灌木拼种图案提升效果,在客运站打造站区绿化景观,植被成活率超过 95%。在南昌局集团公司范围内首次建成全局绿色生态文明示范线,为南昌局集团公司今后创建绿色生态工程提供了样板。

(6)抓好为民办实事项目。根据工程特点,高质量完成建宁南公铁联运物流园接入工程等办实事项目 69 个,组织浦梅铁路施工单位在沿线建成 76 个取弃土场,为铁路沿线老百姓因地制宜发展经济、带动创收创造条件。

4.科技引领,技术创新,实现打造科技创新工程目标

(1)加强信息化管理。率先在南昌局集团公司管内启用了铁路工程信息管理平台,涵盖了电子施工日志等 20 个模块,及时上传、留存隐蔽工程影像资料,在国铁集团每月评比中均为满分,名列全路前茅。

(2)推广专业化施工。开展"以工装应用保安全质量"的主题活动,进一步完善隧道衬砌成套技术应用、带模注浆成套装备技术,及时总结工艺工法,有效提升隧道施工质量。

(3)开展专项技术攻关。就武调隧道进口及武调 1 号隧道进口复杂地质条件开展小间距控制爆破施工技术攻关,确保了既有高速隧道的运营安全。

(4)推进 BIM 技术深化设计和应用。总结出悬臂浇筑连续梁新工装、新工艺应用的"六大系统",有效解决了 0 号段混凝土捣固不密实等质量通病。

第二篇

建设管理

第一章　建设管理模式

根据《国家发展改革委关于新建浦城至梅州铁路建宁至冠豸山段可行性研究报告的批复》(发改基础〔2016〕89号),南昌铁路局作为项目法人,负责该项工程建设和运营管理。

2015年7月3日,根据《南昌铁路局关于优化调整部分铁路建设项目管理机构编制的通知》(南铁劳卫函〔2015〕652号),成立浦梅铁路工程建设指挥部,负责浦梅铁路建设管理工作,与龙厦铁路工程建设指挥部按"一套人员、两块牌子"模式进行管理,财务分账核算。

2017年6月,根据《南昌铁路局关于调整赣龙复线铁路有限责任公司行政机构编制等事项的通知》(南铁劳卫函〔2017〕382号),浦梅铁路工程建设指挥部由与龙厦铁路工程建设指挥部实行"一套人员、两块牌子"调整为与赣龙复线铁路有限责任公司实行"一套人员、两块牌子"的管理模式。

2017年8月,南昌铁路局、南昌铁路局党委下发《关于整合局管合资铁路项目管理机构及有关事项的通知》(南铁劳卫〔2017〕264号),决定以赣龙复线铁路有限责任公司为主体,将赣龙复线铁路有限责任公司和龙岩铁路有限责任公司整合为一个项目管理机构,整合后的机构名称为"赣龙复线铁路项目管理机构",实行"一个机构、多块牌子"的管理模式,包含浦梅铁路建宁至冠豸山段建设管理工作。

第二章 建设管理机构

第一节 建设管理机构的设置

浦梅铁路工程建设指挥部位于福建省龙岩市新罗区人民西路新火车站赣瑞龙综合六楼。根据南昌铁路局、南昌铁路局党委下发的《关于整合局管合资铁路项目管理机构及有关事项的通知》（南铁劳卫〔2017〕264号），项目管理机构内设综合管理部（党群工作部）、计划财务部、工程管理部、征拆协调部（经营开发部）、安全质量部、物资设备部、运输安全部等7个部门。项目管理机构编制见表2-2-1。

表 2-2-1 项目管理机构编制

岗位名称		合 计	其 中		备 注
			行政定员	党群定员	
领导	总经理、指挥长	1	1		
	党委副书记、纪委书记	1		1	
	副总经理	5	5		不含各股东方派驻领导
	小计	7	6	1	
综合管理部（党群工作部）	部长	1	1		
	副部长	2	1	1	
	工程师或经济师	1	1		
	主任干事	2	2		
	小计	6	5	1	
计划财务部	部长	1	1		
	副部长	2	2		
	高级工程师	1	1		负责工程造价
	高级会计师	2	2		
	会计师	3	3		
	小计	9	9		
工程管理部	部长	1	1		
	副部长	2	2		
	高级工程师	2	2		
	工程师	3	3		
	小计	8	8		
征拆协调部（经营开发部）	部长	1	1		
	副部长	1	1		
	工程师	3	3		
	小计	5	5		
安全质量部	部长	1	1		
	副部长	2	2		
	高级工程师	2	2		

续上表

岗位名称		合　计	其　中		备　注
			行政定员	党群定员	
安全质量部	工程师	3	3		
	小计	8	8		
物资设备部	部长	1	1		
	副部长	1	1		
	高级工程师	1	1		
	工程师	2	2		
	小计	5	5		
运输安全部	部长	1	1		
	工程师	2	2		
	小计	3	3		
定员合计		51	49	2	

第二节　部门职能

一、浦梅铁路工程建设指挥部工作职责

(1)贯彻国家和中国铁路总公司的有关工程建设的方针、政策、法规和规定,按照批准的建设规模、技术标准、建设工期和投资,组织铁路工程项目建设。根据批准设计文件、工程概预算,制定项目的实施计划,实现总体及阶段性的工期、安全、质量、投资、环保水保和技术创新等项目目标。

(2)贯彻"安全第一、预防为主、综合治理""百年大计、质量第一"方针,建立健全工程安全质量管理体系,制定安全生产管理和工程质量管理办法,落实安全生产管理各项措施;推行项目标准化管理;贯彻执行铁路总公司和路局有关施工企业质量信用评价和监理企业信用评价等文件规定,加强对现场施工、监理单位的管理和考核工作。

(3)负责浦梅铁路工程建设项目管理工作,负责建设期间质量、安全、工期、投资、环保、稳定管理。

(4)组织实施勘察设计、工程地质勘察监理和设计咨询工作,参与工程项目实施方案和初步设计文件审查,按规定组织施工图审核工作。

(5)负责编制指导性施工组织设计,并参与施工图审核和指导性施工组织设计预审。组织重大的施工技术方案论证并监督实施,组织设计交底,按规定办理开工手续并报铁路总公司或路局备案。

(6)负责工程项目的财务管理工作,按规定使用建设资金,办理与工程项目有关的各种结算业务;负责验工计价,及时办理工程价款等资金的拨付与结算。

(7)加强浦梅铁路工程建设指挥部自身建设,做好人员配备、培训教育、党风建设和计划管理、招标工作、征地拆迁、技术管理、安全管理、质量管理、财务管理、物资管理、文明施工、验工计价、竣工验收、工程决算、固资转产和突发事件应急处理等项工作。

(8)建立信息沟通制度,加强宣传报道,做好与参建各方及地方政府的信息沟通和联系工作,调动一切力量,全面完成项目建设任务。

(9)完成上级交办的其他工作。

二、项目管理机构内设部门职责

1. 综合管理部(党群工作部)职责
(1)负责日常行政管理、党群工作,做好信息的上传下达,统筹协调各部门工作,催办和督查重要事项的执行情况。

(2)做好信息调研,及时掌握各类工作动态,畅通信息渠道,负责办公信息管理系统建设和日常管理维护工作。

(3)负责会务组织工作,组织或指导其他部门做好会议筹备、会议记录等相关工作。

(4)负责公文、文档的收发、登记、呈批、传阅、催办、缮印和发文审核工作,负责文件的分类、立卷、归档工作。

(5)负责机要和保密工作,负责印鉴的使用管理,办理印鉴制发、启用和缴销。

(6)负责股东、董事会、监事会工作机构的日常联系、沟通,组织起草相关会议议案、决议。

(7)负责人事管理日常工作。做好员工的考察、调配、培训和专业技术职务评聘等工作。

(8)负责劳动工资管理日常工作。做好员工的工资、福利、津贴补贴、奖励、假期绩效考核和职业健康等工作;负责办理员工的社保、医保、企业年金缴交管理等工作;受公司法人委托负责劳动合同的日常管理工作;负责劳资报表的统计和报送工作。

(9)负责公司党委日常工作,组织开展好创先争优工作。

(10)负责公司纪委日常工作,落实好党风廉政建设责任制。

(11)负责工会和共青团日常工作。

(12)负责对外接待工作。

(13)负责信访、稳定、综合治理、内部消防、国防建设和武装保卫、反恐防暴工作;负责或组织信访接待、登记,明确承办部门并负责督办、检查工作,及时报告重大信访事项。

(14)负责法务工作,办理公司企业代码证的登记和变更。

(15)负责科技档案、音像档案、文书档案接收、整理及归档工作;负责大事记、年鉴编撰工作。

(16)负责后勤保障工作。负责办公固定资产和低值易耗品的计划、购置、保管、维修及报废;负责乘车证的请领、审批、填发、缴销;负责公务用车使用管理和职工生活后勤等工作。

(17)贯彻执行党中央、国务院、省、铁路总公司和路局关于离退休工作的各项方针、政策和有关规定,负责公司离退休人员、遗属的管理工作。

(18)协调突发应急、防灾减灾事件处置。

(19)参与建设项目工程竣工验收工作。

(20)落实本部门党风廉政建设工作。

(21)承担领导交办的其他工作。

2. 计划财务部职责

(1)贯彻执行国家和中国铁路总公司、福建省、江西省有关法律、法规以及铁路建设的方针、政策。

(2)制定投资管理、股权管理、财务管理、招标管理、合同管理、资金管理等制度和办法。

(3)负责建设项目投资管理工作。负责编制和下达建设项目投资计划,组织审核、批复预算;负责验工计价管理,建立验工计价台账;协助变更设计审核;负责投资计划完成情况的检查、监督、分析和考核;牵头组织建设项目竣工财务决算和资产交付,参与工程项目后评估工作。

(4)负责投产运营项目收支管理工作。负责编制财务收支预算,明确开支范围和开支标准。

(5)负责运输收入管理工作。组织和管理公司运输收入,研究、分析运输收入的质量。

(6)负责资金管理工作。负责编制资金预算和投资融资管理工作;组织办理大额资金联签,审核资金使用情况;负责建设项目施工单位资金使用情况和农民工工资支付情况的监督检查,协助处理涉及农民工工资支付、劳务纠纷等方面的信访事项和法律诉讼。

(7)负责会计核算工作。负责编制财务会计报告,实施会计监督。

(8)负责招标管理工作。负责建设项目施工和第三方审核招标管理工作,协助监理、咨询、物资设备等招标管理工作,以及招投标文件资料的保管、整理和移交归档工作。

(9)牵头组织第三方审价,并指导各部门做好审价工作。

(10)负责合同管理工作。建立合同管理台账,牵头组织合同履约监督检查;参与合同会签;负责合同专用章的使用管理。

(11)负责投产运营项目更新改造投资、大修支出管理,参与更新改造、大修立项审核,负责办理工程价款结算。

(12)负责资产价值管理工作。牵头组织资产清查,建立固定资产价值台账,及时、准确反映资产价值变化。

(13)负责审计、税务管理工作。负责审计、税务协调,办理税收申报,争取税收优惠政策,建立税收相关台账。

(14)负责公司的股权管理工作。

(15)牵头组织开展经济活动分析,及时提供投资完成、财务收支及经营管理等数据、资料,为决策提供依据。

(16)负责基本建设投资、更新改造投资、运输设备、节能统计工作,按期编制、上报统计报表及统计分析资料。

(17)负责会计档案、合同档案的整理、归档工作。

(18)负责财务会计、验工计价、农民工工资管理、合同管理等信息化建设的组织管理工作。

(19)负责职工工资的发放及住房公积金的缴纳管理工作。

(20)负责资产的保险和理赔相关工作。

(21)负责工程项目转包或违法分包行为的监督管理,牵头组织架子队管理监督检查。

(22)参与建设项目工程竣工验收工作。

(23)落实本部门党风廉政建设工作。

(24)承担领导交办的其他工作。

(25)协助突发应急、防灾减灾事件的处置。

3. 工程管理部职责

(1)负责站前工程勘察设计管理工作。牵头组织施工图设计、审核,参与初步设计初审,参与施工图预算工作。

(2)负责监督检查勘察设计进度和设计单位执行鉴定意见情况,督促设计单位做好优化设计工作。对勘察设计和技术咨询进行日常管理和考核,参与施工图设计考核工作,制定有关技术管理办法、技术管理程序和相关考核制度。

(3)负责组织建设项目环保、水保、地质灾害评估、压矿评估、防洪影响评估等前期资料的汇总、报批工作;负责组织施工期间的环境保护和水土保持措施的技术管理工作。

(4)负责站前工程工作量核实,参与有关协议签订前的现场调查工作(沿线立交、地下管线、三电迁改等)。

(5)负责工程咨询招标及管理工作,参与施工监理和施工总承包招标工作。

(6)牵头编制指导性施工组织设计,审批站前施工单位申报的实施性施工组织设计。组织站前重大施工方案审查和科研项目审查。根据技术标准和规范,组织制定或审查施工细则、相关施工工艺、工序。

(7)负责办理建设项目开工审批手续,协助办理工程质量安全监督手续。

(8)组织站前工程技术交底工作,牵头组织重难点工程专项技术交底和重大技术方案的审查交底。

(9)负责建设项目的组织实施和现场管理工作,落实施工计划、工程进度和安全质量控制,及时协调处理工程建设中的有关问题。

(10)负责建设项目站前工程营业线及邻近营业线施工方案、施工计划审查及施工现场技术管理工作。

(11)负责站前工程变更设计管理。负责提报Ⅰ类变更设计建议、初审、报批工作,负责办理Ⅱ类变更设计。

(12)负责技术文件、技术资料管理,做好设计文件、图纸和技术资料保管和移交归档工作。

（13）负责工程调度工作，及时收集工程信息，编制工程快报，定期对建设情况分析总结。

（14）制定重大危险源的分级管理，参与过程控制的监督检查。

（15）定期召开站前施工组织审查会，对施工组织设计执行情况进行分析、通报和考核。

（16）参与突发应急事件处置工作。

（17）负责站前工程验工计价工程量的审核。

（18）牵头组织站前工程静态验收、初步验收，组织编制联合调试计划，参与联合调试、动态验收。

（19）组织编制站前工程竣工文件，负责组织建设项目竣工验收交接具体工作。

（20）参与工程质量创优规划、样板示范工程实施工作。

（21）负责新技术、新工艺、新材料、新设备的推广和应用。

（22）牵头组织建设项目工程总结编制工作。

（23）负责投产运营项目站前工程收尾工作，参与投产运营项目站前工程更新改造项目技术方案的审查。

（24）落实本部门党风廉政建设工作。

（25）承担领导交办的其他工作。

（26）协助突发应急、防灾减灾事件的处置。

4. 物资设备部职责

（1）负责建设项目物资设备管理和监督工作，制定物资设备管理制度，建立健全物资设备采购供应管理体系和质量控制体系。

（2）负责对各参建单位物资设备管理工作进行指导、检查和评估，对施工现场物资设备采购、供应、存储、使用、质量等情况进行检查指导，提高现场管理和保障水平。

（3）负责与铁路总公司、铁路局有关部门及物资代理公司建立相应工作机制，及时上报甲供物资设备招标采购计划和技术要求，按时完成甲供物资设备招标采购的相关工作。

（4）审核甲供物资设备需求计划，负责甲供物资设备供应组织和货款结算等，保障甲供物资设备的及时供应。

（5）组织审查对工程质量、安全有直接影响的大宗自购物资钢材（含型材）、水泥、锚具、混凝土外加剂、粉煤灰等物资的采购资格要求设定和技术要求等，监督指导自购物资设备招标采购工作。

（6）负责物资设备的日常管理工作。建立甲供物资设备采购供应管理台账，处理物资设备采购供应和质量等问题。按规定组织物资设备供应商信用评价工作并及时将有关情况上报上级有关部门。

（7）负责"四电"、房建、客服信息、防灾监控等站后工程施工管理工作，及时组织施工图设计审核和设计技术交底，参与初步设计初审和施工图投资检算工作。

（8）负责组织编制站后工程指导性施工组织设计，审批施工单位申报的实施性施工组织设计。组织站后工程重大施工方案审查、工程质量检查和科研项目立项与审查。根据技术标准和规范，组织制定或审查施工细则、相关施工工艺、工序。

（9）负责站后工程的组织实施和现场管理工作，落实施工计划、工程进度和安全质量控制，及时协调处理工程建设中的有关问题。

（10）负责站后工程变更设计管理。负责提报Ⅰ类变更设计建议、初审、报批工作，负责办理Ⅱ类变更设计。

（11）负责站后工程技术文件、技术资料管理，做好设计文件、图纸和技术资料保管和移交归档工作。

（12）负责三电迁改技术管理和第三方审价资料审核工作。

（13）组织召开站后工程现场例会，掌握施工进度情况，定期对施工进度和质量安全情况进行分析，对存在的质量安全、进度方面的问题提出整改措施并督促落实。

（14）负责组织站后工程验工。

（15）参与编制工程竣工文件和相关专业建设项目竣工验收交接具体工作。

（16）参与工程质量创优规划、样板示范工程实施工作。

（17）负责新技术、新工艺、新材料、新设备的推广和应用。

（18）参与投产运营项目物资设备采购供应前期审查、实施及验收等管理工作。

（19）负责投产运营项目站后工程收尾工作，参与投产运营项目站后工程更新改造项目技术方案的审查。

（20）参与建设项目工程竣工验收工作。

（21）落实本部门党风廉政建设工作。

（22）承担领导交办的其他工作。

（23）协助突发应急、防灾减灾事件的处置。

5. 安全质量部职责

（1）负责监督、检查各参建单位落实国家、中国铁路总公司、路局安全生产及质量管理的有关规定。

（2）负责制定质量安全管理规章，建立质量和安全控制体系，负责工程建设的质量安全过程控制、应急处置和减灾防灾工作。

（3）负责建设项目监理及其相关咨询服务类的招标工作，参与监理及其相关咨询服务单位合同履约的监督检查。

（4）负责办理质量安全监督手续，配合质量安全监督机构现场监督检查，并做好监督信息的传递和反馈工作。

（5）牵头组织建设项目质量安全检查，及时通报和处理质量安全问题，督促整改落实；参与单位工程的验收。

（6）负责重大危险源过程控制的监督检查，参与重大危险源分级管理制定、重大危险性工程安全专项施工方案的审查、重要工程施工方案的编制和审核。

（7）牵头负责建设项目标准化管理工作，组织标准化工作的考核评比；负责工程质量创优规划、样板示范工程的管理和检查工作；负责安全文明工地建设的管理和评比工作。

（8）负责组织施工、监理企业信用评价工作。

（9）负责监理及其相关咨询服务单位的管理与考核。

（10）负责或参与质量安全事故的调查处理，牵头处理涉及质量安全的信访事项。

（11）参与工程项目转包或违法分包行为的监督管理，参与架子队管理监督检查。

（12）牵头组织监理费、安全措施费使用情况的监督检查。

（13）负责质量安全技术文件资料的整理、保管及移交归档工作；督促、指导监理及其相关咨询服务单位竣工文件编制移交工作。

（14）负责建设项目质量安全信息化建设的组织管理工作。

（15）牵头组织建设项目安全评估，参与静态验收、动态验收、初步验收、联调联试工作。

（16）负责建设项目营业线施工安全管理和协调工作。

（17）负责组织实施质量安全培训，参与建设项目物资设备质量控制与管理。

（18）参与建设项目工程竣工验收工作。

（19）参与投产运营项目更新改造项目技术方案的审查。

（20）落实本部门党风廉政建设工作。

（21）承担领导交办的其他工作。

（22）协助突发应急、防灾减灾事件的处置。

6. 征拆协调部（经营开发部）职责

（1）负责组织建设项目可研阶段前置条件的落实工作。

（2）负责征地拆迁工作，参与征地拆迁数量核实；负责征地补偿、拆迁协议签订；督促施工单位签订取弃土场等临时用地租用协议、办理临时用地相关手续。

（3）负责征地拆迁验工计价和第三方审价资料审核工作。

（4）负责项目前期可研阶段、征地拆迁、资产经营、综合开发等方面与地方政府、铁路单位及部门的协调工作。

（5）负责土地综合开发和其他经营项目的规划研究及管理工作。参与开发项目的可行性研究和审查，配合铁路局协调省（市）政府出台配套支持及优惠政策，配合铁路局组织和推进土地综合开发相关商业规划和招商工作。

（6）牵头处理涉及征地拆迁、涉农涉地等方面的信访事项和法律诉讼。

（7）负责征地拆迁、经营开发等技术资料的整理、保管和移交归档工作。

（8）负责建设项目征地拆迁、经营开发信息化建设的组织管理工作。

（9）负责组织征地拆迁人员的专业培训教育工作。

（10）负责投产运营线路土地资产的保护和开发利用工作。

（11）参与建设项目工程竣工验收工作。

（12）落实本部门党风廉政建设工作。

（13）承担领导交办的其他工作。

（14）协助突发应急、防灾减灾事件的处置。

7. 运输安全部职责

（1）牵头组织《委托运输管理协议》的签订。

（2）负责落实委托方运输安全管理职责，监督检查受托方在受托范围内的安全、设备管理工作。

（3）负责落实委托方运输协调职责，监督检查受托方在受托范围内的运输管理工作。

（4）负责落实受托方向委托方通报安全生产重要信息，配合受托方做好安全管理工作和事故应急救援工作。

（5）负责与受托方联系协调列车开行运输方案（包括临客开行运输方案）。

（6）负责配合受托方公司所属铁路运营线超限（特种）货物运输，以及营业线和邻近营业线施工中超限（特种）货物运输条件的收集、确认及上报工作。

（7）负责协调投产运营项目营业线施工计划及相关日常运输计划。

（8）负责投产运营线路资产管理、用电管理和多种经营管理工作；参与运营线路土地资产开发利用工作。

（9）组织参与投产运营项目更新改造、大修等投入项目的前期审查、实施及验收管理工作。

（10）负责资产监管工作，组织有关人员对受托站段资产使用情况进行检查并定期通报。

（11）参与投产运营线路工程建设遗留问题的处理。

（12）参与建设项目竣工验收工作。

（13）落实本部门党风廉政建设工作。

（14）承担领导交办的其他工作。

（15）协助突发应急、防灾减灾事件的处置。

第三章　标准化管理体系

第一节　管理制度

管理制度建设是规范管理的重要保证,浦梅铁路工程建设指挥部认真贯彻执行国家、国铁集团有关铁路建设管理的各项法规,认真执行福建省和国铁集团、南昌局集团公司会谈纪要精神,结合浦梅铁路建设实际,全面落实建设单位管理责任,以建设管理的法规体系为依据,结合浦梅铁路工程建设指挥部实际建立健全内部建设管理规章制度,并在实践中不断完善,形成了科学的管理制度体系。

一、健全制度体系

浦梅铁路工程建设指挥部成立伊始,就结合浦梅铁路建设实际,以管理科学理论、系统工程理论为指导,积极吸收国内外先进的建设管理方法,制订了综合管理制度、工程管理制度、建设工程质量安全管理制度、验工计价与计划财务管理制度、物资设备管理制度、土地管理和征地拆迁制度和部门工作标准等各类制度体系,包括《内部管理》《工程管理》《勘察设计管理》《质量安全管理》《验工计价与财务管理》《物资管理》《征地拆迁管理》等 7 项共 91 个文件的建设管理规章制度,形成了独具特色的建设管理运作体系,并分类汇编成册。

浦梅铁路工程建设指挥部还积极做好管理制度标准化的推广工作,将标准化管理体系文件汇编下发给设计、施工、监理参建单位,各参建单位也结合工程实际制订和形成了"管理制度标准化、人员配备标准化、现场管理标准化、过程控制标准化"的标准化管理体系,从而有效地促进了各参建单位的标准化管理工作,在建设过程中促使标准化管理落到实处。

浦梅铁路工程建设指挥部建立了各项议事制度,如每周交班会议、指挥长办公会、参建单位联席会、质量安全例会、现场会及其他专业会议等,及时检查、督促、布置、协调各项主要工作。同时,注重制度的动态修订,在实践中不断加以优化,进一步规范了建设管理。

在建设过程中,按照以下文件推进标准化管理工作,做到"明确了浦梅铁路工程建设指挥部标准化管理目标;明确了各级领导、各部门、各岗位工作标准和职责;明确了文明工地建设标准、工地试验室管理标准、监理管理工作标准、现场监控检查管理标准等制度;明确了管理流程,标准体系不断完善,各参建单位也建立完善了相应的标准化管理制度和实施细则"等四个明确。

一是《中国铁路总公司关于深化铁路建设项目标准化管理的指导意见》(铁总建设〔2013〕193 号)、《南昌铁路局 2014 年度铁路建设标准化管理推进工作实施方案》(南铁建设函〔2014〕307 号)、《浦梅铁路建宁至冠豸山段工程建设标准化体系文件》(第一册)(浦梅建指〔2016〕36 号)、《浦梅铁路建宁至冠豸山段工程建设标准化体系文件》(第二册)(浦梅建指〔2016〕94 号)、《关于做好浦梅铁路开工阶段标准化管理和文明工地建设工作的通知》(浦梅建指〔2016〕71 号)等标准化管理文件。

二是《铁路建设项目标准化管理绩效考评实施办法》(铁总建设〔2014〕280 号)、《中国铁路总公司工程管理中心关于印发〈铁路建设信息化管理考核实施细则(试行)〉的通知》(工管工调函〔2018〕162 号)、《南昌铁路局铁路建设项目标准化管理绩效考评实施办法》(南铁建设〔2014〕228 号)、《南昌铁路局铁路建设项目施工企业标准化管理绩效考评实施细则》(南铁建设〔2017〕155 号)、《南昌局集团公司铁路建设项目监理企业标准化管理绩效考评实施细则》(南铁建设〔2018〕375 号)、《南昌铁路局铁路建设项目施工企业标准化管理绩效考评实施细则修改内容(一)》(南铁建设〔2019〕4 号)、《浦梅铁路施工企业标准化管理绩效考评实施细则》(浦梅建指〔2017〕104 号)、《浦梅铁路施工企业标准化管理绩效考评实施细则修改内容

（一）》（浦梅建指〔2019〕6号）、《浦梅铁路监理企业标准化管理绩效考评实施细则》（浦梅建指〔2019〕7号）等标准化管理绩效考评文件。

三是《铁路建设项目施工企业信用评价办法》（铁总建设〔2016〕239号、〔2018〕124号）、《铁路建设项目监理企业信用评价办法》（铁总建设〔2014〕86号、〔2018〕123号）、《关于重新印发〈南昌铁路局铁路建设项目施工企业信用评价实施细则〉的通知》（南铁建设〔2017〕154号）、《南昌局集团公司铁路建设项目施工企业信用评价实施细则（试行）》（南铁建设〔2018〕362号）、《南昌局集团公司铁路建设项目监理企业信用评价实施细则》（南铁建设〔2018〕376号）、关于重新印发《浦梅铁路工程施工企业信用评价实施细则》的通知（浦梅建指〔201/7〕105号）、《赣龙复线铁路有限责任公司浦梅铁路工程建设指挥部铁路建设项目施工企业信用评价实施细则》（赣龙司安质〔2018〕116号）、《赣龙复线铁路有限责任公司浦梅铁路工程建设指挥部铁路建设项目监理企业信用评价实施细则》（赣龙司安质〔2018〕117号）、《关于修订〈浦梅铁路工程建设指挥部铁路建设项目施工企业信用评价实施细则〉等文件的通知》（浦梅指安〔2020〕87号）等信用评价管理文件。

二、健全责任体系

浦梅铁路工程建设指挥部按照"分层分类管理、分层分权负责"思路，界定各部门的管理职能和权责，突出横向到边和纵向到底的职责网络和总体协调作用，以避免交叉重复和结合部盲点；制订各部门和各岗位的工作职责、工作标准及工作流程，确立"分工明确、密切协作、一人多专、优势互补、各负其责、相互督促"的岗位责任制，形成"权责明晰、约束到位、纪律严明、监督有力"的逐级负责制，把月度、季度、半年度和年度工作推进计划表中的工作任务分解到具体部门和人员，并及时进行检查、落实，实行重点工作督办销号制度，确保各部门工作的计划性、协调性和效率。

三、健全激励约束机制

浦梅铁路工程建设指挥部实行责任目标考核制，通过与设计、施工、监理单位签订的合同和补充协议，制定参建单位信用评价和激励约束考核办法，激励参建单位。

第二节　人员配备

一、浦梅铁路工程建设指挥部人员配备情况

浦梅铁路工程建设指挥部根据铁路建设有关文件和规定，配备建设管理人员，设立了指挥长、副指挥长等岗位，设置了工程管理部、安全质量部、物资设备部、运输安全部、综合管理部、计划财务部、征地拆迁部等7个职能部门，各职能部门严格按照规定配备管理人员。浦梅铁路工程建设指挥部严把人员进入条件，通过强化培训、考试取证等办法，提升建设管理人员的整体素质，全部人员配备均满足铁路建设管理机构人员配备的资格要求。

二、参建单位人员配备情况

浦梅铁路工程建设指挥部督促各参建单位根据合同约定和工程建设需要，严格履行投标承诺，配齐配足各类管理和技术人员，并确保业务能力和水平胜任岗位需求。具体要求为：

勘察设计单位按规定及时组建建设项目勘察设计团队，组建现场设计配合机构，选派主持或参与该项目施工图设计的主要技术人员常驻现场配合施工。

施工单位根据工程类型、规模、特点和施工难易程度等，按照精干高效原则和扁平化管理要求设置项目部、配备管理人员，按照架子队模式组建作业队，加强对技术人员、作业人员的岗前培训，并按照考核办法对员工进行考核。

监理单位按照监理管理标准化实施方案和监理合同约定设置现场监理机构,配备具有良好的职业道德和专业技术水平、具备一定的组织协调能力、能独立解决现场问题的专业监理工程师及其他监理人员,并根据监理规划和工程进展情况适时调整。

浦梅铁路工程建设指挥部按照合同约定严格审查各参建单位进场人员资格要求。

第三节　现场管理

一、抓好施工准备工作,迅速有序铺开施工局面

一是抓好地方协调,为开工创造良好环境。浦梅铁路工程建设指挥部与地方建立良好协调机制,落实地方建设资金到位,督促征地拆迁、"三电"和管线迁改等工作,积极收集重要地材信息,做好用电、用水、道路使用和大临设施、临时用地等施工准备工作,为迅速打开施工局面创造了良好环境。

二是抓好合同履约,各项资源及时配备到位。按照投标承诺,浦梅铁路工程建设指挥部首先检查施工单位进场各项准备工作。从人、机、料、方法、环境等方面着手,狠抓现场一线作业及控制层的工程管理。要求施工单位兑现投标承诺,配足技术力量、机械设备及物资,并进行自查自纠,同时对架子队组建情况进行检查,对架子队的管理人员工作经历和资质进行审查,对不符合要求的架子队要求施工单位进行整改、规范。对无法满足要求的施工单位进行通报批评、停工整顿等。同时浦梅铁路工程建设指挥部也对参建监理、设计、第三方检测单位的人员、设备履约情况进行对标检查,对于达不到要求的,责令相关单位进行调整或及时办理变更手续,确保人员资质、数量满足合同及工程需要。

三是抓好交接桩和复测,从源头确保工序受控。施工队伍进入场地时,浦梅铁路工程建设指挥部组织设计、监理、施工单位进行设计交桩和复测工作,要求做到逐点认真核对,对于丢失损坏的坐标点、水准点要求施工单位配合设计补齐,从而保证了测设精度。

四是抓好施组审查,强化施工总体布局。浦梅铁路工程建设指挥部根据浦梅铁路的实际特征和设计文件,组织编制了指导性施工组织设计,对梁场、拌和站、渣场、取弃土场等大临设施布局做了总体安排,明确了重点控制工程施工组织。在此基础上,各施工单位编制了实施性施工组织设计,由监理进行审查把关,落实技术措施、组织措施、安全措施、经济措施等,确保施工组织设计符合规范并便于操作。在施工前,对重大施工方案,如软土路基、重点桥梁、重点隧道、营业线(临近营业线)、无砟轨道等施工方案,浦梅铁路工程建设指挥部都组织了专家评审,结合专家提出的意见,督促施工单位对施工方案做进一步的优化,将各项因素考虑周全,保证工程顺利开展。

二、抓好设计现场配合管理,为施工做好服务

一是及时做好地质情况核对确认,确保施工工艺的准确性。设计单位成立浦梅铁路建设指挥部下设建宁、宁化2个设计组,随工程进展需要派驻设计专册人员,配合做好隧道、桩基等施工现场地质情况核对确认,确保及时采取合理的施工工艺和技术措施,同时加强现场设计问题解答工作,及时收集并反馈问题给设计单位,取得设计单位技术支持。

二是抓图纸管理,满足工程进度需要。根据工程进度需要,浦梅铁路工程建设指挥部建立设计问题库,每周交班会,加强与设计单位联络并督促供图,并采取定期召开设计座谈会、书面联系函、与设计单位领导座谈、主动到设计院交换意见等方式,按照轻重缓急督促设计单位提供施工图纸。

三是抓好设计交底,理清设计意图。项目开工前,浦梅铁路工程建设指挥部组织设计单位向施工及监理单位进行首次交底,随着工程有序开展,针对重点工程、特殊工程、高风险工程及四电集成等进行详细的专项交底,工程变更批准后进行变更设计交底,讲解设计说明和主要采取的施工方案、施工注意事项等内容。在交底前,浦梅铁路工程建设指挥部提前挂网通知施工、监理单位针对施工图纸进行学习,并整理出需设计解答的问题。在交底时,设计单位必须提供书面交底材料,并针对各方提出的问题进行答疑,帮助

施工、监理单位理解设计意图。交底完毕后,浦梅铁路工程建设指挥部及时形成设计交底会议纪要并予以下发。涉及既有线改造或施工时,浦梅铁路工程建设指挥部也邀请南昌局集团公司相关业务部门、运营站段参与,加强既有线施工安全管理。

三、抓好施工现场管理,实现工序标准化

1. 开展样板段活动,推进工地建设标准化

浦梅铁路工程建设指挥部积极总结其他建设项目的先进经验,结合本工程进展特点,制定了《标准化文明工地建设管理办法》《样板示范工程管理办法》《标准化管理绩效考评实施细则》等,围绕"强基达标、提质增效"工作主题,牢固树立安全发展理念和质量效益意识,以标准化示范工地创建为抓手,全面实施成套工装应用,纵深推进标准化建设。通过季度检查考评,命名一批标准化示范工地,并适时组织观摩,掀起"赛有对手、学有榜样、赶有目标"的比学赶帮超热潮,促进了标准化工地的建设,努力打造精品工程、安全工程、环保工程。

2. 加强作业指导书管理,推进施工工艺标准化

浦梅铁路工程建设指挥部吸收先进的现场管理经验和施工工艺,组织编发了《软土路基处理施工指导意见》、《桥梁桩基钻孔灌注桩作业指导书》、《无砟轨道工程各工序作业指导书》、《隧道工程作业指导书检查手册》、《隧道工程防排水作业及质量控制》和《施工安全用电技术要求》,对规范工程管理、开展标准化作业发挥了指导作用。各施工单位也根据有关规范、验收标准等认真编制施工作业指导书,并严格按指导书规范施工,促进了施工工艺的标准化。

3. 坚持"定人定点定岗"做法,推进施工现场管理标准化

浦梅铁路工程建设指挥部建立了现场管理定人、定点、定岗的检查制度,对浦梅建指各职能部门的检查内容进行分工,明确专人落实。

加强施工现场检查,重点检查四个方面,即:一查体系建设,促进施工单位安全质量自控体系的不断完善和有效运转;二查劳务分包,理顺管理关系,杜绝以包代管,做到政令畅通;三查标准施工,督促施工人员按作业指导书、设计图纸和施工规范要求作业,确保每一道工序质量受控;四查监理工作,检查监理人员业务水平,实行监理考核制度,确保监理队伍的整体素质,有一个良好的监理队伍。

检查工作时做到"三个到位",即:一是责任到位。推行浦梅铁路工程建设指挥部负责人、部门负责人及专业工程师徒步检查制度,结合工程进展和检查中出现的问题,在每周交班会上有目的、有针对性地提出整改、预防措施和管理对策,安排好下一阶段的检查工作,实现超前预控。二是管理到位。通过开展突击夜查、徒步检查、专项检查等活动,对发现的问题发出白色、蓝色、黄色、红色整改通知书并每月形成文件通报,要求严查彻整,限期反馈。针对出现安全质量问题较多的工点,组织召开现场分析,整治措施,有效防止类似问题在其他工点再次发生。三是落实到位。对发出的整改指令,盯住现场监理抓落实,对不放心的工点多次复查,确保整改措施得到真正落实,形成管理闭环。

四、抓好监理现场把控,延伸建设单位的管理力度

1. 抓好现场监理人员配备

浦梅铁路工程建设指挥部认真审核总监理工程师、副总监理工程师和专业监理工程师的执业资格。随着浦梅铁路工程的全面铺开和工程进展,督促监理单位进一步调整、优化人员配备,科学合理配备现场专业监理人员,确保满足工程施工需要。一是配强重点、难点工程监理人员,做到专业与工程类别对口,能力与工作岗位相称,从素质上配强,从数量上配足。二是配强施工单位内控管理较弱的工点的监理人员,并根据其内控强弱的变化及时做相应的调配。三是配强旁站监理人员,确保工程的关键部位和关键工序的质量安全可控。

2. 加强监理考核

浦梅铁路工程建设指挥部对照《铁路工程建设监理规范》《铁路建设工程监理工作规程》《浦梅铁路监

理工作管理办法》《监理规划》和《监理实施细则》《浦梅铁路建设项目监理企业信用评价实施细则》《浦梅铁路监理企业标准化管理绩效考评实施细则》《浦梅铁路建设监理现场监控记录仪管理办法》等相关监理工作内容,认真推进落实监理人员进场考核和"积、扣分"制、监理费"人月计价""黑名单"管理等制度。对违纪、违规、失职的监理人员按规定给予处罚直至清退出场纳入黑名单。浦梅铁路工程建设指挥部每季度对各监理标段监理工作进行1次检查考核,结合平时检查、抽查,徒步检查等情况得出考核结果,并作为每季度支付监理费用的主要依据,从而有效激励监理人员、充分发挥监理的优势,为工程建设提供优质服务。

第四节　过 程 控 制

一、在安全过程控制上坚持高标准

在建设过程中,各参建单位严格执行与安全相关的法律法规及规章制度,设置相应的安全生产管理机构,配置专职安全人员,落实安全责任制和相关的安全责任人,确保安全保证体系正常运行。对危险性较大的工程,编写专项施工方案并经专家组论证审核,编写相应的安全事故应急处理预案,从应急机制入手,把好安全预防关,健全各种突发事件应急机制,并与各参建单位形成上下对接的应急管理体系,规范应急处置方法,组织应急管理培训和快速反应演练,完善防台风、防洪、防地质灾害、防酷暑等安全应急预案,在台风袭击时,及时启动预案,防范到位,确保人身、设备和财产安全。

认真落实安全双重预防机制,进一步增强安全风险分级管控和隐患排查治理效果。施工单位加强火工品,和隧道施工安全管理,按国铁集团文件要求做好铁路隧道风险评估、超前地质预报、围岩变形量测、初期支护和衬砌紧跟、软弱围岩及突泥突水地段防护措施等工作。涉及营业线、邻近营业线施工的各参建单位都严格执行《铁路营业线施工安全管理办法》和《南昌局营业线施工安全管理细则》等文件。

通过对全线建设工程安全生产隐患日常排查治理,彻底消除现场存在的各类突出安全隐患和问题,进一步落实全员安全生产责任追究制度,推进全员安全生产责任制的有效落实,建立健全安全生产规章制度体系和安全隐患排查治理及重大危险源长效管理机制,杜绝较大及以上等级生产安全事故、杜绝一般B类及以上等级铁路交通安全事故,确保建设工程安全质量目标的实现。

各参建单位做好各个阶段有针对性的安全隐患排查工作,每月的红线检查、安全专项治理工作和安全"大检查、大反思"活动、安全生产"三查""五防"专项整治行动等,制定专门的安全排查措施和方案,巩固日常安全隐患排查成果,确保不留任何安全隐患。通过浦梅铁路工程建设指挥部对施工现场的全员、全过程、全项目的"三全"检查。利用徒步全面检查、重点任务、重点工作进行抽查、专项检查、突击检查等进一步深入查找施工、监理单位存在的不足,督促参建单位进一步完善机制、健全体系,不断提高施工现场管理水平,确保工程安全质量。

二、在质量过程控制上坚持高标准

1. 质量保证体系,把好质量控制措施关

把目标和责任分解落实到设计、施工、监理单位,构建质量安全管理实施有规范、操作有程序、过程有控制、结果有考核的管理制度。按照目标管理、分级管理、持续改进和闭环管理的方式,落实施工单位自控、监理单位监控、浦梅铁路工程建设指挥部抽查督促、监督机构监督的质量安全控制体系,落实每个参建单位、部门、人员在整个质保体系中的地位和作用,形成相互监督、相互制约、相互促进的质保机制。

2. 过程控制,把好质量检查检验关

坚持采用工程监理,并实行工程质量第三方检测。认真开展质量信用评价、"三项治理"、质量"大检查、大整治、大反思"活动,加大对质量通病问题和安全隐患的整治力度,保证重要的施组方案、结构部位、工序及质量通病有人抓、有人盯、有人管,强化对路基及桥涵过渡段、隧道光爆及防排水等重点工序质量的过程控制,对检查发现的质量问题责令有关单位限期整改并上网公示,实施动态管理和闭环管理,促进参

建单位提高企业自控体系的运作水平。

3. 人员管理，把好质量责任关

浦梅铁路工程建设指挥部要求各参建单位严格按照投标承诺配备人员，并进行备案管理。对其中有人员变更的，需报浦梅铁路工程建设指挥部审核同意，浦梅铁路工程建设指挥部建立了所有参建单位质量安全责任人档案，在浦梅铁路工程建设指挥部办公网上公布，严格实行问责制度，强化参建人员质量安全岗位责任意识。浦梅铁路工程建设指挥部管理人员、监理项目部总监和副总监通过手机上安装的 App 软件可以对现场监理人员配备的监控记录仪实时调取和抽查监理人员的工作情况；通过远端纠正一些施工作业人员的施工行为；约束了监理人员的监理行为，防止好人主义现象发生；监理人员的工作质量、效率有所提高，监理工作的量化有明确的依据。

4. 物资管理，把好原材料质量关

浦梅铁路工程建设指挥部完善物资采购供应、招投标等管理办法，选择合格供应商，坚持"统一部署、统一招标、统一管理；突出协调，规模采购；突出指导，规范运作；突出监督，严把关口"的管理模式，形成了"以指导、协调、监督为主线，以引导规范操作为重点，以确保工程材料质量为关键，以进场把关为主要环节"的物资管理工作思路，并通过加强对物资供应体系核查、增加对薄弱环节和关键材料的抽检频率等措施，严把进场物资材料质量关。施工、监理单位根据浦梅铁路工程建设指挥部的要求加强了原材料管理，完善了原材料管理制度，配足、配全检测、试验人员，并按照《工地试验室建设标准》，建立了工地试验室，规范试验程序，实现专业化管理，保证抽样的规范性和试验结果的准确性。加强对所有原材料及设备（含甲供）的进场检查验收工作，内容包括规格、型号、数量、品种、检测报告、合格证书、外观质量、质量保证承诺等质保证明，杜绝未经检验或检验不合格的原材料在工程建设中使用。

三、在工期控制上坚持高标准

1. 制定节点工期目标

浦梅铁路工程建设指挥部根据总体建设工期安排，按照站前工程、轨道工程、房建和站后四电工程等制定了大节点工期目标，并按年度细化分解建设任务。在浦梅铁路工程建设指挥部和监理、施工单位项目部均设置了专职工程调度人员，建立工程调度制度，并结合工程进展不断完善进度计划管理体系，推行高效的管理制度，抓好工程建设各环节的紧密衔接。

2. 快速推进征拆工作

浦梅铁路工程建设指挥部制订征拆工作制度、标准和流程，与沿线地方政府建立工作沟通协调机制，明确路地双方责任，依法开展征拆工作，积极推进建设项目用地预审、重点控制性工程用地、建设项目用地报批等工作。

3. 加强对重、难点工程的监控

对全线重、难点的单位工程，进行重点监控和动态分析，对可能影响总体工期的工点及时发出警示，实行每日上网发布、每周汇总分析、每月全线通报制度，督促参建各方不断优化施工组织和强化现场管理，保持快速推进的良好势头。

4. 加大设计管理力度

定期召开设计工作协调会，及时解决出现的具体设计问题，建立设计问题库，及时进行督办落实，对久拖不决的重大设计问题直接向设计单位反馈并跟踪落实，从而提高设计单位配合效率，促进现场对设计问题的协调处理和及时供图，从源头上为加快工程推进提供了设计保证。

四、在投资效益管理上坚持高标准

一是以预算控制为重点，强化概算的约束力，实施降低项目投资成本策略，在筹资成本、概算控制等方面努力降低建设成本。

二是严格验工计价，通过硬化合同、固化程序、强化审核来规范验工计价工作，做到验工根据现场，计价根据合同和验工,实现技术与经济相渗透,管理控制与财务内控相结合,工作量审查与价格审核相衔接。

三是完善合同管理,合同管理上做到分工履责到位、管理制度健全、控制程序完善、履约结果考核,保证合同文件的合法性和规范性。

四是优化施工组织,努力减少不必要的工程量,坚决避免废弃工程,严格控制建设用地,合理控制征迁造价,严把特殊用地确认关,优化施工组织。

五、在环水保控制上坚持高标准

树立可持续发展观,在环境问题、水土保持上坚持最大限度保护、最低程度地影响,确保浦梅铁路绿色环保,浦梅铁路工程建设指挥部注意处理好施工建设与资源、环境的关系,把环保、水保纳入监督控制范围,从制度体系建设、施工方案审批、环保措施落实、内业资料整理、环境清理恢复等环节进行监督把关。浦梅铁路工程建设指挥部认真落实工程措施和环保投资,要求设计单位做工程设计变更时要及时做好环水保专项补充设计,要求各施工单位不断创新施工工艺、工法,做好弃(土)渣场的防护工作,加强植被保护,及早启动排水、绿化工程,减少对环境的污染,降低噪声影响,浦梅铁路工程建设指挥部委托专业咨询公司开展水土保持动态监测,积极配合有关职能部门开展环保、水保专项检查,及时下达检查情况通报和整改要求。

六、在技术创新上坚持高标准

本着严谨求实的科学精神,认真贯彻落实铁路工程技术的新规范、新标准,扎实做好各项技术评审工作,确保相关技术标准得到有效执行。同时,注重抓好对先进技术的引进和消化吸收、难点问题的科研攻关。例如:在连续梁、站房等复杂工程中积极推广应用 BIM 新技术成果;组织专家对长大隧道、特殊结构桥梁施工等进行技术攻关;进一步优化各专业施工组织设计。牢固树立"以工装保工艺,以工艺保质量,以质量保安全"的质量安全理念,提高浦梅铁路隧道施工机械化、专业化、工厂化、信息化水平,规范隧道施工成套工装配置使用,确保隧道施工质量。

第五节　"四化"支撑

以机械化、专业化、工厂化、信息化为支撑手段,加强建设过程管理,全面提升项目管理质量和效率。

一、机　械　化

充分发挥机械化施工作用,规范作业流程,提高施工效率,落实质量标准,保障施工安全。

在武调隧道、武调 1 号隧道、莲花山隧道、峰果岭隧道、笔架山隧道、将军亭隧道、牛峒山隧道等隧道配备凿岩台车进行开挖掘进作业,采用机械手对隧道湿喷初期支护混凝土,使用液压带弧模移动栈桥进行仰拱施工,采用防水板铺挂台车进行防水板铺挂作业,采用全断面带模注浆二次衬砌台车施工二次衬砌混凝土,采用一次成型模具施工水沟电缆槽;桥梁工程桩基施工采用钻孔桩结构,所有混凝土施工均采用输送泵车作业;梁体张拉、压浆等作业全部采用机械作业,保证了工程质量;架设、运输梁片均采用大型机械设备作业,安全可控;铺轨工程、"四电"工程等全部采用机械化作业,人工辅助实施,全线线路质量优良。

二、专　业　化

在工程项目全过程实施专业化管理和专业化施工。针对隧道,特别是邻近昌福线的小间距隧道(武调隧道和武调 1 号隧道)以及莲花山隧道、峰果岭隧道、笔架山隧道、将军亭隧道、牛峒山隧道等,以及下江村特大桥岩溶桩基、铺轨架梁工程、站房、既有建宁县北和冠豸山站接入施工和"四电"工程等专业化极强的施工作业,督促施工单位全部安排专业化施工作业队伍,实施专业化管理和专业化施工,确保了工程质量可控和施工安全稳定。

三、工 厂 化

实施标准化建厂,每个标段根据实际需要,按照工厂建设标准,因地制宜,对各工厂制定专项施工组织设计,明确具体建厂方案,并由浦梅铁路工程建设指挥部按方案组织验收。

对钢筋加工工程、钢结构加工工程、混凝土生产作业、T梁预制作业、小构件预制作业、线路轨排加工作业等工序,全部实施工厂化作业。将双块式轨枕、防护栅栏、预制桥上电缆沟槽及盖板、桥梁栏杆、步行板等采取工厂化集中生产加工,确保了工程质量稳定可靠。

四、信 息 化

积极运用现代网络、通信、电子设备等信息技术手段为载体,实时了解掌握项目进展情况,对施工过程进行有效监控和管理。

通过铁路工程管理平台,对各标段的施工组织、试验室和混凝土拌和站、检验批验收、隧道围岩监控量测、隧道开挖安全步距、信用评价、监理人员等建设各项环节进行监控,全面实施了信息化管理,及时掌控各类信息,确保了发现问题得到及时处理,铁路建设信息化考核结果均位列国铁集团各项目前茅。

自主开发浦梅铁路实体质量第三方检测信息系统,共享检测信息,监控检测工作实施和检测问题整改,实现检测问题整改闭环,确保工程实体质量。

实行监理人员动态管理,配备监理人员监控仪,全天候掌握监理人员动态,督促监理人员认真履行监理职责,强化监管力度。

第四章 设计管理

浦城至梅州铁路建宁至冠豸山段建设过程中主要从预可研与可研阶段、勘察阶段、初步设计阶段、施工图设计阶段以及项目实施阶段五个阶段进行设计管理。

一、预可研与可研阶段

按照原中国铁路总公司有关文件精神,浦梅铁路工程建设指挥部积极介入建设管理前期工作,协同设计单位听取地方及有关部门意见,配合设计单位摸清影响线路方案的外界环境,研究绕避重要建筑(或文物)、风景名胜区、自然保护区、基本农田保护区、军事设施、不良地质地段等,参与协调、解决影响线位的重点问题,分析对路外工程设施的影响并提出处理措施,组织设计单位尽快完成立交桥设置、征地拆迁、三电迁改、管线等地上、地下构筑物改移等方案论证和迁改方案并签订协议。

二、勘察阶段

为确保浦梅铁路(建宁至冠豸山段)工程地质勘察质量,规范工程地质勘察工作,在定测阶段和补充定测阶段实行工程地质勘察监理。工程地质勘察监理单位由浦梅铁路工程建设指挥部通过招标确定,并签定《工程地质勘察监理合同》。工程地质勘察监理实行报告制度、例会制度、考评及奖惩制度、资料管理制度等。

三、初步设计阶段

初步设计初审工作是建设管理的重要环节,浦梅铁路工程建设指挥部充分运用"业主＋咨询＋监理＋施工项目部"管理模式的优势,发挥咨询机构的作用,有力地加强了设计咨询工作。

1. 设计咨询制度

根据浦梅铁路工程建设指挥部制定的《初步设计初审管理实施细则》,工程咨询单位按照工程咨询合同和有关规定,履行工程咨询工作义务和责任,咨询单位对以下内容进行重点咨询:(1)工程系统设计、技术标准、使用功能;(2)设计采用的标准图、通用图及参考图;(3)总体设计原则、专业设计细则及专业接口设计原则;(4)重点难点工程;(5)重大施工方案、施工措施及施工工艺;(6)其他有必要的工程项目。

2. 初步设计初审

初步设计文件初审工作,采用先进的运输管理模式,使用先进、成熟、经济、适用、可靠的技术、工艺、设备和材料,体现"提高质量、节省投资、保护环境"的总体要求。

浦梅铁路工程建设指挥部在收到初步设计文件后,及时组织各部门专业技术人员进行初审。同时将设计文件转送给咨询单位;咨询单位立即组织有关技术人员进行预审,形成书面预审意见。形成指挥部正式初审意见及修改后,初步设计文件上报南昌局集团公司相关部门。初步设计文件审查批复后,浦梅指挥部组织设计单位按批复意见开展施工图设计,并将批复意见抄送审核单位。

四、施工图设计阶段

浦梅铁路(建宁至冠豸山段)建设是在利用我国已有研究和经验、总结设计和咨询成果的基础上,借鉴、吸收国内外铁路建设的先进技术和成熟经验,结合在建铁路工程和技术发展的具体情况,高标准、高起点进行设计和咨询。浦梅铁路在设计阶段严格贯彻设计规范,为确保建设优质铁路奠定了良好的基础。

五、项目实施阶段

1. 严格施工图审核程序，确保施工图质量

为加强浦梅铁路项目施工图审核管理工作，根据原中国铁路总公司《铁路建设项目施工图审核管理办法》(铁总建设〔2014〕299号)、原铁道部《铁路建设项目施工图审核管理指南（试行）的通知》(工管审〔2010〕76号)文件要求和建设管理单位对施工图审核现场核对的要求，浦梅铁路工程建设指挥部制定了《浦梅铁路工程勘察设计单位施工图评价实施细则》，每半年对施工图进行一次考核，并将考核结果上报相关部门。通过对设计院施工图审核，提高了施工图质量，加快了施工图设计速度。咨询方严格落实施工图审核程序，严把施工图质量关，确保施工图质量满足浦梅铁路技术标准要求。

2. 强化施工图现场核对，完善施工图设计

为加强浦梅铁路建设管理，最大限度地纠正和避免因施工图与现场实际不一致及工点设置不合理而造成的损失乃至造成工程隐患，依据施工承发包合同规定，施工单位应对承包标段内线、桥、隧、涵、路基工程在工点开工前进行施工图现场核对，完善施工图设计，确保工点设置合理，强化使用功能，合理使用投资。未经现场核对、完善的工点不予开工。

3. 依法办理变更设计，强化过程控制

依据《铁路建设项目变更设计管理办法》(铁建设〔2012〕253号)、《南昌铁路局铁路大中型建设项目变更设计管理细则（暂行）》(南铁建设发〔2012〕613号)，制定了《浦梅铁路变更设计管理实施细则》，并于2020年印发了《关于修订变更设计管理实施细则部分条款的通知》(浦梅指工〔2020〕91号，明确了变更设计管理工作的程序和相关部门及人员的职责。

第五章　质量与安全

第一节　质量体系的建立与运行

为规范、系统地加强浦梅铁路工程建设的质量管理工作,实现"一流的工程质量、一流的装备水平、一流的运营管理"建设目标,根据国家、国铁集团等有关基本建设的法律、法规、规章及标准规定,结合浦梅铁路具体情况,贯彻"高标准、强基础、严程序、勤思考、重落实"建设理念,建立了浦梅铁路工程质量管理体系。

一、科学制定质量方针、质量目标

浦梅铁路的质量方针为:坚持"百年大计,质量第一"的方针,科学管理,精心施工,有的放矢,目标明确,确保工程质量。质量目标见第一篇第一章第二节。

二、设立质量管理机构,加强组织领导

为加强质量管理工作的组织领导,浦梅铁路工程建设指挥部成立了浦梅铁路工程质量管理领导小组,组成成员如下:组长为浦梅铁路工程建设指挥部指挥长;副组长为浦梅铁路工程建设指挥部副指挥长;组员为浦梅铁路工程建设指挥部各部门部长,设计单位项目总体,监理单位项目总监、副总监,施工单位项目指挥长。领导小组下设办公室,办公室设在浦梅铁路工程建设指挥部安全质量部,负责日常质量管理工作。

三、健全质量管理制度,落实质量责任制

为了实现浦梅铁路工程建设的质量总体目标,浦梅铁路工程建设指挥部认真贯彻执行国家、福建省、国铁集团等有关质量管理规章、标准及其他规范性文件,并建立了质量管理制度。

质量管理制度包括:工程质量监理制度、地质勘察监理制度、工程质量试验检测制度、工程质量检查制度、工程质量创优规划、工程质量事故报告和调查处理制度、样板示范工程管理等。为进一步明确质量责任,让质量责任管理有具体的实施依据,符合工程现场的管理要求,浦梅铁路工程建设指挥部组织制定了一系列规范性文件等。

浦梅铁路工程建设指挥部把质量目标和责任分解落实到设计、施工、监理单位、第三方检测单位,按照目标管理、分级管理、持续改进和闭环管理的方式,明确每个参建人员在整个质量控制体系中的职责。从合同明责入手,把好质量责任关,督促各参建单位落实好逐级负责制、岗位责任制。加强对监理单位的管理,定期召开监理例会,组织对全线监理人员进行业务考试,定期开展对监理工作的检查。

四、推广成套工装,以工装保工艺,以工艺保质量

牢固树立"以工装保工艺,以工艺保质量,以质量保安全"质量安全理念,规范浦梅铁路施工成套工装配置使用,同时提高浦梅铁路施工机械化、工厂化、专业化、信息化水平,确保浦梅铁路施工质量。

(1)依据《铁路隧道工程机械配置技术规程》(Q/CR 9226—2015)和《中国铁路总公司工程管理中心关于推广铁路隧道衬砌施工成套技术的通知》(工管质安函〔2016〕233号)要求,结合浦梅铁路实际,浦梅铁路工程建设指挥部成立浦梅铁路隧道工程施工成套工装配置使用推进领导小组,由浦梅铁路工程建设指挥部指挥长担任组长,浦梅铁路工程建设指挥部副指挥长担任副组长,各部门负责人为组员。浦梅铁路所

有隧道工程根据不同的规模和管理要求按标准级、强制级、加强级共三个等级施工成套工装配置,浦梅铁路工程建设指挥部安质部、工程部负责日常检查、推进、管理,组织工装验收、检查、考核、观摩、过程应用改进,保证工装正常使用,达到"以工装保工艺,以工艺保质量,以质量保安全"的目标,确保隧道施工质量及开通运营安全。

(2)根据《铁路总公司工管中心关于推广应用悬臂浇筑连续梁相关施工工艺的指导意见》(工管桥隧函〔2017〕142号),浦梅铁路工程建设指挥部组织参建各方利用BIM技术对浦梅铁路悬臂浇筑连续梁进行了深化设计,根据BIM技术模型加工的预应力管道定位全截面刚性井字架、腹板定位钢筋工装、梁体纵横向钢筋卡具、预留下料通道等工装。

(3)推广新工装、新工艺,有效解决了悬臂浇筑连续梁梁底预埋支座、临时支墩、防落梁等预埋件和预应力管道与普通钢筋碰撞,上下钢筋不对齐,没有混凝土上下料通道和振捣通道,造成混凝土离析,混凝土养护不到位,容易出现梁体混凝土捣固不密实、空洞、蜂窝麻面和板底钢筋、预应力管道外露等质量问题。示范工点九龙溪大桥0号块混凝土浇筑后,对混凝土浇筑质量进行外观敲击检查,并通过CT成像检测检查混凝土内部质量,检查未发现质量缺陷问题。

五、全面实施质量安全红线管理

(1)坚守质量和安全底线和红线思维,强化过程控制。浦梅铁路工程建设指挥部按季度红线检查计划,根据月度情况细化制定月度红线管理检查计划,严格按照"五定、三统一、一查处"检查制度开展红线管理检查处理工作。重点检查包括:路基填料、锚杆框架梁施工质量、路基边坡防护预应力锚索、隧道衬砌施工质量;施工单位进场履约情况;内外业资料;红线问题整改落实情况。发现问题及时建立问题库督促整改闭环,并按有关文件规定予以处理。

(2)狠抓质量安全红线问题整改。浦梅铁路工程建设指挥部指挥长牵头主抓,各参建单位第一负责领导亲自上手,强力推进红线问题整改。加强钢材、砂石、外加剂、防水材料等原材料质量控制,严格采购、进场、试验等环节把关。针对存在的隧道施工部分二次衬砌厚度、强度不足等质量安全红线问题,督促施工单位采取有力措施,加强现场质量安全管理,改进现场施工工艺,减少此类红线问题发生。

(3)严格质量安全红线管理考核。以"零容忍"的态度查处质量安全红线问题,及时修订完善红线管理实施细则,以信用评价、激励约束、质量安全红线考核等为抓手,严格进行检查考核,对屡查屡犯施工单位及负责人严格纳入信用评价相关考核,必要时发函施工单位,约谈问题责任单位相关领导。

六、以过程控制为主,把好质量检查检验关

坚持以监理监控为主导,并实行工程质量第三方检测等方式进行质量控制。强化对关键工序的质量过程控制,保证重点结构部位、关键工序质量专人把控。同时浦梅铁路工程建设指挥部组织设计、施工、监理单位对各标段的总体施工方案和重点工程施工方案进行审查,对其质量安全的可靠性进行科学的分析、评估,对可能存在的质量安全隐患进行分析、论证,并采取积极措施,确保质量安全可控。

为确保质量,实施第三方检测。为公正、合理地评价铁路建设工程质量,根据有关要求,浦梅铁路实行工程实体质量、消防工程质量第三方检测。具体检测项目如下:

1. 路基工程

(1)软土地基处理质量

主要采用低应变、取芯等方法检测多向水泥搅拌桩、旋喷桩等桩身质量,采用重型动力触探、平板载荷试验检测复合地基承载力。

(2)路堤和过渡段填筑质量

主要采用各种土工试验方法检测路堤、桥梁、涵洞等过渡段填料压实度,包括压实系数、K_{30}等。

(3)挡护工程砌筑质量

主要采用地质雷达等检测挡墙墙体厚度、背后回填密实度等。

2.桥梁工程

主要对基桩混凝土的均质性和完整性进行检测,根据不同的基桩类型,采用低应变或超声波透射法检测基桩的完整性。

3.隧道工程

主要采用地质雷达法对隧道衬砌及隧底混凝土的厚度、背后回填密实度和脱空程度等进行检测。

4.各类抗滑桩

采用超声波透射法检测各类抗滑桩的完整性。

5.消防工程

(1)主要对铁路站房、生产生活用房、四电、隧道等建筑消防设施检测,包含:火灾自动报警系统及联动控制系统、自动喷水灭火系统、消火栓给水系统、气体灭火系统、防火分隔设施、防排烟设施、火灾应急照明及疏散指示系统、消防水炮系统等。

(2)主要对铁路站房、生产生活用房、"四电"、隧道等建筑电气消防安全检测,包含:室内配线、插座、开关、配电箱(盘)和开关箱、照明装置等。

在检测工作过程中,浦梅铁路工程建设指挥部加强对第三方检测单位的工作管理。根据第三方检测的招投标文件和合同,加强第三方检测单位的进场核查工作,重点对进场人员、仪器设备、检测大纲的检查。第三方检测单位在检测工作开始前,设立了检测项目部,建立了比较完善的各项工作制度和管理制度,按投标承诺及时投入相应的人员、仪器、设备、设施等,满足招投标文件和现场检测工作的实际需要。在检测工作过程中,检测人员遵纪守法、廉洁自律、诚实公正、实事求是,在检测工作开展时,能及时通知施工单位和监理单位到场旁站。其中,监理单位相关人员在检测工作现场做了旁站记录,并在检测记录上签署见证人名字,保证了检测过程的客观公正性;检测单位及时出具检测报告,按时上报浦梅铁路工程建设指挥部检测报表,并将检测结果、质量问题的分析判断结果及时反馈给浦梅铁路工程建设指挥部安全质量部、施工单位和监理单位。对检测中发现的质量问题和隐患,第三方检测单位立即报告浦梅铁路工程建设指挥部安全质量部,浦梅铁路工程建设指挥部及时组织各参建单位召开专项研讨会,对质量隐患和问题进行深入分析,责成有关单位制订整改方案按要求组织整改。浦梅铁路工程建设指挥部不定期召集各参建单位召开检测工作会议,对检测过程中存在的问题进行集中分析、研究、解决,确保第三方检测工作顺序开展。

七、加强原材料管理,把好原材料质量关

浦梅铁路工程建设指挥部制订物资供应、招投标等管理办法,严格按招标文件对材料、设备供应单位进行资质审查,选择信誉好、有质量保证能力的材料、设备供应单位。施工单位采购材料、设备前必须向监理单位报送产品有关质量检验资料,经监理单位考察确认;对工程中采用的新材料、新设备,均要求提供技术鉴定资料,经浦梅铁路工程建设指挥部、咨询、设计、监理单位审查批准后方可使用。各施工单位加大原材料自控力度,加强对原材料进场的检测和检验工作,严格按相关文件、规范要求对进场材料进行检验,所有进场材料必须具有出厂合格证、质量检验报告,严禁不检验就使用或先使用后检验或使用不合格的原材料。监理单位严格履行监控职责,切实按相关文件、规范要求,做好材料进场的平行及见证检验工作,从源头抓好质量控制,杜绝不合格原材料、设备进入施工现场。对检测不合格的原材料,监理单位要进行全程跟踪,并督促施工单位及时清退,杜绝未经检验或检验不合格的原材料使用到工程建设中。浦梅铁路工程建设指挥部对使用不合格站房钢结构构配件、不合格电缆、强度不满足设计要求的型钢及钢筋、不合格的水泥、不合格的减水剂、含泥量超标或级配不符合要求的砂石料、质量不合格的防水板,涉及质量安全红线问题的单位,严格进行考核处理。

第二节 质量事故的处理与闭合

一、质量事故的处理

(1)发生质量事故,施工单位应立即停止施工并采取有效的安全措施,并按规定及时上报。

(2)浦梅铁路工程建设指挥部组织设计、施工、监理等单位在进行调查、分析、诊断、测试或验算的基础上,对处理方案予以审查、修正,按规定报批同意后,方可下达指令恢复该项工程施工。

(3)工程质量事故的责任划分和处理,按国铁集团规定办理。

(4)凡对质量事故隐瞒不报,拖延处理或处理不当及未经监理工程师同意擅自处理的,对事故部分及受影响部分视为不合格,不予验工计价。

二、质量事故的闭合

监理单位全方位跟踪、旁站质量事故整改闭合的全过程,施工单位整改完成后由监理单位初验检查合格后,再报浦梅铁路工程建设指挥部验收,浦梅铁路工程建设指挥部验收合格后,施工单位将整改过程资料报送浦梅铁路工程建设指挥部存档。

第三节 安全体系的建立与实施

为规范、系统地加强浦梅铁路工程建设的安全管理工作,在工程建设过程中,浦梅铁路工程建设指挥部就根据国家、福建省、国铁集团等有关基本建设的法律、法规、规章及规定,结合浦梅铁路具体情况,建立了浦梅铁路工程安全管理体系建设。

一、设立安全生产管理机构,强化组织领导

为加强安全生产管理工作的组织领导,浦梅铁路工程建设指挥部成立了安全生产管理领导小组,组成成员如下:组长为浦梅铁路工程建设指挥部指挥长;副组长为浦梅铁路工程建设指挥部副指挥长;组员为浦梅铁路工程建设指挥部各部部长,设计单位项目总体,监理单位项目总监、副总监,施工单位项目指挥长。领导小组下设办公室,办公室设在指挥部安全质量部,负责日常安全生产管理工作。

二、健全安全生产管理制度,落实安全责任制

为了实现浦梅铁路工程建设的安全总体目标,浦梅铁路工程建设指挥部认真贯彻执行国家、福建省、国铁集团有关安全生产的法律、法规、规章和标准及其他规范性文件,并建立了安全生产管理制度。

浦梅铁路工程建设指挥部建立了系列安全管理责任规范性文件,进一步落实安全生产责任制,让质量安全管理实施有具体依据。建立安全检查制度,落实重大安全危险工点包保责任制,督促各方履行责任,严查处理现场作业过程安全质量问题。

三、安全风险管理

根据事故发生的概率和后果程度,将风险等级分为低风险、中风险、高风险和极高风险四个等级。针对不同级别,分级制定规避的对策措施,将所有风险控制在可接受的范围内。

(1)在设计阶段,设计单位开展隧道、桥梁、路基、站场、房建等专业在特殊地质、环境条件下对工程本身及周边环境、建筑、道路交通、危险源、各种管线、铁路既有线和临近既有线等的风险评估与管理。

(2)在施工阶段,施工单位,结合实施性施工组织设计,对高风险隧道、大型基坑、高陡边坡、特殊结构桥梁、邻近营业线及营业线施工、房建工程、涉及高速铁路、三级及以上道路、地质灾害等以及其他高风险工点进行风险评估。

（3）浦梅铁路工程建设指挥部对工程建设安全风险实行动态管理,每月初定期公布当月的安全风险点,明确参建各方包保人员。浦梅铁路工程建设指挥部制订安全风险工点干部包保制度,对安全高风险工点实行领导干部包保,对中度及以上级别的安全风险工点实行领导干部及人员包保制度,确保责任落实到人。施工、监理单位相应制订安全风险工点包保制度,实行包保。

（4）安全风险工点定期检查制度。浦梅铁路工程建设指挥部指挥长对安全高风险工点的检查每月不少于1次,分管副指挥长对安全高风险工点的检查每月不少于2次,部门负责人对安全高风险工点的检查每月不少于2次,对安全中度风险工点的检查每月不少于1次。

四、加强安全现场检查

隧道方面:重点核查超前地质预报和围岩变形监测实施情况,设计文件和施工规范执行情况,富水等特殊地质地段施工方案的编制和审批情况,涌突水风险应急预案和应急演练等。营业线方面:严格施工安全"四条红线",落实营业线施工"责任状、严方案、硬隔离、把好门、机专控、双确认、重追责"二十一字要求,重点检查施工"三会"制度落实情况,施工组织、施工准备情况,作业人员培训情况以及防护体系、安全交底等,严厉整治无计划、超范围施工等严重违章行为。桥梁方面:重点对照工管中心提出的工艺要求,重点检查现场技术交底制度落实情况,以及钢筋绑扎、支撑体系、脚手架支架搭设、模板支立、混凝土浇筑等方面的安全措施落实情况。大型设备方面:重点检查设备进场验收情况、设备走行、吊具、支撑体系、控制系统等关键部位和结构安全稳定情况、检查设备人员持证上岗以及培训考核情况、检查专项安全措施落实情况等。安全组织、安全教育培训等方面:重点检查安全生产责任制和目标是否建立,考核制度是否得到贯彻执行,安全技术操作规程是否满足现场需要,安全管理机构设置和人员配置、企业安全生产费用提取和使用、教育培训、现场防护等方面是否存在问题。专项施工方案、技术交底等方面:重点检查施工组织设计中的安全技术措施、危险性较大的工程专项施工方案编制、方案审核论证审批等情况以及管理人员及作业人员的技术、安全交底情况。应急管理方面:重点检查应急预案制定、应急救援组织及人员、应急救援器材和设备、定期应急演练等情况。

五、全面排查整治外部环境隐患问题

高度重视浦梅铁路外部环境安全隐患整治工作,切实增强外部环境安全整治的政治责任感和现实紧迫感,坚持问题导向、依法合规、全面排查浦梅铁路外部环境安全隐患,确保安全。重点排查是否存在:下穿、并行线路油气管线;沿线危险品场所;上跨电力线;邻近铁路上方弃渣场;邻近杆塔等影响运营安全的外部环境问题。

加强领导,形成合力,整治隐患。各单位、各部门积极主动对接设备管理单位和沿线地方政府,扎实推进外部环境安全隐患排查整治工作,全面对照《铁路安全管理条例(征求意见稿)》(2013)、南昌局集团公司《铁路外部环境安全管理实施细则》等相关法律法规和标准规范,明确责任部门和责任人,按要求整治时限完成外部环境安全问题整治销号。

六、加强组织领导,做好防洪防汛工作

浦梅铁路参建各方都建立了防台风、洪涝、地质灾害、防火、防酷暑等应急预案,构建了从浦梅铁路工程建设指挥部至参建单位上下对接完整的应急管理体系,当发生各种突发事件时,及时启动应急预案,组织防范到位,积极参加既有线抗洪抢险,确保人员、设备和财产安全。

浦梅铁路工程建设指挥部成立防洪工作领导小组,组长由浦梅铁路工程建设指挥部指挥长担任、副组长由副指挥长担任,组员由浦梅铁路工程建设指挥部各部门负责人、监理单位项目总监、副总监及各施工单位指挥长等组成。防洪工作领导小组办公室设在浦梅铁路工程建设指挥部安全质量部,负责组织和布置防洪相关工作,同时各参建单位根据浦梅铁路工程建设指挥部要求成立了防洪抢险组织领导机构,明确

分工,落实责任。突出重点,开展自查,整改隐患。汛期来临时,浦梅铁路工程建设指挥部组织各参建单位对不良地质地段、排水设施、现场临时设施及施工影响防洪地段等可能诱发灾害的处所进行全面检查,突出以下重点:

(1)隧道洞口:隧道洞口地段覆盖层较薄,长时间暴雨对地表土(岩)体的冲刷、渗透等,极易造成洞顶仰坡坍塌,要求施工单位提前做好洞顶仰坡的天沟排水及地表封闭措施。当出现连续性的暴雨,24 h不间断地观察隧道洞口周边山体的变形情况,防止滑坡、泥石流等灾害的发生。

(2)排水系统:施工区域、生活区(包括弃渣场)等排水系统应保持畅通,并充分考虑满足暴雨所形成的最大流量,未达到要求的,要提前加大排水沟断面。

(3)桥梁基础施工现场:对桥梁基础施工现场进行检查,下雨时要密切关注河道上游降雨情况,采取预防措施,避免因暴雨、洪水淹没基坑、冲毁机械设备及人员材料;汛期高峰时不得占用河道进行施工,施工弃渣等不得占用排洪通道。

(4)河流上桥梁作业:每次台风、暴雨来临前,施工、监理单位都要提前检查施工栈桥、各种大型施工设备及脚手架等,不牢固的必须采取加固措施。

(5)路堑边坡:在雨前、雨中和雨后,都要组织对路堑边坡的检查,发现路堑边坡坍塌及路堤边坡滑移情况时,及时采取相应加固措施。

(6)营业线施工现场:按南昌局集团公司要求开展汛期营业线安全检查,杜绝发生工程施工安全管理失控而影响营业线安全的事件。

按照防范应急预案,做好防洪抢险准备工作。浦梅铁路工程建设指挥部要求各参建施工、监理单位在汛期来时,按照防洪预案,做好防洪抢险队伍的落实和防洪救灾物资储备。

监理单位加强防洪期间现场检查。各监理单位认真检查施工单位防洪措施落实情况,发现问题立即责令整改,并跟踪整改情况,对高风险隧道、跨道路和河流桥梁施工,安排有经验的监理人员现场巡查把关。

第四节　安全事故的调查与处理

新建浦城至梅州铁路建宁至冠豸山段施工期间没有发生安全事故。

第五节　质量安全事故的教训与建议

一、质量事故的教训与建议

浦梅铁路建设期间虽然未发生质量事故,但也存在一些质量管理方面问题需要今后改进:

(1)存在施工单位现场技术管理人员教育培训不到位,质量意识淡薄,未能及时发现现场质量问题现象。

(2)存在施工单位作业指导书指导性不强,逐级交底流于形式现象。

(3)存在隧道衬砌厚度不足、衬砌混凝土强度不足等质量安全红线自检问题重复发生现象。

(4)存在监理单位履职不力,未认真履行监理现场检查职责,未及时发现施工过程质量问题现象。

二、安全事故的教训与建议

浦梅铁路建设期间虽然未发生安全事故,但也存在一些安全管理问题需今后改进:

(1)存在施工单位现场作业人员安全教育培训不到位,现场作业人员营业线安全意识淡薄现象。

(2)存在施工单位安全施工管理不到位,未对作业队伍及班组进行盯控管理现象。

（3）存在监理单位现场监理人员巡查监管不到位现象。

（4）存在施工单位安全红线意识缺失，缺乏对施工安全红线的敬畏，未正确处理施工作业与行车安全的关系，在无施工作业计划的情况下擅自组织人员违章作业现象。

（5）存在施工单位未扎实开展施工作业隐患排查整治，未对本单位施工作业安全管理及现场控制进行全面检查现象。

（6）存在施工单位未落实安全技术交底制度，且对现场作业失察失管现象。

第六章 施 工 组 织

第一节 施工组织设计管理

浦梅铁路深入贯彻落实国铁集团"交通强国、铁路先行"的战略部署要求,围绕工期总目标,以施工组织设计为核心,以铺架工程、重难点控制性工程两条主线统筹安排推进计划,实时分析现场剩余工程及工期节点卡控情况,制定了一系列推进现场施工的考核办法及措施,为促进浦梅铁路安全、优质、高效、有序推进提供了有力保障。

一、办法先行,考核有力,管控有序

1. 质量目标制定考核办法,建立考评体系

依据《铁路工程施工组织设计规范》(Q/CR 9004—2018)和信用评价、激励约束考核的有关规定,结合浦梅铁路工程建设具体情况,制定了《浦梅铁路实施性施工组织设计动态管理考核办法》(简称《办法》)。《办法》中细化了考核内容和考核标准,明确了具体的考核指标及结果运用,体现了奖优罚劣的目的,保证了考核的公正性、公开性、公平性。

2. 实施性施组实行动态管理,推行分色分级管理制度

浦梅铁路工程建设指挥部每季度末对每个标段剩余工程实施性施工组织设计集中审查,结合双方签订的年度建设责任状,以审查纪要形式下达每个标段下一季度和分月施工任务,推行绿、黄、红分色分级管理制度(绿色—工程进度可控;黄色—工程进度基本可控,增加投入进度可赶回,不影响铺架顺利推进;红色—进度不可控,已影响铺架按计划推进,除增加投入外,需启动预案),动态评价各施工单位施工组织设计执行情况。每季动态评定各施工单位施工组织设计执行情况,对出现黄色等级的标段和工点,约谈施工单位集团公司的分管领导,督促其集团公司派驻工作组,加大资源投入,扭转被动局面;对出现红色等级的标段和工点,约谈施工单位集团公司的主要领导,更换项目经理,由集团公司分管领导带队驻点帮促。

3. 抓住关键,盯好控制性工程实时推进

一是将控制性工程纳入考核工点予以公布。如将武调隧道、武调1号隧道、莲花山隧道、峰果岭隧道、将军亭隧道、笔架山隧道、牛峒山隧道、岐山隧道等8座隧道及跨浦建高速大桥、跨泉南高速大桥、长潭河大桥、吉龙河大桥列为考核工点并发文予以明确。

二是明确考核指标,按照《铁路工程施工组织设计规范》(Q/CR 9004—2018)要求下达隧道各级围岩开挖进度考核指标。正洞工区:Ⅱ级 180 m/月,Ⅲ级 110 m/月,Ⅳ级 75 m/月,Ⅴ级 45 m/月,Ⅵ级 15 m/月;Ⅳ级注浆＋开挖:20 m/月,Ⅴ级注浆＋开挖:15 m/月;铣挖法开挖 15 m/月;控爆法开挖:Ⅱ级 90 m/月,Ⅲ级 60 m/月,Ⅳ级 45 m/月。斜井工区:Ⅱ级 160 m/月,Ⅲ级 100 m/月,Ⅳ级 75 m/月,Ⅴ级 45 m/月,Ⅵ级 15 m/月;Ⅳ级注浆＋开挖:20 m/月,Ⅴ级注浆＋开挖:15 m/月;铣挖法开挖 15 m/月;控爆法开挖:Ⅱ级 90 m/月,Ⅲ级 60 m/月,Ⅳ级 45 m/月。

三是颁布考核方法。考核分为月度及季度考核,月度考核每月考核一次,由建设指挥部工程部每月26日按各隧道各工区实际围岩级别(如有变更,以变更会审纪要为准)、该月实际天数、下达的分月任务或考核指标(每月为30天)核定该月计划应施工长度。将实际完成长度(截止到每月25日18:00)与计划应施工长度对比,计算任务完成率,按标段综合任务完成率进行排名。依照双方签订的年度建设责任状对节点工期兑现情况进行考核,奖超罚落。上月25日考核里程即为下月起点里程,考核每月公布一次。季度考核按照考核指标、实际围岩级别和剩余工程实施性施工组织设计审查确定季度任务目标,以当季末月

25日18∶00里程为准,计算各隧道各工区任务完成率,按标段综合任务完成率进行排名。依照双方签订的年度建设责任状对节点工期兑现情况进行考核,奖超罚落。月度及季度考核结果通报均报送南昌局集团公司和各施工单位集团公司。由于措施得当,考核有力,工期节点目标按审定的100%兑现。

4. 建立工程进度督导机制

当有标段实施性施工组织设计执行情况出现红色等级情况时,浦梅铁路工程建设指挥部启动剩余工程进度督导机制。一是成立剩余工程进度督导领导小组,剩余工程进度督导领导小组下设办公室,办公室设于建设指挥部工程部,由工程部负责制定具体的督导计划及措施;二是实行分片、分段、分专业督导,根据相应标段实际情况,分片、分段、分专业指定相应包保负责人,包保人员下工地检查协调原则上每周不少于三天;三是建立督导会议制度,每周一、周四晚19∶00召开剩余工程进度推进会,分析上一周期剩余工程推进情况,解决施工中存在问题,制定下一周期推进计划及措施。

二、优化方案、精心组织、攻坚克难

1. 方案精比选,工装专业化,高风险隧道如期贯通

浦梅全线共计51座隧道,高风险隧道多,施工难度大,风险控制压力大。全线重点卡控工程武调(3 300 m)及武调1号隧道(1 068 m),进口端邻近既有昌福线,与既有铁路隧道最小距离为2.7 m,设计采用铣挖法进行开挖施工,进度慢,成本高。建设指挥部从施工方案上进行优化,采用天窗点内"短进尺、弱爆破"的方案进行施工,同时请西南交通大学的专家对既有隧道的围岩应力、轨道状态、爆破振速、围岩变形等进行实时监测。根据爆破震速和围岩等级以及监测情况,及时调整控制爆破参数,直至邻近营业线间距10 m左右采用机械开挖。该方案依托"隧道衬砌成套工装"以及"信息化管理","高质量"地完成了隧道掘进进度,保证了既有线运营安全。最终武调隧道于2018年12月18日安全顺利贯通,施工进度较指导性施工组织设计工期提前了4个月。莲花山隧道全长10 497 m,是浦梅铁路最长隧道,是全线控制性重点工程,也是Ⅰ级管理风险隧道。具有施工风险高、施工难度大、工期要求紧等特点,在隧道施工过程中,浦梅铁路工程建设指挥部组织设计单位地路、隧道等专业紧密配合施工现场,针对各种不同的不良地质情况制定相应的处理方案,成功解决了断层涌水突泥技术难题,于2019年10月18日贯通,比施工组织设计计划提前2天。峰果岭隧道全长7 007 m,是浦梅全线第二长隧道。该隧道先后下穿G72高速公路、S204省道、民用房屋群和高压铁塔,隧道埋深27～37 m。该段地层岩性主要为板岩、变质砂岩夹炭质页岩。为保证施工安全、施工进度,避免对上方建(构)筑物、交通设施产生振动影响,采用控制爆破台阶法开挖,洞内采用超前大管棚+超前小导管+大外角超前注浆+局部径向注浆+全环工18型钢钢架(间距0.6 m/榀)等措施相结合,施工期间全程实施监控监测,房屋、道路、高压铁塔均无开裂、下沉现象,2019年12月12日安全顺利贯通,比施工组织设计计划提前8天。

2. 精心组织,协调各方,解决敏感问题

DK285+950～DK286+824、DK385+762～DK386+805、DyK393+605～+915等3段路基及下江村特大桥7号、28号、31号挖井基础开挖施工方案为爆破开挖,因施工区域两侧200 m内存在民房、养殖场、高压线(塔)、G319国道等建(构)筑物及交通设备,施工单位通过优化施工组织、改爆破开挖机械开挖,如使用D10开山机、水磨钻等设备,虽然增加了一些施工成本,但减小了噪声、振动、飞石的影响,降低了对群众生产、生活、出行的影响,避免了路地双方矛盾的发生,确保了施工有序开展,满足了工期节点要求。

3. 成立攻关组,攻坚克难,确保架梁通道

成立PM-5标岩溶攻关领导小组,定期召开PM-5标桩基施工技术研讨推进会,进行现场踏勘及技术研讨,组织参建各方有效指导并推进了张坊特大桥6号、7号、11号、12号墩,横坊大桥3号墩,丰城1号大桥2号、3号墩,下江村特大桥38号、45号墩,杨源车站大桥,黄坑特大桥等桥梁岩溶桩基施工,为困难桩基施工提供技术保障,如对张坊特大桥7-1号桩采取回填素混凝土控制漏浆发生频率成功成桩,将张坊6号、12号墩调整为门式刚架墩避开岩溶强烈发育地质区,调整下江村特大桥45-1号桩位并优化为2根桩减少岩溶处理工程量等措施。浦梅铁路岩溶桩基施工成桩技术攻关总结出四种处置方法:施

工前预加固注浆法、片石黏土堵洞筑壁法、混凝土灌注法、钢护筒跟进法等技术,确保桩基施工不挡架梁通道。

三、多措并举

1. 工程信息化,施工组织设计管控如虎添翼

浦梅铁路率先在南昌局集团公司局管项目启用铁路工程管理信息化平台施工组织设计管理系统,实现了施工组织设计动态管控、施工质量、安全管理与控制的协同集成。通过施工组织中的实施性施工组织设计的填写,完成数据转化为图像,形成甘特图和斜率图,直观地表现出建设项目施工的计划可行性;通过与进度形象化的进度对比,使实际施工进度与计划施工的关系一目了然,为参建施工单位及时调整施工组织设计,调整施工组织设计哪些部分提供了更直观准确的信息;通过各种数据在平台上的具体体现和相互影响,实现进度数据的可视化,为整个工程项目施工组织提供了真实、及时、正确的数据,使项目在施工过程中的决策有了更好的信息支撑,能够更清晰、更全面地完成各方面调整,真正做到了总揽全局、有的放矢、精准调整。提高了工作效率,避免传统模式的统计汇报造成的数据不够同步、看问题不够全面、工作决策不够及时的问题;通过施工日志数据实时录入、审核,系统将数据进一步整合并形象化,为施工组织提供了更及时、准确、直观的数据;通过信息化管理体系的建设、实施、保持和改进,确保了工程建设的各项过程和活动处于可控状态,从而实现施工组织的落实和生产质量、安全等预期目标的达成。

2. 样板引路,示范先行

2018 年 5 月 3 日,浦梅铁路工程建设指挥部会同南昌局集团公司建管处、工务部组织各项目建设管理机构、工务段和浦梅铁路参建单位观摩了九龙溪大桥连续梁施工现场;2019 年 8 月 15 日组织参建各方观摩水土保持示范工点及连城制存梁场;2019 年 10 月 29 日观摩无砟轨道、工程线调度系统等项目运用。各项观摩交流活动取得成效显著,得到了上级部门、各设备管理单位及参建各方的一致好评:一是发挥试验先行、样板引路作用,明确"以工装应用保安全质量"的要求及目标;二是通过全线各标段的学习,吸取好的经验教训,结合自身实际取长补短,有效解决了质量通病问题;三是让参建各方互相了解各自工程实施进度及效果,形成"你追我赶、你赶我超"的良好施工氛围;四是科学指导施工单位 BIM 技术深化运用,为施工单位创新连续梁、梁片预制施工工装和工艺提供了技术保障;五是提高各参建单位政治站位,强化安全质量意识;六是提高了参建各方环水保意识、履行浦梅环水保法定义务、完善各项环水保措施等手段,落实浦梅铁路生态文明建设。

第二节　指导性施工组织设计的特点与重大调整

一、指导性施工组织设计概况

1. 编制依据

(1)《铁路工程施工组织设计规范》(Q/CR 9004—2018);

(2)《国家发展改革委关于新建浦城至梅州铁路建宁至冠豸山段可行性研究报告的批复》(发改基础〔2016〕89 号);

(3)中国铁路总公司与地方政府的有关协议、纪要;

(4)《中国国际工程咨询公司关于新建浦城至梅州铁路建宁至冠豸山段(可行性研究报告)的咨询评估报告》(咨交发〔2015〕2976 号);

(5)《中国铁路总公司关于新建浦城至梅州铁路建宁至冠豸山段先期开工段站前工程初步设计的批复》(铁总鉴函〔2016〕62 号);

(6)《中国铁路总公司 福建省人民政府关于新建浦城至梅州铁路建宁至冠豸山段初步设计的批复》(铁总鉴函〔2016〕666 号);

(7)《中国铁路总公司工程管理中心关于新建浦城至梅州铁路建宁至冠豸山段站前工程施工图审核报告审查意见的函》(工管施审函〔2016〕182 号);

(8)《中国铁路总公司工程管理中心关于新建浦城至梅州铁路建宁至冠豸山段指导性施工组织设计审查意见的函》(工管工技函〔2016〕202 号);

(9)《中国铁路总公司关于新建浦城至梅州铁路建宁至冠豸山段建宁南站等 4 座车站站房、雨棚及相关工程修改初步设计的批复》(铁总鉴函〔2018〕834 号);

(10)《中国铁路总公司工程管理中心关于新建浦城至梅州铁路建宁至冠豸山段四电及相关工程施工图审核报告审查意见的函》(工管设函〔2019〕63 号);

(11)《国铁集团工程管理中心关于新建浦城至梅州铁路建宁至冠豸山段 4 座站房及相关工程施工图审核报告审查意见的函》(工管设函〔2020〕15 号)。

2. 编制范围

(1)新建浦城至梅州铁路建宁至冠豸山段正线 161.523 km。

①建宁县北站(含)至宁化站(不含)DK226+700～DK307+277.66(断链＝DK300+000),线路长度 79.342 km;

②清流站(不含)至冠豸山站(含)DK312+100～DK395+045.878,线路长度 82.181 km。

不含宁化站(含)至清流站(含)DK300+000～DK312+100,线路长度 12.1 km,本段按单线预留复线条件建设,纳入兴泉铁路。

(2)建宁县北站、冠豸山站疏解线以及引入车站配套改建工程

①建宁县北站疏解线工程:K226+700～SJDK232+050,线路长度 5.341 km;

②冠豸山站右线:DyK390+346～DyK396+848.02,线路长度 5.542 km;

③既有冠豸山站改范围:DK203+631～DK206+150。

3. 指导思想

在确保安全和质量的前提下,提供可靠的技术保障,稳步推进武调隧道、武调 1 号隧道、莲花山隧道、峰果岭隧道、岐山隧道以及濉溪大桥、跨浦建高速大桥、九龙溪大桥、吉龙河大桥等重点桥梁施工进程,见缝插针地组织好站后工程的施工任务,衔接好站前工程和站后工程接口关系,认真执行"高标准、讲科学、不懈怠"的要求。

4. 质量目标

质量目标:单位工程一次验收合格率 100%,工程质量零缺陷;无质量大事故及以上等级事故;开通速度不低于设计时速,全线一次开通成功;竣工文件真实可靠,规范齐全。

5. 安全目标

安全目标见第一篇第一章第二节。

二、总体施工安排和主要阶段工期

全线工程总工期计划为 54 个月,2016 年 12 月 1 日开工,2021 年 5 月 31 日全线建成。

(1)施工准备:3 个月,2016 年 12 月 1 日～2016 年 2 月 28 日。

(2)站前工程(含路基、桥涵、隧道及站场土石方):44 个月,2016 年 12 月 1 日～2020 年 7 月 31 日;

路基工程:19 个月,2016 年 12 月 1 日～2018 年 6 月 30 日;

桥涵工程:25 个月,2016 年 12 月 1 日～2018 年 12 月 31 日;

隧道工程(含无砟轨道):44 个月,2016 年 12 月 1 日～2020 年 7 月 31 日。

(3)铺架工程(含换长轨、应力放散、整道):15.5 个月,2019 年 9 月 1 日～2020 年 12 月 16 日。

①建宁南站制架梁基地:

建宁南～建宁县北(含疏解线)铺轨架梁:2019 年 9 月 1 日～2019 年 10 月 22 日;

建宁南～宁化(不含)铺轨架梁:2019 年 11 月 4 日～2020 年 8 月 18 日;

清流～冠豸山(含联络线)铺轨:2020年9月2日～2020年10月16日。

②连城站制架梁基地:

连城～清流公路架梁:2019年9月1日～2020年3月15日;

连城～冠豸山(含联络线)公路架梁:2020年4月14日～2020年8月31日。

③轨道后续工程

整道、换长轨、锁定:2020年4月1日～2020年11月15日;

轨道精调:3.5个月,2020年8月1日～2020年12月15日;

轨道打磨:1个月,2020年11月15日～2020年12月16日。

(4)四电工程:24个月,2019年3月1日～2021年2月28日。

(5)房建工程:24个月,2018年12月1日～2020年12月1日。

(6)竣工验收(含系统调试、试运行):3个月,即2021年3月1日～2021年5月31日。

三、指导性施工组织设计的特点

1. 根据总工期控制紧张的关键,加强组织,科学制定进度控制的关键路线,加快施工准备工作,早进场、早交地、早开工,及早形成规模和大干场面。在具体安排上:先行组织独立管线迁改和永临电力工程标段,为线下工程提供开工条件。

2. 根据建设标准高的特点,立足技术创新,组织优良资源投入,择优选择队伍,明确提出参建单位应配置的技术力量和设备类型数量,为高标准建设铁路奠定可靠的基础保证。根据桥隧比例大、新结构和新技术多的特点,针对性提出了施工方案和技术措施,既有利于进度控制,也保证了安全质量的根本。

3. 本线工程艰巨,结构复杂、技术标准高、系统集成化,体现在:桥梁工程量大、新技术含量多、施工难度高,长大隧道众多、风险大、工期紧,轨道工程标准高、控制难度大,房建工程过程繁杂、关联点多、影响面大。"四电"系统集成化,技术复杂、标准新、接口多,施工组织设计明确指出了这些关键点并提出解决措施和注意事项,对工程顺利施工起到有力的指导作用。

4. 建设绿色铁路、严格环境保护是新时期铁路建设体现"双碳背景"的重要指导思想,施工组织设计详细提出了措施和方案,结合标准化管理和文明工地建设,使这个重点工作在浦梅铁路整个建设过程取得理想的效果。

总体有以下的特点:

(1)路基分布广泛、沉降控制复杂

全线陡坡路堤、浸水路基(包括水塘、内涝路基等)、软土及软弱地基路堤(包括软土、松软土及低路堤)、不良地质路基(包括崩坍落石、顺层等)较多。

由于对沉降控制的严格要求,必须在填筑期及观测期进行精细的沉降变形观测并逐点评估。

(2)桥梁工程量大、新技术含量多、施工难度高

浦梅铁路共有新建桥梁152座共38.960 km。具有工程量大、新技术含量多、施工难度高的特点。

(3)长大隧道众多,风险大、工期紧

浦梅铁路共有新建隧道共计51座,全长58.776 km;全线最长的隧道为莲花山隧道。

隧道按新奥法原理组织施工,施工中应坚持超前预报、监控量测,实行风险管理,目的就是把好隧道安全施工关。隧道工程也是本线控制工期关键所在,是全线施工的重点控制工程。

(4)轨道工程标准高、控制难度大

正线轨道采用重型轨道标准,一次铺设跨区间无缝线路,按160 km/h速度标准控制,正线长度大于6 km以上隧道及武调隧道、武调1号隧道铺设弹性支承块无砟轨道外,其余均采用有砟轨道。铺设无砟轨道基础、精确调整定位、接头焊接、铺长轨条、应力放散和锁定等工序均采用新技术,施工专业性强,标准化程度高,铺轨工程是控制工期的工程。

（5）"四电"属工程后工序，工期紧

"四电"工程的大规模实施，必须在站前工程和站房工程基本完成之后，接触网的架设和精调、信号室外联锁设备安装必须在轨道工程铺轨初调完成后进行，牵引变、电力、信号、通信设备安装必须在房建完成后进行，室外联锁设备安装必须在道岔调整到位后进行。同时，"四电"工程必须进行各子系统的内部测试、调试，还需进行各子系统的联调。

四、指导性施工组织设计的重大调整

根据原中国铁路总公司《中国铁路总公司工程管理中心关于新建浦城至梅州铁路建宁至冠豸山段指导性施工组织设计审查意见的函》（工管工技函〔2016〕202号），浦城至梅州铁路建宁至冠豸山段初步设计批复工期54个月，2016年12月1日开工建设，计划2021年5月31日竣工。

根据《国铁集团工程管理中心关于新建兴国至泉州铁路、浦城至梅州铁路建宁至冠豸山段剩余工程指导性施工组织设计审查意见的函》（工管工调函〔2020〕33号）要求，南昌局集团公司组织研究了兴泉铁路兴国至清流段与浦梅铁路建宁至冠豸山段同步开通问题，建议浦梅铁路建宁至冠豸山段与兴泉铁路兴国至清流段于2021年9月同步竣工。调整后总工期58个月。

第三节　工期控制与节点工期

一、全线工程开、竣工时间

浦梅铁路于2016年12月全线开工建设，2021年9月30日开通运营。

2019年11月隧道主体工程全部完成，无砟轨道铺设2020年6月完成；2020年8月建宁县北站、冠豸山站站改完成；2020年12月完成全线铺轨；2021年6月四电工程完成；2021年6月房建工程完成；2021年8月10日静态验收完成；2021年9月30日开通运营。

二、节点工期安排及实际执行情况

浦梅铁路初步设计批复工期54个月，2016年12月1日开工建设，2021年5月31日竣工。

兴泉铁路与浦梅铁路同步开通，调整后工期58个月，2016年12月1日开工建设，2021年9月30日建成投产。

浦梅铁路批复施工组织工期与实际完成时间对照表见表2-6-1。

表2-6-1　浦梅铁路施工组织节点工期对照表

序号	工程项目	批复施组工期	实际完成时间	执行情况
1	路基工程	2018年12月31日	2018年12月31日	一致
2	桥涵工程	2019年12月31日	2019年12月31日	一致
3	隧道工程（具备铺架条件）	2020年7月31日	2020年6月23日	提前1.2个月
4	铺架工程	2020年12月16日	2020年12月16日	一致
5	"四电"工程	2021年6月15日	2021年6月15日	一致
6	房建工程	2021年6月15日	2021年6月15日	一致
7	静态验收	2021年8月10日	2021年8月10日	一致
8	动态验收	2021年9月10日	2021年9月10日	一致
9	初步验收	2021年9月13日	2021年9月13日	一致
10	安全评估	2021年9月19日	2021年9月19日	一致
11	开通运营	2021年9月30日	2021年9月30日	一致

第四节　重点控制工程工期控制

一、重点控制工程概况

全线控制工期工程有武调隧道、武调1号隧道、莲花山隧道、峰果岭隧道和岐山隧道等5座隧道，武调隧道、莲花山隧道、峰果岭隧道采取增加辅助坑道措施，濉溪大桥、跨浦建高速大桥、九龙溪大桥等大跨度桥梁需合理安排，以确保总工期。重点隧道施工组织设计方案表见表2-6-2。

表2-6-2　重点隧道施工组织设计方案表

序号	隧道名称	隧长(m)	辅助坑道设置方案	施工工区及工作面	工程总工期
1	武调隧道	3 307	单车道斜井1座，与正洞交于DK227+850，长252 m	出口、单车道斜井双向施工共3个工区4个工作面	35.5个月
2	武调1号隧道	1 080	无	进口、出口2个工区2个工作面	34.3个月
3	莲花山隧道	10 497	双车道斜井2座，1号斜井长708 m，2号斜井长1 182 m	进口、出口、2座双车道斜井4个工区6个工作面	38.9个月
4	峰果岭隧道	7 007	双车道斜井2座、横洞1座，1号斜井长152 m，2号斜井长514 m，横洞长190 m	双车道斜井2座、横洞1座，3个工区5个工作面	44.0个月
5	岐山隧道	1 065	无	进口、出口2个工区2个工作面	33.2个月

二、重点工程工期控制

1. 武调隧道

武调隧道位于三明市建宁县黄坊乡武调村，起讫里程DK227+428～DK230+735，全长3 307 m，洞身最大埋深约260 m。进口位于建宁县北站东南方向约0.7 km处，紧邻既有昌福线武调1号隧道右侧，两隧道中线最小线间距约为11.98 m，净距4.6 m，出口位于里西坑东北方向0.9 km处，与本次增建疏解线金溪隧道最小距离35 m。本隧道设置1座斜井，斜井与正洞交汇里程为DK227+850，斜井长度252 m，为单车道无轨运输形式。本隧按进口、出口、斜井共3个工区、4个工作面组织施工。主体工程贯通工期24.6个月，贯通里程DK229+135。

(1)进口工区：仅负责洞口工程施工，不承担暗洞施工任务。

(2)1号斜井工区：武调1号斜井全长252 m，与正洞交于DK227+850。

①1号斜井往进口：负责DK227+428～DK227+850段422 m主体工程施工任务，贯通工期22.5个月。

②1号斜井往出口：负责DK227+850～DK229+135段1 285 m主体工程施工任务，贯通工期24.6个月。

(3)出口工区：负责DK229+135～DK230+735段1 600 m主体工程施工任务，贯通工期24.3个月；

(4)无砟轨道等后继工程施工5个月。

即2016年12月1日至2019年5月18日，共计工期29.6个月。

2. 武调1号隧道

武调1号隧道位于三明市建宁县黄坊乡武调村，起讫里程SJDK227+428～SJDK228+508，全长1 080 m，洞身最大埋深约105 m。进口位于建宁县北站东南方向约0.7 km处，紧邻既有昌福线武调1号隧道左侧，线路中线与既有隧道线路中线最小线间距14 m，出口位于武调村。全隧按进口、出口共2个工区、2个工作面组织施工。主体工程贯通工期23.8个月，贯通里程SJDK227+750。

(1)进口工区：负责明洞段和SJDK227+517～SJDK227+750段233 m施工任务，贯通工期23.8个月。

(2)出口工区:负责 SJDK227+750～SJDK228+508 段 758 m 主体工程施工任务,贯通工期 23.7 个月。

(3)无砟轨道等后继工程施工 4.5 个月。

即 2016 年 12 月 1 日至 2019 年 4 月 6 日,共计工期 28.3 个月。

3. 莲花山隧道

莲花山隧道起迄里程 DK263+043～DK273+540,全长 10 497 m。隧道进口～DK263+650 范围内纵坡为 3‰的上坡;DK263+650～DK271+400 范围内纵坡为 7‰的上坡;DK271+400～出口范围内纵坡为 3‰的下坡。设置 2 座双车道斜井,1 号斜井与正洞交汇里程 DK265+600,斜井长度为 708 m;2 号斜井与正洞交汇里程为 DK270+400,斜井长度为 1 172 m,为双车道无轨运输形式。全隧按进口、出口、斜井共 4 个工区、6 个工作面组织施工。主体工程贯通工期 34.5 个月,贯通里程 DK268+155。

(1)进口工区:负责 DK263+043～DK264+510 段 1 467 m 主体工程施工任务,贯通工期 25.7 个月。

(2)1 号斜井工区:1 号斜井长 708 m,与正洞相交于 DK265+600。

①1 号斜井往进口:负责 DK265+600～DK264+510 段 1090 m 主体工程施工任务,贯通工期 25.7 个月。

②1 号斜井往 2 号斜井:负责 DK265+600～DK268+155 段 2 555 m 主体工程施工任务,贯通工期 34.5 个月。

(3)2 号斜井工区:2 号斜井长 1 172 m,与正洞相交于 DK270+400。

①2 号斜井往 1 号斜井:负责 DK270+400～DK268+135 段 2 245 m 主体工程施工任务,贯通工期 34.5 个月。

②2 号斜井往出口:负责 DK270+400～DK271+385 段 985 m 主体工程施工任务,贯通工期 29.4 个月。

(4)出口工区:负责 DK271+385～DK273+540 段 2 155 m 主体工程施工任务,贯通工期 29.4 个月。

(5)无砟轨道等后继工程施工 4.5 个月。

即 2016 年 12 月 1 日至 2020 年 2 月 28 日,共计工期 39.0 个月。

4. 峰果岭隧道

峰果岭隧道位于三明市清流县龙津镇,进口段与兴泉铁路共线,本线起迄里程 DK312+100～DK319+107,隧道全长 7 007 m。全隧地下水发育,多浅埋地段,且需下穿村庄、公墓区、省道、高速公路,施工困难。全隧按两座斜井、一座横洞组织施工,共 3 个工区、6 个工作面。主体工程贯通工期 36.4 个月,贯通里程为 DK316+525。

(1)1 号斜井工区:1 号斜井长 152 m,与正洞交于 DK312+473。

①1 号斜井往进口:负责 DK312+100～DK312+473 段 373 m 主体工程施工任务;贯通工期 10.3 个月。

②1 号斜井往出口:负责 DK312+473～DK313+725 段 1252 m 主体工程施工任务,贯通工期 31.7 个月。

(2)2 号斜井工区:2 号斜井长 514 m,与正洞交于 DK314+100。

①2 号斜井往进口:负责 DK314+100～DK313+725 段 375 m 主体工程施工任务,贯通工期 31.7 个月。

②2 号斜井往出口:负责 DK314+100～DK316+525 段 2 425 m 主体工程施工任务,贯通工期 36.4 个月。

(3)横洞工区:横洞长 190 m,单车道,与正洞交于 DK319+000。

①横洞往进口:负责 DK319+000～DK316+525 段 2 475 m 主体工程施工任务,贯通工期 36.4 个月。

②横洞往出口:负责 DK319+000～DK319+107.2 段 107.2 m 主体工程施工任务,贯通工期 13.8 个月。

(4)无砟轨道等后继工程施工 6.4 个月。

即 2016 年 12 月 1 日至 2020 年 6 月 23 日,共计工期 42.8 个月。

5. 岐山隧道

岐山隧道全长 1 065 m，隧道进出口临近既有赣龙线、赣瑞龙线，洞口及明洞段采用非爆开挖，洞身采用铣挖机开挖，以保证既有线安全。本隧道按进口、出口 2 个工区 2 个工作面组织施工。主体工程贯通工期 25 个月，贯通里程 DY2K394+763。

(1)进口工区：负责 DY1K394+160～DY2K394+763 段主体工程施工任务，长 603 m，贯通工期 25 个月。

(2)出口工区：负责 DY2K395+225～DY2K394+763 段主体工程施工任务，长 462 m，贯通工期 25 个月。

(3)二次衬砌、附属工程等后继工程施工 2 个月。

即 2016 年 12 月 1 日至 2019 年 3 月 22 日，共计工期 27 个月。

6. 濉溪大桥

濉溪大桥起讫里程 DK233+058.56～DK233+423.35，桥长 364.79 m，孔跨布置采用：(4—32 m)单线简支 T 梁＋1—(60+100+60) m 单线连续梁。全桥采用圆端形实体墩、空心墩，桥台为单线 T 台。基础采用钻孔桩、挖井基础，根据地质岩性及持力岩层的埋深情况设计为摩擦桩或柱桩。简支 T 梁采用预制架设法施工。濉溪大桥于 DK233+241.31 处跨越濉溪，河道宽度约 90 m，左侧河岸为水泥路，右侧河岸为山坡。

施工准备 3 个月，基础墩台工期 6.3 个月，连续梁(主跨 100 m，含徐变观测、桥面系施工)工期 18.7 个月，合计工期 28 个月。

即 2016 年 12 月 1 日至 2019 年 3 月 30 日，共计工期 28 个月。

7. 跨浦建高速大桥

跨浦建高速大桥起讫里程 DK232+210.79～+450.20，桥长 239.41 mm，孔跨布置采用：1—(60+100+60)m 单线连续梁。全桥采用圆端形实体墩、空心墩，桥台为单线 T 台。基础采用钻孔桩，根据地质岩性及持力岩层的埋深情况设计为摩擦桩或柱桩。简支 T 梁采用预制架设法施工，连续梁采用悬臂浇筑法施工。跨浦建高速大桥在三明市建宁县濉溪镇于 DK232+331.65 跨越浦建高速(K274+200)，交叉角度为 97°，桥下净空大于 5.5 m，预留净宽 32 m，满足六车道拓宽条件。

施工准备 3 个月，基础墩台工期 4.7 个月，连续梁(主跨 100 m，含徐变观测、桥面系施工)工期 21.5 个月，合计工期 29.2 个月。

即 2016 年 12 月 1 日至 2019 年 5 月 7 日，共计工期 29.2 个月。

8. 九龙溪大桥

九龙溪大桥起讫里程 DK319+098.65～+548.67，桥长 450.02 m，中心里程 DK319+189，孔跨布置采用：(44+80+44) m 连续梁＋6×32 m 单线简支 T 梁＋3×24 m 单线简支 T 梁。简支 T 梁采用预制架设法施工，(44+80+44) m 连续梁采用悬灌法施工，墩台采用模板现浇施工，主河槽内桥墩基础采用栈桥结合钢围堰施工，边滩及支流涉水桥墩基础采用筑岛或钢筋混凝土围堰施工，其余桥墩采用常规方法施工。

施工准备 3 个月，基础墩台工期 4.6 个月，连续梁(主跨 80 m，含徐变观测、桥面系施工)工期 20.2 个月，合计工期 27.8 个月。

即 2016 年 12 月 1 日至 2019 年 3 月 24 日，共计工期 27.8 个月。

9. 吉龙河大桥

吉龙河大桥中心里程 DK340+198，全桥长 188.65 m，桥跨结构为(48+80+48) m 连续梁。

施工准备 3 个月，基础墩台工期 7.7 个月，连续梁(主跨 80 m，含徐变观测、桥面系施工)工期 21.3 个月，合计工期 32 个月。

即 2017 年 5 月 1 日至 2019 年 12 月 30 日，共计工期 32 个月。

三、控制性工程和重难点工程施组执行情况

控制性工程和重难点工程施组执行情况对照表见表 2-6-3。

表 2-6-3　控制性工程和重难点工程施组执行情况对照表

序号	单位工程名称	长度(m)	批复施组工期	实际完成时间	执行情况
1	武调隧道	3 307	2016 年 12 月 1 日～2019 年 11 月 15 日,总工期 35.5 个月	2016 年 12 月 1 日～2019 年 5 月 18 日,总工期 29.6 个月	提前 5.9 个月
2	武调 1 号隧道	1 080	2016 年 12 月 1 日～2019 年 10 月 10 日,总工期 34.3 个月	2016 年 12 月 1 日～2019 年 4 月 6 日,总工期 28.3 个月	提前 6.0 个月
3	莲花山隧道	10 497	2016 年 12 月 1 日～2020 年 2 月 25 日,总工期 38.9 个月	2016 年 12 月 1 日～2020 年 2 月 28 日,总工期 39 个月	基本一致
4	峰果岭隧道	7 007	2016 年 12 月 1 日～2020 年 7 月 31 日,总工期 44.0 个月	2016 年 12 月 1 日～2020 年 6 月 23 日,总工期 42.8 个月	提前 1.2 个月
5	岐山隧道	1 065	2016 年 12 月 1 日～2019 年 8 月 25 日,总工期 33.2 个月	2016 年 12 月 1 日～2019 年 3 月 22 日,总工期 27 个月	提前 6.2 个月
6	濉溪大桥	364.79	2016 年 12 月 1 日～2019 年 6 月 26 日,总工期 31 个月	2016 年 12 月 1 日～2019 年 3 月 30 日,总工期 28 个月	提前 3.0 个月
7	跨浦建高速大桥	239.41	2016 年 12 月 1 日～2019 年 8 月 7 日,总工期 32.2 个月	2016 年 12 月 1 日～2019 年 5 月 7 日,总工期 29.2 个月	提前 3.0 个月
8	九龙溪大桥	450.02	2016 年 12 月 1 日～2019 年 6 月 12 日,总工期 30.4 个月	2016 年 12 月 1 日～2019 年 3 月 24 日,总工期 27.8 个月	提前 2.6 个月
9	吉龙河大桥	188.65	2017 年 3 月 1 日～2020 年 2 月 28 日,总工期 34 个月	2017 年 3 月 1 日～2020 年 12 月 30 日,总工期 32 个月	提前 2.0 个月

第七章 投 资 控 制

浦梅铁路工程建设指挥部在建立完善的投资管理制度基础上,从科学融资降低财务费用、严格合同管理和施工图设计审查把好验工计价关、严格控制变更设计、合理确定材料价格、择优选用施工队伍等方面开展建设全过程的投资控制工作,以实现投资控制目标。

第一节 项目资金筹措

根据《中国铁路总公司、福建省人民政府关于新建浦城至梅州铁路建宁至冠豸山段初步设计的批复》(铁总鉴函〔2016〕666号)投资总额106.58亿元,国铁集团承担资本金48.98亿元,银行贷款48.98亿元,福建省负责征地拆迁费用13亿元。

第二节 技术标准与规模的确定

在建设过程中,浦梅铁路工程建设指挥部严格按国铁集团批复的技术标准和规模进行建设,未经国铁集团批准不提高技术标准和扩大建设规模,在建设过程中加强变更设计管理,严格控制投资,对地方政府或企业要求扩大站房规模或公路立交规模的,一律要签订委托建设协议,承诺投资并取得报批同意。

对于建设期间国铁集团颁布新规范新标准要执行的,一律布置设计单位迅速编制变更设计文件,及时审核上报,批复后执行,保证了建设项目技术体系的完整性和先进性。

第三节 合 同 管 理

一、建立健全合同管理制度,规范管理

在国铁集团、南昌局集团公司相关合同管理办法的基础上,结合浦梅铁路工程建设指挥部建设期的实际情况,制定了指挥部合同管理办法,细化了合同管理流程,建立了合同会签制度,对已签订合同履行情况进行动态管理。

根据现行铁路建设工程施工合同范本的基础上,补充了一些必要的专用条款,如:加强依法用工管理,增加了保证农民工工资支付条款;为维持施工企业项目部领导层稳定,确保施工质量,增加了任意更换项目经理等主要负责人的处罚条款等,为项目建设的规范管理提供了法律依据。

二、层层审核把关,降低风险

严把合同协议的审核把关,每份合同都经过合同承办部门审核、相关部门会签、分管领导审核,最后由指挥长批准,并在《企业管理和法律事务信息系统》进行会签,对标的金额不小于200万元公开招标的经南昌局集团公司相关部门、企法部审查会签后签订,标的金额200万元及以上、300万元以下未公开招标的合同,在内部会签的基础上由南昌局集团公司相关主管业务部门或经营开发部、财务部(收入部)、企法部联签审查,并报分管该业务部门的南昌局集团公司领导批准后签订。标的金额300万元及以上、500万元以下未公开招标的合同,在内部会签的基础上由南昌局集团公司相关主管业务部门或经营开发部、财务部(收入部)、企法部联签审查后,报分管该业务部门的南昌局集团公司领导、总会计师审查和总经理批准后签订。标的金额 500 万元及以上未公开招标的合同在履行前款规定的联签审查程序后,再报南昌局集团公司法定代表人批准后签订。通过层层把关,最大限度地规避了风险,减少合同纠纷的发生。

三、做好合同履约过程监控

建设过程中,根据投标承诺及合同条款约定,把重要岗位人员履约情况检查作为合同管理的一项重要工作,严格更换人员的资质审核,确保满足管理需要;加强关键设备到场情况检查,并根据工程进展需求督促施工单位及时补充;杜绝违规分包、转包行为,规范劳务用工管理。

四、合理规避合同纠纷,提高风险管理能力

指挥部强化风险管理,提高风险管理意识,制定防范风险措施,通过科学、合理的运作,增加内部抵抗风险能力,有效合理化解合同执行过程中的各种风险;认真解读、细化合同条款,针对合同执行过程中存在的问题,解决好合同争端和合同变更等问题。通过全过程的细致工作和严格监督,有效降低合同法律风险,截至 2021 年 12 月,项目建设过程中共签订各类合同 567 份,合同金额总计 837 732 万元,从未发生合同纠纷事件。

第四节 验工计价管理

浦梅铁路工程建设指挥部严格执行《铁路建设项目验工计价办法》(铁总建设〔2014〕298 号)、《南昌铁路局铁路建设项目验工计价办法》(南铁建设〔2015〕175 号),遵循合法、诚信的原则,以合同、批准的施工组织设计、年度投资计划(含调整计划)、经审核合格的施工图及批准的变更设计、合同约定的工程或工作质量合格的证明文件为依据,按照规定的程序,先验工后计价,杜绝虚假验工计价的现象。

验工计价管理由浦梅铁路工程建设指挥部实行统一领导、归口管理,浦梅铁路工程建设指挥部计划财务部门负责牵头组织实施,工程部、安全质量部、物设部、征拆部等部门共同参与,分级分类审核。指挥部验工计价严格采用工程量清单计价,发挥工程监理和项目部作用,强化现场检查和监管,尽可能减少因变更设计而增加投资的现象。指挥部对Ⅰ类、限额以上的Ⅱ类变更设计计价严格遵循先批复、后计价的原则。建设项目完成的所有投资,包括建安工程费、勘察设计、咨询、第三方检测费等,均进行验工计价。

实施阶段的材料价差调整按照国铁集团相关规定办理,浦梅铁路工程建设指挥部相关部门每半年对项目实施阶段的材料价差进行清理并上报批准,根据批复的内容和费用,与施工单位办理材料价差的计价。验工计价报表实行网络计算机操作管理,施工单位、监理单位统一使用铁路建设项目管理信息系统中的"验工计价"模块进行编制,各施工单位、监理单位配备了相应的计算机软件和硬件设备,实现验工计价规范化、系统化、程序化要求,提高验工计价报表数据的准确性、时效性。

第五节 财 务 管 理

建设期间,围绕浦梅铁路工程建设指挥部总体工作思路和目标,财务管理突出资金管理和投资控制两个关键,严格执行国家有关财经法律法规,稳步推进财务管理工作,较好地完成了各项任务,基本实现了既定目标:历年投资完成考核指标,管理得到保障,外部审计没有发现重大问题。

一、强化财务管理职责

树立财务工作的大局意识和服务意识,财务管理结合工程管理实施,资金流紧贴实物流控制,突出预算执行、资金监管、费用控制、资产管理、财务制度执行、检查考核等财务管理职能,根据分层、分类、分权原则,明确指挥部各部门相关财务管理职责,完善筹资、投资、预算、支出等重大事项决策程序和形式,逐步实现从财务内控向管理控制的转变。同时加强财务制度和队伍建设,例如修订完善建设管理费管理制度,细

化预算标准,统筹各类费用,从而实现建设期建设管理费控制在国铁集团批复概算内。

二、保证资金供给,降低资金成本

以资金流监控为中心,强化资金的筹集、存储、拨付和使用的控制和监督。通过预算和用款计划,完善资金需求预算机制,建立资金应急预案,保障资金的应急需求,浦梅铁路建设期贷款利息支出 19 186 万元,比初设批复概算减少支出 25 814 万元。

三、加强资金运用监控,提高资金的安全性

在资金管理上,采取的措施主要有:一是严格账户管理,所有账户均按规定开设,实行同行封闭运行;二是加强银企合作,与银行、施工单位三方之间签订三方监管协议,对拨付给施工单位的建设资金进行严格监管,如合同备案、规定工程款用途、实行网络查询、银行协助管理、施工方同步提供配套资金等管理措施;三是实行大额资金控制,对工程款拨付无论金额大小,均进行联签;四是严格执行计价审核和价款结算规定(请款、预付、结算和拨付),根据完成工作量、验工计价和合同,分月度预付、季度结算拨付资金;五是建立财务、资金、费用审批管理制度,对施工承包单位资金使用情况进行检查、分析;六是发挥合同在约定经济往来中各方权利义务的核心作用;七是加强招投标、概(预)算审核、甲供物资、变更设计调整和验工计价等环节的财务会计控制,真正起到审核把关的作用;八是发挥公司与银行之间资金流实时查询信息系统作用,密切关注施工企业资金流向,保证了建设资金在最后环节的安全及正确使用。

四、加强会计核算和税收管理工作

坚持谁经办、谁负责的原则,推行主管会计负责制,预防和控制财务工作风险。按照全面预算管理思路,建立起建设资金、投资预算、建管费等财务预算体系。在遵守财经纪律方面,协调处理好外部的各种监督检查,对发现的问题及时整改落实,经中介机构对浦梅铁路工程建设指挥部历年财务报告的审计均出具了无保留意见,南昌局集团公司财务检查在投资控制、确保资金安全等方面给予了充分的肯定,浦梅铁路工程建设指挥部"小金库"自查也实现了零报告。在涉税方面,加强与各级税务部门的沟通,依法按章纳税,不存在税务风险。

五、建立农民工工资保证金账户,保证农民工工资的及时支付

根据国铁集团的统一要求,同各施工单位签订了《资金监管协议书》,开设农民工工资保证金账户,确保了保证金的正常管理,并发挥积极的作用。

六、引入中介机构,加强投资审核

浦梅铁路充分发挥中介机构作用,先后组织征地拆迁、价差、三电迁改等项目费用审核工作。在地方征地拆迁补偿费用审核过程中,浦梅铁路工程建设指挥部成立了以主要领导挂帅、出资者代表参加的审核工作领导小组,落实路地双方责任,依靠当地政府支持,做好基础资料特别是审核依据汇编工作,按审核和计价分步实施原则,制定"搁置分歧,分步实施,先行试审,全面推开,坚持原则,灵活处置"的措施,顺利推动审核工作的进行,掌握了地方征地拆迁补偿费用情况,取得路地双方均比较认可的结果,从而为计价奠定基础。

七、及时启动审价和竣工财务决算编制工作

根据铁路大中型建设项目国家验收和铁路基建项目竣工财务决算编制的有关要求,浦梅铁路工程建设指挥部布置开展浦梅铁路工程审价和项目竣工财务决算工作。从总体思路、分阶段工作安排(审价、决算和资产交付)、具体要求等方面,落实各方责任,按时完成竣工财务决算资料编制和资产交付工作。通过委托中介机构审价,真实地反映浦梅铁路投资状况和建设成果,确定各参建单位真实、合法的工程结算额和指挥部资产价值,按时、准确编报项目竣工财务决算资料,为国家验收、国家审计、财政评审和项目投入产出分析奠定基础。

第六节　变更设计管理

一、变更设计管理规定

依据《铁路建设项目变更设计管理办法》(铁建设〔2012〕253 号)、《南昌铁路局铁路大中型建设项目变更设计管理细则(暂行)》(南铁建设发〔2012〕613 号),制定了《浦梅铁路变更设计管理实施细则》,并于2020 年印发了《关于修订变更设计管理实施细则部分条款的通知》(浦梅指工〔2020〕91 号,明确了变更设计管理工作的程序和相关部门及人员的职责。

二、变更设计管理措施

1. 遵守"先批准,后变更;先设计,后施工"的原则

对变更设计的项目,做到了充分论证、坚持集体决策、一次变更到位。严格控制变更设计,对于需要变更的工程,通过组织设计、监理、施工单位现场调查,召开会议进行分析研究并形成四方会议纪要,对于重要或重大的设计变更,必要时需组织专家论证,确定变更设计原因、责任单位、技术方案、概算组成及费用处理后,由设计单位编制变更设计文件,并按规定组织预审或初审后上报。严格按相关要求及程序进行,严格执行变更设计条件,防止"打包"和"拆分"的现象,变更设计经审批后相关费用按合同约定处置,未经批准自行变更和施工的不予计量。

2. 严格变更设计程序

由提议单位上报,浦梅铁路工程建设指挥部接到变更建议书后,Ⅰ类和局审Ⅱ类变更设计明确规定了"三重一大"研究前置条件,由分管领导就Ⅰ类和局审Ⅱ类变更设计建议书内容,组织勘察设计、施工、监理等单位开展调研论证,分析变更设计原因,提出变更设计类别、变更设计初步方案、责任单位及费用处理意见,由主办部门按"三重一大"程序提报党委会或指挥长办公会研究;经"三重一大"程序研究同意后,由分管领导组织勘察设计、施工、监理等单位就变更设计建议事项专题研究,形成由参审人员签字的《变更设计会审纪要》,浦梅铁路工程建设指挥部有关领导和工程部、安全质量部、物设部、计财部、征拆部(涉及征地拆迁时)参加变更设计会审;设计单位根据变更设计会审纪要及现场情况,实事求是编制变更设计文件;由施工图审核单位对变更设计文件的合理性、工程量及工程造价等方面进行咨询,提交变更设计文件审核报告;浦梅铁路工程建设指挥部组织对变更设计文件进行初审或预审,形成初审或预审意见,上报南昌局集团公司,由南昌局集团公司上报国铁集团审批或者南昌局集团公司审批后实施。自审Ⅱ类变更设计文件由浦梅铁路工程建设指挥部相关业务主办部门对工程数量进行审核,计财部门对变更设计费用进行审核后由浦梅铁路工程建设指挥部领导签发变更设计通知单批复自审Ⅱ类变更设计文件。

3. 优化方案比选,达到投资控制目的

一是引入变更设计文件咨询机制,严格变更设计的合理性、工程数量,计算各项变更对总投资的影响,从使用功能、经济、美观等角度确定是否需要进行工程变更,减少不必要的工程费用支出,避免投资失控;二是对主要施工技术方案做好论证的基础上,广泛应用新材料、新工艺、新办法等,想方设法在技术上实施项目投资的有效控制;三是正确处理工期与投资关系,做好工期提前产生的效益和投资增加的成本比较。

第八章 征地拆迁

第一节 管理方式

新建浦城至梅州铁路建宁至冠豸山段为路地合作建设模式，工程建设资金由铁路方负责，地方政府负责征地拆迁全部费用，征地拆迁费用不计算股比。根据国家发展改革委《关于新建浦城至梅州铁路建宁至冠豸山段可行性研究报告的批复》(发改基础〔2016〕89号)和中国铁路总公司《关于新建浦城至梅州铁路建宁至冠豸山段初步设计的批复》(铁总鉴函〔2016〕666号)，本项目执行《中国铁路总公司关于加强铁路建设项目征地拆迁工作指导意见》(铁总计统〔2014〕97号)。南昌局集团公司浦梅铁路工程建设指挥部与三明市、龙岩市签订《新建浦城至梅州铁路建宁至冠豸山段征地拆迁实施框架协议》，明确征地拆迁资金全部由福建省及铁路沿线市、县筹集，不进入铁路建设股本，地方政府受建设单位委托，作为征地拆迁工作包干责任主体，负责组织实施征地拆迁工作，完善征地拆迁手续，维护社会和谐稳定。

第二节 用地报批

新建浦梅铁路建宁至冠豸山段建设用地于2017年取得原国土资源部批复528.125 7公顷，其中龙岩段于2017年7月27日由国土资源部以"国土资函〔2017〕504号"文批复130.081 2公顷；三明段于2017年11月22日由国土资源部以"国土资函〔2017〕711号"文批复398.044 5公顷，并于2018年10月取得各县的供地批文和划拨决定书，完成供地手续。

第三节 征地拆迁实施及补偿

一、土地征收情况

新征浦梅铁路建宁至冠豸山段主线征用土地7 966亩，"三改"征用土地963亩，回收既有铁路用地89亩。

二、拆迁情况

新征浦梅铁路建宁至冠豸山段拆迁房屋78 319 m²，其中居民住房拆迁71 145 m²，非住宅拆迁7 175 m²。迁移坟墓2 325座。

三、临时用地使用情况

新征浦梅铁路建宁至冠豸山段大临用地面积共6 586亩，其中取弃土(渣)场4 586亩，施工便道等大型临时用地2 001亩。

四、征地拆迁补偿

新征浦梅铁路建宁至冠豸山段征地拆迁补偿费用委托北京青炬工程顾问有限公司审核，包含征地拆迁、大临用地、三电及管线迁改、"三改"工程、外部环境整治等费用，青炬工程顾问有限公司出具了相关审价报告，上报国铁集团审批。上报征地拆迁总费用201 665.21万元(含土地综合开发)，较初设批复

180 000 万元增加了 21 665.21 万元,主要是因为随着国民经济的发展,物价水平的提高,土地和房屋价值发生较大幅度的升值引起的。

第四节　不动产权证办理

新建浦梅铁路建宁至冠豸山段办理土地不动产权证准备工作在 2020 年 3 月份开始筹划,结合施工单位复测建设用地,绘制用地竣工图和安全保护区平面图工作,要求施工单位委托的第三方绘制用地竣工图必须满足土地不动产权证办证要求,不仅节约资金成本,还加快工作进度,2022 年 3 月 31 日浦梅铁路连城县境内土地不动产权证已办好,三明市境内正抓紧办理中。

第九章 环境保护

第一节 环评水保批复

一、初步设计审批意见及执行情况

中国铁路总公司、福建省人民政府以铁总函〔2016〕666号文批复了建宁至冠豸山段初步设计,初步设计审批意见主要内容及执行情况如下:

(1)在下阶段设计中严格落实已批准的环境影响报告书及其批复意见要求的各项环保措施。建设单位应高度重视本项目施工期内的环境保护工作,重点做好线路所经种质资源保护区、地质公园、水源保护区等的保护,按环评要求落实好取、弃土(渣)场及临时工程的设置与恢复,以及施工废水、垃圾的收集和处理。

执行情况:执行审查意见,已全部落实。

(2)声屏障的设置原则应与环评保持一致,本线声屏障采用插板式非金属结构。设计中应按照规范要求对声屏障结构进行详细设计,确保安全。路基段声屏障应注意与路基排水设计的协调。设计单位应根据当地的气候特点和气象资料、相关荷载规范确定风荷载组合值,核算声屏障、立柱的结构强度、疲劳性能、刚度要求、变形及挠度限制等,确保声屏障结构安全并满足规范规定的各项要求,为便于声屏障维护检修,H形立柱的螺栓应设置在线路内侧。

执行情况:执行审查意见,已全部落实。

(3)建设期间,建设单位应组织设计单位进一步现场核实沿线噪声敏感点的变化情况,并按照环评批复原则优化调整设计。

执行情况:执行审查意见,浦梅铁路工程建设指挥部于2018年1月30日~2018年2月2日组织了铁科院、设计、施工、监理、地方铁办等单位对浦梅铁路建宁至冠豸山段声屏障设置处所进行了现场核查。

(4)隔声窗降噪措施在本线开通后,根据实测结果适时实施。

执行情况:执行审查意见,已全部完成隔声窗安全核查。浦梅铁路工程建设指挥部于2020年4月14日至17日组织设计、施工、监理单位对全线隔声窗设置情况进行了现场核查。

二、环境影响报告书审批意见及执行情况

环境影响报告书已由福建省环保厅批复(闽环保评〔2015〕51号文),批复意见及执行情况如下:

(1)生态环境保护。优化工程设计和施工方案,控制工程用地和施工范围,减轻对生态环境影响。按经水土保持部门审查同意的水土保持方案做好水土保持和植被恢复工作。加强沿线野生动植物和水产种质资源的保护。强化穿越、临近地质公园路段生态保护和景观协调。

执行情况:施工图设计中进一步优化工程设计和施工方案,尽可能减少工程用地和施工范围,减轻对生态环境的影响。水茜乡自来水厂水源保护区、宁化天鹅洞国家地质公园(水茜园区)、福建清流温泉地质公园、罗口溪黄尾密鲴国家级水产种质资源保护区等环境敏感区内没有设置取土场、弃土(渣)场及大临工程。DK282+700~DK286+600段与宁化天鹅洞国家地质公园(水茜园区)并行,严禁在此段沿线两侧设置取土场、弃土(渣)场等对景观影响大的临时工程,施工便道等临时工程施工结束后需恢复原景观。取土场、弃土(渣)场、大临工程的防护措施及原则须执行水土保持方案批复意见和水保方案内容。

(2)地下水环境保护。隧道施工应做好水文地质勘察工作,加强地下水位、水量跟踪监测,并采取超前

探水和堵水等工程、环保措施,尽量减少地下水渗漏,减轻地下水环境影响;制定施工期应急预案,发现异常情况须及时处理并报告有关部门。

执行情况:莲花山隧道施工可能对洞顶居民饮用和生产用水造成影响,大坑元隧道和塔下山隧道施工可能对清流温泉地质公园温泉造成影响,做好水文地质勘察工作,施工期加强地下水位、水量跟踪监测,并采取超前探水和堵水等工程、环保措施,尽量减少地下水渗漏,减轻地下水环境影响。

(3)声、振动环境保护。合理安排施工时间,加强施工期噪声控制,防止噪声扰民。对距离新建铁路较近、受铁路噪声或振动影响较大的居民住宅实施搬迁或功能置换。根据环境影响报告书中声、振动环境预测结果及运营期跟踪监测结果,采取噪声、振动污染控制措施,同时向当地规划部门报告并积极配合当地政府做好铁路两侧建设规划控制。

执行情况:施工期合理安排施工时间,加强施工期噪声控制,防止噪声扰民。对距离新建铁路较近、受铁路振动影响超标的居民住宅实施搬迁或功能置换,依据环评报告噪声治理原则,采取噪声污染控制措施,DK304+000~DK305+000之间穿越宁化县城市规划住宅区,线路两侧预留声屏障安装条件,桥梁预埋声屏障基础,路基预留设置条件。

(4)水污染防治。配套建设相关污水处理、导流、收储等设施,做到污水达标排放,并加强日常管理,减少对地表水环境影响。涉及饮用水源保护区路段施工,应严格落实水源保护的有关规定,同时强化路面、桥面污染事故防范措施建设,避免运输事故引发水环境污染。

执行情况:依据环评报告治理原则布置各站污水治理措。

(5)扬尘污染防治。采取防风、洒水、治理等措施,加强环境管理,做好施工期扬尘的污染防治。

执行情况:施工期加强扬尘污染防治。采取防风、洒水、治理等措施,加强环境管理,做好施工期扬尘的污染防治。

(6)减缓电磁环境影响。牵引变电所和GSM-R铁路移动通信系统基站选址远离居民区、学校等敏感目标。运营期应加强监测,采取相关措施,妥善解决列车运行电磁干扰影响无线接收用户看电视的问题。

执行情况:牵引变电所和GSM-R铁路移动通信系统基站选址远离居民区、学校等敏感目标。预留电视收视补偿费1.85万元。

(7)施工期和运营期各项污染物排放和控制标准按照三明市、龙岩市环保局意见执行。

执行情况:各项污染物排放和控制标准按照三明市、龙岩市环保局意见执行。

三、水土保持方案变更报告书审批意见及执行情况

水土保持方案变更报告书由福建省水利厅批复(闽水水保〔2016〕107号文),批复意见及执行情况如下:

(1)严格按照批复的水土保持方案,做好初步设计、施工图设计等后续设计,工程初步设计报告须报省水土保持监督站备案;加强施工组织和管理工作,切实落实水土保持"三同时"制度。

执行情况:已执行,施工期间加强施工组织和管理工作,切实落实水土保持"三同时"制度。

(2)严格按照本方案的要求,落实各项水土保持措施。各类施工活动要限定在用地范围内,严禁随意占压、扰动和破坏地表植被,严格控制施工期间可能造成的水土流失。在主体工程正式开工前一周内,须以书面形式向省水土保持监督站报告开工时间。

执行情况:按意见执行。

(3)切实做好水土保持监测、监理工作,确保水土保持工程建设质量和进度。按规定向省水土保持监督站,三明市、龙岩市水利局及建宁县、宁化县、清流县、连城县水利局提交监测实施方案、季度报告与总结报告,以及每年3月底前报告上一年度水土保持方案实施情况,并接受水行政主管部门的监督检查。

执行情况:设计按意见执行。

(4)所需砂、石建筑材料要选择符合规定的料场,明确水土流失防治责任。

执行情况:执行,在协议中应明确水土流失防治责任由售方负责。

(5)本项目的地点、规模、面积、土石方量发生重大变化,或者水土保持方案实施过程中水土保持措施发生重大变更,应及时补充、修改水土保持方案,报福建省水利厅审批。

执行情况:本项目的地点、规模、面积、土石方量、水土保持措施设计未发生重大变化,施工期若在变更水保方案指定的弃土(渣)场位置外弃土弃渣,应在弃渣前编制水土保持方案(弃渣场补充)报告书,并按要求完成了弃渣场补充报告书。

第二节　环保水保措施

一、重要环境保护目标

由于受地形地质、工程技术条件及沿线经济据点的控制,工程仍需穿越2处敏感区(宁化县水茜乡自来水厂水源保护区和福建清流温泉地质公园),临近2处自然保护区(天鹅洞群岩溶国家地质公园、罗口溪黄尾密鲴水产种质资源保护区)。本工程沿线环境敏感区见表2-9-1。

表2-9-1　本工程沿线环境敏感区一览表

序号	名称	行政区划	主要保护对象	与工程位置关系	主管部门意见
1	宁化县水茜乡自来水厂水源保护区	宁化县	乡镇水源地	线位于DK278+640~DK279+100穿越二级水源保护区0.46 km,其中桥梁0.31 km,路基0.15 km	三明市政府以明政函〔2015〕81号文原则同意工程穿越二级保护区
2	天鹅洞群岩溶国家地质公园(水茜园区)	宁化县	丹霞地貌	未穿越,线路左侧,线位距保护区边界最近距离0.2 km,DK282+700~DK286+600线位距离园区较近	—
3	福建清流温泉地质公园	三明市清流县	地质遗迹,温泉水	线位于DK325+190~+750穿越生态资源保育区0.56 km,其中隧道240 m,路基320 m。根据正准备上报的国家级地质公园规划,线路未穿越,距离保护区约0.5 km	福建省国土资源厅以闽国土函〔2015〕212号函同意工程线路方案
4	罗口溪黄尾密鲴水产种质资源保护区	清流县	黄尾密鲴	长潭河大桥从保护区上游跨过,距离保护区边界约100 m	—

二、环境敏感区内防护措施

1. 宁化县水茜乡自来水厂水源保护区环保措施

(1)屋头水茜溪大桥在水茜溪中不设水中墩,避免施工期对河流水质造成影响。

(2)跨越保护区范围内河流的桥梁基础施工选择在枯水期,避免因雨季施工造成泥浆、机械漏油对水质的影响。

(3)禁止在保护区范围及汇水区内设置取土场、弃土场、拌和站、施工营地等临时设施。

(4)施工前制定应急预警机制,施工期间应防止事故发生,避免污染河段水质。施工中如发生意外事件造成水体污染,及时向宁化县环保局及水利局、水茜乡政府汇报,并采用应急措施控制水源被污染。

水茜镇已另行选址水源点,将张坊村洋畲水库确定为新的水源点,新供水工程于2019年12月建成并投入使用,新水源保护区于2020年10月由省政府批复划定(闽政文〔2020〕172号),浦梅铁路不涉及新水源保护区,水源地内应急收集池等环保措施已取消。

2. 天鹅洞群岩溶国家地质公园(水茜园区)保护措施

(1)DK282+700~DK286+600路基边坡采用植物护坡或框格护坡,路基两侧进行绿化,树种与周围树种一致,与周围环境一致,将景观影响降至最低。两侧不影响行车安全的情况下种植高大乔木树种。

(2)严禁在园区内设置取土场、弃土(渣)场、拌和站、施工便道等临时工程。

(3)禁止在DK282+700~DK286+600区段两侧与地质公园可视范围内设置取土场、弃土(渣)场等对景观影响较大的临时工程,施工便道等临时工程施工结束后恢复原景观。

3. 清流温泉省级地质公园环保措施

铁路工程建设及运营中严格执行福建省国土资源厅《关于浦梅铁路(清流段)严坊隧道工程通过清流温泉省级地质公园选址方案的意见》(闽国土资综〔2015〕212号)提出的保护措施及要求。

(1)按相关技术规范要求,做好前期铁路建设水文地质工程地质勘察工作,查明隧道施工可能发生的涌水地段,为隧道施工前做好堵水措施提供详细的水文与工程地质资料。

(2)加强施工期间工程管理,减少对环境的影响,对铁路建设过程中涌水、渗水问题,制订专项施工技术防护措施。

(3)隧道开挖前做好防、堵、排水处理,在隧道进洞前对隧道轴线范围内的地表水情况进行充分调查,分析地表水的补给方式、来源情况,针对实际做好地表防排水工作。

(4)隧道涌水处理符合"预防为主、疏堵结合、注重保护环境"的原则,遇到断层地带、岩石破碎、裂隙发育等地下水丰富地段,施工中对洞内的出水部位、水量大小、涌水情况、变化规律、补给来源及水质成分等做好观测和记录,并不断改善排、堵水措施。

(5)在隧道施工过程中,对开挖面出现的渗水、涌水及时采取注浆、喷射混凝土等工程堵水措施,以减小对地下水环境的破坏,达到保护环境和不留后患的目的。在隧道施工断面设置沉淀池,施工废水沉淀处理后排放。

(6)安全文明施工,加强监控量测工作,用量测信息指导施工,及时反馈信息修正设计和采取应急措施。

(7)路基施工对沟谷溪流有一定的污染,在施工中采取降低污染程度、加快施工进度、缩短施工周期等有效措施,最大限度减少其对地表溪流的影响;对洞脸边坡、路基工程采取工程治理措施,并进行具有观赏性的美观设计。

(8)加强次生地质灾害防治措施,减少尘土对地质公园内地质遗迹保护的影响。

(9)施工中产生的多余弃土、石外运至园区外妥善处理。

(10)开挖形成的人工边坡及可能引起地质灾害的区域,须采取工程治理措施。

(11)施工结束后,对临时工程进行土地整理,恢复原有土地使用功能。

(12)施工期内的生活垃圾需设立专门的防雨垃圾箱收集,弃土和垃圾应及时清运出地质公园,运输过程应防止洒漏。

4. 罗口溪黄尾密鲴国家级水产种质资源保护区保护措施

(1)禁止在长潭河中设置水中墩。

(2)与长潭河大桥连接隧道洞口50 m范围内采用人工开挖,进入隧道后再用控爆措施,避免工程渣土进入河道。

(3)DK336+300~DK338+700位于种质资源保护区的汇水区域内,汇水区内严禁设置渣场、施工营地、材料场。施工产生的建筑废料尽量回收,利用其中的有用部分,剩余废物送到当地的建筑垃圾填埋场填埋或作妥善处置,严禁乱堆乱放。在施工现场和施工营地合理设置垃圾箱、垃圾池等环卫设施,集中收集的生活垃圾定期送到当地的垃圾卫生填埋场进行填埋处置,不得随意倾倒,以免污染当地环境和影响景观。

(4)施工场区尽量远离保护区河道,施工机械采用低噪声设备,加强设备的日常维护,使施工机械保持良好状态,避免超过正常噪声运转。对高噪声设备可能产生的噪声污染,采取以下措施对声源进行治理:远离敏感点布设、加装消声器、对高噪声设备的房屋进行隔(吸)声处理等,使噪声排放满足相关标准要求。合理布置机械作业通道、车辆运行通道、标志信号等,使施工区作业高效有序,减少鸣笛。

(5)施工期间严禁将工程废水(如油污水、设备维修清洗污水等)、生活污水(泔水、粪便等)未经处理直接排入保护区河道及其支流。桥梁施工中废水的发生量主要取决于施工机械、施工方法、土石质量和粒度分布情况等。施工中采用先进的施工技术和设备,优化施工设计方案,合理安排施工灌注桩进度,加强施工组织和管理,严格按照相关规范进行施工设计和施工作业,最大限度减少悬浮泥砂的发生量。废水排入隔油池、三级沉淀池,静置沉淀后取上清液循环使用,沉淀物运至弃渣场,并定期清理。针对混凝土养护废水水量小、排放不连续且悬浮物浓度较高等特点,采用间歇式自然沉淀的方式去除易沉淀的砂粒。设置三级沉淀池,将混凝土养护废水排入池内,静置沉淀后,取上清液循环使用,沉淀物运至定点的弃渣场,定期运离保护区至当地的建筑垃圾填埋场处理。桥梁两端设置沉淀池,运营期桥面冲洗废水及冲刷雨水主要可能导致悬浮物含量的增大,经桥面排水沟流入引桥下方污水沉淀池沉淀通过处理达标后再排入农田灌溉系统。

(6)对长潭河大桥采取桥面封闭,禁止散排,在长潭河大桥小里程端设置应急集水池,一旦发生泄漏事故,可收集事故径流,防止对水质造成污染。

(7)加强保护区水质监测,特别是在枯水期,水体的自净能力和污染物的负载量都很小,在枯水期严格禁止因赶工期超强度施工、超常规排放的行为。出现局部水质污染事故,须立即启动应急预案,查明污染源,即时切断污染源,采取行之有效的手段,防止污染向保护区扩散。

(8)浦梅铁路工程建设指挥部与水产种质资源保护区管理单位协调,定期对保护区水体水质进行监测,制定施工期和运营期的水质管理办法,并建立健全水质监测检测档案。

三、其他生态保护措施

1. 取土场防治措施

(1)贯彻集中、就近取土原则,优先利用既有取土场及其他企业的废渣土。取土场位置的选择取得了当地政府、水土保持主管部门的配合,在水土保持主管部门的统一规划下,结合当地水利、农田建设规划、环境建设规划,通过协商确定。取土前,规范取土程序及施工工艺。

(2)坡地取土场:取土前对表土剥离,表土临时堆放在取土场范围内,采取临时拦挡和苫盖;取土场周边设截排水沟,排水沟出口接消能措施。取土结束后,土地整治,回覆表土,进行绿化或复垦。

2. 弃土(渣)场防治措施

(1)执行先挡后弃原则,沟谷和缓坡弃渣场弃渣前在设计位置先修建挡渣墙,然后弃渣,弃土和弃渣分层堆放,并压实。

(2)尽可能剥离表土,并采取临时拦挡措施。

(3)对于周围汇水面积较大的弃渣场,在其周围设置适宜的排洪沟,防止径流对弃渣场冲刷,排洪沟与田间道路交叉处设置路涵进行过水。

(4)占压农村田间道路的按原标准进行恢复。

(5)排洪沟与原排水系统连接处设置消能设施。

(6)弃渣场弃渣结束后,根据实际情况,对场地进行平整修复,回填表土(40~50 cm)复耕或恢复植被防止水土流失,有条件的弃渣场用 20 cm 厚黏土层压实形成隔水层,再覆盖表土 40~50 cm。堆渣边坡进行植草防护。

(7)依据《福建省流域水环境保护条例》(2012 年 2 月 1 日)规定,在重点流域干流、一级支流沿岸 1 000 m 或者一重山范围内,禁止修建尾矿库或者倾倒工程弃渣、弃土等建筑垃圾。

3. 施工便道防治措施

工程沿线交通较发达,新建施工便道较短,施工结束后清理路面杂物翻垦整地后恢复为耕地或恢复植被。

4. 大临工程恢复措施

本工程施工点多面广,扰动地表类型多,按照"统一规划、源头控制、防复结合"的原则,采取有效的预防保护措施,强调源头控制、过程控制,最大限度地减少损坏原地貌。不在水源保护区、地质公园、水产种质资源汇水区等环境敏感区设置大临设施。

占用既有场地的临时设施,施工结束后清理场地。占用耕地的临时设施实施前,剥离表层土,剥离厚度 10～30 cm,表层土存放在场地外围,在临时用地范围内,堆放边坡 1∶1 左右,堆放高度低于 4 m,堆放期间裸露面采用密目网苫盖。

施工完毕后,将硬化地面、碎石路面全部拆除,拆除后进行场地平整,翻垦整地,回填表层土,施农家肥,恢复为耕地。

5.其他防治措施

(1)根据路堤高度不同,采取不同的护坡方案,路基沿线采取乔木、灌木相结合的绿化方式进行绿化。

(2)为了减少铁路修建对自然地貌的扰动和破坏,隧道进出洞时尽量贯彻"早进晚出"的原则,选择简洁的洞口结构形式,结合绿色通道建设,搞好洞口与周围景观的协调。隧道边仰坡尽量少开挖,减少对地表的扰动。边仰坡开挖后,坡面采用拱形骨架护坡,并植草绿化。隧道开挖可能对原始山体的地下水涵养造成影响或破坏,如果当地对水文环境有特殊要求时,隧道应采用洞内堵水措施、地表过水断面加固措施及地表储水建筑物的防渗处理等措施。

(3)新建桥涵位置选择时,尽量顺天然洪水流向自然河沟布置,避免大改沟;跨越重要的排洪河流,河堤上下游进行铺砌防护,桥孔满足防洪要求。

(4)合理安排各项环保与水保工程施工。路堤、路堑边坡防护工程,边沟、侧沟、天沟等排水工程与主体工程同步进行施工,及时防护,线路及站场绿化在土石方工程基本结束后,立即安排进行。

(5)施工期间,根据地方主管部门要求做好裸露土石方的遮挡工作,避免形成二次扬尘。

四、噪声振动措施

1.执行标准

(1)敏感点距外侧轨道中心 30 m 处满足《铁路边界噪声限值及其测量方法》(GB 12525—1990)(修改方案)中昼间 70 dBA、夜间 60 dBA 标准和《声环境质量标准》(GB 3096—2008)相应标准。

(2)工程沿线有噪声功能区划的,敏感目标按照功能区划标准执行;无功能区划的居民住宅及学校、医院等特殊敏感点执行《声环境质量标准》(GB 3096—2008)2 类区标准。

2.噪声防护原则

(1)新建铁路边界铁路噪声满足《铁路边界噪声限值及其测量方法》(GB 12525—1990)(修改方案)规定的昼间 70 dBA、夜间 60 dBA 的标准。敏感点功能区声环境质量达标或满足建筑室内使用功能。

(2)距线路外侧股道中心线 80 m,线路纵向长度 100 m 区域内,居民户数大于 10 户,预测噪声超标的集中敏感点采取声屏障降噪措施;对零星分布或不适于采取声屏障措施,昼夜预测噪声超标的敏感建筑,采取隔声窗措施以满足其室内使用功能。

3.声屏障设置主要技术参数及原则

1)声屏障长度:路基及桥梁声屏障两侧附加保护长度按 50 m 计。

2)声屏障形式:原则采用非金属插板式声屏障。

3)声屏障位置:路基段声屏障设于路肩上,桥梁段声屏障设置在桥梁遮板上。

4)声屏障高度:路基段高度 3.0 m,桥梁段高度 2.5 m。

5)声屏障设计参数

(1)设计速度:列车运行速度 160 km/h。

(2)设计使用年限:正常使用条件下 H 型钢立柱、螺栓等为 50 年,声屏障单元板为 25 年。

(3)吸声式声屏障材料性能及构件技术要求

①声屏障声学构件的计权隔声量≥30 dB(由 1/3 倍频程或倍频程隔声量计权后得出的隔声单值评价量),按《铁路声屏障声学构件技术要求及测试方法》(TB/T 3122—2010)测定。声屏障构件的降噪系数≥0.6(1/3 倍频程,250 Hz、500 Hz、1 kHz、2 kHz)按《混响室吸音系数测量规范》(GBJ 47—1983)测定。

②声屏障材料应能保证在雨、雪等恶劣自然条件下正常工作。

③抗变形性能:单元构件最大弹性挠度不超过 LA/100。

④抗冲击性能:声屏障构件应能承受 30J±1J 能量的冲击,按照《硬质塑料落锤冲击试验方法通则》(GB/T 14153—1993)中的 A 法进行测试后:

a)损坏只局限在结构的表面部分,内部构件不造成损坏或平移断层;

b)冲击钢球不能穿透空腔构件的外壁,但允许呈裂缝状且长度小于 50 mm 的局部损坏;

c)对于脆性材料表面允许弧坑状的局部损坏,但弧坑深度应小于 20 mm,当外壁厚度小于 20 mm 时,弧坑深度应小于外壁厚度。

⑤耐冻融性能:按《膨胀聚苯板薄抹灰外墙保温系统》(JG 149—2003)中第 6.2.4 条耐冻融试验方法进行,循环 20 次后,试件无剥落、开裂、起层等现象。

⑥防火性能:有机合成材料的声屏障声学构件的防火等级应满足《建筑材料及制品燃烧性能分级》(GB 8624—2012)中 B2 级及以上要求。

⑦抗风压性能:声屏障声学构件抗风压性能,以是否发生功能障碍、残余变形或损坏,其最大弹性挠度不应超过 LA/100(LA 为声屏障构件最大自由长度),残余变形不应超过 LA/500 进行评价。

⑧耐候性能:按《膨胀聚苯板薄抹灰外墙保温系统》(JG 149—2003)中附录 C 的试验方法进行,试验后试件表面无裂纹、粉化、剥落等现象。

⑨所有外露及隐蔽的钢构件、连接件、角钢等必须进行热镀锌防腐处理。所有外露钢构件均做热镀锌处理,厚度不小于 86 μm,保证使用寿命。

⑩所有橡胶制品相关性能指标符合《声屏障用橡胶件》(GB/T 30649—2014)的要求。

⑪声屏障材料应能保证在雨、雪等恶劣自然条件下正常工作。

4. 工程数量

(1)声屏障

环评及批复要求全线设置声屏障 25 处,共计 7 275 m,其中设置 2.5 m 高声屏障 11 处,长 2 940 m;3 m 高声屏障 14 处,长 4 335 m。实际全线安装声屏障 32 处,共计 6 719 m,其中安装 2.5 m 高声屏障 14 处,长 2 655 m;3 m 高声屏障 18 处,4 064 m。

全线实际安装声屏障相比环评阶段增加 7 处,总长度减少了 556 m。因局部路段左右偏移较大,原环评中的下洋、渔潭、大禾坎、丰城共 4 处敏感点后远离线路,优化取消声屏障共计 4 处,总长 1 140 m;由于陈坡疏解线起点变更,不再横穿该敏感点,优化取消声屏障 1 处,长 760 m。因线路偏移靠近敏感点、居民住宅规模增大等原因,张家、半溪、坑甲村、杨源、下江村、下炉、杨屋等敏感点增加声屏障共计 7 处,总长 1 991 m。此外,因部分线路路基/桥梁变更为高路堑、线路小幅偏移等原因,优化调整声屏障共计 8 处,总长度减少 647 m。

(2)隔声窗

环评及批复要求全线设置隔声窗 44 处,共计 11 055 m²。实际全线安装隔声窗 51 处,共计 13 621 m²。全线实际安装隔声窗相比环评阶段增加 7 处,总面积增加了 2 566 m²。

(3)功能置换与环保拆迁

环评及批复要求对距铁路外轨中心线 30 m 内敏感点的 49 户居民(其中 8 户振动超标),采取搬迁或功能置换措施。实际因线位偏移,环评阶段的下洋、田螺坪、渔潭、攸家村、田源乡、丰城、陈坡共 7 处 17 户居民已不在铁路沿线两侧 30 m 范围内,取消功能置换措施。

对距铁路外轨中心线 30 m 内敏感点进行了拆迁或功能置换,实际拆迁或功能置换共计 25 户,剩余 7 户所在地方政府已分别出具承诺函,承诺拆迁或功能置换。

(4)振动防护

环评要求对铁路沿线 7 处/24 户振动超标敏感点实施搬迁或功能置换。其中,在外轨中心线 30 m 内共 5 处/8 户,结合噪声防治措施进行拆迁或功能置换;隧道段振动超标共 2 处/13 户;30 m 外振动超标共 1 处/3 户。

实际田螺坪因线路偏移,已不在振动影响 60 m 调查范围以内,取消功能置换措施,剩余 6 处 23 户居民住宅已实施或地方政府承诺环保拆迁或功能置换。其中在外轨中心线 30 m 内居民住宅 4 处 10 户（其中 7 户地方政府已出具承诺函,承诺完成拆迁或功能置换）,隧道振动超标的居民住宅 2 处 13 户。

五、水环境保护

既有建宁北站、新建建宁南站生活污水经化粪池等处理后,排入市政污水管道,最终接入建宁县污水处理厂。新建冠豸山站、水茜站,生活污水经化粪池处理后进入市政管网。

新建均口站、何屋站、严坊站、邓家站、杨源站、文亨站,采用厌氧滤罐＋人工湿地,处理达标后排放。既有冠豸山南站新增生活污水排入既有 SBR(序列间歇式活性污泥法)污水处理设施,处理达标后排放。

新建黄岭站、黄沙潭站、田源站,采用厌氧滤罐＋人工湿地,处理后储存,用于绿化和灌溉。新建陈坡线路所生活污水经化粪池处理后定期清运不外排。

六、大气环境保护

1.运营期

运营期加强连城站散货堆场散装矿石运输管理,对散装矿石堆场加盖雨棚,铺设自动喷洒水装置。对运输车辆使用篷布遮盖,可有效降低扬尘污染。加强场内运输道路的清扫、洒水等,避免运输汽车碾压产生二次扬尘污染。运营期各货场车站装卸机械使用排放的尾气应满足标准要求,优先使用低含硫量的柴油作为燃料。各车站在食堂安装套油烟净化装置,保证油烟达标排放。

2.施工期

施工场地及运输道路须洒水降尘、尽快绿化,弃渣场裸露的弃渣须采取密目网覆盖、洒水或其他防止扬尘的措施;运土车辆合理选取、组织行车路线,经过城镇、村庄和主要交通干道时要用篷布覆盖;选用耗能低、效率高的施工机械;在环境较敏感地段对易产生扬尘的部位采取洒水、密目网覆盖或临时挡护等抑尘措施,车辆驶离施工现场时必须进行冲洗;制(存)梁场、铺轨基地、临时材料厂、混凝土搅拌站、填料集中拌和站中易产生扬尘的砂石料场等应远离环境空气敏感点布设,场地硬化,设沙石料堆放棚等;采用满足尾气排放标准要求的施工机械,优先使用低含硫量的汽油或柴油等。

七、固体废物处置

工程实施后新增固体废物主要为旅客列车垃圾及车站生产、生活垃圾。各单位的生产和生活垃圾收集后,运交环卫部门统一处理。

工程施工期间建筑垃圾及施工人员产生的生活垃圾应集中存放,交环卫部门统一处理或运至垃圾填埋场统一处理。

第三节 环保水保管理

一、建设单位环保水保管理

为控制施工期水土流失,减少污水、噪声污染,浦梅铁路工程建设指挥部主要采取以下环境影响控制管理措施:

1. 建立环境保护管理体系

(1)环境保护组织机构

根据环境保护管理要求,建设单位成立了施工期环水保工作领导小组:分管环保工作副指挥长任组长;安质部长、工程部长任副组长;成员包括相关专业人员,各施工指挥部分管领导、总工程师、工程部长,监理公司总监,设计单位现场指挥部分管领导等相关人员。领导小组下设办公室。

各施工单位成立施工环境保护、水土保持工作管理小组,指定专职(或兼职)人员负责。

（2）职责分工

施工期环水保工作由建设单位负责牵头组织实施；设计单位负责技术工作指导；各施工单位负责具体实施；监理单位负责监督管理；地方行政主管部门督导，共同搞好环水保工作。

2. 环境保护制度建设

（1）将环保工作纳入合同管理

本线开工建设前，建设单位在工程施工、监理合同中对环保工作提出了明确要求，并制定了严格的奖惩措施。将环保工作纳入合同管理，保证了环保工作落到实处。

（2）制定施工期环境保护管理办法

建设单位根据环境保护管理要求制定了相应的施工期环境保护管理办法，将环保管理要求进行细化，并将管理制度分发到各施工班、组，结合监督管理、宣传工作将环保制度落到实处。

3. 环境保护培训

施工单位进场后，建设单位于项目开工前组织了施工期环保专题培训班。培训对象主要是建设单位、施工单位、监理单位负责人以及专职环保管理人员。培训内容包括：建设项目环保法律法规要求，施工期水土保持措施、施工期环保措施落实，施工期环保应急事故处理，施工期水污染、噪声污染、固体废弃物污染预防措施等。通过邀请环保专家讲课，强化了施工管理人员的环保意识、法律意识，取得了很好的效果。

二、工程监理单位

环境监理纳入工程监理之中，由专业环境监控工作组指导、咨询工作，工程监理开展现场具体环境监理工作。

施工期环境监理工作的主要内容包括：编写环境监理实施细则，报建设单位核备；建立健全信息台账，建立月、季、年报制度；审查施工单位现场环保相关制度的建立，人员设置，环保措施及应急预案是否满足相关规定；检查施工单位落实设计文件中的环境保护、水土保持措施；对施工场所进行巡检。掌握环保措施"三同时"落实情况；对施工单位违反设计文件中环保要求的，专业监理工程师及时发出整改通知书，督促施工单位进行整改，并对整改的结果进行复查；配合静态、动态验收报告编制工作，提供相关环保资料。

利用工程监理的平台，坚持"三同时"制度，高标准、严要求，铁路建设中环保工作取得了明显的效果，生态环境得到有效保护，水土资源得到最大限度的保持，污染得到有效控制和治理，植被条件得到恢复和进一步改善。

主要做法是：工程一开始就细化各项环保措施，要求各施工单位自觉加强法律法规和政策的学习，严格按图设计施工，规范施工行为，明确任务和责任，加强环保制度的落实，在监理工作中始终坚持以"预防为主，全面规划，综合防治，因地制宜，加强管理，注重效益"的方针。以预防为主，防患于未然，避免乱挖、乱排、乱弃，减少因工程施工造成的水土流失，避免环保污染和破坏事件的发生，有力推动了铁路环保工程项目开展。同时，根据工程进度，要求施工单位按照"环评报告书"及设计文件落实生态及污染治理措施，主要包括：路基、桥梁、隧道生态防护，大临工程的恢复，沿线噪声敏感点声屏障，隔声窗的安装；新建车站污水处理设施。

第十章 工程监理

第一节 监理制度

根据国家、国铁集团有关法律、法规、规范、标准等规定,为进一步规范工程监理管理工作,强化现场过程控制,提升工程监理水平,根据《铁路建设工程监理规范》(TB 10402—2007)、监理合同及相关监理文件,结合工程项目实际情况,建设、监理单位分别制定了完善的监理制度体系。浦梅铁路工程建设指挥部制定《工程监理管理办法》《浦梅铁路监理工作管理实施细则》等来规范监理工作,监理单位根据《铁路建设工程监理规范》(TB 10402—2007)制定施工组织设计(方案)审批制度、开工报告审批制度、设计和施工技术交底监理管理制度、变更设计管理制度、验工计价审查签认制度、进度管理制度、隐蔽工程及关键部位检查验收制度,以及监理部门的日常管理制度,包括环水保监理管理制度,进场原材料、扣配件及设备进场检验制度,检验批、分项、分部工程检查验收制度,日常检查、巡视及旁站监理制度,工程质量事故报告和配合调查处理制度,工程安全事故报告和配合调查处理制度,安全风险管理制度,火工品管理制度,监理日志(记)、会议及文档图纸管理制度,监理工作报告制度,监理人员定期培训及持证上岗制度,监理人员工作考评及奖罚制度,监理人员廉洁从业工作制度等。

一、工地例会

第一次工地例会由浦梅铁路工程建设指挥部主持,承包单位、监理单位(总监理工程师)、设计单位参加并形成纪要。施工期间的工地例会由总监理工程师或授权的专业监理工程师主持召开,监理人员和施工单位的项目经理及主要人员参加(必要时邀请浦梅铁路工程建设指挥部、设计单位参加会议),工地例会定期举行,并形成会议纪要。如果浦梅铁路工程建设指挥部、施工单位或现场监理机构任一方认为有必要或出现亟待解决的重大问题可召开专题会议研究处理。

二、施工组织设计(施工方案)审定

在项目开工前,各施工单位编制的各专业施工组织设计,经技术负责人审核签认后报标各标段监理项目部,由总监组织专业监理工程师审定,经总监审核签认后报浦梅铁路工程建设指挥部。

三、技术交桩

监理项目部根据实际情况,经浦梅铁路工程建设指挥部授权由总监理工程师主持、施工单位及相关部门参加、设计单位交底,主要明确以下内容:施工图主要内容及其注意事项;主要桩位交底,必要时进行复测和定位、定桩;明确有关配套、防护、环水保要求;对设计文件的解释答疑并对涉及施工安全的重点部位和环节,提出防范安全事故的指导意见。对技术交底内容需要变动和补充设计的,约定提供日期,明确办理人及相关决定,一并写入技术交底会议纪要。

四、工程变更管理

对提交的工程变更提议单,由总监理工程师组织专业监理工程师进行审查,审查通过后,由浦梅铁路工程建设指挥部转交设计单位编制设计变更文件,并根据工程实际情况及时签发变更单,并监督施工单位实施。在施工中,采取灵活的形式及时与浦梅铁路工程建设指挥部沟通,现场调查处理变更,特别是在隧道监理工作中,要求现场监理发现问题及时汇报,必要时变更。

五、项目监理交底

在第一次工地例会结束后,由总监理工程师主持、施工单位经理及有关职能部门人员、施工单位主要负责人、项目监理人员参加的项目监理交底,主要明确以下内容:监理规划的监理工作内容及对各类监理人员的授权情况;监理工作基本程序、方法和手段;提出有关施工监理报表的报审要求;施工单位有关问题回答。项目监理交底为顺利开展监理工作提供便利。

六、测量成果及测量放线查验制度

采用 GPS 设备对全线测量控制点进行贯通控制测量成果复测。监理工程师对施工单位报送的测量资料和放线控制成果及保护措施按照《铁路建设工程监理规范》(TB 10402—2007)中工程测量的有关规定进行检查,符合要求时应予签认。对承包单位测量成果进行复测、审查的内容包括:施工单位专职测量人员的岗位证书及测量设备检查证书;桥隧控制测量成果及隧道贯通测量成果,线路施工复测成果;对桥梁墩台、隧道中线、高程及各种构筑物的测量放样;复核控制桩的校核成果、控制桩的保护措施;对施工单位报送的《施工测量放样报验单》进行审核和确认。安排测量技术过硬的监理人员专门负责测量工作,并参加培训,在无砟轨道施工中,采用轨检小车和精密全站仪,进行平检测量。

七、试验检测工作

各标段监理单位建立中心试验室,中心试验室按照验标要求,负责本标段平行检测和必要的抽检任务及部分试验工作,实现原材料和施工过程控制。对施工单位试验室从五个方面进行考核;资质等级、法定计量部门对试验设备出具的计量检定证明、试验室的管理制度、试验人员的资格证书、本工程的试验项目及其要求,对于达不到要求的下发通知单或发通报要求整改。监理中心试验室根据原材料进场情况,由现场试验监理人员分种类、分批次取样送检。专业监理工程师对施工单位报送的工程材料、构配件和设备的报审表及其质量证明资料进行审核,未经监理人员验收或验收不合格的,监理人员不得签认,并签发监理工程师通知单,限期将不合格的工程材料、构配件和设备撤出现场。原材料质量的优劣直接关系到工程质量的好坏,具体措施为,从源头抓起,采取施工单位自检,现场监理见证、监理中心试验室平检并结合委托第三方检测机构不定期抽检的检测工作方法,设置多道质量监控防线,有效控制现场施工原材质量。

八、隐蔽工程检查签认

在工程隐蔽前,施工单位根据《铁路工程质量检查验收评定标准》进行自检、自查,合格后填写《隐蔽工程报验单申请表》,并按规定报专业监理工程师进行隐蔽检查,按规定留存隐蔽工程影像资料。对合同约定的重点部位、特殊设计或与原设计变动较大的隐蔽工程,会同建设、施工和设计单位共同检查。对隐蔽工程检查不合格或检查所填写的内容与实际不符,监理不予签证,并将意见记入监理日志簿,经整改确认合格后方可进行签认。隐蔽工程检查合格后,如长期停工,复工时按上述程序重新组织检查签证。

九、工程质量安全检查

监理人员对施工过程进行巡视和检查时发现工程质量安全问题,立即口头通知施工单位整改,并作好记录,必要时签发《监理工程师通知单》限期纠正;比较严重的质量安全问题,签发《质量安全问题通知单》或由总监理工程师签发《工程暂停令》,并抄报浦梅铁路工程建设指挥部。待施工单位改正后,再报监理复验,合格后发《工程复工令》。

十、工程施工旁站监理

编制监理规划,制定旁站监理方案,明确旁站监理范围、内容、程序和旁站监理人员职责。在施工过程中对关键部位、关键工序、隐蔽过程、下道工序施工后难以检查的重点部位,安排监理人员进行旁站监理。

十一、监理日志、日记

监理日志、日记是监理单位项目、现场监理工作的体现,同时也记录了人员、机械、材料进场情况及现场安全、质量、施工进展等情况。

现场监理按照统一的格式和用语要求逐日填写监理日志,做到记录事件真实、数据准确、条理清晰、语句简练。监理项目部每月检查一次,同时不定期检查,监理人员离开岗位时将监理日记交给所在监理机构登记后归档。

十二、监理工作报告

根据有关要求,监理单位建立监理工作报告制度:工程监理月报、工地例会报告,发生大、重大工程质量安全事故、工伤事故或其他危急情况,监理人及时通报浦梅铁路工程建设指挥部;浦梅铁路工程建设指挥部要求提交的监理业务范围内的其他报告,工程竣工后,向浦梅铁路工程建设指挥部提交监理工作的总结报告及工程质量评估报告。

十三、对项目监理单位的考核和奖惩

按招标文件的规定,结合浦梅铁路工程建设指挥部现行对项目监理单位考评暂行条例进行定期检查、考核,及时总结、交流"新技术、新工艺、新材料、新设备"监理的经验体会,表彰、奖励业绩突出的监理人员,不断提高项目监理单位的管理水平和监理人员工作能力。监理人员有违规行为的,项目监理单位认真对其进行批评教育,予以纠正,并根据对工作的影响程度给予警告,通报批评,扣减工资奖金等。情节严重的上报浦梅铁路工程建设指挥部,撤换或开除,构成犯罪的,报请司法机关处理。

十四、监理资料管理制度

指定专人具体负责项目监理单位资料的管理工作。资料按国铁集团现行资料编制、管理办法或本公司监理资料管理规定的要求进行分类管理,执行国铁集团档案管理的统一规定,建立图、表台账,监理资料的组卷、规格、装订。

十五、监理廉政责任制度

为从源头上预防和解决腐败,防止发生各种谋取不正当利益的违法违纪行为,确保工程质量和新建浦城至梅州铁路建宁至冠豸山段信誉,根据国家有关工程建设的法律、法规和廉政建设责任制规定,项目部监理单位与监理人员签订廉政责任书,责任书有效期为监理合同签订之日起至该工程项目竣工验收合格时止。严格执行本工程监理合同文件,自觉按合同办事,抓好本工程建设工期、投资效益和工程质量的动态控制,维护浦梅铁路工程建设指挥部的利益。监理业务活动坚持公开、公正、诚信、透明的原则(除法律法规另有规定者外),不为谋取不正当利益而损害国家和对方的利益,不违反工程建设监理规章制度。发现对方在业务活动中有违规、违纪、违法行为的及时提醒对方,对不听劝阻或情节严重的向其主管部门或纪检监察、司法等有关机关举报。监理人员违反廉政责任书行为的,按照其监理公司管理条例,依据有关法律法规和规定给予党纪、政纪处分或组织处理,涉嫌犯罪的移交司法部门处理并追究刑事责任,给浦梅铁路工程建设指挥部造成经济损失的予以赔偿。

第二节 现场监理工作的实施

浦梅铁路工程建设指挥部按照监理规范及上级文件要求,合理划分监理标段。各中标监理单位合理选址,在施工现场设置监理项目部,按照合同约定配齐配足监理人员和办公、生活、通信、交通、检验检测等设施设备,为现场监理工作的实施提供良好条件。监理工作实施过程中,在满足现场监理工作需要的前提

下,根据工程进度调整和补充监理人员。

一、监理机构

新建浦城至梅州铁路建宁至冠豸山段监理标段划分及监理单位工作内容情况见表 2-10-1。

表 2-10-1　监理单位及工作内容表

监理标段	监理单位	工作内容
PMXQJL-1 标	西安铁一院工程咨询监理有限责任公司	DK363+262～DK364+200 站前工程(不含轨道、制架梁及简支梁吊围栏以外的桥面系工程)的全部工程监理
PMJL-2 标	南昌华路建设咨询监理有限公司	DK226+700～DK256+300 及建宁县北站疏解线站前工程施工监理;DK256+300～DK307+277 制架梁工程施工监理;DK256+300～DK395+045.889 及冠豸山右线联络线轨道工程施工监理;DK226+700～DK307+277 及建宁县北站疏解线站后工程施工监理
PMJL-3 标	中国华西工程设计建设有限公司	DK256+300～DK307+277 站前工程(含现浇梁,不含轨道、制架梁工程)施工监理
PMJL-4 标	北京现代通号工程咨询有限公司	DK312+100～DK348+200 站前工程(含现浇梁,不含轨道、制架梁工程)施工监理
PMJL-5 标	西安铁一院工程咨询监理有限责任公司	DK348+200～DK395+045.889(不含 DK363+262～DK364+200 先期开工段)及冠豸山右线联络线站前工程(不含轨道工程)施工监理;冠豸山站改工程施工监理;DK312+100～DK348+200 制架梁工程施工监理;DK312+100～DK395+045.889、冠豸山右线联络线、冠豸山站改等站后工程施工监理

二、监理措施

根据委托监理合同、铁路建设工程监理规范、铁路建设项目监理工作规程、国铁集团有关加强监理工作的文件等规定,以及国铁集团质量安全红线管理要求,监理单位在监理委托合同履行方面主要对工程实施"五控、三管、一监督、一协调"的措施,即:质量、安全、进度、投资、环水保控制,合同、信息与内业管理,文明施工监督,组织协调。

1. 质量控制

监理单位、各专业监理工程师从影响工程质量的各个因素入手,运用主动控制与被动控制相结合的方法,对各项工程的施工质量采取事前、事中与事后控制,确保工程质量达到承包合同、设计文件及相关验收标准的要求。

(1)严格审核施工单位及施工作业人员的资质

施工单位进场后,首先对施工单位的企业资质以及营业范围入手开始进行审查,同时重点审查其管理人员及特殊工种作业人员的上岗资质,对其上岗执业资格予以确认,对分包单位的施工资质及其管理人员的上岗执业资格予以确认。

(2)原材料、构配件的质量控制

工程监理过程中,严格按照监理规范进行进场原材料、构配件的报验检查,要求施工单位进场材料必须附产品出厂合格证,并及时报现场监理工程师进行进场材料的外观检验和质量证明文件审查,对按要求需做二次复试的原材料及时进行见证取样,并送法定检测单位检测。对于外观检验和检测结果不合格的材料,要求施工单位立即清理出现场,不得使用。同时在监理过程中对使用的材料采取跟踪监督,杜绝施工单位在使用材料时存在"以次充好,偷梁换柱"的现象发生。

(3)施工技术措施控制

在控制施工单位的施工方法和技术措施方面,采取预控措施。着重审查施工单位提交的施工组织设计或施工方案是否具有针对性和可操作性,并根据设计文件、规范、验标以及现场实际情况提出相应的审查意见,对其内容中存在的编制错误或与设计文件、规范及验标相违背的地方给予指正,要求其在修改后重新报审。同时及时组织对软土路基处理、精密控制测量、无砟轨道施工等新技术、新工艺中的技术创新的转化和转换,参加浦梅铁路工程建设指挥部组织技术创新评审和总结。

（4）施工机械设备及场地环境的控制

核对施工单位是否将投标文件中承诺的拟采用设备进场使用。进入现场的施工机械设备,除了对其书面保证资料进行核查外,而且在现场对其运转时的工作能力进行检查,以保证机械设备满足现场的施工要求。监理过程中,对其采用的机械设备的实用性给予监控。

在环境控制方面,针对各项工程特点及其周边情况的特点,充分考虑生产环境、劳动环境、周边环境对施工的影响,充分考虑施工中可能发生的情况,提前书面通知施工单位充分做好施工前准备工作,避免工作准备不充分或因保证措施、防护措施不利而影响正常施工进度或施工质量。

（5）施工现场的质量控制

主要抓好以下质量控制措施:一是制定《质量安全红线管理实施细则》,按照红线管理要求,严格落实"一事一档",保证工程实体质量,在国铁集团组织的历次红线督查中,均未发现红线问题;二是采用整改通知、书面通报、工程暂停令、返工处理、现场会、抓典型等举措;三是根据工程进展情况有针对性地定期组织开展桥、隧、路基、房屋、"四电"、原材料及环水保等专项检查,及时发现和纠正施工中存在的一些问题;四是通过对控制网贯通复测、无砟轨道平行测量、实体质量第三方检测、原材料抽检等检测手段来加强质量控制,确保工程质量;五是针对一些施工单位自控体系存在的问题,对施工单位的主要管理人员在岗情况进行检查跟踪,对长期挂名而实际很少到位的少数工点负责人发出书面通知要求到位;六是深入开展质量专项整治活动;七是根据站前工程进展情况,多次进行站前四电接口工程施工质量的专项检查和抽查,对存在的质量问题进行原因分析,明确执行标准和工艺工法,并以通报形式,要求站前施工单位进行整改,现场监理进行监控。

（6）严格质量验收

监理严格按照验收标准开展检验批、分项工程、分部工程的验收,组织好单位工程的预验收。严格按照信息化管理要求,及时将验收的图片和数据信息上传到国铁集团铁路工程管理平台。

2.安全控制

深入贯彻落实"安全第一、预防为主、综合治理"方针,明确安全工作目标,建立了安全保证体系和工作制度,规范安全工作程序,不断消除各种安全隐患。主要抓好以下安全控制措施:一是严格执行安全规章制度;二是推行安全双重预防机制,加强安全业务培训,加大对安全事故的警示教育,树立起牢固的安全生产理念;三是增强安全管理力量,配足安全管理人员;四是加强对安全措施费的检查力度,确保安全措施费足额用于安全生产上;五是深入开展安全专项整治、安全大检查、施工安全隐患排查等系列活动,及时发现安全隐患,消除隐患;六是抓好营业线或邻近营业线施工安全控制,落实防洪防台等季节性安全工作;七是加强高风险工点和施工用电、火工品管理、压力容器等的动态管理,以点带面抓好安全控制。

3.进度控制

监理单位依据合同和浦梅铁路工程建设指挥部要求,细化进度计划监督管理,加强施工进度的信息收集、统计分析和预测报告工作,使进度控制工作始终处于良好状态。根据施工组织设计要求,结合现场实际情况,对施工单位编制的施工进度计划进行提前审查。在工程进展的不同阶段会同施工单位定期对剩余工程进行分析研究,对可能影响各节点工期的工点和项目加强跟踪督促,针对少数技术工艺复杂、施工难度大、进度短期滞后的情况,会同参建各方分析原因,制定改进措施,督促施工单位在确保质量和安全的前提下加强施工组织、优化施工方案,确保节点工期要求。

4.投资控制

监理单位按照浦梅铁路工程建设指挥部要求配备了专门验工计价负责人及专业人员,同时组织相关专业监理工程师学习并掌握铁路验工计价的规定,熟悉设计文件的工程内容及工程量构成,熟悉合同的工程量清单及数量,掌握二者之间的对应关系,熟悉工程量清单内和清单外工程数量的计价原则。专业监理工程师在计量与支付审核时严格按合同约定,做到客观、准确、及时,计量与支付的项目和数量不漏、不超、不重,认真做好工程计量与支付的审核签证工作,严格对合同变更、设计变更等审核控制,在合同工程总量控制的前提下,加强分析预测,提高审核工作准确性与可靠性。

5. 环水保控制

认真贯彻执行国家有关环保、水土保持的相关法律法规,坚持项目建设"三同时"的规定,严格审查施工单位的施工组织设计中环水保运行体系,保护目标,防尘、除尘、降低噪声及污染的技术措施,发生环水保事故的应急机制,环水保责任制度,事故报告制度,如不达标,总监理工程师不得批准开工,要求施工单位进行补充。施工过程中对防尘、除尘、降低噪声及污染中可能出现的情况进行分析,制订有针对性的监理监督措施,并进行监督,对施工单位不符合国家规定的行为进行纠正,要求施工单位进行整改,若整改不到位须按照规定进行处理。参加环保部门组织的验收,进行环境保护资料的归类、编目、建档及总结。根据工程进展在施工过程中将环水保纳入到日常监理工作中,如审查施工单位现场环水保相关制度的建立,人员设置,环水保措施及应急预案是否满足相关规定;检查施工单位落实设计文件中的环境保护、水土保持措施;对施工场所进行巡检,掌握取土场、弃渣、汽车运输、机械噪声、固体废物等环保、水保措施的落实情况。对施工单位违反设计文件中环保、水保要求的,专业监理工程师发出整改通知书,督促施工单位进行整改,并对整改的结果复查。

6. 合同管理

监理工程师合同管理主要是对浦梅铁路工程建设指挥部与设计单位、施工单位、材料设备供应商签订的合同管理,着重从合同条件的拟定、协商、签署、执行情况的检查和分析等环节进行管理工作,通过合同体现进度、投资、质量、安全控制管理任务要求,维护好订立合同双方的正当权益不受侵害。监理单位设置兼职合同管理监理工程师。合同管理监理工程师组织专业监理工程师严格按合同条件对合同执行进行监督管理,对施工单位资质、投标文件、工程合同进行审阅,提出针对性工作建议,将审阅意见分别制成"施工单位资质审核表"、"施工单位投标文件审核表"和"工程合同评价表"报总监理工程师审批后报浦梅铁路工程建设指挥部。合同管理监理工程师组织专业监理工程师按照目标控制要求,根据有关政策、法律、法规、技术标准和合同条款处理合同问题。在建设过程中对于设计变更、洽商、工程暂停及复工、工期延长、费用索赔、合同争议、违约处理等施工管理,要做到以事实为依据,以合同为准绳,按照监理程序处理好各项合同管理事务。现场监理过程中,根据施工现场相关合同的约定对工程工期、质量进行监督、管理,监督材料、设备采购合同的订立与履行,掌握合同的内容,进行合同跟踪管理,检查合同执行情况,及时准确反映合同信息,认真检查施工合同的履行情况,实现科学管理。

7. 信息管理

为及时准确有效地反映工程实际进展情况,监理单位指定专职人员负责信息和调度工作,并尽量做到人员固定,人员如有变动及时通知浦梅铁路工程建设指挥部。通过互联网和电信以及即时通、广讯通办公系统等方式保证信息畅通,正常工作日手机 24 h 开机,及时反映工程进展情况,为项目的生产、指挥、协调、管理信息畅通提供保障。在信息管理方面,准确、全面及时地收集、分析、反馈信息,并做好分类归档,同时对施工单位上报的调度报表、施工动态报表等资料认真进行核对,及时向浦梅铁路工程建设指挥部进行反馈。

8. 内业管理

监理单位进驻施工现场后,对建设项目管理资料的管理提出了严格要求。专人负责监理资料的收集、整理、归档及管理,及时购买与监理工程专业有关的最新版本的验收标准和规范并进行宣传贯彻,由监理人员下达给施工单位的开工、停工、返工令、通知及通报等,都以书面形式由监理项目部签发,避免口头通知,真正把工程问题落实到书面上,使现场监理人员能够有理有据地开展监理和审查工作。内业资料管理根据实际情况需要,编制了实用性很强的质量、安全、进度、控制、环水保控制、合同管理、试验工作等监理资料表格。内业资料实现了表格化,并实行文件随时收发、随时登记的制度,实现文件收发的可追溯性。监理进驻现场后,所有的工程技术资料全部及时输入计算机,上报的材料和文件全部由计算机输出,使资料的管理科学化和规范化。

9. 文明施工监督

按照标准化管理要求,在现场监理日常工作中主要采取如下措施加强对施工单位文明施工管理组织的监控:一是督促施工单位建立完善文明施工管理制度,健全文明施工管理资料;二是通过监理例会提高施工单位对文明施工的认识,使施工单位充分认识到文明施工是安全生产的保证,促进施工单位加强文明施工管理;三是认真审核施工单位的环水保、文明施工的具体实施计划、方案;四是对施工现场各生产活动进行检查,加强对现场文明施工管理实施的监控。

10. 组织协调

建立监理单位与施工及设计单位之间的沟通、协调和配合机制。对"四电"、铺轨和站前施工单位的施工配合问题,监理单位深入现场协调,通过召开会议、下发文件、现场协调按照施工组织设计要求,合理进行各专业的工序组织,保证了工程总体顺利进展,形成良好的合作氛围。以监理为主的协调小组,对各方配合进行统一协调,确保了房建、接触网、"四电"设备安装等工程如期完成。

三、监理队伍建设

浦梅铁路工程建设指挥部重视监理单位队伍建设,通过监理单位下达工作指令。要求监理单位结合项目特点和工程进展,积极探索,创新思路,加强监理队伍建设,积极促进监理的各项工作稳步开展;要求监理单位经常组织监理人员业务培训,灌输新的监理工作理念;实行监理工作问责制度,奖优罚劣。

第三节　监　理　结　论

新建浦城至梅州铁路建宁至冠豸山段建设过程中,监理单位认真执行国家法律、法规和工程建设强制性标准,以监理规范和工程质量验收标准为依据,积极开展监理工作,严格落实事前预防、事中跟踪监控和事后检查验证的质量控制方法,切实履行了监理管理职责。在施工过程中督促承包单位按照监理指令落实整改要求,并逐项复查销号,实施闭环管理,从而保证工程质量一次达标,未发生质量事故,兑现了监理合同规定的质量控制目标。

监理单位通过对承包单位检验批、分项、分部及单位工程的预验收,认为单位工程质量控制资料齐全完整,单位工程实体质量和主要功能符合设计要求,单位工程的观感质量合格,工程质量达到验收标准和设计文件要求,工程质量合格,具备竣工验收条件。

第十一章 工程咨询

第一节 咨询方式

一、现场核对

根据原中国铁路总公司《铁路建设项目施工图审核管理办法》（铁总建设〔2014〕299 号）、原铁道部《铁路建设项目施工图审核管理指南（试行）的通知》（工管审〔2010〕76 号）文件要求和建设管理单位对施工图审核现场核对的要求，审核单位会同设计、监理、施工单位，对全线（或枢纽）桥涵、隧道、路基、车站及站后等各工点位置、数量、规模、功能及周边环境与设计内容的一致性进行了现场踏勘及核对。

经过站前、站后、站房三轮核对和踏勘，线路平、纵断面图与现场一致，设计位置合理性、方案可实施性、工程措施安全性均较好，设计单位对审核单位提出的意见均作出回复。

二、编制施工图审核大纲

审核大纲的主要内容有：工程概况，主要技术标准，前期工作进展情况，施工图审核范围，施工图审核依据，施工图审核组织机构、部门分工与职责及岗位职责、人员配备，施工图审核重点及内容，施工图审核流程，施工图审核时限，审核单位的职责、工作要点及审核工作的关键环节，施工图审核成果等方面。施工图审核工作按批复后的审核大纲要求进行。

三、施工图审核

施工图审核工作流程分为准备阶段、实施阶段和总结阶段。具体施工图审核工作流程见表 2-11-1。

表 2-11-1 施工图审核工作流程

工作阶段		工作内容
准备阶段		签订施工图审核合同、供图协议
		编制施工图审核大纲
实施阶段	总体审核	设计原则审核
		线路平纵断面审核
	专业审核	内部通用图审核
		专业设计文件审核
		投资检算审核
总结阶段		检查实施的施工图
		编制审核报告

四、现场服务

审核单位参加由浦梅铁路工程建设指挥部主持召开的现场会议，对各项工程的设计方案、技术措施、设计变更等进行研究、处理并提出咨询意见。根据项目工作推进需求，施工图审核现场工作部及时参加浦梅铁路工程建设指挥部等组织的各类技术会议，提出了相关意见和建议。

第二节 主要咨询成果

一、施工图审核主要意见及落实情况

1. 初步设计意见执行情况

设计单位均执行《中国铁路总公司、福建省人民政府关于新建浦城至梅州铁路建宁至冠豸山段初步设计的批复》(铁总鉴函〔2016〕666号)、《中国铁路总公司关于新建浦城至梅州铁路建宁至冠豸山段建宁南站等4座车站站房、雨棚及相关工程修改初步设计的批复》(铁总鉴函〔2018〕834号)相关批复意见。

2. 施工图设计原则审核情况

对设计单位编制的施工图设计原则进行了审核,提出审核意见99条,设计单位同意90条,解释未采纳9条,采纳率90%,均同意设计答复。主要审核意见如下:

(1)审核意见(线路专业):改移道路设计原则中"道路其他建筑物跨越铁路线时,按电气化铁路限界要求净空不小于7.5 m。"应为"按电气化铁路限界要求净空不小于6.55 m"。

设计答复:根据意见已修改。

(2)审核意见(路基专业):建宁至宁化段与宁化至冠豸山段应统一设计原则,如路堤基底处理原则、边坡防护、与其他专业设计接口的设计原则等原则不尽一致。

设计答复:按意见核实统一。

(3)审核意见(路基专业):应补充混凝土结构耐久性设计原则。

设计答复:按审核意见补充。

(4)审核意见(桥梁专业):建冠段、宁冠段设计原则宜统一。

设计答复:按审核意见执行,核查统一。

(5)审核意见(桥梁专业):建议补充说明桥墩横向线刚度要求。

设计答复:按审核意见补充。

(6)审核意见(站场专业):跨越区间车站的新建跨线桥梁底与轨面的标高应结合是否通行双层集装箱货车、电化条件统筹考虑,净高高度过高会增加工程投资,应修改。

设计答复:本线通行货车无双层集装箱货车,按普通电化单箱货车考虑,最小净空6.55 m。

(7)审核意见(隧道专业):本线由中铁二院和中国铁设两家单位设计,应统一设计原则。

设计答复:2016年7月4日,建设单位组织两家设计单位及审核单位就设计原则统一工作召开了会议,要求两家设计单位对隧道设计原则统一,并提出了具体统一要求。目前,两家设计单位正在积极协商设计原则统一,必要时,由建设单位协调两家设计单位向总公司鉴定中心汇报。

(8)审核意见(接触网专业):本段正线承导线采用JTM95+CTAH120,但中铁二院段采用JTMH95+CTAH120,建议两家设计单位统一技术标准。

设计答复:已统一为JTMM95+CTAH120正线承导线。

(9)审核意见(信号专业):轨道电路分路不良设计原则,中国铁设采用高压脉冲轨道电路,中铁二院采用熔覆合金技术。建议统一设计原则。

设计答复:征求建设及维管单位后统一,正线道岔采用涂镀处理,工区岔线采用熔覆合金技术。

(10)审核意见(电力专业):负荷等级划分、供电原则、供电方案等应全线统一。

设计答复:技术标准统一。

(11)审核意见(建筑专业):全线各站应统一站房的框架填充墙墙体、外墙外保温、混凝土屋面保温隔热及屋面防水、金属屋面系统、地下室防水以及站台雨棚屋面防水的建筑用料标准、构造做法等标准。

设计答复:各站统一做法。

3. 各专业审核情况

共提出审核意见 7 739 条,设计答复意见 7 739 条,其中采纳意见 6 628 条,综合采纳率 85.6%,解释或不采纳意见 1 111 条,无分歧意见。各专业审核成果一览表见表 2-11-2。

表 2-11-2　各专业审核成果一览表

专　业	审核图纸(册)	审核意见(条)	设计单位答复		
			答复意见(条)	同意并采纳(条)	解释未予采纳(条)	采纳率(%)
线路	72	99	99	68	31	69
轨道	7	16	16	14	2	88
路基	63	541	541	372	169	69
桥梁	151	989	989	672	317	68
站场	33	153	153	100	53	65
隧道	73	1 022	1 022	820	202	80
车辆	10	22	22	16	6	72.7
电力	236	756	756	726	30	96.0
电气化	108	725	725	669	56	92.3
防灾	6	49	49	48	1	98.0
房建	113	1 372	1 372	1 271	101	92.6
机械	7	75	75	69	6	92.0
暖通	32	34	34	30	4	88.2
通信	16	128	128	125	3	97.7
信号	8	101	101	91	10	90.1
信息	12	120	120	115	5	95.8
建筑	27	669	669	641	28	95.8
结构	18	364	364	339	25	93.1
暖通	62	196	196	175	21	89.3
室外给排水	18	126	126	119	7	94.4
环保	6	31	31	25	6	80.6
工经	24	151	151	123	28	81.5
合计	1 102	7 739	7 739	6 628	1 111	85.6

4. 专业审核主要意见

1)线路平、纵断面

（1）技术方案优化

审核意见:建议优化 DK285+050～DK286+350 段纵断面,2/450、-1/404.71、4/450 三个坡段合并,减少短坡段。

设计答复:结合工管中心检查意见,已对 DK285+000～DK288+900 段短坡段进行了合并。

（2）工程措施优化

审核意见:建议平面图中补充斗埕线路所安全线设计。

设计答复:已按咨询意见补充安全线,安全线道岔为 12 号左开道岔,有效长 50 m。

2)线路

（1）技术方案优化

审核意见:DK334+860 改移道路,GK0+060 处的 S 反弯距铁路较近,应在路基范围内,建议向外移至路基外。

设计答复:根据建议已修改。

(2)工程措施优化

审核意见:DK381+555 改移道路,既有道路立交平面,立面条件均满足立交条件,应取消改移道路,或改移到桥下立交,取消立交涵洞。

设计答复:经核实,取消本处改移道路,改由桥涵专业顺路。

3)轨道

(1)技术方案优化

审核意见:中铁二院与中国铁设设计隧道内无砟轨道结构型式差异较大,建议轨道结构设计与建宁至宁化段沟通尽量保持一致,方便施工及后期养护维修。

设计答复:按审核意见执行,中铁二院与中国铁设相互沟通后修改部分设计,两家设计单位无砟轨道设计尽量保持一致。

(2)工程措施优化

审核意见:图中有多处锁定焊接头位于路桥、路隧过渡段上应对过渡段基础进行调整或加强处理,如 DK391+453.27 处等。

设计答复:按审核意见执行,已调整单元轨节布置,将工地焊接接头避开路桥及路隧过渡段。

4)路基

(1)技术方案优化

审核意见:DK353+800～+010 段主要加固地层<7-1-3>层软～流塑,不适宜用 CFG 桩,建议高路堤段($h>8$ m)改为水泥砂浆桩,其他路段则采用水泥搅拌桩加固。

设计答复:DK353+800～+010 段<7-1-3>层最厚约 6 m,地质以软塑为主,路基填方较高,故建议维持原 CFG 桩工点设计。其余地段按咨询意见核实修改。

(2)工程措施优化

审核意见:DK344+050～+200 段地层<11-2-W$_4$>层呈土夹角砾状,路堑边坡坡率较陡。建议按土质路堑边坡考虑,边坡坡率调整为 1∶1.5,与上部土质边坡统一协调。并且建议土质路堑边坡分级高度不宜超过 8 m。

设计答复:根据地质所提资料结合咨询意见修改。

(3)结构安全优化

审核意见:DK389+961.55～DK391+125.7 段路基工点范围高边坡深路堑为深厚层花岗岩全风化层,部分花岗岩风化层高岭土等含量高,遇水强度大幅度降低。路堑开挖后应进行及时加固防护,防止边坡暴露时间过长及雨水大量下渗而影响边坡稳定。地质人员应加强施工配合和现场地质核对,发现问题及时研究处理。

设计答复:按咨询意见修改。在说明中说明路堑开挖施工注意事项,配合施工阶段加强核对。

5)桥涵

(1)技术方案优化

①审核意见:罗家大桥,位于陡坡上墩台承台宜尽量上抬,以减少开挖工程量,承台外漏部分适当包护。如 4 号、5 号墩。位于陡坡上墩台承台宜尽量上抬,以减少开挖工程量,承台外漏部分适当包护。如 4 号、5 号墩。

设计答复:按审核意见执行,4 号、5 号墩上抬。

②审核意见:(32 m+48 m+32 m,40 m+64 m+40 m,44 m+80 m+44 m,48 m+80 m+48 m)单线连续梁,设计图未明确中跨合龙后临时固结支墩和纵向活动支座的临时锁定的解除问题,存在结构受力不利。请核查施工步骤中约束条件与计算模型是否相符。建议在中跨合龙后解除临时固结支墩和纵向活动支座的临时锁定,形成静定结构。

设计答复:按审核意见修改。

（2）工程措施优化

审核意见：洋坊尾右线大桥，13 号、14 号墩基坑开挖，设计图中未说明桥下 G319 国道的防护措施，13 号墩承台埋深存在上台空间。13 号、14 号墩基坑开挖时应对桥下 G319 国道采取防护措施，补充工程量；13 号墩承台可上抬，减小防护工程及风险。

设计答复：13 号墩基础采用防护桩开挖，数量已计列；13 号台抬高 2.5 m。

（3）结构安全优化

审核意见：吉龙河大桥，1 号、2 号墩承台底直接嵌岩，桩基桩顶未设置一定处理措施。1 号、2 号墩承台底直接嵌岩桩基桩顶宜采取一定处理措施。

设计答复：承台适当上抬，山体两侧采用挡护措施。

6）隧道

（1）技术方案优化

审核意见：雷坊 1 号隧道设计图，设计说明第三（五）1 条"隧道防水等级满足《地下工程防水技术规范》（GB 50108—2008）规定的二级防水标准，衬砌表面不允许漏水"。根据《铁路隧道设计规范》（TB 10003—2016）第 13.1.3 条要求：Ⅰ级铁路隧道衬砌不允许渗水，应满足一级防水标准要求。

设计答复：隧道衬砌防水按隧规执行并修改。

（2）工程措施优化

审核意见：DK393＋720 处地表有一蓄水池，地面距离隧道拱顶最小距离为 23 m，通过蓄水池段落的防水措施与其他段落一样。建议加强下穿蓄水池段隧道防水措施，采用中埋式橡胶止水带＋遇水膨胀橡胶止水条＋凸壳式排水板。

设计答复：按咨询意见修改。

（3）结构安全优化

审核意见：宁家隧道，进口平纵、横断面图中于明暗分界处设置 1 根锚固桩，洞口右侧存在顺层。根据进口锚固桩配筋图，锚固桩主筋设置在边长为 2 m（即短边）的靠山顺层侧，但纵断面图和 DK248＋165 处横断面图中锚固桩设置主筋侧边为横向布置，起不到抵抗顺层侧偏压力的作用，锚固桩结构不安全，请重新布置锚固桩。

设计答复：按审核意见修改。

7）站场

（1）技术方案优化

审核意见：K204＋100～＋200 新增右联络线与既有（Ⅱ）道之间还建纵向排水槽距离既有（Ⅱ）道距离过近。K204＋100～＋200 新增右联络线与既有（Ⅱ）道之间还建纵向排水槽距离既有（Ⅱ）道距离过近，排水槽施工需挖除部分路基，影响既有路基稳定，修改排水槽位置至靠近新建线路附近。

设计答复：已修改。

（2）工程措施优化

审核意见：车站线间距布置需考虑既有接触网柱的设置情况，浦梅正线设于既有 6 道外侧，线间距为 5.3 m，结合既有接触网柱设置情况核实线间距是否满足限界要求。

设计答复：浦梅正线考虑大机养路作业，根据建筑限界要求将线间距改为 6.0 m。

8）电气化

（1）技术方案优化

审核意见：说明 5，"↑"表示拉出值为 250 mm……，直线区段采用±250 mm。是否过小，不利延长受电弓的使用寿命，建议采用±300 mm。

设计答复：修改为±300 mm。

（2）结构安全优化

审核意见：本图隧道内非绝缘关节处双支悬挂均采用单吊柱。为增加其稳定性，建议隧道内非绝缘关节处双支悬挂采用双吊柱,核改。

设计答复:修改,采用双吊柱。

9)通信

(1)技术方案优化

审核意见:视频监控系统图中各Ⅱ类节点的视频信息未见上传南昌局集团公司既有视频区域节点,请明确视频信息是否上传,如上传请明确既有视频区域节点设备是否需扩容。

设计答复:视频监控系统图各Ⅱ类节点上传路局既有区域中心,扩容视频监控区域节点 SA 服务器及磁盘阵列 2T。在图中给予明确。

(2)工程措施优化

审核意见:根据《铁路防雷及接地工程技术规范》(TB 10180—2016)第7.0.3条要求,接地线长度应不大于1 m,请核查。

设计答复:根据规范要求,调整接地线长度。

10)信号

(1)技术方案优化

审核意见:建议建宁县北与斗埠线路所之间(A 口)增设方向进站信号机,并征求路局相关部门的意见。

设计答复:已征求路局意见,同意增设反向进站信号机。

(2)工程措施优化

审核意见:审核建议信号与站场专业重新核算 3 号岔后警冲标位置,如警冲标能向岔心方向平移10 m,坐标(516)超限绝缘节可取消,形成 1-3DG 一送三受轨道电路。

设计答复:已找站场专业核算警冲标位置,并修改。

11)信息

(1)技术方案优化

审核意见:图册说明"设置 1 套旅客携带物品安全检查设备",但工程数量表中均计列了 2 套,请核改。

设计答复:已核实修改。

12)防灾监控系统

(1)技术方案优化

审核意见:建议房建专业,在屋顶预留安装基础,将雨量计安装于工区综合办公楼屋顶上,可减少雨量监测点选址受限因素。

设计答复:按照立杆安装修改图纸。

13)电力

(1)技术方案优化

审核意见:长度大于 5 km 的隧道,10 kV 贯通线电缆应采用阻燃型。

设计答复:按审核意见进行修改。

(2)工程措施优化

审核意见:10 kV 隔离开关室布置应考虑预留未来增加两个方向贯通馈出隔离开关的位置,适当调整现有隔离开关位置。

设计答复:按审核意见补充土建预留。

(3)结构安全优化

审核意见:"四电"房屋屋面接闪网不应采用暗敷设方式,请设计与结构专业核实暗装接闪带的可行性,应确保结构安全和使用功能(防水),建议改为明敷。

设计答复:按审核意见,接闪带已修改为明敷设。

14）房建

（1）技术方案优化

审核意见：明确防火门的防火等级。根据公安部要求，防火门高度超出 2.3 m 需单独申报认证，建议无特殊要求的防火门尽量避免超出 2.3 m 高度。

设计答复：已全部改为 2.3 m 高度。

（2）结构安全优化

审核意见：本工程为接建项目，施工前必须对原有房屋各部分尺寸进行详细丈量并做好记录，使接建部分与原有建筑协调。既有房屋的改造应采取相应的安全措施，避免对原结构的破坏。

设计答复：按此条意见修改。

15）暖通

（1）技术方案优化

审核意见：与相关专业落实变电所、配电所的配电装置是否含有六氟化硫，并在此基础上核定其是否需增设底部通风口。

设计答复：与相关专业核实，增加变电所底部通风。

（2）工程措施优化

审核意见：柜式七氟丙烷灭火剂单位容积充装量（70 L 储气瓶充装灭火剂 80 kg）不符合《气体灭火系统设计规范》（GB 50370—2005）第 3.3.10 条的规定，应予优化。

设计答复：根据审图意见修改，更改为 90 L 储气瓶。

16）机械

（1）技术方案优化

审核意见：对应于净开门尺寸不小于 1 500 mm×2 000 mm 疏散防护门，没必要设置 2 000 mm×2 200 mm 的门洞。

设计答复：疏散防护门门洞目前未施工，已与隧道专业沟通，将门洞尺寸改为 1 800 mm×2 200 mm。

（2）结构安全优化

审核意见：浦梅铁路与玉磨铁路对比，其隧道防护门采用 M16 锚栓固定，本设计隧道防护门采用 M20 锚栓。同等隧道条件下，本设计锚栓规格提高，宜核算并说明。

设计答复：已修改为 M16 锚栓进行固定。

17）建筑

（1）工程措施优化

审核意见：消防控制室及消防泵房应采取防水淹的技术措施。

设计答复：按意见增加防淹构造措施。

（2）结构安全优化

审核意见：根据《建筑设计防火规范（2018 年版）》（GB 50016—2014）第 6.2.7 条，消防控制室开向综合控制室的门应采用乙级防火门。

设计答复：按意见修改。

18）结构

（1）技术方案优化

审核意见：连城货物仓库【图号：浦梅（建冠段）施房-102】：钢构件防腐使用年限 10 年偏低，建议提高，并加强防腐措施。

设计答复：增加油漆厚度，防腐年限不小于 15 年。

（2）工程措施优化

审核意见：连城站第 10 批第 1.2.2 条：补全楼面设计荷载，如上人屋面、接触网电动隔离开关室、设备维护室等。

设计答复：按意见补充。

（3）结构安全优化

审核意见：建宁南站第 1 批第 1.2.6 条：基础采用三种形式（独基、桩基和筏板），应核实不同基础之间的沉降差能否满足规范要求。

设计答复：已核实，并在地道通廊处布置变形缝。

19）给水排水

（1）技术方案优化

审核意见：文亨站给水工艺采用"离心泵＋水箱"，不符合初设批复意见（铁总鉴函〔2016〕666 号）"……文亨站区采用无负压供水设备供水。……"。

设计答复：文亨站接管压力小于 0.1 MPa 无法满足无负压供水设备最低进水压力要求，因此调整了供水方案。

20）暖通

（1）技术方案优化

审核意见：建宁南站候车大厅大门出入口处设置的空气幕无必要选用电热风幕，应予以优化。另外，主要设备表中空气幕数量与平面图中不一致，应核改。

设计答复：按意见修改。

（2）结构安全优化

审核意见：建宁南综合工区及单身宿舍稳压装置的启泵压力偏高，管网长期处于高压状态，管网漏水概率增大，宜按《消防给水及消火栓系统技术规范》（GB 50974—2014）第 5.3.3 条的规定设定稳压泵的启停泵压力值。

设计答复：按意见修改。

21）工经

经审核，施工图预算编制原则正确，施工图预算编制所采用的相关费率等取用准确，文件编制内容及深度符合《铁路建设项目预可行性研究、可行性研究和设计文件编制办法》铁建设〔2007〕152 号和《铁路基本建设工程设计概（预）算编制办法》（铁建设〔2006〕113 号）的要求。设计单位对审核意见都给予了回复。

经对设计单位 21 个方面审核意见的答复及回复，均同意设计回复。

二、变更设计审核情况

完成Ⅰ类变更图纸审核 24 册，共提出审核意见 60 条，设计答复意见 60 条，采纳 48 条，采纳率 80%。对于未采纳的意见，经设计单位解释，审核单位确认原设计方案可行。

1. 各专业审核情况

表 2-11-3 为变更设计各专业审核情况一览表。

表 2-11-3　变更设计各专业审核情况一览表

序号	专业	收图（册）	审核意见（条）	设计单位答复				分歧意见（条）
				答复意见（条）	同意并采纳（条）	解释未予采纳（条）	采纳率（%）	
1	隧道	4	11	11	7	4	63.6	0
2	桥梁	2	9	9	8	1	88.9	0
3	路基	2	5	5	4	1	80.0	0
4	站场	1	1	1	1	0	100.0	0
5	轨道	2	3	3	3	0	100.0	0
6	接触网	2	7	7	6	1	85.7	0
7	工经	11	24	24	19	5	79.2	0
合　计		24	60	60	48	12	80.0	0

2. 变更设计各专业审核主要意见

1) 隧道专业

Ⅰ级风险管理隧道超前地质预报Ⅰ类变更设计：

审核意见：按《铁路隧道工程风险管理技术规范》(Q/CR 9247—2016)第3.4.2条风险接受准则，应消除不可接受的极高风险，减少不期望的高度风险并加强风险监测。

设计答复：部分段落既有线运营安全、第三方损失及工期残留风险为极高。对于工期风险，需要施工单位在施工组织上进行集中调配，控制工期风险；对于既有线运营安全、第三方损失风险，需要各方加强安全把控，严格按照风险管理规定及设计方案施工，控制该类风险。

审核回复：同意设计回复。

2) 接触网专业

隧道内接触网设备基础Ⅰ类变更设计：

审核意见：变更设计采用预埋槽道后，接触网锚栓减少了，但变更设计预算增加了，核实。

设计答复：隧道内原设计单侧设回流线，变更后在回流线对侧增设了架空地线，架空地线肩架固定增加了化学锚栓。

审核回复：同意设计回复。

三、咨询结论

(1)新建浦城至梅州铁路建宁至冠豸山段工程施工图设计执行了现行设计相关技术规程、规范及标准，没有违反工程建设强制性条文的情况。

(2)执行了原中国铁路总公司初设批复意见。

(3)通过施工图审核单位与设计单位的沟通，对分歧意见基本上取得共识，无分歧意见。

(4)按施工图审核单位审核意见修改后，施工图设计文件及图表内容、深度及其质量达到《铁路建设项目预可行性研究、可行性研究和设计文件编制办法》相关规定，满足施工需求。

第十二章　物资管理

第一节　物资采购供应

一、主要物资品名及数量

(1)国铁集团管理甲供物资:桥梁支座 4 942 个、道岔 84 组、轨枕 289 699 根、扣配件 579 255 套、10 kV AIS 开关柜 102 台、10 kV GIS 环网柜 98 台、箱式变电站 74 台、接触网零部件 94 947 套、绝缘子(瓷式) 9 425 套、绝缘子(复合)6 081 套、10 kV 及以上电力电缆 257.46 km、通信电缆(漏泄同轴电缆)77.43 km、通信电缆 20.80 km、通信光缆 457.09 km、信号电缆 433.489 km、牵引变压器 8 台、断路器(110 kV 及以上)6 台、断路器(27.5 kV)25 台、电动隔离开关(110 kV 及以上)15 台、电动隔离开关(27.5 kV 所用及网用)87 台、电流互感器(110 kV 及以上)18 台、电压互感器(110 kV 及以上)18 台、电压互感器(27.5 kV)12 台、避雷器(110 kV 及以上)18 台、避雷器(27.5 kV)87 台、牵引变电综合自动化系统 3 套、接触网导线 273.50 t、承力索 214.71 t、通信高频开关电源设备(不含蓄电池组)34 套、综合视频监控系统摄像机(含云台及防护罩)107 台、调度集中系统 CTC 设备 66 套、计算机联锁 16 套、GSM-R 无线基站设备 19 套、牵引变电所无人化改造物资设备 5 套、27.5 kV 电缆及附件 6/0.545 个/km、重型轨道车 4 台、接触网作业车 4 台、接触网专用平车 2 台。

(2)建管甲供物资:聚氨酯防水涂料 408 971 kg、高聚物改性沥青防水卷材 338 795 m²、隧道防水板 1 644 948 m²、止水带 474 061 m、重载扣件 72 755 套、声屏障 17 016 m²、空调 8 台、电梯 9 台。

二、物资采购依据

(1)《中华人民共和国招标投标法》;

(2)《中华人民共和国招标投标法实施条例》;

(3)国家发改委等七部委《工程建设项目货物招标投标办法》(七部委第 27 号令)及国家发改委等九部委"决定修改的规章和规范性文件"(九部委第 23 号令);

(4)国家发改委《必须招标的工程项目规定》(国家发改委第 16 号令);

(5)《国家发展改革委关于新建浦城至梅州铁路建宁至冠豸山段可行性研究报告的批复》(发改基础〔2016〕89 号);

(6)《中国铁路总公司福建省人民政府关于新建浦城至梅州铁路建宁至冠豸山段初步设计的批复》(铁总鉴函〔2016〕666 号);

(7)《中国铁路总公司关于新建浦城至梅州铁路建宁至冠豸山段建宁南站等 4 座车站站房、雨棚及相关工程修改初步设计的批复》(铁总鉴函〔2018〕834 号);

(8)中国铁路总公司关于印发《铁路建设物资采购供应管理办法》的通知(铁总物资〔2015〕116 号);

(9)中国铁路总公司关于发布《铁路建设项目甲供物资目录的通知》(铁总物资〔2015〕117 号);

(10)《中国铁路总公司关于印发铁路建设项目"四电"系统集成甲供物资目录的通知》(铁总物资〔2018〕91 号)。

(11)国家、国铁集团、南昌局集团公司有关规定。

三、甲供物资采购

(1)2016 年 12 月 14 日,浦梅铁路工程建设指挥部向南昌铁路局招标采购办公室递交《关于报送新建浦城至梅州铁路建宁至冠豸山段第一批建管甲供物资招标计划的函》(浦梅建指〔2016〕79号),2016年12月21日,南昌铁路局招标采购办公室下达《关于浦城至梅州铁路建宁至冠豸山段第一批建管甲供物资招标计划的批复》(南招办字〔2016〕31号),2017年1月18日,依据请示和批复,聚氨酯防水涂料、防水卷材、防水板、止水带进行招标,2017年2月6日发出中标通知书,2017年3月7日签订物资采购合同。

(2)2017年6月12日,浦梅铁路工程建设指挥部向南昌铁路局招标采购办公室递交《关于报送新建浦城至梅州铁路建宁至冠豸山段工程总公司管理甲供物资(站前部分)招标计划的函》(浦梅建指〔2017〕113号),2017年7月4日,南昌铁路局向中国铁路总公司物资部递交《关于报送新建浦城至梅州铁路建宁至冠豸山段工程铁路总公司管理甲供物资招标计划的函》(南铁物函〔2017〕394号),2017年8月29日,中国铁路总公司物资部向南昌铁路局下达《关于新建浦城至梅州铁路建宁至冠豸山段工程甲供物资招标计划的函》(物建函〔2017〕100),依据请示和批复:

2017年10月17日,桥梁支座进行招标,2017年11月23日、30日发出中标通知书,2017年12月21日签订物资采购合同;

2018年6月5日,客专道岔、道岔、混凝土轨枕、高速铁路钢轨扣配件进行招标,2018年9月21日发出中标通知书,2018年9月30日签订物资采购合同;

2019年5月14日,弹条Ⅰ型、Ⅱ型扣件进行招标,2019年7月26日发出中标通知书,2019年8月20日签订物资采购合同。

(3)2018年11月6日,浦梅铁路工程建设指挥部向南昌局集团公司招标采购办公室递交《关于浦梅铁路重载Ⅶ型钢轨扣配件转由建设单位组织采购的函》(浦梅建指〔2018〕186号),2018年11月9日,浦梅铁路工程建设指挥部向南昌局集团公司招标采购办公室递交《关于报送新建浦城至梅州铁路建宁至冠豸山段建设单位管理甲供物资第二批次采购计划的函》(浦梅建指〔2018〕192号),2018年12月5日,南昌局集团公司招标采购办公室下达《关于新建浦城至梅州铁路建宁至冠豸山段建管甲供物资第二批次招标计划的批复》(南招办字〔2018〕22号),依据请示和批复,重载扣件进行招标,2019年1月8日发出中标通知书,2019年2月2日签订物资采购合同。

(4)2019年3月5日,浦梅铁路工程建设指挥部向南昌铁路局招标采购办公室递交《浦梅铁路工程建设指挥部关于报送新建浦城至梅州铁路建宁至冠豸山段工程总公司管理甲供物资(站前部分)补充招标计划的函》(浦梅建指〔2019〕23号),2019年3月21日,南昌局集团公司向中国铁路总公司物资部递交《南昌局集团公司关于报送新建浦城至梅州铁路建宁至冠豸山段项目招标采购的铁路总公司管理甲供物资(站前部分)补充招标计划的函》(南铁物函〔2019〕167号),2019年4月3日,中国铁路总公司物资部向南昌局集团公司下达《中国铁路总公司物资管理部关于新建浦城至梅州铁路建宁至冠豸山段项目等铁路项目总公司管理甲供物资招标计划的函》(物采购函〔2019〕37号),依据请示和批复,2019年6月18日,高速道岔、道岔进行招标,2019年7月10日发出中标通知书,2019年8月8日签订物资采购合同。

(5)2020年1月16日,浦梅铁路工程建设指挥部向南昌局集团公司招标采购办公室递交《浦梅铁路工程建设指挥部关于报送新建浦城至梅州铁路建宁至冠豸山段建设单位管理甲供物资第三批(声屏障)采购计划的函》(浦梅建指〔2020〕11号),2020年2月7日,南昌局集团公司招标采购办公室下达《关于新建浦城至梅州铁路建宁至冠豸山段建设单位管理甲供物资第三批(声屏障)批次招标计划的批复》(南招办字〔2020〕2号),2020年4月22日,依据请示和批复,声屏障进行招标,2020年4月29日发出中标通知书,2020年5月28日签订物资采购合同。

(6)2020年1月16日,浦梅铁路工程建设指挥部向南昌局集团公司招标采购办公室递交《关于报送新建浦城至梅州铁路建宁至冠豸山段国铁集团管理甲供物资2020年度采购计划的函》(浦梅建指〔2020〕9号),2020年2月12日,南昌局集团公司向国铁集团物资部递交《关于调整国铁集团管理甲供物资2020年度采购计划的函》(南铁物函〔2020〕61号),2020年3月6日,国铁集团物资管理部批复《关于批复国铁集团管理甲供物资年度采购调整计划的函》(物采批2020-2),依据请示和批复,2020年5月26日,10 kV AIS开关柜、10 kV GIS环网柜、箱式变电站等四电集成甲供物资32个包件进行招标,其中电压互感器

(27.5 kV)、通信高频开关电源设备(不含蓄电池组)两个包件流标,第一批次于 2020 年 6 月 22 日、30 日发出中标通知书,2020 年 7 月 20 日签订物资采购合同,第二批次于 2020 年 8 月 23 日发出中标通知书,2020 年 9 月 20 日签订物资采购合同,2020 年 7 月 14 日,电压互感器(27.5 kV)、通信高频开关电源设备(不含蓄电池组)重新进行招标,2020 年 10 月 12 日发出中标通知书,2020 年 11 月 6 日签订物资采购合同。

(7)2020 年 12 月 31 日,浦梅铁路工程建设指挥部向南昌局集团公司招标采购办公室递交《关于报送新建浦城至梅州铁路建宁至冠豸山段建设单位管理甲供物资第四批(空调、电梯)采购计划的函》(浦梅指物函〔2020〕119 号),2021 年 1 月 20 日,南昌局集团公司招标采购办公室下达《关于新建浦城至梅州铁路建宁至冠豸山段建设单位管理甲供物资第四批(电梯、空调)采购计划的批复》(南招办字〔2021〕1 号),依据请示和批复,2021 年 2 月 24 日,空调、电梯进行招标,2021 年 3 月 9 日发出中标通知书,2021 年 4 月 9 日签订物资采购合同。

(8)2021 年 1 月 20 日,浦梅铁路工程建设指挥部向南昌局集团公司招标采购办公室递交《关于报送新建浦城至梅州铁路建宁至冠豸山段国铁集团管理甲供物资 2021 年度调整采购计划的函》(浦梅指物函〔2021〕11 号),2021 年 2 月 9 日,南昌局集团公司向国铁集团物资部递交《关于报送新建浦城至梅州铁路建宁至冠豸山段国铁集团管理甲供物资 2021 年度调整计划的函》(南铁物函〔2021〕81 号),2021 年 2 月 25 日,国铁集团物资部下达《关于批复国铁集团管理甲供物资年度采购调整计划的函》(物采批 2021-2 号),依据请示和批复,2021 年 4 月 20 日,隔离开关、电力电缆进行招标,2021 年 5 月 23 日、6 月 21 日发出中标通知书,6 月 21 日、7 月 9 日签订物资采购合同。

(9)2021 年 3 月 2 日,根据《国铁集团关于做好铁路牵引变电所无人化实施工作的通知》,浦梅铁路工程建设指挥部通过南昌局集团公司物资部向国铁集团物资部提报浦梅铁路牵引变电所无人化改造物资设备招标数量和概(预)算,2021 年 4 月 27 日,招标代理国铁物资有限公司对牵引变电所无人化改造物资设备进行招标,2021 年 5 月 8 日发出中标通知书,2021 年 5 月 31 日签订物资采购合同。

(10)2021 年 4 月 30 日,浦梅铁路工程建设指挥部向南昌局集团公司递交《关于报送新建浦城至梅州铁路建宁至冠豸山段国铁集团管理甲供物资 2021 年度调整采购计划的请示》(浦梅指物〔2021〕69 号),2021 年 6 月 1 日,南昌局集团公司向国铁集团物资部递交《关于报送新建浦城至梅州铁路建宁至冠豸山段国铁集团管理甲供物资 2021 年度采购调整计划的函》(南铁物函〔2021〕273 号),2021 年 6 月 2 日,国铁集团物资部下达《关于批复国铁集团管理甲供物资年度采购调整计划的函》(物采批 2021-8 号),依据请示和批复,2021 年 8 月 17 日,轨道车辆、高频开关电源进行招标,2021 年 9 月 9 日发出中标通知书,2021 年 9 月 30 日、10 月 8 日签订物资采购合同。

经检查甲供物资设备招标工作手续齐备、符合法律、法规和国家相关规定,所采购的物资设备符合国家、国铁集团有关行政许可、认证等对企业和产品资质的相关要求。

四、运营工器具及备品备件采购

2021 年 2 月 4 日,浦梅铁路工程建设指挥部向南昌局集团公司递交《关于浦梅铁路运营工器具及备品备件配置情况和招标采购的请示》(浦梅指物〔2021〕23 号)。

2021 年 6 月 15 日,南昌局集团公司下达《关于新建浦城至梅州铁路建宁至冠豸山段运营工器具及备品备件的调整意见》(南铁建设函〔2021〕298 号)。

2021 年 8 月 17 日,浦梅铁路工程建设指挥部向南昌局集团公司招标采购办公室递交《关于报送新建浦城至梅州铁路建宁至冠豸山段建设单位管理甲供物资第五批(备品备件)采购计划的函》(浦梅指物函〔2021〕142 号)。

2021 年 8 月 23 日,南昌局集团公司招标采购办公室下达浦梅铁路工程建设指挥部《关于新建浦城至梅州铁路建宁至冠豸山段建设单位管理甲供物资第五批(备品备件)采购计划的批复》(南招办字〔2021〕4 号)。

依据采购计划的函和批复,浦梅铁路工程建设指挥部组织运营工器具和备品备件招标采购,根据招标采购结果,已向中标单位发放中标通知书(成交通知书),并按程序签订合同及组织供货,满足运营需求。

五、自购物资采购

新建浦城至梅州铁路建宁至冠豸山段"四电"工程采用系统集成,2016 年 12 月 15 日、2020 年 8 月 26 日,浦梅铁路工程建设指挥部组织站前各施工单位、"四电"系统集成商、监理单位召开浦梅铁路工程站前工程、"四电"系统集成大宗或重要自购物资设备管理工作会议,明确为保证物资设备的技术标准、制式、接口符合有关规定要求,站前工程、"四电"系统集成大宗或重要自购物资设备招标采购前,施工单位依据设计文件及现场实际,组织编制主要物资设备技术规格书,明确采购物资设备的品名、规格、型号、数量等,并报送建设单位组织审查。

2017 年 2 月,浦梅铁路工程建设指挥部对浦梅铁路 PMXQ-1 标、PM-2 标、PM-3 标、PM-4 标、PM-5 标的大宗物资钢筋、型钢、钢绞线、水泥、锚具、减水剂、速凝剂、粉煤灰等大宗物资的主要资格条件和技术条款进行了审查。

2019 年 4 月 3 日,浦梅铁路工程建设指挥部组织施工、监理单位对浦梅铁路建宁至冠豸山段钢横梁等大宗物资采购计划和技术规格书进行审查。

2020 年 1 月 14 日~1 月 15 日,浦梅铁路工程建设指挥部召集南昌局集团公司供电部、厦门供电段、福州供电段,中国铁设浦梅指挥部,中铁二院浦梅指挥部,武汉电化局与通号工程局联合体浦梅铁路 PM-6 标,南昌华路监理公司浦梅铁路 PMJL-2 标,西安铁一院监理公司浦梅铁路 PMJL-5 标等相关单位对新建浦城至梅州铁路建宁至冠豸山段"四电"集成工程电力及牵引供电专业和牵引供电专业甲供物资技术规格书进行审查。

2020 年 2 月 12 日~3 月 31 日,浦梅铁路工程建设指挥部会同南昌局集团公司供电部、厦门供电段、福州供电段,中国铁设浦梅指挥部,中铁二院浦梅指挥部,武汉电化局与通号工程局联合体浦梅铁路 PM-6 标,南昌华路监理公司浦梅铁路 PMJL-2 标,西安铁一院监理公司浦梅铁路 PMJL-5 标等相关单位对新建浦城至梅州铁路建宁至冠豸山段"四电"集成工程电力专业自购物资技术规格书进行了审查。

2020 年 3 月 20 日、31 日,浦梅铁路工程建设指挥部会同南昌局集团公司供电部、厦门供电段、福州供电段,中国铁设浦梅指挥部,中铁二院浦梅指挥部,武汉电化局与通号工程局联合体浦梅铁路 PM-6 标,南昌华路监理公司浦梅铁路 PMJL-2 标,西安铁一院监理公司浦梅铁路 PMJL-5 标等相关单位对新建浦城至梅州铁路建宁至冠豸山段"四电"集成工程牵引供电专业自购物资技术规格书进行审查。

2020 年 3 月 25 日,浦梅铁路工程建设指挥部会同南昌局集团公司电务部、建设部,福州电务段、中国铁设浦梅指挥部,中铁二院浦梅指挥部、武汉电化局与通号工程局联合体浦梅铁路 PM-6 标,南昌华路监理公司浦梅铁路 PMJL-2 标、西安铁一院监理公司浦梅铁路 PMJL-5 标等相关单位人员对浦梅铁路建宁至冠豸山段"四电"集成工程信号专业电源屏等 18 项自购物资技术规格书进行了审查。

2020 年 3 月 25 日,浦梅铁路工程建设指挥部会同南昌局集团公司电务部、建设部召集南昌通信段、中国铁设浦梅指挥部,中铁二院浦梅指挥部、武汉电化局与通号工程局联合体浦梅铁路 PM-6 标,南昌华路监理公司浦梅铁路 PMJL-2 标、西安铁一院监理公司浦梅铁路 PMJL-5 标等相关单位人员对新建浦城至梅州铁路建宁至冠豸山段"四电"集成工程通信专业铁塔等 14 项自购物资技术规格书进行了审查。

2020 年 4 月 14 日,浦梅铁路工程建设指挥部会同南昌局集团公司工务部、龙岩工务段、永安工务段,中国铁设浦梅指挥部,中铁二院浦梅指挥部,武汉电化局与通号工程局联合体浦梅铁路 PM-6 标,南昌华路监理公司浦梅铁路 PMJL-2 标,西安铁一院监理公司浦梅铁路 PMJL-5 标等相关单位对新建浦城至梅州铁路建宁至冠豸山段"四电"集成工程隧道照明专业自购物资技术规格书进行了审查。

2020 年 5 月 21 日~2020 年 8 月 13 日,浦梅铁路工程建设指挥部会同南昌局集团公司电务部组织设备管理单位及中国铁设浦梅指挥部,中铁二院浦梅指挥部、武汉电化局与通号工程局联合体浦梅铁路 PM-6 标,南昌华路监理公司浦梅铁路 PMJL-2 标、西安铁一院监理公司浦梅铁路 PMJL-5 标共同对浦梅铁路建宁至冠豸山段通信 GSM-R 施工图及直放站技术规格书进行了审查。

2020 年 9 月 24 日,浦梅铁路工程建设指挥部会同南昌局集团公司科信部、建设部、信息技术所组织运营接管单位龙岩车务段、永安车务段和设计、施工、监理单位对浦梅铁路信息系统(旅客服务信息系统、客票系统、车站门禁系统、办公信息系统、公安管理信息系统、综合布线系统、行包管理及服务信息系统、电源及环境集中监控系统、停车场管理系统、货物运输管理系统、货场视频监控系统等)技术规格书进行了审查。

2020 年 11 月 10 日,浦梅铁路工程建设指挥部会同科信部、设备管理单位及设计、施工、监理单位对中铁二院编制的浦梅铁路建宁至冠豸山段空调和电梯设备技术规格书进行审查。

经检查自购物资设备招标工作手续齐备、符合法律、法规和国家相关规定,所采购的物资设备符合国家、国铁集团(原中国铁路总公司)有关行政许可、认证等对企业和产品资质的相关要求。

第二节　物资质量控制

一、信用评价和履约管理

新建浦城至梅州铁路建宁至冠豸山段自开工建设以来,浦梅铁路工程建设指挥部按照国铁集团的相关规定,对供应商进行信用评价。浦梅铁路物资设备供应商信用评价和履约情况良好,无不良行为及违约情况发生。

二、物资质量控制

浦梅铁路工程建设指挥部严格按照国铁集团的相关规定,定期组织原材料的检查,不定期开展抽测工作,“四电”系统集成甲供物资指挥部委托国家铁路产品质量监督检验中心按照标准进行抽检并出具检测报告,过程中未发现重大和较大质量问题,所发现问题均已得到妥善解决。

第十三章　队伍管理

为全面落实铁路高质量发展要求,依法合规推进铁路建设,确保铁路工程质量与施工安全,根据《中华人民共和国建筑法》《中华人民共和国招标投标法》《建设工程质量管理条例》等国家法律法规和《国铁集团关于印发〈铁路建设项目施工专业分包管理办法〉的通知》(铁建设〔2019〕16 号)、《南昌局集团公司关于转发国铁集团〈铁路建设项目施工专业分包管理办法〉的通知》(南铁建设函〔2019〕632 号)等相关规定,浦梅铁路项目施工采取专业工程分包和劳务作业分包相结合的方式。

第一节　劳务作业分包

劳务作业分包是指施工总承包单位或者专业工程分包单位将其承包工程中的劳务作业发包给劳务企业完成的活动。

一、劳务分包模式

劳务分包可以采取劳务队和架子队两种方式。劳务队模式是将工程非主要工序分包给具有法人资格、对应资质、信誉良好的劳务公司或其他有相应资格的承包公司,由各单位签订相应的合同;架子队模式是将劳务工直接补充至各工班,由项目经理部直接管理,各单位与劳务工本人签订相应的劳务用工协议。所有劳务分包采取"劳务承包、工序分离、设备租赁、包工不包料"的形式。禁止与无资质或不具备相应资质的单位签订劳务分包合同。

二、劳务分包管理

1. 严格规范各施工单位架子队及用工行为

浦梅铁路工程建设指挥部转发了原铁道部《关于积极倡导架子队管理模式的指导意见》(铁建设〔2008〕51 号),并对各施工单位提出规范劳务用工管理的要求。

各施工单位根据原铁道部的《关于积极倡导架子队管理模式的指导意见》,结合浦梅铁路工程建设指挥部对劳务用工管理专项整改活动的有关要求,开展自查自纠,对不合格劳务作业人员或包工队坚决予以清退。

施工、监理单位根据文件要求开展自查自纠活动,活动主要检查两方面内容:

(1)检查施工单位架子队组建情况

①检查架子队专职队长、技术负责人,配置技术、质量、安全、实验、材料、领工员、工班长等主要组成的九大人员是否机构健全,各岗位是否明确职责,落实责任。

②检查架子队主要组成人员是否是施工企业的正式职工,具有相应的作业技能,经过岗位培训合格和持证上岗;领工员、工班长是否具备相应的组织、管理能力和丰富的施工实践经验,其人员数量是否满足施工现场生产管理需要。

③检查施工现场所有劳务作业人员是否纳入架子队集中管理,由架子队按施工组织设计统筹安排劳务作业任务;班组作业人员应在领工员和工班长的带领下进行作业,确保每个工序和作业面有领工员、技术员、安全员跟班作业。

④检查架子队是否建立并实行技术交底制度,技术负责人应就作业工序和环节向领工员、工班长进行书面技术交底并资料归类存档备查;领工员、工班长应在实施作业前对班组作业人员进行工作和安全

交底。

⑤架子队主要组成人员在施工过程中是否保持稳定和完整,应根据施工组织设计安排及工程进度,适时调整作业班组用工数量。

(2)检查施工单位架子队用工行为

①检查施工企业接受劳务企业劳务人员时,是否与劳务企业签订劳务协议,并应检查验证劳务企业与劳务人员签订的劳动合同,否则不得进入施工现场从事劳务作业活动。

②检查施工单位是否建立劳务作业人员培训和持证上岗制度,对其进行岗前专业培训,培训情况应当记录在教育培训档案中。从事技术工种的应持有相关职业资格证书,从事特殊工种的,还应持有特种作业证书。

③检查施工单位提供的生活、居住、作业环境是否符合安全卫生标准,机械设备和安全防护用具是否符合安全标准。

④检查施工企业是否建立劳务作业人员工资支付保障制度,在开户银行是否设立劳务作业人员工资基金专户。

⑤检查施工企业是否根据实际情况,设置劳务管理机构,配备与劳务用工规模相适应的管理人员,是否配备专职劳务管理人员。

⑥检查施工单位是否建立健全劳务管理制度,对劳务作业人员登记造册,记录身份证号、职业资格证书号、劳动合同编号以及业绩和信用等,并报浦梅铁路工程建设指挥部、监理单位备案。

2. 规范劳务用工管理

根据劳务公司的调查、会审、批准、合同签订、履约、结算等过程建立相应制度,规范管理,形成逐级负责、相互制约、层层落实的管理机制。坚持把规范劳务用工作为首要任务来抓:一是正确引导,划清违法分包与合法用工的界限,引导施工企业依法合规地使用劳务工,通过增加安全员、质量员、技术员等相关技术管理人员,来提高劳务队素质,促进"架子队"模式管理和劳务工工作的加强;二是加强核查,施工单位使用劳务工必须先培训合格再行录用,并按规范要求建立花名册备案。浦梅铁路工程建设指挥部和监理单位对一线作业人员进行经常性的抽查和考核,发现不合格者坚决清出现场。

3. 建立劳务用工管理台账

每份劳务合同应有三证(营业执照、资质证书、安全生产许可证)及授权书,架子队模式的合同应建立三员(安全员、质量员、技术员)台账,对三员的管理符合浦梅铁路工程建设指挥部的相关规定。

4. 加强对劳务人员的技术培训

劳务人员必须通过铁路施工技术培训方可上岗,对已进场人员应进一步加强铁路施工知识的培训,确保所有施工人员的能力能够满足铁路建设施工要求。

第二节 专业工程分包

专业工程分包是指施工总承包合同(含施工单价合同、工程总承包合同)约定或经浦梅铁路工程建设指挥部同意,施工总承包单位将其承包工程中的部分专业工程依法分包给具有相应资质或能力的专业施工企业完成。

一、专业分包管理

(1)建立健全分包管理制度,对分包工程的质量安全管理、验工计价等活动进行监督检查,及时制止并惩处转包和违法分包行为,切实承担起依法依规管理项目分包行为的责任。

(2)施工总承包单位建立健全相关分包管理制度和台账,按规定程序和条件选择分包单位,培训分包单位人员,并指派人员参与分包工程技术和现场管理工作,对分包工程的质量、安全、进度、环保和分包单位的行为等实施全过程管理,对分包工程的质量、安全和进度等实施有效控制,按照合同约定对分包工程的实施向浦梅铁路工程建设指挥部负责,并承担连带责任。

(3)监理单位检查专业工程分包单位进场人员、设备等是否满足分包合同要求;核实施工总承包单位与分包单位人员身份;依据合同约定,对分包工程的施工进行监理。

(4)严格按照国铁集团和南昌局集团公司要求,加强铁路建设市场规范廉洁共建工作,将廉洁共建要求贯穿建设管理全过程。施工总承包单位在施工分包过程中严格遵守廉洁共建相关规定,与分包单位签订规范廉洁市场共建协议,将分包单位纳入共建规范廉洁市场范围,共同促进铁路建设市场廉洁健康发展。

二、专业工程分包条件和范围

1. 专业工程分包条件

(1)具有经工商登记的法人资格,具有独立签订合同的权利和履行合同的资质与能力。

(2)具有与分包的专业工程内容与范围相适应的企业资质和有效的安全生产许可证。

(3)具有从事类似工程管理经验的技术人员以及相关业绩。

(4)具有(自有或者租赁)分包的专业工程所需的施工设备。

(5)拟任项目负责人、技术负责人,质量、安全等主要管理人员具有合法的劳动关系证明。

(6)符合信用管理规定,无严重失信行为记录。

2. 专业工程分包范围

严格按《国铁集团关于印发〈铁路建设项目施工专业分包管理办法〉的通知》(铁建设〔2019〕16 号)文要求,控制专业分包工程范围。

三、分包工作流程

(1)除在施工总承包合同中明确允许分包的专业工程外,施工总承包单位拟对其所承包工程范围内的专业工程进行分包的,应事先提出申请,并经浦梅铁路工程建设指挥部书面同意。

(2)施工总承包合同中明确要分包的专业工程和经浦梅铁路工程建设指挥部同意分包的专业工程,施工总承包单位应依法合规择优选择专业工程分包单位,纪检部门应加强对施工总承包单位招投标的监督管理,抓好专业工程分包单位选择过程的监督检查,并出具相关意见。施工总承包单位在选定专业工程分包单位前,应对专业分包工程价格进行分析,分包价格不得低于成本价。

(3)施工总承包单位在按规定确定分包单位候选人后,应先履行内部审核程序,经单位负责人或授权代理人审核签字并加盖公章后,将分包单位基本情况等和拟签订的合同报监理单位、建设单位审查。

(4)监理单位审查发现施工总承包单位和分包单位签订的分包合同内容违反有关规定和合同约定的,应及时向施工总承包单位提出,并督促修改完善。

(5)经浦梅铁路工程建设指挥部审核同意后,施工总承包单位方可与分包单位签订合同,并在分包合同签订之日起 5 日内,将分包合同向浦梅铁路工程建设指挥部及监理单位备案。

(6)工程实施过程中,专业工程分包合同的工程范围等主要条款拟发生变更的,施工总承包单位应按照新签订的分包合同程序重新办理报审、备案手续。

第十四章 文明施工

第一节 优化工作环境

一、开展廉洁共建活动,打造规范廉洁、风清气正的浦梅铁路建设环境

通过开展廉洁共建活动,共同培育具有浦梅特色的廉洁从业理念,共同营造"讲规范、守廉洁、重承诺、树正气"的廉洁文化氛围,共同打造工程项目廉政风险防控体系,共同构建廉政工作协调互控长效机制,促进建设与参建各方干部职工着力规范从业行为,强化自我约束和管理,推动建设程序依法合规,招投标制度严格执行,投资管理规范安全,工程进度、安全及质量管理规范,参建企业守信履约,信用评价客观公正,干部廉洁奉公,防范工程建设领域腐败问题的发生,依法组织建设施工,共同打造规范廉洁、风清气正的浦梅铁路建设环境。

二、工程现场文明施工管理

在施工前创造良好的环境,施工过程中保持良好的环境,坚持以人为本的理念,这是对自己也是对别人生命的关爱。工程施工过程中忽视文明施工是施工管理存在的薄弱环节,这是对文明施工的投入不够、规范不全、没有标准或标准不高。文明施工是技术的创新,强调文明施工,意味着施工过程中要不断采取新技术、新工艺、新方法,革新施工手段,完善技术设备,文明施工是企业发展的内在要求。浦梅铁路工程建设指挥部针对各参建单位有序地开展现场文明施工作如下要求。

1. 人员培训

(1)参建单位的所有管理人员和施工人员(包括劳务人员)必须经过进场质量安全教育和文明施工技术培训,并经考核合格后方可上岗。

(2)特种作业人员必须经专门的安全培训,取得特种作业操作资格证书后方可上岗作业。

(3)劳务人员进场后,项目部须将新进场人员备案;组织进场培训,培训考核合格,领取安全防护用品后方可上岗,否则不允许上岗作业。

(4)严格落实作业班组"班前安全点名"制度。

2. 人员着装

(1)各单位的所有参建人员实行统一着装上岗。可按照管理岗位和施工现场工种的特点,分别着装不同款式和不同颜色的工作服装。

(2)安全帽分为不同的颜色统一佩戴。管理人员为红色,特种作业人员为蓝色,现场作业人员宜为黄色。

(3)管理、试验、测量人员,上岗工作和进入施工现场应佩戴胸卡。胸卡胸章内容包括:单位名称、姓名、职务(岗位)、编号,胸卡贴有照片。

(4)施工作业人员应穿戴与岗位工种相对应的安全防护用品。

3. 场地布置和封闭管理

(1)施工现场的场地划分为生产区、办公区、生活区,并做到布局合理,整洁美观。

(2)生产、办公、生活区,应在醒目位置设置场地布置示意图。示意图应标明图名,并按照功能标明房屋、道路、材料、停车、绿化等位置。

(3)办公区、生活区和生产场(站、室),应保持经常洁净,地面平整无积水,无垃圾废物;厕所保持清洁

无异味;在房屋的适当处所设置垃圾箱,分类存放并及时清理;设置污水沉淀池,生产生活污水集中沉淀后排放。

(4)办公区、生活区和生产场(站、室),应做好排水系统,保证排水通畅不积水。

(5)办公区、生活区和生产场(站、室),每栋房屋设置灭火器,挂(放)于通道旁,并贴挂"消防责任牌"和"消防安全、人人有责""注意防火"警示牌。

(6)办公、生活、生产场(站、室)区采取不低于 2 m 的围墙或通透式围栏封闭,场地出入口设置牢固美观、开启方便的大门,并在大门一侧设置单位(场地)铭牌,在大门处设置门卫值班室。

(7)邻近居住地、公路旁、办公区、厂区、学校等人员活动较多的工点,采取砖砌围墙或隔离板的措施实行封闭管理,并在明显处所设置安全警示标志。

4. 办公及生活区管理

(1)办公区管理符合下列要求:如采用拼装式活动房屋的,搭建不宜超过两层,屋顶排水通畅;地面设散水,排水坡不小于 3%;在会议室醒目位置,可悬挂管理组织机构图、安全目标及保证措施、质量目标及保证措施、环保目标及保证措施;会议室整体布设要协调统一、美观大方;在进入大门的道路两旁,设置宣传栏(牌),在办公区的醒目位置悬挂标语条幅。

(2)生活区管理符合下列要求:员工宿舍床铺、储物柜等物品应摆放整齐,照明良好,室内整洁,无私拉乱接现象;生活区食堂建设要满足员工就餐的需要,电气、消毒、炊具、清洗、防鼠、防蝇、防尘、仓储等设备设施齐全完备;灶前灶后、仓储间、生熟间分开,仓储间的食品要分类按区存放,并挂食品标识牌;应有卫生许可证,炊事员按照规定定期体检并持健康证上岗;严格执行食品卫生"五四制",保持通风良好,卫生整洁;设置独立的男、女淋浴室,淋浴室地面贴地砖,墙面贴墙砖,顶面刷白,并保持清洁;生活区内张挂包括公共生活区、住宿生活区、饮食生活区等区域在内的卫生责任区公示牌和卫生管理制度,开展定期不定期的检查,保持卫生清洁。

5. 安全标志、标识、标牌的设置和管理

(1)施工现场安全文明标志设置要求和标准,执行原铁道部《铁路建设项目现场安全文明标志》的规定。

(2)主要标牌图表。在重点工程施工现场的醒目位置,设置反映本工程概况和建设形象的牌图,现场设置如下牌图:反映浦梅铁路建设形象、理念、目标的工程概况牌、工程公示牌、安全质量环保目标公示牌、施工平面布置图等。牌图设立要牢固可靠、整齐美观、大方醒目。

(3)工程施工标识。各单位在工程范围内的醒目位置设置项目名称、工程概况、施工负责人、技术负责人、安全质量负责人、安全质量环保保证措施等内容的公告牌和施工平面布置图、桥梁平面布置图、路基平面布置图、形象进度示意图。在每个项目部工程分界点设置工程分界牌,以大里程为向由工程分界点为起点的项目部在主便道旁设置。

(4)现场管理制度、施工流程和安全操作规程牌。施工现场根据本工程特点设置相关管理制度、施工流程图标识,特种作业和各种机电设备操作制定安全操作规程,现场设置安全操作规程牌,其内容主要包括操作要领、安全事项、工前检查、工后保养、日常维护等。

(5)安全标志、标识。在施工现场,对可能引发不安全状态的部位,按照不安全因素的特点,设置禁止标志、警告标志、指令标志、提示标志和明示标志。安全标志必须符合国家相关规定。

(6)根据工程特点和不同的施工阶段,现场安全标志要及时准确的增补、删减和变动,实施动态管理。安全标志要设专人维护,经常保持清洁、完整,严禁任何人随意拆除、挪动或损坏。

(7)施工单位明确安全标志要求并加强检查,及时安排制作,按要求安装并做好日常维护。

6. 施工宣传

(1)宣传栏(牌)。在生产、办公、生活区的醒目位置,设立宣传栏、宣传牌、图片展等,美观大方、形式新颖、内容丰富、统一标准。宣传内容要动态反映浦梅铁路建设的基本概况、建设理念、建设要求、建设目标、领导视察图片等。

（2）宣传标语。施工现场的生产、办公、生活区有反映安全生产、文明施工、环境保护、科学管理和展示浦梅铁路建设形象的宣传标语。

（3）文化活动。在生活区设置员工文化活动场地，结合施工实际，开展丰富多彩的文化娱乐活动。

7. 物资存放与搬运

（1）施工现场的各种材料分区存放，并设置分区标识牌。各类物资按品种、规格堆码整齐、稳妥，不得乱堆乱放和超高堆放，砂石成堆，场地整洁，无杂草杂物。

（2）金属、木材及构配件等底部按规定加设垫块，并符合要求；易于滑滚的材料堆放必须捆绑牢固，高度不得超过 2 m；用人工堆放袋装材料时，其高度不得超过 1.5 m；堆放钢板及钢杆件时，其高度不得超过 1 m，每层用垫木隔开；堆放钢筋时，采用不低于 20 cm 高的支垫，并采用篷布遮盖；模板、脚手架等周转材料，选择在装卸、取用、整理方便和靠近拟建工程地方放置。

（3）危险物品按有关规定进行存放。氧气瓶、乙炔瓶分开（间距不小于 10 m），采用非易燃建筑材料搭棚存放，并悬挂分区标志；润滑油料专门设库房存放，燃油存放库房（罐）周围采用围墙或通透式围栏进行隔离，所有油料均设专人进行管理，其库房醒目位置均悬挂安全警示标志。

（4）物资搬运、装卸作业符合规定：搬运、装卸作业场地平坦宽敞，跳板坚固牢靠，并有防滑措施；在装卸、搬运管材、钢筋、型钢等细长构件时，动作协调一致，并有专人指挥；搬运装卸易燃、易爆等危险物品时，必须符合国家现行有关管理规定的要求；在运输超长物资时采取专门措施进行支托和捆绑；氧气瓶、乙炔瓶等危险物品在吊装时，用钢筋笼或其他有效措施固定后吊装，防止脱落发生事故。吊装时氧气瓶平放，乙炔瓶立放；车辆运输严禁客货混装。

8. 便道便桥

（1）便道要满足施工车辆的行车速度、密度、载重量等要求，并考虑与相邻标段便道的衔接，满足车辆运行要求；便道做到顺直美观，排水畅通，路面无淤泥、无积水。

（2）施工便道便桥设置必要的标识标志。进入施工现场的路边，设置"进入施工现场，请减速慢行"警示牌；邻近或跨越道路的施工处在道路前端设置"前方施工，减速慢行"警示标志，在施工现场（站）区、办公区、生活区等拐弯处，设置拐弯指向标志，并设置防撞墩等防护措施；在便桥桥头前进方向右侧设置便桥标识牌。

9. 管线敷设

（1）电缆线路：根据环境条件，采取埋地或架空敷设，杜绝随意敷设；电缆线路与热力管道的平行间距不得小于 2 m，交叉间距不得小于 1 m；电缆严禁敷设在有酸、碱等化学腐蚀的地段，确因地形条件限制不能避开时，必须按规定做好严密的防护措施。

（2）照明线路：严禁敷设在钢铁构件和易燃易爆、化学腐蚀的物件上。

（3）供水管路布置合理，接头严密不漏水，满足施工要求。

10. 机电设备

（1）施工现场的混凝土运输车、混凝土泵车、汽车吊、自卸汽车等运输车辆，每天（次）作业完毕，将其清洁后停放在固定的停车位内。

（2）空压机、发电机、混凝土输送泵、挖掘机、推土机、装载机、起重机械、钻机、提梁机、架桥机等大型施工机械，应性能良好，保持整洁，按章操作，工后有序停放在地质坚固、不受坍塌危害及洪水威胁的安全可靠场地。

（3）电焊机、对焊机、钢筋切断机、钢筋弯曲机、圆盘锯、刨木机、手砂轮、风炮、钻床、车床等小型机电设备，应随时保持性能良好，安全防护装置齐全有效，接地接零可靠，操作规范，摆放整齐，电力线路布置规范，多余电缆圈挂，工后场地整洁。

（4）大型和小型施工机电设备均应设置机械设备标识牌。大型机械设备应有管理制度、运转维修记录。所有机电设备应有管理台账。

（5）特种设备应按规定经当地安监部门检验合格后方可使用，检验手续完整；机电部门应建立健全管理制度和管理档案，加强日常监督管理，安全生产部门应加强监督，确保设备安全运行。

(6)起重设备封钩应完备良好,在吊装物品时,应严格执行"十不吊"制度;遇有六级及以上大风时应停止起吊作业,遇有四级及以上大风时应停止拆除作业。

11. 施工用电

(1)施工现场用电采用三相五线制系统和三级配电二级保护方式,工作接地电阻值不得大于 4 Ω;供电线路始端、末端必须做重复接地;当线路较长时,线路中间应增设重复接地,其电阻值不应大于 10 Ω。

(2)进入施工现场的电气设备、固定吊装设备、钢梁梁体等可能因雷电或外壳带电造成人身伤害的设备、设施,均装设接地线。

(3)用电设备实行一机一闸一漏一箱制;不得用一个开关直接控制两台以上的用电设备;漏电保护器符合国家标准《漏电电流动作保护器》(GB 6829—1995)的规定,并与用电设备相匹配。

(4)自备电源应满足要求:自备发电机组应采用三相四线制中性点直接接地系统,接地电阻值不得大于 4 Ω。发电机组应与外电线路电源连锁,严禁并列运行。发电机组应设置短路保护和过负荷保护装置。

(5)架空线路应满足要求:架空线应采用绝缘导线,并架设在标准的专用电杆(水泥杆、木杆)上,严禁架设在树木或脚手架上;架空线路之间及与各种设施之间最小垂直距离,应满足规定要求,当不能满足时,应采取增设屏障、遮拦或保护网等保护措施,并悬挂警示标志。

(6)配电箱及开关箱应满足施工用电要求:固定式配电箱及开关箱的底面与地面垂直距离不得小于1.3 m;配电箱及开关箱应装设在干燥、通风及常温场所,严禁设在有可燃易爆气体、烟气、蒸汽及其他介质的环境中,并采取防晒、防尘、防雨、加锁措施。配电箱及开关箱内应分设工作接零和保护接零端子汇流排。

(7)施工照明的安全电压应符合下列规定:在金属容器内作业或特别潮湿的环境中作业,应使用 12 V安全电压;在桥梁基础的井下作业、狭小空间和沟、槽、池内作业,以及各种机床和其他易引发电击的危险场所,应使用 36 V 安全电压。

(8)施工现场用电,要严格遵守用电设计规定,不得擅自拉线和装设插座、插板。生活用电要严格遵守用电规定,不得私拉乱扯,不得随意装设插座、插板,不得使用电炉和较大功率的电器设备。

(9)配电房、变压器、发电机、配电箱、开关箱、电焊机、对焊机、塔吊、龙门吊等用电设施设备均应挂设触电警示标志。

(10)拌和楼、施工脚手架、油库、料库、配电房(所)等可能引发雷击的设备、设施、建筑物,按照规定必须装设防雷设施,并定期检测接地电阻,防止雷击事故。安装避雷装置时,要检测接地电阻,当接地电阻不能满足规范要求时,应调整电阻值或更换避雷设备。

12. 环境保护

(1)水污染防治的要求:不得将有毒有害物质和固体垃圾堆放在河流、沟渠等水体附近,更不得向水体排放,在醒目位置设置安全警示标志;砂石料冲洗、混凝土养护、拌和站及运输设备冲洗等,产生的施工污水应经沉淀池处理后排放;桩基钻孔施工产生的泥浆应在指定场所弃置,防止随意弃置对水体、地表植被、农作物等产生污染。

(2)固体废弃物处理的要求:施工中产生的废弃机具、配件、包装物及各类固态浸油废物等,应集中收集,运至垃圾场进行处理或回收利用;钻孔桩施工产生的弃渣外运弃至规定的地点。

(3)大气污染防治的要求:施工场地、道路应定时洒水,防止施工扬尘对大气、地表植被、农作物产生不利影响;运输易产生扬尘的建筑材料或土石方时,运输车辆应装料适中,并覆盖严密;禁止焚烧油毡、橡胶、塑料等有毒、有害气体的物质。

(4)噪声污染防治的要求:临近居民区、学校和医院等噪声敏感地带的施工,要采取措施严格控制机械作业噪声;噪声大的施工作业应尽量安排在白天,确需夜间施工的,要做好对周边居民的公告、宣传和沟通工作;采取低噪声设备、优化施工工艺、加强机电设备保养、设备严禁超负荷运转等措施尽能降低噪声产生的强度;混凝土拌和站、预制场等高噪声作业场地设置应尽量避开居民集中区;施工车辆通过城区、村庄时应减速慢行和减少鸣笛。

三、专项管理

1. 混凝土拌和站

(1)根据整体规划绘制详细的现场布置图,应合理布设,满足施工需要,根据场地条件合理设置废水沉淀池和洗车区,并布设排水系统。站内必须采用混凝土进行硬化,道路采用C20混凝土且厚度不小于20 cm,站界用砖砌围墙封闭,出入口及大门设置参照相关标准执行。站内各区应设置分区标识牌。

(2)在站内醒目位置设置公示栏、宣传栏、标语条幅,其内容、标准分别参照相关要求执行。

(3)挂设混凝土(砂浆)配合比标识牌、岗位安全操作规程牌及司机岗位职责牌;在拌和站架子楼下的醒目位置,设置"施工重地,注意安全"警示牌。

(4)水泥、粉煤灰等材料采用筒仓储存;碎石按分级配并分为合格仓和待检仓存放,砂子存放分为合格仓和待检仓,用隔墙隔开,隔墙高度不低于2 m,保证各种材料不得混仓,仓顶必设有顶棚。各种材料应设置材料标识牌。

(5)作业人员按规定佩戴防护品,严格按照操作规程作业。

(6)每次混凝土拌和作业完成后,及时清洗机具,清理现场,做到场地整洁。

2. 预制构件厂

(1)根据整体规划绘制详细的现场布置图合理布设,满足工程需要和工期要求。根据设计硬化预制场地和制作预制构件台座;场地四周用砖砌围墙或通透式围栏封闭,设置出入口及大门,该标准参照相关条款执行;场内合理划分混凝土拌和站、制梁区、存梁区、构件加工区域。

(2)预制构件厂应有坚实的存梁台座和地面排水系统,梁片存放时应支垫牢固,不得倾斜,并设置防止梁体倾覆的措施。张拉台座两端设置防护装置,并悬挂"张拉危险,请勿靠近"安全警示标志。

(3)在场内醒目位置设置公示栏、宣传栏、标语条幅,其内容、标准分别参照相关规定执行。在预制构件厂的醒目位置设置的主要牌图参照相关标准和内容执行。

(4)预制构件厂的混凝土拌和站、制梁区、存梁区、构件加工区等各生产区域,在醒目的位置布设区域标识牌;构件加工区设置参照相关条款标准执行。

(5)龙门吊设置应与高压线保持安全距离,在龙门吊下方的相应位置,挂设"当心吊物""禁止停留""注意安全"等警示牌。在醒目位置挂设司机岗位职责牌、岗位安全操作规程牌。岗位职责和岗位安全操作规程牌。

(6)预制构件厂的各种机械设备应安全良好,运行正常,操作人员持证上岗,并严格按照操作规程操作。

(7)场区内材料、机械摆放整齐,建筑垃圾及时清运,保持场地整洁。

3. 钢筋加工场

(1)加工场实行封闭管理,加工棚设置干粉灭火器、灭火砂、铁锹、铁桶等防火用品。在场内醒目位置设置公示栏、宣传栏、标语条幅,各类标识牌的设置参照相关标准执行。

(2)场内材料按储存区、加工区、成品区布设,场地应硬化,各区域在醒目的位置设置区域标识;各类钢材、成品、半成品分类堆放整齐,满足防雨防潮条件,并用"材料标识牌""成品、半成品材料标识牌"标识牌标识清楚。

(3)场内加工棚采用轻钢结构搭设,可根据需要设围墙或围栏防护,各种加工设备均挂设"安全操作规程牌",电动设备挂设"当心触电"警示牌;加工车间的进口处挂设"施工重地,闲人免进"警示牌。

(4)电焊机、对焊机、钢筋切断机、手持电动工具等钢筋加工机械,必须经项目部机电、安全生产部门检查验收合格后方可使用,并且做好验收合格记录,以备检查。

4. 试验室(站)

(1)在试验室墙上的醒目位置,张挂岗位安全操作规程、试验人员职责、试验流程图等;试验人员佩戴胸卡作业,持证上岗,规范操作,记录清晰。

(2)仪器设备挂设标识牌,标明名称、规格、型号、状态。试验室配备干粉灭火器、灭火砂、铁锹、铁桶等防火用品;室内环境经常保持整洁卫生,满足试验要求。

(3)在试验中使用或接触有毒有害物品时,应严格按照规程操作,防止人员受到伤害。试验用有毒有害液体,执行双人保管制度。

(4)试验废弃原材料回收或存放符合环保要求。

四、文明施工要求

1. 路基工程施工

(1)路基施工应进行现场调查,应了解施工范围地质及地下埋设的各种管线、电缆、光缆等情况并与相关部门联系,制定合理安全技术和环境保护措施。

(2)路基施工应根据工程特点对施工工艺、方案进行优化,对滑坡、崩塌、高陡边坡等高风险路基作业应编制专项安全施工方案。编制详细土石方调配表,宜移挖作填,集中取土,减少弃土。

(3)员工住宿和生产加工区、辅助生产区和仓库应避开地质灾害区,确保人员和财产安全。施工过程中必须落实国家关于"不准施工"和"必须撤人"的规定,如恶劣气候条件、出现重大隐情、重大安全隐患未整改落实前、不符合基本的施工安全条件等。

(4)施工中应随时掌握当地的气象信息并与主管部门建立联系,互通信息,建立防洪、防汛、防台风和地质灾害的管理制度和应急机制,加强人员管理、落实恶劣气候的施工应急管理,并配备相应的物资。

(5)路基施工的各个阶段应有明显的分区作业指示标牌。施工场地狭小、行人和机械作业繁忙地段应设临时交通指挥员。路基施工过程中应定期对施工路段和主要便道进行洒水,确保现场道路不扬尘。

(6)搅拌桩施工时,水泥浆液应作回收处理,不得直接排放。机械发生故障时,先切断电源,关闭泥浆泵,放出管内水泥浆,确认无电无压力后,才能处理发生的故障。

(7)路基开挖作业应自上而下开挖,严禁掏底开挖。开挖应与装运作业错开进行,严禁双层作业。松动的土、石块应及时清除。若弃土下方和滚石危及范围内的道路,应设警示标志,作业时下方严禁通行。

(8)爆破作业规定:爆破作业使用的爆破器材应符合规定、采购、储存、使用符合要求,爆破作业人员必须经过国家公安机关的培训和考核;现场应设安全警戒防护,由专人统一指挥;在清方过程中发现有瞎炮、残药、雷管时,必须及时由爆破人员处理。

(9)采用粉状材料对路基填料进行现场拌和施工时,应避免在大风天气作业,施工人员应佩戴防尘口罩等劳动保护用品,并采取相关环境保护措施。

(10)路基过渡段施工规定:在填筑压实过程中,应保证桥台、横向结构物稳定、无损伤;应按设计做好防排水处理,防止降水或其他水流对地基的浸泡或台后基坑积水;施工中应做到随填、随摊、随压、随整修;过渡段路堤两侧防护砌体的施工应在地基和路堤变形稳定后进行,宜与相邻路堤的防护砌体施工相互协调。

(11)特殊路基施工规定:宜避开雨季作业,加强现场排水,保证地基和已填筑的路基不被水浸泡;在危岩落石地段进行路基施工,应有预防岩石坍落的安全措施;岩溶及其他坑洞地区路基施工,应检查坑洞内情况,对不稳定的岩溶坑洞应加强临时支护,坑洞中有害气体应通风排除;岩溶地段进行注浆作业应加强地面观测(水平位移、冒浆点的位置、地面沉陷等),注意环境保护,及时清理浆液污染物;在地下水发育地段施工时应做好防排水处理;工地生产、生活房屋宜集中设置在有防风条件的地方。

(12)取弃土场要求:取土场的设置,应根据各地段取土性质、数量并结合路基排水、地形、土质、施工方法、节约用地、环保等,统一规划;取土时应注意环境保护,取土后的裸露面应按设计采取土地整治或防护措施;取土场的位置、深度、边坡应满足设计要求,并结合当地土地利用、环保规划进行布置,不得随意取土及在水下取土;对于已经停止取土的取土场应按照设计要求进行复垦处理或绿化;弃土堆(场)的位置与高度应保证路堑边坡、山体和自身的稳定,并不得影响附近建筑物、农田、水利、河道、交通和环境等,不能满足时,应加设挡护或采取其他措施。

(13)路基机械施工规定：挖掘机、装载机、吊车等机械作业范围内如有高压线、管线等，应尽可能避免机械化作业或派专人指挥监控作业；使用提升架运送石料时，应由专人指挥和操作，严禁超负荷运行。严禁使用提升架载人；运输车辆不得超速、超载、超限，不得人货混载，驾驶室不得超定员搭乘；自卸式汽车翻斗内严禁载人。

(14)临近居民区施工作业，强夯施工产生的噪声不应大于现行《建筑施工场界环境噪声排放标准》(GB 12523—2011)的规定，强夯场地与建筑物间应按设计要求采取隔振或防振措施。当强夯施工所产生的振动对邻近建筑物或设备会产生有害影响时，应进行监测。

(15)路基相关工程施工规定：落实加强各工序间的衔接，各类沟槽基坑开挖后宜尽快封闭，严禁雨水浸泡；路基上的电缆槽、接触网支柱基础、声屏障基础、预埋管线、综合接地等宜与路基同步施工，不得因其施工而损坏、危及路基的稳固与安全；相关工程及附属设施施工时，应防止路基污染，做好成品保护。

2. 桥梁工程施工

(1)桥梁施工现场应统一规划、合理布局，并绘制桥梁分段(孔)平面布置图。施工现场的临时设施布置应考虑洪水的影响，重要临时工程在河道内布置时应处于施工水位以上。

(2)桥梁施工组织设计应结合工程实际，对在施工中可能造成的环境破坏和不利因素提出具体预防措施。危险性较大的分部分项工程应编制专项施工方案(组织专家进行评审和论证)，施工时应安排专业人员负责监督和管理。

(3)员工住宿和生产加工区、辅助生产区和仓库应避开地质灾害区，确保人员和财产安全。施工过程中必须落实国家关于"不准施工"和"必须撤人"的规定，如恶劣气候条件、出现重大隐情、重大安全隐患未整改落实前、不符合基本的施工安全条件等。

(4)施工中应随时掌握当地的气象信息并与主管部门建立联系，互通信息，建立防洪、防汛、防台风和地质灾害的管理制度和应急机制，加强人员管理、落实恶劣气候的施工应急管理，并配备相应的物资。

(5)施工现场应设置符合要求的安全警示标识和相关标牌，做好临边和孔洞的防护，并经常进行检查，发现缺失及时修复。

(6)基坑施工的基本要求：基坑宜在少雨季节施工；基坑顶面应在开挖前做好防、排水设施；基坑有动载时，坑口边缘与动载间的安全距离应根据基坑深度、坡度、地质和水文条件及动载大小等情况确定；土石松动地层或在粉、细砂层中开挖基坑时，应先做好安全防护；土质松软层基坑开挖必须进行支护；基坑开挖时，应观测坡面稳定情况；当发现坑沿顶面出现裂缝、坑壁松塌或遇涌水、涌砂时，应立即停止施工，加固处理后，方可继续施工；基坑位于现场通道或居民区附近时，应沿边缘设立两道护栏，夜间加设红色标志灯。

(7)桩基施工要求：桩基作业区域应平整，采取安全防护措施并设立警示标志，非工作人员未经批准不得入内；各类桩基地面孔口四周必须搭设防护围栏，围栏采用钢筋牢固焊制；停止作业时，孔口应用盖板盖严并设置围栏和警告标志牌；预制桩施工桩机作业时，严禁吊装、吊锤、回转、行走动作同时进行；桩机移动时，必须将桩锤落至最低位置；施打过程中，操作人员必须距桩锤安全距离外监视。

(8)挖孔桩施工规定：孔口不得堆集土渣、机具及杂物，附近不得有重车通过；作业人员必须规范佩戴安全防护用品；孔内应设半圆形防护板，并随挖掘深度逐层下移；挖孔时应经常检查孔内有害气体浓度，应加强通风；井孔内必须搭设应急时使用的安全绳和软爬梯，并随桩孔深放长至作业面；不得用人工拉绳子运送作业人员和脚踩护壁凸缘上下桩孔；相邻两孔中，一孔进行混凝土灌注或孔内爆破时，另一孔的井下作业人员应停止作业并撤出孔外；孔内作业超过 2 m 时孔口必须有人监护，孔内出现异常(涌水、流砂、温度升高和不明气体)情况时，应立即报告现场负责人，分析原因并采取相应的措施，措施未落实前应采取停止施工和撤离人员，不准盲目蛮干。

(9)钻孔桩施工要求：钻机安装时，机架应垫平，保持稳定，不得产生位移或沉陷，钻架顶端应用缆风绳对称张拉，地锚应牢固；护筒埋设高度宜高出地面或地下水位；旋钻钻机进钻时，高压胶管下不得站人；钢筋笼不得直接在泥土地上进行加工；制浆池、储浆池和沉淀池周围应设立防护设施和安全警示标识，制浆材料的堆放地应有防水、防雨和防风措施，弃渣泥浆应及时外运，废弃后应回填处理。

(10)桥梁高空施工的基本要求:在通航或禁航河道施工时,在河道两侧及施工处设置警示标识信号;高空、水上等作业人员应佩戴必要的安全防护用品,并按规定做好安全防护;禁止在江河、湖泊、水库最高水位线以下的滩地和岸坡上堆放、存储污染物;吊船停靠锚碇时,应有预防漂流物碰撞的防护措施。

(11)模板不应与脚手架联接(模板与脚手架整体设计时除外)。模板拆除时,应划分作业区,悬挂警示标志,并按规定的拆模程序进行。

(12)墩台身混凝土浇筑施工前应搭好脚手架及作业平台,作业平台应满足承载力要求并搭设牢固,平台上应设栏杆及梯步。墩台高度超过 2 m 时,应张挂安全网。

(13)预应力混凝土连续梁悬臂灌筑时应符合下列规定:施工前应根据挂篮的型式制定相应的安全措施;在墩上进行零号块施工的工作平台边缘处,应安装防护设施;墩身两侧与平台之间搭设的人行道板,应连接牢固;挂篮前、后锚筋,张拉平台的保险绳应坚韧可靠;挂篮的行走滑道,应平整顺直;限位器应设置牢固;挂篮牵移时,必须匀速、左右同步、方向顺直、牵力平衡;主梁前端及时加垫,后端设锚加压。

(14)满堂支架法施工应符合下列要求:满堂支架基础和结构应按设计安装,安装后的膺架不得沉陷、变形,连接应牢固,保证安全可靠;支架顶部应安装平台、栏杆、梯子等防护设施;采用木膺架或枕木垛上拼装钢梁时,应有防火设备。

(15)提、运、架梁应符合下列规定:架梁机械的性能、型号应与现场环境、施工条件相适应,应具备足够的安全可靠性能,并按国家有关规定通过型式试验后方可使用,使用中应定期进行检查确认,严禁超范围使用和带病作业;预制箱梁架设期间,运梁通道上应停止其他施工作业,禁止其他车辆上道;运梁通道上设置运梁车运行标线、标志、警示标牌;桥上进行铺架作业时,桥下严禁车辆、船及行人通过,有相应的标识,并派专人值班巡视;提、运、架梁机械应制定安全操作规程,并按操作规程正确操作,严禁任意扩大使用范围;当机械运转中发现不正常情况时,必须停机检查,故障排除后方可继续作业。

(16)跨既有公路、铁路的立交桥梁,跨在建铁路的改建和还建公路桥梁,施工期间应设置防护棚架和防护网。跨公路、跨在建铁路的桥梁的施工中,应设置桥下限高架和防撞设备。改建和还建公路桥开通前,铁路路基、桥梁和隧道在建中,不得通过非施工车辆。

(17)桥台排水及防护工程施工应符合下列规定:砌体施工吊运砌筑材料时,作业人员应避让,待停稳松钩卸载后方可砌筑;锥体和台后路基填筑时,应防止石头翻滚砸伤人员。

(18)施工现场的临时用电、施工机械、特种设备、特种作业人员必须符合国家或行业标准要求。

3. 隧道工程施工

(1)施工现场布置应靠近隧道洞口,便道、料场、拌和站等位置应综合考虑,洞内水电管路应分开布置,满足现场需要。

(2)隧道施工应进行危险源辨识和安全风险评估,制定针对性的专项施工方案,并编制应急救援预案。施工前应组织人员对预案进行演练。

(3)员工住宿和生产加工区、辅助生产区和仓库应避开地质灾害区,确保人员和财产安全。施工过程中必须落实国家关于"不准施工"和"必须撤人"的规定,如恶劣气候条件、出现重大隐情、重大安全隐患未整改落实前、不符合基本的施工安全条件等。

(4)施工现场应设置符合要求的安全警示标识和相关标牌,做好临边和孔洞的防护,并经常进行检查,发现缺失及时修复。

(5)隧道施工应符合如下要求:

①施工标示牌。在洞口处设立施工标示牌,标示内容:隧道工程简介,地质纵断、横断面图,主要工序进度图,围岩级别描述,超前和初期支护参数,衬砌类型和参数,超前地质预报的方法、参数,瓦斯等有害气体检测值等基本信息。

②洞口警示牌。在洞口隧道衬砌墙上设置各类安全警示标示、标牌。

③洞口公示牌。在洞口记录现场施工人员的动态。

④进出隧道登记。在洞口设置值班室,值班室设置进洞人员登记册、施工检查记录簿,实行进出洞人

员登记制度、检查制度,把好洞口检查关。

⑤救生管道。在Ⅳ、Ⅴ级围岩的开挖与衬砌工作面之间的施工墙脚安设一根救生钢管,钢管直径不小于160 mm,自工作面后20 m接至前端衬砌台车并顺延不小于10 m。救生管应平顺安设,救生管中设置牵引绳一根。

(6)软弱围岩及不良地质隧道施工安全步距及相关要求,必须符合《关于进一步明确软弱围岩及不良地质铁路隧道设计施工有关技术规定的通知》(铁建设〔2010〕120号)要求。

(7)隧道施工过程应按有关规定和设计要求进行超前地质预报,并以预报成果指导施工。施工进洞前应完成现场污水处理设施的建设,并做到"三同时",确保洞内外污水排放达标,不污染环境。

(8)隧道内外的台架、工作平台应搭设牢固,留足施工净空。平台上满铺底板,周边应设置栏杆。跳板、梯子应安装牢固并防滑,人、料不得超过承载能力,作业时应设明显的限界及缓行、警示、承载等标志并宜派专人防护。

(9)隧道内基本要求:隧道内道路应平整、坚实,并经常清扫,做到不扬尘;隧道内应架设有线或无线通信设备,保持通信畅通;隧道各洞、井口施工区,洞内机电室、料库、皮带运输机等处应设置必要的消防器材,并设明显标志,定期进行检查、补充和更换。洞内不得存放汽油、煤油、炸药、雷管等易燃易爆物品;隧道内监控量测布点应规范,标识清晰。里程、高程等常用工程数据宜用红色油漆标注;隧道内作业现场应备充足的应急救援物资。

(10)洞口施工规定:隧道口应设置值班室,设立人员进洞登记制度,并由专人负责;地质条件不良的洞口,应采取稳定边坡和仰坡的措施;洞口的排水系统应在施工期的雨季之前完成;隧道的排水应与路基排水系统合理连接,不得冲刷路基坡面、桥涵锥体、农田房舍;隧道起拱线以上的端墙施工时应设安全网,防止人员、工具和材料坠落。

(11)爆破施工规定:洞内爆破施工严格执行现行《爆破安全规程》(GB 6722—2014)的规定。爆破时所有人员应撤离现场至安全距离,钻眼前应画出开挖断面轮廓,并根据钻爆设计图标出炮眼位置;点炮时爆破工应随身携带手电筒,严禁使用明火照明;爆破地点邻近建筑物或公路时,应采取微振动控制爆破,并做好必要的监测和防护。

(12)喷锚支护规定:作业人员应佩戴必要的安全防护用品;清除开挖面上的松动岩体、开裂的喷混凝土时,人员不得处于被清除物的正下方;钢架及钢筋网的安装,作业人员之间的应协调动作,在本排钢筋或本片钢筋网未安装完毕,并与相邻的钢架和锚杆连续稳妥之前,不得取消临时支撑;对锚喷支护体系的监控量测中发现支护体系变形、开裂等险情时,应采取补救措施;当险情危急时,应将人员撤出危险区。

(13)辅助坑道施工要求:斜井、竖井及隧道其他辅助坑道入口的选择应考虑防洪要求;斜井、竖井及隧道施工主要设备(主通风机、竖井提升人员的绞车等),应设置两路电源供电;井口、井下及卷扬机机房间应有联络信号,提升、下放与停留应有明确的色灯或音响等信号规定。

(14)有轨运输规定:洞外应根据需要设调车、编组、卸渣、进料、设备维修等线路;设单道时,应按规定设置会车道;有轨运输线路应设专人按标准要求进行维修和养护,使其处于良好状态,线路两侧的废渣和杂物应随时清除;非值班司机不得驾驶机动车;司机不得擅离工作岗位;当离开时,应切断电源,拧紧车闸,开亮车灯;运人车搭乘人员所携带的工具和物件不得露出车外;列车运行中和尚未停稳前人员不得上下;机车和车辆之间严禁搭人。

(15)通风、供水、照明规定:提供洞内各项作业所需的最小风量,保证施工过程中洞内有足够的新鲜空气;隧道施工应采取综合防尘防毒措施,定期检查粉尘及有害气体浓度,并应保证隧道作业环境空气中含有的有害气体、瓦斯、粉尘等的浓度不超标;现场各类通风管路应敷设平顺,接头严密,无扭曲、褶皱、漏风,并由专人负责检查、养护,破损时及时修复;供水水池位置不宜设在隧道的顶部,供水管路铺设宜避开交通繁忙地区和地质不良地段,管路铺设不宜采用高架的形式;洞内照明应保证亮度充足、均匀、不闪烁,应根据开挖断面的大小,施工工作面的位置合理分布。

(16)瓦斯隧道施工的规定:必须遵循"先测后掘、随时检测"的原则,按瓦斯隧道的类型和设计要求配置通风、供电及机械设备等;瓦斯隧道施工前应对所有作业人员进行瓦斯知识和防瓦斯危害的安全教育;隧道内非瓦斯工区和低瓦斯工区的电气设备与作业机械可使用非防爆型,其行走机械严禁驶入高瓦斯工区和瓦斯突出工区。高瓦斯工区和瓦斯突出工区的电气设备与作业机械必须使用防爆型;瓦斯工区爆破必须使用煤矿许用炸药和煤矿许用瞬发电雷管,并必须采用电力起爆;瓦斯隧道应备有抢救设备,并指定专人保管,经常保持其良好状态,抢救设备不得挪作他用。

(17)现场机械设备的规定:汽油汽车不准进洞;各类进洞车辆应处于完好状态,制动有效,严禁人料混装;车辆行驶中严禁超车,在洞口、平交洞口及施工狭窄地段应设置缓行标志,必要时应设专人指挥交通;车辆在装卸渣时应制动停稳,在洞内倒车与转向时,应开灯鸣号或有专人指挥;洞外卸渣场地应保持一段的上坡段,并在堆渣边缘内一定距离处设置挡木;隧道内施工设备应靠边停放,远离爆破点;停放点处岩石完整性好、无渗水;初期支护或二次衬砌下方停放设备处应灯光明亮;停放点前后应架设红色警示灯,显示限界。

第二节 安全防护

新建浦城至梅州铁路建宁至冠豸山段沿线穿越低山区,两端引入既有铁路,地质环境比较复杂,施工难度较大。尤其是接入建宁县北站的武调隧道和武调1号隧道,与既有昌福线隧道边缘最小只有2.7 m间距,施工难度及安全风险极高。在项目实施过程中,各参建单位高度重视作业环境,认真贯彻"安全第一、预防为主、综合治理"的方针,认真制定施工安全措施,严格落实安全责任制度,积极采用先进的安全生产技术和管理方法,确保项目建设过程中的安全生产。主要采取的防护措施有:

(1)既有线(临近)施工防护:严格执行营业线施工安全管理办法,所有上线人员均经培训并持证上岗。

(2)高处作业临边防护:临边作业、提运架梁机械等有可能造成坠落的处所,均应设置防护栏;防护栏应上、下两道横杆及栏杆柱组成,上杆高度为1.0~1.2 m,下杆高度为0.5~0.6 m,横杆长度大于2 m时.必须加设栏杆立柱;钢筋横杆上杆直径不应小于16 mm,下杆直径不应小于14 mm,栏杆立柱直径不应小于18 mm,采用电焊或镀锌铁丝绑扎固定;钢管横杆及栏杆立柱均采用ϕ48 mm×(2.75~3.5)mm的管材,以扣件或电焊固定;以其他钢材(角钢、槽钢等)作防护栏杆杆件时,应选用强度相当的规格,以电焊固定;栏杆立柱的固定及其与横杆的连接,其整体构造应使防护栏杆的上杆任何处,能经受任何方向的1 000 N外力;防护栏杆必须自上而下用密目安全立网封闭,栏杆根部应设置高度不低于18 cm的挡脚板,挡脚板要固定牢固。

(3)高、悬空和攀登作业人员防护:作业人员必须按规定戴好安全帽,高、悬空和攀登作业必须系好安全带(安全绳),安全带(安全绳)应挂在牢固可靠处并高挂低用,在使用场所设置相应的安全标志。

(4)重叠、交叉作业防护:上下立体重叠、交叉作业和通道上方以及可能坠物的处所,应设置足以能够防止伤害的隔离棚挡,棚挡要坚固可靠、覆盖有效。

(5)临时工点防护:施工时间较短的临时工点,应根据现场安全实际的需要,在外围设置防护栏,并采用密目安全网防护,木桩或钢管桩为立柱,高度不低于1.5 m,立柱间距按4~6 m设置,埋设应牢固可靠,并设置明显的安全警示标志,明示标志根据现场实际情况设置。

(6)固定作业区防护:采用铁丝网或网栅防护,间隔支柱采用ϕ50 mm钢管,立柱高不低于1.5 m,立柱间隔5~8 m设置,埋设牢固,并设置明显的"注意安全"安全警示标志,明示标志根据现场实际情况设置。

(7)电力设施防护:配电房(室)、变压器等固定电力设备均设安全防护屏障或网栅围栏,高度不低于2.5 m,并设置明显的安全警告标志等,明示标志根据现场实际情况设置。

(8)基坑防护:基坑防护设置双横杆钢管(采用红白油漆喷涂间距为20 cm)防护栏,栏杆柱打入地面深度不少于70 cm,防护栏埋设距基坑边缘不能小于50 cm,立柱间距不大于2 m;当基坑周边采用板桩时,钢管可打在板桩外侧;土质松软时,泥浆池边缘应用蛇皮袋装砂土进行加强;防护栏杆用绿色密目式防护网围闭,防护栏挂设安全警示标志;基坑作业人员上下设置牢固通畅的通道,宽度不小于80 cm。

(9)孔口防护:钻孔桩口、钢管桩口、顶预留口、坑槽口、操作平台空口等可能造成伤害的孔口均设防护,其要求为 2.5～50 cm 的洞口,用坚实的盖板覆盖并固定;尺寸在 50 cm 以上的洞口必须设置钢筋防护网,网格间距不得大于 20 cm,并在醒目位置设置安全标志。

(10)隧道安全防护:隧道围岩等级不良地段可能造成伤害的隧道均设逃生通道防护、设专职安全防护人员防护。

第十五章　建设协调

一、积极争取优惠政策，坚持投资效益优先

原铁道部转制成为市场经营主体的中国铁路总公司后，在兼顾国土开发和社会效益的同时，把投资效益放在重要位置，经过中国铁路总公司与福建省政府多轮协商，给予浦梅铁路优惠的投资政策：(1)浦梅铁路是贯穿中央革命根据地的造福工程、扶贫工程，参照西部大开发政策，工程建设费用全部由铁路总公司承担；(2)地方出资的征地拆迁资金从可研上报的 11 亿元提高到初步设计批复 18 亿，并且不计入股本；(3)技术标准从 120 km/h 提高到 160 km/h，为今后运营开行 CRH6 型动车组创造了一定条件；(4)浦梅铁路工程建设指挥部与地方政府签订土地综合开发协议，其中连城站 1033.45 亩，建宁南站 616 亩，清流站 100 亩，宁化站 200 亩，开通运营后增该强项目的可持续发展能力；(5)福建省财政首次给予铁路项目运营期每年补亏 5000 万元，为期 15 年。

二、充分依靠地方行政主管部门力量，推进浦梅铁路前期工作

浦梅铁路前期工作审批流程涉及的内容主要有：项目立项、方案比选、咨询评估、可研审批、资金筹措、贷款评审、规划选址、社会稳定、用地预审、矿产压覆、地质灾害、环境影响、水土保持、节能报告、土地开发、防洪评估、文物保护、公路交叉、通航论证、地震安全、林地使用、用地报批、初步设计、施工图审查等工作。在项目机构未设立、无法提供招标依据的情况下，福建省铁办正式报经福建省发改委批复同意，前期工作专项评估属于项目决策咨询阶段，可以不经过招标程序直接委托具备资质的省属专业服务单位开展，并且在前期经费未到位情况下，福建省铁办协调省行政主管部门安排评估机构先开展工作后进行计价付款。特别是在需要加快审批进程的时候，如中国铁路总公司向国家发改委上报可行性研究报告后，福建省召开重点项目建设调度会，协调省发改委、水利厅、环保厅、建设厅于 2015 年 10 月份批复了浦梅铁路社会稳定、水土保持、环境影响等前置性审批条件的专项评估报告。在通航论证铁路桥梁位置无法满足六级航道强制性规范安全距离的情况下，地方政府提出一跨过江的方案，采用 128 m 主跨钢桁梁，设计周期需要半年，投资增加 3 000 万元，省有关部门考虑到该段航道是 1999 年公布，且下游 5 km 兴建了水电站，随着陆路交通运输的发达，该段航道功能已弱化，协调省交通厅发文正式取消该段航道的通航等级，为通航论证报告的通过形成有利条件。

三、组建熟悉业务、刻苦工作的建设队伍，加快前期工作推进

及时组建前期工作办公室，成立党员突击队，将每一项工作任务分解到党员，标注需要协调的部门与事宜。浦梅铁路工程建设指挥部领导班子成员多次到北京、福州争取政策支持，到天津催促设计院加快出图进度，到沿线参与可研和初步设计、施工图设计审查，督促评估单位编制报告，联系省直机关加快专项评估的审批步伐。前期办统筹协调，制订方案，在土地预审和规划选址阶段，把用地红线图和线路平纵面图连夜送至各县，召集地方政府的发改、住建、国土、铁办、环保、水利、农业等部门，在三明市铁办统一审理盖章，使工作进度加快了半个月。每月编制工作计划，明确参与单位的任务分工和节点目标，编制《前期工作简报》36 期。在配合设计单位开展外业定测工作过程中，积极做好协调，搞好服务，认真核对线路方案及桥、涵、隧道等工点的具体位置，搜集工程设计所需的水文、地质、相邻营业线技术资料，抢晴天、战雨天、早出工、晚收工，放弃周末和节假日休假，对浦梅铁路沿线进行认真细致的调查，摸清沿线水系、道路、弃渣场选址，掌握征地拆迁的第一手资料，涉及规划、建设、公路等部门的相关问题，认真会同专家进行会商，进一

步优化设计,努力争取铁路建设与地方社会经济发展相适应,加快外业勘测工作进度,有力推动了项目前期工作。

四、全力做好征地拆迁协调工作,确保工程建设顺利推进

征地拆迁作为铁路建设的关键环节,直接影响铁路建设的进度,征地拆迁安置补偿工作,政策性强,涉及面广,程序复杂,工作量大,是铁路建设过程重中之重、难中之难的一件大事。浦梅铁路建宁至冠豸山段征地拆迁工作,是根据国家发展改革委《关于新建浦城至梅州铁路建宁至冠豸山段可行性研究报告的批复》(发改基础〔2016〕89号)和中国铁路总公司、福建省人民政府《关于新建浦城至梅州铁路建宁至冠豸山段初步设计的批复》(铁总鉴函〔2016〕666号)文,执行《中国铁路总公司关于加强铁路建设项目征地拆迁工作指导意见》(铁总计统〔2014〕97号)文,征地拆迁资金全部由福建省及铁路沿线市、县筹集,不进入铁路建设股本,地方政府受建设单位委托,作为征地拆迁工作包干责任主体,负责组织实施征地拆迁工作,完善征地拆迁手续,维护社会和谐稳定。在地方政府征地拆迁资金不计入铁路股本情况下,如何保证铁路工程顺利进行,与地方政府在征地拆迁工作上的协调凸显重要和迫切。

新建浦梅铁路建宁至冠豸山段,穿越武夷南麓的闽西北建宁、宁化、清流、连城等县,浦梅铁路建宁至冠豸山段铁路的建设,串联起闽西北四县,北与向莆、南与赣瑞龙铁路相连,突破交通瓶颈制约,缩小与沿海发达地区的差距,加快经济社会发展,实现宁化、清流"铁路梦"的百年夙愿。铁路沿线地方政府对征地拆迁补偿工作高度重视,积极性很高,为征地拆迁顺利开展打下坚实基础。

浦梅铁路工程建设指挥部从浦梅铁路立项、开工、建设、验收和开通运营都十分重视与地方政府协调工作,组建了征拆协调部,在用地手续的报批、建设工程用地征地拆迁推进、建设中各类矛盾的化解、"三改"工程实施、安全评估中涉及的外部环境整治上通力协作,紧密配合,确保铁路工程建设有序推进,全面完成浦梅铁路建宁至冠豸山段征地拆迁任务和征地拆迁验工计价工作。

新建浦梅铁路建宁至冠豸山段沿线四县在开工前成立了强有力的铁路建设指挥部(协调指挥部),由县政府主要领导担任总指挥,指挥部下设铁路建设办公室,分设综合科、征迁科、财务科、工程科等,抽调相关专业人员和工作人员,抽调人员与原单位工作脱钩;沿线各乡镇成立征迁攻坚指挥部,组建征迁专班,实行"三不"工作原则(即入户不限时间、工作不选地点、付出不计得失),坚持"三位一体"征迁工作法(即组建专班抓征迁、宣传动员促征迁、项目推动助征迁、扫黑除恶保征迁),基本实现快速征地,及时交地。

与各级地方政府建立联动机制。浦梅铁路工程建设指挥部征拆部定期、不定期与工程部、设计单位、施工单位、监理单位碰头联系,编制征地拆迁月报表,掌握工程进度和征地拆迁第一手资料,及时向沿线各县铁路建设办公室反馈,督促进度;在项目建设过程中遇到征迁困难,会同县铁路建设办公室研究工作方案、加强沟通,密切配合着力解决;对重点、难点问题,特殊个案,及时召开专题工作会议,研究解决方案和措施,并上报福建省铁路发展中心、福建省重点办处理解决。福建省重点办、铁路发展中心多次到现场办公、召开路地协调会,解决征迁和施工过程中碰到的重点、难点问题,确保了施工的顺利进行。

五、加强与相关单位协作,共同构筑沟通合作机制

一是建立与参建单位的沟通合作机制。浦梅铁路工程建设指挥部主要领导与各施工单位工程局和设计院、监理单位主要领导建立了联系制度,寻求共同建设好浦梅铁路,实现双赢的途径。与参建单位建立平等的合同关系,严格依法依约办事,凝聚各方力量,从而形成了浦梅铁路工程建设指挥部积极协调服务,施工单位集中精力抓质量、保安全、争进度、创一流的良性互动局面,实现了各方的合作共赢。二是建立与地方相关厅(局)、委、办的沟通合作机制。浦梅铁路工程建设指挥部领导主动与地方政府各厅(局)、委、办沟通协调,寻求工程建设支持。三是与福建省电网公司、高速公路指挥部等建立沟通协调机制,并卓有成效地开展了工作,所以整个建设过程中没有因道路使用、工程用电、电源建设等对工程产生较大影响。浦梅铁路工程在站房规模及方案选定、站场规划、通信公网搭建、环保景观等方面也进展顺利,并取得令人满意的结果。四是建立紧急情况应急处置机制。在工程建设中,难免出现因为爆破影响沿线房屋开裂、影响沿线人饮、生产用水、交通出行等问题,浦梅铁路工程建设指挥部总是牵头设计、监理、施工等单位积极协调地方政府给予支持,有效化解了工程建设与群众生产、生活的问题,做到群众满意、群众支持的局面。五是健全防洪防台风预案,形成一套日臻完善的科学防灾体系。根据福建多台风和暴雨的情况,与气象部门签订了气象服务协议,增强了预防和抵抗自然风险能力。开工以来,虽然遭遇了十几次台风袭击,浦梅铁路工程建设指挥部和参建单位迅速启动应急预案,及时防范,使损失降到了最低程度,保证了工程建设的安全推进。

第十六章　工程验收

第一节　验收方式

按照原铁道部及国铁集团有关文件的要求,浦梅铁路竣工验收采用建设单位自验、铁路局集团公司验收、专家检查、政府验收的方式,具体分为静态验收、动态验收、初步验收、安全评估、试运营和竣工验收等阶段。

一、静态验收

静态验收由南昌局集团公司、浦梅铁路工程建设指挥部共同组织。成立了浦梅线竣工验收工作领导小组,下设轨道工程验收组,路基、隧道、桥涵、附属工程、安全防护设施及绿化工程验收组,通信信号验收组,电力电气化验收组,土地、房建、给排水等验收组,客货运、信息系统验收组等多个专业验收组及安全预评估小组,进行了检查验收,并组织专家进行了工程静态验收评审。

验收过程:收到施工单位的专业工程验收申请,经确认达到专业验收条件后,静态验收工作组各专业验收小组根据静态验收实施方案组织建设、设计、施工、监理和设备管理单位相关人员对专业工程进行验收,对验收过程中发现的问题进行梳理,建立问题库并制定整改措施,明确责任单位、责任人和完成时限,做好专业工程验收记录表。验收过程中发现的问题,及时督促施工单位进行整改并对整改结果进行了复查。

二、动态验收

动态验收由南昌局集团公司组织实施;成立"浦梅铁路动态验收现场指挥领导小组",负责动态验收及检测试验的组织实施。组长单位由南昌局集团公司担任,负责动态验收的组织实施、行车和试验安全,副组长单位由铁科院和浦梅铁路工程建设指挥部担任,铁科院负责具体动态验收及检测试验工作,浦梅铁路工程建设指挥部负责动态验收配合、后勤保障和现场安全管理,并组织专家进行了工程动态验收评审。

三、初步验收

初步验收由南昌局集团公司组织初步验收委员会负责进行。

四、安全评估

安全评估由南昌局集团公司组织开展。

第二节　静态验收

一、静态验收过程

南昌局集团公司和浦梅铁路工程建设指挥部共同组织已完工程的静态验收,形成静态验收报告;集团公司工务专家组、电务专家组等完成了浦梅铁路静态验收报告评审工作,认为工程总体质量合格,具备进行动态验收条件。同时对存在的相关问题提出了整改意见,整改时间。

二、静态验收结论

浦梅铁路严格执行铁路相关的政策、规程、规范和强制性标准,主体工程及其配套工程(包括外部配套工程及设备安装)已按设计文件建成,工程质量得到有效控制,主体结构稳固,设备静态综合调试正常,工程质量合格,具备动态验收条件。

(1)全线基础工程满足设计文件要求和相关验收标准。

(2)通信信号工程满足设计文件和相关验收标准,设备安装良好,静态综合调试正常。

(3)电力电气化工程满足设计文件和相关验收标准,设备安装良好,静态综合调试正常。

(4)客货运车辆信息系统工程符合设计文件要求及相关验收标准,设备安装良好,静态综合调试正常。

(5)房建给排水工程符合设计文件要求及相关验收标准。

(6)环境保护设施、水土保持设施已经与主体同步建成。

(7)劳动、安全、卫生及消防设施已经与主体同步建成。

(8)除领取《国有土地使用证》外的其他征地工作已基本完成。

(9)竣工文件编制已按规定的内容和标准基本完成。

第三节　动态验收

一、动态验收过程

按照《铁路建设项目竣工验收交接办法》(铁建设〔2008〕23号)、《普速铁路线路修理规则》(TG/GW 102—2019)、《客货共线铁路工程动态验收技术规范》(TB 10461—2019)有关要求,浦梅铁路工程建设指挥部委托铁科院于2021年5月编制完成《新建浦城至梅州铁路建宁至冠豸山段动态检测大纲》,集团公司于5月13日完成大纲审查。

2021年7月7日,南昌局集团公司印发了《新建浦城至梅州铁路建宁至冠豸山段动态验收实施方案》,公布了行车组织、安全管理、施工管理、停电送电和治安保卫等动态检测及运行试验期间的各类规章制度;8月14日,动态检测参试人员正式进点合署办公;8月15日至22日开展了动态检测,9月7日至9日完成运行试验。

2021年8月15~22日,采用检测列车在浦梅铁路建宁至冠豸山段开展了逐级提速测试,测试速度等级为80 km/h、100 km/h、120 km/h、140 km/h、160 km/h。采用检测列车在斗埕疏解线、陈坡疏解线开展了逐级提速测试,测试速度等级为80 km/h、100 km/h。检测列车编组为:内燃机车+接触网检测车(WX999455)+轨道检查车(WX999340)+电务试验车(WX999349)+内燃机车。测试内容包括轨道几何状态、接触网、通信系统、轨旁信号设备状态。

2021年8月21日,浦梅铁路建宁至冠豸山段建宁南变电所213馈线供电臂共进行4次接触网短路试验(2次带重合闸)。

2021年8月19日~27日,在建宁南、水茜、杨源、冠豸山站进行了客服系统测试。

2021年8月21日~9月1日,在视频接入节点冠豸山站及南昌局集团公司视频区域节点进行了视频监控系统测试,9月3日进行了视频核心节点的测试。

2021年8月22日,采用检测列车开展了全线拉通测试,检测速度级为160 km/h。同时搭载进行了疏解线复测。

截至2021年9月3日,逐级提速测试阶段共开行检测列车32列,检测里程约3 781 km。

二、动态验收结论

综合静态验收问题整改情况、铁科院动态检测报告结论、动态验收各专业结论,动态验收工作组一致评定得出新建浦城至梅州铁路建宁至冠豸山段动态验收总结论：

新建浦城至梅州铁路建宁至冠豸山段动态整体系统及各系统的主要功能和实体质量符合设计要求和验收标准，正线满足列车 160 km/h 及以下速度运行时的安全性、平稳性要求，斗埕疏解线、陈坡疏解线满足列车 100 km/h 及以下速度运行时的安全性、平稳性要求，工程质量合格，同意通过动态验收，具备初步验收条件。

第四节　初 步 验 收

一、验收经过

根据原铁道部《关于重新印发〈铁路建设项目竣工验收交接办法〉的通知》(铁建设〔2008〕23 号)和原中国铁路总公司《关于进一步规范铁路基建大中型项目竣工验收工作的通知》(铁总建设〔2014〕91 号)相关要求，为加强竣工验收工作，2021 年 5 月 13 日，南昌局集团公司发布了《南昌局集团公司关于新建兴国至泉州铁路兴国至清流段、浦城至梅州铁路建宁至冠豸山段工程竣工验收的通知》(南铁建设函〔2021〕248 号)、《关于印发〈新建浦城至梅州铁路建宁至冠豸山段动态验收实施方案〉的通知》(南铁建设〔2021〕339 号)，成立了静态、动态验收工作组和初步验收委员会，对验收工作作了统筹安排。

2021 年 9 月 10 日～13 日，初步验收委员会各成员单位对新建浦城至梅州铁路建宁至冠豸山段工程静态、动态验收和专项验收等工作完成情况进行了检查确认，9 月 13 日召开初步验收会议，形成了初步验收报告。

二、初步验收结论

新建浦城至梅州铁路建宁至冠豸山段工程在建设过程中执行了国家有关政策，铁路行业有关规定和强制性标准，以及国铁集团有关规定和批复意见。各专项验收均已完成；出具了工程质量内部监督工作报告；静态、动态验收合格，工程质量和系统功能满足设计要求和验收要求，验收遗留问题已基本整改完毕；地质灾害整治措施及建筑抗震设防已按设计文件落实到位。

经初步验收委员会评定：新建浦城至梅州铁路建宁至冠豸山段工程满足设计要求和验收标准，正线满足列车 160 km/h 及以下运行时的相关标准要求，斗埕疏解线和陈坡疏解线满足列车 100 km/h 及以下速度运行时的相关标准要求，工程质量合格，验收程序符合规定，同意通过初步验收。

第五节　安全评估及试运营

根据新建浦城至梅州铁路建宁至冠豸山段开通运营总体安排和浦梅铁路工程建设指挥部申请，南昌局集团公司成立运营安全评估组，由分管安全工作的副总经理任组长，安全总监任副组长，成员由运输部、客运部、货运部、机务部、车辆部、供电部、工务部、电务部、科技和信息化部、安全监察室、劳动和卫生部、职工培训部、土地房产部、建设部、保卫部等部门负责人和有关人员为组员。运营安全评估组下设车务、客运、货运、机务、车辆、供电、工务、电务(含通信)、信息、房建、规章制度、治安、消防、劳动安全、安全管理(含安全环境)等 15 个专业评估组和 1 个综合组，邀请南昌铁路公安局派员参加治安组、消防组咨询指导，于 2021 年 9 月 16 日至 19 日对新建浦城至梅州铁路建宁至冠豸山段开通运营准备工作进行了运营安全评估。

2021 年 9 月 16 日，在南昌召开了运营安全评估启动会，会议听取了浦梅铁路工程建设指挥部关于工程建设、验收以及开通运营准备工作情况汇报，对运营安全评估工作进行了部署。各专业评估组采取现场检查、听取汇报、查阅资料和抽查考试等方式，对浦梅铁路工程建设指挥部、集团公司有关部门和单位运营准备工作进行了检查和评估。9 月 17 日，开行检查列车对浦梅铁路进行了添乘检查，并停车检查了冠豸山站、下里湖特大桥、峰果岭隧道。9 月 19 日,运营安全评估组在南昌召开总结会议,与浦梅铁路工程建设指挥部、集团公司有关部门和单位交换了运营安全评估意见。

根据各专业评估组分报告的评估意见,运营安全评估组一致认为:新建浦城至梅州铁路建宁至冠豸山段安全管理、规章制度、作业标准、应急预案、安全保障措施、人员配备和培训、劳动安全、路外安全、治安消防等工作和移动设备配备已基本到位,满足运营要求,正线具备列车以 160 km/h 及以下速度开通运营条件,斗埕疏解线和陈坡疏解线具备列车以 100 km/h 及以下速度开通运营条件。

第十七章　竣工决算

为反映浦梅铁路基本建设最终成果,确定新增资产价值,为投入产出分析测算和成本支出情况分析提供重要基础。按照国铁集团《关于印发〈铁路基本建设项目竣工财务决算编制和资产交付办法〉的通知》(铁财〔2021〕122 号),组织设计、施工、监理单位编制竣工财务决算,并委托中介机构进行决算审核。

第十八章 经验体会与问题探讨

一、浦梅铁路的特色

1.浦梅铁路是一条"红色"之路

浦梅铁路沿线红色资源丰富,线路北接向莆铁路,南联赣龙铁路,中间与兴泉铁路共线相交,串联起了闽赣两省的红色精神血脉,不仅为广大游客提供了更多出行选择,让更多游客来感受闽赣红色文化的独特魅力,还对促进闽赣两省红色文化资源开发利用,推进两省红色旅游、乡村振兴和区域协调发展起到积极作用。

2.浦梅铁路是一条"振兴"之路

浦梅铁路是一条推动"乡村振兴"的铁路。在线路设计中,优先选择带动更多经济据点的方案,浦梅铁路让铁路在宁化、清流特意拐了一个弯,这样使得沿线老区最大范围的纳入铁路网,并且在水茜、杨源等村镇都设可办理客运业务的车站,更好地促进了当地红色旅游的发展和乡村振兴。浦梅铁路将带领老区在"乡村振兴"的道路上跑出新的"加速度"。

3.浦梅铁路是一条"环保"之路

浦梅铁路地形上是一条典型的山区铁路。设计中积极践行"绿水青山就是金山银山"理念,通过优化设计方案,降低桥隧比例,最大限度地减少大桥长隧等工程建筑物对沿线生态环境的破坏,将浦梅铁路打造成一条与生态环境和谐共生的"环保铁路"。

4.浦梅铁路是一条"绿色"之路

浦梅铁路沿途都是青山绿水,蓝天白云,风景优美,贯彻"在绿色中绘制蓝图,在蓝图中播撒绿色"的设计理念,开展了专项绿色方案研究,同时在铁路站房设计中融入了当地人文自然元素,形成了铁路车站与自然环境交相呼应的唯美画卷。

5.浦梅铁路是一条"智能"之路

浦梅铁路客票系统采用全面电子客票方式,检票口验检合一,采用面部识别等技术对人、证、票进行检核,配备了柱式检票机等高新设备,可实现护照、港澳通行证等多种证件识别,满足了旅客智能化出行的需求。

二、技术创新及问题探讨

1. 混凝土连续梁优化

为进一步提升铁路悬臂浇筑连续梁施工工艺和施工质量水平,消除潜在质量缺陷,浦梅铁路工程建设指挥部组织参建各方利用 BIM 技术对浦梅铁路悬臂浇筑连续梁进行了深化设计和深化应用,推广新工装、新工艺,以工装保工艺,以工艺保质量,意在有效解决悬臂浇筑连续梁质量通病问题。

（1）悬臂浇筑连续梁 BIM 深化设计

利用 BIM 技术建立悬臂浇筑连续梁三维模型(图 2-18-1),BIM 模型包括混凝土、普通钢筋、纵向及竖横向预应力、支座和防落梁预埋件等,如图 2-18-1 所示,通过碰撞检查,解决预应力钢筋与普通钢筋、普通钢筋之间、钢筋与预埋件之间空间冲突的问题。

在取得仿真检查数据后,为结构优化和创新新工装配备、施工工艺提供技术支撑,可以优化钢筋布置形式即调整钢筋间距、优化钢筋形式、减少钢筋根数等措施方便混凝土的顺利浇筑。同时,优化预留施工接口工程,根据 BIM 模型中连续梁各体间的关系合理预留混凝土下料孔、振捣孔等施工辅助措施,保证连续梁混凝土的施工质量。

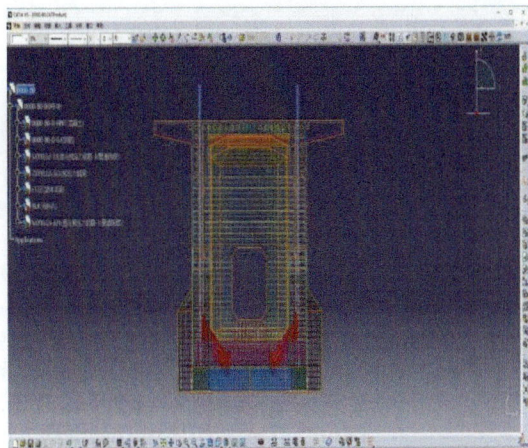

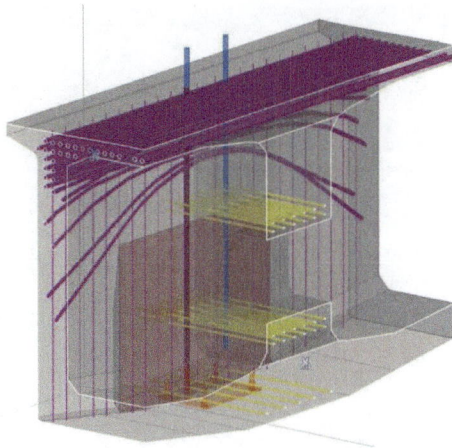

(a) 钢筋模型　　　　　　　　　(b) 预应力束模型

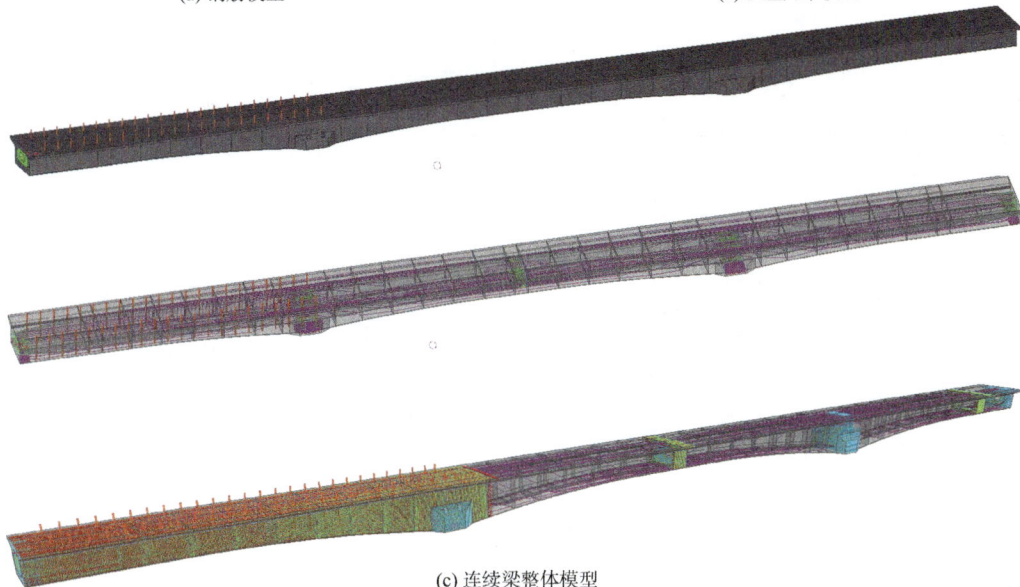

(c) 连续梁整体模型

图 2-18-1　连续梁 BIM 设计

同时通过 BIM 深化应用后,引入多孔振捣工艺系统、预应力管道及钢筋定位系统、线形监控信息化系统、智能张拉及压浆系统、智能养护喷淋系统等悬臂浇筑连续梁新工装、新工艺,彻底解决悬臂浇筑连续梁质量通病。

(2)多孔振捣工艺的系统

在 0 号块剪力块侧模上部斜面处每侧分别开设两个振捣天窗,箱内横隔板两侧底部倒角斜面上开设四个振捣口,并在每个剪力块处设置一个附着式振捣器,利用 $\phi108$ mm 薄壁钢管作为混凝土下料通道和振捣通道,如图 2-18-2 所示。

振捣孔及附着式振捣器的设置以便于从剪力块及横隔板两侧直接插入振捣棒对支座处混凝土进行振捣,下料串筒的设置可以使混凝土直达钢筋密集部位,解决了悬臂连续梁钢筋密集处混凝土下料难问题。

(3)预应力管道及钢筋定位系统

优化三向预应力体系:部分纵向预应力束调整位置,与支座螺栓干扰横向预应力束调整位置。优化普通钢筋:原设计中普通钢筋的间距均为 10 cm,优化后普通钢筋水平及竖向间距均采用 12.5 cm。优化 0 号块横隔板处钢筋:调整了钢筋间距和钢筋大样,使得钢筋布置更为简洁,上下对正。优化支座加强钢筋:根据 BIM 模型中支座螺栓空间位置,采用不等间距布置,解决了钢筋网片与支座锚固螺栓碰撞问题。钢筋定位优化如图 2-18-3 所示。

(a) 振捣孔设置

(b) 下料串筒设置

图 2-18-2　多孔振捣工艺

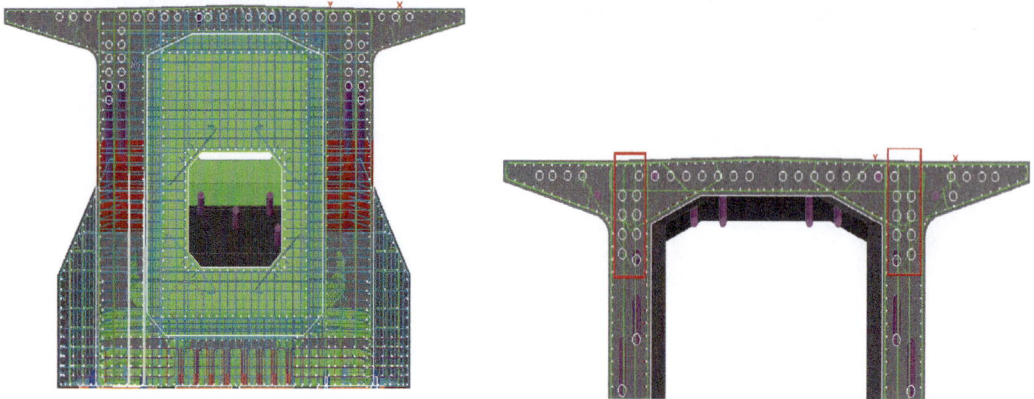

图 2-18-3　钢筋定位优化

（4）线形监控信息化系统

线形监控信息化技术采用前端信息终端蓝牙连接电子水准仪及全站仪采集数据，采集的数据基于互联网进行传输、后台对数据处理分析，实现对梁段的平面中线和纵向高程的线形实时监控，参建各方可基于平台对梁段线形的数据采集、超限提示、问题处置等进行管理，如图 2-18-4 所示。

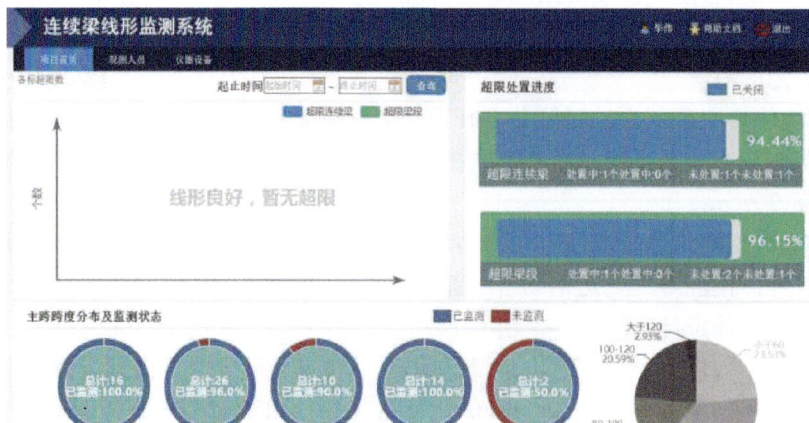

图 2-18-4　连续梁线形监测系统

(5)智能张拉、压浆系统

智能张拉系统原理为将传统的张拉设备进行集成和改造,融入微电脑控制系统和测量传感器,设置张拉控制程序,预先录入各项预应力束的设计参数,由电脑控制张拉程序,自动测量并记录伸长值,实现预应力张拉的自动化。智能压浆系统原理为将传统的压浆设备进行集成和改造,融入微电脑控制系统,如图 2-18-5 所示,设置压浆控制程序,预先录入各项孔道压浆配合比参数,由台车自带电脑控制压浆程序,自动拌浆、压浆、保压,实现管道压浆的自动化。

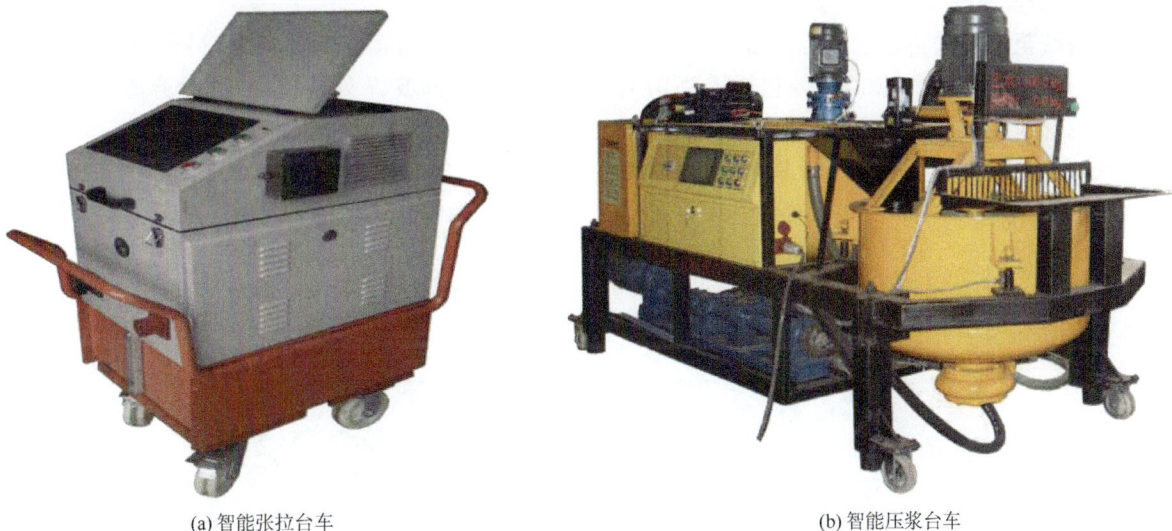

(a) 智能张拉台车   (b) 智能压浆台车

图 2-18-5　智能张拉系统

(6)自动喷淋养护系统

自动喷淋养护系统主要由智能主控系统、供水系统、喷淋管网、喷头等部件组成,可实现定时、分段、全方位自动雾化喷淋。喷淋管道主要分为两个部分,箱内和箱外均利用挂篮的挂架进行固定,如图 2-18-6 所示。喷淋管道自动跟随挂篮前移,对已拆除模板的前一梁段直接进行喷淋养护,喷淋管路纵向长度能保证养护 1 个梁段。

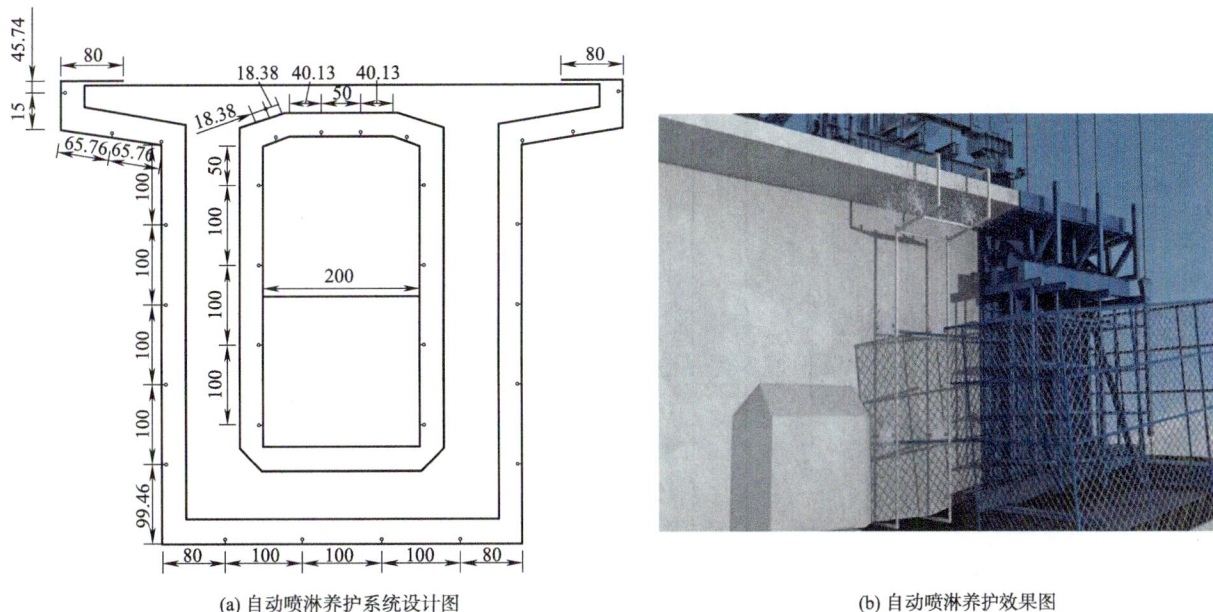

(a) 自动喷淋养护系统设计图   (b) 自动喷淋养护效果图

图 2-18-6　自动淋喷养护系统(单位:cm)

通过自动喷淋养护系统的应用可以有效解决连续梁梁段全截面养护不到位及养护时间不达标的情况出现,电子系统的自动控制即节省了过程中的人力投入,同时又能全方位、无死角对梁体进行保湿养护。

浦梅铁路在工程建设中通过 T 梁设计优化、连续梁 BIM 技术应用、改进工装等手段,有效避免了悬臂浇筑连续梁施工的质量通病的出现,保障了单位工程验收、静态验收工作的及时开展,为浦梅铁路按期高质量开通提供了有效的技术保障。

2. 浦梅铁路绿色通道建设

1)建设标准

新建浦城至梅州铁路建宁至冠豸山段正线全长 162.403 km,绿色通道建设 114.43 km,其中路基地段 75.47 km、桥涵地段 38.96 km,另外包括隧道 51 座 101 个洞口边仰坡、7 处取土场、71 处弃渣(土)场绿化工作。绿色通道建设标准主要包括以下几点:

(1)绿色为底:要落实应绿尽绿原则,对栅栏内外属施工引起的裸露坡面、场地均应撒播草籽覆绿,草籽以狗牙根为主。

(2)绿篱成带

①路堤:路肩以下 2.5 m 种植两排绿篱,株距 2.0 m,有骨架地段,每个骨架内种植 2 棵,行距 1.2 m,如图 2-18-7 所示。

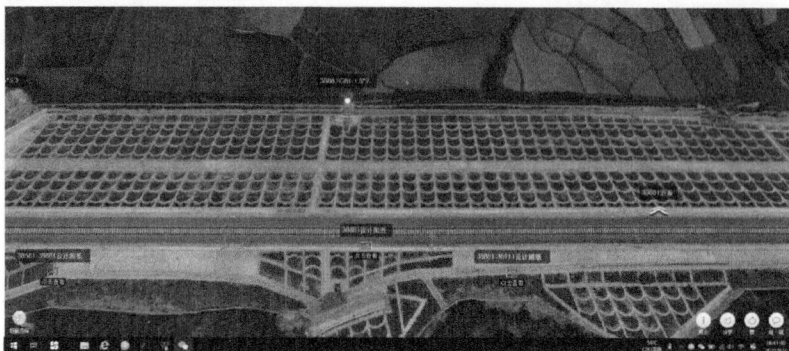

图 2-18-7　路堤地段绿化示意

②路堑:在骨架、框架镶边以上 1.5 m 种植一排绿篱,株距 2.0 m(每个骨架或框架内种植 2 棵),无骨架、框架地段按以上高度种植一排绿篱。

③绿篱灌木采用红叶石楠、红花檵木、金森女贞,冠幅 50～80 cm、株高与冠幅 1∶1,每排采用的灌木应一致,每 1 km 变换一次树种,线条要顺直。

(3)坡面点种

①隧道边仰坡:每格骨架、框架中心栽植 1 株灌木。骨架与栅栏的空地点种灌木,株行距与骨架内灌木株行距一致。灌木采用红叶石楠、红花檵木、金森女贞,冠幅 50～80 cm、株高与冠幅 1∶1,线条要顺直,如图 2-18-8 所示。

②路堑坡面:一、二级边坡除绿篱外,每格骨架、框架中心栽植一株灌木,无骨架、框架坡面从绿篱以上按行距 3.5 m,株距 4.0 m 点种灌木。灌木采用红叶石楠、红花檵木、金森女贞,冠幅 30～50 cm、株高与冠幅 1∶1,线条要顺直,如图 2-18-9 所示。

③每排灌木树种应一致,分排变换树种,以增加层次感。

(4)突出重点

①路堑端头

延伸路堑坡面的种法,第一排为绿篱,其他为点种,线条要顺直,采用分排间种方式,增加层次感。选取一定处数的路堑端头进行景观提升栽植,采用小灌木拼种成五角星、红旗、铁路路徽、党徽等图案,如图 2-18-10 所示。

图 2-18-8　隧道边仰坡绿化效果

图 2-18-9　路堑绿化效果

图 2-18-10　路堑端头绿化效果

②长路堤

除种植绿篱外，采取草、灌、乔结合的方式，在路堤坡脚栅栏与水沟平台间栽植一排乔木，乔木高2.0 m、胸径5.0 cm、保留树冠大于50 cm、修剪为塔尖状、株距4.0 m，乔木间种灌木，冠幅50～80 cm，如图2-18-11所示。乔木树种可选取黄花槐、红叶李、红叶石楠，每1 km变换一次树种。坡脚与水沟之间平台种植一排灌木，参照绿篱的种法。

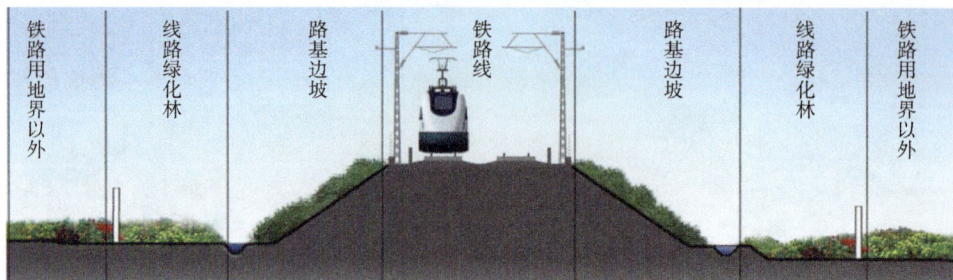

图 2-18-11　区间路基地段绿化示意图

③客运站

建宁南站、水茜车站、杨源车站、连城车站等四个客运站,绿色通道的建设方案,由施工单位比照补强思路制定初步方案,经建设单位组织四方研究确定后组织实施。车站路基地段绿化示意如图 2-18-12 所示。

图 2-18-12　车站路基地段绿化示意图

2)建设成效

(1)明确沿线宜生植被选取

草种主要选取根系发达、植株高度较小的狗牙根,可掺入少量花籽(花朵较小品种)混播,以达到四季常绿、并有花开点缀的效果。

灌木主要选取:紫穗槐、多花木兰;红花檵木、红叶石楠、金森女贞。

乔木主要选取:线路范围主要为黄花槐、红叶李、红叶石楠,取土场及弃渣(土)场范围主要栽植经济乔木,如松树、杉树,地方群众有经济林木(如黄花梨、油茶树等)栽植也可移交地方政府统一管理。

(2)取土场、弃渣(土)场绿化建设

①取土场

取土场坡面修整后,采用基材植生喷播防护,基材植生喷播绿化技术是借助喷播机械将预先加入并搅拌均匀的植物纤维、壤土、纤粒剂、助纤剂、生物活化剂、有机肥、保水剂及植物种子和水等混合物经喷播射枪口喷附到坡面使种子萌发成苗、长成植被的一种新型绿化方式。

边坡喷播由两部分组成:底层基材层 6 cm,面层种子层 2 cm,总喷播厚度为 8 cm。湿法喷播:基材层需喷 3～4 遍,种子层需喷 2～3 遍。草本植物种子为狗牙根、紫花苜蓿、高羊茅、黑麦草混合野花种子,灌木植物种子为多花木兰、紫穗槐、胡枝子,如图 2-18-13 所示。

②弃渣(土)场

渣场斜坡、平台处采用撒播植草的方式进行植被恢复,同时为确保水土保持效果,辅以栽植松树、杉树等经济林木苗,如图 2-18-14 所示。

(3)取消绿化槽

为便于设备管理单位天窗维管,确保侧沟平台通畅,取消清流至冠豸山段绿化槽,如图 2-18-15 所示。

图 2-18-13　取土场绿化效果图

图 2-18-14　弃渣(土)场栽植灌木、乔木

3. 站房建设

1)积极推进 BIM 技术在站房工程中的应用

施工图设计技术交底会上要求施工单位配合设计单位做好站房深化及站区一体化设计,推行开展BIM 技术利用。重点要求通过实体模型,查找设计文件缺漏和差错;通过碰撞检测,优化管线布置;分析施工质量及工艺的控制难点和施工过程中的安全风险点,完善施工工艺、提高施工质量。

如建宁南站房部分成果:

(1)利用 BIM 技术对站房进行虚拟建造,以设计立意"建莲"为指导思想、在原设计基础上对立面进行优化,如图 2-18-16 所示。仅檐口做法通过调整弧线角度和高度就有 11 个版本,同时对柱头柱脚造型进行优化。

图 2-18-15　绿化槽占用侧沟平台

(2)利用三维模型对天地墙、各部位细部构件排布方案进行模拟,修改方案中不合理之处,针对吊顶、墙面及地面分缝是否在整体上相协调起到很好的调整效果。

图 2-18-16　BIM 技术在建宁南站中的应用

2）做好现场调研，融入地域文化

根据工程所在区域，组织参加各方进行现场踏勘，认真收集当地的人文和自然景观，在站房优化设计中融入地域文化。

3）加强同地方政府沟通

做好站前广场道路、给排水等配套工程对接，支持地方政府在贵宾室、候车厅装修工程中考虑其特定的文化需求，如图 2-18-17 和图 2-18-18 所示。

4）服务运输生产，根据使用和维修需求优化设计

（1）取消雨棚桥架，采用屋面板内套管敷设，板底简洁美观；站台综合管沟调整为套管敷设，利于后期维护及扩能改造。

图 2-18-17　部分地域文化浓厚的车站

图 2-18-18　建宁南候车厅砂岩画

（2）水茜站、杨源站房预留候车厅出站条件，有利于减员增效。

5）优化综合工区平面布置

对站区生产生活房屋及附属工程进行一体化设计，改善职工的生产生活条件。

（1）站区房屋融入福建民居特点，屋面增加燕尾脊。

（2）外墙面颜色与站房一致，采用弹性防污涂料提高观感质量。

（3）室外空调主机作遮挡处理。

（4）基本站台侧设 3.0 m 高景观围墙，建宁南站及连城站基本站台侧围墙与基本站台间绿化处理；工区设 2.2 m 高景观围墙（含文化墙）。

（5）工区道路采用沥青路面，设路沿石，路沿石处埋排水暗管。

（6）绿地整体布置采用乔木、灌木、草本、草坪相互配合方式进行布置，因地制宜，实现四季常青、三季有花。

（7）结合绿地景观增设建筑小品、汽车停车位、车棚（自行车、电动车）、晾衣棚、篮球场等文体设施，如图 2-18-19 所示。

图 2-18-19　建宁南站区一体化

4. 隧道洞口危岩落石治理

1)危岩落石灾害的整治原则

(1)隧道洞口应尽量避免通过危岩落石发育区。当无法避免时,应遵循多重防护、综合治理、绿色经济的原则,根据危岩落石特征、范围、地形地貌等因素开展危岩落石防护设计。

(2)危岩落石防治技术措施可分为两大类别:主动防护技术体系和被动防护技术体系,其分类如图 2-18-20 所示。

主动防护技术的防治理念在于增强危岩体的稳定性,阻止其发生崩落,而不至于致灾;被动防护系统的防治理念在于假设危岩发生崩落,通过阻止落石到达威胁对象范围而提供防护功能。

(3)隧道洞口危岩落石以"清、固、拦"为多重防护的原则,结合多种主被动防护工程措施进行防护。

①清:当山体可能发生的危岩落石体积数量不大,且母岩的破裂程度不严重时,则以清除为宜,清除后对母岩进行适当的防护加固,现场施工如图 2-18-21 所示。

②固:通过技术措施增强危岩体的稳定性,阻止其发生崩落而不至于致灾。主要措施包括支顶、嵌补、锚网喷、主动防护网等,现场处理如图 2-18-22～图 2-18-24 所示。

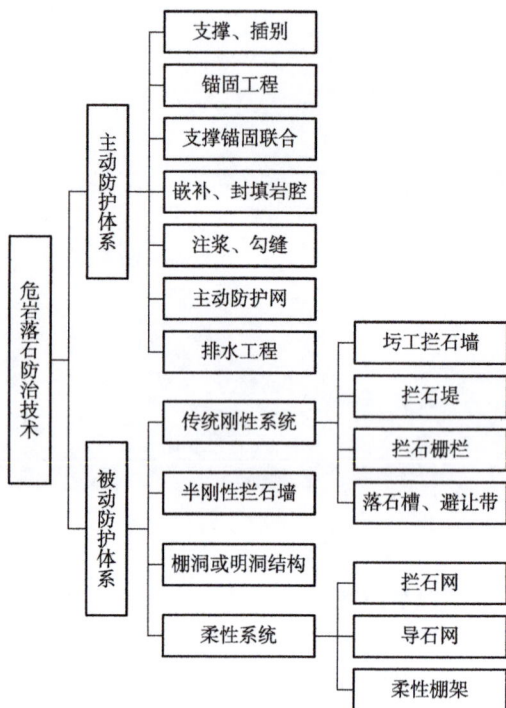

图 2-18-20 危岩落石防止技术

图 2-18-21 危岩落石破裂清方示例

图 2-18-22　危岩落石支顶、嵌补加固示例

图 2-18-23　危岩落石锚索承压板加固示例

图 2-18-24　危岩落石主动防护网加固示例

　　③拦：对存在危岩落石的隧道洞口，假设危岩落石现象形成，通过拦截遮挡等防护技术措施，阻止落石到达铁路范围，全面有效保护铁路的安全，主要措施包括拦石墙、被动防护网、钢轨栏栅等；当洞口具备条件时，增设明洞或者棚洞工程防止危岩落石，如图 2-18-25 所示。

图 2-18-25　危岩落石被动防护网拦石示例

2）经典案例

（1）庭下隧道进口

①原设计情况：洞口仰坡采用一级 1∶1.25 骨架护坡防护，防护范围外山体植被茂盛，未考虑边坡防护措施和危石处理措施。

②排查情况

浦梅铁路工程建设指挥部在组织"三查、五防"集中排查过程中，发现庭下隧道进口边仰坡高陡，仰坡上方自然山体存在大量危岩危石，且坡面表层松散，防护范围严重不足，运营后汛期极易发生溜坍和落石水害，存在严重防洪安全隐患，需扩大防护范围完善坡面防护。

③整治措施

浦梅铁路工程建设指挥部先后组织工务部、建设部、永安工务段多次到现场踏勘，明确了边仰坡防护范围和危石处理方案：第一级边坡采用 1∶1.25 框架锚杆防护；第二级、第三级边坡根据地形条件，在坡面不刷坡的前提下，清除探头石，采用框架锚索防护；第四级边坡至坡顶危石根据绘制危石分布图进行分区处理，采取清破、嵌补、支顶等措施，增设主动网和被动网防护；洞门右侧边坡延长框架锚杆防护至轨面标高，如图 2-18-26 和图 2-18-27 所示。

图 2-18-26　庭下隧道进口边仰坡整治前照片

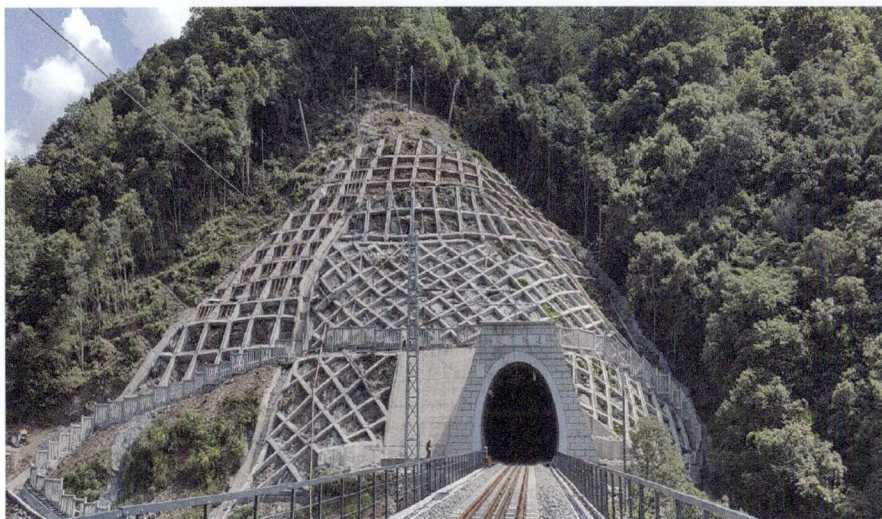

图 2-18-27　庭下隧道进口边仰坡整治后现场照片

（2）王柏源隧道进口

①原设计情况：洞顶仰坡采用一级 1∶1.25 框架锚杆防护，防护高度 3 m，防护范围外山体植被茂盛，未考虑边坡防护措施和危石处理措施。

②排查情况

浦梅铁路工程建设指挥部在组织"三查、五防"集中排查过程中，发现王柏源隧道进口边仰坡高陡，仰坡上方自然山体存在大量危岩危石，同时永安工务段在预介入检查过程中也发函浦梅建设指挥部《关于请求督促浦梅铁路 3 标重点质量缺陷问题整治的函》（永工办函〔2020〕117 号），要求对王柏源隧道进口高陡仰坡危岩危石进行整治。

③整治措施

浦梅铁路工程建设指挥部先后组织参建各单位及永安工务段多次到现场踏勘，研讨制定了边仰坡防护范围和危石处理方案：第一级边坡采用 1∶1.25 框架锚索；第二级为完整基岩，为确保安全，对岩石采用承压板锚索加固，第三级采用锚杆框架梁防护；根据绘制危石分布图进行分区处理，采取清破、嵌补、支顶、承压板预应力锚索加固等措施，增设主动网和被动网防护，整治前后对比如图 2-18-28 和图 2-18-29 所示。

图 2-18-28　王柏源隧道进口边仰坡整治前照片

图 2-18-29　王柏源隧道进口危岩落石整治后照片

3）启示与思考

回顾浦梅铁路隧道洞口边仰坡及危岩落石处理过程，边仰坡整治和危石的处理启动工作相对较晚，大部分工作是在全线进入铺轨阶段才开展，造成危岩落石处理施工组织难度加大，成本增加。总结经验教训，在以后的铁路建设中，对洞口边仰坡及危石的整治要"早发现、早设计、早整治"，同时加强施工管理，优化洞口施工方案，减少对边坡的扰动。

（1）早发现、早设计、早整治

①设计单位在施工图设计阶段根据地形条件，选择合理的洞门形式和适当加大明洞长度，减少对原始地形的扰动，避免大刷坡，有条件的可利用 BIM 技术，模拟洞门施工对地形的扰动情况，优化洞门和明洞设计。

②施工单位在施工过程中，对洞顶以上山体进行无人机航拍，排查山体是否存在危石，提前进行人工搜山扫石，绘制危石分布图，建立危石台账。

③建设单位根据施工单位的排查情况，提前组织工务部门、参建各方现场调查危石情况，研讨确定危石处理方案。

④施工单位根据确定的危石处理方案，及早安排施工整治。

（2）加强隧道施工管理，减少对山体的扰动

①施工单位加强施工图现场核对，特别是根据现场地形条件，核对隧道明暗交界位置、明洞长度、截水天沟等是否合理，及时与设计单位和建设单位联系，优化相关措施。

②加强进洞前的临时边坡防护，减少对山体的扰动，严禁大面积刷坡和破坏植被。

③利用无人机航拍和人工检查相结合，把搜山扫石工作落到实处，建设单位可要求施工单位和监理单位对每个洞口出具危石排查专项报告，后期工务部门预介入检查如果与施工单位排查报告有出入的，可以对施工单位进行相应的信用评价考核。

④施工单位要及早安排隧道明洞和洞门墙施工，明洞和洞门墙施工后，可发现洞口边仰坡措施是否合理，根据现场地形提出边仰坡优化措施，尽早完善洞口边仰坡防护，尽早实施绿化防护，恢复山体植被。

4）深入研讨，合力共为

①隧道洞口及路基危岩落石的界定工务部门和参建各方的认识不一致，工务部门认为边仰坡存在石头可能是危石，石头距离洞门位置和地形条件、落石轨迹可能对铁路有影响，即使隧道设置了足够长的明

洞,针对山上存在岩石出露的情况,工务部门都要求处理。后经参建各方多次深入研讨,确定了合理的处理方案。

②隧道洞口位置及洞门形式选择,应该是追求"零仰坡"进洞、减少对山体破坏与周围环境相得益彰。工务部门要求对山体必须采用圬工措施防护,对山体按1:1.5放坡开挖后采取骨架或框架防护至山体反坡位置。在边仰坡整治方案确定过程中,和工务部门多次开会,仍存在个别实际工程出现洞口边仰坡出现4级甚至更高的边坡,也存在工务部门认为原有的边仰坡防护标准低,需扩大边仰坡防护范围。后经参建各方深入研讨确定处置措施或个别拆除方案,保证工程顺利进行。

5. 隧道环向施工缝质量管理

新建浦城至梅州铁路建宁至冠豸山段,全线隧道51座,共58.813 km,衬砌环向施工缝4 981处,施工缝缺陷问题3 062处,占比61.5%,其中:较严重问题360处,占比7.2%;较轻微问题2 702处,占比54.2%。

1)隧道衬砌环向施工缝质量缺陷问题的分类

环向施工缝存在的缺陷类型主要有四类:混凝土不密实剥落掉块、中埋式止水带外露或折叠空响、边缘开裂、闭环裂纹(月牙形裂纹)。经统计分析,隧道衬砌环向施工缝处混凝土不密实剥落掉块和边缘开裂两类问题占比较大,混凝土不密实剥落掉块占比40.2%,边缘开裂占比45.8%,两类问题占问题总数比86%。各类问题分类如图2-18-30所示。

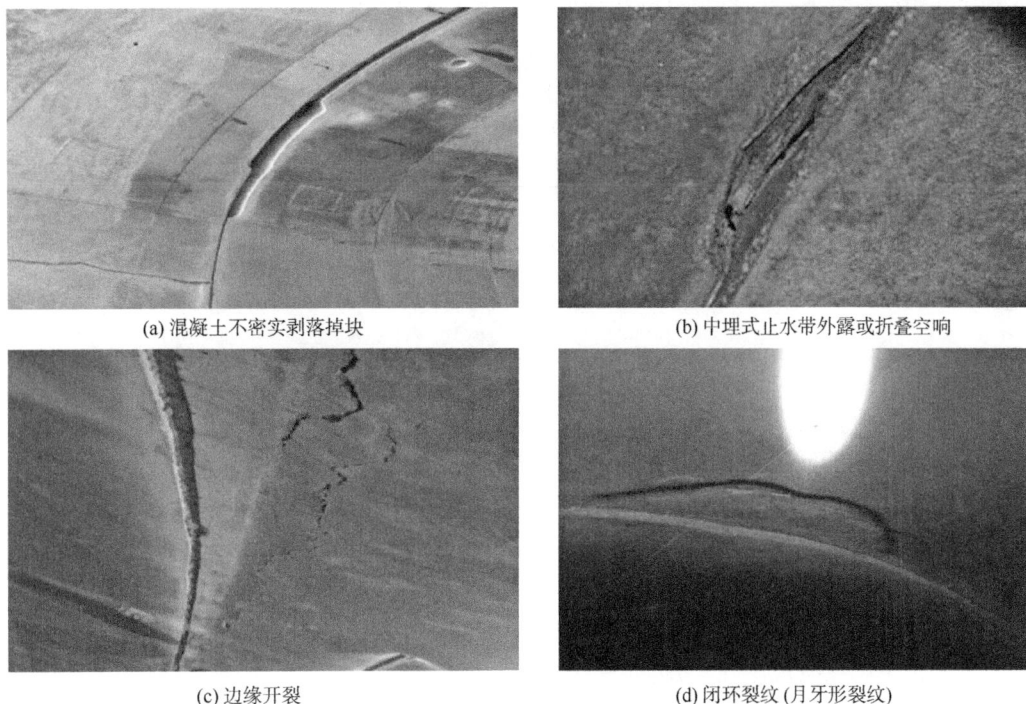

(a) 混凝土不密实剥落掉块

(b) 中埋式止水带外露或折叠空响

(c) 边缘开裂

(d) 闭环裂纹(月牙形裂纹)

图 2-18-30　隧道衬砌环向施工缝质量缺陷问题

2)启示与思考

(1)工装、工艺方面

①搭接方式:采用"V"形槽零搭接橡胶缓冲台车就位技术,如图2-18-31和图2-18-32所示。

②衬砌台车:采用自动浇筑二次衬砌台车＋带模注浆工艺,台车距离施工缝0.5 m处增设振捣窗口,12 m台车一排不少于5个窗口,下料窗与振捣窗分开交错布置;同时在衬砌台车拱部距施工缝0.5 m处增设附着式振捣器。

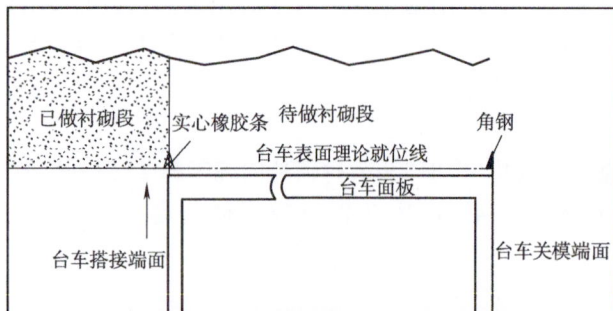

图 2-18-31 "V"形槽零搭接橡胶缓冲式
衬砌台车就位技术工作原理

图 2-18-32 环向 V 形槽现场照片

③端头封模:采用"L"形合页式钢端模+横向内置加劲型中埋式橡胶止水带+可调式透明挡头板,如图 2-18-33 和图 2-18-34 所示。

图 2-18-33 "L"形合页式钢端模+可调式透明堵头板

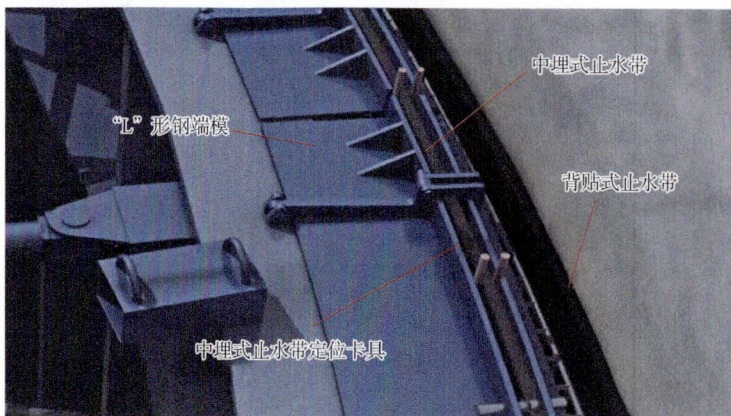

图 2-18-34 "L"形合页式钢端模

采用上述工装后,基本可消除隧道衬砌环向施工缝质量缺陷。

(2)工程管理方面

随着科学技术的进步,新工装、新工艺、新材料得以广泛应用,能有效解决施工中的质量缺陷问题。在操作过程中,落实班前点名制度,使每名作业人员懂得工装原理,明确工艺流程,掌握操作重点、要点,熟知安全注意事项,使好的工装、工艺得到正确应用和有效执行。

(3)发挥监理作用

监理单位按规定在隧道衬砌混凝土浇筑过程中进行全过程旁站,对标对表加强检验批的检查,及时纠正施工过程中的偏差,将各类工装的运用纳入工序管理,并严格执行。

6. 浦梅铁路调度集中系统中心站集中控制方案的运用

(1)系统原理

调度集中系统(CTC)中心站集中控制方案(图 2-18-35),是在传统的 CTC 系统调度员—值班员的管理模式下引入中心站概念,根据现场不同车站的工作量,设计直接受调度员管辖或者直接受中心站值班员管辖。将线路上的车站根据工作量大小划分为中心站、区域集控站、大型车站、复杂作业站等。在中心站设置集控台(行车控制台),将多个车站(区域集控站)的操作和管理功能集中到中心站统一进行管理。

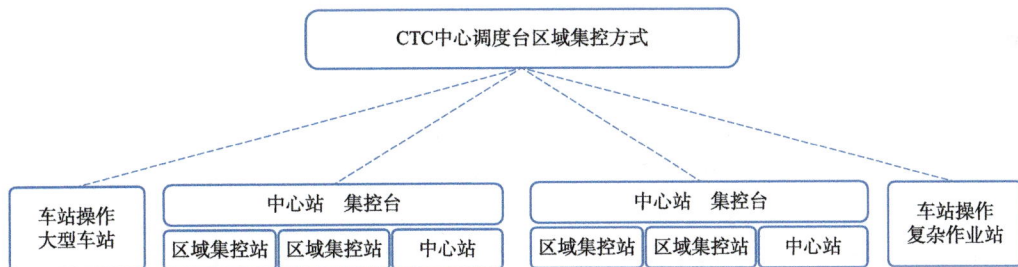

图 2-18-35 中心站集中控制管辖示意图

浦梅铁路建宁县北站至冠豸山南站,在调度所设置兴三台负责全线调度指挥。全线 14 站全部纳入 CTC 控制,其中将建宁南、冠豸山两站设置为中心站,负责集中管辖、控制沿线集控站;将斗埕所、黄岭、均口、黄沙谭、水茜、何屋、严坊、田源、邓家、杨源、文亨、陈坡所等 12 站设置为集控站,受中心站集中管辖、控制。具体管辖示意图如图 2-18-36 所示。

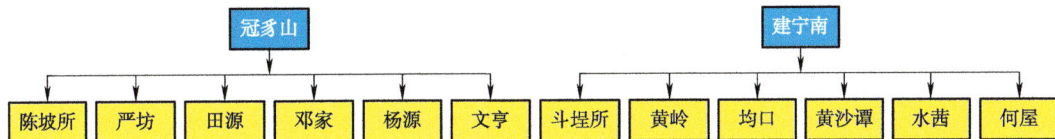

图 2-18-36 浦梅铁路中心站管辖范围示意图

(2)中心站集中控制方案与传统 CTC 控制方案的差异

①调度员部分功能下放置中心站,调度员工作强度减轻

在中心站集中控制方案下,调度员仅与中心站值班员存在直接管辖关系,因此调度员所有沟通联系的人员得到大大减少。同时对于区域集控站的运行股道安排和管理权限下放到中心站值班员,因此工作强度也得到了降低。

②车机联控功能发生了变化

在浦梅铁路中心站集中控制中,车站与列车间的车机联控在中心站集中控制后发生了一些变化。在传统运输模式中,列车将根据运行位置与相关车站值班员进行联控。而在中心站集中控制后,列车将根据运行位置,与其运行范围所在的中心站值班员(或内勤值班员)进行联控,而非与集控站车站值班员进行联控。调车作业情况与此类似,调车司机也需要与中心站值班员(或内勤值班员)进行联控。

③CTC控制模式的变化

在浦梅铁路中心站集中控制中,各区域集控站平时的管辖权在调度台或中心站,当发生应急情况时,必须在区域集控站进行行车作业时,需采用非常站控模式用于进路办理。此时区域集控站的CTC系统设备仅具备TDCS功能。

（3）社会及技术效益

浦梅铁路调度集中系统(CTC)中心站集中控制方案,在原有CTC系统控制方案的基础上整体结构改动较小,实施风险低;在保证信号设备安全稳定的情况下,硬件配置新增有限,投资控制较好。系统大量通过软件功能上的改进创新,实现调度集中系统功能优化。系统通过人性化的界面优化,使多站管辖相关的操作较为方便。同时通过采用中心站集中控制方案,有效实现了减员增效的目标,同时改善了浦梅铁路沿线职工的工作生活条件。通过在新建浦梅铁路调度集中系统(CTC)中心站集中控制方案的应用,为引导解决国铁集团各铁路局在既有繁忙普速铁路实现减员增效提供了示范,为今后的新建普速铁路和既有普速铁路改造工程设计提供了技术参考。

7. 浦梅铁路牵引变电所无人值守方案的运用

1)总体构成

浦梅铁路牵引变电所采用无人值班无人值守技术方案,利用大数据、人工智能等新技术,在所内新增辅助监控系统,替代人工巡检和运维方式,提升巡检和运维的自动化、智慧化水平,及时发现牵引供电系统隐患。辅助监控系统主要由设置在南昌局集团公司调度所及供电段的辅助监控主站和设置在区间建宁南、水茜、邓家牵引变电所的辅助监控系统构成。各主站通过与辅助监控通道连接实现与牵引变电所辅助监控系统的数据交互,并在南昌局辅助监控主站实现与局级远动监控区接口;同时,在相关车间部署辅助监控复示终端。辅助监控系统架构图如图2-18-37所示。

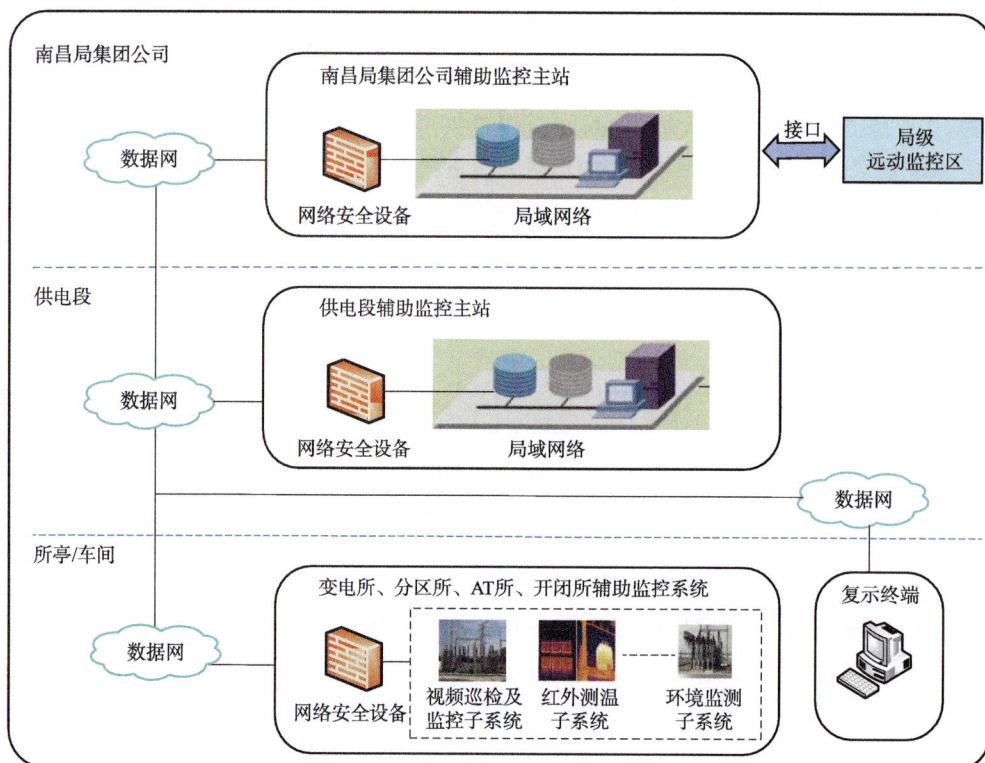

图 2-18-37　辅助监控系统架构图

2)辅助监控系统

浦梅铁路牵引变电所新增辅助监控系统,达到《牵引变电所辅助监控系统暂行技术条件》(铁总科信

〔2018〕144 号)中系统构成、功能要求、系统配置、技术性能等有关内容的要求。辅助子系统包括机器人巡检、视频监控及巡检、环境动力监控、安全防范、门禁、防火消防、红外热成像等子系统的接入,满足无人值守、智能远程巡检等方面的要求;具有智能图像识别功能,可对全站变压器、户外高压断路器、高压开关柜、气压表以及屏体指示灯等设备进行全天候的视频监视和智能识别。

(1)视频监控及巡检子系统

辅助监控系统设置视频监控及巡检子系统,该系统具有视频显示、图像存储与回放、视频控制、视频巡检、图像识别、红外热成像监测等功能。实现控制室各盘面、高压室设备、室外高压设备、牵引变电所运行环境的全面监视。供电段调度值班人员能通过视频终端监视、观察各牵引供电设施的设备运行和环境状态。主要功能如下:

①各所布置高清球形或枪式摄像机及全景式摄像机,用于观察牵引变电所设备运行状态,同时满足安保与防盗的需求。

②利用布置的固定摄像机实现视频巡检功能,可以模拟和基本替代人工巡视,具备巡检记录功能,巡检结束自动生成巡检记录表,并能按照巡检时期、巡检制度等条件进行历史记录查询。

③利用智能图像识别技术,在自动巡视时判断设备运行是否正常,如果出现异常自动进行报警。

④采用红外成像测温技术对一次系统主导流设施进行红外温度监视。每座牵引变电所增加双光谱热成像球机,用于监测变压器、互感器、避雷器、导线、线夹等,并对温度异常触发报警。各所设置无线定点测温系统,该系统主要包含的设备是无线温度汇集终端和无线测温传感器,针对电气设备运行时易发热而不易检测的部位进行温度实时监测。

(2)安全防范及门禁子系统

为加强无人值守的安全条件,设置了门禁管理系统。主要利用人脸加指纹的识别方式对牵引变电所内的重要出入口实施门禁进出管理。门禁支持远方控制及音频、视频对话、权限设定等功能,并应能从内部手动解锁;门禁系统支持应急情况下的解锁功能。

(3)环境监控及火灾报警系统

设置了风力监测,同时各环境信息告警值实现可视化展示。视频监控系统具有与火灾报警系统联动功能,即当发生火灾时,火灾发生点处附近的摄像机能跟踪拍摄火灾情况。

(4)控制与联动控制补强

①对照明、风机、水泵、空调、门禁、摄像头等设备进行远方控制。

②支持用户自定义的辅助设备联动。辅助设备之间的联动关系可以自由设置,具备各个子系统设备之间的联动。

③当入侵行为触发报警时(围禁、门禁告警、私自破坏门禁设备等),相关摄像机自动凝视侵入目标并启动录像功能,启动声光报警器,夜间自动打开室外照明。

④室内温湿度越限时,监控界面自动给出报警信息,并启动风机或空调进行调节。

⑤发生火灾报警时,联动火灾发生区域的摄像机进行录像,关闭空调、风机,自动打开所有门禁,开启相关应急灯具进行疏散引导,并启动声光报警;同时可与自动消防系统联动,启动灭火设备。

⑥与 SCADA 系统进行联动。在操作开关设备或发生事故跳闸时能联动周围的摄像机,自动将摄像机对准到相关设备,实现多角度视频信息的实时监控,通过智能图像识别实现信息复核,并对整个操作过程进行全程录像。

⑦照明控制系统与视频监视系统、火灾报警系统、安全防范系统等多个系统应实现联动,实现夜间和光线照度不够时提供足够的光线亮度。

(5)辅助监控系统子站平台设备及软件

站控层设置综合应用服务器、交换机、远动通信单元、网络安全设备等,间隔层设置视频管理子站、动环测控管理子站,平台软件能实现相关视频巡检、智能图像识别、红外热成像、人脸门禁、监测与联动控制、数据存储与上传、平台展示和报表等功能。

平台采用分层分布式架构,由站控层、接入层、间隔层组成。

其中,间隔层设备包括:视频监控及巡检子系统、红外测温子系统、安全防范及门禁子系统、火灾报警子系统、环境监测子系统、动力照明控制子系统等前端辅助设备或各类传感器,并可根据需要灵活配置。

接入层设备包括:综合测控装置、接入交换机和防火墙等设备,实现各类间隔层设备的接入、汇聚和协议转换等功能。

站控层设备包括:通信管理机、综合应用服务器、视频服务器、站级交换机、网络安全设备和站级终端,实现远程数据通信、巡检、报警、智能图像识别、人机界面展示等站级应用功能。牵引供电智能辅助监控系统如图 2-18-38 所示。

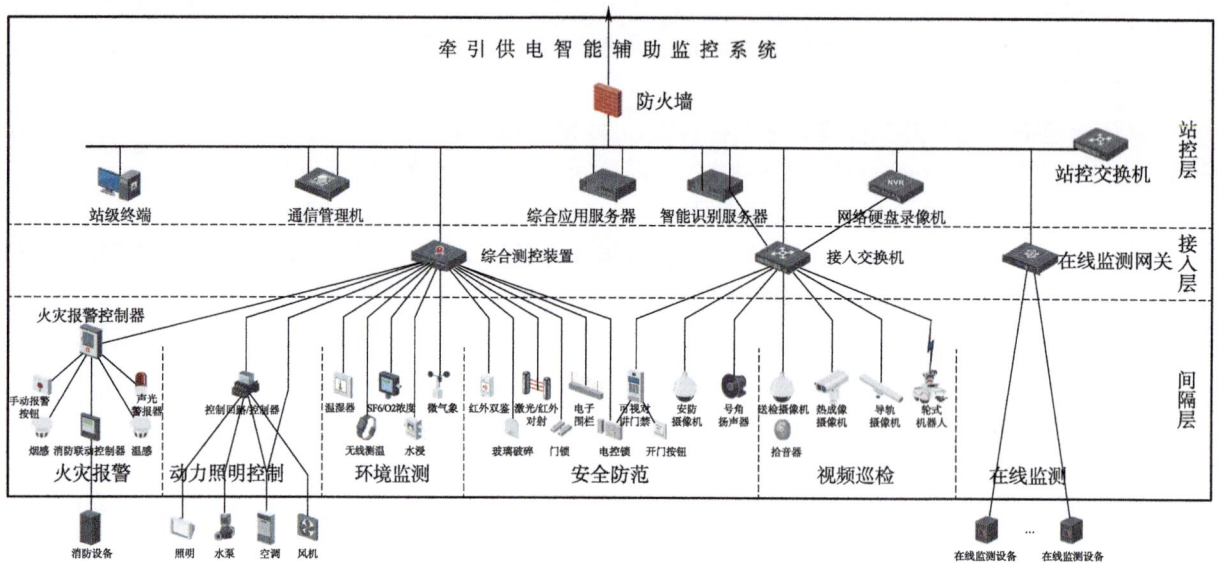

图 2-18-38 牵引供电智能辅助监控系统

3)通信通道配套技术

浦梅铁路新增辅助监控通道,新建建宁南、水茜、邓家牵引变电所辅助监控系统信息均通过辅助监控通道上传到南昌局辅助监控主站,同时,建宁南、水茜、邓家牵引变电所分别接入福州供电段、厦门供电段段级辅助监控主站。

4)社会与技术效益

浦梅铁路牵引变电所采用无人值班无人值守技术方案,大数据、人工智能等新技术利用,替代人工巡检和运维方式,增强牵引变电所综合自动化和运营管理能力,提高了巡检和运维的自动化、智慧化水平,实现牵引变电所全方位、全天候、全自主智能巡检、智能分析研判功能,及时发现和处理牵引供电系统隐患。无人值守技术的应用,有效地实现了减员增效的目标,提高劳动生产力。

第三篇

勘察设计

第一章 地 质 勘 察

一、工程地质勘察概况

新建浦梅铁路建宁至冠豸山段于 2010 年 6 月～12 月开展了初测前地质加深工作,主要开展了大面积地质专项调绘、高分辨率遥感解译、岩浆岩区放射性检测专项工作。

2011 年 1 月 1 日～5 月 30 日完成浦城至宁化段外业勘测和勘探;2015 年 5 月 6 日～6 月 8 日对建宁至宁化段初勘资料进行了分析整理,完成了可研工作。2015 年 10 月～2016 年 1 月,完成了建宁至宁化段定测地质勘察工作,完成钻探 41 456.7 m/1 776 孔,简易勘探 914.4 m/358 孔。2016 年 3 月～6 月,开展浦梅铁路建宁至宁化段补充定测地质勘察工作,完成 7 116.9 m/255 孔,简易勘探 5.5 m/4 孔。

2015 年 12 月底启动初步设计工作,于 2016 年 1 月底完成初步设计文件。2016 年 3 月至 2016 年 6 月完成该段 84.4 km 贯通方案的补充定测工作。2017 年 2 月～2021 年 5 月,结合施工进度开展了浦梅铁路建宁至宁化段施工补勘工作,完成 6 362.86 m/278 孔,简易勘探 2 m/4 孔。

2015 年 4 月 25 日～6 月 30 日对清流至冠豸山段进行了初测外业工作,初测完成大面积区域地质调查测绘 640 km²,带状工程地质调查测绘 128 km,机动钻探 1 087 m/34 孔,利用相邻线 332.3 m/10 孔,静力触探 231.3 m/84 孔,调查或实测大型采空区 6 个,调查或实测小煤窑 7 个。

2015 年 9 月 25 日开始清流至冠豸山段定测工作,于 2016 年 1 月 20 日完成外业及资料整理工作。定测带状工程地质调查测 36 km,完成浅孔钻探 29 810.09 m/1 033 孔,双桥静力触探 588.4 m/174 孔,物探 17.10 km,调查小煤窑 3 个。2016 年 3 月 30 日开始清流至冠豸山段补定测工作,于 2016 年 8 月 30 日完成外业及资料整理工作。完成浅孔钻探 27 915.71 m/734 孔,深孔钻探 1 141 m/7 孔。

2017 年 3 月开始进场配合施工,至 2019 年 8 月,配合施工共完成浅孔钻探 23 578.55 m/533 孔。

二、主要采用的勘察标准、勘察技术原则和要求

1. 采用的规程规范与标准

(1)《铁路建设项目预可行性研究、可行性研究和设计文件编制办法》(TB 10504—2007 铁建设〔2007〕152 号);

(2)《铁路工程地质勘察规范》(TB 10012—2007 及局部修订条文的通知,铁建设〔2010〕138 号);

(3)《铁路工程岩土分类标准》(TB 10077—2001 及局部修订条文的通知,铁建设〔2004〕148 号);

(4)《铁路工程抗震设计规范》(2009 年版)(GB 50111—2006);

(5)《铁路瓦斯隧道技术规范》(TB 10012—2002);

(6)《铁路工程不良地质勘察规程》(TB 10027—2012);

(7)《铁路工程特殊岩土勘察规程》(TB 10038—2012);

(8)《铁路工程地质钻探规程》(TB 10014—2012);

(9)《铁路工程水文地质勘察规范》(TB 10049—2014);

(10)《铁路工程地质原位测试规程》(TB 10018—2003);

(11)《铁路工程物理勘探规范》(TB 10013—2010);

(12)《铁路工程地质遥感技术规程》(TB 10041—2003);

(13)《铁路工程土工试验规程》(TB 10102—2004);

(14)《铁路工程岩石试验规程》(TB 10115—2014);

(15)《铁路工程水质分析规程》(TB 10104—2003);

(16)《铁路工程制图标准》(TB/T10058—1998);

(17)《铁路工程制图图形符号标准》(TB/T10059—1998);

(18)《铁路混凝土结构耐久性设计规范》(TB 10005—2010);

(19)《铁路天然建筑材料工程地质勘察规程》(TB 10084—2007);

(20)《中国地震动参数区划图》(2008 版)(GB 18306—2001)。

2."工程地质勘察大纲"及审查意见

(1)《新建铁路浦城至梅州铁路工程建宁至冠豸山段工程地质勘察大纲》(2015 年 11 月);

(2)新建铁路浦城至梅州线建宁至冠豸山段定测"工程地质勘察大纲"专家评审意见(2015 年 11 月 27 日,龙岩)。

(3)中国铁路总公司鉴定中心有关审查意见。

三、主要勘察技术手段、综合地质勘察方法

地质勘察工作采用地质调绘、物探、钻探、挖探、原位测试、室内试验等综合手段进行;典型工点工程地质勘察情况如下。

1. 下江村特大桥

下江村特大桥位于福建省龙岩市连城县北团镇下江村,桥址起讫里程为 DK360+363～DK362+679.49,中心里程为 DK361+194,桥长 2 316.49 m,为全段最长的可溶岩桥梁。桥台两端属丘陵剥蚀地貌,自然横坡 5°～20°,植被茂密,多为松树,地面绝对高程 330～358 m,相对高差 10～30 m。中间为平坦开阔河流冲积阶地地貌,地面绝对高程 315～318 m,多被垦为稻田。桥址坐落连城县下江村,792 县道于 DK361+185 处与线路相交,分布多条便道、机耕道,交通方便。

定测工作 2015 年 9 月 25 日～2016 年 1 月 20 日完成,补充定测工作于 2016 年 3 月 30 日～8 月 30 日完成,施工补勘工作于 2017 年 3 月～2019 年 8 月完成,完成的勘探工作量见表 3-1-1。由于下江村特大桥为岩溶桥,岩溶强烈发育,勘察阶段进行大量的补勘工作,共计完成 304 孔/ 13 041.22 m。

表 3-1-1　完成勘察工作量统计表

项　　目		工作量
带状工程地质测绘(km)		2.3
机动钻孔(孔/延米)		304 孔/13 041.22 m
原位测试	标贯试验(次)	56
	动力触探(次)	122
室内试验	常规试验(件)	38
	水质分析(组)	8
	岩石试验(组)	42
地下水位观测(次)		304
孔位及孔口高程测量(次)		304

2. 峰果岭隧道

峰果岭隧道位于福建省三明市清流县境内,进口位于清流县早禾排村庄附近斜坡,出口位于九龙溪河边,里程 DK311+755～DK319+090,全长 7 335 m,为本段最长隧道,隧道最大埋深 360 m,是全段的重点工程。隧址属低山丘陵地貌,地面标高 340～700 m,相对高差 200～350 m,地表植被发育,人烟稀少,交通不便。

工程地质测绘于 2015 年 9 月进场,2016 年 8 月结束野外工作。地质调绘在利用初测、定测大面积调绘资料的基础上,对重要地质点、地质界线采用沿走向进行追索、核实。中铁二院地勘院承担了峰果岭隧道的物探和机动钻探工作,物探工作在 2016 年 2 月进场,2016 年 3 月结束野外工作,采用天然场音频大

地电磁法（AMT）等进行物探工作；机动钻探工作于 2015 年 10 月进场，2016 年 5 月结束野外工作，采用设备为 XY-100 型钻机钻探，完成的工程地质勘察实物工作量见表 3-1-2；峰果岭隧道在定测阶段布置了两个深孔，其孔位、孔深及探测目的见表 3-1-3。

表 3-1-2　峰果岭隧道完成的工程地质勘察实物工作量

工作项目		单　位	数　量
工程地质调绘	带状工程地质调绘	km	7.3
	大面积工程地质测绘	km²	14.6
工程地质钻探	100 型机动钻探	m/孔	595.95/14
	深孔	m/孔	350.95/2
	水文试验	组	6
物理勘探	大地电磁法	m	5 030
室内试验	岩样　饱和单轴抗压强度	组	23
	岩样　干燥单轴抗压强度	组	23
	水样　侵蚀性分析（含侵蚀性 CO_2 测试）	组	16

表 3-1-3　峰果岭隧道定测阶段两个深孔勘测设计及工作量

序号	隧道名称	全长(m)	钻孔位置	设计孔深(m)	施钻目的	实际孔深(m)	完成日期
1	峰果岭隧道	7 335	DK315+958 左 10 m	240	查明地层结构及岩土参数，如各层岩土的渗透系数、涌水量、地应力、地温等	240.75	2016 年 5 月
2			DK317+540 右 10 m	110	查明地层结构及岩土参数，如各层岩土的渗透系数、涌水量、地应力、地温等	110.20	2016 年 1 月
	合计			350		350.95	

隧道处于华南褶皱系东部，属于闽西南拗陷带中。测区内北东向的构造较发育，主要构造有：

(1)有供坊断层：为一条正断层。断层北西盘为寒武系变质砂岩，产状为 N65°E/54°NW。断层北东盘地表为燕山期侵入（γ_5^{2-3}）花岗岩。断层大致在 DK313+411 处与线路大角度相交通过。

(2)笔山向斜：向斜轴走向 N500E，向斜轴大致在 DK313+935 与线路大角度相交通过。向斜核部为侏罗系中统漳平组（J_2^2）砂泥岩，两翼为侏罗系下统梨山组砂泥岩、石英砂岩等。

(3)坑口—横口同斜复式向斜：向斜轴走向 N580E，线路位于该向斜轴的影响末端。向斜发育于寒武系中下统林田组第二段（$\epsilon_{1-2}l^2$）板岩、变质砂岩夹炭质板岩中，向斜核部大致位于 DK316+400 处，与线路小角度相交通过，向斜核部岩石较破碎，地下水较丰富。

3. 莲花山隧道

莲花山隧道位于福建省建宁县均口镇与宁化水茜乡交界，北起均口镇隆下村，向南经过洋坑村，终至宁化县水茜乡黄沙潭村，起讫里程为 DK262+980～DK273+555，隧道呈北北东方向展布，总长 10.575 km，最大埋深 380 m，为全段的重点工程。隧道设 4 个斜井，长度及具体位置里程见表 3-1-4。

表 3-1-4　莲花山隧道斜井概况

辅助坑道类型	与正洞相交里程	正洞高程(m)	斜井口高程(m)	与正洞相交夹角(°)	倾角(°)	长度(m)
1 号斜井	DK265+850	398.40	399.38	59	39	780
单斜井	DK268+500	416.94	418.00	57	40	1 540
2-1 号斜井	DK270+300	429.50	430.50	60	52	1 000
2-2 号斜井	DK270+400	430.24	431.20	56	64	1 170

隧道穿越地段属于武夷山脉中段的南延部分,地势总体为中间高,四周低。隧道山体海拔 384～872 m 之间,一般高差 150～400 m。山顶覆盖有残积层土,由于长期水流侵蚀和切割作用,丘陵和中、低山与溪流纵横交错,盆谷、平原相间,呈阶梯状下降。山坡地表沟壑纵横,植被茂密。隧道穿金溪与水茜溪分水岭。

隧道范围内地下水主要为第四系孔隙水及基岩裂隙水、构造裂隙水。第四系孔隙水主要赋存于第四系冲积层中,受大气降水补给,水位及水量随季节变化较大,但水量较小,孔隙水一部分侧向渗流排泄至山间冲沟及地表水体,一部分向下渗流补给至基岩裂隙含水层。采用地下水动力学方法及经验公式法对渗透系数分别采用了最大值、最小值及抽水试验现场值,对隧道洞身涌水量进行了计算,最后根据岩性、地形、构造发育程度,综合水动力学、降水入渗法及地下水径流模数法,得出隧道洞身范围内正常涌水量为 36 444.2 m³/d,最大涌水量约为 45 014.5 m³/d,1 号斜井正常涌水量 221 m³/d,单斜井正常涌水量 283 m³/d,2-1 号斜井正常涌水量 400 m³/d,2-2 号斜井正常涌水量 404 m³/d。地表水及地下水对混凝土结构均不具侵蚀性。

该隧道进出口 DK263+550～+800 段、DK273+150～+800 段等浅埋段,岩石风化严重,局部呈砂土状,岩体破碎,自稳能力差,洞顶、洞壁极有可能出现塌方,地表水沿裂隙突水;各断层破碎带,受构造影响,岩体破碎,富含地下水,尤其是花岗岩的破碎带,在施工过程中,洞壁及洞顶岩体可能出现掉块及较大的塌方及突水;物探异常区存在破碎及富水情况,也应作为重点段落给予关注。DK267+880～DK268+650 段、DK269+360～+820 段埋深超过 300 m,存在岩爆的可能。

4. 笔架山隧道

笔架山隧道位于福建省三明市清流县境内,里程 DK321+340～DK325+468,全长 4 128 m,隧道最大埋深 250 m。隧区属低山地貌,地形起伏较大。地面高程 300～620 m,相对高差 100～300 m 不等。隧道进出口纵坡较平缓,地表多为荒山,植被发育,隧道进出口附近有乡村便道通往,交通不便。

工程地质测绘于 2015 年 9 月进场,2016 年 8 月结束野外工作。地质调绘在利用初测、定测大面积调绘资料的基础上,对重要地质点、地质界线采用沿走向进行追索、核实。中铁二院地勘院承担了笔架山隧道的物探和机动钻探工作,物探工作在 2016 年 2 月进场,2016 年 3 月结束野外工作,采用天然场音频大地电磁法(AMT)等进行物探工作;机动钻探工作于 2015 年 10 月进场,2016 年 5 月结束野外工作,采用设备为 XY-100 型钻机钻探,完成的工程地质勘察实物工作量见表 3-1-5;笔架山隧道在定测阶段布置了三个深孔,其孔位、孔深及探测目的见表 3-1-6。

表 3-1-5 笔架山隧道完成的工程地质勘察实物工作量

工作项目		单 位	数 量
工程地质调绘	带状工程地质调绘	km	4.1
	大面积工程地质测绘	km²	8.2
工程地质钻探	100 型机动钻探	m/孔	179/5
	深孔	m/孔	448/3
	水文试验	组	9
物理勘探	大地电磁法	m	3 600
室内试验	岩样	饱和单轴抗压强度	组	14
		干燥单轴抗压强度	组	14
	水样	侵蚀性分析(含侵蚀性 CO_2 测试)	组	12

隧道处于华南褶皱系东部,属于闽西南拗陷带中。主要发育有以下构造:

(1)马屋坪北东向断裂:为逆断层,断层走向 N540E,倾向 NW,倾角 80°,长度大于 5 000 m。

(2)嵩口坪—里田断裂带:长约 45 km,宽 3～5 km,倾向 NW,倾角 80°,主要由里田、铜盘及嵩口坪等三条冲断层组成。

(3)笔架山断层:断层走向 N420E,倾向 SE,倾角 80°,为逆断层,地表断层特征不明显。

表 3-1-6　笔架山隧道定测阶段三个深孔勘测设计及工作量

序号	隧道名称	全长(m)	钻孔位置	设计孔深(m)	施钻目的	实际孔深(m)	完成日期
1	笔架山隧道	4 128	DK323+361 右 10 m	125	查明隧道洞身地层岩性、地质构造裂隙发育情况、岩体结构、构造、风化程度及厚度情况。岩体完整性及水文地质条件、岩层的物理力学指标、力学分层等	126	2016 年 3 月
2			DK324+718 右 10 m	165	查明隧道洞身地层岩性、地质构造裂隙发育情况、岩体结构、构造、风化程度及厚度情况。岩体完整性及水文地质条件、岩层的物理力学指标、力学分层等	166.40	2016 年 3 月
3			DK324+992 右 10 m	150	查明隧道洞身地层岩性、地质构造裂隙发育情况、岩体结构、构造、风化程度及厚度情况。岩体完整性及水文地质条件、岩层的物理力学指标、力学分层等	155.60	2016 年 3 月
合计				440		448	

(4)联和—塔大山北东向断裂：为逆断层，长度 3 600 m，据深孔钻探揭示，该断层导水性弱，断层带内以变质砂岩和泥质砂岩为主，岩石完整性一般。

(5)嵩口坪—里田断裂带：长约 45 km，宽 3~5 km，主要由里田、铜盘及嵩口坪等三条冲断层组成。断层破碎带宽度约 100 m，该断层平面上在 DK325+400 处与线路相交通过，交角为 48°。

不良地质为地热：测区地热主要分布于清流县嵩口镇塘州至高赖段，主要沿嵩口坪—里田断裂带呈线状分布。该断裂带长约 45 km，宽 3~5 km，主要由里田、铜盘及嵩口坪等三条冲断层组成。总体走向北东 45°~50°，倾向北西或南东，倾角 50°~80°。隧道出口紧邻区域性的嵩口坪—里田断裂带，线路左侧为 1 100 m 为塘州温泉，水温度为 37 ℃，属低温泉，呈泉群出露。泉点出露标高 285 m，流量约 5 L/s。隧道施工过程中未遇到地热现象。

5. 将军亭隧道

将军亭隧道位于福建省三明市清流县境内，里程 DK325+690~DK329+970，全长 4 280 m，隧道最大埋深 150 m。隧区属低山地貌，地形起伏较大。地面高程 300~465 m，相对高差 25~165 m 不等。隧道进口纵坡较陡，出口相对较平缓，地表多为荒山，植被发育，隧道进出口附近有乡村便道通往，交通不便。

工程地质测绘于 2015 年 9 月进场，2016 年 8 月结束野外工作。地质调绘在利用初测、定测大面积调绘资料的基础上，对重要地质点、地质界线采用沿走向进行追索、核实。中铁二院地勘院承担了将军亭隧道的物探和机动钻探工作，物探工作在 2016 年 2 月进场，2016 年 5 月结束野外工作，采用天然场音频大地电磁法(AMT)等进行物探工作；机动钻探工作于 2015 年 10 月进场，2016 年 5 月结束野外工作，采用设备为 XY-100 型钻机钻探，完成的工程地质勘察实物工作量见表 3-1-7；将军亭隧道在定测阶段布置了一个深孔，其孔位、孔深及探测目的见表 3-1-8。

表 3-1-7　将军亭隧道完成的工程地质勘察实物工作量

工作项目		单　位	数　量
工程地质调绘	带状工程地质调绘	km	4.2
	大面积工程地质测绘	km²	8.4
工程地质钻探	100 型机动钻探	m/孔	485.65/9
	深孔	m/孔	140.60/1
	水文试验	组	3
物理勘探	大地电磁法	m	4 200

工作项目			单 位	数 量
室内试验	岩样	饱和单轴抗压强度	组	16
		干燥单轴抗压强度	组	16
	水样	侵蚀性分析(含侵蚀性 CO_2 测试)	组	12

表 3-1-8　将军亭隧道定测阶段一个深孔勘测设计及工作量

隧道名称	全长(m)	钻孔位置	设计孔深(m)	施钻目的	实际孔深(m)	完成日期
将军亭隧道	4 280	DK326+238 右 10 m	135	查明隧道洞身地层岩性、地质构造裂隙发育情况,岩体结构、构造、风化程度及厚度情况。岩体完整性及水文地质条件、岩层的物理力学指标、力学分层等	140.60	2016 年 5 月

隧道处于华南褶皱系东部,属于闽西南拗陷带中。主要发育有以下构造:

(1)将军亭断层:走向北东 45°~50°,倾向南东,倾角 70°~80°,为逆断层,断层破碎带宽度约 100 m,为嵩口坪—里田断裂带的次一级断层。该断层赋水性较好。

(2)嵩口坪—里田断裂带:长约 45 km,宽 3~5 km,主要由里田、铜盘及嵩口坪等三条冲断层组成。总体走向北东 45°~50°,倾向北西或南东,倾角 40°。断层破碎带宽度约 75 m。该断层地面上与隧道相交通过里程为:DK326+960,交角为 33°,隧道洞身段为正断层,断层发育于花岗岩中,倾向南东,倾角 40°,断层带特征不明显。该断层赋水性较好。

地热:测区地热主要分布于清流县嵩口镇塘州至高赖段,主要沿嵩口坪—里田断裂带呈线状分布。该断裂带长约 45 km,宽 3~5 km,主要由里田、铜盘及嵩口坪等三条冲断层组成。总体走向北东 45°~50°,倾向北西或南东,倾角 50°~80°。隧道出口紧邻区域性的嵩口坪—里田断裂带,DK325+150 左 1 400 m 冲沟中分布塘州低温温泉,温泉发育于断层带的花岗岩中,出露标高 285 m,流量 5 L/s,为上升泉,以泉群的形式出露,隧道施工中未遇到地热。

6. 牛垌山隧道

牛垌山隧道位于福建省龙岩市连城县境内,里程 DK366+140~DK369+165,全长 3 025 m,最大埋深 204 m。隧区属低山地貌,地形起伏较大。地面高程 72~325 m,相对高差 100~300 m 不等。隧道进出口纵坡较平缓,地表多为荒山,植被发育,隧道进出口附近有乡村便道通往,交通条件一般。

工程地质测绘于 2015 年 9 月进场,2016 年 8 月结束野外工作。地质调绘在利用初测、定测大面积调绘资料的基础上,对重要地质点、地质界线采用沿走向进行追索、核实。中铁二院地勘院承担了将军亭隧道的物探和机动钻探工作,物探工作在 2016 年 2 月进场,2016 年 5 月结束野外工作,采用天然场音频大地电磁法(AMT)等进行物探工作;机动钻探工作于 2015 年 10 月进场,2016 年 5 月结束野外工作,采用设备为 XY-100 型钻机钻探,完成的工程地质勘察实物工作量见表 3-1-9;牛垌山隧道在定测阶段布置了一个深孔,其孔位、孔深及探测目的见表 3-1-10。

表 3-1-9　牛垌山隧道完成的工程地质勘察实物工作量

工作项目		单 位	数 量
工程地质调绘	带状工程地质调绘	km	3.0
	大面积工程地质测绘	km²	6.0
工程地质钻探	100 型机动钻探	m/孔	286/7
	深孔	m/孔	201.4/1
	水文试验	组	3
物理勘探	大地电磁法	m	2 820

工作项目			单　位	数　量
室内试验	岩样	饱和单轴抗压强度	组	12
		干燥单轴抗压强度	组	12
	水样	侵蚀性分析(含侵蚀性 CO_2 测试)	组	10

表 3-1-10　牛垌山隧道定测阶段一个深孔勘测设计及工作量

隧道名称	全长(m)	钻孔位置	设计孔深(m)	施钻目的	实际孔深(m)	完成日期
牛垌山隧道	3 025	DK368+320 左 10 m	200	查明隧道洞身地层岩性、地质构造裂隙发育情况,岩体结构、构造、风化程度及厚度情况。岩体完整性及水文地质条件、岩层的物理力学指标、力学分层、有害气体参数等	201.40	2016 年 4 月

隧道处于华南褶皱系东部,属于闽西南拗陷带中。主要发育有以下构造:

(1)苦竹坑向斜:该向斜与线路近平行通过,向斜轴平面上两次与线路小角度相交通过,隧道洞身分别在 DK367+867 和 DK368+316 处通过向斜核部。

(2)F_0 断层:走向北东向,倾向小里程,倾角 45°,该断层为逆断层。平面上断层与线路大角度相交,交角约 74°。隧道洞身在 DK366+390 处与断层相交通过,断层破碎带宽度约 60 m。

(3)F_{40} 断层:断层走向呈东西向,倾向小里程,倾角 57°,该断层为正断层。平面上断层与线路小角度相交,交角约 30°,隧道洞身在 DK366+745 处与断层相交通过,断层破碎带宽度约 45 m。

(4)F_{28} 断层:走向呈北东向,倾向小里程,倾角 76°,该断层为正逆断层。平面上断层与线路大角度相交,交角约 77°,隧道洞身在 DK367+410 处与断层相交通过。

(5)F_4 断层:该断层走向呈南北向,倾向大里程,倾角 80°,该断层为逆断层。平面上断层与线路大角度相交,交角约 59°,隧道洞身在 DK367+530 处与断层相交通过,断层破碎带宽度约 43 m。

(6)F_2 断层:断层走向呈南北向,倾向小里程,倾角 40°,该断层为逆断层。平面上断层与线路大角度相交,交角约 45°,隧道洞身在 DK368+074 处与断层相交通过,断层破碎带宽度约 70 m。

(7)F_{29} 断层:断层走向呈北西向,倾向小里程,倾角 36°,该断层为逆断层。平面上断层与线路小角度相交,交角约 27°,隧道洞身在 DK368+980 处与断层相交通过。

主要不良地质为有害气体:该隧道主要穿越文笔山组(P_1w)和翠屏山组(P_2cp)石英砂岩、粉砂岩、粉砂质泥岩夹炭质页岩和煤线,据区域地质资料,薄煤不具有工业开采价值。本隧道基底 500 m 以下为北团煤矿的富矿区,可采煤层位于童子岩组第三段(P_1t^3)中,可采煤层 5 层,层厚 20～230 cm,具有工业开采价值。北团煤矿为低瓦斯矿井。本次勘探在 DZ-37-139 和 DZ-37-139-1 两孔中发现薄煤,层厚 20～70 cm,分布标高在 395～400 m 之间。

隧道通过地层中含炭质页岩和煤层,可能会产生有害气体积聚,加上隧道底的煤系地层中的瓦斯等有害气体可能会沿着岩石节理、裂隙向上溢出,因此,本隧道为低瓦斯隧道,隧道施工应加强通风和有害气体监测。

第二章　线路设计

第一节　线路走向与重大方案比选

一、线路总体走向方案

浦梅铁路建宁至冠豸山段位于闽西北地区,线路自向莆铁路建宁县北站引出,经建宁县、宁化县、清流县、连城县,终点至赣龙线的冠豸山站。线路选线时结合沿线的经济、旅游据点、城市规划布局,车站靠近城镇村落设置,以便吸引客流,提升铁路服务质量,全线设建宁县北站、建宁南站、黄岭站、均口站、黄沙潭站、水茜站、何屋站、宁化站等8座车站,线路顺直,展现系数仅为1.06。

项目建成后对于加快海西经济区建设,加强海西经济区与长三角、珠三角、中西部地区间的交通联系具有较大的促进作用,同时本项目建成后对于打造"生态旅游""红色旅游",促进沿线旅游开发具有重要意义。经工程实践证明,本项目线路走向合理,取得了良好的经济社会效益。

二、均口至黄沙潭段线路走向方案

均口至黄沙潭段经由莲花山东侧山区,莲花山主峰海拔970 m,线路航空线经由的山区海拔约700 m,本线拟采用隧道形式穿越莲花山及附近山区,根据现场勘测发现,黄沙潭村北侧山体存在不良地质,不良地质范围内多为火山碎屑岩、碎屑熔岩、泥质粉砂岩等组成的级别较高的围岩。结合地形地貌、不良地质等因素,本段走向方案研究了绕避不良地质方案（Ⅰ方案）和取直方案（Ⅱ方案）。方案比较范围:CK261＋100~CK274＋350。均口至黄沙潭段线路走向方案如图3-2-1所示。

1. 绕避不良地质方案（Ⅰ方案）

本方案线路起自宁溪北岸、壁下村西侧CK261＋100处,设均口站后线路向南跨越宁溪,以隧道形式穿越莲花山（在CK270＋000~CK272＋000段绕避大部分不良地质）,出隧道后至方案比较终点CK273＋732。其中莲花山隧道长约10.82 km。

本方案线路长度12.632 km,桥梁长度0.73 km,隧道长度10.803 km,桥隧比例为91.3％。工程投资为52 296.28万元。

2. 取直方案（Ⅱ方案）

本方案线路起自宁溪北岸、壁下村西侧CK261＋100处,设均口站后线路向南跨越宁溪,以隧道形式穿越莲花山（在CK271＋000附近穿越少量不良地质）,出隧道后至方案比较终点CK273＋500。其中莲花山隧道长约10.51 km。

本方案线路长度12.4 km,桥梁长度0.726 km,隧道长度10.51 km,桥隧比例为90.6％。工程投资为51 748.77万元。

3. 推荐方案

综上所述,绕避不良地质方案线路长度长,投资大,线路虽然绕避了大部分不良地质区域,但取直方案（Ⅱ方案）投资较省,且根据地质现场调查及类似工程分析,可以采取措施进行处理。因此推荐取直方案（Ⅱ方案）作为贯通方案。

三、水茜至宁化段线路方案

水茜至宁化段线路主要经由山区、个别村庄,沿线控制点较少,结合地形条件和沿线村庄的分布,本段

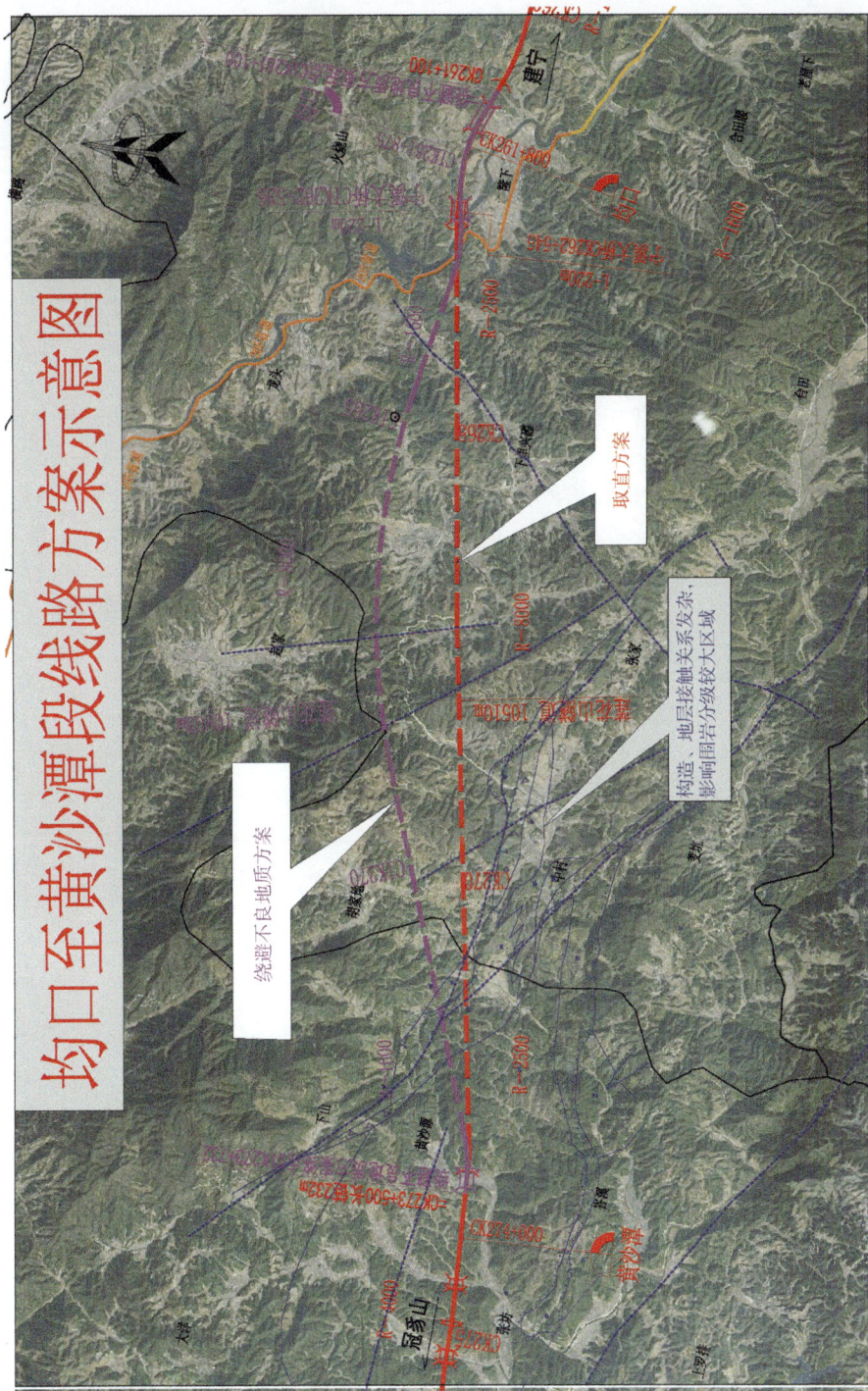

图 3-2-1 均口至黄沙潭段线路走向方案示意图

研究了经伊屋东侧方案（Ⅰ方案）和取直方案（Ⅱ方案）。方案比较范围：CK289＋200～CK302＋800。水
茜至宁化段线路方案如图 3-2-2 所示。

1. 经伊屋东侧方案（Ⅰ方案）

本段线路起自水茜站后沿口村南侧 CK289＋200 处，向东南经武昌村西侧后折向正南，经伊屋、何屋
村东侧后，在溪口西侧预留伊屋站，出站后线路继续向南跨越东溪、宁化 796 县道，过鱼潭村后至方案比较
终点 CK302＋800。

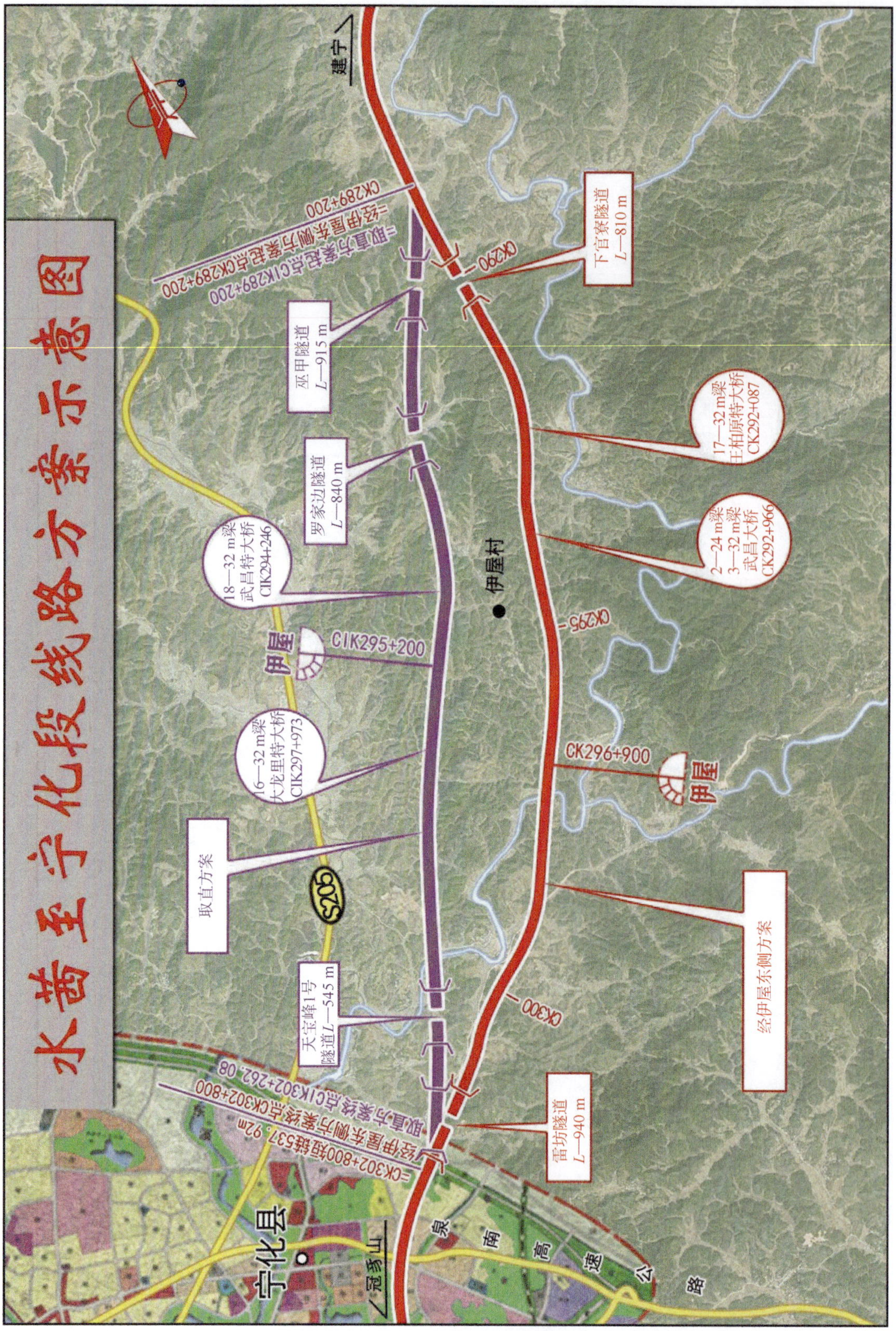

图 3-2-2　水茜至宁化段线路方案示意图

本方案线路长度 13.6 km,桥梁长度 2.294 km,隧道长度 1.975 km,桥隧比例为 31.4%。工程投资为 65 609.32 万元。

2. 取直方案(Ⅱ方案)

本段线路起自水茜站后沿口村南侧 CK289+200 处,向南途经下官寨、长元村,在何屋村西侧预留伊屋站,出站后线路继续向南过鱼潭后跨越东溪至方案比较终点 CK302+800。

本方案线路长度 13.062 km,桥梁长度 3.557 km,隧道长度 3.655 km,桥隧比例为 55.2%。工程投资为 68 281.16 万元。

3. 推荐方案

综合以上分析,经伊屋东侧方案,线路虽然较Ⅱ方案取直方案长约 538 m,但是桥隧工程较少,工程实施难度较小,且投资较省,符合地方规划及意见,因此推荐经伊屋东侧方案为贯通方案(Ⅰ方案)。

三、宁化至连城段线路方案

宁化县和连城县分别位于三明和龙岩两市,宁化连城两县南北相距约 60 km,宁化县城以东约 13 km 为三明市清流县,宁化县人口 38 万人,清流县人口 16 万人,是否在清流设站,是否与兴泉清流并站,是本段线路方案重点关注的问题。

受控于宁化天鹅洞风景名胜区和地质公园的影响,建宁至宁化段沿 S205 省道径路前行至宁化,本段线路方案结合经济据点分布、拟建兴泉铁路走向及站点设置、地形地貌等因素,研究了东、中、西三个方案,其中东线方案西进东出,分别与东西向兴泉铁路宁化和清流并站,出清流站后向南至连城;中线方案于清流县城西侧设站后折向南接东线方案;西线方案出宁化站后南下并取直至连城,宁化至连城段线路方案如图 3-2-3 所示,各方案分述如下。

1. 东线方案

东线方案自宁化站引出,向东并泉南高速公路前行,下穿高速公路并于高速公路北侧工坊设清流车站,出站后折向东南,以全段最长隧道峰果岭隧道下穿高速公路,跨九龙溪设严坊车站,而后穿塔下山至田源乡西侧设站,顺沟槽前行,于关公凹电站下游汇合口上跨罗口溪至邓家,此后线路顺地形开阔平坦的近 20 km 沟槽前行,经灵地、北团至隔川设连城车站。

2. 中线方案

中线方案北起宁化站,出站折向东南,由县城上游上跨九龙溪后于清流县城以西三千米南岐设站,出站上跨 204 省道,穿塔下山至廖武设站,而后前行至邓家接东线方案。

3. 西线方案

西线方案出宁化站后取直向南,经横锁乡上跨翠江(九龙溪位于宁化县的上游河段)后设洋坊站,相继上跨 S205 省道和 S204 省道后行至里田设站,此后线路上跨罗口溪,与 204 省道相并前行,经长校、四堡、北团,上跨北团河至连城。

4. 推荐方案

浦梅铁路是打造红色旅游、绿色生态旅游、客家文化旅游的重要客运通路,也是促进海西经济区与长三角和珠三角区域合作的需要。浦梅铁路建宁至冠豸山段所经的建宁、宁化、清流和连城,中线方案和西线方案均难以发挥浦梅铁路对清流县的经济社会带动作用;从长远来看东线方案相比中线和西线方案投资增加不多,但能多带动一方经济,对推进加快清流发展有着现实的需要和长远的意义,故推荐东线方案。

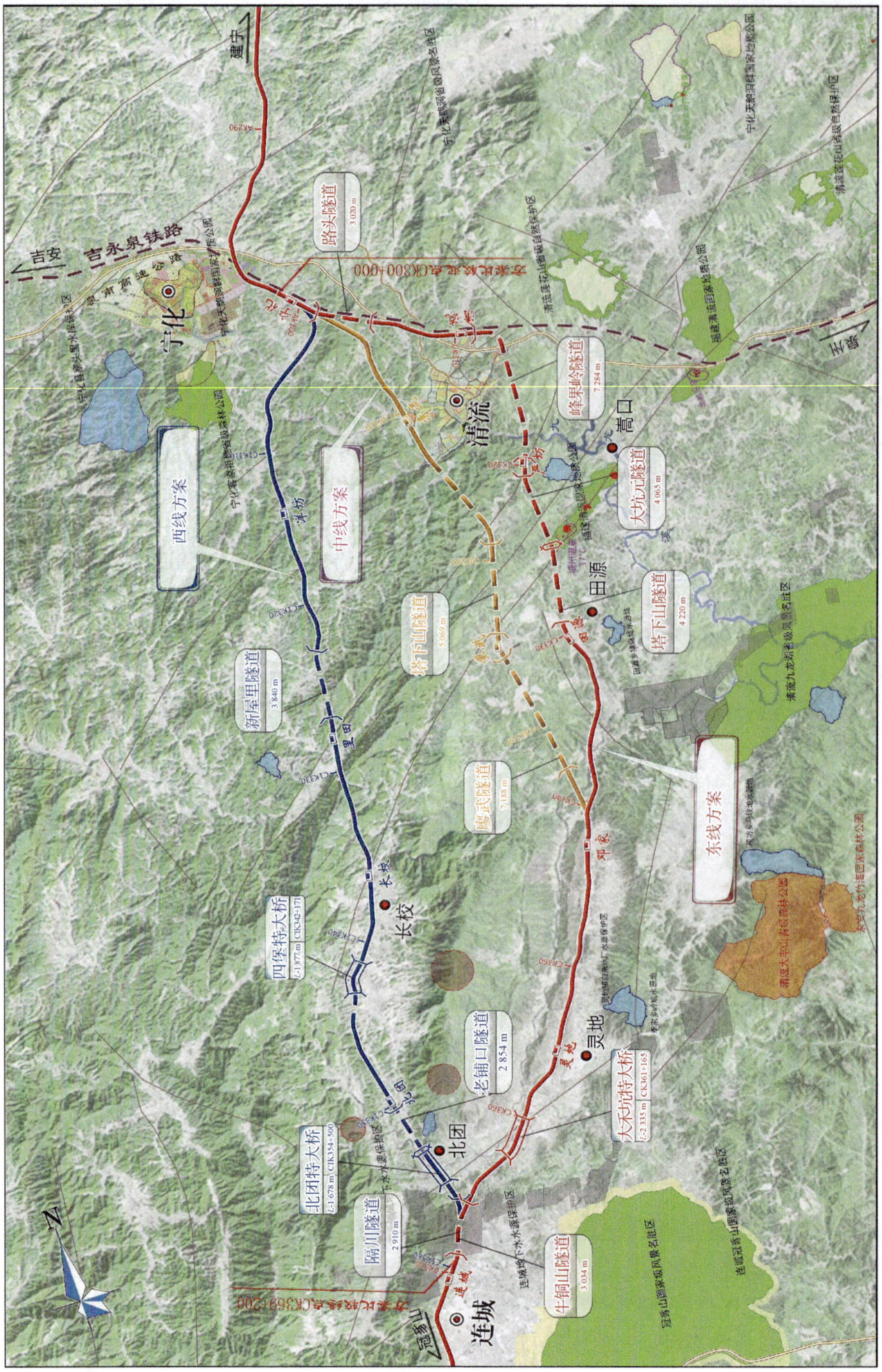

图 3-2-3　宁化至连城段线路方案示意图

第二节 重大设计原则的确定

一、主要技术标准

勘察设计时的主要技术标准同第一篇综述中第二章第二节主要技术标准。

二、线路平面设计

1. 线路平面设计

(1) 曲线半径

曲线半径结合地形地质条件,因地制宜、合理选用,优先采用常用半径,慎用最小半径和最大半径,平面曲线半径见表 3-2-1 所示。

表 3-2-1　平面曲线半径表

设计行车速度(km/h)	160	140	120
优先取值(m)	2 500~5 000	2 000~4 000	1 600~3 000
最小曲线半径(m)	一般 2 000; 困难 1 600	一般 1 600; 困难 1 200	一般 1 200; 困难 800

(2) 缓和曲线长度

缓和曲线长度根据曲线半径,路段旅客列车设计行车速度和工程条件确定,优先采用《铁路线路设计规范》(GB 50090—2006)(简称《线规》)表 3.1.5-1 规定的数值,最小缓和曲线长度不得小于 3.1.5-2 规定的数值。

(3) 夹直线、圆曲线

两相邻曲线间夹直线和曲线间圆曲线根据路段旅客列车设计行车速度确定,宜采用较长的长度,一般按不小于 130 m 设计,圆曲线或夹直线最小长度见表 3-2-2。

表 3-2-2　圆曲线或夹直线最小长度

设计行车速度(km/h)	160	140	120
圆曲线或夹直线最小长度(m)	130 (80)	110 (70)	80 (50)

2. 纵断面设计

(1) 设计坡度

①平面曲线坡度折减按现行《线规》执行。

②限制坡度 13‰,本段按 9‰控制。全线无超限坡地段。

(2) 坡段长度

纵断面宜设计为较长的坡段,旅客列车设计行车速度为 160 km/h 的路段,最小坡段长度不应小于 400 m,且最小坡段长度不宜连续使用两个以上。旅客列车设计行车速度小于 160 km/h 的路段,结合本线远期到发线有效长 850 m,坡段长度不宜小于 350 m。困难条件下,因缓和坡度代数差设置的分坡平段长度、坡度减缓或折减而形成的坡段、长路堑内为排水而设置的人字坡段长度,均可减至 200 m;改建既有铁路和增建第二线的坡段长度在困难条件下可减少至 200 m。

(3) 相邻坡段最大坡度差

相邻坡段的连接宜设计为较小的坡度差,一般不大于 10‰,困难条件下不大于 12‰。

(4) 竖曲线的设置

路段设计速度为 160 km/h 的路段,相邻坡段的坡度代数差大于 1‰时,以圆曲线型竖曲线连接,竖曲线半径采用 15 000 m。

路段设计速度小于 160 km/h 的路段,相邻坡段的坡度代数差大于 3‰时,以圆曲线型竖曲线连接,竖曲线半径采用 10 000 m。

竖曲线不得与缓和曲线地段、明桥面桥上、道岔范围重叠设置,当路段设计速度大于 120 km/h 时,上述三种地段不得设置变坡点。

路段设计速度为 160 km/h 的地段,竖曲线与平面圆曲线不宜重叠设置。困难条件下竖曲线可与半径不小于 2 500 m 的圆曲线重叠设置。特殊困难条件下,经技术经济比选,竖曲线可与半径不小于 1 600 m 的圆曲线重叠设置。

(5)车站站坪坡度

车站站坪坡度一般为平坡,困难条件下不大于 1‰,特殊困难条件下,有充分技术经济依据时,会让站可设在不大于 6‰的坡道上,但不应连续设置。

咽喉区的正线坡度宜与站坪坡度相同,特殊困难条件下,可将咽喉区设在限制坡度减 2‰的坡道上,但区段站、客运站的咽喉区的正线坡度不得大于 2.5‰,中间站和会让站的咽喉区的正线坡度不得大于 10‰。

(6)坡度折减

坡度折减包括平面曲线折减和隧道坡度折减两部分,平面曲线折减按《线规》中式(3.2.5-1)和式(3.2.5-2)计算;隧道坡度折减系数按《线规》中表 3.2.5 进行折减。曲线隧道应先进行隧道坡度折减,再进行曲线坡度折减。

(7)其他地段纵断面设计

①站坪宜设在平道上。困难条件下,可设在不大于 1‰的坡道上。特殊困难条件下,有充分技术经济依据时,会让站、越行站可设在不大于 6‰的坡道上,但不应连续设置。

②车站的站坪坡度均应保证列车的起动。

③路堑地段线路纵坡不小于 2‰。

④隧道内的坡道可设置为单面坡或人字坡,地下水发育的长隧道宜采用人字坡。坡度值不宜小于 3‰。

3. 道路交叉设计

(1)改移(公)道路的原则

凡与本线线位发生平行占压干扰或跨越困难的(公)道路均进行改移,结合立交道的设置、地形条件和既有技术标准,合理选择改移位置,确定改移方案,满足铁路与(公)道路的立交要求。

①改移(公)道路按《公路路线设计规范》(JTJ D20—2006)和《公路工程技术标准》(JTG B01—2014)及有关纪要及政府函的原则设计。

②改移(公)道路,设计道路等级不低于原等级标准。

③设立交道困难时与地方政府协议考虑封闭或改移。新建铁路与既有道路交叉的,由铁路部门承担建设费用;道路部门提出超过既有道路建设标准而增加的费用,由道路部门承担。

(2)立交道设计原则

①全线采用全立交设计,凡与本线交叉的(公)道路除部分封闭外均按立交设计。

本线跨电气化以及远期有电化可能的铁路(v≤160 km/h)净高一般按 6.55 m 设计。跨越客货共线铁路(160 km/h<v≤200 km/h)净高一般按 7.50 m 设计。跨 160 km/h 及以下客货共线双层集装箱的铁路净高一般按 7.56 m 设计;跨速度 200 km/h 客货共线双层集装箱的铁路净高一般按 7.96 m 设计。跨速度 200 km/h 以上铁路净高一般按 7.25 m 设计。等级公路行车道部分立交净高一般为 4.0~5.0 m,特殊情况下按协议办理;乡村道路立交净高不宜低于 3.0~4.0 m,净宽按实际情况确定,并适当考虑规划发展。

②跨越本线的铁路或公(道)路道,净高一般不小于 6.55 m。

③全线控制高程要求:

线路跨越设排洪通道的河流,当河堤为等级公路时,原则上按堤上立交设计,其路肩高程比堤顶高程高出 5.0~6.0 m,并满足净高的要求,其他情况一般按堤外立交设计。一般地段均受道路立交净高控制。

跨越排洪河道的特大桥和大中桥的桥头路基,水库和滨河地段,行洪、滞洪区的浸水路堤,其路肩高程应按现行设计规范结合国家防洪标准设计。

4. 安全保护区

根据《铁路安全管理条例》(国务院令第 639 号)铁路线路安全保护区的范围,从铁路线路路堤坡脚、路堑坡顶或者铁路桥梁(含铁路、道路两用桥)外侧起向外的距离分别为:

(1)城市市区高速铁路为 10 m,其他铁路为 8 m;

(2)城市郊区居民居住区高速铁路为 12 m,其他铁路为 10 m;

(3)村镇居民居住区高速铁路为 15 m,其他铁路为 12 m;

(4)其他地区高速铁路为 20 m,其他铁路为 15 m。

5. 防护栅栏

为保证铁路的安全运营,防止人畜等进入铁路范围,全线线路两侧设置全封闭防护栅栏。防护栅栏根据人口密集程度结合地形、地质条件因地制宜设置,参照"铁路线路防护栅栏图集"(图号(通线(2012)8001(2014 年局部修订版))进行设计,一般地段采用 1.8 m 高度钢筋混凝土防护栅栏,重点区段(如城镇地段、牧区等)采用 1.8 m 高度钢筋混凝土防护栅栏加 0.5 m 刺丝滚笼。

2020 年,根据南昌局工务处《南昌局集团公司铁路防护栅栏管理办法》(南铁工务〔2020〕123 号)相关要求,对全线一般地段防护栅栏统一加装 0.5 m 高刺丝滚笼。

6. 拆改工程

依据《铁路安全管理条例》等相关规定,原则是在铁路用地界范围内进行拆迁。具体拆迁时要根据现场实际情况、建筑物性质等情况,经建设单位与产权部门进一步协商确定。

(1)用地界范围内的建筑物,需要全部拆除。依照本项目环评报告批复意见,对铁路沿线左右侧 30 m 范围内居民采取搬迁或功能置换。

(2)当同一座建筑物的一部分在铁路用地界内,需根据在铁路用地界内的部分拆除后,对整座建筑物的影响程度,决定是否拆除同一座建筑物在铁路用地界外的部分。

(3)对于部分在铁路用地界内的工厂、企业等拆迁,根据铁路用地界内需要拆除部分的重要程度,以及当铁路用地界内需要拆除部分拆除后,对整个工厂、企业生产的影响程度等具体情况,确定拆迁范围。

(4)对于全部位于铁路用地界外的建筑物拆迁按以下原则执行。

①在铁路用地界外,不满足国务院《铁路安全管理条例》安全距离要求,影响铁路运输安全的建筑物应拆除,或改变其原来用途,使其对于铁路安全没有影响,如影响铁路运输安全的炸药库、鞭炮厂、采石厂等。

②建筑物虽在铁路用地界外,但新建铁路距其距离不满足国家相关规范的距离要求,同时通过双方协商采取防护措施也不能满足其使用要求时,按拆迁考虑,如地震台、无线电测向台站等。

③以上两种情况外的其他建筑物,铁路设计中通过采取工程技术措施,已能满足国家环境噪声相关标准要求,不考虑拆迁。

④房屋拆迁费用包含引入拆迁房屋的低压电力线、电话线和其他通信设施,同时包含地下管线、自来水、排水、煤气等设施的拆改费用。

⑤拆迁工程有协议时,按相关协议。

第三章　大型临时设施设计

一、可研及初步设计批复大型临时设施的设置地点和规模

根据项目可研及初步设计批复的施工组织设计,大型临时设施的设置地点和规模情况如下:

1. 临时材料厂

(1)设置原则

①材料厂的位置全线考虑,统筹安排。

②地形平坦开阔,靠近国道、省道,并与施工便道相连,交通运输便利。条件许可考虑利用废弃厂矿、预制构件场等。

(2)设置方案

建宁至宁化段在沿线既有站共设置1处材料厂,清流至冠豸山段在田源站、连城站设置2处临时材料供应基地,以其供应范围和供料规模确定其租用场地的规模。采用汽车运输方案,将水泥、钢材、木材等材料,通过汽车供应至工地。

2. 填料拌和站

(1)设置原则

①长路基地段拌和站的设置与路基施工区段相适应。

②拌和站一般设置在拟供应范围的中点附近,地形平坦开阔,靠近施工便道。

③需利用挖方改良的拌和站的设置考虑以挖作填土方的调配运输,以不发生倒运为原则。

④集中取土的填方地段,拌和站可以考虑与取土场一并设置。以水泥作为改良材料的应不超过混合料运输时限要求。

(2)设置方案

根据实际利用填料数量和工程分布情况,本项目考虑在DK353+548路基中点附近设置1处填料集中拌和站,租地范围宜为20～30亩。

3. 混凝土拌和站

(1)设置原则

拌和站宜设置在地势较平坦、具有良好施工水源的地带。优先选设在长大隧道进、出、辅助坑道口以及复杂桥梁和工点集中段附近。距离料源点近,交通条件好。拌和站分布还应满足混凝土运输的时间要求,供应半径不宜大于15 km。混凝土搅拌站的选点结合拆迁工程量、土建工程量、供料情况、运输条件、地形条件等因素,并按宜大不宜小,宜少不宜多的原则,经技术经济比选后合理确定配置方案。

(2)设置方案

根据本段桥隧工点分布和混凝土用量需求情况,全线共计设置20处,建宁至宁化段共设置11处混凝土拌和站,见表3-3-1;清流至冠豸山段共设置9处混凝土拌和站,见表3-3-2。

表 3-3-1　建宁至宁化段混凝土拌和站设置一览表

序号	拌和站名称	对应线位里程	供应范围		供应长度(km)
			供应起点	供应终点	
1	建宁北站混凝土拌和站	DK227+100	DK225+583	DK230+788	5.2
2	斗埕村拌和站	DK234+800	DK230+788	DK239+074	8.3

续上表

序号	拌和站名称	对应线位里程	供应范围		供应长度(km)
			供应起点	供应终点	
3	渭村混凝土拌和站	DK245+100	DK239+074	DK250+762	11.7
4	邓家混凝土拌和站	DK258+200	DK250+762	DK263+020	12.3
5	莲花山隧道进口混凝土拌和站	DK263+000	DK263+020	DK265+655	2.6
6	莲花山隧道1号斜井混凝土拌和站	DK265+400	DK265+655	DK268+290	2.6
7	莲花山隧道2号斜井混凝土拌和站	DK271+300	DK268+290	DK270+925	2.6
8	莲花山隧道出口混凝土拌和站	DK273+500	DK270+925	DK273+555	2.6
9	安寨水茜混凝土拌和站	DK280+400	DK273+555	DK285+701	12.1
10	王柏原混凝土拌和站	DK290+800	DK285+701	DK298+530	12.8
11	马源亭村混凝土拌和站	DK303+900	DK298+530	DK307+277	8.7

表 3-3-2 清流至冠豸山段混凝土拌和站设置一览表

序 号	混凝土拌和站位置	中心里程
1	峰果岭隧道进口	DK312+100
2	九龙溪大桥桥尾	DK319+537
3	严坊站,距离笔架山隧道进口1km	DK320+500
4	笔架山隧道出口和将军亭隧道进口	DK325+500
5	将军亭隧道出口	DK329+969
6	长滩河大桥桥头	DK338+142
7	杨源车站	DK356+300
8	路基中点	DK377+000
9	冠豸山联络线	DyK394+065

4. 铺轨基地及制存梁场

(1)设置原则

铺轨基地设置原则:在满足工期要求的前提下,与既有铁路联络便利;各基地间的工程量相对均衡;水源、电源、公路运输等条件相对便利;尽可能利用新建或扩建站场的股道,以方便轨料、建材、地材和砂石料的进出;在满足铺轨基地轨料存放能力及铺轨需要的基础上尽量减少征地拆迁工程数量,尽量减少临时工程,少占农田耕地,降低工程造价。

长轨存放基地股道宜设置在平坡段上,但应便于排泄雨水,不受洪水浸淹,基地不应设在低洼浸水地带。要尽可能提高地基承载力,防止地基下沉造成直接经济损失。

长轨存放基地由轨料存放区、轨排生产区、轨排存放区、长钢轨存放区、场内车场、机务整备线等组成。各区的布置应在提高生产效率的前提下,统一协调,灵活运用,以达到节约用地的效果。

T梁制(存)梁场设置原则:宜与铺轨基地合并设置,供应半径双线不宜大于 200 km。临时工程量小,制梁场的选址应选在地质条件较好的地方,尽量减少土石方工程和基础加固工程量,降低工程费用。征地拆迁少,制梁场的选址要在满足制梁工期和存梁的前提下,少占用耕地,减少拆迁量。交通方便,尽量与既有公路或施工道路相连,利于大型设备和大量材料的运输。考虑防洪排涝,确保雨季的施工安全。

(2)设置方案

建宁至宁化段线路铺轨基地与 T 梁制(存)梁场合并设置 1 处,设在新建建宁南站。采用永临结合方式,建宁南站周边将进行物业开发,铺架基地设置在物业开发的场地范围内,铺轨基地可减少物业开发的土方工程及地基处理费用。建宁南站与既有铁路不接轨,所以需提前完成建宁北站至建宁南站土建工程以及运轨通道,建宁北站至建宁南站采用人工铺轨,轨料可通过此通道输至铺轨基地。铺架基地供应范围为 DK226+700～DK307+277.66,全线共 496 孔单线梁。

清流至冠豸山段拟利用赣龙铁路既有长汀河田制梁场和铺轨基地。该段规模需求:存放轨枕 5 万根、25 m 工具轨 40 km、存放轨排 10 km、存道砟 30 000 m³、储存 500 m 钢轨 50 km 左右。既有河田基地可满足此能力要求。该段预制梁数量为 621 孔,允许架梁时间为 198 天,预制每孔 T 梁占用制梁台座时间按 7 天、每孔 T 梁占用存梁台座时间按 38 天、每孔 T 梁单层存梁占用台位单边滑道按 7 m 考虑。本线需要梁场月生产梁 90 孔、制梁台座 20 个、存梁台位长度 315 m。既有河田基地可满足此能力要求。

5. 汽车运输便道

(1)设计依据

①初步设计 1∶2 000、1∶1 万和 1∶5 万线路平面图;

②桥隧工点表;

③施工调查资料;

④《铁路大型临时工程和过渡工程设计暂行规定》(铁建设〔2008〕189 号);

⑤《公路路线设计规范》(JTG D20—2006)。

(2)设计范围

根据《铁路基本建设工程设计概(预)算编制办法》(铁建设〔2006〕113 号),汽车运输便道包括运输干线及其通往隧道、特大桥、大桥和铺架基地、混凝土拌和站、填料拌和站、材料厂、砂石料场等的引入线,以及机械化施工的重点土石方工点的运输便道。

(3)设计原则

①在安全使用并满足施工运输要求的前提下,在对当地交通情况作详细的调查研究的基础上,尽量利用既有便道,能用则用,能改则改,减少新建数量。

②汽车运输干线尽可能靠近修建的铁路,以减少引入线的长度,便道引入尽量照顾相邻工点。

③尽量避免与铁路线交叉,以减少施工对行车的干扰。

④便道干线不占用铁路路基,在必要情况下,引入线利用铁路路基可以减少大量工程,而不影响铁路路基施工时,可以考虑,但越短越好。重点土石方工程考虑贯通便道,贯通便道沿路基两侧征地范围内设置,以减少租地;地形条件较差的复杂桥梁工点将便道引至主墩,跨河桥一般考虑两岸引入便道。隧道工程施工便道引至洞口,适当考虑弃渣便道,兼顾无砟轨道施工必要的运输条件。

⑤利用既有道路,根据道路等级,需适当考虑补偿费用。

⑥在合理布局的情况下,可适当结合地方需要,使运输便道能与地方交通运输道路相结合。

⑦便道尽量避免拆迁建筑物和穿过良田,少占农田,并注意保护农田水利。

⑧永临结合,充分考虑利用通站、所道路,维修通道。

⑨部分既有公路现状较差,考虑整修加固以满足工程施工运输要求。

(4)全线运输便道修建情况

根据上述原则和标准,结合地方既有道路情况和工程分布情况,在 1∶1 万图全线拉通设计,本线共新建便道 100.2 km,改扩建便道 130.925 km,利用地方既有道路补偿 71.5 km。

6. 临时通信

全线可利用沿线既有通信资源,暂不考虑设置临时通信贯通线路。

第四章 路 基 设 计

第一节 路基工程概况与特点

一、路基工程概况

建宁至宁化段正线运营长度 79.342 km,路基工程总长 35.996 km,占线路总长度的 45.37%;区间路基工程总长 28.47 km,占线路总长度的 35.88%。建宁县北站疏解线运营长度 5.341 km。正线共有路基工点 156 处,总计 35.996 km,占线路总长度的 45.37%。疏解线共有路基工点 6 处,总计 0.137 km,占线路总长度的 2.57%。本段主要工点类型有路堤坡面防护 15 处、高路堤 9 处、路堤坡面防护(桩基托梁)1 处、深路堑(桩板墙)8 处、深路堑 2 处、顺层路堑 15 处、高路堤(挡土墙)3 处、地下水路堑 18 处、浸水路堤 15 处、顺层路堑(桩板墙)20 处、路堑坡面防护(挡土墙)2 处、路堤坡面防护(挡土墙)1 处、深路堑(挡土墙)6 处、路堑坡面防护(桩板墙)4 处、路堑坡面防护 13 处、高路堤(桩基托梁)1 处、地下水路堑(桩板墙)7 处、顺层地下水路堑(桩板墙)2 处、地下水深路堑(桩板墙)1 处、顺层地下水路堑 2 处、膨胀土路堑(桩板墙)5 处、膨胀土路堑(挡土墙)2 处、松软土路基 1 处、高路堤(桩板墙)2 处、膨胀土路堑 1 处。

清流至冠豸山段路基长 37.531 km,路基长度占线路长的 42.78%,其中区间路基长 29.132 km,站场路基长 8.399 km。正线路基长 36.05 km,陈坡疏解线路基长 1.481 km。本段路基工程设计类型主要有:(1)不良地质路基(包括顺层路堑、岩溶路基、危岩落石路基等)35 处;(2)深挖方路基 36 处;(3)特殊土路基(包括软土及松软土路基、中细砂路基、人工杂填土路基)70 处;(4)陡坡路基 45 处;(5)高路堤 17 处。

二、路基工程特点

1. 工点多,路基与桥隧接口多

浦梅铁路全线皆为山区,地形复杂多变,沟壑纵横,桥隧多,路基工点琐碎,二、三标共有路基工点 161 处,因此路桥接口、路隧接口大量分布。

2. 工点类型多样

全线均为山区,地形地貌复杂多变,沿线广泛存在高填、深挖、浸水等工点;且沿线分布膨胀岩(土)、松软土、顺层路堑、地下水路堑等特殊岩土和不良地质。因此工点类型多样。

3. 支挡结构类型多、分布多

由于全线均为山区,因此广泛分布陡坡路基;且全线广泛分布膨胀岩(土)、顺层路堑;为保证路基的稳定性,设置了重力式挡土墙、桩板墙、桩基托梁、约束桩、锚杆格梁及锚索格梁等支挡结构进行加固。

第二节 设计原则与采用的主要技术标准

一、主要设计标准

浦梅铁路按速度目标值 160 km/h 铺设有砟轨道单线设计,按《铁路路基设计规范》(TB 10001—2005)执行,轨道设计为Ⅰ级铁路、重型轨道,一次性铺设跨区间无缝线路、大机养护。

二、路基设计执行的主要技术规范

1.《铁路路基设计规范》(TB 10001—2005)及修改条文;

2.《铁路特殊路基设计规范》(TB 10035—2006);

3.《铁路路基支挡结构设计规范》(TB 10025—2006);

4.《混凝土结构设计规范》(GB 50010—2012);

5.《铁路路基土工合成材料应用设计规范》(TB 10118—2006);

6.《铁路工程抗震设计规范》(GB 50111—2006)(2009 版);

7.《铁路混凝土结构耐久性设计规范》(TB 10005—2010);

8.《铁路边坡防护及防护排水工程设计补充规定》(铁建设〔2009〕172 号);

9.《混凝土结构耐久性设计规范》(GB/T 50476—2008);

10.《铁路工程绿色通道建设指南》(铁建设〔2003〕94 号);

11.《铁路工程地基处理技术规程》(TB 10106—2010);

12.《铁路路堑边坡光面(预裂)爆破技术规程》(TB 10122—2008);

13.《铁路桥涵钢筋混凝土和预应力混凝土结构设计规范》(TB 10002.3—2005)。

第三节　地基处理设计

浦梅铁路基床底层厚度范围内天然地基的静力触探比贯入阻力 P_s 值不小于 1.2 MPa 或天然地基基本承载力 σ_0 不小于 0.15 MPa,否则应采取相应处理措施。

(1)对路堤基底有松土或耕植土的原地面,进行翻挖并分层回填压实,其压实度应达到相应部位的压实标准。

(2)对水田、雨季滞水或地下水位高(地下水位距地表不大于 0.5 m)的低洼谷地路堤地段,清除表层种植土,换填 A、B 组渗水性填料(渗水土),换填厚度高出地面 0.5 m,挖除的种植土可用于边坡培土植草。浸水部分应采用渗水土填筑。

(3)对水塘地段路堤采取排水疏干或围堰抽水后,清除塘底淤泥再填筑路堤,塘埂标高＋0.5 m 以下填筑 A、B 组渗水性填料。

(4)路堤基底处于倾斜地段(包括路堑与路堤衔接处、路基横断面、桥路过渡段纵向及横向坡率大于1:10 等),当地面横坡为 1:5～1:2.5 时,路堤基底挖台阶,台阶宽度不小于 2.0 m,台阶底设 2%～4%向外倾斜的坡度;当地面横坡等于或陡于 1:2.5 的地段时按陡坡路堤进行处理。原地面尽量整平,以保证路基纵横断面的沉降均匀。

(5)地基需深层处理地段,当路堤基底存在压缩性较大的地基土,经沉降检算分析,工后沉降不满足设计要求时,采取挖除换填、复合地基或其他措施进行地基加固。

第四节　路基基床设计

一、路基面宽度、形状及要求

1. 路基面宽度

根据《铁路路基设计规范》的规定,区间直线地段路基面宽度见表 3-4-1。

表 3-4-1　区间直线地段路基面宽度表

线　别	路堤(m)	路堑(m)		备　注
		土质	硬质岩石	
新建单线	7.8	7.7	7.7	
并修单线半侧	4.0	3.85	3.85	

注:①表中路基面宽度不包括因曲线加宽引起的路基面宽度变化值。
　②路堤地段路基面宽度不包含两侧护肩宽度,路堑地段路基面宽度值不包含两侧侧沟壁厚度。

2. 路肩宽度

路堤不小于 0.8 m,路堑不小于 0.6 m。

3. 路基面加宽

曲线地段路基面在曲线外侧按表 3-4-2 进行加宽。路堤边坡高度大于 15 m 时,根据填料、边坡高度和地基条件等情况加宽路基面,其每次加宽值单独研究确定。

表 3-4-2　曲线地段路基面加宽值

速度目标值 v	曲线半径 R(m)	路基面外侧加宽值(m)
160 km/h	$R \geqslant 10\,000$	0.1
	$10\,000 > R \geqslant 3\,000$	0.2
	$3\,000 > R \geqslant 2\,000$	0.3
	$2\,000 \geqslant R \geqslant 1\,600$	0.4
120 km/h	$R \geqslant 5\,000$	0.1
	$5\,000 > R \geqslant 1\,600$	0.2
	$1\,600 > R \geqslant 1\,200$	0.3
	$1\,200 > R \geqslant 800$	0.4

4. 路基面形状

①新建铁路路基面形状为三角形,自路基面中心向两侧设 4% 的横向排水坡,路基面加宽时,仍保持三角形形状。基床底层顶面、基床以下路基面自中心向两侧设 4% 横向排水坡。

②并行等高地段的增建第二线路基自既有路肩开始设向外 4% 排水坡。

③并行不等高地段的增建第二线路基:当增建第二线的路基面高出既有线路基时,第二线路基面设计为三角形路拱,自既有线路肩或路肩以下向外设置 4% 的排水横坡;当增建第二线的路基面低于既有线路基面时,第二线路基面设计为向外 4% 的排水横坡。

二、路基基床结构形式及相关要求

1. 路基基床分为表层和底层双层结构组成,基床表层 0.6 m,基床底层厚 1.9 m。

2. 基床表层采用 A 组填料,基床底层采用 A、B 组填料填筑。

3. 基床压实标准:

基床压实标准按照《铁路路基设计规范》规定执行,满足表 3-4-3 和表 3-4-4 的要求。

表 3-4-3　路基基床表层的压实标准

填料	厚度(m)	压实标准		适用范围
		地基系数 K_{30}(MPa/m)	孔隙率 n(%)	
A 组填料	0.6	$\geqslant 150$	< 28	路堤
B 组填料	0.5	$\geqslant 150$	< 28	软质岩、强风化的硬质岩
中粗砂	0.15	$\geqslant 130$	< 18	及土质路堑

表 3-4-4　路基基床底层压实标准

填料	厚度(m)	压实标准			
		压实系数 K	地基系数 K_{30}(MPa/m)	孔隙率 n(%)	相对密实度 D_r
路堑改良土	1.9	$\geqslant 0.93$	$\geqslant 100$	—	—
砂类土(粉砂除外)	1.9	—	$\geqslant 100$	—	0.75

续上表

填料	厚度(m)	压实标准			
		压实系数 K	地基系数 K_{30}（MPa/m）	孔隙率 n（%）	相对密实度 D_r
砾石类	1.9	—	≥120	≤31	—
碎石类	1.9	—	≥130	≤31	—
块石类	1.9	—	≥150	—	—

第五节　一般路基设计

一、路基结构形式及标准

1. 路基面形状

路基面形状为三角形，由路基中心线向两侧设 4% 的人字排水坡。曲线加宽时，仍保持三角形。基床表层、底层均应做成与路拱相同的横向排水坡。

2. 路基面宽度

路基面基本宽度按Ⅰ级铁路、大型机械化养路电气化铁路考虑，路堤的路肩宽度不小于 0.8 m，路堑的路肩宽度不小于 0.6 m。区间直线地段路基面宽度按表 3-4-5 设计。

表 3-4-5　单线区间直线地段路基面宽度

路基类别	路 堤	路 堑	
土壤类别	非渗水土	土质路堑	硬质岩石路堑
路基宽度(m)	7.8	7.7	7.7

3. 曲线加宽

区间正线曲线地段的路基面宽度，应在曲线外侧按表 3-4-6 规定的数值加宽，加宽值在缓和曲线范围内线性递减。

表 3-4-6　正线曲线地段路基面加宽值

曲线半径(m)	路基面外侧加宽值(m)
$R<1\ 600$	0.5
$1\ 600≤R≤2\ 000$	0.4
$2\ 000<R<3\ 000$	0.3
$3\ 000≤R<10\ 000$	0.2
$R≥10\ 000$	0.1

4. 沉落加宽

路堤边坡高度大于 15 m 时，应满足以下要求：

(1)根据填料、边坡高度等加宽路基面，其每侧加宽值 Δb 应按下式计算。

$$\Delta b = C \cdot H \cdot m$$

式中　C——沉降比：细粒土为 0.01～0.02，漂石土、卵石土、碎石土、粗粒土为 0.005～0.015，硬块石土为 0.005～0.01，软块石土为 0.015～0.025；

　　　H——路堤边坡高度(m)；

　　　m——道床边坡坡率，$m=1.75$。

(2)基床以下填料的压实标准应采用基床底层的压实标准。

二、沉降控制要求

路基工后沉降量执行《铁路路基设计规范》(TB 10001—2005)的要求。软土及其他类型松软地基上的路基应进行工后沉降分析。路基的工后沉降量应满足以下要求:正线铁路不应大于 20 cm,路桥过渡段不应大于 10 cm,沉降速率不应大于 5 cm/年。

三、路基边坡形式及坡率

路堤坡率:当地基条件良好时,按表 3-4-7 规定的数值采用。路堑边坡坡率根据地质报告和区域自然边坡情况确定。

表 3-4-7　路堤边坡坡率

填料名称	边坡高度(m)			边坡坡率			边坡形式
	全部高度	上部高度	下部高度	全部坡率	上部坡率	下部坡率	
细粒土、易风化的软块石土	20	8	12	—	1:1.5	1:1.75	折线形
粗粒土(细砂、粉砂除外)、漂石土、卵石土、碎石土、不易风化的软块石土	20	12	8	—	1:1.5	1:1.75	折线形

第六节　特殊路基设计

一、浸水路堤

1. 坑塘浸水

(1)防护高程＝水塘坝顶高＋0.5 m。

(2)规模较小的坑塘直接抽水挖淤,规模较大时,设围堰抽水挖淤,防护高程以下填筑渗水土,以上同一般路基,当两种填料粒径差别较大时于两者之间设 0.5 m 厚砂夹卵石或碎石垫层。

(3)路堤边坡坡率:防护高程以上路堤边坡坡率应与非浸水路基相同,防护高程以下相应放缓一级;于防护高程处设护道,护道宽度为 2.0 m。

(4)防护措施:防护高程以上边坡形式及防护措施同路堤坡面防护,护道及护道以下坡面采用 M7.5 浆砌片石护坡防护,厚 0.3 m,护坡下设砂砾垫层,厚度为 0.15 m,基础采用勹型基础为底宽 0.6 m,埋深 1.0 m。

2. 沿河浸水

(1)防护高程＝百年设计水位＋波浪侵袭高＋壅水高＋0.5 m。

(2)防护高程以下填筑渗水土,以上同一般路基。

(3)路堤边坡坡率:防护高程以上路堤边坡坡率应与非浸水路基相同,防护高程以下相应放缓一级;于防护高程处设护道。护道宽度不小于 2.0 m。

(4)防护措施:护道及护道以下坡面采用 M7.5 浆砌片石护坡防护,厚 0.3 m,护坡下设砂砾垫层,厚度为 0.15 m,基础形式根据计算确定(一般采用勹形基础:底宽 0.6 m,埋深 1.0 m),流速 4~8 m/s 地段浆砌片石护坡应加厚至 0.5 m;冲刷深度大于 1.0 m 地段应考虑采用埋入式 C30 片石混凝土脚墙基础,脚墙尺寸按照重力式浸水挡土墙进行检算。

对于靠近或占压主槽地段路堤采用浸水挡土墙收坡,脚墙或挡墙基础应埋设在冲刷深度以下不小于 1.0 m 或置于基岩内不小于 0.5 m。防护高程以上防护参照路堤坡面防护设计原则执行。浸水路堤典型横断面如图 3-4-1 所示,现场照片如图 3-4-2 所示。

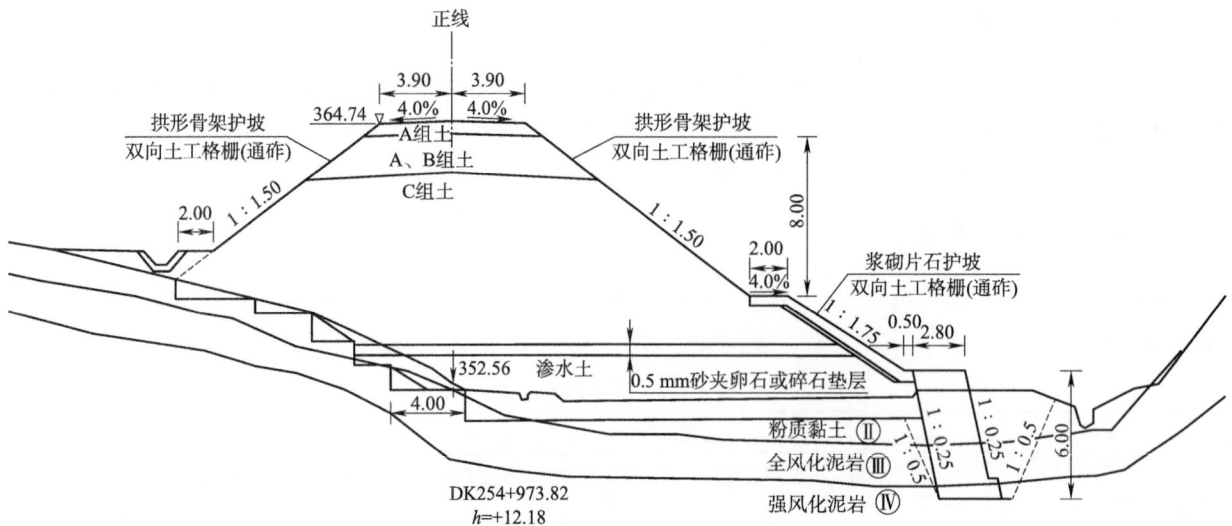

图 3-4-1 浸水路堤典型横断面(单位:m)

图 3-4-2 浸水路堤现场照片

二、软土及松软土地基路堤

当地基表层软弱土层静力触探比贯入阻力 P_s 值小于 1.2 MPa 或者天然地基承载力小于 150 kPa,采取以下处理原则:

1.稳定检算采用圆弧法,不考虑轨道及列车荷载情况下安全系数 $K \geqslant 1.25$;考虑轨道及列车荷载情况下安全系数 $K \geqslant 1.15$。

2.沉降检算按单线有荷计算。地基压缩层厚度应按附加应力等于 0.2 倍自重应力确定。

3.低路堤地段,复合地基承载力应满足基床承载力要求,其余地段应不小于 150 kPa。

4.对于沉降和稳定性不满足要求地段,具体处理措施如下:

(1)当松软土及软土层厚度(埋深)小于 3 m 时,采用挖除换填。

(2)当松软土及软土层厚度(埋深)大于 3 m 时,松软土及软土地段路堤根据沉降及稳定检算结果,采用冲击碾压、强夯、水泥搅拌桩、旋喷桩等措施处理。

三、膨胀土(岩)地段路基

1. 膨胀土(岩)路堑

1)基床处理:基床表层深度范围内换填 0.5 m A 组填料(砂类土除外)+0.15 m 中粗砂+两布一膜土工布。弱膨胀土地段基床底层换填 0.5 m 厚的三七灰土,中等膨胀土地段基床底层换填 1.0 m 厚的三七灰土。

2)膨胀土(岩)地段路堑设计须结合工点的地质资料确定边坡坡率、防护措施等,一般可参考如下设计方案:

(1)当边坡高不大于 6 m 时,边坡坡率 1∶1.5~1∶1.75,坡面采用 3 m×3 m 的 M7.5 浆砌片石拱形骨架护坡防护,骨架内采用 C25 正六边形混凝土空心块,块的空心部分客土,空心块内喷播植草并种植乡土灌木。骨架宽 0.6 m,厚 0.8 m。

(2)当边坡高不大于 14 m 时,坡脚设 4 m 高挡墙,基础埋深应不小于 2.0 m,且应置于冻结线以下,墙顶宽通过稳定计算确定,挡墙胸坡坡率 1∶0.25,墙后设 0.5 m 厚袋装砂夹卵石反滤层,挡土墙采用片石混凝土浇筑。墙顶后设 2.0 m 宽平台,其上堑坡每 8 m 分一级,两级之间设宽 3.0 m 边坡平台,平台中部均设 0.4 m×0.4 m 矩形浆砌片石截水沟;墙顶以上边坡坡率弱膨胀土(岩)为 1∶1.75,中强膨胀土为 1∶2.0,防护形式同第(1)条。

(3)当边坡高大于 14 m 时,设一级桩板墙,路肩以上高 5 m,桩埋深须经过计算确定,悬臂高度应从侧沟沟底算起,桩间距 6.0 m,桩身采用钢筋混凝土浇筑,墙顶以上防护同第(1)或(2)条。

(4)路堑两侧设矩形侧沟,沟深 0.8 m,沟宽 0.6 m,厚 0.4 m,侧沟外留不小于 2.0 m 宽的侧沟平台,侧沟及侧沟平台下换填 0.3 m 厚的三七灰土垫层。

2. 膨胀土(岩)地段低路堤

(1)当路堤填高不小于 0.6 m 时,基床表层深度范围内换填 0.5 m A 组填料(砂类土除外)+0.15 m 中粗砂+两布一膜复合土工膜。基床表层以下 1.0 m 厚换填三七灰土,路堤边坡坡率 1∶1.5,两侧设侧沟。

(2)当路堤填高 0.6 m≤H<2.5 m 时,基床表层深度范围内填筑 0.5 m A 组填料(砂类土除外)+0.15 m 中粗砂+两布一膜复合土工膜。基床底层填筑 A、B 组土或三七灰土,基底换填三七灰土厚度不小于 0.5 m,且保证基床底层范围内 A、B 组土和换填三七灰土厚度之和不小于 1.0 m。换填宽度为坡脚外 2.0 m,或坡脚至排水沟内侧,路堤边坡坡率 1∶1.5。膨胀土路堑典型横断面如图 3-4-3 所示。

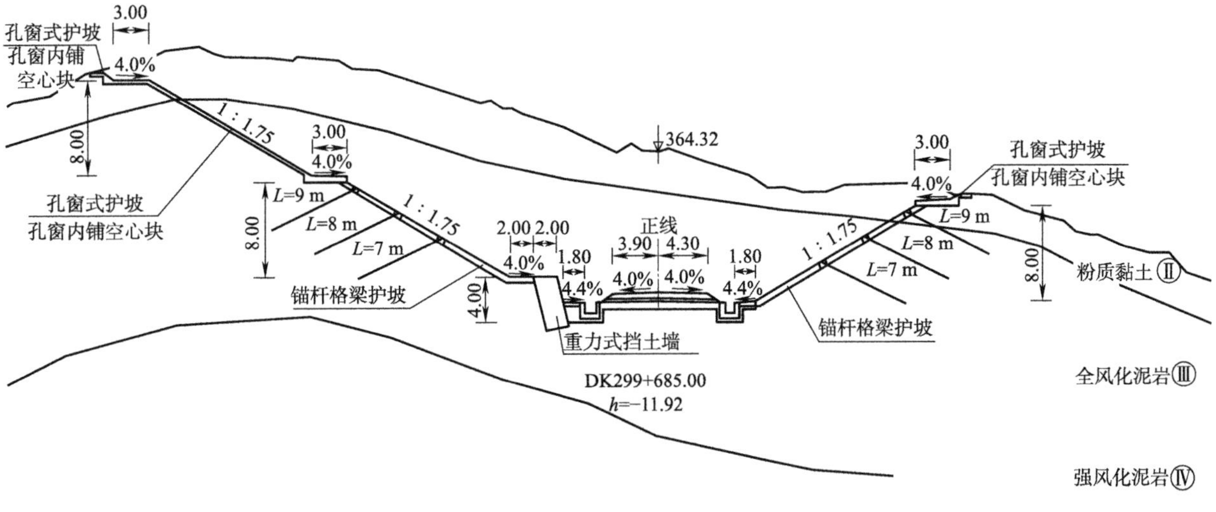

图 3-4-3 膨胀土路堑典型横断面(单位:m)

四、岩溶路基

1)以路基通过的地段,依据岩溶地面塌陷程度分区进行路基岩溶整治设计,对易塌陷区根据岩溶发育程度评价和代表性钻孔揭示的溶洞、破碎带和土洞等岩溶形态进行设计,整治采用钻孔注浆措施。

2)当地质物探剖面上分布有溶洞、破碎带和土洞等岩溶形态时,按照均匀布孔在处理段落和宽度范围内全面整治设计。两段相邻整治段落间隔在溶蚀平原区不大于 30 m 时,按照探灌结合原则拉通整治设计。

3)对于溶蚀平原区,根据岩溶塌陷机理和原因、地层、水文地质条件等因素,分别重点针对岩溶形态、土石界面等部位进行整治。

4)整治原则如下:

(1)注浆整治宽度

①正线路堑地段一般整治至两侧路堑侧沟平台。

②正线路堤地段一般整治至两侧路堤坡脚;车站内填方高度大于 6 m 时按照路肩外 45°扩散角确定整治宽度。

③设置路肩挡土墙、路堤挡土墙的地段,整治加固宽度至墙趾以外 3 m。

(2)整治深度

①浅层及开口型溶洞

溶洞顶板及覆盖土厚度小于 3 m 时,一般采取揭盖回填碎石、浆砌片石处理或封闭措施处理。

②裸露型岩溶

当溶洞顶板厚度小于 3 m 时,一般采用揭盖回填式处理方案。

溶洞顶板厚度大于 15 m 地段一般不作整治设计。当顶板破碎、溶洞跨度较大时,采取安全顶板厚度法判别确定是否需要注浆整治。若顶板厚度达不到要求(完整顶板厚跨比不小于 0.5,非完整顶板厚高比不小于 5.0),可采用结构跨越,否则应采用钻孔注浆灌砂充填溶洞,钻孔注浆至溶洞底板以下 2 m。

③覆盖型岩溶

地表覆盖土厚度小于 30 m 地段,以钻孔压密注浆封闭土石界面(基岩面上 3 m,下 5 m),形成隔水帷幕;在加固深度范围有溶洞时,则钻孔注浆至溶洞底板以下 2 m。上部钻孔采取充填注浆封孔。

五、高 路 堤

路堤边坡高度 H 大于 15 m 为高路堤,典型横断面如图 3-4-4 所示。

1.边坡坡率及形式:0~8 m,1∶1.5;8~20 m,1∶1.75;于 8 m、20 m 处设 2.0 m 宽平台;大于 20 m 边坡每增加 10 m,设 2.0 m 宽平台,平台以下边坡较平台以上放缓一级。

2.预留沉落加宽值,每侧路基面加宽:15 m<H<20 m 时,加宽 0.55 m;20 m≤H<25 m 时,加宽 0.65 m;25 m≤H<30 m 时,加宽 0.8 m;30 m≤H<35 m 时,加宽 0.95 m;H≥35 m 时,加宽 1.1 m。

3.基床范围填料及压实标准符合相应规定,基床以下填料的压实标准应采用基床底层的压实标准。

4.路堤边坡采用 4 m×3 m 的 M7.5 浆砌片石拱形骨架(带截水槽)护坡防护,骨架内客土,喷播植草并种植乡土灌木(胡枝子、夹竹桃等),20 m 以下边坡骨架内采用 C25 正六边形混凝土空心块,块的空心部分客土,空心块内植草并种喷播植草间种乡土灌木(胡枝子、夹竹桃等)。设矩形基础,顶宽 0.5 m,底宽 0.6 m,深 1.0 m,地面以上 1.6 m 范围护坡采用 M7.5 浆砌片石加固,厚 0.5 m。

5.路堤边坡高度小于 20 m 时,边坡每 0.6 m 铺设一层宽度为 3.0 m 的 TGSG30-30 土工格栅;路堤边坡高度不小于 20 m 时,边坡每 0.6 m 铺设一层宽度为 4.0 m 的 TGSG30-30 土工格栅。边坡高度大于 10 m 地段于基床底层及以下填土内每隔 3 m 通铺一层 TGSG30-30 土工格栅;局部陡坡地段根据工点的具体情况于基床底层及以下填土内每隔 3.0 m 通铺一层 TGDG100 土工格栅,通铺土工格栅与边坡土工格栅不同时设置。高路堤现场照片如图 3-4-5 所示。

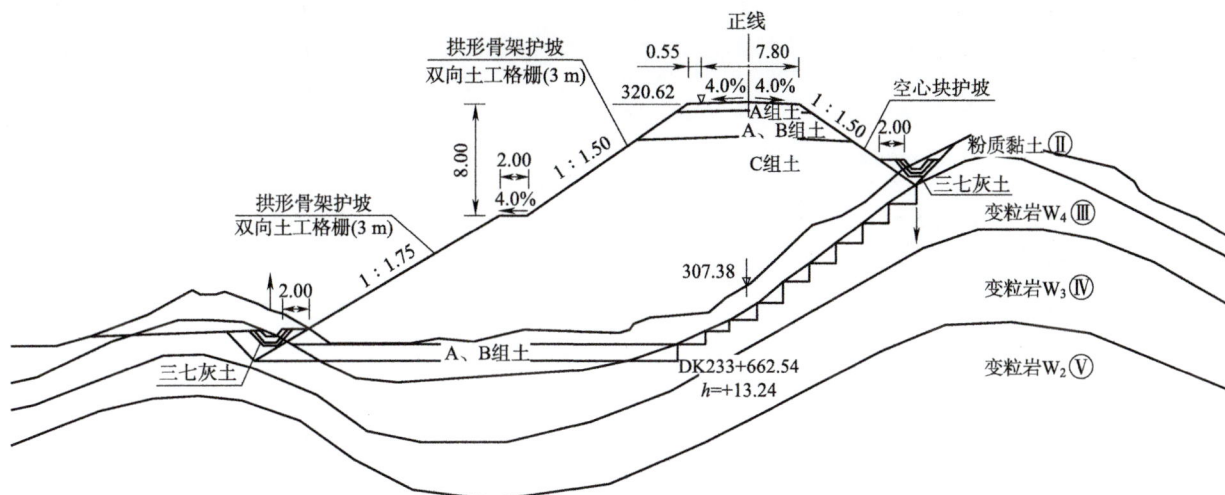

图 3-4-4　高路堤横断面(单位:m)

图 3-4-5　高路堤现场照片

六、路堤坡面防护

1. 边坡坡率:0~8 m,1:1.5;8 m 以下 1:1.75,并于 8 m 处设置 2 m 宽平台。

2. 路堤边坡高度 $H \leqslant 3$ m 采取撒草籽种灌木防护,边坡高度 3 m$<H \leqslant 6$ m 采用 C25 混凝土空心砖客土种灌木防护。

3. 路堤高度 $H>6$ m 时,采用 4 m$\times 3$ m 的 M7.5 浆砌片石拱形骨架(带截水槽)护坡防护,骨架厚 0.5 m,骨架内客土,喷播植草并种植乡土灌木(胡枝子、夹竹桃等)。设矩形基础,顶宽 0.5 m,底宽 0.6 m,深 1.0 m,地面以上 1.6 m 范围护坡采用 M7.5 浆砌片石加固,厚 0.5 m。

4. 当弃土充裕时可采用弃土帮宽除耕地以外段落路堤,帮宽后路基坡面植草绿化,未帮宽边坡高度 $H \leqslant 6$ m 时边坡防护同"2",高度 $H>6$ m 时边坡防护同"3"。

5. 路堤高度 $H>6$ m 时,于路堤两侧边坡水平宽度 3.0 m 范围内,自坡脚至基床表层下每隔 0.6 m 铺设一层 TGSG30-30 双向塑料土工格栅,边坡防护同"3"。路堤坡面防护横断面如图 3-4-6 所示,现场照片如图 3-4-7 所示。

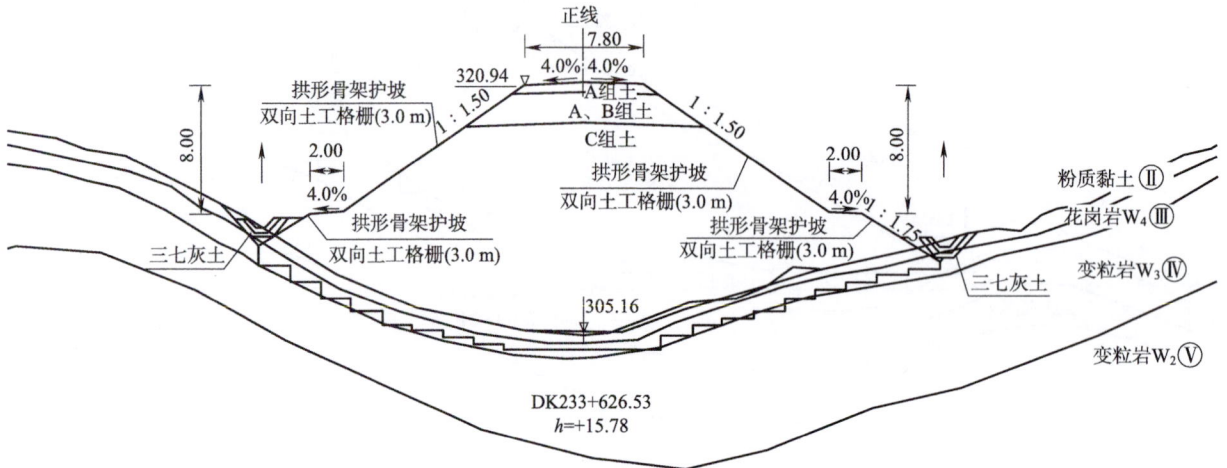

图 3-4-6　路堤坡面防护横断面(单位:m)

图 3-4-7　路堤坡面防护现场照片

七、陡坡路基

线路通过陡坡地段,为降低路堑边坡高度,避免挖山皮现象,一般均应设支挡工程;陡坡地段路堤,为收回填方坡脚、保证路基稳定,一般设置重力式路肩挡土墙、路堤挡土墙,但其高度不宜大于 6.0 m,当持力层埋藏较深或重力式挡墙较高时,可采用桩板墙、桩基托梁挡土墙。陡坡路堤典型横断面如图 3-4-8 所示。设计应按前述路基稳定安全系数要求,保证路堤及陡坡的整体稳定。

当路堑开挖边坡以上尚有未设工程防护的自然边坡,应根据具体情况分析,于堑顶外设置一道 SNS 被动高强金属防护网。

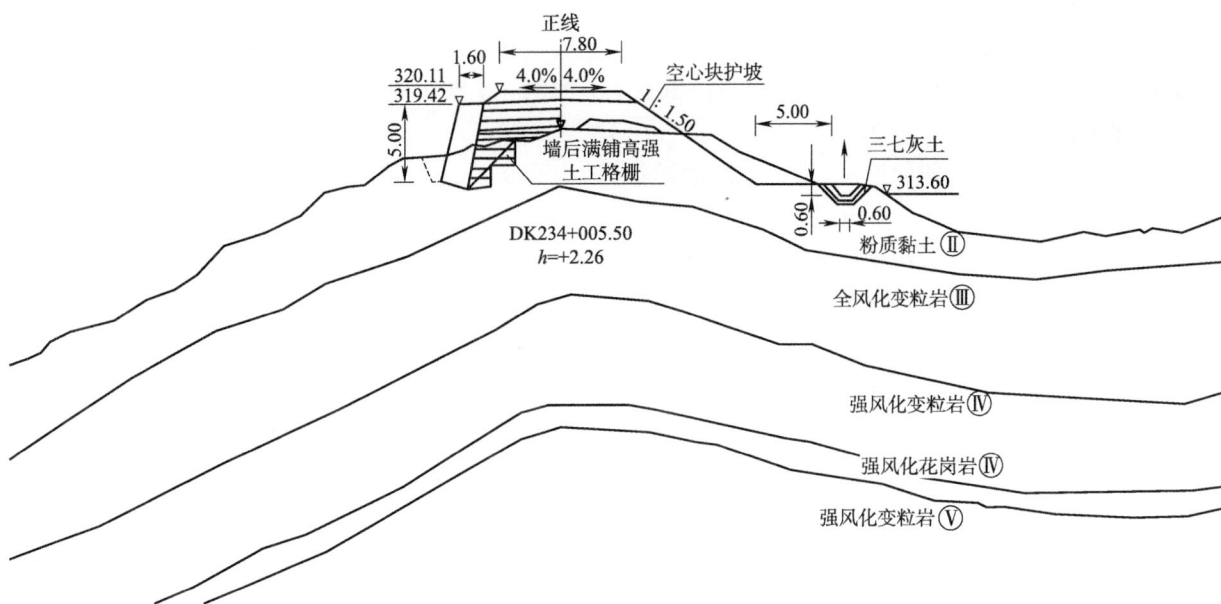

图 3-4-8 陡坡路堤典型横断面(单位:m)

第七节 路堑设计

一、路堑坡面防护及深路堑

1.边坡坡率

路堑边坡坡率根据工程地质和水文地质条件、岩土类别、边坡高度,并结合岩体结构、结构面产状、风化程度等因素综合考虑确定。

2.边坡防护

(1)路堑拱形骨架护坡:采用 M7.5 浆砌片石拱形骨架(带截水槽 3 m×3 m)护坡,骨架厚 0.5 m,骨架内客土喷播植草并种植乡土灌木。全风化花岗岩地段拱形骨架内铺空心块。

(2)孔窗式护坡:M7.5 浆砌片石孔窗式护坡,坡面按横向间距 3.5 m,竖向间距 4.0 m,设置 2.5 m×2.5 m 的拱形孔窗,孔窗内喷播植草并种植乡土灌木防护。

(3)框架锚杆护坡:框架格梁截面采用 0.4 m×0.5 m,锚杆采用 ϕ32 mm HRB400 钢筋制作,间距 3.0 m,下倾角 25°,锚杆长 7~9 m。框架内铺空心块客土植草并种植乡土灌木。

3.土石分界处堑坡防护

路基边坡土石分界处是堑坡稳定的薄弱环节,应加强土石分界处的支挡防护,一般应在土石分界所在分级堑坡上设锚索格梁防护,框架内客土喷播植草并种植乡土灌木,锚索锚固端应伸入稳定基岩内。

4.边坡平台

弱风化及微风化硬质岩石路堑,多级边坡间设 2 m 宽平台;强风化硬质岩石路堑、软质岩石路堑及一般土质路堑,多级边坡间及土石分界处设 3 m 宽平台;路堑堑坡高大于 24 m 时,平台可按 3.0 m、3.0 m、4.0~8.0 m、3.0 m、3.0 m 交错设置,同一级平台设置要尽量统一、贯通,避免有太多的变化。在边坡平台上设置 0.4 m×0.4 m 截水沟,截水沟上游端应封堵,下游端应接入天沟内,当地形陡峻天沟远离堑坡时应采用吊沟将截水沟内水引至附近冲沟内;当平台截水沟水无法顺利排出路堑边坡以外,应取消截水沟。

5.基床处理

见路堑基床设计。

6. 路堑排水

(1)路堑采用矩形侧沟,沟深 0.8 m,沟宽 0.6 m,侧沟采用 M7.5 浆砌片石加固,厚 0.4 m。膨胀土(岩)地段侧沟及侧沟平台及路堑边坡平台下换填 0.3 m 厚的三七灰土垫层。

(2)排水沟纵坡不应小于 2‰。

(3)位于反坡排水地段的侧沟,其分水点的沟深可减少至 0.6 m。

(4)连续排水长度大于 400 m 的侧沟,根据流量情况加大断面,侧沟底宽不小于 0.6 m。

(5)天沟不应向路堑侧沟排水。当受地形限制需修建急流槽向侧沟排水时,应在急流槽的进口处进行加固,出口处设置消能设施及防止水流冲刷道床的挡水墙,急流槽下游的侧沟应加大断面,按 1/50 洪水频率流量确定。

(6)路堑侧沟的水流不得流经隧道排出。

(7)路堑基床范围地下水较发育地段,侧沟下设盲沟以排除下渗的地表水和地下水。

(8)易风化的软质岩(粉砂岩、泥质砂岩、泥岩、砾岩等)、强风化(W_3)的硬质岩及土质路堑,边坡位于土石分界处设 1 排仰斜排水孔,排水孔沿线路方向间距 5.0 m,长度 6.0 m。排水孔内采用管径 100 mm 的内支撑型 RCP-10NG(A)型渗排水管材,设置向坡脚方向不小于 4% 的排水横坡。

7. 侧沟平台

路堑侧沟外一般设 2.0 m 宽侧沟平台,土质、软质岩和强风化硬质岩侧沟平台采用 M7.5 浆砌片石加固,厚 0.3 m,不易风化硬质岩路堑的侧沟平台采用 0.1 m 厚 C25 混凝土抹面。

8. 堑坡稳定性检算

一般土质路堑边坡高度大于 20 m 以及膨胀土路堑边坡高大于 10 m 时,对路堑边坡进行稳定性检算,采用圆弧法,安全系数不小于 1.25。岩石路堑边坡高度大于 35 m 和顺层地段路堑根据岩体结构、结构面产状、风化程度选择适当的方法进行稳定性检算。深路堑典型横断面如图 3-4-9 所示。

9. 高堑坡监测

对路堑边坡高大于 30 m 的路堑和边坡高大于 20 m 的顺层路堑布设监控设施,测量边坡和山体的变形情况,及时分析处理。现场照片如图 3-4-10 和图 3-4-11 所示。

10. 主(被)动防护网

在路堑堑顶外存在崩塌落石地段设置主(被)动防护网。

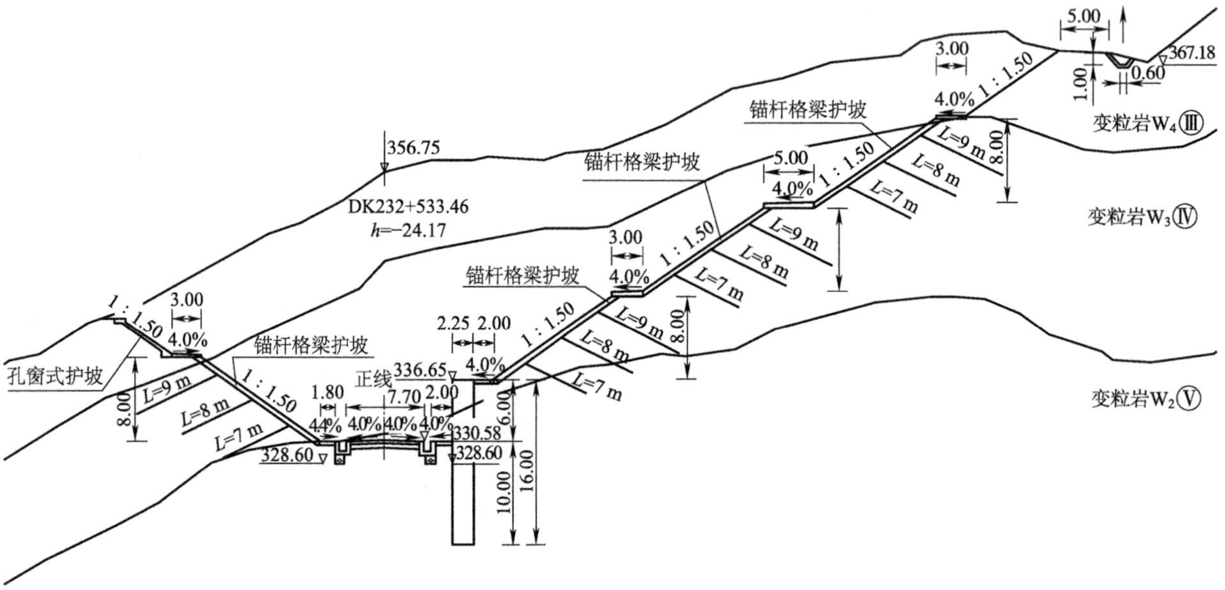

图 3-4-9　深路堑典型横断面(单位:m)

图 3-4-10　深路堑现场照片(1)

图 3-4-11　深路堑现场照片(2)

二、顺层路堑

1. 考虑顺层影响条件

当岩层或节理走向与线路走向的夹角小于 45°时,硬质岩无软弱夹层,视倾角大于 20°,软质岩或硬质岩有软弱夹层,视倾角大于 10°,考虑顺层影响。顺层路堑典型横断面如图 3-4-12 所示。

2. 边坡防护

(1)岩层或节理裂隙的走向与线路走向夹角小于 45°,岩层视倾角大于 35°时,若清方量不大,岩层倾向线路侧一般采用顺层清方,否则底部设 4～6 m 高锚固桩,桩后设 2～3 m 宽平台,以上边坡采用锚杆(索)框架梁内客土喷播植草防护。

(2)岩层或节理裂隙的走向与线路走向夹角小于 45°,岩层倾角在 10°～35°,不宜顺层清方或清方量大时,坡脚设 4～6 m 高锚固桩预加固,并适当加大边坡平台,边坡采用锚杆(索)框架梁内客土植草防护。现场照片如图 3-4-13 所示。

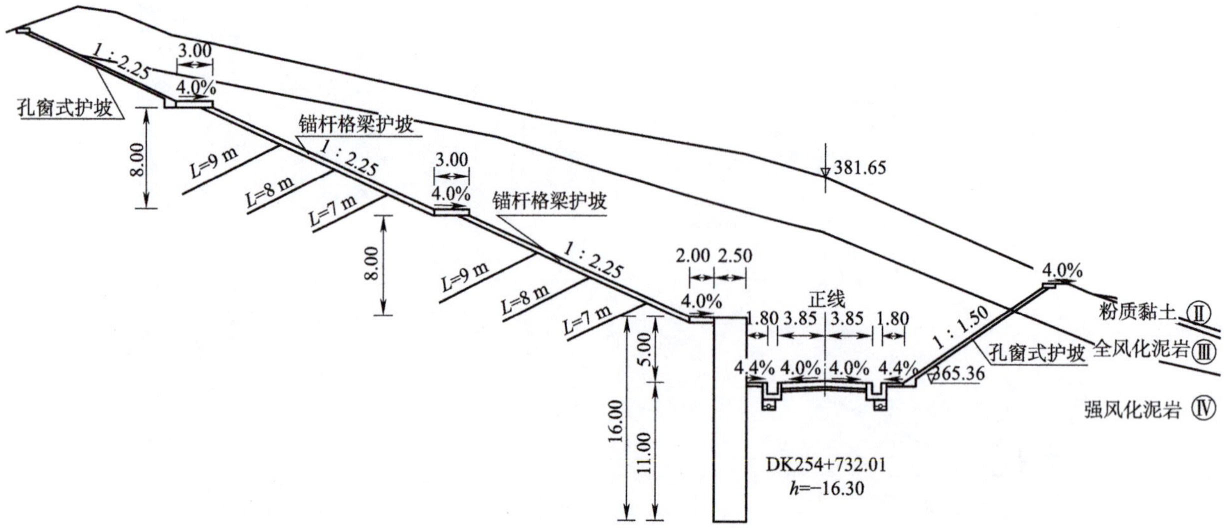

图 3-4-12　顺层路堑典型横断面(单位:m)

图 3-4-13　顺层路堑现场照片

三、地下水路堑

1. 根据地下水流向,于单侧或双侧侧沟下设渗水暗沟。

2. 渗沟出水口端部设 C25 片石混凝土端墙,用引水管将水引入排水沟,排至附近沟谷洼地或涵洞中。为保证排水通畅,引水管出口应高出排水沟不小于 0.3 m。

3. 渗水暗沟的纵坡不宜小于 5‰,条件困难时亦不应小于 2‰。

4. 沿渗水暗沟及排水管,每隔 30 m 或平面转折、纵坡变坡点处于侧沟平台处设置钢筋混凝土预制拼装检查井。

5. 对于地下水发育的砂岩、砂砾岩、变粒岩、泥岩、花岗岩等地层,于侧沟平台及边坡平台以上 2.0 m 沿线路方向每隔 5.0 m 设置一排仰斜排水孔,孔深 6.0 m,排水孔内采用管径 100 mm 的内支撑型 RCP-10NG(A)型渗排水管材。

第八节　填料设计

一、路堤填料及压实标准

路堤基床以下部分填料可采用 A、B、C 组土或改良土填筑，且填料的最大粒径不大于 300 mm 或摊铺厚度的 2/3，其压实标准：对细粒土、粉砂、改良土应采用压实系数和地基系数作为控制标准；对砂类土（粉砂除外）应采用相对密度和地基系数作为控制指标；对砾石类、碎石类应采用地基系数和孔隙率作为控制指标；对块石类应采用地基系数作为控制指标，并符合表 3-4-8 的规定。

表 3-4-8　路堤基床以下部位填料的压实标准

填筑部位	压实指标	细粒土、粉砂、改良土	砂类土（粉砂除外）	砾石类	碎石类	块石类
不浸水部分	压实系数 K	0.9	—	—	—	—
	地基系数 K_{30}(MPa/m)	80	80	110	120	130
	相对密度 D_r	—	0.7	—	—	—
	孔隙率 $n(\%)$	—	—	32	32	—
浸水部分及桥涵两端	压实系数 K	—	—	—	—	—
	地基系数 K_{30}(MPa/m)	—	(80)	(110)	(120)	(130)
	相对密度 D_r	—	(0.7)	—	—	—
	孔隙率 $n(\%)$	—	—	(32)	(32)	—

注：括号内为砂类土（粉砂除外）、砾石类、碎石类、块石类中渗水土填料的压实标准。

二、填料设计原则

1. 根据土源化验报告、地质勘探报告核实填料是否符合要求。

2. 路基填料应优先利用隧道弃渣、路堑挖方中可直接利用的土方、石方。

3. 硬质岩岩块经破碎、调整级配等加工后，可作为 A、B、C 组等组别填料使用，用于填筑基床表层、基床底层、基床以下部分路堤。

4. 不易风化的软质岩岩块经破碎、调整级配等加工后，可用作 B、C 组等组别填料使用，用于填筑基床底层、基床以下部分路堤。

5. 易风化软质岩岩块不应用作路基填料。

6. 渗水土可将通过降低 A、B 组填料中的细颗粒含量使其渗透性满足要求来加工，也可外购渗水土。

第九节　过渡段设计

一、桥台与路基过渡段

1. 路基与桥台连接处应设置过渡段。

路堤与桥台过渡段长度：

$$L = 5 + m \times (H - h)$$

式中　L——过渡段长度(m)；

　　　m——过渡段纵向坡度，$m = 2$；

　　　H——台后路堤高度(m)；

　　　h——基床表层厚度(m)。

路堤与桥台连接处设置过渡段,过渡段基床表层以下采用 A 组填料填筑。过渡段设置如图 3-4-14 所示。

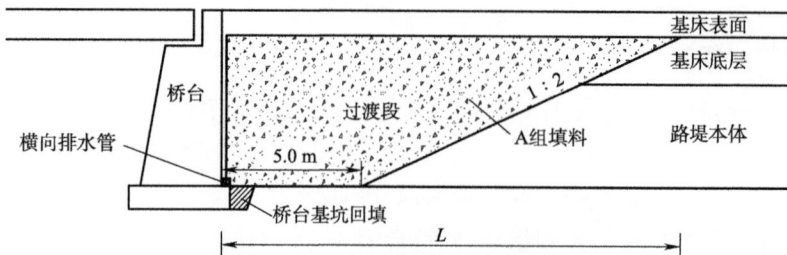

图 3-4-14　桥台与路堤过渡段设置方式图

2. 土质、软质岩路堑与桥台连接处设置过渡段,基床表层采用的填料应与相邻基床表层相同。紧靠桥台处大型机械碾压困难时,用小型振动碾压机充分压实。过渡段设置如图 3-4-15 所示。

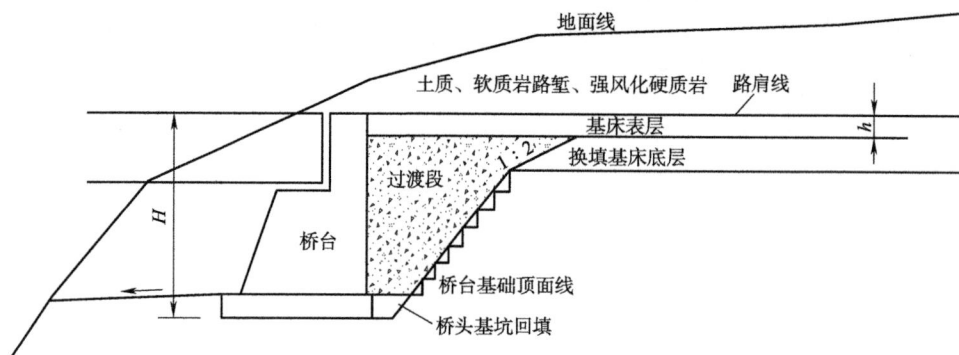

图 3-4-15　桥台与路堑过渡段设置方式图

3. 过渡段桥台后基坑应以混凝土回填或以 A 组填料分层填筑并用小型平板振动机压实(回填数量列入相关桥梁设计图)。路堤基底原地面平整后,用振动碾压机碾压密实,并满足相应部位压实标准。

4. 过渡段应与其连接的路堤按一整体同时施工。

二、路堤与横向构筑物连接处过渡段设计

路堤与横向结构物(立交框构、箱涵等)连接处设置过渡段。过渡段范围采用 A 组填料填筑,填筑区域依据结构物顶面至路肩的高度 h_1 确定,如图 3-4-16～图 3-4-18 所示。

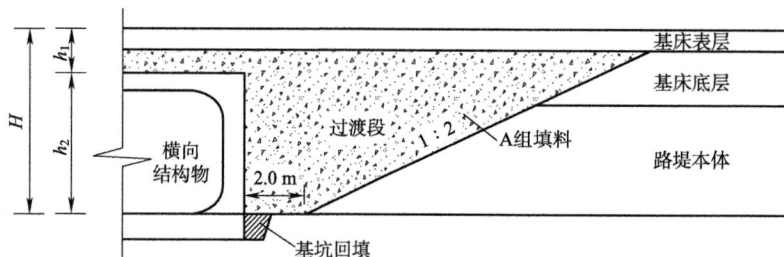

图 3-4-16　路堤与横向结构物过渡段设置方式图($h_1 \leqslant 1.5$ m)

横向结构物基坑应以混凝土回填或以 A 组填料分层填筑并用小型平板振动机压实。路堤基底原地面平整后,用振动碾压机碾压密实,并满足相应部位压实标准。

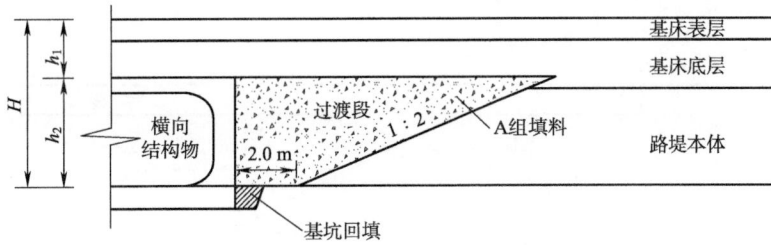

图 3-4-17　路堤与横向结构物过渡段设置方式图（2.5 m≥h_1>1.5 m）

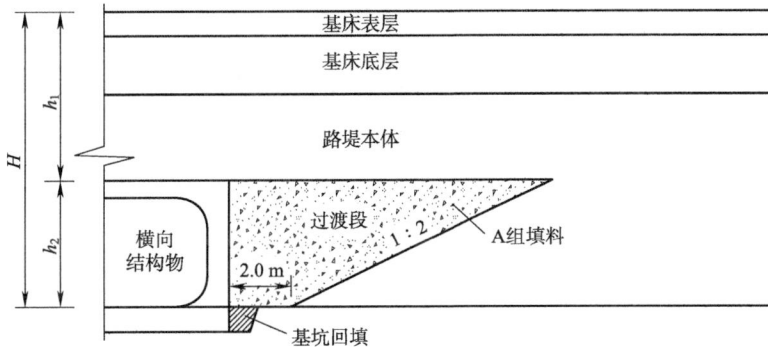

图 3-4-18　堤与横向结构物过渡段设置方式图（h_1>2.5 m）

当构筑物轴线与线路中线斜交时，首先采用 A 组填料填筑斜交部分，然后再设置过渡段，过渡段尾部应与线路垂直。路堤与斜交横向结构物过渡段设置平面图如图 3-4-19 所示。

三、路堤与路堑过渡段设计

当路堤与路堑连接处为软质岩石或土质路堑时，应顺原地面纵向挖成 1:1.5 的坡面，坡面上开挖台阶，台阶高度不小于 0.6 m，其开挖部分填筑应同路堤各相应要求，过渡段设置如图 3-4-20 所示。当路堤与路堑连接处为坚硬岩石路堑时，在路堑一侧顺原地面纵向开挖台阶，台阶高度不小于 0.6 m，并应在路堤一侧设置过渡段，过渡段采用 A 组填料填筑，过渡段设置如图 3-4-21 所示。

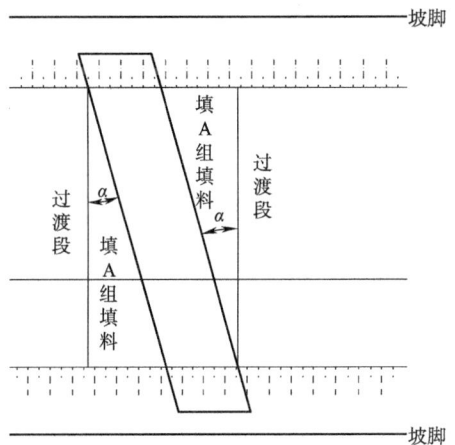

图 3-4-19　路堤与斜交横向结构物过渡段设置平面图

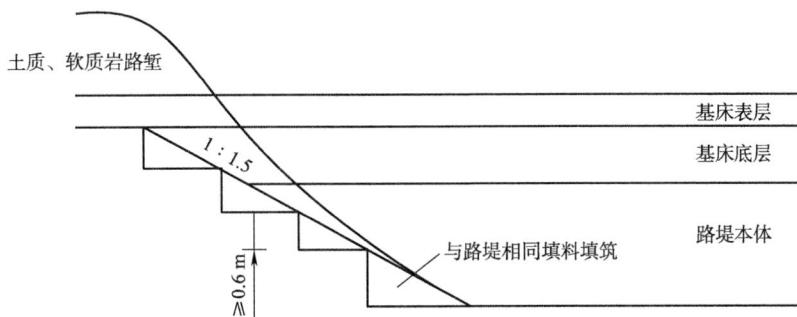

图 3-4-20　路堤与软质岩石或土质路堑过渡段设置方式图

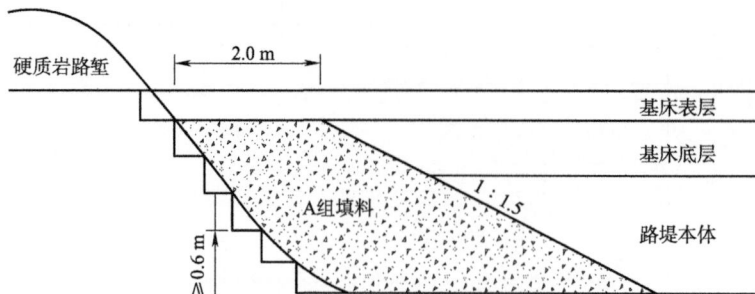

图 3-4-21　路堤与硬质岩路堑过渡段设置方式图

第十节　路基防排水设计

一、排水系统的设置原则

1. 浦梅铁路的路基应有良好、完善的排水系统。排水设备应布置合理,并与桥涵、车站等排水设备衔接配合,形成完整的排水系统。排水设备应有足够的过水能力,保证水流畅通,避免各行其是、互相脱节的现象发生。

2. 排水系统的设置,应与水土保持及农田水利的综合利用相结合,不利用边沟作为灌溉渠道。

3. 对于桥涵等过水建筑物的布置,应与水文专业密切配合,切实遵循"一沟一涵"的原则,不要勉强改沟或合并天然沟。在天然沟槽不甚明显的漫流地段,应布置足够数量的过水建筑物,并在其上游设置必要的束流设施,以防发生水害。

当水沟经过不宽的凹地,可在凹地横坡不太陡的地方采用培堤成沟的方法通过,以保持水沟的圆顺畅通。

二、排水设计原则

排水沟的设计要因地制宜、经济适用,尽量选择在地形、地质较好的地段通过,以节约加固工程投资。排水沟的出水口尽可能引接至天然沟河,不应直接使水流入农田,损害农业生产。

1. 区间正线在路堤天然护道外,双侧设置沟底宽 0.6 m,沟深 0.6 m 梯形排水沟,排水沟边坡 1∶1;采用 0.3 m 厚浆砌片石砌筑。地面横披明显地段的排水沟、天沟可在横披上方一侧设置。排水沟平面应尽量采用直线,如必需转弯时,其半径不小于 10~20 m。

路堑应于路肩两侧设置侧沟,堑顶外可设置单侧或双侧天沟。

天沟、侧沟、排水沟、边坡平台截水沟等各类排水设施的设置,应符合将水引排至路基以外的要求。

2. 天沟、侧沟、排水沟的纵向排水坡度不应小于 2‰。单面排水坡段长度不宜大于 400 m,必要时应增设横向排水设施引入自然沟渠或涵洞,不得直接排入农田。

3. 排水沟、天沟横断面一般采用底宽 0.6 m、深 0.6 m 梯形水沟,水沟边坡率为 1∶1,采用 0.3 m 厚浆砌片石砌筑。对天沟、排水沟采用以上的横断面尺寸,按照 1/50 洪水频率的流量进行检算,若不满足要求的应根据计算流量加大横断面尺寸。

路堑地段于路基面两侧设深 0.8 m、宽 0.6 m 的矩形侧沟或 0.4 m×0.8 m 梯形沟,厚 0.4 m,采用浆砌片石砌筑,排水坡度不小于 2‰。侧沟断面应根据纵坡、路堑坡高、长度等计算流量,确定是否加宽加深。侧沟外留不小于 2.0 m 宽的平台,侧沟平台采用浆砌片石砌筑,厚 0.3 m。边坡平台上设截水槽,尺寸 0.4 m×0.4 m,并考虑边坡截水沟排水出路问题。一般两端采用浆砌片石砌筑梯形水沟与天沟顺接,尺寸为沟宽 0.6 m、沟深 0.6 m。

4. 排水沟和天沟等排水设施严禁设在虚填土上,沟基底应夯实处理,基底承载力应不小于 0.12 MPa。

5.天沟不应向路堑侧沟排水。当受地形限制需要修建急流槽向侧沟排水时,应在急流槽的进口处进行加固,出口设置消能设施。急流槽下游的侧沟加大断面,按1/50洪水频率确定。

边坡平台截水沟必须引入相邻排水设施。边坡骨架或框架梁护坡的排水槽与路堤坡脚排水沟直接应设置连接水槽。

6.排水沟的出口将水引排至路基以外,防止冲刷路基。路基与桥台衔接处的排水沟应与天然沟槽衔接,避免冲刷桥台锥坡。排水沟与涵洞衔接处的沟底高程不应低于涵洞的流水面高程。

7.排入自然沟、渠的天沟、排水沟,其末端应设置消能、沉淀设施。

8.基床换填地段的纵向排水盲沟及地下水路堑地段的盲沟排水到路堑地段以外的排水沟内。路堤线间集水井、电缆槽、手孔、过轨电缆井等排水应与坡面防护的排水槽相连通并排入坡脚外排水沟内。

第十一节　路基防护工程设计

一、路基边坡防护设计

1.路堤边坡高度 $H \leqslant 3$ m 采取撒草籽种灌木防护;边坡高度 3 m $< H \leqslant 6$ m 采用 C25 混凝土空心砖客土种灌木防护;路堤高度 $H > 6$ m 采用 4 m $\times 3$ m 的 M7.5 浆砌片石拱形骨架(带截水槽)护坡防护,骨架内植草并种植灌木。

2.浸水路堤护道及护道以下坡面采用 M7.5 浆砌片石护坡防护,基础采用勺形基础或脚墙基础。

3.路堑边坡根据工程地质和水文地质条件、岩土类别、边坡高度,并结合岩体结构、结构面产状、风化程度等因素综合考虑,采用 M7.5 浆砌片石拱形骨架护坡、M7.5 浆砌片石孔窗式护坡、框架锚杆护坡、锚索格梁护坡等进行防护。

4.为降低路堑边坡高度,避免挖山皮或收回填方坡脚、保证路基稳定,采用重力式挡土墙、桩板墙、桩基托梁挡土墙等进行加固。

二、防护栅栏设计

1.防护栅栏的设置原则

(1)路基地段全部设置防护栅栏。

(2)有特殊需求地段,防护栅栏应进行单独设计。

(3)防护栅栏应设置在铁路用地界以内 0.5 m 处。

(4)当铁路跨越其他道路时,防护栅栏应在道路附近断开不连续设置,以保证人、车在道路上的正常通行。防护栅栏应在道路两侧将铁路用地封闭闭合,并设置栅栏门,为维修车辆通行预留条件。

(5)当铁路跨越小沟渠时,防护栅栏可连续设置,下部应采用铁丝网封闭,但不应影响正常排洪功能。

(6)在综合维修段(工区)及车站等处应设置维修养护车辆进出口,区间地段应根据地面道路的交通情况及其他维修养护要求,设置维修用进出口。

2.防护栅栏的类型及标准

防护栅栏的类型及标准按原铁道部编制的《铁路线路防护栅栏》(通线〔2012〕8001)(2014 年局部修订版)通用图办理。

一般采用 1.8 m 高钢筋混凝土防护栅栏,重点区段采用 1.8 m 高钢筋混凝土防护栅栏加 0.5 m 刺丝滚笼,如图 3-4-22 和图 3-4-23 所示,现场照片如图 3-4-24 和图 3-4-25 所示。本线局部地段地形高陡,地面纵坡大于 36°地段防护栅栏采取钢筋混凝土立柱金属网片型式。

改建既有线影响既有防护栅栏地段,拆除既有防护栅栏,根据改建地段长度按照原标准重新设置。既有线不改建地段维持既有现状不变。

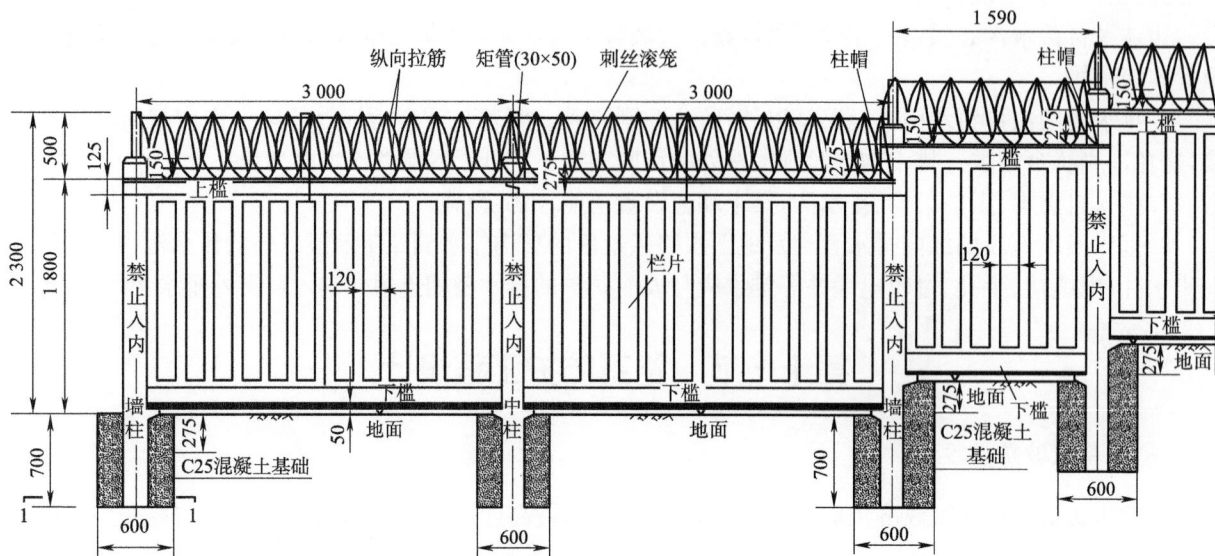

图 3-4-22　1.8 m 高钢筋混凝土防护栅栏示意图 1(单位:mm)

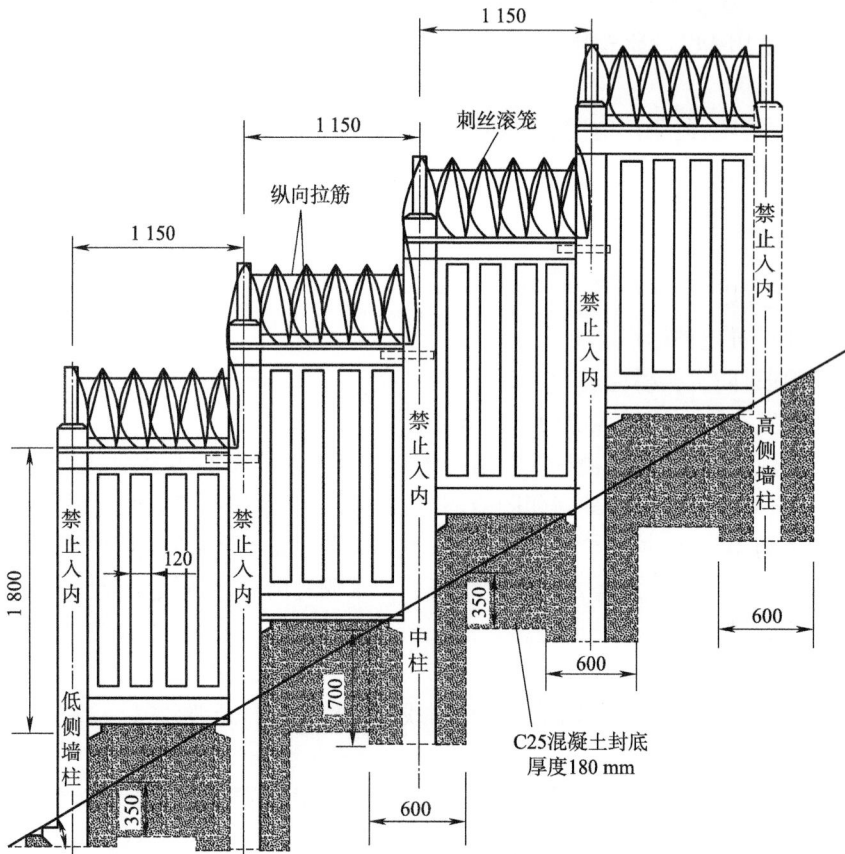

图 3-4-23　1.8 m 高钢筋混凝土防护栅栏示意图 2(单位:mm)

图 3-4-24 防护栅栏现场图片 1

图 3-4-25 防护栅栏现场图片 2

第十二节 路基沉降控制设计

一、路堤稳定、沉降变形监测

1. 路基变形观测主要包括:路基面的沉降观测,地基沉降观测,路基坡脚位移观测和过渡段沉降观测。

2. 路基工程沉降变形观测应根据工程结构、地形地质条件、地基处理方法、填挖断面、路堤高度、施工方法、沉降控制标准等具体情况来设置沉降变形观测断面。同时应根据施工过程中掌握的地形、地质变化情况调整或增设观测断面。

3. 路堤地段从路基填土开始进行沉降观测;路堑地段从基床表层施工完成开始观测。路基填筑完成后或施加预压荷载后应有不少于 6 个月的沉降观测和调整期。观测数据不足以评估或不能满足设计要求时,应延长观测期或采取必要的加速控制沉降措施。根据本线特点,主要对软土路基、松软土路基、高填方路基地段进行以下项目的监测:

(1)基底沉降监测:路堤填筑前,于路堤基底(预压地段基床底层表面增加)地面预埋 1 个沉降板进行监测。

（2）路基两侧路肩（预压地段两侧基床底层表面外边缘增设）和路基面中心各设置一个沉降观测桩。

（3）路堤填筑施工过程中应在两侧坡脚外 1～2 m、10～12 m 处设位移观测桩。

（4）路堤填筑施工中沉降位移观测值应满足：路基中心线地面沉降速率每昼夜不应大于 1.0 cm，坡脚水平位移速率每昼夜不大于 0.5 cm。

二、路堑软质岩高边坡变形监测

为确保路堑边坡的安全稳定，根据沿线地质条件及工程的实际情况，选择代表性路堑软质岩高边坡工点分别进行地表位移监测和深部位移监测等。

根据具体工程实际情况，路堑边坡变形监测类型如下。

1. 边坡地表位移监测

建立观测网，分别于路堑边坡平台及堑顶外 5 m、10 m 设置观测桩。各工点分别于就近通视条件好的位置处设照准点和置镜点。采用经纬仪测量，监测边坡稳定状态，为安全施工提供指导依据。

2. 深部位移监测

对软质岩路堑高边坡进行深部位移变形监测，边坡成型后，在边坡平台钻孔成孔埋置，安装采用智能多点位移计，精确测量岩土体内水平位移或变形。根据测量结果监测边坡稳定状态，为安全施工提供指导依据，同时为安全营运提供技术保障。

三、观测资料分析及动态设计

（1）动态分析：对边桩水平位移和沉降观测资料要当天进行整理分析，绘制边桩水平位移、沉降与路堤填高及时间的关系曲线，指导路堤填筑施工，必要时根据分析结果调整设计，判断分析沉降稳定的时间，以达到有效控制工后沉降的目的。

（2）路基沉降评估应根据有关设计、施工和监理的资料及交接检验和复检的结果，结合路基各断面之间的相互关系以及相邻桥隧的沉降情况进行综合分析。

（3）高边坡变形监测频率、观测精度均要满足设计要求。监测前应编制监测实施计划，计划应包括观测人员、观测时间、观测设站、观测方法等。为消除物理误差，监测应做到五个固定：固定观测人员、固定仪器、固定观测时间、固定测站、固定观测方法。每次观测结束后，应检查记录的数据精度是否合格，观测数据合格后，应平差计算并形成"变形观测成果表"。可根据观测成果绘制水平位移及沉降随时间关系曲线、锚杆（索）受力随时间关系曲线。施工期还应反映施工过程，并及时进行变形分析及信息反馈。

第十三节　设计优化与变更

一、设计优化

1. 路堤与涵洞过渡段长度及填料优化

个别涵洞位于狭窄冲沟内，涵洞两侧地形上升快且两侧地层为坚硬岩层，若按照原设计施工过渡段则需要将岩层爆破挖除。针对这种情况，需根据现场实际情况调整过渡段填筑措施。若过渡段减短后采用小型机械振动压实无法满足压实要求时，可采用级配碎石掺 3％水泥填筑；若过渡段减短后长度过短小型机械无作业空间时，采用 C15 混凝土填筑。

2. 路基端头防护优化

因全线皆位于山区，地形复杂多变，沟壑纵横，桥隧多，路基工点琐碎，且施工便道只能利用既有山势地形，很多离桥梁墩台及路基端头很近，对桥梁墩台及路基端头边坡的稳定造成了影响。还有一些其他的施工原因，如涵洞基坑开挖、施工场地开挖过大等，均造成大量端头边坡缺少防护。经现场调查，二标有 76 处，三标有 127 处。路桥及路隧接口大部位于较陡较高的山体上，且本地区雨量充沛，表层土大多为全风化的花岗岩及砂岩等,在坡度较陡及雨水冲刷的情况下,水土流失严重、容易发生坍塌。为了边坡的安全稳定,对端头边坡需进行必要防护。通过实地调查研究,并结合施工图,对这些端头边坡采用挡土墙、拱形骨架护坡、孔窗式护坡、喷混植生及植草护坡等进行加固防护。端头施工现场照片如图 3-4-26～图 3-4-29 所示。

图 3-4-26 端头防护现场照片 1

图 3-4-27 端头防护现场照片 2

图 3-4-28 端头防护现场照片 3

图 3-4-29 端头防护现场照片 4

3. 防护栅栏补强

本线原设计区间路基一般地段采用 1.8 m 高钢筋混凝土防护栅栏,如图 3-4-30 所示,重点地段采用 1.8 m 高钢筋混凝土防护栅栏加 0.5 m 刺丝滚笼,如图 3-4-31 所示;沿线区间路基局部地形高陡、纵坡大于 36°地段采用 1.8 m 高钢筋混凝土立柱金属网片防护栅栏。为了进一步确保铁路安全,根据南昌局集团公司相关文件要求,全线均采用 1.8 m 高钢筋混凝土防护栅栏加 0.5 m 刺丝滚笼,如图 3-4-32 所示;局部地形高陡、纵坡大于 36°地段采用 1.8 m 高、0.71 m 单元钢筋混凝土防护栅栏加 0.5 m 刺丝滚笼,如图 3-4-33 所示;相邻上槛高差大于 0.5 m 三角区域采用砖混围墙顺接;与既有高铁站并行地段采用 2.2 m 高钢筋混凝土防护栅栏加 0.5 m 刺丝滚笼,普通隔离采用 0.8～1.2 m 高隔离栅栏。

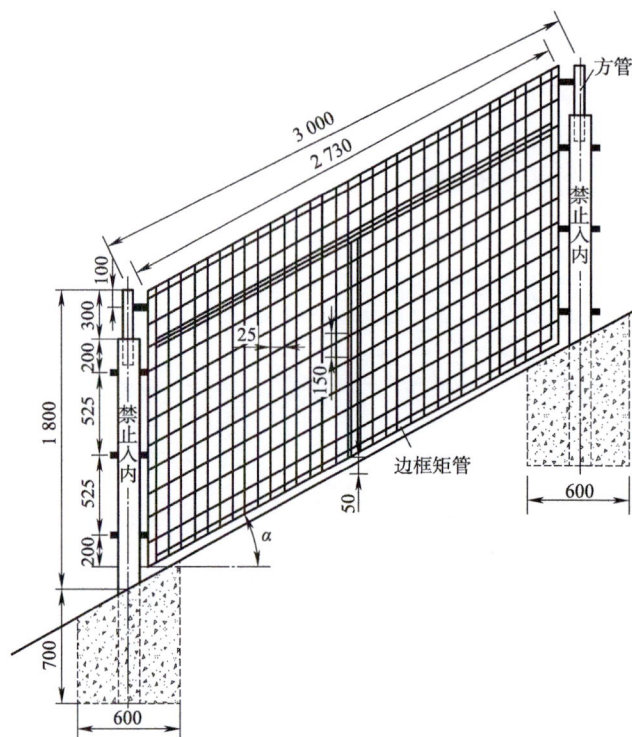

图 3-4-30 1.8 m 高钢筋混凝土立柱金属网片防护栅栏示意图(单位:mm)

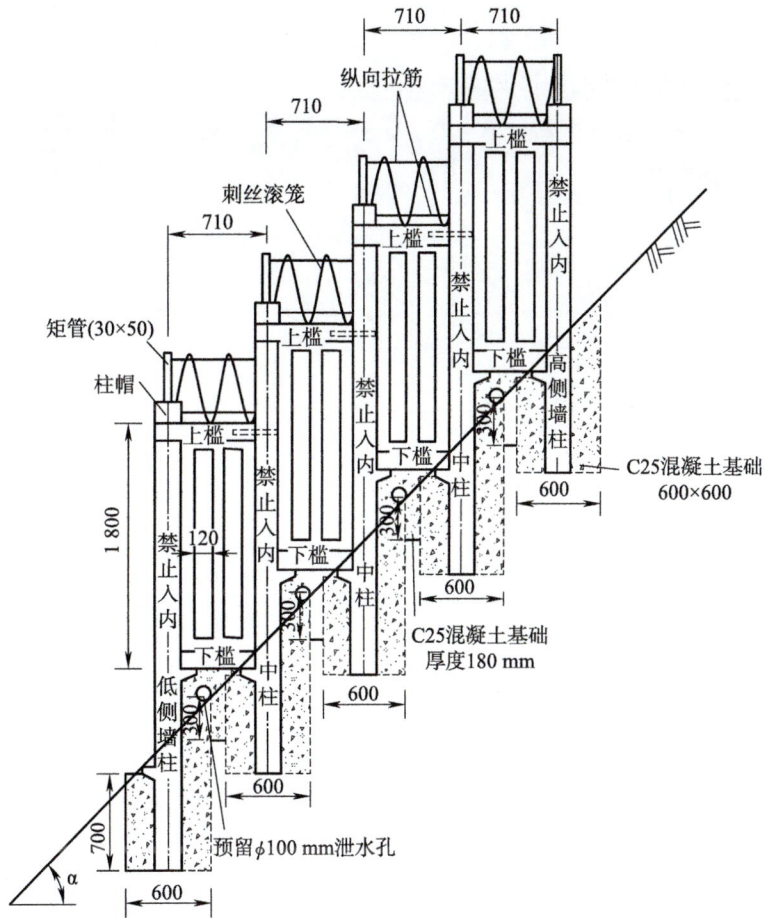

图 3-4-31 1.8 m 高、0.71 m 单元钢筋混凝土防护栅栏加 0.5 m 刺丝滚笼示意图（单位:mm）

图 3-4-32 1.8 m 高钢筋混凝土防护栅栏加 0.5 m 刺丝滚笼现场照片

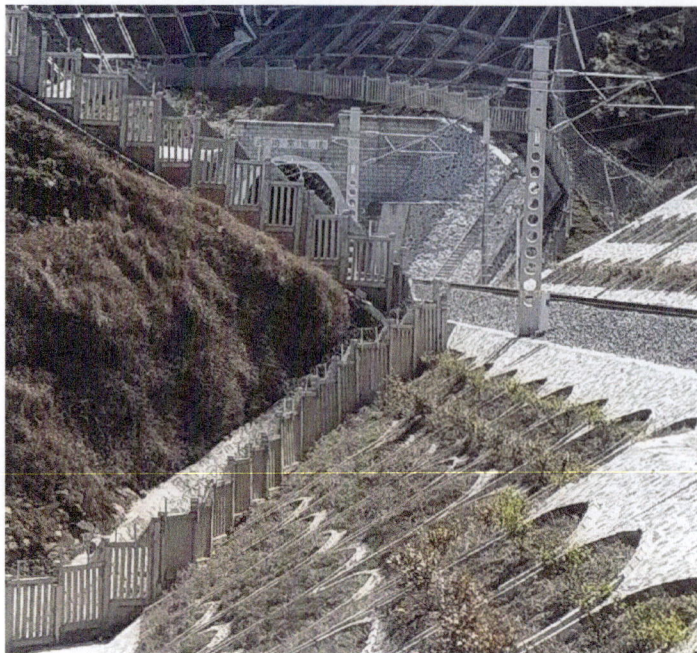

图 3-4-33　1.8 m 高、0.71 m 单元钢筋混凝土防护栅栏加 0.5 m 刺丝滚笼现场照片

4. 路堑边坡空心块补强

路堑拱形骨架护坡当位于花岗岩地层中时，于骨架内满铺正六边形 C25 混凝土空心块；孔窗式护坡当位于花岗岩地层中时，于孔窗内满铺正六边形 C25 混凝土空心块；锚杆格梁护坡于框架内满铺正六边形 C25 混凝土空心块；预应力锚索格梁护坡于格梁内满铺正六边形 C25 混凝土空心块；部分低矮路堑边坡地段路堑边坡采用满铺正六边形 C25 混凝土空心块防护。为了进一步确保铁路安全，根据南昌局集团公司相关文件要求，将骨架（或框架）、镶边、排水槽等与空心块之间的安装空隙采用 C25 混凝土灌注封闭，以加强空心块的稳定性，防止其滚落，如图 3-4-34 所示。

图 3-4-34　空心块补强现场照片

5.防洪检查通道

隧道进出口边仰坡及路堑沿栅栏外侧原设计未设置防护检查通道。为了便于工务人员现场巡查,进一步确保铁路安全,根据南昌局集团公司相关文件要求,于隧道进出口边仰坡及路堑沿栅栏外侧设置防护检查通道,如图 3-4-35 所示。防洪检查通道不再另行征地,一般情况下宽 0.5 m、厚 0.1 m,采用 C25 混凝土现场浇筑;陡坡地段做成台阶型;防护检查通道的设置不得降低栅栏有效防护高度。

图 3-4-35　检查踏步现场照片

二、变更设计

路基专业变更设计主要包括:DK293＋560.00～＋741.00 伊屋隧道改路基变更设计、DK250＋770.44～＋950.00 段路堑边坡坍塌治理变更设计、DK243＋318.00～＋380.00 段基底换填改旋喷桩变更设计、防护栅栏变更设计、三查安全隐患治理补强工程变更设计、空心块补强变更设计、防洪检查通道变更设计、绿色通道变更设计等。

第五章　桥 涵 设 计

第一节　桥涵工程概况与特点

一、桥梁工程技术特点

浦梅铁路桥梁设计在满足线路标准及桥梁结构使用功能的前提下,选择经济合理、景观协调、受力明确且便于施工的简洁结构形式;并突出人性化,满足适用、舒适、耐久、环保、便于养护维修等方面的要求,其主要工程技术特点如下所述。

1. 梁跨结构

本线常用跨度简支梁采用通桥(2017)2101 系列梁图;有声屏障上桥时,采用通桥(2012)2109(修)系列梁图,以 32 m 跨为主,24 m 仅作为配跨使用。大跨度采用常用跨度连续梁、结合本线特点特殊设计。

2. 桥上无缝线路

一次铺设跨区间无缝线路,以保证轨道的平顺和稳定。桥上无缝线路要求桥梁必须考虑梁轨共同作用,桥梁墩台及其基础设计必须满足桥上无缝线路对桥梁墩台纵横向水平线刚度要求。因此,在桥梁刚度满足桥上无缝线路对桥梁结构纵横向水平线刚度要求的基础上,尽量减小并合理控制桥梁的位移与变形,降低了桥上钢轨的附加应力,保证了桥上无缝线路的稳定、行车安全和行车舒适性。

3. 桥梁设计刚度大

为保证旅客列车通过及乘坐的舒适度、满足高速列车行车安全性,要求桥梁设计刚度大。必须保证桥梁在车桥耦合动力响应时具有较好的性能,即在列车通过桥梁时,旅客乘坐舒适性指标、车体的竖向/横向振动加速度、脱轨系数、轮重减载率、轮对横向水平力等各方面指标均应满足相应的要求。

4. 桥涵混凝土结构耐久性设计

桥涵主体混凝土结构的设计正常使用年限为 100 年,桥涵主体结构均采用高性能耐久性混凝土,并按桥涵结构各部件所处的不同环境类别及作用等级对混凝土材料、结构构造措施、有关施工控制等进行相应的设计,设计通过采取合理选择混凝土材料强度等级、墩台表面设置护面钢筋、合理设置钢筋的混凝土保护层厚度、重视结构构造细节及防排水设计等措施,确保桥涵结构具有足够的耐久性。

5. 桥梁的人性化设计

桥梁设计充分考虑建设与运营养护维修的经济性、便利性、设施人性化、桥梁景观与环境的协调。

二、全线桥涵分布

建宁至宁化段桥涵分布详见表 3-5-1,清流至冠豸山段桥涵分布详见表 3-5-2。

表 3-5-1　建宁至宁化段桥涵分布表

类　别	项　目	单　位	合　计
线　路	线路建筑长度	km	78.342
建化线	单线特大桥	座—m	3—1 821.9
	单线大桥	座—m	45—10 910.76
	双线大桥	座—m	2—480.70
	三线大桥	座—m	1—396.36

续上表

类　别	项　目	单　位	合　计
建化线	中桥双线	座—m	1—79.73
	中桥单线	座—m	11—1 014.5
	合计	座—m	63—14.703
	桥梁长度占线路总长比例	%	18.53
	框构	座—m²	6—2 129.07
	涵洞	座—横延米	215—9 191
	地道	座—m²	1—423.4
	渡槽	座—m	1—96
	公路桥	座—m²	3—1 227.64
建宁疏解线	线路建筑长度	km	5.341
	单线大桥	座—m	5—1 232.69
	合计	座—m	5—1 232.69
	桥梁长度占线路总长比例	%	23.09
	框构	座—m²	1—190.84
	涵洞	座—横延米	2—14.72

表 3-5-2　清流至冠豸山段桥涵分布表

类　别	项　目	单　位	合　计
线　路	线路建筑长度	km	84.433
清冠线	单线特大桥	座—m	8—7 622.64
	单线大桥	座—m	39—9 589.27
	双线大桥	座—m	1—140.8
	单线中桥	座—m	16—1 335.06
	中桥双线	座—m	1—92.1
	合计	座—m	65—18 779.87
	桥梁长度占线路总长比例	%	22.24
	框架小桥	座—顶平方米	5—842.17
		(纵延长米)	48.75
	涵洞	座—横延米	182—4 642.47
		密度(座/km)	2.15
陈坡疏解线	线路建筑长度	km	5.496
	单线大桥	座—m	6—1 814.16
	单线中桥	座—m	1—99.13
	合计	座—m	7—1 913.29
	桥梁长度占线路总长比例	%	34.81
	涵洞	座—横延米	4—82.85
		密度(座/km)	0.73
冠豸山车站相关工程	单线大桥	座—m	1—210.95
	合计	座—m	1—210.95
公路桥涵	公路桥	座—顶平方米	2—1 508.51

第二节　设计原则与采用的主要技术标准

一、一般设计标准和原则

1. 采用洪水频率

设计洪水频率:桥梁为 1/100,涵洞为 1/100。

2. 行车速度

设计行车速度 160 km/h。

3. 设计活载

正线及相关工程采用"中—活载",公路桥荷载标准按现行公路规范办理。

4. 通航净空、立交净空及建筑限界

(1)跨越本线的桥梁建筑限界,按"建限 1"办理,其桥下净高不应小于 6.55 m。本线跨越的铁路,按其相应的等级、标准办理。曲线上考虑曲线外侧超高值,内侧限界加宽的影响。

(2)本线跨越城市道路及公路时按《公路工程技术标准》(JTG B01—2014)的规定及与地方有关部门的协议纪要要求办理。

(3)道路、管线资料:按上序专业提供的平立交道表、地下管线表及相关协议办理。

(4)本线无通航河道。

二、采用的主要规范和技术标准

1.《铁路桥涵设计基本规范》(TB 10002.1—2005)及局部修订条文铁建设〔2010〕5 号、铁建设〔2013〕3 号、铁总建设〔2013〕92 号);

2.《铁路桥涵钢筋混凝土和预应力混凝土结构设计规范》(TB 10002.3—2005);

3.《铁路桥涵混凝土和砌体结构设计规范》(TB 10002.4—2005);

4.《铁路桥涵地基和基础设计规范》(TB 10002.5—2005);

5.《铁路工程抗震设计规范》(GB 50111—2006)(2009 年版);

6.《铁路混凝土结构耐久性设计规范》(TB 10005—2010);

7.《铁路边坡防护及防排水工程设计补充规定》(铁建设〔2009〕172 号);

8.《铁路无缝线路设计规范》(TB 10005—2012);

9.《铁路工程设计防火规范》(TB 10063—2007)(2012 版);

10.《铁路工程水文勘测设计规范》(TB 10017—1999);

11.《铁路工程基桩检测技术规程》(TB 10218-2008、J 808-2008);

12.《铁路大型临时工程和过渡工程设计暂行规定》(铁建设〔2008〕189 号);

13.《铁路安全管理条例》(中华人民共和国国务院令第 639 号);

14.《防洪标准》(GB 50201—2014);

15.《关于发布〈铁路工程地质勘察规范〉等 44 项铁路工程建设标准局部修订条文的通知》(铁建设〔2009〕62 号);

16.《关于发布〈铁路桥涵钢筋混凝土和预应力混凝土结构设计规范〉等三项标准局部修订条文的通知》(铁建设〔2009〕22 号);

17. 中国铁路总公司关于印发《铁路工程混凝土结构高强钢筋设计规定》的通知(铁总建设〔2015〕343 号);

18. 原铁道部关于印发《铁路营业线施工安全管理办法》的通知(铁运〔2012〕280 号);

19. 中国铁路总公司关于印发《铁路营业线施工安全管理办法补充规定》的通知(铁总运〔2014〕180 号);

20. 公路桥涵设计按现行公路有关规程、规范执行。

第三节 基础工程设计

一、基础形式

基础类型的选择主要考虑工程地质、水文地质、冲刷深度、施工条件等影响后确定,主要采用明挖基础、钻孔桩基础、挖井基础。明挖及挖井基础基底位于同一地层之上,以防止产生不均匀沉降。桩基础一般采用钻孔灌注桩施工,桩径以 $\phi1.0\,\mathrm{m}$、$\phi1.25\,\mathrm{m}$ 为主,部分桥墩采用 $\phi1.50\,\mathrm{m}$ 的钻孔桩。桩基础的布置形式在满足承载能力和整体刚度要求的前提下计算确定,尽量优化桩基配置以节约投资。

基础埋置深度根据冲刷、地形、地质等条件确定。地形平缓地区的旱桥,基顶位于地面 $0.3\,\mathrm{m}$ 以下,有水河流桩基承台顶面在一般冲刷线以下,如在其以上则计算局部冲刷时按《铁路工程水文勘测设计规范》(TB 10017—1999)考虑其影响。

沿线多为山地,当地面坡度较陡时,考虑基础的稳定性,避免墩台设置在破碎带上。基础设置考虑纵、横向地面坡度,避免局部埋深不够,底层基础外缘满足水平安全距离。

二、沉降要求

静定结构墩台的基础工后均匀沉降不得超过 $50\,\mathrm{mm}$,相邻墩台的基础工后沉降差不得超过 $20\,\mathrm{mm}$;超静定结构,基础工后沉降按照结构受力需要控制。

三、桩基检测

为检测桩身混凝土的均质性和完整性,全线所有钻孔桩均应进行无破损检测,检测方法包括低应变反射波法和声波透射法。

对于桩长不大于 $40\,\mathrm{m}$ 的灌注桩,且桩径小于 $2\,\mathrm{m}$ 时采用低应变反射波法,桩长超过 $40\,\mathrm{m}$ 或地质变化异常复杂地区的混凝土灌注桩桩身质量应采用声波透射法进行检测。

四、基础埋深

基础埋置深度根据冲刷、地形、地质等条件确定。地形平缓地区的旱桥,基顶位于地面 $0.3\,\mathrm{m}$ 以下,有水河流桩基承台顶面在一般冲刷线以下,如在其以上则计算局部冲刷时按《铁路工程水文勘测设计规范》(TB 10017—1999)考虑其影响。

山区地面坡度较陡时,要注意基础和山体的稳定性,要考虑岩层节理、倾角、风化等因素,基础应置于稳定基岩上,避免墩台设置在堆积层上。基底外缘水平线至山坡线的距离应满足水平安全距离要求。基础设置应考虑纵横两向地面坡度,避免局部埋深不够。同一基础底面不可置于性质不同的地基上,避免基础出现软硬不均。

第四节 墩 台 设 计

1. 桥台一般采用 T 形桥台。

2. 桥墩形式的选择结合桥下水流情况、全桥墩高分布情况,遵循墩型统一、相邻桥墩刚度相近、施工方便的原则,一般条件下河中桥梁选用圆端形桥墩。当墩高小于 $30\,\mathrm{m}$ 时,设计采用钢筋混凝土实体墩;当墩高不小于 $30\,\mathrm{m}$ 时,设计采用钢筋混凝土空心墩,墩高 $25\,\mathrm{m}{\leqslant}H{<}30\,\mathrm{m}$ 的桥墩连续超过 3 个时,采用空心墩,否则视具体情况采用实体墩或空心墩。同一座桥的桥墩类型尽量统一。

3. 简支梁桥的下部结构,纵向水平刚度应满足《铁路无缝线路设计规范》(TB 10005—2012)第 5.4.5 条、5.4.6 条的规定,见表 3-5-3,横向刚度按《铁路桥涵设计基本规范》(TB 10002.1—2005)要求控制,墩顶横向位移引起的相邻结构轴线间的水平折角,当桥跨小于 40 m 时不超过 1.5‰;当桥跨不小于 40 m 时不超过 1.0‰。

表 3-5-3 简支梁桥墩顶纵向水平线刚度限值

桥墩/桥台	跨度(m)	最小水平线刚度(kN/cm)	
		双线	单线
桥墩/桥台	20	190	120
	24	270	170
	32	350	220
桥台		3 000	1 500

4. 连续梁桥的下部结构,在设计过程中需将墩台刚度提供轨道专业检算轨道结构的强度和稳定性,并根据其提供的长钢轨纵向力检算下部结构。

5. 为保证墩台身混凝土的耐久性,当地下水或地表水有侵蚀性时,地面(或水面)以上 1 m 以下范围均采用相应等级的混凝土。

6. 桥墩台有可能受车撞击时应设置防撞护栏。

第五节 常用跨度桥梁设计

线路跨越河流、道路、山谷及以桥代路时,只要能满足使用要求,则优先采用常用跨度桥梁。

桥梁长度系根据桥址地质条件、相关部门对桥梁要求及线路工后沉降控制等因素经济比较后确定。路桥分界填土高一般在 5~8 m,但当台尾至挖方段距离不长时,则桥梁延伸至挖方内。

单线非声屏障简支 T 梁采用《时速 160 公里客货共线铁路预制后张法简支 T 梁》(图号:通桥〔2017〕2101 系列梁图),桥面宽 4.9 m;车站内当双线线间距超过 5.0 m 时,采用两座单线简支 T 梁并行布置。单线非声屏障 T 梁桥面布置如图 3-5-1 所示。

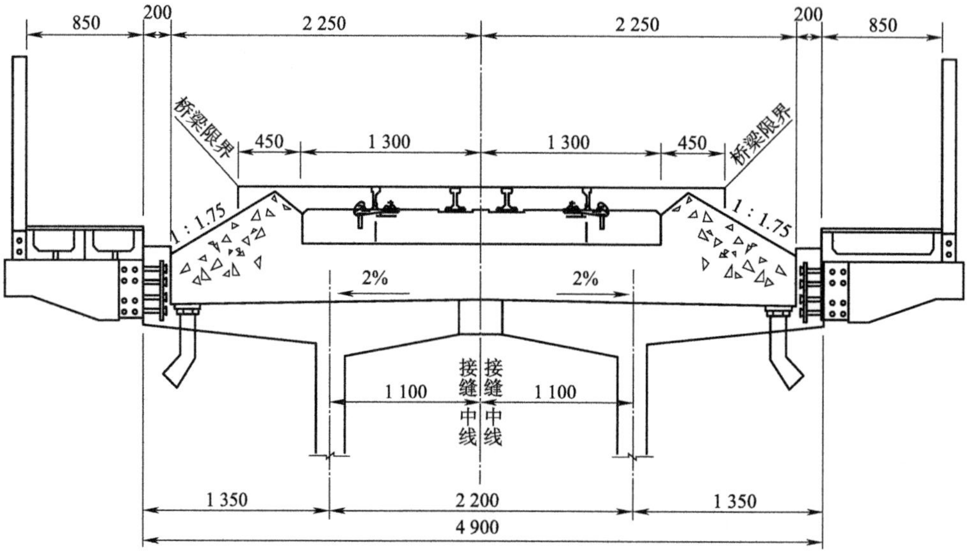

图 3-5-1 单线简支 T 梁桥面布置图(单位:cm)

单线声屏障简支 T 梁采用《时速 160 公里客货共线铁路预制后张法简支 T 梁》(设声屏障)(图号:通桥〔2012〕2109(修)系列梁图),桥面宽 6.85 m。单线声屏障 T 梁桥面布置如图 3-5-2 所示。

浦梅铁路常用跨度桥梁设计主要有以下七个要点:

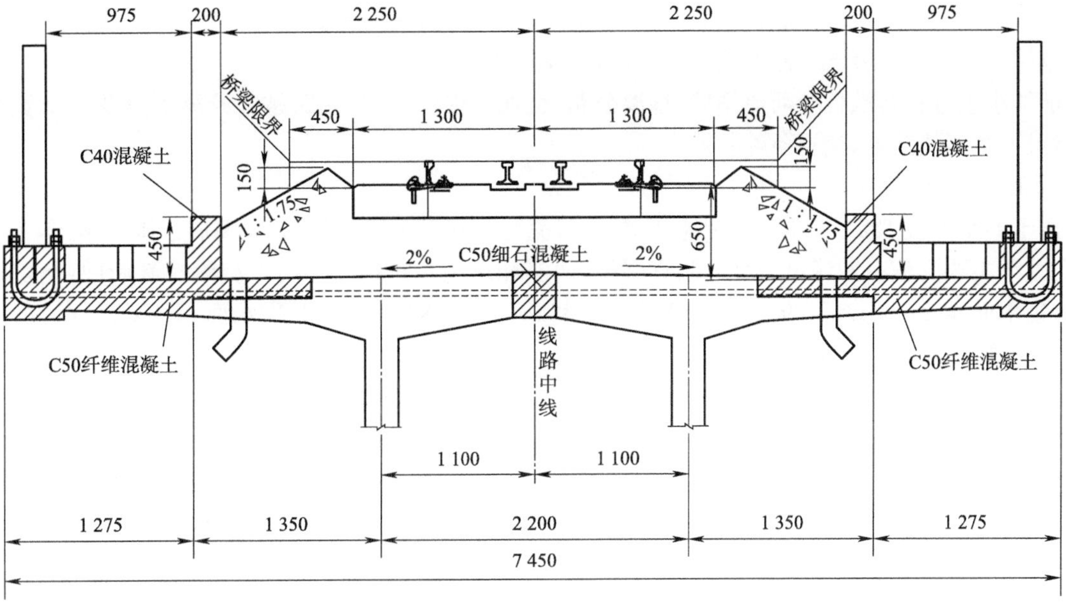

图 3-5-2 单线声屏障简支 T 梁桥面布置图(单位:cm)

(1)全线简支梁采用原铁道部部颁标准跨度 24 m、32 m 的后张法预应力混凝土 T 梁;其中非声屏障简支 T 梁采用《时速 160 公里客货共线铁路预制后张法简支 T 梁》(图号:通桥〔2017〕2101 系列梁图);声屏障简支 T 梁采用《时速 160 公里客货共线铁路预制后张法简支 T 梁》(设声屏障)(图号:通桥〔2012〕2109(修)系列梁图)。

(2)邓家车站中桥和文亨车站大桥线间距为 5.0 m 时,梁部按两个单线并置布置,梁片之间纵向铺设钢盖板处理,桥墩采用双线桥墩。

(3)全线简支 T 梁的曲线布置以桥面左侧对齐为原则,采用平分中矢法布置,计算其与左线的偏距、偏角。

(4)简支 T 梁采用双曲面钢支座,对简支 T 梁的支座型号及参数,按照与"通桥(2017)2101"通用图及"通桥(2012)2109(修)"通用图配套的通用设计支座型号及参数采用。

(5)全线桥梁人行道采用钢横梁支架方案,人行道宽 0.85 m,简支 T 梁桥面伸缩缝均按"通桥(2017)2101"通用设计图"梁端防排水设施构造图"采用。

(6)全线桥梁墩台顶设围栏,墩顶两侧设吊篮。

(7)全线地震动峰值加速度为 0.05g,当墩高大于 30 m 时设置防止落梁措施。

第六节 大跨度桥梁设计

一、九龙溪大桥

1. 桥梁概况

九龙溪大桥位于福建省三明市清流县境内,起讫里程 DK319+098.65~+548.67,根据桥址处地形条件、水面宽度、施工条件等特点,全桥孔跨布置为(44+80+44)m 连续梁+6×32 m+3×24 m,中心里程 DK319+189,全长 450.02 m。

2. 地形地貌

桥址区属于低山地貌,地形起伏不大,地表大部分为旱地,坡面上植被发育,河道中发育有江心洲,大里程侧有严坊溪逆向汇入干流。两端桥台位于陡峭的河岸之上,小里程桥台位于峰果岭隧道出口棚洞内,大里程桥台间可见基岩出露,自然坡度20°～35°,局部近直立。桥址处测时水面宽度约130 m,河床最低高程275 m,最高水深约10 m,桥面高程304～305 m,距河床的最大高度为27 m。桥址下游5.3 km为嵩口坪水电站,库容1676万 m^3,最大坝高26 m,正常蓄水位285 m。

桥址处小里程桥台端位于河流岸坡,远离公路,交通不便;大里程端跨越九龙溪支流及3 m宽水泥道路,道路可通往清流县城,交通条件一般。

3. 桥渡水文

本桥于DK319+125～+260处跨越九龙溪,河流与线路夹角约83°。九龙溪属于闽江水系,为沙溪上游段,九龙溪主要支流有罗峰溪、罗口溪、嵩溪溪、西溪和东溪。跨越九龙溪干流段控制断面(高坑溪汇合口)以上集水面积1 880 km^2;跨越支流横溪段控制断面(横溪河口)以上集水面积48.2 km^2,主河道长13.7 km,河道平均坡降11.7‰。

桥址处设计流量 $Q_1 = 3\ 364\ m^3/s$,设计水位 $H_1 = 290.47\ m$,设计流速 $v_1 = 1.92\ m/s$。

4. 工程地质概况

桥址区上覆第四系冲洪积(Q_4^{al+pl})软粉质黏土、粉质黏土、粉砂、卵石土,坡残积(Q_4^{dl+el})粉质黏土;下伏基岩为寒武系中下统林田组第二段($\in_{1-2} l^2$)板岩、砂质板岩。桥址无明显构造痕迹,大里程桥台陡坎及便道边可见岩石露头,岩层呈单斜构造。桥址附近层理代表性产状为N50°W/46°SW。

5. 水文地质概况

(1)桥址地表水主要为九龙溪,常年流水,目前因下游电站储水形成水库,河面宽约100 m,水深约10 m。DK319+417为一河沟,宽约34 m,水深约4 m;据初定测取沟水、河水化验,地表水对混凝土无侵蚀性。

(2)地下水主要为赋存于覆盖层中的上层滞水及孔隙潜水、基岩裂隙水,第四系土层中含少量孔隙潜水,埋藏浅,接受降雨、河水径流补给。据附近地下水质资料,地下水对混凝土具有酸性侵蚀,等级为H1。

6. 场地类别及地震动参数

桥址区内场地类别为Ⅱ类;地震动峰值加速度为0.05g,地震动反应谱特征周期为0.35 s。

7. 初步设计审查意见及执行情况

审查意见:同意设计采用的桥式桥跨方案,以主跨80 m预应力混凝土连续梁跨越九龙溪河,圆端形桥墩,钻孔桩基础。

执行情况:已按审查意见执行。

8. 梁部结构设计

(1)特殊桥跨结构

为满足防洪要求,跨越九龙溪主桥采用1联(44+80+44)m预应力混凝土连续梁。连续梁全长169.40 m,梁高3.3～6.0 m,桥面宽6.60 m,单箱单室截面。

(2)常用跨度简支梁

本桥其他区段主要采用32 m简支T梁(24 m简支T梁用于调跨),采用部颁通用参考图"通桥(2017)2101"。

9. 墩台及基础设计

(1)墩台

桥台采用单线T形桥台;桥墩采用圆端形实体墩。

(2)基础

全桥均采用钻孔桩基础,根据不同跨度和地质条件,桩径分别采用1.25 m和1.5 m。

10. 主要施工方法

(1)简支T梁

简支T梁在梁场预制梁片,运输到桥位后采用架桥机架设。

(2)(44+80+44)m连续梁

采用挂篮悬臂浇筑法施工。

（3）桥墩基础施工

九龙溪河道内的 1 号和 2 号桥墩基础采用双壁钢围堰施工，横坊支流内的 8 号墩基础采用钢板桩围堰施工，9 号墩基础采用编织袋围堰筑岛施工，其他墩基础采用常规方法施工。

二、长潭河大桥

1. 桥梁概况

长潭河大桥位于福建省三明市清流县境内，起讫里程 D1K338+129.08～+308.25，根据桥址处地形地貌及施工条件等特点，全桥孔跨布置为 1×24 m+(40+64+40)m 连续梁，中心里程 D1K338+231，全长 179.17 m。

2. 地形地貌

大桥位于吉龙河（罗口溪）与长潭河汇合处（双溪口）上游 110 m。桥址处水面宽约 30 m，水深约 3 m，测时水较稍缓。桥址区两端为低山丘陵地貌，桥址处地形起伏较大，地面高程在 270～320 m，相对高差 5～50 m。小里程端自然坡度稍缓，大里程端自然坡度较陡，斜坡丘陵地段以灌木植物为主。

长潭河下游双溪口以下至为沙芜乡铁石村为"罗口溪黄尾密鲴国家级水产种质资源保护区"，总长度 18 km，本桥从保护区上游边缘经过，环评要求避免在长潭河中设置水中墩，桥面封闭，排水引至两侧沉淀池。本桥小里程段坡面上，有一灌溉沟及 2 m 宽土路，交通不便；大里程端有 3 m 宽碎石路，通往 X792 县道，交通较便利。

3. 桥渡水文

本桥于 D1K338+213～+258 处跨越长潭溪，河流与线路夹角约 87°。长潭河属于九龙溪支流；长潭河流域面积 558 km²，主河道长 76 km，河道平均坡降 5.3‰。

桥址处设计流量 $Q_1=1\,500$ m³/s，设计水位 $H_1=275.39$ m，设计流速 $v_1=3.92$ m/s。

4. 工程地质概况

桥址区上覆第四系全新统坡残积（Q_4^{dl+el}）粉质黏土，下伏泥盆系上统安砂群桃子坑组（D_3tz^2）石英砂岩、千枚岩。桥址区内地层存在有一条断层上白石—东山北西向断裂，走向 N61°W，性质不明，该断层长约 9.0 km，宽 3～5 m，断层附近岩石破碎，蚀变强烈，棱角状构造角砾岩发育，断层上下盘均为泥盆系上统安砂群桃子坑组（D_3tz^2）石英砂岩、千枚岩，NE 盘岩层产状为 N700E/400SE，SE 盘岩层产状为 S-N/21°E，平面上断层与线路大角度相交，交角为 88°，桥址区在 DK338+295 处与断层相交通过。

5. 水文地质概况

（1）桥址区地表水发育，主要为沟水、河流水，水量受季节影响不大。在 D1K337+300 左侧附近取得河流水水样，试验编号为（C15 浦梅水 YW42），属于 $HCO_3^- — Ca^{2+} \cdot Mg^{2+}$ 型水，对混凝土结构无侵蚀。

（2）区内无较大的含水层，主要地下水类型为第四系松散土层中的孔隙潜水，基岩裂隙水，整体地下水微发育。孔隙潜水为第四系松散土层，多以黏性土及砂土为主，蓄水性一般，加之土层分布范围较小，土层较厚，水量一般发育，主要受大气降水补给；基岩裂隙水分布于下伏基岩裂隙中，千枚岩层蓄水性差，含水性差，属弱含水层，地下水埋藏较深。地下水对混凝土结构无侵蚀。

6. 场地类别及地震动参数

桥址区内场地类别为Ⅱ类；地震动峰值加速度为 0.05g，地震动反应谱特征周期为 0.35 s。

7. 初步设计审查意见及执行情况

审查意见：同意设计采用的桥式桥跨方案，以主跨 64 m 预应力混凝土连续梁跨越长潭河珍惜鱼类保护区，圆端形桥墩，钻孔桩基础。

执行情况：已按审查意见执行。

8. 梁部结构设计

（1）特殊桥跨结构

根据地形条件，跨越长潭河主桥采用 1 联(40+64+40)m 预应力混凝土连续梁。连续梁全长 145.20 m，梁高 2.8~5.0 m,桥面宽 6.60 m,单箱单室截面。

(2)常用跨度简支梁

本桥小里程段采用 1 孔 24 m 简支 T 梁,采用部颁通用参考图(通桥(2017)2101)。

9. 墩台及基础设计

(1)墩台

桥台采用单线 T 形桥台;桥墩采用圆端形实体墩。

(2)基础

全桥均采用钻孔桩基础,根据不同跨度和地质条件,桩径分别采用 1.25 m 和 1.5 m。

10. 主要施工方法

(1)简支 T 梁

简支 T 梁在梁场预制梁片,运输到桥位后采用架桥机架设。

(2)(40+64+40)m 连续梁

采用挂篮悬臂浇筑法施工。

(3)桥墩基础施工

桥墩均位于山坡上,基础采用常规方法施工。

三、吉龙河大桥

1. 桥梁概况

吉龙河大桥位于福建省三明市清流县境内,起讫里程 DK340+103.70~+292.35,根据桥址处地形条件、水面宽度、施工条件等特点,全桥孔跨布置为(48+80+48)m 连续梁,中心里程 DK340+198,全长 188.65 m。

2. 地形地貌

吉龙河大桥位于关公凹水电站上游 1.5 km 处,桥址为低山丘陵地貌区,植被发育,桥址处地形起伏较大,地面高程在 280~370 m,相对高差 5~90 m,自然坡度很陡,斜坡丘陵地段以灌木植物为主。桥址跨越关公凹电站水库区,为"U"形河谷,测时水面宽度约 73 m,桥址处库区中心最大水深约 23 m,桥面高程 335~337 m,距河床的最大高度约 68 m。桥址处小里程桥台端位于河流岸坡,远离公路,交通不便;大里程端跨越九龙溪支流及 3 m 宽水泥道路,道路可通往清流县城,交通条件一般。

桥位下游为关公凹水电站,电站水库总库容 730 万 m³,水库正常蓄水位 291.3 m,为日调节水库水位变动范围为 286~291 m。大坝按 30 年一遇洪水设计,200 年一遇洪水校核。大坝坝型为细骨料混凝土砌块石重力坝,坝顶高程 294 m,最大坝高约 36 m,坝顶长 130 m,坝顶宽 6 m。库区范围内有采沙船在作业,水下地形会有变化,本桥墩台端位于水库岸坡上,小里程端有大丰山林场便道通往,需经过大坝坝顶至县道,大里程端可直接扩建原便道至 X792 县道,交通条件一般。

3. 桥渡水文

本桥于 DK340+170~+225 处跨越吉龙河,河流与线路夹角约 87°。吉龙河又名罗口溪,为九龙溪最大支流,地理位置界于东经 116°31′~116°59′,北纬 25°37′~26°08′之间,发源于龙岩市长汀县童坊镇黄坊村,总体自西南向东北依次流经长汀县的童坊、连城县的北团、三明市清流县的李家、灵地、邓家、田源、沙芜等乡镇后,于沙芜乡秋口村汇入九龙溪干流安砂水库。

罗口溪流域面积 2 019 km²,主河道长 114 km,河道平均坡降 2.7‰。跨越九龙溪干流段控制断面(高坑溪汇合口)以上集水面积 1 880 km²;跨越支流横溪段控制断面(横溪河口)以上集水面积 48.2 km²,主河道长 13.7 km,河道平均坡降 11.7‰。

桥址处设计流量 $Q_1 = 2\,520$ m³/s,设计水位 $H_1 = 291.42$ m,设计流速 $v_1 = 2.18$ m/s。

4. 工程地质概况

该区段上覆第四系全新统冲洪积(Q_4^{al+pl})、坡残积(Q_4^{dl+el})粉质黏土,下伏石炭系下统灵地组(C_1L)石英砂岩、砂岩、千枚岩。桥址区内地层土层较薄,风化层厚度不大,在 DK340+150 附近山坡基岩露头处测量到岩层产状为 N70°E/45°SE。大里程端岩层产状为 N20°E/28°SE。

5. 水文地质概况

(1)大桥跨越吉龙河,为常年流水,水量较大,水量受季节影响不大。目前因下游电站储水形成水库,河面宽约 80 m,水深 25 m。地表水对混凝土结构无侵蚀。

(2)地下水主要为基岩裂隙水,分布于石英砂岩裂隙中,蓄水性差,含水性差,属弱含水层,受大气降雨补给,向吉龙河中排泄。地下水对混凝土具酸性侵蚀,等级为 H1。

6. 场地类别及地震动参数

桥址区内场地类别为 Ⅱ 类;地震动峰值加速度为 0.05g,地震动反应谱特征周期为 0.35 s。

7. 初步设计审查意见及执行情况

审查意见:原则同意以主跨 80 m 预应力混凝土连续梁方案跨越吉龙河水库,桥墩布置尽可能避开陡峭山崖设墩,圆端形桥墩,钻孔桩基础。

执行情况:按审批意见执行。结合水库水位及桥区地形综合考虑桥墩摆放位置,靠近山崖的桥墩考虑施工防护措施。

8. 梁部结构设计

根据地形条件,跨越吉龙河主桥采用 1 联(48+80+48)m 预应力混凝土连续梁。连续梁全长 177.40 m,梁高 3.3~6.0 m,桥面宽 6.60 m,单箱单室截面。

9. 墩台及基础设计

(1)墩台

桥台采用单线 T 形桥台;桥墩采用圆端形实体墩。

(2)基础

全桥均采用钻孔桩基础,根据不同跨度和地质条件,桩径分别采用 1.25 m 和 1.5 m。

10. 主要施工方法

(1)(44+80+44)m 连续梁

采用挂篮悬臂浇筑法施工。

(2)桥墩基础施工

吉龙河 1 号和 2 号桥墩位于陡坡上,下方为关公凹水库库区,基础靠山侧采用锚索桩及土钉墙防护开挖,靠河侧采用钢围堰防护施工。

四、下江村特大桥

1. 桥梁概况

下江村特大桥位于福建省龙岩市连城县境内,起讫里程 DK360+360.52~DK362+679.47,根据桥址处地形、地貌及施工条件等特点,全桥孔跨布置为 11×32 m+2×24 m+11×32 m+(32+48+32)m 连续梁+5×32 m+2×24 m+37×32 m,中心里程 DK361+194,桥梁全长 2 318.95 m。

2. 地形地貌

下江村特大桥位于连城县境内,X661 县道于与桥址相交,分布多条便道、机耕道,交通方便。桥址内桥台两端属丘陵剥蚀地貌,自然横坡 5°~20°,植被茂密,多为松树,地面绝对高程 330~358 m,相对高差 10~30 m。中间为平坦开阔河流冲积阶地地貌,地面绝对高程 315~318 m,多被垦为稻田。

3. 工程地质概况

桥址上覆第四系全新统冲洪积层(Q_4^{al+pl})软黏性土、粉质黏土、砂、圆砾土、角砾土、卵石土,坡残积层

(Q_4^{dl+el})粉质黏土、黏土及更新统冲洪积层(Q_3^{al+pl})粉质黏土、软粉质黏土、细砂、碎石土、卵石土、圆砾土、角砾土,既有道路、村庄附近分布人工填土。下伏基岩为二叠系下统栖霞组(P_1q)灰岩、泥质砂岩,局部分布有辉绿岩(η)侵入体。桥址为单斜岩层。由于覆土较厚,无基岩露头,未测量到岩层产状。DZ-37-61 钻孔中岩层倾角约55°。

4. 水文地质概况

(1)桥址处地表水为北团河水、沟水及田水。经取河水化验,水质属 $HCO_3^- —Ca^{2+}$ 型,根据《铁路混凝土结构耐久性设计规范》(TB 10005—2010)判定,对混凝土结构无侵蚀性。

(2)地下水主要为孔隙潜水、岩溶裂隙水,29 号墩钻孔中有承压水自孔口溢出,水量 0.2 L/s。地下水接受降雨、河水径流补给。在 DZ-37-43 钻孔中取水化验(试验编号 C14 浦梅水 YW96)属:$HCO_3^- —Ca^{2+}$型水,对混凝土结构无侵蚀性。

5. 场地类别及地震动参数

桥址区内场地类别为Ⅱ类;地震动峰值加速度为 0.05g,地震动反应谱特征周期为 0.35 s。

6. 初步设计审查意见及执行情况

审查意见:原则同意设计采用的桥式桥跨方案,以主跨 48 m 预应力混凝土连续梁跨越 661 县道,圆端形桥墩,钻孔桩基础。加紧完成岩溶桥墩基础勘探工作,据以采取合理可靠的处理措施。

执行情况:按审批意见执行。

7. 梁部结构设计

(1)特殊桥跨结构

根据地形条件,跨越宣河溪主桥采用 1 联(32+48+32)m 预应力混凝土连续梁。连续梁全长 145.20 m,梁高 2.8～5.0 m,桥面宽 6.60 m,单箱单室截面。

(2)常用跨度简支梁

本桥其他区段主要采用 32 m 简支 T 梁(24 m 简支 T 梁用于调跨),采用部颁通用参考图(通桥(2017)2101)。

8. 墩台及基础设计

(1)墩台

桥台采用单线 T 形桥台;桥墩采用圆端形实体墩。

(2)基础

全桥均采用钻孔桩基础,根据不同跨度和地质条件,桩径分别采用 1.00 m、1.25 m 和 1.5 m。

9. 主要施工方法

(1)简支 T 梁

简支 T 梁在梁场预制梁片,运输到桥位后采用架桥机架设。

(2)(32+48+32)m 连续梁

采用挂篮悬臂浇筑法施工。

(3)桥墩基础施工

桥址处地形交平坦,桥墩基础采用常规方法施工。

五、宣河溪特大桥

1. 桥梁概况

宣和溪特大桥位于福建省龙岩市连城县境内,起讫里程 DK391+504.40～DK392+134.33,根据桥址处地形、地貌及施工条件等特点,全桥孔跨布置为 1×24 m+8×32 m+(32+48+32)m 连续梁+6×32 m+1×24 m,中心里程 DK391+852,桥梁全长 629.93 m。

2. 地形地貌

大桥位于连城县朋口镇境内,三次跨越宣和溪。桥址处河面宽约 12 m,水流较缓。桥位处地面高程在 339.72～404.96 m,相对高差 5～45 m,自然坡度 21°～35°;地势略有起伏,桥位处多为水田。两端桥台较陡且植被茂密。桥位附近有村间水泥道路通行,交通便利。

3. 桥渡水文

本桥于 DK390+615 及 DK391+852 两侧跨越宣河溪,河流与线路夹角约 35°。宣河溪属于属汀江水系,桥址区间无支流汇入,控制断面以上集水面积 99.8 km²,主河道长 22.9 km,河道平均坡降 11.4‰。

桥址处设计流量 Q_1=720 m³/s,设计水位 H_1=347.67 m,设计流速 v_1=4.52 m/s。

4. 工程地质概况

桥址区上覆第四系人工填土(Q_4^{ml}),第四系全新统冲洪积(Q_4^{al+pl})粉质黏土(局部软塑)、卵石土,坡残积(Q_4^{dl+el})粉质黏土,下伏燕山早期第二阶段($\eta\gamma_5^{2-2}$)花岗岩、灰绿岩(η)。桥址区内地层较单一,土层和风化层厚度大,未见断裂构造。

5. 水文地质概况

(1)桥址区发育一地表径流,拟建桥位处 DK391+600、DK391+850、DK391+960 三次跨越宣和溪,水量受季节影响不是很明显;主要受上游来水及降水补给,排泄方式以向下游径流为主,蒸发、下渗为辅。取 2 组沟水化验,段内地表水水质类型 HCO_3^-—Ca^{2+}·Na^+ 型水,地表水对混凝土结构具有酸性侵蚀,侵蚀等级 H1。

(2)区内无较大的含水层,主要地下水类型为第四系松散土层中的孔隙潜水,花岗岩基岩裂隙水,整体地下水不甚发育。经取钻孔中地下水化验(试验编号 C16 浦梅水 YW5、C16 浦梅水 YW6、C15 浦梅水 YW68)属 HCO_3^-—Ca^{2+}·Na^+ 型水,混凝土结构具有酸性侵蚀,侵蚀等级 H1。

6. 初步设计审查意见及执行情况

审查意见:同意设计采用的桥式桥跨方案,以主跨 48 m 预应力混凝土连续梁跨越宣河溪,圆端形桥墩,钻孔桩基础。

执行情况:按审批意见执行。

7. 梁部结构设计

(1)特殊桥跨结构

根据地形条件,跨越宣河溪主桥采用 1 联(32+48+32)m 预应力混凝土连续梁。连续梁全长 145.20 m,梁高 2.8～5.0 m,桥面宽 6.60 m,单箱单室截面。

(2)常用跨度简支梁

本桥其他区段主要采用 32 m 简支 T 梁(24 m 简支 T 梁用于调跨),采用部颁通用参考图(通桥(2017)2101)。

8. 墩台及基础设计

(1)墩台

桥台采用单线 T 形桥台;桥墩采用圆端形实体墩。

(2)基础

全桥均采用钻孔桩基础,根据不同跨度和地质条件,桩径分别采用 1.00 m、1.25 m 和 1.5 m。

9. 主要施工方法

(1)简支 T 梁

简支 T 梁在梁场预制梁片,运输到桥位后采用架桥机架设。

(2)(32+48+32)m 连续梁

采用挂篮悬臂浇筑法施工。

(3)桥墩基础施工

桥墩均位于岸上及坡面上,基础采用常规方法施工。

第七节　特殊结构桥梁设计

一、跨浦建高速大桥、濉溪大桥采用(60＋100＋60)m连续梁

(60＋100＋60)m 单线有砟轨道预应力混凝土连续梁,全长 221.5 m。梁高沿纵向按圆曲线变化,中支点梁高 7.5 m,边支点及跨中梁高 4.5 m,中跨跨中直线段长 10 m,边跨直线段长 15.75 m。截面采用单箱单室直腹板形式,顶板厚度除梁端附近外均为 36 cm,腹板厚 50～70～90 cm,底板由跨中的 40 cm 变化至根部的 90 cm。顶板宽度 7.5 m,底板宽度 5.4 m。箱梁两侧腹板与顶底板相交处外侧均采用圆弧倒角过渡。支座处及中跨跨中共设置 5 个横隔板,横隔板厚度:边支座处 1.5 m,中支座处 2.5 m,中跨跨中 0.8 m。横隔板设有孔洞,供检查人员通过。主梁除 0 号梁段、边孔现浇梁段在支架上施工外,其余梁段均采用挂篮悬臂浇筑。例如濉溪大桥(60＋100＋60)m 连续梁如图 3-5-3 和图 3-5-4 所示。

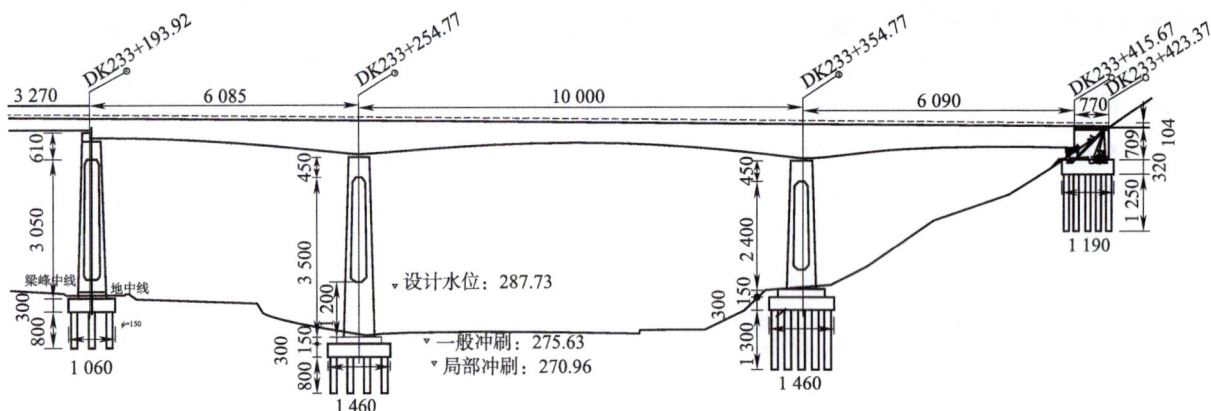

图 3-5-3　濉溪大桥(60＋100＋60)m 连续梁设计图(单位:cm)

图 3-5-4　濉溪大桥竣工图

二、跨泉南高速大桥采用(48＋80＋48)m连续梁

(48＋80＋48) m 单线有砟轨道预应力混凝土连续梁,全长 177.5 m,设计图如图 3-5-5 所示,竣工图

如图3-5-6所示。梁高沿纵向按二次抛物线变化,中支点梁高6.4 m,边支点及跨中梁高3.6 m。截面采用单箱单室直腹板形式,桥面宽度7.3 m,底板宽度4.4 m。主梁除0号梁段、边孔现浇梁段在支架上施工外,其余梁段均采用挂篮悬臂浇筑。

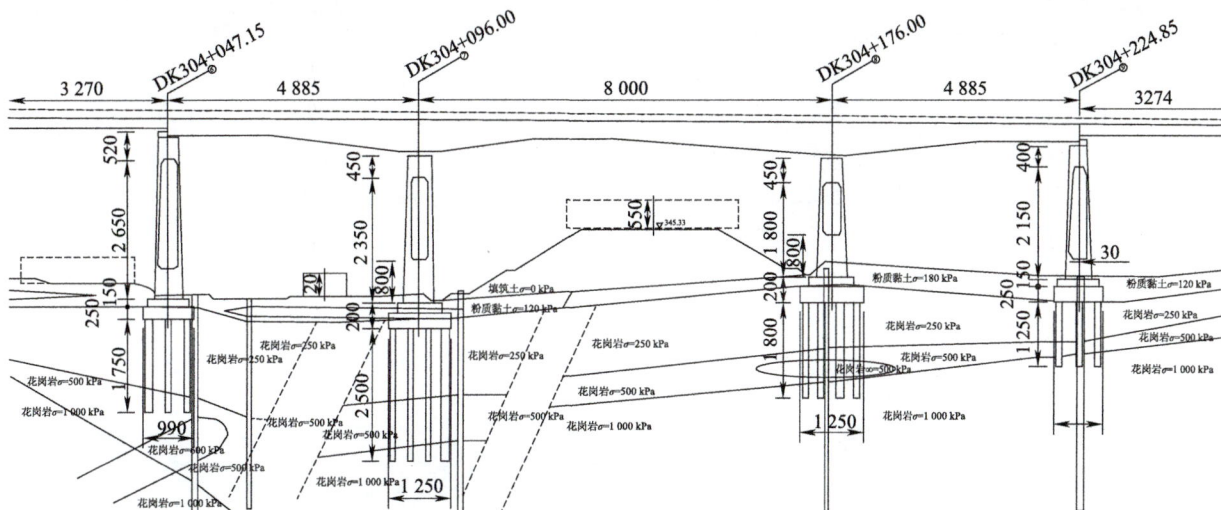

图3-5-5　跨泉南高速大桥(48+80+48)m连续梁设计图(单位:cm)

图3-5-6　跨泉南高速大桥(48+80+48)m连续梁竣工图

三、黄岭特大桥、黄沙潭大桥采用(3×32 m)道岔连续梁

3×32 m预应力混凝土连续箱梁,边跨跨径31.8 m,中跨跨径32.7 m,梁全长97.9 m。梁体为等高度、变宽的直腹板箱梁结构,箱体由单箱单室过渡至单箱双室,梁高2.8 m,梁体在端部和墩顶处共设置4道横隔板。梁体采用支架现浇施工。例如黄沙潭大桥(3×32 m)道岔连续梁如图3-5-7和图3-5-8所示。

四、山区桥梁濉溪大桥设计

DK233+239.37濉溪大桥为跨越濉溪河谷而设,桥梁全长364.81 m,孔跨布置采用4—32 m简支梁+1—(60+100+60)m连续梁,线位处濉溪河道宽约90 m,采用1—(60+100+60)m连续梁一跨跨越,如图3-5-9所示。简支T梁采用预制架设施工,连续梁采用悬臂浇筑施工。

本桥桥址范围内地势高差变化较大,最大桥高48.4 m,其中(60+100+60)m连续梁中墩最大墩高39.5 m,小里程侧边墩墩高34.5 m,大里程侧边跨直接接桥台,台前边坡陡峭无施工操作平台。根据以上特点,在已有处通(60+100+60)m连续梁图纸的基础上,针对连续梁边跨现浇段进行了设计优化,通过

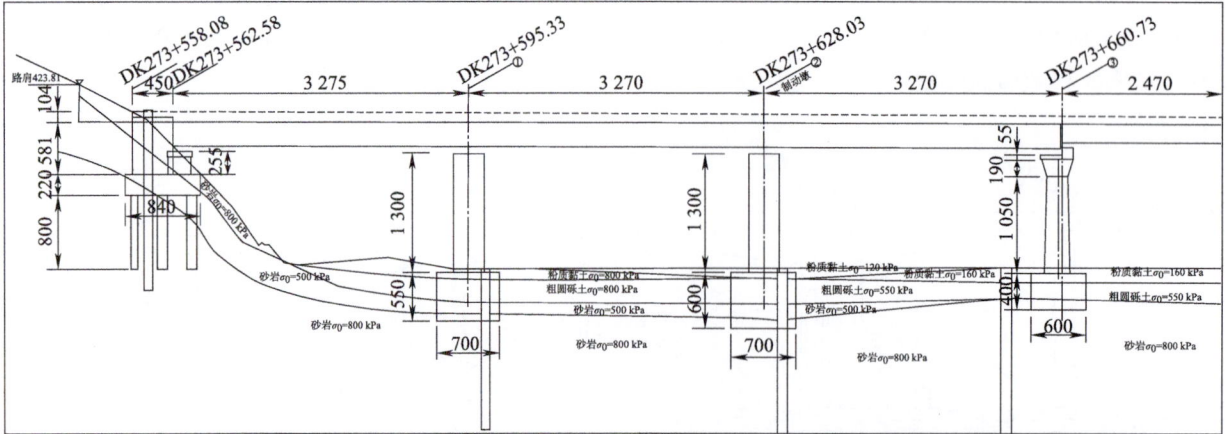

图 3-5-7　黄沙潭大桥(3×32 m)道岔连续梁设计图(单位:cm)

图 3-5-8　黄沙潭大桥(3×32 m)道岔连续梁竣工图

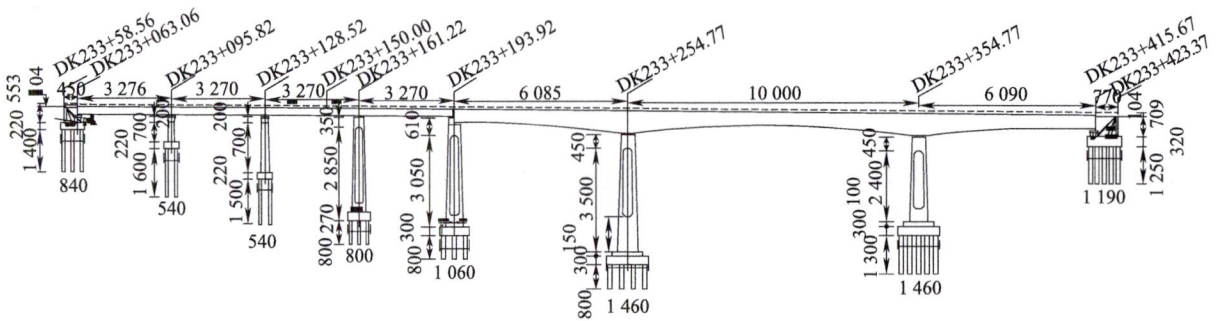

图 3-5-9　滩溪大桥设计示意图(单位:cm)

缩短边跨现浇段节段长度,减轻混凝土湿重,降低了连续梁边墩搭设墩旁托架的设计难度,同时较短的边跨现浇段缩短了大里程桥台台前满堂支架搭设长度,减少了施工平台开挖范围,减少了对桥台桩基础台前原土的扰动,保证了桥梁结构的安全。边跨现浇段具体优化措施如图 3-5-10 和图 3-5-11 所示。

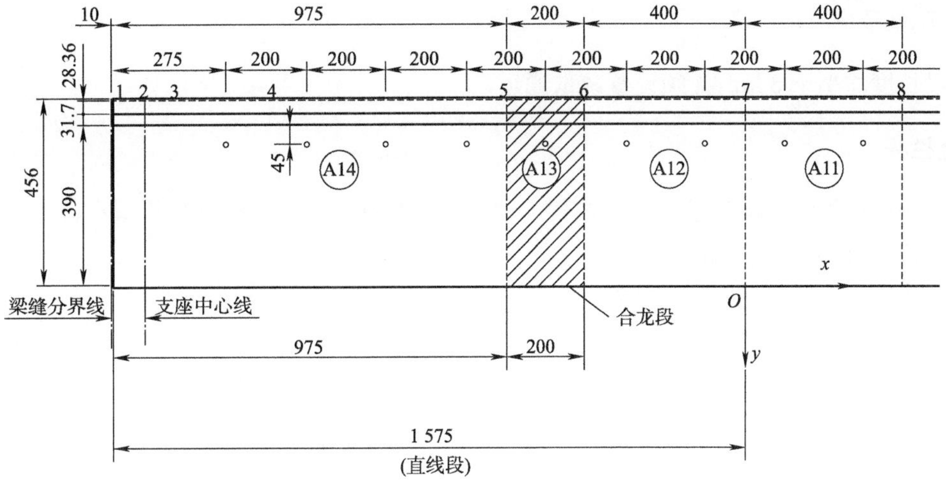

图 3-5-10　优化前《叁桥通(2016)2163-Ⅵ-G》(60+100+60)m 连续梁边跨现浇段长 9.75 m(单位:cm)

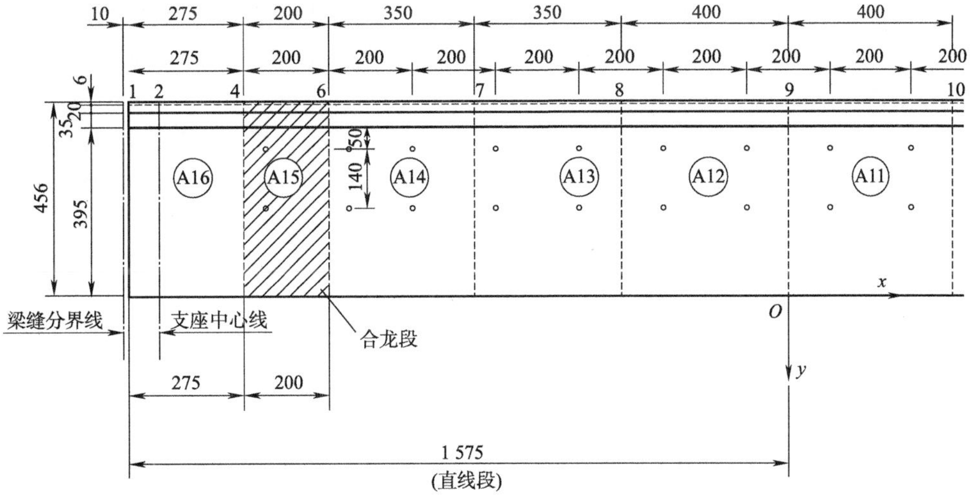

图 3-5-11　优化后《浦梅建宁桥通-Ⅰ-04》(60+100+60)m 连续梁边跨现浇段长 2.75 m(单位:cm)

第八节　桥面系工程设计

一、支　　座

简支 T 梁采用《客货共线铁路常用跨度简支 T 梁双曲面钢支座(SQMZ)》(通桥(2007)8160-SQMZ);连续梁及其他特殊结构采用《铁路连续梁桥球型钢支座 (TJQZ)》(TJQZ-通桥 8361)。支承垫石平面尺寸根据以上支座图设计。

固定支座应放在简支梁下坡端,连续梁在墩顶高程较低的中墩上。如桥上有凹曲线,对应的最低点处简支梁桥墩采用双固定支座桥墩,凸曲线时,则对应桥墩采用双活动支座桥墩。

二、护　　轨

正线及疏解线桥梁、框构桥按规范相关要求应设置护轨。

三、紧急疏散通道

本线桥梁长度均小于 3 km,无须设置疏散通道。

四、桥上栏杆

按照图纸明确提供的声屏障设置范围在桥上预留声屏障基础。声屏障基础设置在桥上人行道栏杆位置,设声屏障段落不设人行道栏杆。

不设声屏障段落均需设置人行道栏杆。

五、检修设施及附属设施

(1)墩台顶帽面至地面高度大于 4 m,或经常有水的河流,墩台顶设置围栏、吊篮;接路堤桥台台后设置检查台阶。

无声屏障桥台顶面设通往人行道的检查梯;有声屏障桥台处简支梁顶面设通往人行道的检查梯。

(2)路堤检查台阶

桥涵处路基填土高度不小于 3.0 m 时,应在路基上游侧设置检查台阶,桥梁设置 2 处,路基设置 1 处。

(3)本线除 D 类桥梁以外均设置防震落梁设施。简支梁防震措施按本线桥梁通用图采用。连续箱梁的防震措施与梁体设计图配套采用。

(4)铁路跨县道、省道、国道、高速公路及市内道路的范围内,本线在桥上设防抛物网。

(5)净高不大于 5.0 m 的立交工点,需在本线两侧设置限高防护架,限高架的标准按"专桥(05)8184"图办理。

第九节　涵洞工程设计

一、涵洞结构形式

浦梅铁路涵洞一般采用钢筋混凝土框架涵、盖板箱涵、圆涵。新建涵洞原则上采用钢筋混凝土框架涵,高填方地段及陡坡地段涵节需采用错台设置的采用钢筋混凝土盖板箱涵。仅为灌溉而设的涵洞,采用钢筋混凝土圆涵。

二、涵洞设计要点

1.孔径及类型的选用

(1)涵洞结构顶至轨底高度原则上不小于 1.20 m,困难情况下结构顶不高于路肩。

(2)孔径及类型的选用

①涵洞类型采用框架涵、盖板涵、肋板涵及圆涵四种形式。

②框架涵采用《通桥(2012)5401》通用图设计,防水层及沉降缝的材料规格及设置办法按《通桥(2012)5401》图施工;盖板涵采用《叁桥(2006)5202》通用图设计,防水层及沉降缝的材料规格及设置办法按《叁桥通(2010)8066》图施工。

涵洞出入口铺砌均参照"叁桥(2007)8011"通用图办理。

2.立交涵洞

立交涵洞的孔径根据与地方相关部门的协议及谈话纪要、专业提供的净空要求确定。路边有排水沟时要适当加大孔径,设置洞内流水槽。

3.排洪涵洞

排洪涵洞必须设计为无压涵洞,应根据流量、孔径、涵前积水深进行检查,如不满足要求则扩大孔径。

灌溉涵洞的孔径根据与地方相关部门的协议及谈话纪要确定。

对净空不足 5.0 m、通行机动车的立交道路要设置限高防护架,每个立交工点设置 2 处。建宁北站既有涵洞接长时,应采取加强防护、监测等措施,确保既有铁路的运营安全。膨胀土地区涵洞,基底须做消除膨胀性处理措施。涵洞上下游的铺砌长度为出入口铺砌外各 10 m,铺砌基底采用 0.25 m 三七灰土换填加固。涵身基底采用 0.5 m 三七灰土换填加固。既有涵接长应根据既有涵类型、孔径等具体确定接长涵洞的孔径类型,一般选用框架涵、盖板箱涵。紧邻既有线涵洞接长施工时,根据涵洞顶至涵洞基底结构高度大小选择钻孔桩及钢板桩对既有路基进行防护。涵洞的地基容许承载力按通用图要求采用,当地基承载力不满足要求时,应进行地基处理,根据处理深度、地质情况分别采用换填、水泥搅拌桩等方法。法向角小于 45°时,出入口按实际角度设计;法向角大于 45°时,出入口按 45°设计。涵洞结构顶至轨底高度原则上不小于 1.20 m,困难情况下结构顶不高于路肩。

第六章　隧　道　设　计

第一节　隧道工程概况与特点

建宁至宁化段正线新建隧道 26 座,见表 3-6-1,建宁上行疏解线新建隧道 4 座,见表 3-6-2,均为单线隧道。其中正线隧道全长 26 544.78 m,建宁疏解线隧道长 2 975.25 m。其中正线线隧比为 33.45%,建宁疏解线线隧比为 55.71%。新建最长隧道为莲花山隧道,长 10497 m,位于正线上。

表 3-6-1　建宁至宁化段贯通正线新建隧道工程简表

隧道长度	隧道座数	隧道长度(m)	附　注
L≤1 km	20	7 242.71	单线
1 km<L≤2 km	4	5 505.07	单线
3 km<L≤4 km	1	3 300	单线
L>4 km	1	10 497.00	单线
合　计	26	26 544.78	单线

表 3-6-2　疏解线新建隧道工程简表

隧道长度	隧道座数	隧道长度(m)	附　注
L≤1 km	2	805.00	单线
1 km<L≤2 km	2	2 170.25	单线
合　计	4	2 975.25	单线

清流至冠豸山段正线共有新建隧道 19 座,见表 3-6-3,全长 27.963 2 km,均为时速 160 km 单线隧道,隧线比为 49.5%,最长隧道为峰果岭隧道,全长 7 007 m。陈坡疏解线新建隧道 3 座,见表 3-6-4,全长 1 493 m,为时速 120 km 单线隧道。

表 3-6-3　清流至冠豸山段贯通正线新建隧道工程简表

隧道长度	隧道座数	隧道长度(km)	附　注
L≤1 km	12	4.939	单线
1 km<L≤3 km	3	4.571	单线
3 km<L≤5 km	3	11.446	单线
L>5 km	1	7.007 2	单线
合　计	19	27.963 2	单线

表 3-6-4　清流至冠豸山段疏解线新建隧道工程简表

隧道长度	隧道座数	隧道长度(km)	附　注
L≤1 km	2	0.428	单线
1 km<L≤3 km	1	1.065	单线
合　计	3	1.493	单线

第二节　设计原则与采用的主要技术标准

一、主要技术标准

主要技术标准见表 3-6-5。

表 3-6-5　主要技术标准

序　号	主要技术标准	浦梅清冠段正线	陈坡疏解线
1	铁路等级	国铁 I 级	
2	正线数目	单线	单线
3	速度目标值	160 km/h	120 km/h
4	牵引种类	电力	
5	机车类型	客车 HXD$_3$,货车 HXD$_5$	
6	限制坡度	9‰	9‰
7	最小曲线半径	一般 2 000 m,困难 1 600 m	一般 1 200 m,困难 700 m
8	牵引质量	4 000 t	
9	到发线有效长度	850 m	
10	闭塞类型	自动站间闭塞	自动站间闭塞

二、隧道建筑限界及衬砌内轮廓

(一)区间正线

区间正线为单线电力牵引客货共线,旅客列车设计行车时速 160 km,隧道建筑限界根据"隧限—2A"绘制,采用通隧(2008)1001—07 图之衬砌内轮廓,轨面以上有效净空面积为 42.06 m²,如图 3-6-1 所示。

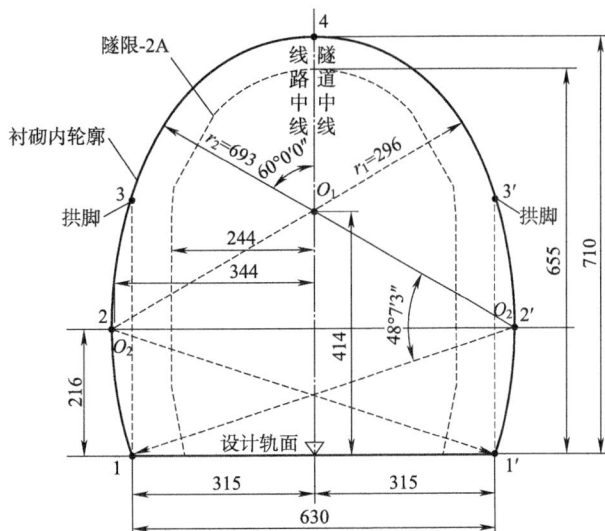

图 3-6-1　设计时速 160 km 客货共线铁路单线隧道建筑限界与衬砌内轮廓(单位:cm)

(二)陈坡疏解线

陈坡疏解线为单线电力牵引客货共线,旅客列车设计行车时速 120 km,隧道建筑限界根据"隧限—2A"绘制,有砟轨道的隧道满足原铁道部《关于明确时速 120 km 及以下铁路隧道设计有关要求的通知》(铁建设〔2012〕159 号)关于隧道内大型养路机械作业的要求。轨面以上有效净空面积为 37.56 m²,如图 3-6-2 所示。

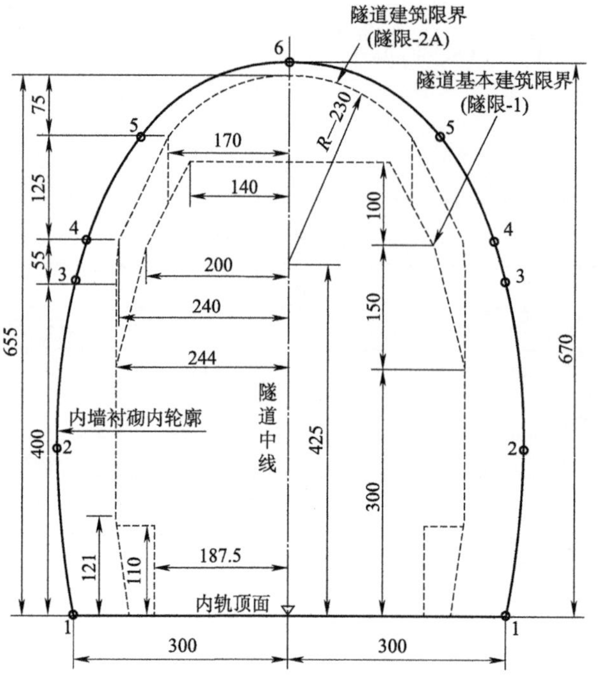

图 3-6-2　设计时速 120 km 客货共线铁路单线隧道有砟段建筑限界与衬砌内轮廓(单位:cm)

(三)曲线断面加宽

1. 设计速度 160 km/h:单线隧道净空已满足曲线加宽要求,曲线地段不需要加宽。

2. 设计速度 120 km/h:采用有砟轨道,隧道净空已满足曲线加宽要求,曲线地段不需要加宽。

(四)车站伸入隧道内轮廓要求

车站范围内隧道建筑限界应满足"隧限－2B"、线间距、车站作业及车站设备安装要求,区间隧道与车站隧道间采用台阶式过渡。

(五)接触网下锚段内轮廓要求

1. 一般区段:本线海拔高度不大于 1 000 m,普通断面不加高不加宽。

2. 接触网锚段关节区段:非绝缘关节范围净空均加高 0.3 m;绝缘关节范围净空均加高 0.7 m。

3. 隔离开关加宽要求:加高 0.7 m,加宽 1.0 m。

4. 接触网下锚洞不考虑加宽,但衬砌强度需满足接触网下锚荷载要求。

5. 为保证隧道一侧沟槽盖板顶面作为疏散通道的通畅性,本线隧道内下锚坠砣均设置在单侧。

第三节　一般隧道设计

浦梅铁路的一般隧道除按照前述隧道工程设计原则与采用的主要技术标准设计外,主要有以下几个方面。

一、隧道衬砌结构设计

(一)暗洞衬砌结构设计

1. 暗挖隧道采用曲墙复合式衬砌

暗挖段采用曲墙复合式衬砌。Ⅱ级围岩采用曲墙带钢筋混凝土底板结构,Ⅲ～Ⅴ级围岩均采用曲墙带仰拱衬砌结构形式。Ⅴ级围岩二次衬砌采用钢筋混凝土结构,其他各级围岩一般条件下均采用素混凝土结构。隧道洞口段及浅埋、偏压段、软弱围岩段进行结构加强,桥隧相连段应进行特殊设计。

2. 暗洞衬砌深浅埋确定

浅埋埋深指拱顶全部覆盖层厚度(包括土层及 W4 全风化层)。当地面水平或接近水平,且单线隧道覆盖深度小于表 3-6-6 所列数值时,按浅埋隧道进行设计,否则按深埋隧道设计。当有不利于山体稳定的地质条件时,深浅埋分界控制值可适当放大。

表 3-6-6　浅埋单线隧道覆盖厚度值

围岩级别	深浅埋分界覆盖厚度	备　注
V	拱顶埋深小于 25 m	
IV	拱顶埋深小于 14 m	

3. 暗洞衬砌偏压确定

暗洞偏压分为地形偏压和地质构造偏压两种。

(1)地形偏压:当隧道外侧拱肩至地表的垂直距离 t 不大于《铁路隧道设计规范》(TB 10003—2016)表 5.1.7-1 所列数值时,采用相应的偏压隧道衬砌;隧道外侧拱肩至地表的垂直距离 t 不大于《铁路隧道设计规范》(TB 10003—2016)表 5.1.7-2 所列数值时,除采用相应的偏压隧道衬砌外,尚应在洞外设置地面锚杆、抗滑桩、回填反压等支挡措施。

(2)顺层偏压:当岩层倾角较陡、与线路小角度相交且岩层为中厚层状构造、地下水发育,层间结合薄弱时,采用加强型衬砌;对于浅埋、偏压或接触带段的顺层偏压,衬砌支护参数进行相应加强。

4. 国防设防

长度大于 5 km 及车站隧道洞口、洞身浅埋段、通风口及安全出口按国防要求设计,设防段衬砌采用钢筋混凝土,设防段长度按拱顶以上覆盖层厚度满足表 3-6-7 确定,并保证单线隧道设防段长度不小于 15 m。

表 3-6-7　国防设防段衬砌拱部覆盖层最小防护厚度表(m)

围岩级别	隧道顶部岩层最小厚度值
	国防要求
VI级围岩	13 m 且 >2.0B
V 及 IV 级土质围岩	11 m 且 >1.5B
II、III、IV 级围岩及 IV 级石质围岩	6 m 且 >1.0B

注:B——为隧道开挖宽度;最小厚度——拱圈衬砌厚度为 0.4 m 的钢筋混凝土时的最小厚度。

5. 瓦斯设防

瓦斯地段的喷射混凝土厚度不应小于 15 cm,模筑混凝土衬砌厚度不应小于 40 cm。由于瓦斯具有由压力高地段向压力低地段渗透扩散的特点,瓦斯地段一般延长 50~100 m(一般取 50 m)。

6. 抗震设防

全线地震动峰值加速度不大于 0.05g,不予设防。

(二)明洞衬砌结构设计

1. 明暗分界里程的确定

(1)线路中线与等高线正交的情况下,地面纵坡陡于 1∶2.5 时,一般按拱顶覆土厚不大于 2.0 m 为明暗分界条件。地面纵坡为缓坡时,根据实际情况按仰坡不超过 5.0~6.0 m 的仰坡起坡点为明暗分界。

(2)明洞长度设计按不小于 5 m 考虑。

2. 明洞衬砌结构

明洞段采用整体式衬砌,明洞设计断面分偏压式明洞、单压式明洞、双耳墙式明洞等,设计根据地形、地质条件分别选用,单压式明洞外侧边墙基础加深一般不超过 3 m。

(三)隧道衬砌支护参数

浦梅铁路清冠段各型复合式衬砌适用条件见表 3-6-8。

表 3-6-8　浦梅铁路清冠段各型复合式衬砌适用条件一览表

围岩级别	衬砌类型	结构形式	适 用 条 件
Ⅱ	Ⅱ	曲墙带底板	Ⅱ级围岩地段
Ⅲ	Ⅲ	曲墙带仰拱	Ⅲ级围岩一般地段
	Ⅲh	曲墙带仰拱	Ⅲ级围岩近水平岩层地段
	Ⅲs	曲墙带仰拱	Ⅲ级围岩顺层偏压地段
Ⅳ	Ⅳa	曲墙带仰拱	Ⅳ级围岩深埋硬质岩地段
	Ⅳa-1	曲墙带仰拱	Ⅳ级围岩软质岩、浅埋、深埋顺层偏压、受构造影响段
	Ⅳb	曲墙带仰拱	Ⅳ级围岩浅埋偏压、构造影响带顺层偏压段
Ⅴ	Ⅴa	曲墙带仰拱	Ⅴ级围岩深埋地段
	Ⅴa-1	曲墙带仰拱	Ⅴ级围岩浅埋段、深埋顺层偏压段
	Ⅴb	曲墙带仰拱	Ⅴ级围岩浅埋偏压、构造影响带及受其影响顺层偏压段
	Ⅴb-1	曲墙带仰拱	全风化层、全土层、地下水发育Ⅴ级围岩段

二、洞口段设计

(一)洞口位置的确定

1. 总体原则

隧道洞口位置遵循"早进晚出、保护环境"的原则确定。隧道应避免长距离顺沟、浅埋、偏压地层进洞。地质较差的隧道洞口设置 $\phi108$ mm 管棚作为超前支护措施,严禁大面积开挖坡脚,尽量采用不刷坡进洞,减少对洞口坡面的扰动和环境的影响。顺层偏压严重的洞口,应适当加强防护,确保洞口边坡的稳定。高陡边坡隧道洞口应进行坡面稳定性评价,并根据评价结论采取针对性的工程措施。洞口上方有危岩落石时,宜接长明洞或棚洞,坡面采取稳妥的清除、防护措施,确保施工及运营期间安全。

2. 浅埋、漫坡地段洞口位置

应结合洞外相关工程、用地范围、弃渣综合利用、排水条件、洞口施工条件的布置等进行经济技术比较,择优选择。

3. 高陡边仰坡地段洞口位置

傍山隧道洞口靠山侧边坡一般较高,应对其自然坡面的稳定性进行分析,确定是否采取必要的预加固措施。可通过接长明(棚)洞、人工改造地形或采取必要的预加固措施尽早进洞。

4. 危岩落石地段洞口位置

位于悬崖陡壁下的洞口,不宜切削原坡面,若悬崖稳定,可贴壁进洞;若有落石掉块,则应优先接长明(棚)洞,并采用主/被动防护网、清除、嵌补等综合处理措施;当无接长明(棚)洞条件时,则应采取其他防护措施。

5. 桥隧相连地段洞口位置

若桥台靠近洞门或伸入洞内时,洞门位置及结构形式应结合桥台设置情况确定,桥台基础和隧道底部的结构设计应统筹考虑。洞口或明洞应尽量接近桥台台尾,并结合危岩落石防护设置防护明(棚)洞结构,以保证运营安全。同时,隧道洞口开挖、防护应与桥台施工统筹考虑。

6. 既有建筑物地段洞口位置

应结合现场条件,充分研究既有建筑物的资料,选择适宜的处置方案,以保证或改善既有工程的功能为原则确定洞口位置。

(二)洞门形式的选择

1. 总体原则

隧道洞口均设置洞门,洞门结构形式的选择应综合考虑地形、地貌、洞口地质条件及附近建筑物、周边自然环境等因素,按照"确保安全、因地制宜、保护环境、简约实用"的原则,结合危岩落石防护、桥梁防护、施工便道引入等情况,力求简洁、美观、实用。

为加强洞口结构的整体性,洞门端墙与洞口衬砌间、洞口挡(翼)墙连接处均设置连接钢筋。长度大于 5 km 的隧道洞门考虑国防设防,洞门采用钢筋混凝土结构;一般情况采取台阶式、桩柱式、挡墙式等洞门。

2. 桥隧相连地段洞门选型

当洞口紧邻桥台,无法设置洞门挡墙时,可根据实际情况采用框架式洞门、桩柱式洞门或接长棚洞。

3. 危岩落石及高陡边坡地段洞门选型

在有危岩落石及高陡边仰坡地段,宜优先采用接长明洞或棚洞。明洞门形式视地形情况采用单压式、偏压式或双耳式。坡面采取稳妥的清除、主/被动防护网等防护措施,确保施工及运营期间安全。

(三)洞口边、仰坡防护

1. 边、仰坡设计总体原则

隧道洞口边、仰坡防护在确保边、仰坡稳定的前提下,做到与自然环境及洞口段路基工程协调,并应结合环评、景观专业要求考虑绿色防护设计。洞口边、仰坡开挖之前,应结合洞口地形和工程地质条件,必要时采取地表预加固措施,以减少边、仰坡开挖高度,减小因开挖对坡面的影响,避免诱发山体滑坡。

2. 永久坡面防护

弱到强风化的硬质岩边仰坡,一般采用锚、网喷混植生防护;节理发育易风化剥落或岩层破碎地段且边、仰坡较高时,采用锚杆(索)框架梁防护,框架内喷混植生防护。有条件时于坡脚种植爬山虎等藤蔓植物,以实现绿色防护。

软质岩、全风化硬质岩及土层坡面采用混凝土空心砖客土灌草间植灌木护坡、锚杆(索)框架梁内空心砖客土植草间植灌木护坡或拱形截水骨架内灌草间植灌木护坡防护具体形式应与相邻路基工程一致。

3. 临时坡面防护

洞口临时开挖边坡及明暗分界直立开挖面均采用喷锚网进行防护;对明暗分界直立开挖面视地质情况来确定防护形式,其中明暗分界或洞门端墙背后直立开挖面暗洞开挖轮廓线范围内设玻璃纤维锚杆,其余采用砂浆锚杆或钢锚管。

4. 洞口段边仰坡预加固

当洞口位于土层或全风化地层、顺层或严重偏压及堆积体等不良地质时,结合地质条件和地形条件,采用反压回填、预加固桩、地表注浆加固等预加固措施;并加强洞口超前预支护措施,原则上本线隧道洞口均应设一环大管棚,以改善进洞条件,确保洞口安全。

5. 洞口危岩落石防护

洞口上方有危岩落石及存在高陡边仰坡的隧道应尽量接长明洞或棚洞,并采取稳妥的清除、嵌补、支顶及主/被动防护措施,以确保施工及运营安全。

(四)洞口建构筑物

当洞口沟渠、公路等建(构)筑物影响洞口结构及运营安全时,应根据建(构)筑物现状及其与线路的相对关系,并结合其规划予以改移或采取其他防护措施。隧道下穿公路且公路靠隧道洞口较近时,公路靠近洞口侧应考虑设置防撞设施,确保运营安全。

(五)洞口路基段

洞口至分界里程范围内道床底面基底为强或弱风化软质岩、土层或全风化岩层时(地基承载力明洞小于 180 kPa),应根据风化层或土层厚度采取 C25 混凝土换填或钢管桩、微型桩、旋喷桩等其他基底加固方式。若道床底面基础为弱风化硬质岩时,则道床底面以下 30 cm 设 C25 混凝土找平层。其余情况下,洞口至分解里程范围内道床底面以下 1 m 范围内采用 C25 混凝土换填。

三、隧道轨下基础类型

（一）采用类型及铺设范围

采用重型轨道类型，按一次铺设跨区间无缝线路设计，以铺设有砟轨道为主，长度大于 6 km 的隧道铺设弹性支承块式无砟轨道；隧道内跨越活动断裂带或车站地段采用有砟轨道。

（二）轨道结构高度（内轨顶至道床底面高度）

有砟段：轨道结构高度为 766 mm；

无砟段：轨道结构高度为 600 mm。

（三）过渡段的设置情况

无砟轨道与有砟轨道过渡段设于隧道内洞口段，过渡段长 25 m，轨道结构高度 766 mm。具体以轨道专业文件为准。

四、照明设置

全长 1 000 m 及以上的直线隧道和全长 500 m 及以上的曲线隧道应设置固定式电力照明，其他隧道配备移动式照明设备。

长度 5 km 以上或有紧急出口的隧道内设置应急照明。应急照明灯具安装间隔不大于 50 m，该设备必须能在供电中断时能自动连通并能连续工作 2 h 以上。

照明设置应符合《铁路隧道照明设施与供电技术要求》。

救援通道内按规定设图像文字标记，指示两个方向分别到洞口的整百米数，应急疏散指示标识处配备灯光及应急照明显示方向。

五、辅助施工措施及施工方法

（一）辅助施工措施

1. 对浅埋、偏压等地形、地质条件较差的隧道洞口、洞身段应先预加固围岩后再开挖，视地质条件可采用地表砂浆锚杆、地面预注浆、水平旋喷桩、锚固桩等加固围岩，框架锚索（杆）或骨架护坡等加固边仰坡，并根据具体围岩情况设置长管棚、超前小导管等超前支护措施。

2. 软岩段隧道的基底承载力小于 0.18 MPa 或基底岩层遇水易软化时应予以加强，可采用换填、地层注浆、微型桩、钢管桩、旋喷桩或其他加固措施，确保基底稳定。

3. 地下水流失可能导致环境破坏，影响生产、生活，隧道防排水采取"以堵为主，限量排放"的段落，衬砌结构应具有相应抗水压的能力，辅以超前周边注浆和开挖后局部径向（洞周 3～5 m）注浆堵水。

4. 洞口及洞身浅埋段、断层破碎带及下穿铁路、公路、采矿坑道、房屋等既有构筑物地段，应结合实际情况必要时予以加强。

各类辅助施工措施表见表 3-6-9。

表 3-6-9　辅助施工措施表

序号	项　目	主要作用	主要设计参数	适用条件
1	洞口段长管棚	加固周边一定范围围岩，与钢架组合成预支护系统，防止洞口软弱围岩坍塌，创造进洞条件	ϕ108 mm 热轧无缝钢管，长 10～60 m，外插角 1°～3°，压注水泥浆液	洞口 V 级及以下围岩，无自稳能力，或洞口段地表有重要建筑物，有沉降控制时
2	洞身段中～长管棚	加固周边一定范围围岩，与钢架组合成预支护系统，防止洞身软弱围岩坍塌、下沉或松弛	ϕ79～108 mm 热轧无缝钢管，每环长 10～40 m，外插角 3°～5°，压注水泥浆液	V 级围岩浅埋偏压段，自稳能力极差地段
3	双层小导管	加固洞壁一定范围围岩，与钢架组合成预支护系统，控制软弱围岩变形量	ϕ42 mm 热轧无缝钢管，每环长 4～5 m，外插角 40° 及 5°～10°，压注水泥浆液	V 级围岩断层破碎带或软弱浅埋地段

序号	项 目	主要作用	主要设计参数	适用条件
4	单层小导管	加固洞壁一定范围围岩,与钢架组合成预支护系统,控制软弱围岩变形量	ϕ42 mm 热轧无缝钢管,每环长4.5 m,环向间距 0.4～0.5 m,外插角 5°～10°,压注水泥浆液	V级围岩地段;IV级围岩浅埋、偏压地段
5	自进式管棚	与钢架共同作用支托上部临空面松动、破碎岩体	L=10～20 m,ϕ108 mm 自进式无缝钢管,外插角 5°～10°	拱顶软弱围岩(难成孔)段;拱顶塌方地段
6	超前周边预注浆	在一定范围内加固围岩,减小加固圈岩体空隙率及渗透系数,控制围岩涌水量,达到堵水效果	超前注浆,加固范围洞周 5 m,压注水泥浆液	地层条件极差、岩层无自稳能力、涌水量大于控制值、可能突水突泥段
7	局部径向注浆	在一定范围内加固围岩,减小加固圈岩体空隙率及渗透系数,控制围岩涌水量	局部径向注浆,加固范围 5 m,压注水泥浆液	初期支护出现大面积渗漏水或支护结构变形较大、断层破碎带
8	掌子面加固	对掌子面采用网喷、喷锚或注浆、玻璃纤维锚杆、导管排水等措施进行加固,防止坍塌	通过喷混凝土、网喷混凝土、锚网喷、导管注浆、深孔注浆等措施	掌子面不能自稳地段。

(二)施工方法

1. 本线暗挖隧道均按喷锚构筑法原理组织施工。隧道施工方法应根据工程地质条件和水文地质资料,结合开挖断面大小、衬砌类型、隧道长度、工期要求及环境制约等因素综合研究确定。对地质条件变化较大的隧道,选用的施工方法应有较大的适应性,当需要变更施工方法时,以工序倒换简单和较少影响施工进度为原则,一般不宜选用多种施工方法。

为尽量减少人工,改善劳动条件,加快施工进度,对特长隧道及施工工期紧张的隧道(工区),施工工法的选用在满足施工安全、经济可行的基础上,应尽量满足能实现快速机械化施工的要求。

根据本线隧道工点实际情况,本线施工方法包括全断面法、普通短台阶法、短台阶临时仰拱法、短台阶临时横撑法、短台阶留核心土法等。

不同围岩条件推荐采用的施工方法和可选用的工法见表 3-6-10。

表 3-6-10　单线隧道各级围岩施工方法选择表

施工方法	围岩级别						
	II级	III级	IV级	V$_a$型	V$_{a-1}$型	V$_b$型	V$_{b-1}$型
全断面法	▲	▲					
普通短台阶法	●	●	▲	▲	▲	●	
短台阶临时横撑法					●		
短台阶临时仰拱法						▲	▲
短台阶留核心土法							●

注:① 表中"▲"为推荐使用,"●"为可使用,施工中可根据实际情况作相应调整。

② 施工方法的选择应考虑顺层等影响,并在表 3-6-10 的基础上适当进行加强。

2. 隧道开挖采用光面爆破,严格控制超欠挖,初期支护喷射混凝土应采用湿喷工艺。工程数量除初期支护钢架外,其余均不考虑超挖、超挖回填和施工误差数量。

3. 软弱围岩隧道IV、V级地段采用台阶法施工时,应符合以下规定:

(1)上台阶每循环开挖支护进尺V级围岩不应大于 1 榀钢架间距,IV级围岩不得大于 2 榀钢架间距;边墙每循环开挖支护进尺不得大于 2 榀;

(2)仰拱开挖前必须完成钢架锁脚锚杆(锚管),每循环开挖进尺不得大于 3 m;

(3)隧道开挖后初期支护应及时施作并封闭成环,IV、V级围岩封闭位置距离掌子面不得大于 35 m。

六、施工组织设计方案

(一)施工组织原则

1. 长度小于 2 000 m 的隧道采用单口掘进,长度在 2 000~5 000 m 之间的隧道采用双口掘进,5 000 m 以上采用多口掘进。

2. 正洞准备工期不含便道、大电等,一般按 3 个月;辅助坑道准备工期为 2 个月。

(二)施工机械化配套

本线隧道施工机械化配套执行《铁路隧道工程施工机械配置技术规程》规定,隧道施工采用无轨运输。

(三)施工综合进度参考指标

1. 施工综合进度参考指标(m/月)

单线隧道综合施工进度指标表见表 3-6-11。

表 3-6-11　单线隧道综合施工进度指标表

序　号	围岩级别	Ⅱ	Ⅲ	Ⅳ	Ⅴ
1	正洞开挖	160	110	75	45
2	车站大跨段	140	100	55	35
3	斜井建井	275	210	145	60
4	斜井施工正洞	150	105	70	40
5	平导(横洞)开挖	285	220	155	70
6	平导(横洞)施工正洞	160	110	75	45

2. 有关要求

帷幕注浆段进度指标 30 m/月。

超前周边注浆和开挖后局部径向注浆段进度指标折减 10 m。

(四)施工排水

通过隧道洞口或辅助坑道施工,施工排水采用固定泵站和移动泵站相结合的排水方案,在反坡施工方向设置移动泵站,斜井与隧道相交里程附近设置固定泵站,顺坡施工段施工排水利用顺坡自排至固定泵站,反坡施工段利用移动泵站抽排隧道出水至固定泵站,然后利用固定泵站将隧道内出水抽排至斜井外。

第四节　长大、重难点隧道设计

一、莲花山隧道

(一)隧道概况

莲花山隧道为全线最长隧道,位于福建省建宁县均口镇与宁化水茜乡交界,北起均口镇隆下村,向南经过洋坑村,终至宁化县水茜乡黄沙潭村,起讫里程为 DK263+043~DK273+540,隧道呈北北东方向展布,总长 10.497 km,最大埋深约 380.0 m。

隧道进口~DK263+189.05 位于 $R=2\,000$ m 的左偏曲线上,其余段落位于直线上。隧道进口~DK263+650 范围内纵坡为 3‰的上坡;DK263+650~DK271+400 范围内纵坡为 7‰的上坡;DK271+400~出口范围内纵坡为 3‰的下坡。

结合本线隧道特点及地质条件,共设置避难所共 2 处,详见表 3-6-12,本线除避难所外,无其他附属通道出口。

表 3-6-12 斜井设置参数表

序号	斜井编号	交汇里程	角度(大里程)(°)	最大坡度	车道数	侧别	平面长度(m)	后期处理
1	1号斜井	DK265+600	90	10.37%	双车道	右侧	708	避难所
2	2号斜井	DK270+400	56	9.91%	双车道	右侧	1 182	避难所

(二)莲花山隧道进出口设计

莲花山隧道进口采用偏压式明洞门。DK263+043~+050 段采用偏压式明洞衬砌,临时边坡坡率为 1:1。本洞口永久边、仰坡刷坡坡率为 1:1.5,仰坡面永久防护采用骨架护坡及锚杆格梁防护。为保证铁路安全,避免莲花山隧道进口洞门受到车辆撞击,对临近进口的道路设置 50 m 防撞墩,设置于道路靠近隧道进口的一侧,现场照片如图 3-6-3 所示。

图 3-6-3 莲花山隧道进口现场照片

莲花山隧道出口采用双耳墙式明洞门。DK273+530~+540 段采用双耳墙式明洞衬砌,临时边坡坡率为 1:1。本洞口永久边、仰坡刷坡坡率为 1:1,仰坡面永久防护采用骨架护坡防护。

(三)施工过程中遇到难题

1. 涌水突泥

2019 年 3 月 24 日凌晨 3 点,莲花山隧道 2 号斜井正洞小里程 DK268+828~+825.3 爆破后,发现 DK268+825.3 面向掌子面右侧拱腰出现夹层并开始涌水,夹层为黄色淤泥,出水孔不断扩大、涌水量迅速增大,掌子面出现间歇性剧烈轰鸣声。根据监测数据,3 月 24 日 13 时涌水速度达到顶峰约 1 300 m³/h,之后涌水速度开始降低,至 3 月 25 日水面里程涨至 DK269+649,淹没洞身 824 m。经参建各方现场确定抽排水方案,连续抽排后,于 2019 年 4 月 8 日上午 8 点水位抽至掌子面。

2019 年 4 月 15 日,建指组织参建四方在设计单位补充勘察基础上召开了突泥涌水原因分析及处理方案研讨会,形成了《莲花山 2♯斜井 DK268+825.3 掌子面突泥涌水处理方案研讨会议纪要》(〔2019〕38 号),结合补充超前地质预报成果,判断 DK268+825~+780 为断层破碎带,风化严重,突泥物为淤泥状风化物,涌水主要为基岩裂隙水。

2. 解决方案

结合综合超前预报成果和现场前期处理情况,对莲花山隧道突泥、涌水后,掌子面前方 DK268+825~DK268+760 段,长度 65 m 正洞;掌子面后方 DK268+825~+840 段,长度 15 m 正洞,采取如下处理方案:

(1)完善 DK268+840~+825 段径向注浆加固

对 DK268+840~+825 段拱墙部位采用径向注浆加固,注浆加固范围为隧道轮廓线外 3 m。

（2）临时泄水措施

在 DK268＋825 掌子面及 DK268＋830 拱墙打设泄水孔。DK268＋825 掌子面泄水孔间距 2.0 m×2.0 m，梅花形布置；DK268＋830 拱墙泄水孔环向打设，环向间距 2.0 m。泄水孔直径 ϕ100 mm，泄水孔长 30 m，倾角不小于 30°，泄水孔采用 PVC 管材，底部 5 m 范围包裹双层土工布，并打孔，孔径 10 mm，孔间距 15 cm。泄水孔顶部 3 m 范围采用双液浆封孔，并设置阀门。

（3）超前周边注浆加固

DK268＋825～＋780 段施作超前周边注浆，共施作两循环，每循环 25 m，第一循环止浆墙厚度 2 m，采用 C20 混凝土，兼作超前长管棚导向墙，注浆加固范围为开挖轮廓线外 3 m。

（4）超前支护措施

DK268＋825～＋780 段用超前 ϕ89 mm 中管棚进行超前支护，共施作两循环，每循环 25 m，管棚搭接长度 5 m。

DK268＋780～＋775 段用 ϕ50 mm 超前小导管支护。

（5）衬砌支护参数

① DK268＋840～＋780 段

DK268＋840～＋780 段围岩级别调整为Ⅴ级，采用突水涌泥段加强型衬砌，工法采用台阶法加临时仰拱。

② DK268＋780～＋775 段

DK268＋780～＋775 段围岩级别调整为Ⅴ级，采用Ⅴ级围岩 V_b 型复合式衬砌，工法采用台阶法加临时仰拱。

③ DK268＋775～＋760 段

DK268＋775～＋760 段围岩级别调整为Ⅳ级，采用Ⅳ级围岩型复合式衬砌，采用台阶法进行施工。

（6）排水加强措施

DK218＋825～＋780 段每排水单元增设 4 道 50 cm 宽环向排水板，排水板与纵向盲管相连。

二、武调及武调 1 号隧道

（一）隧道概况

浦梅铁路新建武调隧道及疏解线武调 1 号隧道进口位于建宁县火车北站站内，双侧近接既有昌福铁路武调 1 号隧道，既有昌福铁路为设计速度目标值 200 km/h 的高速铁路，车流密度大。双侧近接既有营运铁路隧道段落，地形偏压大，新建隧道埋深很浅，如图 3-6-4 所示，地质条件差，且在既有隧道施工过程中，岩层已经受到扰动。

图 3-6-4 近接昌福铁路既有隧道进口

　　新建武调隧道及疏解线武调1号隧道位于浦梅铁路与接轨车站建宁县北站咽喉区。武调隧道位于既有运营的高速铁路昌福铁路右侧,进口里程 DK227+430,出口里程 DK230+735,全长 3 307 m,洞身最大埋深约 258.42 m。DK227+428～DK229+220 段设计为时速 120 km 的单线隧道,DK229+220～DK230+735 段设计为时速 160 km 的单线隧道。与昌福铁路最近处线间距约 11.8 m,与昌福铁路既有隧道结构之间的最小净距仅 4.4 m。对侧新建的疏解线武调1号隧道进口里程 SJDK227+428,出口里程 SJDK228+508,隧道全长 1 080 m,洞身最大埋深约 105 m,设计为时速 120 km 的单线隧道,与昌福铁路最近处线间距约 14 m,与昌福铁路既有隧道结构之间的最小净距仅 2.1 m。新建隧道与既有隧道位置关系如图 3-6-5 所示。

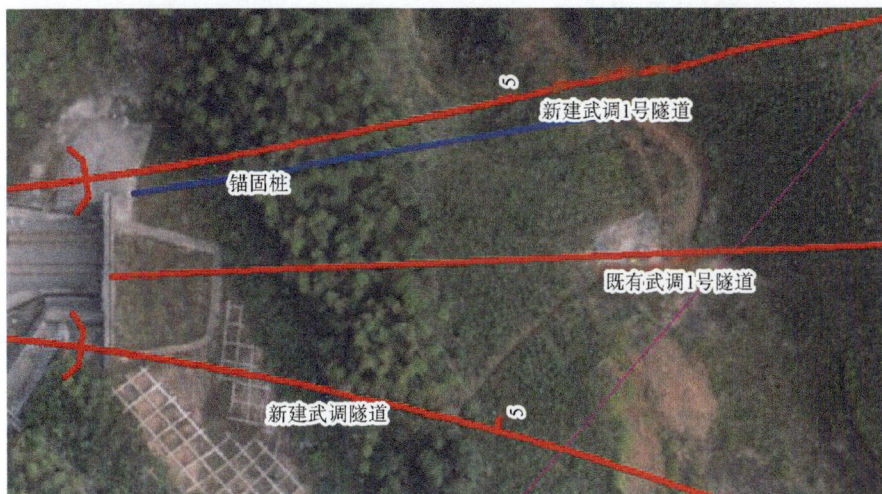

图 3-6-5　新建隧道与既有隧道平面位置关系图

　　(二)武调1号隧道进口近接段设计

　　洞口 SJDK227+428.7～+435.7 段采用单压式明洞门,由于疏解线武调1号隧道进口与既有隧道结构净距仅 2.1 m,新建隧道洞门端墙与既有隧道洞门端墙及左侧翼墙空间位置冲突。因此新建隧道洞门端墙施作前需拆除既有隧道洞门的左侧 1 m 范围端墙及 SJDK227+428.7～+433.7 段既有洞门左侧翼墙;新建武调1号隧道洞门端墙与既有洞门端墙采用植筋连接,植筋采用 ϕ20 mmU 形钢筋,竖向间距 30 cm;端墙拆除采用非爆破施工,以减小对既有隧道的影响,施工中对既有隧道洞门加强监测。

　　由于对既有隧道洞门端墙及翼墙的部分拆除会影响到既有洞门的稳定性,因此在 SJDK227+428.7～+433.7 段设计了一种置换既有铁路隧道翼墙的新建隧道洞门结构,如图 3-6-6 和图 3-6-7 所示。新建洞门结构满足新建洞门和既有洞门的受力要求,洞门施工满足线上作业安全要求且便于施工组织,与既有洞门结构整体合一,与周边人文、自然环境和谐统一。

　　(三)武调隧道进口近接段设计

　　1.护拱暗挖下穿既有洞门端墙设计

　　由于武调隧道进口与既有隧道净距较小,需穿越既有洞门端墙,施工难度大且风险高,DK227+430.51～+436.37 段采用锚固桩＋护拱暗挖技术。在新建隧道靠山侧及既有隧道洞门端墙背后 1 m 位置处设置 2.5 m×2 m 的锚固桩,以减小隧道开挖对既有洞门端墙及山体的影响;待锚固桩施作完毕达到混凝土强度后,对护拱段进行开挖,并拆除既有隧道洞门端墙变形缝右侧部分;拆除完既有洞门变形缝右侧端墙后便施作护拱,并对既有隧道洞门端墙拆除部分进行修复,护拱及既有隧道洞门端墙修复部分整体浇筑,既有洞门端墙、锚固桩与修复端墙、护拱采用植筋连接,如图 3-6-8 所示。

　　2.与既有挡墙相协调的洞门设计

　　新建武调隧道进口采用单压式明洞门,由于新建洞门与既有洞门右侧挡墙空间位置冲突,因此在开挖洞门前需拆除 DK227+423.9～+428 范围内的既有隧道洞门部分挡墙;挡墙拆除采用非爆破施工,以减

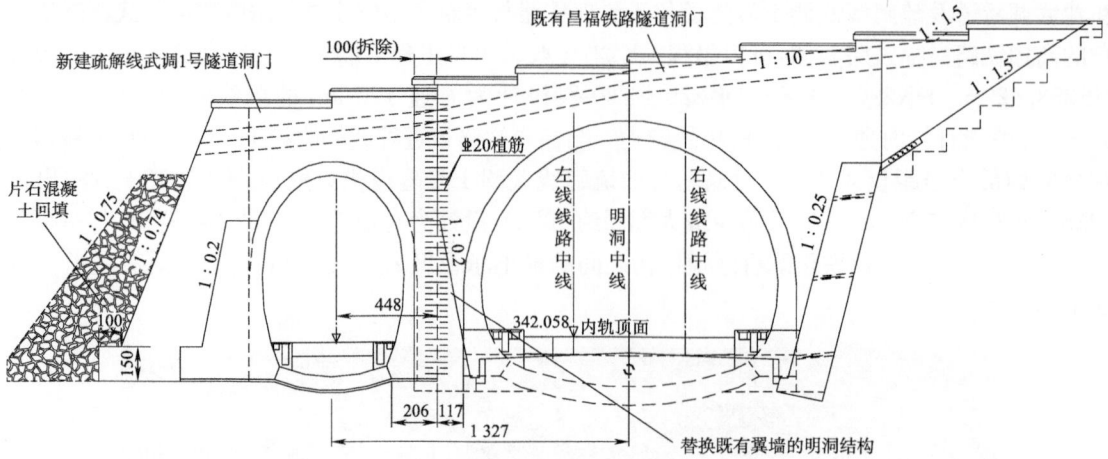

图 3-6-6 疏解线武调 1 号隧道洞门图（单位：cm）

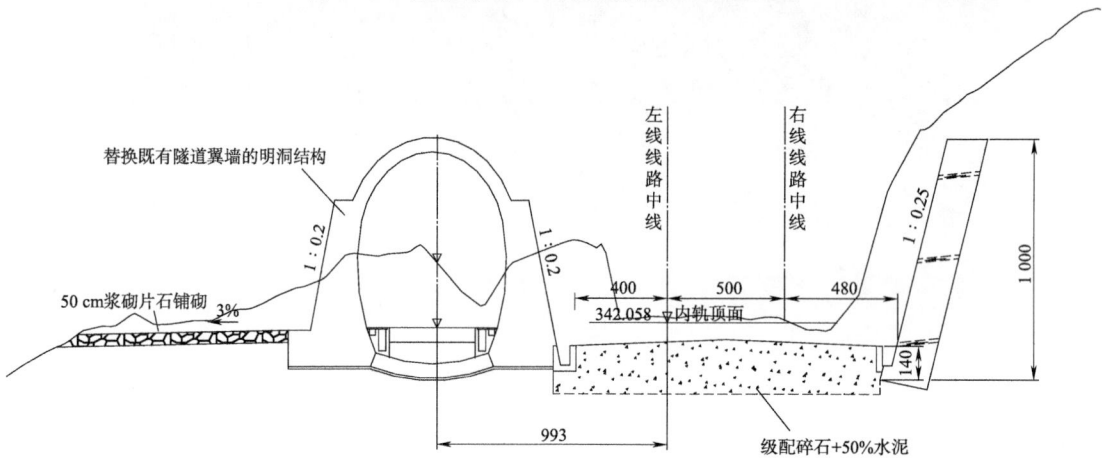

图 3-6-7 替换既有隧道翼墙的明洞结构示意图（单位：cm）

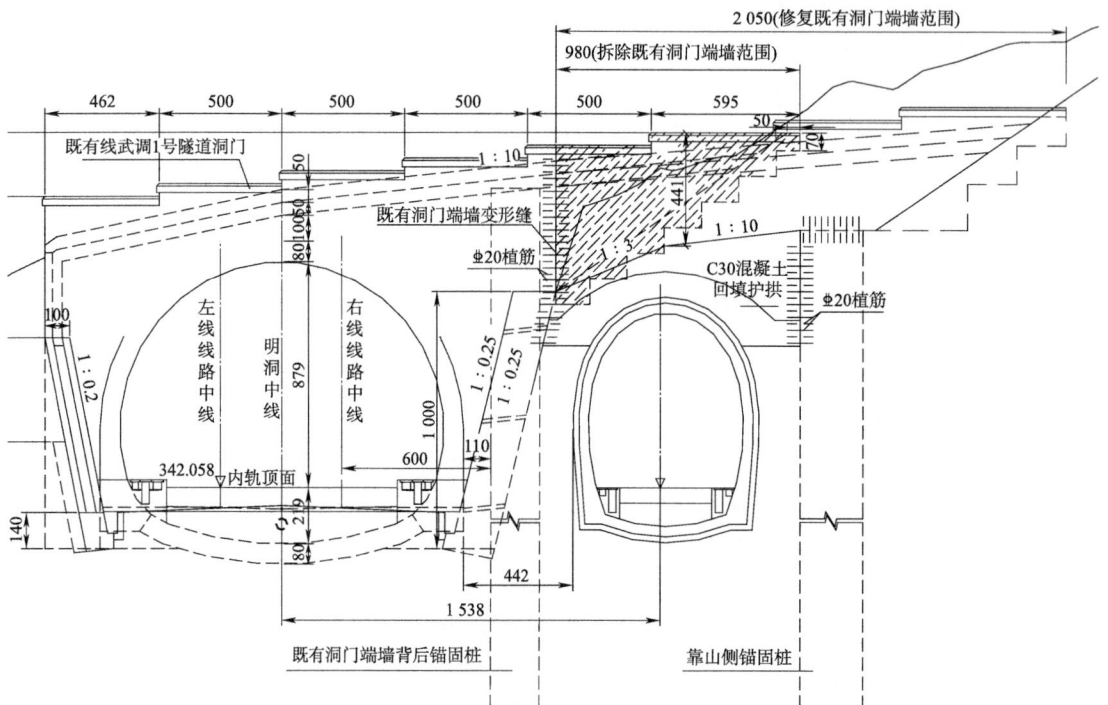

图 3-6-8 护拱暗挖下穿既有洞门端墙示意图（单位：cm）

小对既有隧道的影响,拆除过程中加强对既有隧道洞门的监控量测;新建洞门端墙与既有洞门挡墙采用植筋连接,植筋采用 $\phi20$ mm U 形钢筋,竖向间距 30 cm。新建武调隧道洞门如图 3-6-9~图 3-6-11 所示。

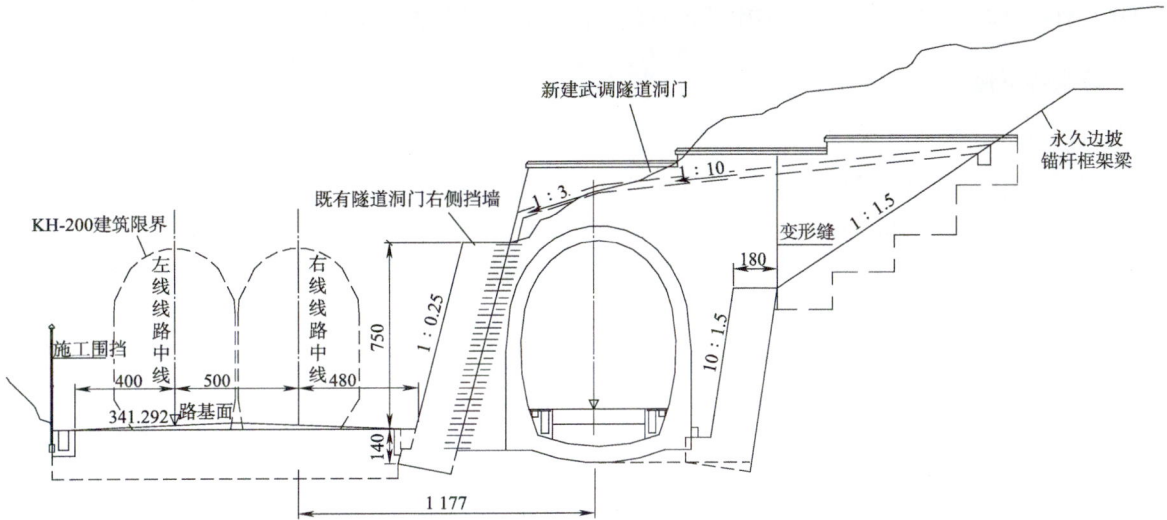

图 3-6-9　武调隧道洞门图(单位:cm)

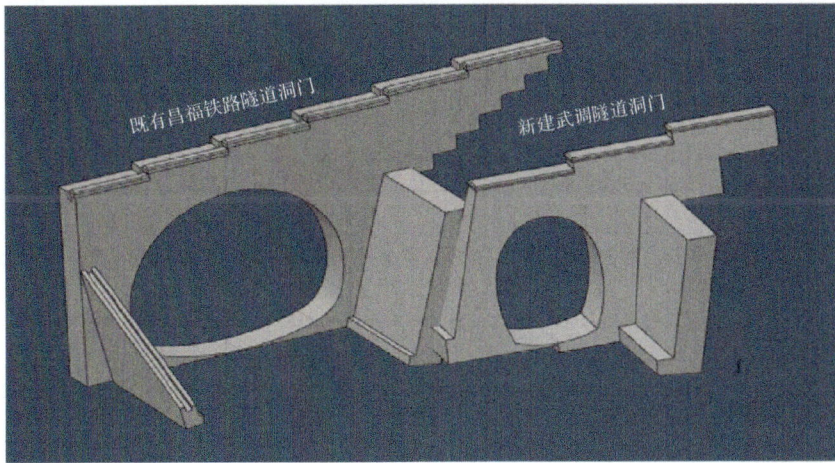

图 3-6-10　武调隧道洞门三维效果图

图 3-6-11　武调隧道洞门图

武调隧道进口与昌福铁路线间距约 11.8 m，为保护既有隧道洞门整体稳定性，保留了既有隧道洞门右侧 6 m 挡墙（原挡墙长 10 m，拆除 4 m），武调隧道与既有洞门右侧挡墙进行了密贴设计，使新建洞门与既有洞门结构整体合一，且新建洞门结构满足新建洞门和既有洞门的受力要求。

三、峰果岭隧道

(一)地质概况

浦梅铁路宁化至清流段（DK300＋100～DK312＋100）按单线预留复线条件方案建设，纳入兴泉铁路。浦梅铁路峰果岭隧道设计起点里程 DK312＋100，出口里程 DK319＋107，全长 7 007 m，为时速 160 km 客货共线（开行普通货物列车）单线隧道，向南下穿泉南高速公路，穿越后笔山岭脊西侧，于九龙溪河边出洞，峰果岭隧道出口紧邻九龙溪大桥桥台。

隧道位于线路纵坡为 5.9‰/500.85 m、3‰/2 568 m、−7.4‰/4 897.5 m 的人字坡，隧道进口端 2 489.16 m 位于 $R=1 600$ m 的右偏曲线上，其余 4 518.04 m 位于直线上。

隧区属低山丘陵地貌，地面标高 340～700 m，相对高差 200～350 m，隧道最大埋深约 360 m，地表植被发育，人烟稀少，交通不便。

隧区上覆第四系人工填土（Q_4^{ml}）、坡洪积（Q_4^{dl+pl}）粉质黏土、圆砾土、坡残积（Q_4^{dl+el}）粉质黏土；下伏基岩为侏罗系中统漳平组（J_2z）泥岩、粉砂岩；寒武系中下统林田组第二段（$\in_{1\text{-}2}l^2$）板岩、砂质板岩、变质砂岩夹炭质板岩，燕山期侵入（$\gamma_5^{2\text{-}3}$）花岗岩。

隧区大地构造位置处于华南褶皱系东部，闽西北隆起带西南缘至闽西南拗陷带之间，宁化至冠豸山段均属于闽西南拗陷带中。隧区内北东向的构造较发育，主要构造见表 3-6-13。

表 3-6-13　峰果岭隧道地质概况

构造名	构造描述
供坊断层	为一正断层。断层北西盘为寒武系变质砂岩，产状为 N65°E/54°NW。断层北东盘地表为燕山期侵入（$\gamma_5^{2\text{-}3}$）花岗岩。断层大致在 DK313＋411 处与线路大角度相交通过，交角 82°。断层带岩石破碎，产状紊乱，砂面上可见花岗岩嵌入变质砂岩中。线路通过该断层段为浅埋，且地表冲沟常年有水，隧道施工应防坍方冒顶和表水渗入
笔山向斜	向斜轴走向 N50°E，向斜轴大致在 DK313＋935 与线路大角度相交通过。向斜核部为侏罗系中统漳平组（J_2z）砂泥岩，两翼为侏罗系下统梨山组砂泥岩、石英砂岩等。因地表岩石风化层厚度较大，岩石露头少。该向斜发育于侏罗系红层中。线路通过向斜核部段为浅埋，且地表建筑物众多，应防坍方冒顶
坑口—横口同斜复式向斜	向斜轴走向 N58°E，线路位于该向斜轴的影响末端。向斜发育于寒武系中下统林田组第二段（$\in_{1\text{-}2}l^2$）板岩、变质砂岩夹炭质板岩中，向斜核部大致位于 DK316＋400 处，与线路小角度相交通过，向斜核部岩石较破碎，地下水较丰富

本隧道地下水主要为基岩裂隙水，隧道洞身依次穿越花岗岩和寒武系的变质砂岩、板岩，均为弱富水岩组。其中 DZ-fgL-1 号钻孔中有承压水自孔口溢出，承压水位于孔深 45 m 处，水质清澈，流量 0.34 L/s，经取 4 组隧道钻孔中地下水化验，本隧地下水具有酸性侵蚀性，化学环境等级 H1。

根据上述含水岩组的划分，结合地形、地貌等地质特征，本隧涌水量：正常涌水量 $Q=16 500$ m³/d；雨季最大涌水量按 $Q_{max}=16 500$ m³/d×2＝33 000 m³/d。

(二)设计概况

1. 隧道洞口位置的确定及洞门形式的选择

峰果岭隧道进口段与兴泉线合修，纳入兴泉线设计范围，隧道出口紧邻九龙溪大桥桥台，宁化端桥台伸入隧道出口，DK319＋095～＋107.2 段采用棚洞结构，施工干扰大，安全风险高。

隧道出口仰坡较陡，且风化层较厚，整体性差，为确保施工安全，于洞口处线路左右两侧各设一根 20 m 长预加固桩，出口仰坡设置两层仰坡防护，第一层采用锚杆框架梁支护，第二层采用锚索框架梁防护。

2. 洞身衬砌、支护及施工方法

1)全隧道除出口 DK319＋095～＋107.2 段采用明挖法施工，设置棚洞衬砌外，其余段落均采用暗挖法施工，设置复合式衬砌。

2)出口明暗分界处拱部设置一环 35 m 长 ϕ108 mm 大管棚加强支护,管棚环向间距 40 cm,加固周边一定范围围岩,与钢架组合成预支护系统,防止洞口软弱围岩坍塌,创造进洞条件。

3)本隧道与兴泉线峰果岭隧道分界里程为 DK312+100,DK312+100～+171 段采用钢筋混凝土加强衬砌。同时,DK312+100～+285 段接近兴泉线峰果岭隧道,为了减少相互施工干扰,DK312+100～+285 段采用控制爆破开挖,爆破震动速度不大于 10 cm/s。

4)本隧 DK313+340～+400 段洞身穿越供坊断层破碎带,该段开挖方法采用台阶法(临时仰拱),衬砌类型采用 V$_b$ 型衬砌,仰拱设置 5 m 长系统锚杆,布置间距与边墙一致。拱部采用 ϕ89 mm 中管棚超前支护,单根长度 10 m,环向间距 0.4 m,纵向 6 m 一环,辅以超前地质预测预报。

DK313+340～+395 段采用超前周边注浆和开挖后局部径向注浆(洞周 3～5 m)措施进行有针对性的堵水。当开挖揭示地质情况与超前地质预报一致时,对掌子面上台阶采用临时喷混凝土及玻璃纤维锚杆加固,喷混凝土厚 5 cm,1.8 m 一循环,锚杆采用 ϕ25 mm 玻璃纤维锚杆,每根长 5 m,间距 1.2 m×1.2 m,梅花形布置。

5)DK313+720～+780 段下穿浅埋沟谷及笔山向斜,地面距离拱顶最小距离约 15 m。本段采用控制爆破台阶法(临时仰拱)施工,爆破振动速度 v≤10 cm/s。衬砌类型采用 V$_b$ 型衬砌,拱部采用 ϕ89 mm 中管棚超前支护,单根长度 10 m,环向间距 0.4 m,纵向 6 m 一环。

6)DK313+780～+885 段下穿 G72 高速公路和 S204 省道,路面距隧道拱顶最小距离约 28 m,采取措施如下:

(1)洞内措施

①控制爆破台阶法(临时仰拱)施工,爆破振动速度 v≤5 cm/s。拱部 180°采用 ϕ159 mm 管棚超前支护,每根长 40 m,每 35 m 一环,环向间距 0.4 m,每个循环均设置一处管棚工作室。拱部外插 30°ϕ42 mm 小导管超前注浆支护,开挖后采用拱部局部径向注浆(洞周 3～5 m)加固地层。

②初期支护采用全环 I18 型钢钢架 0.6 m/榀,衬砌均采用 V$_b$ 型衬砌。

(2)洞外措施

路面采用以下措施:

①半幅封闭施工;

②设置减速条和警示标志,并设置专职安全员,施工期间 G72 高速公路限速 40 km/h,S204 省道限速 20 km/h;

③加强沉降变形监测;

④路面铺设临时钢板。

7)DK313+885～+975 段下穿房屋,地面距隧道拱顶最小距离约 27 m。本段采用控制爆破台阶法(临时仰拱)施工,爆破振动速度 v≤2.5 cm/s。开挖后进行局部径向注浆堵水,以减小地表沟水的漏失,施工前应对地表房屋进行调查,并拍照、摄像取证,并对该段地表构筑物进行沉降及变形监测。本段施工前,应将线路中线地表左右各 40 m 范围内房屋进行临时安置,并对该段地表建筑进行沉降和变形监测。待本段隧道二次衬砌施工完成后,需对本段地表建筑进行二次观测,并作安全评估,确保房屋安全后方可恢复居住。

8)DK313+975～DK314+055 段下穿高压铁塔,地面距隧道拱顶最小距离约 37 m。本段采用控制爆破台阶法(临时仰拱)施工,爆破振动速度 v≤3 cm/s。施工前对高压铁塔进行调查,并拍照、摄像取证,并对该段高压铁塔进行沉降及变形监测。

9)DK313+420～+480 浅埋段下穿冲沟,采取措施如下:

(1)在枯水季节施工;

(2)在冲沟上游构筑导流围堰,施工前采用数根 ϕ600 mm 的钢管(壁厚 8 mm,钢管数量应根据施工期间沟槽流量进行调整),长 80 m,进行临时过水,将上游水引排至下游,为避免水漫过钢管影响施工,钢管上游端头应修建挡水墙;

（3）洞内拱部采用 $\phi89$ mm 管棚,边墙外插 $\phi42$ mm 小导管超前支护,DK313＋420～＋475 段采用超前周边注浆和开挖后局部径向注浆;

（4）台阶法(临时仰拱)施工,初期支护采用全环 I18 型钢钢架 0.6 m/榀,衬砌采用 V_b 型衬砌;

（5）下穿段衬砌施工完成后,对影响段地表沟渠施作 C25 混凝土排水沟(排水沟设双层 $\phi16$ mm 钢筋网片)铺砌,厚 30 cm,铺砌范围为上下游各 40 m 的沟渠。

（三）辅助坑道设计

为加快施工进度、超前探明前方地质情况、满足施工通风和防灾救援的需要、解决隧道施工场地问题,本隧施工图采用"2 斜井＋1 横洞"的辅助坑道设置,详见表 3-6-14 和图 3-6-12。

表 3-6-14　峰果岭隧道变更设计辅助坑道设置表

辅助坑道	位置	长度(m)	运输方式	净空断面(m×m)
1号斜井	DK312＋473 右侧	152	无轨双车道	7.5×6.2
2号斜井	DK314＋100 右侧	514	无轨双车道	7.5×6.2
出口横洞	DK319＋000 右侧	190	无轨单车道	5.0×6.0

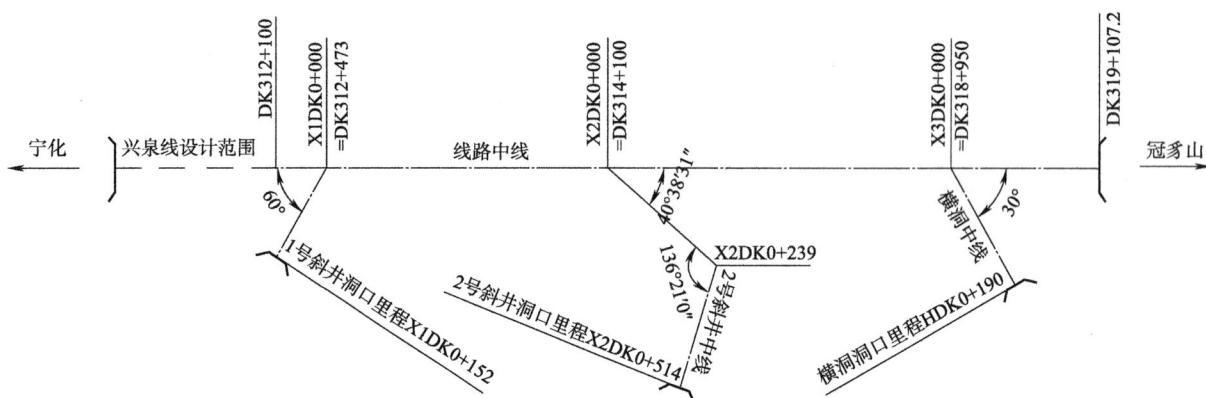

图 3-6-12　峰果岭隧道变更设计辅助坑道示意图

根据辅助坑道调整,峰果岭隧道共设置 1 号斜井工区、2 号斜井工区、横洞工区,共 3 个工区。峰果岭隧道变更设计辅助坑道施工组织设计如图 3-6-13 所示,各工区具体安排如下:

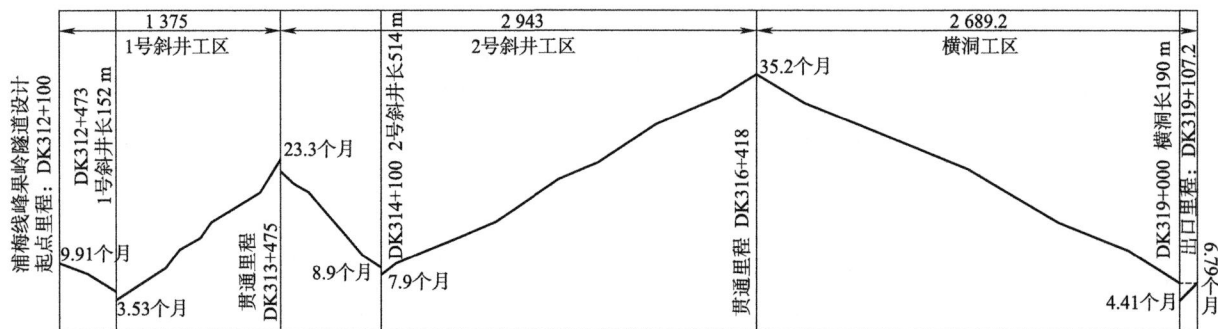

图 3-6-13　峰果岭隧道变更设计辅助坑道施组示意图(单位:m)

1. 1 号斜井工区承担 152 m 斜井及 DK312＋100～DK313＋475 段 1 375 m 正洞施工。1 号斜井工区土建工期为 23.3 个月(包括斜井洞口 2 个月准备工期,不含无砟轨道铺设、联调及沉降评估时间),每月按 30 天计。

2. 2 号斜井工区承担 514 m 斜井及 DK313＋475～DK316＋418 段 2 943 m 正洞施工。2 号斜井工区土建工期为 35.2 个月(包括斜井洞口 2 个月准备工期,不含无砟轨道铺设、联调及沉降评估时间),每月按

30 天计。

3. 横洞工区承担 190 m 横洞及 DK316＋418～DK319＋107.2 段 2 689.2 m 正洞施工。横洞工区土建工期为 35.2 个月(包括斜井洞口 2 个月准备工期,不含无砟轨道铺设、联调及沉降评估时间),每月按 30 天计。

4. 峰果岭隧道实施性施工组织的隧道贯通工期 35.2 个月,峰果岭隧道施工总工期为 39.7 个月。

四、牛峒山隧道

(一)地质概况

牛峒山隧道隧区属低山地貌,地形起伏较大。地面高程 325～772 m,相对高差 100～300 m 不等。隧道进出口纵坡较平缓,地表多为荒山,植被发育,隧道进出口附近有乡村便道通往,交通条件一般。隧道浦梅线设计范围全长 3 022 m,最大埋深约 205 m。

隧址区内上覆第四系坡洪积(Q_4^{dl+pl})粉质黏土、坡残积(Q_4^{dl+el})粉质黏土;下伏基岩为二叠系上统(P_2cp)翠屏山组粉砂岩、长石石英砂岩、泥岩、页岩夹煤线、二叠系下统(P_1w)文笔山组泥岩、砂岩夹炭质页岩、煤线。

隧址区大地构造位置处于华南褶皱系东部,闽西北隆起带西南缘至闽西南拗陷带之间,宁化至冠豸山段均属于闽西南拗陷带中,主要构造为近南北向的苦竹坑复式向斜和近东西向各断层组成,主要构造见表 3-6-15。

表 3-6-15　牛峒山隧道地质概况

构造名	构造描述
苦竹坑向斜	该向斜与线路近平行通过,向斜轴平面上两次与线路小角度相交通过,隧道洞身分别在 DK367＋867 和 DK368＋316 处通过向斜核部。向斜核部为二叠系上统翠屏山组第四段(P_2cp^4)石英砂岩、泥岩。两翼为二叠系上统翠屏山组第三段(P_2cp^3)砂岩、泥岩。受 F4 断层的切割破坏,向斜轴终止于 F4 上
F_0断层	走向北东向,倾向小里程,倾角 45°,该断层为逆断层,断层上盘为二叠系下统(P_1w)文笔山组泥岩、粉砂岩,下盘为二叠系上统第四段(P_2cp^4)翠屏山组石英砂岩、泥岩。平面上断层与线路大角度相交,交角约 74°。隧道洞身在 DK366＋390 处与断层相交通过。据物探资料揭示:断层破碎带宽度约 60 m
F_{40}断层	断层走向呈东西向,倾向小里程,倾角 57°,该断层为正断层。断层上下盘皆为二叠系上统第四段(P_2cp^4)翠屏山组石英砂岩夹泥岩。平面上断层与线路小角度相交,交角约 30°,隧道洞身在 DK366＋745 处与断层相交通过。据物探资料揭示:断层破碎带宽度约 45 m
F_{28}断层	走向呈北东向,倾向小里程,倾角 76°,该断层为正逆断层。断层上下盘皆为二叠系上统翠屏山组第四段(P_2cp^4)石英砂岩、泥岩。平面上断层与线路大角度相交,交角约 77°,隧道洞身在 DK367＋410 处与断层相交通过
F_4断层	该断层走向呈南北向,倾向大里程,倾角 80°,该断层为逆断层。断层上下盘皆为二叠系上统翠屏山组第四段(P_2cp^4)石英砂岩、泥岩,平面上断层与线路大角度相交,交角约 59°,隧道洞身在 DK367＋530 处与断层相交通过。据物探资料揭示:断层破碎带宽度约 43 m
F_2断层	断层走向呈南北向,倾向小里程,倾角 40°,该断层为逆断层。断层上盘为二叠系翠屏山组上统第四段(P_2cp^4)石英砂岩、泥岩,下盘为二叠系上统翠屏山组第三段(P_2cp^3)粉砂岩、泥岩。平面上断层与线路大角度相交,交角约 45°,隧道洞身在 DK368＋074 处与断层相交通过。据物探资料揭示:断层破碎带宽度约 70 m
F_{29}断层	断层走向呈北西向,倾向小里程,倾角 36°,该断层为逆断层。断层上盘二叠系上统翠屏山组第三段(P_2cp^3)粉砂岩、泥岩,下盘为二叠系上统翠屏山组第二段(P_2cp^2)粉砂岩、泥岩。平面上断层与线路小角度相交,交角约 27°,隧道洞身在 DK368＋980 处与断层相交通过

受构造影响,测区岩体破碎,风化严重,扭曲揉皱现象明显。层理紊乱,地表植被发育,岩石露头较少。实测隧道进口岩层产状:N60°W/33°SW;隧道出口岩层产状:S-N/25°E,主要节理产状:N10°E/60°NW、N60°E/90°、N30°W/90°。

根据《中国地震动参数区划图》(2008 年版)(GB 18306—2001)公布的《中国地震动峰值加速度区划图》(1/400 万)和《中国地震动反应谱特征周期区划图》(1/400 万)划定,段内地震动峰值加速度 0.05g,地震动反应谱特征周期为 0.35 s。

隧址区主要水系为线路右侧 2 300 m 以外的清岩河(罗坊溪),自南往北流经北团井田西侧,平水期日流量 81 200 m³。罗坊溪在测区附近的河面标高为 325 m,因此测区最低侵蚀基准面标高为 325 m。

洞身分布有三个水库,依次为西北部有黄苦坑水库、中部岭背山水库、南部宝龙岩水库,具体见表 3-6-16。

表 3-6-16　牛岽山隧道周边水库分布

水库名	详　情
黄苦坑水库	位于 DK366+800 线路左侧 400 m,库容量为 75 000 m³,黄苦坑水库库底标高约 453 m
岭背山水库	位于 DK367+900 线路左侧 450 m,库容量为 102 000 m³,岭背山水库库底标高约 487 m,被老百姓用于养鸭的水塘
宝龙岩水库	位于隧道出口端线路右侧 390 m,库容量为 372 000 m³,宝龙岩水库库底标高约 413 m。经取宝龙岩水库水(试验编号 C15 浦梅水 YW57)化验属:HCO_3^- SO_4^{2-} · Ca^{2+} 型水,具有酸性侵蚀性,侵蚀等级 H2

另外隧道洞身分布较多冲沟,沟谷向四周呈放射状,有利于大气降水及地下水的排泄。取洞身冲沟水(DK366+600、DK367+200)化验(试验编号 C15 浦梅水 87、100)属:Cl^- · HCO_3^- Na^+ · Ca^{2+} 型水、SO_4^{2-} · Ca^{2+} 型水,对混凝土具有酸性侵蚀性,等级为 H1。

区内各岩层的含水性十分不均匀,严格划分含隔水层是很难的,因此把它们分别命名为含水岩组和隔水岩组,各含水带特征并分述如下:

1. 第四系孔隙含水岩组:主要由基岩风化的残积、坡积物及沟谷中洪积、冲积物组成,分布于山坡及沟谷中,厚度一般不超过 10 m,含季节性孔隙型潜水,富水性弱～中等。

2. 二叠系上统翠屏山组裂隙含水岩组:由砂岩、砂质泥岩、页岩等组成,属不均匀裂隙承压含水岩组。含水性不均匀,除在岩层风化裂隙带、断层破碎带及底部砂砾岩中等富水外,通常岩性弱富水。该岩组地下水对混凝土具有酸性侵蚀和二氧化碳侵蚀性,等级为 H2。

3. 二叠系下统文笔山组:由细粉砂岩、砂质泥岩及泥岩等组成,通常裂隙不发育,为相对稳定隔水岩组,对混凝土具有酸性侵蚀性,等级为 H1。

4. 断层含水带:测区内断层发育,为地下水的运移和储存创造了条件,使一些本来隔水或富水性弱的岩层局部变成不均匀裂隙含水带。据已经开采的北团井田巷道资料:开挖巷道内滴水、淋水等现象的发生大都出现在断层破碎带中,出水量初见时大,以后逐渐变小,雨季大,旱季小。表明这些断层虽然含水,但导水性较差补给来源有限,不会有大的突水危害,水量也不大,且受大气降水的影响。

根据上述含水岩组的划分,结合地形、地貌等地质特征,预测隧道日常涌水量为 8 300 m³/d,雨季最大涌水量为 16 600 m³/d。

牛岽山隧道隧区区内不良地质为有害气体、人为坑洞。

有害气体:该隧道主要穿越文笔山组(P_1w)和翠屏山组(P_2cp)石英砂岩、粉砂岩、粉砂质泥岩夹炭质页岩和煤线,据区域地质资料,薄煤不具有工业开采价值。本隧道基底 500 m 以下为北团煤矿的富矿区,可采煤层位于童子岩组第三段(P_1t^3)中,可采煤层 5 层,层厚 20～230 cm,具有工业开采价值。北团煤矿为低瓦斯矿井。本次勘探在 DZ-37-139 和 DZ-37-139-1 两孔中发现薄煤,层厚 20～70 cm,分布标高在395～400 m 之间。隧道通过地层中含炭质页岩和煤层,可能会产生有害气体积聚,加上隧道底的煤系地层中的瓦斯等有害气体可能会沿着岩石节理、裂隙向上溢出,因此,本隧道为低瓦斯隧道,隧道施工应加强通风和有害气体监测。

人为坑洞:隧道进口端分布有三个小煤洞,DK366+294 右 45 m,洞口标高 402 m;DK366+373 左139 m,洞口标高 412 m;DK366+685 右 35 m,洞口标高 470 m。煤洞高约 1.5 m,宽约 1 m。为私挖滥采所致,洞口部分已经坍塌,加之开采年代久远,采空区具体走向和埋深已难于弄清,但由于都是人工开采,煤洞规模一般较小,对隧道工程影响不大。

据既有的煤矿勘察资料,线路通过北团井田和隔川井田,全隧道均位于北团井田和隔川井田的采矿范围内,存在压覆矿问题,隧道设计轨面以下煤层的最大埋深 770 m,区内主采煤层倾角多在 28°～46° 之间,平均约 38°。上山移动角按 50°大致推算,线路左右侧各 650 m 范围内为压覆矿范围(禁采区)。

(二)设计概况

牛峒山隧道的设计特点和难点主要集中在:隧区断层多、隧区地表存在水库、隧道为瓦斯隧道。

针对上述难点特点,本隧在隧道支护类型上已进行了针对性的调整:

1. 针对牛峒山隧道洞身分别穿越 F0、F40、F28、F4、F29 断层破碎带段,均采用 V$_b$ 型衬砌。拱部采用 ϕ89 mm 中管棚超前支护,单根长度 10 m,环向间距 0.4 m,纵向 6 m 一环,辅以超前钻孔探测、地震波和地质雷达法进行超前地质预测预报。上述断层破碎带均采用超前周边注浆(详见"浦梅宁冠施隧附 09-07"图)和开挖后洞周 3~5 m 局部径向注浆(详见"浦梅宁冠施隧附 09-08"图)等预设计措施进行有针对性的堵水,施工中应根据开挖揭示及超前地质预报情况,由参建各方现场核对后确认最后实施方案。同时,上述断层破碎带段,掌子面上台阶采用临时喷混凝土及玻璃纤维锚杆加固,喷混凝土厚 5 cm,0.6 m 一循环,锚杆采用 ϕ25 mm 玻璃纤维锚杆,每根长 5 m,间距 1.2 m×1.2 m,梅花形布置,纵向 2.4 m 一循环。

2. 牛峒山隧道洞身穿越 F2 断层破碎带段采用 V$_b$ 型衬砌。拱部采用 ϕ89 mm 中管棚超前支护,单根长度 10 m,环向间距 0.4 m,纵向 6 m 一环,辅以超前钻孔探测、地震波和地质雷达法进行超前地质预测预报。本段与地表水库距离较近,因 F2 断层带可能与线路左侧岭背山水库存在连通性,采用超前周边注浆(详见"浦梅宁冠施隧附 09-07"图)和开挖后洞周 3~5 m 局部径向注浆(详见"浦梅宁冠施隧附 09-08"图)等措施进行有针对性的堵水,施工中应根据开挖揭示及超前地质预报情况,由参建各方现场核对后确认最后实施方案。本段掌子面上台阶采用临时喷混凝土及玻璃纤维锚杆加固,喷混凝土厚 5 cm,0.6 m 一循环,锚杆采用 ϕ25 mm 玻璃纤维锚杆,每根长 5 m,间距 1.2 m×1.2 m,梅花形布置,纵向 2.4 m 一循环。同时,为避免对地表水库造成影响,在本段施工时采用控制爆破,质点爆破振速不大于 10 cm/s。

3. 据地质专业资料及现场调查,牛峒山隧道 DK366+294、DK366+373、DK366+685 处附近存在私挖滥采的小煤洞,隧道洞身段可能揭示采空区,施工中应加强施工地质探测,在开挖通过时,应对其周边及隧底进行物探,进一步查明采空区的分布范围,对隧底物探异常区,应采用地质钻孔进行验证确认;钻孔应沿两侧边墙及隧道中线布置纵向间距 5~10 m,钻孔应进入采空区底板下 2 m;施工中地质探测等成果、资料等须提交相关单位。根据探测资料,进一步确定采空区性质、分布,评价其对隧道影响,优化确认处理措施及处理段落,以确保工程结构安全,避免盲目施工,留下工程安全隐患。

4. 本隧道于 DK367+530 处上跨已建北团煤矿隔川井田采煤巷道,巷道顶部距本隧道设计轨面约 241 m,隧道施工前应对巷道现状、使用情况进行详细调查(包括拍照、摄像等)。若巷道仍用于采煤作业,则对立交段线路两侧各 50 m 范围内的巷道进行套衬加固;否则,应对上述范围的采煤巷道予以封堵。

5. 本隧道穿越含煤地层,为煤矿富集区域,揭示为低瓦斯隧道。施工中应加深炮眼并加强瓦斯探测、监测和施工通风,洞内工作人员必须配备瓦检仪。设防要求为衬砌初期支护全环喷混凝土厚度不应小于 15 cm,模筑混凝土二次衬砌厚度不应小于 40 cm,模筑混凝土透气系数不应大于 10~11 cm/s,施工缝封闭瓦斯性能不应小于衬砌本体。施工采用煤矿许用炸药和煤矿许用电雷管,设备配置、施工作业工序、施工通风方案、施工管理等应严格按《铁路瓦斯隧道技术规范》(TB 10120—2002)、《煤矿安全规程》(2016 版)、《防治煤与瓦斯突出细则》等规范相关要求组织施工。

6. 本隧道隧区存在 3 个水库,为保证隧道排水畅通,本隧暗洞环向施工缝拱墙采用中埋式橡胶止水带+遇水膨胀橡胶止水条+凸壳式排水板进行防水处理。

五、岐山隧道

(一)地质概况

岐山隧道隧区属于低山地貌,地形起伏不大。地面高程 365~422 m,相对高差 57 m。地表多为荒山,植被发育,隧道位于既有新老赣龙铁路之间,交通条件不好,距既有线最小距离为 38 m。全隧长 1 065 m,最大埋深 52 m,平面图如图 3-6-14 和图 3-6-15 所示。

上覆第四系人工弃土(Q$_4^{ml}$)全新统坡残积(Q$_4^{dl+el}$)粉质黏土;下伏基岩为燕山期侵入花岗岩($\eta\gamma_5^{2-2}$)。

本隧道隧区地表水不发育。地下水为基岩裂隙水,赋存于花岗岩节理裂隙中,水量一般,预测本隧道预计最大涌水约 4 000 m³/d,地下水对混凝土无侵蚀性。

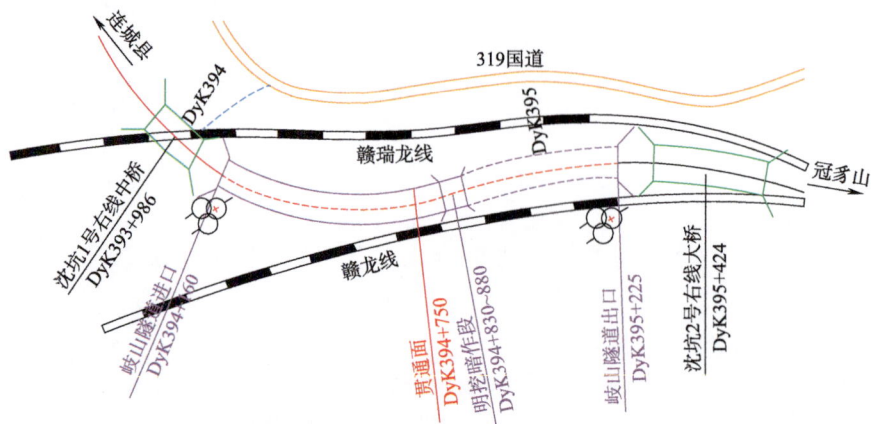

图 3-6-14　岐山隧道线路平面图

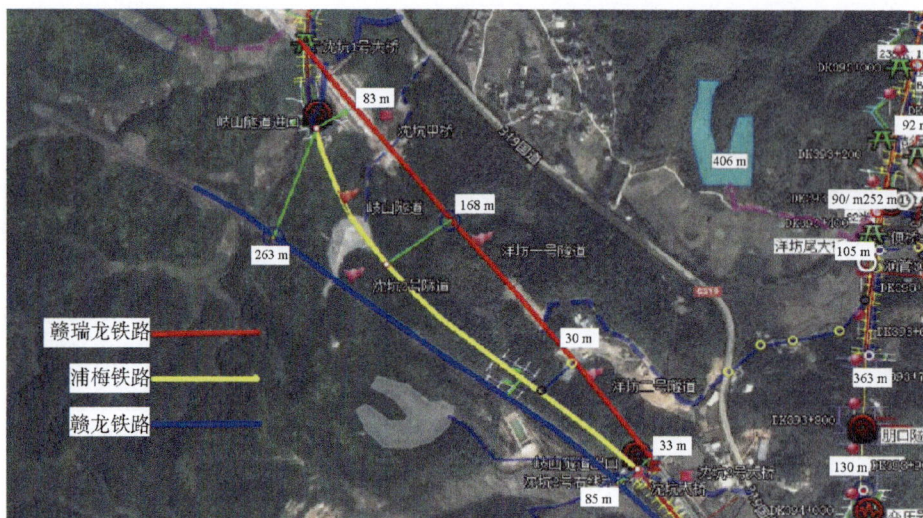

图 3-6-15　岐山隧道平面图

(二)设计概况

岐山隧道的设计特点和难点主要集中在:临近营业线施工。

岐山隧道施工影响范围:

赣瑞龙线:K178+240～K179+270,隧道进口距赣瑞龙线 81 m,出口距赣瑞龙线 33 m。涉及既有结构物为:沈坑一号大桥、沈坑中桥、路基抗滑桩、洋坊一号隧道和洋坊二号隧道及基站。

赣龙线:K209+165～K210+186,进口距离赣龙线 263 m,出口距离赣龙线 55 m。涉及既有结构物为:沈坑二号隧道、盖板涵、路基锚索桩和沈坑大桥。

施工图设计中,为最大限度减少隧道施工对既有线工程及地面建(构)筑物的扰动,确保既有线运营安全,全隧采用铣挖法(铣挖机)开挖。

建设过程中开挖施工,岐山隧道断面上台阶和下台阶的岩层不同,软硬程度不同,通过铣挖法施工效率不高。

通过对既有线构建筑物病害的详细调查,并做了专门的控制爆破开挖方案,岐山隧道分段进行开挖方式调整:台阶法控制爆破、上台阶铣挖下台阶控爆、台阶法铣挖局部控爆的三种组合方式,见表3-6-17。

同时对既有运营线的各构建筑物进行爆破振速校核。

表 3-6-17 岐山隧道爆破方案

爆破方式	建筑物名称	最近点里程	核定距离(m)	爆破振速允许值(cm/s)	爆破振速计算值(cm/s)	是否安全
上台阶光面爆破	赣端龙线	Dy1k394＋970	78	1	0.49	安全
	赣龙线	Dy1k394＋730～＋780	66	1	0.64	安全
下台阶光面爆破	赣端龙线	Dy1k395＋070	53	1	0.79	安全
	赣龙线	Dy1k395＋070	72	1	0.49	安全
下台阶局部爆破	赣端龙线	Dy1k394＋880	103	1	0.27	安全
	赣龙线	Dy1k394＋830	69	1	0.52	安全
上台阶分块弱爆破	赣端龙线	Dy1k395＋150	40	1	0.65	安全
	赣龙线	Dy1k395＋150	65	1	0.3	安全
下台阶分块弱爆破	赣端龙线	Dy1k395＋190	35	1	0.81	安全
	赣龙线	Dy1k395＋190	60	1	0.34	安全
分块弱爆破	高压线塔	Dy1k394＋240	59	5	0.77	安全
	1号通信基站	Dy1k395＋190	98	5	0.16	安全
	2号通信基站	Dy1k394＋980	75	5	0.45	安全

在爆破施工过程中,补充对既有运营线增加检测方案。

第五节　特殊不良地质隧道设计

本线隧道主要不良地质表现为软弱围岩、富水断层、煤层瓦斯、采空区等,当采用综合地质预报明确隧道位于上述不良地质地段时,应采用安全的措施及稳妥的施工方案组织施工。

一、软弱围岩

1. 软弱围岩隧道分类特征

软弱围岩地段一直是隧道设计和施工的薄弱环节。软弱围岩地质特征可以归结为以下 3 种主要类型:

(1)围岩强度低,岩体破碎松散,承载能力低,主要有土质(黏土和碎石土等),全风化岩层,挤压破碎带;

(2)易风化岩层如泥岩、页岩、千枚岩、板岩等,开挖后易风化;围岩节理发育,结构面软弱,黏结强度低,沿结构面滑移,自稳能力差。以上情况围岩遇水软化,造成突水突泥;

(3)断层破碎带,自稳能力极差,由于受构造影响,断层带节理面杂乱无序,呈角砾等碎砾结构,充填泥土、泥浆,危害性非常大;若是富水断层、充填物差,极易坍塌,隐蔽性及危害性非常大。

2. 软弱围岩隧道安全风险源

软弱围岩隧道有以下 5 种潜在安全风险源:

(1)浅埋偏压地段:围岩上部难以成拱。

(2)土质隧道:松散荷载较岩石隧道大很多,初期支护强度不足将导致变形大。

(3)断层破碎带:由于断层上下盘的相对位移,常使断层附近的岩石呈破碎状或粉末状,形成断层破碎带,岩体自稳性极差,而且常伴有地下水,隧道通过断层破碎带时容易发生坍方、掌子面突水等安全风险。

(4)结构面发育的块状岩体:隐蔽性强,岩石强度高,有地下水时,整体稳定性差,关键岩块失稳导致大范围的坍塌;

(5)不同岩层接触带:一般有地下水富集现象,岩体破碎,易在掌子面前方发生坍塌。

3. 软弱围岩隧道技术要点

软弱围岩强度低,自稳能力差,隧道开挖后使地应力重新分布,使隧道周边产生较大的松动圈,支护措施不当和施工工艺不到位,围岩极易发生较大变形。围岩变形分为三部分:一是隧道掌子面正前方的变形;二是掌子面前方地表下沉;三是洞内拱顶下沉和边墙内移。软弱围岩变形是逐步松弛,变形越大,松弛荷载越大;松弛到一定高度时,达到初期支护承载能力极限后,围岩发生掉块、溜坍,支护破坏和侵限,逐渐演变成隧道坍方。因此软弱围岩隧道施工的关键是控制变形,防止坍方。

软弱围岩地段核心技术要点可以归结为"三超前、四到位、一强化",即超前预报、超前加固、超前支护;工法选择到位、衬砌跟进到位、支护措施到位、快速处理到位;强化量测。

1)超前预报

地质素描、物探、超前钻探方法是软弱围岩超前预报的主要手段。在断层地带,要加强超前预测,长短结合,必须摸清前方的地质情况,特别是地下水的情况,严禁在未探明的情况下盲目开挖。高风险隧道必须进行超前预报的专项处理。

2)超前加固

对断层尤其是含水地层加固方法是注浆法,主要是帷幕注浆、洞身周边注浆和局部径向注浆,在富水带常用帷幕注浆或洞身周边注浆,钻孔数量多,施工周期长;局部径向注浆是针对隧道特点对薄弱部位进行注浆,注浆效果比较好,周期短。帷幕注浆或洞身周边注浆可采用洞内注浆或洞外注浆方式,绝大多数是均采用洞内超前注浆的方式进行注浆加固,当洞内操作空间较小且洞外埋深较浅时,可采用洞外地表注浆的方式进行洞周注浆加固。

3)超前支护

软弱围岩隧道宜采用超前管棚、超前小导管等超前预支护措施,开挖进洞前应先做好地表的防排水,确保隧道进洞的安全。

4)施工方法

软弱围岩地段主要的施工方法有短台阶法、环形开挖预留核心土法、CD 法、CRD 法等,根据地质情况及时调整工法,施工中严格执行设计工法,不得擅自更改。

5)初期支护

(1)喷射混凝土:喷射混凝土应采用湿喷工艺,其水灰比能准确控制,回弹少,混凝土的品质好,强度高;喷射混凝土必须快速及时的施作。

(2)锚杆:锚杆布置一般沿洞室的周边径向布置,必要时底部也要设置锚杆,保证加固带有一定深度,锚杆锚固要可靠,全长粘贴;锚杆必须设置垫板,垫板必须与岩面密贴。

(3)钢架:软弱围岩隧道一般采用工字钢架或格栅钢架,钢架间距一般 0.6~1 m。在钢架拱脚和墙脚设置控制钢架变形的锁脚锚固措施。要充分保证钢架与围岩的密贴,分部开挖钢架落底时要注意加强锁脚锚固防止失稳。

6)监控量测与快速处理

监控量测更是软弱围岩施工的"眼睛"。浅埋段必须进行地表监控量测。设计和施工单位要根据量测结果进行变形管理,及时调整支护措施,快速处理施工风险。量测间距:Ⅳ级围岩不大于 10 m;Ⅴ级围岩不大于 5 m。对于软弱围岩及不良地质地段,当拱顶下沉、水平收敛速度达 5 mm/d 或位移累计达 100 mm 时,应暂停掘进,并及时分析原因,采取处理措施。

7)二次衬砌

软弱围岩中二次衬砌也是主要的承载结构,与初期支护共同承担较大的后期围岩压力,应适时施作,二次衬砌应先施工仰拱,分段整体浇筑,二次衬砌背后的空洞应及时回填。

软弱围岩隧道必须及时施作二次衬砌,二次衬砌距离掌子面的距离必须随时均满足施工安全布局。

8)其他软弱围岩技术措施

(1)软弱围岩变形控制技术

控制掌子面变形对预防隧道坍塌非常重要,掌子面过大的变形将导致坍方事故的发生,据统计此种情况在所有坍方事故中所占比例较高。控制掌子面变形的技术措施有拱部超前支护和掌子面加固。

常用的超前支护有超前锚杆、超前小导管注浆、超前大管棚。超前大管棚必须按照设计要求进行注浆，达到加固围岩的效果，保证管棚与钢架的联合支护，管棚的外部与钢架进行焊接。

掌子面加固措施主要有掌子面锚杆加固、喷射混凝土封闭和掌子面预留核心土等措施，能有效控制掌子面位移，为大断面开挖创造条件，有利于控制先期与后期围岩的支护变形。掌子面锚杆的长度一般在10～20 m之间，优先采用易于切割的玻璃纤维锚杆；掌子面预留核心土，利用最多，也是最经济的手段。

（2）控制落底开挖失稳的技术措施

开挖下台阶风险极大，上半断面支护悬空，失去支撑，很容易引起支护和围岩的失稳，落底开挖前应给上半断面支护一个临时或永久的基础，控制支护快速下沉。常见的控制拱脚下沉的技术有。

① 锁脚锚杆/锚管：承载上部初期支护的压力，因此应尽量沿拱脚施作。

② 临时仰拱（横撑）：使上台阶快速成环，有效控制上半断面的沉降，保证下半断面开挖的安全；

③ 扩大拱脚：拱脚要有足够的宽度，一般为0.8～1 m。

二、富水断层段隧道设计

富水断层段隧道设计应依据并系统分析现阶段勘探资料，做好注浆加固、防排水系统及相应衬砌的设计，施工中根据超前地质预报和施工开挖对不良地质的影响及监控量测资料进行进一步评价，并根据评价结果进行设计方案调整。

1. 注浆

（1）注浆方案、方式及适用条件

注浆方式包括超前周边注浆、局部径向注浆两种方式，采用具体注浆方案根据工程地质、水文地质条件选用，见表3-6-18。

表3-6-18 隧道注浆方式一览表

注浆方式	方式及加固范围	注浆材料	适用条件
超前周边注浆	纵向30 m，开挖轮廓线外5 m以内	一般水泥浆，水量较大时可采用水泥水玻璃双液浆	断层破碎带及向斜核部预测水压较大、极可能产生严重突水突泥等地段
局部径向注浆	径（斜）向，根据裂隙及水量调整		水量不大、渗水范围较小，有股水或面状淋渗水

（2）注浆工艺

注浆第一环应施作C20混凝土止浆墙，每一循环注浆长度为30 m，开挖25 m，预留5 m止浆岩盘。注浆孔按浆液扩散半径2 m，每环终孔孔底间距不大于3 m布设，每一循环共设7环注浆孔。注浆孔开孔直径不小于$\phi108$ mm，终孔直径不小于$\phi90$ mm。钻孔和注浆顺序由外向内，同一圈孔间隔施工。原则上均采用后退式注浆，如岩层破碎容易造成坍孔时，可采用前进式注浆。注浆终压为1.5～2 MPa。注浆前应进行压水实验，据此修正注浆参数。在涌水量大、压力高的地段钻孔时，应先设置带闸阀的孔口管，当出现大量涌水时，拔出钻具，关闭孔口管上的闸阀，再进行注浆；当开挖工作面围岩破碎，应先设置止浆墙和孔口管，孔口管埋入止浆墙深度随最大注浆压力而定，孔口管宜为直径不小于90 mm无缝钢管。

三、煤层瓦斯及采空区设计

1. 实施超前探测

超前钻孔及预测孔施作要求：

（1）采用地质雷达对前方岩层界面进行预报定位，并采用超前水平钻孔（取岩芯）进行验证。

（2）当采用地质雷达和超前水平钻探探测有煤层时，为准确探明前方地质情况，每断面增设5个超前钻孔。

(3)当遇煤层时,在开挖面距离煤层垂直距离为 10 m 时必须至少打 3～6 个穿透煤层的瓦斯探测孔(正洞 6 个瓦斯探测孔,辅助坑道 3 个瓦斯探测孔)。探测孔孔径一般为 75 mm,单孔长度为 30 m,搭接长度不小于 5 m,其终孔位置应控制在开挖轮廓线外 3 m 以上,探测煤层倾角、厚度、顶板岩柱、底板岩柱、地质构造、煤层层位等具体情况,并在探测孔处设置检测点,以检测是否有有害气体涌出。若探测到有害气体,应根据记录确定有害气体的涌出位置,为安全揭煤提供可靠的基础资料。

2. 瓦斯等有害气体检测地点及范围

检测地点及范围应符合下列要求:

(1)开挖工作面风流、回风流中,爆破地点附近 20 m 内的风流中及局部塌方冒顶处。

(2)坑道总回风的风流中。

(3)局扇及电气开关前后 10 m 的风流中。

(4)各种作业台车和机械附近 20 m 内的风流中。

(5)电动机及其开关附近 20 m 内的风流中。

(6)隧道洞室中,如变电所、水泵站、水仓等瓦斯易于积聚处。

(7)接近地质破碎带处。

每个检测地点应设置明显的瓦斯记录牌。每次检测结果,应及时填写在瓦斯记录本和记录牌上,并逐级上报。瓦斯检测人员必须执行瓦斯巡回检查制度。

3. 隧道内瓦斯浓度限值及超限处理措施

隧道内瓦斯浓度限值及超限处理措施见表 3-6-19。

表 3-6-19　隧道内瓦斯浓度限值及超限处理措施表

序　号	围岩级别及衬砌类型	限　值	超限处理措施
1	低瓦斯工区任意处	0.5%	超限处 20 m 范围内立即停工,查明原因,加强通风监测
2	局部瓦斯积聚(体积大于 0.5 m³)	2.0%	超限处附近 20 m 停工,断电撤人,进行处理,加强通风
3	开挖工作面风流中	1.0%	停止电机钻孔
		1.5%	超限处停工,断电撤人。查明原因,加强通风等
4	回风巷或工作面回风流中	1.0%	停工、撤人、处理
5	放炮地点附近 20 m 风流中	1.0%	严禁装药放炮
6	煤层放炮后工作面风流中	1.0%	继续通风,不得进人
7	局扇及电气开关 10 m 范围内	0.5%	停机、通风、处理
8	电动机及开关附近 20 m 范围内	1.5%	停止运转,撤出人员,切断电源,进行处理
9	竣工后洞内任何处	0.5%	查明渗漏点,进行整治

4. 煤层突出危险性预测

采用钻屑指标法及瓦斯压力法进行判断,预测孔见煤后采用电煤钻打穿煤层,收集全部钻屑,按《防治煤与瓦斯突出细则》规定检测有关指标,判断突出危险。

5. 防突措施

当预测煤层有突出危险时,采用钻孔排放瓦斯。

6. 防突效果检验

煤层瓦斯在采用钻孔排放 15～30 天后,在隧道上导坑掌子面打至少打 2 个检验孔,检验孔孔底应位于排放瓦斯范围内,在排放孔之间,采用与预测孔相同的方法进行测定,如判断煤层与瓦斯突出危险性在临界值以下,则认为排放有效,否则须延长瓦斯排放时间,增加排放孔数量或采取其他措施。

四、高地温地段隧道设计

本线预测高地温位于长大隧道,如峰果岭隧道、笔架山隧道、将军亭隧道。高地温地段隧道施工中加强该段的综合超前地质预报与地温监测,如存在地温高于28℃的段落,可采取如下处理措施。

1. 洞内掌子面前方(已开挖段)30 m范围内,采用洒水喷雾防尘降温。

2. 加强施工通风,隧道内弥漫式供氧。

3. 若出现高温异常(当地温超过45℃时),应及时提出,可采用"通风降温＋减少热源(集中引排或局部封堵)＋个体防护＋调整施组＋机械制冷"的综合防治技术,保障施工作业环境条件;必要时采取隔热、通风等措施保障运营环境条件。

五、与既有线相邻隧道设计与施工技术措施

本线冠豸山段接入赣瑞龙线,部分段落线路与既有赣龙线并行、部分地段线间距小于100 m,为确保既有赣龙线结构稳定及运营安全,设计和施工中应注意以下方面:

1. 临近既有线隧道的新建隧道应着重判别小间距隧道的地段范围。参照"隧规"有关规定,邻近既有线的小间距隧道的判别标准见表3-6-20。

表3-6-20　邻近既有线隧道的新建隧道小间距地段判别表

围岩级别	Ⅱ	Ⅲ	Ⅳ	Ⅴ
最小间距(m)	30	40	50	75

小间距隧道地段采取以下技术措施:

(1)小间距隧道采用加强型衬砌;

(2)小间距隧道应按微振控制爆破施工＋机械开挖方式综合配合使用,结合《爆破安全规程》(GB 6722—2014)和《铁路工程爆破振动安全技术规范》(征求意见稿),确定了既有铁路隧道爆破振动速度控制值为2 cm/s,抗滑桩爆破振动速度控制值为2 cm/s,路基(轨道)爆破振动速度控制值为5 cm/s、桥梁爆破振动速度控制值为6 cm/s,接触网支柱基座爆破振动速度控制值为6 cm/s;施工前后应对既有隧道进行调查,并对既有开展监控量测工作,确保既有隧道安全。

2. 新建隧道应采用微振控制爆破施工＋机械开挖方式综合配合使用,短进尺、多台阶进行开挖,爆破应采用浅钻孔、密布眼、少装药、间隔微差起爆等措施,降低爆破振动对既有铁路构筑物及设备的影响。

3. 在新建隧道爆破施工时,对既有线构筑物的振动速度进行监测,根据既有构筑物振动速度来确定新建隧道爆破的炮眼长度、炮眼数量、装药量、起爆间隔时间等各项参数,以达到微振爆破目的。

4. 对既有线的设备(如信号指示灯)进行专人监测,并在远离工点处设置望哨,建立安全预警机制,并做好相应的物资储备。

5. 洞口开挖过程中,应通过多次试爆,选择合理的爆破参数,遵从"宁散勿飞"的爆破原则,尽量避免产生飞石,并在既有线附近设置防护排架等保护措施,以降低爆破对既有线安全运营的影响。

第六节　洞口段设计

一、洞口位置的确定

1. 洞口位置应根据地形、地质、水文等条件,并结合洞外相关工程及施工条件、运营要求等,通过综合分析比选确定;一般情况下,应充分贯彻"早进晚出、保护环境"的原则,尽量降低边、仰坡的刷方高度。

无特殊情况下,洞口处中心挖深不超过15 m,构筑物以上边、仰坡高度不超过15 m。挡墙高度不超过10 m。

2. 桥隧相连地段,尽量避免桥台伸入洞内;若桥台靠近洞门或必须伸入洞内时,洞门位置应结合桥台设置情况及桥梁施工作业要求确定。桥隧相连或桥台进洞的洞口,桥台基础和隧道底部的结构设计应统筹考虑。

3. 洞口分界里程:端墙式、柱式洞门、双耳墙式明洞门一般按洞口里程分界,距桥台较近或有其他特殊情况另行确定;设挡墙的洞门分界里程距洞口里程一般取 10 m。

二、洞门形式的确定

1. 隧道洞口均应设置洞门,其形式根据洞口处地形、地质条件、防排水要求等因素综合确定。本线单线隧道均不采用斜切式洞门,一般采用端墙式、耳墙式、台阶式、柱式洞门。洞门形式力求简洁、对称。单线隧道洞门一般按附图采用,特殊洞门及车站隧道洞门按工点设计,并对洞门墙的强度及稳定进行检算。

2. 挡翼墙、衬砌与洞门端墙按要求设置连接钢筋;长度大于 5 km 的隧道及车站隧道洞口、洞身浅埋段、通风口及安全出口按国防要求设防,洞口段衬砌及洞门墙采用钢筋混凝土。

3. 若隧道洞顶有沟渠或道路跨越线路时,应结合其位置及高度来确定洞口位置,必要时洞口位置可适当外延。

4. 当洞口有挡墙时、由洞口至分界里程线路中线至临近挡墙路基面处的水平距离由 4.5 m 过渡到路基面宽度,与路基断面顺接。当洞口紧邻车站时,该水平距离应满足站场专业要求。

三、洞口段防护

1. 隧道洞口预加固桩、边仰坡绿色防护等参照路基提供的分界断面设计,尽量与路基保持一致。边仰坡防护参照下述原则办理:

1)坡率不陡于 1:1.25 的土质、强风化软质岩及全风化岩层边、仰坡:

(1)当防护高度不大于 3 m 时,采用空心砖内间植低矮灌木护坡。

(2)当防护高度大于 3 m 不大于 10 m 时,采用拱形截水骨架防护,骨架内植低矮灌木护坡。

(3)当防护高度大于 10 m 时,采用锚杆框架梁形成多级防护,框架内植低矮灌木护坡。

2)坡率不陡于 1:0.75 的岩质边、仰坡($W_2 \sim W_3$):

(1)当防护高度不大于 3 m 时,采用空心砖内间植低矮灌木护坡。

(2)当防护高度大于 3 m 不大于 6 m 时,采用拱形截水骨架防护(3 m×3 m),骨架内植低矮灌木护坡。

(3)当防护高度大于 6 m 时,采用锚杆框架梁形成多级防护,框架内植低矮灌木护坡。

3)坡率陡于 1:0.75 的岩质边、仰坡($W_2 \sim W_3$):采用光面爆破开挖+喷混植生护坡。

4)洞口有危岩落石的地段应首先清除危石,采取嵌补、支顶、设置主(被)动防护等措施,被动防护采用被动柔性防护网、钢轨拦栅,主动防护采用 SNS 主动防护网。

5)洞口边坡或仰坡存在顺层或土石分界线较陡时,可在洞口设置预加固桩。

6)洞口边仰坡坡面防护应做到与自然环境及洞口段路基工程协调。

2. 临时边坡采用喷锚网防护,防护措施可按以下几种情况考虑:

1)硬质岩地段临时边坡:

(1)临时边坡全部位于 W_2 层中时,不防护。

(2)临时边坡一半在 W_2 中,一半位于 W_3 中时(含全部位于 W_3 时),采用喷锚防护,参数如下:喷 C20 混凝土,厚 8 cm;ϕ22 mm 砂浆锚杆,每根长 2.5 m,间距 1.5 m×1.5 m,梅花形布置。

2)软质岩地段临时边坡:

(1)临时边坡位于 W_2 层中时:喷 C20 混凝土,厚 5 cm。

(2)临时边坡一半在 W_2 中,一半位于 W_3 中时(含全部位于 W_3 时),采用喷锚防护,参数如下:喷 C20 混凝土厚 8 cm;钢筋网采用 ϕ6 mm 钢筋网,网格间距 25 cm×25 cm;锚杆采用 ϕ22 mm 砂浆锚杆,锚杆长 3.0 m,间距 1.2 m×1.2 m,梅花形布置。

(3)临时边坡一半在 W_3 中,一半位于 W_4 中时时,采用喷锚防护,参数如下:喷 C20 混凝土厚 10 cm;钢筋网采用 ϕ8 mm 钢筋网,网格间距 25 cm×25 cm;锚杆采用 ϕ22 mm 砂浆锚杆,锚杆长 3.5 m,间距 1.0 m×1.0 m,梅花形布置。

3)全部位于土层及全风化 W_4 地层临时边坡(按照地质提供的临时坡率):

(1)临时边坡位于卵石土、碎石土、块石土、角砾土、圆砾土、粉质黏土及全风化 W_4 地层时,采用喷锚网防护,参数如下:喷 C20 混凝土厚 12 cm;钢筋网采用 ϕ8 mm 钢筋网,网格间距 20 cm×20 cm;锚杆采用 ϕ22 mm 砂浆锚杆,锚杆长 4.0 m,间距 1.0 m×1.0 m。

(2)临时边坡位于粉土、粉细砂、细沙、砂土等时,采用喷锚网防护,参数如下:喷 C20 混凝土厚 15 cm,钢筋网采用 ϕ8 mm 钢筋网,网格间距 20 cm×20 cm;锚杆采用 ϕ25 mm 砂浆锚杆,长 4.0 m,间距 1.0 m×1.0 m,梅花形布置。

4)端墙及挡墙背后、明暗分界处开挖面:

(1)挡墙背后及端墙、明暗分界处开挖轮廓线以外喷锚网支护参数按临时边坡参数办理。

(2)开挖轮廓线以内支护参数如下: W_3 地层开挖轮廓线以内采用喷混凝土厚 10 cm 防护; W_4 地层开挖轮廓线以内采用喷混凝土厚 12 cm;锚杆采用 ϕ25 mm 玻璃纤维锚杆,锚杆长 6.0 m,间距 1.5 m×1.5 m,梅花形布置。

(3)处于软弱土层挡墙后及端墙背后掌子面采用地表注浆、旋喷桩、搅拌桩等预加固。具体措施由会审确定。

3. 当洞口段地基承载力不足或遇不良地质时需进行地表加固、进洞棚护、基底处理、地层加固(预加固桩等)等措施,处理方案及参数由会审确定。以下为地基承载力不足(小于 180 kPa)时一般设计原则:

1)当下卧层厚度不大于 3 m 时采用换填处理,换填 C20 混凝土至稳定持力层下 0.5 m。

2)当下卧层地层厚度大于 3 m 时,采用钢管桩注浆、微型桩或旋喷桩加固,复合地基承载力要求不小于 180 kPa,明洞基底与复合地基之间设置 20 cm 厚 C20 混凝土垫层,达到设计要求后方允许进行下道工序施工。复合地基加固措施具体选用条件及参数如下:

(1)当基底位于全风化层、硬塑黏性土地层,基岩埋深不大于 6 m 时,采用 ϕ76 mm 钢管桩加固。ϕ76 mm 无缝钢花管,壁厚 5 mm,间距 1.0 m×1.0 m,梅花形布置,桩基嵌入基岩中不小于 1 m,注压 1：1 水泥砂浆,地层填充率取 10%~20%。

(2)当基底位于全风化层、硬塑黏性土、碎、卵、块石土、杂填土地层,基岩埋深不大于 9 m 时,采用 ϕ400 mm 微型桩加固。对于通长桩侧极限摩阻力不小于 55 kPa 的地层,(按摩擦桩)桩长 5 m,桩间距 1.2 m×1.2 m,梅花形布置;对于通长桩侧极限摩阻力小于 55 kPa 的地层,(按端承桩)桩长 4~10 m,桩间距 1.2 m×1.2 m,梅花形布置,桩基嵌入基岩中不小于 1 m。微型桩为钢筋混凝土钻孔灌注桩,细石混凝土灌注,混凝土强度等级 C30,28 天单桩竖向容许承载力不小于 280 kN,单桩竖向承载力试验的桩数不少于全部桩数的 2‰,且每个工点不少于 3 根。

(3)当基底位于淤泥、淤泥质土、流塑、软塑黏性土、粉土、砂土、素填土等地层,采用 ϕ500 mm 旋喷桩加固,旋喷桩桩长通过计算确定,间距 1.0 m×1.0 m,梅花形布置,隧道开挖至距设计桩顶标高 1 m 时开始施作旋喷桩。旋喷桩高压水泥浆的压力应大于 20 MPa,水泥采用 42.5 级普通硅酸盐水泥,水泥浆水灰比宜为 1.0~1.1,28 天旋喷桩桩身水泥土试块抗压强度平均值不小于 5.0 MPa。

4. 若道床底面基础为弱风化硬质岩时,则道床底面以下设 30 cm 厚 C25 混凝土找平层。其余情况下,洞口至分界里程范围内道床底面以下 1 m 范围内采用 C25 混凝土换填。

5. 地形偏压段,当隧道外侧拱肩至地表面的垂直距离小于 t(见《隧规》)时,应在洞外设置地表加固或地形改良等措施,具体方案及参数由会审确定。

6. 当洞口存在灌溉沟、渠时,应尽量保持其原沟型;当隧道施工需对其进行改造时,根据其流量及功能合理选择处理方案。

7. 原则上隧道洞口均设置一环大管棚进洞,隧道采用 ϕ89 mm(壁厚 6 mm)或 ϕ108 mm(壁厚 10 mm)大管棚,管棚环向间距 0.4 m。管棚长度 15~20 m 时采用 ϕ89 mm 管棚,管棚长度 25~40 m 时采用 ϕ108 mm 管棚。洞口大管棚与超前小导管搭接长度一般为 5 m。

四、洞口防排水

1. 边仰坡开挖边缘线 5~10 m 外修筑天沟,洞口用地为天沟外 5 m 范围内。

2. 端墙顶排水应结合地形条件直接排入天沟或天然沟槽,当地形条件不能满足时可采用翼墙或挡墙设吊沟排水,吊沟距洞门的距离不得小于 3 m。

3. 路堑侧沟水原则上不得引入隧道排出。为防止洞外的路堑侧沟水流入隧道,当出洞后为上坡时,在洞门外 2 m 处设横向盲沟一道,并将洞外侧沟做成与线路纵坡相反的纵坡,坡度不小于 2‰。

4. 洞外侧沟、天沟及其他排水沟纵向排水坡度不应小于 3‰,以免淤积,洞顶天沟应接入路基天沟或线路两侧既有自然沟渠,排水天沟严禁断头、漫流或直冲农田、铁路工程等。

5. 当洞口存在灌溉沟、渠时,应尽量保持其原沟型;当隧道施工需对其进行改造时,根据其流量及功能合理选择处理方案。

6. 地表有自然冲沟,且埋深小于 30 m,对影响段地表河床采用钢筋混凝土铺砌,厚 30 cm,铺砌范围为上下游各 20 m 的河道断面。

第七节　洞内设施设计

一、洞内附属构筑物

1. 全线隧道同时设置大避车洞洞室和小避车洞洞室。大避车洞洞室间距按有砟道床单侧 300 m,无砟道床单侧 420 m 设计,洞室尺寸:宽×深×高＝4.0 m×2.5 m×2.8 m,沿隧道两侧错开布置;小避车洞洞室间距按单侧 60 m 设计,洞室尺寸:宽×深×高＝2.0 m×1.0 m×2.2 m,沿隧道两侧错开布置。避车洞内应沿洞壁设置高 1.2 m 的钢制扶手。

2. 避车洞应与衬砌断面变化处、伸缩缝、沉降缝保持一定距离,其中小避车洞与接缝距离不小于 2 m,大避车洞与接缝距离不小于 3 m。

3. 长度大于 1 000 m 的隧道内预留梯车洞,洞内每隔约 500 m 沿线路布置。

4. 为便于施工车辆错车及调头,长度大于 500 m 的单线隧道内沿一侧(一般取右侧)对侧设置避车综合洞,避车综合洞间距有砟道床为 300 m,无砟道床为 420 m 设置,避车综合洞尺寸 6 m×6 m×5 m(宽×深×高)。避车综合洞兼大避车洞、绝缘梯车洞功能。

5. 设备洞室(如变压器洞室、直放站洞室、探测站洞室等)根据相关专业要求设置,兼具有大避车洞及电缆余长腔功能。变压器洞室一般设在电力电缆槽侧(左侧),直放站综合洞室设在通信信号电缆槽侧(右侧)。

二、沟　槽

隧道内双侧设置水沟,每侧按单沟布置,其中正线隧道侧沟过水断面为 30 cm(宽)×25 cm(高)。

单线隧道内设置 2 条两条电缆槽,一侧为通信、信号电缆槽,另一侧为电力电缆槽。电缆槽内净空 25 cm(宽)×22 cm(高)。具体根据通信、信号专业要求设置。

第八节　运营通风及防灾救援设计

一、运营通风设计

全线无大于 15 km 的隧道,对运行电力机车的隧道不设机械运营通风。

二、防灾救援设计

依据《铁路隧道防灾救援疏散工程设计规范》(TB 10020—2012),长大隧道(群)的防灾救援设计在执行过程中应结合本线路特征、隧道工程特点和运输特点进行设计工作，以达到安全适用、技术先进、经济合理的目的。

（一）基本原则

1. 防灾救援系统按"以人为本、应急有备，方便自救、安全疏散"的原则配置。

2. 旅客列车的防灾救援以洞内人员疏散避难及救护为主，货物列车以消防起复救援为主。

3. 当列车在洞内发生火灾时：如果列车距隧道洞口较近，列车可以快速驶离隧道，按列车驶出隧道在邻近车站开展旅客疏散及灭火救灾工作考虑；若列车位于隧道群中，列车应迅速驶入邻近的救援疏散通道设施停车疏散旅客。

4. 隧道两端车站工作人员及司乘人员为救援救灾人员，不设专职救援救灾人员，仅配置设备维护管理人员，位于隧道群中的防灾救援站应设专职的救援救灾人员。

5. 隧道进出口相邻车站设集中监控室，并根据火险发生地点，按"邻近端集中监控室作为责任集中监控室（车站）的原则"确定责任集中监控室（车站），由责任集中监控室（车站）指挥整个防灾救援工作。

6. 为保证人员疏散及救援救灾的需要，设置必要的通风、救援通道、疏散诱导标志、事故照明、消防设施等系统。

7. 作为紧急疏散的洞口，宜设置外界通向隧道的道路以及可供停车、回车的场地。

（二）救援疏散设施

结合本线的实际情况及防灾救援的总体原则，为便于人员在火灾紧急情况下逃生及避难，根据隧道（群）长度（小于 20 km）及辅助坑道设置情况，隧道内不设置紧急救援站，设置避难所及紧急出口。

1. 隧道防灾救援疏散设施主要包括紧急出口及避难所、平导及横通道。

2. 单洞隧道应结合施工辅助坑道设置紧急出口或避难所，长度 5～10 km 的单洞隧道，应在洞身段设置 1 处紧急出口或避难所；长度 3～5 km 的单洞隧道，可结合施工辅助坑道，在隧道洞身段设置 1 处紧急出口，当施工辅助坑道条件不满足紧急出口标准要求时，可不设置紧急出口。

3. 紧急出口及避难所应设置的防灾救援设备系统为：指挥控制系统、防灾通风、防护门、应急通信、防灾救援设备监控系统、应急照明及设备供电、疏散指示标志。

（三）疏散设施设计

1. 作为紧急出口或避难所的辅助坑道内应设置机械通风设施。

2. 紧急出口或避难所与隧道连接处均应设置防护门，防护门应能满足防火及密闭的相关要求，且应能实现自动、手动开启与关闭的功能（手动优先）。

（四）洞外便道及场地

设置紧急出口、避难所等疏散设施的隧道，隧道洞口及紧急出口、避难所的洞口，设置外界通向隧道的道路以及可供停车、回车的场地，道路原则上利用施工便道。

第九节　防排水设计

一、防水等级

隧道防水等级满足《地下工程防水技术规范》（GB 50108—2008）规定的一级防水标准，衬砌表面无湿渍。

二、防排水设计原则

隧道的防排水设计，采用"防、排、截、堵相结合，因地制宜，综合治理"的原则；对于地下水发育且隧道修建对生态环境或工程环境可能产生不利影响的水塘、水库影响地段，采取"以堵为主，限量排放"的原则，达到堵水有效、防水可靠、经济合理的目的。采用"以堵为主"原则时，应根据堵水效果、排水状态和措施，衬砌结构合理考虑承受部分水压。当隧道附近存在泉眼时,慎重采用堵水措施。

三、防排水设计

(一)洞口及地表防排水设计

隧道洞口排水系统设计遵循截、排水相结合的原则,首先保证洞内水顺畅排出,并避免洞外水冲刷隧道洞门及边仰坡。

1. 隧道出洞为下坡时,洞内侧沟应与路基侧沟顺接;隧道出洞为上坡时,应在距隧道洞口 2 m 处设横向盲沟一道,路基侧沟应做成与线路相反的纵坡,坡度不小于 2‰。

2. 隧道洞口于边、仰坡开挖边缘线外 5~10 m 处设截水天沟,其坡度根据地形设置,但不应小于 3‰,以免淤积。当天沟的纵坡较陡时,应按要求设置基座、急流槽、消能池等。洞顶天沟应顺接路基天沟或线路两侧既有自然沟渠,排水严禁天沟断头、漫流或直冲铁路工程。

3. 当隧道洞口或洞身浅埋地段地表有洼地、自然沟型等可能汇集地表水的不良地形地貌时,应根据地表汇水量调查情况,对洼地、自然沟型采用必要措施进行截排、引流地表水,避免地表水的汇集。

4. 当隧道洞口地形平坦,无明显地表径流,而隧道施工可能产生较大流量的涌水时,应根据洞口场地布置、地形条件、地质预测的隧道涌水量,结合路基排水系统,合理设置隧道洞口排水系统,避免对洞口环境、当地居民的生产生活产生不利影响。

(二)暗挖段防排水设计

1. 防水设计

(1)结构自身防水:隧道二次衬砌混凝土抗渗等级不低于 P8,地下水发育及有侵蚀性地下水地段抗渗等级不低于 P10。

(2)防水板防水:全线隧道初期支护与二次衬砌间设置拱墙 EVA 防水板,浅埋隧道通过水塘、水田等地表富水段落采用开挖后局部径向注浆及全环防水板防水;防水板的厚度不小于 1.5 mm。一般情况下采用普通防水板＋土工布(分离式)。

(3)施工缝、变形缝处理:所有隧道的"三缝"均按地下工程一级防水标准采取防水措施。

①隧道暗洞施工缝衬砌防水参数和措施:暗洞段环向施工缝(含仰拱)一般地段设中埋式橡胶止水带＋背贴式橡胶止水带防水,地下水发育地段采用中埋式橡胶止水带＋遇水膨胀橡胶止水条＋凸壳式排水板防水,每处施工缝设置一道 1.0 m 宽凸壳式排水板,排水板设置于二次衬砌与防水板之间;纵向施工缝均采用中埋式镀锌钢板止水带＋遇水膨胀橡胶止水条防水。环向数量按 10 m 一道计列,纵向数量按 2 道计列。

②明暗分界处设变形缝。变形缝宽度 2 cm,一般地段暗洞段变形缝采用中埋钢边橡胶止水带＋遇水膨胀橡胶止水条,地下水发育地段暗洞段变形缝采用中埋钢边橡胶止水带＋遇水膨胀橡胶止水条＋凸壳式排水板防水。变形缝填充聚乙烯泡沫塑料板,变形缝内缘采用多组分聚氨酯密封胶,嵌缝深度不小于 5 cm。

(4)二次衬砌拱部防水层内纵向贴置 PVC 管,埋设纵向预留注浆管道,待混凝土达到设计强度后,应进行充填注浆(微膨胀水泥砂浆)。

2. 排水设计

(1)水沟设计:隧道设双侧排水沟排水。隧道内排水沟的能力应根据排水系统设置、地下水发育情况进行检算,当过水能力不足时,应采用辅助坑道或改造水沟等措施进行引排。

(2)排水管设计:二次衬砌背后设环向 $\phi50$ mm 透水盲管,每 10 m 一环,地下水发育地段应适当加密;两侧边墙脚设纵向 $\phi80$ mm 双壁打孔波纹管,每隔 10 m 将地下水引入洞内侧沟引排,波纹管出水口应离水沟底部以上一定距离。环、纵向盲管应直接接入侧沟。股水涌流及大面积渗流处应增设环向盲管引排。

(3)特长隧道、地表溶蚀洼地较多、地下水丰富的隧道应核查排水沟的排水能力,并留有余地,必要时采用加大水沟断面、增设泄水洞等工程措施,确保隧道内排水通畅。

（三）明挖段防排水设计

1. 防水设计

（1）主体工程：采用防水钢筋混凝土，混凝土抗渗等级不低于 P8，地下水发育及有侵蚀性地下水地段抗渗等级不低于 P10。

（2）明洞段拱墙衬砌外缘均采用 2 cm 厚聚合物防水水泥砂浆抹面，其中需回填的明洞段拱墙仍设置土工布及防水板，并在回填表面设黏土隔水层，厚 50 cm。

（3）施工缝、变形缝处理：所有隧道的"三缝"均按地下工程一级防水标准采取防水措施。

①隧道明洞施工缝衬砌防水参数和措施：明洞段环向施工缝（含仰拱）采用中埋式橡胶止水带＋遇水膨胀橡胶止水条；纵向施工缝均采用中埋式镀锌钢板止水带＋遇水膨胀橡胶止水条防水。环向数量按 10 m 一道计列，纵向数量按 2 道计列。

②长明洞段间隔 30 m 设变形缝。变形缝宽度 2 cm，明洞段变形缝采用中埋钢边橡胶止水带＋遇水膨胀橡胶止水条。变形缝填充聚乙烯泡沫塑料板，变形缝内缘采用多组分聚氨酯密封胶嵌缝。

2. 排水设计

（1）洞内排水沟设置与暗洞统一。

（2）明挖段衬砌外缘直边墙顶设纵向 ϕ100 mm 双壁打孔波纹管，直边墙范围采用浆砌片石回填，回填浆砌片石顶面设置 50 cm 厚砂卵石反滤层；并每隔 3～5 m 设竖向 ϕ50 mm 盲管，一端与墙顶纵向透水盲管相连，另一端直接接入隧道侧沟。

（3）双耳墙式明洞衬砌双耳部位每隔 3 m 设置一道泄水孔，明洞回填部位的水沿泄水孔顺着外墙流至墙底水沟，引流至洞外水沟。

（四）环境敏感地段防排水

因地下水流失可能影响居民生产生活用水的隧道段、地下水特别发育影响施工安全的隧道段宜采取注浆堵水措施。注浆根据地质超前预测预报成果资料可分别采用超前帷幕注浆、超前局部注浆或开挖后径向注浆等方式，防止大量地下水流入隧道，确保施工安全和运营期间的排水安全。应尽量维系岩溶暗河的既有通路，严禁随意封堵溶洞、暗河。

1. 当隧道地下水丰富，施工中有突水、突泥危险时，应采取以保证施工安全为目的的超前预注浆加固围岩并堵水，超前预注浆方式以超前局部注浆为主，必要时可考虑超前帷幕注浆。

2. 当隧道穿越段地表村庄较多，隧道开挖后可能引起地下水流失，地下水位下降，影响洞顶居民的正常生产生活等水环境敏感地段，应根据工程特点采取超前帷幕（周边）注浆或开挖后径向注浆等措施，确保施工及环境安全，同时其衬砌结构应考虑水荷载。

3. 对隧道浅埋穿越地表常年有水沟谷，可按"全封闭、不排水"原则设计。

4. 根据超前探测资料分析，对高压富水地段必要时可考虑"排水降压"的处理措施。

第十节　辅助坑道设计

一、辅助坑道设置原则

综合考虑隧道长度、工期、地形地质条件、施工期间及运营期间排水、施工通风、防灾救援等因素，通过技术、经济比选，合理确定辅助坑道位置及辅助坑道形式。

根据工期要求并结合施工通风及防灾救援要求，本线 5 km 以上隧道均设置辅助坑道。

防灾控制原则：两紧急出口间距不大于 5 km。

长度大于 400 m 的斜井，每 300 m 左右设置安全防撞设施及缓坡段（可与错车道合并设置），安全防撞设施可用多层沙袋或轮胎码砌。

（1）优选条件

隧道设置辅助坑道应优先选择横洞或斜井；有可能发生突水、突泥的隧道区段，不得设置承担施工的斜井；当不可避免时，应采取防止突水突泥措施，并配备有足够安全储备能力的机械排水系统。

（2）设置参数

一般情况下，斜井与正洞交叉处坑底高程等于对应里程正洞道床底面高程。

具有排水功能的横洞的坑底高程应低于对应里程正洞水沟沟底高程 0.2～0.8 m。

无轨单车道运输的辅助坑道每 250～300 m 设错车道一处，每处长 30 m 左右。

（3）永临设置

辅助坑道一般按临时工程设计。当其作为运营期间紧急出口和救援设施时，按永久工程设计，其洞门与洞口段应按国防要求采用钢筋混凝土。

（4）防、排水系统

辅助坑道应完善排水系统，尤其是作为排水通道的辅助坑道，其洞口排水系统应接入自然沟渠等既有排水系统内。

斜井井底 3‰缓坡地段设置一道横向盲沟，斜井内积水引入洞内侧沟或排水系统排出。

运营期用作排水通道的泄水洞底部应设置混凝土底板，防止冲刷。

作为紧急出口或疏散通道的辅助坑道，排水侧沟均应设置水沟盖板。

二、运输方式选择

（1）本线地形陡峻，场地条件差，辅助坑道施工原则上采用无轨运输。

（2）横洞及斜井原则上采用单车道无轨运输，当横洞或斜井同时双向施工正洞时，采用双车道无轨运输。

（3）平导原则上均考虑采用单车道无轨运输，每 250～300 m 设置一处错车道。

三、辅助坑道净空设计

本线辅助坑道均采用无轨运输方式，满足大型隧道机械（如 ITC312 装渣机、20t 重型载重汽车及混凝土搅拌运输车）通行要求及通风、排水管路布置和人行通道设置相关规定。辅助坑道作为运营期间紧急出口等救援疏散设施时，其内轮廓满足《铁路隧道防灾救援疏散工程设计规范》（TB 10020—2012）的要求，辅助坑道断面尺寸见表 3-6-21。

表 3-6-21　辅助坑道断面尺寸表

坑道类型	宽度（m）	高度（m）	路面以上净空面积（m²）
无轨运输单车道	5.0	6.0	29.13
无轨运输双车道	7.5	6.2	43.15

四、辅助坑道结构设计

辅助坑道一般采用喷锚衬砌，其洞口段、与正洞交叉段、穿越不良地质体段、渗漏水段、避难所待避空间、风机安装段采用模筑衬砌，其中洞口段、与正洞交叉段、风机安装段采用钢筋混凝土衬砌。辅助坑道与正洞交叉处 30 m 范围内正洞锐角侧（辅助坑道中线与线路中线的夹角）20 m、钝角侧 10 m 范围的正洞衬砌进行加强。

兼做运营期间紧急出口和救援设施的辅助坑道按永久工程进行结构和防排水设计，模筑衬砌段满足一级防水，衬砌背后设置防水板及环向盲管，其余段对集中出水点或渗水面采取注浆堵水、引排措施，保证洞内无滴水、线流，辅助坑道沟槽均应设置盖板。

第十一节　沉降变形设计

一、监控量测

监控量测的主要目的在于了解围岩稳定状态和支护、衬砌可靠程度,获取二次衬砌及仰拱施作时机,确保施工安全及结构的长期稳定性。隧道监控量测应按照《铁路隧道监控量测技术规程》(Q/CR 9218—2015)执行,监控量测计划应根据隧道规模、地形地质条件、支护类型和参数、开挖方式等制定。

(一)一般规定

1. 本线所有隧道均进行监控量测设计,除必测项目外,根据地形、地貌、临近构筑物、工程地质、水文地质条件对选测项目提出了量测要求。

2. 隧道地质条件的复杂性和隧道结构的特性,要求在施工阶段根据超前预测预报、施工监控量测资料的分析对设计进行修正,监控量测资料是调整支护结构、施工方法等设计资料的依据。

3. 施工单位应根据监控量测设计编制监控量测实施细则,报送监理、业主批准后实施,并应成立现场监控量测小组,建立相应的质量保证体系,监控量测人员要求相对稳定,确保监控量测工作的连续性,监控量测小组负责及时将监控量测信息反馈施工,当管理等级为Ⅱ、Ⅰ级时,反馈设计单位,对设计进行修正。

(二)监控量测控制基准及管理等级划分

监控量测控制基准应根据地质条件、隧道施工安全性、隧道结构的长期稳定性以及周围建(构)筑物特点和重要性等因素制定,包括隧道内位移、地表沉降、爆破振动等。

位移控制基准根据测点距开挖面的距离,由初期支护极限相对位移按表3-6-22要求确定。

表 3-6-22　位移控制基准

类　别	距开挖面 $1B(U_{1B})$	距开挖面 $2B(U_{2B})$	距开挖面较远
允许值	$65\%U_0$	$90\%U_0$	$100\%U_0$

注:B 为隧道开挖宽度,U_0 为极限相对位移值。

根据位移控制基准,位移管理分为三个等级,位移管理等级见表3-6-23。

表 3-6-23　位移管理等级

管理等级	距开挖面 $1B$	距开挖面 $2B$
Ⅲ	$U<U_{1B}/3$	$U<U_{2B}/3$
Ⅱ	$U_{1B}/3 \leqslant U \leqslant 2U_{1B}/3$	$U_{2B}/3 \leqslant U \leqslant 2U_{2B}/3$
Ⅰ	$U>2U_{1B}/3$	$U>2U_{2B}/3$

注:U 为实测位移值。

工程安全性评价及相应应对措施见表3-6-24。

表 3-6-24　工程安全性评价及相应应对措施

管理等级	应对措施
Ⅲ	正常施工
Ⅱ	综合评价设计施工措施,加强监控量测,必要时采取相应工程对策
Ⅰ	暂停施工,采取相应工程对策

(三)主要工程对策

1. 一般措施

稳定开挖工作面措施、调整开挖方法、调整初期支护强度和刚度并及时支护、降低爆破振动影响、围岩与支护结构间回填注浆。

2. 辅助施工措施

地层预处理,包括注浆加固、降水等方法;超前支护,包括超前锚杆(小导管)、管棚、水平高压旋喷法等。

(四)监控量测项目

监控量测可分为必测项目和选测项目两类。必测项目是隧道工程必须进行的日常监控量测项目;选测项目是为满足隧道设计与施工的特殊要求,根据围岩性质、隧道埋置深度、开挖方式等条件确定进行的监控量测项目。

1. 隧道开挖后应及时进行地质素描及数码成像,必要时进行物理力学试验。

2. 初期支护完成后应进行喷层表面裂缝及其发展、渗水、变形观察和记录。

3. 对围岩为土砂质时可对围岩内部位移、锚杆轴力、初期支护内力、锚杆拉拔试验等进行量测。

4. 对地下水发育断层破碎带等地质构造带可进行水量、孔隙水压力等进行量测。

5. 对隧道附近存在隧道施工爆破影响的构(建)筑物管线时,应进行爆破振动监控量测。

6. 对一般硬质岩、软岩认为可以优化设计,减少支护结构数量时,可对锚杆轴力、围岩压力、初期支护与二次衬砌间接触压力等进行量测。

7. 施工前应对工程有影响的环境敏感点,地表建筑物、水源、水量、植被及地形地貌现状进行调查、记录,必要时进行认证。

8. 必测项目。普通段必测项目见表3-6-25,隧道洞口、浅埋、下穿构(建)筑物地段必测项目见表3-6-26,断层及其影响带、向斜核部,岩溶发育段必测项目见表3-6-27,高地温及高温热水段必测项目见表3-6-28,明挖及洞口边仰坡必测项目见表3-6-29。

表3-6-25 监控量测必测项目(普通段落)

序 号	监控量测项目	常用量测仪器
1	洞内、外观察	现场观察、数码相机、罗盘仪
2	拱顶下沉	水准仪、钢钢挂尺或全站仪
3	净空变化	收敛计、全站仪

表3-6-26 监控量测必测项目(隧道洞口、浅埋、下穿构(建)筑物地段)

序 号	监控量测项目	常用量测仪器	备 注
1	洞内、外观察	现场观察、数码相机、罗盘仪	
2	拱顶下沉	水准仪、钢钢挂尺或全站仪	
3	净空变化	收敛计、全站仪	
4	地表沉降	水准仪、钢钢尺或全站仪	
5	爆破振动	振动传感器、记录仪	浅埋隧道上方有建筑物省(县)道、地下管线等时

表3-6-27 监控量测必测项目(断层及其影响带、向斜核部,岩溶发育段)

序 号	监控量测项目	常用量测仪器	备 注
1	洞内、外观察	现场观察、数码相机、罗盘仪	
2	拱顶下沉	水准仪、钢钢挂尺或全站仪	
3	净空变化	收敛计、全站仪	
4	围岩压力	压力盒	
5	水量	三角堰、流量计	地下水发育
6	水压力	水压计	地下水发育

表 3-6-28　监控量测必测项目(高地温及高温热水段)

序　号	监控量测项目	常用量测仪器	备　注
1	围岩表面温度	温度计、温度传感器	
2	初始水温	温度计、温度传感器	可能存在高温热水段
3	水量	三角堰、流量计	

表 3-6-29　监控量测必测项目(明挖及洞口边仰坡)

序　号	监控量测项目	常用量测仪器	备　注
1	坡顶水平位移	多点位移计、全站仪	明挖段处于土层较厚或软弱破碎岩质高陡边坡或滑坡等不良地质时,应进行坡顶位移监测
2	坡顶竖向位移	多点位移计、全站仪	

9. 选测项目。普通段选测项目见表 3-6-30,隧道洞口、浅埋、下穿构(建)筑物地段选测项目见表 3-6-31,断层及其影响带、向斜核部,岩溶发育段选测项目见表 3-6-32。

表 3-6-30　监控量测选测项目(普通段落)

序　号	监控量测项目	常用量测仪器
1	围岩压力	压力盒
2	钢架内力	钢筋计、应变计
3	喷射混凝土内力	混凝土应变计
4	二次衬砌内力	混凝土应变计、钢筋计
5	初期支护与二次衬砌间接触压力	压力盒
6	锚杆轴力	钢筋计
7	围岩内部位移	多点位移计
8	隧底隆起	水准仪、铟钢尺或全站仪
9	爆破振动	振动传感器、记录仪
10	孔隙水压力	水压计
11	水量	三角堰、流量计
12	纵向位移	多点位移计、全站仪

表 3-6-31　监控量测选测项目(隧道洞口、浅埋、下穿构(建)筑物地段)

序　号	监控量测项目	常用量测仪器
1	围岩压力	压力盒
2	钢架内力	钢筋计、应变计
3	喷射混凝土内力	混凝土应变计
4	二次衬砌内力	混凝土应变计、钢筋计
5	初期支护与二次衬砌间接触压力	压力盒
6	锚杆轴力	钢筋计
7	围岩内部位移	多点位移计
8	隧底隆起	水准仪、铟钢尺或全站仪
9	孔隙水压力	水压计
10	水量	三角堰、流量计
11	纵向位移	多点位移计、全站仪

表 3-6-32　监控量测选测项目(断层及其影响带、向斜核部,岩溶发育段)

序　　号	监控量测项目	常用量测仪器
1	锚杆轴力	钢筋计
2	围岩内部位移	多点位移计
3	钢架内力	钢筋计、应变计
4	喷射混凝土内力	混凝土应变计
5	二次衬砌内力	混凝土应变计、钢筋计
6	初期支护与二次衬砌间接触压力	压力盒
7	隧底隆起	水准仪、铟钢尺或全站仪
8	纵向位移	多点位移计、全站仪
9	地应力	应变计

二、沉降监测

长度大于 6 km 隧道内铺设无砟轨道,为评估隧道内铺设无砟轨道的条件,仰拱施工结束后应立即进行变形观测。

(一)一般规定

1. 隧道的进出口进行地基处理的地段,从洞口起每 25 m 布设一个断面。

2. 隧道内一般地段沉降观测断面的布设根据地质围岩级别确定,一般情况下Ⅲ级围岩每 400 m、Ⅳ级围岩每 300 m、Ⅴ级围岩每 200 m 布设一个观测断面,当长度不足时,每段围岩或不同衬砌段应至少布置一个断面。Ⅵ级围岩及位于第四系沉积地层地下隧道观测断面沿线路纵向间距不应大于 50 m。

3. 不良地质和复杂地质区段,观测断面的间距为一般地段的一半。

4. 明暗分界里程、有仰拱和无仰拱衬砌变化处、围岩变化及沉降变形缝位置每侧(一个台车长度内)至少布设一个断面。

5. 地应力较大、断层、膨胀土等不良和复杂地质区段,特殊基础类型的隧道段落、隧底由于承载力不足进行过换填、注浆或其他措施处理的复合地基段落适当加密布设。

6. 隧道洞口至分界里程范围、施工降水范围内应至少布设一个观测断面。

7. 双口掘进或有辅助坑道的隧道,在两个工作面相向施工贯通里程处两侧(一个台车长度内)各设置一个观测断面。

8. 长度大于 20 m 的明洞,每 20 m 设置一个观测断面。

9. 隧道主体工程完成后,每个观测断面设置 2 个沉降观测点,分别布置在隧道侧沟盖板以上 0.2 m 处。

10. 隧道水准路线观测按二等水准测量精度要求形成附合水准路线,沉降观测点位布设于观测断面隧道内壁两侧。

(二)观测技术要求

1. 隧道主体工程完工后,沉降观测时间不得少于 3 个月。当观测数据不足或工后沉降评估不能满足要求时,应适当延长观测期。

2. 所使用的仪器和设备应进行定期检查并做详细记录;每次测量应采用同一仪器,固定观测人员,采用相同的观测路线和观测方法,在基本相同的环境和观测条件下工作。

3. 隧道沉降观测水准的测量精度为 ±1 mm,读数取位至 0.01 mm。

4. 隧道沉降变形观测据表 3-6-33 中要求的时间间隔进行。每阶段的沉降观测在开始时一般可每周观测一次,以后可根据两次观测的沉降量调整沉降观测频度,但两次的观测沉降量不宜大于 1 mm。

表 3-6-33　隧道基础沉降观测频次

观测阶段	观测频次		
	观测期限		观测周期
隧底工程完成后	3个月		1次/周
无砟轨道铺设期间	全程		1次/天
无砟轨道铺设后至试运营期间	全程		1次/周
试运营后	6个月	0～1个月	1次/周
		1～3个月	1次/2周
		1～3个月	1次/月

(三)沉降变形评估方法及判定标准

1.隧道评估前应收集下列资料:

(1)隧道基础沉降观测资料。

(2)隧道地段的线路设计纵断面图、工程地质纵横断面图、地质勘查报告、设计图纸和说明书等相关设计资料。

(3)隧道开挖地质描述及开挖围岩分级记录、Ⅳ～Ⅴ级围岩地段基底承载力检测情况、施工监控量测资料、仰拱施工分项工程验收记录等施工资料。

(4)施工质量控制过程和抽检情况等监理资料。

2.隧道内无砟轨道铺设条件的评估应根据有关设计、施工和监理的资料及交接检验和复检的结果进行综合分析。

3.隧道基础的沉降预测与评估方法采用路基沉降预测采用的曲线回归法。

第十二节　设计阶段的安全风险评估及技术措施

铁路隧道工程发生各类风险的概率较其他工程高,且一旦发生,造成的损失较大。开展隧道风险评估,有利于决策科学化和减少工程事故的发生,有利于提高政府、业主、设计单位和施工单位的风险管理意识和风险管理能力,从而达到控制风险、减少损失的目的。因此,针对本段隧道所处的环境、工程地质与水文地质条件,设计中开展了风险评估工作,提出了相应的对策。

一、风险评估

施工图阶段风险评估在初步设计阶段评估结果的基础上,结合本阶段的勘察资料和设计原则,对采用矿山法施工的塌方、瓦斯、突水(泥、石)、岩爆、大变形等典型风险进行评估。

施工图阶段风险评估内容和成果满足了施工阶段安全风险评估的基本要求。

施工图阶段风险评估根据隧道地质纵断面情况分段评估,确定了初始风险(典型风险)等级,提出了相应的设计措施。其主要工作包括:

1.分段评估初始风险,选择设计措施。

2.根据设计措施进行再评估,确定残留风险。

3.对极高等级的残留风险应上报业主及上级主管部门,业主必须采取放弃或修改线路方案等措施。

4.对高等级的残留风险,设计单位应加强检测,必要时补充地质勘探。

5.对中度等级的残留风险,设计单位应予以监测。

二、风险管理

(一)风险管理目标

施工图阶段对上一阶段所确定的残留的风险和新识别的风险进行评估,对影响安全的风险进行专项设计。

（二）风险管理内容

根据上一阶段风险评估与管理成果，更新风险信息和相关控制措施，编制施工图阶段风险管理实施细则。建立风险跟踪机制。合理进行施工组织设计，充分考虑不同工法对安全的影响，开展有针对性地预设计，明确监测标准，确保工程的可靠性。

三、隧道风险评估表

隧道风险评估及对策措施见表 3-6-34。

表 3-6-34　×××隧道风险评估及对策措施表

序号	里程范围		长度(m)	风险事件	成因	初始风险			风险处理措施	残余风险		
	起始里程	终止里程				概率等级	后果等级	风险等级		概率等级	后果等级	风险等级

四、风险评估标准

根据隧道地质条件、隧道长度及上阶段风险评估结果，所有隧道则采取"风险评估及对策措施表"方式。

第七章　轨道设计

第一节　轨道工程概况与特点

浦梅铁路轨道以有砟轨道为主,在 6 km 以上的隧道内铺设弹性支承块式无砟轨道。

浦梅铁路有砟轨道设计标准如下:正线钢轨采用 100 m 定尺长、60 kg/m、U75V 无螺栓孔新钢轨;正线地段采用 2.6 m 长Ⅲ。型有挡肩混凝土轨枕,按 1 667 根/km 铺设,桥上和路基上铺设护轮轨地段采用新Ⅲ型桥枕,按 1 667 根/km 铺设;采用与Ⅲ。型有挡肩混凝土轨枕和新Ⅲ型桥枕配套的弹条Ⅱ型扣件;有砟轨道采用碎石道床,碎石道床材料符合《铁路碎石道砟》(TB/T 2140—2008)规范中的一级碎石道砟标准。

浦梅铁路无砟轨道设计标准如下:在长度大于 6 km 的峰果岭隧道内铺设弹性支承块式无砟轨道。钢轨采用 100 m 定尺长、60 kg/m、U75V 无螺栓孔新钢轨;弹性支承块式无砟轨道的扣件采用弹条Ⅶ型扣件,(图号:研线 1201),扣件应满足《30 t 轴重重载铁路弹条Ⅶ型扣件》(Q/CR 481—2015)中的相关技术要求,其中轨下垫板的静刚度为 100～120 kN/mm,与之配套的弹性支承块(含套靴、枕下垫板)的图号为:"研线 1602";道床板采用 C40 钢筋混凝土现场浇筑,道床板宽度 2 800 mm。

第二节　设计原则与采用的主要技术标准

一、设计原则

(1)正线及联络线按一次铺设跨区间无缝线路设计。

(2)无砟轨道与有砟轨道应集中成段铺设,无砟轨道与有砟轨道之间应设置轨道结构过渡段。

(3)无砟轨道主体结构的设计使用年限应不小于 60 年。

(4)轨道结构设计考虑减振降噪要求,并设置性能良好的排水系统。

(5)轨道结构部件及所用工程材料应符合国家和行业相关标准的规定。

二、采用的技术标准

(1)《铁路轨道设计规范》(TB 10082—2017);

(2)《铁路无缝线路设计规范》(TB 10015—2012);

(3)《混凝土结构设计规范》(GB 50010—2010);

(4)《铁路工程测量规范》(TB 10101—2018);

(5)《铁路轨道工程施工质量验收标准》(TB/T 10413—2018);

(6)《客货共线铁路轨道工程施工技术规程》(Q/CR 9654—2017)。

第三节　有砟轨道结构设计

一、钢　轨

正线无缝线路地段采用 100 m 定尺长、60 kg/m、U75V 热轧无孔新轨,联络线无缝线路地段采用 100 m 定尺长、60 kg/m、U75V 在线热处理钢轨,道岔内部钢轨采用 U75V 在线热处理钢轨,钢轨质量应符合《43 kg/m～75 kg/m 热轧钢轨订货技术条件》(TB/T 2344—2012)的规定。

二、轨枕及扣件

1. 轨枕

(1)一般地段采用 2.6 m 长Ⅲ$_a$型有挡肩混凝土轨枕(图号:专线 3393),设置护轮轨地段采用新Ⅲ型桥枕(图号:专线 3448),扣件采用弹条Ⅱ型扣件(图号:专线 3351)。无缝线路地段轨枕按 1 667 根/km 铺设。

(2)根据信号专业要求,设置电容轨枕和电气绝缘节轨枕。

2. 扣件

采用与新Ⅲ型桥枕和Ⅲ$_a$型有挡肩混凝土枕配套的弹条Ⅱ型扣件,根据南昌局集团公司工务部要求,弹条Ⅱ型扣件按标准《弹条Ⅱ型扣件》(Q/CR 564—2017)中"酸雨腐蚀严重地区"的防锈要求执行;岔区采用与岔枕配套的扣件。根据桥上无缝线路检算需铺设小阻力扣件的地段,采用与新Ⅲ型桥枕和Ⅲ$_a$型有挡肩混凝土枕配套的小阻力扣件;护轮轨采用与新Ⅲ型桥枕配套的护轨扣件。

三、道　　床

采用一级碎石道砟,碎石道床材料应符合国家现行标准《铁路碎石道砟》(TB/T 2140—2008)和《铁路碎石道床底砟》(TB/T 2897—1998)的规定。

正线单线道床顶面宽度 3.4 m,无缝线路轨道半径小于 800 m 的曲线地段,曲线外侧道床顶面宽度应增加 0.1 m。砟肩堆高 15 cm,道床边坡为 1∶1.75。土质路基地段采用双层道床,厚 50 cm,其中面砟厚 30 cm,底砟厚 20 cm;桥梁、隧道及硬质岩石路基地段采用单层道床,道砟厚 35 cm,隧道内道床砟肩至边墙(或高侧水沟)间应以道砟填平。

铺设Ⅲ$_a$型轨枕地段道床顶面与轨枕中部顶面平齐,岔枕、桥枕等其他轨枕地段道床顶面低于轨枕承轨面 3 cm。

四、轨道结构高度

浦梅铁路正线有砟轨道结构高度见表 3-7-1。

表 3-7-1　浦梅正线有砟轨道结构高度一览表

地　　段	钢轨(mm)	轨下垫板(mm)	轨枕(mm)	道砟厚度(mm)	轨道结构高度(mm)
土质路堤、路堑	176	10	230	500	916
硬质岩石路堑	176	10	230	350	766
隧道	176	10	230	350	766
桥梁	176	10	210	350	746

注:有砟轨道结构高度为线路内轨钢轨顶面至道砟底面的高度,未考虑桥梁、隧道内的横向排水坡。

第四节　无砟轨道结构设计

一、主要设计原则

(1)正线按一次铺设跨区间无缝线路设计。

(2)本段范围正线莲花山隧道、武调隧道、疏解线武调 1 号隧道内采用无砟轨道,其余地段铺设有砟轨道。

(3)无砟轨道与有砟轨道间设置轨道过渡段。

(4)轨道静态铺设精度标准:

正线无砟轨道静态铺设精度标准按表 3-7-2 执行。

表 3-7-2　无砟轨道静态铺设精度标准

序　号	项　目	容许偏差	备　注
1	轨距	±1 mm	相对于标准轨距 1 435 mm
		1/1 500	变化率
2	轨向	2 mm	弦长 10 m
		2 mm/测点间距 8a(m)	基线长 48a(m)
		10 mm/测点间距 240a(m)	基线长 480a(m)
3	高低	2 mm	弦长 10 m
		2 mm/测点间距 8a(m)	基线长 48a(m)
		10 mm/测点间距 240a(m)	基线长 480a(m)
4	水平	2 mm	不包含曲线、缓和曲线上的超高值
5	扭曲	2 mm	基长 3 m 包含缓和曲线上由于超高顺坡所造成的扭曲量
6	与设计高程偏差	10 mm	站台处的轨面高程不应低于设计值
7	与设计中线偏差	10 mm	

注:表中 a 为扣件节点间距(m)。

(5)无砟轨道铺设地段见表 3-7-3。

表 3-7-3　无砟轨道铺设范围

序号	无砟轨道起讫里程		长度(m)	备　注
	起点里程	终点里程		
1	DK263+043.00	DK273+540.00	10 497	莲花山隧道
2	DK227+428	DK230+730	3 302	武调隧道
3	SJDK227+428.7	SJDK228+508	1 079.3	疏解线武调 1 号隧道
4	DK312+171.000	DK319+082.000	6 911	峰果岭隧道
合　计			21 789.3	

(6)钢轨焊接接头平直度

钢轨焊接接头平直度要求见表 3-7-4 所示。

表 3-7-4　焊接接头平直度允许偏差(mm/m)

项　目	允许偏差
轨顶面	+0.2/0
轨头内侧工作面	+0.2/0
轨底(焊筋)	+0.5/0

二、无砟轨道采用标准

1. 钢轨

采用 100 m 定尺长、60 kg/m、U75V 无螺栓孔新钢轨,跨区间无缝线路。曲线半径不大于 1 200 m 地段采用全长淬火钢轨。

绝缘接头采用胶接绝缘接头,其钢轨应与相邻钢轨同轨型、同钢种。

2. 扣件、支承块、橡胶套靴和块下橡胶垫板

采用 C50 钢筋混凝土支承块;支承块四周设置橡胶套靴,块下设置弹性垫板。支承块、橡胶套靴和块

下橡胶垫板设计图详见《研线1602》，混凝土支承块、橡胶套靴和块下橡胶垫板的技术要求、试验方法、检验规则、标识及储运等应符合相应技术条件的要求。

采用预埋铁座式弹条Ⅶ型扣件，扣件支点间距600 mm，施工时可根据现场情况合理调整，但不应大于630 mm。预埋铁座式弹性不分开式扣件按照《弹条Ⅶ扣件》（研线1201）及其他相关规范执行，其中轨下垫板的静刚度为100～120 kN/mm。

支承块混凝土强度等级为C50。

支承块不得有裂纹，支承块侧面宜设置一定坡度，方便混凝土支承块脱模和运营后的养护维修；支承块上部宜宽于橡胶套靴，减少灰尘和水进入套靴。

3. 隧道内弹性支承块式无砟轨

（1）结构组成

弹性支承块式无砟轨道主要由钢轨、扣件，混凝土支承块及配套橡胶套靴、支承块下弹性垫板和钢筋混凝土道床板组成，轨道结构高度为600 mm，如图3-7-1所示。

（2）道床板

道床板混凝土强度等级为C40。

混凝土在轨排精调完成后浇筑，内轨轨下截面处道床顶面低于支承块顶面71 mm，直线地段道床板顶面设置横向1%的人字排水坡，直线地段道床板（内轨轨下）设计厚度0.343 m，曲线地段根据实设超高具体确定，顶面排水坡不小于1%。

道床板分块浇筑，并在隧道沉降缝处断开，在沉降缝处断开并设置宽60 mm的伸缩缝。一般地段道床板标准长度为6 580 mm，宽2 800 mm，施工前应根据隧道长度及隧道沉降缝设置情况对道床板长度进行具体划分设置，个别地段可在6 000～8 000 mm范围内调整道床板长度。沿线路纵向道床板上表面和两侧面间设置2 cm×2 cm倒角。两道床板间设置宽20 mm的伸缩缝，伸缩缝采用聚乙烯泡沫塑料板填缝，并在表面30～40 mm范围内采用硅酮密封材料密封。

道床板钢筋采用HRB400钢筋，应为微合金化工艺生产的HRB400钢筋，且其碳当量不应大于0.5%。其他相关技术条件应符合现行国家标准《钢筋混凝土用热轧带肋钢筋》（GB 1499—2018）的相关规定。

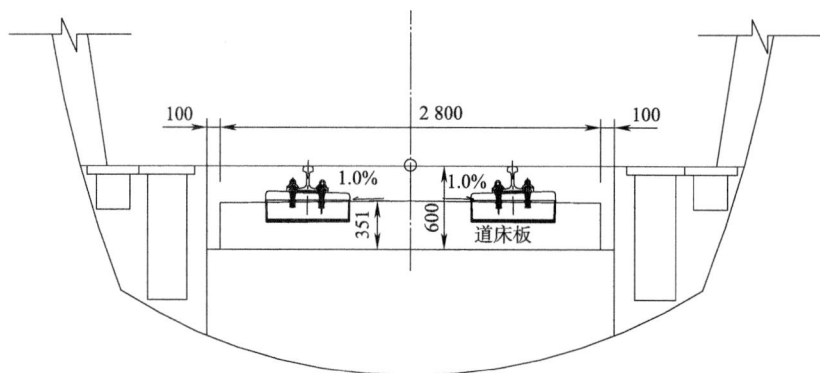

图 3-7-1　轨道结构设计断面图（单位：mm）

（3）与仰拱连接

道床板范围内隧道仰拱回填层（底板）混凝土结构表面需进行拉毛或凿毛，拉毛深度为1.8～2.2 mm，拉毛纹路应均匀、清晰、整齐。无砟轨道施工前应对拉毛效果进行检查，若拉毛效果未达到设计要求，应对梁面进行补充凿毛，凿毛范围见新面不应小于90%，浮砟、碎片等应清除干净。

道床板与隧道仰拱回填层（底板）间通过锚固钢筋连接，锚固钢筋可采用预埋或植筋的方式，优先采用预埋的方式。预埋锚固时采用HPB300钢筋，植筋锚固时采用HRB400钢筋。锚固尺寸、平面布置及植筋胶相关要求见相关图纸。在距洞口$L \leqslant 50$ m地段，每块道床板设置40根；在距洞口50 m$< L \leqslant 200$ m

地段,每块道床板设置 20 根;在距洞口 $L>200$ m 地段,每块道床板设置 12 根。

(4)轨道超高设置

无砟轨道曲线超高在道床板上实现,采用外轨抬高方式,并在缓和曲线区段完成过渡。

(5)过渡段

无砟轨道与有砟轨道设置在洞口向外,长度为 20 m。

(6)混凝土耐久性

轨道结构涉及混凝土相关材料的选定、施工工艺及耐久性等按《铁路混凝土结构耐久性设计规范》(TB 10005—2010)、《铁路混凝土》(TB/T 3275—2011)的相关技术要求执行。

第五节 跨区间无缝线路设计

一、设计锁定轨温

(1)无缝线路的设计锁定轨温根据气象资料、无缝线路的允许温降和允许温升计算确定,并满足桥上无缝线路的断缝检算要求。

(2)相邻单元轨节间的锁定轨温差不大于 5 ℃,左右股锁定轨温差不大于 5 ℃,同一区间内单元轨节的最高与最低锁定轨温差不大于 10 ℃。

(3)经无缝线路相关设计检算,设计锁定轨温见表 3-7-5。

表 3-7-5 设计锁定轨温表

地 区	历史最高轨温(℃)	历史最低轨温(℃)	设计锁定轨温(℃)	锁定轨温范围(℃)
建宁	59.9	−9.6	32	±5
宁化	58.3	−3.5	32	±5

二、单元轨节布置

(1)跨区间无缝线路由若干单元轨节组成。

(2)将 100 m 定尺长钢轨焊接为 500 m 的长钢轨。之后采用长钢轨运输车运至工地,焊接成设计单元轨节,并最终焊联为跨区间无缝线路。

(3)单元轨节的布置应根据线路条件、工点情况、施工工艺、养护维修等因素综合研究确定。区间单元轨节长度宜为 1 000~2 000 m,最短不应小于 200 m。

(4)单组无缝道岔可以设置为一个单元轨节。

(5)单元轨节始、终端左右股钢轨接头相错量不应大于 100 mm。

(6)单元轨节始、终点不应设置在不同轨道结构过渡段以及不同线下基础过渡段范围。

(7)长轨条两端的伸缩区长度根据历年最高最低轨温、设计锁定轨温、接头阻力、道床纵向阻力计算确定为 75 m。

(8)钢轨焊接质量应符合国家现行标准《钢轨焊接》(TB/T 1632—2005)的规定;钢轨焊接接头平直度允许偏差应符合《铁路轨道设计规范》(TB 10082—2005)的相关规定。

(9)绝缘接头应采用胶接绝缘接头,其技术性能应符合以下规定:

胶接绝缘接头宜采用工厂化制作,其性能应符合国家现行标准《铁路胶接绝缘钢轨技术条件》(TB/T 2975—2010)的规定;胶接绝缘钢轨长度不宜小于 12.5 m;左右两股钢轨的绝缘接头应成对铺设,且绝缘接头轨缝绝缘端板距离轨枕边缘不宜小于 100 mm。

三、焊接接头

钢轨焊接应采用闪光焊,道岔内及道岔前后接头可采用铝热焊,工厂化焊接长轨条长度不宜小于 500 m。

钢轨焊接质量、力学性能指标应符合国家现行标准《钢轨焊接》(TB/T 1632—2005)的规定,在焊接前应进行焊接试验,符合标准要求的才能上道施工,所有焊接接头均应进行轨底打磨。钢轨焊接应采用闪光焊,钢轨焊接接头应纵向打磨平顺,不得有低接头。焊接接头平直度应符合表3-7-6的规定。

表 3-7-6 焊接接头平直度(mm/m)

序 号	部 位	允许偏差
1	轨顶面	+0.3,0
2	轨头内侧工作面	+0.3,0
3	轨底面	+0.5,0

工地焊接接头不应设置在不同轨道轨道结构过渡段以及不同线下基础过渡段范围内,并距离桥台边墙和桥墩不应小于 2 m。

四、绝缘接头

桥上护轮轨的绝缘接头采用普通机械绝缘接头。无缝线路的绝缘接头采用胶接绝缘接头,接头质量及性能指标应符合国家现行标准《钢轨胶接绝缘接头》(TB/T 2975—2018)的要求。

左右两股钢轨的绝缘接头应相对铺设,且绝缘接头轨缝绝缘端板距离轨枕边缘不宜小于 100 mm。绝缘接头的设置位置见信号专业设计图,应与信号专业共同确认位置后方可施工。

五、设计锁定轨温

无缝线路的设计锁定轨温根据线路通过地区的最高和最低轨温、无缝线路的允许温降和允许温升计算确定,并满足无缝线路的钢轨断缝检算要求。

本线经过的主要地区有清流、连城等,沿线各地的最高、最低轨温、中间轨温及锁定轨温见表3-7-7。

表 3-7-7 沿线各地轨温及锁定轨温表(℃)

市县	最高轨温	最低轨温	中间轨温	设计锁定轨温
清流	59.4	−8.9	25.2	30
连城	60	−7.2	26.4	33

根据南昌局集团公司工务部要求,无缝线路应在设计锁定轨温 0～+5 ℃范围(道岔区±3 ℃)内锁定,无缝线路与既有线接轨处在锁定之前需调查既有无缝线路锁定轨温后方可实施。相邻单元轨节的施工锁定轨温之差不应大于 5 ℃,同一区间内单元轨节最高与最低锁定轨温之差不应大于 10 ℃;同一单元轨节左右股钢轨的施工锁定轨温温差不应大于 5 ℃。

六、桥上无缝线路

桥上无缝线路的设计锁定轨温宜与桥梁两端无缝线路设计锁定轨温一致。根据计算确定大跨连续梁范围有砟轨道地段小阻力扣件的设置。

小阻力采用弹条 V 型扣件(图号:研线 0602),配套采用 2.6 m 长预应力混凝土桥枕(图号:专线3452)。

七、道岔区无缝线路

(1)无缝道岔应满足国家和行业现行道岔设计、制造、验收及铺设有关标准的规定。

(2)无缝道岔区锁定轨温与两端区间按一致设计,且无缝道岔设计应满足跨区间无缝线路允许温升和允许温降的要求。道岔各连接部件应牢固、耐久、可靠,道岔尖轨位移、心轨位移应满足道岔结构和转换设备正常使用的要求。

八、隧道地段无缝线路

（1）隧道内为弹性支承块式无砟轨道结构，隧道内无缝线路应在设计锁定轨温范围内锁定；相邻单元轨节之间的锁定轨温之差不应大于 5 ℃，并且应逐渐过渡，同一区间内单元轨节的最高与最低锁定轨温之差不应大于 10 ℃；左右股钢轨锁定轨温之差不应大于 3 ℃。

（2）隧道内距隧道口 200 m 范围无缝线路的设计锁定轨温宜与两端区间无缝线路的设计锁定轨温一致，隧道内 200 m 以上单元轨节的设计锁定轨温应逐渐过渡。

（3）长大隧道内长轨条接头距隧道口宜大于 50 m，距隧道口内 50 m 范围应按伸缩区要求加强锁定。

（4）隧道内无缝线路铺设前应对隧道内实际温度进行测量，按以上原则确定锁定轨温。

九、位移观测桩

（1）跨区间无缝线路按单元轨节等距离设置位移观测桩，桩间距离不宜大于 500 m。单元轨节长不足500 m 整倍数时，可适当调整桩间距离。

（2）无缝线路在长轨条起、终点，距长轨条起终点 100 m 处应分别设置 1 组位移观测桩。

（3）无缝道岔在道岔始端和终端、尖轨跟端（或限位器处）、心轨处分别设置一组钢轨位移观测桩。

（4）长大桥梁两端应设置一组位移观测桩。

（5）位移观测桩应埋设牢固，或设置在线路两侧的固定构筑物上，并在单元轨节两端就位后即进行标记。

（6）无缝线路位移观测桩设置如图 3-7-2 和图 3-7-3 所示。

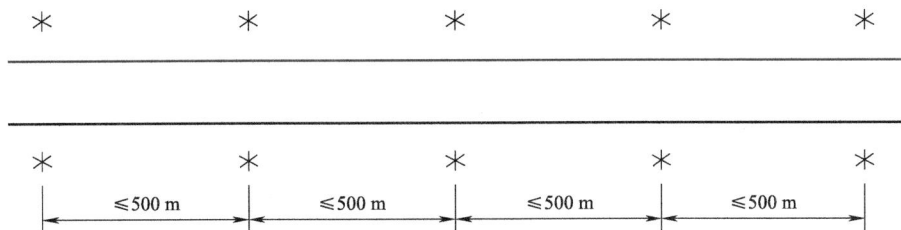

图 3-7-2　单元轨节位移观测桩布置图

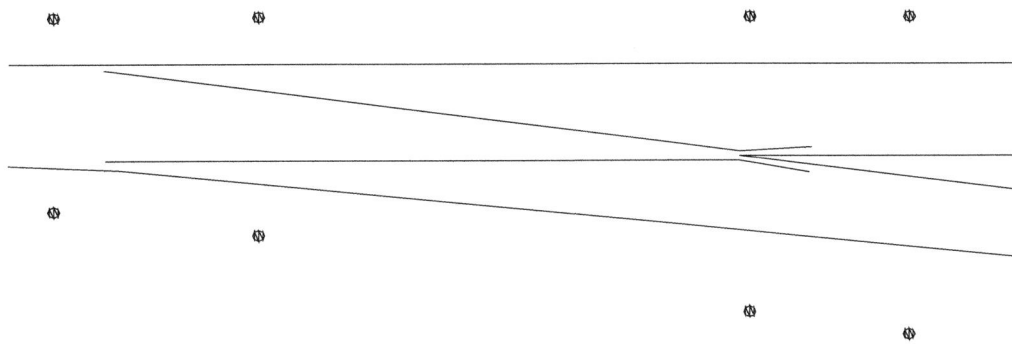

图 3-7-3　无缝道岔位移观测桩布置图

第六节　道岔设计

一、道岔轨型

正线上的道岔，其轨型应与正线线路轨型一致。站线上的道岔轨型不低于其连接线路轨型。

二、道岔型号

本线采用道岔型号详见表 3-7-8。

表 3-7-8 本线道岔型号表

辙叉号	钢轨类型	道岔图号	道岔类型及应用地点
18	60 kg/m	客专线 07(004)	单开道岔,建宁县北站正线接发车径路
18	60 kg/m	GLC(07)02	单开道岔,建宁县北站正线与到发线间连接处,用于到发线
12	60 kg/m	专线 4249-4252	单开道岔,除建宁县北站外其他车站正线接发车径路、斗埕线路所安全线
12	60 kg/m	SC330	单开道岔,侧向接发旅客列车的到发线
9	50 kg/m	CZ2209	单开道岔,侧向接发物列车的到发线和其他站线

既有无改建地段站线维持既有标准不变。

三、岔枕类型

本线均采用钢筋混凝土岔枕。

四、注意事项

区间正线上的道岔不应设置在路堤与桥台的连接处,并不宜设置在路堤与涵洞、路堑、隧道连接处的过渡段上,如无法避免,道岔设在路涵过渡段上时要保证涵顶至轨底的厚度不少于 1.5 m,并研究是否需要必要的加强措施。

第八章 站场及运营设备设计

第一节 站场工程概况与特点

一、全线车站概况

浦梅线建宁至冠豸山段位于闽西北,线路起于向莆线建宁县北站、终到赣龙线冠豸山站,线路大体呈南北走向,线路全长 161.527 km。中国铁设负责设计建宁县北站(含)至宁化站(不含)段,本段线路全长 79.342 km,共设车站 7 座,设计初期均开通。其中建宁县北站为接轨站,建宁南站、水茜站为中间站,黄岭站、均口站、黄沙潭站、何屋站为会让站。新设线路所 1 处为斗埕线路所。车站分布详见表 3-8-1。

表 3-8-1 车站表

顺序	站名	中心里程	站线分界里程	站间距离(km)	站房左右侧	车站性质	附注
1	建宁县北	DK226+700＝DK226+700	DK225+583	起点	左	接轨站	县城站,向莆线上
			DK227+433	5.35			
2	斗埕线路所	DK232+050	DK232+050		—	线路所	
			DK232+050	8.3			
3	建宁南	DK240+350	DK239+055		右	中间站	
			DK241+050	9.55			
4	黄岭	DK249+900	DK249+235		右	会让站	
			DK250+450	12.15			
5	均口	DK262+050	DK261+300		右	会让站	
			DK262+750	12.00			
6	黄沙潭	DK274+050	DK273+555		左	会让站	
			DK274+800	7.23			
7	水茜	DK281+280	DK280+350		左	中间站	
			DK281+750	14.12			
8	何屋	DK295+400	DK294+700		右	会让站	
			DK296+000				
			DK296+150				

浦梅线宁化至冠豸山段设宁化站、清流站、严坊站、田源站、邓家站、杨源站、连城站、文亨站、冠豸山站等 9 个车站,其中冠豸山站为接轨站,宁化站、清流站纳入兴泉线工程一并设计。

全线平均站间距为 11.917 km,其中最小站间距为 9.58 km(宁化站—清流站),最大站间距为 14.238 km(杨源站~冠豸山站)。全段车站均采用横列式布置形式,车站的性质及规模见表 3-8-2。

表 3-8-2 车站的性质及规模表

顺序	站名	中心里程	站线分界里程	站间	站房左右侧	车站性质	附注
1	宁化	兴泉 DK160+875＝浦梅 DK301+175	CK160+000(兴泉里程)	起点	右	中间站	纳入兴泉铁路工程
			CK162+200(兴泉里程)	9.58			

续上表

顺序	站　名	中心里程	站线分界里程	站间	站房左右侧	车站性质	附　注
2	清流	兴泉 DK170＋455 ＝浦梅 DK310＋806	CK169＋549(兴泉里程)	9.58	右	中间站	纳入兴泉铁路工程
			CK171＋250(兴泉里程)	9.694			
3	严坊	DK320＋500	DK320＋356.59		左	会让站	
			DK321＋190.73	10.47			
4	田源	D1K330＋970	D1K330＋500		左	会让站	
			D1K331＋800	12.538			
5	邓家	DK343＋450	DK342＋800		左	会让站	
			DK343＋900	12.039			
6	杨源	DK356＋300	DK355＋712.75		左	会让站	
			D1K356＋918.41	14.418			
7	连城	DK370＋730	DK369＋627.85		左	中间站	
			DK371＋500	13.02			
8	文亨	DK383＋750	DK382＋900		左	会让站	
			DK384＋023.25	12.718			
9	冠豸山	DK205＋532.1(新赣龙)	DK204＋000		左	接轨站	接新、旧赣龙车场

第二节　设计原则与采用的主要技术标准

一、站场主要设计原则

1. 车站布置形式

新建车站采用横列式布置形式,当受地形、拆迁等因素控制时,可采用其他合理的布置形式,改建车站原则上维持既有站型。

2. 车站线间距

按现行《铁路站场及枢纽设计规范》(GB 50091—2006)的有关规定办理。

3. 到发线进路

站内正线及到发线均按双进路设计,建宁县北站下行疏解线按单进路设计。

4. 到发线有效长度

到发线有效长度采用 880 m,改建车站既有到发线有效长度维持现状。

5. 出站信号机类型

出站信号机均采用透镜式色灯信号机。建宁县北站采用带进路表示器的双机构五灯位出站信号机,其他站采用单机构三灯位出站信号机。

6. 超限货物列车进路

站内正线保证超限货物列车通行要求,区段内选定的 3～5 个会让站或中间站,除正线外,应另有 1 条线路能通行超限货物列车。建宁县北站下行疏解线不通行超限货物列车,建宁县北站除正线外不另设通行超限货物列车的到发线。本线建宁南站、均口站、水茜站设有超限货物列车进路。

7. 联络线、岔线接轨方式以及安全设备

(1)新线、联络线、岔线、段管线不应在区间内与正线接轨。当疏解线路在区间内与正线接轨时,在接轨地点应设置线路所。

(2)岔线应在站内与到发线接轨;联络线宜在站内与到发线接轨,困难条件下可与正线接轨。与到发线或正线接轨时,均应设置安全线。当与到发线接轨时,如站内有平行进路或隔开道岔并有联锁装置时,可不设安全线。

8. 站内正线及站线电化范围

(1)电力机车进入的到发线、安全线、机车走行线和电力机车需要行驶的其他线路,均应架设接触网。

(2)车站的调车线、装卸线、段管线和其他不适宜电化的线路,不架设接触网。

(3)在车站范围内,接触网软横跨跨越的线路数不应超过 8 条。接触网支柱的布置,应与其他设备布置和远期发展相配合。

(4)跨越区间车站的新建跨线桥,其梁底距桥下线路轨面的高度在直线地段不小于 7.5 m,有条件时按 8.0 m 考虑,在设置外轨超高的曲线地段,应根据计算另行加高。

9. 车站防护设施

(1)路基两侧防护栅栏

全线按全封闭、全立交设计,各站两侧均设置防护栅栏。栅栏设于用地界内 0.5 m 处,当有桥涵时绕至桥涵上通过,有站区房屋时,应充分利用站区围墙,减少防护栅栏的设置长度,站区防护栅栏与区间防护栅栏相衔接。

防护栅栏采用原铁道部通用参考图:《铁路线路防护栅栏》(通线〔2012〕8001)(2014 年局部修订版)钢筋混凝土防护栅栏,栅栏高度采用 1.8 m+0.5 m 刺丝滚笼。

防护栅栏在维修人员进出口及每隔 200 m 左右设置警示标志。

(2)公路与铁路间

当公路和铁路并行且公路路面标高高于铁路或低于铁路但在 1.5 m 以内时,应在邻近铁路一侧沿公路路肩设置防护栅栏,并沿路边打两排 5 m 长废钢轨防护,地上部分高 2.5 m;当公路跨越铁路时,在跨线桥上铁路限界范围内设置刚性防护网,并在两端设置延长防护网。

10. 车站用地

(1)站场范围内的用地包括各场、段、所的用地以及铁路房屋、站内道路、排水、绿化及取弃土等所需用地。

(2)站场范围以外的生产、生活房屋等设施的用地不包括在站场用地内。

(3)路堑用地宽度:天沟外不小于 2 m;无天沟时距路堑堑顶边缘不少于 5.0 m。

(4)路堤用地宽度:排水沟、护道或坡脚矮挡墙边缘外不小于 3 m,路基两侧兼作排水的取土坑、弃土场(堆)时,其边缘外不小于 2 m。

(5)桥下设检查通道一侧距线路中心 7.2 m,另一侧距线路中心 5.8 m。特殊结构的大跨度桥梁用地宽度应根据基础类型计算确定。

(6)如有站内道路、绿化、铁路房屋等其他设施,其最外边缘至用地界不小于 1.0 m。

(7)改移道路、沟渠用地原则

站内改移道路、沟渠,按长度进行合理赔偿。

改移道路、沟渠用地为代征用地,用地数量单独计列,不纳入铁路用地指标。

二、主要设计技术标准

1. 站内正线设计标准

(1)站内正线平面标准

车站宜设在直线上,困难条件下可设在曲线上,但不应设在反向曲线上。咽喉区正线应设于直线上。困难条件下需设在曲线上时,其曲线半径不小于表 3-8-3 规定的数值。

表 3-8-3　车站平面最小圆曲线半径(m)

路段旅客列车设计行车速度			160 km/h	建宁县北站及疏解线(80 km/h)
最小圆曲线半径	中间站、会让站	一般	2 000	600
		困难	1 600	550

（2）站内正线纵断面

车站站坪宜设在平道上。困难条件下，可设在不大于 1‰ 的坡道上。特殊困难条件下，有充分技术经济依据时，会让站可设在不大于 6‰ 的坡道上，但不应连续设置。改建车站在特殊困难条件下，如有充分技术经济依据，可保留既有坡度，但应采取防溜安全措施。

咽喉区的正线坡度，宜与站坪坡度相同。特别困难条件下可将咽喉区设在限制坡度减 2‰ 的坡度上。当相邻坡段的坡度差大于 1‰ 时，竖曲线半径采用 15 000 m，竖曲线与缓和曲线、道岔不得重叠设置。

2. 站线设计标准

1）站线平面标准

（1）站线平面标准详见表 3-8-4。

表 3-8-4　站线平面标准表

序　号	站线名称	曲线半径(m)	
		一般	困难
1	办理摘挂取送作业的场、段牵出线	直线	≥1 000，特别困难≥300
2	站内联络线	≥200	≥200

（2）站线上两曲线间最小直线段长度：

通行正规列车的站线，两曲线间设置不小于 20 m 的直线段。不通行正规列车的站线，两曲线间设置不小于 15 m 的直线段，在困难条件下，设置不小于 10 m 的直线段。

（3）岔后连接曲线的半径，9 号道岔不宜小于 300 m，12 号道岔不宜小于 400 m，且不应小于相邻道岔的导曲线半径。

（4）到发线上的曲线及连接曲线，可不设缓和曲线，但宜设外轨超高，曲线地段超高可采用 20 mm，连接曲线超高可采用 15 mm。超高顺坡率不应大于 2‰。其他站线可不设曲线超高。

2）站线纵断面标准

（1）办理摘挂、取送车作业的货物牵出线，宜设在不大于 1‰ 的坡道上，在困难条件下，可设在不大于 6‰ 的坡道上。

（2）安全线的坡度宜设计为平坡或面向车挡的上坡道。

（3）到发线纵断面坡段长度不宜小于 350 m（到发线有效长度 850 m）。其他行驶正规列车的站线，其纵断面坡段长度不应小于 200 m。不行驶正规列车的站线和段管线，可采用不小于 50 m 的坡段长度，但应保证竖曲线不相互重叠。

（4）车站正线上的道岔不应布置在竖曲线范围内和变坡点上，站线道岔不宜布在竖曲线范围内，在困难条件下必须布置时，在通行列车的线路上，竖曲线半径不应小于 10 000 m，在不通行列车的线路上，竖曲线半径不应小于 5 000 m。

（5）咽喉区、梯线轨面高程差纵坡调整原则：

车站咽喉区范围内两相邻站线有轨面高差时，应根据正线限制坡度、站坪坡度、路基面横向坡度和道床厚度等因素设计站线的顺接坡道。顺接坡道范围宜为道岔岔枕后至警冲标或货物装卸有效长度起点。顺接坡道的坡度不应大于限制坡度，与相邻坡段的坡度差，在到发线和通行列车的站线上不宜大于 4‰，其他站线不宜大于 5‰，坡段长度不应小于 50 m。

顺接坡道落差不够时，可将顺接坡道适当伸入线路有效长度范围内，其伸入到发线有效长度范围内的长度以不超过 30 m 为宜，若伸入到发线有效长度范围内的坡段超过 30 m，则在有效长度范围内的坡度应不大于 1‰，其坡段长度不应小于 400 m。或根据车站的具体情况，可采用减缓路基面横向坡度、加厚道床、铺设双层道床等措施。

3. 客、货运设备

（1）旅客站台

办理客运业务的中间站，基本站台和侧式站台采用 550 m×8.0 m×1.25 m，中间站台采用 550 m×

$10.5\,m\times1.25\,m$。不办理客运业务的车站,站中心设 $50\,m\times5\,m\times0.3\,m$ 行车站台1座。靠线路侧旅客站台边缘至站台出入口或建筑物边缘的距离客运站不应小于 $3.0\,m$,其他站不应小于 $2.5\,m$。

(2)地道和雨棚

建宁南站设置宽 $8.0\,m$ 旅客进出站地道(兼行包功能)1处。地道净高 $3\,m$。

办理客运业务的中间站在站台上设置与站台等长的雨棚。

(3)旅客及行车站台墙、站台铺面标准

旅客站台墙、铺面由房建专业设计并计列工程数量。

行车站台采用预制钢筋混凝土站台墙。站台铺面采用厚 $6\,cm$ 彩色连锁砌块,M5 水泥砂浆卧底厚 $2\,cm$,石灰土基层厚 $15\,cm$,石灰与土的比例为 $3:7$,中粗砂垫层厚 $15\,cm$。

(4)平过道

路段设计行车速度大于 $120\,km/h$ 时,车站内不应设置平过道。

工区、货场等段所内根据需要设置平交道,采用 HY 橡胶板铺面,平过道宽度根据使用情况确定。

(5)库前硬化面

各库前硬化面为整体弹性库前硬化面。

4. 货运设备

本线建宁至宁化段无新建货运设施。

5. 安全设备

(1)岔线、疏解线、联络线在区间与正线接轨形成的线路所,在汇入正线之前设安全线。

(2)岔线、段管线与站内正线、到发线接轨时,均应设置安全线;岔线与到发线接轨,当站内有平行进路及隔开道岔并有联锁装置时,可不设安全线;机务段与到发线接轨时,不设安全线。

(3)当进站信号机外制动距离内进站方向为超过 $6‰$ 的下坡道时,在车站接车线末端应设置安全线。

6. 站内道路

(1)站内及段所内道路应与城市或地方道路连通。站内道路与正线平行地段,道路应设于铁路路肩以外,且道路路肩应低于铁路路肩不少于 $0.6\,m$,在困难条件下,应在其间设置排水和安全防护设施。

(2)道路的分等级标准

通往站房的通站道路与地方道路连接,一般情况下,铁路用地界内的道路由铁路部门修建,其余道路由地方修建。

通往场、段、所的通站道路与地方道路连接,由铁路部门修建。

7. 车站排水

(1)站场排水原则

站场排水系统设计按照总体规划,并与当地的排灌系统密切配合,根据地形、地质、水文等情况,将地表水就近排走。确保站区排水畅通,满足城市发展需要。

路堤地段,当地面横坡不明显时,在路基两侧护道外均设排水沟;当地面横坡明显时,仅在上方一侧设排水沟。路堑地段在路肩两侧均设排水沟。

横向排水沟(槽)的设计,一般情况下,首先考虑利用站内桥涵排出,如无桥涵可利用,在路基比较稳定或填方较低时,采用横向排水槽;不宜设置横向排水槽时,可选用排水管。当排水槽位于需注垄填砟的股道间时,排水槽设计成砟顶式排水槽。

(2)路基面排水

站场路基面应设有倾向排水系统的横向坡度。路基面排水横坡:路基基床表层顶面、基床底层顶面及底面应设置 4% 倾向两侧的排水横坡。其他站线路基面排水横坡不宜小于 2%。

(3)路基侧沟

路堑地段于路基面两侧设宽 $0.6\,m$ 的矩形侧沟,厚 $0.4\,m$,采用浆砌片石砌筑,排水坡度不小于 $2‰$。侧沟断面应根据纵坡、路堑坡高、长度等计算流量,确定是否加宽加深。侧沟外留不小于 $2.0\,m$ 宽的平台。

一般两端采用浆砌片石砌筑梯形水沟与排水沟顺接,尺寸为沟宽 0.6 m、沟深 0.6 m。

(4)排水沟

路堤地段,当地面横坡不明显时,在路基两侧护道外均设梯形排水沟;当地面横坡明显时,仅在上方一侧设梯形排水沟。排水沟的边坡坡率应根据土质和边坡高度确定,采用 1:1.0~1:1.5。排水沟采用浆砌片石排水沟。

(5)天沟

堑顶外侧应设置单侧或双侧天沟,地面横坡明显地段可在一侧设置,若地面横坡不明显,则在路基两侧设置。

如果路堑坡顶上方无弃土堆时,天沟边缘至堑顶距离,一般不小于 5.0 m,当土质良好,堑坡不高或水沟作铺砌时,其天沟内边缘至堑顶距离不小于 2 m。天沟的铺砌标准同排水沟。

8.站线轨道

1)钢轨及配件

站内正线采用 60 kg/m 钢轨(跨区间无缝线路),到发线、其他站线均采用 50 kg/m,每根 25 m 标准长度钢轨。无缝线路与有缝线路过渡时,缓冲区宜设置 2~4 根同类型标准长度钢轨,一般为 25 m,条件困难时可采用 12.5 m。正线上道岔咽喉区最小短轨长度采用 12.50 m。

不同轨型的钢轨连接时,采用 12.5 m 或 6.25 m 异型轨。

2)轨枕及扣件

(1)轨枕

到发线采用新Ⅱ型钢筋混凝土枕,每千米 1 520 根。

其他站线及次要站线铺设新Ⅱ型混凝土枕,每千米 1 440 根。

邻靠正线的安全线应由道岔末根岔枕起铺设护轮轨,用混凝土桥枕铺设至车挡。

半径为 300 m 以下的曲线铺设小半径曲线专用混凝土枕。

(2)扣件

钢筋混凝土枕地段到发线、其他站线及次要站线上均采用弹条Ⅰ型扣件。

3)道床

碎石道床材料的选用应符合国家现行标准的规定,站内线路均采用Ⅰ级碎石道砟。正线、到发线采用双层道砟,其余站线采用单层道砟。

4)道岔

(1)道岔轨型

正线上的道岔,其轨型应与正线线路轨型一致。站线上的道岔轨型不低于其连接线路轨型。

(2)道岔型号

本线采用道岔型号详见表 3-8-5。

表 3-8-5　本线道岔型号表

辙叉号	钢轨类型	道岔图号	道岔类型及应用地点
18	60 kg/m	客专线 07(004)	单开道岔,建宁县北站正线接发车径路
18	60 kg/m	GLC(07)02	单开道岔,建宁县北站正线与到发线间连接处,用于到发线
12	60 kg/m	专线 4249-4252	单开道岔,除建宁县北站外其他车站正线接发车径路、斗埕线路所安全线
12	60 kg/m	SC330	单开道岔,侧向接发旅客列车的到发线
9	50 kg/m	CZ2209	单开道岔,侧向接发货物列车的到发线和其他站线

既有无改建地段站线维持既有标准不变。

(3)岔枕类型

本线均采用钢筋混凝土岔枕。

第三节 车站工程设计

一、建宁县北站

1. 既有站概况

建宁县北站位于福建省三明市建宁县境内,距离建宁县城约为 10 km。本站为既有向莆铁路上车站,站中心里程为 K226+700=DK226+700,站房位于线路左侧。

向莆线为 I 级双线速度 200 km/h(预留 250 km/h 条件)客货共线电气化铁路,车站设有到发线 5 条(含正线 2 条),有效长度 850 m;牵出线 1 条,有效长度 215 m;安全线 2 条,有效长 50 m;设检修工区一处,检修线 3 条,其中 2 条有效长度为 106 m,1 条有效长度为 260 m;货物线 2 条,直线段有效长度分别为 226 m、140 m。设有基本站台、中间站台各一座,规模分别为:450 m×12 m×1.25 m,450 m×10.5 m×1.25 m,基本站台与中间站台间建有 1~8 m 旅客地道一座。车站向莆端咽喉区南侧设有货场 1 座,内设 246 m×22.5 m×1.0 m 货物站台一座。平面布置如图 3-8-1 所示。

车站所在位置地形条件非常困难,受地形影响,该段线路以隧道、桥梁为主,站前为武夷山隧道,站后为武调一号隧道,站坪长度仅 1.85 km,车站莆田段既有正线间渡线设置于隧道内。

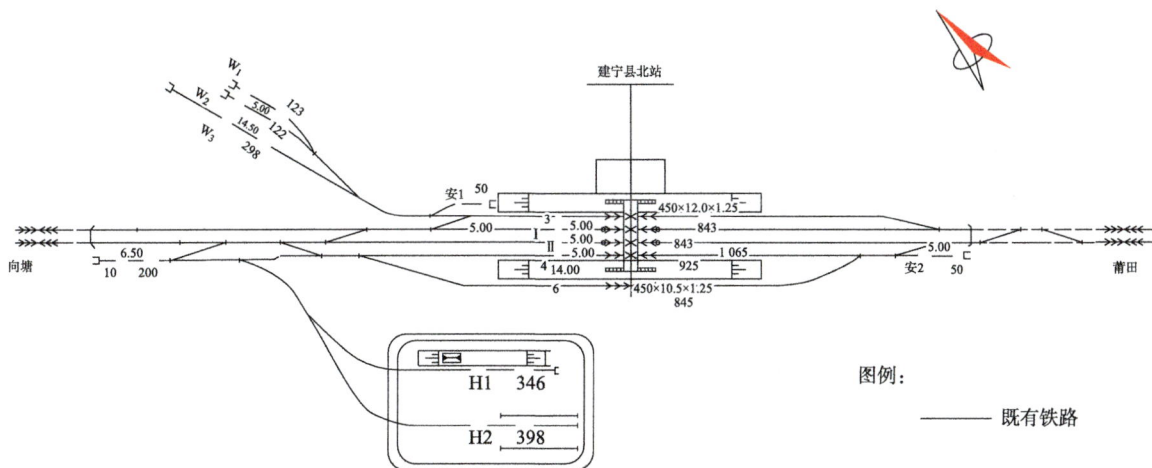

图 3-8-1 建宁县北站既有平面布置图(单位:m)

2. 车站改建方案说明

近期浦梅线从车站莆田端两侧引入,既有到发线 6 道南侧增设货车到发线 1 条,有效长度 880 m,与向莆上行正线连通,下行疏解线接入既有 3 道,浦梅线利用车站到发线作为正线使用。远期既有站南侧新建普速车场,车场规模为两台夹三线,到发线有效长度 880 m,与向莆线可以共用,新建旅客站台 1 座,既有货场相应改建至浦梅车场接轨,两端咽喉区相应改建。车站莆田端线路隧道口位置上下行疏解线距离既有向莆线垂直距离满足隧道限界及施工要求。

3. 车站道路及与其他地方的协调配合、平(立)交道及排水设施

本站近期改建工程较小,未涉及改建和新建道路。

既有站内设有排水涵洞 2 座,立交兼排水涵洞 2 座,框构 1 座,由于线路加宽,既有框构需接长。平面布置如图 3-8-2 所示。

本站范围地势平坦,主要为路基填方地段,站内积水主要通过路基两侧排水沟引入就近涵洞并排向北侧河流。车站改建后排水经路不变。

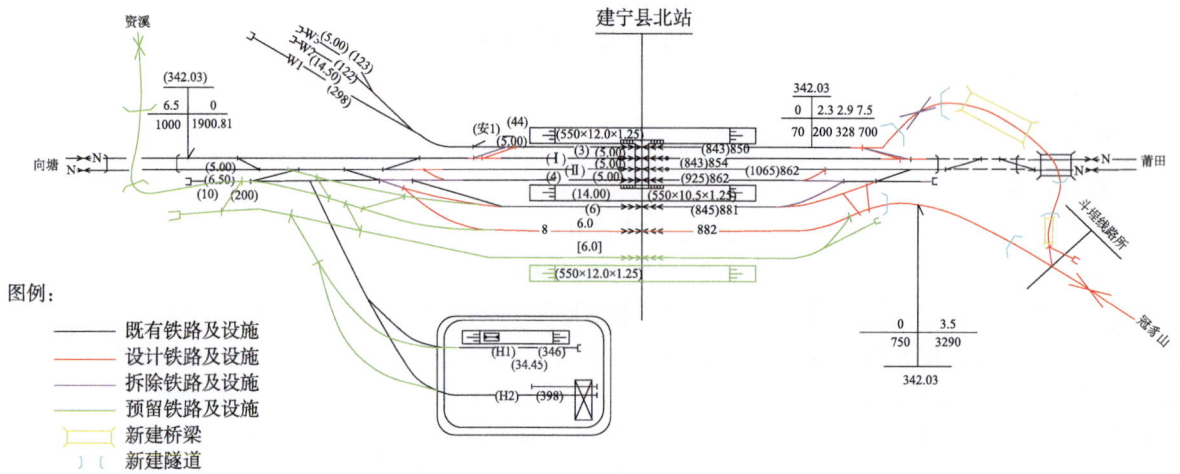

图 3-8-2　建宁县北站平面布置图(单位:m)

二、建宁南站

1. 地理位置

新建建宁南站位于福建省三明市建宁县境内,地处濉溪镇境内北距县城南面约 1 km,车站自东北至西南走向,小里程端靠近圳头村西面,大里程端自水南村通过并与省道 205 交叉。站中心里程为 DK240+350,站房位于线路右侧。上行距离斗埕线路所 8.015 km,下行距离黄岭站 9.55 km。车站性质为中间站。

本站位于福建北部山区,为东南丘陵地貌,地势变化较大,车站填挖方量较高。

2. 车站设计说明

车站按两台夹四线布置,设到发线 4 条(含正线),有效长度 880 m,设接触网工区一处,内设接触网岔线 2 条,有效长度 120 m;预留公铁联运专用线一处,车站两端咽喉区因专用线的引入进行适当调整,建机待线 2 条,预留远期增加到发线 1 条。车站建宁方向预留吉安方向铁路引入条件,冠豸山方向预留浦城方向铁路引入条件。

设 550 m×8 m×1.25 m 基本站台与 550 m×8 m×1.25 m 侧式站台各一座,并设 1—8.0 m 旅客兼行包地道 1 座。平面布置如图 3-8-3 所示。

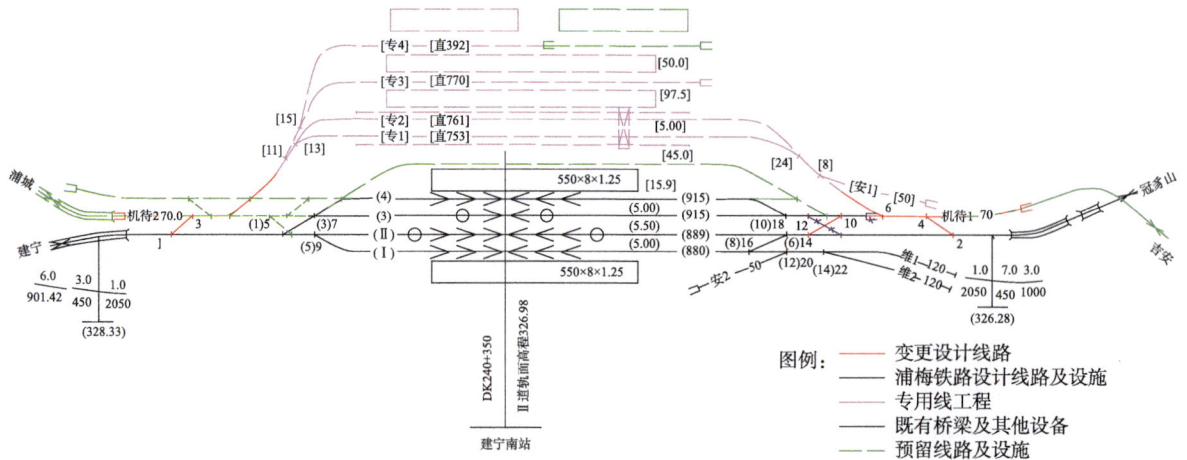

图 3-8-3　建宁南站平面布置图(单位:m)

3. 车站道路、平立交道及排水设计

新建车站范围内有多条混凝土村路、土路与站位相交,本着尽量满足当地居民出行需要的原则,结合现状道路情况和地形条件,对部分道路进行改移,里程 DK239+885.000 处结合住建规划设置 2—32 m 中桥一座,在 DK239+680、DK239+814.5、DK240+704.3 处分别设立交兼排水涵洞。

混凝土通站道路与市政道路站前路衔接。

车站站台范围内股道间设纵向排水槽,并通过穿越股道排水槽排出,路基两侧均设浆砌片石排水沟,并就近流入山间水沟或涵洞。

三、黄 岭 站

1. 车站地理位置

黄岭车站位于福建省三明市建宁县境内,自北向南走向,西侧距离 205 省道与黄岭村约 200 m,东侧紧邻寨下村。车站站中心里程为 DK249+900,站房位于线路右侧。上行方向距离建宁南站 9.55 km,下行方向距离均口站 12.16 km。车站性质为会让站。

本站位于福建北部山区,为东南丘陵地貌,地势变化较大,车站填挖方量较高。

2. 车站设计说明

本站设计规模为到发线 2 条(含正线),有效长度 880 m,车站站坪坡度 3‰。

设 50 m×5.0 m×0.3 m 行车指挥站台 1 座。平面布置如图 3-8-4 所示。

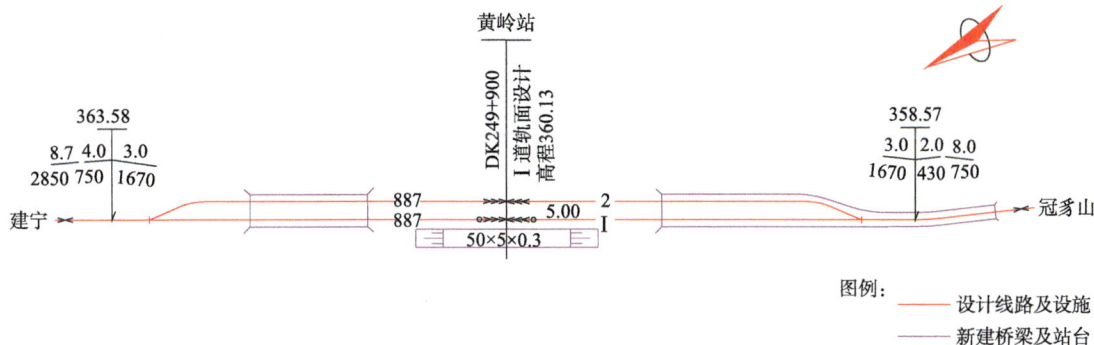

图 3-8-4 黄岭站平面布置图(单位:m)

3. 车站道路、平立交道及排水设计

车站范围内有多条混凝土村路、土路与铁路相交,由于车站两端为高架桥,里程 DK249+499.17、DK249+629.835、DK250+294.67、DK250+299.93、DK250+375.75、DK250+475.97 处的交叉道路可桥下通过,DK250+089 处土路改移至桥下通过;DK249+255 处交叉土路改移至里程 DK249+239.7,设 1—6.0 m 立交涵洞通过;DK250+021.3 处设立交兼排水涵洞 1 座。

设计 4.0 m 宽混凝土通站道路约 0.4 km,从 DK250+100 处桥下通过,与就近乡村土路连接。

车站路基两侧均设浆砌片石排水沟,汇水就近流入排水涵洞或自然沟渠。

四、均 口 站

1. 车站地理位置

均口站位于福建省三明市建宁县隆下村西侧,车站东南方向靠近滩溪河流与省道 S205,交通便利。车站站中心里程为 DK262+050,站房位于线路右侧。上行距离黄岭站 12.16 km,下行距离黄沙潭站 12.00 km。车站性质为会让站。

本站位于福建北部山区,为东南丘陵地貌,地势变化大,车站填挖方量高。

2. 车站设计说明

本站为曲线站,曲线半径为 1 600 m,设计规模为到发线 3 条(含正线),有效长度 880 m,车站站坪坡度为 1‰。

设 50 m×5.0 m×0.3 m 行车指挥站台 1 座。

3. 车站道路、平立交道及排水设计

新建均口站地形地势比较复杂,起伏较大,车站 395 m 高架在桥上。车站范围内有多条乡村土路与铁路交叉,为当地居民主要生产、生活道路。DK261+922.7、DK261+966、DK262+731.05、DK262+734.88 处道路可从站内桥下通过,结合地形条件和现状道路情况,DK262+065.6 处水泥道路封闭改移至 DK261+966 桥下通过,DK262+123 处土路封闭改移至 DK262+114 设 1—4.0 m 立交通过,DK262+286 处砂石路封闭改移至 DK262+390 设 1—6.0 m 立交通过,DK262+637.02 土路封闭改移至 DK262+641 处立交通过。

设计 4.0 m 宽混凝土通站道路约 0.5 km,并与就近乡村道路连接。

车站桥梁上排水可通过集中排水系统自行排出,路基段积水可通过两侧设置的浆砌片石排水沟汇水后就近流入自然沟或涵洞。平面布置如图 3-8-5 所示。

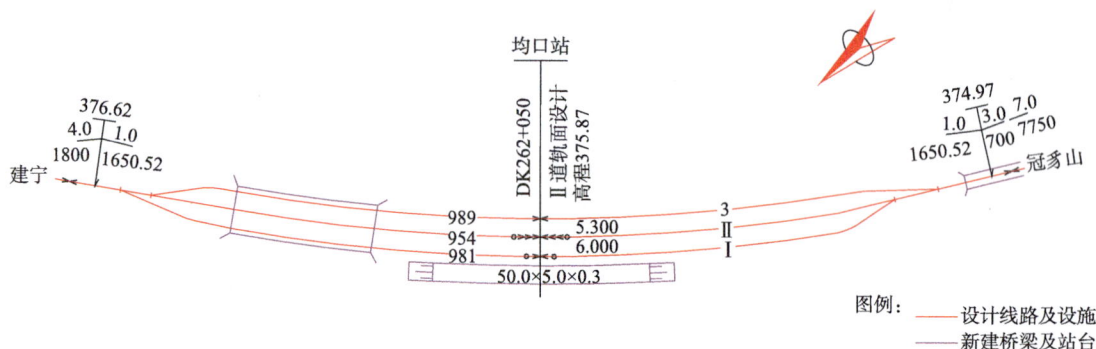

图 3-8-5 均口站平面布置图(单位:m)

五、黄沙潭站

1. 车站地理位置

新建黄沙潭站位于福建省三明市宁化县水茜乡境内,四面环山,有小部分水田,车站西面约 600 m 为黄沙潭与井背村,南面距张坊村约 4.5 km。车站站中心里程为 DK274+050,站房位于线路左侧。上行方向距离均口站 12.00 km,下行方向距离水茜站 7.238 km。车站性质为会让站。

2. 车站设计说明

本站为曲线站,曲线半径为 2 000 m。设计规模为到发线 2 条(含正线),有效长度 880 m,车站站坪坡度为 3‰。

设 50 m×5.0 m×0.3 m 行车指挥站台 1 座。

3. 车站道路、平立交道及排水设计

新建车站范围内地势变化较大,车站建宁端咽喉区高架于桥上,冠豸山段咽喉区外为桥梁,车站中间段为路基。桥梁段的积水可通过集中排水系统自行排出。路基段的积水可通过两侧浆砌片石排水沟排入就近山沟或涵洞。

里程 DK273+588、DK273+701.133 处与铁路交叉道路可桥下通过,DK273+898.800、DK274+215.000、DK274+695.300 三处交叉土路分别设置 1—6 m 的立交兼排水涵洞通过。

设计 4.0 m 宽混凝土通站道路约 0.35 km,并与就近乡村道路连接。平面布置如图 3-8-6 所示。

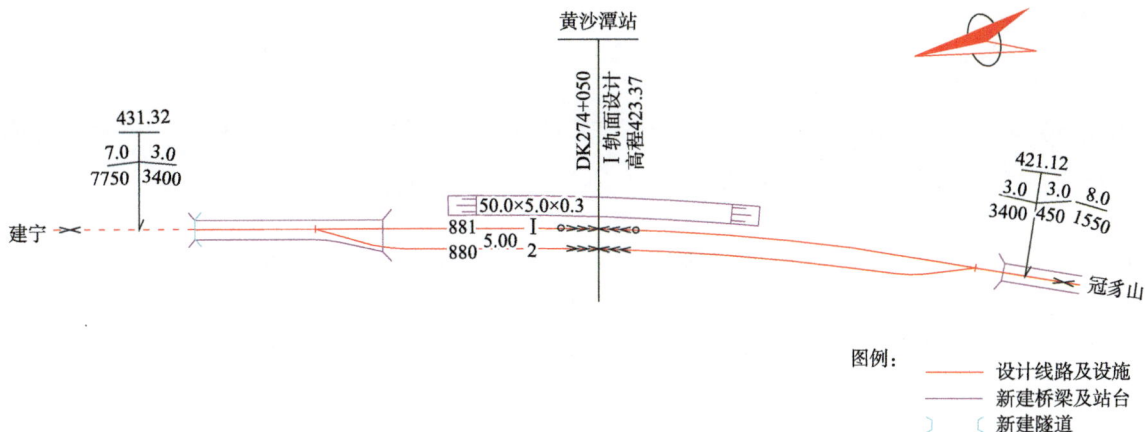

图 3-8-6　黄沙潭站平面布置图(单位:m)

六、水 茜 站

1. 车站地理位置

水茜站位于福建省三明市宁化县境内,车站位于水茜乡,横跨水茜村及甲溪村。车站紧邻县道 X781,交通便利。车站站中心里程为 DK281+280,站房位于线路左侧。上行距离黄沙潭站 7.238 km,下行距离何屋站 14.125 km。车站性质为中间站。

本站位于福建北部山区,为东南丘陵地貌,地势变化较大,填挖方量较高。车站范围内为水土保持治理区。

2. 车站设计说明

本站规模按到发线 3 条(含正线)设计,有效长度 880 m,车站范围为平坡。站内设大机线 1 条,有效长度 280 m,安全线 1 条,有效长度 50 m。设 550 m×8 m×1.25 m 基本站台一座。

3. 车站道路、平立交道及排水设计

新建车站范围内有多条混凝土村路、土路与铁路交叉,为当地居民主要生产、生活道路。结合地形条件和现状道路情况,DK280+662.3 处的道路改移至 DK280+614.7 处设 1—6.0 m 立交涵洞通过;里程 DK281+071.7 处的水泥道路改移至 DK281+093.5 处设 1—6.0 m 立交涵洞通过;DK281+334.7 处土路改移至 DK281+777 处设 1—6.0 m 立交涵洞通过;里程 DK281+699、DK281+774 处水泥道路封闭改移至 DK281+777 设 1—6.0 m 立交涵洞通过。

车站站台范围内股道间设纵向排水槽,排入 DK280+973 及 DK281+189 两个涵洞中,路基两侧均设浆砌片石排水沟,并就近流入水塘或涵洞。平面布置如图 3-8-7 所示。

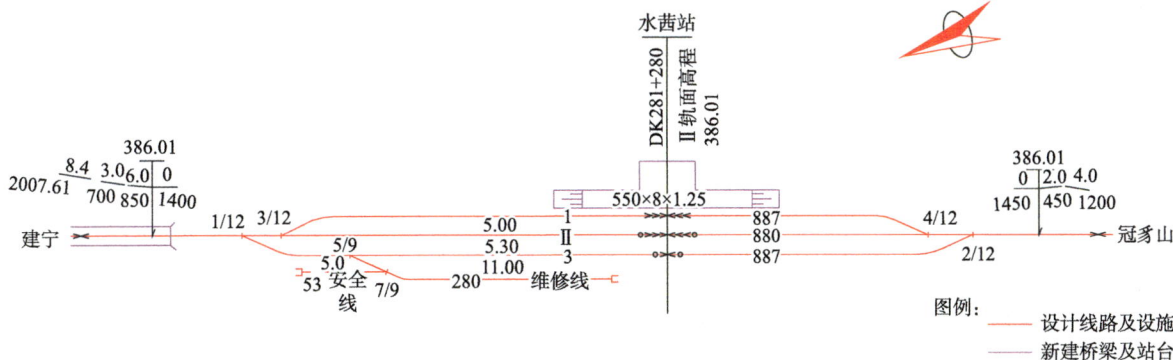

图 3-8-7　水茜站平面布置图(单位:m)

七、何 屋 站

1. 车站地理位置

新建何屋站位于福建省三明市宁化县中沙乡何屋村境内。何屋村位于宁化县中部,中沙乡东南面;东与湖村镇店上村连接,南与练畲村相邻,西接下沙村,北毗中沙村,至乡所在地约 8.5 km,距城关约 17.5 km。车站站中心里程为 DK295+400,站房位于线路右侧。上行方向距离水茜站 14.125 km,下行方向距离宁化站 13.053 km。车站性质为会让站。

2. 车站设计说明

本站为曲线站,曲线半径为 1 600 m。设计规模为到发线 2 条(含正线),有效长度 880 m,安全线 1 条,有效长 50 m,车站站坪坡度为 6‰。

设 50 m×5.0 m×0.3 m 行车指挥站台 1 座。

3. 车站道路、平立交道及排水设计

新建车站范围内地势起伏较大,车站 75 m 高架于桥上。站内桥上排水可通过集中排水系统自行排水,路基段积水可通过两侧设置的浆砌片石排水沟,就近排入涵洞或自然水沟。

车站范围内有 6 条乡村土路与铁路交叉,DK295+036、DK295+183、DK295+602.938、DK295+879.5 处土路本次设计根据现场地形情况设计为立交涵洞,里程 DK294+704.6、DK295+708.8 两处为桥下通过。

设计 4.0 m 宽混凝土通站道路约 0.25 km,并与就近乡村道路连接。平面布置如图 3-8-8 所示。

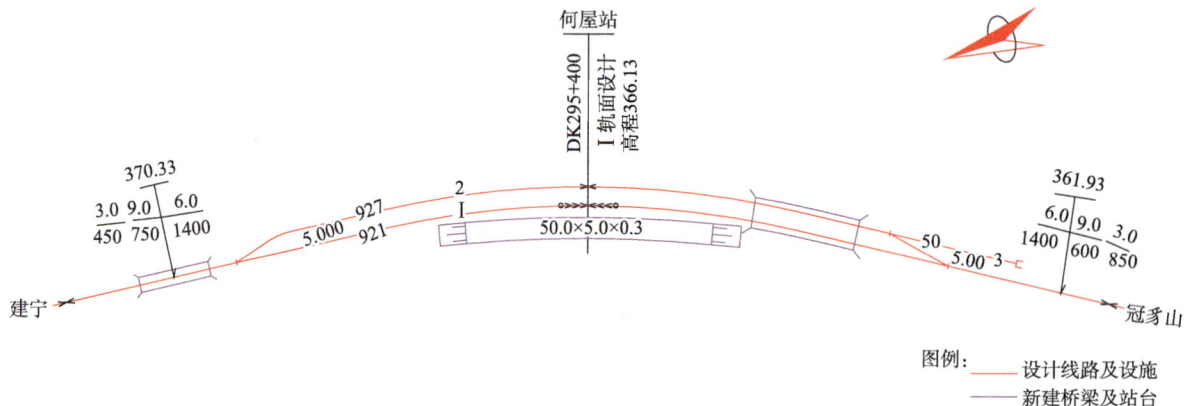

图 3-8-8　何屋站平面布置图(单位:m)

八、严 坊 站

1. 车站位置

严坊站为浦梅线上会让站,位于清流县龙津镇,距离县城约 4 km。车站周边有乡村道路联通,交通条件一般。

2. 车站布置形式及主要设备

车站运转室设置于线路左侧,车站设置在直线上,坡度为 3‰。车站设正线 1 条,到发线 1 条,有效长 880 m。设 62 m×5 m×0.3 m 基本站台 1 座。平面布置如图 3-8-9 所示。

3. 道路及排水

车站新修通站道路与乡村道路联通,道路为混凝土路面,其标准为:面层采用 C30 混凝土,厚度 20 cm,基层采用 18 cm 水泥稳定层,底基层采用 15 cm 级配碎石,道路路面宽度为 4.0 m,路基宽为 5.0 m。

站台范围 1 道与Ⅱ道间设砟底式纵向排水槽,通过横向排水槽引入路基两侧排水沟,排往自然沟渠。车站内路基横向排水坡采用 4%,每一坡面上股道数量最多为 2 条。排水沟的纵向排水坡度不小于 2‰,就近引入涵洞,排往自然沟渠。

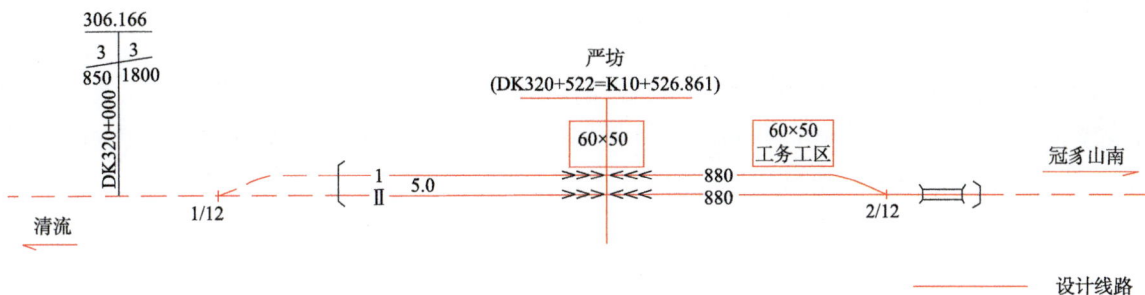

图 3-8-9 严坊站平面布置图(单位:m)

4. 用地及拆迁

车站新增永久用地 99.50 亩,主要为旱地。无取弃土场用地。

拆迁路外房屋 3 290 m²,主要为民房。

九、田 源 站

1. 车站位置

田源站为浦梅线会让站,设置于清流县田源镇,距离清流县城约 23 km。车站周边有乡村道路联通,交通条件一般。

2. 车站布置形式及主要设备

田源站设置在曲线上,面向冠豸山方向坡度为 1‰ 的下坡。车站设正线 1 条,到发线 2 条,有效长 880 m。车站运转室位于线路左侧,设 64 m×5 m×0.3 m 基本站台 1 座。平面布置如图 3-8-10 所示。

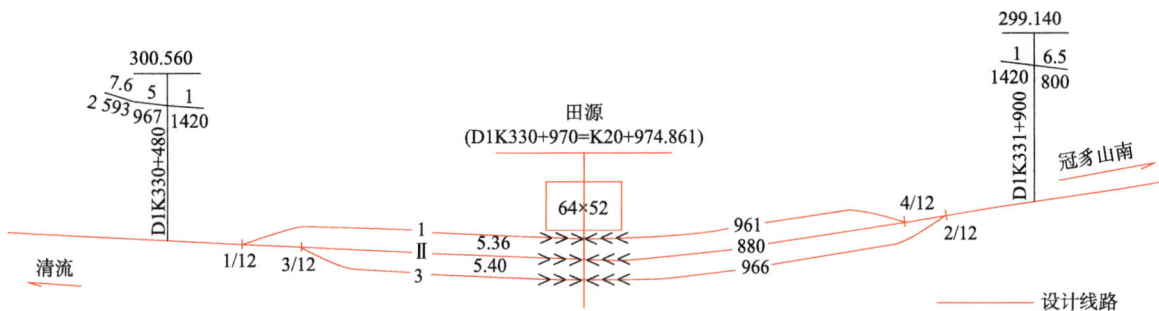

图 3-8-10 田源站平面布置图(单位:m)

3. 道路及排水

车站新修通站道路与既有乡村道路联通,设计采用混凝土路面,其标准为:面层采用 C30 混凝土,厚度 20 cm,基层采用 18 cm 水泥稳定层,底基层采用 15 cm 级配碎石,道路路面宽度为 4.0 m,路基宽为 5.0 m。

站台范围 1 道与 Ⅱ 道间设砟底式纵向排水槽,通过横向排水槽引入路基两侧排水沟,排往自然沟渠。车站内路基横向排水坡采用 4%,每一坡面上股道数量最多为 2 条。排水沟的纵向排水坡度不小于 2‰,就近引入涵洞,排往自然沟渠。

4. 用地及拆迁

车站新增永久用地 161.2 亩,主要为旱地、林地。取弃土用地 62.035 亩。

拆迁路外房屋 3 650 m²,主要为民房。

十、邓 家 站

1. 车站位置

邓家站为浦梅线会让站,位于清流县灵地镇,距离清流县城约 40 km,车站周边有乡村道路联通,交通条件一般。

2. 车站布置形式及主要设备

邓家站为浦梅线上的会让站,站房位于线路右侧,车站设置在平直线上,车站设正线 1 条,到发线 1 条,有效长 880 m。设 62 m×5 m×0.3 m 基本站台 1 座。车站冠豸山端线路左侧设 70 m×70 m 牵引变电所 1 座。平面布置如图 3-8-11 所示。

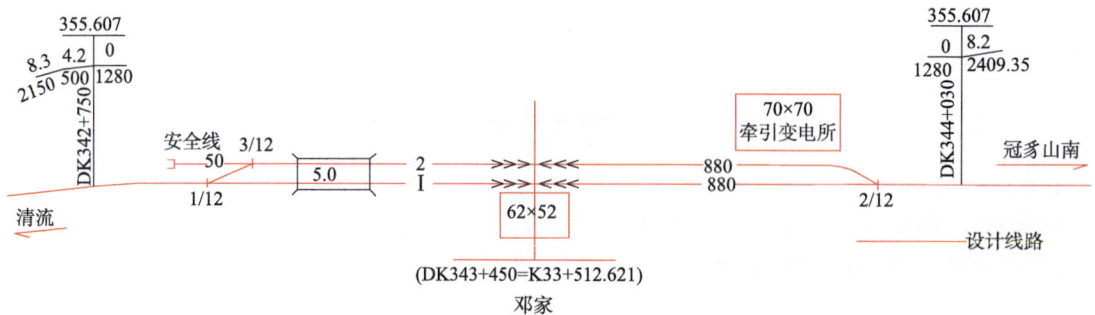

图 3-8-11 邓家站平面布置图(单位:m)

3. 道路及排水

车站新修通站道路与既有乡村道路联通,设计采用混凝土路面,其标准为:面层采用 C30 混凝土,厚度 20 cm,基层采用 18 cm 水泥稳定层,底基层采用 15 cm 级配碎石,道路路面宽度为 4.0 m,路基宽为 5.0 m。同时新修通牵引变电所道路 1 条,其标准为:面层采用 C30 混凝土,厚度 20 cm,基层采用 18 cm 水泥稳定层,底基层采用 15 cm 级配碎石,道路路面宽度为 5.0 m,路基宽为 6.0 m。

车站内路基横向排水坡采用 4‰,每一坡面上股道数量最多为 2 条。排水沟的纵向排水坡度不小于 2‰,就近引入涵洞,排往自然沟渠。

4. 用地及拆迁

车站新增永久用地 147.76 亩,主要为旱地。取弃土用地 24.17 亩。

拆迁路外房屋 680 m²,主要为民房。

十一、杨 源 站

1. 车站位置

杨源站为浦梅线上仅办理客运作业的中间站,位于清流县灵地镇西南侧杨源村附近,站址距灵地镇约 3 km,距离清流县约 45 km,车站附近有乡村道路与县道相连,交通便利。

2. 车站布置形式及主要设备

杨源站站房位于线路左侧,车站设到发线 3 条(含正线),有效长 880 m;设 550 m×8 m×1.25 m 基本站台 1 座,站房场坪 150 m×50 m,设 60 m×50 m 工务工区一座。车站设于平坡道上,设计高程为 344.898 m。平面布置如图 3-8-12 所示。

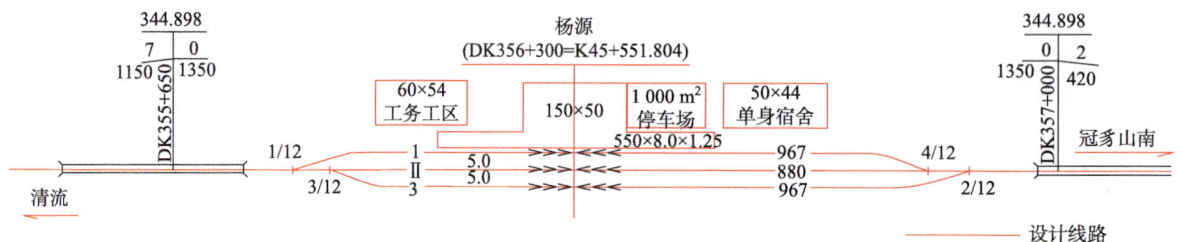

图 3-8-12 杨源站平面布置图(单位:m)

3. 道路及排水

车站通站道路联通地方乡村道路,设计采用混凝土路面,其标准为:面层采用C30混凝土,厚度20 cm,基层采用18 cm水泥稳定层,底基层采用15 cm级配碎石,道路路面宽度为7.0 m,路基宽为8.0 m。

改移地方乡村道路一条,泥结碎石路面,路面宽度7.0 m,路基面宽度8.0 m。

车站站台范围1道与Ⅱ道间设砟底式纵向排水槽,通过横向排水槽引入路基两侧排水沟,排往自然沟渠。车站内正线及到发线路基面横向排水坡采用4%,每一坡面上股道数量最多为2条。排水沟的纵向排水坡度不小于2‰,就近引入涵洞,排往自然沟渠。

4. 用地及拆迁

车站新增永久用地134.2亩,主要为水田、旱地、林地。取弃土用地50.09亩。

拆迁路外房屋33 m²,为民房。

十二、冠豸山站

1. 车站位置

冠豸山站为浦梅线上办理客货运作业的中间站,车站设于连城县隔川乡,地处于连城县城西侧丘陵之间的盆地边沿,距离连城县县城约4 km,附近有二级公路连接,交通便利。

2. 车站布置形式及主要设备

冠豸山站站房位于线路左侧,车站设在平坡道上。车站按2台夹4线布置,设到发线4条(含正线),有效长880 m,远期预留到发线2条。设货物线1条,预留货物线1条;设牵出线1条,有效长350 m。车站设550 m×8 m×1.25 m基本站台1座,550 m×10.5 m×1.25 m中间站台1座;车站设8 m宽旅客跨线地道1座,与行包地道合设;站房位于线路左侧,站房场坪148 m×70 m,车站建宁端站房同侧设综合维修工区1座、配电所1座。平面布置如图3-8-13所示,冠豸山站货运设备数量见表3-8-6。

3. 道路及排水

冠豸山站通站道路采用与地方实施的站前道路衔接。新建通货场道路,道路为混凝土路面,其标准为:面层采用C30混凝土,厚度30 cm,基层采用20 cm水泥稳定层,底基层采用15 cm级配碎石,道路路面宽度为7.0 m,路基宽为8.0 m。新建通综合维修工区道路,道路为混凝土路面,其标准为:面层采用C30混凝土,厚度20 cm,基层采用18 cm水泥稳定层,底基层采用15 cm级配碎石,道路路面宽度为4.5 m,路基宽为5.5 m。车站建宁端改移地方道路1条,采用混凝土路面,道路路面宽度为5.0 m,路基宽为6.0 m。

车站站台范围内股道间以及咽喉区股道间设砟底式纵向排水槽,通过横向排水槽引入路基两侧排水沟或直接流入排洪涵,排往自然沟渠。车站内正线及到发线路基横向排水坡采用4%,其他、次要站线采用2%。每一坡面上股道数量最多为2条。排水沟的纵向排水坡度不小于2‰,就近引入涵洞,排往自然沟渠。

4. 用地及拆迁

车站新增永久用地381.53亩,主要为水田、旱地、果园。取弃土用地90.05亩。

拆迁路外房屋1 798 m²,主要为民房。

十三、文 亨 站

1. 车站位置

文亨站为浦梅线上会让站,位于连城县文亨镇,距离县城约8 km,车站附近有乡村道路与国道联通,交通便利。

2. 车站布置形式及主要设备

文亨站运转室设置于线路左侧,车站设在平直线上,设正线1条、到发线1条,基本站台62 m×5 m×0.3 m。平面布置如图3-8-14所示。

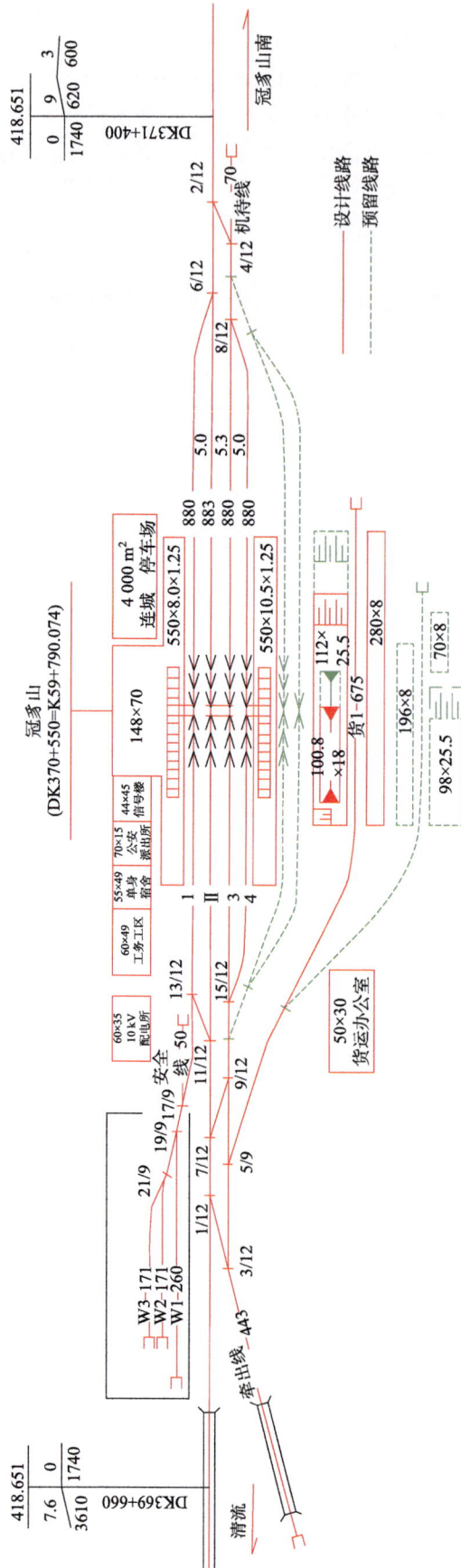

图 3-8-13 冠豸山站平面布置图（单位：m）

表 3-8-6　冠豸山站货运设备数量表

车站	货运设备							
	货物站台		仓库面积		货物线装卸有效长(m)	货区(m²)	附　注	
	数量(座)	尺寸 长×宽×高(m×m×m)	数量(幢)	尺寸 长×宽(m×m)				
冠豸山	1	216.8×25.5×0.97	1	100.8×18	216.8	280×8	货物站台及仓库	
					196	196×8	预留	

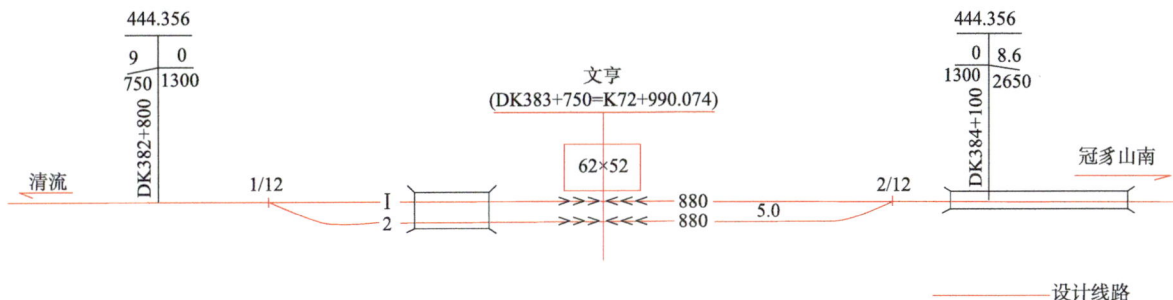

图 3-8-14　文亨站平面布置图(单位:m)

3. 道路及排水

文亨站新修通站道路连通至国道,采用混凝土路面,其标准为:面层采用 C30 混凝土,厚度 20 cm,基层采用 18 cm 水泥稳定层,底基层采用 15 cm 级配碎石,道路路面宽度为 4.0 m,路基宽为 5.0 m。

车站内路基横向排水坡采用 4%,每一坡面上股道数量最多为 2 条。排水沟的纵向排水坡度不小于 2‰,就近引入涵洞,排往自然沟渠。

4. 用地及拆迁

车站新增永久用地 97.79 亩,主要为水田、林地。取弃土用地 38 亩。

拆迁路外房屋 4 162 m²,主要为民房。

十四、冠豸山南站

1. 车站位置

冠豸山南站为赣瑞龙铁路上既有中间站(原名冠豸山站,因连城站更名为冠豸山站,该站同时更名为冠豸山南站),车站办理客货运作业,车站位于福建省龙岩市连城县朋口镇,距连城县城 23 km。

冠豸山南站既有按 2 个车场设置,其中赣瑞龙场为 2 台 4 线规模,正线 2 条,到发线 2 条,有效长 880 m,;老赣龙场为 4 条到发线(含正线),有效长 880 m,其中一条到发线临靠中间站台,并且电气化,另外 3 条未电气化。车站既有(500 m×9 m×1.25 m)基本站台 1 座,(500 m×10.5 m×1.25 m)中间站台 1 座,设 8 m 宽跨线地道 1 座。站同右设综合维修工区 1 座,设 2 条维修机组停放线(有效长均为 250 m)、1 条轨道车库线(有效长 95 m)、1 条接触网作业车库线(有效长 95 m)。

浦梅线在冠豸山南站进站端设线路所,左线引入冠豸山站新赣龙场 3 道,右线接既有赣龙线 6 道,同时改造赣州端咽喉,将既有赣龙场Ⅷ、10 号、12 号到发线全部在本线工程进行电气化改造,车站龙岩端增加 1 条电力机待线。工区及货场维持既有不变。平面布置如图 3-8-15 所示。

2. 道路及排水

冠豸山站为既有车站,既有道路通往站房,本次不另做设计。

车站赣州端咽喉改造过程中对咽喉区排水槽进行改造,股道间设砟底式纵向排水槽,通过横向排水槽引入路基两侧排水沟,排往自然沟渠。车站内正线及到发线路基横向排水坡采用 4%,其他站线按不小于 2%,每一坡面上股道数量最多为 2 条。

3. 用地及拆迁

车站新增永久用地 6 亩,主要为旱地。无取弃土用地。拆迁路内房屋 44 m²。

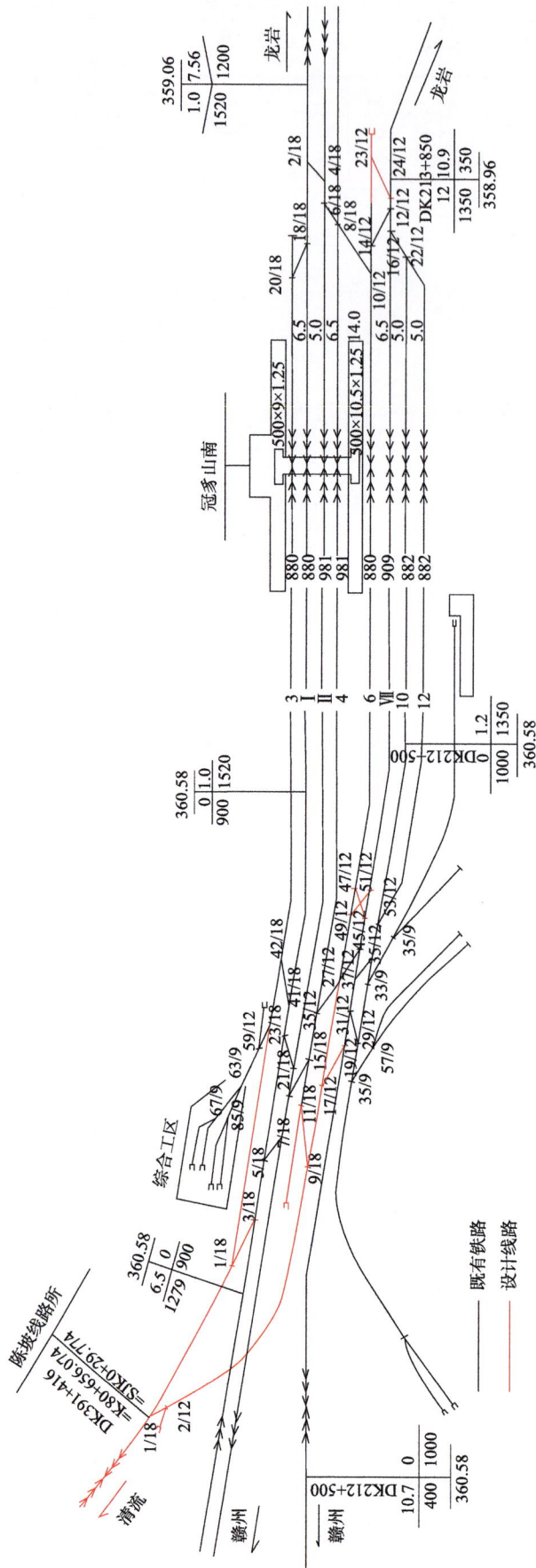

图 3-8-15 冠豸山南站平面布置图（单位：m）

第四节　引入枢纽工程设计

1. 与轨道专业

根据《铁路无缝线路设计规范》(TB 10015—2013)的相关规定,为保证列车过岔时的平稳性和安全性,道岔布置应满足如下技术要求:

(1)正线道岔不应跨越梁缝,道岔始端、终端至梁缝距离不应小于18 m。

(2)无缝道岔不应设在路桥过渡段上,不宜设在路涵、路隧过渡段上。

(3)侧线和渡线道岔应锁定(钢轨接头焊接或冻结,紧固扣件),一般情况下要求锁定75 m,困难情况下不应短于50 m。若侧线在近距离内(不足50 m)有邻线道岔,则应加强邻线道岔的锁定。

(4)站线道岔不宜跨越梁缝;困难条件下跨越梁缝时,道岔尖轨尖端、尖轨跟端、心轨尖端、心轨跟端至梁缝的最小距离应满足道岔和桥梁结构安全,以及道岔转换设备正常使用等要求。

2. 与路基专业

根据线路资料,站场与路基专业根据设计内容划定专业设计范围,避免重复、遗漏设计,并相互提供分界断面,以保证区间及站场路基排水系统的连贯性及路基断面宽度的连续性,车站与区间路基防护及绿化标准协调统一。车站内路基工点,由路基专业设计并提交站场专业。

3. 与站后专业

(1)站场范围的柱、网及综合管线布局应系统设计、综合考虑,并与站场布置相协调。

(2)站内与区间、路基地段与桥梁或涵洞地段电缆槽,应根据电缆槽铺设的技术要求合理衔接。

(3)电缆沟槽、管线过轨等站后设施应与站场路基同步实施。

(4)站内路基符合电缆沟槽和声屏障等设施的设置要求。

(5)站内基础为金属结构的车站站台面、雨棚、栅栏等应根据有关技术要求,接入综合贯通地线;当接触网及雨棚等支柱设置在站内有排水槽的线间时,支柱基础与排水槽统一设计。

4. 与桥涵专业

(1)站内的排水与区间有机衔接,并结合桥涵设置、铁路排水管网以及城市排水系统综合设计。

(2)旅客进出站通道应与站内路基同步设计、同步施工,通道的位置及高程应符合设置站内排水槽、电缆槽等管线铺设的技术要求。

5. 与房建专业接口

(1)旅客站台墙及铺面由房建专业设计,站台宽度及长度由站场专业确定,房建专业设计,并计算工程数量。

行车指挥站台墙及铺面由站场专业设计,并计算工程数量。

(2)以站场与线路土石方设计分界里程为界的车站范围内,包括正线、站线的路基及附属工程,与线路路基相连的信号楼、站房、道岔清扫房、红外线轴温探测站等房屋土石方及附属工程,有铁路配线接入的接触网工区等路基土石方及附属工程由站场专业设计并计算工程数量。

其他,如给水所、配电所等,无铁路配线接入段所的土石方及附属工程数量由房建专业计列。

第五节　接轨站施工过渡设计

一、施工过渡原则

(1)施工过渡段方案必须保证运营的交汇、会让条件和作业要求。

（2）施工过渡方案应结合站场设备的施工顺序，尤其是与生产方案、电力、通信信号等站后专业的配合，相互衔接，协调一致，保证运输畅通。

（3）保证必要的平行进路，当原有进路减少时，可采用铺设临时渡线等措施增加平行径路。

（4）减少临时道岔及便线工程，尽可能以永久设置代替临时工程。

（5）尽量利用"天窗"时间施工，减少施工要点和封锁线路时间。

二、施工过渡意见

车站站改时，尽量满足车站的正常运营。一般应先易后难，先施工与运营干扰不大的部分，先扩建后改建；先延长后缩短，先接通后拆除。需要延长的股道由外向内接通，需要缩短的股道由内向外接通的施工方法，可保证施工期间有较多的线路投入使用。

三、施工过渡方案

冠豸山南站指导性施工过渡示意图如图 3-8-16 所示。

冠豸山南站施工过渡平面布置示意图　第一步

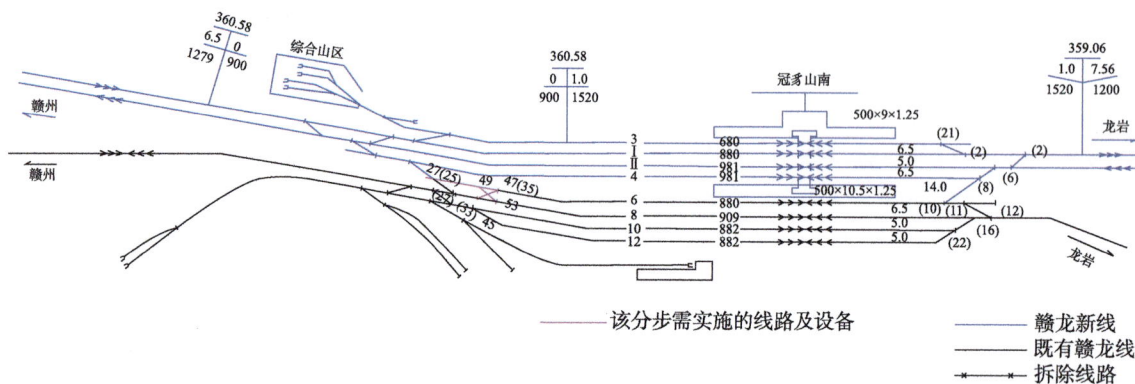

第一步：拆除(27号)、(25号)道岔，拆除(33号～35号)；插入45号～47号～49号～51号交叉渡线，插入27号道岔，并拨接27号～49号间股道。

注：站改之前需要完成左右线引入车站的土石方工程及排水工程

冠豸山南站施工过渡平面布置示意图　第二步

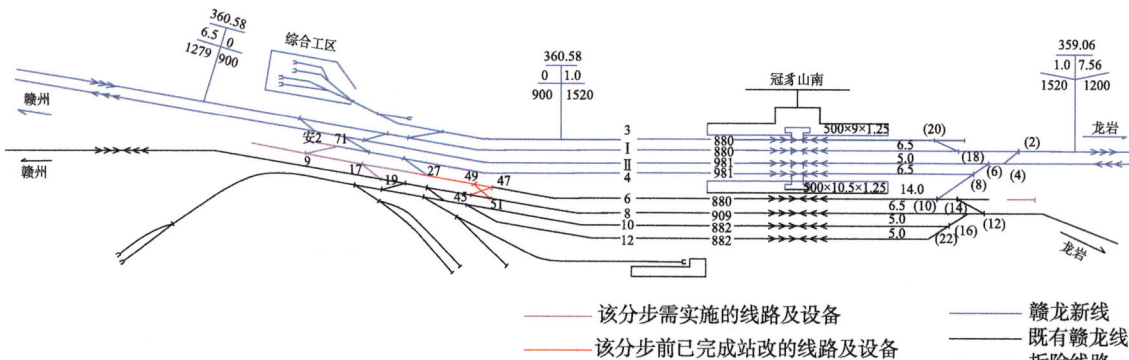

第二步：铺设27号～9号间轨道，插入19号、17号道岔；插入9号、11号道岔，铺设11号岔后线路。
铺设"机1"延长股道。至此，既有赣龙线改造完成。

图　3-8-16

冠豸山南站施工过渡平面布置示意图 第三步

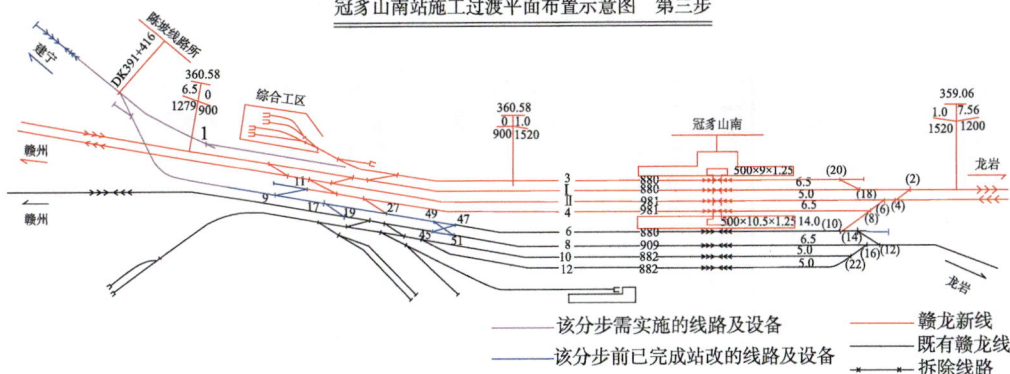

第三步：顺序完成右联络线、陈坡线路所及线路所至车站1号道岔段线路铺设，之后完成1号～35号之间线路铺设。

冠豸山南站施工过渡平面布置示意图 第四步

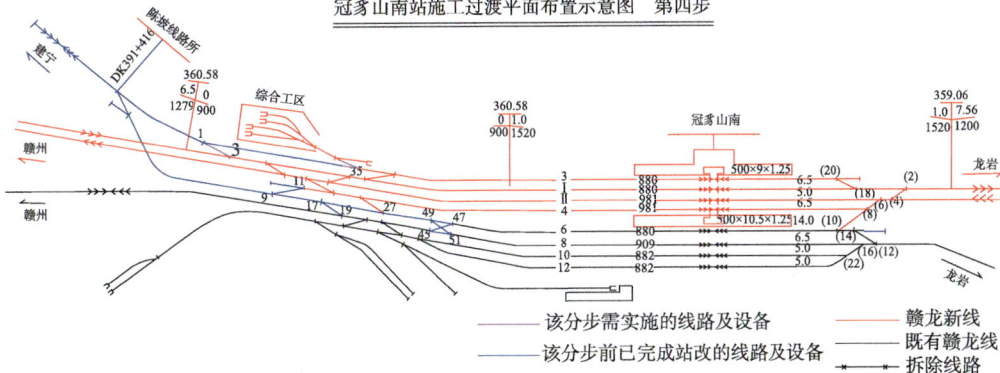

第四步：插入3号道岔，拆除(31号)～(45号)间部分既有股道，插入35号道岔。
至此，新引入新赣龙线站改工程完成。

冠豸山南站施工过渡平面布置示意图

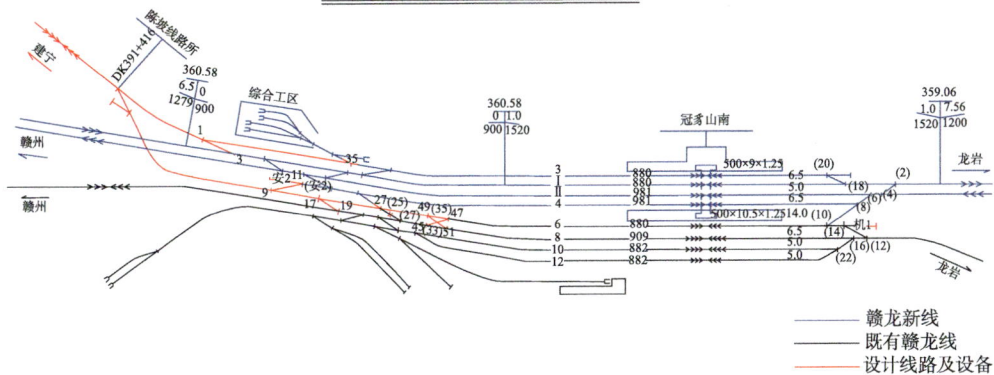

图 3-8-16 冠豸山南站指导性施工过渡示意图(单位：m)

第六节 主要客运设备配置

一、建宁南站

本站设 550 m×8 m×1.25 m 基本站台两座，旅客地道 1 座(兼行包功能)，办理客车到发线 2 条。

二、水 茜 站

本站设 550 m×8 m×1.25 m 基本站台一座，办理客车到发线 1 条。

三、杨源、冠豸山、冠豸山南站

浦梅铁路主要客货运设备配置见表 3-8-7。

表 3-8-7　浦梅铁路车站主要客货运设备数量表（含既有）

序号	站名	车站性质	中心里程	客运设备				货运设备						到发线（含正线）		牵出线
				站房位置	基本站台 长×宽×高 (m×m×m)	中间站台 长×宽×高 (m×m×m)	雨棚 (座)	跨线设备		仓库 长×宽 (m×m)	货运站台 长×宽×高 (m×m×m)	货区 长×宽 (m×m)	货物线 及有效长 股—m	到发线 (条)	有效长 (m)	及有效长 (股—m)
								天桥 (座)	地道 (座)							
1	杨源	中间站	DK356+300	左	550×8×1.25		1							3	880	
2	冠豸山	中间站	DK370+550	左	550×8×1.25	550×10.5×1.25	2		1	100.8×18	216.8×25.5×0.97	280×80	1—660	4	880	1—350
3	冠豸山南	中间站	(GDK205+525.25) 巅瑞龙	左	(550×9×1.25)	(550×10.5×1.25)	(2)		(1)	(140×15)	(167×22.5×1.1)		(2—618)	(8)	(880)	

注：客货运设备参数中带（　）的表示为既有设备，不带（　）的为本次设计新建或改建设备。

第九章　房屋建筑及给排水设计

第一节　站房工程概况与特点

浦梅铁路建宁至冠豸山段位于闽北、闽西地区,线路自向莆铁路建宁县北站起,经建宁县、宁化县、清流县、连城县,终点至赣龙线的冠豸山站。全线新建站房4座,分别是建宁南站(5 000 m²)、水茜站(1 500 m²)、连城站(4 000 m²)、杨源站(2 000 m²)。其中,中国铁设设计范围是建宁南站、水茜站。

本项目地处山区,地形、地质情况复杂,对区间房屋的结构、基础、场坪、排水等设计要求高,设计难度大,在满足生产的使用功能要求的前提下,各建筑物、构筑物及设施应按相互之间的功能关系性质特点进行布置,结合当地地形、地质、水文、气象等条件,因地制宜进行建筑总平面设计,使布置紧凑合理,避开悬崖、陡坡、冲沟等不良地形,尽量选择地势较高的平缓地段,并采用护坡及挡墙进行处理。在满足使用功能的条件下,力求技术上的合理。

清流至冠豸山段新建车站6座,线路所1座,改建车站1座;新建站房2座,分别为杨源站和连城站。

一、杨源站

车站设于清流县,全境东西宽53.8 km,南北长65.2 km,总面积1 806.3 km²,其中陆地1 764.15 km²,占97.67%;水域42.15 km²,占2.33%。东接永安市、明溪县,西连宁化县东部,南与连城、长汀县接壤,北与宁化县南部、明溪县相邻。

车站为线侧平式站房,站房设在线路西南侧,按最高聚集人数200人设计,场坪尺寸150 m×50 m。近期设到发线3条(含正线1条),设550 m×8 m×1.25 m基本站台1座,站台上设等长等宽有柱钢筋混凝土雨棚,无跨线设施。杨源站站房建筑面积为1 973.24 m²,站房中心里程为DK356+300,建筑面宽为81.5 m,进深为21.95 m。效果图及实景图分别如图3-9-1和图3-9-2所示。

本工程采用国家85高程系统:±0.000相当于绝对标高346.208 m;地道中心里程处正线Ⅱ路轨顶标高为344.808 m;1道到发线路轨顶标高为344.808 m;3道和4道到发线路轨顶标高344.808 m;站台高度为1.25 m。

图 3-9-1　杨源站效果图

二、连城站

车站设于连城县隔川乡,地处于连城县城西侧丘陵之间的盆地边沿,距离县城约4 km,附近有二级公

图 3-9-2　杨源站实景图

路连接，交通十分便利。车站范围为山前冲洪积平原，地面标高 400～480 m，相对高差 0～40 m，地形较平坦，地势较开阔。

站房中心里程为 DK370+550，车站为线侧平式站房，站房设在线路西南侧，按最高聚集人数 600 人设计，场坪尺寸 150 m×70 m。近期设到发线 4 条（含正线 1 条），设 550 m×8 m×1.25 m 基本站台 1 座和 550 m×10.5 m×1.25 m 岛式站台 1 座，站台上设等长等宽有柱钢筋混凝土雨棚，里程 DK370+589.75 处设 8 m 宽进、出站合用地道一座。连城站站房建筑面积为 3 972.3 m²，站房中心里程为 DK370+550，建筑面宽为 87.9 m，进深为 39 m。

第二节　设计原则与采用的主要技术标准

一、建筑主要设计原则

房屋建筑设计必须贯彻"适用、经济、美观"的原则。

1. 满足场区内外交通要求，道路布置要简捷通畅，避免人流货流相互干扰。

2. 满足卫生、防火、安全等技术规范和规定的要求，建（构）筑物之间的间距，应按日照、通风、防火、防震、防噪等要求，以及节约用地的原则综合考虑。

3. 重视周围环境绿化设计，生产、生活房屋的规划也应与绿化相交融，在绿化平面布置时，本着多绿化少硬化的原则进行设计，通过成规模的绿化布置，彻底改善站区环境，提升环境质量。

4. 各区域的生产、生活房屋的布置应遵循集中综合的设计原则，集中布置、统一规划。根据生产远期预留情况，场地规划亦适当预留发展条件。

二、结构设计标准及主要技术标准

1. 结构设计执行以下相关的国家和地方有关规范、规程

(1)《建筑结构可靠性设计统一标准》(GB 50068—2018)；

(2)《建筑抗震设防分类标准》(GB 50223—2008)；

(3)《建筑结构荷载规范》(GB 50009—2012)；

(4)《建筑抗震设计规范》(GB 50011—2010)(2016 年版局部修订)；

(5)《建筑地基处理技术规程》(JGJ 79—2012)；

(6)《建筑地基基础设计规范》(GB 50007—2011)；

(7)《建筑桩基技术规程》(JGJ 94—2008)；

(8)《混凝土结构设计规范(2015 年版)》(GB 50010—2010)；

(9)《砌体结构设计规范》(GB 50003—2011)；

(10)《钢结构设计标准》(GB 50017—2017)；

（11）《混凝土小型空心砌块建筑技术规程》（JGJ/T 14—2004）；

（12）《混凝土结构耐久性设计规范》（GB/T 50476—2008）；

（13）《工业建筑防腐蚀设计标准》（GB/T 50046—2018）；

（14）本线工程地质勘察报告。

2. 设计标准

（1）结构构件应根据承载能力极限状态及正常使用极限状态的要求，对承载力及稳定、疲劳、变形、抗裂及裂缝宽度进行计算和验算；做到安全可靠、技术先进、经济合理，结构设计使用年限按 50 年进行设计。

（2）沿线生产、生活房屋，建筑结构安全等级均为二级，结构重要性系数 γ_0 取 1.0。

（3）沿线各单体建筑根据《建筑工程抗震设防分类标准》（GB 50223—2008）第 5.3.3 条进行抗震设防分类。生产生活房屋均按抗震设防类别标准设防类设防。

（4）生产、生活房屋结构选型：

根据房屋平面布置要求，以及工艺设备使用的要求，生产、生活房屋均选用框架结构。

（5）结构设计应满足耐久性的规定，本工程混凝土结构的环境类别：

① 室内按二类 a 设计。

② 卫生间、浴室按二类 a 设计。

③ 雨棚挑檐等室外露天结构亦按二类 a 设计。

④ 基础根据具体工点地质报告设计，如水或土壤均无侵蚀性，则按二类 b 设计。

（6）防腐蚀处理：

按照《混凝土结构耐久性设计规范》（GB/T 50476—2008）和《工业建筑防腐蚀设计标准》（GB/T 50046—2018）相关内容处理。

（7）材料选用

① 框架结构：梁、板、柱、基础采用 C30 及 C30 以上混凝土，基础混凝土的强度等级视地下水是否有腐蚀性情况按照《混凝土结构耐久性设计规范》（GB/T 50476—2008）具体确定。钢筋均采用 HRB400 级钢筋。

② 框架填充墙：防潮层以上墙体均采用 Mb5 或 Mb7.5 混合砂浆砌筑轻集料混凝土小型空心砌块，容重要求小于 10 kN/m³。

③ 防潮层以下墙体使用 M10 水泥砂浆砌 MU20 页岩实心砖。

第三节　主要站房设计

一、建宁南站

建宁南站位于福建省三明市建宁县，站房中心里程：DK240+350，站房型式采用线侧平式，最高聚集人数：600 人（小型站）。

建宁南站平面布局及高度：采用对称布局，分左中右三部分，中间为单层候车大厅，层高 15.6 m，两侧为设备与办公用房，共两层，一层层高 5.4 m，二层层高 4.2 m。北侧一层为出站通道及卫生间、行包大厅及变电所，二层为间休办公等用房，南侧一层主要为售票厅及相关配套用房，二层为办公及设备用房。售票厅及出站厅吊顶净高 4.0 m，其余有吊顶房间吊顶净高 3.0 m。建筑总高度 15.75 m。

建筑面积：站房综合楼建筑面积为 4 908 m²，其中一层建筑面积为 3 681 m²，二层建筑面积为 1 068 m²，地下一层建筑面积为 159 m²。

结构形式：建宁南站结构体系为钢筋混凝土框架结构，候车厅上方为焊接球节点正放四角锥网架结构；钢筋混凝土桩承台基础，局部进出站通道、楼扶梯及行包坡道为筏板基础。

二、水 茜 站

水茜站位于福建省宁化县水茜镇,车站站房中心里程:DK281+280。

站房型式为线侧平式站房,最高聚集人数:78人(小型站)。

建筑层数及高度:中间候车厅地上一层,檐口高度9.5 m,两侧地上二层;首层层高4.20 m,二层层高3.60 m,檐口高度7.8 m。建筑高度13.08 m。

建筑面积:站房总面积1 496.27 m²,基底建筑面积1 089 m²。

结构形式:钢筋混凝土框架结构,坡屋顶;采用柱下独立基础,局部填方地区采用独立基础下设置片石混凝土墩。

三、杨 源 站

1. 站房概述

站房主体建筑面积1 973.24 m²。站台柱雨棚覆盖面积4 836 m²。

杨源站为线侧平式站房,由于只有一个站台,形成以平进平出流线,车站共分一层,地上一层,局部地下一层,地上一层为中间为候车层,设有售票、候车、检票、进站厅和旅客服务等多种功能。

2. 站房平面设计

地面层除公共区外主要为设备办公用房,包含客运值班、变电所、消防控制室、综合控制室等房间。

3. 流线设计

结合平面布局,杨源站采用以"平进平出"流线模式。结合城市交通体系,形成最便捷的旅客流线模式。

(1)旅客进站流线

旅客通过城市各种交通系统到达站房周围,从东南侧站房入口进入站房,到达站房候车大厅。检票后,通过站房与站台间的连廊进站,到达站台乘车。纵剖面如图3-9-3所示。

(2)旅客出站流线

旅客下车后,通过站台与站房间的连廊进入出站厅,检票出站后离开。室内效果如图3-9-4所示。

4. 结构设计

杨源站站房采用钢筋混凝土框架结构,屋面采用现浇混凝土坡屋面,基础采用预应力管桩。

四、连 城 站

1. 站房概述

站房主体建筑面积3 972.3 m²。站台柱雨棚覆盖面积10 175 m²。

连城站为线侧平式站房,550 m×8 m×1.25 m基本站台1座和550 m×10.5 m×1.25 m岛式站台1座,形成以平进下出流线,车站共分两层,中间候车厅一层,两边设备房间局部两层,局部地下一层,设有售票、候车、检票、进站厅和旅客服务等多种功能。

2. 站房平面设计

地面层除公共区外主要为设备办公用房,包含客运值班、变电所、消防控制室、综合控制室等房间。一层和二层平面分别如图3-9-5和图3-9-6所示。

3. 流线设计

结合平面布局,连城站采用以"平进下出"流线模式。结合城市交通体系,形成最便捷的旅客流线模式。

旅客通过城市各种交通系统到达站房周围,从东南侧站房入口进入站房,到达站房候车大厅。检票后,通过站房与站台间的连廊进站,到达站台乘车。出站流线设计如图3-9-7和图3-9-8所示。

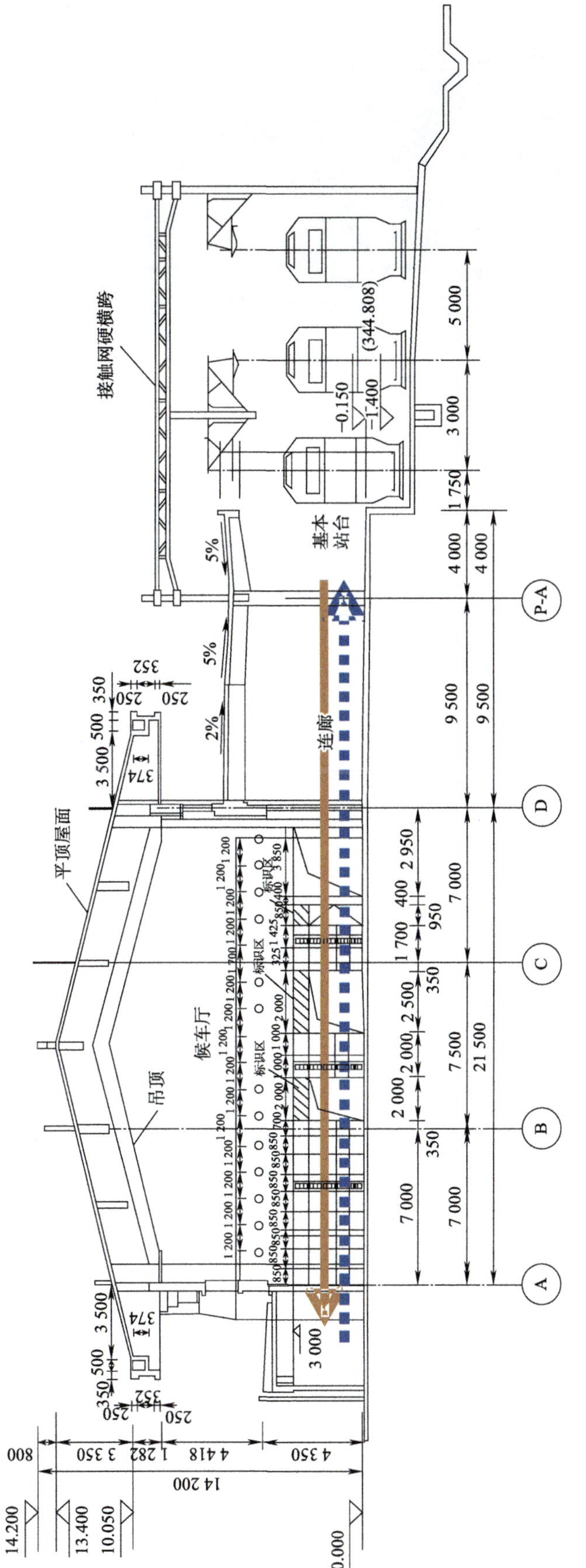

图 3-9-3　纵剖面图（单位：m）

图 3-9-4　杨源站室内效果图

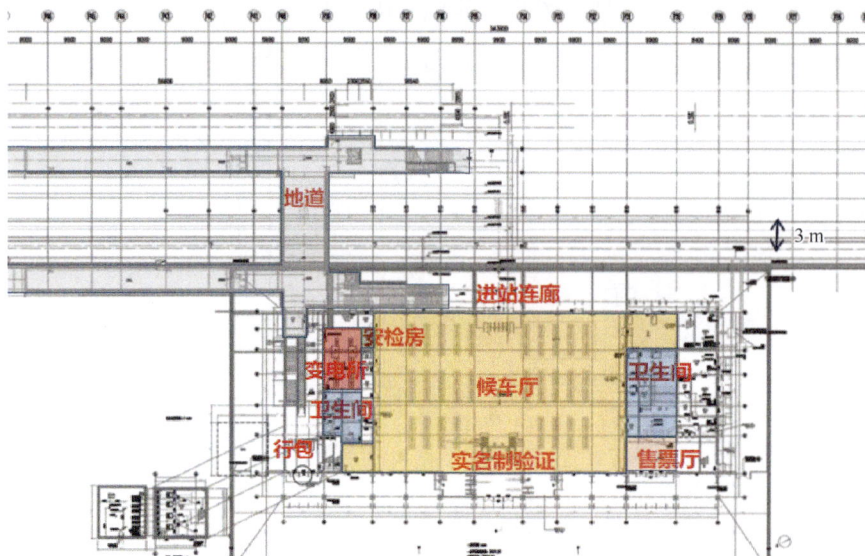

图 3-9-5　一层平面图

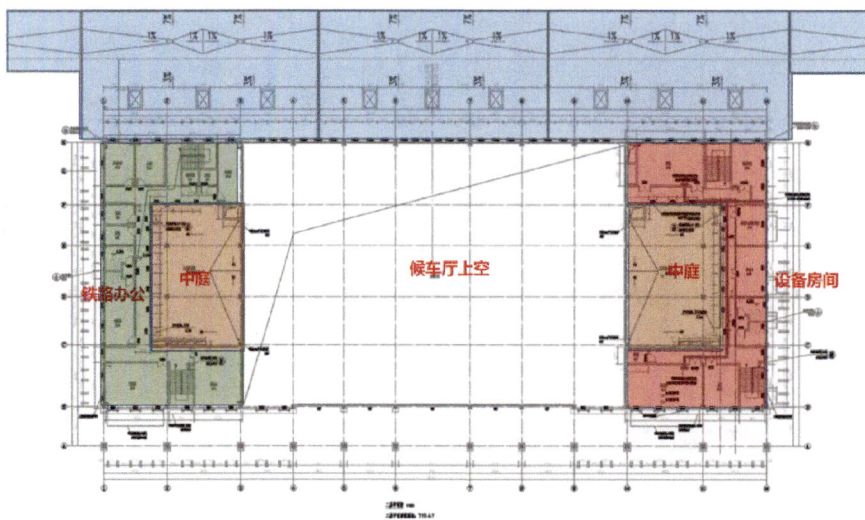

图 3-9-6　二层平面图

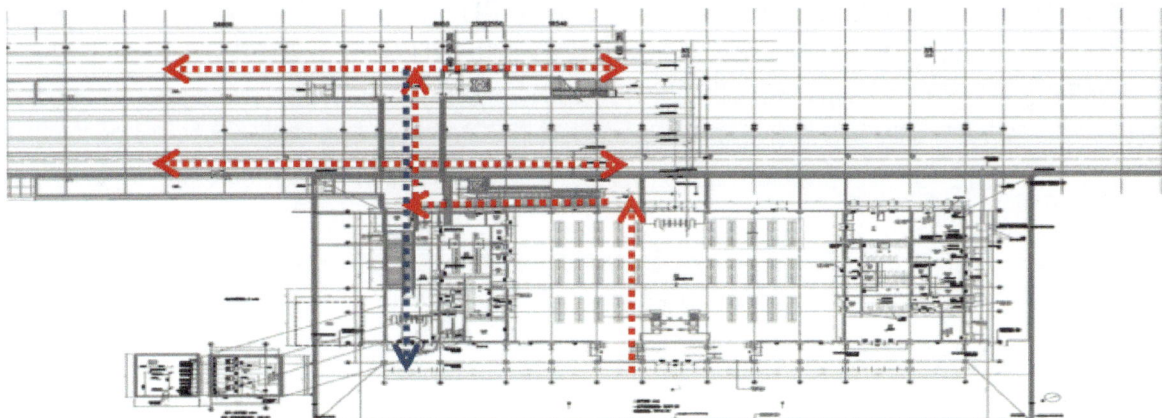

图 3-9-7　平面图进出站流线

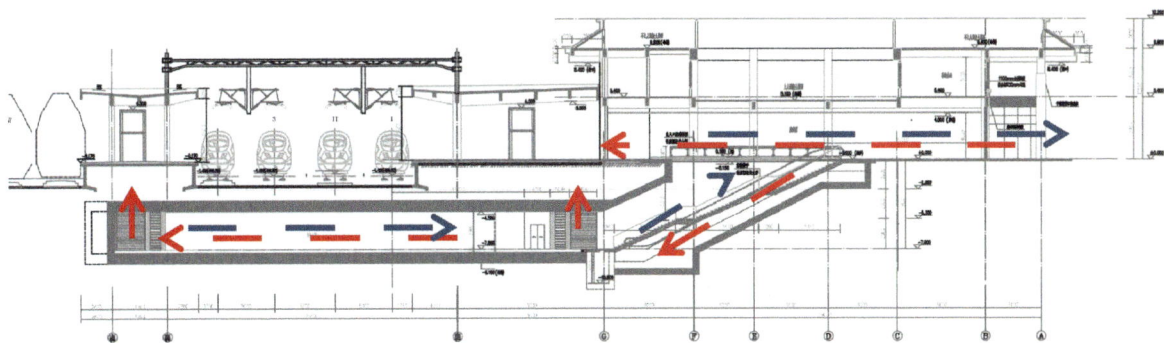

图 3-9-8　纵剖面图进出站流线

4. 结构设计

连城站站房采用钢筋混凝土框架结构,屋面采用钢网架屋面,基础采用钻孔灌注桩基础。

第四节　采暖与通风设计

一、工程特点

浦梅铁路地处福建省,属于夏热冬暖地区,站房及生活办公房屋均需设置空调系统。综合考虑节能、环保、经济、可靠等因素,站房中采用屋顶直膨式空调机组与多联机中央空调系统相结合的设计方案,最大限度突出节能、环保、节约有效空间的特点。

二、消防设计

(1)本工程属于多层建筑,执行《建筑设计防火规范》(GB 50016—2014)及《铁路工程设计防火规范》(TB 10063—2016)。

(2)安全疏散宽度、疏散口数量、安全疏散距离、楼梯间设置位置满足消防要求。

(3)防火门窗、防火卷帘应能防烟,必须由消防部门认可的及持有产品合格证书的厂家提供,其施工安装图及有关技术资料由厂家提供。

(4)室内装修材料燃烧性能等级满足《建筑内部装修设计防火规范》(GB 50222—2017)要求。

三、节能设计

主站房外墙围护结构主要采用低辐射镀膜玻璃中空幕墙。低辐射镀膜玻璃简称 Low-E 玻璃,是一种绿色、节能、环保的建材产品,具有良好的阻隔热辐射透过的作用。在冬季,它对室内暖气及室内物体散发的热辐射,可以像一面热反射镜一样,将绝大部分反射回室内,保证室内热量不向室外散失,从而节约取暖费用。在夏季,它可以阻止室外地面、建筑物发出的热辐射进入室内,节约空调制冷费用。Low-E 玻璃的可见光反射率一般在 11% 以下,与普通白玻璃相近,低于普通阳光控制镀膜玻璃的可见光反射率,可避免造成反射光污染。站房玻璃幕墙初步选用低辐射镀膜中空玻璃,玻璃幕墙传热系数 $K=1.80$,遮阳系数不大于 0.40。

站房内墙材料主要采用加气混凝土砌块及轻质隔断,外幕墙干挂石材部分采用了岩棉复合板,既保温又防火。

四、通风与空调设计

1. 设计范围

涉及范围为浦城至梅州铁路建宁至宁化(不含)段 7 个车站,2 个中间站房以及站区、工区全部生产办公房屋等。

依据各建筑生产工艺和生活办公需要分别设置空调、通风排烟系统。

2. 设计概况

(1)空调冷热源系统设计

建宁南站及水茜站站房候车厅均采用屋顶直膨式空调机组夏季供冷,通信机房、信息机房设置机房专用空调,办公区域及售票厅等房间采用多联机空调系统;综合监控室设置多联机空调及分体空调,消防控制室设置分体空调;变电所设置分体空调。

(2)主要空间空调系统设计

① 站房候车厅

屋顶直膨式空调机组提供室内冬夏季空调送风,建宁南站屋顶直膨式空调机组设于二层开敞屋面;水茜站屋顶直膨式空调机组的空气处理部分设于一层屋顶天井,压缩冷凝部分设于二层室外平台,夏季采用全空气空调系统满足供冷要求。

站房夏季采用全空气空调系统满足供冷要求,候车厅单层层高超过 10 m,建宁南站候车厅吊顶标高 11.0 m;水茜站候车厅坡屋顶顶标高 11.5 m,属于高大空间,采用分层空调设计方案。候车厅两侧设置组合式空调机组用于候车厅的全空气送风。

建宁南站站房候车大厅空调风管设于大厅两侧办公区,侧墙安装温控球形喷口送风至室内,风口安装高度约 3.9 m,风口布置间距结合装修标准设置,间接布置多个装饰性球喷风口符合美观效果,同侧下部集中回风,以保证候车大厅内人员密集区域的气流组织均匀性。

水茜站站房空调送风管设于大厅两侧二层地面,采用温控球形喷口送风方式,安装高度为 5.1 m,空调回风口设于候车厅同侧侧墙。

候车厅、售票厅进出站口设置贯流式空气幕。

② 工艺性设备用房

站房、站区工艺性设备用房根据专业工艺要求,通信机械室、电源蓄电池室、信号机械室、电源屏室、票务信息机房的温湿度控制要求高,设备散热量大,使用时间与舒适性空调系统不一致,设置独立的机房专用精密空调机组。

③ 其余房屋

站房其余房屋采用多联机中央空调系统供冷及供热。室内机气流组织形式均为顶送顶回,新风经空气处理后送入各房间;内区房屋设置集中排风及新风系统。

综合监控室设置多联机空调及分体空调,消防控制室设置分体空调,变电所设置分体空调,当夏季室外温度高于设计温度时,采用空调降温其他时段均采用机械通风排除余热。

各站站区生产办公房屋设置冷暖分体空调。

维修车间、维修工区办公房屋均设置空调装置。

(3)通风系统设计

① 站房综合楼

各站房候车厅均设置电动排烟窗,进行自然排烟,且排烟口距该防烟分区最远点应不大于 30 m。可开启窗面积大于地面面积的 2%。

建宁南站站房一层右侧超过 20 m 的走廊设置机械排烟系统,分为两个防烟分区,单个防烟分区设计排烟量 15 600 m³/h,排烟风机风量 32 000 m³/h,采用自然补风。排烟风机位于二层排烟机房。

无外窗办公房间设置集中送排风,换气量根据人员所需新风量计算。

没有外窗的卫生间由于不能自然通风,设置机械排风系统,换气量按照 15 次/h 计算。

消防水泵间等设备用房设置机械送排风设施。

变电所设置机械送、排风设施满足事故通风及通风降温需求,通风量满足室内温度不超过 40 ℃要求,极端气候通风不能达到要求,开启分体空调设备。

② 站区房屋

工艺上有通风要求的生产房屋设机械通风设备。

无外窗的房间均置机械通风设施。

依据《建筑设计防火设计规范》(GB 50016—2014),信号楼、牵引变电所及 10 kV 配电所按照厂房建筑设计,建筑面积大于 300 m² 的房间以及长度超过 40 m 的疏散走道应设置排烟设施,无自然排烟条件时设置机械排烟系统,工区宿舍楼走道均满足自然排烟要求。

第五节　给排水工程设计

一、给排水工程概况与特点

1. 工程概况

本段线路既有生活供水站 1 个,为建宁县北站;新建生活供水站 2 个,分别为建宁南站、水茜站。新建生活供水点 5 处,包括会让站 4 个,分别为黄岭站、均口站、黄沙滩站、何屋站;斗埕线路所 1 个。

消防点 2 处,为莲花山隧道进出口。隧道消防纳入站前工程。

2. 工程技术特点

(1)水源设备概述

① 既有站

建宁县北站为既有站,本次设计建宁县北站无新增用水,给排水设备设施维持既有。

② 新建站、点

建宁南站、斗埕线路所、黄岭站接自建宁县市政自来水,水茜站接水茜乡自来水。

均口站自建 DN300×50 m 管井 1 座,黄沙潭站自建直径 3 m×15 m 大口井 1 座,何屋站采用山上既有大口井作为水源,直径 3 m×8 m,对其进行改造翻修。

(2)水处理和主要给水设施

建宁县北站无新增用水,不增加贮水构筑物。

本次设计建宁南站最大日用水量 51 m³/d,水茜站最大日用水量约 41 m³/d。建宁南站、水茜站供水采用变频加压供水方式,在站房周围设给水加压泵站 1 处,加压泵站院内设 50 m³ 生活蓄水池 1 座,自来水经过二次加压后向站区供水。

均口站、黄岭站、何屋站、斗埕线路所采用不锈钢水箱+变频泵供水方式,紫外消毒;均口站设计最大日用水量 8 m³/d,设 V＝10 m³ 水箱 1 座,黄岭站设计最大日用水量 3 m³/d,设 V＝4 m³ 水箱 1 座,何屋站设计最大日用水量 3 m³/d,设 V＝4 m³ 水箱 1 座,斗埕线路所设计最大日用水量 1 m³/d,采用 V＝2 m³ 水箱 1 座;均口站、何屋站给水所内各设一体式水处理设施 1 套。

黄沙潭站设计最大日用水量约 33 m^3/d,其中除铁锰过滤设备反冲洗用水量约 30 m^3/d。设 V＝50 m^3, H＝20 m 水塔 1 座,给水所内设除铁锰过滤设备 1 套,紫外消毒。水塔满足站区生活用水及除铁锰设备反冲洗用水要求。

(3)消防方式

建宁县北站既有消防满足消防要求,本次设计不新增消防设施。

建宁南站、水茜站采用独立的消防系统,在站房内设地下式消防泵房 1 处,泵房与暖通合建。

建宁南站站房综合楼面积 5 000 m^2,室外消防秒流量 40 L/s,室内消防秒流量 20L/s,延续时间 2 h,喷淋 40 L/s,延续时间 1 h。消防泵房内设室外消防泵 2 套(单泵规格 Q＝40 L/s,H＝50 m,N＝37 kW,1 用 1 备),室内消防泵由暖通专业负责设计。消防泵房周围设 600 m^3 消防水池,满足车站室内外消防要求。按规范配套消火栓、水枪、水龙带等消防设施。基本站台设 1 排消火栓,间距 100 m。综合维修工区油库消防采用灭火砂、灭火毯,并配备推车式泡沫灭火器。

水茜站站房综合楼面积 1 500 m^2,室外消防秒流量 25 L/s,室内消防秒流量 10 L/s,延续时间 2 h。消防泵房内设室外消防泵 2 套(单泵规格 Q＝25 L/s,H＝50 m,N＝22 kW,1 用 1 备),室内消防泵由暖通专业负责设计。消防泵房周围设 300 m^3 消防水池,满足车站室内外消防要求。按规范配套消火栓、水枪、水龙带等消防设施。基本站台设 1 排消火栓,间距 100 m。综合维修工区油库消防采用灭火砂、灭火毯,并配备推车式泡沫灭火器。

各生活供水点采用消防水池配套手抬式机动消防泵的方式,消防流量 15 L/s,火灾延续时间按 2 h 计。每座水池配备 2 台手抬式消防泵。

(4)排水工程

沿线各站的污水排放严格执行《污水综合排放标准》(GB 8978—1996)。

沿线各站、点污水主要为生活污水,生活含粪便污水经化粪池预处理、食堂含油污水经小型隔油池预处理后,建宁南站设计新增生活污水初期经处理后排入附近沟渠,最终进入金溪,执行《污水综合排放标准》(GB 8978—1996)一级标准,后期污水管网配套后,接入管网;水茜站、何屋站、均口站设计新增生活污水经处理后排入附近沟渠,执行《污水综合排放标准》(GB 8978—1996)以及标准;黄沙潭站、黄岭站新增生活污水经处理后储存塘储存,用于绿化和灌溉,执行《城市污水再生利用城市杂用水标准》(GB/T 18920—2002);斗埕线路所生活污水采用厌氧＋人工湿地处理后储存,回用于绿化灌溉,执行《城市污水再生利用城市杂用水标准》(GB/T 18920—2002)。

(5)雨水

建宁南站、水茜站站台雨篷及站房屋面有组织排水由建筑专业自行设计,给排水专业设雨水主干管将汇集的雨水排放至站场排水沟。

二、设计原则与采用的主要技术标准

1. 给水管材

新铺给水管道采用球墨铸铁管、PE 管。埋地给水管道管径大于 110 mm 采用球墨铸铁管,不大于 110 mm 采用 PE 管;管道穿越河流、综合工区内股道、动车走行线时采用 DN300 mm 钢制套管防护。

2. 排水管材

排水出户管同室内管径、管材,按 de160UPVC 管计列,压力排水管采用 PE 管,重力排水管采用 HDPE 管。重力式排水管穿越股道采用球墨铸铁管。防护涵洞内的压力排水管道采用镀锌钢管,压力排水管道穿越河流、综合工区内股道时采用 DN300 mm 钢制套管防护。

雨水管道采用钢筋混凝土管。

3. PE、HDPE、钢筋混凝土管道基础均采用换填砂垫层

三、室内给排水工程

1. 设计范围

涉及范围为浦城至梅州铁路建宁至宁化(不含)段 7 个车站,2 个中间站房以及站区、工区全部生产办公房屋等。

依据各建筑生产工艺和生活办公需要分别设置给排水设施。

2. 设计概况

(1)室内给水系统设计

生活用水由室外站区自来水管网直供,给水系统为下行上给式。站房公共区域卫生间内蹲式大便器、小便器、洗脸盆均采用感应式自动冲洗控制阀,坐便器采用低水箱式,办公区域卫生间蹲式大便器采用脚踏式冲洗阀、小便器采用感应式自动冲洗控制阀,洗脸盆均采用延时自闭冲洗阀,卫生洁具给水配件采用配套产品,符合《节水型生活用水器具》要求。

(2)室内排水系统设计

排水系统采用重力排水,污废水合流排出。排水配件符合《节水型生活用水器具》要求,地下一层消防泵房设置污水提升泵提升废水,通过压力管道排至室外污水系统。

(3)开水供应系统设计

站房内旅客候车区域设置全自动净化电开水器,满足旅客饮用水要求。

(4)热水供应系统设计

车务工区宿舍、工区宿舍楼的淋浴用热水均由电热水器供给。热水器与淋浴器一对一配置。

四、室内消防工程

1. 设计范围

涉及范围为浦梅铁路建宁至宁化(不含)段 7 个车站,2 个中间站房以及站区、工区全部生产办公房屋等。

依据各建筑生产工艺和生活办公需要分别消防灭火设施。

2. 设计概况

(1)消防给水系统设计

各站站房消防系统采用水池—水泵—水箱联合供水,建宁南站消防泵房内设置消火栓系统水泵及其稳压设施、喷淋系统水泵及其稳压设施;水茜站地下一层设置消火栓系统加压水泵及其稳压设施。室内消防给水接自消防水池,室外设置消防水池;消防系统最高处设置有效容积 18 m³ 的消防高位水箱。

(2)消火栓灭火系统设计

① 站房各层设置消火栓灭火系统,火灾延续时间为 2 h。

② 室内每个消火栓设置远程启动消防水泵按钮;室外设置 2 组 SQX150 消防水泵接合器。

③ 室内消火栓系统环状布置,消火栓充实水柱满足 17 m,保证同层同防火分区内两股充实水柱同时到达室内任何部位,每个消火栓箱内配备 DN65 口径栓口,25 m 水带,ϕ19 mm 水枪以及消防软管卷盘。

(3)自动喷淋灭火系统设计

① 建宁南站站房根据《自动喷水灭火系统设计规范》(GB 50084—2017),候车大厅按民用建筑高大空间场所设计,喷水强度为 12 L/(min·m²),作用面积 160 m²;其他区域按中危险级Ⅰ级设计,喷水强度为 6 L/(min·m²),作用面积 160 m²,设计用水量为 50 L/s,设计水压 0.8 MPa,火灾延续时间为 1 h。

站房内除不宜用水扑救的部分外,一层候车大厅、办公、旅服、走道、售票厅、VIP 候车室、值班室、出站厅等部位均设湿式自动喷水灭火系统。

② 每个防火分区(或每层)的水管上设信号阀和水流指示器,最不利末端设试水阀;每个报警阀组控制的最不利末端设试水装置。

（4）灭火器配置

① 灭火器配置基准

站内所有生产、生活用房均设置磷酸铵盐灭火器；四电专业设备用房采用二氧化碳灭火器。

② 灭火器设置位置

尽量设置在组合式消防柜内，每处不得少于 2 支；当不满足灭火器的最大保护距离单独设置时，要求设置在托架上，底部离地高度为 0.10 m，每处不得少于 2 支。

第十章　通信设计

一、工程概况

1. 线路概况

浦梅铁路建宁至冠豸山段位于闽北、闽西地区,线路自昌福线建宁站起,向南经建宁县、宁化县、清流县、连城县,引入赣龙铁路冠豸山站。线路北端与昌福线相连,中部在宁化与吉泉铁路相接,南端于冠豸山站引入赣龙铁路,向东通达龙岩及厦门地区。全线共设16个车站和2个线路所。

2. 车站概况

车站中心里程及站间距离见表3-10-1,沿线车站见表3-10-2。

表 3-10-1　车站中心里程及站间距离表

序号	站名	站中心里程	站间距(km)	性质	到发线数量(条、含正线)	站房位置	备注
1	宁化	兴泉 DK160+875=浦梅 DK301+175	9.58	中间站	6	右	纳入兴泉工程
2	清流	兴泉 DK170+455=浦梅 DK310+806	9.694	中间站	5	右	纳入兴泉工程
3	严坊	DK320+500	10.47	会让站	2	左	
4	田源	D1K330+970	12.538	会让站	3	左	
5	邓家	DK343+450	12.039	会让站	2	左	
6	杨源	DK356+300	14.418	中间站	3	左	
7	连城	DK370+730	13.02	中间站	4	左	
8	文亨	DK383+750	12.718	会让站	2	左	
9	冠豸山	DK205+532.1(新赣龙)		接轨站	8	左	接新、旧赣龙车场

表 3-10-2　沿线车站表

序号	站名	中心里程	站间距离(km)	站房左右侧	车站性质	备注
1	建宁县北站	K226+700=DK226+700	起点	左	接轨站	既有改造
2	斗埕线路所	DK232+050	5.35	—	线路所	新建
3	建宁南站	DK240+350	8.3	右	中间站	新建
4	黄岭站	DK249+900	9.55	右	会让站	新建
5	均口站	DK262+050	12.15	左	会让站	新建
6	黄沙潭站	DK274+050	12.00	左	会让站	新建
7	水茜站	DK281+280	7.23	左	中间站	新建
8	何屋站	DK295+400	14.12	右	会让站	新建

其中建宁南站、水茜站为新建客运车站,各车站规模及最高聚集人数见表 3-10-3。

表 3-10-3　车站规模及最高聚集人数

车站	最高聚集人数(人)	建筑面积(m²)	站场规模
建宁南站	566	4 908	2 台 4 线
水茜站	78	1 455.56	1 台 2 线

3. 综合维修车间、工区及其他设施设置情况

根据浦梅建设指挥部关于《浦梅铁路建宁至冠豸山段生产生活设施建设相关要求》中定员要求附表,本工程新设建宁南通信工区负责本工程管段内通信系统设备及线缆的维护。(在宁化站设置宁化通信车间,在冠豸山站设置冠豸山通信工区)

本工程沿线 1 个新建派出所,不设置警务区。

二、工程范围

浦城至梅州铁路建宁经宁化、清流至冠豸山段,全线新建正线长度 161.527 km,运营长度 175.7 km。

1. 区间正线

建宁县北站(含)至宁化站(不含)DK226+700～DK307+277.66,线路长度 79.342 km;清流至冠豸山段,清流站(不含)至冠豸山南站(含)段 DK312+100～DK395+045.878,正线长度 82.181 km;运营里程 K0+000～K84+432.921。

2. 相关工程

陈坡疏解线:DyK391+416～DyK396+848.02,线路长度 5.542 km;既有冠豸山南站改范围:DK203+631～DK206+150;建宁县北站疏解线工程:K226+700～SJDK232+050,线路长度 5.341 km。

3. 设计分工

中国铁路设计集团有限公司(以下简称中国铁设)和中铁二院工程集团有限责任公司(以下简称中铁二院)共同负责浦梅铁路建宁至冠豸山段设计。中国铁设负责本工程建宁至宁化(不含)段设计(DK226+700～DK307+277.66,线路长度 79.342 km,K226+700～SJDK232+050,线路长度 5.341 km),中铁二院负责本工程宁化至冠豸山段设计(DK300+000～DK395+045.878,线路长度 94.281 km)。宁化站属于中铁二院设计范围,根据项目规划,宁化至清流段铁路(DK300+000～DK312+100,线路长度 12.1 km)纳入兴泉铁路设计(由中铁二院设计)。

中国铁设和中铁二院对于路局中心扩容的设计分工为:中铁二院负责 GSM-R 无线系统中心扩容,中国铁设负责其他系统的中心扩容内容。

三、设计说明

1. 传输系统

(1)建宁县北至冠豸山新设同步数字系列(SDH)10 Gbit/s 长途骨干及汇聚层传输系统,新建中间站及通信通道需求集中的主要车站新设 SDH 10 Gbit/s ADM 设备。

(2)建宁县北至冠豸山新设 SDH 2.5 Gbit/s 传输及接入系统,新建车站、线路所新设 SDH 2.5 Gbit/s 传输及接入系统设备。区间基站、牵引变电所等处设置 SDH 622 Mbit/s 传输系统设备。站内信息接入点可以采用 SDH 622 Mbit/s 或 SDH 155 Mbit/s 传输及接入系统设备等。

(3)铁路局调度所设传输及接入系统网元管理设备,三明北、龙岩、宁化通信车间设复示终端。

2. 电话交换

新增自动电话分别接入既有三明北、龙岩电话交换机。区间基站不设自动电话接入设备。

3. 数据网

(1)新建中间站及数据通信业务需求集中的主要车站各新设 2 套接入层节点设备,建宁县北新设、龙岩利用既有数据网汇聚层节点设备。相邻车站接入层节点设备间原则采用光纤连接方案。

（2）铁路局调度所设数据网网元管理设备，龙岩、宁化通信车间设复示终端。

4. 调度通信

建宁县北至冠豸山新建调度通信系统。新建主要车站新设调度通信车站设备，接入铁路局调度所既有调度通信系统。新增调度台新设调度通信系统终端设备等。

5. 移动通信

（1）建宁县北至冠豸山新建铁路数字移动通信系统（GSM-R），完成调度通信、调度命令信息和无线车次号校核信息传送等功能。

（2）宁化新设基站控制器等。无线网络原则采用单层覆盖方案，长度大于5 km的隧道考虑冗余措施。利用数字直放站加漏缆或天线方式解决区间弱场强覆盖问题。根据预测话务量，确定车站及区间基站载频数量。

（3）宁化至清流利用相关工程建设的GSM-R无线网络。

6. 通信综合网管

各子系统网元管理设备接入既有通信综合网管中心。

7. 时钟同步网及时间同步网

利用既有相关时钟同步网、时间同步网设备。

8. 应急通信

（1）新设1套应急通信系统现场接入设备。

（2）长度大于5 km的隧道设置隧道有线应急电话、便携式广播设备、视频采集点等。

9. 电源

（1）新建车站、牵引变电所、区间基站等处新设48 V直流通信电源设备。

（2）新设电源及环境监控系统，实现对通信电源设备和通信、信号等机房环境条件监控。各相关专业维护管理部门设置系统监控终端。

10. 通信线路

（1）建宁县北至宁化、清流至冠豸山沿新建铁路敷设1条48芯单模直埋长途通信光缆。宁化至清流利用相关工程建设的长途通信光缆。长途通信光缆径路选择考虑铁路改建因素。

（2）敷设于电缆槽道内的光、电缆，采用阻燃型外护套。

（3）区间通信光缆尽量合缆设置，同时满足隧道视频监控、无线通信网络覆盖、电力远动等系统需要。站场通信线路以光缆线路为主，统一规划光电缆径路。

11. 视频监控

（1）按隧道防灾救援疏散工程规范相关要求，隧道口等处设置视频采集点，接入相邻车站视频接入节点。

（2）新建中间站新设视频接入节点，为隧道、旅客服务等视频采集点提供接入条件。

12. 仪器仪表及交通工具

通信维修机构配备必要的仪器仪表及交通工具等。

13. 其他

按有关规定配置相关通信系统备品备件；进行通信防雷及接地系统设计。

四、新技术、新设备的应用

本次设计采用了GSM-R数字移动通信技术，GSM-R数字移动通信系统主要完成移动人员之间及移动人员与固定人员之间的地面通话。采用分布式基站解决区间弱场覆盖问题。

五、专业接口

1. 四电接口

（1）信号系统

信号系统见表3-10-4。

表 3-10-4　信号系统

子系统名称	四电其他专业	接口种类	工程界面
传输系统	信号(CTC、集中监测)	FE(O)	信号机房 ODF 模块(信号专业设)外线侧
GSM-R 系统	信号(CTC 中心)	FE	GSM-R 系统的 GPRS 接口服务器 GRIS 与信号 CTC 系统连接,通过以太网交换机 FE 接口实现互联
通信线路	信号系统	光缆	通信线路为信号系统提供所需的光纤资源。信号机房 ODF 模块(信号专业设)外线侧

(2)旅客服务系统

旅客服务系统见表 3-10-5。

表 3-10-5　旅客服务系统

系统名称	四电其他专业	接口种类	工程界面
传输及接入子系统、数据网子系统	旅客服务系统	FE	2M 带宽采用不在同一主板的 FE 口。接口界面在传输设备的 FE 接口外线侧
传输及接入子系统、数据网子系统	办公	FE	2M 带宽采用不在同一主板的 FE 口。接口界面在传输设备的 FE 接口外线侧 0
传输及接入子系统、数据网子系统	客票	2M	通信系统与客票系统、办公..管理信息等各应用系统提供数据通道,接口位于通信机房的 DDF 模块上
传输及接入子系统、数据网子系统	防灾系统	FE	接口位于通信机房的 RJ-45 模块上
传输及接入子系统	公安信息	FE	接口界面在传输设备的 FE 接口外线侧

(3)供电系统

供电系统见表 3-10-6。

表 3-10-6　供电系统

系统名称	四电其他专业	接口种类	工程界面
传输及接入子系统、数据网子系统	电力远动	FE 光接口	电力机房设备的 10M/100M 光口处
调度通信系统、接入网	电力调度	共电/pots	相关专业机房及工区
外部交流电源	电力		通信设备室内电力配电箱由电力专业设置

(4)接地系统

接地系统见表 3-10-7。

表 3-10-7　接地系统

系统名称	四电其他专业	接口种类	工程界面
接地系统	电力		通信设备室内电源防雷接地端子排、工作保护接地端子排、室外接地端子排由电力专业设置

(5)其他信息相关应用系统

其他信息相关应用系统见表 3-10-8。

表 3-10-8　其他信息相关应用系统

系统名称	四电其他专业	接口种类	工程界面
数据网	信息	GE	通信机房配线架
综合布线	信息	FE	工作区的数据和语音配线插座处
视频监控	信息	FE	信息机房配线架
通信线路	信息	光缆	通信线路为办公系统提供所需的光纤资源。信息机房 ODF 模块(信息专业设)外线侧

2. 土建接口

(1)路基

路基专业在石质、水浸、路堑地段为本系统在线路面向大里程右侧提供通信电缆槽,并间隔一定距离或在特殊地段(如大中桥、区间基站附近)设置光电缆手孔,在手孔处预埋过轨及引下护坡或引出路基钢管,以便通信光缆过轨及分支引出。

(2)桥梁

桥梁为本系统在面向大里程右侧提供通信电缆槽。

(3)隧道

隧道专业在正线隧道内为本系统在线路面向大里程右侧提供通信电缆槽。在疏解线隧道内为本系统在线路面向大里程左侧提供通信电缆槽。

(4)房建、暖通

沿线在车站、段所、区间接入点等处设置通信机房;区间基站应满足 50 年不遇洪水水位或内涝水位要求(并考虑 0.5 m 安全超高),通信机房的环境、装修应满足相关的技术指标及《高速铁路通信工程细部设计和工艺质量标准》(Q/CR 9520—2018)的相关要求。

为避免光、电缆布线及通信设备安装对建筑物结构造成破坏,土建工程中应为通信系统预留沟槽管洞;在车站内提供满足通信系统建设要求的光缆进线、配线室。

各新建站站台由房建专业设置通信管道人孔以及提供站台电缆槽道并引至通信机械室引入口处。

通信 GSM-R 铁塔基础由房建专业负责设计,并计列投资。

根据《铁路防雷及接地工程技术规范》(TB 10180—2016)要求,本工程在新建通信机械室新设雷电综合防护系统,通信机械室按照设置屏蔽层设计。避雷带、避雷网等由电力专业设计并计列投资;机房屏蔽网的钢筋数量由房建专业计列投资,防静电地板下铜箔带、屏蔽窗网等由通信专业计列投资。

根据《铁路工程设计防火规范》(TB 10063—2016)要求,大于 5 km 隧道通信洞室由房建专业设置门,由暖通专业设置自动灭火装置。

第十一章　信　号　设　计

一、主要设计原则及标准

（1）浦梅铁路信号系统满足正线运营速度 160 km/h、冠豸山联络线运营速度 120 km/h 的要求，满足本线客车、货车共线运行的需要，满足跨线运行的运营要求。

（2）信号系统应具有高的安全性、可靠性、可用性、可扩展性及可维护性，满足故障—安全原则。

（3）信号系统应具有方便的接口拓展能力，易实现信息共享。

（4）信号系统应具有抗电磁、牵引电流干扰、防雷电干扰的能力，电磁辐射应符合国家标准及相关设备防护要求。

（5）信号系统各子系统内部、子系统之间，信号系统与其他系统之间的信息传输和接口采用铁道行业标准规定的安全传输协议和接口标准。

（6）关键设备采用硬件冗余结构，提高可用性和可靠性。涉及行车安全的铁路信号系统及电路设计符合铁路信号故障—安全原则，联锁及列控设备安全完整性等级应达到《轨道交通可靠性、可用性、可维修性和安全性规范及示例》（GB 21562—2008）规定的安全等级 SIL4 级。

（7）信号联锁等涉及行车安全的控制设备或关键部件须符合相关准入规定，并具备上道许可资质或CRCC 认证。

（8）计算机联锁系统、CTC 系统、信号集中监测系统等信号地面设备系统时钟应与调度所时钟同步。

（9）信号系统应符合《铁路技术管理规程》（2014 版）、《铁路信号设计规范》（TB 10007—2017）等有关技术标准、规范，对有关车站计算机联锁系统、列车调度指挥系统、信号集中监测、防雷、接地等均执行现行最新标准。

二、信号系统构成

浦梅铁路信号系统主要由列车调度指挥系统、区间闭塞系统、列车运行控制系统、车站联锁系统、信号集中监测系统等构成，是一个以调度中心为龙头、车站设备为基础、通信网络为骨架，集运输调度指挥、行车控制、设备监测等功能于一体的自动化系统。

浦梅铁路信号系统主要由以下子系统设备构成：列车调度指挥系统、区间闭塞、列车运行控制系统、车站联锁系统、信号集中监测系统等。

三、信号系统技术方案

1. 列车调度指挥

（1）列车调度指挥采用调度集中（CTC）系统。各站（线路所）新设 CTC 分机及信息安全、通道质量监督设备，接入南昌局集团公司调度所普速铁路 TDCS/CTC 系统总机。

（2）建宁县北站（含斗埕线路所）维持纳入既有向莆线建福列车调度台管辖，既有车站 CTC 分机设备结合工程利旧改造。

（3）冠豸山南站（含陈坡所）维持纳入既有赣龙铁路列车调度台管辖，既有车站 CTC 分机设备结合工程利旧改造。

2. 区间闭塞系统

（1）各站（线路所）间采用自动站间闭塞，除陈坡所至冠豸山南站区间外，其余站间进站信号机处均设置计轴设备完成区间列车占用/空闲检查,陈坡所与冠豸山南站间区间空闲/占用检查由轨道电路完成。

(2)浦梅铁路正线设计速度为 160 km/h,车站接近区段按双接近区段设计,设置接近信号机。冠豸山右线设计速度为 120 km/h,车站接近区段按单接近区段设计,设置预告信号机。

(3)与本线衔接的其他相关线路维持既有闭塞方式。

3. 车站联锁

(1)各车站(线路所)采用硬件冗余型计算机联锁设备。

(2)各站(线路所)配置信号综合智能电源屏和不间断电源(UPS)设备,设备有人值守车站 UPS 不间断时间按 30 min、无人值守车站按 120 min 设计。根据站场道岔设计,配置相应的转辙设备,并与既有电务维修工装相适应。

(3)站内轨道电路(含接近区段)采用 25 Hz 相敏轨道电路,站内正线按预叠加、到发线占用叠加方式设计电码化电路。站内局部岔线区段采用符合技术条件要求的技术措施,解决轨道电路分路不良。

4. 信号集中监测

(1)各新建车站(线路所)新设信号集中监测分机设备,接轨站既有监测分机设备利旧改造。监测信息纳入福州电务段信号集中监测系统总机。

(2)监测功能参照国铁集团现行铁路信号集中监测系统技术条件设计,增设道岔缺口检查等功能。

5. 其他信号

(1)本工程新增信号设备房屋按照相关规范设计防雷、电磁屏蔽和接地综合防护系统。车站上、下行进站信号机之间范围敷设 1 条信号专用贯通地线(截面按 35 mm² 设计),供沿线轨旁信号设备等电位接地。

(2)结合新建的信号设备类型和规模,沿线新设 1 处信号维修车间和 4 处信号工区,负责本工程配置的信号设备维修和管理,并按有关规定配备信号专用维修工器具、测试仪器仪表、备品备件和应急抢修专用机具。未设信号工区的越行站(或线路所)设置信号值班室及备件材料室。相关接轨站所属既有信号维修机构维持不变。

四、工程接口设计

1. 与线路(含轨道)专业的接口

轨道专业需根据信号的要求设置胶接绝缘、补偿电容及电气绝缘的特制混凝土枕。

2. 与站场专业的接口

站场专业需要在侧线股道设置补偿电容专用枕。

3. 与桥梁专业的接口

桥梁专业需要为信号系统在桥两侧提供通信信号电缆钢槽,并与隧、路基、站场地段的电缆槽平滑相连。

4. 与隧道专业的接口

隧道专业需要为信号系统在隧道右侧提供通信信号电缆槽,并与桥、路基、站场地段的电缆槽平滑相连,预埋过轨管。

5. 与路基专业的接口

路基专业需要为信号系统在不大于 200 m 的短路基地段线路右侧提供通信信号电缆槽,并与桥、隧、站场地段的电缆槽平滑相连。

6. 与房建、暖通专业的接口

房建专业根据信号专业提出的信号设备用房面积需求及设备布局,设计信号房屋。信号房屋满足《铁路房屋建筑设计标准》(TB 10097—2019)、《铁路信号设计规范》(TB 10007—2017)等要求。

各站新建信号生产房屋,原则上按照平房设计,也可与其他房屋合建。

房建专业在靠近信号楼(室)一侧站台为信号专业设置电缆槽。

暖通专业根据车站的等级及相关要求为信号房屋设置消防设施,按相关标准配置 24 h 不间断机房专用空调。

7. 与通信专业接口

(1)为信号 CTC 提供双环路 2M 专用数字通道。

(2)在各车站,专用移动通信 GSM-R 系统为 CTC 系统提供车次号校核信息、调度命令无线传输通道及端口。

(3)为信号集中监测系统提供 10M 专用数字通道。

(4)为信号机械室、维修管理机构提供自动电话。

(5)环境监控

信号设备房间的环境监控(含空调的监控)由通信专业统一实施。

8. 与电力专业接口

为信号系统提供 2 路独立、可靠的三相交流电源。

9. 与牵引供电、接触网专业接口

信号根据车站轨道电路布置,配合牵引供电确定 CPW 接钢轨的地点。

信号机布置考虑避开接触网分相区无电区。

五、新技术的采用说明

1. CTC 中心站集中控制方案

本方案保持 CTC 整体系统结构不变,功能符合《调度集中系统技术条件》(Q/CR 518—2016)的规定和要求。采用中心站集中控制,在中心站设置集控台,将相邻多个车站的操作集中到中心站控制,CTC 由三种操作方式(中心操作、车站操作和车站调车)变为两种操作方式(车站操作和车站调车),车站操作方式车站根据需要可纳入中心站集控台,也可单独设置,车站调车方式车站全部纳入中心站集控台。调度指挥方式如图 3-11-1 所示。

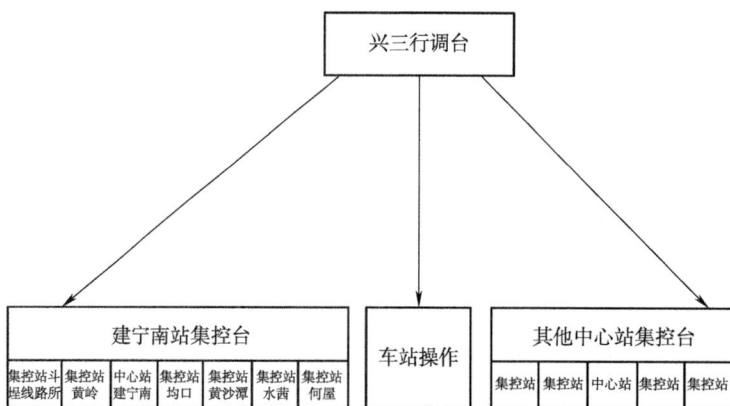

图 3-11-1　中心站集中控制调度指挥方式

在车站操作方式下,集控台具备列车股道运用和列车、调车进路办理权限;在车站调车操作方式下,集控台具备调车进路办理权限,调度台具备列车进路办理权限。在条件具备情况下,中心站集控台具备列车计划和调度命令的编辑、下达和转发功能。

区域集控站的 CTC 终端设备仅作为应急处置时的后备手段,具备 TDCS 功能。

1)车站系统结构图

在 CTC 整体系统结构不变的前提下,在中心站设置车站服务器和集控台终端,具体结构示意如图 3-11-2 所示。

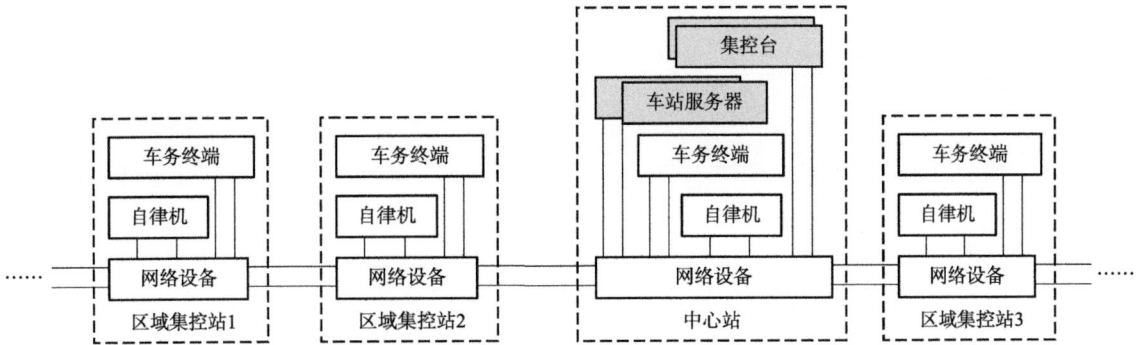

图 3-11-2　车站系统结构图

2）主要功能

（1）控制模式和操作方式

区域集控站 CTC 系统设备作为应急情况下的后备手段。在应急情况下采用非常站控模式，区域集控站的 CTC 系统设备具备 TDCS 功能；

中心站集控台具备与调度台之间进行操作方式间的转换功能。

集控台对各站的进路控制权限，由该站所属操作方式决定。其权限分配按照表 3-11-1 中内容进行。

表 3-11-1　系统权限分配比照表

终端类型	操作方式/模式		
	车站调车操作方式	车站操作方式	非常站控模式
调度台	列车进路权限	无列车、无调车进路权限	无进路操作权限
集控台	调车进路权限	列车、调车进路权限	无进路操作权限
集控站终端	无进路操作权限	无进路操作权限	无进路操作权限

（2）阶段计划下达

调度台具备向集控台、区域集控站下发阶段计划功能；

正常状态下，中心站集控台由人工签收计划，区域集控站车务终端由系统自动签收计划；区域集控站转入非常站控时，区域集控站车务终端需由操作人员选择为人工签收方式进行计划签收。

（3）调度命令

调度台具备向集控台和区域集控站下发调度命令的功能；集控台具备调度命令转发功能。

（4）中心站集控台计划管理

集控台采用图表的方式显示，编辑调度台下达的多站计划，同时具备切换为单站的行车日志界面。

（5）进路序列

集控台在车站操作方式下具备列车进路序列修改权限。

（6）邻站预告

集控台所辖区域集控站之间不进行邻站预告；集控台与区域外相邻车站之间具备邻站预告功能。

（7）人工报点

集控台具备人工报点功能。

（8）其他应用条件

集控台管辖车站应同属同一个调度台管辖范围。

2. 基于光通信的站间安全信息传输系统

1）系统功能

（1）站间安全信息传输系统以安全计算机为核心，并与联锁系统、信号集中监测系统等接口。

（2）实现站、场间安全信息传输及站间闭塞控制功能。

（3）传输通道采用通信专业提供的数字通道。

（4）安全信息传输设备采用硬件安全冗余型，并能与联锁、信号集中监测等其他信号设备进行数据传输。

（5）站间传输通道采用双通道冗余使用，故障时自动切换，并告警。当任一通道发生故障时，通道切换时延小于 500 ms。

（6）安全信息传输设备具备完善的雷电防护功能。

（7）系统预留通道接口，具备处理车站多半自动闭塞口、场联端口的能力。

2）系统结构

（1）系统主要由主机单元、通道传输设备、防雷单元、输入输出、接口设备等部分组成。

（2）系统硬件包括主机、通道传输设备、防雷单元等。

（3）软件设计具有冗余、容错及纠错功能，不允许因故障造成失控，故障导向安全。基于光通信站间安全信息传输系统如图 3-11-3 所示。

图 3-11-3　基于光通信站间安全信息传输系统

第十二章　信息设计

一、客票系统设计

1. 系统功能简述

客票系统采用局管模式,系统支持购票、换票、改签、退票、补票、检票、实名制验证等功能,采用纸质磁介质车票、无纸化电子车票、售票、检票采用以人工与自助式售票相结合的方式,满足客运营销的需求。

2. 系统构成及设备设置方案

杨源站设置客票系统车站级设备,采用电子客票验检合一模式,信息机房设置包括 2 台路由器、2 台三层交换机、2 台二层交换机、1 台应急售票服务器、1 套客票安全保障平台设备;信息配线及设备间设置 2 台二层交换机;综合监控室设置 1 台 AFC 管理终端、1 台网络打印机;票据库室设置 1 台业务维护终端、1 台业务管理终端、1 台票据打印机;售票室设置 1 台应急售票终端。售票室及售票厅设置客票现场设备,包括 2 套窗口售票机、1 套补票机、2 台自动售票机(非现金)。进出站检票口分别设置 3 通道门式检票机和 1 通道柱式检票机;补票室设置 1 台补票机;候车厅设置 1 台购票信息单打印机;出站口设置 1 台发票打印机;全站配备 3 台手持检票终端。

连城站设置客票系统车站级设备,信息机房设置包括 2 台路由器、2 台三层交换机、2 台二层交换机、1 台应急售票服务器、1 套客票安全保障平台设备;信息配线及设备间设置 2 台二层交换机;综合监控室设置 1 台 AFC 管理终端、1 台网络打印机;票据库室设置 1 台业务维护终端、1 台业务管理终端、1 台票据打印机;售票室设置 1 台应急售票终端。售票室及售票厅设置客票现场设备,包括 3 套窗口售票机、1 套补票机、2 台自动售票机(全功能)。进出站检票口分别设置 3 通道门式检票机和 1 通道柱式检票机;候车厅设置 1 台购票信息单打印机;出站口设置 1 台发票打印机;全站配备 3 台手持检票终端。

冠豸山站扩容既有客票系统设备,增设 1 套窗口售票机、1 台自动售票机(非现金功能)和 2 通道柱式检票机。

3. 系统接入方案

南昌局集团公司客票机房设置于既有南昌局信息所内,本工程设计范围内 2 个车站接入南昌局集团公司客票中心,相关中心设备扩容在浦梅线建宁至宁化段中考虑,主要包含票务数据库修改、软件调试、票务计划编制、通道调试等。

4. 与其他系统接口方案

本系统与旅服系统在车站无接口,客票与旅服系统的接口在铁路局集团公司集成平台。

5. 系统安全方案

杨源站、连城站设置车站级客票专网系统安全设备,主要包含安全互联部件、安全通信平台、网络管控器、安全集中配置管理平台、身份卡、安全管控代理软件、安全接入管控器等。本线客票设备、客票安全设备配置应能满足铁总运〔2014〕265 号和运信网安函〔2015〕384 号配置需求。

6. 系统网络方案

在新建车站设客票系统专用局域网,在信息综合机房设置两台核心千兆交换机组成冗余热备份核心网络,终端设备通过接入层交换机连接到两台核心交换机,组成二层的物理架构,以千兆为核心骨干。杨源站、连城站车站级客票系统通过传输系统提供的主备各 5×2 Mbit/s 通道接入南昌局集团公司客票中心。冠豸山站客票系统通过既有客票网通道接入南昌局集团公司客票中心。

考虑到系统的可靠性以及防止单点故障因素,在部署路由器时采用了双机热备份的方式。

二、其他信息系统设计

1. 站房综合布线系统

(1)杨源站、连城站站房综合布线系统采用六类非屏蔽布线标准,由配线子系统、设备间、管理等部分组成。系统包括语音、数据所需的网络布线,不涉及各部门独立组网的网络设备及软件。系统与其他系统工程界面在配线架外侧。其中语音点接入各机房新设综合布线机柜语音模块后,通过五类大对数非屏蔽对绞电缆接入通信机械室内通信工程规划设置的综合引入柜。

(2)信息点数量按实际需求配置,预留部分信息点位。其中售票窗口及补票窗口设置3组信息组(含6个数据点1个语音点);自动售票机处各设置1组信息点(含2个数据点);公安值班室、制证室每组信息点含3个数据点和1个语音点;每处进站实名制验证及复位口区域各设置1组信息点(含4个数据点)。杨源站共计设置141个信息点(语音信息点46个、数据信息点95个);连城站共计设置219个信息点(语音信息点79个、数据信息点140个)。

2. 办公信息系统

(1)沿线信号楼(田源站、连城站)、行车室(严坊站、邓家站、杨源站、文亨站)、工务工区(严坊站、杨源站)、综合维修办公楼(连城站)、邓家站牵引变电所、连城站10 kV配电所、陈坡线路所新设办公信息系统。

(2)办公信息系统采用南昌局集团公司信息技术中心和站段二级架构。办公信息系统接入信息技术中心的扩容相关内容由站房工程考虑;沿线车站新建生产办公房屋设置路由器(带防火墙功能)、二层交换机、办公终端(含UPS备用时间15 min)、激光打印机。

(3)办公信息系统设备通过综合布线系统就近接入站房、信号楼、行车室办公网络设备;牵引变电所、10 kV配电所通过通信传输系统接入就近车站办公二层交换机;站房内办公信息系统与旅客服务信息系统共用路由器和防火墙,通信专业为办公信息系统提供IP数据网通道(接口为FE电口)接入南昌局集团公司信息技术中心。

3. 公安管理信息系统

(1)连城站公安派出所、各车站公安值班室设置公安管理信息系统。公安管理信息系统按厦门公安处和公安派出所两级构建。公安管理信息系统独立组网,连城公安派出所内新设路由器、二层交换机、公安终端(含UPS备用时间15 min)、激光打印机、传真打印一体机;沿线各站公安值班室新设二层交换机、公安终端、传真打印一体机;站房内公安管理信息系统由站房工程考虑。

(2)公安派出所公安管理信息系统通过传输系统提供的100 Mbit/s通道(接口为FE电口)接入至厦门铁路公安处;公安值班室通过传输系统提供的10 Mbit/s通道(接口为FE电口)就近接入至连城公安派出所。

4. 货物运输管理系统

(1)货物运输管理系统按南昌局集团公司信息技术中心—车站的二级系统结构进行设计,货物运输管理系统各子系统共享信息和网络基础平台。

(2)货物运输管理系统包含货运站安全监控与管理系统、现在车管理系统、列车确报系统、十八点统计系统、清算运统一系统、货运制票系统、电商系统、货运站计量安全检测监控系统、保价运输管理系统,配置作业点微机终端和针式打印机,现车作业点以及货调、货场管理配置终端设备。冠豸山站的货运信息管理系统接入龙岩车务段既有虚拟化平台,扩容2台虚拟化交换机、虚拟化软件、数据库、安全软件授权。原设计货运综合楼、信号楼信息设备用房内服务器改为设置在龙岩车务段。

5. 货场视频监控系统

(1)连城站内货场内设置货场视频监控系统,实现视频的接入、处理、分发及转发、调用、控制、视频内容分析、告警、系统管理、电子地图和与其他业务系统的互联和联动等,并对接入的所有视频图像和视频告警信息进行自动存储,实现对生产过程进行全程跟踪和监控。

(2)货场视频监控系统根据运营单位需求,货场视频监控系统采用单站管理模式,系统独立运行,视频数据本地存储,预留接入南昌局集团公司综合视频监控系统。

(3)货运综合楼信息机房设置1台存储/分发转发服务器、1台磁盘阵列(40T)、1台三层交换机、1台二层交换机;摄像机采用1080P高清网络摄像机。

(4)视频图像均按每路6 M计算,普通视频图像存储3天、重点区域视频图像存储15天、告警信息存储30天,按40%冗余配置存储设备有效存储容量(RAID5)。前端摄像机通过电缆或光缆＋接入交换机方式在信息机房汇聚后接入信息机房的视频服务器。在货运楼值班室、信号楼值班室、公安值班室设置用户终端完成视频图像的查看。

(5)货场视频监控系统在货运综合楼、货物仓库、货运作业区、取送车走行径路、室外场区、车辆出入口等重点区域设置摄像机,系统共设置9台半球摄像机、2台室内快球摄像机、6台室外快球摄像机、8台室外枪式摄像机、3台室外带云台枪式摄像机。

三、新技术、新设备的应用

本次设计采用全面电子客票实现客票系统,采用验检合一检票方式。

四、专业接口

1. 与通信专业接口

(1)信息专业与通信专业视频监控系统的接口位于通信机械室视频接入交换机处。信息专业与通信专业传输通道接口位于通信机械室数据配线架外侧。

(2)站房外信息节点(办公、公安等)通过通信专业敷设的光缆与站房信息机房内相关系统核心交换机互联,接口界面为信息配线架外侧。站房外信息节点及光缆径路已经在"四电"施工图内设计。

2. 与电力专业接口

(1)信息专业与电力专业接口位于信息机房、信息配线及设备间的电力配电盘(电力专业设置)出线侧,并预留电力电缆至防静电地板下。

(2)进站大屏、出站大屏、站台信息屏、票额屏、售票窗口屏、LCD屏、到发通告终端等大屏系统的配电以及安检仪的配电由电力专业考虑(电力专业敷设电源线至现场设备)。

(3)信息机房、信息配线间的地线盘由电力专业设置,接口位于地线盘(电力专业设置)出线侧。

3. 与建筑及暖通专业接口

(1)建筑专业为信息系统提供信息机房、信息设备及配线间等设备用房,房屋设计应满足《铁路房屋建筑设计标准》(TB 10097—2019)、《铁路信息机房通用技术规范》(Q/CR 571—2017)的相关规定。

(2)建筑、结构专业应为信息显示大屏的安装预留位置和条件。

施工图阶段信息专业向建筑、结构专业提供各显示屏的安装位置和安装方式、荷载等初步安装要求。待设备招标后由集成商提供各显示屏的准确安装图(含吊挂件、安装材料、荷载、结构建筑预留要求等书面资料)给站房结构专业设计核定、检算。

建筑、结构专业对荷载、预埋等要求进行检算后,将确认结果以及动态显示屏与静态标志结合的装修图提供给信息专业。

(3)建筑、结构专业应为窗口售票机、窗口补票机、自动售票机预留土建结构。

(4)建筑、结构专业应为信息系统提供满足信息专业要求的站台管槽、雨棚管槽,站台管槽、雨棚管槽由信息专业提出要求,建筑结构专业负责设计、投资计列及实施。

第十三章　电　力　设　计

一、设计标准

(1)《铁路电力设计规范》(TB 10008—2015/J660—2016);

(2)《供配电系统设计规范》(GB 50052—2009);

(3)《铁路工程设计防火规范》(TB 10063—2016/J2180—2016);

(4)《铁路防雷及接地工程技术规范》(TB 10180—2016);

(5)《3~110 kV 高压配电装置设计规范》(GB 50060—2008);

(6)《20 kV 及以下变电所设计规范》(GB 50053—2013);

(7)《电力装置的继电保护和自动装置设计规范》(GB/T 50062—2008);

(8)《低压配电设计规范》(GB 50054—2011);

(9)《电力工程电缆设计标准》(GB 50217—2018);

(10)《铁路房屋建筑设计标准》(TB 10097—2019);

(11)《建筑照明设计标准》(GB 50034—2013);

(12)《建筑物防雷设计规范》(GB 50057—2010);

(13)《通用用电设备配电设计规范》(GB 50055—2011);

(14)《铁路工程节能设计规范》(TB 10016—2016);

(15)《公共建筑节能设计标准》(GB 50189—2015);

(16)《火灾自动报警系统设计规范》(GB 50116—2013);

(17)《爆炸和火灾危险环境电力装置设计规范》(GB 50058—2014);

(18)《铁路技术管理规程》(普速铁路部分)(TG/01A—2017);

(19)《铁路照明设计规范》(TB 10089—2015);

(20)《高压试验技术》(IEC 60060—2010);

(21)《电气设备用的六氟化硫的技术等级规范》(IEC 60376—2018);

(22)《52 kV 及以上气体绝缘金属封闭开关设备》(IEC 62271—203—2013);

(23)《高压交流断路器》(IEC 62271—100:2017);

(24)《高压交流隔离开关和接地开关》(GB/T 1985—2014);

(25)《交流高压开关与控制设备的通用条款》(IEC 62271—1:2017+A1:2021);

(26)《高压输变电设备的绝缘配合》(GB 311.1—2012);

(27)《电压互感器》(GB 1207—2006);

(28)《电流互感器》(GB 1208—2006);

(29)《高压开关设备和控制设备标准的共用技术要求》(GB/T 11022—2009);

(30)《高压试验技术 第一部分:一般试验要求》(GB/T 16927.1—2011);

(31)《高压试验技术 第二部分:测量系统》(GB/T 16927.2—2013);

(32)《交流高压断路器订货技术条件》(DL/T 402—2007);

(33)《高压开关设备和控制设备的共用技术要求》(GB 11022—2009);

(34)《交流无间隙金属氧化物避雷器》(GB 11032—2011);

(35)《交流高压断路器》(GB 1984—2014);

(36)《工业六氟化硫》(GB 12022—2014);

(37)《电力装置的继电保护和自动装置设计规范》(GB 50062—2008);

(38)《气体绝缘金属封闭开关设备技术条件》(DL/T 617—2019);

(39)《铁路隧道防灾疏散救援工程设计规范》(TB 10020—2017)。

二、设计原则

1. 用电负荷分布

车站、段(所)负荷主要包括：通信、信号、信息系统、接触网上电动隔离开关操作电源、车辆检修设备、综合维修设备、空调、通风、电扶梯、给排水、照明等。

区间负荷主要包括：光纤直放站、电力牵引各所用电、隧道照明、通风及监控设备等。

2. 负荷等级

一级负荷主要包括：电力、牵引变配电所的操作电源；25 组及以上联锁道岔信号楼内信号设备；客运站房内安防监控系统设备等。

二级负荷主要包括：25 组以下联锁道岔信号楼内信号设备；车站及区间通信设备；通信、信号一级负荷设备配置的空调；接触网电动开关操作电源；铁路车号自动识别系统；客运车站公共区照明、站台汲污设备、给排水设备、上水设备等。

三级负荷：除一、二级负荷以外的其余用电设备。

消防设备负荷等级划分根据《铁路工程设计防火规范》(TB 10063—2016)确定。

3. 供电设计原则

(1)全线采用安全可靠的供电方案，以保证各站及沿线区间的可靠供电。

(2)铁路电力系统设计应确保调度指挥、信号、通信等系统重要负荷可靠、不间断运行的要求。

(3)铁路电力系统的主要设备满足标准化、免维护、少维修、自动化程度高的要求，重要电力设施均纳入电力远动系统，10 kV 变配电所按无人值守的原则设计。

(4)对于一级负荷提供两路独立电源供电，对于二级负荷提供一路可靠电源，有条件时尽可能提供两路电源供电，三级负荷提供一路可靠电源供电。

(5)充分利用铁路既有电源线路、变配电所、10 kV 馈出线路等设施。

(6)设计中充分考虑初、近、远期工程的结合，适当预留规模，尽量避免电力设施的二次迁改或改造造成的浪费。

(7)铁路电力系统设计遵循国家强制性标准，认真贯彻执行国家能源政策，因地制宜，保护环境，节约土地，积极采取节能措施，降低电能损耗。

三、电力设计方案

1. 电力供电方案

(1)外部电源及电源线路

新建建宁南站、水茜站 10 kV 配电所由地方变电站接取 2 路独立的 10 kV 电源，两路均为专盘专线。无配电所的车站由地方 T 接一路 10 kV 电源。

电源线路采用混合线路，架空线路采用预应力钢筋混凝土电杆、铁横担，导线为铝芯架空绝缘电缆，电缆线路采用 YJV22-10 kV 三芯电缆。按当地供电部门要求设置电能计量和产权分界开关。

10 kV 配电所外部电源在施工设计阶段已取得地方供电部门意向性的用电函复意见。

(2)贯通线方案

全线正线新建 1 路 10 kV 贯通线，向沿线铁路车站和区间负荷供电。疏解线部分由正线贯通线分歧 1 路贯通(两端分别与正线贯通线利用箱变 T 接，T 接开关纳入远动)。

正线、疏解线贯通线均采用全电缆，沿桥、隧预制电缆槽敷设，小于 200 m 短路基段沿预制电缆槽敷设,大于 200 m 路基段贯通电缆采用直埋敷设。在接地设计中,全电缆线路采用小电阻接地的形式。

(3)车站供电方案

全线各站、维修工区负荷集中、容量较大的地方设 10/0.4 kV 室内变电所,受地形限制的地方采用箱式变电站供电。10/0.4 kV 变电所尽可能与站、区综合建筑物合建,有配电所的车站由 10 kV 配电所接引电源;无配电所车站地方接引 1 路 10 kV 电源,贯通线接引 1 路 10 kV 电源。

各车站信号、通信设备设信号专用变电所供电,信号专用变电所与信号楼合建。车站通信、信号负荷主用电源引自 10 kV 贯通线,在有配电所的车站其备用电源引自配电所 10 kV 站馈线;没有配电所的车站其备用电源自地方接引一路 10 kV 电源。

其他用电负荷根据负荷分布及负荷性质就近由 10/0.4 kV 变电所或箱式变电站接引低压 380/220V 电源供电。

站区各变电所根据具体供电方案确定采用通过式或终端式,详见供电系统图。

(4)区间供电方案

沿线区间通信基站、光纤直放站等负荷均从电力贯通线上接取一回 10 kV 电源,设箱式变电站供电,区间通信设备备用电源由通信专业自带的后备电源提供。

接在贯通线上的箱变均采用通过式,区间距箱变 1.5 km 内的零散小负荷就近由箱变低压供电。

牵引变电所所用电从综合负荷贯通线 10 kV 贯通线上 T 接一回电源供电。

(5)隧道供电方案

根据隧道长度设置 10/0.4 kV 箱式变电站,两座箱式变电站供电间距一般不超过 3 km,箱式变电站设于洞内或洞口,各负荷综合考虑供电方案,一般共用箱式变电站,10 kV 电源由 10 kV 贯通线接引。

长度大于 1000 m 的直线隧道或长度大于 500 m 的曲线隧道内设置固定式电力照明,长度大于 5 km 的隧道内设置应急照明设备。隧道照明由 10 kV 贯通线接引 1 路电源进行供电,其中应急照明系统经 EPS 电源装置供电,持续供电时间不小于 1 h。

照明采用 LED 灯具,5 km 以上隧道照明采用就地控制与远程 BAS 控制;隧道内照明灯具、配电箱、插座箱防护等级为 IP65。

隧道内电力设备接地利用隧道内综合接地系统。

(6)无功补偿

当自然功率因数不能满足要求时,在变配电所进行无功功率补偿,10 kV 侧补偿后应为 0.9 以上;为尽最大可能减少低压系统对高压感性补偿的影响,适当提高低压补偿度,0.4 kV 侧补偿后应为 0.95 以上。

利用部分区间箱式变电站,在电力贯通线路设电抗器作为基本补偿,用以消除容升电压、故障电容电流等影响;在车站 10 kV 配电所贯通母线段设磁控电抗器补偿装置,用以调节功率因数,使之符合国家电网标准。

2.变、配电所设置

(1)配电所分布及其主接线

新建建宁南站、水茜站 2 座 10 kV 配电所,改造建宁县北既有 10 kV 配电所 1 座。其中建宁南、水茜车站 10 kV 配电所规模为二进六出(土建至少预留 2 个柜位),建宁县北 10 kV 配电所改造内容主要是在所内高压室内增设高压开关柜,室外增加箱式调压器。

10 kV 配电所主接线采用单母线分段、母联互备投;调压器不设旁路开关;跨所供电利用调压母线段实现,所外不另设跨所供电装置。

(2)配电所保护配置

配电所采用综合自动化系统,实现全所电气设备的测量、控制、保护等功能,并提供电力远动接口;根据路局要求,新建 10 kV 配电所微机保护单元、通信装置集中布置在控制室内。变配电所内设置视频监控探头,视频信息通过通信网络上传到供电调度中心。

电力变电所综自系统通过远动通道提供的 FE 接口接入调度中心,满足接入既有调度中心 SCADA 系统的要求。

变配电所继电保护及自动装置配置见表 3-13-1。

表 3-13-1　变配电所继电保护及自动装置配置

单元名称	继电保护	自动装置
电源	电流速断、定时过电流、低电压	
母联	电流速断、定时过电流	备用电源自投
调压器	电流速断、定时过电流、温度、过负荷、零序过电流	
一般馈出线	电流速断、定时过电流、零序电流信号	
贯通馈出线	电流速断、定时过电流、失压、零序电流速断、零序过电流	备用电源自投
电抗器	电流速断、过电压、低电压	
母线电压互感器		母线绝缘监察
无功补偿柜	电流速断、定时过电流	

(3)配电所设备标准和形式

新建 10 kV 配电所高压开关柜采用交流金属封闭开关柜、真空断路器;高压柜电缆室要有适用于全密封电缆头的无线测温装置并纳入电力远动系统,同时应设置测温孔;所用变压器、调压器采用干式;配电自动化采用成套微机保护综合自动化系统并纳入电力远动系统。

(4)配电所布置方式

新建建宁南站、水茜站 10 kV 配电所设于车站站场,10 kV 配电所独立设置,并设置进所道路及围墙,10 kV 高压开关设备、电抗器、调压器、接地电阻器分别布置在独立的房间内。配电所内设置室内高压隔离开关室,对进高压电源进线、馈线及贯通高压出线回路进行检修隔离。

新建配电所房屋主要标准如下:

①调压器、电抗器室房屋净高不小于 4 000 mm;10 kV 高压室房屋净高不小于 3 200 mm。

②高压室与控制室之间的门应能双向开启,并不设门槛;高压室、控制室其余的门应向外开启,并为防火门;无功补偿室、调压器室应设置防火门,并应向外开启,双开门尺寸为 2 400 mm×2 700 mm(宽×高)。

③控制室应采用便于清洁维护的室内墙面,高压室墙面应刷白,无功补偿室、高压室及控制室采用水泥基自流平面层。

(5)配电所接地形式

配电所贯通调压器二次侧采用小电阻接地形式,小电阻接地系统采用成套装置,由隔离开关、接地电阻、电流互感器组成。

(6)变电所设置

车站信号楼和斗埕线路所信号楼设置 10/0.4 kV 室内变电所;主接线采用单母线运行,变压器容量见施工图纸。建宁南站、斗埕线路所和水茜站室内变电所一路 10 kV 电源取自配电所站馈,另一路取自电力贯通线;其余车站室内变电所一路 10 kV 电源取自地方电网,另一路取自电力贯通线。

0.4 kV 主接线为单母线运行,10 kV 高压采用 SF$_6$ 高压环网柜;低压配电柜采用模数化开关柜,电力变压器采用 SCBH5 型干式变压器。

10/0.4 kV 箱式变电站的 10 kV 高压采用 SF$_6$ 高压环网柜,SCBH5 型干式变压器,智能化紧凑型低压柜。

箱式变电站基础的设计考虑防止积水措施,沿线区间供电的箱式变电站采用基本统一模式。通信箱变与通信基站、直放站相邻设置,其他箱变独立设置。在 10 kV 电力贯通线路区间分散设置的箱式电抗器与箱式变电站分体安装、相邻布置,原则上利用箱变增设馈出间隔连接电抗器,采用干式并联电抗器,星形接线,中性点不接地,用以消除电力贯通线路容升电压、故障电容电流等影响。

3.高低压电力线路

(1)高压电力电缆

10 kV 高压电力电缆采用三芯全电缆敷设方案。10 kV 贯通线路电缆型号：YJV22-8.7/15(其中莲花山隧道内电缆为阻燃型)，电缆截面根据供电臂长度选用 70～95 mm²，其中建宁北站至建宁南站配电所之间贯通线截面为 70 mm²，其余范围内贯通线截面为 95 mm²。站馈电缆截面根据负荷容量计算选取，为 50 mm²。

(2)低压电力电缆

低压电缆一般采用 YJV22-0.6/1 kV 电力电缆，热缩式接头和终端头。为消防设备供电的电缆采用矿物绝缘类电缆；为站房及信号楼、长大隧道供电的线缆采用阻燃型电缆。

(3)电缆敷设

路基区段：对于桥隧等连接处小于 200 m 短路基段，电力电缆沿一侧的电力电缆槽敷设；大于 200 m 的路基地段，电力电缆采用直埋敷设，敷设在水沟外侧，过轨时穿钢管保护；路基段电力电缆槽与桥梁、隧道电力电缆槽间设置过渡段。

桥梁区段：电力电缆沿桥梁预留的电力电缆槽敷设；桥梁上考虑预留电力电缆引上引下条件。电缆引出电缆槽或引上引下桥梁时，沿设在桥墩上的钢槽敷设，钢槽在地面以下部分的埋深不小于 0.5 m，在地面以上的钢槽外部采用砖砌围桩防护，围桩高度不小于 2.0 m；变电所与桥梁墩台之间的电缆，采用直埋或穿管的敷设方式。

隧道区段：电力电缆沿单线一侧预留的电力电缆槽敷设，照明电缆采用电缆挂架敷设在隧道侧壁；在隧道各综合洞室及照明变电洞室内设置余长电缆腔；在隧道进出口、各综合洞室及照明变电洞室附近均设置过轨钢管。

站场区段：站场内高低压电力线路全部采用电力电缆，一般采用管＋井敷设方式，局部照明电缆采用直埋敷设；过路、过轨时穿钢管保护敷设。

直埋电缆应敷设在壕沟里，并应沿电缆全长的上下紧邻侧铺设厚度不小于 0.1 m 的砂层，沿电缆全长覆盖宽度不小于电缆两个 50 mm 的混凝土保护板；电缆在铁路轨行区、车行道区的埋深不小于 1.0 m，一般区段不得小于 0.7 m。直埋电缆应位于冻土层以下，当埋深小于最大冻土层时，应采取电缆浅槽敷设。

直埋敷设的电缆，严禁位于地下管道的正上方或正下方，电缆与电焊、管道、道路、构筑物等之间的容许距离不得小于《铁路电力工程施工质量验收标准》(TB 10420—2018)中的有关规定；直埋电缆接头处应设置电缆井，并且与邻近电缆的净距不小于 0.25 m；并列电缆的接头位置应相互错开，且净距不小于 0.5 m；接头位置应呈水平状，重要回路电缆接头应在接头处留有备用量。直埋电缆应在拐弯处、接头处及直线路径每隔 100 m 处设立电缆标志牌。电缆在支架敷设时应蛇形敷设，应充分松弛。电缆进入构筑物时，在贯穿墙孔处的保护管口处实施阻水堵塞措施。

(4)电缆阻燃防火措施

穿越不同防火分区、入户、穿越不同楼板以及高压低柜下孔洞均应进行防火封堵。

防火封堵应满足应符合 GA161 防火封堵材料的性能和试验方法，GA181 电缆防火涂料通用技术条件，GA478 电缆用阻燃包带。

变电所室内配电采用阻燃型电缆(线)，进出入变电所的非阻燃性电缆在变电所室内敷设时应采取捆扎阻燃带、外涂防火涂料等阻燃措施。

4.电力远动系统

浦梅铁路设置电力远动系统纳入福州供电段和厦门供电段。

(1)电力远动系统的构成及功能

电力远动系统由电力远动监控主站、监控终端设备和通信系统组成。

电力远动系统实现对 10 kV 变、配电所，区间箱式变电站高低压供配电设备电力参数的四遥功能(遥控、遥测、遥信、遥调)，同时实现当 10 kV 贯通线出现相间短路、单相接地、断相的情况下，迅速完成对其故障区段的定位、隔离及非故障区段的恢复供电工作。

（2）远动范围及远动终端

沿线 10 kV 变配电所、10/0.4 kV 站房变电所、区间接于贯通线上用于防灾隧道的 10/0.4 kV 箱式变电站、通信箱式变电站、电抗器负荷开关实施远动。

新建 10/0.4 kV 站房变电所的高压回路及通信、信号等重要的低压回路纳入电力远动系统。

各配电所的操作电源交直流电源进线，控制、通信回路断路器均实施远动。

纳入远动的低压断路器故障跳闸后可远程复位（无故障闭锁）。

可实现相序监测和报警。

配电所交直流电源装置、集中补偿设备、主要辅助设备（散热风机等），应通过自带保护控制器纳入电力远动系统管理。由电力专业设置视频监控系统，10 kV 配电所设置视频监控装置，纳入电力调度中心监控。

区间远动箱变及室内信号变电所分别设一个 RTU 柜。

纳入远动的变电所高低压柜内的 RTU 原则上按集中方式布置。

（3）远动通道

远动通道及组网形式按"关于印发《铁路客运专线 SCADA 通信通道专题会议纪要》的通知（运技装备〔2010〕697 号）"及按照原铁道部运输局关于印发《铁路供电调度系统通信组网及时方案指导意见》（运电通信函〔2012〕428 号）的通知执行。

（4）远动主站

浦梅铁路建宁至宁化段电力远动系统纳入福州供电段电力调度中心管理，并对相应的电力调度中心进行扩容改造，增设工作台，对电调软件进行改造。

5.室外照明

（1）室外道路采用折弯灯柱；站场 4 股道及以上线路道岔区采用投光灯塔照明。

（2）投光灯塔、站台灯在与行车有关的房屋内集中远程控制，所有灯塔（杆）均采用集中控制（设场区集中照明控制系统位于运转室内）、现场手动控制及自动控制相结合的方式。

（3）照明光源一般均采用 LED 光源（灯塔采用高压钠灯）。

6.室内动力、照明设计及配线

照明灯具采用 LED 灯，高大厂房车间的照明选用金属卤化物灯为主。

房屋内采用 TN-C-S 接地系统，电源引入口处预埋扁钢至户外做重复接地，入户后设 PE 线。照明、空调、动力一般分别计费；不同使用单位分别计费。导线采用铜芯塑料绝缘型；电缆预埋保护管采用镀锌水煤气钢管；动力、控制及插座回路配线穿厚钢电线管保护；照明配线穿硬质难燃 PVC 电线管保护；插座回路设漏电保护。

动力设备配电采用放射式与树干式相结合的配电方式；通信、信号设备与行车和旅客安全密切相关的重要负荷应自成系统，从变电所两段母线各引两路独立电源，如需切换则在末端切换，切换箱设在相应设备房屋内。

消防负荷单独由变电所或单体总箱接引电源，不能与房间内其他负荷共用电源线路。

7.隧道照明及防灾救援监控系统

隧道照明设置分为固定检修照明和应急照明。其电源由 10/0.4 kV 箱式变电站接引，其照明设置符合下列规定：

（1）正线长度 500 m 以上的隧道内设置固定照明，并分段控制。

（2）长度 5 km 及以上或有紧急出口的隧道内设置应急照明。

（3）应急照明设备设置在紧急出口及其通道；应急照明在疏散通道的地面最小水平照度不应小于 0.5 lx；疏散指示照明标志安装间距不大于 30 m，并安装在距地面 1 m 以下的墙上。

（4）照明灯具及配电线路具有防潮、防风压、防腐蚀、防振动功能，灯具的防护等级不宜低于 IP65，应急照明选用能快速点燃的光源，备用电源及配电线路的连续供电时间不应小于 2.0 h。

（5）隧道应急照明由 10 kV 电力贯通线电源接引 1 路电源，其中应急照明系统经 EPS 电源装置供电。

（6）峰果岭隧道设置隧道防灾救援设备监控系统，将隧道应急照明、风机、防护门等纳入系统监控，系统电源由 10 kV 贯通线接取。

8. 其他系统技术方案和主要技术标准

(1)动力照明配电

动力配线采用放射式和树干式结合的混合式配线网络。动力设备控制按工艺要求一般采用就地控制、自动控制、远程控制相结合的方式。大型电动机采用软启动或变频启动方式。

室内照明一般采用 LED 灯。站房设置智能照明控制系统。站房照明按照"关于印发《铁路客站站房照明设计细则》的通知(鉴电〔2009〕332 号)"执行。

(2)防雷、接地

原则上各建筑物均设置避雷设施。

根据建筑物防雷分类采取防雷接地措施,一般按共用接地设计,防雷接地装置尽可能利用建筑物结构的金属导体,四电独立房屋接地电阻一般不大于 1 Ω,其余生产生活房屋接地电阻一般不大于 10 Ω,当自然接地电阻不满足要求时,增设人工接地,高土壤电阻率地区采取特殊降阻措施,但不得采用离子型降阻剂和接地极。

至冠豸山方向,沿线 10 kV 贯通线电缆进线端铠装金属层采用单点接地,出线端接护层保护器。

低压供电一般采用 TN-S 或 TN-C-S 系统,其中室外照明灯柱、投光灯塔可采用 TT 接地形式,并设置漏电保护。

通信基站、箱变采用集约化布置时,设共用接地,接地电阻要求不大于 1 Ω。

(3)火灾自动报警系统

按照国家现行规范要求,在相应的场所设置火灾自动报警及联动系统,完成监测场所内的火灾报警、消防联动、设备工作及故障的监测报警、数据记录等功能。

杨源站及连城站站房设置火灾自动报警及联动系统。

(4)机电设备监控系统

连城站站房设置机电设备监控系统。

9. 各类型设备选型及主要技术标准

1)10 kV 高压开关柜

10 kV 高压开关柜采用铠装移开式交流金属封闭开关设备(KYN28)。断路器为真空断路器,主要技术参数见表 3-13-2,采用弹簧操动机构,操动机构的操作电压为 DC110。

表 3-13-2 断路器主要技术参数

序号	设备及技术性能	参 数
1	额定电压	12 kV
2	工作电压	10 kV
3	额定电流	1 250 A(进线、分段),630 A(馈线)
4	额定频率	50 Hz
5	雷电冲击耐受电压(相对地)	75 kV
6	主回路工频耐受电压(相间)	42 kV、50 Hz 1 min
7	辅助回路工频耐受电压	2 kV、50 Hz 1 min
8	辅助控制回路额定电压	DC 110 V
9	额定短路开断电流	25 kA;31.5 kA
10	额定关合电流(峰值)	63 kA;80 kA
11	额定热稳定电流(3 s)	25 kA;31.5 kA
12	额定动稳定电流	63 kA;80 kA
13	断路器合闸时间	≤75 ms
14	断路器分闸时间	≤65 ms
15	断路器机械寿命	≥20 000
16	外壳防护等级	IP4X

2）调压器及变压器

（1）10 kV 调压器采用环氧树脂浇筑有载调压干式电力变压器包括干式真空有载分接开关、有载分接开关控制器等，主要技术标准见表 3-13-3。

表 3-13-3　160～630 kVA 双绕组环氧浇筑干式有载调压变压器

额定容量（kVA）	电压组合			联结组标号	空载损耗（W）	负载损耗（WF）（120℃）	空载电流（%）	阻抗电压（%）
	高压（kV）	高压分接范围（%）	低压（kV）					
160	10	±4×2.5%+2×2.5%−6	10	D yn11	790	2 980	2.3	4.0
200					860	3 200	2.3	
250					1 015	3 575	2.2	
315	10	±4×2.5%+2×2.5%−6	10	D yn11	1 210	4 250	2.2	4.0
400					1 350	4 990	2.2	
500					1 600	6 060	2.0	
630					1 840	7 220	2.0	
800	10	±4×2.5%+2×2.5%−6	10	D yn11	2 120	10 280	1.3	6
1 000	10	±4×2.5%+2×2.5%−6	10	D yn11	2 480	12 250	1.3	6

（2）电力变压器设置于 10/0.4 kV 变电所、箱式变电站，采用 10 kV 级系列非晶合金 SCBH5 干式电力变压器，主要技术标准见表 3-13-4。

表 3-13-4　30～1 250 kVA 非晶合金 SCBH5 干式变压器

额定容量（kVA）	电压组合			联结组标号	空载损耗（W）	负载损耗（WF）（125℃）	空载电流（%）	阻抗电压（%）
	高压（kV）	高压分接范围（%）	低压（kV）					
30	10	±5%±2×2.5%	0.4	D yn11	70	710	1.6	4
50					90	1 000	1.4	
80					120	1 380	1.3	
100					130	1 570	1.2	
125					150	1 850	1.1	
160					170	2 130	1.1	
200					200	2 530	1.0	
250					230	2 760	1.0	
315					280	3 470	0.9	
400					310	3 990	0.8	
500					360	4 880	0.8	
630					420	5 880	0.7	
630					410	5 960	0.7	6
800					480	6 960	0.7	
1 000					550	8 130	0.6	
1 250					650	9 690	0.6	

3）直流电源

直流电源设备采用智能高频开关铅酸免维护电池直流电源柜，主要技术参数见表 3-13-5。

表 3-13-5　直流电源设备主要技术参数

项　目	单　位	数　据
交流输入电压	V	三相 380V(1＋±20%) 单相 220V(1±20%)
额定频率	Hz	50 Hz±5%
直流额定输出	V	DC 220(198-286V 连续可调) DC 110(98-143V 连续可调)
电压纹波系数	%	≤0.1
稳压精度	%	≤0.5
稳流精度	%	≤0.5
综合效率	%	≥92
模块均流不平衡度	%	≤5
噪声	dB	≤50(距柜前 1 m 处)
绝缘电阻	MΩ	≥10(500 V 兆欧表)

4)接地电阻成套装置

中性点接地电阻器主要由隔离开关、接地电阻、电流互感器组成,主要技术参数见表 3-13-6。

表 3-13-6　中性点接地电阻器主要技术参数

项　目	单　位	数　据
额定电压	kV	10
额定频率	Hz	50 Hz±5%
额定电阻	Ω	10
额定发热电流	A	600
额定时间	s	10
最小公称爬电比距	mm/kV	25
设备最高工作电压	kV	12

5)磁控电抗器

磁控电抗器设置于 10 kV 配电所内,对 10 kV 贯通线长电缆线路进行集中动态电抗补偿。主要技术参数见表 3-13-7。

表 3-13-7　磁控电抗器主要技术参数

序号	额定容量 (kVar)	额定电压 (kV)	工作电流 (相) (A)	额定电抗 (相) (Ω)	空载损耗 (kW)	满载损耗 (kW)	噪声水平 (DB)	绕组工频 耐压 (kV/min)	全波冲击 耐压(峰值) (kV)
1	100		3.17	3 307.5	0.2	1.1	小于 65		
2	200		6.35	1 653.8	0.4	2.4	小于 65		
3	300		9.52	1 102.5	0.6	3.6	小于 65		
4	400		12.7	826.9	0.75	5	小于 65		
5	500		15.9	661.5	0.9	7.5	小于 65		
6	600		19.1	551.3	1	9	小于 65		
7	750	10.5	23.8	441	1.4	11.25	小于 65	35	75
8	900		28.6	367.5	1.7	13.5	小于 65		
9	1 000		31.7	330.8	2	15	小于 65		
10	1 200		38.1	275.6	2.4	18	小于 65		
11	1 500		47.6	220.5	3	22.5	小于 65		
12	1 800		57.1	183.8	3.5	27	小于 65		
13	2 000		63.5	165.4	4	30	小于 65		

6)10 kV 高压环网柜

10 kV 高压环网柜用于 10/0.4 kV 变电所、远动开关间、箱式变电站,环网开关采用三工位 SF₆ 负荷开关或负荷开关＋接地开关(负荷开关和接地开关之间有可靠的机械联锁),安装在充 SF₆ 的气室内,实现 10 kV 电压系统的全封闭、全绝缘,主要技术参数见表 3-13-8。环网柜应具有各种防止误操作的功能。负荷开关采用电动操作机构,可远程操控。

表 3-13-8　环网柜技术参数

开关柜型式	SF₆ 气体绝缘金属全封闭式	
相数	三相	
母线接线方式	三组单母线分段	
系统标称电压	10 kV	
最高工作电压	12 kV	
额定频率	50 Hz	
额定电流(环境温度 40 ℃)	630 A	
防护等级	密封气室:IP67 机械操作及低压部分箱体:IP3X	
额定热稳定电流(有效值)、持续时间	25 kA,1 s	
额定动稳定电流(峰值)	63 kA	
额定短时耐受电流(3 s)	25 kA	
额定峰值耐受电流(峰值)	63 kA	
二次回路及辅助回路工频耐压(有效值)	2 kV	
CT 二次电流	1 A	
1 min 工频耐压(有效值)	相对地、负荷开关断口间、相间绝缘	42 kV
	隔离断口间的绝缘	49 kV
雷电冲击耐压全波 1.2/50 μs(峰值)	相对地、负荷开关断口间、相间绝缘	75 kV
	隔离断口间的绝缘	85 kV
SF₆ 绝缘气体年泄漏率	≤0.1%	

7)低压开关柜

0.4 kV 低压开关柜一般包括进线柜、馈线柜、电容器柜,进线回路断路器的额定短路分断能力不小于 50 kA(有效值),其余不小于 36 kA。

低压开关柜根据施工图主接线回路远动需求配置电动操作机构,配合电力远动监控终端采集设备完成对电压、电流、有功、无功、视在功率、功率因数、有功/无功电能等参数的采集,通过通信系统接入电力远动主站,实现"三遥"功能。各回路装设多功能智能仪表,按南昌局集团公司要求同时设计费电度表。

低压开关柜采用金属封闭型固定分隔式柜体,开关柜采用插拔式的空气断路器。主构架装配形式为全组装式,装置的各功能室相互隔离,其隔离室分为功能单元室、母线和电缆室。

8)远动箱式变电站

远动箱式变电站采用欧式箱变结构,设置在车站、区间或隧道内,为通信、信号、车辆、防灾、隧道应急照明等重要设备供电。

箱式变电站 10 kV 侧进、出线回路设高压负荷开关,环网接线,高压柜采用共箱式气体绝缘环网柜,SF₆ 负荷开关,其操作电源取自工业级纯在线式 UPS 电源,UPS 输入电源由 2 台变压器两路低压出线自动切换后提供,UPS 的电池容量应满足箱式变电站事故停电 2 h 内的放电容量以及其他冲击负荷电流的放电容量要求;变压器回路采用带熔断器负荷开关保护干式变压器。

10 kV 高压环网柜采用 SF₆ 气体绝缘开关,并具有防止误拉、合开关设备,带负荷拉、合刀闸,带电挂地线,带地线合闸和工作人员误入带电间隔的五防措施。负荷开关和熔断器之间也应有可靠的联锁。负荷开关带电动操作机构,纳入电力远动控制,RTU需采集贯通线电流、电压信号、烟感、门警等,并上传至调度中心,以便贯通线故障时,及时分断故障区段。

低压开关柜采用固定间隔式设计,各回路装设多功能智能仪表。箱变内信号、通信低压馈出回路的断路器应具备电动操作功能,纳入电力远动控制。

9)电力远动监控终端设备(RTU)

电力远动监控终端设备(RTU)安装于沿线 10/0.4 kV 变电所、箱式变电站,监控终端与铁路通信网、调度中心组成电力调度系统。

主要技术标准如下:

RTU 负责高压环网柜、变压器、信号电源、低压回路开关以及箱变内部环境的监视和控制,主要完成环网柜高压开关监控、10 kV 线路故障检测及线路自动化、信号电源监控(具备故障记录、报警和故障录波功能)、低压出线开关监控、开关站环境监控、数据转发等功能。

RTU 要求采用模块化结构,能够根据监控对象的多少方便地通过扩充或减少模块数量来满足不同监控容量的需求。

通信接入模块:接入设备的传输接口标准为 FE 光(电)口模式,成帧工作方式,业务接口提供以太网接口(TCP/IP)与远动主站通信,提供维护接口以便技术人员对装置在线维护和配置,提供数据转发接口转发其他自动化装置的数据,具备自愈功能、掉电直通功能。

10)10 kV 配电所微机综合自动化成套装置

微机综合自动化装置以集中组屏方式安装在控制室。系统由微机继电保护装置、通信管理机、监控后台及系统软件等组成。

微机控制保护装置:采用一个单元对应一台断路器,各功能的保护单元应模块化、标准化。保护模块有高速网络通信接口,能在单元上观察、修改各种参数,完成分、合闸操作,亦能通过通信接口或通信管理及向后台或调度段传递相关数据信息。

通信管理机:提供多种通信方式接口,具备多种规约转换功能,把相关数据信息上传远动系统,能通过接收天线完成系统 GPS 对时功能。

监控后台及系统软件:具备断路器控制操作功能、交流、状态报警、故障等数据进行采集和处理功能、人机对话功能、显示打印功能、历史记录功能等。

四、新技术的采用说明

(1)建宁南站、水茜站 10 kV 配电所视频监控增加补强措施:小电阻室和电抗器室增设摄像头;增设周界摄像机和大门摄像机。视频存储时间不少于 30 天。

(2)建宁南站、水茜站 10 kV 配电所增加安保监控系统设备。安保监控系统在无人值守运行管理模式下对所内关键设备的全方位监控,系统具备烟雾、异物、碎窗、侵限、开门、温湿度、水浸、电子围栏等功能。

(3)在建宁南工区分别设置安保监控系统复示终端一处。

(4)本工程建宁南站配电所安保系统需要接入福州供电段安保监控系统平台;水茜站配电所安保系统需要接入厦门供电段安保监控系统平台。

第十四章　电气化设计

一、牵引供电系统

1. 总体设计原则

(1)全线采用带回流线的直接供电方式。

(2)新建牵引变电所采用 110 kV 电压等级供电,改造利用的牵引变电所维持既有外电电压等级不变。

(3)牵引供电能力必须与线路的运输能力相适应。牵引供电设施的分布应结合相关线路统筹考虑,按满足远期线路能力设计。本线新建邓家牵引变电所,改建冠豸山牵引变电所 1 座。

(4)新建牵引变电所采用三相 Vv 接线牵引变压器,固定备用方式。改造利用的牵引变电所牵引变压器维持既有的接线形式不变。

(5)牵引变电所一次侧采用相序轮换方式接入电力系统,以减轻对电力系统的负序影响。

(6)牵引变电所不设无功补偿装置,但预留设置高次谐波滤除装置的条件。

(7)接触网供电及运行方式采用单边供电。两相邻牵引变电所之间设电分相及越区开关,实现越区供电。

(8)接触网悬挂方式采用全补偿简单链形悬挂。

2. 牵引网供电方式

采用带回流线的直接供电方式。

3. 牵引供电方案

增容改造赣龙线的冠豸山牵引变电所,增加 1 回直供馈线为本线供电;新建邓家牵引变电所。

4. 牵引变压器

牵引变压器采用 110 kV 三相 Vv 接线,安装容量见表 3-14-1。

表 3-14-1　牵引变压器安装容量

牵引变电所		邓　　家	冠豸山
牵引变压器安装容量 (MV·A)	近、远期	2×(16+12.5)	2×(40+25)
			2×(25+25)(既有容量)

5. 无功补偿及滤波装置

牵引变电所内不设置无功补偿装置,预留滤波装置安装场地。

二、牵引变电

1. 设计范围

本线新建建宁南站、水茜站 2 座牵引变电所;新建接触网开关控制站 12 处(其中牵引变电所 2 处,区间 10 处)。在南昌局集团公司牵引供电调度所新设 1 个调度台对全线新建牵引变电设施进行调度管理。

2. 主要设计标准及原则

1)主要设计标准

(1)《铁路电力牵引供电设计规范》(TB 10009—2016);

(2)《铁路工程设计防火规范》(TB 10063—2016);

(3)《35 kV～110 kV 变电站设计规范》(GB 50059—2011);

(4)《交流电气装置的接地设计规范》(GB/T 50065—2011);

(5)《建筑物防雷设计规范》(GB 50057—2010);

(6)《建筑设计防火规范》(GB 50016—2014)。

2)主要设计原则

牵引变电所、分区所、AT所按无人值班、无人值守设计。

设置供电远动系统,远动调度纳入既有南昌局集团公司调度所管辖。

接触网开关控制站采用电缆直接控制方案。在牵引变电所附近的电动隔离开关纳入所内的接触网开关控制系统进行控制;离牵引变电所较远的电动隔离开关,在开关的附近设置接触网开关控制站进行控制。

3. 技术方案

1)所亭选址

牵引变电所所址的选择原则根据供电方案进行,并综合考虑架空电源进线、馈出线上网路径的方便,便于设备运输、采暖、给水、通信及生活条件等因素。牵引变电所所址高程选择在100年一遇的高水位或最高内涝水位之上。每个牵引变电所均设有进牵引变电所的接引道路,用于设备运输和日常维护;每个牵引变电所均要求有上下水条件。

2)主接线及运行方式

(1)牵引变电所

牵引变电所引入两路110 kV电源,一主一备,中间设由隔离开关分段的跨条。设置两台牵引变压器,一台运行,一台固定备用。计费采用高压侧计费方式。

27.5 kV侧采用单母线隔离开关分段的接线形式,馈线断路器采用固定备用方式。27.5 kV母线上设保护、测量用电压互感器;牵引变电所采用集中接地箱接地。

(2)接触网开关控制站

在牵引变电所附近的电动隔离开关纳入所内的接触网开关控制系统进行控制;离牵引变电所较远的电动隔离开关,在开关的附近设置接触网开关控制站进行控制。

3)主要设备材料选型

110 kV牵引变压器:油浸式、V/V接线、自然冷却(预留风冷条件);

110 kV断路器:户外柱式SF₆断路器,配弹簧储能操作机构;

27.5 kV断路器:户内手车式,配真空断路器,弹簧储能操作机构;

直流电源:微机型铅酸免维护直流系统;

10 kV所用变压器采用干式设备,27.5 kV所用变压器采用户外油浸式;

避雷器:氧化锌避雷器;

牵引变电所采用综合自动化装置及视频安全监控系统;

接触网开关控制盘采用电源投切型。

4)总平面及房屋布置

(1)新建牵引变电所

新建牵引变电所110 kV侧电气设备采用户外中、低型布置,27.5 kV电气设备部分采用室内网栅间隔布置,部分采用室外布置;所内设置四组避雷针,用于室外电气设备的直击雷保护;房屋采用平房布置,设高压室、控制室、通信机械室及辅助房屋;设变压器事故储油池;所内设运输道路与外部公路衔接,宽度不小于4 m;所区周围设不低于2.5 m高的实体围墙。围墙上部安装刺丝滚笼等防盗措施。电缆沟内应采取防水及排水措施,电缆沟排水采用排管方式排至所外,充分考虑排管管径及坡度,并做好防小动物的封堵措施。

(2)接触网开关控制站

接触网开关控制站采用户外箱体式设计。

5)继电保护配置及自动装置

各牵引变电所设置电力系统调度数据网接入设备及信息采集设备一套,负责将高压侧电气信息以"直采直送"的方式传送至电网调度。

牵引变电所采用综合自动化系统,实现牵引供电系统的控制、保护及牵引供电设施运行安全的监视和报警等功能。综合自动化系统基于网络化构成,采用分层、分布式结构,牵引变电所继电保护及自动装置设置如下:

(1)电源及主变压器设自投装置。

(2)牵引变压器设重瓦斯、纵差动、低电压过电流保护、过热,动作于跳闸;设轻瓦斯、过负荷、过热发预告信号。

(3)馈线设两段距离、过流速断、高阻保护及自动重合闸装置。

(4)设置应急保护。

6)自用电系统

(1)交流自用电

牵引变电所设两组交流自用电源,一组引自 27.5 kV 母线,另一组引自 10 kV 电源,两路电源互为备用,容量均为 100 kV·A。

接触网开关控制站引入两路交流 220 V 电源,容量 5 kV·A,两路电源互为备用。

(2)直流自用电

牵引变电所直流系统采用双充电机、双组蓄电池配置,蓄电池容量(2×100 Ah)满足全所事故停电 2 h 的放电容量和事故放电末期最大冲击负荷容量的要求。装置带通信接口,能与所内综合自动化装置进行信息交换。

7)防雷、接地及回流

(1)一次设备防雷

牵引变电所的电气设备防止直击雷的过电压保护装置采用独立避雷针,牵引变电所防止侵入波的过电压和操作过电压保护采用金属氧化物避雷器。

牵引变电所的每组母线上都装设金属氧化物避雷器。牵引变电所各所馈线的首端都装设金属氧化物避雷器。牵引变压器低压侧与 27.5 kV 进线断路器之间装设金属氧化物避雷器。

(2)二次设备防雷

牵引所控制室二次回路加装防雷防涌流保护单元,提高二次设备防雷击引入、抗干扰能力、防地电位升高。具体设计参考《牵引变电所二次系统防强电侵入优化技术方案指导意见》(运供设备函〔2016〕325 号)。

(3)接地

牵引变电所各所均设置以水平接地体为主的网格式接地装置。接地网由埋深为 0.8 m 的水平接地体为主、垂直接地体(长 2.5 m)为辅的复合接地网组成。水平接地网采用铜绞线,垂直接地体采用铜棒。

牵引变电所亭地网接地电阻值按不大于 2 000 Ω 进行设计。接地网埋好后,应实测其接地电阻。若接地电阻达不到要求,需对牵引变电所亭进行降阻处理,校验接触电位差、跨步电位差不大于限值,室外接触网开关站接地电阻不大于 10 Ω。

避雷针单独做接地装置,接地电阻不应大于 10 Ω。避雷针的接地装置与变电所主接地网间的地中距离不小于 3 m。

室外架构,室外地上设备采用 2 根 40 mm×4 mm 扁钢作为接地引下线,连接至主接地网,但不得连接至电缆支架的接地线上。

进线避雷线接至进线门型架构的避雷线架上,并引下与变电所主接地网连接。

所有设备外壳均应可靠接地。各电气设备、架构底座、外壳均采用圆钢与主接地网相连。牵引变压器外壳接地。

所有接地线间的连接采用焊接,焊接应牢固,不应有裂缝、气孔、脱焊及漏焊等缺陷,焊缝应饱满,当焊接完后还应在焊缝处刷一层防锈漆。所有外露接地线均应涂红丹及黑漆,其地下靠近地表层处均涂沥青。

(4)回流

牵引变电所内设集中接地箱。其中所亭内的 27.5 kV 所用变压器、牵引变压器中性点通过电缆与集中接地箱连接。所亭外 N 线分别采用电缆直接连接至所内集中接地箱和就近的信号扼流变压器中性点上。

4. 工程接口设计

工程接口设计见表 3-14-2～表 3-14-4。

表 3-14-2　外部接口

一	牵引变电	接口专业	接口界面
1	所址及设计界面划分	电力公司及电力设计院	牵引变电所址位置、电源进线机构受力要求、电源进线流互变比需电力公司及设计院确认。继电保护配合需与电力设计院协商确定。牵引变电所与电力公司分界在所内进线杆塔的拉环上,电源进线至拉环包括绝缘子由电力公司设置

表 3-14-3　与路内非四电集成专业接口

一	牵引变电	线路	接口界面
1	区间范围所址场坪		变电专业提供区间范围所址初步位置给线路专业,各专业确认后,线路出征地图,包括标高、土石方统计、排水坡度、进所道路等
二	牵引变电	站场	
1	站场范围所亭场坪		变电专业提供站场范围所址初步位置给站场专业,各专业确认后,站场出征地图,包括标高、土石方统计、排水坡度、进所道路等
三	牵引变电	地质	
1	所亭土壤承载力资料		变电专业所址位置给地路专业,地质专业负责提供所址土壤承载力资料
四	牵引变电	暖通专业	
1	所亭空调、通风		变电专业提供牵引所温度、通风等要求,暖通专业返提空调、风机设备的用电要求
2	所亭消防设施		暖通专业提供七氟丙烷柜配套的控制柜,变电专业设置火灾报警系统,并引出报警信号至七氟丙烷控制柜
五	牵引变电	给排水	
1	所亭给排水系统		变电专业提供牵引变电所用水和排水要求。给排水专业负责水源引入及排水
六	牵引变电	物探	
1	所亭资料		物探专业负责提供所址各层土壤电阻率
七	牵引变电	房建专业	
1	所房屋		变电专业提供房屋平面及受力、孔洞预埋件要求、设备基础受力要求,电缆沟及排水管以及集油坑、排油管要求,场坪、道路及围墙等要求,房建专业出所亭房屋图

表 3-14-4　与路内四电集成专业内部接口

一	牵引变电	接触网	接口界面
1	上网供电线	铁路专用电缆	供电线分界在围墙处,所内 GIS 开关柜电缆头由变电专业负责,围墙外供电线由接触网专业负责
2	供电馈线出线排序		馈线排列顺序由接触网专业提供资料,变电专业确定最终出线顺序
3	牵引变电所、分区所、AT 所以及开闭所附近所亭附近的接触网远动开关电源		需要纳入远动的接触网开关位置由接触网专业提供牵引变电专业,由牵引变电专业一并提供电源要求、通信要求等,变电专业负责设置远动控制设备、控制电缆及牵引所附近接触网开关的电源电缆

续上表

二	牵引变电	电力专业	
1	所内10 kV自用变电源	10 kV自用变电源线	电力专业从10 kV贯通线接引,如采用电缆进线,分界在牵引所内10 kV变压器,电力专业负责将10 kV电缆引入牵引所内10 kV变压器,10 kV电缆头由变电专业负责
2	电力RTU控制	电力被控制站RTU	电力专业确定电力被控制站RTU位置并提供给变电专业,电力被控站远动通道组网由变电专业负责
3	接触网开关站		车站附近的接触网开关电源由电力专业负责。变电专业负责牵引所附近接触网开关的电源
三	牵引变电	通信专业	
1	所内通信设备供电电源	通信设备	由变电专业提供二路可靠的交流供电至通信机房,并设置配电箱。配电箱出线侧至通信设备由通信专业负责
2	地方电力调度及信息采集	传输系统	所亭内通信提供传输设备
3	SCADA系统	传输系统	SCADA设备通过FE光口与传输系统MSTP设备互连,接口位于电气化设备的FE光口处

三、接触网

1. 主要设计原则

（1）接触网悬挂类型

全线采用全补偿简单链型悬挂方式。

（2）接触线高度及坡度

接触线距离轨面高度一般为5 800 mm,有调车作业的车站最低不小于6 200 mm。接触线工作支悬挂点高度发生变化时,按《电力牵引供电设计规范》（TB 10009—2016)中第5.1.6条执行。

（3）结构高度

隧道外结构高度为1 400 mm,最短吊弦长度不宜小于400 mm,隧道内及跨线建筑物最短吊弦可根据净空情况酌情减小。

（4）跨距长度

接触网支柱最大允许跨距值,不宜大于60 m。相邻两跨距之比,不宜大于1.5∶1,桥梁、隧道口、站场咽喉等困难地段,不宜大于2.0∶1。T梁桥上跨距需根据桥梁孔跨的形式进行配合确定。

（5）锚段长度、补偿方式、中心锚结

正线双边补偿时的最大锚段长度,一般情况下不宜大于2×800 m;困难情况不宜大于2×900 m。单边补偿的锚段长度,应为上述值的50%。

站线最大锚段长度一般不宜大于2×850 m,困难时不宜大于2×900 m。

附加导线锚段长度一般不超过2 000 m。

路基上采用滑轮组补偿装置;T形桥上采用棘轮补偿装置,正线设置防断中心锚结困难情况下采用棘轮补偿装置。承力索及接触线的补偿装置变比均采用1∶3+1∶3。

全线下锚补偿坠砣路基段一般采用复合坠砣,桥梁及隧道区段一般采用复合坠砣。

中心锚结一般采用两跨式防窜防断形式;车站等困难区段采用防窜不防断形式。

（6）侧面限界

正线区间路基区段接触网支柱限界不小于3.1 m,接触网下锚支柱限界不小于3.2 m;牵出线接触网支柱侧面限界一般不小于3.5 m,困难情况下不应小于3100 mm;桥上支柱按部通用图执行与桥专业配合,支柱侧面限界大于3.6 m需设置大限界框架。其他特殊情况经计算确定满足,需要满足《铁路电力牵引供电设计规范》（TB 10009—2016)。桥上接触网支柱侧面限界结合接触网桥梁立柱位置确定。

(7)绝缘距离

27.5 kV 接触网绝缘子爬电距离采用 1 600 mm。根据线路具体情况及《电气化铁路接触网用绝缘子选用导则》(TB/T 2007—2015)的接触网绝缘污秽等级标准,确定全线按严重污秽地区进行接触网设计,绝缘子爬电距离 1 600 mm。上、下行接触网带电体间的距离,正常情况下不应小于 2 000 mm,困难情况下不应小于 1 600 mm。25 kV 带电体最小空气绝缘间隙值见表 3-14-5。

表 3-14-5 25 kV 带电体最小空气绝缘间隙值(mm)

序号	项 目		正常值(不小于)
1	25 kV 带电体距固定接地体间隙		300
2	25 kV 带电体距机车车辆或装载货物间隙		350
3	受电弓振动至极限位置和导线被抬起的最高位置距接地体的瞬时间隙		200
4	25 kV 带电体距跨线建筑物底部的静态间隙		500
5	同回路自耦变压器供电线带电体距接触悬挂或供电线带电体间隙(适用于任何高程)		540
6	绝缘锚段关节两悬挂点间隙(同相位适用于任何高程)		450
7	分相锚段关节两接触悬挂间隙(适用于任何高程)	120°相位,相间电压 43.3 kV	400
		180°相位,相间电压 50 kV	540
8	25 kV 绝缘元件接地侧裙边距接地体间隙(适合于任何高程)	瓷及钢化玻璃绝缘子	100
		合成绝缘子	50

(8)锚段关节

正线绝缘锚段关节采用四跨锚段关节,非绝缘锚段关节一般采用四跨锚段关节。

(9)道岔区接触网布置方式

正、站线接触网道岔均采用交叉式线岔。

(10)电分相

在变电所、分区所出口附近设置接触网电分相装置,电分相采用七跨锚段关节形式。关节式电分相两端设置电动隔离开关,并纳入远动。

分相标志按《铁路技术管理规程(普速铁路部分)》(铁总科技〔2017〕221 号)第 454 条中第 209 图及《关于印发《接触网电分相动集合电标设置规定》的通知》(铁办工电〔2019〕28 号)的要求设置。

列车过分相一般采用地面磁铁感应、机车上自动切换的无电惰行模式。地面磁感应器设置位置按《列车过分相系统车载控制自动过分相装置》(TB/T 3197—2018)中要求设置。

2. 提高可靠性措施

1)防雷保护措施

浦梅线属于多雷区,全线隧道外接触网和供电线采取单独架设避雷线的方式,应满足原"中国铁路总公司关于印发《高速铁路牵引供电系统雷电防护技术导则》的通知(铁总运〔2016〕237 号)"的要求,设有架空地线时升高兼做避雷线;供电线上避雷线应满足"原中国铁路总公司运输局关于印发《牵引变电所二次系统防强电侵入优化技术方案指导意见》审查意见的通知"(运供设备函〔2016〕325 号)"的要求。

在隧道外以下重点位置还需设氧化锌避雷器:

(1)分相和站场端部绝缘锚段关节;

(2)长度 2 000 m 及以上隧道的两端;

(3)供电线上网点;

(4)网上开关、网上电缆终端等。

2)回流及安全接地措施

距接触网带电体 5 m 以内的金属结构(桥栏杆、水鹤、信号机等)均单独设接地极实现安全接地。

接触网开关、避雷器等设备的底座应单独设接地极实现安全接地。

成排支柱增设架空地线实现集中接地。零散的接触网支柱单独设接地极接地。

架空地线下锚处及长度超过 1 000 m 的锚段中间单独设接地极。

3）安全防护措施

（1）防风设计

根据本线及相邻地区气象条件，接触网支持装置采用平斜腕臂结构形式，并加装腕臂支撑、定位管支撑，限位定位器均设防风拉线。以增强接触网抵御自然灾害的能力。

（2）防护设计

①在易发生危险的地方，如易受车辆碰撞的支柱和拉线等处，设置安全警示标志和防护措施。

②依据原"中国铁路总公司关于发布《电气化铁路接触网用预绞式铠装护线条暂行技术条件》的通知"（铁总运〔2016〕54 号）要求对以下地方设置护线条。

a. 隧道进出口、跨线建筑物处承力索、供电线设置护线条。

b. 35 kV 以上跨越电力线路下方投影点为中心两侧向外延伸 10 m 加装护线条。

c. 分相中性区加装预绞式护线条，关节式分相在有电区与无电区转换区段内承力索需加装预绞式护线条（分相两根中心柱两侧 10 m 两支承力索上），防止电弧烧伤承力索。

d. 接触悬挂非工作支与其他线索交叉处空气间隙小于 200 mm 时，在该处两者间装设 1 组电连接线（电连接按线岔电连接方式安装），并各加装 1 套预绞式护线条。

e. 护线条满足原中国铁路总公司关于发布《电气化铁路接触网用预绞式铠装护线条暂行技术条件》（铁总运〔2016〕54 号）及《电气化铁路接触网用预绞式金具》（Q/CR 608—2017）的要求。

③在易发生危险的地方，如隧道内补偿装置、桥墩上下桥的供电电缆、易受车辆碰撞的支柱和拉线、跨线建筑物等处，设置安全警示标志和防护措施。

④防鸟害措施：接触网开关、下锚底座及硬横跨底座处等位置设置驱鸟器，避免鸟类对接触网造成威胁。

⑤T 梁桥下锚坠砣处增加坠砣防坠落装置。

四、新技术的采用说明

浦梅铁路牵引变电所实施无人值班无人值守设计，设置辅助监控系统，包含：视频监控及巡检子系统、安全防范及门禁子系统、环境监控及火灾报警系统、控制与联动控制和大地网在线监测系统。

第十五章　综合接地系统设计

一、相关要求

各车站上、下行进站信号机之间范围敷设 1 条信号专用贯通地线(截面积 35 mm²),供沿线轨旁信号设备等电位接地。贯通地线满足以下条件:

(1)贯通地线应耐腐蚀并符合环保要求。

(2)经长期埋设,贯通地线的外护套仍应具有良好的导电性能。

(3)贯通地线的使用环境温度应满足−40 ℃～+70 ℃的要求,敷设时的环境温度不低于−10 ℃;贯通地线必须有良好的机械性能,允许弯曲直径不小于其外径的 25 倍。

(4)贯通地线地下接续处的防腐性能不应小于贯通地线本身。

(5)各种系统的接地可以通过接地端子就近接入贯通地线。

(6)贯通地线接续和"T"形引接时所用压接钳的压接力应不小于 12 t,并且必须具有压接力未达到 12 t 时不能自行解锁的功能。

(7)贯通地线内的铜导线应采用《电工圆铜线》(GB/T 3953—2009)规定的 TR 型软圆铜线,其电阻率不大于 0.017 241 Ω · mm²/m(20 ℃)。

(8)缆芯由导线同心式绞合而成。

(9)贯通地线的外护套应为环保型金属或合金材料(非轧纹)。

(10)各站接近区段信号设备采用分散接地方式,接地电阻应不大于 10 Ω。

二、接地装置

1. 桥梁区段

本线区间桥梁建筑物设置防雷接地,站内桥梁建筑物设置综合接地,其中站内桥梁的梁部、墩台及基础等综合接地措施严格按《铁路综合接地系统》(通号〔2016〕9301)要求设置。综合接地的接地装置按每墩(台)一处设置。区间桥梁建筑物设置防雷接地,避免雷电打击,按照《接触网支柱基础设置图》(浦梅建宁桥通-Ⅱ-03)要求设置。

1)综合接地

(1)桥台,贯通地线应敷设在通信信号槽下方的保护层内,即在防水层涂刷后敷设贯通地线,贯通地线与接地端子连接后再进行保护层施工;在桥梁伸缩缝处,贯通地线敷设应考虑余量,符合贯通地线弯曲半径的规定,并采用套管防护的措施;电缆槽底部接地端子面应与保护层上表面平齐;台顶上表层(或保护层)设置的纵向接地钢筋应纵向贯通整个桥台,并距混凝土表面的距离小于 100 mm;桥墩(水中桥墩除外)下部距地面以下 200 mm 位置设置接地端子,并与接地钢筋焊接。

(2)T 梁,T 梁采用复合材料(SMC)隔板电缆槽时,贯通地线应敷设在两侧通信信号槽里的独立小槽内;距离电力槽上表面 100 mm 的金属栏杆立柱处预留 M16 接地孔,用于电力设备接地;距离通信信号槽上表面 100 mm 的金属栏杆立柱处预留 M16 的接地孔,金属栏杆立柱通过分支引线与贯通地线连接;梁体上表层(或保护层)设置的纵向接地钢筋应纵向贯通整片梁,并距混凝土表面的距离小于 100 mm;梁体横向结构钢筋通过接地端子与金属栏杆实现电气连接。

(3)连续梁,贯通地线应敷设在通信信号槽下方的保护层内,即在防水层涂刷后敷设贯通地线,贯通地线与接地端子连接后再进行保护层的施工;在桥梁伸缩缝处,贯通地线敷设应考虑余量,符合贯通地线弯曲半径的规定,并采用套管防护的措施;电缆槽底部接地端子面应与保护层上表面平齐;梁体上表层(或保护层)设置的纵向接地钢筋应纵向贯通整片梁,并距混凝土表面的距离小于100 mm;中间桥墩处梁体的综合接地设置与小里程侧相同。

2)防雷接地防雷

(1)挖井(明挖)基础桥墩防雷接地:在基底底面设一层钢筋网作为水平接地极,桥墩应有两根接地钢筋,一端与基底水平接地极(钢筋网)中的钢筋相连,另一端与墩帽处的接地端子相连。墩帽上的接地端子采用桥隧型接地端子,设置在桥墩终点侧立面。桥墩接地钢筋均应优先利用结构物中的非预应力结构钢筋,原则上不再增加专用的接地钢筋。兼有接地功能(含连接)的结构钢筋和专用接地钢筋应满足接触网最大短路电流要求。

(2)桩基础桥墩防雷接地:每根桩中应有一根通长接地钢筋,桩中的接地钢筋在承台中应环接。桥墩应有两根接地钢筋,一端与承台中的环接钢筋相连,另一端与墩帽处的接地端子相连。墩帽上的接地端子采用桥隧型接地端子,设置在桥墩终点侧立面。桥墩接地钢筋均应优先利用结构物中的非预应力结构钢筋,原则上不再增加专用的接地钢筋。兼有接地功能(含连接)的结构钢筋和专用接地钢筋应满足接触网最大短路电流要求。

2. 隧道区段

(1)电力专业

隧道内电力洞室地线的设置要求:在每个综合洞室底板下方30 cm处设钢筋笼作为接地体,接地体钢筋网采用ϕ10 mm钢筋,间距15 cm,地网长×宽×高为400 cm×400 cm×60 cm,钢筋网交叉点要求可靠焊接。

钢筋网四个角处分别埋设一根ϕ22 mm钢筋,要求埋深60 cm,露头60 cm与钢筋网可靠焊接。钢筋笼范围内夯填土,钢筋笼与综合洞室底板间采用C15片石混凝土回填。

(2)通信专业

大避车洞、通信设备洞室(光纤直放站)接地装置均采用桥隧型接地端子。在每个通信设备洞室(光纤直放站)两侧壁下部设置2个接地端子,供洞室内设备设施接地。大避车洞两侧壁下部设置2个接地端子,供通信应急电话接地。

(3)接触网专业

隧道内,内嵌隧道壁设置接地引线,每隔250 m设置桥隧型接地端子一处。隧道口处距隧道口5 m内嵌隧道壁设置接地引线。接地端子通过引线纳入综合接地,接地电阻需小于10 Ω。

(4)信号专业

信号专业在信号过轨位置处线路两侧预留接地端子。

第十六章　防灾安全监控设计

一、系统构成

自然灾害及异物侵限监测系统仅设置雨量监测系统，主要由雨量监测中心设备、现场监测设备构成。本线雨量监测系统采用基于办公网的有线传输方式及基于公网 GPRS 通道的无线数据传输方式相结合，中心按接入兴泉铁路新建雨量监测中心系统考虑。

二、雨量监测中心

雨量监测中心系统包括中心机房设备及监测终端。兴泉铁路在南昌局集团公司新建雨量监测中心系统，满足本线雨量监测子系统的接入需求。

三、设备配置

1. 现场监测设备

雨量监测系统现场监测设备由现场采集设备和现场监控单元组成，包括报警主机、雨量计、串口设备、安装附件等。

现场监控单元接收现场采集设备的数据并进行初步处理，再通过传输网络上传至雨量监测主机。

现场监测设备设置原则：

(1)结合工务部门的维护需求，路基地段及艰险山区铁路易发生滑坡、泥石流及危岩、落石或崩塌地段等处所设置雨量现场监测设备。

(2)雨量计安装在无遮掩、宽敞的场所。

(3)雨量监测设备设置间距为 15～20 km。

(4)每个雨量计按单套配置，采用翻斗式雨量计设备。

2. 雨量监测主机

雨量监测主机主要负责实时接收监测点传送来的数据和信息，并对实时数据进行存储、分析、处理、显示、打印等，同时根据信息内容提供相应级别的防灾报警、预警等信息。

本工程采用南昌局集团公司已成熟运用的监控主机分布设置方式，按管辖范围接入至南昌局集团公司信息中心既有雨量监测系统。据现场踏勘，南昌局集团公司信息中心监控主机由吉泉铁路统一升级。因此，本工程不设置监控主机。

3. 监控终端

在工务段由雨量监测主机兼做监控终端，完成雨量信息的显示、打印及相关设备运行状态的监控。各工务工区及新建客运车站由雨量报警器主机兼做监控终端，移植相应系统软件。

4. 传输及网络设备

雨量监测系统监测数据由信息专业设置的办公网络承载，与办公信息系统共享广域网平台及设备。雨量监测系统基层信息源分布于沿线连续路基地段，现场采集设备采集相关数据上传至现场报警主机，报警主机经初步处理后上传至南昌信息技术所雨量监测主机，监测主机将报警主机上报的相关数据实时显示在监测终端上。

通过系统软件设置，在无降雨时，报警主机会在整点上报日雨量、小时雨量、连续雨量等数据；若降雨量达到雨量上报的门槛值（门槛值可设定），报警主机会主动上报雨量数据；当降雨量没达到主动上报门槛值时,主机则会通过预先设置的时间,定时上报雨量数据。在雨量达到报警值时,报警主机自动报警并通过主机界面的红灯闪烁提示工区值班人员,并上报雨量数据通过监测终端提示相关维护管理单位。决策信息由监测终端下达至工务工区进行抢险救援和对列车进行限速管制。

四、系统功能

系统具备雨量监测报警及应急处置等应用功能,同时具有对灾害监测系统的故障实时监测功能,当确认为故障且影响行车时,应进行应急处置、快速恢复,以减少对行车的影响。

系统具有对雨量实时监测数据进行分析、处理后确定该监测点的有效雨量数据的功能。沿线每台雨量计实时采集雨量值上传至应用/通信服务器。

系统根据报警级别、报警阈值、报警及解除时限、控制范围,对有效雨量数据进行报警判定,生成监测报警及解除信息。

系统具备对报警级别、报警阈值、报警及解除时限、控制范围等参数的调整功能。

五、专业接口

1. 与通信专业接口

通信专业在各工务工区设置综合布线系统,值班室内配置办公网网口。

2. 与电力专业接口

灾害监测系统与电力专业接口位于工务工区值班室的电力配电盘(含双电源自投自复装置,由电力专业设置)出线侧。

第十七章　客运服务系统设计

一、客运服务信息系统简述

旅客服务信息系统运营管理模式采用大站带小站管理模式,冠豸山站(原连城站)为管理站,代管杨源站,车站旅客服务信息系统通过 IP 数据网提供的通道接入南昌局集团公司旅客服务信息系统集成管理平台。

旅客服务信息系统以车站级集成管理平台为核心,集成综合显示系统、客运广播系统、时钟系统、旅客携带物品安全检查设备、入侵报警系统等,实现对旅客服务信息系统的集中监视和控制。旅客服务信息系统通过客运广播系统与火灾自动报警系统(FAS)进行互联,完成系统间信息共享与功能联动;同时预留机电设备监控系统(BAS)接入条件。身份认证功能以及与客票系统交互信息在中心完成。本站旅客服务信息系统集成管理平台软件应满足铁政法〔2011〕202 号文和铁信息〔2013〕52 号文的要求。

二、客运服务信息系统设计

1. 旅服系统总体构成及功能

浦梅铁路旅客服务信息系统采用铁路局中心级、车站旅客服务信息系统二级架构,利用铁路局中心级旅客服务信息系统,新设车站旅客服务信息系统。

根据路局的运营管理需要,本次设计采用中心站集中管控模式,在建宁南站实现对本线车站旅服系统的集中管控。

铁路局旅客服务系统面向车站提供旅客服务和生产管理服务,支持多种客运管理模式,系统包括客运组织、旅客资讯、广播、导向、时钟、生产计划管理、远程指挥、应急应对、人员管理、综合查询、统计分析和开放接口等功能。

车站级旅客服务系统包括集成管理平台、综合显示、广播、视频监控、时钟、入侵报警、安检等子系统,实现对车站各旅客服务子系统的集中监视、控制、信息共享和联动功能。

2. 集成平台

旅客服务信息系统在建宁南站实现统一指挥和管控。在水茜站综合控制室设置旅服业务操作终端等。在建宁南站综合控制室设置综控大屏及旅服业务操作终端等。

车站管理平台集成综合显示、广播、时钟等系统,按运营需要制作业务模板,根据列车到发、检票等相关业务信息,自动生成广播计划和导向揭示计划,实现综合业务操作,并对各子系统设备进行集中监控和报警管理。

3. 综合显示系统

综合显示系统以播放列车运行信息、导向信息、客票信息、车站人员通告信息为主,同时为旅客提供本地或目的地的气象信息、新闻等资讯。

车站系统接收旅服中心系统提供的节目源和播控程序,向旅客提供资讯服务。另外,根据车站集成平台提供的列车实时信息,及时向旅客发布候车、检票、进站、上车、出站等引导信息。

综合显示系统在旅客进站、购票、候车、检票、乘车、出站、接车等各个环节上为旅客提供及时准确的信息服务,同时向车站工作人员提供列车到发信息服务。系统按照乘客进、出站流向设置进站大屏、票额屏、检票屏、进出站通道屏、站台信息屏、出站信息屏等显示终端。同时在车站工作人员办公、休息、值班等位置设置显示终端等。

根据应用环境和发布内容的不同显示设备主要包括：LED 显示终端、LCD 显示终端、PC 终端。

4. 广播系统

客运广播系统主要完成车站内旅客购票、候车、乘降引导广播以及公共宣传广播，车站系统接收路局中心系统提供的广播运行参数、运行模式以及语音合成数据。运行参数包括：系统自动启闭与自检控制；运行模式包括广播分区控制、公共宣传插播控制、候乘空间调整引起广播分区调整、运行图调整引起广播分区调整等。语音合成数据包括：根据运行图生成各站各区广播内容、公共宣传插播内容。

客运广播兼做火灾自动报警系统广播，共用功放及扬声器。消防广播声源、火灾应急广播播音及控制装置等由 FAS 系统设置，其至客运广播系统的线缆等由火灾自动报警系统设置。

火灾报警情况下实现相关区域的火灾联动广播，并应能监听消防应急广播。在通过传声器进行应急广播时，应自动对广播内容进行录音。实现火灾情况下的火灾应急广播。

车站广播系统覆盖售票厅、进站大厅、车站进出口、候车区域、检票区域、站台、办公区域、军人（VIP）车室、行包库、行包托取厅、公共区域等。

5. 视频监控系统

站房公共区监控系统通过通信专业设置的视频监控系统平台，运用多媒体技术、计算机网络技术和音频/视频技术实现对车站内候车室、站台、售票厅、进站大厅等处的图像监视。系统具备远程实时监视、远程遥控、远程音视频数据存储以及远程历史信息的查询、回放和下载等功能。

视频监控系统视频服务器、存储设备、系统管理站，由通信视频监控系统统一考虑，在各车站综合监控室、消防控制室、公安值班室的视频监控终端由信息专业设置；前端音视频采集设备、视频汇聚/接入交换机等网络传输设备（信息机房/信息设备及配线间）由信息专业负责。接口位置位于视频监控系统接入交换机（通信机械室）处。

售票室视频监控系统独立构建，不纳入视频监控系统平台，由高清摄像机 1080P（设置于售票室、票据室、进款室、检补票室、自助售票区）、硬盘录像机 NVR、售票室监控终端构成。

安检区视频监控系统独立构建，由摄像机、硬盘录像机 NVR 构成，预留接入视频监控系统平台条件。

6. 入侵报警系统

报警主机采用 16 路输入报警主机，报警探头主要采用红外/微波双鉴探头。

杨源站、连城站信息机房设置报警主机，公安值班室和综合监控室和声光报警器，信息机房、信息配线及设备间、售票室、票据室、进款室、检补票室设置报警按钮和双鉴探头；当入侵报警设备报警，报警提示信息将显示在综合监控室和公安值班室显示器上，并且联动相关地点的摄像机，将图像信息自动显示在综合监控室和公安值班室的视频终端上。

7. 时钟系统

本站时间同步信息由南昌局有限公司旅客服务信息系统集成平台提供，为客运广播、综合显示、视频监视等系统提供同步信号。杨源站、连城站站台设置网络型指针式时钟。

8. 旅客及行包安全检查仪

为确保旅客列车运行安全，本次设计在沿线各车站进站口设置旅客行包安全检查仪。根据《中国铁路总公司关于明确新建铁路旅客车站安检仪设置有关要求的通知》（铁总建设〔2016〕242 号）的规定，安检仪均采用双源双视角 X 光安检仪。

9. 备品备件

本次设计日常维护用备品备件包含在设备费中，不再单独计列。抢修用备品备件配置原则执行《中国铁路总公司关于发布铁路车站旅客服务信息系统及客票系统工程备品备件配置指导意见的通知》（铁总建设〔2014〕95 号）相关规定。

三、新技术、新设备的应用

本次设计 UPS 蓄电池采用密闭式铅酸蓄电池，减少漏液对环境的影响。

四、专业接口

1. 与通信专业接口

（1）信息专业与通信专业视频监控系统的接口位于通信机械室视频接入交换机处。信息专业与通信专业传输通道接口位于通信机械室数据配线架外侧。

（2）站房外信息节点（办公、公安等）通过通信专业敷设的光缆与站房信息机房内相关系统核心交换机互联，接口界面为信息配线架外侧。站房外信息节点及光缆径路已经在四电施工图内设计。

2. 与电力专业接口

（1）信息专业与电力专业接口位于信息机房、信息配线及设备间的电力配电盘（电力专业设置）出线侧，并预留电力电缆至防静电地板下。

（2）进站大屏、出站大屏、站台信息屏、票额屏、售票窗口屏、LCD屏、到发通告终端等大屏系统的配电以及安检仪的配电由电力专业考虑（电力专业敷设电源线至现场设备）。

（3）信息机房、信息配线间的地线盘由电力专业设置，接口位于地线盘（电力专业设置）出线侧。

3. 建筑及暖通

（1）建筑专业为信息系统提供信息机房、信息设备及配线间等设备用房，房屋设计应满足《铁路房屋建筑设计标准》(TB 10097—2019)、《铁路信息机房通用技术规范》(Q/CR 571—2017)的相关规定。

（2）建筑、结构专业应为信息显示大屏的安装预留位置和条件。

施工图阶段信息专业向建筑、结构专业提供各显示屏的安装位置和安装方式、荷载等初步安装要求。待设备招标后由集成商提供各显示屏的准确安装图（含吊挂件、安装材料、荷载、结构建筑预留要求等书面资料）给站房结构专业设计核定、检算。

建筑、结构专业对荷载、预埋等要求进行检算后，将确认结果以及动态显示屏与静态标志结合的装修图提供给信息专业。

（3）建筑、结构专业应为窗口售票机、窗口补票机、自动售票机预留土建结构。

（4）建筑、结构专业应为信息系统提供满足信息专业要求的站台管槽、雨棚管槽，站台管槽、雨棚管槽由信息专业提出要求，建筑结构专业负责设计、投资计列及实施。

第十八章 工程接口设计

第一节 专业间工程接口设计概述

浦梅铁路是一条设计时速为 160 km 的普速铁路,涉及专业多,工程设计复杂,从可行性研究、初步设计、施工图设计以及配合施工等各个勘察设计阶段,根据设计作业流程,制定了详细的勘察设计大纲,大纲对各专业间的工程接口和界面进行详细的说明,各专业的设计资料提交,上下专业间的设计流程,站前站后专业间的设计配合,均进行了细致的要求;使各专业间设计接口紧密,不重复、不反复、不遗漏,清晰、简明、高效。除了常规的专业接口在专业设计中详细明确外,为确保项目的系统完整,本项目重点系统接口内容及主要设计情况如下:

一、土石方调配

地质专业及时提供全线土源化验报告,并结合线站专业概略调配资料,对移挖作填的地段作出评定,并对隧道弃渣可否作为骨料、填料进行分析,提交相关专业,各专业要根据基础资料,合理确定取弃土(渣)的设计。在土方调配设计中,路基与专业利用相同土源点时,调配的运距应协调一致。

二、取弃(渣)场设计

根据环水保要求,合理布置取弃土场,并配合公司做好协议的签订,严格要求施工单位遵照执行,环保专业对路基、站场、隧道专业调查的取、弃土(渣)场址的选址环境可行性提出意见,路基专业牵头研究弃土场挡墙的设计,桥梁专业提供设计水位,路基、站场专业配置合理的辅助措施,提交环保专业进行评估后实施。路基、站场、桥梁、隧道弃土场位置及运距应统筹考虑。

路基、站场专业牵头,工经专业配合,对重点城市段落结合最新规划及要求对取弃土场进行梳理,合理确定位置、运距及相关费用标准。

高路基地段,路基专业应结合排水、绿化方案,研究弃土于路基边坡下部的方案,同时根据现场具体情况,合理设计路基平台并研究永久征地只征到平台处的减少征地的方案。

三、地下管线迁改

线站专业牵头,通信、信号、电力、机务、给排水、防干扰专业配合,对沿线地下管线资料进行系统梳理,分别提交桥梁及站后相关专业,并与桥梁专业做好对接,对于管道及部队光缆部分,原则按照跨越设计,受电磁干扰影响的管线应做好防护设计,对于其他地下光(电)缆尽可能调整跨度进行跨越,不能躲避的,桥梁专业要及时反馈牵头专业及相关设备专业进行迁改,以免遗漏工程。

四、桥隧紧密相接段落工程系统设计

原则上桥隧之间避免出现短路基,确需出现短路基的,应严格执行有关规定。

完成系统设计图(与隧道洞口布置图结合设计),与站前专业施工图同步完成。系统设计图应包含:系统反映与隧道紧密相接段相互影响的各专业平面、纵断面、横断面设计方案及系统排水设计方案,施工工序、工程措施、技术接口、工程分界、施工注意事项等内容,同时,站后专业配合"四电"沟槽管线预留设计。具体工作程序如下:隧道专业牵头,按隧道、桥梁、路基、线路(站场)专业顺序分步完成系统设计图。相关专业应会签成果图,项总工程师审签,主管院总工程师审定。

五、综合排水设计

应确保排水设计的系统性,车站、区间排水系统设计应总体规划,路基、站场、桥梁、隧道等专业排水设施应紧密衔接,并应与当地的排灌、排污系统密切配合,根据地形、地质、水文等情况,将地表水就近排走。

站区内排水由站场专业牵头组织,线路区间排水由路基专业牵头组织,原则上区间排水不能通过路基侧沟往站区排流。排水沟的出水口应结合涵洞的设置,尽可能引接至天然沟河或者相关市政排水系统,不应直接使水流入农田,损害农业生产。排水沟的设计要因地制宜、经济适用,尽量选择在地形、地质较好的地段通过,以节约加固工程投资。

路基、站场专业牵头完成排水系统图,相关专业核实后会签。

六、边坡防护与地基处理协调设计

由路基专业统一提供路基边坡防护设计原则,各专业根据路基防护设计原则并结合工点情况,合理确定边坡防护措施,做到设计标准统一,衔接顺畅美观。

路基与涵洞、建筑物临近时,由总体组织、各专业协商地基处理是否具备统一设计的条件,具备条件的由路基专业一次设计完成,不具备条件的在路基设计完成后,相关专业结合各自工程情况进行检算和补强。

七、用地与临时用地、设备用地

用地设计应综合考虑桥梁、隧道口、车站、路基和站后设施用地,用地图需经各专业会签后共同完成。

(1)桥梁专业对于桥墩台基础超出常规征地范围的,提供给路基专业,扩大征地范围。涵洞出水口未接入自然沟渠的地段,需顺沟至自然沟渠,并考虑顺沟征地。

(2)桥墩台基础在施工期间占压范围超出常规征地范围的,提供工经专业,按临时征地处理。

(3)隧道专业将隧道洞门永久征地提供路基专业,纳入永久征地;隧道弃渣所用临时占地,隧道专业提供工经专业纳入概算。

(4)站后专业永久用地数量及图纸,提供路基、站场专业,在用地图上进行会签。

八、综合管线系统设计

线路、站场、桥梁、隧道、路基、轨道、通信、信号、电力、接触网、信息、暖通、给排水等专业须统筹考虑站后过轨问题,由站后专业提出过轨要求,站前专业在土建工程实施中预留。

隧道设备洞室应集中布置,并满足各专业提出的尺寸要求。

车站应出综合管线布置图,由站场专业牵头,站后专业按照电力、接触网、信号、通信、信息顺序(站房项目按照暖通、信息、电力、通信、信号顺序)逐一上图提交站场专业汇总出图。

九、接触网分相设计

接触网分相设置涉及行车、线路、接触网、信号、供电等专业。线路专业在确定线路坡度时,在有变电所或分区所的车站两侧进站信号机以外 1 km 范围内不宜设置大于 6‰的坡道,确实有困难时,反馈供电专业。

变电所、分区所不宜设在 6‰及以上坡道区段,确有困难时,提行车专业检算后确定。接触网专业负责提电分相形式、无电区、中性段长度给行车专业,作为检算的基础数据。

十、综合防雷系统

各专业严格按照三设科技〔2008〕145 号文综合防雷的分工进行设计,另关于机房防雷电磁屏蔽专业分工按科技管 2013-02 号会议纪要执行。

信号专业负责信号室内电磁兼容和屏蔽设计,向电力专业提出设备室内接地端子预留要求;电力、房建专业负责信号楼(行车室)外部防雷、屏蔽及共用接地极的设计。

十一、桥上设置道岔时防撞墙应预留道岔转辙机位置

如果需要桥上安装转辙机,信号专业提出转辙机布置位置,并提供给桥梁专业,并提出桥梁局部断开防撞墙或其他加宽措施,做好预留工程设计。

十二、站后管线上下桥梁

(1)站后专业管线需要上下桥梁时,由站后专业(车站土建工作完成后涉及的专业)提出具体要求给桥梁专业,并与桥梁专业协商,在满足站后专业要求的前提下,使管线上下桥美观。

(2)站后管线在需要电缆上下桥的地方,桥梁专业在梁上预留齿槽、孔洞,桥墩上预埋钢板。

十三、电　缆　槽

1. 区间电缆槽

综合电缆槽由"四电"总体牵头组织研究综合电缆槽的平面径路、综合电缆槽的截面形式。设置综合电缆槽的主导专业(主导专业顺序:电力、信号、通信)负责提出综合电缆槽的截面形式、结构设计要求、设置位置预留要求给路基、房建、桥梁、隧道、站场等相关专业。路桥、路隧过渡段电缆槽平面及高程顺接:区间范围由路基专业负责,桥、隧道专业配合;站场范围由站场专业负责、桥、隧道专业配合。桥隧过渡段电缆槽平面及高程顺接由桥梁专业负责,隧道专业配合。站场范围路基与站台上电缆槽平面及高程顺接站场专业负责、房建专业配合。

通信、信号、电力、接触网专业向路基、桥梁、隧道专业提供电缆槽尺寸及设置要求,路基、桥梁、隧道专业根据相关专业的要求设置电缆槽。路桥、路隧、桥隧过渡段电缆槽平面及高程均应妥善顺接。

桥隧相邻的路基长度短于 200 m 地段统一设置电缆槽,避免相关电缆上下绕长。

2. 站区综合管线

通信、信号、电力、接触网专业向站场、房建、路基专业供电缆槽尺寸、路径走向及设置要求,站场、房建、路基专业根据相关专业的要求落实在站台、场坪、建筑、路基边坡等位置的设置电缆槽。

3. 横向穿越站场股道的沟槽

通信、信号、电力、接触网专业向桥梁专业提供管线穿越股道的需要设置沟槽的需求及具体设置要求,桥梁专业根据要求进行电力线沟槽和综合管线沟槽设计。

十四、站后设施设备的选址布置原则

站后设施设备选址位置应满足交通便利、避免引起大的建筑物拆迁,并且避开高压电力线、地下管线和弃土场以及满足防洪等要求。

桥梁专业需结合外业勘测成果提供全线房屋、基站洪水位要求给房建及相关专业,如房屋、基站位置调整后各专业应及时反馈桥梁专业进行核对。

十五、站区房屋综合布置

站区房屋的布置应结合站前土建工程及地方政府站区规划配套集中布设,选择交通便利的区域,并充分考虑房屋的使用功能要求,充分利用地方的相关水、暖、电等配套设施,统一规划。

十六、环境保护设计原则

各专业依据环境影响报告书、水土保持方案报告书及批复意见落实环保选线及相应环保措施的原则。

(1)沿线路方向 100 m 内且距铁路外轨中心线 80 m 以内居住户数超过 10 户,噪声预测超标的敏感点

采用声屏障措施。分散的敏感点采取隔声窗措施。

(2)对于采取声屏障措施的典型敏感点进行典型声学计算,绘制声影区图,逐点计算声屏障遮挡效果,最终根据超标量确定声屏障高度。

(3)采取隔声窗的敏感点,每户按 15～20 m² 计列。

(4)声屏障设置主要技术参数及原则

声屏障长度:设计加长量按两端各 50 m 计算。

声屏障形式:原则采用非金属插板式声屏障,有景观要求的路段或城市路段可考虑采取金属插板式声屏障。

(5)按照环评报告书中预测结果,预留开路电视收视影响补偿费。

根据福建省环保厅 2015 年 11 月闽环保评〔2015〕51 号文对环评的批复和水利厅 2015 年 11 月闽水水保〔2015〕163 号文对水保的批复,本次设计须落实相关意见,环保专业牵头组织,各专业主动与环保专业配合沟通,将审查意见纳入设计。

第二节　接口设计原则与要点

(1)总体专业负责整个项目设计原则总说明及协调,各业提出本专业设计原则。

(2)线路专业提交各专业线路平、纵设计及说明。

(3)站场专业负责车站位置的选择及平面布置并提交各专业。

(4)桥梁专业提交桥、涵设计资料及水位并对站后综合接地及防雷接地等预埋。

(5)隧道专业提交隧道设计资料并作为站后综合洞室、综合接地预埋等设计。

(6)地路专业(地质工程和道路工程综合类专业)负责各项目地质资料,并作为路桥,路隧道连接设计,并作为综合接地,过轨等预埋设计。

(7)房建专业接收暖通、给水专业及其他有房屋要求的专业提交的要求并完成房屋设计。

(8)电力、电气化等"四电"专业相互配合互相提交要求,共同完成站后"四电"设计。

(9)环评专业提交环保及水保要求,线路、桥梁、隧道路基等专业在设计要作好环水保要求。站后"四电"等专业要作为电磁环保要求。

第十九章　高性能混凝土及耐久性设计

一、桥涵工程

建筑材料的选用、混凝土的配合比、施工、养护等工艺均应遵照《铁路混凝土结构耐久性设计规范》（TB 10005—2010、铁建设〔2010〕255 号）、《铁路混凝土工程施工质量验收标准》（TB 10424—2010、铁建设〔2010〕240 号）办理。

关于各种环境作用类别及等级条件下桥梁墩台基础混凝土等级的选用根据地质专业提供的地质勘察报告中环境作用类别及等级分类来选择。本线桥梁结构混凝土采用强度等级如下：

1. 梁部

按通用图采用，混凝土强度等级不得低于 C50。

2. 墩台身

按通用图采用，混凝土强度等级不得低于 C35，且根据环境侵蚀等级提高强度等级。为保证墩台身混凝土的耐久性，地下水或地表水有侵蚀性时，则地面（或水面）以上 1 m 以下范围采用相应等级的混凝土。

3. 基础

(1)承台：一般采用 C30 混凝土，并根据环境侵蚀等级提高强度等级。

(2)桩身：一般采用 C30 混凝土，并根据环境侵蚀等级提高强度等级。

(3)明挖及挖井基础：一般采用 C30 混凝土，并根据环境侵蚀等级提高强度等级。

4. 框构及涵洞

(1)涵（框构）身：按通用图采用，混凝土强度等级不得低于 C35，并根据环境侵蚀等级提高强度等级。

(2)端墙、翼墙：按通用图采用，混凝土强度等级不得低于 C30。

(3)基础：按通用图采用，混凝土强度等级不得低于 C30。

二、路基工程

在地下水、地表水具有侵蚀性地段，根据混凝土结构的使用年限级别和侵蚀性环境，按照《铁路混凝土结构耐久性设计规范》（TB 10005—2010）要求，控制混凝土的最低强度等级、最大水胶比和最小胶凝材料用量来达到混凝土结构耐久性要求，详见表 3-19-1。路基工程对应不同环境类别及作用等级，采用相应的混凝土等级，详见表 3-19-2。

表 3-19-1　混凝土最低强度等级、最大水胶比和最小胶凝材料用量（kg/m³）

环境类别	环境等级	使用 100 年以上	使用 60 年以上	使用 30 年以上	混凝土种类
碳化环境	T1	C30,0.55,280	C25,0.6,260	C25,0.60,260	钢筋混凝土
	T2	C35,0.50,300	C30,0.55,280	C30,0.55,280	
	T3	C40,0.45,320	C35,0.5,300	C35,0.5,300	
氯盐环境	L1	C40,0.45,320	C35,0.5,300	C35,0.5,300	
	L2	C45,0.40,340	C40,0.45,320	C40,0.45,320	
	L3	C50,0.36,360	C45,0.40,340	C45,0.40,340	
化学侵蚀环境	H1	C35,0.50,300	C30,0.55,280	C30,0.55,280	
	H2	C40,0.45,320	C35,0.5,300	C35,0.5,300	

续上表

环境类别	环境等级	使用100年以上	使用60年以上	使用30年以上	混凝土种类
盐类结晶破坏环境	Y1	C35,0.50,300	C30,0.55,280	C30,0.55,280	钢筋混凝土
	Y2	C40,0.45,320	C35,0.5,300	C35,0.5,300	
碳化环境	T1、T2、T3	C30	C25	C25	素混凝土
氯盐环境	L1、L2、L3	C35	C30	C30	
化学侵蚀环境	H1	C35	C30	C30	
	H2	不宜用	C35	C35	
盐类结晶破坏环境	Y1	C35	C30	C30	
	Y2	不宜用	C35	C35	

表 3-19-2　路基工程对应环境类别及作用等级所采用混凝土等级一览表

序号	路基工程项目		设计使用年限	碳化环境		化学环境		氯盐环境		盐类结晶破坏环境	
				T2	T3	H1	H2	L1	L2	Y1	Y2
1	路肩（堤）支挡	素混凝土挡土墙	100年	C30		C35		C35		C35	
2		L形钢筋混凝土挡墙	100年	C35	C40	C35	C40	C40	C45	C35	C40
3		挡土板钢筋混凝土	100年	C35	C40	C35	C40	C40	C45	C35	C40
4		桩身、托梁钢筋混凝土	100年	C35	C40	C35	C40	C40	C45	C35	C40
5	路堑支挡	素混凝土挡土墙	100年	C30		C35		C35		C35	
6		桩身、挡土板钢筋混凝土	100年	C35	C40	C35	C40	C40	C45	C35	C40
7		土钉墙墙面钢筋混凝土	100年	C35	C40	C35	C40	C40	C45	C35	C40
8	坡面防护	锚索框架梁钢筋混凝土	100年	C35	C40	C35	C40	C40	C45	C35	C40
9		锚杆框架梁钢筋混凝土	60年	C30	C35	C35	C35	C35	C40	C30	C35
10		喷锚网喷射混凝土面板	60年	C30	C35	C35	C35	C35	C40	C30	C35
11		空心砖混凝土	60年	C30		C35		C35			
12		锚杆（土钉）钻孔注浆	60年	M35		M35,水泥掺入一定比例粉煤灰或其他抗侵蚀性外加剂					
13		电缆槽钢筋混凝土	30年	C30	C35	C30	C35	C35	C40	C30	C35
14	排水系统	支撑渗沟、盲沟素混凝土	60年	C25		C30	C35	C30		C30	C35
		排水沟、侧沟、天沟	30年	M7.5浆砌片石							
15	地基	水泥土搅拌桩	100年	P.O 425水泥		P.O 425水泥掺一定比例粉煤灰（H3、Y3以上不适用）					

第二十章　经验体会与问题探讨

一、经验体会

1. 选线设站满足规划,精准落实项目乡村振兴需求

浦梅铁路建宁至冠豸山段主要经过了建宁、宁化、清流、连城四个行政县,勘察设计中,精准对标乡村振兴,一方面,满足地方规划,通过经济选线,充分满足地方需求,将更多经济据点纳入铁路版图,乡镇级的政府设计了可办理客运业务的车站,方便居民出行;另一方面,充分考虑闽北地区"八山一水一分田",农田耕地资源十分紧张的特点,深入研究,优化线路方案,铁路区间线路选线尽量行走在山区边沿,这样可实现最大限度不占、少占基本农田,同时,采取必要的工程措施,最大限度不占或少占耕地资源,线站位选址尽量绕避拆迁,避免因铁路建设拆迁增加地方财政投入。如何屋至宁化段的线站位设计方案说明如下:

DK292+800～DK301+300 段位于宁化县境内,沿线分布有东溪、X796 县道、110 kV 高压线、地质断裂带等控制点。结合以上控制点,研究了三跨河绕避高压线方案(方案Ⅰ)、一跨河绕避高压线方案(方案Ⅱ)以及拆改高压线方案(方案Ⅲ),如图 3-20-1 所示。方案Ⅱ一跨河绕避高压线方案虽然对东溪弯曲河道进行了绕避,但何屋站前后走势较高,前后隧道长度增长,且站内连续深路堑、双线桥长均较长,可实施性一般;方案Ⅲ拆改高压线方案与高压线两次交叉,并行段落距离较近,整体征拆投资较大,且线位靠近鱼潭村,线路施工、运营易对居民生活产生干扰。最终推荐方案Ⅰ,工程实践证明,三跨河绕避高压线方案不仅防护量小、投资最省,且绕避了鱼潭村及 110 kV 高压线,后期施工风险较小,可实时性强。

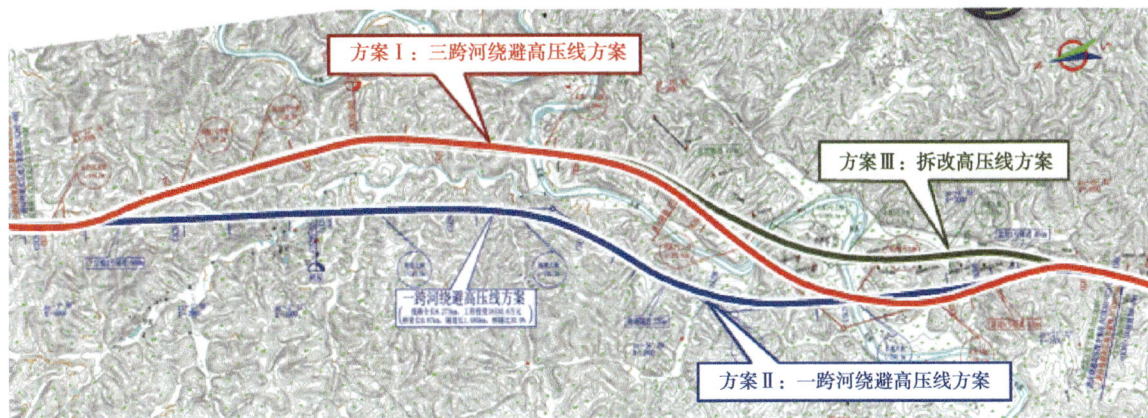

图 3-20-1　何屋至宁化段线路方案示意图

2. 重视地质勘察,复杂山区地质选线效果明显

浦梅铁路位于闽西北地区,为山区铁路,地质条件复杂,沿线植被茂密,雨水充沛,同时区域内冲沟发育无规则,呈现出以丘顶为中心向四面发育的特点,同时又位于不良地质发育的集中区域。受地形、地质两方面综合因素制约,沿线工点分布较多,且隧道进出口、桥梁墩台位置选择异常困难,定线难度大。中国铁设勘察设计中,主要从以下几方面加强:一是在重视地质勘察。早在 2010 年 6 月～2010 年 12 月,就开展了初测前地质加深工作,进行了大面积地质专项调绘、高分辨率遥感解译、岩浆岩区放射性检测专项工作。在 2015 年 10 月～2016 年 1 月定测阶段完成钻探 1 776 孔—41 456.7 m,简易勘探 358 孔—914.4 m;在 2016 年 3 月～2016 年 6 月补充定测阶段完成 255 孔—7 116.9 m,简易勘探 4 孔—5.5 m。在浦梅铁路建宁至宁化段,通过大面积地质专项调绘查明古泥石流沟 7 处,滑坡 50 余处,崩塌 10 余处,采石场、小煤

窑采空区 10 余处,岩溶强烈发育 1 处等各类型不良地质。通过大面积调绘、遥感解译查清了线路上对工程影响大的主要断裂如岩前——武调断裂、黄土岭——里兴断层、台田——半寮断层。二是在设计中加强地质选线。在前期选线阶段,有针对性地绕避了建宁段小煤窑采空、宁化段湖村—泉上段岩溶强烈发育区等不良地质;在施工图详细设计中,针对本线总体走向与构造线方向基本一致,与沉积岩、变质岩中的层理面容易构成顺层等特殊情况,首先优化局部线路走向,通过局部线位调整,避开顺层或降低顺层侧路堑边坡高度,最大限度降低了顺层工点数量,全段顺层工点比例仅为 26.7%,且高边坡顺层数量骤减;然后对于确实无法绕避的顺层工点,通过抬高纵断面做成桥梁工点或者下压纵断面做成隧道工点来避免顺层造成的安全隐患;对于无法避免的路基顺层工点,通过放缓边坡、增强支挡结构等措施,避免顺层引起不良地质灾害。

通过上述措施,很大程度上减少了施工阶段的不必要麻烦,为现场施工的顺畅开展奠定了良好基础,发挥了地质选线的重要作用。

3. 重视环保选线,践行"绿水青山就是金山银山"理念

线路沿线的建宁、宁化县境内丘陵起伏,植被茂密,四周高山环抱,风景秀丽,境内有福建闽江源国家级自然保护区、金铙山风景名胜区、修竹荷苑风景名胜区等,本项目在前期选线阶段,本着"最小程度破坏、最大程度恢复"的原则,尽量减少对周边环境的破坏,在项目建成后,使铁路融于画中。

本项目在 DK244~DK250 段、DK283~DK288 段分别对闽江源自然保护区、天鹅洞国家地质公园进行绕避,如图 3-20-2 所示,既降低了施工的许可难度,又避免了对环境敏感点的破坏,严格落实"绿水青山就是金山银山"的选线理念,减少对自然环境的破坏。

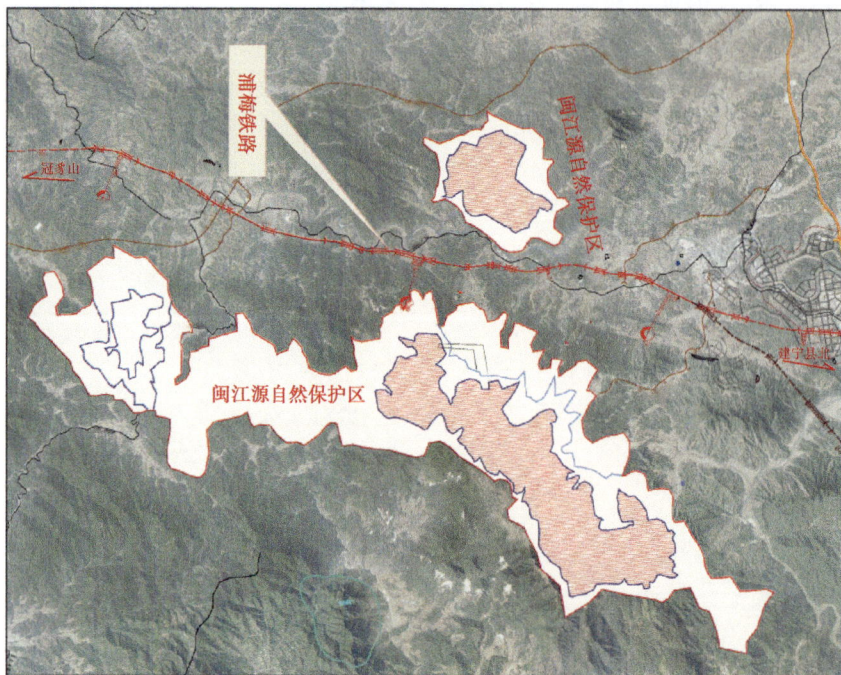

图 3-20-2　线路绕避自然保护区示意图

4. 接轨车站改建方案的持续优化,积累了宝贵经验

浦梅铁路接轨于向莆铁路上的建宁县北站,车站所在位置地形条件非常困难,受地形影响,既有车站向塘端武夷山隧道,莆田端武调一号隧道,站坪长度仅 1.85 km,车站莆田端既有正线间渡线设置于隧道内,车站接轨改建十分困难。勘察设计中,结合现场实际情况,在满足使用功能前提下,对接轨方案进行了多次优化,统筹考虑了资溪方向规划铁路的引入,并按照总体规划、分期实施的原则进行设计,满足了运营单位要求,减少了对既有线运营的干扰,节省了工程投资,实施后取得了良好的效果,对其他山区车站接轨项目方案研究具有较大的借鉴意义。

(1)接轨站改建方案的研究需要结合实际情况不断进行优化和完善。随着勘察设计的不断深入、边界

条件的逐步明朗、外部需求的逐渐明确，需要不断调整、优化、完善改建方案，以保证改建方案最优化、工程投资最小化。建宁县北站改建方案设计过程中，通过对隧道口线间距控制、道岔咽喉区布置、信号机配轨及道岔配列的优化调整，在满足外部规划及运输组织需求的前提下，实现车站改建工程最小化，为项目施工建设提供坚实基础。本项目通过综合比选，最终确定新建洞口距离既有洞口可按9.9 m控制，为后续项目的实施提供参考。

（2）接轨站改建方案的研究需要综合考虑远期规划，按照近远结合、分步实施的原则，为后期工程预留好条件。建宁县北站站坪长度受限，本次车站改建，充分论证了资溪方向铁路规划的必要性，并在车站改建方案中予以考虑，为车站后续改建提供良好基础，确保后续规划的落地。此外，在设计中充分考虑工程近远期结合，避免后续改建过程中路基、轨道工程的废弃，为后期站改预留好条件。

（3）接轨站改建方案的研究需要统筹考虑施工过渡方案，优先考虑永临结合，施工过渡方案应与"四电"过渡统筹考虑，尽量减少施工过渡费用。确保既有线正常运营的条件下，以对既有站运营影响最小为目标，保证施工的安全、施工过渡的可行性。本次设计通过与信号、接触网、电力等专业的配合，系统性梳理出三步的指导性过渡方案，为项目顺利施工建设提供保障。

（4）接轨站改建方案的研究需要结合运营单位意见，在保证使用功能的前提下，以对运营干扰少、工程代价小、施工风险小为目标，不断优化方案设计，确保方案的可操作性。该项目引入既有站，在既有（6）道外侧增加一股道，具有通行超限货物列车条件，与既有昌福线正线连通。既有（3）道外侧高站台、站房等既有设施布置多，同时受两端隧道限制，疏解线连接既有（3）道无通行超限货物列车条件，超限货物列车均通过新建股道Ⅷ道通行。改方案实施运营后，取得了良好的效果。建宁县北站平面布置如图3-20-3所示。

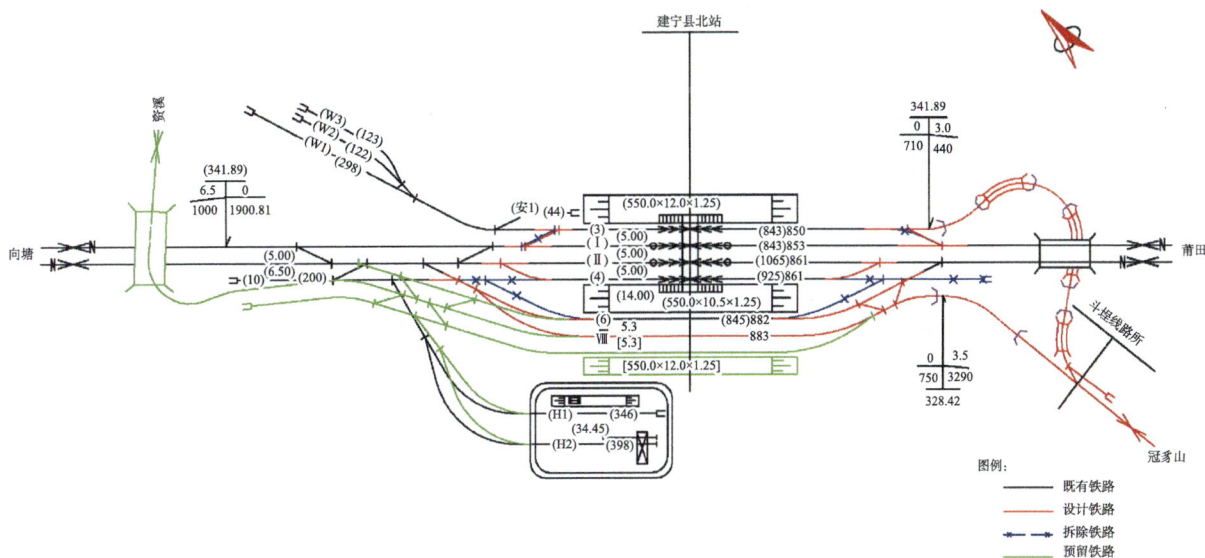

图3-20-3　建宁县北站平面布置示意图（单位：m）

5. 专项开展绿色通道设计，打造绿色生态文明示范铁路

本项目建设过程中，由建设单位主导，开展了绿色通道建设。中国铁设积极参与，同中铁二院一起专项开展了绿色通道设计，经建设单位组织审定，明确了"绿色为底、绿篱成带、坡面点种、打造景观"的技术方案。通过选择适宜当地环境生长的草种、灌木、乔木，在路堑端头采用小灌木拼种图案提升效果，在客运站打造站区绿化景观，植被成活率超过95%，实施后，本项目是在南昌局集团公司范围内首次建成全局绿色生态文明示范线。

6. 创新应用基材植生喷播技术，彰显"蓝图中播撒绿色"理念

结合绿色通道建设，本次在临近铁路线的修竹村取土场边坡设计中创新应用了基材植生喷播技术，取得了良好效果，相关情况说明如下：

1)概况

修竹村取土场位于线路 DK254＋689～＋790 段线路左侧,取土开挖边坡坡率为 1：2.0,每 8 m 一级,级间设置 3 m 宽平台,最大边坡高度约 36 m。地表以下为薄层粉质黏土,黄褐色～褐灰色,硬塑;以下为砂岩,灰白色～黄褐色,全风化～强风化,砂状结构,层状构造。

2)工程亮点

为了保证边坡稳定性、防止水土流失,同时提升绿化景观效果,将取土边坡采用基材植生喷播护坡进行防护。

(1)技术原理

基材植生喷播技术将科学配比的营养基材(植物纤维、壤土、有机质、生物活化剂、基材纤粒剂、助纤剂)、植物种子和水通过先进喷播设备搅拌并喷射至坡面,通过植物纤维的加筋作用及土壤的团粒化,迅速在坡面形成抗冲刷性能好的基质层;同时依托有机质、生物活化剂等营养物质促进多种植物生长发育,最终利用植被根系的力学加固效应和地上生物的水文效应达到固土护坡和改善环境的目的。

(2)设计方案

路基边坡坡面排水槽间铺设镀锌铁丝网,并采用 L 形锚钉固定。基材和植物种子经配比混合后使用喷播机喷播到坡面上;喷播基质由植物纤维、壤土、有机质、生物活化剂、基材纤粒剂、助纤剂等按比例组成;植物配置按照灌草结合、以灌为主的原则进行,并配置了野花组合,构建了草灌花结合的稳定立体复合生态体系。灌木选用紫穗槐、多花木兰、胡枝子;草种选用紫花苜蓿、高羊茅、黑麦草、狗牙根;花种采用当地野花组合。

(3)工程效果

应用基材植生喷播护坡进行防护后,边坡稳定性良好,绿化景观效果极佳,如图 3-20-4 所示,与周围山体自然植被形成很好的融合。

图 3-20-4　工程应用效果现场实施图

7.BIM 技术深化优化桥梁设计,提升质量安全

针对近年来铁路混凝土连续梁施工过程中出现较多的质量问题,尤其是预应力混凝土连续梁支座附近出现的混凝土不密实、空鼓、蜂窝麻面等问题,严重影响了连续梁的质量。本项目应用 BIM 技术,利用 BIM 技术可视化、参数化等技术特点,对本线简支 T 梁通用图,以及全线(60＋100＋60) m、(48＋80＋48) m、(40＋64＋40) m、(32＋48＋32) m 四种跨度的混凝土大跨连续梁进行了系统研究,在国内首次成系统建立了客货共线单线连续梁施工图精度 BIM 模型,从技术方案、工程措施和结构安全三个层面对连续梁设计进行优化,研究为解决铁路预应力混凝土连续梁零号节段振捣不密实、蜂窝麻面等质量通病问题提供了一种有效技术手段。据施工反馈,连续梁钢筋施工效率提高 15％左右,施工效率提高明显;同时,经第三方检测,施工完成的各连续梁未发现任何质量问题,施工质量提高明显。本文以简支 T 梁 BIM 深化设计为例展开说明:

如图 3-20-5 所示,通过 BIM 软件提供的三维可视化空间,建立 32 m 简支梁钢筋孪生数字模型,用于三维技术交底,便于施工单位更好地开展 T 梁预制工作。以 BIM 模型为数据中心,提供钢筋加工设备所需各类型数据,实现 BIM 模型与钢筋加工设备之间的无缝对接。通过 BIM 软件提供的三维可视化空间,在部通钢筋图的基础上,优化既有简支梁钢筋设计;提前减少或避免了部通钢筋图中个别钢筋与预应力管道、钢筋与支座螺栓等预埋件之间的干扰等问题。

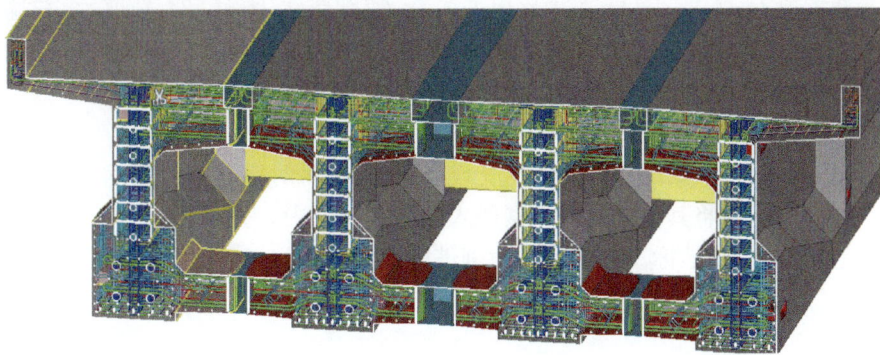

图 3-20-5　截面整体钢筋布置三维图

8. 接轨隧道设计突破难题,确保运营安全

浦梅铁路接轨于向莆铁路上的建宁县北站,由于地形条件差,车站站坪长度短,两端咽喉区均位于隧道内,线路引入后,新建的武调隧道(正线上)及武调 1 号隧道(疏解线上)与既有向莆线的隧道之间的距离非常近,且是双侧近接营运高速铁路浅埋偏压隧道,因此,武调隧道及武调 1 号隧道的设计十分困难。

新建武调隧道进口采用单压式明洞门,如图 3-20-6 所示,由于新建洞门与既有洞门右侧挡墙空间位置冲突,因此在开挖洞门前需拆除 DK227+423.9~+428 范围内的既有隧道洞门部分挡墙;挡墙拆除采用非爆破施工,以减小对既有隧道的影响,拆除过程中加强对既有隧道洞门的监控量测;新建洞门端墙与既有洞门挡墙采用植筋连接,植筋采用 $\phi20$ mm U 形钢筋,竖向间距 30 cm。

武调隧道进口与昌福铁路线间距约 11.8 m,为保护既有隧道洞门整体稳定性,保留了既有隧道洞门右侧 6 m 挡墙(原挡墙长 10 m,拆除 4 m),武调隧道与既有洞门右侧挡墙进行了密贴设计,使新建洞门与既有洞门结构整体合一,且新建洞门结构满足新建洞门和既有洞门的受力要求。

图 3-20-6　武调隧道洞门图

9. 信号分步过渡设计精细,降低实施难度

以建宁县北站过渡方案为例阐述。

(1)过渡原则

施工期间保证向莆线正常运营,施工期间保证车站正常运营,减少对既有设施的影响。

（2）站场施工过渡方案设计

第一步：要点拆除既有 21 号、23 号道岔，插入 23 号、25 号道岔及线路；要点拆除既有 10 号道岔及线路，铺设新建 10 号、12 号道岔，联通既有 3 道，开通使用。

第二步：修建与既有线无干扰的Ⅷ道相关线路及道岔 18 号、22 号；要点插入 21 号、20 号道岔，拆除既有 4 道相关线路，联通既有 4 道，开通使用。

第三步：要点拆除既有 14 号、16 号道岔及相关线路，铺设新建 16 号、24 号道岔，右端咽喉区改造完成；要点拆除既有 13 号、19 号道岔及相关线路，铺设新建 13 号、19 号道岔及线路，联通既有 6 道，左端咽喉区改造完成。全站改造完成，开通使用。

10. 站房设计融入地方人文，打造绿色唯美铁路

设计中深入开展房屋合建、站区一体化等优化设计工作，同时对客运车站站房精雕细琢，通过深刻调查探寻当地人文自然景观，并将其人文景观元素融入站房设计之中，力争将每个客运站房设计成精品，每一个客运车站打造成新的城市地标。以水茜站为例进行说明，如图 3-20-7 所示。

图 3-20-7 水茜站站房设计图

水茜站中间候车厅地上一层，檐口高度 9.5 m，两侧地上二层；首层层高 4.20 m，二层层高 3.60 m，檐口高度 7.8 m。建筑高度 13.08 m。

建筑面积：站房总面积 1 496.27 m²，基底建筑面积 1 089 m²。

结构形式：钢筋混凝土框架结构，坡屋顶；采用柱下独立基础，局部填方地区采用独立基础下设置片石混凝土墩。

水茜车站站房整体造型以及细部的立柱、檐口、窗花、斗拱等设计将当地廊桥、民居元素融入其中，创造出"古韵新作"。

11. 信息客服系统设计完备，打造智能普速铁路

1）信息系统设计

（1）客票系统：客运站设票务系统。客票票制按纸质磁介质票/无纸化电子车票、检票按人工方式、售票按人工与自动相结合方式设计，客票安全系统按规定设置。车站设临时身份证制证及客票验证设备。根据需要扩容路局客票系统、客票安全等相关设备。

（2）旅服系统：客运站设置综合显示、广播、视频监控、时钟、入侵报警等子系统及安检设施，扩容铁路局相关系统。

（3）运调系统：新增调度台设置运输调度管理系统终端设备，修改相关系统。

2）客服系统设计

（1）旅服系统总体构成及功能

浦梅铁路旅客服务信息系统采用铁路局中心级、车站旅客服务信息系统二级架构，利用铁路局中心级旅客服务信息系统，新设车站旅客服务信息系统。

车站级旅客服务系统包括集成管理平台、综合显示、广播、视频监控、时钟、入侵报警、安检等子系统，实现对车站各旅客服务子系统的集中监视、控制、信息共享和联动功能。

（2）集成平台

旅客服务信息系统在建宁南站实现统一指挥和管控。在水茜站综合控制室设置旅服业务操作终端等。在建宁南站综合控制室设置综控大屏及旅服业务操作终端等。

车站管理平台集成综合显示、广播、时钟等系统，按运营需要制作业务模板，根据列车到发、检票等相关业务信息，自动生成广播计划和导向揭示计划，实现综合业务操作。并对各子系统设备进行集中监控和报警管理。

（3）综合显示系统

综合显示系统以播放列车运行信息、导向信息、客票信息、车站人员通告信息为主，同时为旅客提供本地或目的地的气象信息、新闻等资讯。

根据应用环境和发布内容的不同显示设备主要包括：LED显示终端、LCD显示终端、PC终端。

（4）广播系统

客运广播系统主要完成车站内旅客购票、候车、乘降引导广播以及公共宣传广播，车站系统接收路局中心系统提供的广播运行参数、运行模式，以及语音合成数据。运行参数包括：系统自动启闭与自检控制；运行模式包括广播分区控制、公共宣传插播控制、候乘空间调整引起广播分区调整、运行图调整引起广播分区调整等。语音合成数据包括：根据运行图生成各站各区广播内容、公共宣传插播内容。

车站广播系统覆盖售票厅、进站大厅、车站进出口、候车区域、检票区域、站台、办公区域、军人（VIP）车室、行包库、行包托取厅、公共区域等。

（5）视频监控系统

站房公共区监控系统通过通信专业设置的视频监控系统平台，运用多媒体技术、计算机网络技术和音频/视频技术实现对车站内候车室、站台、售票厅、进站大厅等处的图像监视。系统具备远程实时监视、远程遥控、远程音视频数据存储以及远程历史信息的查询、回放和下载等功能。

浦梅铁路客票系统采用全面电子客票方式，检票口验检合一，采用面部识别等技术对人、证、票进行检核，配备了柱式检票机等高新设备，可实现护照、港澳通行证等多种证件识别，满足了旅客智能化出行的需求。

12. 建设管理科学有序，确保了设计方案完美呈现

浦梅铁路项目实现按期高质量开通，各项技术设计方案完美呈现，是参建各方齐心协调、攻坚克难的结果，其中最关键的是得益于建设建设单位浦梅铁路工程建设指挥部的科学管理。

一是精准控制项目投资。工程建设实施中，建设单位主导，注重过程管控，严格将项目投资控制在施工图批复总额内，全线仅产生一处Ⅰ类变更设计，为"伊屋隧道调整为路基工程"，且该变更为负变更，减少投资141万元。

二是严格管控建设质量。项目建设实施中，建设单位积极组织设计技术交底，强化现场施工管控，确保各标段严格按图施工。特别是重难点工程，严格建设质量管控。如在武调隧道及武调1号隧道的建设中，建设单位积极同设计一起研究技术方案，开展专项课题研究，现场建设实施时，强化现场对施工的指导和管理，严格按照设计提供的有关数据开展监控监测，确保了隧道按期顺利完工。莲花山隧道建设中，建设单位积极主导开展超前地质预报工作，并盯控按照相关技术数据落实，确保隧道顺利实施建成。通过严格的管控措施，确保了设计意图的有效传达和落实。

三是强化现场组织协调。项目建设实施中，建设单位协调组织得力，确保边界条件稳定，各项审批手续及时，征地拆迁推进迅速，特别是接轨车站建设过程中，建设单位加强对设计方案和施工组织方案审查把关，积极协调运营单位，确保了车站过渡方案一步一步落实，并安全、顺利完成接轨。

四是积极开展优化设计。项目建设实施中，建设单位组织各参建单位，与时俱进，结合新规范、新标准的颁布，及时变更调整相关设计内容，如对简支T梁及声屏障简支T梁梁型变更；同时及时融入新技术新手段，指导设计单位不断深化和优化设计方案，如积极主导开展BIM技术在本项目的应用、绿色通道建设等优化设计。

二、问题探讨

1. 加强路基、桥梁端头防护设计和现场配合施工

（1）浦梅全线皆为山区，地形复杂多变、沟壑纵横；桥隧多，路基工点琐碎，路桥接口、路隧接口大量分布；因此沿线分布大量的端头边坡。

（2）由于本线地形复杂、起伏大、变化快，现场施工过程中，由于施工单位未严格管控施工班组破坏了许多设计以外的自然边坡，新增端头边坡。

（3）本线分布大量冲沟，且冲沟两侧地形上升快，涵洞基坑开挖时破坏原始地形，新增许多端头边坡。

（4）本线均为山区，地形复杂，道路修筑困难；现场施工过程中，因便道施工破坏自然山体，新增大量端头边坡。

鉴于以上各种原因，施工过程中新增大量端头边坡。为避免雨水冲刷造成水土流失、边坡土体淘蚀，以致进一步影响边坡安全稳定，调查后根据每处现场的实际情况制定合理的边坡防护措施对端头边坡进行加固防护。

在类似山区铁路项目的勘察设计过程中，要注意各种端头边坡的防护设计；施工过程中，现场配合施工人员一定要时时掌握现场情况，盯控施工单位尽量避免新增端头边坡的产生；对于新增的各种端头边坡及时进行调查并制定合理的加固防护措施。

2. 完善断轨监测系统设计

（1）施工图设计情况

浦梅铁路建宁至宁化段非自动闭塞区段没有敷设断轨监测系统。

（2）存在问题

浦梅铁路建宁至宁化段非自动闭塞区段的部分区间无轨道电路贯通，因此无法对钢轨断轨情况进行实时监测，区间无轨道电路区段钢轨断轨依靠工务巡道和探伤。

根据原中国铁路总公司运输局《关于进一步推进钢轨防断监测专项整治的通知》（运工线路电〔2017〕1209 号）、中国铁路南昌局集团有限公司《南昌局集团公司关于新建浦城至梅州铁路建宁至冠豸山段安装钢轨防断监测系统的函》（南铁工务函〔2019〕429 号）文件相关要求，对所有开行旅客列车的无缝线路非自动闭塞区段（半自动、自动站间闭塞）铁路按要求安装"钢轨防断监测系统"，以确保新建铁路开通运营安全。

（3）解决方案

根据浦梅铁路工程建设指挥部《关于编制新建浦城至梅州铁路建宁至冠豸山段办客站到发线轨枕配置标准等六项变更设计文件的函》（浦梅指工函〔2021〕77 号），编制浦梅铁路建宁至宁化段钢轨防断监测系统，变更设计实施后，本线非自动闭塞区段的区间无轨道电路区段可以对钢轨断轨情况进行实时监测。

（4）建议

建议以后类似项目提前按照相关要求增设断轨监测系统，减少后续变更。

3. 通信铁塔设计

作为铁路勘察设计单位，应进一步掌握铁塔专业技术，进一步完善相关通信铁塔等设计并提供相关图纸。

第四篇

工程施工

第一章　大型临时设施工程

第一节　大型临时设施设置原则

一、主要临时工程规划原则

施工场地按"方便施工、便于管理、驻地共建、少占地、环保、经济"的原则进行布置,在满足施工的条件下,做到文明施工和环境保护达标。大型临时设施主要包括:运输便道、施工便桥、混凝土集中拌和站、电力线路、制梁场、铺轨基地等。

二、大型临时设施设置遵循原则

(1)大型临时设施建设时首先满足标准化要求。

(2)在满足工艺流程设计合理的条件下,遵循生产区和生活区既相互分开,又有机联系的原则进行布局。生产区按工艺流程分区划块,要求结构紧凑,占地面积较少,同时又便于流水作业生产;容易实现现代化生活管理,并有足够的施工作业和活动空间。

(3)满足信息化要求:项目部建立局域网,在混凝土集中拌和站等大型临时设施内通电、通网,建立集成应用平台;建立视频系统和电话,方便随时召开视频会议。

三、场地布置原则

场地布置时,空压机房、发电机房、拌和站、钢结构厂、砂石料场等尽量远离人员居住区或采取防噪措施,避免噪声、扬尘扰民。施工便道各专业共用,尽量避开居民区,不能避开时,加强道路防护,改善路况减少道路扬尘。选择地势平坦、地基承载力高且稳定、交通运输线路上布设电脑自动计量混凝土搅拌站,为路基构造物、桥梁、隧道、轨道道床等工程提供混凝土。

第二节　材　料　厂

充分利用设置的混凝土拌和站、路基填料生产场为材料储存场,由各项目部负责管理,施工中利用铁路、国道及省道等将物资供应至基地,并设置符合各类物资存放标准的仓库和场地,确保施工需用量及安全库存;发挥运输优势,确保工程物资的及时供应。PM-2 标材料厂设置情况见表 4-1-1;PM-4 标材料厂设置情况见表 4-1-2。

表 4-1-1　材料厂设置情况一览表

编　号	名　称	设置位置	供应范围	占地(亩)
1	建宁经济开发区	DK234+000 右侧约 1.5 km 处	DK226+700～DK256+300	15
2	建宁南站梁场内	—	梁场	15
合　计				30

表 4-1-2　材料厂设置情况一览表

编　号	名　称	设置位置	供应范围	占地(亩)
1	中心料库	清流县嵩口镇	DK326+000～DK335+000	26.7

续上表

编　号	名　称	设置位置	供应范围	占地(亩)
2	2号斜井料库	峰果岭隧道2号斜井洞口	DK312＋100～DK326＋000	5.4
3	吉龙河料库	吉龙河大桥	DK335＋000～DK348＋200	4.5
合　计				36.6

第三节　施工便道、便桥

一、施工便道设置原则

(1)尽量利用乡村便道进行改扩建。

(2)便道引入尽量照顾相邻工点。

(3)地形条件较差的复杂桥梁工点将便道引至主墩,跨河桥一般考虑两岸引入便道。

(4)隧道工程施工便道引至施工洞口。

(5)部分既有公路现状较差,考虑整修加固以满足工程施工运输的要求。

(6)新修便道时要考虑运营后的工务维修,优化便道方案,做到规划合理,永临结合。

二、施工便道设置情况

以 PM-2 标为例,本标段线路较长,工点较多,稻田和鱼塘较多,主便道在局部位置无法贯通,设置接入便道 18 处,便道接入根据既有的 205 省道沿线路方向向两侧延伸,接入便道见表 4-1-3。

PM-3 标段汽车运输便道共计 73.9 km,其中新建单车道 12 km、新建双车道 18.9 km、改建单车道 8 km、改建双车道 27 km、利用地方既有道路 8 km。利用既有国道、县道和乡村道路作为运输主干道,同时引入各工点,其余地方新建施工便道主要为引入线。主干道按双车道标准设置,引入线按单车道砂石路面(路基宽 4.5 m,路面宽 3.5 m)。

PM-4 标施工便道由既有省道 S204、S307 及多处乡村道路引入,部分利用既有机耕道路拓宽,有条件的地段在永久征地范围内沿线路贯通,穿过村庄的改线绕行,通往隧道进出口的便道依山势展线修筑。全标段共新建便道 19.96 km,改扩建便道 18.98 km,利用道路 9.5 km。

PM-5 标段接入工点便道总计规划为 60.573 km,其中新建便道 45.197 km,改扩建 7.265 km,利用地方道路 7.782 km,新建便桥 136 m/5 座;取弃土场便道规划 10.126 km,其中新建 4.631 km,改(扩)建 1.783 km,利用地方道路 3.712 km。

相关技术指标见表 4-1-4～表 4-1-6。

表 4-1-3　接入便道一览附表

序号	开口道路	省道 K 里程	位置	便道长度(m)	主要构筑物
1	S205	K354＋480.00	右侧	510	武调斜井
2	S205	K357＋980.00	左侧	1 100	跨浦建大桥
3	S205	K358＋260.00	左侧	500	跨浦建大桥
4	S205	K359＋300.00	左侧	610	跨浦建大桥、路基、濉溪大桥、路基
5	S301	K301＋300.00	进入垃圾场道路	310	斗埕大桥、路基、圳背水库大桥、路基、廖家源隧道、路基
6	201 乡道		两侧	680	沙田大桥、路基、圳头中桥、路基、圳头特大桥、路基
7	S205	K370＋050.00	两侧	710	建宁大桥、路基、跃进大桥、路基、段竹大桥、路基、梅丰水库大桥、路基

续上表

序号	开口道路	省道K里程	位置	便道长度(m)	主要构筑物
8	S205	K372+980.00	右侧	400	炸药库车辆进出场道路
9	S205	K372+981.00	右侧	20	2号拌和站进出场道路
10	S205	K372+982.00	左侧	310	水西大桥、吴家大桥及路基
11	S205	K372+983.00	左侧	680	夏家大桥、聂家大桥及路基
12	S205	K372+984.00	左侧	800	罗家大桥、杜坑大桥、廖家园大桥及路基
13	S205	K372+985.00	左侧	650	黄岭特大桥、黄岭站、下车大桥、宁家隧道及路基
14	S206	K372+986.00	左侧	300	下里湖大桥
15	S205	K372+987.00	左侧	700	溪岭大桥、下坪2号、1号隧道及路基
16	S205	K372+988.00	左侧	300	DK253+515～DK255+498段路基、下坪3号隧道
17	S205	K372+989.00	左侧	320	双溪口大桥
18	S205	K372+990.00	左侧	250	鱼山中桥及路基

表 4-1-4　施工便道主要技术指标表

项　目		主要技术指标	说　明
计算行车速度(km/h)		20	
路基宽度(m)	单车道	5.5	交通量平均每昼夜为100辆以下,或条件比较困难的地段,可采用单车道标准
	双车道	7.5	
路面宽度(m)	单车道	4.5	
	双车道	6.5	
最小曲线半径(m)		15	地形困难地段可适当酌减
最大纵坡(%)		10	困难地段可酌情放宽到15%
路基压实度		≥80%	填方地段分层厚度控制在0.5 m以内
错车道(m)	间距	100～300	错车道应选在便于瞭望的地点,每边路肩仍保持0.5 m宽;视线好时取大值,视线差或弯道附近取小值
	路面宽	7	
	长度	≥10	
	两端变宽缓和长度	10	

表 4-1-5　路面种类及厚度指标表

路面种类	基床材料及厚度	路面结构层厚度(cm)	附　注
泥结碎石路面		20～25	
C25水泥混凝土路面	土质路基设15 cm厚砂砾垫层	20	路基压实度不小于80%
	石质路基或砂砾、碎石路基不设垫层	20	

表 4-1-6　路面质量标准

1	平整度σ(mm)	2.5	3 m直尺;每200 m测4处×3尺
2	抗滑构造深度(mm)	0.6	砂铺法;每200 m测1处
3	相邻板高差(mm)	4	每200 m抽纵、横缝各2条,每条2点
4	纵、横缝顺直度(mm)	10	纵缝20 m拉线,横缝沿板宽拉线;每200 m 4处,每200 m 4条
5	路面宽度(mm)	±30	每200 m 4处

三、建设标准

(1)贯通便道

路面宽为 5.5 m,边坡坡率为 1∶1,高出原地面或水面 30～50 cm,根据不同的地质类型,便道的填筑厚度分为以下几种:

①旱地(地质良好):填筑厚度为 50 cm 的石渣。

②旱地(地质较软):填筑厚度为 80 cm 的石渣,其中地基处理深度为 30 cm。

③稻田:填筑厚度为 1 m 的石渣,其中地基处理深度为 50 cm。

④鱼塘:填筑厚度为 2.5 m 的石渣,便道顶面高出水面 0.5 m。

(2)其他便道

弃渣场、取(弃)土场便道路面宽为 4.5 m,边坡为 1∶1,高出原地面或水面 30～50 cm。错车道间距 200～500 m,长度 20 m,错车处路面宽度 7 m。

(3)新建接入便道

路面宽为 5.5 m,边坡为 1∶1,填筑高度参照贯通便道施工标准。

(4)改扩建、维护既有便道

新建便道:路面宽 4 m,路基宽度 4.5 m,每 100～200 m 设 30 m 长的错车道,错车道宽度按 8.0 m 控制。

弯道:根据各自工点进出场最大设备的转弯条件设置,且最小转弯半径不小于 20 m。

坡道:一般情况下不大于 8%～10%,特殊地段坡度不大于 15%。

路面:泥结碎石路面。

排水沟:便道设单侧排水沟,沟底宽度和深度不小于 30 cm。

其他:在软土或水田地带,基底抛填片石或用三七灰土换填处理并做必要防护,为保证施工便道的正常使用,组织专门的养护队伍配备必要的机械、工具和材料,对施工便道进行养护,保证路况完好,无坑洼、无落石、排水通畅。

(5)便涵设置

以 PM-2 标为例,根据现场调查,该标段需要埋设便涵 7 处,均与新建施工便道正交,具体里程如下:SJDK225+600 需埋设 ϕ100 cm 混凝土管 12 m;SJDK231+740 需埋设 ϕ100 cm 混凝土管 12 m;DK227+800 需埋设 ϕ100 cm 混凝土管 22 m;DK232+280 需埋设 ϕ100 cm 混凝土管 10 m;DK235+178 需埋设 ϕ100 cm 混凝土管 10 m;DK238+850 需埋设 ϕ100 cm 混凝土管 10 m;DK250+250 需埋设 ϕ100 cm 混凝土管 10 m。

(6)钢便桥设置

以 PM-3 标为例,该标段桥梁工程跨越河流、水塘处设置栈桥,共 653 m。其中宁溪 1 号大桥 100 m,宁溪 2 号大桥 100 m,安寨水茜溪大桥 103 m,东溪 1 号大桥 110 m,东溪 2 号大桥 120 m,东溪 3 号大桥 120 m。钢便桥净宽 4 m,外宽 6 m,荷载 100 t。

(7)进拌和站便道:以 PM-5 标为例,本着集中生产原则,该标段设置混凝土拌和站 3 处,承担标段内所有混凝土的生产,材料运输、混凝土运输车辆密集,且为重车,进站道路采用 C20 混凝土硬化,厚度 20 cm,道路宽度 8 m,并设置 50 cm 承重层。

四、施工工艺

(1)便道施工

便道施工工艺如图 4-1-1 所示。

(2)便桥施工

施工顺序为:桥台、支墩施工—安装工字钢—吊车就位—吊装工字钢—焊接连接钢筋—施工桥面系。施工栈桥采用钢管桩贝雷梁结构,贝雷梁梁底标高高于最高水位 1.5 m 以上,如图 4-1-2 所示。

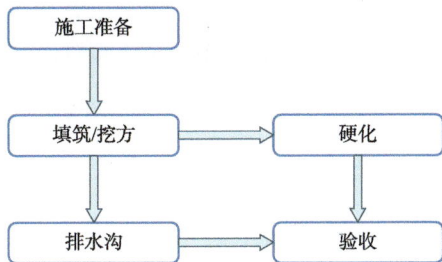

图 4-1-1　便道施工工艺

图 4-1-2　钢栈桥现在布置

第四节　混凝土集中拌和站

一、拌和站选址原则

设置原则为重点考虑桥梁隧道等主要构造物施工安排,同时兼顾附近小型构造物和附属工程;结合道路、场地、电力供应等条件统筹安排。

(1)全线混凝土供应按集中拌和考虑。拌和站的设置优先选设在长大隧道洞口附近,同时兼顾附近桥涵工程混凝土供应。

(2)混凝土搅拌站的选点结合拆迁工程量、土建工程量、供料情况、运输条件、地形条件等因素,经技术经济比选后合理确定配置方案。

(3)为确保混凝土质量和供应速度,重点考虑隧道施工用混凝土安排,同时兼顾附近小型构件预制场、桥涵和路基附属工程。

二、混凝土集中拌和站设置情况

PM-2 标段共设 3 个混凝土集中拌和站,满足 2 个分部的混凝土供应。混凝土集中拌和站设置见表 4-1-7。

表 4-1-7　混凝土集中拌和站设置一览附表

序号	名称	线位里程	供应范围		占地面积 (亩)	设备配置	混凝土供应量 (m³)
			起始里程	结束里程			
1	1 号混凝土拌和站	DK234+000	DK226+700	DK241+013.72	41.5	2 台 HZS180	26 万
2	2 号混凝土拌和站	DK244+900	DK241+013.72	DK256+300	20	2 台 HZS120	19 万
3	3 号混凝土拌和站	建宁南站	T 梁预制、弹性支撑块预制		20	2 台 HZS120	22 万

PM-3 标段共设置 5 处混凝土集中拌和站。其中一个拌和站平面布置如图 4-1-3 所示。混凝土集中拌和站设置见表 4-1-8。

表 4-1-8　混凝土集中拌和站设置一览表

序号	拌和站名称	位置	供应范围	占地亩数 (亩)	设备配置
1	1 号混凝土集中拌和站	DK264+400 左侧 400 m,紧邻 205 省道	DK256+300~DK263+043	19.6	120×2
2	2 号混凝土集中拌和站	莲花山隧道出口右侧	DK263+043~DK268+375	17	120×1+180×1
3	3 号混凝土集中拌和站	DK281+580 左侧 180 m 处	DK268+375~DK282+391	17	180×1
4	4 号混凝土集中拌和站	中沙乡下沙村附近	DK282+391~DK295+753	16.3	120×2
5	5 号混凝土集中拌和站	DK302+700 位于 796 县道边	DK295+753~DK307+277.66	29.3	120＊2

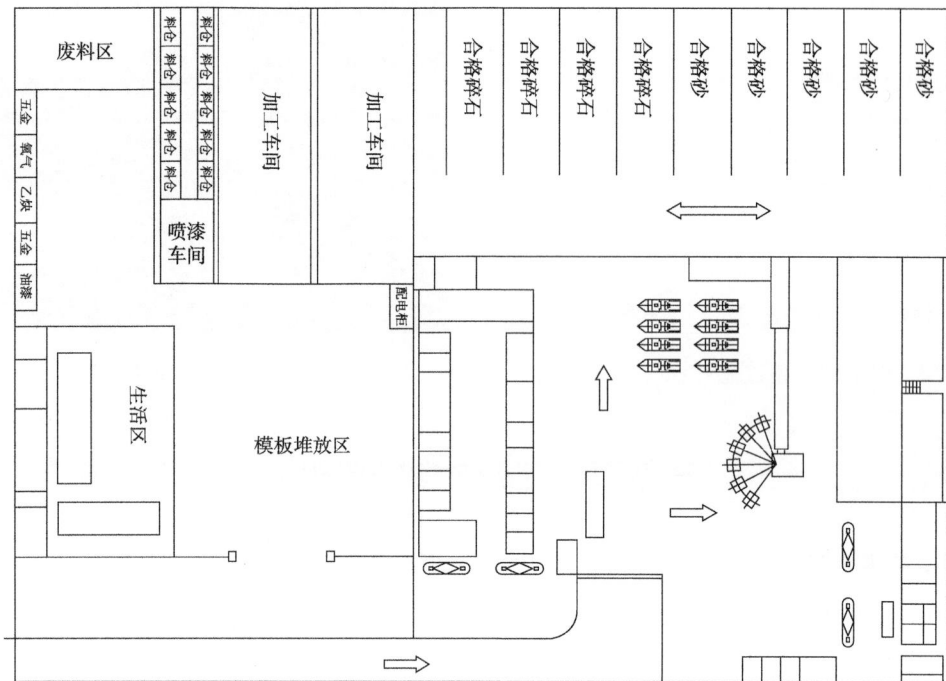

图 4-1-3 拌和站平面布置

PM-4 标段共设 3 个混凝土集中拌和站,满足 6 个架子队的混凝土供应,见表 4-1-9。

表 4-1-9 混凝土拌和站布置表

序号	名称	设置地点	主要供应范围	型号/规模	混凝土生产数量(万 m³)	
					喷射混凝土	模筑混凝土
1	1 号站	清流县嵩口镇位于线路 DK323+300 左侧约 4.6 km 处	峰果岭隧道 1 号、2 号斜井、笔架山隧道出口至田口隧道进口 (DK325+470~DK335+103)	2×2000 标准站	4.2	36.5
2	2 号站	清流县高锻村位于线路 DK342+200 右侧 0.3 km 处	田口隧道至标尾路基 (DK335+103~DK348+200)	2×1000 标准站	2.4	14.5
3	3 号站	清流县严坊村位于线路 DK320+500 左侧约 0.15 km 处	峰果岭隧道横洞~笔架山隧道进口 (DK319+000~DK320+328)	2×1000 标准站	2.9	13.6

PM-5 标段设置混凝土拌和站 3 座,自小里程向大里程方向依次编号,具体设置位置及主要配置见表 4-1-10。

表 4-1-10 拌和站配置情况

序号	设置里程	侧向	占地面积(亩)	搅拌机配置	兼顾范围(km)	承担混凝土量(万 m³)
1	DK360+360	线路左侧	30	2×120	15	20
2	DK371+150	线路左侧	72	2×120	预制梁	623 孔
3	DK386+300	线路左侧	36	3×120	29	37
	合计(亩)		138			

1 号、4 号站与钢筋加工厂、小型构件预制厂集中设置,3 号站主要用于 T 梁预制,拌和站料仓、搅拌机采用全封闭模式建设。其中设置于 4 号站的钢筋加工厂采用钢筋数控加工设备,场内设龙门吊用于材料运输,标段钢筋及钢件统一加工,场内分区作业,集中供应,与 4 号站合建的钢筋加工厂除负责第三项目经理部的结构物钢筋加工外,还承担标段所有隧道工程的钢筋、钢架、格栅等的加工,并集中配送。作为临时工程的亮点打造工程,其中 T 梁预制场于 2018 年 10 月建成,建成后一并纳入亮点打造工程之一。

第五节 梁场及预制构件场

一、制(存)梁场

1. 总体布置

建宁南铺轨基地共占地 238 亩,基地分为两个功能区域:梁场及铺轨基地,承担浦梅铁路 PM-2 标 T 梁预制 562 孔、建宁南至宁化区间轨排生产、长轨存放、道砟存放等任务,详细划分为制梁区、钢筋加工区、自动喷淋养护区、存梁区、架子队生活区、轨排生产区、长轨存放区、道砟存放区、办公区等。梁场日生产能力 4 片,最大存梁能力 400 片,最大存枕 4 万根,长轨存放能力 120 km,轨排存放能力 10 km,道砟存放能力 15 万 m³。

梁场设置在连城车站(DK371+000~+300)线路左侧,中心里程 DK371+150。按照流水线生产对梁场各功能区进行规划建设,根据选定梁场的地形条件,按挖填的平衡确定梁场标高,按照生活办公区—拌和站—材料通道—供电—钢筋加工区(含钢筋预扎区)—制梁区—存梁区—装梁区(静载试验台座)—运梁通道施工顺序进行施工建设。浦梅项目的 T 梁场需建设 7 个单层张拉养护区+3 个双层存梁区+1 个装梁、静载试验、存梁综合区,正常生产期间存梁能力 147 片,最大存梁能力 210 片。

2、设置要点

(1)办公、生活区

办公、生活区由办公区、生活区、围墙和大门组成。办公用房及住宅房、生活辅助用房均采用装配式活动板房;区域围墙采用栏杆式,高 1.5 m。办公用房和生活用房利用建筑物自然分开,场地及主要道路硬化并适当绿化。办公区域内设停车场、篮球场、升旗台等。活动板房基础采用 30 cm×30 cm 条形基础,在板房四周开挖排水沟,并进行表面硬化和绿化。场地表面全部采用 C30 混凝土硬化,硬化厚度 15 cm。梁场整体布置如图 4-1-4 所示。

图 4-1-4 梁场整体布置图

(2)龙门吊

根据基地的布置规划及工期安排,双层存梁区布置 80 t 龙门吊 4 台,制梁区配置 10 t 龙门吊 4 台;钢筋存放区配置 5 t 龙门吊 2 台,轨排生产区配置 16 t 龙门吊 4 台,长轨存放区配置群吊 19 台。龙门吊走行轨道基础为扩大条形基础结构形式,采用 C30 混凝土,在基础里预埋钢轨固定钢板。80 t 龙门吊基础采用扩大基础,尺寸为 1.4 m×0.4 m+0.6 m×0.4 m,10 t 龙门吊基础尺寸为 0.3 m×0.4 m,基坑开挖后要求将基底清理干净并夯实。

（3）混凝土灌注及初张拉区

设置 T 梁生产台座 16 个台座顶面预留拱（挠）度，台座顶面设置与底模连接的预埋件。制梁台座如图 4-1-5 所示。

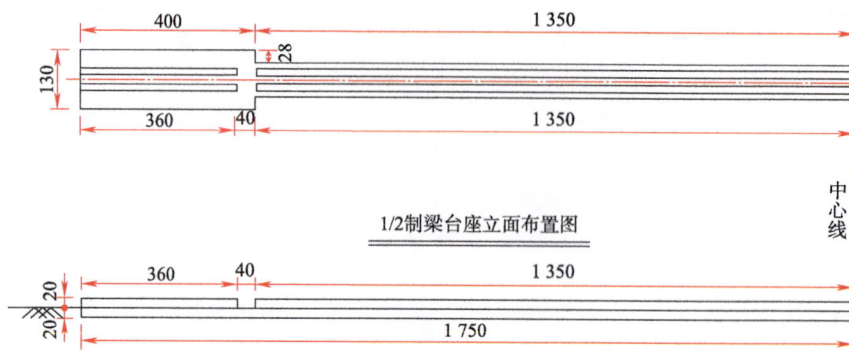

图 4-1-5　制梁台座（单位：cm）

生产台座底部采用整体式钢筋混凝土基础，上部为钢筋混凝土条形基础。基坑开挖清除浮土并压实后的地基承载力必须达到 150 kPa 以上。台座端部采用钢筋混凝土扩大基础（2.4 m×4 m），设置钢筋网片，中间采用钢筋混凝土扩大基础（27 m×1.4 m），设置钢筋网片。混凝土灌注区设置防雨设施一套，主要是防止在正浇筑混凝土时突降暴雨，影响混凝土浇筑质量，在设计时考虑龙门吊的高度，设计成轻便的可拆装式，遮住大面积，留出布料杆进入和移动的通道。

（4）存梁区

基础采用板式扩大基础，上下层采用双向配筋，以满足整板式基础的刚性要求。同时考虑存梁与移梁支点要求，存梁台位基础与滑道基础连为一体，共同受力。存梁支点上铺枕木，满足荷载要求。T 梁的终张拉在存梁台位上进行。存梁台座之间场地表面全部采用 C30 混凝土硬化，硬化厚度 15 cm。

（5）轨排生产区

场地表面全部采用 C30 混凝土硬化，硬化厚度 15 cm，最大存枕 4 万根，轨排存放能力 10 km。

（6）长轨存放区

横向铺设 100 排 25 m 短轨用于存放 500 m 长轨，铺设时测量调整保证轨面平整，人工捣固。最大长轨存放能力 120 km。长轨存放现在如图 4-1-6 所示。

图 4-1-6　长轨存放

二、小型构件预制场及钢筋加工场

1. 总体规划

新建浦城至梅州铁路建宁至冠豸山段全线站前工程 PM-2 标段正线起止里程为 DK226+700～DK256+300,正线长度 28.352 km;建宁县北站疏解线起止里程 SJDK226+700～SJDK232+050,疏解线长度 5.341 km。本标段在 1 号拌和站内设置 1 处混凝土成品预制厂、两处钢筋加工场。本着节约用地及方便管理的原则,本标段在 1 号拌和站空余地带设置混凝土成品加工厂,以加工生产本标段范围内的盖板、防护栅栏等混凝土成品,混凝土成品加工预制厂做到永临结合。本标段计划设置 2 处钢筋集中加工厂,具体设置位置详见表 4-1-11,用于对标段内钢筋及钢构件进行集中加工生产。

表 4-1-11 钢筋加工厂设置表

钢筋加工厂	位置	占地面积(亩)	供应范围
1	建宁经济开发区(垂直线路 DK234+000 右侧约 1.5 km 处)	15	负责全线线下工程钢筋及钢构件加工
2	建宁南站梁场	15	负责建宁南梁场、弹性支撑块轨枕预制场的钢筋及钢构件加工

小型构件预制场承揽 PM-2 标项目六边形空心块、挡水块、路基电缆槽、栅栏、隧道水沟电缆槽盖板、墩身吊篮步板、桥梁人行步板、抗滑桩挡土板的预制任务,小构场占地 14.8 亩合理划分为 8 个功能区,分别为原材堆放区、钢筋加工区、生产区、模具存放区、脱模区、养护区、成品展示区、停车区,各区协同配合,形成流水线生产模式。根据混凝土的需求量,预制厂设置 1 台 JS500 型搅拌机和 2 个 80 t 水泥罐,搅拌机配置安装 1 组配料机,建设 6 个砂石料仓,总储存量达到 1 130 m³。为满足施工需要,其他设备包括模具清洗池一处、沉淀池一处、消防池 2 处、全自动喷淋养生系统 1 套等配套设施。

PM-3 标段共设置 3 处混凝土成品预制厂,分别位于 1 号、3 号和 5 号混凝土集中拌和站附近,采用混凝土硬化场地。混凝土成品预制厂负责路基、桥隧等附属工程的小型预制构件预制。图 4-1-7～图 4-1-9 分别为混凝土构件养护区、脱模区以及存放区。混凝土成品预制厂设置见表 4-1-12。

图 4-1-7 混凝土养护区

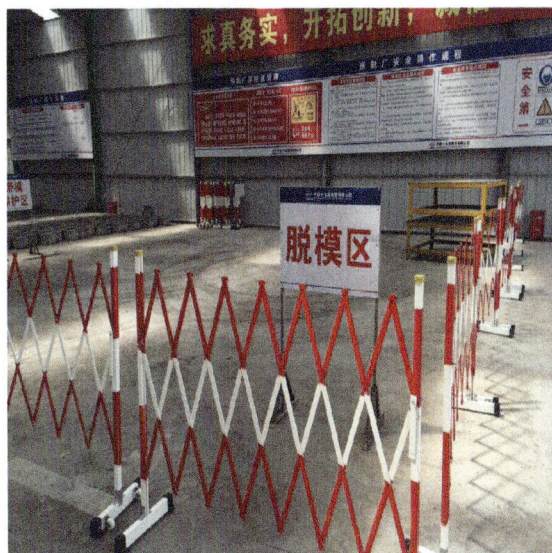

图 4-1-8 构件脱模区

图 4-1-9　混凝土成品存放区

表 4-1-12　混凝土成品预制厂设置一览表

预制厂名称	位置	供应范围	占地面积（亩）
1 号混凝土成品预制厂	DK258+330 右侧 600 m	DK256+300～DK263+043	5
2 号混凝土成品预制厂	DK286+400 左侧 1 040 m	DK273+540～DK295+754	9.5
3 号混凝土成品预制厂	DK304+200 右侧 500 m	DK295+754～DK307+277.66	10.08

PM-4 标段根据实际情况共设置 3 处钢筋加工厂，见表 4-1-13。钢筋加工厂采用半封闭钢管立柱与蓝色彩钢相结合的方式，原材料区采用伸缩式防雨棚，加工区采用固定式防雨棚。钢筋加工厂需本着"机械化、工厂化、专业化"的原则进行设计。根据本标段钢构件工程量，设置钢构件加工中心一个，位置设在清流县嵩口镇上，其生产面积约占地 5 760 m²，月加工能力最高可达 2 000 t。根据本标段小型预制件工程量，设置小型预制构架常一个，位置设在线路正线里程 DK342+200 线路左侧，设置于 2 号拌和站西侧，离线路中心直线距离 300 m，其生产面积约占地 9 568 m²，月加工能力最高可达 6 000 件。

表 4-1-13　钢筋加工场设置

序　号	钢筋加工场位置	占地面积（m²）	钢筋加工厂加工任务段
1	九龙溪大桥附近	5 000	DK312+100～DK329+000
2	温潭特大桥附近	5 000	DK329+000～DK338+000
3	吉龙河大桥附近	5 000	DK338+000～DK348+200

PM-5 标段钢筋纵梁约 4.5 万 t，共设置 3 个钢筋集中加工场，用于隧道、桥梁、梁场和涵洞及附属等结构用钢筋，见表 4-1-14。1 号钢筋加工场设置在 DK357+420 线路右侧，负责第一项目经理部管段内除隧道钢筋、钢件以外所有钢件加工；2 号钢筋加工场设置在 DK386+260 线路右侧，负责第三项目经理部范围所有钢筋、钢件的加工，同时承担标段范围所有隧道工程的钢筋、钢件的加工，集中加工，统一配送；3 号钢筋加工场设置在连城预制梁场内。现场设置钢筋临时存放点，用于钢筋成品的临时存放。

表 4-1-14　钢筋集中加工场设置表

序　号	设置里程	侧向	距离线路距离（m）	占地面积（m²）	备　注
1	DK360+360	线路左侧	78	30	
2	DK386+300	线路右侧	380	36	
3	DK371+150	线路左侧	200	7	

PM-5 标段设 2 个小型预制件加工场，承担标段范围所有防护栅栏、桩板、空心砖、涵洞盖板等小型构件的生产，见表 4-1-15。分别与 1 号、4 号拌和站集中设置，1 号小型预制件加工场设置在 DK360+360 左

侧位承担第一项目经理部范围小型结构件预制任务;2号小型预制件加工场设置在DK386+300右侧位置,承担第三项目经理部小型结构件预制任务。

表 4-1-15 小型预制件加工场设置表

序 号	设置里程	侧 向	距离线路距离(m)	承担工程量
1	DK361+150	线路左侧	36	DK348+200~DK374+500
2	DK386+260	线路右侧	380	DK374+500~DK396+950

2. 预制厂具体设置方案

本预制厂配备以下设备:1台强制JS500型双轴卧式强制搅拌机、拌和楼、自动计量系统、操作间、料仓、料斗、上料输送系统、料罐、地磅、水泵、装载机、变压器、备用发电机组、配电柜等,相关设施有配电箱、蓄水池、污水处理池等相关配套设施。具体设备配备见表4-1-16。

表 4-1-16 投入主要设备统计表

序 号	设备名称	规格或型号	数 量	序 号	设备名称	规格型号	数量
1	强制搅拌机	JS500	1台	7	配电箱		2个
2	水泥罐	80T	2个	8	装载机	T930L	2台
3	粉煤灰料罐	150T	4个	9	地 磅	150T	1台
4	搅拌楼及配套设施		1套	10	潜水泵		2台
5	叉车	CPC30—AG51	2辆	11	振捣床		2套
6	布料机		1套	12	生活车		2辆

(1)拌和设备安装

主楼基础:基坑开挖长度1 m,宽1 m,深1 m,预埋件钢板—14×800×800与4根ϕ25 mm钢筋长度90 cm焊制而成,浇筑C35混凝土;主机圈梁开挖宽度为1.2 cm,深60 cm。

水泥罐基础:基坑开挖长度8 m,宽2.8 m,深1.5 m,预埋件钢板—25×800×800与4根ϕ25 mm钢筋长度90 cm焊制而成;浇筑C35混凝土。

配料仓基础:基坑开挖长度通长,长3 m,宽2 m,预埋件钢板—16×600×250与4根ϕ16 mm钢筋长度70 cm焊制而成;浇筑C20混凝土。

(2)料仓

预制厂料仓围墙及隔墙基础采用素混凝土条形基础,宽度75 cm,厚度50 cm,采用C15混凝土浇筑;围墙及隔墙采用砖砌,厚度采用50 cm墙;料仓地平硬化采用C25混凝土,20 cm厚。砖砌施工时预留50 cm宽雨棚立柱安装空间,待雨棚立柱安装完成用C25混凝土浇筑预留空间。

(3)站内行车区

站内行车区围绕拌和楼、进料斗、料仓形成环路,最大纵坡为2‰,采用C20混凝土硬化,厚度25 cm;非工作区硬化20 cm。

(4)地磅

在预制厂大门外新修便道设置150 t地磅,专人维护管理。

(5)大门

大门净宽5 m,结构严格按照企业标准建设。

(6)排水沟

预制厂内设40 cm×40 cm主排水沟,C20混凝土矩形沟,采用钢盖板。

(7)污水处理

为保证污水排放达到环保要求,预制厂设置1个沉淀池,对模具清洗产生的污水进行处理,使其达到排放要求后方可排放。

（8）预制厂内设置施工用水蓄水池

长度 3 m，宽度 3 m，深度为 2 m，可储存水 12 m³。

（9）养护区

小型预制构件的生产拟采用固定式振捣台，在加工区就地振捣；混凝土浇筑结束后，由叉车转运至养护区覆盖湿润土工布进行保湿养生，为增加养生效果，在养护区设自动喷淋系统，对预制构件在养生期内进行喷淋养护。达到设计强度后用叉车倒运至成品存放区集中存放。设养护喷头两排，单排 8 个，单个喷头喷洒半径 4 m，喷头采用梅花形布置，保证喷洒半径重合无养护死角。

（10）模具清洗区

在小型构件脱模后使用盐酸清洗模具，避免传统施工过程中使用毛刷洗刷模具对模具内造成刮痕，有效保护了小型构件成品的光洁度，使预制块线性流畅、内实外美。同时对使用过的盐酸溶液由专业人员经过酸碱中和，经 pH 测试合格后才进行排放进入三级沉淀池，避免对周边环境造成污染。

3. 预制厂内用水源、用电

根据日平均强度计算每天混凝土生产量约为 9 m³，另考虑洗车等用水，根据现场调查，在三级沉淀池旁打一口深度 110 m 水井，为满足高峰用水需，在小型预制构件场拌和区修建 12 m³ 蓄水池。

4. 预制厂信息化建设

按照浦梅铁路信息化要求，统一设置视频监控系统和信息化管理系统。

第六节　取弃土、生活垃圾处理及环境保护设施

一、取弃土场

以 PM-4 标为例，施工中按照设计土石方调配要求取弃土。取弃土场使用前清除原地面表层土，并集中堆放，及时做好挡土墙、脚墙等支挡工程。取弃土完成后及时对边坡进行加固防护。取弃土顶面用原表层土回填，并进行绿化处理。弃土场位置及使用范围见表 4-1-17。

表 4-1-17　弃土场位置及使用范围

序号	弃砟场名称	弃土场位置	弃土范围	备注
1	峰果岭隧道 1 号、2 号斜井弃渣场	DK312＋150 右侧 150 m	峰果岭隧道 1 号、2 号斜井及正洞	
2	峰果岭隧道出口弃渣场	DK318＋800 右侧 400 m	峰果岭隧道横洞及正洞	
3	笔架山隧道进口及横桶坡隧道弃渣场	DK319＋800 右侧 150 m	笔架山隧道进口工区、横桶坡隧道、严坊村车站路基、区间路基 DK319＋548～DK319＋750	
4	笔架山隧道出口、将军亭隧道进口弃渣场	DK326＋200 右侧 800 m	笔架山隧道出口工区及将军亭隧道进口工区	
5	将军亭隧道出口弃渣场	DK329＋500 右侧 500 m	将军亭隧道出口工区	
6	田源车站弃土场	DK331＋750 左侧 1 400 m	田源车站路基 D1K330＋500～D1K331＋800	
7	田源弃土场（路基 1 号弃土场）	DK332＋000～＋300 左侧 900～1 100 m	区间路基 DK329＋955～DK335＋103	
8	田口弃土场（路基 4 号弃土场）	DK336＋150～＋300 左侧 900～1 100 m	区间路基 DK336＋375～DK340＋295	
9	大丰山隧道弃渣场	DK336＋600 左侧 1 000 m	田口隧道、大丰山隧道、白石隧道	
10	尤坊甲村弃土场（路基 5 号弃土场）	DK343＋180～＋400 左侧 780～1 000 m	黄竹岭隧道、罗德寨隧道路基 DK342＋648～＋750	

序号	弃砟场名称	弃土场位置	弃土范围	备　注
11	马寨村弃土场（路基6号弃土场）	DK343+550～+600左侧730～900 m	黄竹岭隧道、罗德寨隧道路基DK342+648～+750	
12	坑甲村弃土场（路基10号弃土场）	DK347+570～+900左侧650 m	路基DK344+000～DK348+200	
13	邓家车站弃土场	DK341+500右侧260 m	邓家车站路基DK342+750～DK344+000	
14	马寨取土场	DK343+823～+945左侧1 775～1 921 m	路基DK342+648～DK348+200	

二、生产、生活排污及垃圾处理和环境保护设施

(1)施工场地生活、生产污水不得随意排放，须设置临时排水系统，集中处理，达标后统一排放。污水处理须设沉淀池，经三级沉淀，每级沉淀池最小尺寸为2.0(长) m×1.5(宽) m×1.5(深) m，池壁和隔墙采用24 cm厚砖砌或混凝土。若采用砌体表面须砂浆抹面，底部铺筑10～15 cm混凝土。

(2)沉淀池应设置高度不小于1.2 m的围护栏，围护栏可用铁丝网等材料制作。

(3)生产污水和生活区四周设通畅的排水系统，污水集中进行处理排放，生产、生活区各修建1个污水处理池，达到国家排放标准后排放。

第七节　临时通信、电力线路及给水干管

一、临时通信

各施工单位项目部的各部室均安装程控电话，电脑上网用于信息、数据传输，各作业队均安装程控电话，主要施工负责人、安全人员配备移动电话以便及时取得联系。施工现场调度指挥人员、测量班配备对讲机进行现场联络，对讲机频率报请当地公安局批准后使用。

二、临时电力线路

PM-2标段线路所经地区电网发达，沿线施工用电便利，除少数工点无大电分布外，其余段落均有10 kV高压电分布在工点1 km范围内。施工用电以从附近的10 kV电力线"T"接引用地方电源为主，分散自发电为辅。生活用电：由各变电所单独架线接入，形成相对独立的生活供电系统。

PM-3标段沿线10 kV电网能够满足施工用电需要，采用分散供电，就近"T"接10 kV电源供电，并配备降压变压器及发电机供电方案。本标段共架设电力线路44 km。

PM-4标沿线小水电站多电力资源丰富，10 kV高压电力线或交错或平行线路分布，施工用电可就近引入。经计算本标段需14 650 kVA电源容量，变压器计划设置29台。经调查，本标段归属新国网福建省电力有限公司清流县供电公司。

PM-5标段施工用电以自设变压器就近"T"接地方电网为主，以自备发电机为辅。制梁场配备2台350 kW柴油发电机组，混凝土拌和站配备1台400 kW柴油发电机组，每个隧道口配备1台200 kW柴油发电机组作为备用电源。

三、临时给水干管

利用沿线水系发达、地下水丰富的有利条件。施工用水采用就近取水或打井取水、进入城区范围内利用城市自来水的供水方案。

沿线水资源丰富，施工、生活用水就近取用地表及地下水，并进行净化处理，水质分析试验合格后才能

使用。有条件的地段使用当地自来水。

根据 PM-2 标段工程情况,混凝土拌和站及隧道洞口高山水池为施工用水集中的位置,采用 $\phi 100$ mm 水管供水,在各混凝土拌和站和隧道洞口设置 100 m^3 的蓄水池蓄水。各作业队驻地采用 $\phi 50$ mm 水管供水,并设置 20~50 m^3 的蓄水池蓄水。

PM-3 标段给水干管路 21 km。在主要桥隧、拌和站、预制场设置给水管路,引入附近沟渠或自打井水,以满足施工用水需要。

根据 PM-4 标段工程情况,混凝土拌和站及隧道洞口高山水池为施工用水集中的位置,采用 $\phi 100$ mm 水管供水,在各混凝土拌和站和隧道洞口设置 100 m^3 的蓄水池蓄水。各作业队驻地采用 $\phi 50$ mm 水管供水,并设置 20~50 m^3 的蓄水池蓄水。

第二章　路基工程

第一节　工艺试验

为论证浦梅铁路路基施工工艺的合理性，在大面积填筑、附属施工前开展路基填筑、锚杆(索)工艺性试验，是后续路基工程规模施工工艺控制的依据，以保证路基工程施工质量。

一、路基填筑

1. 试验目的

在大面积填筑前开展了本体、基床、过渡段等填筑试验段施工，通过不同松铺厚度与填料含水率及碾压方式的组合取得基床填筑相应检测数据，最终确定路基填筑施工松铺厚度、含水率、碾压遍数、最佳的机械配套和施工组织，作为后续路基工程规模施工工艺控制的依据，保证路基工程施工质量。

2. 施工准备

1)现场与技术准备

(1)在现场正式进行填筑前，要达到"三通一平"标准。

(2)组织人员核实现场地形地貌、水文条件等是否与设计相符合，审核设计图纸，编制路基填筑工艺性试验段施工方案。

(3)根据设计院交桩点、设计图纸准确放出中线位置，进行路基精确定位及高程控制。

(4)试验准备。

2)原材情况

施工前根据设计文件提供的资料，按照现行《铁路工程土工试验规程》(TB 10102—2010)及有关建筑材料的试验方法，在选定的原土料取土场取样，对原土料进行检测，并按规定填写试验报告。原土料试验应符合下列规定：

(1)填料应进行下列试验：

颗粒分析：包括黏粒、粉粒含量；颗粒密度；击实试验：最大干密度(ρ_{dmax})、最优含水率(w_{opt})。

(2)双向土工格栅纵、横向抗拉强度不小于 30 kN/m，土工格栅进场应逐批检查出厂检验单、产品合格证及材料性能报告单，合格后方可使用，运至工地后整齐堆放在料棚内，防止日晒雨淋，并保持料棚通风干燥。

(3)取土场内取土，取土时应清除农植物、草皮以及表面腐殖土。施工用水应符合工程用水标准。

3. 施工工艺及流程

施工工艺流程如图 4-2-1 所示。为保证填筑质量有以下注意事项：

(1)摊铺

从最底一层开始分层填筑，分层填筑厚度应根据压实机械压实能力、填料种类和要求的压实密度确定，填筑的松铺厚度通过试验确定。松铺厚度的控制采用方格网与挂线相结合的方式。根据松铺厚度计算每车料的摊铺面积，确定堆放密度。

(2)整平

填筑区段完成一层上料后，用推土机初平，平地机精平。先用推土机将成堆的卸土大致摊铺整平，由平地机进一步整平到规定的松铺厚度，人工局部修整，做到摊铺面纵向和横向平顺均匀，以保证压路机压轮表面能基本均匀接触地面进行碾压。

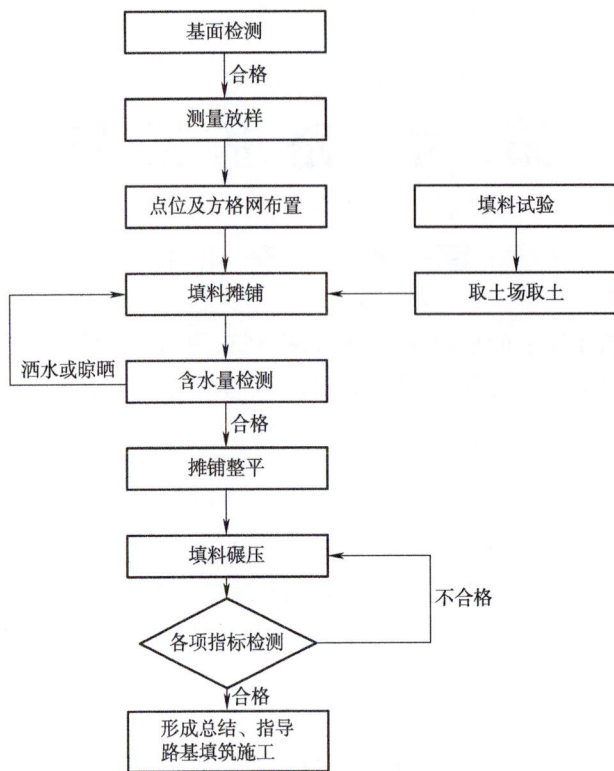

图 4-2-1　施工工艺流程

（3）碾压

采用重型振动压路机碾压。首先进行静压封面，这样可以防止土中水分的过早散失和表面的初次找平。按照验标要求对土层填筑质量进行地基系数和孔隙率 n 检测，后续每强振碾压一遍都进行地基系数 K_{30} 和孔隙率 n 的检测直到满足验标要求为止。现场路基施工如图 4-2-2 所示。

图 4-2-2　路基摊铺、整平，碾压施工

（4）路基边坡土工格栅施工

铺设土工格栅时，土层表面应整平并压实，土工格栅必须拉紧展平用 U 形钉固定，间距不大于 1.5 m，并应与路基面密贴，不得有褶皱、扭曲，不得有坚硬突出物，严禁碾压机械直接在土工格栅表面进行碾压。现场效果如图 4-2-3 所示。

土工格栅铺设完成后，应及时（24 h 内）进行路基填土。每层填筑应按"先两边，后中间"的原则对称填筑，严禁先填中部。碾压应以静压为主，不宜高频振动，压路机行走速度宜中低速。

图 4-2-3　满铺土工格栅与边铺土工格栅

（5）检验签证

按验标要求对填料质量、填筑厚度、填层面纵横方向平整均匀度、路面坡、压实质量、边坡质量等进行检查验收。

二、预应力锚索

1. 试验目的

选择与锚索锚固段地层相同、环境类似的相邻地段（石英砂岩、千枚岩 W2 地层）进行拉拔试验，以验证锚固段的设计指标，确定施工工艺及参数，其相关参数在同一标段内相同地层及相同环境类别时通用。

2. 设计要求

锚索试验抗拔力及设计抗拔力要求：试验锚索孔径为 ϕ115 mm，采用 4 束 ϕ15.2 mm 高强度、低松弛钢绞线制作，单孔锚索拉力设计值为 400 kN，每孔锚索打入基岩 W2 内。试验孔数不小于三孔，要求每孔锚索的最大试验荷载为 800 kN。当拉拔试验不满足要求时应及时通知相关单位进行处理。

3. 工艺流程

确定孔位→钻机就位→调整角度→钻孔→清孔→安装锚索→注浆→待强。

（1）确定孔位

根据现场地质情况选择具有相同地层且不影响后续锚索框架梁施工位置作为试验锚孔。

（2）钻机就位

钻机采用气动式锚索钻机 MGY-30，采用 ϕ48 mm 钢管搭设钻机平台，钻头直径 115 mm。根据指定位置将钻机定位。

（3）调整角度

锚索与水平呈 20°夹角，根据设计角度调整钻头。

（4）钻孔

钻孔直径为 ϕ115 mm，钻孔深度大于 16 m（孔深从坡面起算），钻孔必须采用干钻，严禁采用水钻，以防坍孔、缩孔。

（5）清孔

钻孔至设计深度后对孔内采用高压风清孔，保证孔内无粉尘、积水、杂物。清孔完毕后现场技术人员对孔深进行检查并记录。

（6）安装锚索

试验锚索长度 16.5 m（包含张拉段 1.5 m，锚固段 10 m，自由段 5 m；其中锚固段涂刷水泥浆，自由段套 PVC 管，管内涂刷防腐油脂，管两端封堵），沿着锚索方向每 1 m 设置扩张环、紧箍环，保证锚索的保护层厚度。

(7)注浆

根据设计要求该地段采用 M35 砂浆,M35 砂浆配合比为水泥:掺合料:砂:水＝1.00：0.20：1.16：0.37。注浆管应能承受 1.0 MPa,灌浆管插入距离孔底 30～50 cm,浆液自下而上连续灌注,随着浆液的灌进,慢慢拔出灌浆管。灌浆压力不小于 0.6～0.8 MPa。中途不得停浆,在初凝前进行补浆,必须做到浆液均匀地填满钢筋与孔壁间的空隙。

(8)待强

锚索孔灌浆后至少养护 7 天,养护期间严禁敲击、摇动锚索或在索体上悬挂重物。待孔内砂浆强度达到设计强度 70% 后进行拉拔试验。现场施工如图 4-2-4～图 4-2-6 所示。

图 4-2-4　钻孔及锚索安装

图 4-2-5　压浆

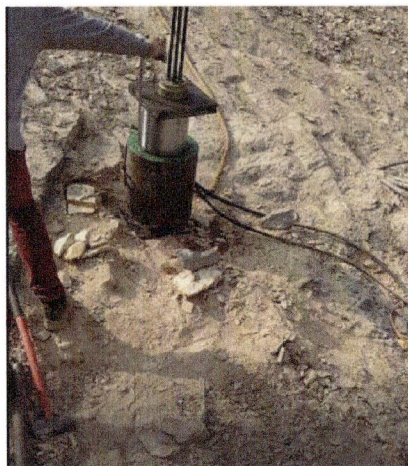

图 4-2-6　拉拔试验

三、锚　杆

1. 试验目的

选择与锚杆锚固段地层相同、环境类似的相邻地段进行拉拔试验,以确定锚杆砂浆的握裹性和锚固段地层设计指标,确定施工工艺及参数,其相关参数在同一标段内相同地层及相同环境类别时通用。

2. 设计要求

大锚杆试验抗拔力及设计抗拔力要求:试验锚杆孔径为 ϕ130 mm,采用 3 根 ϕ32 mm HRB400 钢筋,试验锚杆长 4 m,要求抗拔力土层及岩层 W4 中不小于 90 kN,岩层 W3、W2 中不小于 320 kN。当拉拔试验不满足要求时应及时通知相关单位进行处理。

3. 工艺流程

确定孔位→钻机就位→调整角度→钻孔→清孔→安装锚杆→注浆→待强。

(1)确定孔位

根据现场地质情况选择具有相同地层且不影响后续锚杆框架梁施工位置作为试验锚孔。

(2)钻机就位

钻机采用 HD100A 潜孔钻机,采用 ϕ48 mm 钢管搭设钻机平台,钻头直径 130 mm。根据指定位置将钻机定位。

(3)调整角度

锚杆与水平呈 20°夹角,根据设计角度固定潜孔钻。

(4)钻孔

钻头采用 ϕ130 mm 钻头,钻孔深度 4 m(孔深从坡面起算),钻孔必须采用干钻,严禁采用水钻,以防坍孔、缩孔。

(5)清孔

钻孔至设计深度后对孔内采用高压风清孔,保证孔内无粉尘、积水、杂物。清孔完毕后现场技术人员对孔深进行检查并记录。现场施工如图 4-2-7 和图 4-2-8 所示。

图 4-2-7　钻孔

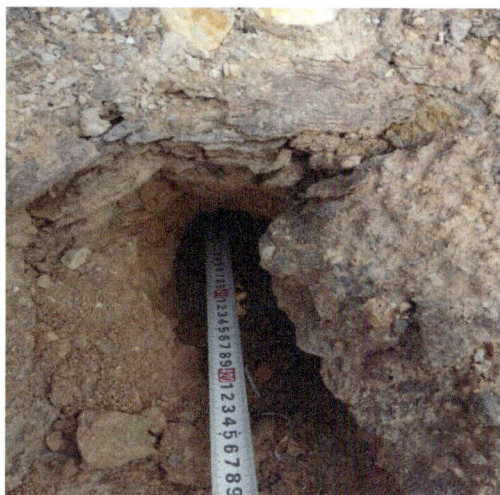

图 4-2-8　孔深测量

(6)安装锚杆

试验锚杆采用 4.5 m 长 3 根 ϕ32 mm HRB400 钢筋焊接牢固,伸入坡面深度 4 m。锚杆间隔 1.5 m 布置架立钢筋,架立钢筋采用 ϕ6 mm 钢筋,每截面处采用 3 根,架立钢筋之间角度 120°,保证锚杆钢筋位于孔位中心。

(7)注浆

根据设计要求该地段采用 M35 砂浆,M35 砂浆配合比为水泥∶掺合料∶砂∶水＝1.00∶0.20∶1.25∶0.40。注浆管应能承受 1.0 MPa,灌浆管插入距离孔底 30～50 cm,浆液自下而上连续灌注,随着浆液的灌进,慢慢拔出灌浆管。灌浆压力不小于 0.4 MPa。中途不得停浆,在初凝前进行补浆,必须做到浆液均匀地填满钢筋与孔壁间的空隙。

(8)待强

锚杆孔灌浆后至少养护 7 天,养护期间严禁敲击、摇动锚杆或在杆体上悬挂重物。待孔内砂浆强度达到设计强度 70%后进行拉拔试验。现场施工如图 4-2-9～图 4-2-11 所示。

图 4-2-9 锚杆安装

图 4-2-10 注浆

图 4-2-11 拉拔试验

第二节 地基处理

一、水泥土搅拌桩

1. 工艺原理

水泥土搅拌桩是软基处理的一种有效形式,是一种将水泥作为固化剂的主剂,利用搅拌桩机将水泥喷入土体并充分搅拌,使水泥与土发生一系列物理化学反应,使软土硬结而提高地基强度的地基处理措施。本标段路基共有 13 段水泥土搅拌桩软基处理,桩采用正三角形布置,桩间距为 1.0 m,桩径 0.5 m。根据设计要求,竖向承载力水泥土搅拌桩的长度应根据结构对承载力、变形和稳定性的要求确定,平均桩长 4.0 m,打入下卧层粉质黏土不小于 0.5 m。桩身水泥采用 P.O 42.5 级普通硅酸盐水泥,水泥浆水灰比为 0.5。

2. 施工程序及工艺流程

(1)施工程序

水泥搅拌桩处理地基的施工顺序为:原地面整平→施工放样→钻机定位→钻杆下沉钻进→上提压浆→强制搅拌→复拌→提杆出孔→钻机移位→成桩。

（2）工艺流程

水泥搅拌桩施工工艺流程如图 4-2-12 所示。

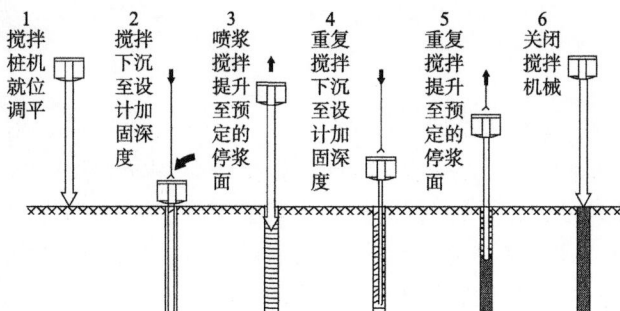

图 4-2-12　工艺流程图

3. 施工准备

施工前现场取样做室内配方试验，按照设计要求通过试验确定固化剂用量、水灰比和外加剂用量，要求拌和的灰土早期强度高、龄期强度满足设计要求，配置的灰浆要流动性好、不离析、便于泵送、喷搅。通过试验了解强度的增长和龄期关系，便于施工安排。

施工场地清理后即进行定位测量，确定定位轴线，随后分段放设井位桩，根据浆体喷射搅拌桩布置范围及间距，在现场采用小木桩或竹片桩准确定出每个桩位置。定位前，对每个井位进行编号，以免桩号混乱，防止偏位或漏打。定出桩位确定标高以便控制好搅拌桩的设计深度。为控制桩入土深度，在搅拌机架上划出标尺，以确保桩底标高符合设计要求。

4. 施工工艺

（1）测量放线及水泥土搅拌桩机就位

施工前，测量组根据设计图纸放出控制轴线，并根据轴线定出桩位，用白灰标明，桩中心用木桩作为标记，以便于施打。轴线及标高测量完毕，轴线和高程的控制桩，应设置在不受打桩影响的地点，并应妥善加以保护。然后吊车配合使搅拌桩机移至指定桩位，使钻头中心对准桩位标记，偏差不大于 2 cm。

（2）预搅下沉喷浆

待水泥土搅拌桩机的冷却水循环正常后，启动电机，放松起重机钢丝绳，使搅拌机沿导向架边搅拌、边切土下沉，下沉速度可由电机的电流监测表控制，工作电流不大于 50 A。搅拌下沉时同时喷浆。

（3）制备水泥浆

待水泥土搅拌桩机预搅下沉到一定深度时，即开始按中心试验室设计确定的配合比（1∶0.5）拌制水泥浆。

（4）搅拌提升

一边旋转搅拌钻头，同时严格按照确定的提升速度提升水泥土搅拌桩机，开启灰浆泵将水泥浆压入地基中。

（5）重复搅拌下沉和提升

待水泥土搅拌桩机提升到设计加固范围的顶面标高时，集料斗中的水泥浆应保持每次拌浆的一半。为使软土和水泥浆搅拌均匀，再次将搅拌桩机边旋转边沉入土中同时喷浆至设计加固深度，最后再将搅拌桩机搅拌闭浆提升出地面。

（6）清洗

向集料斗中注入适量的清水，开启灰浆泵，清洗全部管路中残余的水泥浆，直至基本干净，并将黏附在搅拌头上的软土清洗干净。

（7）移位

全桩复搅（四搅两喷，最后一次提升搅拌闭浆）之后，将水泥土搅拌桩机移位，重复清洗步骤，进行下一根桩的施工。

(8)质量检测

成桩后 7 d 内采用轻型动力触探检查桩质量,28 d 后取试样做无侧限抗压强度试验。水泥搅拌桩检验及试验分别如图 4-2-13 和图 4-2-14 所示。

图 4-2-13　桩头开挖检验

图 4-2-14　载荷试验

5. 质量控制措施

(1)桩完成后,桩位平面偏差不得大于 50 mm;桩位垂直偏差不得超过 1.5%;加固土强度标准值宜采 90 d 龄期试块的无侧限抗压强度。围护桩宜取 28 d 强度。水泥搅拌桩做载荷试验,检验承载力时,应在 28 d 后进行,检验点数按设计要求,按标准进行测试。

(2)使用水泥应过筛,制备好的浆液不得离析,泵送必须连续。拌制浆液的罐数、固化剂和外掺剂的用量以及泵送浆液的时间等应有专人记录。

(3)为了保证桩端施工质量,当浆液达到出浆口后,应喷浆座底 30 s,使浆液完全到达桩端。

(4)搅拌机预搅下沉时不宜冲水,当遇到较硬土层下沉太慢时,方可适量冲水,但应考虑冲水成桩对桩身强度的影响。

(5)施工时如因故停浆,宜将搅拌机下沉至停浆点以下 0.5 m 处,待恢复供浆时再喷浆提升。若停机超过三个小时,为防止浆液硬结堵管,宜先拆卸输浆管路,妥为清洗。

(6)壁状加固时桩与桩的搭接长度宜大于 20 mm,搭接时间不应大于 24 h,如因特殊原因超过上述时间,应对最后一根桩先进行空钻留有榫头以待下一批桩搭接;如间歇时间太长(如停电等)与下一根无法搭接时,应在设计和建设单位认可后,采取局部补桩或注浆措施。

(7)搅拌机喷浆提升的速度和次数必须符合施工工艺的要求,应有专人记录搅拌机每米下沉或提升的时间。深度记录误差不得大于 100 mm;时间记录误差不得大于 5 s。

二、CFG 桩

1. 工艺原理

CFG 桩是水泥粉煤灰碎石桩的简称,它是由水泥、粉煤灰、碎石、砂加水拌和形成的高粘结强度桩,桩身强度等级为 C15,可全桩长发挥侧向摩阻力,桩端落在好的土层时可很好地发挥端部阻力,与桩间土、褥垫层一起形成复合地基。在复合地基增强体(桩体)系列中,它的置换作用最强;通过调整桩、土的应力比,随着褥垫层厚度的增大,复合地基桩、土应力比变小,直至接近于 1。当褥垫层厚度达到一定程度时,地基反力即为天然良好地基反力。本标段路基共 5 段路基采用 CFG 桩加固软基处理,设计桩长 4.0~8.0 m,桩径为 0.5 m,采用正三角形布置,桩间距类型有两种,CFG 桩间距为 1.5~2 m 不等。CFG 桩打入下卧层不小于 0.5 m。桩身混合料按设计要求采用 C15 混凝土(配合比为:水泥∶粉煤灰∶砂∶碎石∶水 = 217∶72∶792∶1140∶159,单位:kg),桩顶设 C35 钢筋混凝土桩帽,桩帽直径 1.0 m。CFG 桩主要是由水泥、粉煤灰、碎石、砂加水拌和形成的混合料灌注而成,采用长螺旋钻孔,管内泵压混合料灌注成桩。桩顶均设置 C35 钢筋混凝土桩帽,桩帽直径 1 m。桩顶铺设 0.6 m 厚碎石垫层夹两层抗拉强度不小于 80 kN/m 的聚乙烯双向土工格栅加固。

2. 施工程序

长螺旋钻机取土、管内泵压混合料灌注成桩施工程序为:原地面处理→测量放样→钻机就位→钻孔→泵压灌注混合料→成桩检测及验收。

3. 施工准备

(1)对原地面进行清理和整平,将路基范围内原地面上淤泥、树根、草皮、腐殖土等全部挖除,为 CFG 桩施工做好场地平整。

(2)做好临时排水设施,疏干场内积水,使周边水不再进入场内,雨水、渗水可随时排出。

(3)做好临时储备材料及设备场地。

(4)完成现场便道及临时用水、用电工程。

4. 施工工艺

(1)测量放样

根据设计提供的控制点,测量放出 CFG 桩区域的控制桩,然后使用钢卷尺根据桩距传递放出桩位位置,用小竹签做好标记,并撒白灰标识,确保钻机准确就位。

(2)钻机就位

钻机就位必须平整、稳固,确保在施工中不会发生倾斜、移动。钻杆应垂直对准桩位中心,桩位偏差应控制在 5 cm 以内;钻杆垂直度控制采用在钻架上两个相互垂直方向上挂垂球的方法测量。每根桩施工前均应由旁站人员进行桩位对中及垂直度检查,确保 CFG 桩垂直度偏差不大于 1‰,检查合格后方可开钻,并记录好桩位偏差及垂直度。

(3)钻孔

钻孔开始时,关闭钻头阀门,向下移动钻杆至钻头触及地面时,启动马达钻进,先慢后快。在钻孔过程中,如发现钻杆摇晃或难钻时,放慢进尺,避免导致桩孔偏斜、位移,甚至使钻杆、钻具损坏。当钻头到达设计桩长预定标高时,关闭电机,在钻机塔身做出钻机动力头底面停止位置标识,作为控制成孔深度的依据。

(4)验孔(孔深及垂直度检查)

钻至设计标高后,记录钻机钻入地层的反应,核查地质资料。清底、夯实孔底,沉渣不得大于 100 mm,并用不小于 35 kg 的重锤将孔底夯实。若孔底出现少量地下水,可投入拌和料,并将其夯实。成孔径自检合格后,报监理工程师确认后才能终孔。若地质与设计不符,应及时做好变更设计。

(5)混合料拌制

混合料搅拌采用搅拌站集中拌和,按照配合比进行配料,混合料坍落度控制在 160～200 mm。运输采用混凝土罐车运输到施工现场。在运输及现场等待过程中,混合料运输车必须慢速旋转,严禁停转。

(6)灌注混合料及拔管

采用长螺旋钻机管内泵压混合料灌注成桩,钻孔至设计标高后,停止钻进,钻杆芯管充满混合料后开始拔管,并保证连续匀速拔管,混合料的泵送量与拔管速度相匹配,混合料灌注过程中应保持混合料面始终高于钻头面 15～25 cm,拔管速率按工艺性试验参数进行控制,一般宜控制在 1.5～2 m/min。每根桩的投料量不小于设计灌注量。施工桩顶高程一般应高出设计高程 30～50 cm,灌注成桩后,对桩顶覆土封顶进行养护。在灌注过程中做好灌注时间、拔管提升速度、混凝土坍落度、混凝土实际灌注量等记录。

(7)成桩验收

对灌注的混合料,制作试件,进行 28 d 抗压强度检验;对每根桩总体混合料质量进行检验,确保混合料灌注量不小于设计标示应灌注总质量;确认桩长能够保障有效桩体设计高程且有不少于 50 cm 保护桩体。

5. 质量保证措施

(1)CFG桩施工视土层情况及设计间距采用间隔跳打法或连打法,具体的施工方法由现场试验确定。在软土中,桩距较大可采用隔桩跳打,但施工新桩与已打桩时间间隔不小于7 d;在饱和的松散粉土中,如桩距较小,不宜采用隔桩跳打;全长布桩时,应遵循"由一边向另一边"的原则。

(2)严格按设计配合比拌和混合料。坍落度要控制在160~200 mm之间。施工过程中,坍落度的损失速度根据现场试验测试得出,并根据测试结果调整坍落度,避免因坍落度损失过快造成混合料堵管。

(3)提钻时严格按试桩调整拔管速度拔管。提拔钻杆要采用静止提拔,在特殊情况下采用边旋转提拔,同时通过混凝土输送泵的泵送次数来确定实际投料量。混凝土必须保持混凝土面始终高于钻头面,钻头低于混合料面15~25 cm。确保钻杆内管及输送软、硬管内混合料连续。

(4)施工中应经常检查排气阀的工作状态,发现堵塞及时清洗,以免成桩空心。

(5)施工中提钻与混合料供应必须密切配合,保证提钻和泵料一致,以防止桩端不饱满而影响CFG桩的承载力。

(6)在施工过程中,注意检查钻头磨损情况,及时进行修补、更换,避免因钻头磨损严重,造成桩径不符合设计要求。

三、高压旋喷桩

1. 工艺原理

高压旋喷桩是利用工程钻机钻孔至要求深度后(或引孔旋喷一体机),利用高压旋喷机把安有水平喷嘴的注浆管下到设计标高,利用高压设备使喷嘴以一定的压力把浆液喷射出去,高压射流冲击切割土体,使一定范围内的土体结构破坏,浆液与土体搅拌混合固化,随着注浆管的旋转和提升而形成圆柱形桩体,凝固后便在土体中形成圆柱形状、有一定强度、相邻桩体相互咬合成一体的固结体,该工艺起到止水与土体加固的作用。

2. 工艺流程

(1)施工程序

定位→旋喷机就位(设备调试)→钻进→配送水和浆液→旋喷提升→泥浆外排→清洗机具就新孔位→施工下一根桩。

(2)工艺流程

高压旋喷桩施工工艺流程如图4-2-15所示。

3. 施工准备

(1)技术交底工作

施工前首先熟悉施工设计文件,理解设计意图,做好技术交底。

(2)施工准备

正式进场施工前,进行管线调查后,清除施工场地地面以下2 m以内的障碍物,不能清除的做好保护措施,然后整平、夯实;同时合理布置施工机械、输送管路和电力线路位置,确保施工场地的"三通一平"。

(3)测量工作

施工前测量班要精确地根据技术交底的桩位平面图放出施工桩位,桩位中心点用钎子插入地下,并用白灰明示,同时用石灰撒出处理范围边线。

4. 施工工艺

(1)钻机定位

移动旋喷桩机到指定桩位,将钻头对准孔位中心,同时整平钻机,放置平稳、水平,钻杆的垂直度偏差控制在1‰以内。就位后,首先进行低压(0.5 MPa)射水试验,用以检查喷嘴是否畅通,压力是否正常。

(2)制备水泥浆

桩机移位时,即开始按设计确定的配合比拌制水泥浆。首先将水加入桶中,再将水泥和外掺剂倒

```
                    ┌──────────────┐
                    │  测量放线定位  │
                    └──────┬───────┘
                           ↓
                    ┌──────────────┐
                    │  引孔钻机就位  │
                    └──────┬───────┘
                           ↓
        ┌─────→─────┌──────────────┐
        │           │   钻进成孔    │            ┌──────────────┐
        │           └──────┬───────┘            │   制备水泥浆   │
        │                  ↓                     └──────┬───────┘
        │           ┌──────────────┐                   ↓
        │           │   下喷射管    │←──────       ┌──────────────┐
        │           └──────┬───────┘            │   浆液泵送    │
        │                  ↓                     └──────────────┘
        │           ┌──────────────┐
        │           │   高喷作业    │
   ┌──────────┐     └──────┬───────┘
   │ 移位下根桩 │          ↓
   └──────────┘     ┌──────────────┐
        ↑           │   旋喷提升    │
        │           └──────┬───────┘
        │                  ↓
        │           ┌──────────────┐
        │           │   泥浆外排    │
        │           └──────┬───────┘
        │                  ↓
        │           ┌──────────────┐
        │           │   清洗机具    │
        │           └──────┬───────┘
        │                  ↓
        │            ◇─────────◇
        └──否──      │  是否完工  │
                     ◇─────────◇
                           │是
                           ↓
                    ┌──────────────┐
                    │   设备退场    │
                    └──────────────┘
```

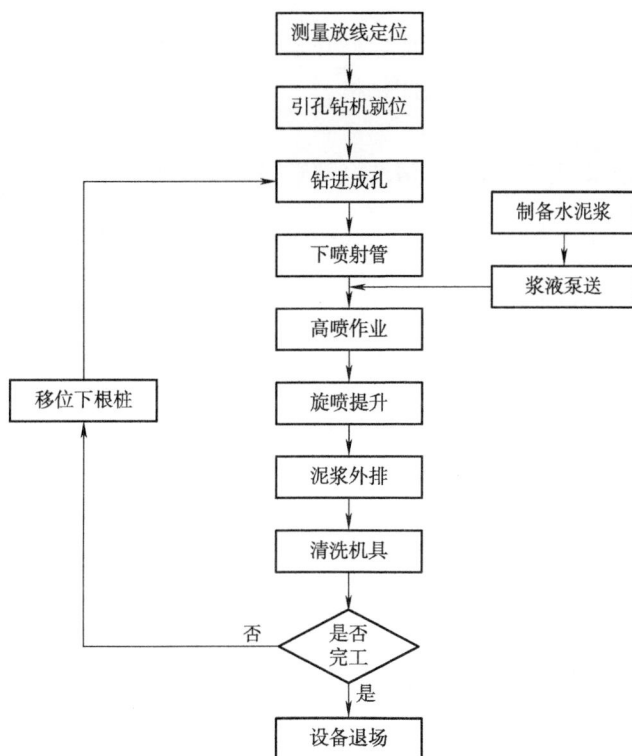

图 4-2-15　高压旋喷桩施工工艺流程图

入,开动搅拌机搅拌 10~20 min,而后拧开搅拌桶底部阀门,放入第一道筛网(孔径为 0.8 mm),过滤后流入浆液池,然后通过泥浆泵抽进第二道过滤网(孔径为 0.8 mm),第二次过滤后流入浆液桶中,待压浆时备用。

禁止采用一只搅拌桶,一边配浆一边抽浆,否则难以控制浆液水灰比。在实际施工时,可使用比重计随时测量浆液比重,水灰比 1∶1 的水泥浆液比重为 1.49。

(3)钻孔

当采用地质钻机钻孔时,钻头在预定桩位钻孔至设计标高(预钻孔孔径为 15 cm),拆卸钻杆继续旋喷时,须保持钻杆有 20 cm 的搭接长度。成桩中钻杆的旋转和提升必须连续。钻杆旋转速度 20 r/min。

(4)插管

钻机钻孔后,拔出钻杆,再插入旋喷管。在插管过程中,为防止泥砂堵塞喷嘴,可用较小压力(0.5~1.0 MPa)边下管边射水。

(5)提升喷浆管、搅拌

根据桩机平台的高程扣减钻杆的长度,与设计提供的深度指标进行核对,当喷浆管下沉到达设计深度后,停止钻进,旋转不停,高压泥浆泵压力增到施工设计值(20 MPa),座底喷浆 30 s 后,边喷浆,边旋转,同时严格按照设计和试桩确定的提升速度提升钻杆(0.2 m/min)。在达到设计深度后,接通高压水管,开动高压清水泵、泥浆泵、钻机进行旋转,并用仪表控制压力、流量,分别达到预定数值时开始提升,继续旋喷和提升,直至达到预期的加固高度后停止。旋喷过程中,钻孔中正常的冒浆量控制在 20% 以下。超过 20%或完全不冒浆时,应查明原因,采取相应措施。发生故障时,应立即停止提升和旋喷,排除故障后复喷,复喷高度不小于 50 cm。

(6)桩头部分处理

当旋喷管提升接近桩顶时,应从桩顶以下 1.0 m 开始,慢速提升旋喷,旋喷数秒,再向上慢速提升0.5 m,直至桩顶停浆面。

（7）特殊地层处理

为保证桩径，可重复喷浆、搅拌，直至喷浆管提升至停浆面，关闭高压泥浆泵（清水泵），停止水泥浆（水）的输送，将旋喷浆管旋转提升出地面，关闭钻机。

（8）清洗

向浆液罐中注入适量清水，开启高压泵，清洗全部管路中残存的水泥浆，直至基本干净，并将黏附在喷浆管头上的土清洗干净。

（9）移位

移动桩机进行下一根桩的施工。

（10）补浆

由于浆液的析水作用，一般均有不同程度的收缩，使固结体顶部出现凹穴，因此喷射注浆作业完成后，要及时用相应水灰比的水泥浆补灌。

（11）施工记录

在施工过程中必须有专人进行详细的施工记录，包括：测量定位、浆液配比、喷浆压力、浆液流量、喷嘴提升速度、成桩深度及复喷等。现场施工照片如图 4-2-16～图 4-2-18 所示。

图 4-2-16　桩体完整性

图 4-2-17　静载试验

图 4-2-18　成型桩位布置（梅花形布置）

5. 施工过程应急预案

高压旋喷桩施工常见问题及应对措施见表 4-2-1。

6. 保证措施

1）质量措施

为保证旋喷桩的施工质量，根据施工条件、设计要求和相关行业规范，拟采取以下质量保证措施达到施工质量目标。

表 4-2-1　高压旋喷桩施工常见问题及应对措施汇总表

常见问题	产生原因	预防措施及处理方法
固结体强度不均、缩颈	喷射方法与机具没有根据地质条件进行选择	根据设计要求和地质条件,选用适合的喷浆方法和机具
	喷射设备出现故障(管路堵塞、串、漏、卡钻)中断施工	喷浆前进行压水压浆试验,一切正常后方可配浆准备喷射,保证连续进行。配浆时必须用筛过滤
	拔管速度、旋转速度及注浆量不配合,造成桩身直径大小不均,浆液有多有少	根据固结体的形状及桩身匀质性,调整喷嘴的旋转速度、提升速度、喷射压力和喷浆量
	穿过较硬的黏性土产生缩颈	对易出现缩颈部位及底部不易检查处进行定位旋转喷射(不提升)或复喷,以扩大桩径
	喷射的浆液与切削的土粒强制拌和不充分、不均匀,影响加固效果	控制浆液的水灰比及稠度,严格要求喷嘴的加工精度、位置、形状、直径,保证喷浆效果
钻孔沉管困难,偏斜	遇有地下埋设物,地面不平实	放桩位点时同钎探,遇有地下埋设物,应清除或移桩位点
	钻杆垂直度超过 1%	喷射注浆前先平整场地,钻杆垂直度控制在 1% 以内
注浆流量不变,压力突然下降	注浆系统泄漏	检查各部位的泄漏情况,必要时拔出注浆管检查密封性能
压力陡增超过最高限值、流量为零,停机后压力不变动	喷嘴堵塞	拔管疏通喷嘴
冒浆过大,超过 20%	有效喷射范围与注浆量不相适应,注浆量大大超过喷浆固结所需	提高喷射压力;适宜缩小喷嘴孔径;加快提升和旋转速度
不冒浆	地层有较大空隙	在浆液中掺入适量的速凝剂,缩短固结时间;在空隙地段增大注浆量,填满空隙后继续正常喷浆

(1)确保桩位准确性

桩位由测量人员进行放样,并经监理人员复验合格。施工时,钻机必须在专人的指挥下准确对准桩位,由技术员复核,并经监理工程师认可后,钻机方可开钻;施工完毕,及时做好施工记录,并在施工图上作标记。

(2)确保桩身垂直度

钻机开钻前必须调平,以机架两边所吊线锤与机架平行为准;钻进过程中,若发生钻机下陷倾斜,需及时调整。

(3)确保桩顶标高

各桩位点放出后,按施工现场平整情况划分若干个区,每个区用水准仪准确测出标高,算出其钻孔深度和空喷深度;每次开钻前,应将深度盘指针对零,确保钻深的准确性;钻头离桩端 1 m 时,提前喷浆,防止桩底部因送浆距离较远不能准确到达而缩短桩长。

(4)提高桩强度

为保证旋喷桩端、桩顶及桩身质量,第一次提钻喷浆时应在桩底部停留 30～60 s 进行桩底加固,在桩顶部位停留 30 s 进行桩头加固。

(5)防止缩径及夹泥

针对密实性较好的土层,采用慢档高压提升和下沉;加适当的搅拌叶片;增大喷嘴作业半径。

(6)针对淤泥质粉质黏土层应对措施

采取隔桩跳打的施工方法;减小旋喷压力;加快提升速度等;添加适量粉煤灰。

(7)确保桩体连续性

喷浆时必须连续,不能间断;施工中一旦出现故障,待排除后,必须再向下搭接,其长度不小于 50 cm。

(8)材料质量控制

水泥采用 P.O42.5 级复合硅酸盐水泥,要求每批水泥有出厂合格证、化验单,并且对每批水泥做进场抽样检验,袋装每 200 t 检验一次,合格后方可使用。禁止使用过期、雨淋、受潮、结块水泥;粉煤灰的质量应符合下列规定:进场时必须按批对减水率、凝结时间差、抗压强度比进行试验,其质量必须符合《外加剂应用技术规范》(GB 50119—2013)和有关环境保护的规定。水泥浆液必须搅拌均匀,对超过初凝时间 4 h 的水泥浆液严禁使用。

(9)施工时应严格控制喷浆时间和停浆时间

每根桩开钻后应连续作业,不得中断喷浆。严禁在尚未喷浆的情况下进行钻杆提升作业。

2)安全措施

(1)各类人员必须具备相应的执业资格才能上岗,所有职工必须经过三级安全教育,特殊工种作业人员必须持有特种作业操作证,并严格按规定定期进行复查。

(2)施工现场设立兼职安全员,对职工进行安全技术、劳动保护教育,施工期间指导安全生产,以确保施工安全进行。

(3)进入施工现场不准穿硬底鞋、拖鞋,必须戴好安全帽。电焊工操作时应戴好面罩、护目镜、焊接手套。

(4)施工机械必须经安全检查合格后方可使用。

机械的进退场、组装拆卸,尤其应注意安全。各类索具使用前应认真检查其合用程度,并注意及时更换;安设机架应铺垫平稳,架设稳定牢固。

(5)施工机械需专人操作,操作前须认真检查机械设备的各个重要部位,严禁机械带病运行。施工操作时要思想集中(严禁酒后操作,带病、疲劳操作),随机应变,不得擅离岗位,严格服从指挥讯号,并经常注意机械的运转情况,发现异常,及时纠正处理。

(6)电器设备必须有安全接地的防护装置(零线、地线严禁与钢丝绳接触,更不得用钢丝绳和电器设备代替零线),严禁带电修理,非专职人员不得擅自操作。停止施工时,应关闭电源总开关,以防意外。雨天电器设备应用油布等物遮盖好。

(7)桩机移位和调向,应在班组长的统一指挥下,协调进行。

第三节　一般路基施工

一、施工准备

(1)审阅图纸:仔细审阅设计文件及技术室绘制的施工图纸,审核有无不当之处,图纸所标注的尺寸有无错误、遗漏,是否详尽,有无不明白的地方等;如有不相符应立即与技术主管或相关的技术人员联系,以便及时更正、标注明确。

(2)现场施工调查:根据设计图纸进行现场地形地质核实,看设计文件与现场实际情况是否相符,如有不相符之处,要及时与设计院进行联系,以便进行变更处理。

(3)材料准备:根据设计要求,组织材料进场,并严格按规范要求对进场材料进行抽检送样,待试验合格后方可用于工程上。并在堆放材料处做好已检、待检等标认牌。

(4)施工技术交底:技术人员根据设计图纸、外业及内业资料编制规范的施工技术交底。施工技术交底资料严格按照技术交底表格格式(可带附件),技术交底应有交底图、文字说明及施工注意事项,并由交接双方签字记录等。

二、主要机具及人员配备

主要机具:挖掘机、自卸汽车、压路机、装载机、平地机。

人员配备:负责人 1 人,技术 2 人,测量 2 人,安全 1 人,质量 1 人,电工 1 人,杂工 5～10 人。

三、施工方法

1. 路基基床结构、填料规格及压实标准

本标段路基设计情况:

路堤填料分类:按照级配及材料性质分为 A、B、C 组填料。

基床表层采用 A 组填料进行填筑;基床底层采用 B 组或改良土填筑。

基床以下路堤(路基本体)采用 C 组填料或改良土填筑。

路堤填料种类、质量应符合设计要求。

填筑前应对取土场填料进行取样检验;填筑时应对运至现场的填料进行抽样检验。

当填料土质发生变化或更换取土场时应重新进行检验。

本标段路基基床厚度为 2.5 m,其中基床表层为 0.6 m,基床底层为 1.9 m,如图 4-2-19 所示:

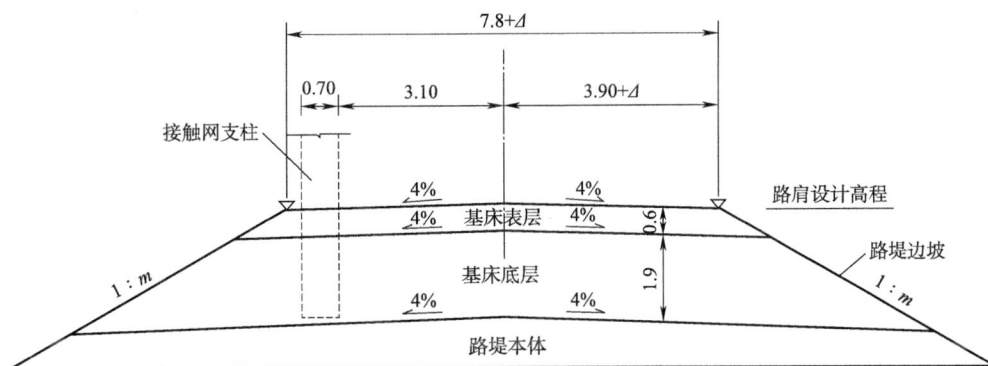

图 4-2-19　路基基床示意图(单位:m)

1)路堤基床表层采用 A 组土填筑,土质、软质岩石及强风化硬质岩石基床表层换填 0.5 m A 组土,其下换填 0.15 m 中粗砂夹一层两布一膜不透水土工布,其填料规格应符合《铁路路基设计规范》(TB 1001—2005)的规定,其压实度见表 4-2-2。

表 4-2-2　A 组土压实度要求

类型	填料	厚度(m)	压实标准	
			地基系数 K_{30}(MPa/m)	孔隙率 n
路堤	A 组土	0.6	≥150	<28%
路堑	A 组土	0.5	≥150	<28%
	中粗砂	0.15	≥130	<18%

2)基床底层采用 A、B 组填料或改良土,其压实度标准见表 4-2-3。

表 4-2-3　A、B 组土压实度要求

填料	厚度	压实标准	改良土	砂类土	砾石类	碎石类	块石类
A、B 组填料或改良土	1.9	地基系数 K_{30}(MPa/m)	≥100	≥100	≥120	≥130	≥150
		压实系数 K	≥0.93	—	—	—	—
		相对密度 D_r	—	≥0.75	—	—	—
		孔隙率 n	—	—	≤31%	≤31%	—
		改良土无侧限抗压强度≥550 kPa					

注:压实系数 K 为重型击实标准。

3）基床以下路堤 A、B、C 组填料或改良土，其压实标准见表 4-2-4。

表 4-2-4　A、B、C 组填料压实标准

填料	压实标准	细粒土、粉砂改良土	砂类土（粉砂除外）	砾石类	碎石类	块石类
A、B、C 组料或改良土	地基系数 K_{30}（MPa/m）	≥80	≥80	≥110	≥120	≥130
	压实系数 K	≥0.90	—	—	—	—
	相对密度 D_r	—	≥0.70	—	—	—
	孔隙率 n	—	—	≤32%	≤32%	—
	改良土无侧限抗压强度≥250 kPa					

注：1. 压实系数 K 为重型击实标准。
　　2. 路堤边坡高度大于 15 m 时，基床以下填料的压实标准采用基床底层的压实标准。

2. 填筑厚度要求

砂类土和改良细粒土填料每层的松铺厚度为 36 cm，压实厚度不大于 30 cm；分层最小厚度不应小于 10 cm。

路基填筑注意事项及要求：

1）路堤填筑前应清除基底表层植被，挖除树根，做好临时排水设施，并将原地面积水排干。采用推土机配合人工清除表层腐殖土，原地面坡率陡于 1∶5 时，应自下而上挖台阶，台阶宽度、高度符合设计要求，沿线路纵向挖台阶的宽度不小于 2 m 宽的台阶。在路基两侧挖排水沟，局部坑洞、水坑地段清表后进行清理、回填处理，其填土压实度不小于预设要求数值。

2）路基填筑前要求换填的地段进行换填施工，纵横向分台阶，对需换填部位按照设计图纸要求填料换填，并对换填基地地基承载力进行检测，符合要求后进行换填施工。换填砂夹碎石或 A 组填料严格按照 30 cm 一层分层碾压。

3）填筑按照路基试验段确定的虚铺厚度和碾压遍数进行碾压，挂线（中线和两条边线，每隔 10 m 一个桩）、画方格网施工（方格网大小要根据松铺厚度和运输车辆方量确定一个较为合理的尺寸），卸料后采用人工配合用推土机整平，松铺厚度采用埋桩挂线和高程测量双控的方法，对于出现的坑洼应进行平整。填料应先初平，后精平，设专人及时清理填料中的大粒径、树根等非填料物质。碾压完毕后架子队技术员通知试验室进行检测，并通知监理工程师，合格后再进行下一层填筑施工。

4）填料松铺厚度为 36 cm。

5）路基填筑按"三阶段、四区段、八流程"的施工工艺进行。

三阶段：准备阶段→施工阶段→整修验收阶段；

四区段：填土区段→平整区段→碾压区段→检测区段；

八流程：施工准备→基底处理→分层填筑→摊铺平整→洒水晾晒→碾压夯实→检验签证→路基整修。

6）路堤施工中必须始终坚持"三线四度"。

三线：中线、两侧边线，且在三线上每隔 20 m 插一小红旗，明确中线、边线的控制点。

四度：厚度、密实度、拱度、平整度。

控制路基分层厚度以确保每层压实度；

控制拱度以确保雨水及时排出；

控制平整度以确保路基碾压均匀及在下雨时路基上不积水；

路基施工时，填筑面应平整，并根据现场情况做必要的截水沟和急流槽等截、排水设施，防止雨水对坡面的冲刷。

7）为防止碾压不实，横向填筑应超出设计边线 50 cm，每隔 10 m 放出中点和两个边点，插杆定出虚铺厚度，画方格网摊铺施工，并在桩上采用红布条或油漆标注填料虚铺顶面位置线。现场施工如图 4-2-20 和图 4-2-21 所示。

8)涵洞两侧必须同时填筑,涵洞顶部填土厚度大于 1 m 后,方可允许大型机械填筑或通过。

图 4-2-20 画方格网

图 4-2-21 平整、碾压

3. 路基碾压

路基碾压按照试验段施工确定的压实工艺参数进行施工,如松铺系数、最佳含水率、压实遍数等;

1)碾压之前必须先采用推土机粗平,再采用平地机精平,人工配合修整,横坡和虚铺厚度达到要求后即摊铺完成后再进行碾压。

2)如果没有连续填筑,那么填筑前必须对路床进行静压一遍。

3)压实应遵循"静压→弱振→强振→静压"原则,直线段由两侧路肩向路中心碾压,平曲线由内侧向外侧进行碾压,碾压顺序为由低处开始,向高处横向推进。碾压时,分层碾压,各区段交接处应重叠压实。纵向搭接长度不得小于 2 m,纵向行与行之间的轮迹重叠压实不小于 0.3 m,横向同层接头处重叠压实不小于 1 m,上下两层填筑接头应错开不小于 3 m。路堤每一填筑层全宽应采用同一种填料,一去一返为一遍,前进到终点后要原路返回,不能乱打方向。当一遍完成时,要退到路基边上调整方向,不准在辗压的填料层上大角度转向,严禁在其上调头。当接近终点时,压路机挂空挡,并稍带刹车,使之缓慢停车,严禁紧急刹车。压路机停车位置控制:前进时要使前轮跨过终点断面,后退时,整机要离开起始断面 5 m 以上,并调整方向。

4)填料松铺厚度为 36 cm,采用碾压流程为"低速静压 1 遍→弱振 2 遍→强振 3 遍→快速静压 1 遍"应使表面无明显轮迹,路面的两侧,应多压 2~3 遍。压实完成后,马上做密实度检测,若不能达到要求,则再补压,直到压实度符合要求为止。

5)碾压行驶速度如下:

第一遍静压,压路机行走速控制在 2.2~2.5 km/h;

第二遍采用弱振,压路机行走速度 2.0~2.4 km/h;

第三遍采用弱振,压路机行走速度 1.6~1.8 km/h;

第四遍采用强振,压路机为强振,行走速度 2.0~2.3 km/h;

第五遍采用强振,压路机为强振,行走速度 1.8~2.1 km/h;

第六遍采用强振,压路机为强振,行走速度 1.9~2.3 km/h;

第七遍采用快速静压,压路机为收面,行走速度 3~4 km/h。

6)每层压实面应有不小于 4% 的横坡且平整、无积水、无明显碾压轮迹、无明显局部凸凹等现象。两侧应按一定加宽值填筑,且应将路基两侧边缘碾压密实。

4. 土工材料布置形式

(1)用于边坡补强的土工格栅

路堤边坡高度大于 8 m 时,在 3.0 m 宽度范围内每间隔 0.6 m 铺一层双向经编土工格栅。其双向抗拉强度大于 25 kN/m,对应伸长率不大于 10%,幅宽 3 m(或为 3 m 的倍数),网格尺寸 25 mm×25 mm。铺设土工格栅时,土层表面应平整,不容许有褶皱,应尽量拉紧,并用 U 形钉固定,不得有坚硬突出物,严禁碾压机械直接在土工格栅表面上进行碾压。铺设多层土工格栅时,其上、下层接缝应交替错开,错开距离不小于0.5 m。

(2)用于基底加固补强的土工格栅

①当基底软土层厚度大于3 m时,设计采取复合地基处理,基床最小填土厚度不小于1.5 m,在复合地基顶面设置抗拉强度不小于100 kN/m的双层高密度聚乙烯单向土工格栅加筋垫层,并要求材料延伸率不大于10%,幅宽不小于1.5 m。

②用于基底加固补强的土工合成材料应选用强度较高,延伸率较小,不易老化的土工格栅、土工格室;土工格栅搭接长度不小于0.5 m;当铺设多层时,其上下两层应交替错开,错开距离不小于0.5 m。

5.土工合成材料的铺设

1)施工程序

(1)测量放线:根据设计提供的高程测量确定桩顶标高,同时根据设计提供的施工平面图及坐标位置进行桩位放线,并设置控制桩。

(2)地面铺设砂垫层,厚0.2 m,采用洁净中、粗砂,砂摊铺平整后洒水碾压,应满足设计压实系数。

(3)铺设土工合成材料

在土工合成材料铺设前,先查对所选用的材料是否符合设计规定,包括纤维材料的成分和制造方法、单位面积质量、厚度、孔隙尺寸、成卷特征、拉伸强度、拉伸模量、延伸率、撕破强度、蠕变性、垂直和水平向的渗透系数以及耐久性和老化特性等。

土工合成材料在铺设时,幅与幅之间纵向连接采用搭接法,其搭接宽度为0.25 cm。土工合成材料受力方向采用可靠连接措施,连接强度不低于设计允许强度。

铺设多层土工合成材料时,其上、下层接缝交替错开,错开距离不小于0.5 m。

铺设土工合成材料前整平下承层,填料不得有刺破土工织物的尖石、树根等物,铺设时绷紧、拉挺,紧贴下承层,不得褶皱和破坏。

2)技术要求和检测

(1)土工合成材料主要技术指标应符合设计要求,材料进场时应进行现场验收,查验每批产品出厂合格证、性能报告单,并按规定进行抽样检验。同一厂家、品种、批号的材料,每10 000 m²为一批,不足10 000 m²也按一批计,每批抽样检验1组。

(2)砂垫层所采用材料性能应符合设计要求,并按设计要求的方法进行检验。当设计上没有明确时,砂垫层应采用天然级配的中、粗、砾砂,其内不得含草根、垃圾等杂质,其含泥量不得大于5%,用作排水固结地基的砂垫层,含泥量不得大于3%。同一产地、品种、规格且连续进场的砂料,每3 000 m³为一批,不足3 000 m³时也按一批计,施工单位每批抽样检验1组。

(3)砂垫层压实质量应符合设计要求。

(4)砂垫层施工的允许偏差、检验数量及检验方法应符合表4-2-5要求。

表4-2-5　砂垫层施工的允许偏差、检验数量及检验方法

序号	检验项目	允许偏差	施工单位检验数量	检验方法
1	铺设范围	不小于设计值	沿线路纵向每100 m抽样检验5处	尺量
2	厚度	不小于设计值	沿线路纵向每100 m抽样检验5处	尺量
3	顶面高程	+50 mm -20 mm	沿线路纵向每100 m抽样检验5处	水准测量
4	横坡	±0.5%	沿线路纵向每100 m抽样检验5个断面	坡度尺量

(5)土工合成材料的铺设层数、铺设方向、连接方法、回折长度和上下层搭接缝错开距离均应满足设计要求。当设计中没有明确时,应符合表4-2-6中的相应规定。

表 4-2-6　土工合成材料铺设的允许偏差、检验数量及检验方法

序号	检验项目	允许偏差	施工单位检验数量	检验方法
1	铺设范围	+100 mm,0 mm		
2	搭接长度	+50 mm,0 mm	每 100 m 等距检查 3 点	尺量
3	竖向间距	±50 mm		
4	上下层接缝错开距离	±50 mm		
5	回折长度			

第四节　特殊路基施工

一、浸水路基

1. 工程概况

DK381+340～+510 段路基基底富水,需换填不易风化硬质岩处理,该段路基工程设计宽度 8.2 m,路基填筑坡度 1:1.5,设计基床厚度 2.5 m,其中基床底层 1.9 m,基床表层 0.6 m,基床以下路基本体平均填筑高度 4.8 m。基底富水,地下水位线位于地表以下 70～150 cm,设计采用开挖至砂砾石层后,采用换填质岩,后再填筑 C 组料至原地面高度,总体换填高度 1.6～2.8 m,最高地下水位高度距离原地面 1.2～2.2 m。地面以上路基边坡每 0.6 m 高设置幅宽 3 m 双向拉伸土工格栅加固,坡面采用拱形截水骨架内撒草籽间植灌木防护。于路基填筑坡脚设置 2 m 平台,平台外设置底宽 0.4 m,高 0.6 m M7.5 浆砌片石梯形排水沟。

2. 施工准备

(1)测量工作

根据设计图纸及设计单位交底测量资料进行施工控制导线复测,恢复线路中间桩位,加密水准点,测量路基横断面。填筑前碾压完成并经验收达规定的压实度后,对原地面进行断面测量,以确定填方工程数量、测设路基坡脚线及中线。

(2)技术准备

施工前应认真核对设计文件,对于存在的问题及时反馈,无误后方可组织实施。编制技术交底,由现场技术主管组织对所有施工人员进行书面交底,确保作业人员掌握各项施工工艺及操作要点、质量标准。技术交底包括:施工桩位交接、技术规范、施工进度计划、施工方案、安全、质量措施等。开工前,组织各专业工种的技术培训工作,岗前培训到位,并经考试合格后方可上岗。

(3)现场准备

根据设计要求,进场后对原地面进行清表,开挖至换填设计标高后,测量组在测量监理工程师见证下对原地面进行复测,复测结果报监理工程师签认,同时对地基承载力进行检测和地质核查工作,清表弃土运至 DK381+400 右侧 320 m 弃渣场集中堆放,禁止随意乱弃。

清表完成后及时设置临时排水沟,将路基范围内积水排至路基两侧临时排水沟集中排放,防止路基底长期浸水软化。

临时施工便道结合现场实际情况,设置在线路右侧(红线外),便道宽度 4.5 m,采用泥结石填筑,厚 50 cm。

不易风化硬质岩采用外购解决,材料进场后临时堆放至储料场,试验室对进场材料进行试验检测,试验成果报告报监理工程师签认,储料场位于 DK381+338 至小里程方向路基段,进场后采用挖掘机对场地进行临时平整。

(4)材料准备

根据已审批土工试验检测报告,本试验段换填 C 组填料取土计划从 DK381+760～DK382+000 挖方

段路基取土,运距约 700 m,计划压实方量 5 453 m³,基底处理采用外购合格不易风化硬质岩进行换填处理,计划方量 4 901 m³,运至储料场集中堆码,材料标识牌配备齐全。

3. 施工工艺

路基填筑按"三阶段、四区段、八流程"组织施工。

三阶段:准备阶段→施工阶段→检查签证阶段;

四区段:填筑区段→摊铺区段→碾压区段→检验区段;

八流程:施工准备→基底处理→分层填筑→摊铺整平→洒水(晾晒)→碾压夯实→检验签证→路面整修(边坡整修)。

1)填筑施工

(1)换填硬质岩施工

换填硬质岩施工工艺流程如图 4-2-22 所示。

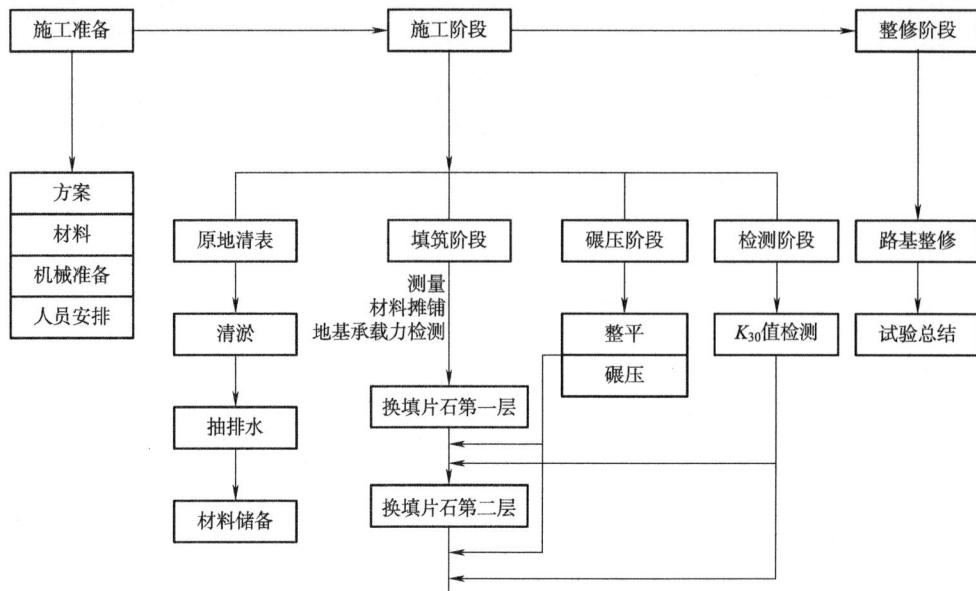

图 4-2-22　换填硬质岩施工工艺流程图

(2)换填硬质岩施工方法

①测量放样

开挖前根据开挖高度,按照 1∶1 坡率放出开挖边线,并每隔 20 m 设置木质开挖桩橛,在开挖前利用石灰或石膏粉洒出开挖线,并就开挖高度对施工作业人员进行交底。

②基底开挖及检测

开挖采用人工配合机械开挖,开挖时应严格控制开挖高度及坡度,富水地段及时安排抽排水。开挖完成后应对基底进行检测,承载力不小于 150 kPa。宽度不小于设计值,中线至边缘距离偏差不得大于 5 cm。

开挖过程中应随挖随运,及时将弃土运至弃土场集中堆放,禁止将开挖土堆置于开挖线两侧。开挖完成后,立即组织试验检测人员,对基底进行地基承载力检测,并报请监理单位确认。

(3)填筑施工

①填料来源

基底处理采用外购合格不易风化硬质岩进行换填处理,填料粒径大小不超过填筑层厚的 2/3,且粒径大于 20 cm 的片石数量不少于总量的 50%,运至临近段落储料场集中堆码。

②填料运输

填料采用装载机从储料场装料,并用自卸汽车运输至施工现场进行填筑。

③填层厚度控制

松铺厚度按照工艺试验确定的厚度采用网格法进行控制,即根据运输车载量,结合松铺厚度,换算成面积,并用石灰或滑石粉划分网格,每车卸料于划分网格内。网格计算公式为

$$S=V/h$$

式中　S——网格面积;

　　　V——每车所载填料体积;

　　　h——松铺厚度。

网格法控制如图 4-2-23 所示。

根据设备配置,每车装载量约为 15 m³,按照松铺厚度,网格控制尺寸见表 4-2-7。

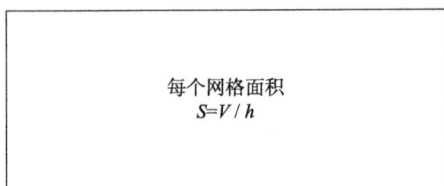

图中左侧框:

每个网格面积
$S=V/h$

表 4-2-7　网格控制尺寸

松铺厚度(cm)	网格控制尺寸(m)
75	4×5
80	4×4

图 4-2-23　路基填筑分层厚度控制示意图

(4)摊铺

摊铺采用挖掘机进行摊铺,推土机整平,摊铺找平采用钢筋缠绕红色胶带控制,沿线路两侧及中线间隔 20 m 挂线控制。在摊铺过程中,注意石块应大小搭配,相互嵌塞紧密牢固,填石孔隙应用小石块或石屑填满,并做到层厚均匀,顶面平整。

(5)碾压夯实

平整完成后,现场技术人员进行检测,确认填筑层标高及平整度符合要求后才能进行碾压。

采用 22 t 振动压路机进行碾压,碾压时自两侧向中间碾压,碾压速度不得大于 4 km/h,遵循先静压,后弱振,再强振的碾压方式。纵向搭接长度不少于 2 m,纵向行与行之间压实重叠不少于 40 cm。边角地带周边采用小型碾压机具夯实。

基底换填硬质岩采用松铺厚度 75 cm,碾压组合方式为静压一遍、弱振一遍、强振二遍施工工艺,用于基底换填硬质岩施工。

(6)试验检测

每层检测,频率为纵向 100 m 范围内检测 2 个断面 4 点,距路基边 2 m 处左右各 1 点、中间 2 点,试验段长度为 170 m,检测 4 个断面 8 点。

2)C 组料填筑施工

(1)测量放样

填筑前应按间距 20 m 测量放出填筑边线及中线,同时进行高程测量以确定填层控制高度。并插打钢筋作为边线控制桩,同时采用红色胶带缠绕对填层高度初步控制。

(2)填筑施工

①填料

本试验段填料从 DK381+760～DK382+000 挖方段路基取土。填料类别详见土工试验报告:PM5-0-TG-20170922-01。

②填料运输

填料用自卸汽车运输至施工现场进行分层填筑。

③填层厚度控制

根据设备配置,每车装载量约为 15 m³,松铺厚度 36 cm,松铺系数 1.1。

（3）摊铺及含水率检测

摊铺采用推土机摊铺初平，人工配合平地机进行最后精平，摊铺完成后检测填料含水率，保证填料含水率控制在工艺试验确定的 9%～14% 含水率范围，确保填料压实质量，若填料含水率低于工艺试验确定的含水率范围，则应采取洒水措施，若填料含水率高于工艺试验确定的含水率范围，则应进行摊铺晾晒处理。

摊铺找平采用钢筋缠绕红色胶带控制，沿线路两侧及中线间隔 20 m 挂线控制。摊铺时注意控制填层表面横坡，保证最终碾压成型后横向 4% 的坡度要求。

（4）碾压夯实

平整完成后，现场技术人员进行检测，确认填筑层标高及平整度符合要求后才能进行碾压。

采用 20 t 振动压路机进行碾压，碾压时自两侧向中间碾压，碾压速度不得大于 4 km/h，遵循先静压、后弱振，再强振的碾压方式。纵向搭接长度不少于 2 m，纵向行与行之间压实重叠不少于 40 cm。边角地带周边采用小型碾压机具夯实。

换填 C 组料采用松铺厚度 36 cm，最佳含水率为 12.1% 时，碾压组合方式为静压一遍、弱振一遍、强振三遍、弱振一遍、静压一遍收面施工工艺。

（5）试验检测

基床以下路堤填筑质量检测，每压实层抽样检验压实系数 K，频率为纵向每 100 m 检测 2 个断面 6 个点，距路肩边线 1 m 处各 2 个点，中间 1 个点，该试验段长度 170 m，检测 4 个断面 12 个点。

每层检测地基系数 K_{30}，频率为纵向 100 m 范围内检测 2 个断面 4 点，距路基边 2 m 处左右各 1 点，中间 2 点，试验段长度 170 m，检测 4 个断面 8 个点。

二、砂层路基注浆

1. 工程概况

DK344+410～+849 段长 439 m，右侧设置路堑桩板墙，桩间距（中～中）6 m，桩截面采用 1.5 m×2 m。桩靠线路侧边缘距线路中心距离为 8.27～8.57 m，桩长 13.5～15.5 m，共设置 73 根锚固桩。通过地质补勘及现场挖桩过程揭示情况发现底层存在明显扰动区，需进行地基注浆加固处理。本段属丘陵剥蚀地貌，大部分位于平缓开阔槽地内，自然边坡较为平缓，平坦处多被垦为旱地、稻田。丘包植被茂密。交通较为方便。段内上覆第四系更新统冲洪积（Q$_3^{al+pl}$）粉质黏土、软黏土、软塑状粉质黏土，偶夹中粗砂；下伏基岩石炭系下统（C1l）灵地组千枚岩、石英砂岩。

2. 施工工艺

注浆加固采用循环钻灌法注浆施工工艺，循环钻灌法注浆示意如图 4-2-24 所示，施工工艺流程如图 4-2-25 所示。

1）施工准备

（1）场地平整

正式进场施工前，进行管线调查后，清除施工场地地面以下 2 m 以内的障碍物，不能清除的做好保护措施，然后整平、夯实；同时合理布置施工机械、输送管路和电力线路位置，确保施工场地的"三通一平"。场地低洼处用黏性土料回填夯实，并做好排浆沟。

（2）桩位放样

施工前用全站仪测定钢花管施工的控制点，埋石标记，经过复测验线合格后，用钢尺和测线实地布设桩位，并用竹签钉紧，一桩一签，保证桩孔中心移位偏差小于 50 mm。

（3）修建排污和灰浆拌制系统

注浆施工过程中将会产生 10%～20% 的返浆量，将废浆液引入沉淀池中，沉淀后的清水根据场地条件可进行无公害排放。沉淀的泥土则在开挖基坑时一并运走。沉淀和排污统一纳入全场污水处理系统。

灰浆拌制系统主要设置在水泥附近，便于作业，避免供浆线路过长，主要由灰浆拌制设备、灰浆储存设

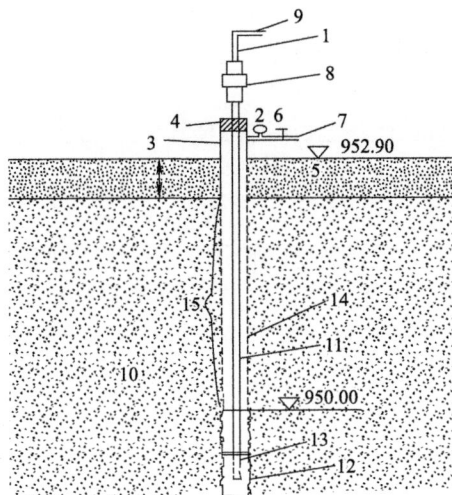

图 4-2-24 循环钻灌法注浆示意图

1—灌浆管;2—压力表;3—孔口管;4—封闭器;5—混凝土盖板;6—阀门;7—回浆管;8—钻机立轴;9—进浆管;
10—砂砾石层;11—孔内灌浆管;12—孔壁;13—射浆花管;14—孔口管下部的花管;15—孔口管灌浆段

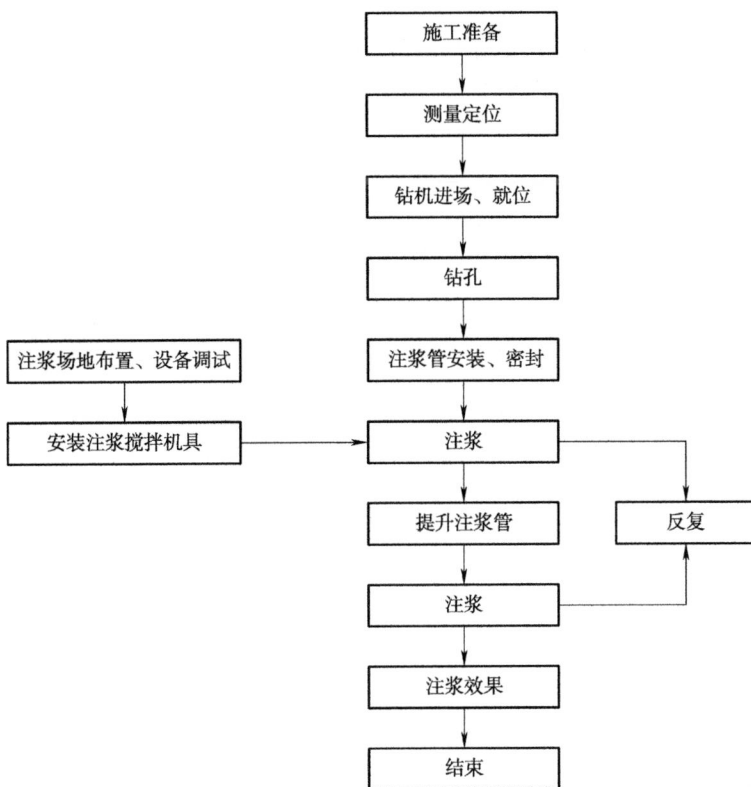

图 4-2-25 循环钻灌法施工流程图

备、灰浆输送设备组成。

2)设备安装

钻机基本就位后,调平安稳,将转盘、钻杆轴线对准桩位木桩,对准误差控制在 2cm 以内,再调整钻架、钻杆,使钻杆垂直度控制在 1.0% 以内。

安装潜孔桩机、高压泥浆泵、输注浆管路、水电接头、闸阀、仪表等。辅助设备安装应满足下列要求:①制浆机应略高于储浆罐上口;②高压泥浆泵进浆口必须加设滤网,并稍低于储浆罐出口。

安装完毕后,必须再次检查高压设备、管路系统,确保规格符合设计要求、连接密封完好。并尽量缩短高压注浆管的长度,控制在 20 m 以内为宜。

3)设备试运转

桩机设备安装完毕后,必须进行试运转,确保状态良好、运转正常。设备试运转应满足下列要求:

(1)钻机转速符合设计规定值,误差在 5% 以内。

(2)设备工作电压、电流稳定,电压保持在 380 V±15 V,电流不超过额定值。

(3)输、注浆液管路、水管路畅通,无渗漏;闸阀使用正常;压力、流量等仪表显示正确。

(4)高压泥浆泵电机达到设定转速,能保持设定泵压;浆液排放量符合设计流量。

(5)制、贮浆液设备的制备浆液能力满足注浆要求。

(6)设备运转平稳,操作人员配合默契。

4)钻孔

(1)钻机就位:钻机需平置于牢固坚实的地方,地表过软时,采取防止桩机失稳的措施。钻机就位后,对桩机进行调平、对中,调整桩机的垂直度,保证钻杆应与桩位一致,纵横向偏差应在 50 mm 以内,钻孔垂直度误差小于 1%;钻孔前应对桩机性能做全面的检查;在桩机的井架上准确画出每米的深度标示线,在钻头落地的情况下准确标示出"零"起点的位置,并在井架的正面和侧面挂上垂球,用红油漆标示出垂球的中心位置。保证孔底标高满足设计深度。

(2)引孔钻进:钻机施工前,应首先在地面进行试钻,在钻孔机械试运转正常后,开始引孔钻进。钻孔过程中要详细记录好钻杆节数,保证钻孔深度的准确。现场施工如图 4-2-26 所示。

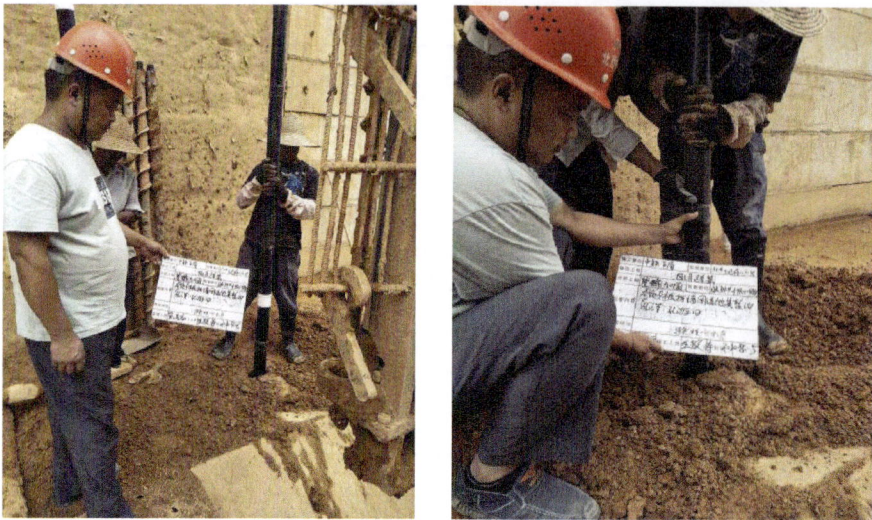

图 4-2-26　钻机钻孔

5)清孔验孔

(1)用地质岩芯钻杆配合钻头进行反复扫孔,清除浮渣,确保孔径、孔深符合要求,防止堵孔。

(2)用高压风从孔底向孔口清理钻渣。

(3)用经纬仪、测斜仪等检测孔深、倾角、外插角。

6)花管制作及安装

(1)花管采用 ϕ5 cmPVC 管,导管四周钻设孔径 5 mm 注浆孔,孔间距 3.5 cm,呈梅花形布置。

(2)花管安装至孔底。孔口管采用 ϕ91 mm PVC 给水管,孔口管四周采用混凝土进行封闭。现场施工如图 4-2-27 所示。

7)注浆

(1)水泥浆搅拌

按单液浆配比 $W:C=(0.8\sim1):1$,普通水泥—水玻璃双液浆配比:$W:C=(0.8\sim1):1$;在搅拌桶

图 4-2-27　花管制作

中加入相应比例的水、水泥,开动搅拌机,搅拌 2 min 以上。

（2）注浆泵试运转

确定注浆系统各部分连接无误后,开动注浆泵压水试验,检查注浆泵液压情况,系统管路是否漏浆,管路是否畅通。

（3）浆液注入

系统就绪后,首先把带止浆阀门的注浆管接入孔底,开始注浆,达到 0.6 m 高度设计注浆量或压力达到设计值时,暂停注浆,往上提高 0.6 m,重复以上程序,达到注满为止。注浆压力:$0.2\sim0.5$ MPa,终注浆压力:$0.3\sim0.5$ MPa。

（4）压力、注浆量控制

通过压力表观察注浆压力,检查压力随注浆量增加的变化情况。终注条件:在注浆压力下连续注浆 10 min 的注入量不大于 5 L/min。

3. 技术要求及检测

注浆孔的布置,孔的纵向间距、排距、开孔孔径、终孔孔径、钻孔深度通过试验确定,并符合设计要求。

注浆采用的材料质量应符合设计要求。

现场试验确定水泥砂浆的配合比,并符合设计要求。

注浆钻孔的孔位偏移不超过 0.5 m。

注浆压力:$0.2\sim0.5$ MPa,终注浆压力:$0.3\sim0.5$ MPa。

注浆结束标准:当达到下列标准之一时,可结束该孔注浆:

（1）注浆孔口压力长时间超过 1.5 MPa 时浆液很难注入。

（2）冒浆点已超出注浆点范围 $3\sim5$ m 时。

（3）单孔注浆量达到平均注浆量的 $1.5\sim2.0$ 倍,且进浆量明显减少时。

（4）根据具体情况采用下列方法进行注浆效果检测:

①注浆前后,进行钻孔注水试验（按孔数的 10% 实施）,注浆后的单位长度吸水量应小于注浆前吸水量的 $3\%\sim5\%$,且不存在明显漏水现象。

②钻孔检查,检查孔数的 5%,钻孔是一种最常用的质量检验方法,在处置范围内通过钻孔提取芯样,然后对芯样测试,取得土层物理力学参数,最终对工程质量进行综合评价。

③注浆前后,物探成果对比,检查注浆效果,如地质雷达法、瑞利波法等。

④变形观测:上述几种方法主要用于进行注浆施工质量检验,检查注浆是否达到施工设计要求。地基处治的效果如何,是否达到铁路工程的要求,则主要通过变形观测来评价,其工后沉降不应超过设计值。

三、岩溶路基整治

1. 工程概况

PM-5 标段岩溶路基段落 DK351＋450～＋550、DK353＋500～DK355＋300、DK355＋712.75～DK356＋800、DK356＋800～＋983.65、D1K359＋600～DK360.360.52、DK372＋300～＋800、DK375＋419.42～＋837 七段路基以填方为主，DK362＋679.47～＋917.9 段路基以挖方为主。共计 8 段，路基长度 5.009 km；其中区间路基 6 段，长 3.738 km；杨源车站 2 段，长 1.271 km。

本标段岩溶路基属丘陵和溶蚀槽谷相间地貌（其中 DK362＋679.47～＋917.9 段属溶蚀斜坡地貌），地形平缓开阔，地面绝对一般高程 330～350 m，相对高差 5～20 m。

地层岩性：上覆第四系更新统冲洪积（Q_3^{al+pl}）粉质黏土、碎石土，下伏基岩为二叠系下统栖霞组（p1q）灰岩、石炭系上统船山组（C2c）灰岩、下统灵地组（C11）石英砂（砾）岩、千枚岩、灰岩等。

路基岩溶注浆主要工程数量见表 4-2-8。

表 4-2-8 路基岩溶注浆主要工程数量

序号	里程范围	路基长度 (m)	钻 孔				注浆 (m^3)	水泥 (t)
			孔数 (个)	钻土 (m)	钻石 (m)	钻孔延米 (m)		
1	DK351＋450～＋550	100	79	1 213.2	423.1	1 636.3	619.2	572.2
2	DK353＋500～DK355＋300	1 800	2 006	38 828.7	19 828.3	58 657	25 412.9	23 481.5
3	DK355＋712.75～DK356＋800	1 087.25	1 252	26 412.3	12 020.8	38 433.1	15 981	14766.4
4	DK356＋800～＋983.65	183.65	276	6 277.5	2 668.9	8 946.4	3 630.8	3 354.8
5	D1K359＋600～DK360.360.52	760.52	929	10 529.6	8 554.7	19 084.3	9 719.6	8980.9
6	DK362＋679.47～＋917.9	238.43	248	2 656.2	1 836	4 492.2	2 165.3	2 000.7
7	DK372＋300～＋800	421.99	423	9 616.9	2 475.8	12 092.7	4 126.9	3 813.2
8	DK375＋419.42～＋837	417.58	326	9 683.6	2 991.5	12 675.1	4 599.2	4 249.6
合计		5 009.42	5 539	105 218	50 799.1	156 017.1	66 254.8	61 219.5

2. 施工工艺

施工准备→布孔位图→测量放线→钻孔、清空→检查岩芯→注浆（砂）→封孔→注浆完成。

施工工艺流程如图 4-2-28 所示。

1）钻探工艺

（1）定孔位

根据设计要求标出注浆孔位置，并进行复测。注浆孔采用正方形布置。

（2）钻机与注浆设备就位

①注浆孔位标定后，移动钻机至钻孔位置，完成钻机就位。

②钻机就位后，用经纬仪、水准仪等工具调整钻机角度，安装牢固，定位稳妥。

③各类设备就近安装，注浆管线固定，不宜过长，一般为 30～50 m，以防压力损失。

（3）钻孔

钻孔用钻头开孔钻进，钻孔采用循环水分节钻进，在先导勘探时，每一节钻杆钻进结束后，将钻取芯样取出，留作与设计地质情况作核对用，在正常的钻孔时，只需要将岩芯取出，并以此控制入岩深度。现场施工如图 4-2-29 和图 4-2-30 所示。

（4）检查岩芯

根据钻取岩芯的形态，并结合钻进时钻机的状态确认具体的地质情况，并以此判定入岩的深度及注浆方案。

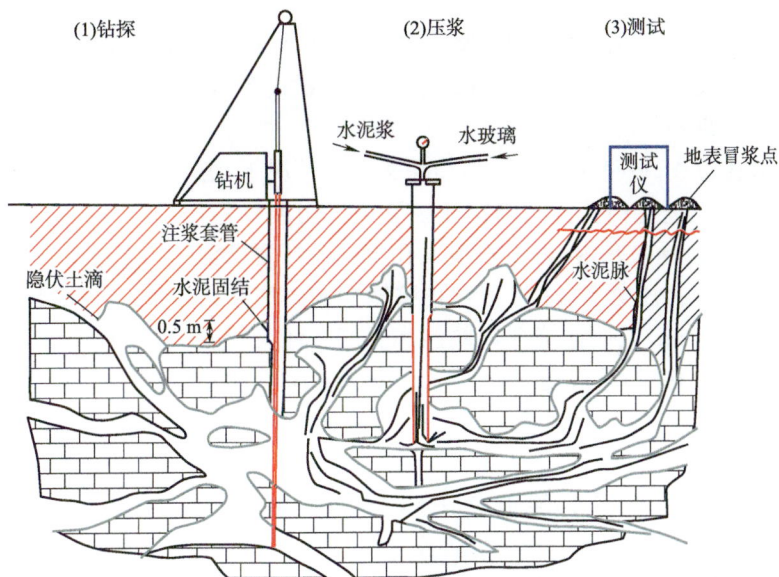

(1)钻探　　　　　(2)压浆　　　　(3)测试

图 4-2-28　压浆施工程序

图 4-2-29　定孔位

图 4-2-30　钻孔

（5）终孔

钻孔应以实际钻探深度为准，加固厚度满足设计要求。加固深度为岩土界面以下 2 m。钻至设计孔深度，经专业工程师自检后，报请现场监理工程师检查，同意后方可提钻，再用清水洗孔直至返清水，如不返水，冲洗时间不少于 30 min，然后拧紧孔口盖准备压浆。

（6）清孔

在钻孔结束后，要及时进行清孔，将孔中碎石等破碎岩芯取出，确保注浆时水泥浆能顺利地充填基岩中的破碎岩层和裂隙。

（7）记录

钻进过程中应注意观察地层变化，详细做好钻孔记录。

2）注浆工艺

注浆采用孔口封闭注浆法，先注浆基岩后，再注浆岩层面与土层接触面。

（1）试泵

试泵时，在开泵前先将三通转芯阀调到回浆位置，待泵吸水正常时，将三通回浆口慢慢调小，泵压徐徐上升，当泵压达到预定注浆压力后，持续 2～3 min 泵管及机械设备不出故障时，方可进行注浆作业施工。

（2）安装注浆管和止浆塞

钻孔完毕，进行清孔检查，在确认没有坍孔和探头石的情况下，方可下管。否则，必须用钻机进行扫孔。在确定注浆管内无阻塞物后，即可进行注浆管安装。把管插入孔内，再将管顶入孔内到设计要求深度，使橡胶栓塞与孔壁充分挤压紧实，注浆管和止浆塞固定。注浆管外露的长度不小于 30～40 cm，以便连接孔口阀门和管路。注浆管安放好后，在注浆管管口加上孔口盖，以防杂物进入。安装注浆管和止浆塞示意如图 4-2-31 所示。

（3）浆液配制

①考虑浆液充盈和结石的稳定性，浆液应以水泥单液为主，水灰比为 1:1～0.6:1。

②所用浆液采用搅拌机拌和随拌随用，搅拌时间不少于 2 min。将配制好的浆液送入搅拌式储浆桶内备用。现场施工如图 4-2-32 和图 4-2-33 所示。

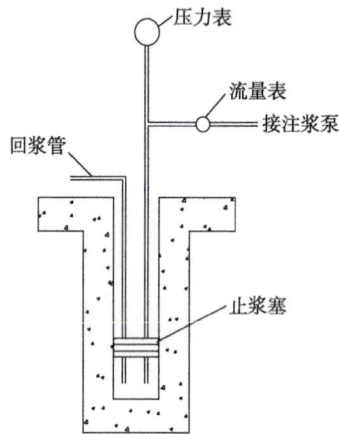

图 4-2-31　安装注浆管和止浆塞示意图

图 4-2-32　浆液配制

图 4-2-33　灌浆

（4）注浆

①注浆管路系统的试运转：用 1.5～2 倍于注浆终压的压力对系统进行吸水试验检查，并接好水、电；检查管路系统能否耐压，有无漏水；检查管路连接是否正确；检查设备状况是否正常；使设备充分热身，试运转时间为 20 min。

②注浆顺序：遵循先边排，后内排、跳孔、由疏至密注浆顺序；自路基坡脚向中心的顺序进行，先两侧后中间，以保证注浆质量。注浆方式采用分段前进方式，即先钻孔后注浆。

③浆液控制：先稀后浓，依吸浆情况逐步加浓浆液，配比控制在 1:1～0.6:1。

④灌浆压力控制根据受灌地层的地质条件和渗透性、灌浆时吸浆量，以及对浆液稠度变换等。一般情况下，当吸浆量较小时，可尽快地达到规定的灌浆压力；而在吸浆量较大时，则可较缓慢的升到规定的灌浆压力。

灌浆过程中，灌浆压力的控制采用"一次升压法"。"一次升压法"就是在灌浆开始后，将压力尽快升高到规定的压力，使整个灌浆过程尽量是在规定的压力下进行。其优点是裂隙不至于在低压下提前被堵塞，能较多地灌进一些浆液，使一些较小的裂隙也能得到充分的灌实。

（5）提管、回填

注浆完成后应立即拔管，若拔管不及时，浆液会把注浆管凝固住而造成拔管困难。拔管时使用拔管机，每次上拔高度为 500 mm。拔出注浆管后，及时刷洗注浆管，以便保持清洁、通畅。

（6）封孔

①注浆结束拔出套管后，用水泥砂浆封孔。

②封孔完成后，在原孔位处标注注浆孔号，要求字迹工整、清晰。

（7）注浆原始记录整编

①每个注浆作业工班在注浆施工过程中，都必须边施工边记录，当天的注浆施工记录必须当天整理完成，不得积压或遗漏。

②注浆原始记录是竣工文件的重要组成部分，各记录人员应本着认真负责的态度，做到字迹工整、资料整洁无误，填写规范齐全。

③应及时按要求做好注浆资料的统计与汇总（包括注浆孔号、孔数及注浆量等）。

（8）试验检测

为正确的检测注浆效果，准确验证各项施工参数，在试验段检测时加大检测项目与力度，注浆前后，物探成果资料对比，检查注浆效果；注浆前后，钻孔注水试验的单位长度吸水量对比，检查注浆效果，注浆后单位吸水量小于注浆前吸水量的 $3\% \sim 5\%$，且没有明显漏水现场；钻孔检查，检查孔数的 4%，且不少于 3 孔，根据取芯浆液充填情况直观判断注浆效果；注浆观察，冒浆点在路基范围之外 $3 \sim 5$ m 时，可视路基范围围岩溶通道堵塞完毕。

第五节 路堑施工

一、施工准备

（1）审阅图纸：仔细审阅施工图纸及文件，审核有无与标准不相符的项目，图纸所标注的尺寸和工程量有无错误、遗漏，是否详尽，有无不明白的地方等。

（2）测量放样：图纸到位后，根据实际地形作出实际断面并与设计图纸断面进行对照，发现不符时，及时与设计和监理联系，进行修正，根据施工图纸准确放样边坡开挖桩，进行详细技术交底。

（3）现场施工调查

现场施工调查主要内容有：开挖区域内民风民俗、社会环境、自然环境等以及开挖区域内是否有国家保护植物、坟墓、地埋管线。

（4）根据工程量及工期要求，合理配置机械设备和人员。

（5）临时工程设施的修建：根据地形地貌、社会环境、水源、电力、机械配置情况、人员情况等综合考虑，合理布局。

（6）临时排水：详细调查水流方向、自然沟渠的分布、工程构筑物的里程结构标高等，采取开挖排水沟、设置集水井及埋设管涵等措施引排。

二、总体施工方案

1. 土质、软质岩、强风化硬质岩路堑

路堑施工应根据地形地质、气象、水文实际情况合理安排施工，膨胀土、黄土路堑不宜在雨季施工。路堑开挖施工前、开挖过程中均应核对地质资料，开挖后台发现与地质资料不符时应及时反馈相关单位。

路堑开挖应根据地形情况、岩层产状、断面形状、路堑长度、施工季节和环境保护要求，结合土石方调配选择开挖方式，如平缓地面上短而浅的路堑宜采用全断面开挖；平缓横坡上的一般路堑宜采用横向台阶开挖，较深路堑应分层开挖；傍山路堑宜采用纵向台阶开挖，边坡较高时宜分级开挖；边坡较高的软弱、松散岩质路堑，应分级开挖、分级支挡、分级防护。

路堑开挖前，做好堑顶防排水设施，临时排水设施应与永久性排水设施相结合，并与原排水系统顺接，注意排水不应损害路基及附近建筑物地基、道路和农田，并不应引起淤积或冲刷；影响边坡的地面水和地

下水应及时引排,施工过程中路堑开挖表面宜设排水坡,以利排水。开挖的路基面不应有积水。刷坡应保证边坡坡度及平整度,对特殊部位做好边坡防护工作。路堑开挖时应合理分段并自上而下进行,严禁掏底开挖。设有支挡结构的路堑边坡应分段开挖、分段支挡,支挡工程施工应与开挖紧密衔接。对于设计特殊要求分层开挖、分层防护的路堑边坡,应自上至下分层开挖、分层施工,支挡工程施工应与开挖紧密衔接。如防护不能紧跟完成的,不能开挖。

路堑开挖至预定标高后,按设计要求对路基基床底层厚度内地层和基底采用工程地质描绘、原位测试、电法物探,基床土质静力触探比贯入阻力 P_s 值检测（$P_s \geq 1.2$ MPa）,必要时进行钻探取样等方法,进行地基土地基条件的核查与检测,根据试验结果对不具有足够强度与抗变形能力的土质,根据设计图纸,按设计采取换填或其他措施进行地基加固施工。

2. 硬质岩石质路堑

硬质岩石路堑,主体采用松动爆破、边坡采用光面或预裂爆破的方法开挖。根据路堑开挖区岩石的岩性、产状以及开挖高度,详细进行爆破设计,严格控制装药量,爆破后应达到边坡和堑顶山体稳定,基底和边坡平顺、不破碎,基底和边坡凹凸不平处用混凝土或浆砌片石补齐。爆破施工采用潜孔钻机或风钻钻孔,进行松动爆破,爆破施工时,纵向分段,竖向分层,逐层施工。

三、路堑开挖

1. 土方路堑开挖

1）施工方法

根据测量放样的桩位,连接成线,路堑开挖前应先检查坡顶、坡面,并对危石、裂缝或其他不稳定体进行妥善处理。

路堑开挖采用机械开挖,机械开挖不到的边角采用人工开挖。边坡坡面采用人工整修。

根据地形条件和土方调配运距等,采用不同的机械组合和开挖方法,开挖方法的选择在总体施工方案中已有叙述,下面主要说明一下机械组合:

（1）对于土方数量相对集中,地形较为平坦、宽阔,运距在100 m以内（考虑经济对比）,采用挖掘机平整施工场地,装载机装载土方直接运送至填筑场地,装载机装载台阶不宜过高,一般高度为2～3 m。运距50 m以内的土方采用推土机直接推送到位,边坡采用挖掘机修整。

（2）对于土方数量相对集中,地形较为平坦、宽阔,运距在100 m以上（考虑经济对比）,采用挖掘机平整施工场地,装载机装车,自卸汽车运送至填筑场地,装载机装载台阶不宜过高,一般高度为2～3 m。边坡采用挖掘机修整。

（3）对于傍山路堑,地势较为陡峭,施工场地狭窄的地段,采用挖掘机纵、横向台阶开挖施工,自卸汽车运输。边坡较高时分层开挖,台阶高度3～4 m。施工示意如图4-2-34所示。

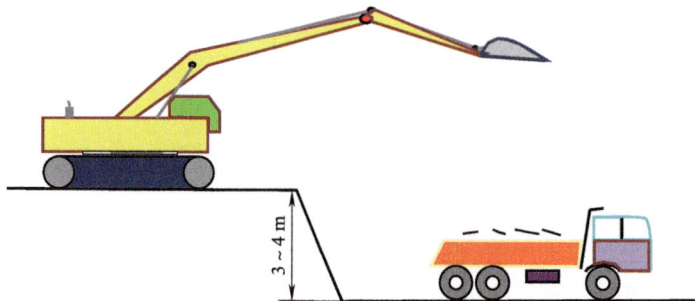

图4-2-34　挖掘机、自卸车纵向台阶开挖土方示意图

2）工艺流程

推土机、挖掘机、自卸汽车开挖土方工艺如图4-2-35所示。

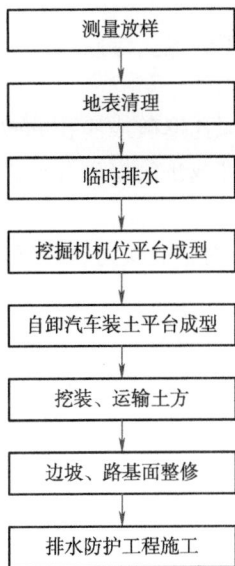

图 4-2-35 推土机、挖掘机、自卸汽车开挖土方工艺

3)技术要求和标准

开挖坡面应平顺,无明显凹凸,无危石、浮土、渣堆、杂物。路堑开挖应自上而下纵向、水平分层开挖,纵向坡度不小于 4%。

路堑边坡坡率、变坡点、平台位置、宽度、侧沟排水坡度允许偏差及检验标准应满足表 4-2-9 要求。

表 4-2-9 路堑技术标准

序号	项 目	允许偏差	施工单位检验数量	检验方法
1	边坡坡率(偏陡量)	不陡于设计坡率	每 100 m 单侧检查 2 点,上、下部各 1 点	用坡度尺量、计算
2	变坡点位置	±200 mm	每 100 m 单侧检查 3 点	水准仪测或尺量
3	平台位置	±200 mm	每 100 m 单侧检查 3 点	水准仪测或尺量
4	平台宽度	±100 mm	每 100 m 侧检查 3 点	尺量
5	侧沟排水坡度	不得积水	每条沟全验	目测

4)施工注意事项

(1)在开挖过程中,对高边坡地段要经常巡查,注意开挖坡面是否有变化,堑顶是否有裂缝等。

(2)加强与支挡防护队伍的交流,了解其施工部署与工期安排等。

(3)开挖高度在 4 m 左右重新测量一次,进行边坡修整,严防超挖和损伤边坡。

(4)每作业点每班现场领工员跟班指挥,随时掌握路基宽度、高程及其他情况,协调机械设备的配置,及时处理现场出现的各类事件。

(5)数码影像资料的收集:影像资料的收集应能够反映施工里程段及相关施工工序等信息。

2.石质路堑开挖

1)施工方法

石方开挖根据岩石的类别、风化程度、岩层产状、岩体断裂构造、施工环境等因素确定方案。对于软石和强风化岩石采用机械开挖,不能用机械直接开挖的石方,采用预留光爆层光面爆破分台阶开挖,在高边坡挖方岩层风化破碎地段,采用小型浅孔松动爆破,人工、机械配合开挖的方法。

(1)软石

采用大功率推土机配松土器松动,并集中成堆,挖掘机装车,自卸汽车运输。

（2）次坚石、坚石

采用松动爆破法，挖掘机装车，自卸汽车运输。爆破后产生的大块石采用挖掘机配液压破碎锤改小或二次爆破改小。

根据路堑挖深和工程量不同分别采用深孔爆破或浅孔爆破，一般挖深小于5 m时用浅孔爆破，挖深大于5 m时用深孔爆破。边坡面采用光面爆破或预裂爆破开挖。

2）各种路堑开挖施工注意事项

半挖半填断面开挖根据工作面情况，采用分层横向台阶爆破法、分层纵向台阶爆破法以及边坡光面爆破法。

（1）分层横向台阶爆破法

分层横向台阶爆破方案适用于挖方较窄处，且对飞石要求严格控制地段。分层横向台阶布眼图如图4-2-36所示。

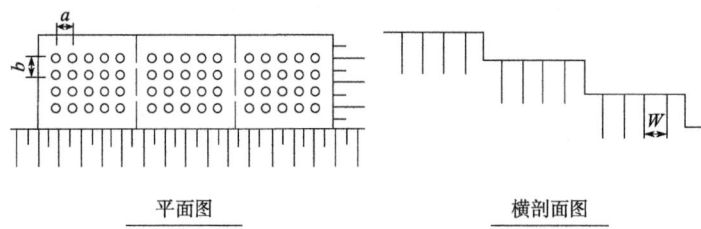

图4-2-36 分层横向台阶布眼图

（2）分层纵向台阶爆破法

分层纵向台阶爆破方案适合于地势较平缓，离公路、河流较远路段。分层纵向台阶布眼图如图4-2-37所示。

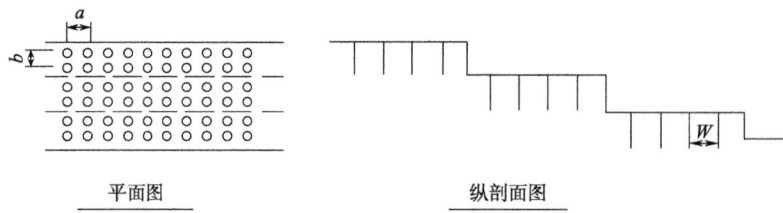

图4-2-37 分层纵向台阶布眼图

（3）边坡光面爆破法

按设计边坡度采用光面爆破开挖，孔径$d=40$ mm，炮眼间距$a=500$ mm，光面厚度$W=600$ mm，装药量$0.20\sim0.30$ kg/m，光面爆破炮眼布置图如图4-2-38所示。

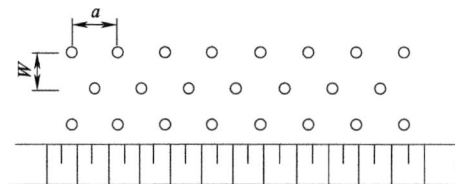

图4-2-38 光面爆破炮眼布置图

注：a，b—炮眼间距；W—光面厚度。

3）工艺流程

石质路堑开挖工艺如图4-2-39所示。

4)技术要求与标准

(1)准爆,达到预期的爆破形状和数量。

(2)确保基床、边坡和堑顶山体稳定、不受破坏。爆出的开挖面完整平顺,底板平整、无沟坎。

(3)确保现场及附近人员、设备、建筑物的安全,控制爆破飞石、爆破冲击波和震动,杜绝爆破飞石、爆破冲击波和震动造成人身财产损失。

(4)浅孔、深孔爆破均应保证岩石块度适合机械铲挖、装运,作为路基填料符合规范要求,大块率控制在 5% 以下。

(5)预裂爆破和光面爆破保证坡面平顺整齐且稳定无隐患,坡面局部凹凸差不大于 15 cm,边坡上留有明显的半个炮孔痕迹,总长度不小于钻孔总长的 70%,且炮孔附近围岩无明显裂碎。检验数量:沿线路纵向每 100 m 抽样检验 5 处。检验方法:观察、尺量。

(6)开挖边坡坡率不陡于边坡设计坡率。检验数量:沿线路纵向每 50 m 单侧边坡抽样检验 8 点(上、下各 4 点)。检验方法:吊线尺量计算或坡度尺量。

(7)路堑开挖至设计标高后,应核对路基面和边坡的水文地质和工程地质情况,当与设计不符时,应提出变更设计。检验数量:全部检验;当与设计不符时,报设计单位现场确认。检验方法:对照设计文件核对并详细记录。

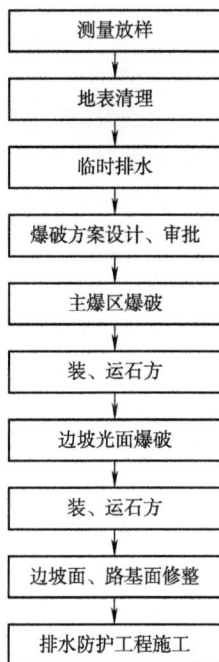

图 4-2-39　石质路堑开挖工艺流程图

(流程图:测量放样 → 地表清理 → 临时排水 → 爆破方案设计、审批 → 主爆区爆破 → 装、运石方 → 边坡光面爆破 → 装、运石方 → 边坡面、路基面修整 → 排水防护工程施工)

第六节　填料改良施工

一、填料改良要求及主要技术标准

路基改良土采用物理改良土,需改良的 B 组土掺入级配良好的碎石,最大粒径不大于 75 mm。使 B 组土碎石比例不大于 3 ∶ 1,并均匀拌和使用。

二、填筑施工

1. 工艺流程

填筑工艺流程如图 4-2-40 所示。

2. 施工技术措施

(1)开工前,沿两侧地界线挖不小于 40 cm×40 cm 的临时排水沟,完成后进行场地清理。

(2)场地清理时清除路基用地范围内的垃圾、有机物残渣及原地面以下至少 30 cm(水田地段为 50 cm)内草皮、农作物的根系和表土,清理出的杂物集中运至指定位置,原地面上的坑、洞等及时回填和夯实,准备进行填前碾压。

(3)填前碾压时,压路机碾压按先静后动、先慢后快、先弱后强的原则进行,现场每碾压一遍即进行压实度跟踪检测,直至压实度达到设计要求为止,再对地面高程进行测量。记录下机械组合、压实厚度、碾压速度、碾压遍数等数据。

(4)测量人员在每层填筑前,沿线路方向每 20 m 放出线路中桩、边桩,同时根据施工需要适当加密,做好明显的标识。开工前必须对施工员进行书面技术交底。

(5)路基采取分层填筑,分层压实的施工方法。按路基设计宽度每侧加宽 50 cm 水平分层,逐层向上填筑。

(6)试验人员在填前碾压后及每层填筑压实完毕后,按规范要求进行压实度检测,压实度合格后方可进行上层填筑。填筑按"四区段、八流程"进行施工。

```
                        ┌──────────────┐
                        │  中线、高程复测  │
                        └──────┬───────┘
                        ┌──────┴───────┐
                        │   边桩测设    │
                        └──────┬───────┘
┌──────────┐          ┌──────┴───────┐          ┌──────────┐
│ 修建便道  │ ───────→ │   施工准备    │ ←─────── │ 场地清理  │
└──────────┘          └──────┬───────┘          └──────────┘
┌──────────┐          ┌──────┴───────┐          ┌──────────┐
│ 碎石鉴定  │          │  拌和场地选择  │          │ 土场选择  │
└────┬─────┘          └──────┬───────┘          └────┬─────┘
┌────┴─────┐          ┌──────┴───────┐          ┌────┴─────┐
│改良土土组成设计│          │   机械到位    │          │ 土工试验  │
└────┬─────┘          └──────┬───────┘          └────┬─────┘
┌────┴─────┐          ┌──────┴───────┐          ┌────┴─────┐
│ 配合比试验 │ ───────→ │  配合比报批   │          │土场集料准备│
└────┬─────┘          └──────┬───────┘          └────┬─────┘
┌────┴─────┐          ┌──────┴───────┐          ┌────┴─────┐
│   碎石    │ ───────→ │  改良土拌和   │ ←─────── │ 土料运输  │
└──────────┘          └──────┬───────┘          └──────────┘
                        ┌──────┴───────┐
                        │   试验段施工   │ ←──────┐
                        └──────┬───────┘        │
┌──────────┐          ┌──────┴───────┐  ┌──────┴─────┐
│下层检测验收│          │  地基处理及验收 │  │ 报监理单位确认│
└──────────┘          └──────┬───────┘  └────────────┘
┌──────────┐          ┌──────┴───────┐  ┌────────────┐
│  测量放样  │ ───────→ │    分层填筑    │ ←│沉降观测设施安置│
└──────────┘          └──────┬───────┘  └────────────┘
┌──────────┐          ┌──────┴───────┐          ┌──────────┐
│厂拌改良土生产│          │            │ ←─────── │ 填料检验  │
└──────────┘          └──────┬───────┘          └──────────┘
┌──────────┐          ┌──────┴───────┐  ┌──────────────┐
│ 改良土运输 │ ───────→ │ 改良土摊铺、平整 │ ←│层厚、平整度量测与控制│
└──────────┘          └──────┬───────┘  └──────────────┘
┌──────────┐          ┌──────┴───────┐
│ 接逢处理  │ ───────→ │   碾压夯实    │
└──────────┘          └──────┬───────┘
                        ┌──────┴───────┐
                        │   压实度检测   │
                        └──────┬───────┘
┌──────────┐ 不连续施工 ┌──────┴───────┐          ┌──────────┐
│  养生     │ ←──────── │   检查验收    │ ───────→ │ 下一道工序 │
└──────────┘          └──────────────┘          └──────────┘
```

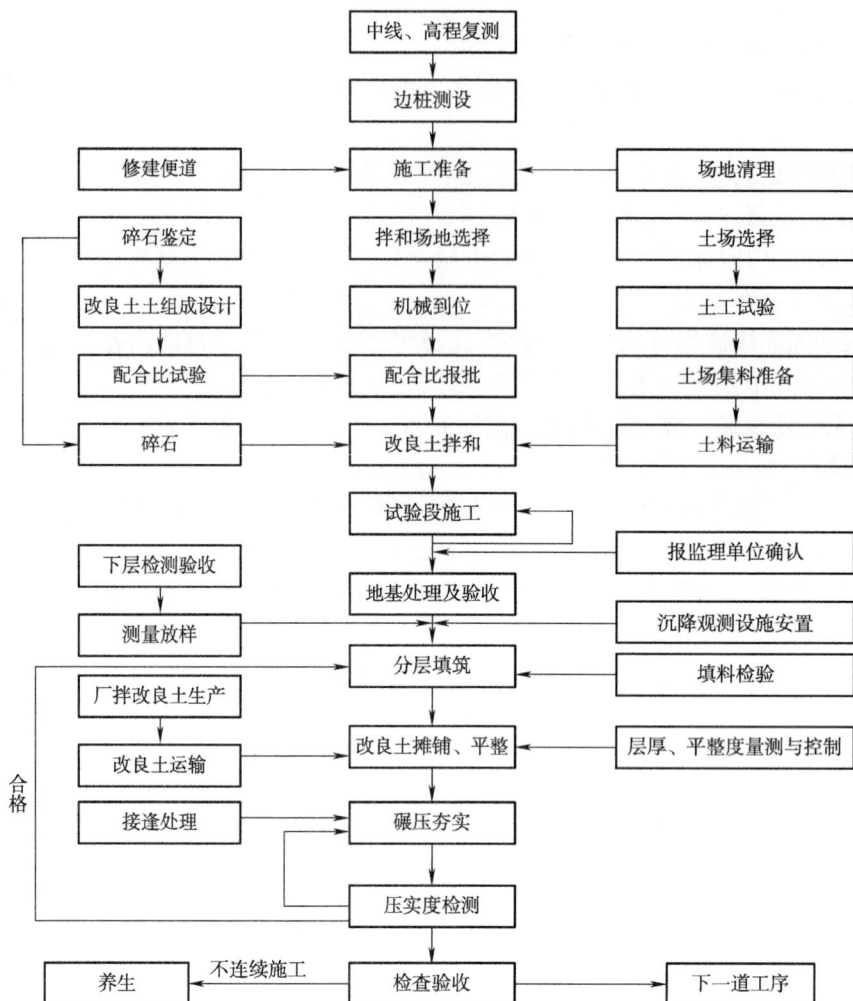

图 4-2-40　填筑工艺流程

3. 施工注意事项

（1）路基施工过程中实行技术交底制度；测量人员每次放样后，要对施工员书面技术交底，交底包括以下内容：测量桩点位置及数据、图纸尺寸标高及要求、施工方法、检测方法及合格标准、施工规范要求、施工机械配备和工期要求等。

（2）试验人员对路基压实度检测时，如有压实度达不到要求，做好施工记录，向施工员给出书面交底，给出改正措施，确保施工质量。

（3）质检人员如果发现施工中有违反规范要求施工时，及时向施工员提出，指出问题，给出改正措施，向施工员给出书面交底。

（4）施工员必须具备质量和工期意识，对质量、工期作出具体安排，使工程项目顺利展开施工，在规定工期内保质保量完成施工。

（5）路基填筑完毕后，及时进行防护及排水工程施工，防止冲刷。

（6）注重报检程序。每道工序开始前和完工后，均报监理检查。

第七节　过渡段施工

过渡段包括路桥过渡段、路基与横向结构物过渡段、路堤与路堑过渡段。为了保证过渡段填筑质量，原则上过渡段与相邻路堤应按水平分层同步填筑。但确有困难不能同时施工的，为保证路基施工进度，采取在桥台后预留一定长度的路堤填筑段并作出台阶,待过渡段施工条件成熟后与过渡段一起施工。横向结构物两侧过渡段对称均匀分层同步填筑施工。

一、路桥过渡段

桥路过渡段路堤基床表层满足基床表层的有关要求,表层以下以 A 组土分层填筑,填筑压实标准满足 $K_{30} \geqslant 120$ MPa/m、孔隙率 $n < 31\%$ 双重标准。并在路基与桥台结合部设宽 10 cm 无砂混凝土板。在渗水墙底部设 $\phi 10$ cm 软式渗水管将渗流水排出路基以外,台背过渡段范围内采用 A 组土填筑,横向按 1∶1 的坡度填筑,两侧采用同路基标准填料填筑,坡度同路基边坡坡率,底部全断面铺 0.5 m 透水层,如图 4-2-41 所示。

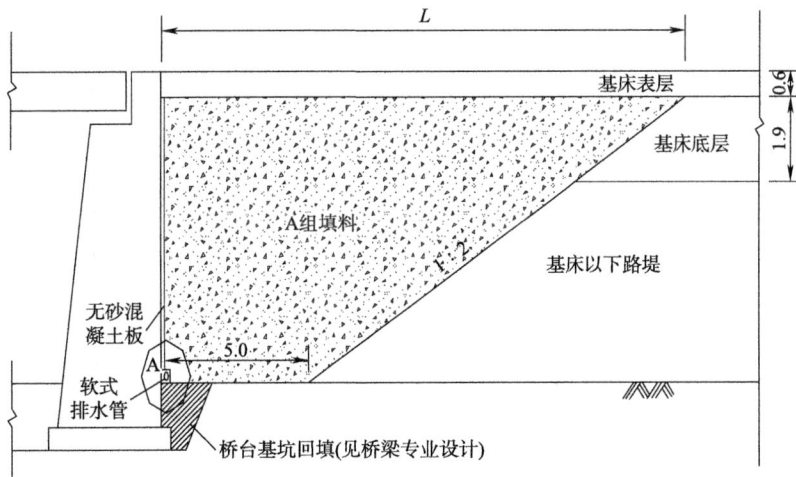

图 4-2-41　桥路过渡段形式(单位:m)

过渡段路堤与其连接的路堤、锥体按同一整体同时施工,并将过渡段与连接路堤的碾压面,按大致相同的高度进行填筑,以保证整体稳定性,锥体填筑加宽 50 cm,砌筑锥体护坡时需刷掉多余方量。

二、路基与横向结构物过渡段

1. 施工方法

当结构物顶面距路肩高度小于 1.5 m 时,涵顶填筑 A 组土,按图 4-2-42 施工;当结构物顶面距路肩高度大于 1.5 m 时,按图 4-2-43 施工;路堤与横向结构物过渡段两侧同时对称分层回填和压实,其顶部填筑厚度大于 1.0 m 后,才可通行机械。

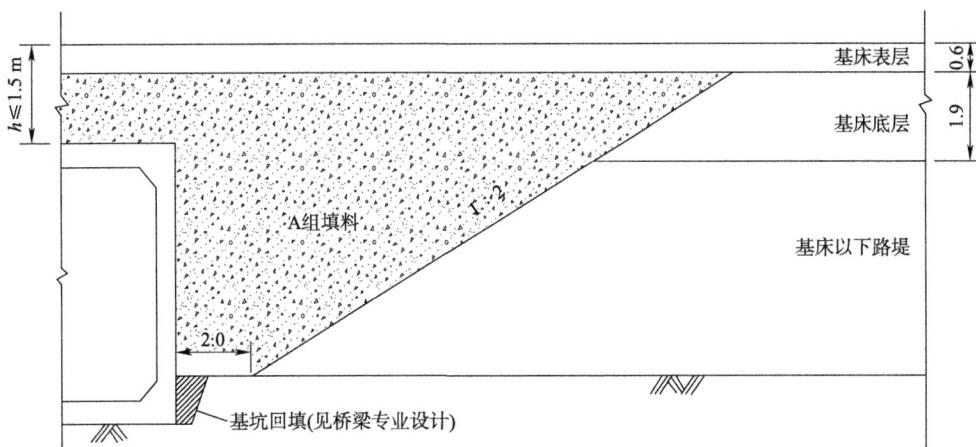

图 4-2-42　路堤与横向结构物连接($h \leqslant 1.5$ m)(单位:m)

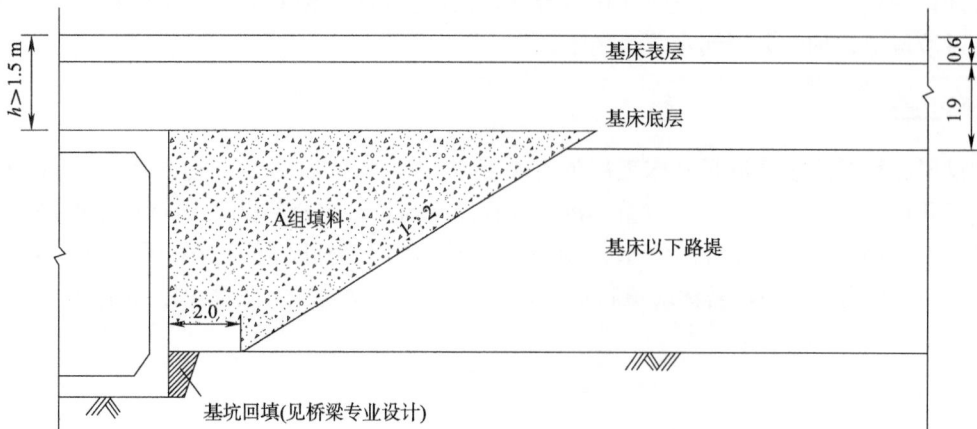

图 4-2-43 路堤与横向结构物连接(h>1.5 m)(单位:m)

2. 施工工艺

施工工艺说明:

(1)过渡段的基坑分层回填 A 组土并用小型平板振动机压实。基坑回填至原地面后,用振动压路机碾压密实。

(2)当横向构筑物轴线与线路中心斜交时,使用 A 组土采用斜交正做填筑斜交部分,然后再设置过渡段。

(3)路堤与横向结构物过渡段施工工艺与路堤与桥台过渡段施工工艺基本相同,施工工艺如图 4-2-44 所示,只是路堤与横向结构物过渡段两侧要同时对称施工。

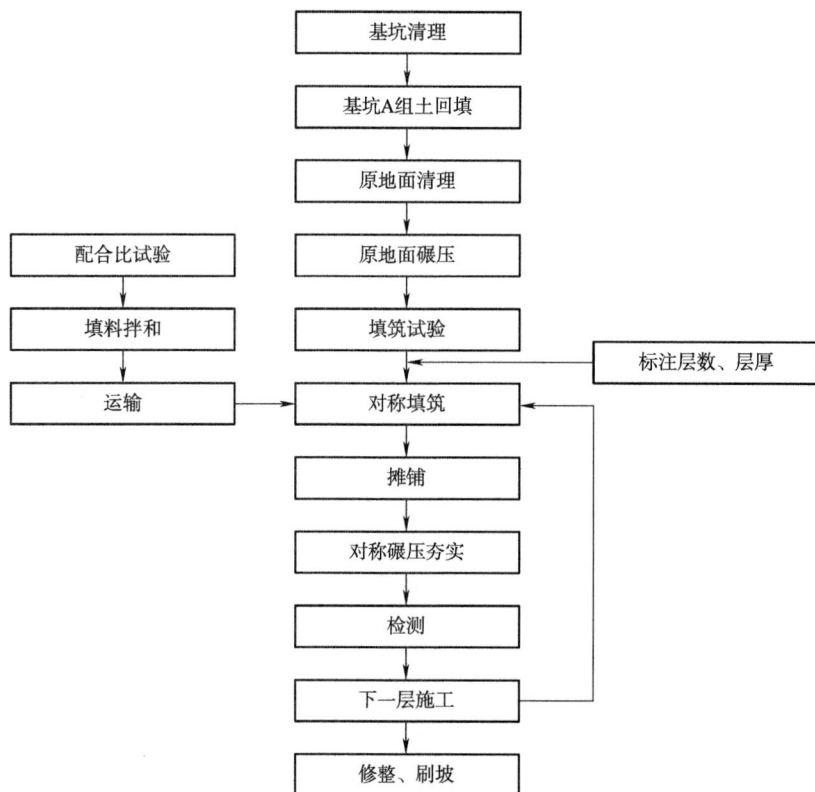

图 4-2-44 路堤与横向结构物过渡段施工工艺

三、路堤与路堑过渡段

1. 坚硬岩石路堑过渡段

在路堤一侧设置过渡段。在路堑一侧原地面采用人工纵向开挖台阶,台阶高度为 0.6 m,按图 4-2-45 施工。

过渡段基床表层采用 A 组土填筑,表层以下以 A 组土分层填筑,填筑压实标准满足 $K_{30} \geqslant 120$ MPa/m,孔隙率 $n < 31\%$。同时过渡段与相邻路基按一整体同时施工。

2. 路堤与软质岩石或土质路堑过渡段填筑

当路堤与路堑连接处为软质岩石或土质路堑时,顺原地面纵向采用人工配合机械挖成 1∶1.5 的坡面,在坡面上采用人工开挖台阶,台阶高度均为 0.6 m,按图 4-2-46 施工。

过渡段基床表层采用 A 组土填筑,表层以下以 A 组土分层填筑,填筑压实标准满足 $K_{30} \geqslant 120$ MPa/m,孔隙率 $n < 31\%$。同时过渡段与相邻路基按一体同时施工。

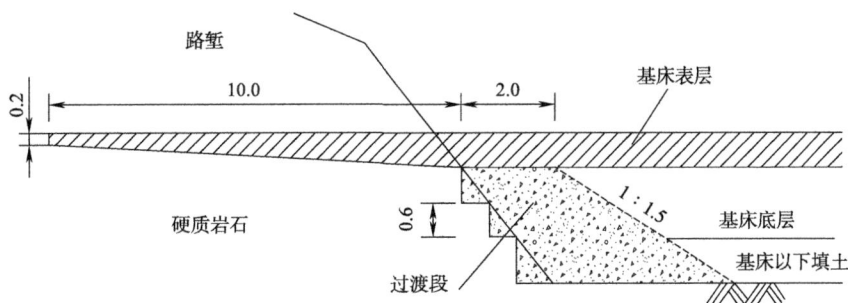

图 4-2-45　路堤与路堑连接方式一(单位:m)

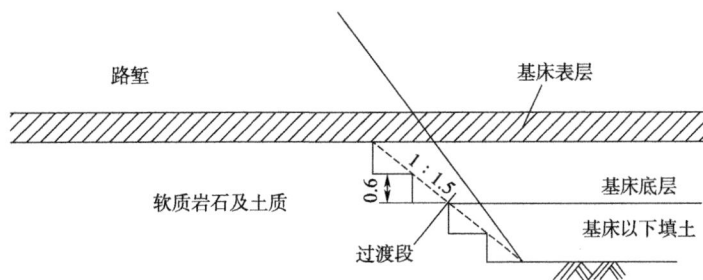

图 4-2-46　路堤与路堑连接方式二(单位:m)

四、半填半挖路基横向过渡

当换填地段为一般土质、软质岩石及强风化硬质岩石路基处理地段,整个路基面以下 1.1 m 范围内全部予以挖除换填与路堤相同填料,并设置向外 4% 排水坡,按图 4-2-47 施工。当挖方部分为膨胀土(岩)时,基床表层以下换填三七灰土,厚 1.0 m,按图 4-2-48 施工。

五、过渡段基底处理

1. 过渡段基底处理过程中及处理后应严格按照设计要求做好地面排水,特别是软土、松软土、膨胀土和黄土地基地段,应确保降水及地表径流对施工质量无不利影响。

2. 过渡段基底范围及其两侧的排水、防渗和地下水的拦截、引排应符合设计要求。地下水的出露位置和处理前、后的出水情况应有记录。

3. 技术检测及标准

检验数量:施工单位每个过渡段每 100 m 抽样检验孔隙率 2 个断面,其中每个断面距路基边线 1 m 处

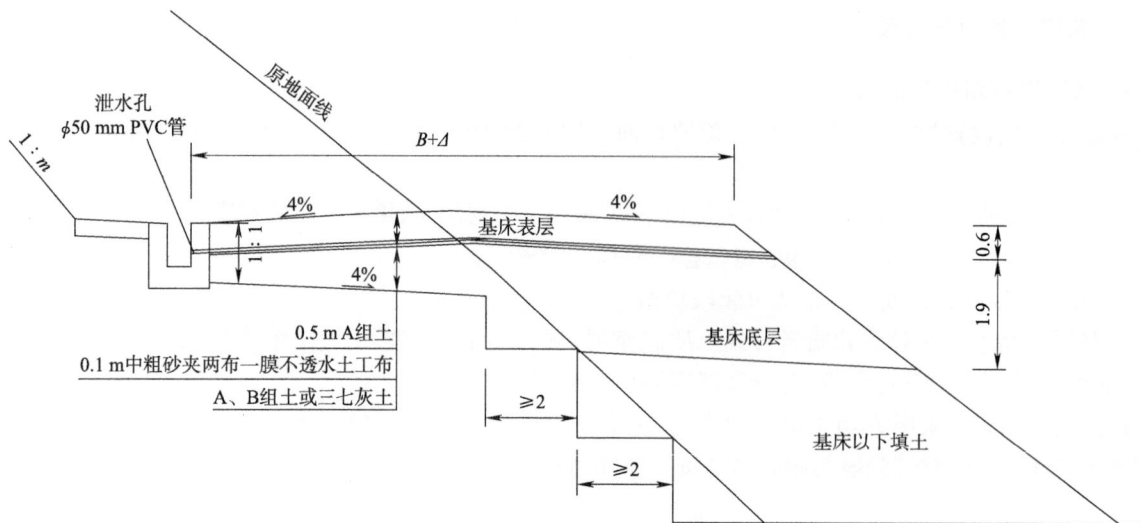

图 4-2-47　路堤与路堑连接方式三(单位:m)

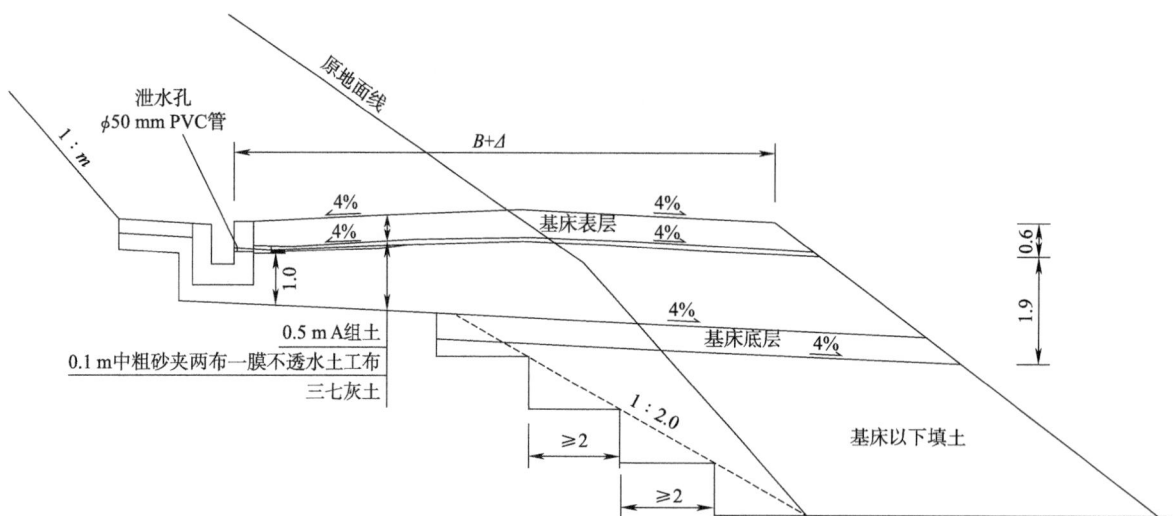

图 4-2-48　路堤与路堑连接方式四(单位:m)

左、右各 1 点,路基中部 1 点;或抽样检验地基系数 2 个断面,其中每个断面距路基边线 2 m 处 1 点,路基中间 1 点。监理单位平行检验或孔隙率 1 个断面,见证检验全部地基系数。

检验方法:按《铁路工程土工试验规程》(TB 10102—2010)及《铁路路基工程施工质量验收标准》(TB 10414—2003)规定的试验方法检测。

路堤与路堑过渡段按设计顺原地面纵向开挖,开挖坡面的纵向坡度及台阶开挖顺序应符合设计要求。

检验数量:每个过渡段施工单位抽样检验 3 点,监理单位平行检验 1 点。

检验方法:观察、尺量。

六、基坑回填

1. 桥台后基坑及横向结构物基坑应严格按照设计选用回填材料及时回填并分层压实,避免积水。

2. 基坑回填时,应分层回填,并采用小型振动机械压实,其压实质量应符合设计要求。

3. 基坑回填顶面高程的允许偏差为±50 mm。

七、基床表层以下过渡段 A 组土填层

1. 过渡段应与相邻的路堤及锥体按一整体同时施工,并将过渡段与连接路堤的碾压面按大致相同的水平分层高度同步填筑并均匀压实。

2. 基床表层以下过渡段级配碎石填筑要求

(1)桥台后 2.0 m 范围外大型压路机能碾压到的部位应采用大型压路机碾压,大型压路机碾压不到的部位及在台后 2.0 m 范围内应采用小型振动压实设备进行压实。

(2)横向结构物两侧的过渡段填筑必须对称进行,并与相邻路堤同步施工。

(3)涵背两端大型压路机能碾压到的部位宜采用大型压路机碾压。大型压路机碾压不到的部位应采用小型振动压实设备进行压实。靠近横向结构物的部位,应平行于横向结构物背壁面进行横向碾压。

(4)横向结构物的顶部填土厚度小于 1 m 时,不得采用大型振动压路机进行碾压。

3. 填料要求

过渡段 A 组土填料粒径、级配及质量应符合设计要求。填料颗粒级配良好,粒径大于 2 mm 颗粒的质量超过总质量的 50%,细粒含量占总量的 5%～15%。

4. 压实质量

基床表层以下过渡段 A 组土填层的压实质量应按表 4-2-10 采用地基系数 K_{30}、动态变形模量 E_{vd} 和孔隙率 n 三项指标控制。

表 4-2-10　基床表层以下过渡段 A 组土填层压实标准

项　　目	地基系数 K_{30}(MPa/m)	孔隙率 n(%)
压实标准	≥120	≤31

(1)检验数量

施工单位每 100 m 压实层抽样检验孔隙率 2 个断面,每个断面各 3 点,其中距路基两侧填筑级配碎石边线 1 m 处左、右各 1 点,路基中部 1 点;每填高约 60 cm 抽样检验地基系数 2 个断面各 2 点,其中距路基两侧填筑级配碎石边线 2 m 处 1 点,路基中部 1 点。监理单位按施工单位抽样数量的 20% 平行检验孔隙率 n,但每过渡段各不少于 2 点,见证全部地基系数 K_{30} 检验。

(2)检验方法

按《铁路工程土工试验规程》(TB 10102—2010)及《铁路路基工程施工质量验收标准》(TB 10414—2003)规定的试验方法检测。

5. 在填筑压实过程中,应保证桥台、横向结构物稳定、无损伤。

6. 填料应分层压实。采用大型压路机械碾压时,每层的最大压实厚度不宜超过 30 cm,最小压实厚度不宜小于 15 cm;采用小型振动压实设备碾压时,填料的虚铺厚度不应大于 20 cm,具体的摊铺厚度及碾压遍数应按工艺试验确定并经监理单位确认的工艺参数进行控制。每压实层应平整无积水现象。

7. 过渡段填筑的允许偏差、检验数量及检验方法应符合表 4-2-11 的规定。

表 4-2-11　过渡段填筑的允许偏差、检验数量及检验方法

序号	检验项目	允许偏差	施工单位检验数量	检验方法
1	中线至边缘距离	0,+50 mm	每过渡段抽样检验 3 点	尺量
2	宽度	不小于设计值	每过渡段每检测层抽样检验 2 点	尺量
3	横坡	±0.5%	每过渡段抽样检验 2 个断面	坡度尺量
4	平整度	不大于 15 mm	每过渡段抽样检验 5 点	2.5 m 长直尺量测
5	边坡坡率(偏陡量)	3%设计值	每过渡段每侧抽样检验 6 点	坡度尺量

第八节　路基基床施工

路基基床由基床底层和基床表层组成。

一、基床结构形式

路堤基床表层厚 0.6 m 采用 A 组土填筑,路堑基床表层采用 0.5 m 厚 A 组土加 0.15 m 中粗砂夹铺一层两布一膜不透水土工布;路堑基床为弱膨胀土(岩)时,基床表层以下换填 0.5 m 三七灰土;当基床为中等膨胀土(岩)时,基床表层以下换填 1.0 m 三七灰土。路堤基床底层厚 1.9 m 采用 A、B 组填料。

二、基床底层填筑

1. 基床底层填料

路堤基床底层采用的 A、B 组填料取自路堑挖方、填料加工厂,由集料场统一生产。

2. 填料压实标准

基床底层填料及压实标准见表 4-2-12。

表 4-2-12　基床底层填料及压实标准

填料	厚度(m)	压实标准	细粒土	粗粒土	碎石土
A、B 组填料	1.9	地基系数 K_{30}(MPa/m)	≥110	≥130	≥150
		孔隙率 n(%)	—	<31	<31

3. 基床底层填筑

首先对基床底层下承层中线、高程、平整度、几何尺寸及压实度进行检查验收,合格后进行基床底层填筑。

基床底层采用 A、B 组填料集料场生产,用自卸汽车运到摊铺现场,根据计算好的每车料的摊铺面积,等距离堆放,按工艺试验确定的参数进行摊铺、碾压。基床底层施工方法同基床以下路堤施工方法。

三、基床表层填筑

1. 原材料的选用

(1)选用品质优良的填料是路基压实质量的关键,基床表层 A 组土均来自填料加工厂,由集料场统一生产,碎石粒径、级配及材料性能符合相关规定。

(2)上部及下部填土之间应满足 $D_{15} < 4d_{85}$ 的要求。当下部填料不能满足此项要求时,基床表层应采用颗粒级配不同的双层结构,或在基床底层表面铺设土工合成材料。

2. 填料压实标准

基床表层 A 组土的压实标准见表 4-2-13。

表 4-2-13　基床表层 A 组土的压实标准

填　　料	厚度(m)	压实标准			适用范围
		地基系数 K_{30}(MPa/cm)	动态变形模量 E_{vd}(MPa)	孔隙率 n(%)	
A 组土	0.6	≥150	—	<28	基床表层

3. 基床表层 A 组土填筑工艺

施工工艺如图 4-2-49 所示。

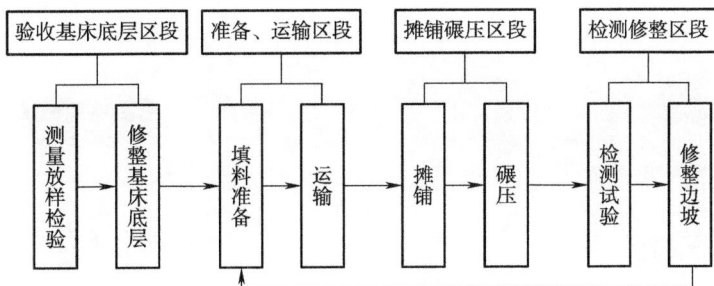

图 4-2-49 基床表层 A 组土施工工艺

（1）基床底层检测整修

在铺筑基床表层前,对基床底层进行检测验收,检验几何尺寸、平整度,复测地基系数、孔隙率,对不合格地段进行处理,确保下承层无隐患。

（2）A 组土填筑

在已合格的下承层上进行高程、中线测量,级配碎石按配合比进行拌和,用自卸车运至待填区段,摊铺机进行摊铺整平,松铺厚度 40 cm 左右,压实厚度控制在 30 cm 左右。压路机在摊铺全宽范围内碾压。碾压时,直线段由两侧向中心碾压,碾压两边重叠 30~50 cm,碾压时注意控制含水率,并进行横向纵向接缝处理,完成后进行压实指标的检测,合格后进行下一道工序施工。

四、基床施工质量检测

1. 基床底层

（1）路堤填料种类、质量符合设计要求。填筑前对填料进行取样检验,填筑时对运至现场的填料进行抽样检验。

（2）基床底层 A、B 组填料压实质量采用两项指标控制,即地基系数 K_{30}、孔隙率 n。

（3）路堑基床底层为软质岩石,全风化硬质岩及土层时,路基基床厚度范围内的地基土实测不满足动态稳定性,继续开挖至基床表层以下 0.5 m 处,换填 A 组填料。

（4）路堑基床底层换填时,换填深度及宽度符合设计要求。检验数量:沿线路纵向每 100 m 抽检 5 个断面。检验方法:尺量,水准测量。

2. 基床表层

（1）基床表层 A 组土采用填料的粒径、级配及材料性能符合现行标准。每个压实层全宽采用同一种类的填料。检验数量:每 5 000 m³ 抽检 1 次颗粒级配,颗粒密度。检验方法:在料场抽样进行室内试验,并在每层的填筑过程中目测检查级配有无明显变化。

（2）基床表层级配碎石压实质量按 $K_{30} \geqslant 150$ MPa/m,$n < 28\%$,两项指标控制。检验数量:沿线路纵向每 100 m 每压实层抽检孔隙率两个断面共 6 点,其中:左、右距路肩边线 1.5 m 处各 2 点,路基中部 2 点;抽检地基系数（K_{30}）两个断面共 4 点,其中:左、右距路肩边线 1.5 m 处各 1 点,路基中部 2 点。检验方法:按《铁路工程土工试验规程》（TB 10102—2010）规定的试验方法检验。

（3）路堑基床表层换填深度及宽度符合设计要求。检验数量:沿线路纵向每 100 m 抽检 5 个断面;检验方法:尺量。现场照片如图 4-2-50 所示。

3. 路基面

路基面中线高程、路肩高程、中线至路肩边缘距离、宽度、横坡、平整度的允许限差符合表 4-2-14 的规定。

图 4-2-50　路基基床表层施工

表 4-2-14　路肩高程、中线至边缘距离、宽度、平整度允许限差检验数量及方法

序号	项　目	允许偏差	施工单位检验数量	检验方法
1	中线高程	±10 mm	沿线路纵向每 100 m 抽样检验 5 点	水准仪测
2	路肩高程	±10 mm	沿线路纵向每 100 m 抽样检验 5 点	水准仪测
3	中线至路肩边缘距离	0,+20 mm	沿线路纵向每 100 m 抽样检验 5 处	尺量
4	宽度	不小于设计值	沿线路纵向每 100 m 抽样检验 5 处	尺量
5	横坡	±0.5%	沿线路纵向每 100 m 抽样检验 5 个断面	坡度尺量
6	平整度	不大于 10 mm	沿线路纵向每 100 m 抽样检验 10 点	2.5 m 长直尺量
7	厚度	−20 mm	沿线路纵向每 100 m 抽样检验 3 点	水准仪测量

第九节　路基防排水施工

一、天沟、侧沟、排水沟

1. 技术要求

本标段路基侧沟、排水沟、堑顶天沟,均采用 M7.5 浆砌片石砌筑,排水沟、天沟为梯形沟,沟底宽 0.4 m,沟深 0.6 m,侧沟为梯形沟,沟底宽 0.4 m,沟深 0.8 m 沟壁厚 0.3 m(垂直于坡面厚度),排水沟截面尺寸如图 4-2-51 所示。

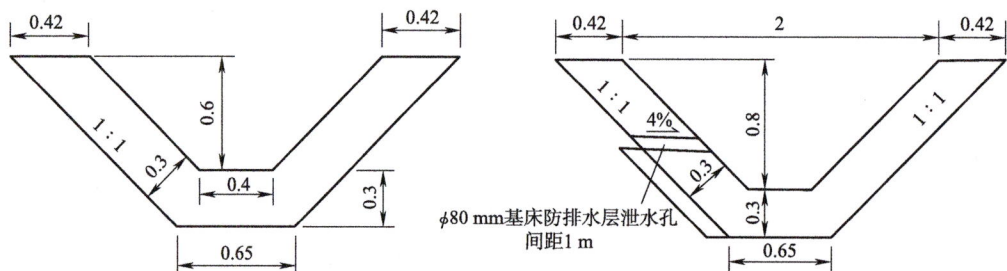

图 4-2-51　天沟、排水沟大样图　侧沟大样图(单位:m)

2. 施工方法

(1)首先根据路基排水施工图纸、设计规范以及技术交底,由测量组放出水沟的开挖轮廓线,采用白石灰撒出水沟开挖轮廓范围。

(2)排水沟基础开挖、清理。

水沟开挖应选择在旱季、晴天施工,在对排水坡度和出口核实无误后,开始进行水沟开挖。

因本标段水沟尺寸统一,且工程量较大,排水沟开挖基土大多为粉质黏土,开挖采用特制定型挖斗,一次开挖成型,开挖后可直接用挖斗对水沟沟底进行整平夯实,水沟基底务必清理干净,确保基底无松土、淤泥、杂质,如图 4-2-52 所示。

图 4-2-52　定型水沟开挖

(3)浆砌片石施工

①在片石砌筑前,必须挂线,保证浆砌片石接缝规范,避免假缝、通缝的出现,砌筑坡度规范。

②砌体采用挤浆法分层、分段砌筑。片石砌缝应互相错开,砌缝砂浆应饱满。按每 15 m 分段,设伸缩缝,缝宽 2 cm,地质条件变化或地形起伏处适当加密,缝底部左右 50 cm 范围内铺设复合土膜,缝内采用乳化沥青木板填塞,沥青麻筋封口。

(4)砂浆勾缝

①边墙砌缝在勾缝前,应先清除砌体表面虚渣、浮浆等杂质以及砌筑缝间的浮浆,然后以清水冲洗其表面。

②排水沟边墙顶面采用 M7.5 砂浆勾凹缝,勾缝宽度 16 mm,深 12 mm。

③排水沟边墙顶面以及水沟底面必须每天浇水养护,保持表面湿润,常温下养护期不得少于 7 d;砂浆未达到设计强度前,不得受到碰撞振动,以免妨碍砂浆凝结。

二、支撑渗沟

1. 技术要求

本标段的支撑渗沟设置在边坡防护拱形截水骨架的主骨架内,每间隔两个主骨架设置 1 道支撑渗沟,渗沟宽度 1.5 m,深 1.4 m,支撑渗沟底部采用 C35 混凝土现浇。边坡支撑渗沟应先于骨架护坡施工,挡土墙上面的 ϕ100 mm 的 PVC 泄水孔应与支撑渗沟泄水孔相接。

2. 施工工艺流程

施工准备→测量放样→沟槽开挖及验收→铺底层施工→反滤层和排水层分层同步施工→封闭层施工。

3. 施工方法

1)施工准备

(1)根据边坡地质情况,确定开槽施工方案和开槽机械配置。

(2)依据工点规模及施工计划,做好砂、石、水泥等混凝土原材料准备。

(3)做好地质核查,清除坡面松土(石块),凹陷处使用与骨架相同材料填充平顺,保证坡面平顺。

(4)路堑坡面有渗溢水时,可按设计要求或采用仰斜排水、增设支撑渗沟引排。

2)测量放样

(1)核对边坡坡率、变坡点、平台位置、基面高程等,按施工图并结合实际地形布置渗沟。

(2)利用白灰等做好放样标识。

3)沟槽开挖

支撑渗沟使用小型挖掘机垂直开挖,由于开挖深度较大,因此要求机械操作员要较好的控制,避免开挖时触及边坡导致边坡塌方。土方开挖至距标高10~20 cm时采用人工清槽的方式挖土至设计标高。开挖出的土方要求至少距离坑边2 m以上,避免荷载过大导致坑壁塌方。

机械开挖完成后,需采用人工对坑壁进行修顺修直。

4)铺底层施工

支撑渗沟底部,即铺底层,采用C35混凝土现浇,厚度30 cm,坡度10%。

5)反滤层和排水槽施工

支撑渗沟内部(排水层)采用筛选洗净的卵石、碎石,排水层与土体之间设反滤层,反滤层为30 cm厚砂砾石,采用透明聚酯长丝无纺土工布袋装。无纺土工布的撕破力不小于0.4 kN,CBR(加州承载比)顶破强力不小于2.5 kN,防淤堵性应符合梯度比GR不大于3。

6)封闭层施工

支撑渗沟上部(封闭层),采用浆砌片石砌筑,厚度30 cm,顶宽为150 cm+2×20 cm,两侧设预制挡水缘。

第十节 路基防护工程施工

一、路基锚固桩

本标段路基锚固桩为矩形桩,采用人工挖孔锚固桩施工。在确保安全的情况下采用钢筋混凝土护壁,人工下孔挖土、卷扬机提升出土的方法进行成孔,人工配合汽车吊安放钢筋笼,浇筑混凝土施工。因桩孔深度大,工作面小,组织难度较大,工期相对较短,人工井下作业不安全因素多,导致施工难度大。

1. 施工工艺流程

施工工艺如图4-2-53所示。

2. 施工要点

(1)测量放样

现场测放锚固桩位置,并核对现场地形和设计标高。根据测量,进行锚固桩施工场地平整,做好边仰坡的排水、防护后,按设计测定桩位,放出每根锚固桩四个角点的位置,用木桩钉钉子准确标示桩位,测设每个桩位标高,并在锚固桩施工影响范围外做好护桩。

(2)施工准备

整平孔口地面,设置地表截、排水沟及防渗设施,搭设雨棚,做好锁口,孔口地面加筑55 cm高围埝,防止地面水流入。

为了确保施工人身安全,井口设防护栏杆及供起吊人员装卸料用的脚踏板和井口开关门。

(3)开挖桩孔土方

开挖桩孔从上到下逐层开挖,先预留中桩及相邻土不动,挖中间部分的土方,然后向周边扩挖,有效控制桩孔的截面尺寸。土质开挖采用短镐、铲、锹,人工开挖,为确保开挖安全,开挖循环深度控制在1.0 m内。弧石或基岩,须进行放炮,在滑动面以下土质坚硬的地方,为加快施工进度,可采用爆破松土,爆破时要注意眼孔布置和装药量。

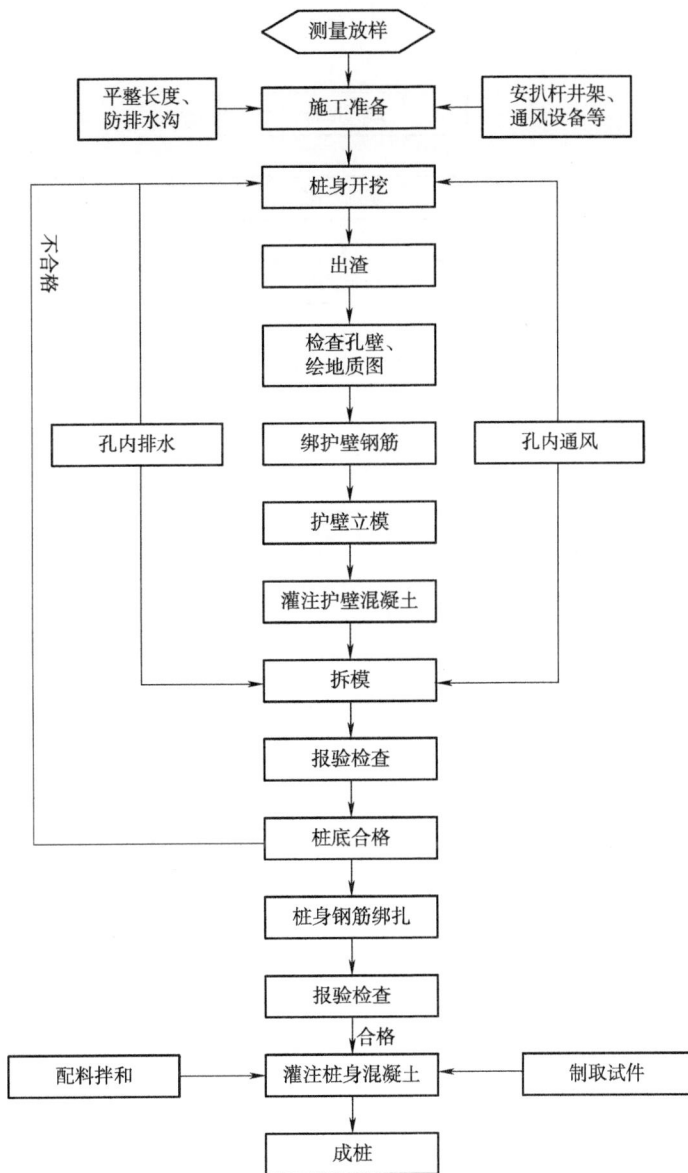

图 4-2-53　施工工艺流程

二、重力式路堑挡墙

1. 技术要求

路基路堑边坡多采用重力式挡土墙,墙高 3～8 m 不等,根据不同地质环境采用 C35 或 C40 混凝土浇筑,挡墙每间隔 15 m 设置伸缩缝一道,缝宽 3 cm,缝内填塞沥青麻筋。墙背和墙底分别设置一层防裂钢筋网片,网片钢筋采用 $\phi 8$ mm HPB300 间距 10 cm×10 cm 布置,保护层 7 cm;墙背采用袋装砂加卵石作为反滤层,最小厚度不小于 30 cm,为阻隔地面水的渗入,在墙背与地面相交处的最底排泄水孔下设置隔水层,隔水层采用 C40 混凝土封闭,隔水层厚不小于 20 cm,宽度不小于 30 cm,在挡墙底部(高出原地面处)设置一排墙外排水坡度为 4% 的泄水孔,纵向间距 2 m,其余沿墙面每隔 2 m 交错设置向墙外排水坡度为 4% 的泄水孔,泄水孔采用埋设 $\phi 100$ mm PVC 管的方式,PVC 管进水口超出墙背伸入墙后 0.2 m 长,最外侧 0.1 m 范围切角并包裹透水土工布。

2. 工艺流程

重力式路堑挡墙工艺如图 4-2-54 所示。

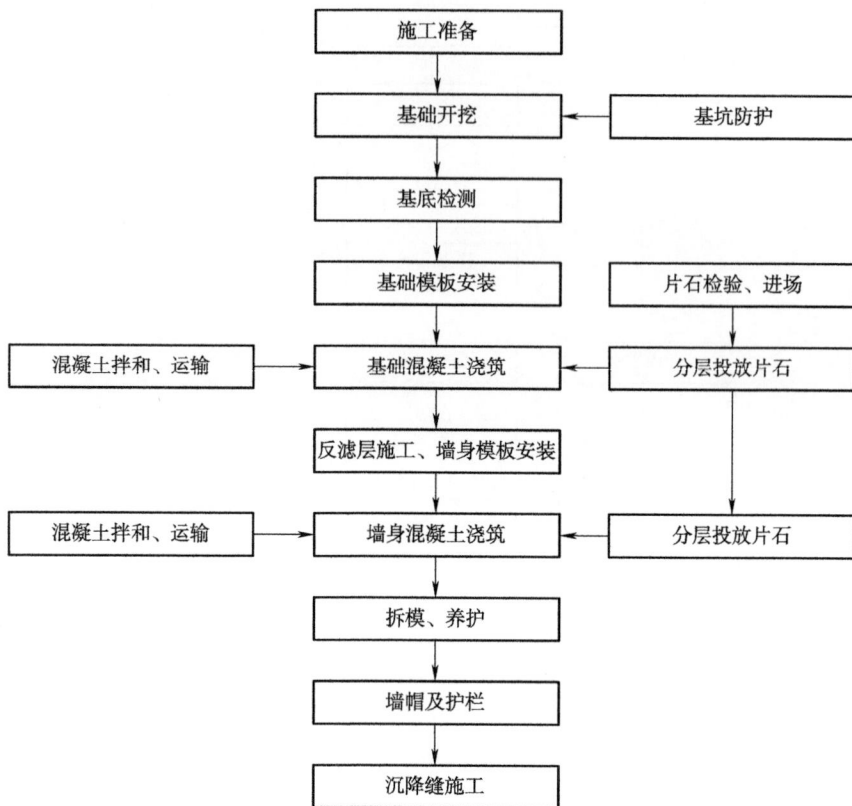

```
┌─────────────┐
│  施工准备   │
└──────┬──────┘
       ↓
┌─────────────┐      ┌─────────────┐
│  基础开挖   │←─────│  基坑防护   │
└──────┬──────┘      └─────────────┘
       ↓
┌─────────────┐
│  基底检测   │
└──────┬──────┘
       ↓
┌─────────────┐      ┌─────────────────┐
│ 基础模板安装│      │ 片石检验、进场  │
└──────┬──────┘      └────────┬────────┘
       ↓                      ↓
┌──────────────┐  ┌─────────────┐  ┌─────────────┐
│ 混凝土拌和、 │→ │基础混凝土浇筑│←│分层投放片石 │
│   运输       │  └──────┬──────┘  └─────────────┘
└──────────────┘         ↓
              ┌────────────────────────┐
              │反滤层施工、墙身模板安装 │
              └──────────┬─────────────┘
                         ↓
┌──────────────┐  ┌─────────────┐  ┌─────────────┐
│ 混凝土拌和、 │→ │墙身混凝土浇筑│←│分层投放片石 │
│   运输       │  └──────┬──────┘  └─────────────┘
└──────────────┘         ↓
                 ┌─────────────┐
                 │ 拆模、养护  │
                 └──────┬──────┘
                        ↓
                 ┌─────────────┐
                 │ 墙帽及护栏  │
                 └──────┬──────┘
                        ↓
                 ┌─────────────┐
                 │ 沉降缝施工  │
                 └─────────────┘
```

图 4-2-54　重力式路堑挡墙工艺流程

（1）施工准备

做好截排水设施，可采用永久和临时相结合的方式进行。放出挡土墙边线，用石灰撒出挡土墙开挖线，并每隔 15～20 m 用木桩定位。

（2）基坑开挖

根据现场地质情况，采用机械或人工开挖，分段跳槽进行，开挖形式采取上部斜坡式，下部入岩部分垂直坑壁式。开挖时控制边坡坡率，保持边坡稳定。根据地质水文条件，采取适当的支护措施。石方开挖通过计算选定合适的爆破方式，确定炮眼位置和控制装药量，避免超挖，避免对基底扰动。基坑开挖接近设计标高时，采用人工清底至设计标高。基底地质情况与设计不符时，及时通知设计单位采取相应措施。

（3）地基检验

对基底平面位置、尺寸、标高、基底承载力、基底稳定性等进行检查，经监理工程师检查确认签字后，进行下道工序施工。

（4）基础模板安装

按照基础尺寸，放出模板边线，采用大块钢模拼装，其结构及各部位尺寸符合规范要求，模板及模板支撑具有足够的刚度、强度和稳定性。

（5）基础混凝土浇筑

混凝土的施工采用拌和站集中拌制，混凝土罐车运输，分层连续浇筑，插入式振动器振捣，每层厚度不超过 30 cm，每施工一层混凝土，摆放一层片石，片石要求粒径大于 30 cm，表面干净无水锈，抗压强度不低于 30 MPa。片石填充量不超过全部混凝土体积的 20%，片石均匀安放，片石间净距不小于 10 cm，石块与模板净距不少于 10 cm，最上层石块面与混凝土顶面不少于 25 cm。

（6）反滤层施工

堆码前人工清理干净隔水层，在反滤层顶面与底面按设计坡率位置进行挂线，保证反滤层设置位置、堆码厚度和堆码坡度符合设计要求。根据反滤层的设计厚度，可采用横袋装码和平袋装码的方式，一般情况下，反滤层厚度不大于 40 cm，采用平行挡土墙方向的平袋装码方式；反滤层厚度不小于 50 cm，采用垂直挡土墙方向的横袋装码方式。堆码时应上下左右互相交错、堆码整齐，各袋料应平铺均匀，不得褶皱，边码边用木棒拍打密实成型。堆码基本成型后，测量对反滤层位置进行确认放样，在平行与垂直线路方向分别进行挂线，对有超线部分的沙袋及时进行调整。对于边坡超挖部分可以调整沙袋堆码顺序和袋装量进行嵌补充填，剩余空隙堆码困难时，可用与袋装材料相同材料直接充填夯实，保证反滤层密实度。反滤层堆码整齐后，顶部应重新找平，覆盖渗水片材进行封闭。

（7）墙身模板安装

模板采用大块钢模拼装，钢木组合加固，保证模板有足够的强度、刚度和稳定性，能承受现浇混凝土侧压力及施工中可能产生的各种荷载，模板接缝用橡胶条填塞压平，保证接缝不漏浆，模板与混凝土接触面平整光滑，并涂刷脱模剂。

（8）墙身混凝土浇筑

墙身混凝土浇筑工艺同基础混凝土浇筑工艺。

墙身沿线路方向每隔 10～15 m 设置一道伸缩缝（沉降缝），地质变化处必须设置一道沉降缝，缝宽 2 cm，缝内沿顶、内、外三边填塞沥青木板，其深度不小于 0.2 m。

墙身混凝土施工过程中，依据设计位置埋设泄水孔，采用 ϕ10 cm 硬塑 PVC 管，管口用塑料薄膜封闭，呈现梅花形布置，中心间距为 2 m。

（9）拆模养生

待混凝土强度达到 75% 以上，拆除模板，覆盖和洒水养生。

三、衡重式路肩挡土墙

1. 技术要求

半挖半填路基填方侧多采用衡重式路肩挡土墙，根据不同地质环境采用 C35 或 C40 混凝土浇筑，基础及靠山侧设置一道钢筋网片，网片钢筋采用 HPB300 ϕ6 mm 间距 20 cm×20 cm 布置，保护层 7 cm；在衡重台处采用插短钢筋加固，沉降缝设置同重力式路堑挡土墙，为阻隔地面水的渗入，在挡墙顶和墙背与地面相交处的最底排泄水孔下设置隔水层，隔水层采用 C40 混凝土封闭，在挡墙底部（高出原地面处）设置一排墙外排水坡度为 4% 的泄水孔，纵向间距 2 m，其余沿墙面每隔 2 m 交错设置向墙外排水坡度为 4% 的泄水孔，泄水孔采用埋设直径为 100 mm PVC 管的方式，PVC 管进水口超出墙背伸入墙后 0.2 m，最外侧 0.1 m 范围切角并包裹透水土工布，施工方法同重力式路堑挡土墙，如图 4-2-55 所示。

2. 工艺流程

施工工艺如图 4-2-56 所示。

3. 施工方法

衡重式路肩挡土墙施工方法同重力式路堑挡土墙，采用 C35 或 C40 素混凝土，没有结构钢筋，除在墙背和墙底分别设置一层防裂钢筋网片外，另在衡重台处采用插 HRB400 ϕ25 mm 短钢筋加固，沿挡墙每米布置 3 根。

四、边坡空心砖护坡

（1）施工前应修整好坡面，清除浮土，填补坑凹，使坡面大致平整。空心砖在预制场预制，采用定制的塑胶模板。混凝土由拌和站集中搅拌，混凝土运输车运送，人工机械振捣。

（2）混凝土空心砖采用 C25 混凝土预制，一般为正六边形。空心砖内客土植草或喷播植草，用于路基边坡防护即可提高景观效果，又可防止地表水对路基边坡的直接冲刷。

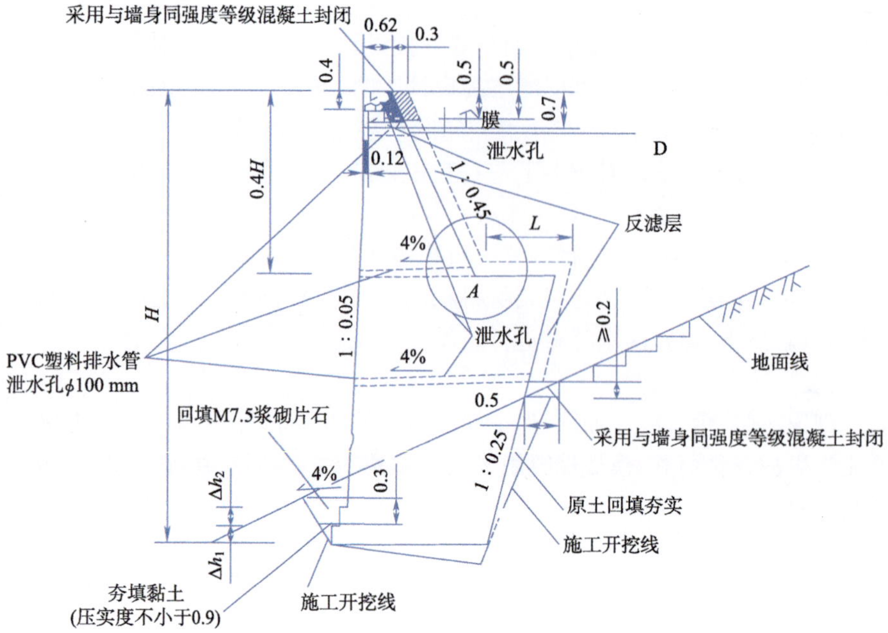

图 4-2-55 衡重式路肩挡土墙断面图(单位:m)

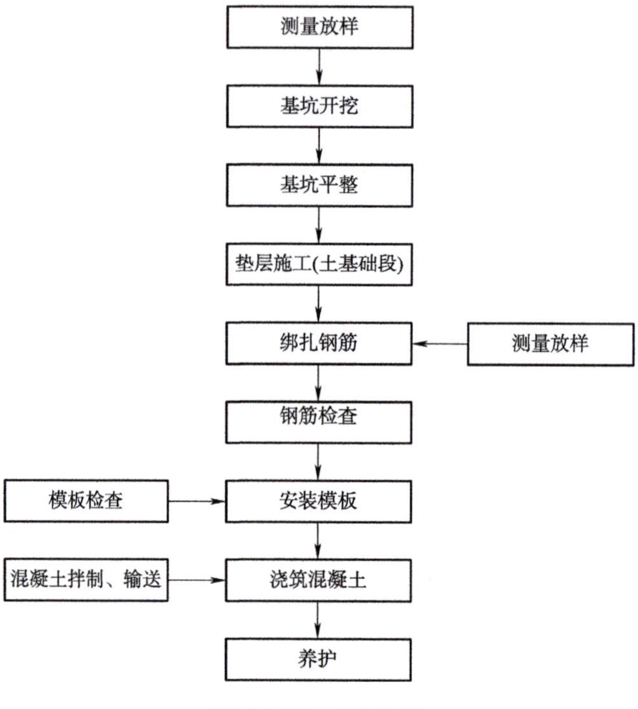

图 4-2-56 工艺流程

(3)铺砌:砌筑空心砖前,先对边坡进行修整、夯拍,检查验收达到要求后才能进行下一道工序。混凝土空心砖应自下而上铺设,铺设时用橡皮锤击打使砖与坡面密贴,不得使用铁锤等硬物。

(4)回填喷草

砌筑完成后,砖的空心部分回填适宜植物生长的黏性土,再撒播草籽或喷播植草。并经常喷雾洒水进行养护。采用边坡满铺混凝土空心砖时,加固范围周边须设 M7.5 浆砌片石镶边,并设置混凝土预制块截水缘。若为路堤,坡脚须设脚墙基础。框架锚杆内结合空心砖使时,应在骨架完工后再开始铺砌空心砖。现场效果如图 4-2-57 所示。

图 4-2-57 边坡空心砖护坡

五、骨架护坡

1. 工艺流程

骨架护坡施工工艺如图 4-2-58 所示。

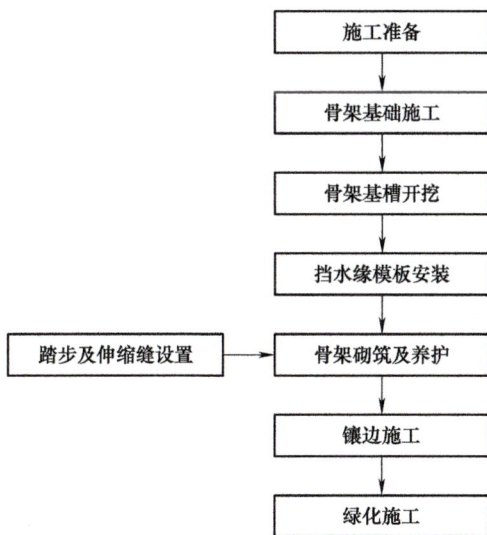

图 4-2-58 骨架护坡施工工艺流程

2. 施工工艺

1)测量放线

(1)核对边坡坡率、变坡点、平台位置、基面高程等,按施工图并结合实际地形布置骨架轮廓,先定位主骨架位置,再定位支骨架位置。

(2)路堑以护脚线为基线,自下而上布置;路堤以路肩线为基线,自上而下布置;不足一个完整窗格时,按部分骨架进行布置。

(3)利用白灰等做好放样标识。

2)基础开挖

尽量修整好边坡,凸出地方要削平,之后按拱形骨架主骨架、支骨架、坡脚基础尺寸及模板厚度精确放样,测量放线后经监理验收后可开挖,先机械开挖,再人工清理及修整槽内余土。在基础边弃土时,坑边的堆土应距基础上口边缘 1.2 m 以外,高度不得超过 1.5 m。

3)挡水缘模板安装

(1)定型钢模板制造安装

①拱形骨架模板采用钢模板,采用吊模施工。

②拱形骨架底部采用土模,骨架上部采用定型钢模,钢模高度 20 cm。

③底部拱架设置 4 节钢模、中部拱架设置 7 节钢模、顶部拱架设置 6 节钢模。

④骨架模板面板采用厚度 4 mm 的钢板,钢模加强的竖边框、横边框、竖筋采用厚度 8 mm 的钢板。

⑤拦水缘钢模采用角钢与主骨架、拱骨架进行连接和加固。

(2)分散性模板制造安装

为确保骨架混凝土与坡面紧密嵌合,安装挡水缘及坡面以上骨架外露部分模板。建议采用厚度不小于 3 mm 钢板与槽钢加工,模板使用前需打磨、除锈,并涂刷脱模剂,如图 4-2-59 所示。

模板安装时,在坡顶和坡底挂两道横线,根据横线拉竖线和斜线,确保模板定位准确,再利用锚固在坡面上的钢筋对模板进行加固。

模板安装完成后,检查模板平顺度、坡度、尺寸等各项指标是否满足设计及规范要求。

图 4-2-59　边坡拱形骨架施工模具

4)骨架砌筑

砌筑采用挤浆法砌筑,砌筑时砂浆饱满,不留有空洞,石块应彼此镶紧,接缝错开,缝间用小石块填满塞紧。

砌石将分层进行,两相邻工作段的砌筑高度差小于 1.2 m,且要挂线施工,所立的样板和线架要稳固。

基础砌筑应选用较大的石块,如基础与排水沟相连,基础设在沟底下。石块交错排布,坐实挤紧,尖锐突出部分要敲除,片石的大面向下,每层都选取形状尺寸较为近似、吻合的石块,如图 4-2-60 所示。

拱形骨架护坡及人字形骨架护坡每 50 m 设置一梯步,且每段边坡不少于一处。挖方拱形骨架护坡内采用 25 cm 厚浆砌片石封闭。每 10~15 m 设沉降缝(伸缩缝)一道,用沥青麻絮沿内、外、顶三方填塞,深入 10~20 cm。

5)勾缝及抹面

骨架勾缝采用凹缝,用 M10 水泥砂浆勾缝,在砌筑时外露面预留深为 20 mm 的空缝备作勾缝之用,隐蔽面砌缝随砌随刮平,不另勾缝,如图 4-2-61 所示。骨架勾缝待砌施工完后统一勾缝,缝宽 20 mm,深度 20 mm,缝槽深度不足时凿够深度后再勾缝,勾缝后用黑油漆涂缝。

6)养护

砌筑完成后 12~18 h 之间及时洒水养护,用麻袋片覆盖养生,使砌体保持湿润,并避免碰撞和振动。

图 4-2-60　骨架砌筑

图 4-2-61　骨架勾缝及抹面

洒水养护时间不少于 7 d。

六、框架梁锚索、锚杆施工

1. 施工准备

（1）准备锚索及锚具，张拉设备事先进行标定。保证锚索每根钢绞线顺直，不扭不叉。

（2）清理表面浮土及松动岩石，沿坡面搭设脚手架。

（3）测设定出锚索孔位。

（4）室内试配 M30 水泥砂浆配比。

（5）锚索施工前，先选择相同地层分别进行一组 3 孔的抗拔试验孔，以求出设计地层水泥砂浆与孔壁的实际剪切强度，校核设计选取参数，抗拔试验由施工、设计、监理人员共同参加。若与设计相符，则指导全面施工。

2. 施工工艺

1）按设计要求，锚索、锚杆正式施工前，先在相同地层分别进行一组 3 孔的抗拔试验孔，求出强风化地层与砂浆锚固体间的极限抗剪强度，以确定设计参数是否满足锚固工程稳定、安全的需求，进而确定是否需要进行锚固段长度修正。拉拔试验时需监理、设计人员及相关人员共同参与、验收；若有出入，可作为修改锚索长度的设计依据。

2)施工顺序

施工准备→边坡清理→测量放样→基础开挖→钻机就位→钻孔→验孔→锚杆、锚索制安→注浆→框架梁施工。

(1)施工准备

机械、设备、材料进场经检验合格,边坡清理完成后方可按照设计图纸要求进行施工。

(2)边坡清理

施工前先做好边坡的排水引流,如天沟、截水沟等,使地面水排除至施工区外。因为边坡一般高而陡,一般采用先挖机刷坡后人工刷坡,堑坡自上而下分层开挖,清除土方、危石,待挖机挖至设计坡度线后,人工对边坡进行整修,对裂缝较大地方应先嵌补牢实,使坡面平顺整齐,特别注意的是须将树根、草根铲除干净。

(3)测量放线

开挖后断面必须进行复测,开挖边坡坡率等达到要求,然后测放出框架纵梁、横梁位置及施工范围。

(4)基础开挖

尽量修整好边坡,凸出地方要削平,之后按框架竖梁、横梁、坡脚基础尺寸及模板厚度精确放样,测量放线后经监理验收合格后可开挖,先机械开挖,然后人工清理及修整槽内余土。

(5)钻机就位

根据坡面测放孔位,准确安装固定钻机,并严格认真进行机位调整,确保锚杆孔开钻就位纵横误差不得超过±50 mm,高程误差不得超过±100 mm,钻孔倾角和方向符合设计要求,倾角允许误差为±1.0°,方位允许误差±2.0°。锚杆与水平面的交角为15°～20°。钻机安装要求水平、稳固,施钻过程中应随时检查。

(6)钻孔

钻孔要求干钻,禁止采用水钻,以确保锚杆施工不会恶化边坡岩体的工程地质条件和保证孔壁的黏结性能。钻孔速度根据使用的钻机性能和锚固地层严格控制,防止钻孔扭曲和变径,造成下锚困难或其他意外事故发生。

钻进过程中对每个孔的地层变化,钻进状态(钻压、钻速)、地下水及一些特殊情况做好现场施工记录。如遇塌孔缩孔等不良钻进现象时,须立即停钻,及时进行固壁灌浆处理(灌浆压力0.1～0.2 MPa),待水泥砂浆初凝后,重新扫孔钻进。

普通锚杆及一孔2根大锚杆孔径ϕ110 mm,一孔3根大锚杆孔径ϕ130 mm,锚杆长不大于30 mm,孔口偏差不大于±50 mm,孔深允许偏差为-50 mm。为确保锚杆孔直径,要求实际使用钻头直径不得小于设计孔径。为确保锚杆孔深度,要求实际钻孔深度大于设计深度0.2 m以上。

达到设计钻进深度后,不能立即停钻,要求稳钻1～2 min,防止孔底尖灭、达不到设计孔径。钻孔孔壁不得有沉渣及水体黏滞,必须清理干净,在钻孔完成后,使用高压空气(风压0.2～0.4 MPa)将孔内岩粉及水体全部清除出孔外,以免降低水泥砂浆与孔壁岩土体的黏结强度。除相对坚硬完整岩体的锚固外,不得采用高压水冲洗。若遇锚孔中有承压水流出,待水压、水量变小后方可下安锚筋与注浆,必要时在周围适当部位设置排水孔处理。

(7)验孔

锚杆孔钻孔结束后,必须经现场监理检验合格后,方可进行下道工序。孔径、孔深检查一般在现场监理旁站的条件下采用设计孔径、钻头和标准钻杆验孔,要求验孔过程中钻头平顺推进,不产生冲击或抖动。钻孔长度满足设计锚杆孔深度,退钻要求顺畅,用高压风吹验不存在明显飞溅尘渣及水体现象,同时复查锚杆孔孔位及倾角。

(8)锚杆制安

普通锚杆杆体采用单根直径ϕ32 mm的HRB400钢筋,如图4-2-62所示,大锚杆采用2根一束或3根一束ϕ32 mm的HRB400钢筋,如图4-2-63所示,沿锚杆轴线方向每隔1.5 m设置钢筋对中支架,最后一道支架距离锚杆端头20 cm,支架为ϕ6 mm HPB300钢筋。

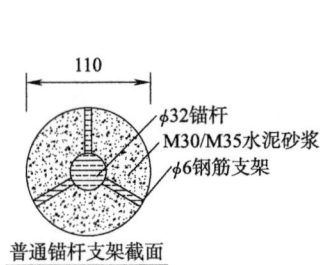

图 4-2-62　普通锚杆截面图(单位:mm)　　　　图 4-2-63　大锚杆截面图(单位:mm)

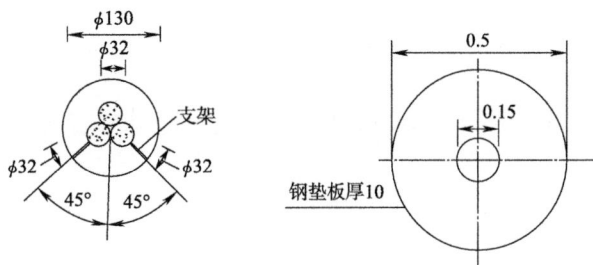

普通锚杆与 2 根一束大锚杆(不设钢垫板)端头与框架梁钢筋焊接,普通锚杆结构详图如图 4-2-64 所示、大锚杆结构详图如图 4-2-65 所示,3 根一束大锚杆与钢垫板板焊接,如与框架钢筋、箍筋相干扰,可局部调整钢筋、箍筋的间距,竖、横主筋交叉点必须绑扎牢固。安装前,要确保每根钢筋顺直、除锈、除油污,人工对准孔位后缓慢将锚杆体放入孔内。

制作完整的锚杆经监理工程师检验确认后,应及时存放在通风、干燥之处,严禁日晒雨淋。锚杆运输过程中,应防止钢筋弯折、钢筋支架的松动。

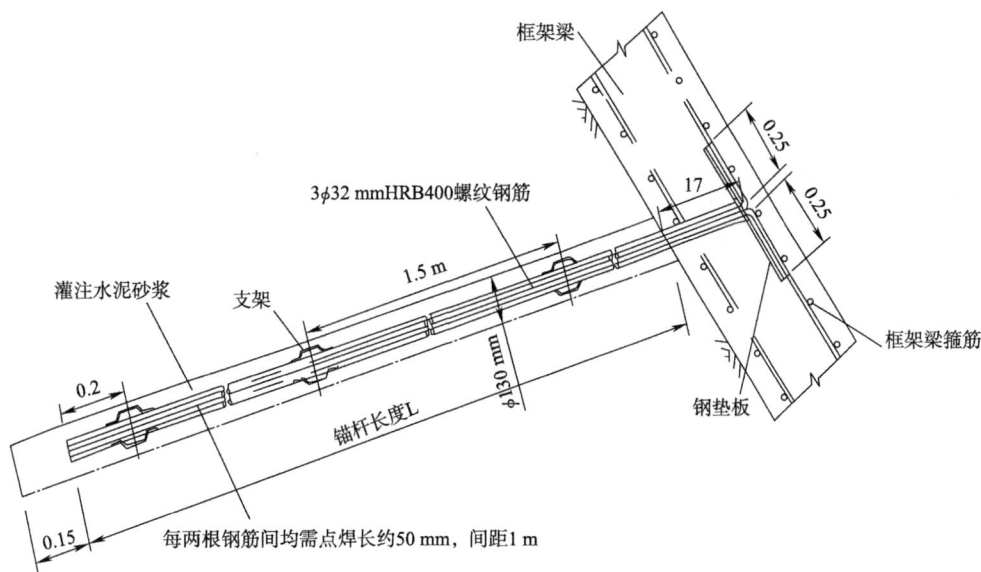

图 4-2-64　普通锚杆结构详图(单位:m)

(9)锚索制安

锚索制作工艺流程:锚索编号→下料、清洗→安装承载体→编束→安装注浆管→安装波形套管→安装对中支架→安装光滑套管及过渡管→验收。

(10)注浆

锚杆、锚索安装后进行注浆,一般地段注浆材料为 M30 水泥砂浆(地下水有腐蚀性采用 M35 水泥砂浆掺 20% 粉煤灰),水泥采用 P.O 42.5 普通硅酸盐水泥,砂子采用石英质中细砂。必须待锚固砂浆达到设计强度 70% 后,方可进行下一道工序施工。

(11)框架梁施工

①施工准备

钢筋、混凝土原材料等材料必须试验抽检合格;各施工机具必须保持良好的工作状态;作业人员进场前必须进行技术交底培训。

②对框架梁位置进行测量放样,且应用广线拉直,人工采用风镐自上而下进行刻槽,开挖时不得扰动

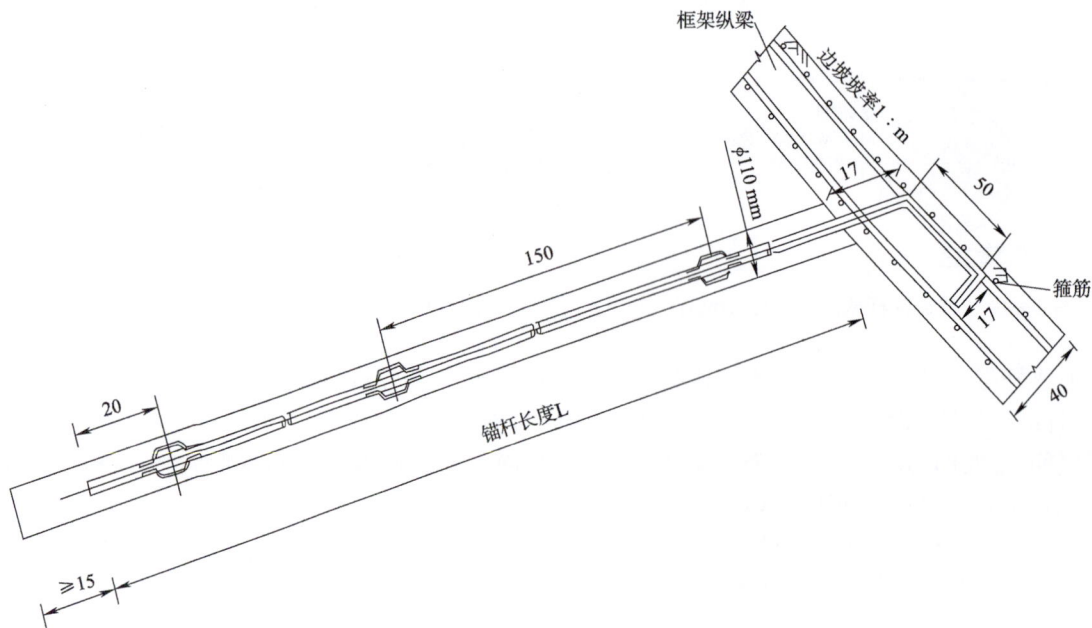

图 4-2-65 大锚杆结构详图(单位:m)

原状土;开挖完成后保证格梁嵌入坡面 20~35 cm,刻槽完成后采用 2~5 cm 厚 C20 混凝土进行基底调平,遇局部架空则采用 C25 混凝土进行回填补平。现场施工如图 4-2-66 所示。

图 4-2-66 锚索框架梁刻槽

③钢筋绑扎

先施工竖梁,并于接点处预留横梁钢筋,竖梁形成后,再施工横梁。在施工安置框架钢筋之前,先清除框架基础底浮渣,保证基础密实,并在底部铺一层水泥砂浆垫层。在坡面上打短钢筋锚钉,绑扎钢筋时用砂浆垫块垫起,与坡面保持一定中距离,并和短钢筋锚钉连接牢固。

钢筋宜制成整体长骨架,其制作、搭接、安装要符合设计及技术规范要求。

④模板安装

模板采用定型整体式组合钢模并按设计尺寸进行拼装。模板线形在直线段时每 5 m 放一控制点挂线施工,保证线形顺畅,符合施工要求。立模前首先检查钢筋骨架施工质量,并做好记录,然后立模板。模板表面要刷脱模剂,拼装要平整、严实,净空尺寸准确,符合设计要求并美观。用脚手架钢杆支撑固定模板,模板底部要与基础紧密接触,以防跑浆、胀模。检查立模质量,并做好原始质检记录。现场施工如图 4-2-67所示。

图 4-2-67　锚索框架梁模板安装

⑤混凝土浇筑

浇筑前应检查框架的截面尺寸,要严格检查钢筋数量及布置情况。框架主筋的保护层一定要满足设计要求,最小不能少于 60 mm。浇筑框架混凝土必须连续作业,边浇筑边振捣。浇筑过程中如有混凝土滑动迹象可采取速凝或早强混凝土或用盖模压住。各竖梁混凝土应不间断浇筑,若因故中断浇筑,其接缝按施工缝处理。锚索框架的施工是锚索与混凝土框架两项工程密切配合的过程,锚索和框架的相对位置比两者的绝对位置更重要,务必须精确测量,准确定位。

⑥混凝土养护

框架梁浇筑完 1 h 后及时进行洒水覆盖养护,当环境温度低于 5 ℃时严禁洒水,环境温度 5 ℃≤T＜10 ℃养护 14 d,环境温度 10 ℃≤T＜20 ℃养护 10 d,环境温度 T≥20 ℃养护 7 d。现场效果如图 4-2-68 所示。

图 4-2-68　格梁施工效果图

七、绿色防护

1. 绿色通道建设指导思想和目标

坚持以习近平生态文明思想为指导,牢固树立"绿水青山就是金山银山"的理念,遵循"防护为主、四季常绿、便于养护、重点有景、经济耐用"的原则,将铁路打造成生态文明示范线。

2. 绿色通道建设标准

1)绿色为底

对栅栏内外属施工引起的裸露坡面、场地均应撒播草籽覆绿,做到应绿尽绿。

2)绿篱成带

(1)路堤:路肩以下 2.5 m 种植两排绿篱,株距 2.0 m,有骨架地段,每个骨架内种植 2 棵,行距 1.2 m。现场效果如图 4-2-69 所示。

图 4-2-69　路堤地段绿化示意

3)坡面点种

（1）隧道边仰坡：每格骨架、框架中心栽植 1 株灌木。骨架与栅栏的空地点种灌木，株行距与骨架内灌木株行距一致。灌木冠幅 50～80 cm、株高与冠幅 1∶1，线条要顺直。现场效果如图 4-2-70 所示。

图 4-2-70　隧道边仰坡绿化效果

（2）路堑坡面：一、二级边坡除绿篱外，每格骨架、框架中心栽植一株灌木，无骨架、框架坡面从绿篱以上按行距 3.5 m、株距 4.0 m 点种灌木。灌木冠幅 30～50 cm、株高与冠幅 1∶1，线条要顺直。现场效果如图 4-2-71 所示。

图 4-2-71　路堑绿化效果

4）突出重点

（1）路堑端头：延伸路堑坡面的种法，第一排为绿篱，其他为点种，线条要顺直，采用分排间种方式，增加层次感。选取一定处数的路堑端头进行景观提升栽植，采用小灌木拼种成五角星、红旗、铁路路徽、党徽等图案。现场效果如图4-2-72所示。

图4-2-72　路堑端头绿化效果

（2）长路堤：除种植绿篱外，采取草、灌、乔结合的方式，在路堤坡脚栅栏与水沟平台间栽植一排乔木，乔木高2.0 m、胸径5.0 cm、保留树冠大于50 cm、修剪为塔尖状、株距4.0 m，乔木间种灌木，冠幅50～80 cm，如图2-18-11所示。每1 km变换一次树种。坡脚与水沟之间平台种植一排灌木，参照绿篱的种法。

（3）客运站：杨源车站、连城车站等两个客运站，绿色通道的建设方案，由施工单位委托专业园林公司，结合当地生态、文化、旅游、物产等特色元素，绘制站区绿化的方案和效果图，如图4-2-73所示，经建设单位组织参建各方审定后组织实施。

图4-2-73　车站绿色通道效果图

（4）分界并行段：与相邻标段绿色通道的建设方案，比照绿篱和坡面种法，冠幅要大，向上延伸一级边坡，提升景观效果，共线段绿色通道效果如图4-2-74所示。

5）其他坡面

灌草防护，灌木采用紫穗槐、多花木兰。

6）桥梁地段

以植草为主，间种灌木。

7）取、弃渣（土）场

（1）弃渣（土）场：灌草结合，坡面和顶面栽植松树、杉树等经济树木，株行距为3.0 m×3.0 m，株高80～100 cm，线条要顺直，如图4-2-75所示。

图 4-2-74　共线段绿色通道效果

图 4-2-75　弃渣(土)场栽植灌木、乔木图

(2)取土场:

①紧邻线路取土场:对取土坡面修整后,采用大间距骨架防护,完善排水系统,坡面基材植生喷播绿化,打造沿线重点绿色景观,如图 4-2-76 所示。基材植生喷播绿化技术是借助喷播机械将预先加入并搅拌均匀的植物纤维、壤土、纤粒剂、助纤剂、生物活化剂、有机肥、保水剂及植物种子和水等混合物经喷播射枪口喷附到坡面使种子萌发成苗、长成植被的一种新型绿化方式。边坡喷播由两部分组成:底层基材层6 cm,面层种子层 2 cm,总喷播厚度为 8 cm。湿法喷播:基材层需喷 3～4 遍,种子层需喷 2～3 遍。草本植物种子为狗牙根、紫花苜蓿、高羊茅、黑麦草混合野花种子,灌木植物种子为多花木兰、紫穗槐、胡枝子。

②其他取土场:按设计要求刷坡,完善排水系统,石质边坡采用喷混植生方式绿化,土质边坡采用草灌结合方式绿化。

8)植被选取

总结其他铁路绿色通道建设经验,结合当地的气候条件,选择适宜当地环境生长的植被。

(1)草种:主要选取根系发达、植株高度较小的狗牙根,掺入少量花籽(花朵较小品种)混播,以达到四季常绿、并有花开点缀的效果。

(2)灌木:绿篱、点种、景观灌木选取红花檵木、红叶石楠、金森女贞。其他坡面、弃渣(土)场选择经济类灌木,紫穗槐、多花木兰。

(3)乔木:线路范围主要为黄花槐、红叶李、红叶石楠,取土场及弃渣(土)场范围主要栽植经济乔木,如松树、杉树。

图 4-2-76　取土场绿化效果图

9)取消绿化槽

为便于维管,确保侧沟平台排水通畅,取消全线绿化槽。绿化槽占用侧沟平台如图 4-2-77 所示。

图 4-2-77　绿化槽占用侧沟平台

第十一节　路基沉降控制及评估

路基施工按设计要求进行地基沉降、位移的观测,确保路基质量和施工速度控制。

一、路基沉降控制

加强路基基底处理、使用级配良好的填料、路基填筑压实质量施工过程控制。保证足够的沉降稳定时间,并加强沉降变形观测。

二、观测桩、沉降板及工作基点布设情况

观测标与工作基点标志均由不锈钢标志构成。设置及埋设如图 4-2-78～图 4-2-81 所示。

三、观测桩、沉降板及工作基点的布设

1. 观测桩、沉降板的埋设

(1)路桥过渡段、路隧过渡段,根据过渡段情况在距起点 1～5 m、10～20 m、30～50 m 处各设 1 个观测断面。

(2)涵洞两侧路涵过渡段各设置 1 个观测断面,涵洞中心里程路基面应设置 1 个观测断面。

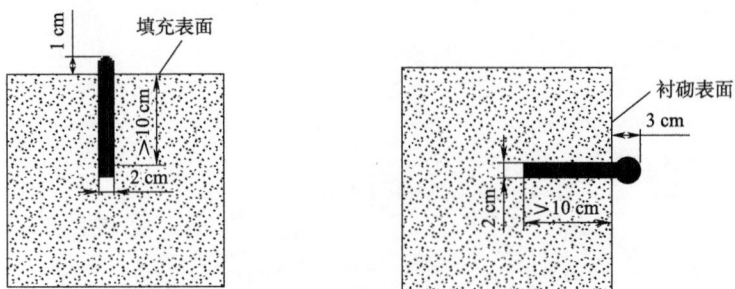

图 4-2-78　工作基点由钢筋杆及不锈钢标图

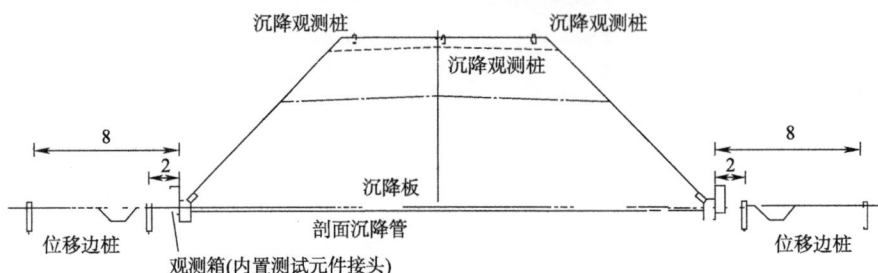

图 4-2-79　松软土地段观测断面布置示意图(单位:mm)

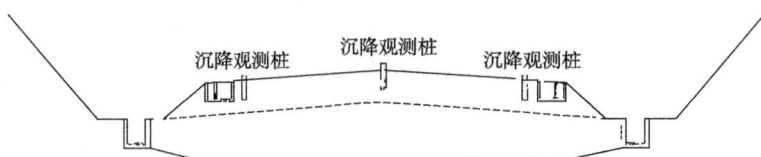

图 4-2-80　路堑观测断面测点布置

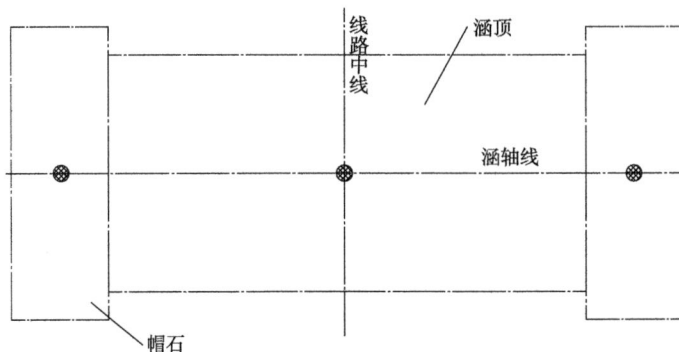

图 4-2-81　涵洞沉降测点布置

(3)过渡段长度较短时,可根据实际情况调整观测断面。

(4)松软土地段观测断面各部位观测点宜设在同一横断面上,每断面设置 3 个沉降观测桩,布置于双线路基中心及左右两侧路肩处。

(5)松软土地段观测断面,一般路堤地段每 5 个观测断面应设置 1 个沉降板或单沉降计,布置于双线路基中心。每段路堤宜设置 1 个沉降板或单点沉降计。

(6)软土、松软土路堤地段每 2 个观测断面应设置 1 个沉降板或单点沉降计,布置于路基中心;当设置剖面沉降仪时设置于基底;必要时两侧坡脚外 2 m、8 m 处设置位移观测边桩。

(7)路堑地段观测断面分别于路基中心及左右两侧路肩处各设 1 个沉降观测桩,如图 4-2-82 所示。

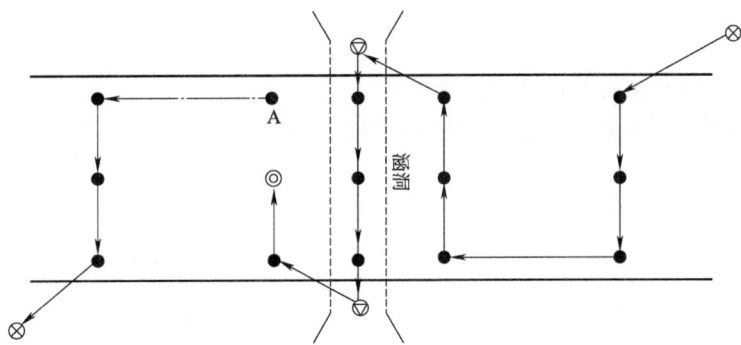

路基观测桩　◎路基沉降板　ⓒ涵洞观测点　Ⓡ工作基点水准路线

图 4-2-82　路基、涵洞沉降变形观测水准路线示意图

2. 工作基点的埋设

工作基点：埋设在稳定区域，在观测期间稳定不变，测定沉降变形点时作为高程和坐标的传递点。本标段工作基点除使用设计单位提供的普通水准点外，还按照国家二等水准测量的技术要求进一步加密了水准基点，并设置工作基点至满足工点沉降变形观测需要。

四、沉降观测数据质量分析

本标段测量分段落进行，按每个测量段落的沉降观测精度最弱值及闭合差最大值进行统计。

观测数据质量见月报意见及施工单位整改情况，经自查，本次提交的观测数据质量满足相关规范要求。

五、路基沉降评估总结

根据路基填筑完成或堆载预压后不少于 3 个月的实际沉降观测数据作多种曲线的回归分析，确定沉降变形趋势，从沉降观测资料数据进行数据分析表明：沉降观测点实测累计沉降为 -1.06～3.2 mm；最后三个月实测累计沉降为 -1.56～1.74 mm；最后三个月实测沉降波幅为 1.2～2.05 mm。

第十二节　新工艺、新工法、新装备、新材料的应用及效果

路基工程新工艺、新工法主要体现在生态袋边坡防护施工中。

一、适用范围

适用于新建浦城至梅州铁路 PM-2 标生态袋边坡防护施工。

二、作业准备

1. 熟悉施工图纸，了解设计意图，认真核对现场防护里程和防护形式。当施工图与实际地形有变化时及时联系设计单位，地形核实无误后由技术部门提供详细的材料计划给物资部门。

2. 作业指导书编制完成后，应在开工前组织技术人员认真学习实时性施工组织设计，审核施工图纸，详细讲解相关技术问题，熟悉规范和技术标准，制定施工安全保证措施，提出应急预案。对施工班组全员进行技术交底，对参加施工人员进行上岗前技术培训，考核达标后方可持证上岗。

三、技术要求

1. 各种水泥砂浆的强度等级和石料的强度均应符合设计要求，并应符合现行《铁路路基工程施工质量验收标准》（TB 10414—2018）和《铁路混凝土与砌体工程施工施工质量验收标准》（TB 10424—2003）的

规定。

2. 生态袋边坡防护施工前应对工程所处位置的原地面进行复测,核实图纸上结构物尺寸、形状和基础标高是否符合实际,脚墙开挖后地基承载力是否满足设计要求。

3. 模袋应透水性良好、可降解,一般采用订制编织袋,其规格为长 60 cm,宽 45 cm。

4. 土源选择边坡清表土。

5. 挂线施工,保证堆码厚度和堆码坡度符合设计要求。

6. 堆码时应上下左右互相交错,堆码整齐,各袋料应平铺均匀,不得皱褶,边码边用木棒拍打密实成型。边坡超挖部分通过调整堆码顺序和装袋量进行嵌补充填,剩余空隙堆码困难时,可用与袋装同级配滤水层材料直接充填夯实,保证滤水层密实度。

四、施工程序

现场地质核查→测量放样→边坡开挖→边坡复核→脚墙施工→开挖台阶→装袋码袋→撒水预沉降→防排水施工→覆土。

五、施工组织

1. 测量放样:路堑开挖前必须通知测量班测量放样,根据开口线和坡率逐级开挖,施工工班准备坡度尺,沿坡面每 4 m 进行复核,有偏差及时纠正。

2. 边坡复核:边坡开挖到位后必须经过测量班复核通过后方可进入下道工序施工。

3. 开挖台阶:根据设计图纸坡脚位置及坡比定桩位挂线,砌筑前人工将第一层砌筑平台整平,形成台阶,如图 4-2-83 所示,在袋体垒砌过程中逐层进行,人工开挖时注意保护好边坡土工格栅,同层垒砌完成后,进行上层边坡修整,修整台阶宽度顺袋不得超过 40 cm,横袋不得超过 65 cm,尽量减少垒砌生态袋与边坡间的回填土,当砌筑至土工格栅位置,将土工格栅展平放置于联结扣和土袋之间,以提高边坡稳定性。

图 4-2-83　台阶开挖

4. 装袋码袋:选用边坡清表土,用灰桶定量装袋,袋口绑扎牢固。标线控制纵向设置拉线,确保每层码砌的平整度和纵向顺直,每 15 m 从坡脚到坡顶拉设一根尼拢坡度线,确保施工坡率符合设计要求。袋体砌筑时袋体内填充土要均匀充满袋体,由低到高,层层错缝,袋与袋之间相接紧密,"顺直、平整、密实",袋体外露部分不能起皱,相邻袋体无明显高差,采用铁夯压实,使得上下层形成整体,每层之间安装联结扣使生态袋形成整体,如图 4-2-84 和图 4-2-85 所示。

5. 撒水预沉降:生态袋码砌分区段、分组进行,一般以排水槽为界划分,相邻两个排水槽之间为一个区段;每一区段从下至上分组砌,每 1 m 高(7～8 层生态袋)为一组,如图 4-2-86 所示。当 1 区段生态袋每码砌完成一组时,对这组填充物浇水预沉降,此时可进行 2 区段等其他区域的生态袋码砌作业。

6. 防排水施工:按设计要求设置排水管,管进口端采用 200 g/m² 无纺土工布包裹,排水管向外坡率不小于 5%,按梅花状布置,间距 2 m,如图 4-2-87 所示。生态袋砌筑至边坡顶部时,最上面一层采用横向放置,并在其底部铺设一层防水膜,防止路面流水渗入路基边坡内部,造成边坡损毁。

图 4-2-84　袋体砌筑

图 4-2-85　标线控制码砌生态袋

图 4-2-86　洒水预沉降

图 4-2-87　防排水施工

　　7. 护肩、帽石施工：路堤边坡于路肩处设置护肩，宽 0.6 m，厚 0.3 m，护肩以下斜长 1.3 m 范围内设置镶边，厚 0.5 m，护肩及镶边均采用 M7.5 浆砌片石；路堑边坡于堑顶设置 M7.5 浆砌片石帽石，宽 1.0 m，厚 0.3 m，帽石以下 0.4 m 范围内设置 M7.5 浆砌片石镶边，厚 0.3 m。

　　8. 覆土：生态袋码砌完成后，在坡体表面覆土 2～3 cm 厚，覆土土质应为粒径细小的清表种植土。

第三章　桥涵工程

第一节　基础施工

一、明挖基础施工

基础土方采用挖掘机开挖,人工修整;基础石方采用松动爆破法开挖,控制装药量,以保证基岩的完整性不被破坏。挖掘机开挖时需注意随时测定基底标高,在距设计基底标高 0.3 m 处时停止机械操作,改由人工清底,防止超挖。基坑开挖到设计标高后,核对基底地质情况、地基承载力及基坑几何尺寸标高是否满足设计要求,对地质不符合设计要求的及时变更。

所有墩台基础开挖时先做好防水设施。基坑开挖后不得长期暴露,防止地质风化及雨水浸泡,同时针对不同的地质情况采用不同的支护方式,以免坍塌危及施工安全。对车站、靠近公路、鱼塘等重点地段做好相应的有挡支护,确保安全。及时灌注混凝土,基础模板采用组合模板。其中垂直开挖的石质基坑,经检查符合要求后可不设模板。混凝土灌注采用混凝土运输车运输,泵送入模,插入式振动棒振捣密实。最下层基础不立模,满坑灌注混凝土。扩大基础施工工艺如图 4-3-1 所示。

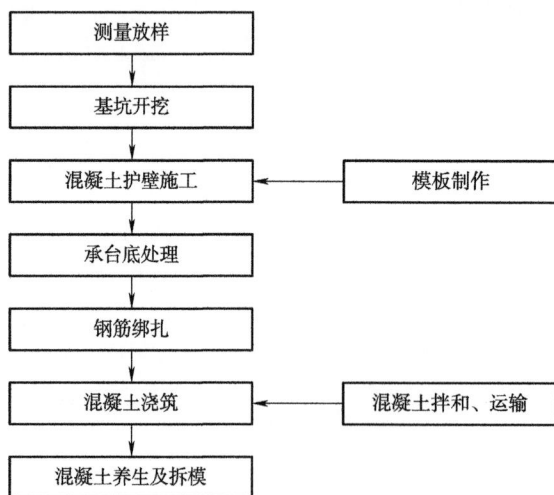

图 4-3-1　明挖基础工艺流程

1. 施工定位放样

基坑开挖前,精确测定基础轮廓线,测出原地面高程,放出开挖边界并用白灰撒线,并在纵横方向设置保护桩。根据图纸设计,基坑开挖轮廓以满足基础底部尺寸为原则。

2. 开挖

基坑采用竖直开挖,严禁采用机械放坡施工。土质基础挖井应采用分节开挖,每节高度控制在 1 m,开挖一节支护一节。挖井井内除土应先从中间开始,对称、均匀地逐步向四角处挖土。

当遇不良土质、滑动面及流砂时,缩短每循环的开挖深度。坚硬岩层采用松动爆破,机械出渣人工配合清渣。基坑开挖在 4.0 m 以内时采用反铲直接出渣,15 t 自卸车运至弃渣场,坑深超过 4.0 m 采用卷扬机配合人工出渣,15 t 自卸车运输至路基填筑现场或弃渣场。

基坑有水时,在基底中间设集水坑,集中将水排出坑外,保证工作面处于干燥环境。井内采用潜水泵抽水,井外通过临时水沟排水。

开挖至基底后须预留 30 cm 保护层,保护层采用风镐开挖至设计高程,基底出渣结束后找设计地质工程师现场确认。基础现场确认后,找监理工程师验收,验收合格资料完善后,立即浇筑一层 10 cm 厚 C15 混凝土垫层,避免基底外露时间过长而降低地基承载力。开挖时应连续下挖,减少中途停顿的时间。下挖过程中应掌握土层情况,做好下挖记录,选用最有利的下挖方法。

基坑开挖完成后,在基坑顶部边缘 1 m 处设置围挡,悬挂标识标牌,确保施工安全。夜间设红色警示标志。基坑四周 2 m 范围内不得堆放弃土。

3. 钢筋混凝土护壁

为保证边坡稳定,挖井基础采用钢筋混凝土护壁方式对基坑边坡进行防护。基坑每下挖 1 m 出渣结束后,立即采用 35 cm 厚 C30 钢筋混凝土对坑壁进行防护。

为保证设计结构尺寸,基坑开挖时较设计结构边线扩挖 35 cm,采用钢筋混凝土护壁对边坡进行支护,开挖第一节后井口及时锁口以稳定孔口,同时作为截水埂,以防止地表水流入基坑,兼做挡砟墙防止地面渣料滚入基坑,对坑内施工人员安全造成伤害。锁口的宽度为 0.5 m,高度为 0.3 m,锁口坡度 2%。基坑垂直护壁形式如图 4-3-2 所示。

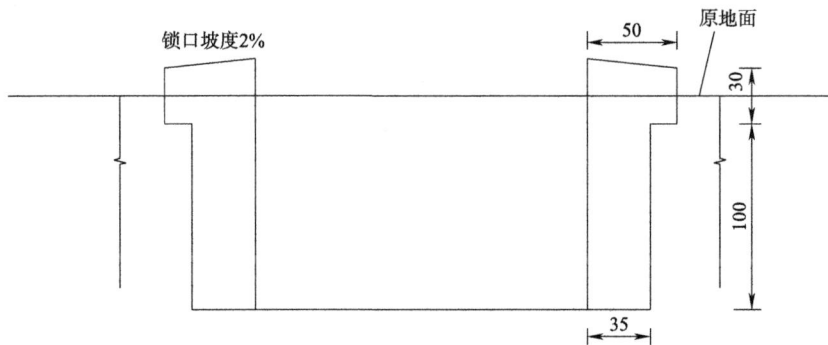

图 4-3-2　基坑垂直护壁形式(单位:cm)

护壁钢筋布置:护壁采用 φ10 mm 钢筋网片,网格间距为 10 cm×10 cm。为保证整体性,不同层上下搭接 10 cm。为确保钢筋网片固定牢固,在坑壁上间隔 1 m 梅花状设置锚固钢筋。钢筋的连接必须符合现行铁路规范和技术指南的要求,在拐角处搭接头应错开设置。钢筋网尺寸如图 4-3-3 所示。

护壁混凝土模板根据现场实际采用大块组合钢模板或竹胶板,经测量班重新放样基础内轮廓线后进行定位,模板采用螺栓连接,加固方法采用钢管支架内撑法,钢管立杆间距 2 m 布置,纵横向钢管两端采用顶托调节,顶托水平撑在模板竖肋上,模内放置撑筋,确保满足挖井基础结构尺寸要求。

护壁混凝土采用 C30 混凝土,浇筑前确保周边坑壁润湿且无杂质,混凝土采用串筒入仓,台阶法浇筑。为避免混凝土因施工不当发生离析现象,浇筑时混凝土自由落差必须小于 2 m,振捣器作业时其移动间距不允许超过其作用半径的 1.5 倍,为保证混凝土层间结合质量,振捣棒应插入下层混凝土 5 cm 左右,同时避免碰撞钢筋、模板,浇筑结束后采用无纺布覆盖并洒水养护。混凝土强度达到设计强度的 100% 以后,方可拆除模板。

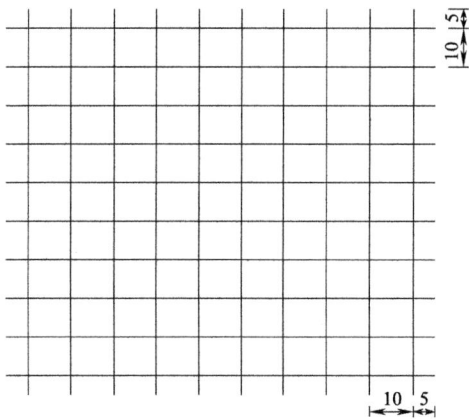

图 4-3-3　钢筋网大样图(单位:cm)

4. 基底处理

验槽符合设计要求后,开挖至设计基底标高,清理松散岩石、土屑、碎石块等,露出新鲜岩面,表面清洗干净。基底平面位置、尺寸和高程要满足设计要求。

当地下水丰富时,需找到出水口采取堵漏措施,堵漏措施采用浇筑混凝土法,若是坑壁流水,采用棉纱封堵后及时浇筑混凝土进行封堵。若是坑底涌水较多,对水眼进行开挖,进行混凝土换填封堵。浇筑基础混凝土前须保证坑内无明显积水现象,否则应人工清除。

5. 钢筋加工及安装

(1)挖井基础钢筋

挖井基础在顶部设置一层钢筋网片,采用 HRB400 ϕ16 mm 螺纹钢筋,净保护层不小于 7 cm,钢筋间距按 15 cm 均匀布置。挖井基础四周各设置一层护面钢筋网片,采用 HRB400 ϕ12 mm 螺纹钢筋,净保护层不小于 7 cm,钢筋间距按 15 cm 均匀布置。护面钢筋若与顶面或者墩身预埋筋有抵触,可适当移动护面钢筋位置。

(2)墩身钢筋预埋

墩身主筋伸入挖井基础深度 1.0 m,为保证定位准确,墩身预埋筋采用内部加强箍圈和搭设内支架法固定。加强箍圈每隔 2 m 设置 1 道,预埋筋底端设置 1 道箍圈。

墩身钢筋预埋作业必须在支架搭设完毕后进行,做好定位标记,施工时要注意左右、前后对称安装,做到安装一根固定一根,为保证钢筋安装坡度符合设计要求,每根竖向钢筋必须至少有 3 点固定,在同一层面对钢筋笼前后侧直线段部分采用钢管绑定并与支架扣接牢靠,圆弧部分则采用加强箍圈进行加固。

(3)综合接地

在基底地面设一层钢筋网作为水平接地极,水平接墩地极应满布基底底面;钢筋网面的间隔宜按照 1 m×1 m 设置,中部"十字"交叉的两根钢筋上的网格节点要求施以"L"形焊接,外围钢筋应闭合焊接,其他接点绑扎;水平接地钢筋网格的外边缘距挖井基础混凝土底面不大于 70 mm。

桥墩中应有两根接地钢筋,一端与基底水平接地极(钢筋网)中的钢筋连接,另一端与墩帽处的接地端子相连。墩帽上的接地端子采用桥隧型接地端子,设置在终点侧立面上。

桥墩接地钢筋均应优先利用结构物中的非预应力钢筋,原则上不再增设专用的接地钢筋。兼有接地功能(含连接)的结构钢筋和专用接地钢筋应满足接触网最大的短路电流要求。施作时应对接地钢筋作出标识,便于检查。

所有的接地钢筋间的联接都应保证焊接质量,采用"L"形焊接。

6. 基础混凝土浇筑

在接地钢筋、基础钢筋、墩身钢筋绑扎结束及护壁混凝土达到一定强度,经监理工程师验收合格后方可进行基础混凝土浇筑。

混凝土浇筑前应将基础清理干净并洒水湿润,基础混凝土在混凝土拌和站集中拌制,混凝土搅拌车运输至施工作业面进行浇筑,根据各基础深度不同,基础采取分层连续浇筑到设计高程,承台高度为 6 m 分层厚度为 2 m,承台高度为 7 m 分层厚度为 2 m、1.5 m。混凝土采用溜槽入仓,为避免混凝土因施工不当发生离析现象,浇筑时混凝土自由落差必须小于 2 m(超过 2 m 需采用串筒下料)。混凝土人工平仓,每层铺注厚度控制在 30 cm 左右,振捣器作业时其移动间距不允许超过其作用半径的 1.5 倍,为保证混凝土的浇筑质量,振捣棒应插入下层混凝土 5 cm 左右同时避免碰撞钢筋,混凝土振捣时间符合规范要求,浇筑结束后采用无纺布覆盖并洒水养护。混凝土浇筑至承台顶面后,及时埋设沉降观测标。

二、钻孔桩施工

本工程钻孔桩主要为柱桩和摩擦桩,钻孔桩主要选择冲击成孔,个别地层采用旋挖钻成孔,如有地形条件限制,机械无法到达处,采用人工挖孔桩。

(一)一般钻孔桩

1. 施工工艺流程

一般钻孔桩施工工艺流程如图 4-3-4 所示。

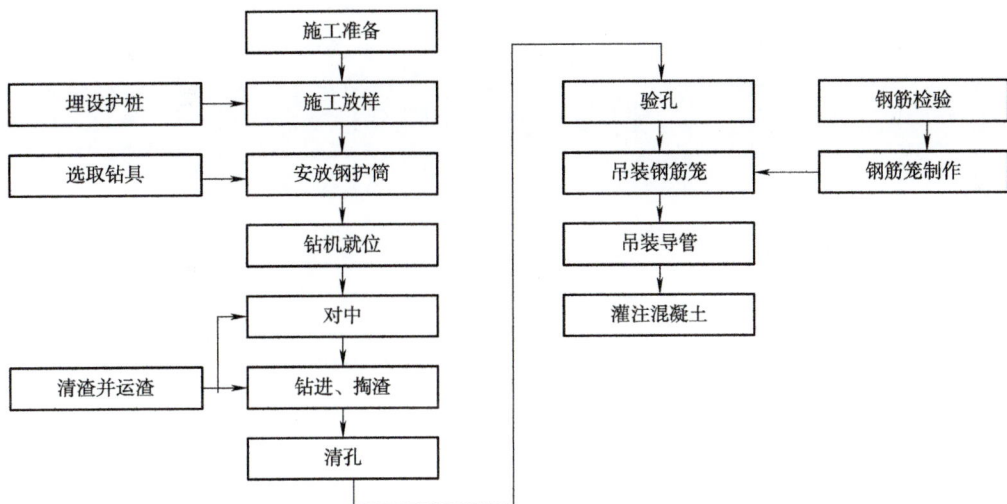

图 4-3-4 一般钻孔桩施工工艺流程

2. 施工准备

详细了解桩基桩位地质、水文资料,掌握溶洞出现的位置,并大致推断其范围、大小以及充填情况,并根据逐根超前钻结果为每个溶洞桩基制定合适的施工方案和施工技术保障措施。

每个孔位的地质柱状图和施工方案都单独列出,发给有关人员,让具体操作者、技术人员、作业队长都知道溶洞的位置、大小、充填情况以及应采取的施工方案。

根据现场的地形地貌整理出成片施工场地,以便堆放材料,桩基施工区地表要建截、排水及防护设施;对桩顶坡土清刷减载;雨季施工,孔口要搭设雨篷。

机械材料准备:桩孔附近要备足回填材料和挖掘机、铲车、水泵等机械。钻机钻进时泥浆要稍稠,现场泥浆池内尽量多备泥浆,确保在溶洞穿孔后及时补浆。

安全设施准备:准备好各工序所需要的安全防护器材和相关排水、通风、照明设施,并设置滑坡变形、位移的标志。

3. 施工放样

桩位放样:配合测量组定出桩中心,根据中心点埋设十字护桩。护桩采用四根长 1 m 的钢筋,垂直打入地下 50 cm。护桩保证稳固,施工过程中注意不能扰动(图 4-3-5)。

4. 泥浆池开挖

泥浆池布置在紧邻便道侧,征地红线以内。泥浆池的排列要整齐、有序,靠近便道一侧纵向边缘成一直线,整齐美观,如图 4-3-6 所示。在两墩之间设泥浆池,距离承台边线 4 m 按 1∶0.5 放坡开挖,开挖宽度 6 m,长度 6 m,设两个沉淀池,沉淀池中间设泥浆池,泥浆池 1.5 m 深,沉淀池 1.3 m 深。具体布置据现场实际情况调整。

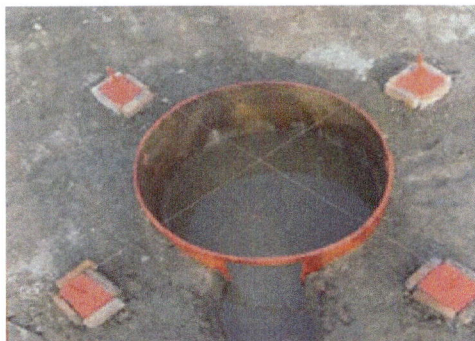

图 4-3-5 十字护桩

5. 埋设护筒

钢护筒采用钢板制作,高度需大于 2.5 m。在护筒定位后应及时复核护筒的位置,严格控制护筒中心与桩位中心线偏差不大于 50 mm,并认真检查回填土是否密实,以防止钻孔过程中发生漏浆或下坠的现象。护筒内径比桩径大 40 cm,护筒埋设应高出原地面 50 cm。

6. 钻机就位

对同一墩台上不同桩位钻孔应采用对角钻孔,隔孔施工,且下一根桩基施工时上一根桩基强度需达到

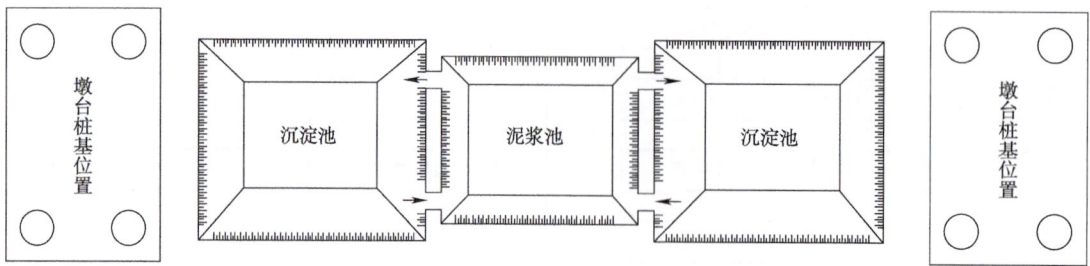

图 4-3-6 泥浆池布置图

2.5 MPa 以上,以防冲击钻孔时造成已灌注混凝土桩剪切破坏,且混凝土灌注桩的成孔是依靠泥浆来平衡的,采取较适应的桩距是防止坍孔和缩径的主要技术措施。

施工中应根据设计图纸及地质报告,同一墩台上不等桩长设计时应先行施工桩长较长、溶洞较多、施工较难的桩孔。钻孔桩中有溶洞的桩第一根桩孔施工时一般较困难,一定要保证上一层溶洞处理好后才能继续下钻,保证所遇到的溶洞都处理好之后才能进行混凝土灌注。

钻架应焊接牢固,基底应平稳,采用枕木沙袋进行铺垫,地基松软时应远离桩孔,以免造成侧压力而导致塌孔。调整钻机整平、对中,钻头中心与桩基中心偏差控制在 5 cm。

钻机就位后复核钻机平整度及钢护筒顶面标高,并作好记录,以便成孔后校验成孔深度。

7. 钻进成孔

钻孔所用泥浆采用优质黏土、膨润土及纤维素混合而制,旋挖钻采用在泥浆池中用搅浆机将泥浆搅拌好后,泵入孔内,根据钻进速度及时补浆保持液面高度。钻进过程中泥浆应达到以下指标:泥浆比重应控制在 1.1~1.4 之间(土层:1.1~1.3;砂层或卵石层:1.2~1.4),黏度控制在 16~22 s,砂卵石层 19~28 s,新制泥浆含砂率不大于 4%。

开孔时报监理工程师检查,钻孔作业分班连续进行,填写钻孔记录,每隔 2 m 和在地层变化处应捞取样渣放在样渣盒(图 4-3-7)内,并在每个样渣上用标签注明取样时间、深度及地质情况。根据不同土层情况对比地质资料,随时调整钻进速度,并描绘出地质剖面图。

图 4-3-7 渣样盒

开孔的孔位必须准确,应使初成孔壁竖直、圆顺、坚实。开孔、开钻时应先注水,直接投入黏土,冲击锤反复冲击造浆,开孔及整个钻进过程中,始终保持孔内水位高于地下水位 1.5~2.0 m,高于护筒底脚 0.5 m 以上并低于护筒顶 0.3 m,以防溢出;在冲击钻进中取渣和停钻后,应及时向孔内补充水或泥浆,保持孔内水位高度、泥浆比重及黏度。

开始钻孔时应采用小冲程开孔,待钻进深度超过钻头全高加正常冲程后,方可进行正常冲击钻孔。钻进过程中,应勤松绳和适量松绳,不得打空锤;勤抽渣,使钻头经常冲击新鲜底层。每次松绳量应由地质情况、钻头形式、钻头重量决定。

钻孔工地应有备用钻头,检查发现钻孔桩钻头直径磨耗超过 15 mm 时,应及时更换修补;更换新钻头前,应先检孔到孔低,确认钻孔正常时方可放入新钻头。

钻孔时,起、落钻头速度宜均匀,不得过猛或骤然变速,冲程应根据土层情况分别确定:一般通过大土层时,采用高冲程(100 cm),在通过松散沙、砾石或砂石土层以及黏性土层时,采用中冲程(约 75 cm),在易坍塌或流沙地段宜用小冲程,并提高泥浆的黏度和比重。

在通过漂石或孤石时,如表面不平整,应先投入黏土、小片石将表面垫平,再用十字钻锤进行冲击钻进,以防发生斜孔,坍塌事故。

要注意均匀地放松钢丝绳的长度,一般松散地层每次可放松 5~8 cm,密实坚硬土层每次放松 3~5 cm,应注意防止松绳过小,而形成"打空锤",松绳过多,则减小冲程,降低了钻进速度,严重时会导致钢丝绳纠缠发生事故。

钻孔作业应连续进行,在钻进过程中如遇停电或其他原因终止钻进,应设法及时将钻头提出孔外,以防埋钻,孔口应加护盖。冲击锤起吊和进口时,严禁孔口附近站人,防止钻锤撞击发生事故。

冲击钻的排渣可采用取渣筒取渣,也可将胶管沉入孔中采用换浆排渣,或二者同时采用。孔内出渣不得堆积在钻孔周围。取渣后应及时向孔内添加泥浆以维护水头高度,投放黏土自行造浆。

钻孔过程中应经常检查并记录土层变化情况,并与地质剖面图核对。钻孔到达设计深度后,应对孔位、孔径、孔深和孔形进行检验,并填写钻孔记录表。孔位偏差不得大于 5 cm。

钻进深度达到设计标高时,经技术及监理检验合格后应立即开始清孔,清孔时必须保持孔内水位,清孔后孔底沉淀厚度应不大于规范要求,清孔完毕后及时下放钢筋笼及导管,灌注水下混凝土,以防孔底沉淀加厚以及塌孔事故。

8. 清孔与检孔

成孔检查确认钻孔合格后,立即进行清孔。

清孔时,为防止粗颗粒沉淀和出现塌孔,泥浆稀释速度不宜过快,清孔循序渐进。根据钻孔泥浆指标确定清孔时泥浆测定时间,清孔初期每 30 min 或 1 h 测定一次,清孔后期应缩短间隔时间,加强测定次数。清孔应连续,若因设备或其他原因长时间不能清孔时,须将钻头提离孔底一定高度,避免钻头被埋。

清孔完成后的泥浆达到以下标准:孔内排出或抽出的泥浆手摸无 2~3 mm 颗粒,泥浆比重小于 1.1,含砂率小于 2%,黏度 17~20 s;达到要求后报监理工程师测泥浆指标、孔径及孔深。提钻之前检孔器、钢筋笼、料斗、导管、吊车等准备工作必须到位,否则不允许提钻。

安装钢筋笼之前用检孔器对孔径进行检查,检孔器用 ϕ20 mm 钢筋加工而成,加工长度为 4~6 倍桩径,检孔器的外径与桩基直径相同,详细尺寸见检孔器加工尺寸图(图 4-3-8)。检孔时,吊车将检孔器吊起,垂直、缓慢放到孔底,提起时也应缓慢进行,尽量不触碰孔壁,如检孔器不能放到孔底时,需提起检孔器重新放置,多次都不能放到孔底时则表明孔位倾斜或有缩孔现象,须修整孔壁或重钻。

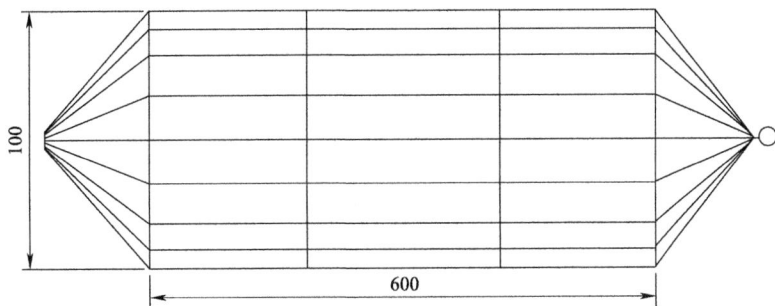

图 4-3-8　检孔器加工尺寸图(单位:cm)

9. 桩基钢筋笼吊装施工

钢筋笼运输至现场吊装入孔。钢筋笼均下垫方木、上面用彩条布覆盖,支垫高度 10 cm 以上。钢筋笼保护层采用耳筋,每隔 2 m 一个截面,每个截面等距布置 4 个。

起吊前检查加强筋与主筋焊接是否牢固,必要时采取补焊保证吊点稳固,如图 4-3-9 所示。12 m 以下钢筋笼采用两点吊装时,第一吊点设在钢筋笼的顶部第一加强筋处,第二吊点设在钢筋笼长度的三分之二处。超过 12 m 的长钢筋笼,采用三点吊装,第一点设在顶部加强筋处,用大钩起吊,第二点在中部加强筋,第三点在底部 1/4 加强筋处,二三吊点之间采用小钩起吊,滑钩形式。起吊时,先尾部二三吊点稍提起,再与第一吊同时起吊。待钢筋笼离开地面后,提升第一吊点,随着第一吊点不断上升,慢慢放松第二三吊点,直到钢筋笼同地面垂直,停止起吊,解除第二三吊点。当钢筋笼进入孔口后,人工扶正徐徐下降,严禁摆动碰撞孔壁。

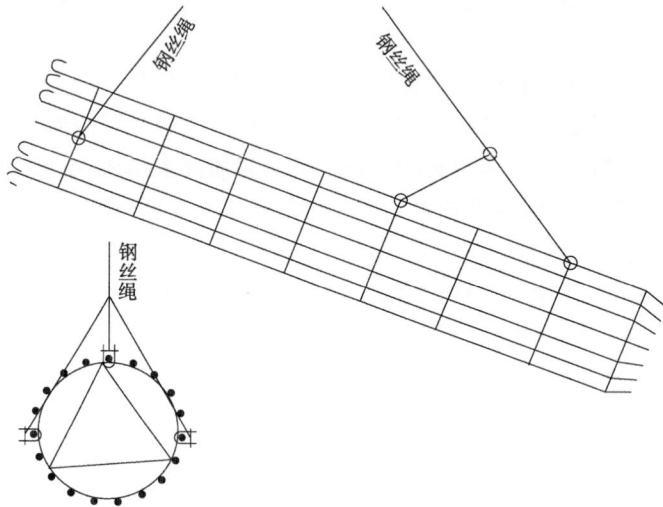

图 4-3-9 钢筋笼吊点布置图

钢筋笼焊接必须采用帮条焊形式;帮条长度为 20 cm(10d,d 为钢筋直径),如图 4-3-10 所示。单面焊焊缝长度不应小于 16 cm($\geqslant 8d,d$ 为钢筋直径),焊缝宽度不应小于 1.6 cm($\geqslant 0.8d,d$ 为钢筋直径),接头的焊缝厚度不应小于 0.6 cm($\geqslant 0.3d,d$ 为钢筋直径)。

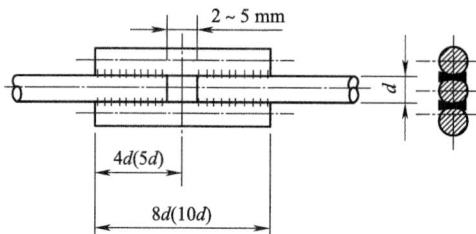

图 4-3-10 钢筋笼焊接施工示意图

钢筋焊接施工之前,应清除钢筋表面的锈斑、油污、杂物。钢筋端部有弯折、扭曲时,应予以矫直;焊条须选用 J506,焊条必须存放在干燥、通风的地方,禁止使用受潮焊条;焊接时,不得烧伤主筋;焊接接头区域不得有裂纹;焊接不得出现咬边、气孔、夹渣等缺陷;焊接过程中应及时清渣,焊缝表面应平整光滑,焊缝余高应平缓过渡;焊缝应饱满,不得有较大的凹陷、焊瘤。

钢筋笼定位吊筋长度为测定的护筒顶面标高减设计桩顶标高减 1.305 m。以钢筋笼中心对称设两根吊筋,长度相同,吊筋顶吊环内插入两根平行的粗钢管,如图 4-3-11 所示。

10. 钻孔桩水下混凝土灌注工序

(1)导管安装

导管内壁应光滑、圆顺、内径一致,接口严密,直径 30 cm。导管中部节段等长,配 1~2 节 1~1.5 m 的短管。底部节段长度 4 m 以上、与漏斗下连接部位选用长度 50 cm 的接头管。

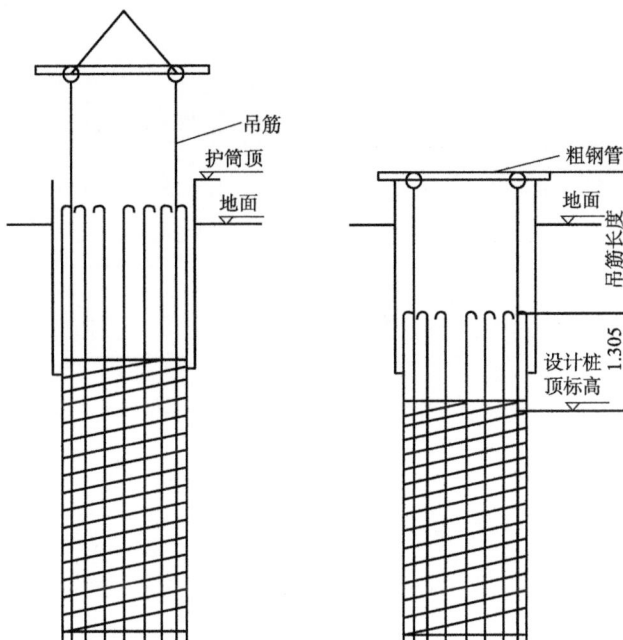

图 4-3-11　钢筋笼定位吊筋设置图(单位:m)

导管第一次使用前进行水密试验,试压力为孔底静水压力的 1.5 倍。按最长桩长 28.5 m 以 32 m 算试压力为 0.48 MPa,持压 15～30 min 观察管节及接头无渗漏水即可,如有渗漏水需更换新管重做试验,导管使用 8～10 次需重做水密试验。

导管安装是检查橡胶圈完好,接头拧紧确保密封良好,并记录每节导管长度,方便拆管计算,安装完成后的导管整体放到孔底复核导管长度,避免出现漏记数量导致导管长度不够。

(2)二次清孔

浇筑水下混凝土前沉渣厚度大于 100 mm 时,利用导管进行二次清孔,使沉渣厚度、孔内泥浆性能满足设计规范要求。清孔时及时向护筒内补充优质泥浆,必要时用高压风冲射孔底沉淀物,清孔完成后立即浇筑水下混凝土。

(3)灌注水下混凝土

经监理工程师验收沉渣厚度合格后方可进行混凝土灌注。采用 C40(H2)水下混凝土,灌注前导管下口至孔底(沉渣面)的距离为 30～50 cm。灌注水下混凝土示意如图 4-3-12 所示。

每盘混凝土灌注前需检查混凝土和易性(流动性、黏聚性、保水性),坍落度控制在 180～220 mm,首批封底混凝土数量,以导管下口距离孔底 40 cm,且埋入混凝土中不小于 1 m,导管内保留 1/3 导管长度 (10 m)的混凝土计算封底混凝土:$\phi 1.0$ m 桩不小于 1.8 m,$\phi 1.25$ m 桩不小于 2.4 m,首批混凝土快速连续灌注,混凝土放满漏斗后,在提起漏斗口钢板的同时,混凝土罐车继续往料斗内放料,放料速度要快,保证混凝土的连续灌注,从而保证封底成功。

封底后的混凝土循序灌注,放料不能过快,以避免产生气囊,同时防止新灌注的拌和物冲破首批混凝土,冒到其上面,将泥浆沉淀物裹入桩中,形成夹层断桩。灌注过程中用测绳随时测量孔内混凝土面位置,及时调整导管埋置深度,控制导管埋入深度在 2～6 m 范围内,最大不超过 8 m,勤测量勤拆管,拆除导管后的埋深不少于 2 m,当灌注困难时,必须保证导管下口埋入混凝土中至少 1 m。

在灌注过程中,应核对混凝土的灌入数量,以复核所测混凝土的灌注高度是否正确。每次拆除导管前,必须先量测混凝土面灌注高度,防止拔漏。混凝土灌注到接近设计标高时,计算剩余混凝土数量,提前通知拌和站按需要数量拌制,以缩短灌注时间并减少浪费。混凝土长时间未到时,应间隔一定时间上下提动导管,防止混凝土凝固堵管。

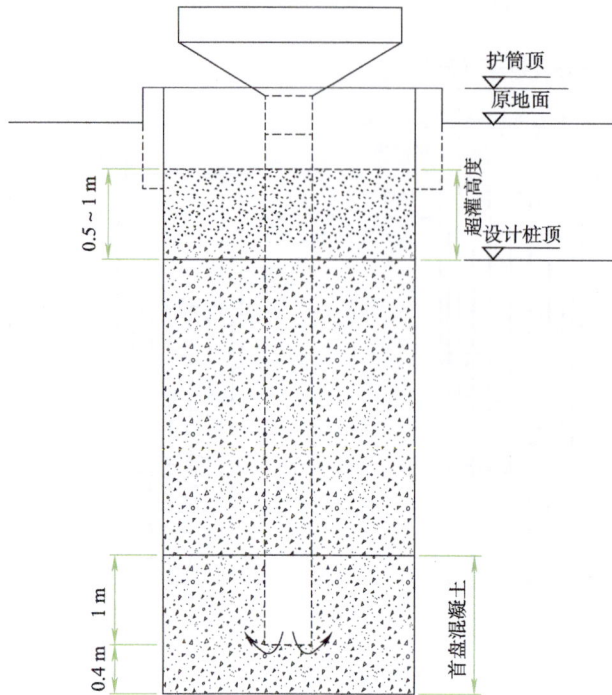

图 4-3-12　灌注水下混凝土示意图

桩顶混凝土超灌至吊筋底部高度。并专人记录混凝土灌注过程的灌注时间、混凝土深度、导管埋深及导管拆除情况。准确计算导管埋深及拆除长度，避免出现导管拔不动或拔出混凝土面造成断桩。

钢护筒在灌注结束，混凝土初凝前拔出，混凝土初凝后渗水土回填虚桩部分，挤出泥浆。

11. 桩头破除

采用环切法破除桩头。破除桩头前，先联系测量组放出桩顶设计标高，并用红油漆做好标记。

破除桩头具体工艺流程，如图 4-3-13 所示。

图 4-3-13　桩头破除步骤图

第一步：在桩顶位置设置 10～15 cm 的切割线，采用圆盘锯切线，如图 4-3-13 中红色带状区域（宽度为 10～15 cm）。

第二步：人工凿开缺口，深度致钢筋。便于后续的风镐作业不会破坏钢筋保护层。

第三步：风镐剥离缺口上侧钢筋外保护层。

第四步：钢筋向外侧微弯，便于施工。

第五步：加钻顶断，钻头水平或稍向上，位置在桩顶线以上 10～15 cm。

第六步:将桩头破除混凝土提出,然后用人工凿除并清顶,保证不破坏保护层,并至桩头微凸。

第七步:清洗桩头。

(二)人工挖孔桩

1. 施工工艺流程

人工挖孔桩施工工艺流程如图4-3-14所示。

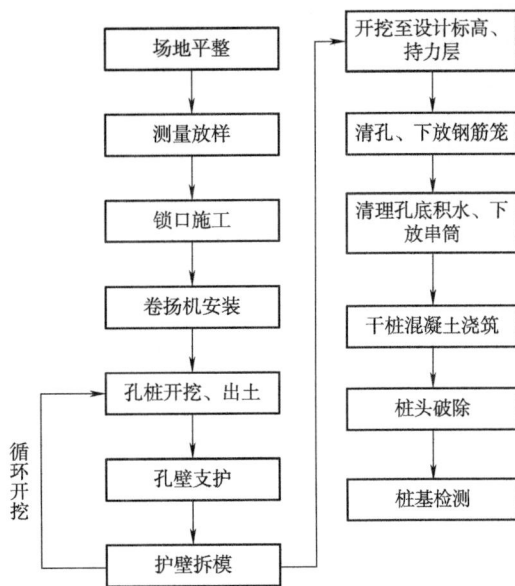

图4-3-14　人工挖孔桩施工工艺流程

2. 施工准备

①技术准备:按照施工设计图纸的要求,制订施工方案和施工工艺,配备施工机械设备及人员。清除杂物,平整桩基范围内的场地并压实。

②施工放样:复测控制点及控制网和导线,测放桩位。

③检修调试机械设备:对钻孔机械、桩体混凝土灌注设备、混凝土运输设备等进行检修、调试。

④技术交底:对参与施工的人员进行施工技术、安全质量、环境保护交底。

⑤材料进场:各类孔桩施工的原材料按计划进场。

⑥试验检验:进行原材料检验及混凝土配合比设计及试验等工作。

⑦方案评审:针对开挖深度大于16 m的挖孔桩工程需要专家评审的必须组织专家评审。

3. 挖孔前场地平整及测量

对场地做合理化布局及硬化,确保在阴雨天孔口及四周排水顺畅。放出桩基位置,并测量出原地面标高,依据需要平整场地作为施工平台。开孔前再采用全站仪将桩基中心坐标放测到实地,从不同控制点对放样点进行复核;引桩采用围绕中心坐标的四个方向用坐标放线或采用拉线方法,引桩至第一节护壁上,做好保护工作,锁扣做好后,测量井口处标高并做好标记,计算出至设计孔底标高的孔深;自检合格后,请监理进行复核,同意开工后方可挖孔。

4. 锁口井圈施工

锁口为挖孔桩护壁初始节段,是为了防止桩基孔口坍塌及孔口周边杂物吊入孔内的结构。桩位及开挖线确定后,开挖锁口并进行锁口混凝土浇筑。锁口井圈采用与桩身混凝土相同强度等级的混凝土进行浇筑,锁口及护壁结构图如图4-3-15所示。在所开挖的桩位上,孔口处护壁混凝土应高出地面30 cm,孔口四周0.6 m范围内用C25混凝土硬化;孔口不得堆集土渣、机具及杂物;孔口四周安装装配式栅栏防护。停止作业时,派人值班,孔口设置钢筋制作的防坠井盖,并设置围栏和警告标志牌,夜间要有照明,防止人员掉入孔中。孔口四周挖好排水沟,及时排除地表水,还应搭好型钢棚架兼顾防雨棚作用。当锁口井圈混凝土达到 2.5 MPa,测量组将桩位引到井圈上,在相互垂直的四个方向上打入钢钉,用油漆做好标记,测出井圈高程,并按桩径对井圈进行检查校核。

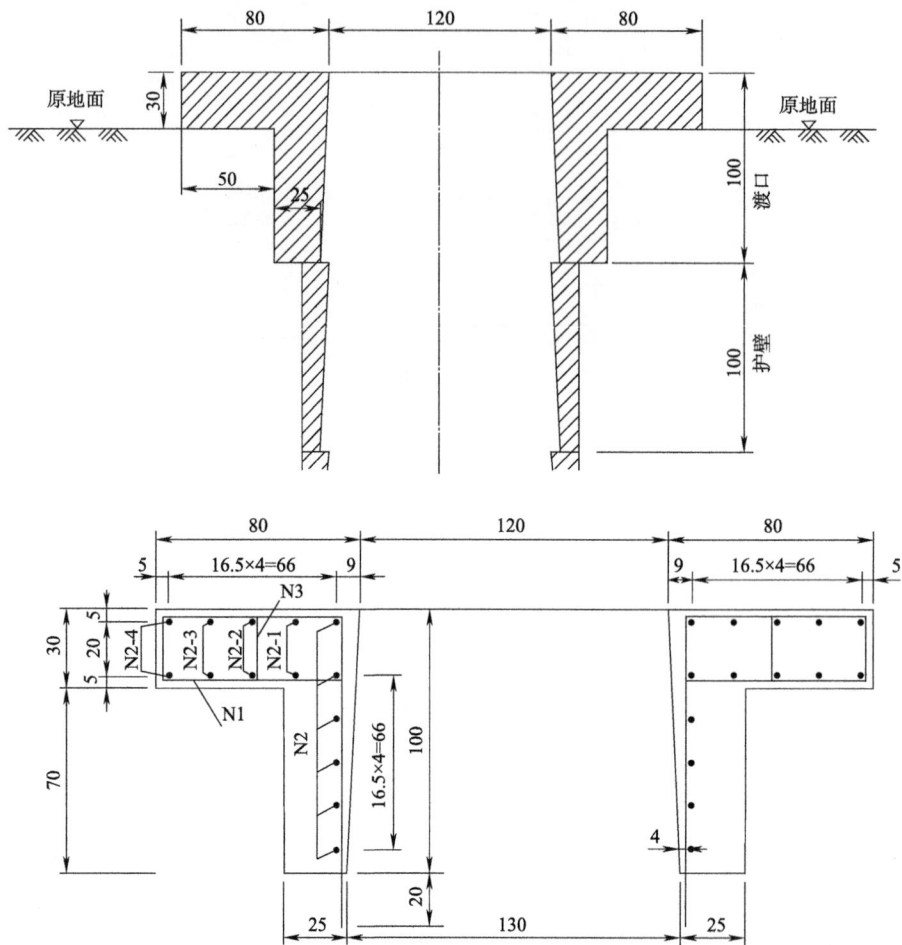

图 4-3-15　锁口井圈结构图(单位:cm)

5. 卷扬机安装

卷扬机棚架采用型钢棚架,棚架 4 个立柱采用 I22 工字钢,立柱底脚与锁口顶预埋钢板四周满焊,并设置加劲板;棚架立柱顶联系梁采用 I20 工字钢,棚架顶横梁采用 I20 工字钢,将卷扬机固定在锁口旁边稳定的地基上,在棚架横梁中心安装一个动滑轮,卷扬机起重绳通过横梁中心动滑轮提升孔内钻渣,如图 4-3-16 所示。

6. 孔桩开挖

开挖的方法视地质情况而定,在填土层、砂砾土、全风化岩石层中,用十字镐开挖;在强风化岩层中,尽量用风镐凿除岩层;在中风化坚硬岩层时风镐凿岩困难时采用爆破法施工,当开挖深度超过 10 m 时必须采用鼓风机通风,且通风 15 min 以上,经空气检测仪检测合格后方准许人员进入孔内作业,孔口安装防坠器,作业人员安全带全程与防坠器连接。

人工装渣、出渣:将开挖的渣土放入出渣铁通,通过卷扬机提升至孔口,采用手推车运至孔口外的指定地点,不得堆放在孔口附近。然后继续分裂岩体进行下一次出渣。

7. 坚硬石方爆破开挖

根据设计要求,柱桩底必须嵌入坚硬基岩。用风钻或凿岩机钻炮眼,小药量浅眼爆破法施工。由专业人员实施采取控制爆破技术的动能原理、缓冲原理及微分装药原理。注重药包内部爆破作用,避免药量集

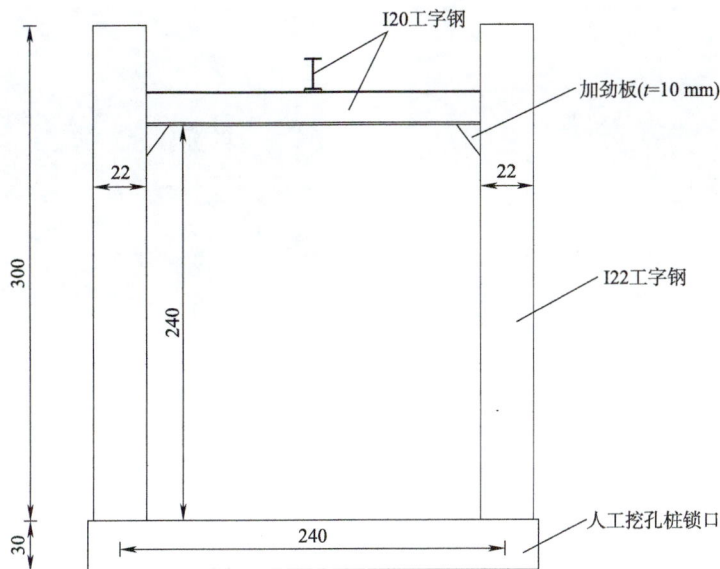

图 4-3-16　人工挖孔桩型钢棚架(单位:cm)

中及一次药量过大现象。由专业人员实施,采用浅眼松动爆破法,严格控制炸药用量,采用电雷管引爆。对火工品严格管理。孔口盖好爆破缓冲物,井下全部人员必须从井孔内撤离,划定安全距离,设置警戒哨。电闪雷鸣时禁止装药、接线,施工操作时严格按爆破安全操作规程办事,慎重处理盲炮。

钻孔完成后应及时清孔,炸药的领用应严格按照相关程序进行,形成相关的审批记录,按需领用。

然后由专人运输到施工现场,由专业爆破技术员进行装药、引爆,装药过程应全程录像。同时现场安全员对 200 m 以内的道路、田地影响区域进行警戒,防止抛石伤人。

爆破完成后应通风 10~15 min,然后爆破人员对现场是否存在哑炮、未爆的炸药进行清理,确认安全后恢复下步施工。

8. 成孔、清孔

挖孔达到设计标高后,应进行孔底清理。孔底应平整,无松渣、污泥及沉淀等软层,嵌入岩层深度应符合设计要求。对孔径、孔深、垂直度进行检查,满足设计及规范要求后,报监理工程师验收。

9. 钢筋笼制作及安装

在成孔的同时安排加工制作钢筋笼,做到成孔后检测合格即可灌注桩基。钢筋笼全部采用自动化钢筋笼滚焊机制作。钢筋笼节段制作长度根据各桩基的地理位置、便道运输条件、现场起重设备的起吊能力确定。

工艺流程:主筋上料→盘筋上料→主筋穿丝并夹紧→盘紧穿丝并夹紧固定→焊接成型→钢筋笼与旋转盘分离→卸笼、降下液压支撑→移动盘复位准备下一个循环→加内箍筋→保护层钢筋焊接→吊装。

下料完成之后应对丝头端头进行打磨、成品保护,钢筋骨架节段全部采用套筒连接,如图 4-3-17 所示,每一截面上接头数量不超过总数的 50%,且接头间距大于 $35d$。

钢筋骨架的保护层厚度采用相同强度等级的混凝土垫块,桩基净保护层厚度为 7 cm,设置密度按竖向每隔 2 m 设一道,每一道沿圆周布置 4 个,重要部位适当加密,如图 4-3-18 所示。

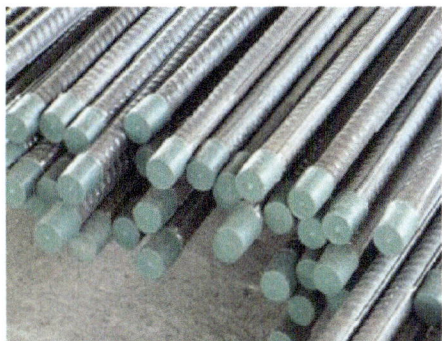

图 4-3-17　经端头加工后的钢筋图

钢筋笼制作完成后,对每节钢筋笼吊装位置加强箍进行加固,防止钢筋笼吊装时加强箍脱落(采用 10 cm 长,与主筋直径相同的钢筋,焊接在主筋内侧,加强箍筋上方),现场焊接如图 4-3-19 所示。吊耳采用 U 形卡。

图 4-3-18 保护层垫块示意图

图 4-3-19 钢筋笼滚焊示意图

钢筋笼采用 25 t 汽车吊、塔吊或临时货运架空索道安装。采用两点吊装时,第一吊点设在钢筋笼的上部,使用主钩起吊,第二吊点设在钢筋笼长度的中点到三分点之间。起吊时,先提第一吊点,使钢筋笼稍提起,再与第二吊点同时起吊。待骨架离开地面后,第二吊点停吊,继续提升第一吊点。随着第一吊点不断上升,慢慢放松第二吊点钢丝绳,直到钢筋笼同地面垂直,停止起吊。缓慢移动钢筋笼,将钢筋笼吊到孔位上方,对准孔位、扶稳,依靠第一吊点的滑轮和钢筋笼自重缓慢下放,第二吊点钢丝绳到适宜操作高度后,解除第二吊点钢丝绳,直至此节钢筋笼下放到位。下放过程严禁摆动碰撞孔壁,须校验钢筋笼中心与钻孔中心一致。下一节钢筋笼与前节钢筋梁起吊方法一致,两节钢筋笼采用钢筋焊接连接。

当最后一节钢筋笼顶下放至锁口顶面时,以锁口顶面为基准面,通过计算锁口顶面与桩顶距离,在钢筋笼主筋上焊接两根吊筋,吊筋圈内插入 I22 工字钢,在锁口两侧放两根平行的枕木,并将 I22 工字钢支托于枕木上。在钢筋笼上拉上十字线,找出钢筋笼中心,根据护桩找出桩位中心,钢筋笼定位时使钢筋笼中心与桩位中心重合。

10. 混凝土浇筑

混凝土浇筑前清理孔底积水及渣滓,验收合格后开始浇筑混凝土。混凝土浇筑采用下料,串筒底面距离混凝面不大于 2 m。桩基混凝土采用分层浇筑,分层厚度 30 cm,使用 $\phi50$ mm 型插入式振动器振捣,移动振捣棒时应快插慢拔,速度不应太快,避免形成空洞导致桩基质量不合格,振捣时插入下层混凝土 5~10 cm,每一处振动完毕后应边振动边徐徐提出振动棒,提出过程应避免振动棒碰撞钢筋;振捣时不得有漏振,注意沿钢筋周边混凝土的振捣,特别注意有声测管位置的振捣,振动器不得碰触声测管;对每一振动部位,必须振动到该部位混凝土密实为止。密实的标志是混凝土停止下沉、不再冒气泡、表面呈现平坦、泛浆;混凝土的浇筑应连续进行,如因故必须间断时,其间断时间应小于前层混凝土的初凝时间。混凝土浇筑至高出设计桩顶标高 10 cm 后人工清除顶部浮浆,并确保混凝土顶面高度超出设计 10 cm。

11. 桩基检测

桩基混凝土浇筑完成满足 14 d 强度后,根据测量组放样数据,采用人工对桩顶超灌部分混凝土进行凿除,然后将声测管装满水,采用超声波对桩基完整性进行无损检测,无声测管的桩基采用小应变法进行检测,桩身检测合格后进入下步工序施工。

(三)岩溶桩基施工

1. 岩溶桥工程概况及特点

新建浦梅铁路建宁至冠豸山站前内处于明显岩溶地质区的桥梁有黄坑特大桥、下江村特大桥、杨源车站大桥 3 座。多数墩位桩基础位于串珠式溶洞发育区,溶洞多发育为空溶洞或充填软塑状黏土。全工程段共有 11 座桥梁桩基存在溶洞、涉及 164 个墩位、400 根桩,主要位于灰岩岩层内,主要形式为溶洞(大)、溶孔(小)及溶蚀裂隙。溶洞填充物多为软塑状黏性土夹碎石全填充(或半填充),少量溶洞无填充物。

该线岩溶区地质:地层发育较全,除早第三系、志留系、早泥盆系缺失外,从新生界至太古界均有出露。沿线上覆第四系全新统(Qh)冲洪积、坡洪积、坡残积黏土、粉质黏土、卵砾石土、碎块石土及更新统(Qp)

冲洪积粉质黏土、砂土、圆砾土、卵石土、漂石土等,一般厚2~8 m,花岗岩及变质岩区坡残积土局部达10~30 m;下伏基岩包括沉积岩、变质岩、侵入岩三大岩类,主要为白垩系(K)、侏罗系(J)、二叠系(P)、石炭系(C)、泥盆系(D)、寒武系($\in$)、震旦系(Z)地层及燕山期、华力西-印支期、加里东期侵入岩。沉积岩以砂岩、钙质粉砂岩、砾岩、砂砾岩、泥岩、页岩等碎屑岩为主,局部分布有碳酸盐岩,除白垩系、泥盆系外,其他沉积岩地层均含有煤层或煤线;寒武系变质岩以变质砂岩、板岩、千枚岩为主;太古界、上元古界变质岩以黑云斜长变粒岩为主;侵入岩(γ)主要为黑云母花岗岩、黑云母二长花岗岩、片麻状黑云母花岗岩,局部存在辉绿岩脉、石英岩脉。

桩基溶洞主要危害如下:

(1)岩溶的连通性。遇到覆盖层流塑性或岩溶的连通性较强时,因孔内浆液流失,来不及补浆,致使孔内液面高度降低,钻孔内外压力差增大,没有足够的液体压力来维持孔壁稳定,导致塌孔。

(2)溶洞内填充物及其性质。溶洞内有流塑状的填充物时,会出现坍孔以及灌注桩缩颈、夹泥和断桩现象。

(3)地下水位高低。岩溶发育地区地下水位高低也是影响桩基施工方法选择的重要因素之一,需特别注意地下水是否为承压水。如果遇到承压水,桩底会大量涌水,造成地面沉降,易发生施工安全事故。

(4)岩溶的分布与发育程度。如果溶洞分布于桩底岩层中,且发育程度较高,施工时未将溶洞打穿或未进行加固处理,承载后达不到设计承载力,极易给工程留下安全隐患。

2. 岩溶区钻孔桩施工处理主要施工方法

1)岩溶桩基钻孔施工方法

根据桩基础岩溶的实际情况,针对不同类型分别采用桩基础施工前预加固注浆法、片石黏土堵洞筑壁法、混凝土灌注法、钢护筒跟进法,或者相互结合综合处理等方法进行处理。

(1)预加固注浆法

该方法主要对杨源车站大桥1号墩、下江村特大桥45-2号墩顶板较薄型溶洞,在桩基础施工前,在一定区域范围内进行钻孔注浆加固,对空溶洞进行充填密实或对溶洞充填物及地表土体进行固结,提高施工承载能力,确保施工安全,保证成孔。预加固注浆法施工示意图如图4-3-20所示。

(2)片石黏土堵洞筑壁法

根据地质勘察资料及超前钻资料,有此类溶洞的桩基施工时要配置专人密切注意桩机地盘水平、岩样和护筒内泥浆面的变化,熟记图纸、资料中标注的溶洞位置。

在钻孔过到击穿洞顶之前,采用小冲程,逐渐将洞顶击穿,防止卡冲击锤。

一旦发现泥浆面下降、孔内水位变化较大、泥浆稠度、颜色发生变化或钻进速度明显加快又无偏孔现象时,表明已穿越溶洞顶进入溶洞。

首先应迅速用大功率泥浆泵补浆补水,同时及时提起冲击锤,防止掩埋冲击锤。

应适当增加泥浆中的黏土数量,提高泥浆密度。泥浆黏稠度控制在19~28 s。

然后用装载机配合大型挖掘机及时将准备好的片石、黏土按3:7的比例抛入。投入量按溶洞竖向高度加2 m以上,少量多次进行投放。

采用小冲程进行钻进,让钻锤击碎黏土和片石并挤入溶洞内壁发挥护壁作用。

直至孔中的泥浆面停止下降,并慢慢上升,此后可加大冲程进行钻进,对投入的填充物进行冲击式挤压,确保溶洞被堵死。若溶洞内进尺过快,则继续投入片石、黏土,投入量根据进尺速度确定,少量多次,每次投放在5 m³以上。

若同一溶洞封堵后再次塌孔,则证明溶洞空隙较大,原黏土片石未能有效封堵住溶洞,为增加堵洞固结强度,降低灌注桩时塌孔风险,需要在再投入黏土时分批投放袋装水泥,水泥量以回填深度每米不少于3包,以整袋投入。

当泥浆漏失现象全部消失后,转入正常钻进,如此反复使钻孔顺利穿越溶洞。

(3)混凝土灌注法

对中大型溶洞且为空洞,采用回填混合料的方法难以巩固孔壁,形成封闭环。施工时,回填片石、黏

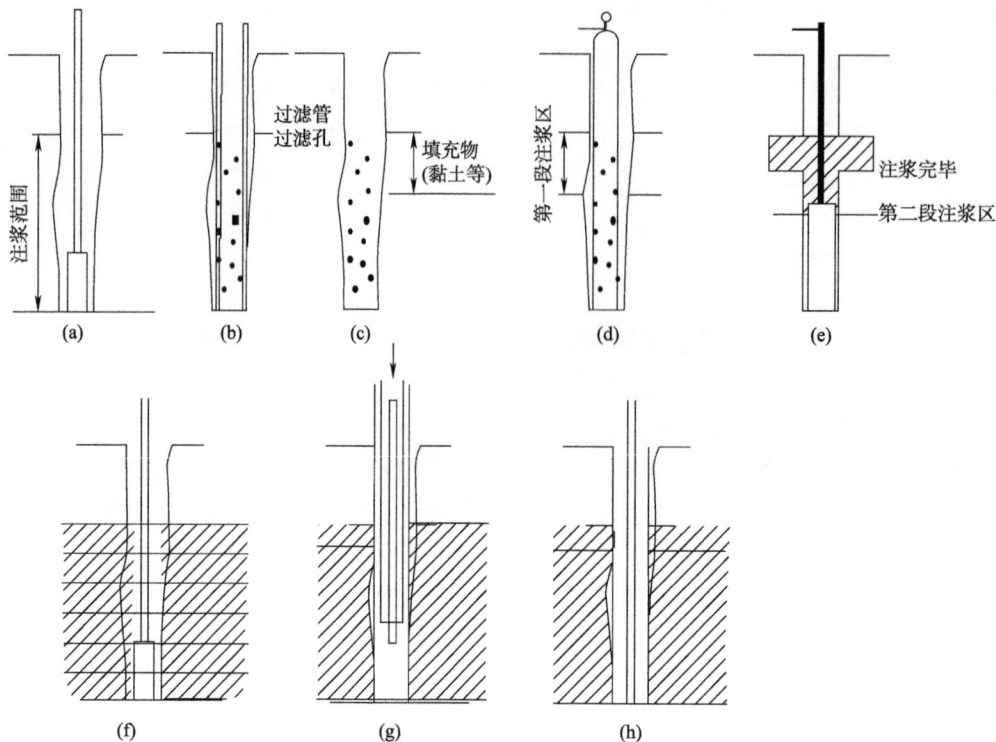

(a)利用岩芯管等钻孔;(b)插入过滤管;(c)管内外填砂及黏土;(d)第一阶段在注浆;(e)第二阶段先注浆,第一阶段砂洗出;(f)反复(d)(e)直到注浆完毕;(g)提升过滤管;(h)过滤管孔回填或注浆

图 4-3-20　预加固注浆法施工示意图

土、水泥等混合料进行冲击,仍有较严重的漏浆情况,可以反复进行以上操作,待基本稳定后回填素混凝土,回填高度超过溶洞顶面 1 m,静置 24 h,待混凝土凝固产生一定强度后,再继续使用冲击钻重新钻孔,穿过溶洞。

（4）钢护筒跟进法

对于空孔式且溶洞顶上基岩厚度小于 3 m 特大型溶洞、或洞顶板高程距地面高差在 10 m 以内的大型溶洞,为避免造成大的塌孔事故,同时为确保成桩风险,拟采用护筒跟进法。且利于同墩位下一根桩施工溶洞处理难度,当同墩位两根桩中,优先施工护筒跟进法的桩基。

2）岩溶桩基施工出现的问题及处置措施

（1）坍孔

坍孔是溶洞区钻孔成孔过程中最常见的事故。如果有透水层,当冲击到溶洞后,由于突然漏浆造成水头高度急剧下降,透水层失稳,形成漏斗状坍孔。塌孔的表征是孔内水位突然下降,孔口冒细密的水泡,出渣量显著增加而不见进尺,钻机负荷显著增加等,原因如下：

①泥浆比重不够或泥浆其他性能不符合要求,使孔壁未形成坚实泥皮,孔壁渗漏。

②孔内水头高度不足,支护孔壁压力不够。

③护筒埋置太浅,下端孔口漏水、坍塌或孔口附近地面受水泡软化或钻机搁置在护筒上由于振动使孔口坍塌、扩展或较大塌孔。

④在松软砂层中钻进,进尺太快护壁不好。

⑤提着钻头钻进,旋转速度过快,空转时间太长。

⑥清孔后泥浆比重、黏度等指标降低,反循环清孔,泥浆吸出后未及时补浆。

⑦起落钻头时碰撞孔壁。

宜采取的预防及处理原则如下：

①保证钻孔时泥浆的各项质量指标满足规范要求。

②保证钻孔时有足够的水头高度,不同土层中选用不同的转速和进尺。

③起落钻头时对准钻孔中心插入。

④采用冲击钻冲孔施工时,可将钢护筒坐落在亚黏土层上,再继续冲击成孔。

⑤塌孔事故发生后,回填砂和黏土的混合物到塌孔处以上 $1\sim2$ m,待回填土层稳定后重新钻孔。

(2)钻孔偏斜或缩孔

发生原因:

①钻孔中遇有较大的孤石或探头石,扩孔较大处钻头摆动偏向一方。

②在有倾斜度的软硬地层交界处钻进或粒径大小悬殊的砂石中钻进,钻头受力不均。

③钻杆刚度不够、钻杆弯曲接头不正,钻机底座未安置水平或产生不均匀沉陷等。

④在软地层中钻进过快,水头压力差小。

宜采取的预防及处理原则如下:

①安装钻机时地基基础密实稳固,使底座水平,起重滑轮、钻头中心和孔位中心三者在一条竖直线上,并经常检查校正。

②在有倾斜的软硬地层钻进时,采取减压低速钻进。

③钻杆、接头逐个检查,及时调整。遇有斜孔、偏孔时用检孔器检查探明孔偏斜和缩孔的位置情况,在偏孔、缩孔处上下反复扫孔。缩孔、偏孔严重时回填砂黏土重钻。

(3)卡钻

发生原因:成孔过快致成孔不规则、遇溶洞钻头倾斜、上部掉物卡塞等。

宜采取的预防及处理原则如下:

①冲击钻刃脚磨钝、孔径变小造成卡钻,应经常对冲击钻进行补刃。

②若孔不圆,形成梅花孔,用五刃和四刃钻头打圆孔,不用一字钻。

③当发生十字孔、探头石、落石等物卡钻,或钻头卡在溶洞内,上下提动无效时,用"一"字形或半月形小钻头沿孔壁障碍物处冲击将障碍物击破或挤走,提出钻头。钻头在冲击填充的片石时,冲击后弹起的石块将钻头和孔壁的空隙挤住,钻头不能上下,可用小冲击钻冲动,或用冲吸的方法将卡在钻头上的石渣松动后再提出。

④钻头被溶洞顶板卡住时,可用漏斗形钢套管顺着大绳下入至钻头顶,导出钻头。钻头提出后用小冲程慢慢修孔,必要时回填片石,黏土重钻。必要时可以进行水下爆破以振松卡点岩石,在爆破时将钻机钢丝绳拉紧,以在爆破振松时将钻头拉出。

⑤发生卡钻事故后,不宜强提钻头,免得拉坏机械,拉断钢丝绳,掉钻头。当钻头可以上下活动时,利用钻机上下提动钻头,并用撬棍拨动大绳使钻头旋转,反复多次,提出钻头。

⑥经水下爆破等仍不能松钻提钻,只能下钢护筒,并在钢护筒保护下派专业潜水员下孔,摸清卡钻部位及原因,由潜水员水下固定起吊点直接吊起,或安置水下爆破点,确保二次爆破将卡点爆掉,将钻头吊起。

(4)埋钻

发生原因:埋钻是由坍孔造成的。施工中发现漏浆应立即将钻头提到孔外,如果未及时提钻,漏浆后坍孔,钻头便被埋在孔中。

宜采取的预防及处理原则如下:

①人工挖土钢护筒跟进法。桩孔进尺 10 m 以内,地下水易于控制,没有大的承压力,人可以下到桩孔中去边挖坍落的泥石,边护筒跟进,一直挖到钻头位置,护筒也跟进到钻头位置。

②真空吸渣法。将导管置于坍孔的底部,用大型空压机通过 $50\sim66$ mm 钢管压入空气吸出沉渣,这种方法适用于坍孔石头的粒径不大于 25 mm 的情况。

(5)掉钻

发生原因:钻进时强提强扭、钻杆接头不良或疲劳破坏易使钻头掉入孔中,另外由于操作不当,也易使铁件等杂物掉入孔内。

宜采取的预防及处理原则如下：

小铁件可用电磁铁打捞,钻头的打捞应视具体情况而定,主要有采用打捞叉、打捞勾、打捞活套、偏钩和钻锥平钩等器具。

（6）水下混凝土灌注时塌孔

发生塌孔后,应查明原因采取相应措施,如保持或加大水头,排除振动等防止继续塌孔,然后用吸泥机吸除孔中砾土,如恢复正常灌注,如塌孔不停止、塌孔部位较深,宜将导管和钢筋笼拔出,保存孔位回填黏土重钻。

（7）其他

溶岩发育较强区,地下溶洞极其复杂,虽有超前勘探,但也仅只能作为参考,因较多溶洞在钻机冲孔过程中强大冲击作用下,极易将附近的溶洞群等击通,由小型溶洞或多层溶洞形成大型或特大型的溶洞。因此在钻孔过程中只能低提慢进,全程随时关注泥浆变化,并及时调整处理方案。同时在同一桩位多层溶洞中,也可能采用不同的处理方案。

3）岩溶桩基钻孔施工小结

①施工前进行必要的水文、工程地质调查,研究墩台处岩溶发育情况,根据不同的地质条件遵循相应的处理原则,做好溶洞处理的准备工作,在施工中不可盲目完全依赖地质资料。

②每个墩台最好只用一台钻机施工。如果在施工中发生坍孔事故,这些桩孔可能要报废回填重钻,损失很大,又延误工期。所以今后如无特殊原因应尽量避免在同一个墩台安两台钻机,最典型例子是下江特大桥72号墩1号、3号、5号、6号桩基础在后期施工时,为保证进度1号、5号桩同时施工,结果5号桩出现坍孔重钻,影响了1号桩基础施工,反而减缓了施工进度。

③合理规定施工顺序。先安排外围桩而后中间桩,先安排含有较深、较大、较多溶洞的桩孔施工。先外后内,小洞处先开孔,长桩处先开孔,桩位之间交叉开孔,步步包围,满足隔开和封闭的原则。

④应重视溶洞的桩孔护壁方法,按照常规,桩孔护壁方法是采用黏土泥浆护壁,如果溶洞较大也可采用"草袋黏土包"抛填的方法进行护壁。

⑤冲击成孔灌注桩终孔后,冲击破碎的冲渣,部分和泥浆一起被挤入孔壁,大部分经掏渣筒或管锤取出,当冲渣太厚,泥浆不能将其全部悬浮上来,沉淀于孔底易形成沉渣。沉渣是桩基土程严格控制指标之一,桩底沉渣的厚度,直接关系到桩基沉降量大小的问题,而且影响混凝土与桩底胶结程度。因此,必须对孔内冲渣进行清除。

三、承台施工

根据本工程桥位现场条件,地质条件好,承台大部分采用常规放坡开挖法施工,部分特殊地段采用喷锚网支护、工字钢防护等支护开挖方法施工。承台基坑开挖采用机械放坡开挖施工,人工进行边坡修理、基底清理。承台底标高基本与桩基施工后的地面线平齐,凿除桩头后,侧放出承台轮廓线（各边均加大50 cm）,人工配合机械清理基底至承台底以下5 cm,浇筑垫层,安装钢筋。承台模板采用平板钢模,内拉外撑加固体系。混凝土采用汽车吊和塔吊配合料斗入模分层浇筑分层捣固,承台混凝土初凝后表面覆盖洒水养护。

1. 施工工艺流程

承台施工工艺流程如图4-3-21所示。

2. 测量放样

根据导线控制点测设出桩中心后,放出承台四周边桩（外移50 cm）,用红油漆作出标记,同时测出地面与承台底的高差,将测量结果对现场技术员、领工员进行交底。

3. 桩头破除及桩基检测

本工程桩基在浇筑方式上含干桩浇筑、水下灌注桩浇筑工艺,干桩混凝土只超过桩顶10 cm,采用风镐将桩顶10 cm混凝土凿除;水下灌注桩混凝土超过桩顶80 cm,测量放出高出承台底部15 cm位置,并在

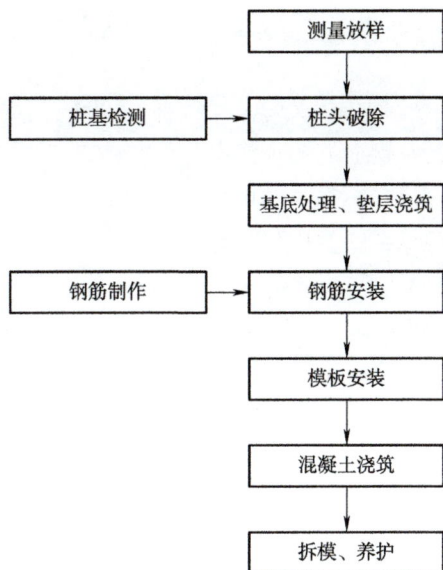

图 4-3-21　承台施工工艺流程

桩身四周标记,采用风镐凿在标记位置开一环形槽,并将桩基主筋用风镐剥离,剥离主筋后钻孔、打入楔子环形切割上部混凝土。

桩基桩头凿除后联系第三方检测单位进行低应变法、超声波检测,检测合格后施工承台。

4. 基底处理及垫层施工

承台底标高均与现有地面平齐,根据测量组测放出的地面与承台底的高差和承台基底轮廓线人工清理多余的土方,基底面按设计基础尺寸放宽不小于 50 cm。人工清理基底至承台底以下 10 cm 和采用小型机具对基底夯实,浇筑 10 cm 厚 C20 混凝土垫层施工

夯实:承台底土方开挖至设计标高,桩头破除完成后,人工进行基坑底找平,并采用打夯机进行夯实。

5. 承台钢筋加工及安装

钢筋加工应根据施工图纸编制下料单,准确地对各种规格、型号、数量的钢筋进行下料、制作、编号,并在出厂前进行验收,以免在安装时发现错误而误工。承台辅助钢筋示意如图 4-3-22 所示。

在基底垫层上放出承台边线,并画出钢筋绑扎的间距,保证钢筋绑扎位置准确。绑扎前应再次核对钢筋的种类、规格、数量、编号等是否符合设计要求。钢筋交叉点宜采用铁丝绑扎牢固,必要时采用点焊焊接。绑扎点采取逐点改变缠绕方向的 8 字形方式交错扎结,绑扎铁丝端头应伸入混凝土内部。现场施工如图 4-3-23 所示。

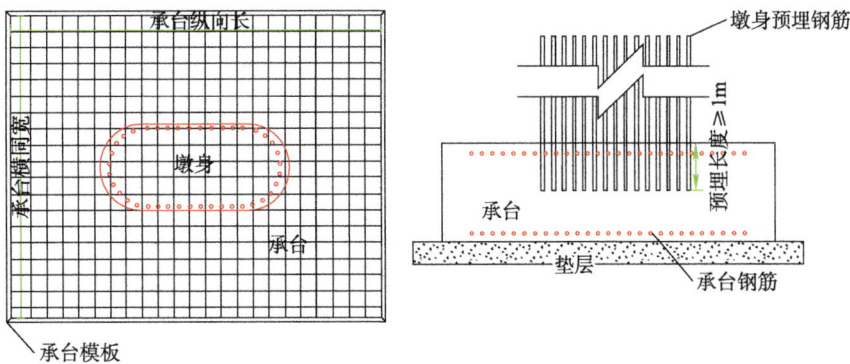

图 4-3-22　承台辅助钢筋示意图

图 4-3-23　现场施工图片

6. 模板安装

模板采用平面钢模板,模板使用前进行打磨、除锈、刷油,并保证模板的平整度。模板采用螺栓连接,拼装时在两块模板之间贴双面胶条,相邻两块钢模板间错台不得大于 2 mm。根据承台测量边线安装模板,采用绷线法调直,吊垂球法调整其垂直度,先安装短边模板,再安装长边模板,并临时加固,由测量组对模板顶部进行精准平面定位,调整至设计位置,紧固拉杆。模板安装允许偏差和检验方法见表 4-3-1。

表 4-3-1　模板安装允许偏差和检验方法

序　号	项　目		允许偏差(mm)	检验方法
1	轴线位置	基础	15	尺量每边不少于 2 处
2	表面平整度		5	2 m 靠尺和塞尺不少于 3 处

模板加固示意如图 4-3-24 和图 4-3-25 所示,模板采用 $\phi20$ mm 精轧螺纹钢作为拉杆,根据承台尺寸设置辅助拉筋,模板顶面与底面各设一排拉杆,拉杆穿过槽钢,槽钢背面垫 10 cm×10 cm 钢垫板,戴双螺帽,拉杆头丝口露出螺帽保证 1 个螺帽长度。为确保承台模板稳定牢固、尺寸准确,模板加固好后再由测量进行承台顶设计标高和中线复测。

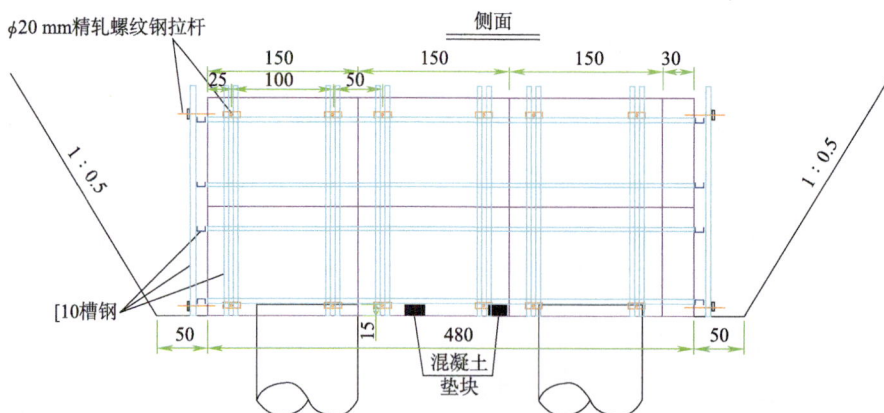

图 4-3-24　模板加固侧面图(单位:cm)

7. 混凝土浇筑及养护

混凝土振捣方式对于一般部位采用 $\phi50$ 型插入式振动棒,对于狭小部位应采用 $\phi30$ 型插入式振动棒,每层灌注厚度不大于 30 cm,棒头朝前进方向,插棒间距 50 型以 50 cm 为宜,30 型以 30 cm 为宜,防止漏振或过振。插入式振捣器应快插慢拔,插点应均匀排列,逐点移动,顺序进行,振捣上一层时应插入下层

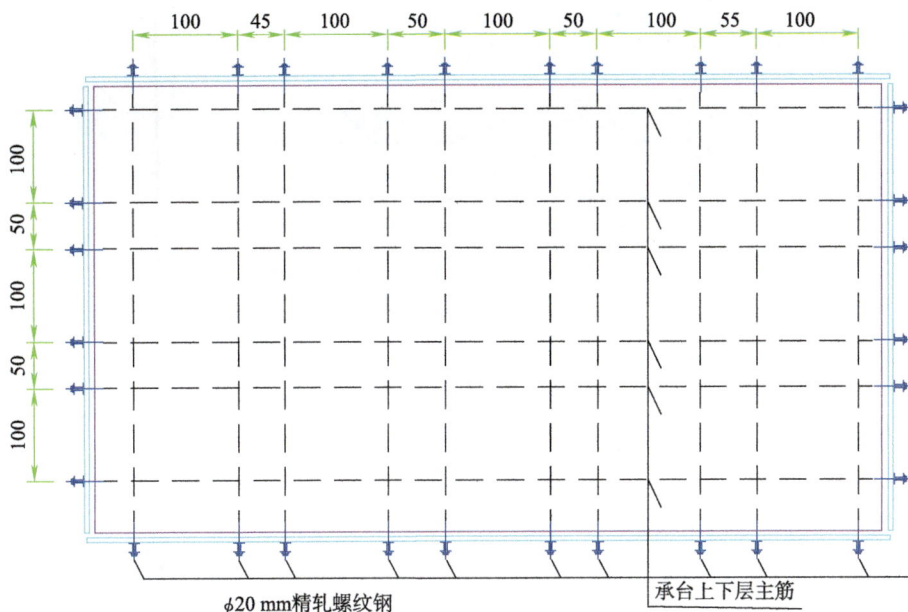

图 4-3-25 模板加固平面图(单位:cm)

5~10 cm,以防止两层间产生冷缝。插入式振捣器靠近模板振动时要保持 5~10 cm 的间距,每次振捣的时间要严格掌握。插入式振捣器,一般为 15~30 s。应振捣到混凝土浆停止下沉,无明显气泡上升,表面平坦泛浆,呈现薄层水泥浆的状态为止,然后慢提振捣器。

混凝土初凝后人工对承台顶进行凿毛,并清理干净,覆盖土工布保湿养护。当混凝土强度达到 2.5 MPa 后拆除侧模,拆模时应注意不要破坏混凝土线形。

8. 模板拆除

拆除时间为混凝土强度达到 2.5 MPa(夏季约为 1 d,冬季约为 2 d)之后。拆模前先松开拉杆,拆模顺序按"先装后拆,后装先拆"的顺序进行,拆模时严禁用铁锤敲击,不得使混凝土受损伤,缺棱角、留痕迹,脱模后如表面有缺陷时,应及时予以修整。拆除的模板平放并支垫平整,及时打磨涂刷机油覆盖。

第二节　墩　台　施　工

一、实心墩施工

1. 施工工艺流程

实心墩施工工艺流程如图 4-3-26 所示。

2. 施工准备

实心墩施工准备主要包括测量放样和凿毛。

测量放样:放墩身关模线,并测出标高。

凿毛:根据测量关模线,作业人员在关模线以内进行承台与墩台身连接范围内凿毛,将承台顶面浮浆凿除,冲洗干净,整修联结钢筋,并且对墩身预埋钢筋进行冲洗,凿毛需彻底,直至露出新鲜混凝土面为止,凿毛面积不少于新旧混凝土结合面的 75%。凿毛、钢筋绑扎完成后,根据测量放线(定位、定标高),做好调平层(与墩身同级配砂浆)后,再次复核标高,无误后,安装最下层模板。(注:脱模剂不得过早涂刷,以免沾染灰尘。)

3. 钢筋制作及安装

钢筋制作加工主要包括钢筋除锈、钢筋调直、钢筋切割以及钢筋弯曲成型。

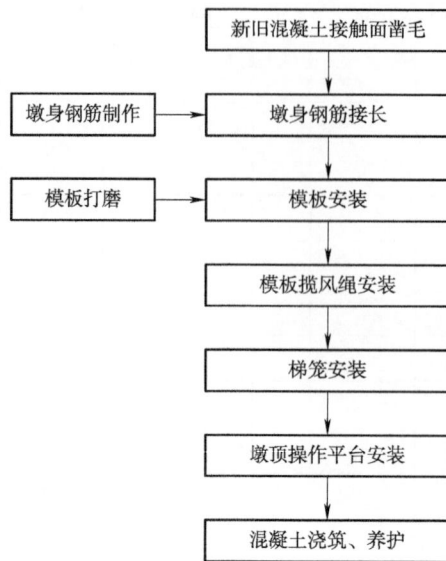

图 4-3-26 实心墩施工工艺流程图

钢筋除锈：钢筋均清除油污和锤打能剥落的浮皮、铁锈。大量除锈，通过钢筋冷拉或钢筋调直机调直过程中完成；少量的钢筋除锈，采用电动除锈机或喷砂方法除锈；钢筋局部除锈可采取人工用钢丝刷或砂轮等方法进行。如除锈后钢筋表面有严重的麻坑、斑点等，已伤蚀截面时，则降级使用或剔除不用，带有蜂窝状锈迹钢筋，不得使用。

钢筋调直：对局部曲折、弯曲或成盘的钢筋加以调直。钢筋调直普遍使用卷扬机拉直和用调直机调直。用卷扬机拉直钢筋时，注意控制冷拉率：HRB335、HRB400 级钢筋及不准采用冷拉钢筋的结构不宜大于 1%。用调直机调直钢筋时，表面伤痕不应使截面面积减少 5% 以上。调直后的钢筋平直、无局部曲折。

钢筋切割：钢筋弯曲成型前，根据配料要求长度分别截断，先断长料，后断短料，以减少短头和损耗。避免用短尺量长料，防止产生累计误差，在工作台上标出尺寸、刻度，并设置控制断料尺寸用的挡板。切断过程中如发现劈裂、缩头或严重的弯头等，必须切除。切断后钢筋断口不得有马蹄形或起弯等现象。

钢筋弯曲成型：钢筋的弯曲成型用弯曲机进行。钢筋弯曲时将各弯曲点位置划出，桩基、承台、墩身等部位的主筋末端弯钩均弯成直角弯钩，箍筋为螺纹钢时，末端采用直角弯钩，为圆钢时，末端采用 180°弯钩，直角弯钩的弯曲直径不小于 $5d$，180°弯钩的弯曲直径不小于 $2.5d$，弯点处无裂缝，如图 4-3-27 所示。

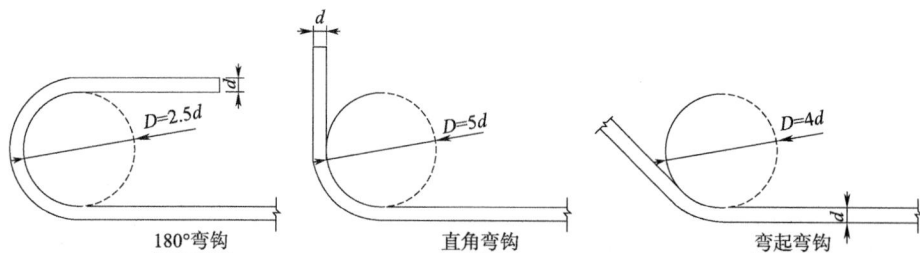

图 4-3-27 钢筋弯曲成型示意图

钢筋加工质量要求见表 4-3-2。

表 4-3-2 钢筋加工质量要求

项　　目	允许偏差（mm）
受力钢筋顺长度方向加工后的全长	±10
弯起钢筋各部分尺寸	±20
箍筋螺旋筋各部分尺寸	±5

当钢筋加工完成后,采用搭接焊接的方法进行钢筋安装。搭接焊采用最低采用"5"字头焊条。焊接前先将钢筋预弯,使两钢筋的轴线位于同一直线上,用两点定位焊固定,施焊划弧由内侧开始,将弧坑填满,如图4-3-28所示。多层施焊,第一层焊接电流宜稍大,以增加熔化深度。每完一层,立即清渣。

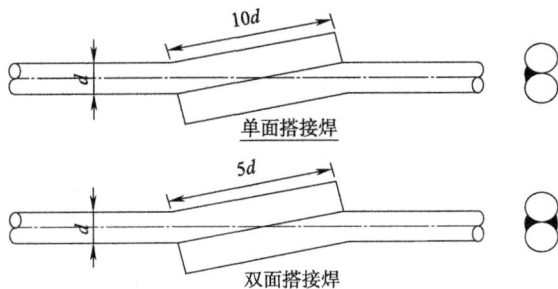

图 4-3-28　搭接焊示意图

4. 模板安装

模板由厂家加工完成,运抵现场后由厂家安排专人在现场指挥现场操作人员进行模板首次试拼并成套编号。模板使用前对模板清除表面灰浆污垢;整修变形部分;用角磨机对模板进行打磨;完成后用抹布擦、浇涂脱模剂(要均匀、表面不得出现流淌现象);最后用塑料薄膜覆盖,保证模板表面光亮无污染。(注:存在调节模板时,应放在墩身最底部)。

在模板安装过程中及时调整墩身钢筋,确保钢筋保护层厚度,严禁钢筋定靠模板。

模板安装完成后,及时安装对拉杆及螺栓,并在拉杆孔处做好封堵,严禁漏浆。安装完成后,按表4-3-3对平面位置、顶部高层、接缝、纵横向稳定性进行检查。

表 4-3-3　墩台模板允许偏差和检验数量、检验方法

序　号	项　目	允许偏差(mm)	检验方法
1	前后、左右距中心线尺寸	±10	测量检查每边不少于2处
2	表面平整度	3	2 m靠尺检查不少于5处
3	相邻模板错台	1	尺量检查不少于5处
4	预埋铁件和预留孔位置	5	纵横两向尺量检查

5. 混凝土浇筑

墩身采用C35泵送混凝土施工,拌和站集中拌和,罐车运输,坍落度要求160~200 mm。混凝土分层浇筑,分层厚度为30 cm,均匀摊铺,连续灌注。

混凝土浇筑采用泵送入模,浇筑过程中及时清除模板内的杂物或钢筋上的油污。当模板有缝隙和孔洞时,应用胶布或泡沫双面胶堵塞,防止漏浆。混凝土浇筑应连续进行,中途若混凝土供应不及时,间隔时间超过混凝土终凝时间(约5 h)需作施工缝处理,施工缝处理在混凝土达到2.5 MPa(夏季约1 d,冬季约2 d)后,人工凿除顶面混凝土软弱、松散层,露出新鲜混凝土面,并用水冲洗干净。混凝土入模自高处向模板内倾卸混凝土时,为防止混凝土离析,从高处倾卸时,混凝土自由倾卸高度不宜超过2 m;当倾落高度超过2 m时,应通过串筒、溜管或振动溜管等设施辅助下落。

为保证混凝土振捣质量,部分顶帽钢筋可暂不绑扎,便于捣固人员进入墩身下部捣固,待浇筑至墩顶时再进行绑扎。

6. 混凝土养护

混凝土采用渗水土工布(夏季采用薄膜包裹)覆盖洒水保湿、保温养护,严格按照混凝土养护交底资料之规定进行混凝土养护。

7. 模板拆除

(1)拆除前,试验室确认试块强度达到75%后,方可拆除。

(2)拆除模板时按先底节段,再中节段,最后顶节段的顺序进行。顶节段拆除按安全网、栏杆、脚手板、平台和联结螺栓、钢拉杆、钢模板的顺序进行。对模板分别解体后同先期拆模板及模板组件一并吊运至存放场整修、存放。

(3)拆模时,应尽量避免混凝土表面或模板受到损坏,注意模板整块下落时伤人。

(4)过程中必须配有专人指挥,并在模板拆除作业范围下方设置警示标志,严禁非作业人员进入作业区。拆模必须拆除干净彻底,不得保留有悬空模板。拆下的模板要及时清理,堆放整齐。高处拆下的模板及支撑应运至地面,不得乱抛乱扔。

(5)对于已拆除模板及其支架的结构,在混凝土强度符合设计混凝土强度等级的要求后,方可承受全部使用荷载。

二、空心墩施工

1. 施工工艺流程

空心墩施工工艺流程如图4-3-29所示。

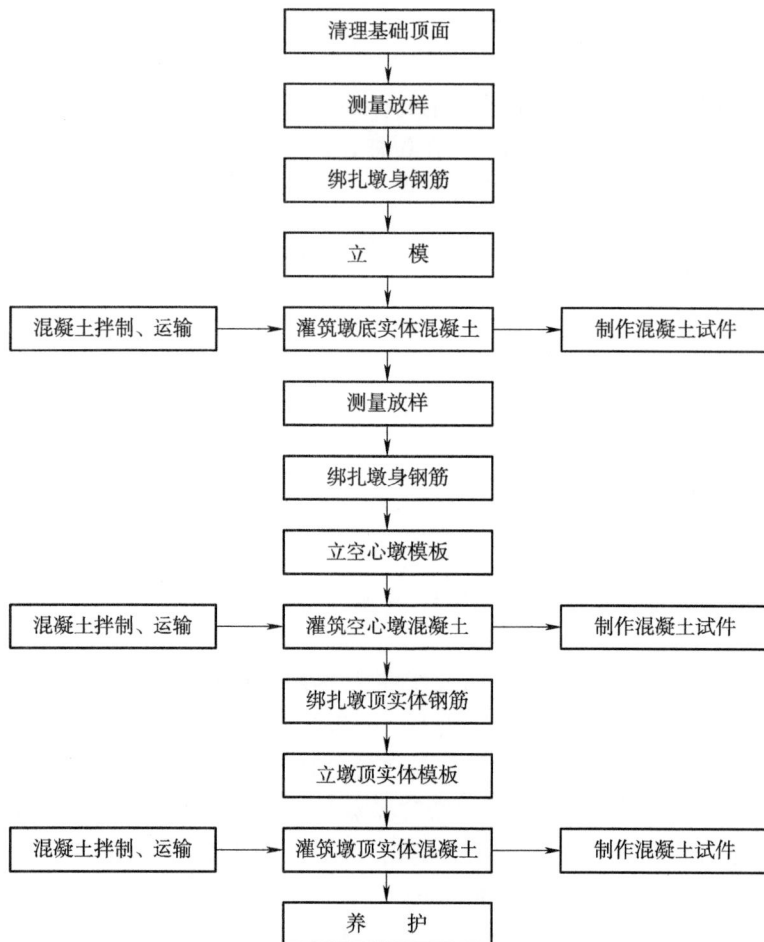

图 4-3-29 空心墩施工工艺流程

2. 施工准备

(1)根据图纸设计墩身混凝土等级,进行配合比选定和配制,并完成上报审批。

（2）参考以往模板设计资料,拟定空心墩模板结构草图,确定模板施工设计荷载,进行模板结构强度、刚度和稳定性检算;绘制出模板结构设计图,按照图纸制作空心墩钢模板,钢模板进场后进行试拼。

（3）制定出模板拼装和混凝土浇筑施工工艺;平整施工场地,测量模板控制点高程,做好模板施工放样工作。

（4）在已完成的基础顶面精确放样、标定墩身十字中心线、墩身轮廓线,将轴线控制线延长至适当位置加以固定并妥善保护。

（5）在基础混凝土强度达到 2.5 MPa 后,对墩身与基础接触面进行凿毛,人工凿除混凝土表面的浮浆,并用水将表面冲洗干净;模板工根据纵横十字轴线用墨线弹出墩身的截面尺寸线、模板框外轮廓线;沿墩身周边搭设钢管脚手架,脚手架离墩身模板周边 0.5 m,脚手架顶面宽 1 m 以上,并铺设脚手板、栏杆,设置上人梯。

3. 内模脚手架搭设

钢管采用 48.3 mm×3.5 mm,标准节长 6.0 m,材质 Q235。扣件采用十字扣件、旋转扣件材质须符合《钢管脚手架扣件》(GB 15831—2019)的规定,其螺栓拧紧扭力矩达 65 N/m 时,不得发生破坏。

4. 钢筋加工及绑扎

钢筋在加工车间加工,汽车运输到现场,精确放样定位,现场绑扎;在承台顶面、钢筋骨架内部拼装临时钢管支撑架,支撑架必须稳定牢固,有足够刚度支撑墩身钢筋骨架。待墩身外模安装完毕后,拆除内部支撑架;绑扎成型的钢筋骨架可固定于临时钢管支撑架上,但不得固定于脚手架之上,并采取措施保证其整体稳定性,防止倾覆;为确保墩身竖向钢筋的间距及保护层的厚度,采取墩身钢筋定位卡具进行定位;钢筋保护层垫块位置和数量应符合设计要求。当设计无具体要求时,构件侧面和底面的垫块数量不应少于 4 个/m² 。施工中应按验标严格控制钢筋保护层厚度。

5. 模板制作与安装

模板采用钢模,其结构形式为桁架式,由面板、纵横加劲肋、背楞等组成,强度、刚度和稳定性满足施工要求;模板的组装焊接,宜采用组装胎具定位及合理的焊接顺序;模板加工要求各部位焊接牢固,焊缝尺寸符合要求,焊缝外形应光滑、均匀,不得有漏焊、焊穿、裂纹等缺陷,不得产生夹渣、咬肉、开焊、气孔等缺陷;校正模板的变形时,不得碰伤其棱角,且板面不得留有锤痕;模板使用前须进行现场组拼、编号,并检查合格。

模板分三次拼装,工艺流程为:底部 2 m 实体段外模安装→空心段内模安装→空心段外模安装→顶部 2.5 m 实体段底模安装→顶部 2.5 m 实体段外模安装→模板拆除。模板安装完成了应按表 4-3-4 对模板安装误差进行检查。

表 4-3-4　墩身模板安装允许偏差和检验方法

序　号	项　　目	允许偏差(mm)	检验方法
1	前后、左右距中心线尺寸	+10	测量检查每边不少于 2 处
2	表面平整度	3	1 m 靠尺和塞尺不少于 5 处
3	相邻模板错台	1	尺量不少于 5 处
4	空心墩壁厚	+3	尺量不少于 5 处
5	同一梁端两垫石高差	2	测量检查
6	墩台支承垫石顶面高差	0,−5	经纬仪测量
7	预埋件和预留孔位置	5	纵横两向尺量检查

6. 混凝土浇筑及养护

(1)17.5 m以下墩身混凝土分3～4次现浇,分别为2 m实体段(含倒角1 m)1次浇筑、空心部分1～2次浇筑、顶部2.5 m实体段1次浇筑。墩高17.5 m以上墩身混凝土浇筑,应制定详细分节方案再进行现场施工。

(2)浇筑过程中应随时观察模板的变形,如有不正常的变形,应及时处理。

(3)混凝土自高处倾泻时,其自由下落高度不超过2 m;当超过高度大于2 m,采用串筒、溜管或振动溜管等设施。

(4)混凝土振捣采用ϕ50 mm插入式振捣器,分层浇筑和振捣,分层厚度不大于30 cm,在下层混凝土初凝或能重塑前浇筑完上层混凝土,振捣时严禁碰撞钢筋和模板。振动时要快插慢拔,不断上下移动振动棒,以便捣实均匀,减少混凝土表面气泡。振动棒插入下层混凝土中5～10 cm,移动间距不超过30 cm,与侧模保持5～10 cm距离,对每一个振动部位,振动到该部位混凝土密实为止,即混凝土不再冒出气泡,表面出现平坦泛浆。

(5)混凝土养护期间,应重点加强混凝土的湿度和温度控制,尽量减少表面混凝土的暴露时间,及时对混凝土暴露面进行紧密覆盖(可采用篷布、塑料布等进行覆盖),防止表面水分蒸发。暴露面保护层混凝土初凝前,应卷起覆盖物,用抹子搓压表面至少2遍,使之平整后再次覆盖,此时应注意覆盖物不要直接接触混凝土表面,直至混凝土终凝为止。

7. 模板拆除

(1)当混凝土强度达到拆模要求时方可拆除。

(2)混凝土与环境的温差不得大于15 ℃。当温差在10 ℃以上,但低于15 ℃时,拆除模板后的混凝土表面宜采取临时覆盖措施。

(3)模板的拆除应按设计顺序进行。设计无规定时,应遵循"先支后拆,后支先拆"的顺序拆除模板。

(4)拆模时严禁抛扔模板。

(5)不允许采用猛烈敲打然后强扭等方法拆除模板、支架和拱架。

(6)模板拆除后,及时对其进行维修整理,并分类妥善存放。

第三节 T形简支梁的制运架

一、T梁预制施工

1. 工程简介

新建浦梅铁路建宁至冠豸山段预制梁采用通桥(2017)2101后张法预应力简支T梁。在新建连城火车站出站线路旁DK371+900设置了连城制梁场(梁场用地与工业园开发用地相结合),承担了PM-4和PM-5两个标段(DK319+098～DK394+885)75.787 km范围内共623单线孔简支T梁制运架(其中32 m 509孔、24 m 114孔)。

通桥(2017)2101-Ⅰ,32 m梁跨度32 m,全长32.6 m,梁高2.5 m,边梁顶板宽2.1 m,下缘宽为0.88 m,挡砟墙高410 mm。T梁截面形式如图4-3-30所示。

通桥(2017)2101-Ⅱ,24 m梁跨度24 m,全长24.6 m,梁高2.1 m,边梁顶板宽2.1 m,下缘宽为0.88 m,挡砟墙高410 mm。T梁截面形式如图4-3-31所示。

2.T梁预制工艺流程

客货共线铁路预制后张法简支T梁预制工艺流程如图4-3-32所示。

3. 简支T梁预制关键技术

(1)模板施工

立模顺序为:涂脱模剂→粘接缝止浆橡胶条→吊装钢筋骨架→安端模→安侧模。

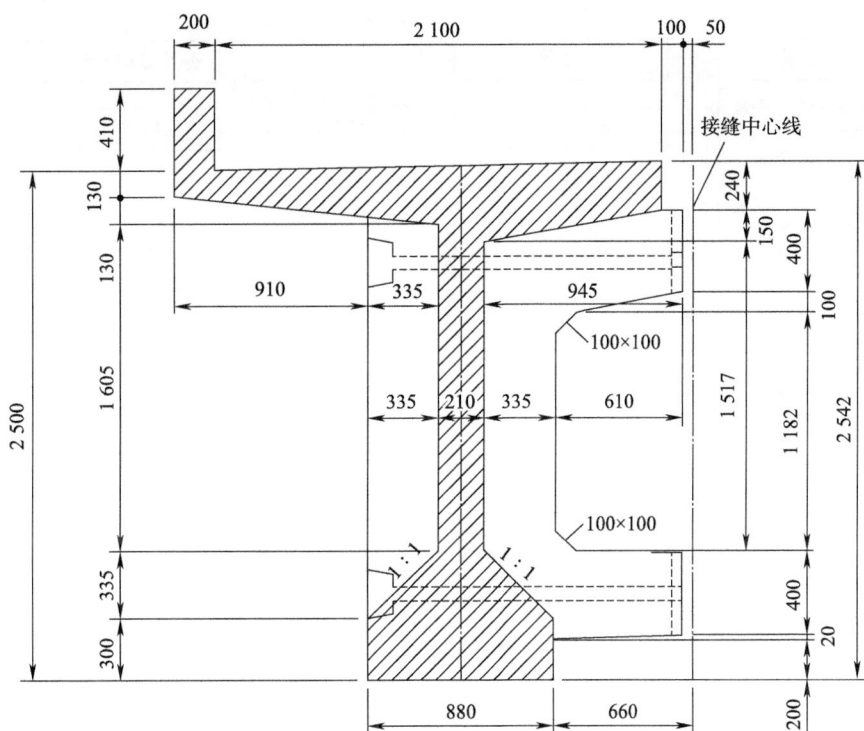

图 4-3-30 通桥(2017)2101-Ⅰ 32 m 边梁截面图(单位:mm)

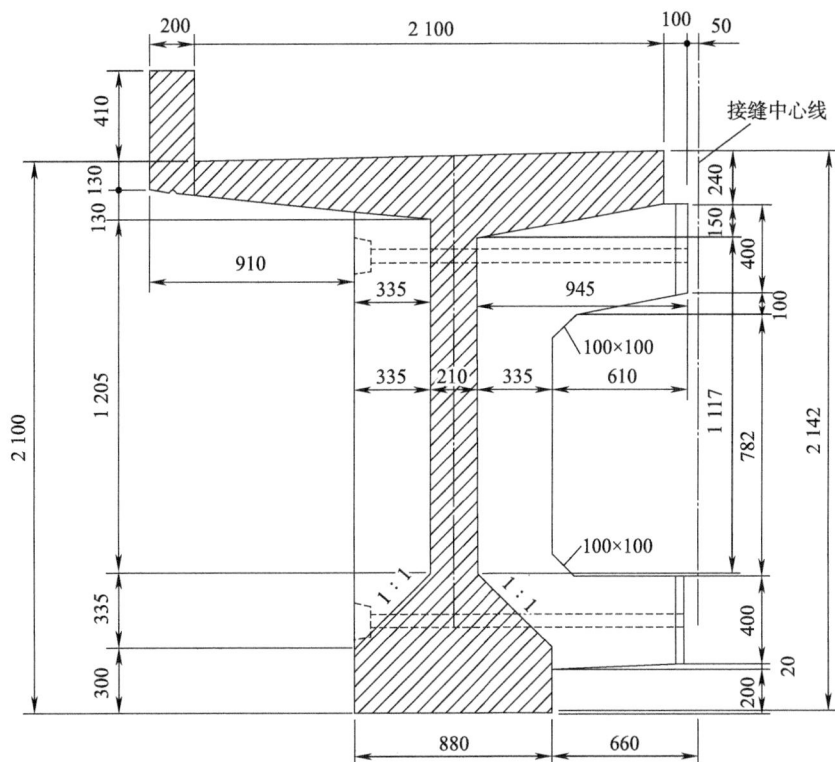

图 4-3-31 通桥(2017)2101-Ⅱ 32 m 边梁截面图(单位:mm)

施工准备

◆底模修整 → ★反拱、压缩量；★支座板位置

★预埋件检验

★钢筋原材料检验 → ★钢筋加工检验 → 主筋、面筋预扎

★管道定位网检验、安装
★抽拔管的检验、安装
★保护层垫块检验、安装

◆主筋吊装

★桥梁全长 → ◆端模、侧模安装 ← 模型整修

★保护层垫块检验、安装
★综合接地安装质量 → ◆面筋吊装

◆预埋件安装检验

★模板温度 → ▲梁体混凝土浇筑
★入模温度　★含气量　★坍落度　★浇筑时间
★混凝土原材料检验 → ★混凝土搅拌

◆梁体混凝土养护

◆拔管、清孔

★拆模强度 → ◆拆模

◆钢绞线制束、穿束

★下料长度
★伸长值计算
★张拉力计算 → ▲初张拉 → ★限位板领用；★混凝土强度

移梁

★伸长值计算
★张拉力计算
★混凝土龄期
★滑丝检查 → ▲终张拉 → ★限位板领用；★混凝土强度；★混凝土弹模；★弹性上拱

▲割丝、管道压浆 → ★真空度、进浆压力；★保压压力、时间

◆封锚 → ★凿毛；★混凝土强度；★防水厚度

★材料检验 → ▲铺设梁面防水层 → ★剥离强度

◆制作梁面保护层 → ★混凝土厚度、强度

★安装桥牌 ← 产品验收、入库

注："▲"为特殊过程
　　"★"为质量控制点
　　"◆"为关键工序

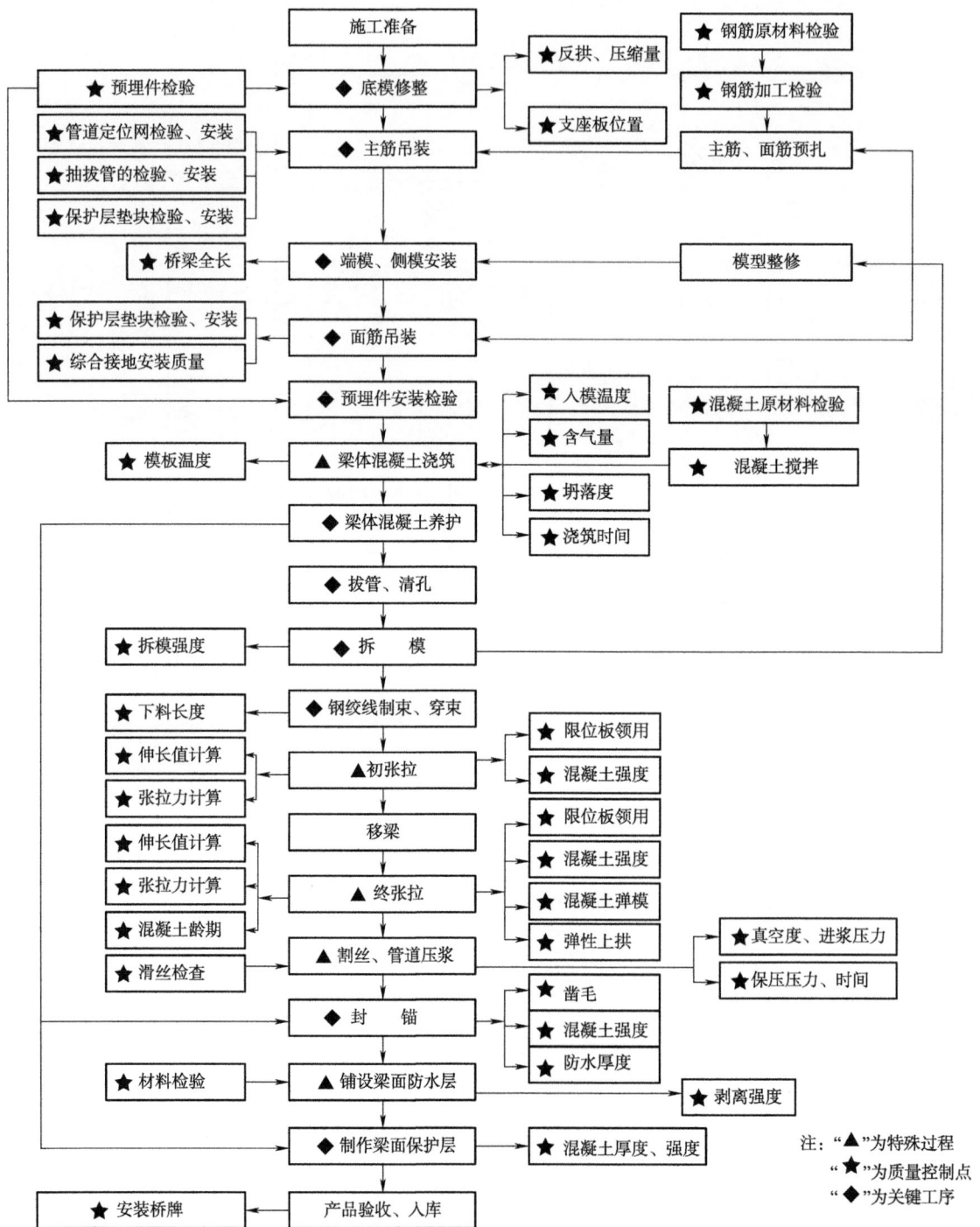

图 4-3-32　预制后张法简支 T 梁预制工艺流程

底模安装需考虑底模反拱设置、预留压缩量设置：主要参考设计图纸参数及施工经验进行设置，预留压缩量须在侧模加工前确定，如图 4-3-33 所示。

侧模安装采用专用吊具安装，侧模安装后对支撑系统、几何尺寸、中线、垂直度等进行检验，如图 4-3-34所示。

（2）梁体钢筋制作安装及制孔管安装

梁体钢筋制作主要包括定位网加工、箍筋加工、其他钢筋加工、横向连接铁焊接、底腹板钢筋预扎等，如图 4-3-35～图 4-3-39 所示。

32 m梁预留反拱值为40 mm，下缘预留压缩值为32 mm，上缘预留压缩量为4 mm，24 m梁预留反拱值为28 mm，下缘预留压缩值为21 mm，上缘预留压缩量为4 mm。

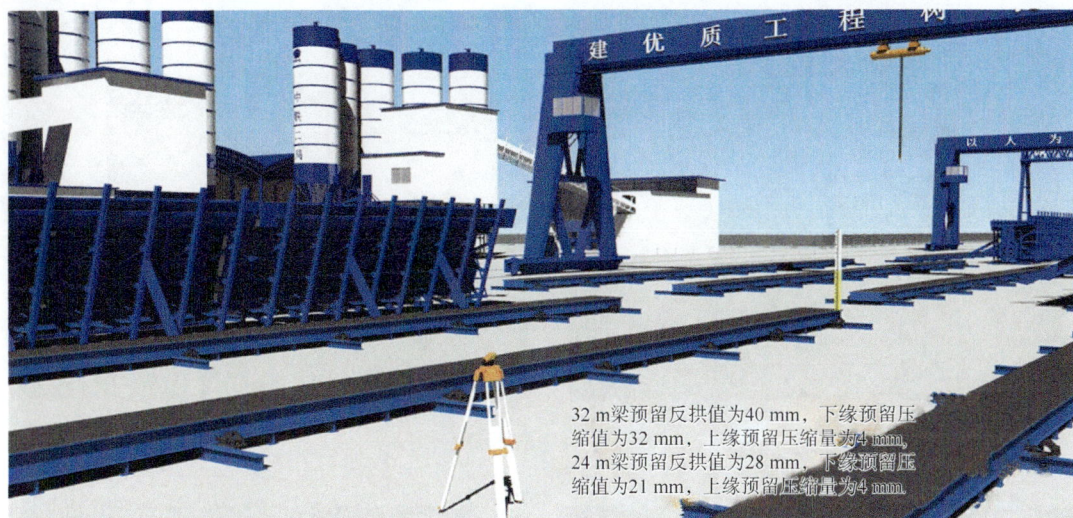

图 4-3-33　底模安装

图 4-3-34　侧模安装

图 4-3-35　定位网加工

图 4-3-36　箍筋加工

图 4-3-37　其他钢筋加工

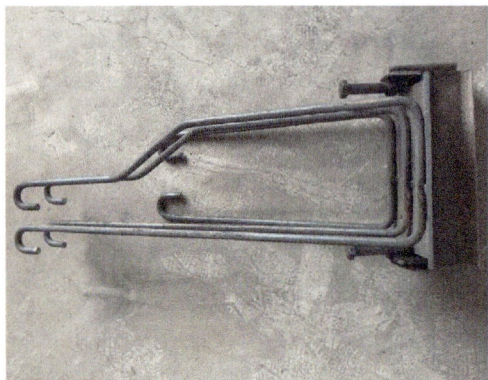

图 4-3-38　横向连接铁焊接

梁体钢筋安装主要包括底腹板钢筋吊装、T 钢安装、面筋吊装等内容。加工斜拉式钢筋吊装架，采用 1 台 10 t 龙门吊多吊点用铁链捆绑钢筋交叉点吊装预扎好的钢筋，如图 4-3-40 所示。

T 梁安装、面筋吊装分别如图 4-3-41 和图 4-3-42 所示。

制孔管安装采用钢管成孔，一端加工成锥形便于穿入横向锚垫板中防止混凝土灌注时水泥浆流入锚穴，如图 4-3-43 所示。

（3）梁体混凝土施工

待钢筋模型验收合格后进行混凝土灌注，底腹板混凝土采用附着式捣固器捣固，管道上腹板、顶板采用插入式捣固棒配合捣固，挡砟墙采用插入式捣固棒捣固，如图 4-3-44 所示。

图 4-3-39　底腹板钢筋预扎

图 4-3-40　底腹板钢筋吊装

图 4-3-41　T形钢安装

（4）模具拆除

混凝土灌注后适时转动横向芯棒，适时拆除锚垫板紧固螺栓、支座预埋板固定螺栓，适时拔出横向芯棒，混凝土初凝后拔出纵向抽拔管，混凝土强度达到 25 MPa 后拆除侧模。

（5）梁体预应力施工

梁体预应力施工主要包括：初张拉→凿毛→移梁→存梁养护→终张拉等工序。

图 4-3-42　面筋吊装

图 4-3-43　制孔管安装

图 4-3-44　梁体混凝土施工

初张拉：混凝土强度达到初张强度后及时按设计张拉力进行初张拉。

凿毛：脱模后及时对锚穴、湿接缝、横隔挡须新旧混凝土连接处均进行凿毛，将混凝土表面的浮浆凿掉，见新面不小于总面积的 75%，并将灰、杂物以及支承板上浮浆清除干净，如图 4-3-45 所示。

移梁：初张拉后及时进行移梁，防止梁端下缘出现裂纹。起吊前梁体上下翼缘做好支点保护，防止吊装损伤梁体。

存梁养护：存放时采用木板做好水平调整及梁端悬出长度不大于 1.5 m，梁体存放过程中做好存梁台座不均匀沉降观察，若出现不均匀沉降及时采用木板调整水平或移走存梁并查明原因。梁体养护 14 d，养护采用自动喷淋养护，如图 4-3-46 所示。

图 4-3-45　梁体预应力施工

终张拉：终张拉混凝土龄期不小于 14 d，混凝土强度须达到设计强度等级标准值的 100%＋3.5 MPa，即 58.5 MPa 后，混凝土弹性模量达到 36 GPa 后方可进行。同一孔梁终张拉时，预施应力时间差不宜超过 6 d。终张拉采用自动张拉系统进行张拉，张拉前须进行顶表配套校验，校对张拉参数。张拉后检验无断滑丝后切丝，留置长度 3～4 cm，如图 4-3-47 所示。

图 4-3-46　存梁养护

图 4-3-47　终张拉

（6）孔道压浆

终张拉完毕，宜在 48 h 内进行管道压浆，并提前一天对锚具进行砂浆封锚，采用真空辅助压浆法进行管道压浆，出浆端一定要排出符合要求的浆体后再保压，如图 4-3-48 所示。

图 4-3-48 孔道压浆

（7）梁体封端

安装封锚钢筋后，采用 C55 补偿收缩混凝土对锚穴进行分层筑实并表面平整，然后采用塑料薄膜密封保湿养护不低于 14 d，最后，在腹板端面满涂聚氨酯防水涂料（厚度不小于 2 mm）进行防水处理，如图 4-3-49 所示。

图 4-3-49 梁体封端

二、T 形简支梁的运输架设

1. 总体施工方案

采用 1 台 DJ180 公铁两用架桥机架梁，两台 80 t 龙门吊在梁场装梁区装梁，LPLC200 轮胎式运梁车通过马道运梁上路基运梁至待架点进行桥梁架设；25 km 运距范围内架梁采用 4 台运梁车运到待架工点架梁；25 km 运距以上范围内架梁在原有 4 台轮胎式运梁车基础上增加 2 台运梁车运梁，平均进度 4 片/天。

架设第一片梁后及时进行临时支撑，架设下一片梁，先安装横向预应力钢棒，然后再进行临时联结、灌注支座砂浆，在架桥机过跨架设下一孔梁。桥面现浇施工紧跟架梁施工。

2. T 形简支梁运输作业要点

（1）装梁后做好支座安装，认真检查核对支座类型位置有无安装错误，并配装支座砂浆、连接钢板、横向预应力钢棒，然后严格按封车方案进行封车。必须按出场检查表内容核实无问题后完成相关人员签字后才能运梁出场。

(2)班前由架梁机机长进行安全技术讲话:当天待架梁坡度、曲线半径、风力情况、天气情况、工作安排、安全注意事项。

(3)对运梁车、架桥机进行班前检查:运梁车车架情况,运梁车制动情况,运梁车轮胎情况,架桥机吊具及钢丝绳情况,限位装置情况,大臂水平,1号、2号、3号柱垂直度,防倾覆装置安装是否到位,安装好作业范围安全护栏。

(4)运梁前由专人开车对运梁通道进行检查,有影响运梁情况应及时排除或通报情况。

(5)运梁车交汇应提前联系,确定最佳汇车地点,空车靠边停让,重车慢行通过,重车尽量靠路基中线行驶,距路基边缘不得小于1 m,运梁车的交汇应避开隧道、桥梁。运梁过程中临时停车必须使用4个三角木塞住下坡端运梁车轮胎,防溜。

(6)运梁车必须行驶在路基中间,不得因避让其他车辆而从一侧行驶,必须避让时,运梁车应临时停车,让有挡砟墙一侧在路基中间;运梁车发动机处于运行状态时,禁止操作司机离开驾驶室。

(7)运梁车重载运行时应匀速前进,严禁突然加速或急刹车,走行速度必须严格控制在5 km/h以内。运梁车通过曲线、坡道地段,运行速度应控制在3 km/h以内,空车不超过8 km/h

(8)施工现场风力超过六级时应停止装、运梁作业。运架设备所经过路线的净空、坡度和转弯半径必须满足设备的性能要求。禁止雷雨、闪电、大雾天气进行运梁作业。

3. T形简支梁架设作业要点

(1)架桥机对位后调平大臂,1号、2号、3号柱垂直,1号、2号柱横向滑轨水平及平行,安装好架桥机斜向安全支撑,安装好作业范围安全护栏。

(2)落梁时要按设计控制伸缩缝宽度,偏差较大时应均分伸缩缝误差,伸缩缝不得小于8 cm,其他误差按10 mm进行控制。

(3)一跨梁架设后先焊接梁端及跨中的所有隔板,连接钢板需满焊,焊缝高度8 mm;将各横隔板穿上预应力钢棒拧紧螺母,并用木撑将隔板上下翼缘支撑好,然后再进行支座灌浆。

(4)做好支座砂浆养护,达到20 MPa后才能拆除砂顶及架桥机过跨。

(5)在梁下有下穿道路时,梁面湿接缝处需覆盖封闭,防止落物伤害下方行人及车辆,遮盖好梁端要加宽不少于1 m。

(6)喂梁:运梁车到达3号柱前方50 m外必须一度停车,在机长指令下以不超过1 km/小时的速度进入架桥机。随车监护人员、3号柱人员监视运梁车进入架桥机。防止梁片与架桥机柱体之间发生摩擦。运梁车靠近2号柱时,线路上应放置止轮器,操作人员认真操作听从指挥,防止运梁车冲撞架桥机2号柱。

(7)吊梁小车拖、拉梁:前吊梁小车取梁,与运梁车后车同步拖梁,到位后,后吊梁小车取梁与前吊梁小车共同吊梁前行至落梁位。

(8)横移梁:根据线路情况,3号柱收缩高于轨面,整机横移,外侧车轮距垫梁石中心线750 mm时停车;启动横移机构泵站,通过机臂横移调整梁片到位。

(9)落梁:前、后吊梁小车同时落梁,安装锚固螺栓,桥梁支座底面离垫梁石100~200 mm时停止下降,调整梁体位置准确对位,前后左右上下误差控制在10 mm范围内,落梁就位后及时采用直径150 mm以上的松木斜撑在梁体外侧,支撑稳定,再松取钢丝绳,架设下一片。

4. 特殊地段T形简支梁架设关键技术

1)坡道架设:

上坡、下坡架梁,架桥机机臂必须保持水平,即调整过后的最终状态是1号柱比2号柱(0号柱比1号柱)高100 mm或低50 mm,其调整方式主要通过以下几个控制要点来实现:

(1)调整节的运用:DJ180架桥机1号柱和3号柱都配备有调整节,根据不同线路坡度选择不同的调整节。1号柱3 400 mm基本节用于平桥及上坡桥架设,1 100 mm调整节用于下坡桥架设,3号柱在架设上坡桥时配备400 mm调整节。

（2）柱体孔位调整：架桥机1号、2号、3号柱都为两级伸缩结构，分别可调整3 000 mm、3 000 mm、3 150 mm，为适应不同线路坡度，各柱体可单独进行高度调整。

2）单线隧道口T梁架设（图4-3-50）：

（1）穿隧道前准备：工程技术负责人按隧道交付要求，认真核实隧道断面尺寸。根据断面尺寸比对架桥机、运梁车性能技术参数判定运架设备受影响部位，对受影响部位如滑行线支架、操作室平台、发电机组等进行技改，以确保DJ180架桥机顺利通过并满足过跨架梁要求。

（2）架桥机对位：运梁车驮运架桥机到达桥台后端100 m处，调整架桥机的中心线，保证架桥机轴线与桥台中线基本一致。完成架桥机对位工作后，拆除2号柱两根横移轨道的垫箱，支立架桥机2号、3号柱，接1号柱加长节，根据坡度需要安装或者拆除1号柱调整节、下横移轨道，解除架桥机封车保险，分别支立1号、2号、3号柱使架桥机与运梁车托架分离，运梁副车及托架利用2号吊梁小车分别吊出2号柱与主车连接，运梁车退出架桥机返回梁场装梁，架桥机做好过孔准备。

（3）架桥机过孔：做好1号柱斜拉保护，调整1号、2号柱高度（1号、2号、3号柱均不倒升降油缸，通过一级导柱调整高度）使机臂水平满足要求后即可按正常程序进行过孔作业。如架设32 m梁，坡度超过＋5‰时，1号柱需拆除500 mm调整节及下横移轨道，用道木头将下横移机构抄平使走行轮悬空，此时原来的刚性撑杆高度下降近900 mm不能起到保护作用，需在柱体导套上重新焊接刚性撑杆铰座安装撑杆。

（4）架设24 m梁：拆除机臂滑行线支架，电源线在机臂上防止妥当，拆除3号柱体上受干涉的照明灯具等，升高机臂至架梁位置。因运梁车运24 m梁最大高度4.1 m，比32 m梁低400 mm，采用2根ϕ38 mm×14.1 m专用吊梁钢丝绳，故可在32 m最大架梁高度下降500 mm作为24 m梁架梁高度（机臂上端距梁面7.2 m），下降后隧道空间尺寸满足整机横移及机臂横移要求，即可按正常程序进行架梁作业。

图4-3-50　单线隧道口T梁架设

5. T形简支梁运输架设关键技术现场图片

T形简支梁运输架设关键技术现场施工如图4-3-51～图4-3-55所示。

图4-3-51　装梁运输

图 4-3-52　桥柱对位

图 4-3-53　预制梁架设

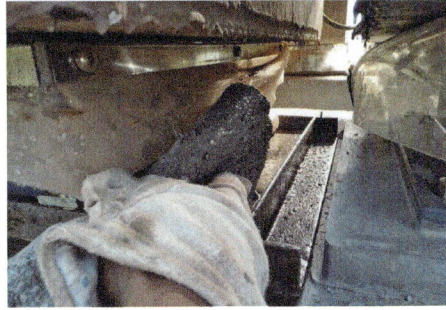

图 4-3-54　支座对位及注浆

图 4-3-55　架设完成

第四节　连续梁的桥位现浇

一、悬臂连续梁施工方法及工艺

新建浦梅铁路全线共 13 座悬臂浇筑连续梁,共(32+80+32) m、(40+64+40) m、(44+80+44) m、(48+80+48) m、(60+100+60) m 五种梁型。以下江村特大桥(32+48+32) m 的连续梁就悬臂连续梁施工方法及工艺为例进行介绍。

1. 连续梁各段施工总体施工顺序

0 号块施工→两"T 构"悬臂段施工至 4 号段→中跨合龙段施工(5a 号段)→拆除 0 号块底部临时支座→悬臂段施工至 6 号段。

2. 准备阶段

(1)安装主墩上的支座,临时锁定活动支座,并注意活动支座应根据合龙温度及收缩徐变位移量设置支座纵向预偏量。

(2)浇筑主墩上临时支座。

(3)在浇筑前必须检查墩顶标高及中线,不得超出误差范围允许值。

(4)在主墩侧安装托架,并进行预压消除非弹性变形后立模灌注 0a 号块混凝土(混凝土应一次灌注),待混凝土强度达到设计值的 95%,弹性模量达到设计值的 100%且满足不小于 5 d 龄期后,方可张拉纵向预应力钢束 N1、N8,并及时进行管道压浆,张拉锚固应从靠近腹板的钢束开始对称进行。预应力钢束两端同时张拉,采用张拉力和伸长量双控,张拉并锚固钢束后进行孔道压浆。(以下各阶段同)

(5)0a 号段结构复杂,顶板预应力束管道密集,应特别注意预应力管道的准确定位,灌注时不允许有漏浆堵塞管道,在张拉之前,检查所有孔道,如图 4-3-56 所示。

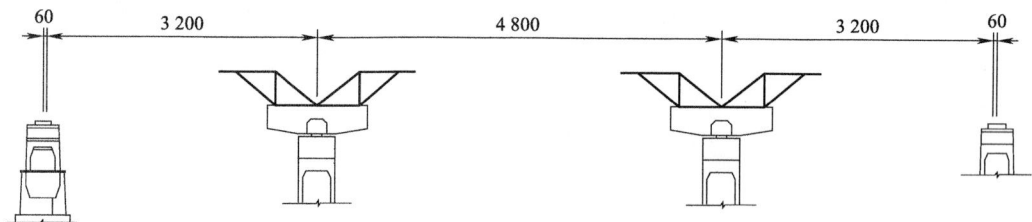

图 4-3-56　浇筑主墩上临时支座(单位:cm)

3. 挂篮悬浇阶段

在 0a 号段上安装轻型挂篮,并进行预压消除非弹性变形,完成对称悬灌"T"构的一切准备,挂篮悬浇阶段示意如图 4-3-57 所示。

在悬灌之前,必须根据线形控制检查梁面标高及中线,不得超出设计误差允许值。(以下各阶段同)

对称悬灌浇筑 a1 号~a4 号,b1 号~b4 号梁块。

待混凝土强度达到设计值的 95%,弹性模量达到设计值的 100%且满足不小于 5 d 龄期后张拉相应节段的纵向预应力钢束(N2~N5,N9~N11)。

各梁块张拉钢束号及顺序:

(1)a1 号、b1 号梁段;N2、N9。

(2)a2 号、b2 号梁段;N3、N10。

(3)a3 号、b3 号梁段;N4、N11。

(4)a4 号、b4 号梁段;N5。

4. 中跨合龙阶段

做中跨合龙准备,将中跨 3 号挂篮向后退一个梁段,2 号挂篮前进一个梁段。

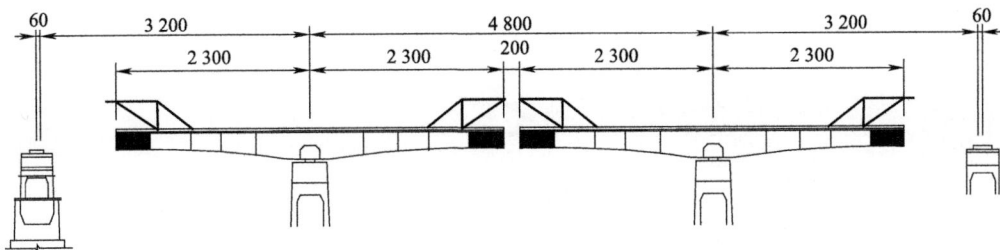

图 4-3-57 挂篮悬浇阶段示意图（单位：cm）

利用挂篮 2 做中跨合龙支架，安装合龙段体外支撑并顺序张拉靠近 4 个角点附近的顶板 2N7 及底板 2N16 共 4 束，每束张拉力为设计张拉力的 30％。

拆除活动支座主墩侧的临时支座、解除活动主墩支座临时锁定，使梁一侧能和龙口临时锁定装置下沿支座自由伸缩。

在一天温度最低是浇筑 5a 号块段混凝土，混凝土可采用早强措施。

待 5a 号节段混凝土强度达到设计值的 95％，弹性模量达到设计值的 100％，并满足不小于 5 d 的龄期要求后，解除合龙段体外支撑，张拉纵向预应力钢束 2N7，2N16 至设计值，如图 4-3-58 所示。

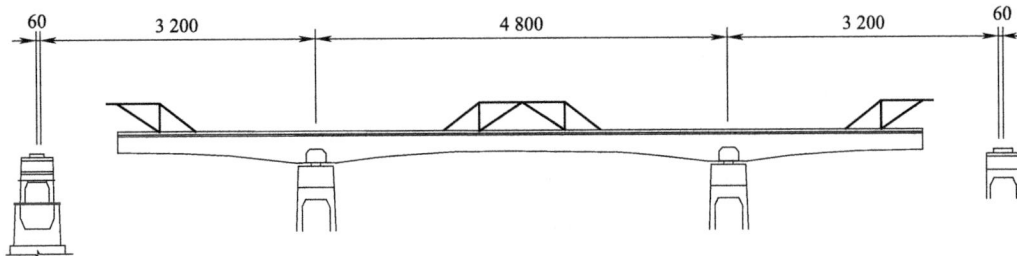

图 4-3-58 中跨合龙阶段示意图（单位：cm）

5. 浇筑边跨不平衡段和边跨端头块

（1）浇筑边跨不平衡段

将 1 号、4 号挂篮前进一个节段，准备悬臂灌注 a5 号梁段。

悬灌浇筑边跨 a5 号不平衡段，灌注过程中，为平衡边跨悬臂端，应随着 a5 号块混凝土浇筑并同步增加 b4、5a 号节段压重，压重重量为 100 kN/m，压重荷载均布于 b4 号、5a 号节段腹板范围内的桥面上。压重范围为 11 m，总压重为 110 t。

待 a3 号节段混凝土强度达到设计值得 95％，弹性模量达到设计值的 100％，并满足不小于 5 d 龄期要求后，张拉 N20 至设计值。

（2）浇筑边跨端头块

在边墩上用万能杆件和型钢组合成托架，并进行预压消除非弹性变形，在托架底模支承位置应加设滑板或其他有效设施，以确保预压力施加时主梁能够自由变形，同时将 1 号、4 号挂篮前进一个节段。

在边墩上安装球形支座，并注意按要求设置支座纵向预偏量。

利用托架及挂篮立模灌注端块 a6 号节段混凝土。

待 a6 号节段混凝土强度达到设计强度的 95％，弹性模量达到设计值的 100％，并满足不小于 5 天龄期要求后，张拉 2N6 及 2N12 至设计值。

拆除固定临时支座，如图 4-3-59 所示。

6. 成桥阶段

拆除 1 号～4 号挂篮。按以下顺序张拉剩余预应力钢束及撤除中跨压重：

（1）张拉 N15、N19。

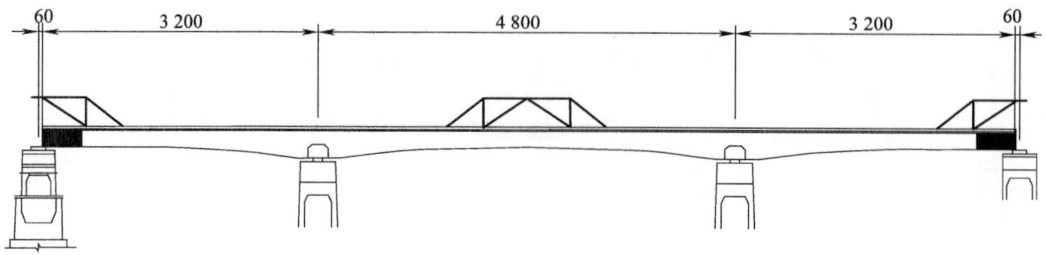

图 4-3-59　浇筑边跨不平衡段示意图(单位:cm)

(2)张拉 N21,待 N21 钢束张拉完毕后,撤除中跨压重。

(3)张拉 N14、N18。

(4)张拉 N13、N17 及剩余 2N12、2N16。

完成 9 号墩、12 号墩小跨侧高顶帽部分工程。

桥面合龙两个月后进行桥面安装和轨道铺设,完成桥面工程,如图 4-3-60 所示。

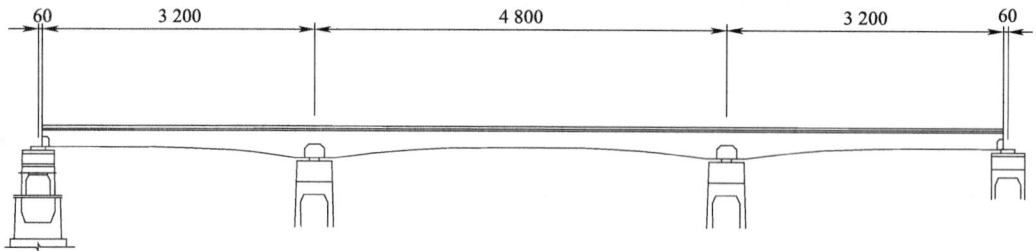

图 4-3-60　成桥阶段示意图(单位:cm)

二、道岔连续梁施工方法及工艺

1. 道岔连续梁施工工艺流程

道岔连续梁施工工艺流程如图 4-3-61 所示。

2. 支撑体系基础施工

跨中基础采用 C30 钢筋混凝土明挖条形扩大基础和 C30 钢筋混凝土灌注桩,明挖基础下承载力必须满足计算书要求,基底不平整部分采用 C30 混凝土填平。两侧基础直接利用钢筋混凝土承台,并在承台顶相应位置设置 C30 混凝土调高基础,基础与承台之间设连接钢筋。

(1)明挖基础基坑基底及填筑后的基础顶面应进行地基承载力检测,要求地基承载力不低于计算书要求,经监理见证检测合格后出具相关的检测文件。

(2)明挖基础要求一次整体施工,基础宽度为 2.0 m,厚度为 1.0 m,长度 8～10 m,基础底面设置一层 ϕ20 mm 钢筋网片,网片钢筋横向间距 15 cm,纵向间距 15 cm,钢筋网片保护层厚度控制在 5 cm 左右。基础顶面按照设计图纸要求进行预埋钢板。

(3)条形基础混凝土浇筑之前,必须确保标高无误及预埋件设置位置及数量满足相关设计要求。基础浇筑完成后应及时进行养护,确保基础混凝土质量。

3. 卸落支架安装

(1)卸落架组装。卸落架由 4 块钢盒子通过 ϕ32 mm 精轧螺纹钢连接组合而成,如图 4-3-62 所示。卸落架螺帽与钢盒子之间加垫 1 cm 厚钢板,配双螺帽且保证螺杆应伸出螺帽至少 3 cm。

(2)卸落架安装、固定。将卸落架放置在设计位置,并采用钢筋限位固定,防止卸落架受力过程中移位造成支架整体失稳。

(3)卸落架标高调整。通过计算得出卸落架顶面标高,并在卸落架底部支撑工字钢上做标记。用千斤

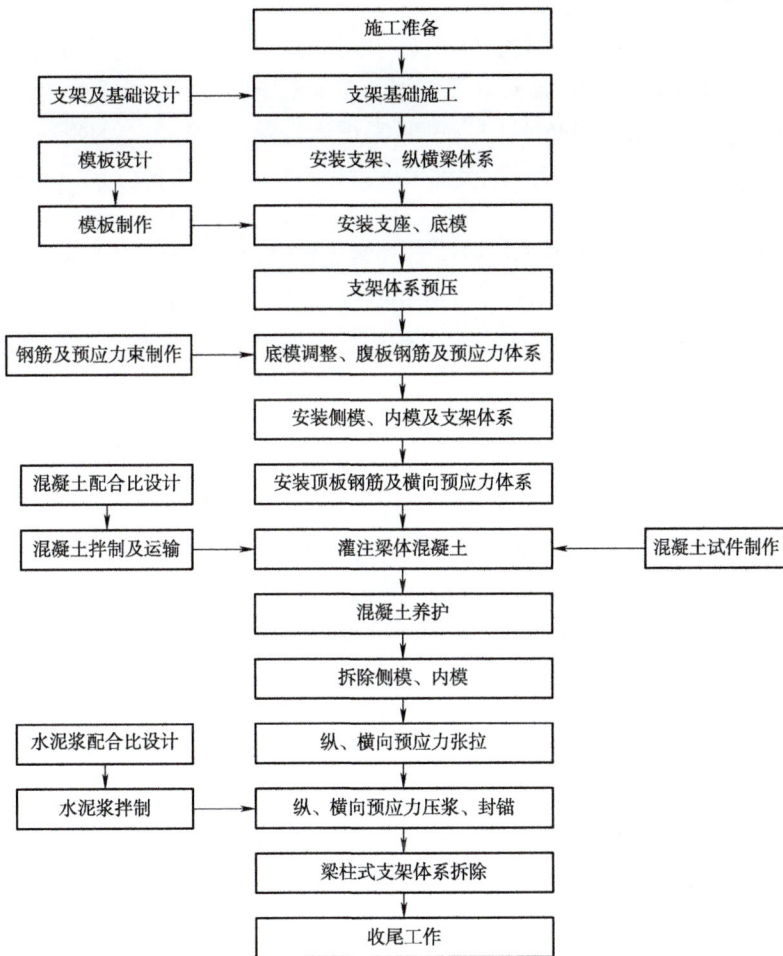

图 4-3-61　道岔连续梁施工工艺流程

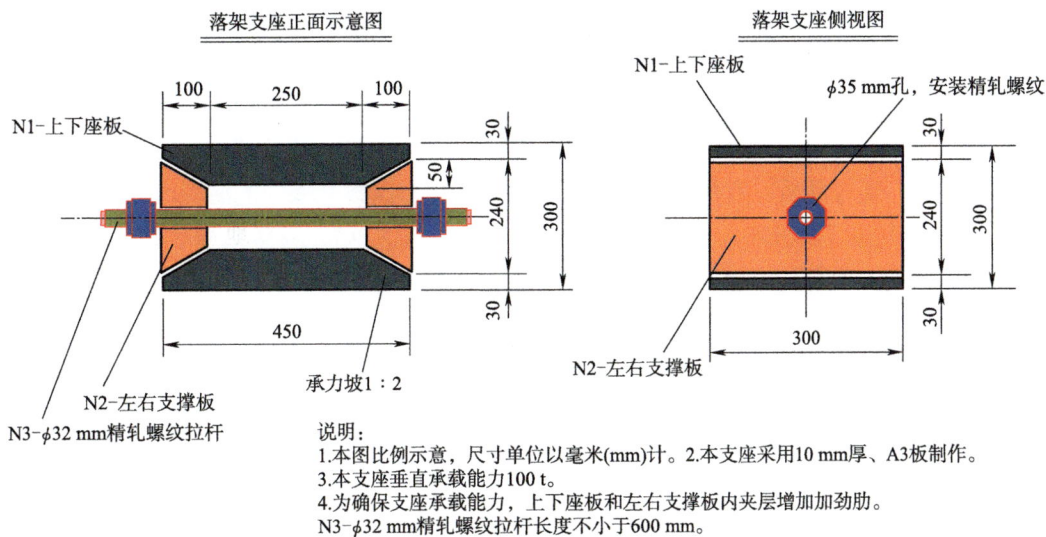

说明：
1.本图比例示意，尺寸单位以毫米(mm)计。2.本支座采用10 mm厚、A3板制作。
3.本支座垂直承载能力100 t。
4.为确保支座承载能力，上下座板和左右支撑板内夹层增加加劲肋。
N3-φ32 mm精轧螺纹拉杆长度不小于600 mm。

图 4-3-62　落架支座

顶将卸落架上贝雷桁架顶起(对称进行)，向中间拧紧或向两侧放松对拉螺帽使卸落架顶部钢盒调整到设计标高(通过卸落架底部支撑工字钢的标记点尺量)，收缩千斤顶使贝雷桁架缓慢降落至卸落架上。卸落架标高调整应先从简支梁跨中同一排开始向两侧依次对称进行。

4. 钢筋和侧、内模及预应力钢束安装

钢筋进场须经检验合格后才能使用,钢筋接头除图纸规定外,采用搭接电弧焊时,两钢筋搭接端部应预先折向一侧,使两接合钢筋轴线一致;接头双面焊缝的长度不应小于 $5d$,单面焊缝的长度不应小于 $10d$(d 为钢筋直径);梁体所用钢筋均在钢筋加工厂配料,考虑运输条件,箍筋以及便于运输的钢筋在钢筋棚加工,梁体纵向钢筋到现场焊接;钢筋绑扎前,先由技术定位放线,检查底模的偏位和梁底高程,经检查符合要求,将底模板清理干净,刷脱模剂,然后先绑扎底板和腹板钢筋,底板钢筋须加固牢靠,底板钢筋若遇预应力钢绞线可适当移动钢筋位置,钢筋绑扎时注意预留底板泄水孔。底板钢筋绑扎后,焊接底板固定钢绞线的定位网片,按图纸尺寸准确定位,定位网片间距 50 cm/道,在管道折角处加密处理,为 25 cm/道,然后将制作好的纵向预应力钢束按照设计位置在定位网片上定位固定,经检查无误后,安装侧模。

侧模使用人工配合塔吊安装到位,并连接侧模丝杆,调节底口螺栓和侧模丝杆使模板安装到位。调整后的模架应满足以下要求:外模纵桥向误差不大于 10 mm,底板标高误差小于 5 mm。模板拼缝处均贴软塑双面胶,待模板拼接后铲除多余软塑双面胶,可达到拼缝严密、不漏浆。调整后的模板用 1 m 靠尺检查,要达到每米高差小于 2 mm,错台小于 1 mm。侧模底面与底模板接触面贴双面胶布,在梁底和梁顶沿纵桥方向间隔 2 m 设置一道 $\phi25$ mm 精轧螺纹的通长对拉杆,拉紧以保证模板牢固不漏浆,侧模安装完成后,调整和固定腹板钢筋和钢绞线,经检查无误后开始安装内模。

内模安装前采用 PVC 管预留底板通气孔,并作为内模的支架支撑点,内模采用 10 号枋木及 18 mm 厚的竹胶板拼装而成,首先在地面上把内模分段拼装成整体,其次再用塔吊安装就位,最后内模固定检查无误后,绑扎顶板钢筋,第一层顶板钢筋绑扎完成后,将制作好的横向预应力钢束按照设计位置在定位网片上定位固定,检查无误后最后检查模型的中线、标高和结构尺寸,无误后开始浇筑混凝土。

5. 混凝土施工

道岔连续梁梁体混凝土总方量 625 m^3,根据规范要求在混凝土初凝前灌注完毕为确保梁体混凝土一次浇筑完成,连续施工,质量得到保证,减少质量通病,制定以下浇筑方法:

(1)灌注工艺

灌注顺序为同一断面上"底板倒角—底板—腹板—顶板,由两侧往中间对称进行";纵向"中间横隔板—梁端—边跨跨中—中跨跨中"。用 2 台 48 m 的混凝土天泵车对称布料、连续灌注,以水平分层(灌注厚度不大于 300 mm)、斜向分段的施工工艺左右对称灌注。具体步骤如下:

①为保证底板、腹板交接处混凝土密实,在灌注时先从中间跨横隔板处开始浇筑,将底板 3 m 范围内的底板混凝土灌满,用插入式振动棒振捣。在梁端及横隔板交接处振捣用钢筋引路,注意插棒位置,防止振捣后难以拔出。

②由两端向中间,通过腹板左右对称的灌注底板以及底板与腹板交接处的混凝土,左右腹板混凝土高差不超过一层,采用插入式振动棒。布料机移位时下料口用袋子包裹,以防混凝土撒落顶板形成干灰、干渣。

③对称灌注两侧腹板混凝土。振动棒插入已灌注下层混凝土深度为 10 cm 左右,禁止振动棒接触预应力成孔胶管及预埋件。

④将内模顶部、侧模翼缘板上滴落的混凝土铲除干净后,由两端向跨中进行顶板混凝土灌注。

⑤梁体混凝土灌注完成后,对顶板、底板混凝土表面进行第二次赶光、抹面,保证防水层基面平整、内腔光滑。

具体灌注顺序如图 4-3-63 所示。

(2)混凝土顶面标高控制

混凝土顶面标高由测量组在施工现场根据实际情况标示出。现场施工员根据该标示严格控制混凝土标高,以确保顶板混凝土标高的准确性。

(3)混凝土的养护

混凝土浇筑完成后,表面及时进行整平、压实、二次收浆及养护处理等工作。采用土工布覆盖和洒水

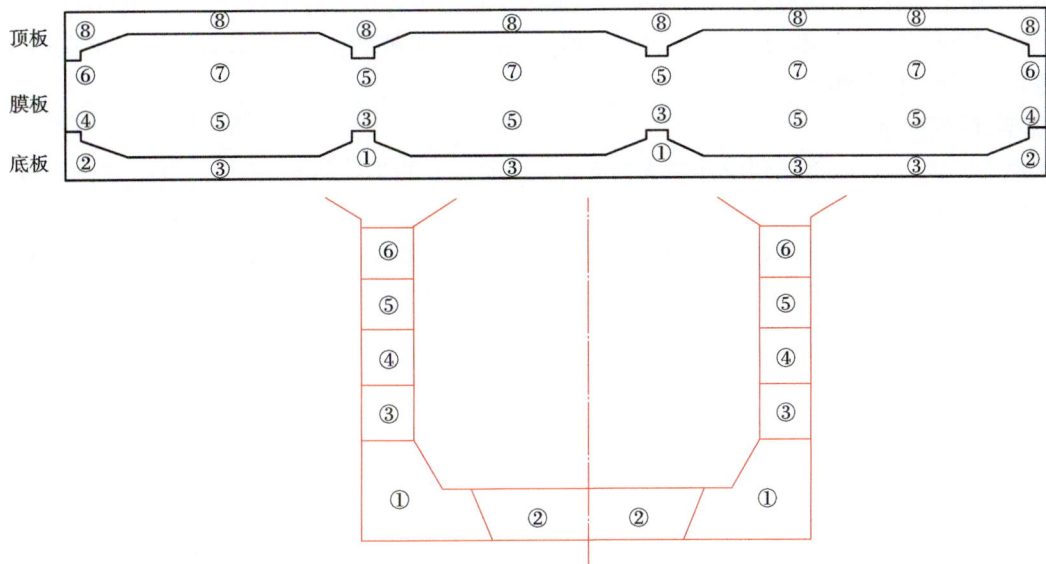

图 4-3-63　道岔连续梁混凝土浇筑顺序图

进行养生,养生时间不得低于 7d,同时进行底面和侧面的养生,以确保混凝土的质量。待混凝土强度达到 1.2 MPa 后,拆除端头模板,及时采用风镐进行凿毛处理,凿毛质量要求严格按照规范规定控制。混凝土强度未达到 2.5 MPa 时,不得在其上进行任何施工作业和堆放任何物品。在下一箱梁段混凝土浇筑前,表面洒适量水进行湿润,防止混凝土结合面出现干缩裂缝。

6. 张拉

(1)张拉工作进行前,首先要对所使用的千斤顶和油表进行校正,并要有校正报告,油表与千斤顶须配套使用。钢绞线需按规范要求进行抽检,不符合要求的钢绞线决不能使用,通过试验确定钢绞线的弹性模量。

(2)在混凝土强度达到设计强度的 60% 以上时,首先拆除端模,松开内模,拆除侧模后,再进行预应力张拉工作。

(3)钢绞线下料长度应按设计孔道长度加张拉设备长度,并预留锚外一定长度的总下料长度,下料时用砂轮切割机平放切割。

(4)根据设计要求,第一批钢束张拉应在梁体混凝土龄期不小于 3 d,强度及弹性模量达到 60% 设计值时进行,第一批钢束张拉顺序依次为:N5/N5′、N6/N6′、N7/N7′,张拉力为设计张拉力的 30%;待梁体混凝土强度达到 100% 设计值后、弹性模量达到设计值且龄期不少于 5 d 时进行第二批钢束张拉,依次张拉 N5/N5′、N6/N6′、N7/N7′ 至设计值;待梁体混凝土强度达到 100% 设计值后、弹性模量达到设计值且龄期不少于 14 d 时进行第三批钢束终张拉,张拉顺序为:N1/N1′、N8/N8′、N9/N9′、N10/N10′、N4/N4′、N2/N2′、N3/N3′;预应力采用双端张拉,并左右对称进行,预应力张拉采用应力应变双控措施,张拉过程中应保持两端的伸长量基本一致,施加预应力值以油表读数为主,以预应力伸长值进行校核,偏差值不大于 6%。

(5)按设计图的规定及张拉顺序张拉钢绞线。张拉时应左右对称、同步进行,最大不平衡束不超过一束。

7. 管道压浆、封端

预应力终拉完成后,应在 24 h 内进行管道压浆(特殊情况不大于 48 h),压浆前管道内应清除杂物及积水,压浆时及压浆后 3 d 内,梁体及环境温度不得低于 5 ℃,压入管道的水泥浆应饱满密实,同一管道压浆应连续进行,一次完成,水泥浆压入管道的时间间隔不应超过 40 min。

浇筑梁体封端混凝土之前,应先将承压板表面的黏浆和锚环外面上部的灰浆铲除干净,同时检查无漏压的管道后,才允许浇筑封端混凝土,为保证封端混凝土接缝处接合良好,应将原混凝土表面凿毛,并焊钢筋网片,封端混凝土应采用无收缩混凝土进行封堵,为保证有足够的张拉空间,封端混凝土在相邻两孔梁预应力张拉结束后,再灌注。

8. 支架、模板拆除

箱梁浇筑完成后,待强度达到设计要求的 60％时,即可开始拆除侧模、内模。拆除侧模先拆除拉杆,松动支撑丝杆,使侧模脱离梁体,逐一拆卸。梁体混凝土强度达到设计强度 100％,张拉完成后即可卸载架,底模支架系统统一均匀下落,与梁体脱离,人工配合塔吊将底模拆除,在地面堆码整齐,清理出场。支架及贝雷梁采用人工配合塔吊由上向下顺序拆除,在拆除过程中,不得强行撬除要按序施工。

第五节　大跨度桥梁施工

本节以跨泉南高速大桥为例对大跨度连续桥梁施工进行阐述。

一、工程概况

跨泉南高速大桥位于三明市宁化县城郊乡马元亭村,中间跨越 3 条道路,桥址区内有 211 m 水稻田。本桥所处位置为山间谷地,桥台、桥尾位于山脚处,两侧桥台地面标高 362.06～369.94 m,桥梁中部位于谷间低洼处,地面标高为 331.06 m,大体成 V 字形。具体如图 4-3-64 所示。

跨泉南高速大桥中心里程为 DK304＋095.05,全长 465.29 m,全桥孔跨样式为:2×32 m 简支 T 梁＋2×24 m 简支 T 梁＋2×32 m 简支 T 梁＋(48＋80＋48)m 单线连续箱梁＋3×32 m 简支 T 梁。本桥简支 T 梁采用预制架设施工,连续梁采用挂篮悬臂浇筑法施工。

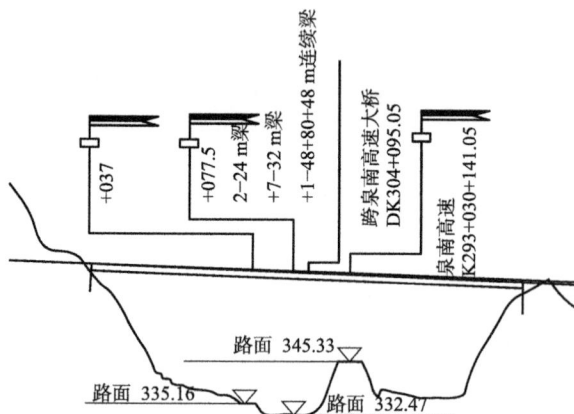

图 4-3-64　跨泉南高速大桥纵断面图

二、总体施工方法

0 号块采用托架法施工,边跨直线现浇段根据桥位情况采用托架法施工,其余各节段均采用菱形挂篮悬臂灌筑施工。托架拼装好后进行预压,消除非弹性变形。模板安装及钢筋绑扎检测合格后,进行混凝土浇筑。混凝土由拌和站集中拌和,混凝土运输车运至施工现场。泵送混凝土入模。混凝土浇筑后进行养护,达至设计张拉要求后进行预应力施工,挂篮移动,重复进行完成悬臂段的施工,最后进行直线段及合龙段的施工。采用先边跨后中跨的合龙顺序施工,中跨合龙段采用吊架法进行施工。施工工艺流程如图 4-3-65 所示。

三、施工关键技术

1. 临时固结

为承受悬臂施工中临时梁重量及不平衡弯矩,在其墩顶支撑垫石两侧分别对称设置 4 个临时支座。临时支座采用 C50 级混凝土灌注,顺桥向靠外侧分别设置两排 φ25 mm Ⅳ级精轧螺纹钢筋,上下端分别锚固于梁体及墩身内。为便于合龙时拆除临时支座,在临时支座中间设置一层 6 cm 厚硫黄砂浆间隔层,并在其中预埋电阻丝。拆除临时支座时,在临时支座与永久支座间设隔热层,然后向电阻丝通电使硫黄砂浆熔化,拆除临时支座。临时固结立面图和平面图如图 4-3-66 所示。

2. 墩顶梁段(0 号段)施工

0 号段使用挂篮的内、外模。施工流程为托架拼装、预压完成后,安装底模板→分片吊装外侧模板、整

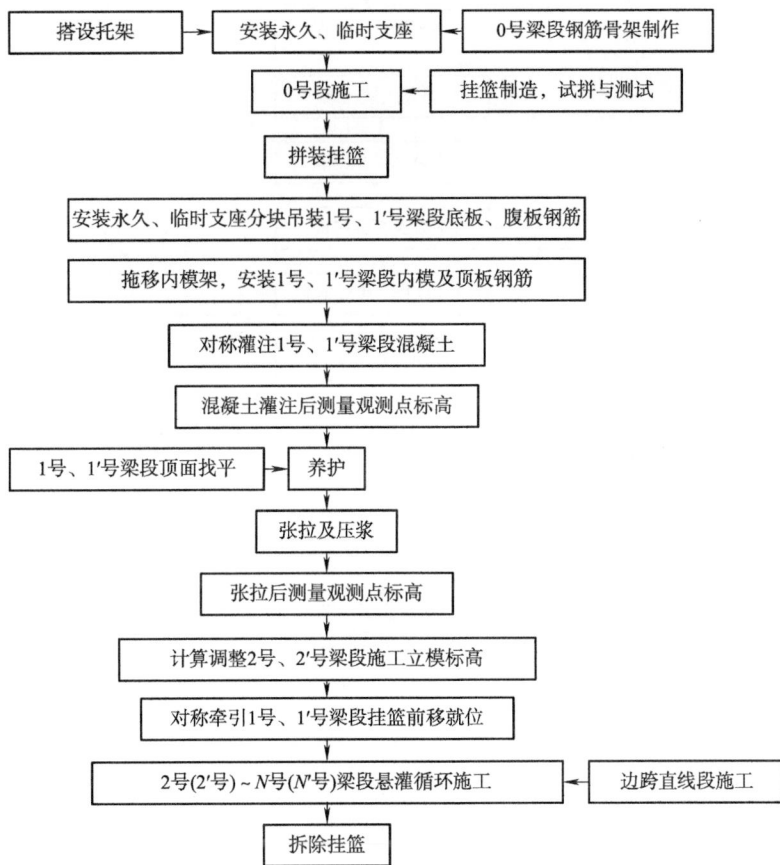

图 4-3-65　大跨度连续桥施工流程

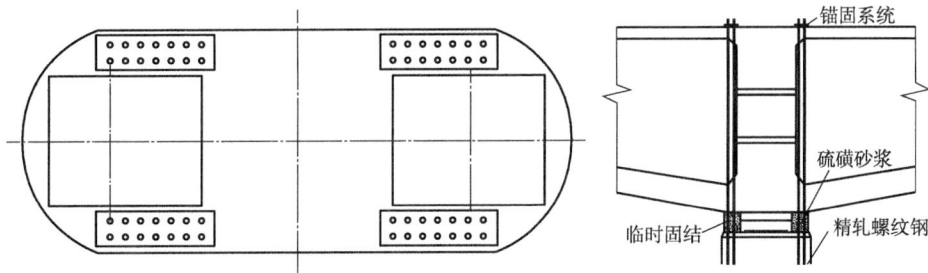

图 4-3-66　临时固结立面图和平面图

体钢筋网片就位→安装竖向预应力筋及管道→安装纵向预应力管道→安装内模板→绑扎顶板钢筋→安装顶板纵横预应力管道→搭设混凝土浇筑工作平台→浇筑混凝土→养生→拆模→穿钢绞线束→施加预应力→压浆。0 号段施工工艺流程如图 4-3-67 所示。

0 号段构造复杂，圬工量大，为了加快施工速度及避免水平施工接缝，混凝土采用一次浇筑完成。但梁段浇筑必须在混凝土终凝前完成，底模、内模支架必须支撑牢固，决不能因托架不均匀变形而造成梁体开裂。梁体内各种管道、钢筋稠密，会给捣固带来困难。振捣采用插入式振动棒。混凝土由天窗经减速串筒至底板，腹板、横隔板混凝土由天窗经串筒滑至腹板、横隔板的侧洞，进入腹板、横隔板，浇筑过程中要有专门技术人员负责技术指导和质量控制。

3. 悬臂浇筑梁段施工

（1）挂篮设计加工

采用菱形挂篮，委托专业厂家加工。挂篮由菱形桁架、提吊系统、走行系统、内外模板和张拉操作平台组成。菱形挂篮构造如图 4-3-68 所示。

```
┌──────────────┐
│  墩顶预埋件检查  │
└──────────────┘
        ↓
┌──────────────┐
│  拼装底模托架   │
└──────────────┘
        ↓
┌──────────────┐
│  安装底模立侧模  │
└──────────────┘
        ↓
┌────────┐   ┌──────────────┐
│ 钢筋制作 │→ │  中线及高程测量  │
└────────┘   └──────────────┘
        ↓
┌──────────────┐   ┌──────────┐
│ 绑扎底板、腹板钢筋 │→ │ 波纹管加工 │
└──────────────┘   └──────────┘
        ↓
┌──────────────┐
│  预应力管道安装  │
└──────────────┘
        ↓
┌──────────────┐
│      抄平      │
└──────────────┘
        ↓
┌────────┐   ┌──────────┐   ┌────────┐
│ 立内侧模 │   │   立顶模   │   │ 立端头模 │
└────────┘   └──────────┘   └────────┘
              ↓
           ┌──────────┐
           │ 绑扎顶板钢筋 │
           └──────────┘
              ↓
           ┌──────────┐
           │  检查验收  │
           └──────────┘
              ↓
┌────────┐ ┌──────────┐ ┌────────┐
│ 混凝土拌和 │→│ 混凝土浇筑 │←│  取试样 │
└────────┘ └──────────┘ └────────┘
              ↓
           ┌──────────┐
           │    养生    │
           └──────────┘
              ↓
           ┌──────────┐
           │  等强拆模  │
           └──────────┘
              ↓
┌──────────┐ ┌──────────┐
│ 预应力束制作 │→│    穿束   │
└──────────┘ └──────────┘
              ↓
           ┌──────────┐ ┌──────────┐
           │    张拉    │←│ 张拉机具校验 │
           └──────────┘ └──────────┘
              ↓
           ┌──────────┐ ┌────────┐
           │    压浆    │←│  取试样 │
           └──────────┘ └────────┘
              ↓
           ┌──────────┐
           │  凿毛清洗  │
           └──────────┘
```

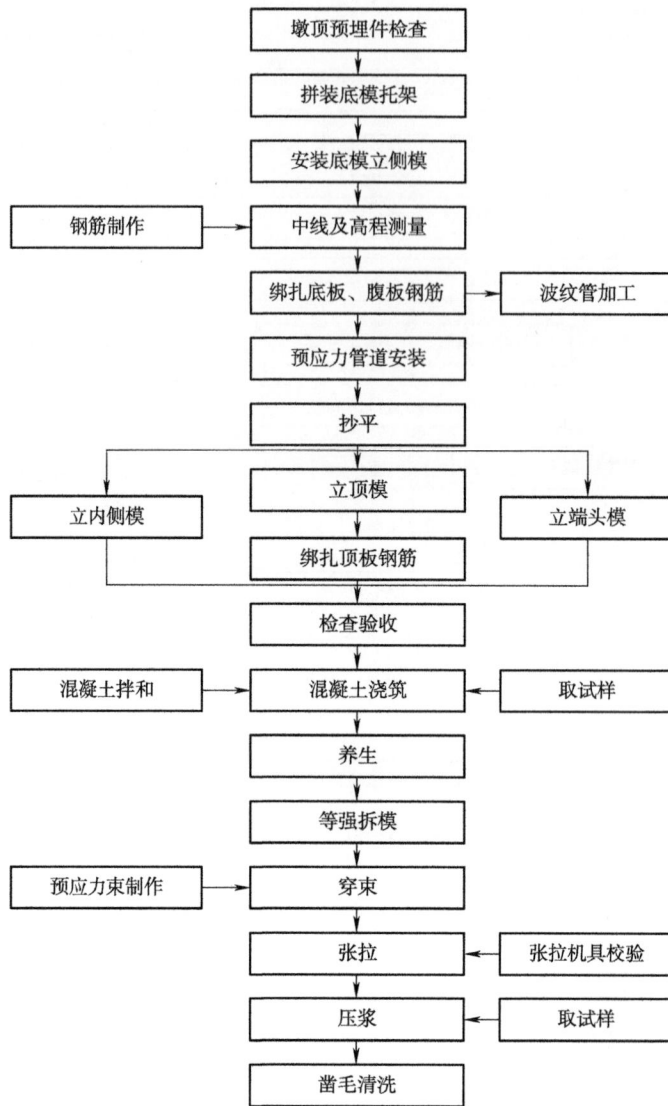

图 4-3-67　0 号段施工工艺流程

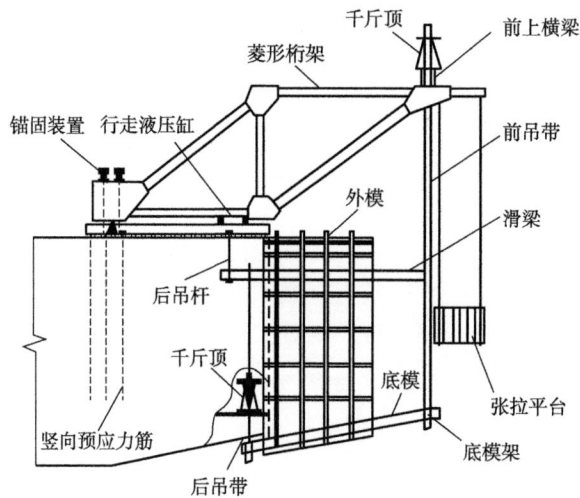

图 4-3-68　菱形挂篮构造详图

（2）挂篮的拼装

挂篮拼组分为两个步骤：加工厂拼组大件，在梁体上拼组整体。加工厂拼组主要包括主梁系的两片主构架，四片横向联接系，还有外模板及模架、内模及模架，其余均为散件。将加工厂拼装件及散件运抵现场后，用吊车吊送构件至0号段上拼组。

（3）梁段循环施工

挂篮悬挂在已张拉锚固并与墩身连成整体形成"T"构的箱梁段上，沿轨道向前移动行走：前一梁段张拉完后，松掉挂篮后锚点、前后吊带，松落模板，拉动走行倒链，拖拉主梁系、模板系一起到位。在挂篮上完成下一梁段的立模、绑扎钢筋、预应力管道安装、浇筑混凝土和预应力张拉、压浆等全部作业。0号段施工梁段混凝土达到设计强度的100％以后，张拉预应力束并待孔道内水泥浆初凝后即可拼装挂篮，进入循环悬浇梁段施工。悬臂段施工现场如图4-3-69所示。

图4-3-69 悬臂段施工现场照片

4. 边跨现浇段施工

边跨现浇梁段采用托架预压法施工。托架拼组好后进行预压，预压以节段重量的120％进行压载；直线段底模为大块钢模拼接而成，底模直接设置在纵梁上，横梁与纵梁间垫以砂筒，以利于拆除底模。现浇段混凝土一次浇筑成型。混凝土浇筑完毕，顶面覆盖土工布洒水养生。

边跨现浇段施工工艺流程为：搭设托架→搭设模板支立平台→安装支座→支立模板→绑扎钢筋及安装预应力管道→搭设混凝土浇筑平台→浇筑混凝土→养生→拆除内、外侧模板及端模。边跨直线段施工工艺如图4-3-70所示。

5. 中跨合龙段施工

合龙段施工时，先将"连续梁"的梁面杂物清理干净。备用配重水箱以及少数必需的机具设备则放置在指定的位置。然后相邻两个"连续梁"上所有观测点的标高精确测量一遍，确定合龙段相邻的两个梁端顶面标高高差符合规范要求后，设置合龙段劲性骨架，劲性骨架按照设计或规范采用体内或体外支撑，然后进行合龙段施工。中跨合龙段施工工艺如图4-3-71所示。

内模及顶板钢筋安装前，选择气温最低时间，按设计的位置与数量焊接体外型钢支撑，将相邻"连续梁"或边跨直线段与相邻"连续梁"连成一体；在浇筑混凝土前根据计算拉力，张拉布置在底板与顶板中的临时预应力束。

中跨合龙前将连续梁合龙一侧的临时固结支座释放，同时将两悬臂端间距离按设计合龙温度及预施应力后弹性压缩换算后进行约束锁定。

插打钢管桩 → 施工托架拼装并压重

测量放样、调整标高 → 底模板制造及安装、刷隔离剂

模板涂刷脱模剂 → 安装外模板及端模 ← 模板试拼、检查及修整

混凝土垫块预制 → 安装底板、腹板板钢筋及预应力管道 ← 钢筋材质检、加工成型

模板涂刷脱模剂 → 安装内侧模板

绑扎顶板钢筋及预应力管道

梁体模板测量、检查修正

原材料检验、确定混凝土配合比 → 灌筑混凝土 ← 混凝土试件制取

混凝土养护 ← 试件混凝土养护

拆除内、外模板 ← 梁体表面检查修整

边跨合龙段施工

拆除施工托架及底模

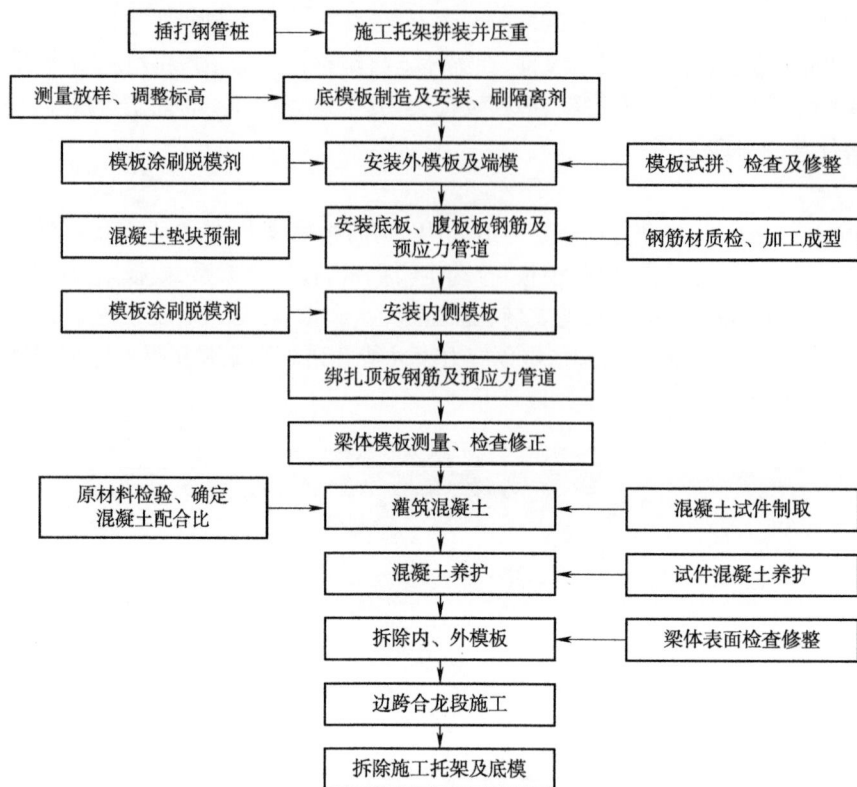

图 4-3-70　边跨直线段施工流程

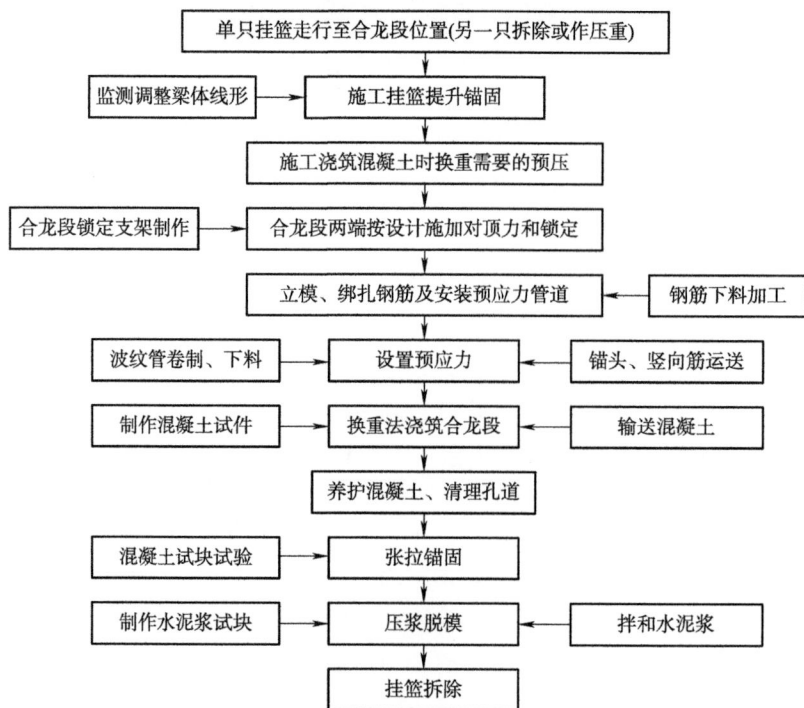

单只挂篮走行至合龙段位置(另一只拆除或作压重)

监测调整梁体线形 → 施工挂篮提升锚固

施工浇筑混凝土时换重需要的预压

合龙段锁定支架制作 → 合龙段两端按设计施加对顶力和锁定

立模、绑扎钢筋及安装预应力管道 ← 钢筋下料加工

波纹管卷制、下料 → 设置预应力 ← 锚头、竖向筋运送

制作混凝土试件 → 换重法浇筑合龙段 ← 输送混凝土

养护混凝土、清理孔道

混凝土试块试验 → 张拉锚固

制作水泥浆试块 → 压浆脱模 ← 拌和水泥浆

挂篮拆除

图 4-3-71　中跨合龙段施工流程

合龙段的混凝土选择在一天中气温最低、温差变化比较小的时间开始浇筑,拌制混凝土时,将混凝土强度提高一个等级,并掺入微量铝粉作膨胀剂,以免新老混凝土的连接处产生裂缝。混凝土作业的结束时间,则根据天气情况尽可能安排在气温回升之前。在合龙段两侧各设水箱配重,每个水箱容水重量相当于

合龙段所浇混凝土重量的一半。浇筑合龙段混凝土,边浇混凝土边同步等重量放水。相邻"连续梁"上观测点的标高、供中跨合龙段施工时控制参考。

6. 预应力施工

纵向预应力管道采用塑料波纹管。波纹管要求表面光洁无污物、无孔洞。安装波纹管时用铁丝将管体与井字形定位钢筋捆绑在一起,并与主筋点焊连接,每0.5 m设一道定位钢筋,管道轴线应与垫板垂直,确保管道在浇筑混凝土时不上浮、不变位。管道位置的允许偏差纵向不大于±1 cm,横向不大于±0.5 cm。施工中避免反复弯曲,防止管壁开裂,波纹管接头处内套管套旋紧,有20 cm长的接头,并用两层胶布将接口处缠5 cm宽,管道之间的连接以及管道与喇叭管的连接应确保其密封性。波纹管安装完成后要进行一次检查,确认数量、位置、布置形式符合设计要求后,方可浇筑混凝土。每一梁段浇筑后立即检查有无漏浆和堵管。在穿钢绞线前应用高压水冲洗和检查管道。

在混凝土浇筑之前,将精轧螺纹钢装入金属波纹管内,下端丝扣上拧进一个锥形母,浇筑混凝土后即自行锚固于梁体内,上端先安置焊有弹簧筋的锚垫板,然后在锚垫板上加放一个垫圈,再在上端丝扣上拧进一个六边形螺母,使锚垫紧贴钢管。螺母下侧面开有一小方口,以作压浆时排气出口。

预应力筋、夹片及锚具均要按试验规程进行检验,千斤顶使用前要进行校核和标定。预应力筋张拉前,须提出施工梁段混凝土的强度试验报告。当混凝土的强度达到设计规定的强度后,方可施加预应力。张拉时用应力指标控制张拉,以伸长值进行校核,实际伸长值与理论伸长值之差应控制在设计规定以内,否则查明原因采取相应措施处理后才能继续张拉。预应力钢束张拉过程中,除横向预应力束单端张拉外,纵向预应力束均采用两端同时张拉,对称进行。应力束张拉完成后要尽早进行管道压浆,为保证压浆质量,压浆时采用真空辅助压浆工艺。

7. 体系转换

连续梁分段悬浇过程中,各独立连续梁的梁体处于负弯矩受力状态,随着各连续梁的依次合龙,梁体也依次转化为成桥状态的正负弯矩交替分布形式,这一转化就是连续梁的体系转换。因此,连续梁悬浇的过程就是其体系转换的过程,就是悬浇时施行临时支墩固结、各连续梁的合龙、临时支墩固结适时的解除、预应力筋的分批依次张拉的过程。

8. 挂篮拆除

先在合龙段的前一梁段预留孔洞,等纵向预应力筋张拉完毕后,用10 t的卷扬机先将外模切割成多块逐一吊下,再拆散底模桁梁用卷扬机吊落,然后分别吊落底模前后横梁,最后拖拉挂篮主构件后退,用吊机拆除。合龙后的跨泉南高速大桥效果如图4-3-72所示。

图4-3-72 合龙后的跨泉南高速大桥

第六节 桥面系工程施工

一、湿接缝现浇关键施工技术

1. 安全绳及跳板搭设

为保证作业安全,在相邻两桥梁的纵向设置通长钢丝绳,作为作业人员安全带拴挂和移动的保险绳,钢丝绳直径不得小于 10 mm;两端选用适合绳径的 U 形卡固定牢靠,数量不得少于 4 个,每天作业前必须检查 U 形卡紧固情况;当钢丝绳出现断丝、折弯或直径磨损达到 5% 时,须立即更换。下档施工人员必须使用兜臀式双保险安全带,一条挂通长钢丝绳上,一条挂湿接缝预埋钢筋上。桥面系施工前,挂设好通长钢丝绳后,用安全带捆绑不少于 150 kg 重物进行冲击试验,检验钢丝绳、绳卡及安全带的受力情况是否满足安全要求。

为方便横向湿接缝下档模板安拆,梁片间需搭设脚手板平台,脚手板采用 ϕ50 mm 钢管间隔 1.5 m 横向铺设在梁片之间,钢管与梁体接触的两端需切割成和梁体下翼缘坡度一致的斜面,增加摩擦力,避免滑落,脚手板搭设在钢管上,脚手板采用厚度不小于 5 cm 的木板(竹夹板)进行满铺,木板必须选用扎实、牢固的材料,如发现开裂、脆断、腐朽的现象,必须立即更换,作业时人员尽量站在木板中部,(接头处需用铁丝绑扎)避免一侧受力而掉落,脚手板搭设如图 4-3-73 所示。

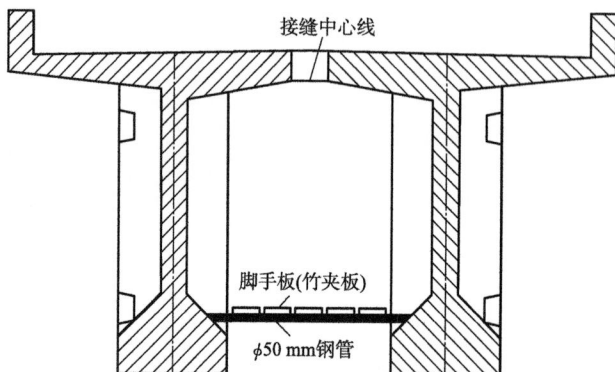

图 4-3-73 脚手板平台示意图

2. 钢筋加工及绑扎

在梁场钢筋加工房(较远距离设置临时加工点)进行钢筋加工,由钢筋班加工成半成品以后,堆放在梁场面筋预扎架左侧,按架桥顺序加工每种梁型的钢筋,按每天绑扎两孔的量加工,备用两孔的量,然后通过 8 t 随车吊集中运输至施工部位进行绑扎。钢筋搭接长度不小于 500 mm(32 m 梁纵向通长钢筋由 3 根 9 m 和 1 根 7 m 组成,24 m 梁纵向通长钢筋由 2 根 9 m 和 1 根 7 m 组成)。

横向连接预应力管道成孔采用 ϕ42 mm 金属波纹管成孔,将波纹管安装到设计位置,并将金属波纹管插入预留孔道内 200 mm 以上。检查每个横隔板的上下预留孔的管道位置距离,符合要求后进行加固,并使用封口胶进行密封保证混凝土灌注时不漏浆,其管道位置应符合要求。

3. 模型安装、拆除

安装上下横隔板模板时,施工人员通过脚手板走到隔板处(必须系好安全带),用缆绳将模板捆牢,由桥面施工人员拉起到安装高度,横隔板处施工人员将模板拉到安装位置或利用湿接缝空隙将模板传送至安装位置。下隔板安装,两侧模板放在底部模板上,用步步紧模板卡子将底部模板固定在侧模上,由梁体变截面支撑侧模。待模板精确就位后,将所有用拉杆及固定螺栓紧固锁死。上隔板安装,两侧模板放在底部模板上,用步步紧模板卡子将底部模板固定在侧模上,将步步紧模板卡子挂在湿接缝钢筋或梁体混凝土上,由梁体钢筋支撑模型(图 4-3-74)。

图 4-3-74 隔板安装示意图

拆除模板时,先用缆绳将模板捆牢,然后拆除步步紧拉杆,模板松动后,用缆绳放到桥下清理及修整。

湿接缝安装,待上下横隔板拆模后,再安装湿接缝模板,采用 12 号铁丝穿过模型每隔 0.4 m 对称绑在桥面预留钢筋上,绑扎时注意模型密贴情况,拆模时用断线钳剪断铁丝即可(这种加固方式较传统对拉杆方式优点在于没有拉杆孔且不漏水)。

4. 混凝土供应及浇筑

施工所需混凝土由就近拌和站拌制,通过罐车运输至施工现场,上下隔板浇筑混凝土时,采用带开关的存料斗及滑槽将混凝土灌入上下隔板,混凝土灌注到设计标高后及时赶压、抹平,在混凝土初凝之前必须对混凝土进行第二次收浆抹平。

浇筑湿接缝混凝土时放料要均匀,灌注过程中注意加强新老混凝土结合部以及钢筋密集部位的振捣,同时应避开横向预应力管道。在浇筑湿接缝端头时采用小木块和木楔子将模板固定牢固,混凝土灌注到设计标高后及时赶压、抹平,在混凝土初凝之前必须对桥面进行第二次收浆抹平。

5. 养护

完成混凝土二次收面完毕后,横隔板采用养护剂养护,湿接缝覆盖土工布进行洒水养护,养护不少于14 d,并做好养护记录。

6. 横向预应力施工

张拉前先调整钢棒张拉端和固定端外漏长度进行调整,同时拧紧锚固螺栓,为张拉做准备。张拉施工采用自制工作平台,如图 4-3-75 所示,工作平台设计有走行机构,悬挂在挡砟墙上,需要移动时人工推送至作业点即可。

7. 管道压浆及封锚

张拉完成后,应在 48 h 内进行管道压浆。管道压浆灌浆材料为高性能无收缩防腐灌浆剂,按要求配制水泥浆。为了不影响通行,采用自制平台,搅浆机放置在平台上,如图 4-3-76 所示,工作平台设计有走行机构,悬挂在挡砟墙上,需要移动时人工推送至作业点即可,如图 4-3-77 所示。

封锚:压浆完成后,应及时进行封锚,封锚采用强度等级不低于 C40 补偿收缩混凝土进行填塞。

8. 防水层及保护层施工

(1)基层要求:基层应干燥、不积水,无尖锐凹凸、蜂窝、麻面和起皮,无油污。

(2)基层处理剂涂刷

在基层上涂刷高聚物改性沥青基层处理剂,应涂刷均匀、不露底面,不堆积,用滚刷均匀涂刷于基层表面上,当基层处理剂干燥不粘手时,方可进行铺贴卷材,基层处理剂每平方米用量不少于 0.4 kg。

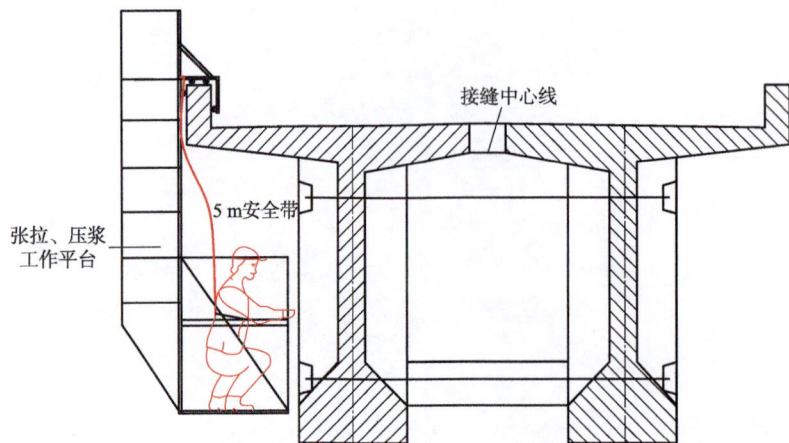

图 4-3-75　张拉、压浆平台示意图

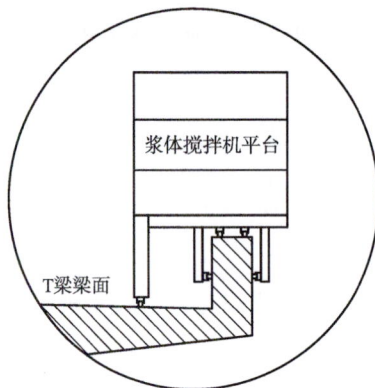

图 4-3-76　搅拌机平台示意图

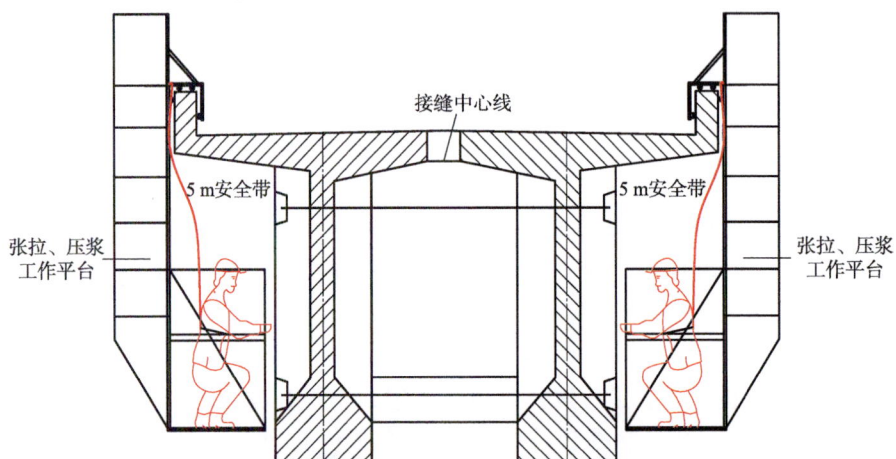

图 4-3-77　工作平台工作示意图

（3）防水卷材铺贴

卷材铺贴应从一端开始，点燃喷灯（喷枪），烘烤卷材底面的沥青层及基层上的处理剂（烘烤喷灯以距离卷材辊 30 cm 左右为宜），烘烤要均匀，将卷材底面沥青层熔化后，即可向前滚铺，卷材底面熔化以沥青接近流淌、呈黑亮为度，不应过分加热或烧穿卷材，如图 4-3-78 所示。

图 4-3-78　卷材铺设现场照片

二、桥面板现浇关键施工技术

设声屏障 T 梁桥面板现浇需在湿接缝施工完成后进行（包括挡砟墙现浇、各类预埋件安装），同时预留桥面横向预应力筋孔道，最后进行桥面板横向预应力施工。声屏障现浇悬挑架结构设计如图 4-3-79 所示。

1. 支架安装

现浇支架采用 Q235 钢材，支架采用 H200 型钢，H 型钢布置间距为 1.1 m，支架后部采用直径 ϕ18 mm 的螺纹钢筋固定在预埋钢筋上。拉杆采用 ϕ18 mm 的精轧螺纹钢，纵向间距 0.55 m，采用 20 mm 厚木板作为底模面板，面板下铺 100 mm×100 mm 方木，纵向采用外径为 ϕ48 mm×3.5 mm 的钢管作为骨架。

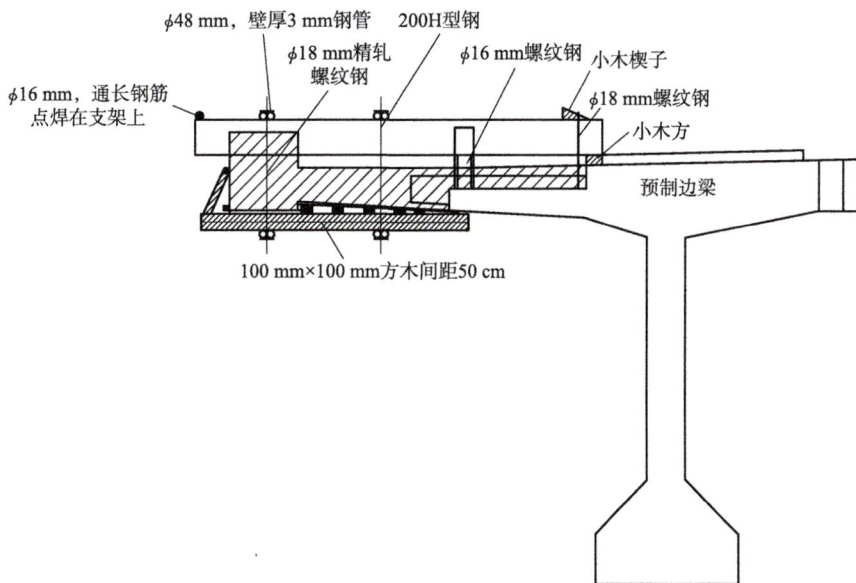

图 4-3-79　声屏障现浇悬挑架结构设计图

2. 模型安装

现浇桥面板模型均采用 20 mm 竹胶板作为面板；底模纵向采用 50 mm×50 mm，方木按照 400～500 mm

的间距进行布置,横向用 100 mm×100 mm 方木按照 500 mm 的间距进行加强,100 mm×100 mm 方木下方用两排双根 φ48 mm 钢管通过丝杆(螺栓外套 φ20 mm PVC 管)与工字钢相连间距 0.8 m,侧模用 50 mm×50 mm 方木按照 1 m 间距布置。工字钢固定端通过模型加固 U 形筋与边梁预埋钢筋焊接,模型加固 U 形筋上方增加塞木。H 型钢支撑点采用 φ16 mm 钢筋弯成 U 形与挡砟墙预埋钢筋焊接做支撑,并将挡砟墙纵向 φ12 mm 钢筋加焊 4 点作为支撑加强。按下列具体顺序进行模型安装。模板安装现场和桥面板施工分别如图 4-3-80 和图 4-3-81 所示。

(1)先将 φ16 mm 的加固 U 形筋与梁体预埋钢筋焊接,安装焊接 φ16 mm 的钢筋支撑并加焊 φ12 mm 纵向加强支撑,将 200H 型钢穿入加固 U 形筋内,采用塞木塞紧 H 型钢。纵向间隔 1 m 依次重复步骤,安装 200H 型钢。

(2)预先在桥头将模型装定成组件,安装拉杆和 PVC 管,采用叉车用工装架从桥上叉到安装位置。

(3)安装纵向钢管和上紧吊杆,安装侧模。安装侧模时在两端及跨中位置提前测量画线,用于控制桥面板外侧线形顺直。

(a) 安装模板组件

(b) 安装纵向钢管和上紧吊杆

(c) 完成模板安装

图 4-3-80　模板安装现场照片

3. 预埋件安装

(1)声屏障、栏杆预埋件、检查梯预埋件应在桥面板钢筋绑扎过程中穿插进行安装,预埋件位置必须按照设计位置进行布置,并对声屏障预埋件进行固定调平,检查梯预埋件与桥面板钢筋焊接牢固,以防浇筑混凝土时发生位移。

图 4-3-81 桥面板施工桥面图

（2）桥面板预应力管道成孔采用 $\phi50\,mm$ 金属波纹管成孔，应采取定位措施，确保管道平直。金属波纹管端头与锚垫板相连，固定在锚穴盒子上，并用泡沫胶进行孔隙封堵，现浇桥面板区域的波纹管与梁体预埋的波纹管需先切口再进行对接，连接处用封口胶包裹严实，确保不漏浆。将波纹管安装到设计位置。检查每个桥面板预留孔的管道位置距离，符合要求后进行固定。横向预应力管道接长，在既有管道中插入波纹管，伸进 200\,mm，并对接缝处使用封口胶进行密封保证混凝土灌注时不漏浆，其管道位置应符合设计要求。

（3）接地钢筋、接地端子安装

每孔梁接地端子数量为 6 个，分别位于左右两片梁距小里程梁端 70\,cm 的挡砟墙顶部、电缆槽竖墙靠梁体侧和声屏障基础内。接地钢筋焊接前先对梁体接地钢筋进行确认，确认无误后，连接至挡砟墙、电缆槽竖墙和声屏障基础处，与接地端子焊接牢固，接地钢筋及接地端子焊接完成后，及时进行接地电阻检测，确认接地电阻符合要求。具体如图 4-3-82 所示。

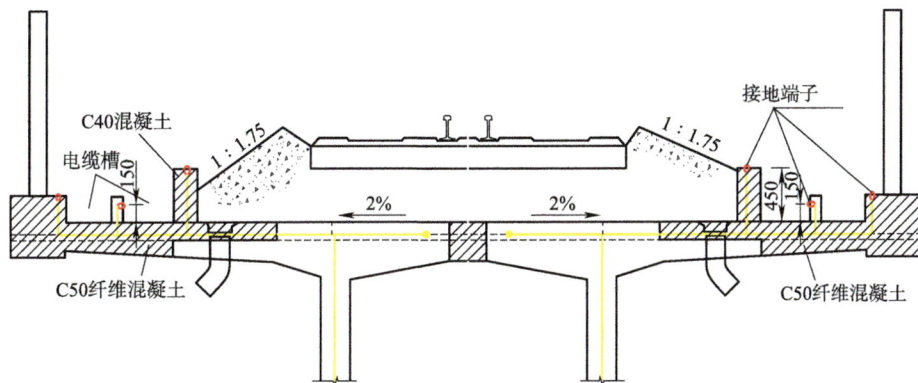

图 4-3-82 接地端子预埋示意图

（4）梁端预埋角钢安装

每孔梁梁端含电缆槽部位均需要预埋不等边角钢，用于止水带的铺设，梁端不等边角钢应安装水平并与梁体预埋部分的不等边角钢对接齐平，保证线形一致。

（5）人行道钢盖板过渡预埋件

2109 梁型与 2101 人行道相接处，需要铺设钢盖板，因此在施工该部位的 2109 现浇桥面板时需在电缆槽竖墙及声屏障基础上预埋螺栓，并按设计图进行布置。

（6）预埋件安装时需保证安装位置准确、水平、螺栓垂直度等符合要求，具体要求详见表4-3-5。

表4-3-5 预埋件安装要求表

序　号	项　　目		安装要求	备　注
1	声屏障预埋件	U形螺栓外露量	(100±3) mm	
		底板水平度偏差	≤±0.5 mm	
		螺杆垂直度偏差	≤0.2%	
		板材安装左右偏差	≤±2 mm	
		相邻预埋件高程偏差	≤±2 mm	
		相邻预埋件间距	≤±2 mm	
		上下板缝前后偏差	≤±1 mm	
2	检查梯预埋件	螺栓外露量	(70±3) mm	
		预埋件偏离设计位置	±3 mm	
		预埋件顺桥向高差	≤3 mm	
3	人行道钢盖板过渡预埋件	螺栓外露量	(50±3) mm	
		预埋件偏离设计位置	±5 mm	
		预埋件之间前后错位	≤2 mm	
4	接地端子	挡砟墙顶部接地端子外露量	5 mm	
		预埋件偏离设计位置	±5 mm	

4. 钢筋绑扎

模型安装完成后按设计图纸进行钢筋绑扎，绑扎顺序为：底板筋→通长筋→分布筋（由下而上）→箍筋→绑箍筋接头→声屏障基础及加宽部位钢筋→电缆槽竖墙预留钢筋→卡钩→保护层垫块。

5. 混凝土浇筑

桥面板混凝土浇筑分两次进行，先浇筑桥面板部分，再浇筑声屏障基础部分。混凝土采用梁场拌和站集中拌制，罐车运输至施工现场，滑槽入模方式进行混凝土灌注。在灌注过程中派专人负责看模板、看钢筋，发现螺栓和铁楔松动及时拧紧和打牢，发现接缝口和其他部位漏浆应及时堵严，钢筋、预埋件如有变形及时调整保证位置正确。

灌注时要控制下料速度，保证下料均匀，防止制孔管道移位、钢筋骨架变形。混凝土从一端向另一端连续灌注，一气呵成。桥面板混凝土采用插入式捣固方式，操作插入式捣固棒要做到快插慢拔，一般插点距离约25 cm，每点振动时间30～60 s，确保振动密实。应防止欠振和过振，严禁漏振。以混凝土面不再下沉，不出现气泡，表面泛浆为度。灌注桥面混凝土，从开始浇筑端的桥面布混凝土，同时人工先给端边墙装入适量的混凝土，再用插入式捣固棒插振各个部位，直到另一端结束。灌注时应按设计坡度抹平，平整度不大于3 mm/m。当灌注结束后，在混凝土初凝之前必须对桥面进行第二次收浆抹平（适当粗糙），使桥面达到平整，排水通畅。

6. 桥面预应力张拉

在桥面现浇混凝土强度达到C45、弹性模量达到C50的90%以上后进行，采用单端张拉，张拉顺序为从跨中至梁端对称梁跨中心线交替张拉。张拉前和张拉过程仔细核对张拉力，油表控制读数根据每次校顶后下发的张拉力通知单为准，张拉完成后根据理论伸长值进行校核。张拉完毕，认真填写张拉记录，有关人员签字，原始记录不得任意涂改。

桥面压浆、封锚、防水层及保护层施工采用同横向湿接缝施工相同的工艺。

7. 挡砟墙施工

设声屏障T梁（通桥〔2012〕2109（修））梁型桥面在桥面板施工完成后需进行挡砟墙现浇施工，同步施工电缆槽竖墙。挡砟墙采用钢模进行模板安装，采用对拉杆进行挡砟墙宽度控制；电缆槽竖墙采用木模进行模板安装,因曲线段内的梁挡砟墙高度不一致,需制作高 450 mm 和高 800 mm 的模型各一套。模型安装时应选择对应的钢模进行关模。挡砟墙高度见表 4-3-6。

表 4-3-6　挡砟墙高度

梁型	挡砟墙高度			备　注
	直线梁	曲线梁		
		曲线内侧	曲线外侧	
通桥(2012)2109	450 mm	450 mm	800 mm	

(1)施工前对结构物底面进行凿毛处理,钢筋根部凿毛至钢筋外侧 1～2 cm,并将表面杂物和浮渣清理干净露出新鲜混凝土面。把预埋钢筋调整顺直,保证钢筋保护层厚度满足设计要求。同时检查挡砟墙、梁体预留的钢筋等接口的位置、数量是否符合要求,不符合要求的应及时处理完毕后,再进行施工。

(2)在梁两端及断缝处测出梁面标高后,反算出钢筋顶面标高,在梁端钢筋及断缝处钢筋按设计标高固定好后拉线进行绑扎其他钢筋。

(3)根据梁型区别采用高 450 mm 或 800 mm 的模型进行拼装,模板安装前应清灰打磨,保持表面平整并涂刷脱模剂。模板拼装完成后应检查线形顺直,无明显折角或错台。

(4)在施工挡砟墙同时施工电缆槽竖墙,电缆槽竖墙高度为 225 mm,宽 100 mm,与声屏障基础及挡砟墙底部倒角处处于同一水平面,长度与梁体同长,制作木模一套,用于竖墙关模,按设计图纸要求进行钢筋绑扎。竖墙内按照施工图纸每隔 2 m 设置一道断缝,断缝宽度 10 mm。

(5)挡砟墙及电缆槽竖墙均采用 C40 混凝土进行浇筑,挡砟墙浇筑时采用水平分层法从一端浇筑到另一端;电缆槽竖墙浇筑时一次浇筑成型。浇筑时下料口距离模板顶 30 cm 左右,下料应均匀缓慢,应尽量减少冲击模板和溅落在桥面上的混凝土渣,下料过程中控制混凝土用量,避免人工倒运补料。采用 30 型插入式振捣棒振捣,混凝土振捣完成后以模板上顶面为基准先初步抹平,然后用塑料抹子搓面提浆,在混凝土初凝前(根据当天温度确定等待时间)用铁抹子抹面收光,收光后用土工布覆盖养护,自然养护不少于 14 d。

第七节　涵洞工程施工

一、框架涵施工

1. 施工程序及工艺流程

框架涵施工程序为:施工准备→测量放样→基坑开挖(材料准备)→地基处理、基础施工→底板施工→涵身及顶板施工→端墙和翼墙施工→防水层施工→涵背回填→出入口顺接施工。

框架涵施工工艺流程如图 4-3-83 所示。

2. 技术要求

(1)根据地质条件的不同,框架涵地基处理一般采用明挖、换填、强夯、砂桩、粉喷(旋喷)桩加固等措施,或采用其他桩基形式,涵洞施工前应根据要求做好地基处理。当现场地质条件与设计不符,应及时上报相关单位,变更地基处理方式。

(2)进场原材料符合设计要求,钢筋加工和安装严格按照图纸进行,做好混凝土配合比的选定,模板应优先采用定型钢模板。

(3)框架涵的平面位置、结构尺寸、净空应符合设计,做好出入口的顺接,与既有通行道路冲突不能满足使用要求时应及时提出,变更调整位置。

(4)做好框架涵的防水层施工,验收合格后方可进行涵背回填,涵背回填应选用满足设计要求的填料,分层碾压,边角处采用小型夯机夯实。

```
┌──────────┐
│  施工准备  │
└────┬─────┘
     ↓
┌──────────┐
│  测量放样  │
└────┬─────┘
     ↓
┌──────────┐      ┌──────────┐
│  基坑开挖  │←─────│  材料准备  │
└────┬─────┘      └──────────┘
     ↓
┌──────────────┐
│ 地基处理、基础施工 │
└──────┬───────┘
       ↓
┌──────────┐
│  底板施工  │
└────┬─────┘
     ↓
┌──────────────┐
│  涵身及顶板施工  │
└──────┬───────┘
       ↓
┌──────────────┐
│  端墙和翼墙施工  │
└──────┬───────┘
       ↓
┌──────────┐
│  防水层施工  │
└────┬─────┘
     ↓
┌──────────┐
│  涵背回填  │
└────┬─────┘
     ↓
┌──────────────┐
│  出入口顺接施工  │
└──────────────┘
```

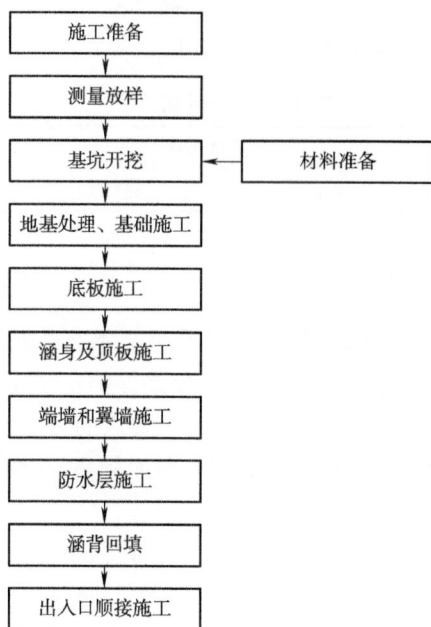

图 4-3-83　框架涵施工工艺流程

3. 施工关键技术

（1）测量放样

涵洞基坑临时放样点应在场地平整完成以后进行，测定基坑中心线、方向和高程。临时平面点位应距离基坑开挖上边缘 5 m 左右，并设置明显的标志，避免开挖和运输机械的破坏。

根据测量放样的临时平面点，采用石灰粉等绘出基坑开挖的上口边线，基坑开挖交底中应明确开挖坡度，以便控制基底开挖边线满足施工需要。

（2）基坑开挖

①根据地质水文资料，结合现场情况，决定开挖坡度和支护方案、开挖范围和防、排水措施。

②基坑可采用垂直开挖、放坡开挖，支撑加固或其他加固的开挖方法。在有地面水淹没的基坑，可修筑围堰、改河、改沟、筑坝排开地面水后开挖。

③无水土质基坑底面，宜按基础设计平面尺寸每边放宽不小于 50 cm。适宜垂直开挖且不立模板的基坑，基底尺寸应按基础轮廓确定。

④基底应避免超挖，松动部分应清除。使用机械开挖时，不得破坏基底土的结构，可在设计高程以上保留 30 cm 厚度由人工开挖。

⑤基坑开挖完成后，应进行平面和水准测量，采用模板进行混凝土基础施工的基底边线应比基础每边大 50 cm，保证基础施工的工作面。

（3）基础施工

基础施工前，原地基或经处理后的基底应进行检测，满足设计要求后精确测放出涵洞基础平面尺寸。根据放样结果，铺设设计要求厚度的碎石垫层并碾压密实，立设模板，浇筑 3～5 cm 厚砂浆垫层。在砂浆垫层上根据测量组的放样结果，用墨线弹绘出基础边线，立设模板分节浇筑基础混凝土。基础施工现场如图 4-3-84 所示。

（4）底板施工

底板施工时，基础混凝土强度应达到 2.5 MPa 以上。在基础混凝土顶面精确放样出涵洞底板平面边线。

底板模板立设时，应考虑将底板以上 30 cm 的边墙混凝土与底板整体浇筑，浇筑完成后，边墙混凝土

图 4-3-84　基础施工现场照片

顶面应进行拉毛处理。

模板立设完毕,绑扎底板及边墙钢筋,边墙钢筋安装时注意钢筋接头应错开布置。底板施工现场如图 4-3-85 所示。

图 4-3-85　底板施工现场照片

（5）边墙和顶板施工

待底板混凝土强度达到设计强度的50%后方可施工边墙和顶板混凝土。先立设涵洞内模板，绑扎边墙和顶板钢筋。边墙模板采用拉杆固定，横向采用钢管对撑。顶板采用建筑钢管做支撑，建筑钢管顶部应设置可调顶托。钢管纵、横向间距通过计算确定。支架搭设完毕应全面进行检查，钢管脚手架的搭设和检查内容参照《建筑施工扣件式钢管脚手架安全技术规范》（JGJ 130—2001）的规定。顶板混凝土强度达到设计强度的75%以上时方可拆除钢管脚手架支撑。框架涵边墙及顶板模板支撑如图4-3-86所示，现场照片如图4-3-87所示。

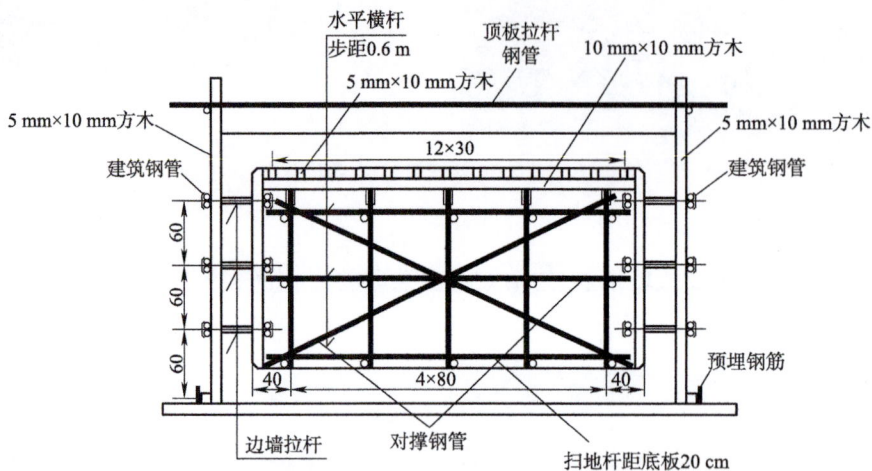

图 4-3-86 框架涵模板支撑图（单位：cm）

图 4-3-87 框架涵模板支撑现场照片

二、盖板涵施工

1. 施工工艺流程

盖板涵施工工艺流程如图4-3-88所示。

2. 技术要求

（1）混凝土配合比通过实验选定，满足设计强度和工艺要求。

（2）工程测量、放线工作已经完成，且经复核符合要求。

（3）涵洞施工所用的模板质量符合施工工艺设计要求；模板安装稳固牢靠，不漏浆。

3. 施工关键技术

（1）测量放样

采用全站仪，用坐标法对涵洞进行总体定位，根据原地面高程与涵洞基础设计高程确定基坑开挖深度及开挖边线,并洒出白灰线标识。

（2）基础开挖及基础处理

①人工配合挖掘机开挖基坑。开挖宽度比设计宽度宽出 50～100 cm。机械开挖到距设计深度 30 cm 左右时,改由人工开挖至设计标高,避免超挖后回填。清除坑底的浮土,整平。

②用动力触探仪进行基坑底的地基承载力检测,地基承载力不小于设计要求。若不满足要求,则应根据情况进行换填、夯实或固结处理,并向监理报施工方案,处理范围应宽出基础底 50 cm。

③基础底处理完毕后,由测量组恢复基础控制点,测量基底标高,合格后,进入下道工序。

④基坑开挖完成后应设立明确的标识牌,做好围挡,防止行人、车辆落入坑中。

（3）基础施工

①地基验收合格后,安装侧模板。模板采用组合塑钢模型现场拼装,模板接缝要严密,表面平整度要符合规范要求,用螺栓和对拉螺杆进行连接,并要支撑稳固。

②模板支设好后,对主要控制点的标高进行测量,根据设计标高计算混凝土浇筑位置,并用墨盒弹线标记。

③设置沉降缝:沉降缝应根据设计和规范要求设置,设置间距为 4～6 m,当涵洞盖板为预制盖板时,涵洞沉降缝的设置应考虑板的宽度。

④浇筑混凝土:模板验收合格后方可浇筑混凝土。混凝土采用集中拌和,混凝土运输至现场后,用吊车吊料斗或溜槽浇筑。基础混凝土分层浇筑,每层厚度保持在 30 cm 左右。振捣密实、连续,振捣棒要竖直插入,快插慢提,移动间距不应超过振动器作用半径的 1.5 倍;与侧模应保持 50～100 mm 的距离;插入下层混凝土 50～100 mm;每一处振动完毕后应边振动边徐徐提出振动棒;应避免振动棒碰撞模板。混凝土浇筑完成后将该层侧墙范围内混凝土凿毛,基础襟边压光。基础施工现场如图 4-3-89 所示。

施工准备
↓
基坑开挖
↓
基底处理及检测
↓
基础施工
↓
墙身施工
↓
盖板施工
↓
沉降缝及防水层制作
↓
洞口附属工程施工
↓
涵两侧填土

图 4-3-88　盖板涵施工工艺流程

图 4-3-89　基础施工现场照片

（4）墙身混凝土浇筑

基础施工完毕后,达到一定强度后方可进行台身施工。台身施工前放样台身外缘轮廓线,并对台身与基础接触面进行凿毛和冲洗。按照设计图纸绑扎内侧补强钢筋,采用组合钢模立模,斜撑和拉杆固定。立模结束后,对模板内尺寸和钢筋保护层厚度进行检查,检查合格后方可浇筑台身混凝土。混凝土采用集中拌和,混凝土运输罐车运输到施工现场,送入模内。浇筑时应分层浇筑,浇筑应该连续进行,分层振捣,做到不漏振、不过振。浇筑至台身顶面时,严格控制标高使顶面线形平顺。模型加固等具体工艺详见框架涵模板施工。浇筑结束后,混凝土达到一定强度后即可拆模养生,养生采用专人负责覆盖养生,保证养生至少 7 d。墙身混凝土浇筑现场如图 4-3-90 所示。

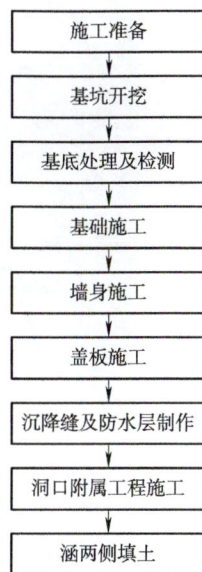

图 4-3-90　墙身混凝土浇筑现场照片

（5）台帽模板安装和混凝土浇筑

设计上如果台帽与墙身平齐,没有出台,则台帽混凝土与墙身混凝土同步浇筑。如果台帽与墙身有错台,则台帽混凝土与墙身混凝土分别浇筑。台帽施工应先放样台帽尺寸,对台身进行凿毛冲洗。绑扎台帽钢筋,安装台帽模板,采用斜撑和拉杆固定模板。立模结束后,对模板内尺寸和钢筋保护层厚度进行检查,检查合格后方可浇筑台帽混凝土。按照台身的工艺浇筑台帽混凝土至设计标高。浇筑台帽安置盖板台阶时,采用预埋和台阶等尺寸的木箱,严格控制台帽顶面标高。

浇筑结束后,混凝土达到一定强度后即可拆除预埋木箱和模板,养生采用专人负责覆盖养生,浇筑台帽混凝土时严格控制台帽顶标高和平整度,以及预埋锚栓钢筋位置的准确性。

（6）涵洞盖板

涵洞盖板根据实际情况采用预制和现场浇筑两种方法,预制盖板在预制场集中预制;现浇盖板在涵洞墙身浇筑完成后,强度达到 75％以上时方可施工。本工程涵洞盖板均采用预制施工。

①预制盖板

浇筑预制台座前将场地整平碾压后填筑 20 cm 砂砾料,压实后浇筑 15 cm 混凝土平台,确保台面平整光滑。盖板底模和侧模采用大面积钢板制作,模板刚度、强度和稳定性要满足要求。钢筋下料时核对钢筋种类、直径、尺寸、数量,计算下料长度,在底座上划好钢筋间距线,以控制布筋尺寸,然后绑扎底板纵筋及箍筋,从中间向两端绑扎钢筋,最后绑扎端头筋。

混凝土拌和采用拌和站集中拌和,混凝土罐车运输,吊车配吊斗浇筑。因盖板厚度较小,无须分层浇筑,但应注意均匀布料,全方位振捣,尤其是模板边角部位,要安排专业振捣工负责振捣。混凝土浇筑完成后,对盖板顶面进行修整、收浆抹平。待初凝后,要进行二次抹平,然后板顶拉毛,保证盖板和桥面铺装结合紧密。混凝土养生采用土工布等覆盖并随时洒水,或采用养生剂养生,以保持盖板表面处于湿润状态。预制盖板时注意吊装钢筋、防震锚栓孔的设置,以及板顶钢筋的预埋。

②预制盖板安装

盖板混凝土强度达到设计强度的 75％后方可吊装;测量人员在台帽处事先放出盖板安装位置线;安装盖板前应注意台帽顶上按照图纸设计要求铺设相应厚度的油毛毡;专人指挥吊车起吊、盖板就位,起吊时,盖板两端应平衡上升,横移同步;起、运、吊盖板所用机具在使用前要全面检查,要确保施工安全,在安装过程中,要加强对安装设备的安全检查,使之始终处于完好状态。盖板吊装过程中,设专职起重工统一指挥,统一信号,不允许在吊臂下站人。

三、圆管涵施工

1. 施工工艺流程

圆管涵施工工艺流程如图 4-3-91 所示。

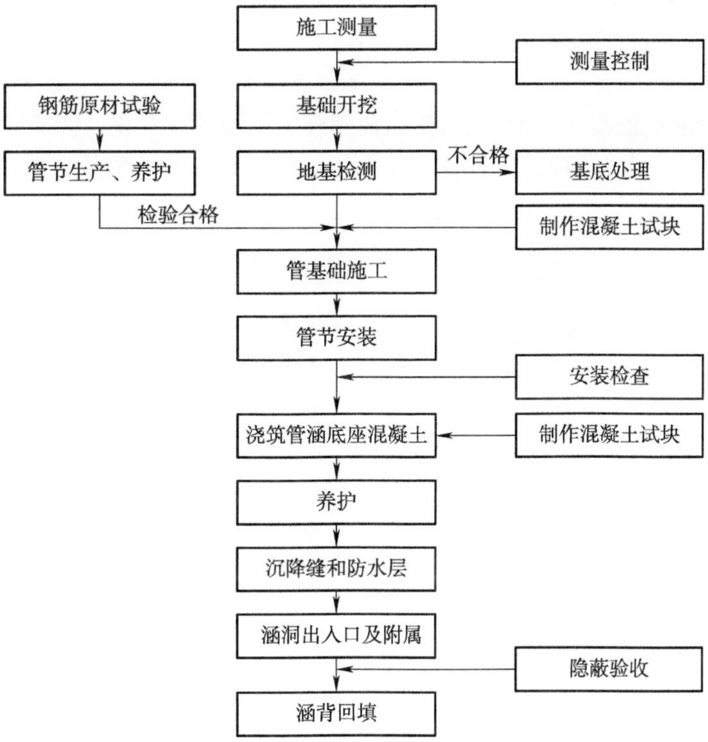

图 4-3-91　圆管涵施工工艺流程

2. 技术要求

(1)钢筋混凝土圆管涵管节端面应平直并与其轴线垂直,斜交涵洞进出口管节的外端面,应按设计角度进行处理。

(2)管节内外壁表面应光滑圆顺,无蜂窝麻面和露筋等缺陷,钢筋保护层应符合设计要求。

(3)混凝土管座顶部弧形面应与管身密贴。管节安装应按设计坡度安装,每一沉降段内的管底内壁应调整平顺,管节必须座稳垫实,管座范围内基础顶面应清洗干净,不得有泥土等杂物。

(4)平口管接头宽度应为 1～2 cm,表面应平直,采用设计要求的材料堵塞密实。所有接口不得有间断、裂隙、空鼓、漏水现象。

3. 施工关键技术

(1)基础开挖

基坑开挖采用挖掘机挖装,每侧预留 30 cm 工作面及 20 cm 基坑排水沟,在下游设一个 60 cm×60 cm 的集水坑。土方边开挖边运输,人工配合刷坡检底的开挖方法,机械开挖时在设计基底高程以上保留不少于 20 cm 厚度的土层采用人工开挖检底。如有长流水的涵洞,暂时引向别处流走。如有地下水的涵洞,必须在基底两侧挖临时排水沟,排入集水坑用水泵抽出。

挖至设计标高后,检查基底承载力,基坑位置、标高、几何尺寸是否符合设计要求,进行基础放样,及时填写隐蔽工程报告单,请监理工程师验收签字后,立即下基。基底标高应控制在规范允许的范围内,土:±50 mm;石:+50 mm,−200 mm。有水基坑开挖必须配置一台 2 kW 的抽水机和 20 kW 的发电机。开挖时在两侧做好排水沟,在下游挖集水坑明抽。在施工过程中,始终保持基底无浸水。为缩短基坑暴露时间,要预计基坑成型的时间提前通知监理工程师,在基坑达到设计要求后立即进行检查,基底经检验符合设计要求后浇筑基础或进行基础换填。

(2)管道基础施工

圆管涵基座采用 C35 混凝土浇筑,混凝土由项目部拌和站集中拌制,混凝土运输车运输,采用插入式振动器振捣。模板安装采用大块钢模拼装组合,整体浇筑。基座混凝土分两次浇筑,先浇筑管底以下部分,此时应注意预留管壁厚度及安放管节坐浆混凝土 2～3 cm,待安放管节后再浇筑管底以上部分,并应保证新旧混凝土的结合,以及管基混凝土与管壁的结合。

（3）管节的安装

在合格厂家购买管涵的混凝土管节,用汽车运输到施工现场进行安装。管节从下游开始安装,每节涵管应紧贴于基座上,使涵管受力均匀,所有管节应按正确的轴线和坡度敷设。管节安装现场如图 4-3-92 所示。

图 4-3-92　管节安装现场照片

（4）接缝与防水处理

涵管接缝宽度不大于 10 mm,严禁加大接缝来满足涵长的要求,用沥青麻絮或其他具有弹性的不透水材料填塞接缝内、外侧,以形成柔性密封层。

涵管外侧均匀涂刷聚氨酯防水涂料,涂料符合国家标准《聚氨酯防水涂料》(GB/T 19250—2013)。涂刷防水涂料填结构面应保持平整干燥,同时确保接触面无凹凸不平、蜂窝麻面、浮渣、浮灰等现象。

（5）涵背回填

涵洞施工完成后,开挖的基坑采用砂砾土分层夯实至原始地面。涵洞缺口按过渡段施工。涵洞涵背填筑应待涵身结构混凝土或砌体砂浆达到设计强度的 75% 进行。填筑必须从涵身两侧同时、对称、水平、分层施工,并应逐层辗压密实,在涵顶填筑超过 1 m 时,方可通行大型机械。涵洞两侧紧靠边、翼墙和涵顶 1 m 以内,宜采用人工配合小型机械的方法夯填密实,并应防止小型机械碰撞、推压结构物。回填时,不得破坏涵洞防水层。涵背回填现场如图 4-3-93 所示。

图 4-3-93 涵背回填现场照片

第八节 新工艺、新工法、新装备、新材料的应用及效果

一、深化悬臂连续梁新工艺

为了提高施工工艺、保障施工质量、全面提升项目管理水平,严格按照工管中心"关于推广运用悬臂浇筑连续梁相关施工工艺的指导意见"及建指相关的要求,从深化悬臂连续梁新工艺、工装的应用着手进一步提升铁路悬臂浇筑连续梁施工工艺及施工质量管理的水平。

连续梁新工艺施工主要内容包括:连续梁0号段及现浇段通过BIM优化技术对横隔板处密集区的钢筋及预应力管道进行碰撞试验,对梁体钢筋及预应力管道进行优化。在腹板及横隔板等模板部位处预留振捣窗口,解决0号段钢筋密集区振捣不到位;通过分析每座连续梁预应力管道的分布情况和分布间距、层距,精加工全截面刚性井字架定位工装,并辅以端模、侧模、顶板作为管道定位的基准面,对井字架进行准确定位与钢筋骨架焊接固定,将管道从井字架相应位置穿入,实现管道精准安装,保证了预应力张拉符合设计要求;通过在钢结构加工厂使用钢板精加工预应力端部锚盒,并将锚盒与端模、锚盒与锚垫板通过螺栓紧密固定,使锚垫板、锚口、钢端模形成整体,并只要保证钢端模安装位置准确、垂直度准确即可保证预应力张拉锚口与锚垫板垂直,确保预应力张拉端锚穴混凝土质量和喇叭口预应力损失符合设计要求;通过分析0号段梁体底板钢筋网之间的间距,在钢结构加工厂采用角钢精加工可拆卸组合式劲性骨架,并将0号段内模支架支撑在角钢骨架上,既实现了对钢筋保护层及钢筋间距较好的控制,又做到了承受内模顶板部分荷载的作用,且控制了内模支架钢管不打进混凝土中,保证了梁体混凝土的完整性;通过分析梁体底板、腹板、顶板及支座钢筋网的间距,在钢结构加工厂采用钢板制作钢端模及支座钢筋角钢卡具,即可以控制梁体底板、顶板、腹板及支座钢筋网的间距,又能通过加固端模使钢模板有足够的强度保证梁端的线性。

1. 多孔振捣施工工艺

连续梁多孔振捣施工技术适用于连续梁梁段钢筋较为密集及需安装支座的0号段及现浇段。

在0号块剪力块侧模上部斜面处每侧分别开设3个40 cm×30 cm的振捣天窗,在现浇段剪力块侧模上部斜面处每侧分别开设3个15 cm×15 cm的振捣天窗,当腹板为直模时不需要开孔。在0号段箱内横隔板两侧底部倒角斜面上开设4个15 cm×15 cm的振捣口,在现浇段箱内横隔板两侧底部倒角斜面上开设3个15 cm×15 cm的振捣口,以便从横隔板两侧插入振捣棒振捣支座处混凝土。振捣窗口布置如图 4-3-94 所示。

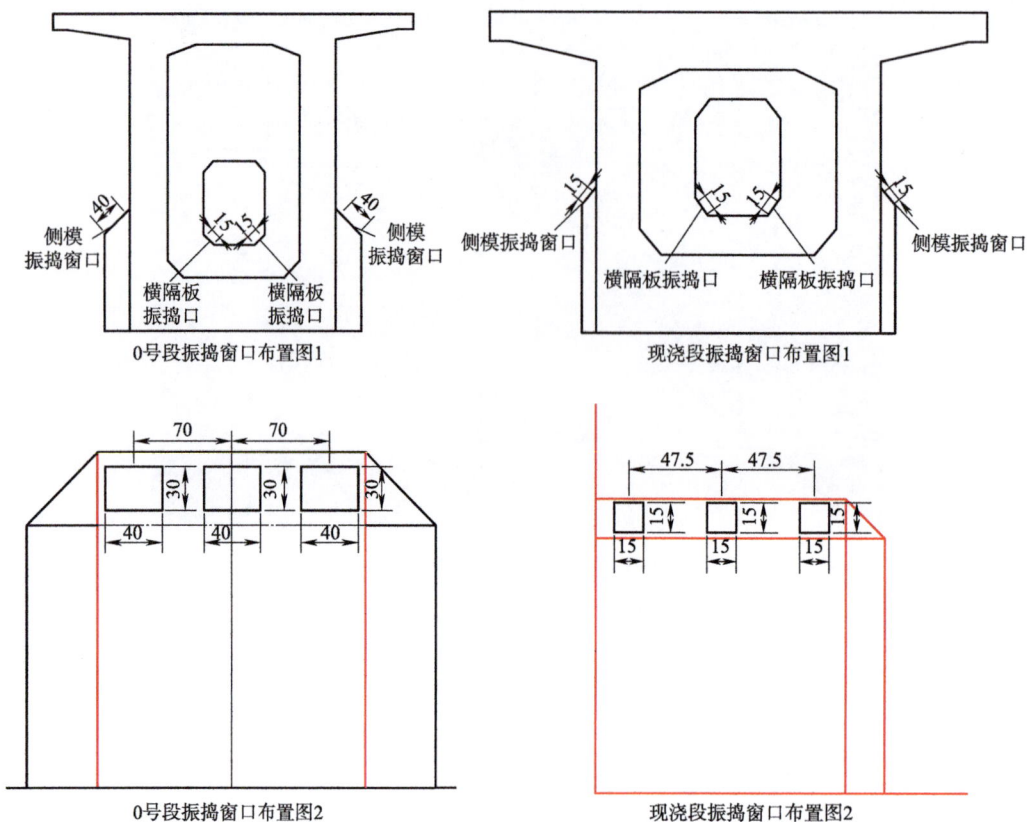

图 4-3-94　振捣窗口布置图(单位:cm)

连续梁支座处混凝土采用定点布料方式,绑扎支座处钢筋网时,严格控制每层钢筋的绑扎间距及位置,将四层钢筋网片的 10 cm×10 cm 网格对齐,确保混凝土顺利下料至支座,避免因粗骨料卡在钢筋网上,造成混凝土离析、空洞。在支座钢筋网片及腹板波纹管定位完成后,在支座上方利用波纹管之间的空隙设置 2 根直径 φ150 mm 的高强度 PVC 管作为混凝土下料通道和振捣通道,两根 PVC 管纵向间距 80～100 cm,下料通道和振捣通道项目利用转换,PVC 管底部距支座顶板 45～50 cm,管道顶端高出梁面钢筋 50 cm。在后在预置 PVC 管周边按设计钢筋间距绑扎钢筋,钢筋与管道冲突时,对钢筋间距进行适当调整,如图 4-3-95 所示。

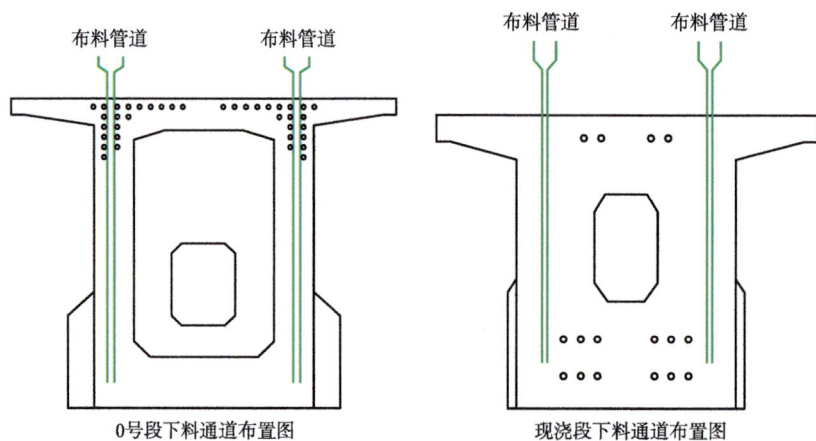

图 4-3-95　下料通道布置图

在 0 号段及现浇段凸出剪力块侧模上增加一台附着式振捣器,辅助振捣,保证混凝土的外观。

2. 预应力管道全截面刚性井字架定位新工艺

通过分析连续梁预应力管道的分布情况和分布间距、层距,预应力管道定位采用全截面刚性井字架定位工装,定位工装采用直径 $\phi 12$ mm 螺纹钢筋加工,工装定位纵向间距 1 m。悬臂浇筑预应力混凝土连续梁因每个梁段均需要进行张拉,梁体预应力管道在每个节段都在不断进行变化,必须对梁体全桥预应力纵桥向布置图进行绘制,并按梁段进行分解,绘制出每一个梁段不同截面定位工装所需要的预应力管道横断面布置图,针对出现平弯的预应力管道可适当调整井字架定位工装间距,将全桥定位工装在钢结构加工厂统一进行加工,并按梁段进行编号存放。预应力管道全截面刚性井字架定位布置如图 4-3-96 所示。

通过精确放样确定顶板端模、腹板侧模的平面位置及顶板高程,并将端模、侧模、顶板作为管道定位的基准面,将全截面井字架定位工装进行准确定位并与钢筋骨架焊接固定,并将预应力管道从井字架相应位置穿入,实现管道精准安装,在两道定位工装的中部增加管道定位钢筋,确保管道定位钢筋不超过 50 cm,保证预应力管道安装正确。为确保定位工装钢筋骨架的整体稳定性,可在骨架钢筋网格间距较大的位置进行适当加强,并在每一段梁段的技术交底中明确预应力管道穿过的定位工装钢筋网格,以免将管道穿错。

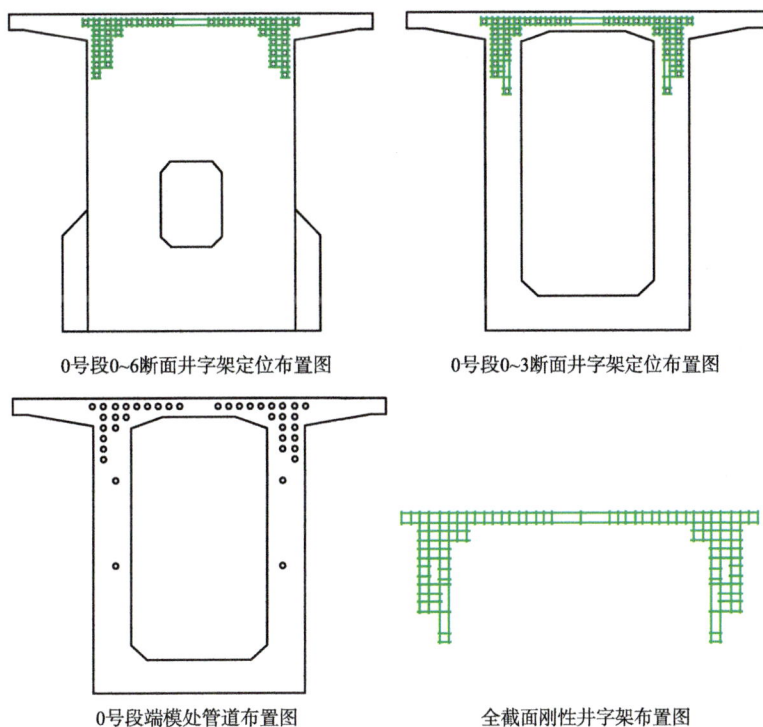

0号段0~6断面井字架定位布置图

0号段0~3断面井字架定位布置图

0号段端模处管道布置图

全截面刚性井字架布置图

图 4-3-96 预应力管道全截面刚性井字架定位布置图

3. 锚口模板及钢端模定位新工艺

对连续梁每个梁段端部预应力横断面及纵断面图进行绘制,分析每个梁段预应力锚盒所对应的角度与平面尺寸,结合所使用千斤顶的直径及图纸上所明确张拉槽口参数绘制出梁段不同类型的锚盒尺寸,由钢结构厂采用 3~6 mm 厚钢板统一精加工,锚口模板与钢端模定位如图 4-3-97 所示。锚盒与端模连接处需设置凸边并钻孔,采用螺栓连接,螺栓孔规格与锚垫板上自带的孔位大小相同或适当加大,确保锚盒与端模连接牢固。在锚盒后部与锚垫板螺栓孔相对应的位置钻孔,确保锚垫板与锚盒通过螺栓紧密固定。

4. 可拆卸组合式劲性骨架新工艺

分析 0 号段及现浇段梁体底板钢筋网之间的间距,精加工可拆卸组合式角钢劲性骨架,如图 4-3-98 所示,角钢骨架分为钢筋定位角钢及支撑角钢,角钢型号为 L50 mm×3 mm 等边角钢。钢筋定位角钢需要根据钢筋分布间距在角钢相应位置开槽,开槽深度 3 cm,宽度比钢筋直径大 3 mm,钢筋定位角钢根据 0

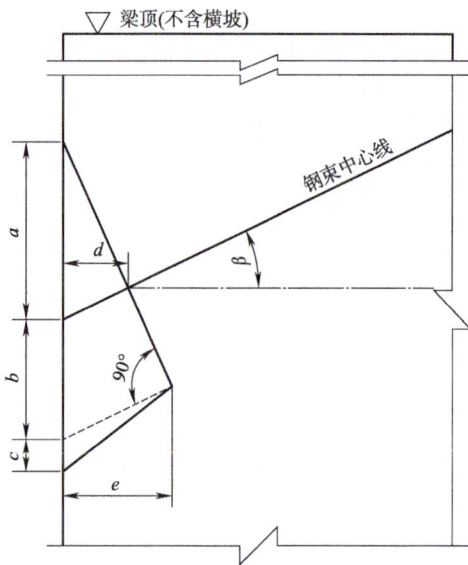

图 4-3-97 锚口模板与钢端模定位图

号段及现浇段底板结构进行设置,0 号段横桥向设置 2 排,分别设置在泄水孔转角处及转角与梁端的中心位置,纵桥向设置 2 排,分别设置在距离两侧倒角 30 cm 处。现浇段设置 3 横桥向设置 3 排,第一排设置在距离横隔板倒角 30 cm 处,第一排与第二排、第三排间距均为 1.2 m,纵桥向设置位置与 0 号段设置位置相同。支撑角钢用于支撑钢筋定位角钢及支撑 0 号段及现浇段内模支架,钢筋定位角钢与支撑角钢采用可拆卸式螺栓连接,水平位置根据钢筋保护层厚度与底板顶面标高进行确定,在底板钢筋绑扎完成形成整体骨架后,拆除钢筋定位角钢并保留支撑角钢,便于钢筋定位角钢重复使用。支撑角钢布置间距与内模支架间距相同,间距 0.9 m×0.9 m。在角钢上部与内模支架相接的部位可增加 5 mm 厚的钢板,并将钢板点焊在支撑角钢上,在角钢的下部增加混凝土垫块,避免支撑角钢与模板直接接触,确保支撑角钢与内模支架可靠连接。

使用可拆卸组合式劲性骨架定位工装即实现了对钢筋保护层及钢筋间距较好的控制,能控制内模支架钢管不打进混凝土中,保证了梁体混凝土的完整性。

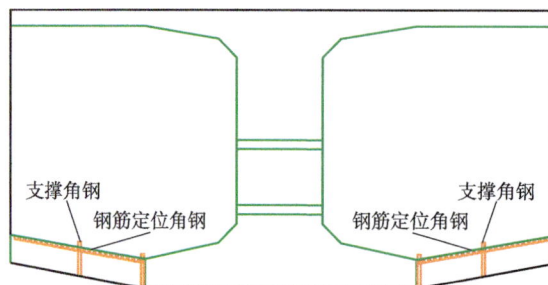

图 4-3-98 可拆卸组合式劲性骨架示意图

5. 自动喷淋养护新工艺

连续梁梁段在浇筑后采用自动喷淋系统进行养护,可以在 24 h 内通过自动操作系统不间断进行防护,防止混凝土因养护不到位出现开裂等现象,既节省了劳动力又能很好的提升功效。

自动喷淋系统主要由智能主控系统、供水系统、喷淋管网、喷头等部件组成,可实现定时、分段、全方位自动雾化喷淋。喷淋管道主要分为两个部分:箱内和箱外,均利用挂篮的挂架进行固定,喷淋管道自动跟随挂篮前移,对已拆除模板梁体直接进行喷淋养护。喷淋管路纵向长度大约能保证养护 1 个节段,喷淋管网则跟随挂篮行走,上部留有部分软管,进行长度的调节。通过自动喷淋系统的应用可以有效地解决养护不到位的情况出现,电子系统的自动控制节省了过程中人力的投入,同时又能全方位、无死角对梁体进行保湿养护。

智能主控系统由多功能智能计测器、水泵开关接触器、电磁阀组成,供水系统由 2 m³ 蓄水箱(设置在 0 号段)、增压泵组成,喷淋管网采用 UPVC 管,喷头采用雾化喷头。

养护部位主要分为:箱梁顶板、箱内顶腹板、箱梁底板以及箱梁外侧翼缘板及腹板。其中将箱内顶腹板喷淋管道安装在挂篮内滑梁上,形成门字架喷淋结构,门字架与设置在箱内顶板的贯通水管相连,贯通水管采用 $\phi48$ mm 钢管或 $\phi25$ mmPVC 管加工而成,贯通水管通过在设置在梁面顶板的预埋孔进行固定,挂篮每前进一个阶段需要对贯通水管接长,贯通水管接入梁面主水管。外侧翼缘板及腹板喷淋管道安装在挂篮外滑梁上,底板喷淋管道安装在底膜横梁上,顶板养护管道直接放置梁面,各部位喷淋管道跟随挂篮前进,喷淋管道全部接入设置在梁面的主水管。

梁体养护阶段喷淋时间继电器时间一般设置(30~60 s),间隔时间一般设置(30~60 min)。刚拆模的梁体因表面温度极高设置喷淋时间 60 s,喷淋间隔时间为 30 min。当梁体混凝土水化热下降后其喷淋时间设置为 30 s,喷淋间隔时间为 60 min。梁体喷淋养护时间及间隔时间也需根据天气、温度情况来调节。

6. 预应力智能张拉

铁路桥梁的预应力施工大部分均采用普通油泵驱动千斤顶进行张拉,人工测读油压表、千斤顶伸长值进行双控的传统施工工艺,施工过程全部采用人工操作,缺乏有效的质量控制手段,难以实现预施应力准确控制,施工效率低,主要问题包括:

(1)张拉力与压力表的标定误差和压力表读数误差较大。

(2)压力表读数不稳定,加压控制操作误差大、分辨率低,难于精确控制张拉力。

(3)预应力筋伸长量读数误差大、测量慢,信息反馈不准确。

(4)千斤顶、油泵和压力表的标定频率高,标定结果不易保持。

(5)两端张拉过程中的问题不能及时发现,张拉时间及同步率不可控,速度慢。

(6)张拉记录人工填写,难以保证数据的真实性。

预应力张拉是连续梁质量保证的关键工序,为了更好地控制工程质量,预应力智能张拉可一键操作实现张拉过程的自动化控制,在张拉过程中实时显示伸长值及张拉力值,实时采集张拉数据进行自动控制并形成数据采集曲线,张拉结果自动记录存储以及网络传输、信息化管理。

预应力智能张拉将传统的张拉设备进行集成和改造,融入微电脑控制系统和测量传感器,设置张拉控制程序,预先录入各项预应力束的设计参数,由电脑控制张拉程序,自动测量并记录伸长值,实现预应力张拉的自动化。

智能张拉操作如下:

启动张拉设备的控制终端,打开操作界面,如图 4-3-99 所示,在系统中,录入桥梁编号、序号、钢束编号、设计张拉力、理论伸长值、持荷时间、锚外钢绞线回缩,张力总次数等相关参数。

启动张拉程序,经检查无误后,系统开始自动进行张拉工作、测量钢绞线伸长值、自动持荷,完成张拉作业后,系统开始自动回顶、自动保存张拉数据,形成表格,同时跳转至下一个张拉步骤。每个张拉阶段施工完成后,需要退出软件、切断电源、拆卸千斤顶、油管。

7. 预应力智能压浆

预应力管道智能压浆是将传统的压浆设备进行集成和改造,融入微电脑控制系统,设置压浆控制程序,预先录入各项孔道压浆配合比参数,由台车自带电脑控制压浆程序,自动拌浆、压浆、保压,实现管道压浆的自动化,如图 4-3-100 所示。本项目所使用的智能压浆作业区域设置在梁面,且水泥堆码放置在 0 号块中心处,以防梁体偏压。

连接好管件并设置好相应阀门的开关后可以进行抽真空作业,按真空度 $-0.08 \sim -0.06$ MPa 进行抽真空,稳压后关闭真空阀门,打开压浆阀门,电机压浆系统将开始自动压浆,当两台出浆口流出浆体流动度与进入浆体基本一致时,关闭排气阀门,进入保压阶段,系统会按照预先设定的保压压力及保压时间进行控制,自动保压直至保压完成。

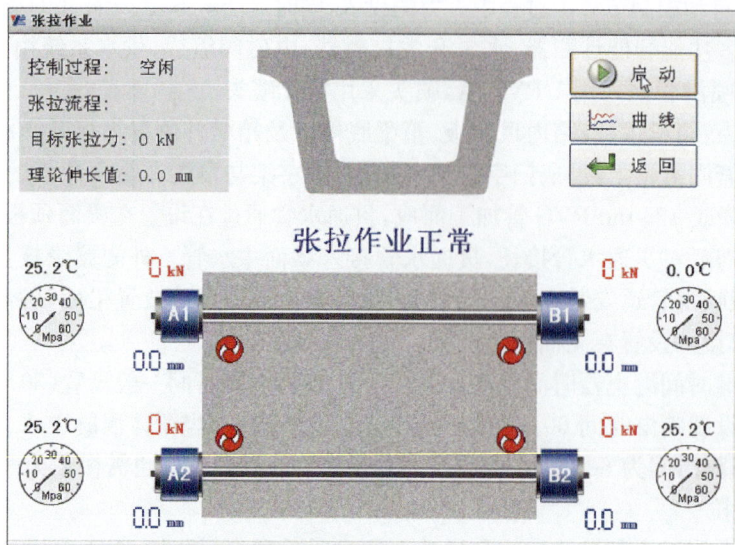

图 4-3-99 智能张拉操作界面

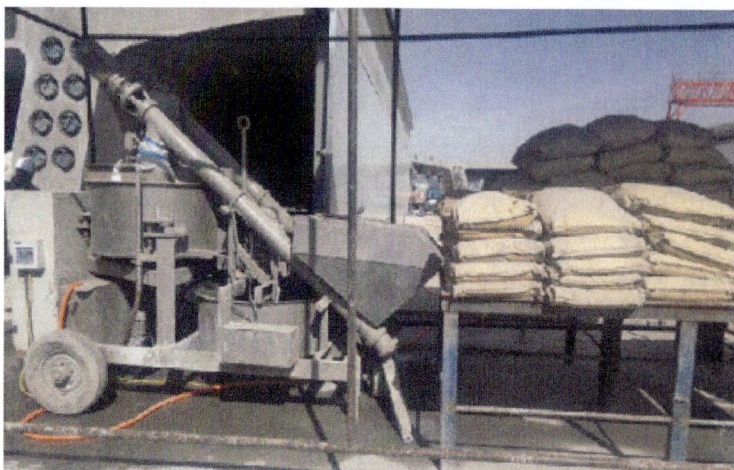

图 4-3-100 智能压浆台车

8. 运用效果

PM-4 标九龙溪大桥连续梁(44+80+44) m、长潭河大桥连续梁(40+64+40) m、吉龙河大桥连续梁(48+80+48) m 均采用悬臂浇筑连续梁新工艺进行施工。

(1)多孔振捣施工工艺

多孔振捣施工工艺与传统振捣比较,解决了支座、剪力块等钢筋较密部位的混凝土孔洞、不密实、蜂窝麻面等通病;多孔振捣施工工艺与传统振捣比较,避免验收不合格返工处理及后期整治,减少间接经济损失(一座连续梁约 30 万元);经第三方检测单位对剪力块进行 CT 检测,均未发现明显混凝土缺陷及不密实区域,质量判定结果为整体质量较好。

(2)预应力管道全截面刚性井字架定位施工工艺

预应力管道全截面刚性井字架根据每个梁体断面预制而成,井子架定位后预应力管道安装方便、准确,减少操作人员定位时间,提高工效。

(3)锚口模板及钢端模定位施工工艺

锚口模板及钢端模由钢结构厂统一精加工而成,端模加固完成后将锚盒与锚垫板组合整体结构安装至端模上,采用螺栓进行连接。较传统工艺定位更准确,能确保预应力张拉锚口与锚垫板垂直,预应力张拉端锚穴混凝土质量和喇叭口预应力损失与设计相符。

(4)可拆卸组合式劲性骨架施工工艺

可拆卸组合式劲性骨架定位与传统定位相比更为提高工效。连续梁一般节段底板钢筋绑扎每端耗时一天,0 号块及边跨现浇段耗时两天,采用定位工装平均一天可以节约工费 100~150 元,以(44+80+44)m 连续梁为例,共计 41 个节段,则整孔连续梁钢筋绑扎节约人工费为 4×2×150+37×2×150=12 300(元);可拆卸组合式劲性骨架定位与传统定位比较,定位更准确,避免验收不合格返工处理及后期整治。

(5)自动喷淋养护施工工艺

喷淋养护效果与原传统人工养护效果相比效果明显提高。喷淋系统喷出覆盖混凝土养护面的水幕较为均匀,避免形成干湿循环,克服了以往梁体混凝土洒水养护不均匀的弊病,较好地解决了梁体表面混凝土的开裂问题,具有施工操作灵活、方便、节水,可根据现场天气情况的变化和养护效果任意调整喷淋时间等特点。并实现了全天候、全湿润的养护质量标准,养护质量及效果明显提高,解决了高空混凝土养护的弊病,提高了混凝土养护的效率。

(6)智能张拉施工工艺

智能张拉系统较传统张拉操作简单,控制准确,数据化信息程度高,减少了人力投入;智能张拉系统解决了张拉不同步、人为控制、手动测量、人工计算、人工记录、精度低等不可控的问题。

(7)智能压浆施工工艺

智能压浆系统按设计配比自动计量,具有称量准确、压浆压力自动控制、持压时能自动保压、压浆密实且吸尘集尘、绿色环保等优点。

二、悬臂连续梁 0 号块 BIM 建模

1.CATIA 软件建模

本次建模采用法国达索公司的开发 CATIA 软件,本软件采用先进的混合建模技术,做到了真正的交互操作。建立的 0 号块 BIM 模型包括混凝土、普通钢筋、纵向及竖向预应力、支座和防落梁预埋件等,如图 4-3-101 所示。

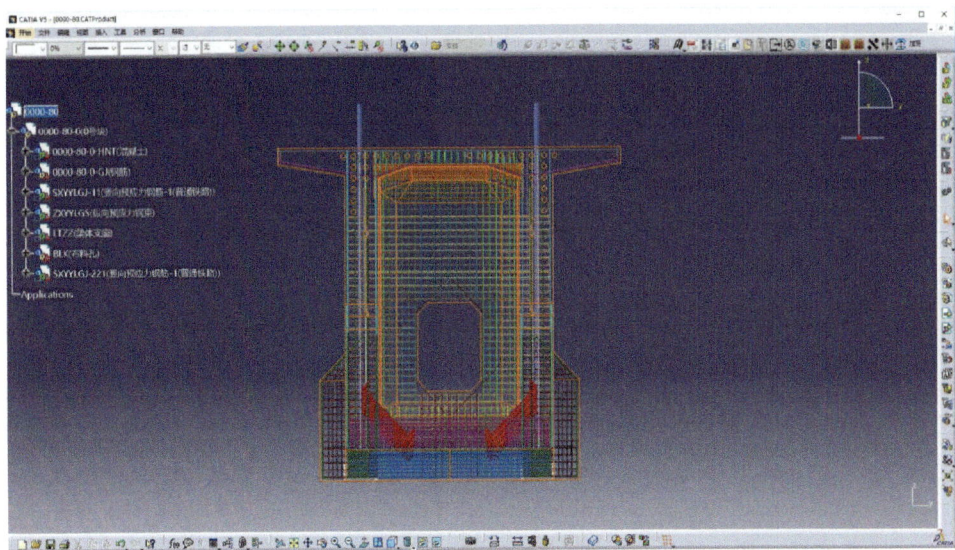

图 4-3-101 0 号块 BIM 模型图

2.BIM3D 模型管理器模型分析

模型建立完成后,采用自主二次开发的 BIM3D 模型管理器软件对 0 号块模型进行测量分析及碰撞检查,如图 4-3-102 所示。找出有干扰的预应力管道、普通钢筋或梁体预埋件进行有针对的设计优化。

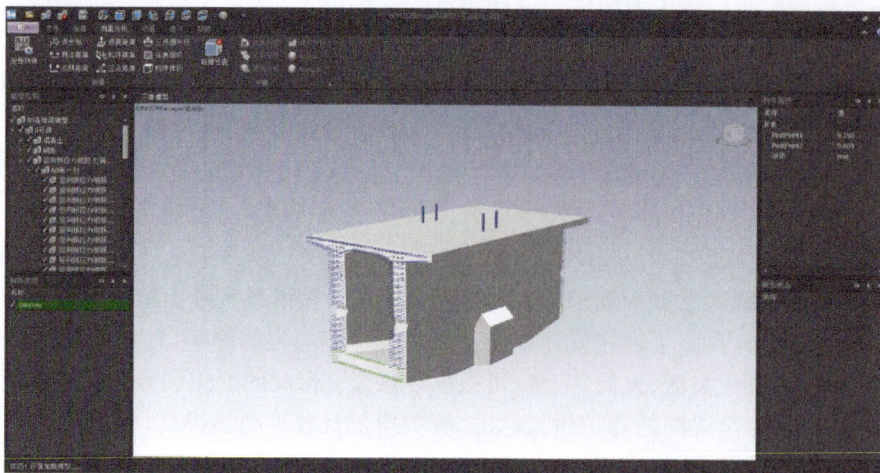

图 4-3-102　0 号块模型测量分析及碰撞检查示意图

3. BIM 工程管理平台系统

项目的进行统一采用自主开发的 BIM 工程管理平台系统对建模的过程进行管理和运作，如图 4-3-103 所示。该平台可兼容 Catia、Revit、Bentley 等主流建模软件模型，可在一个系统上跨行业管理铁路、公路、地铁、市政、水利、水电、建筑、机场等项目。

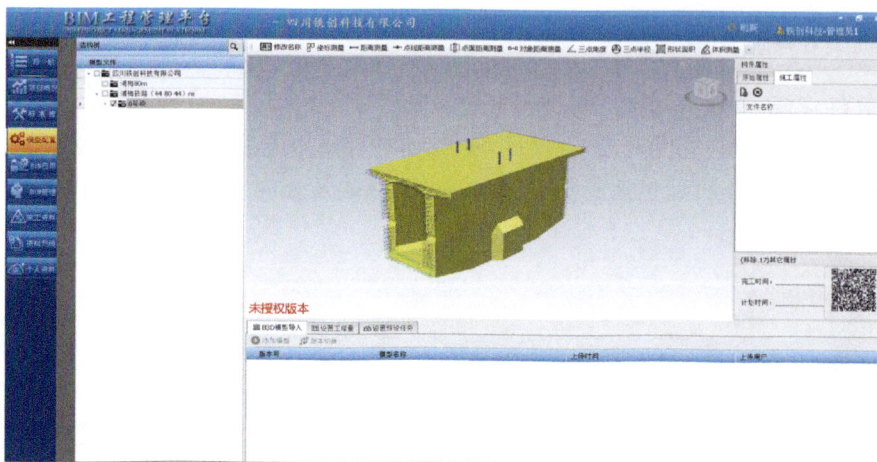

图 4-3-103　BIM 工程管理平台系统

4. 该软件可以应用在项目实施的各个阶段

（1）工程设计阶段

设计师利用各种 BIM 设计软件及平台，建立设计 BIM 模型，快速发现结构碰撞并提前解决。

业主、咨询方通过 BIM 设计管理平台软件在设计过程中参与、掌握、审核、管理 BIM 设计，得到优化设计成果。

（2）工程实施阶段

通过 BIM 工程管理平台软件将施工组织设计、工程参数、工艺、经济指标、管理流程等附加给模型，形成用于管理施工的施工 BIM 模型。

（3）工程运维阶段

利用 BIM 工程运维平台进行运营、维护、维修管理。并继续添加运维信息，最终达到工程全生命周期 BIM 技术应用。

第四章　隧道工程

第一节　一般隧道施工

隧道施工主要按照新奥法原理组织。施工始终坚持"弱爆破、短进尺、强支护、早封闭、勤量测"的原则。在施工中积极推广应用国内外隧道施工新技术、新工艺，投入大型施工机械设备，组成机械化作业线；喷射混凝土采用湿喷机，降低回弹量和粉尘；混凝土衬砌全部采用液压钢模衬砌台车和泵送混凝土作业，施工中进行超前地质预报，采用先进的量测、探测技术取得围岩状态参数，通过对数据的分析和处理，及时反馈信息指导施工。一般隧道施工中明洞工程部分放入第四节洞口工程施工进行介绍，本节主要阐述暗洞工程施工内容。

一、暗洞开挖方法

本线隧道工程围岩类别有Ⅱ、Ⅲ、Ⅳ、Ⅴ级四种围岩。针对不同的围岩类别和不同的地质情况采取相应的开挖方法，以确保施工安全。不同围岩类别及地质条件下施工方法见表4-4-1。

表 4-4-1　隧道各级围岩施工方法

围岩级别	Ⅱ	Ⅲ	Ⅳ	Ⅴ
适用方法	全断面	全断面	台阶法	台阶法

隧道洞身段开挖方法主要包括明挖法、全断面法、台阶法。图4-4-1所示为洞身开挖主要施工工艺。

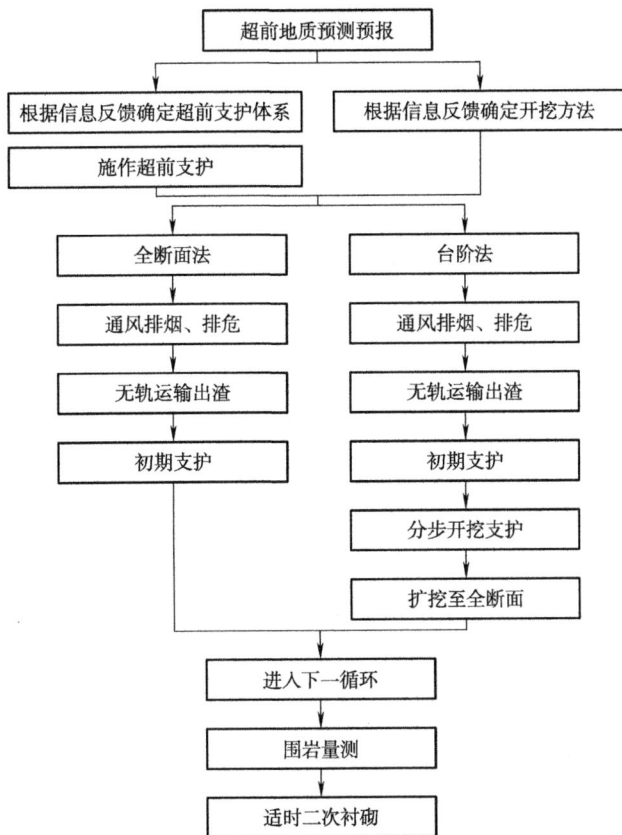

图 4-4-1　洞身开挖主要施工工艺

1. 全断面法

全断面法适用于Ⅱ、Ⅲ级围岩,且开挖长度较大,采用自制台车钻机钻孔,全断面法开挖顺序如图 4-4-2 所示。

2. 台阶法

Ⅳ、Ⅴ级围岩采用台阶法开挖,初次循环先开挖上部,上部渣土采用小型挖掘机倒入下台阶,下台阶出渣时,上台阶开始喷射混凝土和钻孔,开挖顺序如图 4-4-3 所示。

Ⅳ、Ⅴ级围岩按先护后挖组织,采用超前锚杆或超前小钢管辅助施工措施。开挖尽量采用微震光面爆破技术。初期支护应紧跟开挖面;上台阶施工时,钢架底脚须设锁脚锚杆和纵向槽钢托梁以利下台阶开挖安全。隧道两侧的沟槽及铺底部分应与下台阶一次开挖成型。

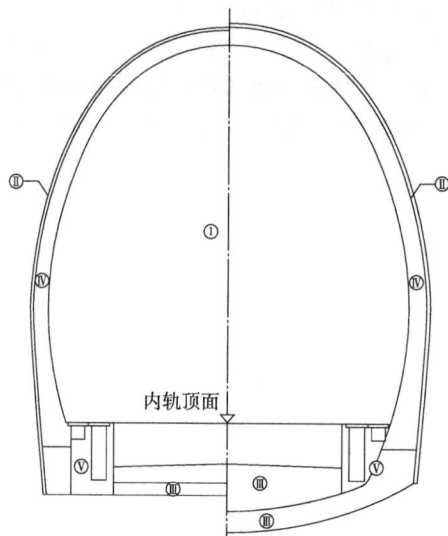

图 4-4-2　全断面法开挖顺序

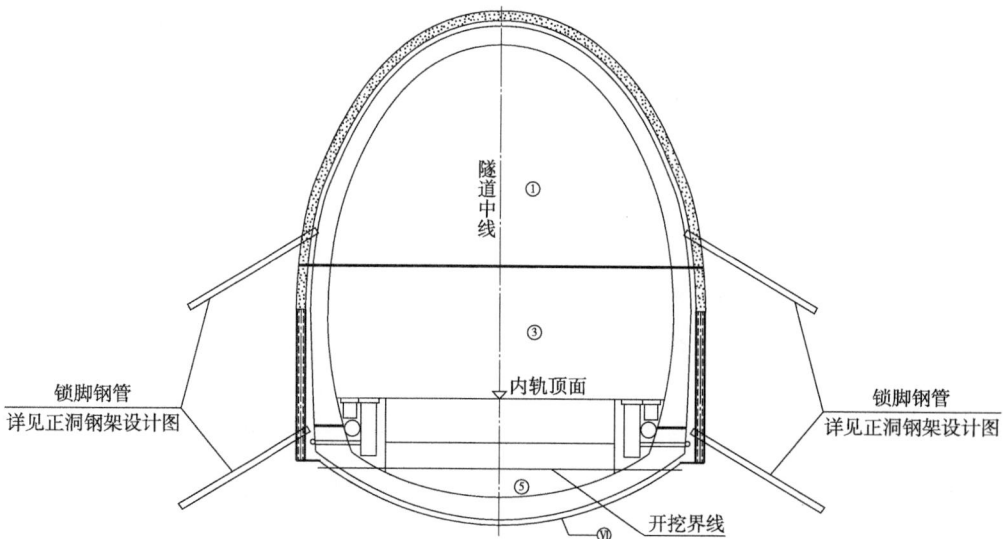

图 4-4-3　台阶法开挖顺序

3. 钻爆施工

钻爆作业施工工艺流程如图 4-4-4 所示。

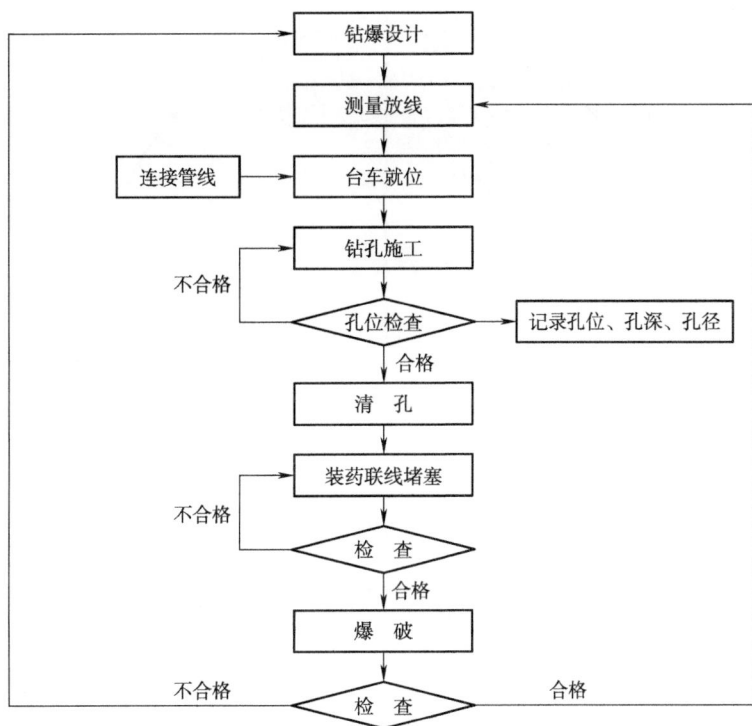

图 4-4-4　钻爆作业施工工艺流程

(1)炮孔布置

隧道爆破掏槽孔及辅助掏槽孔采用矩形布置,位于工作面中心,偏下,与掌子面呈 50°～75°夹角。辅助掏槽孔与掌子面夹角为 90°。掘进孔大致成半圆弧形设置,与掌子面夹角为 90°。周边控制爆破孔沿距开挖边界 0.05 m 的内侧布置,其钻孔角度与掌子面夹角约为 2°,即向外侧倾斜,孔底位于开挖边界上。施工作业时,掘进炮孔的位置允许在 5～10 cm 范围内,其余的调整间距则不能大于 5 cm。

(2)炮孔布置示意图

隧道爆破的炮孔布置如图 4-4-5 和图 4-4-6 所示。

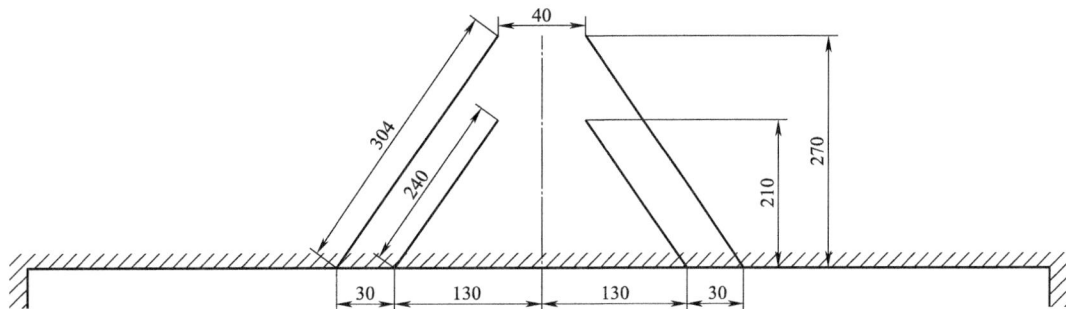

图 4-4-5　掏槽孔炮孔布置示意图(单位:cm)

(3)装药结构与炮孔填塞

为降低爆破产生的地震效应并改善爆破效果,削弱爆破对隧道围岩的损害,各炮孔均采用不耦合装药并采用反向起爆方法引爆孔内炸药,即起爆药卷置于炮孔底部;如果有使用导爆索的条件,周边孔采用导爆索起爆为宜,这样能够保证所有周边孔同时起爆,获得更好的爆破效果;如果不采用导爆索起爆光爆孔药卷,则自孔底起采用连续装药结构,1 发雷管起爆,孔口段留 0.4～0.6 m 的空隙不装药,形成轴向不耦合装药。掏槽孔和底孔连续装药,周边孔采用间隔装药结构,炮泥封口填塞。炮孔填塞采用配比为 1∶3

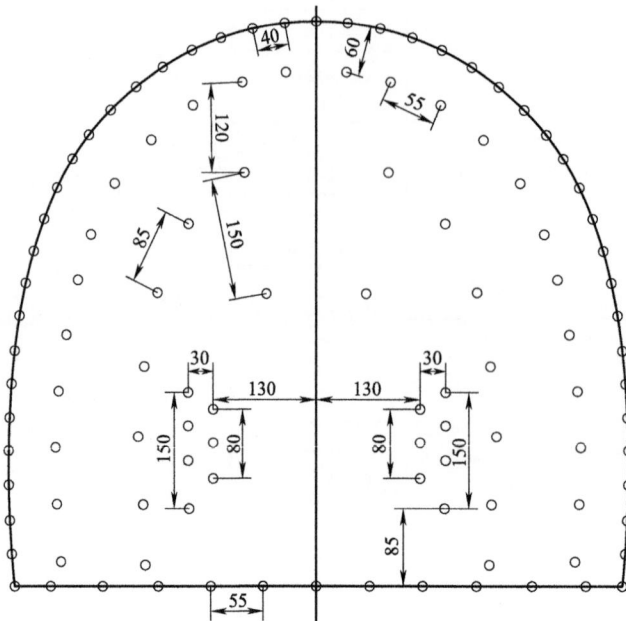

图 4-4-6　台阶法炮孔布置示意图(单位:cm)

的黏土与细沙的混合物或黏性较好的黏土填塞,填塞所用的炮棍采用木质或竹质材料制作。各孔均采用乳化炸药装填,药卷规格为 ϕ35 mm/200 mm/200 g。装药结构如图 4-4-7 所示。

炮孔名称	装药结构示意图
掏槽孔	炮泥　药卷　雷管
掘进孔	炮泥　药卷　雷管
周边孔	炮泥　雷管　药卷 >0.4 m　安全导爆索

图 4-4-7　装药结构图

(4)网路设计

隧道爆破的起爆顺序为:由中间掏槽孔至外围掘进孔逐排微差起爆,最后起爆光爆孔,同排炮孔同时起爆。导爆管接力起爆网路(传爆元件)示意如图 4-4-8 所示。相邻排的微差时间间隔为 25～50 ms,最后一排爆孔与控制爆破孔的微差时间不小于 100 ms。主爆区采用同次起爆、孔内分段延迟的非电导爆管起爆网路。同排炮孔用同段雷管起爆,每孔内装 1 发毫秒雷管。所有炮孔的导爆管起爆雷管采用簇并联方式连接,网路的传爆雷管采用电雷管或导爆管雷管爆炸激发。控制爆破孔采用导爆索起爆,即药卷绑扎在导爆索上,各孔的起爆导爆索用导爆管雷管起爆。

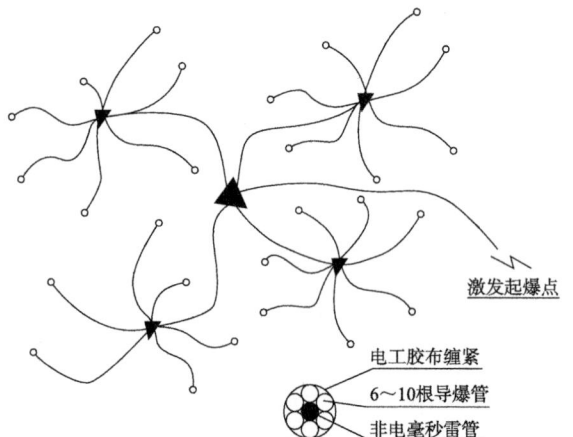

激发起爆点

电工胶布缠紧
6～10根导爆管
非电毫秒雷管

图 4-4-8　导爆管接力起爆网路
(传爆元件)示意图

(5)钻爆效果检验

每次掘进爆破通风排烟后,值班技术员和质检员进入对钻爆效果进行检查并形成记录。检查项目主要有：断面周边超欠挖检查；开挖轮廓圆顺，开挖面平整检查；爆破进尺是否达到爆破设计要求；爆出石渣块是否适合装渣要求；炮眼痕迹保存率；两次爆破衔接台阶不大于 10 cm。莲花山隧道光爆效果如图 4-4-9 所示。

图 4-4-9　莲花山隧道光爆效果

4. 铣挖法施工

隧道铣挖法是用铣挖机械对隧道的软弱围岩进行开挖的一种施工方法，其工艺流程如图 4-4-10 所示。将挖掘机的挖斗或破碎锤拆除，换装上铣挖机，用挖掘机的液压马达驱动使其转动，用铣挖机头上安装的截齿对围岩进行切割、铣刨、研磨、挖掘。

铣挖机由铣挖头、机架、传动机构、连接机构组成。铣挖头机架通过连接机构与挖掘机相连，传动机构与挖掘机上的液压马达连接，使铣挖头转动，铣挖机头上安装有截齿，是对围岩进行挖掘的工具。

铣挖机分为横向铣挖机和纵向铣挖机两种。纵向铣挖机可用于开挖沟槽，横向铣挖机可用于大面积上的岩土开挖。在用于隧道开挖时，为了提高开挖效率，一般是先用纵向铣挖机在设计的开挖范围内铣挖出一条或几条宽约 800 mm 的沟槽，形成临空面，再用横向铣挖机将沟槽之间的岩土挖去。

二、初期支护

初期支护施工工艺如图 4-4-11 所示。

1. 锚杆施工工艺及工艺方法

每循环开挖完后及时按设计进行初期支护施工，主要有 $\phi22$ mm 砂浆锚杆、$\phi22$ mm 中空注浆锚杆两种类型。先进行孔位测量放样，孔位测量做到位置准确，采用锚杆台车或人工手持风枪按放样进行钻孔，标志杆做控制钻孔方位，使孔位角度符合设计要求，钻孔完毕打入锚杆后，随即在钻杆尾部安设垫板、螺帽，然后连接注浆管，用高压注浆设备注浆，注浆顺序自两侧起拱线向拱顶逐根进行。砂浆锚杆孔采用倒退式注浆，人工打入锚杆。

(1)砂浆锚杆施工工艺及工艺方法

隧道边墙位置采用砂浆锚杆，砂浆锚杆施工工艺如图 4-4-12 所示。

砂浆锚杆施工工艺方法：

钻孔：施工时采用锚杆台车或风枪钻孔。孔位允许偏差为±150 mm，孔深误差不大于±50 mm，采用"先注浆后安装锚杆"的程序施工，钻头直径应大于锚杆直径 15 mm，杆孔的深度应大于锚杆设计长度10 cm。系统锚杆在初喷混凝土后打设，钻孔时确保孔口岩面整平，使岩面与钻孔方向垂直，局部随机锚杆的孔轴方向应与可能滑动面的倾向方向相反，其与滑动面的交角应大于70°。

锚杆锚固：锚杆埋设前，对锚孔进行检查，孔位、孔深、沿直度、孔径、方向必须合格。同时应用高压风、

施工准备

施工机械设备配套及选型

铣挖机就位

开挖断面设计参数

根据试掘进情况调整参数

按预先设计好的断面铣挖　　通风、降尘

移位并按设计断面铣挖　　场地清理

否

设计循环进尺
及断面轮廓

是

修整轮廓线、人工局部处理

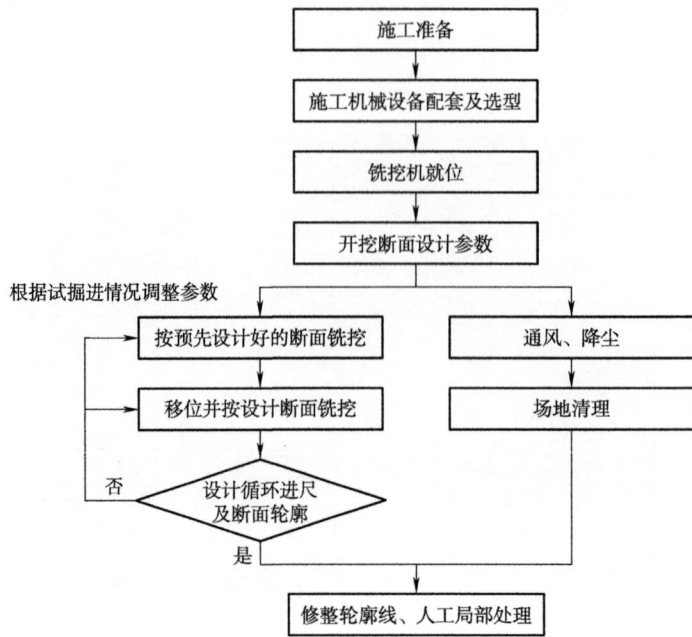

图 4-4-10　铣挖法施工工艺流程

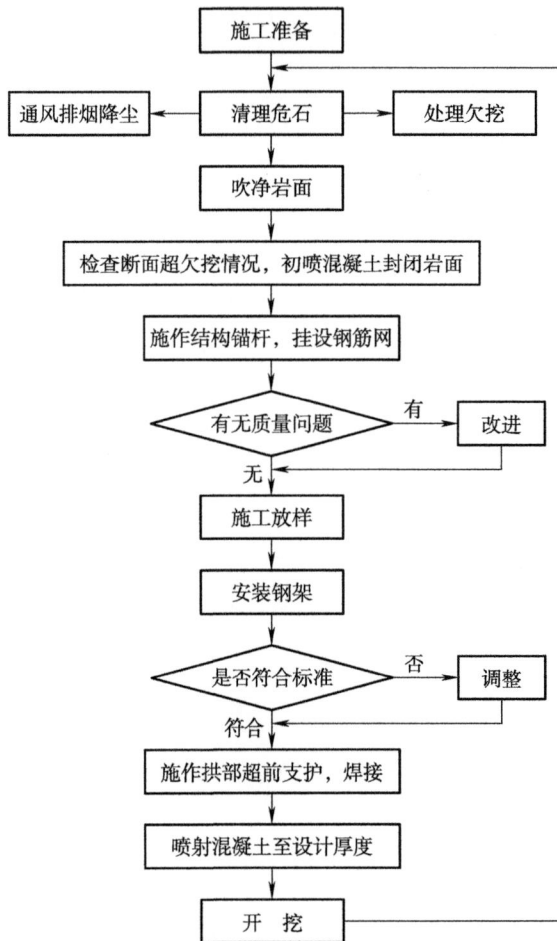

施工准备

通风排烟降尘　　清理危石　　处理欠挖

吹净岩面

检查断面超欠挖情况，初喷混凝土封闭岩面

施作结构锚杆，挂设钢筋网

有无质量问题　——有——　改进

无

施工放样

安装钢架

是否符合标准　——否——　调整

符合

施作拱部超前支护，焊接

喷射混凝土至设计厚度

开　挖

图 4-4-11　初期支护施工工艺流程

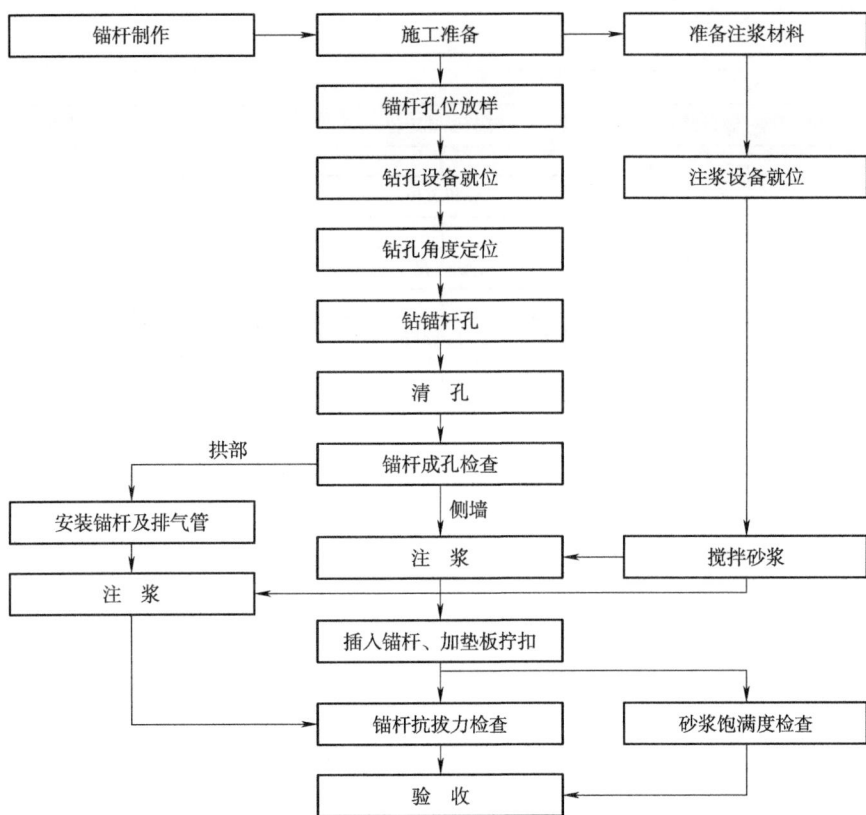

图 4-4-12　砂浆锚杆施工工艺流程

水清孔,使孔干净无积水残渣。此外检查锚杆钢材、直径、长度应符合设计要求,锚杆端头加工螺纹长度不应短于 10 cm。锚杆埋设采取先注浆后插杆施工,砂浆强度不小于 20 MPa,配比试验选定,用注浆泵胶管从孔底倒插式注浆,浆满后快速插入锚杆至埋设长度,然后用半干硬砂浆封实孔口,用楔子固定锚杆,并安设垫板,上好螺帽。锚杆埋设后 24 h 以内不许碰撞、悬挂重物,锚杆砂浆参膨胀及早强剂,以提高其早期强度,埋设 24 h 后,拧紧螺母,使垫板紧贴岩石。

(2)中空注浆锚杆施工工艺及工艺方法

隧道拱部采用带排气孔式 $\phi 22$ mm 中空注浆锚杆,其施工工艺流程如图 4-4-13 所示。

中空注浆锚杆按设计要求采用带排气孔的中空锚杆,采用双管注浆,双管注浆如图 4-4-14 所示。

按照设计要求布设锚杆,利用锚杆台车或凿岩机进行钻孔,成孔后进行清孔。将安装好锚头的中空注浆锚杆插入孔底,安装止浆塞、垫板、螺母,然后连接注浆管,用注浆泵通过尾部向孔内注浆,浆液采用水泥砂浆。注浆顺序自下而上逐根进行。注浆后将止浆塞塞入钻孔,用速凝水泥封孔。

特殊情况处理:

注浆中断:找出注浆中断的原因,尽快解决,及早恢复注浆。

防止串浆的主要措施:采取跳打施工,即先施工奇数孔序,再施工偶数孔序。

发生串浆后的处理措施:对串浆孔与注浆孔同时注浆,采用分浆器,利用一台注浆泵同时对多根锚杆注浆。

发生大量漏浆时,采取以下原则进行处理:用低压、浓浆、限流、限量、间歇注浆的方法进行灌注或注入其他充填料,先堵大通道再采取第一种方法进行处理。

涌水处理:在孔口有涌水的注浆孔段,注浆前测量记录涌水压力、涌水量,根据涌水情况选用下列综合措施处理。第一,采用较高的压力,自上而下分段注浆。第二,采用浓浆进行屏浆 1~24 h 后再闭浆,并待凝。第三,采用纯压式注浆。第四,用速凝浆液处理。

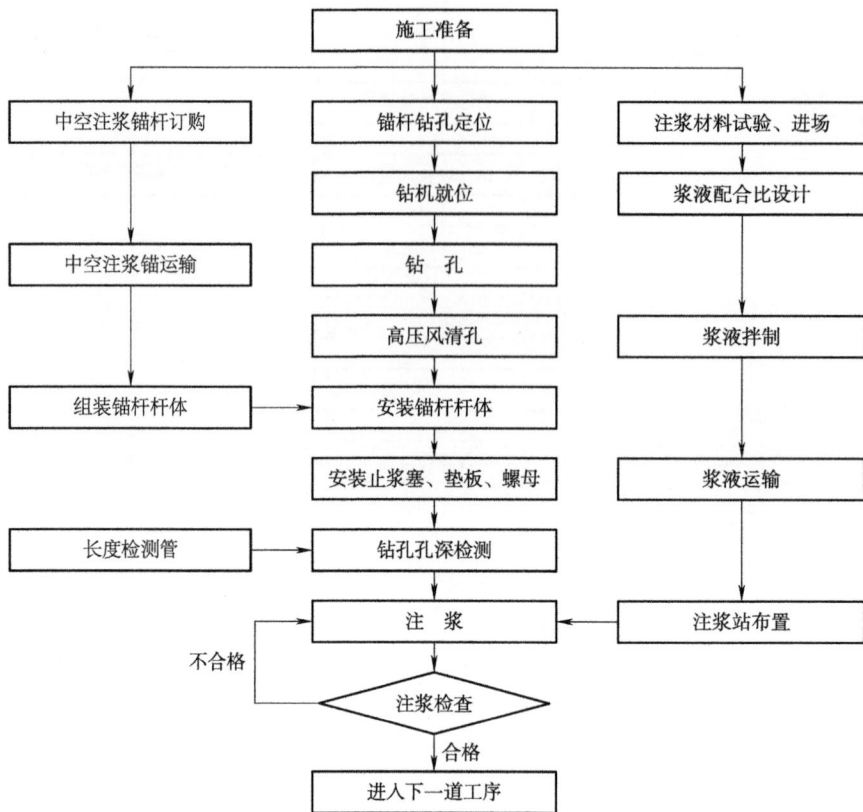

图 4-4-13　中空注浆锚杆施工工艺流程

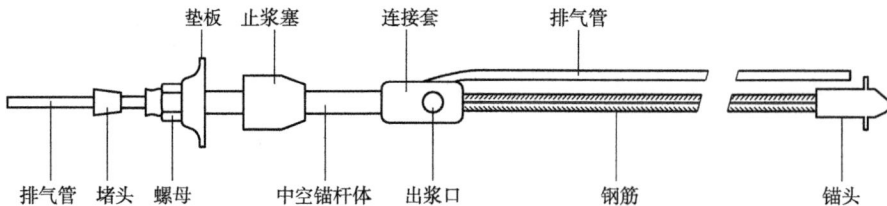

图 4-4-14　双管注浆示意图

2. 钢筋网施工工艺及工艺方法

按设计要求的钢筋网材质和尺寸在洞外工厂化制作,加工成片,其钢筋直径和网格间距符合图纸规定。汽车运输至洞内施工现场,安装钢筋网,钢筋网在初喷一层混凝土后铺挂,钢筋网与锚杆或其他固定装置连接牢固。

钢筋网施工工艺如图 4-4-15 所示。

钢筋网工艺方法:施作前,初喷一定厚度混凝土形成钢筋保护层;钢筋横纵相交处绑扎牢固;钢筋接长时搭接长度满足规范要求,焊接或绑扎牢固;钢筋网加工前钢筋要进行校直、除锈及除油污,确保施工质量。

3. 格栅(型钢)钢架施工工艺及工艺方法

格栅(型钢)钢架按设计图加工,采用洞外按 1∶1 比例放样加工,各单节制作焊接完成后,先试拼合格后再运进洞内安装。安装前先定出每榀钢架的位置,清理拱角或墙角的松渣,处理欠挖部位至设计断面,格栅(型钢)钢架按设计位置拼装,格栅(型钢)钢架与封闭混凝土之间间隙大时增设垫块定位,两排钢架间纵向按设计要求用钢筋连接,形成纵向连接体系。钢架安装完成后,打设锁脚锚杆或与之相接触的锚杆头焊接牢固,使之成为整体结构。格栅(型钢)钢架施工工艺如图 4-4-16 所示。

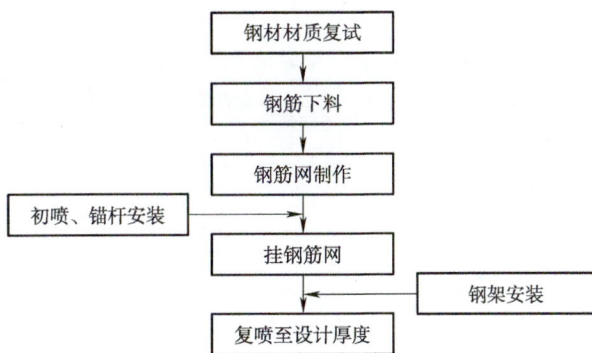

图 4-4-15　钢筋网施工工艺流程

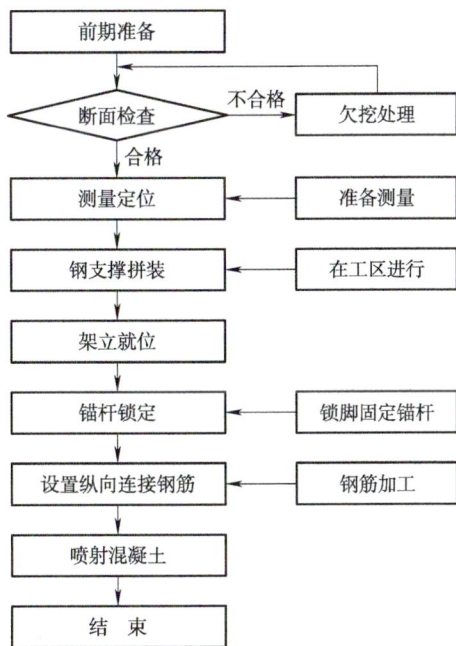

图 4-4-16　格栅(型钢)钢架施工工艺流程

工艺方法:钢架在洞外按设计加工成短构件,在洞内用螺栓连接成整体,现场加工如图 4-4-17 所示。洞内安装在开挖之后进行,与定位锚筋焊接。钢支撑间设纵向连接筋,钢支撑必须安放在牢固的基础上,架立时与隧道中线垂直,当钢支撑和围岩之间间隙过大时设置垫块。

图 4-4-17　钢拱架加工

钢架安装位置允许偏差见表 4-4-2。

表 4-4-2　钢架安装位置允许偏差

序号	偏差种类	允许偏差	备　注
1	钢架间距	±100 mm	
2	钢架横向偏差	±50 mm	
3	高程允许偏差	±50 mm	
4	垂直度允许偏差	±2°	
5	钢架保护层厚度允许偏差	−5 mm	背后应保证喷射混凝土密实

4. 湿喷混凝土施工工艺及工艺方法

湿喷混凝土施工工艺如图 4-4-18 所示。

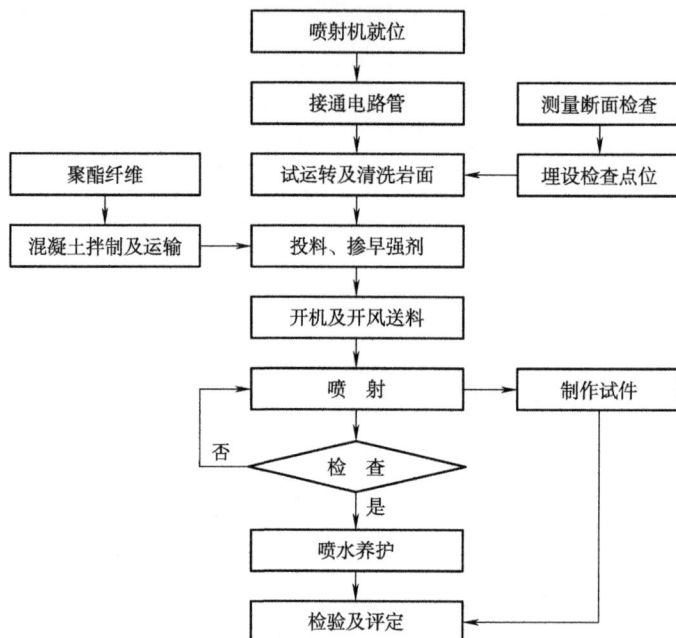

图 4-4-18　湿喷混凝土施工工艺流程

工艺方法:喷射作业应连续进行,分层、分段分片,喷射顺序应自下而上,先墙后拱,喷射角度应与受喷面垂直,喷嘴与受喷面的距离宜为 0.6～1.0 m。分层喷射时,每层厚度不小于 40 mm,后一层喷射应在前一层混凝土终凝后进行,若终凝 1 h 后再喷射,应先用水清洗喷射表面。初喷混凝土在开挖后及时进行,初喷时应先填平岩面较大凹洼处;复喷应根据开挖工作面的地质情况分层、分时段进行喷射作业,以确保喷射混凝土的支护能力和喷层的设计厚度;喷射混凝土终凝后 3 h 内不得进行爆破作业。复喷混凝土的一次喷射厚度:拱部为 50～100 mm,边墙为 70～150 mm。喷射混凝土应强化工艺管理,降低喷射回弹率。喷混凝土的回弹量:墙部不应大于 15%,拱部不应大于 25%。根据具体情况,变换喷嘴的喷射角度和受喷面的距离,将钢架、钢筋网背后喷填密实,必要时钢架背后采用注浆填充,不得填充异物。在喷边墙下部及仰拱时,需将上半断面喷射时的回弹物清理干净,防止将回弹物卷入下部喷层中形成蜂窝,而降低支护能力。

三、超前支护方法

若软弱围岩施工,需进行超前支护。超前支护作为软弱围岩施工的辅助措施。

1. 超前小导管施工工艺及工艺方法

隧道 Ⅴ 级围岩、Ⅳ 级围岩浅埋段、Ⅳ 级围岩地下水发育段采用 φ50 mm 及 φ42 mm 小导管超前支护,配合格栅(型钢)钢架使用,每2榀格栅(3榀型钢)钢架打1环,环向间距每根0.4 m,Ⅴ级围岩每根长5 m,纵向间距每环2.4 m,Ⅳ级围岩每根长3.5 m,纵向间距每环2.4 m;沿隧道开挖轮廓线环向布置并向外倾斜,其倾斜角一般为10°～15°;注浆压力为0.5～1.0 MPa;注浆导管环向间距 $a=0.4$ m。导管钻 $\phi10$ mm注浆孔,间距15 cm,呈梅花形布置,前端加工成锥形、尾部长度不小于100 cm作为不钻孔的止浆段。

超前小导管示意图及施工工艺如图4-4-19所示。

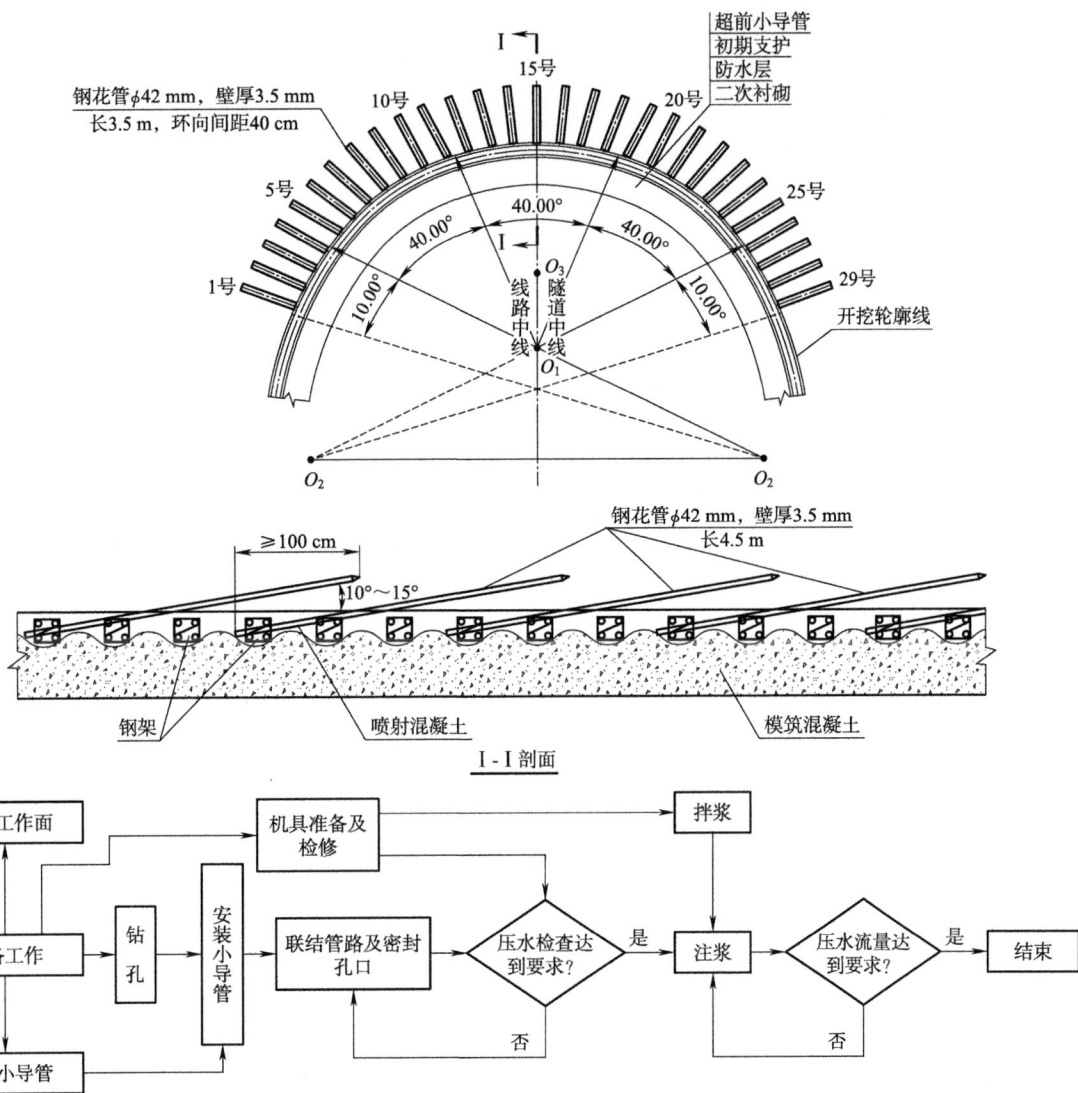

图4-4-19　超前小导管施工示意图及工艺流程

为充分发挥机械效能,加快注浆进度,在小导管前安设分浆器,如图4-4-20所示,一次可注入3～5根小导管。

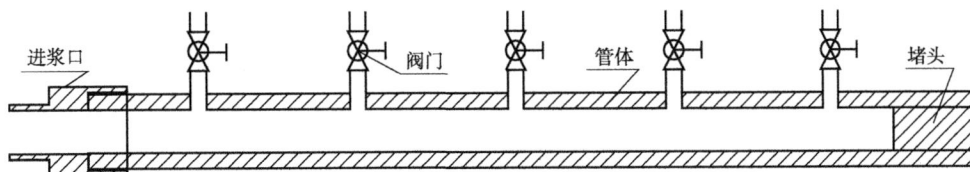

图4-4-20　分浆器示意图

导管孔钻打前,先进行孔位测量放样,孔位测量做到位置准确,钻孔要按放样进行,并设方向架控制钻孔方位,使孔位外插角度符合设计要求。钻孔完成后,用高压风、水清洗,吹冲干净孔内砂尘及积水,所有钻孔完成均进行检验。小导管结构示意如图4-4-21所示。

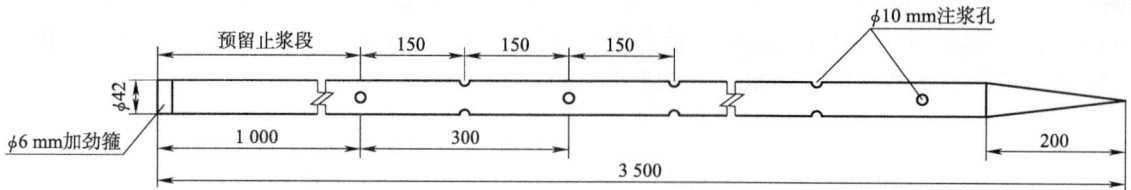

图 4-4-21 小导管结构示意图(单位:mm)

注浆前先喷混凝土封闭掌子面以防漏浆,对于强行打入的钢管应先冲洗管内的积物,然后再注浆。注浆顺序由下向上进行,浆液可用拌和机搅拌或人工搅拌。

单液注浆工艺如图4-4-22所示。

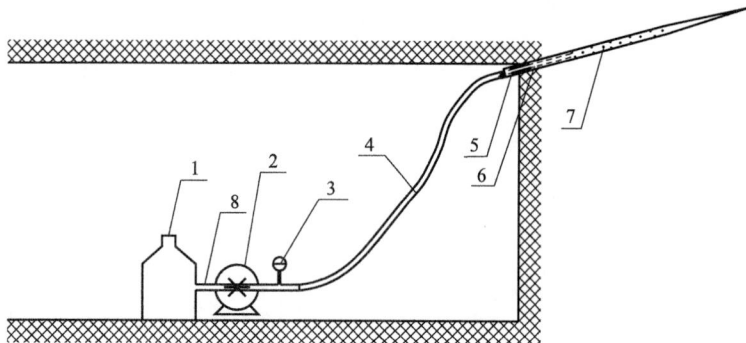

图 4-4-22 单液注浆工艺

1—注浆桶;2—注浆泵;3—压力表;4—软管;5—高压注浆管;6—止浆塞;7—小导管;8—进浆管

在地下水丰富或有淤泥、流砂等复杂地质条件下,宜选用水泥与水玻璃双液注浆。

超前小导管所用钢管的品种、级别、规格和数量、与支撑结构的连接以及纵向搭接长度、施工允许偏差和检验方法、注浆浆液强度和配合比应符合设计要求,且浆液必须充满钢管及周围的空隙。超前小导管施工允许偏差(mm)和检验方法见表4-4-3。

表 4-4-3 超前小导管施工允许偏差检验表

项 目	超前小导管外插角	孔间距(m)	孔深(m)	检验数量	检验方法
小导管	5°~10°	±50	+500	施工单位每环抽查三根	仪器测量、尺量

2. 大管棚施工工艺及工艺方法

为保证施工安全,部分隧道进洞及浅埋地段施工设大管棚超前支护,注浆加固后再进行开挖,各断面大管棚钻机一次施工完毕。管棚施工工艺如图4-4-23所示。

导向墙采用C30混凝土,截面尺寸1 m×1 m,兼作止浆墙。为保证长管棚施工精度,导向墙内设2榀I18工字钢架,钢架外缘设 ϕ140 mm壁厚5 mm导向钢管,钢管与钢架焊接。充分考虑到上抬量和上抬角度后,正确算出各钻孔孔口位置,利用测量仪器定出钻孔的位置和倾角。利用管棚钻机钻到设计深度,每钻入一节续接下一节钻杆。利用高压水将孔内余渣清洗干净,以防塞管时卡管。管棚分钢管和钢花管,交错布置,先打设钢花管并注浆,然后打设钢管,钢管连接时注意接头质量,用小直径钢管插入后焊接牢固。注浆前进行现场注浆试验,根据实际情况调整注浆参数,利用注浆泵将浆液压入孔内,通过钢管壁注浆孔来加固地层。堵孔包括钢管自身的封堵和钢管与孔壁之间空隙的封堵。根据实际需要在钢管内设置钢筋笼,并灌注水泥砂浆。孔口用厚 3～5 mm 钢板凿孔焊接注浆管等直径小导管来封堵。利用自制工具将早强水泥砂浆塞入孔口封堵,封堵材料装入孔内不小于 1 m 长度,确保封堵质量。

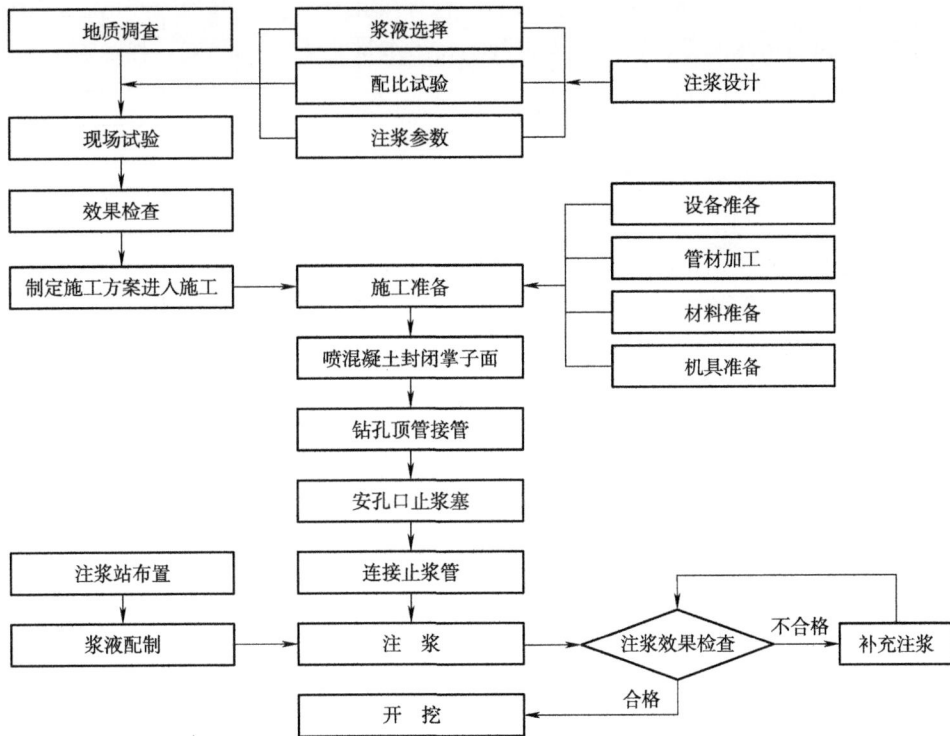

图 4-4-23　管棚施工工艺流程

3. 超前预注浆施工工艺及工艺方法

超前预注浆施工工艺如图 4-4-24 所示。

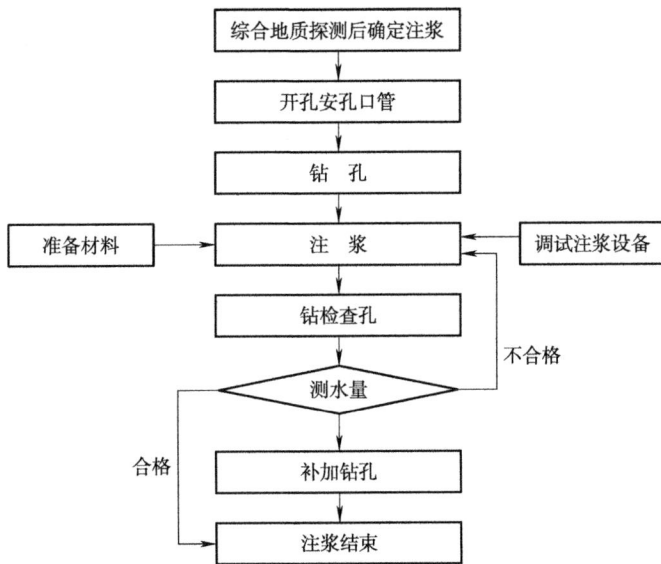

图 4-4-24　超前预注浆施工工艺流程

先用管棚钻机施工引导孔,再将 $\phi108$ mm 孔口管插入,外露 20～30 cm,管壁与孔口处用麻丝填塞,再向孔内注水泥浆固结,孔口管起着导向作用,如图 4-4-25 所示,钻孔安装时要控制好外插角,要求安装牢固,固结密实,不漏浆,不窜浆。对无水地段采用干硬性早强砂浆堵塞定位,涌水地段孔口管的埋设采用增强型防水剂和水泥配制的固管混合料来定位固管。

先在掌子面用红油漆按设计标定孔位,再移动钻机,将钻头对准孔位,并按该孔偏角调整钻机角度后固定,开孔时做到轻加压,速度慢。按表格填写,主要内容有按孔号、进尺、起始时间、岩石裂隙发育情况、出现涌水位置、涌水量和涌水压力等。钻进过程中若单孔出水量小于 30 L/min,可继续钻进,若单孔出水量大于 30 L/min,立即停钻进行注浆。

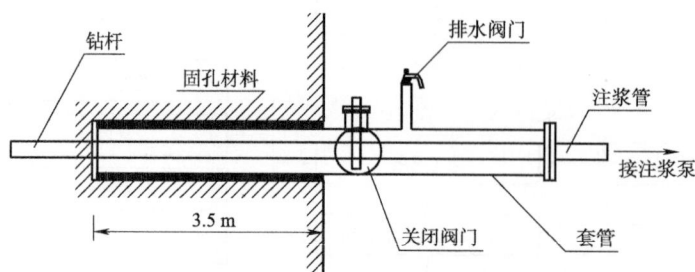

图 4-4-25　孔口管示意图

注浆方法主要有自掌子面向内的分段前进式,自内而外的后退式灌注法,综合灌注法,全孔一次灌注法,小口径钻孔孔口封闭灌浆法等。考虑到部分地层成孔困难,采用分段前进式,先钻孔后注浆。为防止未注浆段地下水涌向作业工区及注浆时跑浆,注浆起始处掌子面应以喷射混凝土做成止水浆墙,厚度不小于 20 cm,每个注浆段终止处均保证有不小于 3.0 m 厚的止水盘。注浆系统布置如图 4-4-26 所示,注浆前先进行压水试验,并根据需要冲洗岩石裂缝后按规范进行注浆。注浆程序为:开孔(孔口管安装)→钻孔→下栓塞→钻孔清洗→简易压水试验→灌浆(变换水灰比、压力、浆材等)→闭浆封孔→拔管。

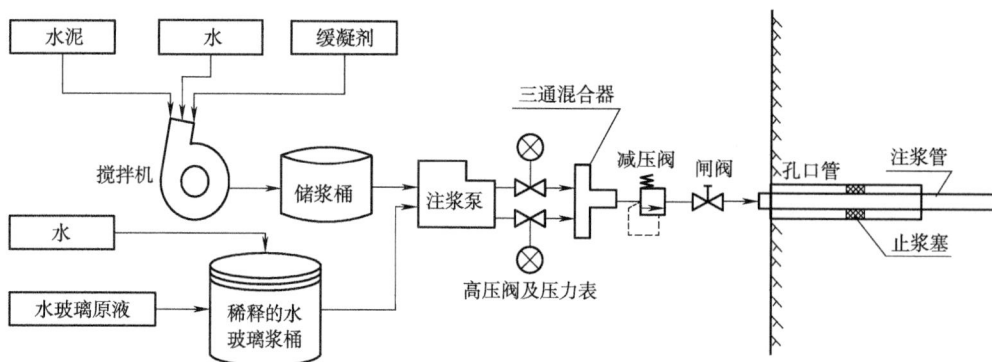

图 4-4-26　注浆系统布置示意图

四、防排水施工

1. 环向排水管安装

隧道拱墙环向设置 F6040 可维护塑纤排水滤管,每板衬砌至少设置两环,环向排水滤管通过 110°方形弯头连接 F6040PVC 方形管直接接入侧沟中;盲沟接头采用 PVC 管,盲管主体部分不得包裹土工布。安装前应先在初期支护面上划出环向排水管的位置,钻孔定位,定位孔间距拱部间距 0.5～0.8 m,边墙 0.8～1.0 m;采用钢筋卡打入定位孔将环向盲管固定,方形弯头连接处应高于内轨顶标高 5 cm。

2. 纵向排水管安装

隧道两侧墙角布设纵向排水盲管,采用 φ110 mm 可维护塑纤排水滤管,纵向长度 10 m 一段,纵向盲管通过 135°圆形弯头连接相应孔径的 PVC 圆管接入侧沟中;盲沟接头采用 PVC 管,盲管主体部分不得包裹土工布。纵向排水滤管按设计测量画线,排水滤管安设的坡度与线路坡度一致,钻孔定位,定位孔间距 50 cm,采用钢筋卡打入定位孔将纵向盲管固定。纵向排水管与防水板之间形成的空隙,采用浇筑 C15 无砂混凝土形成排水体,采用防水板包裹,其下部采用铆钉加压条(或用固定土工布的衬垫加射钉)固定在已浇筑仰拱混凝土面上,如图4-4-27所示。因PVC引水管连接纵向盲管时穿过防水板而产生的空洞,应采用密封胶封闭。

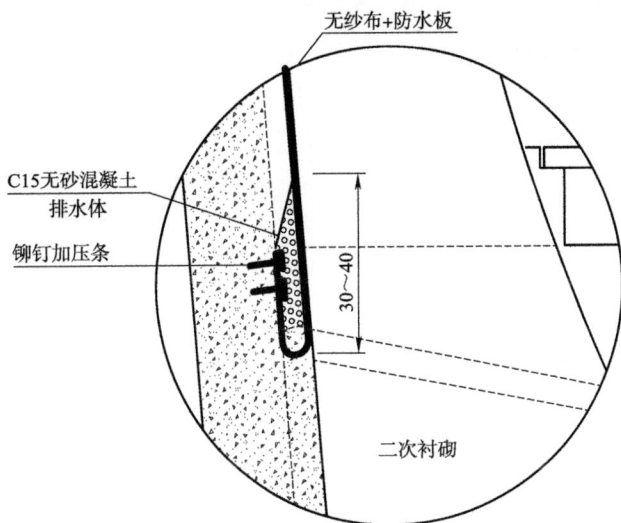

图4-4-27　C15无砂混凝土排水体安装示意图(单位:cm)

3. 土工布铺设

铺设350 g/m²土工布首先采用专用台车将单幅土工布固定到预定位置,然后采用专用热熔衬垫及射钉将无纺布固定在喷射混凝土上。专用热熔衬垫及射钉按梅花形布置,拱部间距0.5~0.8 m,边墙间距0.8~1.0 m,土工布铺设要松紧适度,使之能紧贴在喷射混凝土表面,土工布幅间搭接宽度不应小于5 cm。

4. 防水板铺设

防水板施工采用热熔焊接铺设工艺,如图4-4-28所示。铺设前在基面标出拱顶线,画出每一环隧道中线及垂直隧道中线的横断面线。

图4-4-28　热熔垫圈布设

五、二次衬砌

仰拱及填充超前,仰拱采用移动式栈桥施工,但仰拱填充不与仰拱同时灌注,拱墙衬砌采用液压钢模衬砌台车施工,最后施工水沟电缆槽,必要地段采取回填注浆。施工顺序如图4-4-29所示。

1. 钢筋加工与绑扎

钢筋按要求在洞外工厂化加工,运料车运输到现场,在台车上人工安装绑扎,如图 4-4-30 所示。根据测量控制点先扎外层环向定位钢筋,用纵向筋将定位钢筋连接后,以纵向筋作为其他环向筋安扎依据,由外至内逐层安扎钢筋,并及时将内外层钢筋用蹬筋连接,电弧焊点焊,以加强整体刚度。钢筋安设完成后,按中线标高进行轮廓尺寸检查,合格后于内层钢筋挂设工字形细石混凝土垫块,垫块厚度按《混凝土结构耐久性设计暂行规定》预制,以确保混凝土灌筑后钢筋保护层厚度。钢筋绑扎时,严禁损伤防水板,钢筋焊接时,用防火板对防水板进行遮拦,以防烧伤防水板。

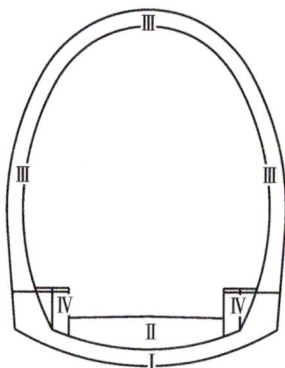

图 4-4-29　洞内混凝土衬砌顺序图

图 4-4-30　衬砌钢筋安装

2. 仰拱、底板及填充混凝土施工

仰拱施工工艺如图 4-4-31 所示。

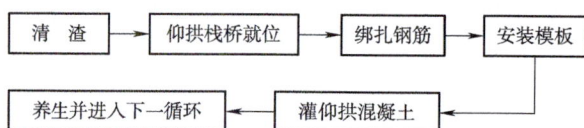

图 4-4-31　仰拱施工工艺流程

仰拱混凝土施工采用移动式仰拱栈桥施工,移动式隧道仰拱栈桥能够实现隧道施工过程中车辆运输及仰拱施工同时作业,避免平行作业下的施工干扰,做到仰拱、铺底施工与运输同步进行,缩短循环作业时间,提高隧道施工效率。整幅仰拱一次施工完毕,人工配合挖装机清渣。把基底的虚渣、杂物及淤泥清除干净,排除积水后,灌注仰拱。混凝土由运送车直接入仓进行灌注,仰拱和底板混凝土整体浇筑,一次成型。填充混凝土在仰拱混凝土终凝后浇筑。

3. 拱墙施工

复合式衬砌要求隧道混凝土二次衬砌应在围岩收敛变形稳定后作为最佳衬砌时机,但软弱围岩及断层破碎带处,由于其围岩自稳能力差,初期支护难以使其达到完全稳定,故根据支护情况及量测信息,为确保洞体稳定及施工安全,及时进行二次衬砌,必要时紧跟开挖面。

衬砌段落边拱模采用液压式整体台车,台车长 12 m,通过调整液压元件,使模板正确对位;模板台车采用带气囊的端模和模板接头加硬橡胶间隙带,防止二次衬砌混凝土灌注段施工接头处漏浆。混凝土灌筑通过灌筑窗口,自下而上,从已灌段接头处向未灌方向,水平分层对称浇灌,边浇边捣,层厚不超过 40 cm,相邻两层浇筑时间不超过 1.5 h,确保上下层混凝土在初凝前结合好,不形成施工冷缝,垂直自由下落高度控制不超过 2 m,捣固采用附着式振捣器和插入式振捣器,安排专人负责,保证混凝土衬砌内实外光。

减少二次衬砌混凝土表面的气泡,采取堵头板分层设排水孔排出泌浆水的措施,在堵头板上沿竖向每 20~30 cm 设可以封闭的孔(ϕ10~ϕ14 mm 的螺钉孔即可),浇筑时根据混凝土的层面,依序打开排水孔排水,排完水及时封孔。

衬砌台车由现场提供断面尺寸及功能要求,现场组装。衬砌台车具备足够的强度和刚度,满足断面加宽及下锚段衬砌要求,并且立模方便。

预留洞室等结构物衬砌采用简易衬砌台架、组合钢模立模,泵送混凝土入仓。施工时,与正洞衬砌连接段预留出 1 m 长距离,与衬砌同时灌筑。

拱墙衬砌施工工艺框图如图 4-4-32 所示。

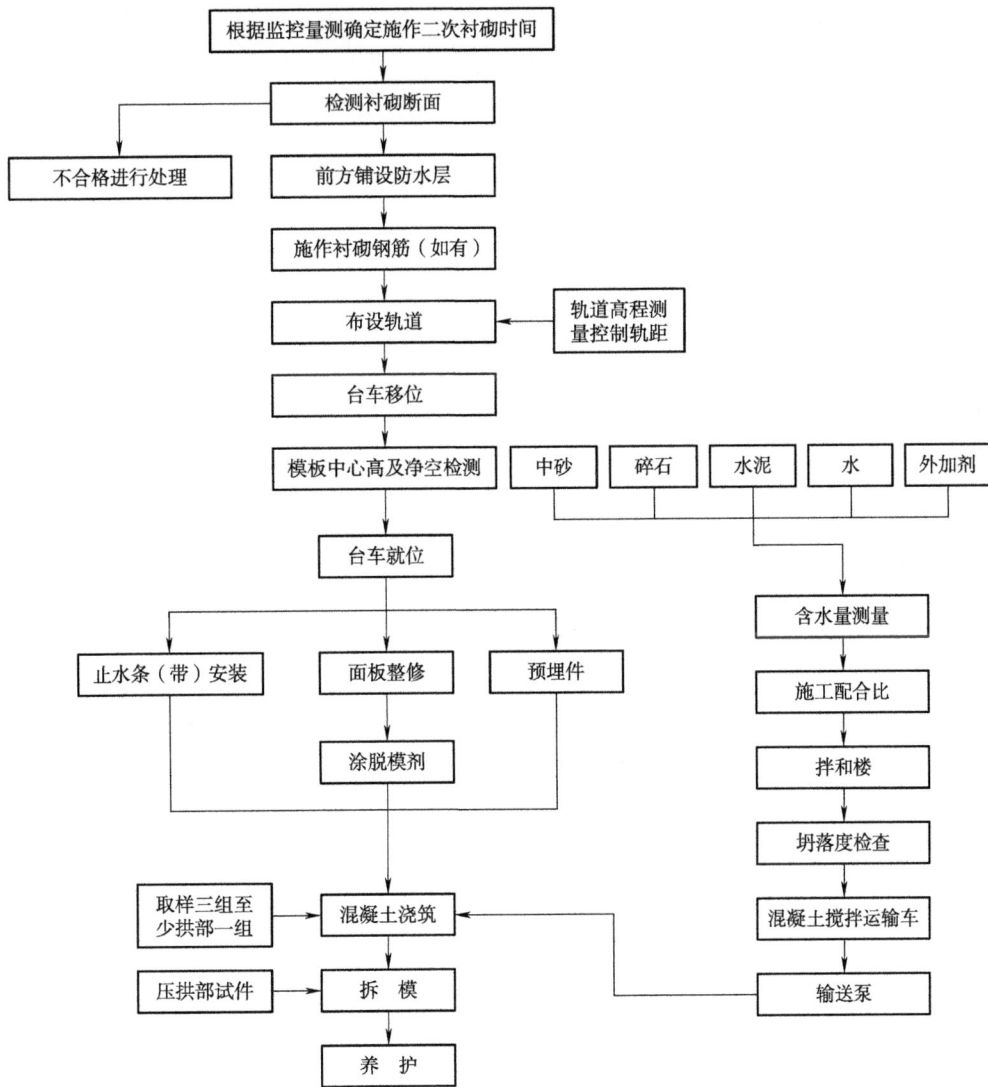

图 4-4-32　拱墙衬砌施工工艺流程

六、回填注浆

回填注浆施工工艺如图 4-4-33 所示。

衬砌背后回填注浆采用(耐腐蚀)水泥浆。对材料要求如下:浆液的可灌性好,易于注入;浆液稳定性好,能在要求的时间内凝固或凝结,具有一定的强度,结石体抗渗性好;配制浆液工艺和注浆工艺简单易行;对材料操作人员无伤害,对环境无污染等。

衬砌背后的回填注浆,根据设计预埋压浆孔,孔口位置应准确,与设计位置的允许偏差为±5 cm,孔底位置偏差应小于孔深的 1‰。一般按 3~6 m 梅花形布孔,存在漏水点时按 1~3 m 进行加密布孔,并根据需要增设适当的钻排气、排水、排泥浆的辅助孔。由下游到上游,由低到高注浆,施工时分二序孔进行注

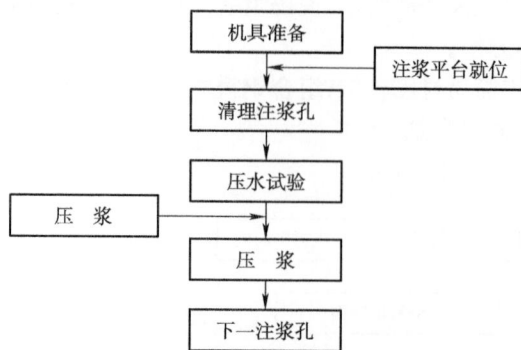

图 4-4-33 回填注浆施工工艺流程

浆。浆液扩散范围与浆液黏度、凝胶时间、注浆的压力、速度、注浆量有关,设计中常用类比参考值选用,施工中根据注浆效果适当增减。根据填充注浆目的,确定浆液胶凝时间不小于 3 h。注浆压力符合设计终压,持续 10~20 min,吸浆量很少或不吸浆时结束;检查钻孔时,涌水量小于 1 L/min·m;注浆到从相邻较高孔位处冒出浆液后可以结束;所有注浆孔无漏注现象。

设备选型主要取决于注浆方式,它包括有钻机、注浆泵、浆液搅拌机和止浆塞、混合器等。注浆泵为注浆工作中的核心设备,一般应选用可调注浆量和压力,自身控制与记录,并具有外形尺寸小、质量轻、性能好的机械。

水泥浆在注浆过程中不停搅拌,搅拌时间不应小于 3 min,确保搅拌均匀;配制的水泥浆应在规定的时间内注完,应认真填写配浆记录。浆液浓度、凝胶时间符合设计要求,不得任意改变;经常检查泵口及孔口注浆压力变化,如发现问题,应及时处理;采用双液注浆时,经常测试混合后浆液的胶凝时间,如发现与设计不符应及时调整;符合结束条件,方可停止注浆;认真填写注浆记录。

分析注浆记录,查看每个孔注浆压力、注浆量是否达到设计要求;注浆过程中漏浆、跑浆是否严重,以浆液注入量估算浆液扩散范围,分析是否与设计相符。用地质钻机按设计孔位和角度检查钻孔,取岩芯进行鉴定,同时测定检查孔的吸水量(漏水量)应小于 0.2~0.4 L/min·m。用声波探测仪测量岩体声速,判断注浆效果,这种方法对于石质隧道较为合适。压浆结束后,对注浆效果进行检查,如未达到要求,进行补孔注浆。

第二节　长大、重难点隧道施工

新建浦城至梅州铁路建宁至冠豸山段长大、重难点隧道工程主要为莲花山隧道、武调隧道、武调 1 号隧道、岐山隧道。其中,莲花山隧道为长大隧道,武调隧道、武调 1 号隧道、岐山隧道为重难点隧道。

一、莲花山隧道

1. 工程概况

莲花山隧道是浦梅铁路主要工程之一,属客货共运单线隧道,进口位于福建省建宁县均口镇,穿过莲花山,于宁化县张坊村黄沙潭附近出洞,起讫里程 DK263+043~DK273+540,全长 10 497 m,其中Ⅱ级围岩 2 060 m,占 19.68%,Ⅲ级围岩 5 589 m,占 53.39%,Ⅳ级围岩 2 233 m,占 21.33%,Ⅴ级围岩 586 m,占 5.6%,隧道进口明洞长 7 m,出口明洞长 22 m。莲花山隧道为单线隧道,最大埋深为 380 m,为本区段重点工程,进口采用偏压式洞门,出口采用双耳墙式洞门。莲花山隧道进口工区,正洞起讫里程为 DK263+043~DK264+663,施工长度 1 620 m。莲花山隧道 1 号斜井工区,正洞起讫里程为 DK264+663~DK268+108,施工长度 3 445 m;1 号斜井里程为 1 斜 0+00~1 斜 7+08,施工长度 708 m。莲花山隧道 2 号斜井工区,正洞起讫里程为 DK268+108~DK271+465,施工长度 3 357 m;2 号斜井里程为 2 斜 0+00~2 斜

11＋82,施工长度1 182 m。莲花山隧道出口工区,正洞起讫里程为DK271＋465～DK273＋540,施工长度2 075 m。

2. 工程地质情况

(1)地形地貌

测区是属于武夷山脉中段的南延部分,地势总体为中间高,四周低。隧道山体海拔384～872 m之间,一般高差150～400 m。山顶覆盖有残积层土层,由于长期水流侵蚀和切割作用,丘陵和中、低山与溪流纵横交错,盆谷、平原相间,呈阶梯状下降。山坡地表沟壑纵横,植被茂密。隧道穿金溪与水茜溪分水岭。

(2)地质岩性

测区内地层为第四系全新统冲积层(Q_4^{al+pl})粉质黏土、砂类土、粗圆砾土,第四系残坡积层(Q_3^{al+dl})的粉质粘土、粗角砾土。下伏基岩分别为:白垩系上统沙县组(K_2s),白垩系下统均口组(K_1jk),白垩系寨下组(K_1z),侏罗系上统漳平组(J_2j),志留系花岗岩($S\gamma$),志留系辉绿岩($S\beta$),寒武系变质砂岩(ϵ_3)。

(3)地质构造及地震参数

受区域性构造因素影响,隧址区断裂构造发育,共22条断层带。隧道主要穿越三套地层,分别是进口段的白垩系和侏罗系的砂岩、砂砾岩,中间段志留系花岗岩和出口段白垩系砂岩。进出口段白垩系、侏罗系砂岩为层状地层,层面是控制岩体结构的优势结构面,层面产状为240°～290°∠15°～30°。中间段构成隧道洞身的主要岩体为志留系花岗岩,主要有3组节理。测区地震动峰值加速度为0.05g,地震动反应谱特征周期为0.35 s。

3. 施工组织

莲花山隧道是极高风险隧道,总长10 497 m,共22条断层破碎带,24处物探异常区,设两个斜井,与正洞交叉里程分别为DK265＋600、DK270＋400,共六个作业面同时掘进,2017年3月22日进洞,2019年10月18日贯通。针对单线隧道路面宽度只有3.8 m且单个作业面掘进长度最长达到2.5 km的情况,从洞内物流组织、设备配备、工序衔接三方面进行优化,确保隧道能快速掘进施工。

(1)物流组织

受到隧道断面净空的限制,衬砌完的段落只能容纳一辆车通行,无法错车,若单趟运输,时间长,且无法实现工序同时作业,严重影响施工进度,必须设置回车点和掉头区,确保洞内运输畅通。结合隧道综合洞室较多,考虑充分利用洞室改扩作为会车和调头区,通过混凝土罐车现场掉头、避车实际操作,确定避车洞尺寸深8 m、宽7 m、高5 m,间距150～250 m(结合洞室情况设置),同时对已经浇筑仰拱段左右两侧水沟位置每200 m铺设30 m钢板扩大路面宽度作为错车段,如图4-4-34所示。通过以上措施,有效解决了出渣、仰拱、二次衬砌在同时施工时运输车辆会车问题,提高了施工工效。

图4-4-34　铺设钢板作为会车道

(2)设备配备

隧道开挖后,初喷混凝土施工快慢严重影响掌子面的掘进,因此在莲花山隧道1号斜井、2号斜井各配备了一台五新湿喷机械手,如图4-4-35所示,每小时喷射混凝土量在15～20 m³,远优于小型湿喷机每小时约4 m³的喷射量。从而为掌子面的钻爆作业提供更多时间。

洞内通风是提高隧道快速施工的一个重要因素。如果排烟时间长或排不出来,洞内空气浑浊,能见度低,严重影响掌子面的出渣且工人无法进行其他工序的作业。通过洞内供风量的计算,每个作业面配备了一台110 kW×2的通风机,如图4-4-36所示,在1号斜井和2号斜井与正洞交叉处各设置一台15 kW射流风机,提高洞内排风效果。以上配备基本能够在响炮后30 min左右具备出渣条件。

隧道掘进进度的关键在于每循环的进尺及各工序的有效衔接。莲花山隧道Ⅱ、Ⅲ级围岩占比达到

图 4-4-35　湿喷机械手

73%,通过确定合理的爆破方案,解决了单循环的进尺问题,通过解决施工工序的衔接问题,提高了一天内的循环次数,确保各工序能在最短时间内完成。

4. 反坡排水

隧道范围内地下水主要为第四系孔隙水及基岩裂隙水、构造裂隙水。第四系孔隙水主要赋存于第四系冲积层中,受大气降水补给,水位及水量随季节变化较大,但水量较小,孔隙水一部分侧向渗流排泄至山间冲沟及地表水体,一部分向下渗流补给至基岩裂隙含水层,地下水埋深 0.5~35.8 m,高程 381.02~590.06 m。隧道正常涌水量为 36 444.3 m³/d,最大涌水量为 45 014.52 m³/d。

图 4-4-36　斜井口 110 kW 通风机

1 号斜井、2 号斜井正洞小里程段施工过程需要反坡排水,以 1 号斜井反坡排水方案为例。

莲花山隧道 1 号斜井大体地质情况为:花岗岩,强~弱风化,节理裂隙较发育,岩体较完整,呈块(石)碎(石)状镶嵌结构,围岩稳定,有可能出现涌水。正常涌水量为 1 733 m³/d,最大涌水量为 2 301 m³/d。

正洞 DK264+180~DK268+058 段大体地质情况为:花岗岩,弱风化,节理裂隙较发育,围岩完整性较好,呈块状结构,属极硬岩或硬质岩,整体稳定性较好,局部可能发生掉块。正洞 DK264+180~DK265+600 段正常涌水量为 6 009.12 m³/d,最大涌水量为 8 001.42 m³/d;正洞 DK265+600~DK268+058 段正常涌水量为 11 742.95 m³/d,最大涌水量为 14 169.41 m³/d。

1 号斜井工区施工正洞、斜井时,正洞顺坡段通过自然汇集至斜井底泵站水仓,反坡段由移动潜水泵将工作面涌水抽入较近的泵站水仓,通过泵站将水抽入斜井底泵站水仓,最后通过斜井泵站接力将水抽排至洞外。设置正洞段水仓位置结合大避车洞设置。

工作和备用的水泵及排水管的总能力按 20 h 排出本段 24 h 内最大可能涌水量设计。

工作泵和排水管的排水能力应能在 20 h 内排出 24 h 隧道设计涌水量设计。

水仓满足 5 min 汇水量(包括施工用水),并考虑施工和清淤方便,施工完毕后将水仓回填密实。每处泵站每趟管路的水泵按工作一台,备用一台配备,且备用水泵的配备能力不应小于工作水泵的总能力,工作泵和备用泵同时装机;移动泵按每个工作面配备一台,备用一台考虑。

排水泵站排水能力按照设计排水能力 100% 计算,采用 φ250 mm 钢管。

根据设计及施工情况,莲花山隧道 1 号斜井工区共设置两处固定泵站,泵站设置里程分别为:第一处泵站为 1 斜 0+20;第二处泵站为 DK264+935(大避车洞),如图 4-4-37 所示。

施工过程中共设置四段移动泵站。斜井施工时在掌子面设置一段移动泵站,即在斜井口至第一处固定泵站间的掌子面设置一段移动泵站,将掌子积水抽至斜井口外;正洞小里程方向施工时在掌子面设置两

段移动泵站,即在第一处固定泵站至第二处固定泵站间掌子面设置一段移动泵站,将掌子面积水抽至第一处固定泵站,在第二级固定泵站至 DK264+180 间掌子面设置一段移动泵站,将掌子面积水抽至第二处固定泵站;正洞大里程方向施工时在掌子面设置一段移动泵站,即在第一级固定泵站至 DK268+058 间掌子面设置一段移动泵站,将掌子面积水抽至隧道侧水沟内。

确定的两处固定泵站主要承担着隧道与进口、出口贯通前排出隧道涌水的任务,一旦启用能保证 24 h 工作能力;移动泵站主要承担隧道掌子面开挖过程中排出隧道施工涌水的任务,相对较灵活且使用时间相对较短,在前方固定泵站启用后,此段移动泵站停止使用。

图 4-4-37 莲花山隧道 1 号斜井工区泵站布置图

本斜井共设置两处固定泵站,掌子面施工过程中设置四段移动泵站。根据设计文件及涌水量估算,斜井井身最大涌水量 2 301 m³/d,正洞大里程施工段最大涌水量 14 169.41 m³/d 和正洞小里程施工段最大涌水量 8 001.42 m³/d,对各级泵站进行抽水长度、抽水扬程、抽水能力进行计算。然后进行各级固定泵站和各段移动泵站的抽水量计算。只有准确地计算出各泵站的抽水能力,才能准确配备各级和各段泵站的抽水设备、排水管路及相关的配电设施,各级固定泵站及各段移动泵站的抽水能力详见表 4-4-4 和表 4-4-5。

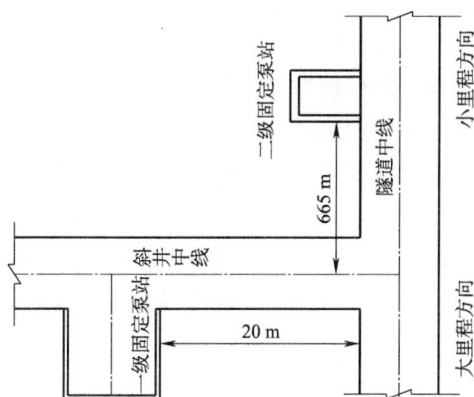

表 4-4-4 各级泵站位置及抽水能力要求表(最大涌水量)

工程项目		泵站里程	泵站水量 (m³/d)	泵站要求抽水能力(m³/h)	5 min 水量 (m³)	抽水高度 (m)
固定泵站	一级排水	1 斜 0+20	24 471.83	1 223.59	101.96	72
	二级排水	DK264+935	8 001.42	400.07	33.33	4.66
移动抽排	一段移动	1 斜 7+08～1 斜 0+20	2 301	115.05	9.58	70.85
	二段移动	DK265+600～DK264+935	4 170.78	208.54	17.38	4.66
	三段移动	DK264+935～DK264+180	3 830.64	191.53	15.96	5.29
	四段移动	DK265+600～DK268+058	—	—	—	—

表 4-4-5 各级泵站位置及抽水能力要求表(正常涌水量)

工程项目		泵站里程	泵站水量 (m³/d)	泵站要求抽水能力(m³/h)	5 min 水量(m³)	抽水高度 (m)
固定泵站	一级排水	1 斜 0+20	19 485.07	974.25	81.19	72
	二级排水	DK264+935	6 009.12	300.45	25.04	4.66
移动抽排	一段移动	1 斜 7+08～1 斜 0+20	1 733	86.65	7.22	70.85
	二段移动	DK265+600～DK264+935	3 282.96	164.15	13.68	4.66
	三段移动	DK264+935～DK264+180	2 726.16	136.31	11.36	5.29
	四段移动	DK265+600～DK268+058	—	—	—	—

经过计算,为确保水泵的利用,水泵选型按 4 处移动泵站的最大水量和扬程来配置;一段移动泵站两处各配置一台 55 kW 的 200WQ250-40-55 污水潜水泵,扬程 40 m,排水能力 250 m³/h;再备 1 台相同型号的备用泵。等进入正洞第一处固定泵站设置完成后,一段移动泵站的两处水泵分别移至二段移动泵站和大里程掌子面施工;等第二处固定泵站设置完成后,二段移动泵站的水泵再移至三段移动泵站使用。

5. 通风方案

隧道施工过程中,因掘进距离较长,爆破、喷射混凝土、机械尾气等造成洞内空气浑浊,严重影响施工进度及作业人员的身体健康。针对莲花山隧道的通风问题,在隧道进口施工段,1 号斜井施工段、2 号斜井施工段、隧道出口施工段共布设了 6 台 YSDD-NO12.5 功率 110×2 kW 通风机,在 1 号斜井、2 号斜井与正洞交叉口分别布设 1 台 SDS-10/15 kW 射流风机,提高排风效率。以 1 号斜井正洞大里程施工段为例通过计算确定风机型号。

根据通风计算,正洞小里程侧风机选型参照大里程侧计算结果,隧道斜井工区选用 YSDD-NO12.5 型对旋风机 2 台,在正洞与斜井交叉口设置 1 台射流风机对正洞排烟进行导流。通风管采用直径 $\phi1.8$ m 的拉链式软风管(风机接头段风管采用加筋风管),单根风管设置两道纵向挂点,间距 1 m,减少未通风时风管的下垂高度。在实际施工过程中,通风设备能够满足施工要求。

二、武调隧道

1. 工程概况

新建浦城至梅州铁路建宁至冠豸山段全线站前工程 PM-2 标段正线起止里程为 DK226+700～DK256+300,正线长度 28.352 km;其中武调隧道为长大、重难点隧道工程。

武调隧道位于福建省三明市建宁县境内,隧道进口里程为 DK227+430,出口里程为 DK230+735,隧道全长 3 307 m,设计为无砟轨道。设计速度从进口 DK227+428 至 DK229+220 为 120 km/h,从 DK229+220 至出口 DK230+735 设计速度为 160 km/h。其中 V 级围岩 156.49 m,IV 级围岩 715 m,III 级围岩 2 420 m,洞门明洞 15.51 m。整座隧道属低山丘陵区,地形起伏较大,植被发育。进口山坡坡度约 15°,出口坡度约 18°,沿线植被较发育。山间沟谷,呈狭长型,常年有水。隧道最大埋深约 260 m,隧道设计为单洞单线隧道,隧道进口至 DK227+782.4 位于 $R=550$ m 的右偏曲线上,隧道 DK230+375.83～+730 位于 $R=2 000$ m 的右偏曲线上,其余均位于直线上,隧道进口至 DK227+450 范围内纵坡为 0‰,DK227+450 至出口段纵坡 3.49‰ 下坡。斜井进口路程为 1 斜 0+00,出口里程为 1 斜 2+52,全长 252 m。与线路交会里程为 DK227+850,斜井长 252 m(平距)。斜井内最大坡率为 10.5%,综合坡度为 9.31%。

隧道位于既有向莆铁路右侧,对应既有向莆铁路武调一号隧道,线路中线与既有隧道右线线路中线最小线间距位于隧道进口约为 11.8 m,与疏解线武调 1 号隧道最小距离约 25.8 m,出口与金溪隧道最小距离约 35 m,武调隧道与既有隧道位置关系如图 4-4-38 所示。

整个隧道按照新奥法设计、施工,初期支护采用锚、喷、网和格栅拱架,根据不同的围岩情况采用不同的组合,二次衬砌采用耐久性抗腐蚀混凝土,防水等级为一级。

2. 工程地质、水文地质情况

武调隧道隧址区为山丘区,线路处于闽赣两省交界武夷山中脉鞍部,属强切割中低山,区域内地质结构表现复杂,中小规模断层或挤压破碎带相当发育。进出口均处于陡坡上,表覆全风化～强风化变粒岩,自稳能力差。

(1)工程地质

隧道分布的地层从新至老有第四系全新统(Q_4^{ml})素填土、上更新统残坡积层(Q_3^{el+dl})碎石土,下伏上元古界下峰组(Pt_3x)变粒岩、太古界天井坪组(Ar_2t)黑云斜长变粒岩。

(2)断裂层及强富水

根据区域地质资料,结合物探解释成果,推测断层 F_1 与隧道洞身交汇里程约 DK227+485。结合地质调绘及钻探验证综合判定:DK227+430～DK235+540 段为推测断层 F_1 及其影响带,断裂带内岩体破碎,岩石节理裂隙发育,富水性强。推测断层 F_2 与隧道洞身交汇里程约 DK227+945。结合地质调绘及钻探验证综合判定:DK227+920～DK227+990 段为推测断层 F2 及其影响带,断裂带内岩体破碎,岩石节理裂隙发育,富水性强。推测断层 F_3 与隧道洞身交汇里程约 DK228+950,在物探上表现为电阻率变化剧烈,等值线被连续性切割。结合地质调绘及钻探验证综合判定:DK228+890～+975 段为断层 F3 及其影响带,断裂带内岩体破碎,岩石节理裂隙发育,富水性强。物探推测断层 F_4 与隧道洞身交汇里程约 DK230+155,在物探上表现为电阻率变化剧烈,等值线被连续性切割。结合地质调绘及钻探验证综合判定:

图 4-4-38　武调隧道与既有隧道位置关系示意图

DK230+140～DK230+180 为断层 F4 及其影响带,断裂带内岩体破碎,岩石节理裂隙发育,富水性强。

(3)岩性节理发育

隧道区岩性主要为变粒岩,节理裂隙多向发育,代表性节理产状 210°∠20°,270°∠75°,间距 0.3～0.5 m。岩石切割成形态各异的块体,易产生坍塌、掉块现象,稳定性较差。

(4)地下水情况

地表水:勘测未发现地表水。地下水:隧道区地下水类型有第四系与全风化孔隙潜水、基岩裂隙水和构造裂隙水,受大气降水补给,向低洼处排泄。节理发育程度不均匀。发育处含水较发育,不发育处含水甚微。地下水侵蚀性:依据 15-ZD-738(DK228+649.2 右 5.4 m)及 15-ZD-739(DK229+580.6 右 2.2 m)水质分析结果,隧址区地下水对混凝土结构不具侵蚀性。

3. 工程难点及特点

(1)隧道位于既有向莆铁路右侧,对应既有向莆铁路武调 1 号隧道,线路中线与既有隧道右线线路中线最小线间距位于隧道进口约为 11.98 m,与疏解线武调 1 号隧道最小距离约 25.8 m,出口与金溪隧道最小距离约 35 m。既有线隧道施工对原有岩层的开挖可能造成岩层应力重分布;爆破开挖施工对既有隧道的振动等因素都可能使既有隧道衬砌面失稳。本段采取一系列防护措施施工,施工难度大、工期长,临近营业线施工安全风险高,需采用铣挖法与控制爆破施工,功效较低。

(2)武调隧道工程量大,施工技术复杂,影响因素多,隧道应尽早开工,进口和出口同时平行施工,以免影响工期。邻近既有线施工:为预防施工中对既有隧道的影响而注浆,并自开挖施工开始对既有隧道进行监控量测,发现沉降等现象时,立即停止施工并加强防护措施。

(3)隧道工程防水施工:隧道设计为一级防水标准,施工时必须全面系统地做好地下水的堵截、疏排以及结构自防水和"三缝"处防水等工作,才能保证隧道不渗水,结构表面无湿渍的高标准防水要求。

(4)环保要求高:隧道弃渣及失水对环保的影响。

(5)耐久性混凝土施工：本工程主体结构对混凝土的耐久性提出了很高要求，因此如何保证混凝土结构的耐久性是本标段需要重点解决的问题。

4. 施工措施及解决办法

邻近既有线施工：为预防施工中对既有隧道的影响，对围岩进行注浆，并自开挖施工开始对既有隧道进行监控量测，发现沉降等现象时，立即停止施工并加强防护措施。

(1)DK227+430～+440段，地形偏压，为防止右侧边坡开挖高陡，在靠山侧防护放桩：2.0 m×3.0 m防护桩长25 m，中线间距5 m。

(2)DK227+430～+440段，洞顶设置护拱，在护拱下方采用暗挖通过。

(3)DK227+430～+590段，施工方法采用非爆破法施工，以防爆破震动影响既有隧道结构安全。

(4)DK227+430～+590段，隧道衬砌结构采用加强结构，并采用径向注浆方式加固隧道周边围岩。

(5)为减少施工对既有线隧道的影响，在DK227+850处设置一座单车道无轨运输斜井，施工隧道进口段落。

(6)DK227+590～+700段，隧道开挖采用控制爆破，视围岩情况加强衬砌结构。

武调隧道工程量大，施工技术复杂，影响因素多，隧道应尽早开工，进口和出口同时平行施工，以免影响工期。

隧道防水工程施工对策措施：施工前认真进行图纸会审，掌握工程主体及细部构造的防水技术要求，并编制防水工程的施工方案，从爆破开挖、初期支护、防排水施工、衬砌混凝土、"三缝"处理等各个环节进行控制，具体对策措施见表4-4-6。

表 4-4-6 隧道防水施工对策措施表

序号	控制环节	对策措施
1	爆破开挖	严格按照光面爆破规范组织施工，控制超欠挖，确保岩面平顺
2	初期支护	认真做好初期支护，特别是初期支护背后的回填注浆，做到渗漏水无线流，否则在严重渗漏水处打孔、下管补充注浆，直至符合要求；湿喷法喷射混凝土，并严格控制喷射混凝土的厚度
3	防排水施工	严格按结构防水设计要求施作防排水，先设置纵向、环向透水管盲沟及导流管，再铺设防水板。防水层施工安排专业化队伍施工，处理好基面，采用无钉铺设、双焊缝焊接的施工工艺并加强防水层成品的保护
4	衬砌混凝土	严格按防水混凝土有关规范和有关标准控制原材料和施工配合比，灌注施工采用整体钢模台车，混凝土采用分层浇筑、分层振捣并连续浇筑，避免造成施工缝；拱圈封顶时，加大泵压力，并按要求预埋注浆管；加强混凝土的养护，严格控制拆模时间，严禁混凝土强度未达到规范要求前拆模
5	三缝处理	施工缝采用一道可维护中埋式橡胶止水带及一道背贴式橡胶止水带；隧道明暗分界处设置变形缝一道，变形缝宽度2 cm，变形缝填充聚苯乙烯硬质泡沫板并加设中埋钢边橡胶止水带，变形缝外缘采用外贴式橡胶止水带，变形缝内缘采用双组分聚硫密封膏嵌缝

隧道施工要建立完善的地质预报系统，准确揭示掘进前方的地质状况，及时修正掘进参数，确保施工安全、高效。

武调隧道对混凝土结构的耐久性提出了很高的要求。混凝土结构耐久性与诸多因素有关，但在很大程度上取决于施工过程中的质量控制和质量保证以及结构使用过程中的正确维修与例行检测。就本标段而言，重在从施工过程控制的方面来保证混凝土的耐久性，即根据混凝土结构所处的环境作用等级进行混凝土原材料选择、配合比选配，并加强施工工艺控制，特别是混凝土养护的温度、湿度控制等。

由于耐久性混凝土比侧重于满足强度需要的常规混凝土有更多、更高的施工要求，因此我们将在耐久性混凝土方面开展科技攻关，消化吸收国内外成功的经验，保证结构混凝土的耐久性。

5. 隧道总体施工方案

本隧道由武调隧道斜井及武调隧道出口两个洞口进洞，隧道施工方法根据工程地质、水文地质条件和机械设备等因素确定，采用钻爆法、按喷锚构筑法原理组织施工。隧道Ⅲ级围岩采用全断面法施工，Ⅳ级围岩采用台阶法施工，Ⅴ级围岩采用短台阶法施工。采用YT28型凿岩机与钻孔台架配合钻孔。围岩较好地段采用非电毫秒雷管起爆、光面爆破技术,严格控制超欠挖,围岩软弱地段采用微震光面爆破技术或非爆破开挖,以减轻对围岩的扰动和破坏。

武调隧道施工长度较长,出口与进口均采用无轨运输方案。

明洞按明挖法施工,暗洞按喷锚构筑法施工,加强超前地质探测与预报,加强围岩量测,实现施工信息化,并实施掘进(钻、爆、装、运)、喷锚(拌、运、锚、喷)、衬砌(拌、运、灌、捣)等三条机械化作业线。

运用超前地质预报多功能钻机对掌子面前方地质情况进行综合超前地质探测和预报,提前预测地层及地下水情况,根据不同的岩层和岩性及其他地质情况采取相应的措施进行有效处理,达到安全、高质量施工的目的。

为保证施工安全和施工质量,隧道邻近既有线较近地段采用铣挖法以及明挖法,隧道Ⅲ级围岩采用全断面法施工,Ⅳ级围岩采用台阶法施工,Ⅴ级围岩采用短台阶法施工。

钻爆采用自制多功能台架配合风动凿岩机钻孔,塑料导爆管微差毫秒雷管光面爆破、预裂爆破或微振动爆破等控制爆破技术;挖掘机辅助侧卸式装载机装渣,断面分部开挖时采用人工配合挖掘机扒渣、装载机装渣、自卸汽车运渣;台阶法施工地段锚杆采用锚杆台车钻孔、人工安装,分部开挖地段使用风动凿岩机钻孔、人工安装,喷射混凝土采用混凝土喷射机湿式喷射作业;防水层采用防水板铺挂作业台车铺设复合防水层;衬砌采用全断面液压钢模整体衬砌台车,泵送混凝土灌筑施工。

隧道内接触网支座、电缆槽、综合洞室、连通管道、综合接地等设施与隧道同步修建完成。

隧道通风采用软式风管独头压入式通风或混合式通风,对于特长隧道可结合该隧道辅助坑道布置情况,通过在隧道进出口及辅助坑道设大功率风机,采用长管路压入通风方式或混合式通风方式排出污风。

隧道用混凝土采用洞外集中拌和运至施工现场。

6. 隧道控制爆破施工方案

新建隧道与既有隧道距离过小,爆破施工对既有隧道稳定产生影响,隧道正常开挖施工可能会造成既有隧道衬砌变形、结构发生位移、结构应力重分布、异物掉落、既有线铁路轨道位移,影响既有线运营安全。

根据爆破区域周边环境、地质情况及被保护物安全要求,为确保既有线设施和列车运营安全,控制爆破方案中采用装药量参数和既有线监测方案,监测内容有:(1)隧道结构的位移监测;(2)隧道结构的爆破振动监测;(3)隧道结构的应力监测;(4)隧道异物侵限。

Ⅴ、Ⅳ级围岩隧道开挖施工坚持"弱爆破、短进尺、强支护、早封闭、勤量测"的原则,采用微震爆破、小炮、机械或人工开挖,Ⅲ级围岩按光面爆破和预裂控制爆破布眼,塑料导爆管非电起爆、毫秒微差爆破,全面采用水压环保型爆破新技术,即在孔底及孔口分别装上水袋,中间装药,孔口堵塞机制炮泥的装药结构形式,达到降低炸药消耗量、降低粉尘、增加开挖进尺的目的。通过爆破试验确定爆破参数,试验时参照表4-4-7,并根据地质情况及时修正其钻爆参数。

表 4-4-7　光面爆破参数表

岩石类别	周边眼间距 E(cm)	周边眼抵抗线 W(cm)	相对距离 E/W	装药集中度 q(kg/m)
硬岩	40～50	50～60	0.8～0.85	0.15～0.25
软质岩	35～45	45～60	0.75～0.8	0.07～0.12

本标段内所有隧道钻爆均采用"节能环保水压爆破"新技术,装药结构如图4-4-39所示。

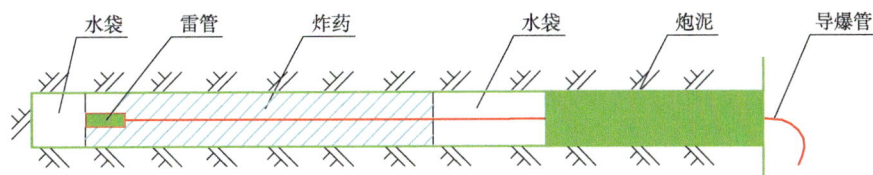

图 4-4-39　水袋炮泥回填堵塞法爆破图

"节能环保水压爆破"新技术工艺流程如图 4-4-40 所示。

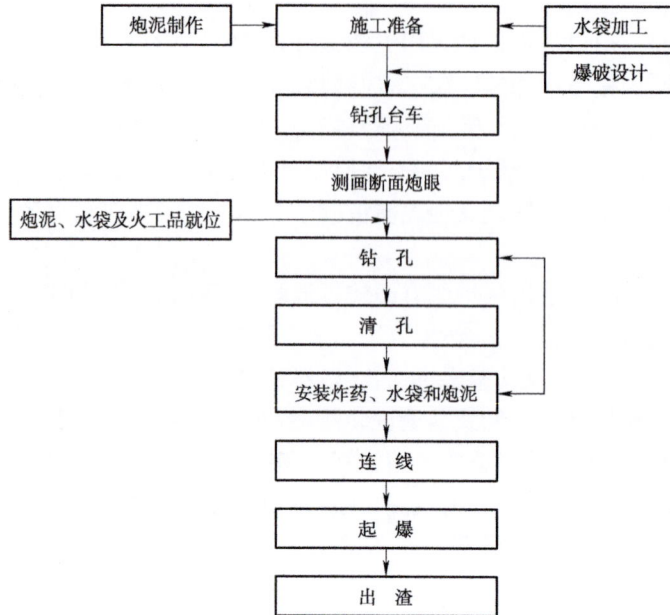

图 4-4-40　水压爆破工艺流程图

在施工中要根据光面爆破设计结合现场地质变化情况进行爆破试验,不断修正爆破参数,实行定人、定岗、定标准的岗位责任制,以达到最优爆破效果。确保硬岩炮眼残留率达到 80％以上,中硬岩炮眼残留率达到 60％以上。施工过程中采用激光断面仪对开挖轮廓线进行跟踪检测,并根据检测结果修正钻爆设计。炮眼布置如图 4-4-41 所示。

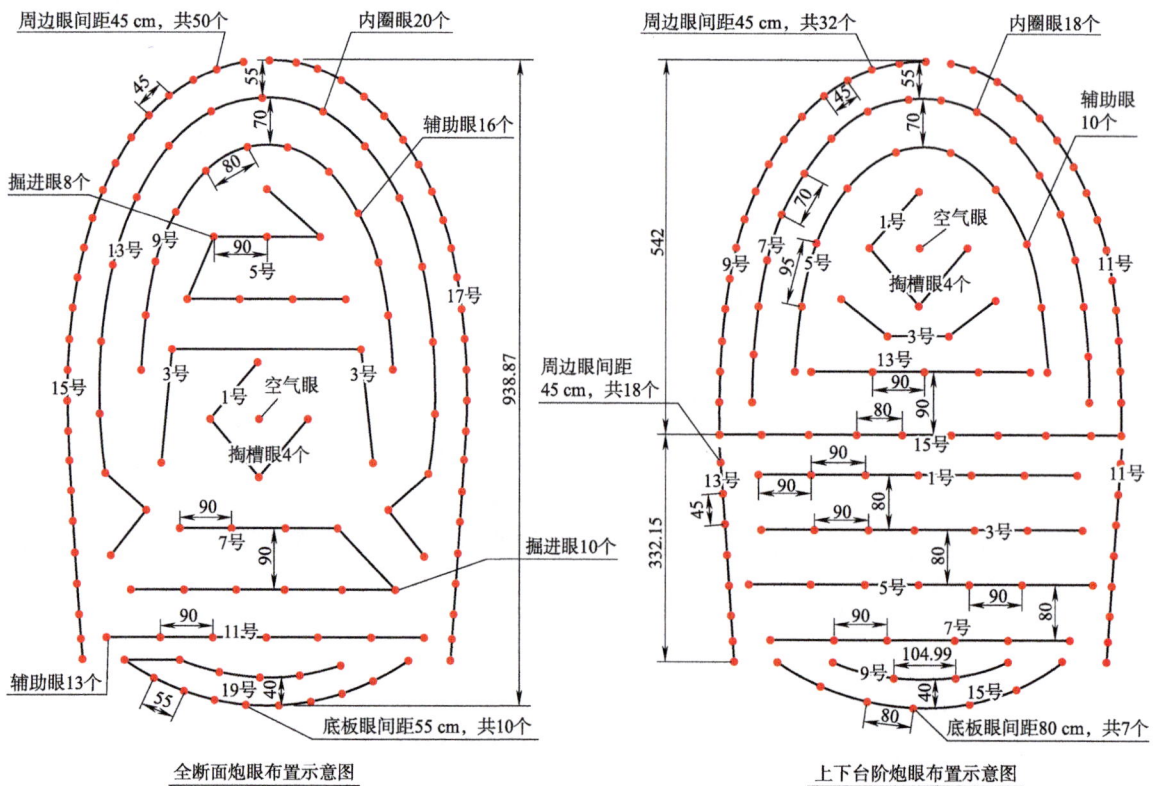

图 4-4-41　炮眼布置示意(单位:cm)

7. 既有线结构物施工影响监测

监测目的：由于既有隧道与昌福线铁路武调 1 号隧道邻近并行，为保证既有铁路运营安全，在爆破施工时需对昌福铁路武调 1 号隧道进行专项监控量测，监测项目包括爆破振速、既有线路的几何变化、既有设备、既有隧道端墙、异物侵限以及对与既有隧道 $3d$（d 为隧道直径）范围内的边仰坡沉降监测。

测量方案：复测设计院提供的 GPS 点，布设控制点导线网。控制测量采用全站仪施测，控制点的高程用精密水准仪测定。为了控制角度误差积累，每隔一条长边要对一条尽可能长的导线连接边进行精密陀螺经纬仪校核。洞内引入双导线做校核，隧道中线埋设测点，在已衬砌好的边墙埋设水准点。

超前地质预测预报：全部采用超前地质预报多功能钻机进行，地表重要堰塘、井、泉点的观测和深孔水位监测；对于可能有有害气体逸出的地段做好有害气体的监测工作；对深埋隧道做好开挖隧道的应力测试和变形监测工作。根据超前地质预测预报所获取的地质信息调整隧道的支护参数和施工方案，以确保工程质量和施工安全。

监控量测：隧道按照《铁路隧道喷锚构筑法技术规范》（TB 10108—2002）的要求，以量测资料为基础及时修正初期支护参数，确保二次衬砌施作时机，实施动态设计、施工；量测项目包括：洞内外观察、净空水平收敛量测和拱顶下沉量测、地表下沉量测、沉降缝两侧底板不均匀沉降量测和洞口段与路基过渡段不均匀沉降观测列为必测项目，必要时在隧底增设隧底上鼓量测及地表沉降量测项目。

三、武调 1 号隧道

1. 工程概况

疏解线武调 1 号隧道位于福建省三明市建宁县境内，线路处于闽赣两省交界武夷山中脉鞍部，属强切割中低山，区域内地址结构表现复杂，中小规模断层或挤压破碎带相当发育。隧道进口里程为 SJDK227＋428，出口里程为 SJDK228＋508，隧道全长 1 080 m，设计为无砟轨道。设计速度为 120 km/h。Ⅴ级围岩 418.6 m，Ⅳ级围岩 412.4 m，Ⅲ级围岩 152 m，洞门明洞 85 m。整座隧道属低山丘陵区，地形起伏较大，植被发育。进口山坡坡度约 31°，出口坡度约 50°，沿线植被较发育。山间沟谷，呈狭长型，常年有水。隧道最大埋深约 105 m，隧道设计为单洞单线隧道，隧道进口至 SJDK228＋280.77 位于 $R=550$ m 的左偏曲线上，SJDK227＋743.45～SJDK228＋010.46 位于 $R=1 000$ m 的左偏曲线上，隧道出口至 SJDK228＋280.77 位于 $R=800$ m 的右偏曲线上，其余均位于直线上，隧道进口至 SJDK227＋850 范围内纵坡为 2.91‰下坡，SJDK227＋850 至出口段纵坡 7.5‰的下坡。

隧道位于既有向莆铁路左侧，对应既有向莆铁路武调隧道，线路中线与既有隧道线路中线最小线间距位于隧道进口约为 14 m，与疏武调隧道最小距离约 26.9 m，如图 4-4-42 所示。

2. 工程地质、水文地质情况

疏解线武调 1 号隧道隧址区为山丘区，线路处于闽赣两省交界武夷山中脉鞍部，属强切割中低山，区域内地址结构表现复杂，中小规模断层或挤压破碎带相当发育。进出口均处于陡坡上，表覆全风化～强风化变粒岩，自稳能力差。

（1）地层岩性

隧道分布的地层从新至老有第四系全新统上更新（Q_3^{el+dl}）细角砾土、粗角砾土及碎石土，上元古界下峰组（Pt_3x）变粒岩，太古界天井坪组（Ar_2t）黑云斜长变粒岩。白垩系上统沙县组（K_2s）砂岩。岩层产状 310°∠45°，代表性节理产状 185°∠75°，节理间距 0.1～0.2 m。

（2）地质构造

根据现场测绘资料与钻探资料，结合区域地质资料、物探以及钻探，其空间分布特征与发育破碎状态分述如下：线路处于闽赣两省交界武夷山中脉鞍部，属强切割的中低山，区域内地质构造表现复杂，中小规模断层或挤压破碎带相当发育。隧道去范围内推测有两条断层通过。第一条推测断层产状 292°∠25°，断层在洞身的交叉里程约 SJDK227＋500。第二条推测断层产状为 288°∠25°。断层与洞身的交叉里程约 DK228＋240 出现富水。隧道在 DK228＋240－DK228＋510 段存在顺层问题，右侧边墙及拱顶可能发生

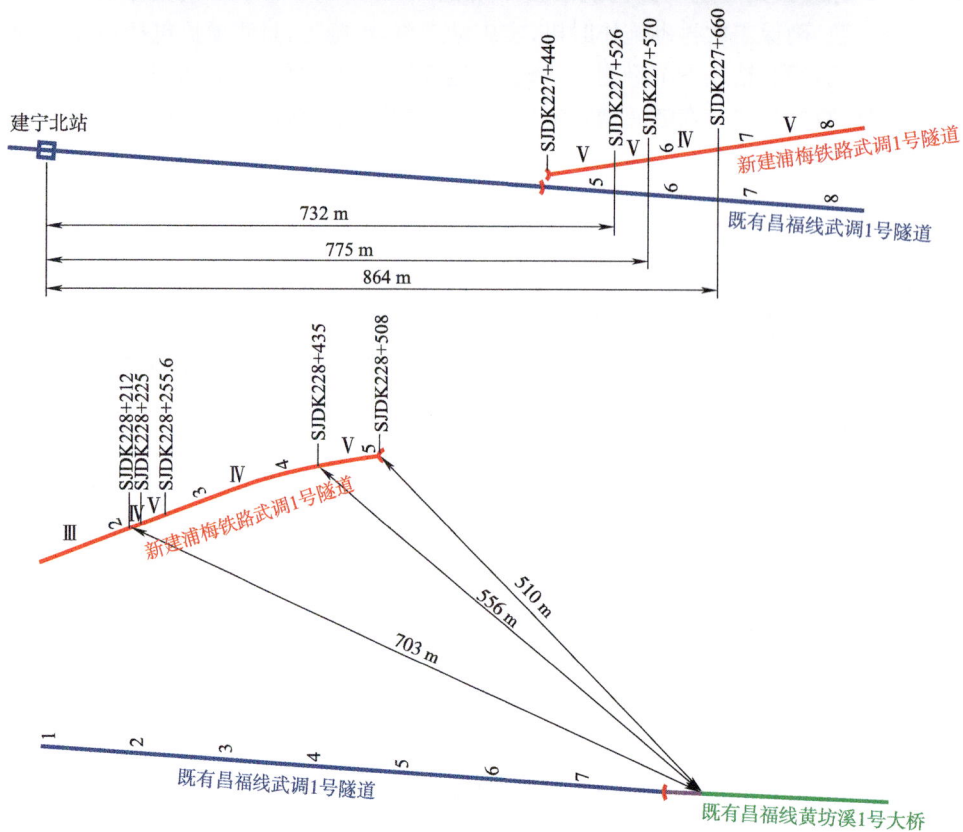

图 4-4-42　武调 1 号隧道与既有隧道位置关系示意图

滑移变形,需适当加强支护措施。

（3）水文特征

地表水:勘测未发现地表水。地下水:隧道区地下水类型为基岩裂隙水隧道洞身可能含少量基岩裂隙水,受大气降水补给和影响,雨季可能增大。受大气降水补给向低洼处排泄以及蒸发。节理发育程度不均匀。发育处含水较发育,不发育处含水甚微。地下水侵蚀性:依据 15-ZD-731（DK227＋811.5 左 8 m）及 15-ZD-732（DK228＋365 左 8 m）水质分析结果,隧址区地下水对混凝土结构不具侵蚀性。

3. 工程特点

（1）本隧道施工长度长且地质条件复杂,在不良地质及特殊地段施工时,产生塌顶和突水、突泥等地质灾害问题,必须做好超前地质预测预报和施工过程中的围岩量测及有害气体监测,做好相应施工应急预案。

(2)疏解线武调1号隧道邻近既有线隧道,隧道位于既有向莆铁路右侧,对应既有向莆铁路武调隧道,线路中线与既有隧道右线线路中线最小线间距位于隧道进口约为11.98 m,武调隧道最小距离约25.8 m。

(3)不影响既有线隧道正常通行且不造成安全隐患,隧道施工需采用铣挖法以及控制爆破、明挖法施工。施工难度大。

(4)隧道工程防水施工:隧道设计为一级防水标准,施工时必须全面系统地做好地下水的堵截、疏排以及结构自防水和"三缝"处防水等工作,才能保证隧道不渗水,结构表面无湿渍的高标准防水要求。

(5)环境保护的要求高、任务重。

本隧道线路长,所在地区水系发育和邻近省道、既有线隧道,施工中必须统筹规划取弃土场,并防止水土流失。

4. 工程重难点分析和对策措施

邻近既有线施工:为预防施工中对既有隧道的影响,对围岩进行注浆,并自开挖施工开始对既有隧道进行监控量测,发现沉降等现象时,立即停止施工并加强防护措施。

(1)SJDK227+440～+518明挖段落,地形偏压,为防止新建隧道开挖影响既有隧道结构安全,新建隧道施工开挖前,首先在既有隧道和新建隧道之间设置防护桩,防护桩位置以新建隧道衬砌外轮廓线外50 cm布置,桩长15 m尺寸为,中线间距5 m。共设置15根防护桩。

(2)SJDK227+440～+518段,采用单压式明洞结构,明洞耳墙采用钢筋混凝土结构,顶部采用钢筋混凝土横撑与防护桩顶部冠梁相连,进一步防止既有隧道结构破坏。

(3)SJDK227+440～+518明挖段,采用非爆破方式开挖,防止爆破震动影响既有隧道结构安全。新建隧道洞门结构采用钢筋混凝土,端墙采用植筋方式与既有隧道洞门端墙相接为一体。

(4)SJDK227+518～+610暗挖段落,施工采用铣挖法,防止爆破震动影响既有隧道结构安全。

(5)SJDK227+518～+610暗挖段落,隧道衬砌结构采用加强衬砌结构并采用径向注浆方式加固隧道周边围岩。

(6)SJDK227+610～+860段,隧道开挖采用控制爆破,视围岩情况加强衬砌结构。

疏解线武调1号隧道工程量大,施工技术复杂,影响因素多,隧道应尽早开工,进口和出口同时平行施工,以免影响工期。

隧道防水工程施工对策措施:施工前认真进行图纸会审,掌握工程主体及细部构造的防水技术要求,并编制防水工程的施工方案,从爆破开挖、初期支护、防排水施工、衬砌混凝土、"三缝"处理等各个环节进行控制,具体对策措施见表4-4-6。

隧道施工要建立完善的地质预报系统,准确揭示掘进前方的地质状况,及时修正掘进参数,确保施工安全、高效。

5. 施工方案

本隧道由疏解线武调1号隧道进口及疏解线武调1号隧道出口两个洞口进洞,隧道施工方法根据工程地质、水文地质条件和机械设备等因素确定,采用钻爆法、按喷锚构筑法原理组织施工。隧道Ⅲ级围岩采用全断面法施工,Ⅳ级围岩采用台阶法施工,Ⅴ级围岩采用短台阶法施工。采用YT28型凿岩机与钻孔台架配合钻孔。围岩较好地段采用非电毫秒雷管起爆、光面爆破技术,严格控制超欠挖,围岩软弱地段采用微震光面爆破技术或非爆破开挖,以减轻对围岩的扰动和破坏。

(1)锚固桩施工方案及防护措施

由于地势较陡峭,设计在新建武调隧道右侧设置两个锚固桩,锚固桩与既有隧道间距12.59 m。由于地形偏压,设计于新建武调1号隧道SJDK227+440～+517段,靠近既有武调1号隧道一侧,距离新建隧道明洞外衬砌50 cm处布置一排2.5 m×2 m的锚固桩,桩间距5 m,桩长22 m(共计15根),与既有隧道最小间距为93 cm。待既有管线迁改完毕及洞口防护工程施工完毕后开始施工。锚固桩施工防护措施:锚固桩施工开挖土石掉落至既有线路对运营产生影响。锚固桩施工工艺如图4-4-43所示。

①锚固桩施工前在既有隧道两侧施工防护围挡,确保土石开挖后不会掉落、滚落至施工围挡以内,影

响列车运营。

②土石方开挖完成运至弃土场：装车时排专职安全员指挥，防止装车过高，自卸车行驶过程中土石掉落。

③既有便道低于既有线路，且逐渐远离既有新路，进一步防止土石掉落至既有线路内。

④锚固桩施工前先布置地表沉降观测点，随时监测地表沉降及变形情况。如出现沉降或偏移现象，立刻停止作业，采用地表注浆以及搭设锚杆等措施加固地表岩层。

⑤锚固桩从大里程开始施工，跳转作业的施工顺序。成孔后在不影响后续锚固桩施工的基础上及时浇筑成型。

⑥锚固桩开挖前先做好钢筋混凝体锁口及护壁，锁口高度 2 m，厚度 60 cm，等锁口混凝土强度达到设计强度 95％后，进行锚固桩桩身开挖施工。桩身开挖每 1 m 深度及时施作钢筋混凝土护壁，厚度 20 cm。护壁施工完成后方可继续开挖施工。以此循环开挖至设计桩底标高。

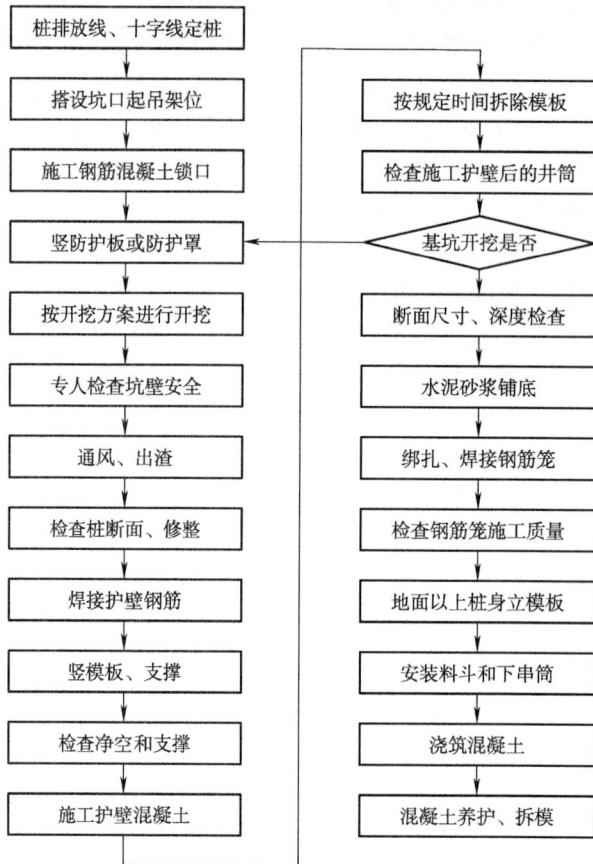

图 4-4-43　锚固桩施工工艺流程

(2)隧道测量、超前地质预测预报及监控量测技术

测量方案：复测设计院提供的 GPS 点，布设控制点导线网。控制测量采用全站仪施测，控制点的高程用精密水准仪测定。为了控制角度误差积累，每隔一条长边要对一条尽可能长的导线连接边进行精密陀螺经纬仪校核。洞内引入双导线做校核，隧道中线埋设测点，在已衬砌好的边墙埋设水准点。

超前地质预测预报：全部采用超前地质预报多功能钻机进行地表重要堰塘、井、泉点的观测和深孔水位监测；对于可能有有害气体逸出的地段做好有害气体的监测工作；对深埋隧道做好开挖隧道的应力测试和变形监测工作。根据超前地质预测预报所获取的地质信息调整隧道的支护参数和施工方案，以确保工程质量和施工安全。本隧道地质预报措施如下：采用 TSP 超前地质预报探明突水、突泥、软弱破碎围岩（含断层破碎带）等的具体位置及规模；采用红外线探水仪探明远离隧道开挖面处地下水分布情况；采用地质雷达探明隧道开挖面前方溶洞发育情况;采用水平钻探探明开挖面附近地下水分布情况。开展以综合物探、水平钻孔为主的超前地质预测预报工作,其中超前地质探孔主要用于断层破碎带,按照"先预测评判,再调整措施,后进行开挖"的作业流程组织施工,如图4-4-44所示。

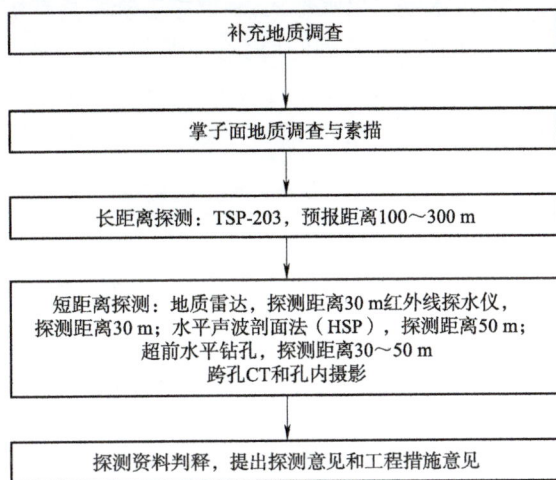

```
┌─────────────────────────────┐
│         补充地质调查          │
└─────────────────────────────┘
               ↓
┌─────────────────────────────┐
│       掌子面地质调查与素描     │
└─────────────────────────────┘
               ↓
┌─────────────────────────────┐
│  长距离探测:TSP-203,预报距离100～300 m │
└─────────────────────────────┘
               ↓
┌─────────────────────────────────────────┐
│ 短距离探测:地质雷达,探测距离30 m红外线探水仪, │
│ 探测距离30 m;水平声波剖面法(HSP),探测距离50 m; │
│ 超前水平钻孔,探测距离30～50 m              │
│ 跨孔CT和孔内摄影                           │
└─────────────────────────────────────────┘
               ↓
┌─────────────────────────────────────────┐
│ 探测资料判释,提出探测意见和工程措施意见      │
└─────────────────────────────────────────┘
```

图4-4-44　超前地质预测预报施工工艺流程图

监控量测:隧道按照《铁路隧道喷锚构筑法技术规范》(TB 10108—2002)的要求,以量测资料为基础及时修正初期支护参数,确保二次衬砌施作时机,实施动态设计、施工;量测项目包括:洞内外观察、净空水平收敛量测和拱顶下沉量测、地表下沉量测、沉降缝两侧底板不均匀沉降量测和洞口段与路基过渡段不均匀沉降观测列为必测项目,必要时在隧底增设隧底上鼓量测及地表沉降量测项目。

(3)软弱破碎围岩(含断层破碎带)地段施工技术

当软弱破碎围岩(含断层破碎带)地段地下水是由地表水补给时,应在地表设置截排水系统;采用超前地质预测预报手段,提前了解开挖工作面前方地质、地下水情况,采取有效的预防措施;软弱破碎围岩(含断层破碎带)地段隧道采用台阶法开挖,减震光面爆破,小循环进尺(0.5～1.0 m),严格控制炮眼数量、深度、装药量,尽量减少对围岩的扰动,下台阶施工采用左、右错进的方法;采用大管棚、超前小导管注浆、钢架、钢筋网、喷射混凝土等多种支护手段,构成强支护体系,确保做到随挖随护、宁强勿弱、安全可靠、万无一失,并根据围岩量测结果,评价支护的可靠性和围岩的稳定状态,及时调整支护参数,确保施工安全;开挖及初期支护后仰拱及填充要紧跟,监控量测资料反映围岩稳定后及进行拱墙混凝土衬砌。

(4)长距离超前钻孔、炮眼超前钻孔

本标段长距离超前钻孔采用长距离超前钻机,长距离超前水平钻探,炮眼超前钻孔采用短距离超前水平钻探,如图4-4-45所示。超前钻探是隧道施工期超前地质预测预报最直接、最有效的方法,也是对其他探测手段成果的验证和补充。通过钻孔钻进速度测试和对钻孔岩芯的观察及相关试验获取隧道掌子面前方岩石的强度指标、可钻性指标、地层岩性资料、岩体完整程度及地下水状况等方面的资料。预报分为单孔和多孔水平钻探两种,其中多孔按3孔设计,孔深一般40～60 m,采用地质钻机接杆钻孔。为防止遇高压水时突水失控,开孔采用 ϕ120 mm钻头,孔内放入3.0 mϕ108 mm钢管作为孔口管,孔口管伸出掌子面50 cm,孔壁间用环氧环脂加水泥浆锚固,孔口管伸出部分安装封闭装置,并与注浆泵联接,以便遇高压水时及时封堵并注浆。施钻过程中,由地质工程师详细记录钻速、水质、水量变化情况,统一编录、收集,综合判断预报前方水文、地质情况。

图4-4-45　超前水平钻施工

（5）富水地段施工技术

富水地段施工过程中严格遵循"综合预报，先探后掘；排堵结合，综合治理；全程跟踪，突出重点；预案在先，规避风险；试验先行，快速决策；安全第一，确保进度"的原则。采用超前地质预测预报手段，提前了解开挖工作面前方地质，根据施工期洞壁围岩出水形式，制定施工阶段具有快速决策性的参考基准对渗滴水、线状渗水和高压集中涌水采取超前帷幕注浆、超前周边注浆、径向注浆、定点注浆等不同方式进行处理。根据类比分析，施工期间洞壁围岩出水形式主要有渗滴水、线状渗水和高压集中涌水三种形式。不论何种形式均属溶蚀裂隙涌水，其注浆封堵采取充填（塞）式注浆，具体处理原则详见表 4-4-8 和表 4-4-9。

表 4-4-8　不同类型涌水的处理原则

涌水类型	涌水特点	处理原则
渗滴水	涌水量少、水压力低	不考虑注浆处理或在洞身开挖过后再进行后注浆处理，以不影响掘进进度
线状渗水	一般出现在断层、破碎带或节理裂隙发育洞段，虽其涌水压力不高，但涌水面大，对洞内施工也有一定的影响	根据预测涌水量，作周边注浆和定点注浆处理
高压集中涌水	涌水量大、压力高、突发性强、危害性大，一旦揭露后再行封堵费时较多	力争在涌水点未揭露前进行注浆封堵，即采用超前帷幕注浆的施工措施，在静水条件下将其封堵

表 4-4-9　注浆方式及适用条件判定表

注浆方式	方式及加固范围	注浆材料	适用条件
5 m 预注浆	纵向 30 m，开挖轮廓线外 5 m 以内	无收缩多液固堵剂、发泡注浆抢堵剂、抗分散型 TGRM 浆、超细水泥浆或一般水泥浆，水灰比 1∶1	断层破碎带、可能突水突泥等地段
5 m 围岩注浆	径向、开挖轮廓线与轮廓线外 5 m 之间		开挖后可自稳，但涌水量大于控制值
3 m 围岩注浆	径向、开挖轮廓线与轮廓线外 3 m 之间		开挖后可自稳，但涌水量大于控制值
补注浆	预注浆及围岩注浆的补充注浆		注浆后流量仍大于控制排水量，注浆固结圈综合渗透系数大于设计控制值或仍有局部出水点
局部注浆	径斜向，根据裂隙及水量调整		水量不大，渗透范围较小，有股水或面状淋渗水

6. 既有线隧道施工影响监控量测方案

（1）量测项目、方法及布置如图 4-4-46 所示。

（2）量测频率

现场监控量测是对围岩支护体系的稳定性状态进行监测，为初期支护和二次衬砌设计参数的调整提供依据，是确保施工及结构安全、指导施工顺序、便利施工管理的重要手段。根据以往类似隧道施工经验，结合设计文件，在施工过程中，按照要求进行监控量测，以量测资料为基础及时修正支护参数，使支护参数与地层相适应并充分发挥围岩的自承能力，围岩与支护体系达到最佳受力状态，并在施工中进行信息化动态管理，达到确保工程质量、施工安全和进度，合理控制投资的目的。

隧道监控量测工作必须紧跟开挖面进行，在隧道正洞洞身支护完成后，尤其是仰拱施工完毕后，喷锚支护已闭合成环，及时进行全断面监控量测，随时掌握初期支护的工作状态，指导和确定二次衬砌施作时间。

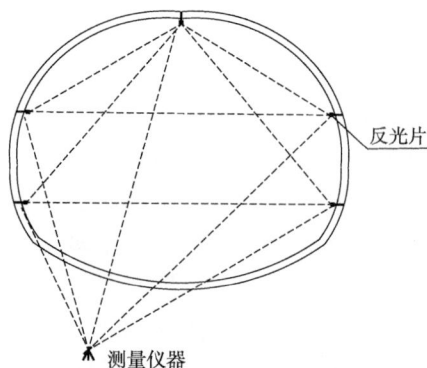

反光片

测量仪器

图 4-4-46　无接触法围岩量测观测示意图

①量测项目及方法

详见表4-4-10。

表4-4-10　量测项目及方法表

序号	项目名称	方法及工具	布置断面
1	围岩及支护状态	岩性、结构面产状及支护裂缝观察或描述	量测断面间距： Ⅴ级围岩(浅埋)：5 m； Ⅴ级围岩(深埋)：5 m； Ⅳ级围岩(浅埋)：5～10 m； Ⅳ级围岩(深埋)：10 m； Ⅲ级围岩：30～50 m；
2	拱顶下沉	拱部变位观察计、精密水准尺	
3	周边位移	洞内钻孔中安设单点、多点杆式或钢丝式位移计	
4	净空收敛	各种类型收敛计	
5	地表下沉监控量测	精密水平仪	H(埋置深度)$>2B$(开挖宽度)，20～50 m/断面；$B<H<2B$，10～20 m/断面；$H<B$，10 m/断面

②无接触法围岩量测观测

量测频率见表4-4-11。

表4-4-11　量测频率表

类型	变形速度(mm/d)	量测频率	量测断面距开挖工作面距离
普通围岩	≥ 5	2次/d	$(0\sim1)B$
	1～5	1次/d	$(1\sim2)B$
	0.5～1	1次/(2～3)d	$(2\sim3)B$
	0.2～0.5	1次/3d	$(2\sim5)B$
	<0.2	1次/周	$>5B$
$B=$断面宽度			

(3)监测方法

为确保量测精度和加快量测速度，拟在隧道拱顶下沉和水平收敛量测中采用目前比较先进的无接触围岩量测技术。它具有快速、准确、灵活方便等优点。

量测原理：无接触法围岩稳定性量测系统分为数据采集和数据处理两部分。数据采集由全自动测量机器人及软件控制仪器自动完成量测全过程，数据采集完成后直接导入计算机利用数据处理软件对数据进行平差、成图、回归分析、曲线拟合等处理，最终得到围岩收敛的准确报告，以图形和表格形式打印出来。

量测方法：测量人员按量测频率要求对隧道断面上布设的观测点进行全自动多测回全圆观测，得到各点的收敛信息。

(4)监测资料整理、数据分析及反馈

在取得监测数据后，及时由专业监测人员整理分析监测数据。结合围岩、支护受力及变形情况，进行分析判断，将实测值与允许值进行比较，及时绘制变形或应力～时间关系曲线，预测变形发展趋向及围岩和隧道结构的安全状况，及时向总工程师及监理工程师汇报。

(5)监控量测管理

①监测控制标准。

根据有关规范、规程、设计资料及类似工程经验，制定本工程监控量测变形管理等级见表4-4-12，并据此指导施工。

②观察及量测发现异常时，及时修改支护参数。每次量测后应及时进行数据整理，并绘制量测数据时态曲线和距开挖面关系图；对初期的时态曲线应进行回归分析，预测可能出现的最大值和变化速度；数据异常时，则根据具体情况及时采取加厚喷层、加密或加长锚杆、增加钢架等加固措施。

表 4-4-12 变形管理等级表

管理等级	管理位移	施工状态
Ⅲ	$U<U_0/3$	可正常施工
Ⅱ	$U_0/3\leqslant U\leqslant 2U_0/3$	应加强支护
Ⅰ	$U>2U_0/3$	停工,采取特殊措施后方可施工

注:U 为实测位移值;U_0 为最大允许位移值。

③一般正常状态须同时满足以下条件:净空变化速度小于 0.2 mm/d 时,喷射混凝土表面无裂缝或仅有少量微裂缝,围岩基本稳定;位移速度除在最初 1~2 d 允许有加速外,应逐渐减少。当净空变化速度持续大于 5.0 mm/d 时,应加强初期支护。

④根据位移时态曲线的形态来判别

当围岩位移速率不断下降时($dU^2/d^2t<0$),围岩趋于稳定状态;当围岩位移速率保持不变时($dU^2/d^2t=0$),围岩不稳定,应加强支护;当围岩位移速率不断上升时($dU^2/d^2t>0$),围岩进入危险状态,必须立即停止掘进,加强支护。

四、岐山隧道

1. 工程概况

新建浦城至梅州铁路宁化至冠豸山段 PM-5 标段岐山隧道,进出口里程 DY1K394+160~DY2K395+225,全长 1 065 m,为单线铁路隧道,隧道最大埋深约 52 m,隧址区为低山地貌,地形起伏不大。地表植被发育,上覆粉质黏土、碎块石土,一般厚 2~8 m;下伏基岩主要为侵入花岗岩,存在不均匀风化程度,进出口 60 m 范围内主要为强风化花岗岩,中间段落均位于弱风化花岗岩区域,地下水不发育。

线路位于既有赣龙线(普铁 100 km/h)和赣瑞龙线(高铁 200 km/h)之间,距既有线最小间距为 38 m。隧道进口距离赣瑞龙线中线 81 m,隧道出口距离赣瑞龙线中线 33 m,涉及赣瑞龙线既有结构物为:沈坑 1 号大桥、沈坑中桥、洋坊 1 号隧道和洋坊 2 号隧道及基站。岐山隧道既有线平面关系及施工分区如图 4-4-47 所示。

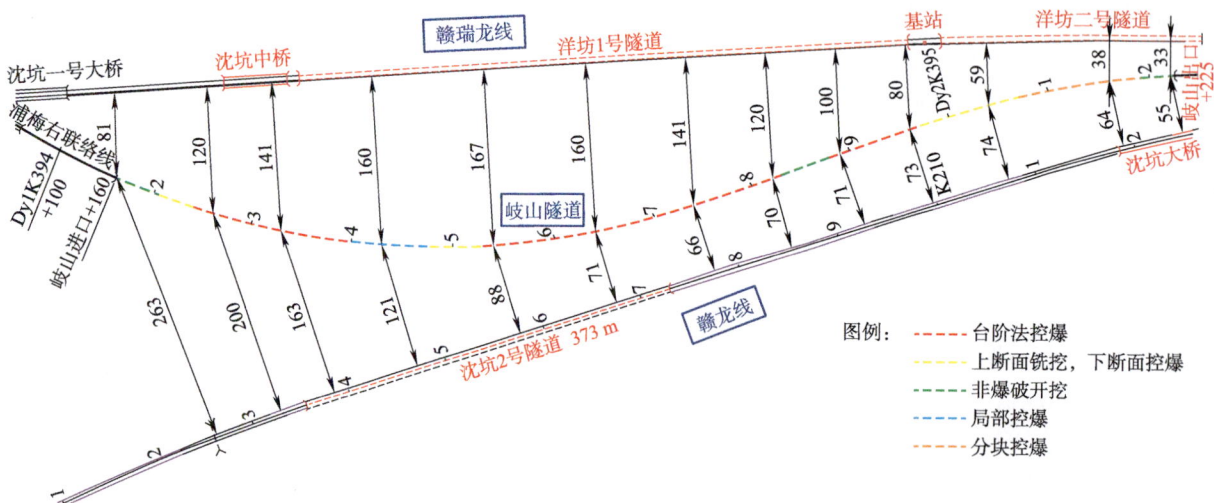

图 4-4-47 岐山隧道既有线平面关系及施工分区图(单位:m)

主要施工内容为预加固抗滑桩、钢管桩地表注浆加固、洞口边仰坡、排水天沟、洞门工程、隧道正洞开挖、初期支护、二次衬砌、防护栅栏等工程项目施工。

隧道进口距离赣瑞龙线中线 92 m,隧道出口距离赣瑞龙线中线 41 m。涉及既有结构物为:进口段路基抗滑桩、洋坊 1 号隧道和洋坊 2 号隧道。进口距离赣瑞龙线 240 m,出口距离赣瑞龙线 58 m。涉及既有结构物为:沈坑 2 号隧道、出口段路基抗滑桩和沈坑大桥。

2. 工程难点

(1)隧道全长均为Ⅴ级围岩,主要地层为弱风化花岗岩,设计采用铣挖法施工,对隧道工期影响较大,确保隧道工期是本隧道的施工重点。

(2)隧道出口与赣瑞龙铁路净距为 34 m,施工中确保既有线行车安全是施工难点。

(3)DYk394+350～+550 段地表为既有弃土场,隧道埋深 5.8 m,弃土高度 22 m,弃土位于线路右侧,对隧道产生偏压,浅埋、偏压段易造成坍塌的危险。

(4)DYk394+830～+880 地势低洼平坦,隧道最小埋深 4～7 m,设计采用拱上明挖,拱下暗作施工,施工组织困难。

(5)邻近赣龙线沈坑 2 号隧道,隧道二次衬砌裂纹 35 条,裂纹均经过注浆处理,但处理后的裂纹渗漏水严重,二次衬砌 16 条施工缝渗漏水严重,施工扰动可能加剧裂纹的发展。

(6)隧道出口段距赣龙线挖方路基 52 m,既有路基边坡采用锚索抗滑桩防护,锚索长 23 m,施工扰动可能导致锚索锚固力失效。

3. 施工措施及解决办法

(1)隧道主要以铣挖法掘进施工为主,以控制爆破开挖施工为辅,并采用液压破碎锤、挖掘机、劈裂机等机械设备相结合的综合施工方案,保证隧道施工进度。

(2)施工前收集新老赣龙铁路既有构筑物相关资料,对既有工程进行调查,并详细记录(包括摄像、拍照取证),设置观测标记、标识。认真核查设计文件,若与设计文件不符,及时上报处理。对既有构筑物进行监测,动态评估隧道施工对构筑物的影响程度,对构筑物影响较大时,及时采取调整施工方案、优化施工工艺等措施。

(3)DY2K394+830～+880 浅埋段,穿越地表冲沟,明挖施工安排在枯水季节施工,在冲沟上游构筑堵水围堰,并采用 ϕ600 mm 钢管临时引排水沟至下游,其余浅埋段采用超前加强支护确保施工安全。

(4)DYK394+350～+550 段地表为既有弃土场,采取先卸载既有弃渣后,再进行盖挖施工。

(5)施工期间按照营业线施工要求,设置专门的安全人员和防护措施,随时检查并清除邻近既有线边坡危石,避免危石落至下方铁路,危及行车安全。

(6)明挖暗作段采取围挡防护隔离,防止设备、人员侵入既有线行车限界。明挖段首先做好排水、防护措施,确保既有路基稳定。

4. 施工方案

本隧道主要以铣挖法掘进施工为主,以控制爆破开挖施工为辅,并采用挖掘机等机械设备相结合的综合施工方案。洞身 DY2K394+800～DY2K395+225 采用拱上明挖拱下暗作,并设置复合式衬砌;DY2K394+350～+550 洞顶弃渣采取减载和地表注浆加固处理。

根据隧道周围环境和与既有线结构物的相互关系,对不同的环境和影响程度,分段采取不同的施工方法,拟对进口 40 m 和出口 35 m 范围采用铣挖施工,其余段落采用机械和控爆相结合施工,主要施工方法为:①台阶法留核心土全断面铣挖;②台阶法全断面铣挖;③上断面铣挖、下断面控爆;④拱部四周铣挖、中部和下断面控爆;⑤台阶法全断面控爆;⑥拱上明挖、拱下控爆等六种施工方法,控爆施工长度总计 570 m。

隧道进洞施工前,需对既有赣瑞龙线的洋坊 1 号、2 号隧道及赣龙线沈坑 2 号隧道进行监控,按照监控量测方案及爆破振动监测方案完成测点布置及数据收集系统安装,对既有隧道适时监测,确保运营安全。暗洞施工前对既有隧道采用观测、影像取证,对其外观质量予以排查,并采用回弹仪对其进行强度检测,利用地质雷达对二次衬砌情况进行检测。

(1)铣挖法开挖

对于全风化地段采用台阶法留核心土全断面铣挖,如图 4-4-48 所示;强风化地段采用台阶法全断面铣挖;弱风化且围岩较为破碎地段采用拱部四周铣挖。隧道内轨顶至开挖轮廓顶高度为 7.4 m,最大开挖宽度(拱腰)7.9 m,岩层属于侵入花岗岩,设计最大极限抗压强度 45 MPa。拟选用 XTR8/320 型铣挖机(切割高度 8.8 m,切割宽度 9 m,供电电压 AC380/660 V),单独配置 1 台 630 kVA 变压器作为铣挖机施工供电,输电线路采用 3×16+1×10 铜芯电缆。出渣采用挖掘机装渣。

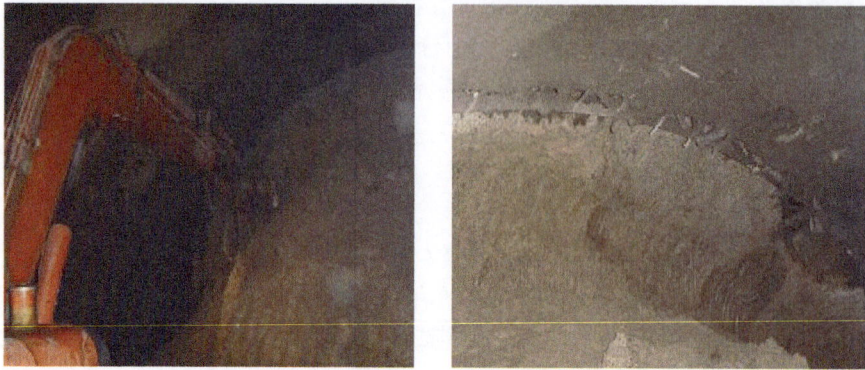

图 4-4-48　铣挖机施工图片

正洞铣挖采用台阶法开挖,开挖由下至上,下部开挖出临空面后,上部开挖的岩层自然掉落,单次进尺 0.6 m,开挖后的渣土掉落至底部旋转盘通过中间传送带传送至铣挖机后端,采用挖掘机或接长传送带传送至出渣车出渣。开挖顺序根据围岩情况而定,围岩较破碎时,沿开挖轮廓先开挖周边岩层,中部预留核心土;围岩较完整时,可从台阶底部横向整幅向上开挖。开挖产生的粉尘较大,降尘方式一是采用钻头自动喷淋系统喷水降尘;二是采用铣挖机顶部安装吸尘器,粉尘吸入吸尘器后端水幕过滤处理,施工过程中采用通风机辅助通风提高掌子面视线。每循环开挖完成后,复测开挖轮廓并对轮廓进行二次修边,后退设备进行立架和喷浆作业。

(2)拱上明挖拱下暗作

洞身 DY2K394+830～+880 段 50 m,为浅埋段,本段埋深约 4 m,地质为粉质黏土、W4 及 W3-1 全风化花岗岩。此两段采用拱上明挖拱下暗作设置复合式衬砌施工,如图 4-4-49 所示。拱上明挖部分先行安排施工,拱下部分待拱部混凝土浇筑完成并封闭后,采用铣挖施工。明挖施工采用拉槽开挖,拉槽深度 11 m,受拉槽深度及排水影响,明挖施工安排在非雨季施工,施工时做好明挖基坑的边坡防护和排水措施。

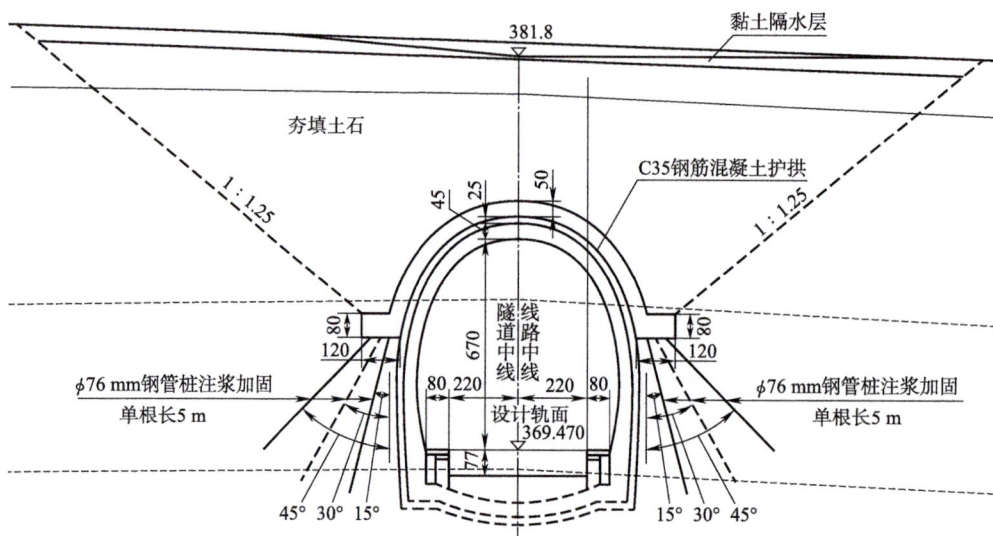

图 4-4-49　拱上明挖拱下暗作结构断面图(单位:cm)

DY2K394+400~+480 段隧道埋设 5.8 m,顶面为原既有铁路弃土场,弃土高度 22 m,松散弃渣位于隧道中线右侧 20 m 范围,对隧道产生偏压。此段拟采用先卸载既有弃渣后,再进行拱上明挖拱下铣挖施工。

(3)控制爆破开挖

在既有线无重要结构段落,岩层较完整、坚硬,无法铣挖时,采用上下台阶控制爆破开挖施工,爆破作业严格按照设计范围和批准计划内作业,严禁超范围作业。根据型钢钢架或格栅钢架设计间距,上、下台阶每循环进尺控制在 1.2 m(按 2 榀钢架或格栅设计间距确定)。上台阶炮眼布置如图 4-4-50 所示,上台阶开挖断面爆破参数见表 4-4-13 所示。

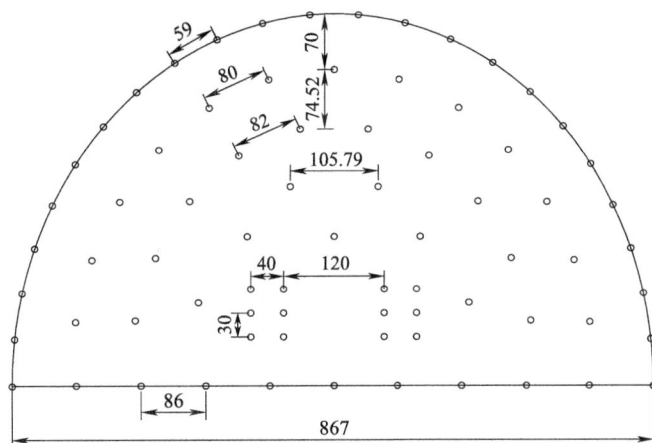

图 4-4-50 上台阶炮眼布置示意图(单位:cm)

表 4-4-13 上台阶开挖断面爆破参数表

台阶部位	炮眼名称	孔长 (cm)	夹角 (°)	孔间距 (cm)	装药量 (kg)	炮孔数 (个)	合计 (kg)	雷管段别	装药长度 (m)	填塞长度 (m)
上台阶	掏槽孔 1	110	65	120	0.6	6	3.6	1	0.6	0.5
	掏槽孔 2	190	63	200	1.2	6	7.2	3	1.2	0.7
	辅助孔 1	150	90	105	0.8	7	5.6	5	0.8	0.7
	辅助孔 2	150	90	82	0.8	10	8.0	7	0.8	0.7
	辅助孔 3	150	90	80	0.8	13	10.4	9	0.8	0.7
	底孔	160	88	86	1.0	9	9.0	11	1.0	0.6
	周边孔	150	92	59	0.3	24	7.2	13	1.0	0.5
	总装药量(kg)	51.0(断面面积:32.15 m²)								
	总炮眼数(个)	75								
	炸药单耗(kg/m³)	1.24(炮孔利用率取 0.85)								

下台阶爆破实为有两个自由面的浅孔台阶爆破,依据钻孔习惯可水平钻孔也可垂直钻孔。以水平钻孔为例,中间孔孔距 $a=70$ cm,排距 $b=70$ cm;周边孔孔距为 50 cm;底孔孔距为 72 cm;孔长 $L=1.5$ m。下台阶炮眼布置图如图 4-4-51 所示,下台阶半断面开挖爆破参数见表 4-4-14。

(4)铣挖、控爆相结合开挖

在岩层较完整、坚硬,采用爆破施工对既有构筑物有较大影响时,可采用铣挖和控爆相结合的施工方法。主要采取两种方法,一是上断面铣挖、下断面控爆;二是拱部四周铣挖、中部和下断面控爆。

当上断面为强风化和较破损的弱风化岩层、下断面为完整性较好的弱风化时,采取上断面铣挖、下断面控爆的施工,铣挖工艺同台阶法全断面铣挖中的上断面开挖施工工艺,控爆施工工艺同控爆下台阶施工工艺。此处不再赘述。

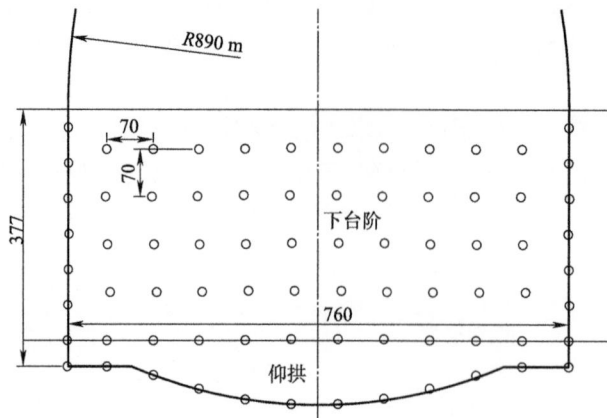

图 4-4-51 下台阶炮眼布置示意图(单位:mm)

表 4-4-14 下台阶半断面开挖爆破参数表

台阶部位	炮眼名称	孔长(cm)	夹角(°)	孔间距(cm)	装药量(kg)	炮孔数(个)	装药量合计(kg)	雷管段别	装药长度(m)	填塞长度(m)
下台阶	中间孔 1	150	90	70	0.8	10	8	1	0.8	0.7
	中间孔 2	150	90	70	0.8	10	8	3	0.8	0.7
	中间孔 3	150	90	70	0.8	10	8	5	0.8	0.7
	中间孔 4	150	90	70	0.8	10	8	7	0.8	0.7
	中间孔 5	150	90	70	0.8	10	8	9	0.8	0.7
	底孔	160	88	72	1.0	12	12	13	1.0	0.6
	周边孔	150	92	50	0.3	14	4.2	15	1.1	0.4
总装药量(kg)		56.2(断面面积:30.75 m²)								
总炮眼数(个)		76								
炸药单耗(kg/m³)		1.43(炮孔利用率取 0.85)								

当开挖断面均为弱风化岩层时,邻近既有重要结构物,不适合全断面控爆时,采用拱部四周铣挖,拱部四周开挖宽度 1.5 m,开挖出临空面后,中部和下断面采用控爆施工,先控爆施工中部,完成后控爆施工下断面。

(5)其他开挖方法

拱墙部分局部硬质岩无法铣挖时,采用油炮凿除处理。当仰拱部分硬质岩无法铣挖,且厚度不满足爆破施工时,采用潜孔钻配合劈裂机施工。潜孔钻竖向垂直钻孔,钻孔深度至仰拱设计轮廓线,孔眼间距 30 cm,由仰拱临空面向掌子面孔位逐排劈裂。

隧道综合洞室与正洞同步开挖,正洞下台阶开挖超过洞室位置时,测量放样出洞室轮廓线,采用控制爆破和油炮配合开挖成型。

5. 既有线结构物施工影响监测

与岐山隧道并行通过的赣瑞龙线和赣龙线,在新建隧道爆破施工过程中,必然会给周边既有结构物造成影响。为保证在施工过程中既有线的安全与正常运营,需要对隧道周边爆破施工影响范围内的既有结构物进行监测,了解其在新建隧道施工过程中的变化动态,观测其在施工影响下的变化趋势,并根据其受影响程度,建议施工方对施工方案进行动态调整。

(1)既有隧道病害施工监测

施工过程中对既有隧道的病害进行调查和记录,重点搜集其裂缝形态、分布、产状,外表破损的部位和范围,渗漏水情况等,对既有隧道范围内现存的所有能观察到的裂隙(缝)作统一编号,测量其产状、长度、裂隙(缝)宽度并对充填物进行描述。现场标记裂隙(缝)特征、拍照或摄影。待爆破工作进行后,对所有已标记的观测对象和新发生的裂隙(缝)逐一重新观测,通过照片和前后数据对比,做好相关记录,预判病害的发展趋势,以便及时采取控制措施。

在隧道日常巡查中,巡查周期见表 4-4-15,发现已有的病害(裂缝、渗水)明显增加,经与病害记录表核对,裂缝宽度增加 1 mm 以上,或裂缝宽度发展至 2 mm 以上,应立即停止爆破掘进作业,查找病害发展原因。巡查中发现有新增裂缝出现,标记并记录裂缝长度、宽度、走向及位置,对新增裂缝宽度加强巡查。

表 4-4-15　裂缝巡查周期表

裂缝变化宽度 w(mm)	普速铁路隧道	高速铁路隧道
$w \leqslant 0.3$	1次/7 d	1次/7 d
$0.3 < w \leqslant 1$	1次/3 d	1次/2 d
$1 < w$	1次/1 d	1次/1 d

(2)既有隧道爆破振动监测

为追踪既有隧道受爆破施工的反应,及时获取爆破施工对既有隧道的影响,在岐山隧道爆破施工期间,对赣龙线、赣瑞龙线布置爆破观测点进行监控。测点布置时,在既有隧道靠近新建隧道一侧布置监测点,最接近施工掌子面处布置一监测点,并在其后每隔 5 m 处再各布置两个监测点,一共 3 个爆破振动监测点。根据相关研究,在既有隧道中进行爆破振动监测宜将测点选布在隧道拱腰上。仪器传感器能够一次记录三个方向的振动速度,安装时应注意分清方向。将仪器调试好后,设定到预定的记录阈值,过滤掉无关的振动波形。为方便数据收集和处理,采用无线组网的形式,利用仪器的蜂窝网功能,通过 4G 网络联入统一的数据终端网络中,即可通过终端软件进行设备数据的下载、处理和管理。

根据相关规范及设计文件要求,爆破振动控制标准见表 4-4-16。

表 4-4-16　重要建(构)筑爆破振动振速控制表

建(构)筑物类型	爆破振速限值(cm/s)	说　明
桥梁及接触网	6	共 4 座桥梁
隧道	1	距爆破点>100 m
隧道	2	距爆破点≤100 m
轨道(路基)	5	有砟
道路(国道)	10	临近 319 国道
房屋、涵洞、抗滑桩	2	赣龙线
基站、电线塔	5	通信基站、高压线塔

将测振仪中记录的数据导出到电脑上,利用专业软件进行振动速度分析。测振仪可以记录三个方向的振动速度,如图 4-4-52 所示,一般以 X、Y、Z 表示。

根据"重要建(构)筑爆破振动振速控制表"规定的爆破振动速度限值,为保护既有隧道结构稳定、保护运营列车安全,在日常监测过程中,一旦发现监测振速出现超限,即 $v > 2$ cm/s 时,须立刻通知施工方和业主单位,修改当前爆破参数,降低既有隧道的结构振动速度。

(3)列车振动速度监测

在对既有隧道进行爆破振动监测之前,须对列车驶过时既有隧道结构的振动速度进行监测。此处仪器设备与爆破振动监测使用同一组设备,不再单独安装设备。监测方式:由于列车经过时所引起的隧道结构振动小于岐山隧道施工时爆破所引起的振动,因此在搜集数据之前应调低测振仪的记录阈值,利用测振仪自动记录过车时隧道的振动速度,在读取数据后,与后期岐山隧道爆破施工造成的振动速度进行对比。

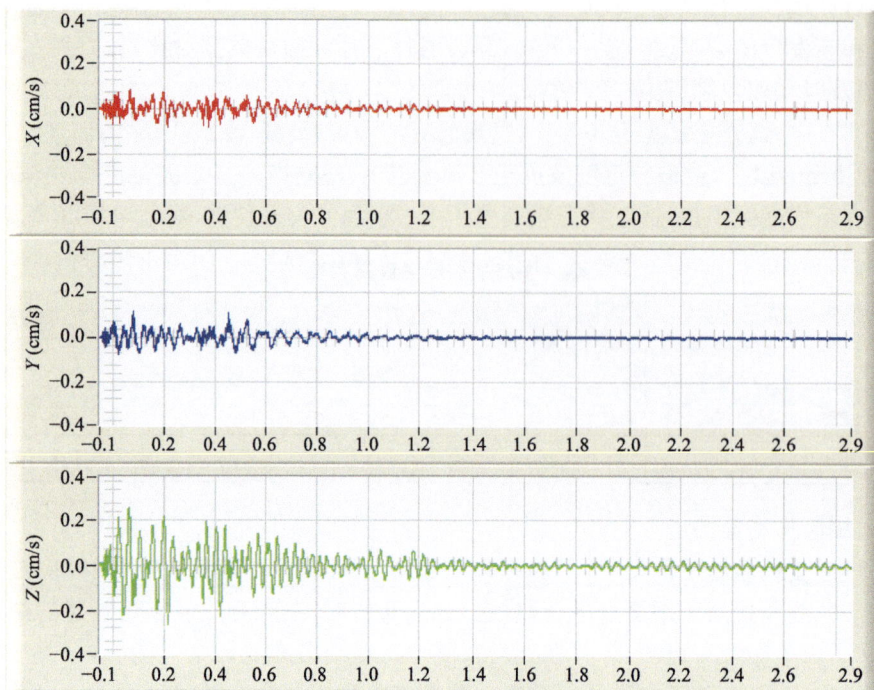

图 4-4-52　振动速度分析

（4）既有隧道变形监测

在岐山隧道实施爆破施工的过程中，必然地会对临近的既有隧道造成影响。除引起衬砌振动、病害发展外，岐山隧道的施工还可能造成围岩应力重分布而使得既有的隧道发生变形。因此，在隧道施工过程中，根据施工情况对既有隧道进行变形监测也是非常必要的。现场测点安装如图 4-4-53 所示。

图 4-4-53　测点现场安装

第三节　特殊不良地质条件隧道施工

新建浦城至梅州铁路建宁至冠豸山段特殊不良地质条件主要为围岩软弱、岩爆、高地温、强富水、偏压、浅埋等条件。

一、围岩软弱区域施工

围岩软弱地段隧道施工主要以武调隧道围岩软弱段为例。

武调隧道围岩软弱区域包括断层破碎带、岩性接触带、节理密集带及其影响带等围岩破碎区域,主要通过加强超前支护,加强监控两侧和超前地质预报工作,保证施工安全。该隧道进口 DK227+430～+540 段及隧道出口 DK230+675～+740 段,浅埋段,岩石风化严重局部呈砂土状,岩体破碎,自稳能力差。

洞顶、洞壁极有可能出现塌方,且进口段有区域断层穿过更加重了塌方的可能性;DK227+920～+950、DK228+925～+975 段分布断层破碎带,受构造影响,岩体破碎,富含地下水,在施工过程中,洞壁及洞顶岩体可能出现掉块及较大的塌方及突水;DK227+950～+990、DK228+380～+420、DK228+555～+600、DK228+725～+775、DK229+155～+220、DK229+455～+505、DK229+810～+870、DK230+255～+305、DK230+360～+405、DK230+495～+535、DK230+635～+675 段为物探异常区,富水地段,在施工过程中,洞壁及洞顶岩体可能出现较大的掉块及突水。

隧道区洞身岩性主要为变粒岩,洞身最大埋深 250 m,埋深较大处可能发生岩爆。根据不同的岩层、岩性及其他地质情况采取相应的措施进行有效处理,达到安全、高质量施工的目的。

对不良地质隧道必须设立超前地质预测预报系统(方法、设备、工艺组织管理)及监控量测系统,并纳入施工工序。

1. 加强超前支护

超前支护包括洞口超前支护、洞身超前支护以及预支护措施。

洞口超前支护主要是洞口长管棚施工,施工工艺如图 4-4-54 所示,施工现场图如图 4-4-55 所示。

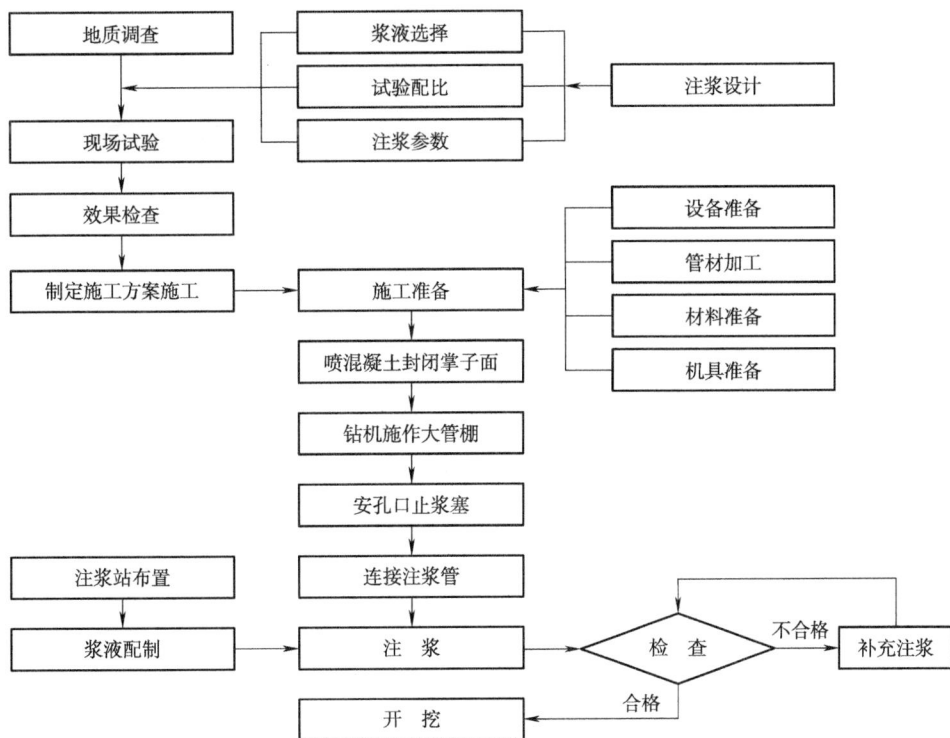

图 4-4-54　超前大管棚施工工艺流程

洞身超前支护措施主要包括超前小导管、洞身管棚。超前小导管施工工艺流程如图 4-4-56 所示。超前小导管的具体施作细节见本篇第四章第一节中"超前小导管施工工艺及工艺方法"相关内容。

2. 监控量测工作

现场监控量测是新奥法复合式衬砌设计、施工的核心技术之一。在施工中制定详细的监控量测计划,设专职量测组,负责日常的测点埋设、监控量测、数据处理分析和仪器保养等工作,确保量测数据的可靠,为施工和设计提供准确的依据,确保施工的安全、质量和投资。

图 4-4-55　隧道管棚施工

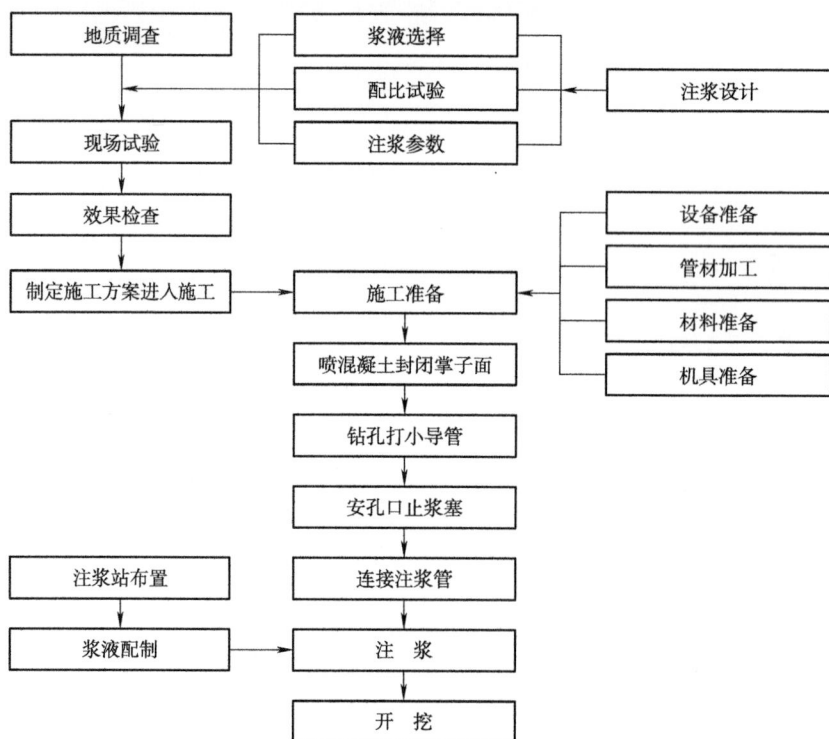

图 4-4-56　超前小导管施工工艺流程

　　量测目的:①掌握围岩在施工中的动态,控制围岩变形。②了解支护结构的效果,及时采取措施,安全施工。③为优化设计提供依据,保证隧道既稳定又经济。

　　工程地质及支护情况观察内容:隧道开挖后,开挖面及附近周边的自稳性,地质及岩质情况,校核围岩分类,并绘出地质素描图,初期支护(锚杆、喷射混凝土、钢支撑)结构状况有无破坏。开挖工作面的观察,在每次爆破后都要进行,特别是软弱围岩条件下,开挖后进行地质调查,若遇特殊不稳定情况时,派专人进行不间断观察。观察后做好记录,并整理保存。

　　隧道净空收敛量测:净空变化量测和拱顶下沉量测原则上在同一断面上进行。量测断面的间距与隧道长度、围岩条件、开挖方法等多种因素有关。净空变化量测基线测点间距一般 V 级围岩为 5 m,Ⅳ级围岩为 10 m,Ⅲ级围岩为 30 m,Ⅱ级围岩为 50 m。根据开挖方法布置测线,全断面布置一条水平测线。台阶法,每台阶布置一条测线。量测要点:净空变位量测在开挖后尽早进行,初读数在开挖 12 h 以内且在下一循环开挖前读取。

3. 超前地质预报

超前地质预报是测定围岩变化的重要手段之一,在隧道施工中特别是在不良地质段尤为重要。在施工中建立超前地质预报和超前钻探的综合超前地质预报系统,采用 TSP203 地质超前预报仪、水平地质钻机等仪器、设备,准确预报前方地质情况,并结合地质素描等,为施工提供可靠的技术参数。

定期对隧道开挖工作面前方的工程地质、水文地质和围岩类别进行准确的超前预报工作,依据预测结果,制定切实可行的施工方法和施工注意事项。分析对比开挖后的预测效果,不断总结,逐步提高前方地质预报的准确性。

隧道超前地质预测、预报应包括对地层岩性、地质构造、不良地质和地下水等的预测预报,预报流程如图 4-4-57 所示。针对本标段隧道工程的地质情况,着重进行以下几方面的探测:①断层及断层影响带的位置、规模及其性质;②软弱夹层的位置、规模及其性质;③岩溶的位置、规模及其性质;④不同岩性、围岩级别变化界面的位置;⑤工程地质灾害可能发生的位置和规模;⑥含水构造体的位置、规模及其性质;⑦隧道底部溶洞、暗河等对地基稳定性有影响的不良地质体探测;⑧煤系地层采空区与隧道的位置关系等。

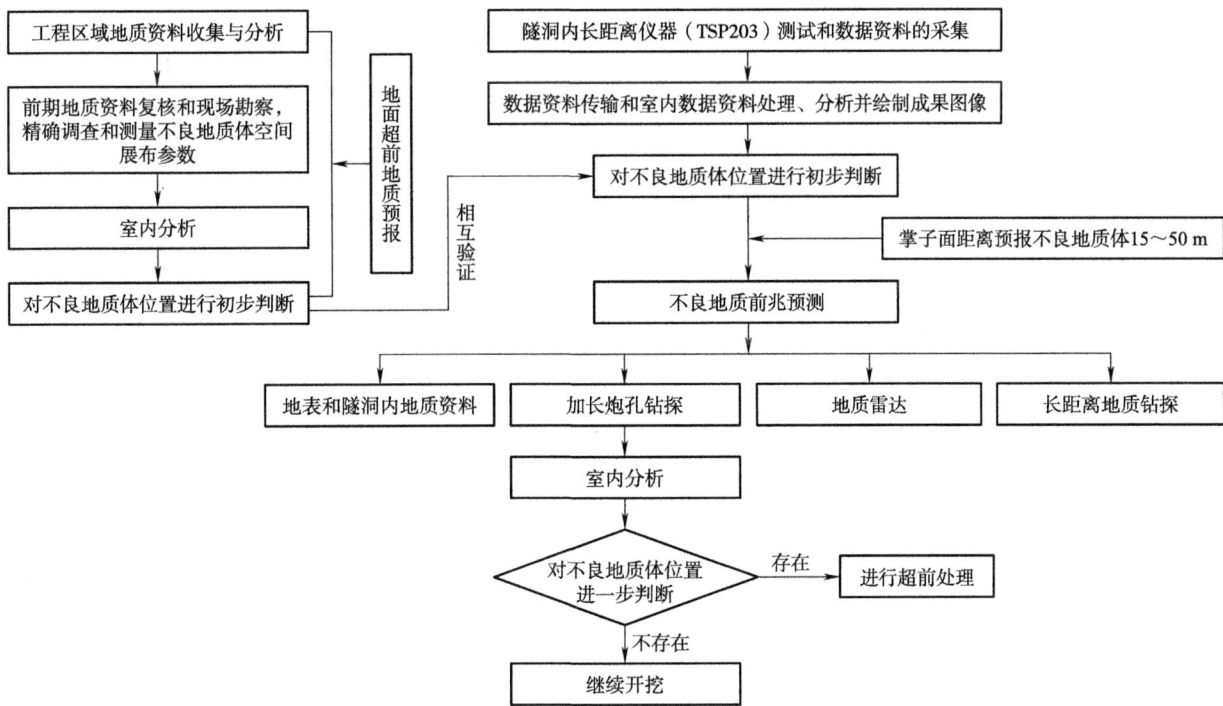

图 4-4-57 隧道地质预报流程

二、岩爆地段施工

岩爆地段隧道施工主要以武调隧道岩爆段为例。

武调隧道埋深较大,围岩以花岗岩、粉砂岩为主,较为坚硬,地应力较大,有发生岩爆的可能性。从地质方面来看,岩爆发生的地段有其相似的地层条件和共性条件,使短距离的预报成为可能。

在施工时,一方面可直接根据施工掌子面的地质条件,如岩体结构面产状、岩体的破碎程度、岩石的变质程度、岩体强度等,再结合设计图纸,对掌子面前方的岩体条件、产状及完整性进行岩爆的初步预测,用以指导采取预防措施。另一方面,按设计要求,利用超前应力释放孔作为超前探测孔,结合弹性波法地质预报对前方地质进行预测,判断岩爆发生情况,指导现场施工。

1. 岩爆段防护措施

(1)施工超前应力释放孔

在设计及地应力测试报告预测岩爆发生地段,拱部设置超前应力释放孔(外挑角度不大于 3°),释放

孔直径采用 φ89 mm,孔深 20 m,每环搭接长度 3 m。应力释放孔内加注高压水,软化围岩,加快围岩内部的应力释放。

(2)实施光面爆破

应用光面爆破技术。对原钻爆设计进行优化调整:将周边眼间距由原 55～60 cm 调整至 45～50 cm。周边眼采用空气间格不耦合装药,导爆索起爆堵塞炮泥,增加光爆效果,以达到开挖轮廓线圆顺的效果。尽量避免岩壁凹凸不平造成应力集中,以达到减弱岩爆发生的目的。

(3)遵从"短进尺,弱爆破"原则

采用短进尺施工,控制循环进尺。原设计开挖进尺Ⅲ级围岩 3.5 m,Ⅱ级围岩 3.8 m,现Ⅲ级围岩进尺控制在 2.0 m,Ⅱ级围岩控制在 2.5 m 左右。拉大不同部分炮眼的雷管段位间隔,从而延长爆破时间,减少对围岩的爆破扰动,减少爆破动应力的叠加,控制爆发裂隙的生成,避免因爆破诱发岩爆而降低岩爆频率和强度。

(4)喷洒高压水

隧道掘进放炮后,设专职查看人员,负责岩爆的查看工作,决定后续施工人员进场时间,及时处理岩爆隐患。同时爆破后立即向工作面及其后方 15 m 范围喷射高压水,适当降低岩石的脆性,降低围岩温度,保持围岩表面湿润,达到减弱岩爆烈度的目的。对已进行初期支护地段同样喷洒高压水,使其表面湿润。在爆破、通风后洞壁、掌子面至少要喷高压水三遍,每遍相隔 5～10 min,使开挖面充分湿润,撒水喷头水柱不小于 15 m。洒水频率要保证岩面、初期支护面湿润,不干燥。

(5)加强初期支护

对可能出现岩爆的洞段,初期支护进行措施加强。

轻微岩爆:拱墙增加水力膨胀锚杆及网片,水力膨胀锚杆长度 4.0 m,环纵向间距 1.0 m×1.0 m;网片采用 φ8 mm 单层网片,网格间距 20 cm×20 cm;喷射混凝土厚度 12 cm。

中等岩爆:拱墙增加水力膨胀锚杆及网片,水力膨胀锚杆长度 4.5 m,环纵向间距 1.0 m×1.0 m;网片采用 φ8 mm 双层网片,网格间距 20 cm×20 cm;喷射混凝土厚度 18 cm。

强烈岩爆:拱墙增加水力膨胀锚杆、网片及 I18 工字钢钢架,水力膨胀锚杆长度 4.5 m,环纵向间距 1.0 m×1.0 m;网片采用 φ8 mm 双层网片,网格间距 20 cm×20 cm;I18 工字钢钢架,间距 1.0 m/榀,相邻钢架间采用 φ22 mm 钢筋连接,间距 1.0 m,斜向内侧布置,并焊于钢架内翼缘处,并设置锁脚钢管,锁脚钢管采用 φ42 mm,壁厚 3.5 mm 钢管,长 4.0 m;喷射混凝土厚度 25 cm。

2. 岩爆段被动防护措施

岩爆被动防护遵从"早支护、强支护"的原则,对采取了预防措施仍出现岩爆的段落,采取以下防护措施进行加强:

岩爆出现后先对干燥岩面采用高压水进行洒水,初喷一层 5 cm 厚 C30 混凝土快速封闭围岩。

初喷完成后立即用 I18 工字钢钢架对初期支护进行加强,间距 0.8 m/榀,增加水力膨胀锚杆及双层钢筋网,水力膨胀锚杆长度 4.5 m,环纵向间距 1.0 m×1.0 m,钢筋网采用 φ8 mm 双层钢筋网,网格间距 20 cm×20 cm,锁脚钢管采用 φ42 mm,壁厚 3.5 mm 钢管,长 4.0 m,喷射混凝土厚度 25 cm,对岩爆导致的塌腔采用二次衬砌同级别混凝土进行回填。

3. 人员及机械设备防护

进入岩爆地段的洞内施工人员,均必须佩戴钢盔、穿钢丝背心防护。洞内施工开挖台车、运输车辆、机械驾驶室顶部加装厚钢板、钢筋防护罩进行防护,其他设备用钢筋、钢板制作的防护罩防护。

三、高地温地段施工

高地温地段隧道施工主要以武调隧道高地温段为例。

武调隧道属于深埋隧道,隧道穿越深埋位于增温带而产生的地热现象,对隧道施工造成较大影响。

1. 施工组织措施

根据实际温度情况、国家高温作业分级标准以及作业高温分级Ⅳ级进行人员配置,连续工作时间不得超过 10~60 min。为了保证高温下各工序作业的连续性,实际施工按常温作业的 N 倍(每循环)配置人员,安排人员到低温休息室轮流休息。增加机械投入,降低机械故障率。

2. 通风降温

据传热学原理,参照有关围岩与风流间传热量的计算方法,研究开发适合高地温隧道施工的通风降温计算公式、计算方法。通过对隧道内的围岩导热、导温系数的测定或选取,进行对流换热过程的理论分析,借鉴矿井热环境调节理论,依据国内外学者对不稳定换热系数的定义,根据大断面或接近大断面无轨运输隧道施工的特点,研究 45 ℃以上高地温的大断面或接近大断面的无轨运输施工隧道风流的热交换和风温计算公式,确定围岩散热所需的通风量。通过减少风阻、防止漏风、更换或增加风机,将通风软管出风口置于距掌子面 10 m 之内的位置,并通过加强通风管理等措施加大进风量。通风降温采用《高温作业分级》(GB/T 4200—2008)有关规定,隧道内气温不宜高于 28℃。在通风量计算时,应尽量加大洞内风速,确保洞内风速不小于 0.3 m/s,使人感觉相对舒适。

3. 喷雾洒水降温

采用喷射混凝土的喷头做喷雾器,将进水管路改为 $\phi 25$ mm,接高压风、水管路,进行喷雾洒水作业。在出渣前,对爆破作业后新暴露的岩面、岩块、碎渣喷水洒水降温,减少热源;施工时,采用 2~4 台喷雾器配合通风降温。

4. 工作面人工制冷降温

采用订制、运输冰块到掌子面、防水板台车、二次衬砌台车处用于降低洞内施工环境温度。开挖台车、防水板台车、二次衬砌台车分别按照每天 60 块、20 块、20 块进行分配。

5. 无轨运输设备防高温措施

装载机、汽车作业时,随时注意水温表的指示读数,要求不能超过 80 ℃。装载机出渣作业时,使用经改进的喷射混凝土喷头,不间断地对装载机喷雾洒水降温,每隔半小时在装载机水箱内加注冷水并投放适量冰块,防止装载机因高温造成发动机功率下降、制动性能减弱等,在驾驶室内搁置自制冰块,配合设备的空调系统为操作人员创造舒适的工作条件;增加自卸汽车的配置数量,减少汽车在洞内的作业时间,汽车进洞前在水箱内加注冷水,投放适量冰块,驾驶员携带冰块配合空调降温;加强行车路面的洒水降温工作,防止爆胎;利用钻孔时间,对装载机、自卸汽车进行保养,确保设备运转正常。

6. 加强监测工作用数据指导施工

分别使用 2006 型 WGBT 指数仪、温湿度计、智能数字显示报警仪、风速测量仪、干湿计对洞内外温度、湿度、风速等指标进行全天候监控,根据监测数据及时调整洞内人员、机械、通风等配置。

7. 强化人员健康管理

高地温隧道施工时,为了施工人员的身体健康,同时也是为了提高劳动效率,增加洞内施工作业人员数量,须对施工人员进行全面体检,禁止有高血压、心脏病的患者及循环器官有异常的人员参加劳动,同时每天给洞内施工人员 24 h 供应绿豆汤、配备医务人员及药品,以防治热痉挛症、热虚脱症和热射症等中暑症。

8. 发放高温补贴

按照《防暑降温措施管理办法》(安监总安健〔2012〕89 号)要求,向工人发放高温补贴。

四、强富水地段施工

强富水地段隧道施工主要以武调隧道、莲花山隧道强富水段为例。

1. 武调隧道强富水地段施工

武调隧道均为强富水隧道,系统的反坡排水是保证安全生产的前提。下面是反坡排水方案制定的探讨过程。

(1)高差计算

根据线路坡度计算工区可能最大的反坡抽水高差,反坡抽水就是一个由电能提升水做功的过程。

(2)泵站级数确定

认真分析设计图纸,对隧道内水量进行预估,对局部可能富水区域的泵站容量选择,需根据最经济的方式尽最大可能减少水流流向低洼位置集中抽排。发现大型涌水点,在整体布局泵站的前提下,考虑适当调整泵站,保证泵站的合理性,以及电能消耗最小化。泵站设置合理与否,主要取决于涌水对施工最前沿工作面的影响。为了保证前方施工规范有序,泵站必须结合现场施工情况,考虑材料消耗最小化进行设置,这是水泵选择的关键因素。

(3)管路布置方案

抽水管路的选择和布置是关系人工投入和电力消耗的主要方面,一根合理的排水管对应合理的水泵能将电量消耗最低化,排水管的选择主要取决于管径、材质等对扬程有影响的因素。管路沿程水头损失是选择管路的关键点,所以,必须平衡电能和材料消耗的关系。

(4)水泵配置

水泵主要是扬程选择和功率选择,功率选择主要考虑与管路配套,必备最低扬程:扬程计算参考以下计算式。

$$h=h_0+h_{\text{吸}}+h_{\text{f}}+h_{\text{j}}$$

式中 h_0——净扬程(m);

$h_{\text{吸}}$——水泵进口处吸水高度(m);

h_{f}——沿程水头损失(m);

h_{j}——局部水头损失(m)。

水泵选择合理与否,直接关系到现场水泵布置难度和抽水可行性,所以选择水泵时必须尽可能地考虑影响扬程的因素,保证合理和正常的抽水,在电力消耗与排水能力中取最佳平衡点。

(5)抽水电力设施配置方案

主要从变压器容量、发电机、电线路设置、用电管理4方面保证健全的电力设施方案,保证反坡抽水的正常运行。

(6)应急预案

反坡抽水必须有一定的安全系数,此外也必须制定相应的应急预案,成立应急预案小组,加强现场教育培训、储备应急物资及其他应急预案启动相关流程,保证安全生产。

2. 莲花山隧道富水断层段施工

施工处理原则:施工过程中严格遵循"综合预报,先探后掘;排堵结合,综合治理;全程跟踪,突出重点;预案在先,规避风险;试验先行,快速决策;安全第一,确保进度"的原则。

根据施工期洞壁围岩出水形式,制定施工阶段具有快速决策性的参考基准,不论何种形式均属溶蚀裂隙涌水,其注浆封堵采取充填(塞)式注浆,具体处理原则见表4-4-8。

PM-3标莲花山隧道2019年3月24日凌晨3点,2号斜井小里程DK268+828~+825.7(Ⅱ级围岩)处进行施工爆破,在爆破结束后,发现DK268+825.7左拱腰处出现夹层并开始出水,夹层为黄色淤泥,接着水量突然增大,掌子面间歇出现剧烈轰鸣声,出水孔扩大,水面呈波浪状上涌,于3月24日13时许涌水速度达到顶峰约1 300 m³/h,之后涌水速度开始慢慢减少,至3月27日水面里程涨至DK269+745,淹没洞身920 m,洞内存水量约23 500 m³,启用临时二级泵站后水位逐渐下降。突水涌泥段地表以下至隧道洞身范围内地层岩性主要为志留系花岗岩,风化状态呈全~弱风化,根据区域地质资料,大地电磁等物探手段分析,在洞身范围DK268+925~+975范围推测存在断层破碎带,断层小里程方向DK267+480~DK268+970段落预测最大涌水量7 900 m³/d;大里程方向DK268+970~DK271+200段落预测最大涌水量11 451 m³/d。现场涌水照片如图4-4-58所示。

莲花山隧道DK268+600~+925原设计为Ⅱ级围岩,该段落岩性为花岗岩:弱风化,节理裂隙较发

图 4-4-58 2 号斜井涌水

育,物探显示围岩完整性较好,呈块状结构,属极硬岩或硬质岩区。设计采用Ⅱ级围岩复合式衬砌。结合实际开挖揭示的地质情况,综合物探及钻探预报分析,得到结论:隧道掌子面前方 DK268＋825～＋780 可能处于断层破碎带,DK268＋780～＋760 受断层影响节理裂较隙发育带,DK268＋760 以后围岩岩体较完整。

(1)处理方案

结合综合超前预报成果和现场前期处理情况,对莲花山隧道突泥、突水后,掌子面前方 DK268＋825～＋795 段,长度 30 m 正洞,DK268＋826 掌子面泄水孔打设施工如图 4-4-59 所示,采用帷幕注浆处理。注浆前施作采用 1 m 厚 C25 喷射混凝土止浆墙,注浆加固范围为开挖轮廓线外 2 m,按两循环注浆处理,每次注浆长度为 15 m。

图 4-4-59 DK268＋826 掌子面泄水孔打设施工

(2)注浆目的

增强破碎围岩整体性,提高堵水能力,预防塌方发生,预防突泥突水灾害发生,保证隧道施工、停工期间安全施工。

（3）注浆段落

隧道里程 DK268＋825～＋795 段施作超前周边注浆，注浆长度为 30 m，注浆前施作 1 m 厚 C25 喷射混凝土止浆墙，注浆加固范围为开挖轮廓线外 2 m。

（4）帷幕注浆施工方案

①止浆墙的设置：止浆墙设置里程为 DK268＋827～＋826，厚度 1 m，采用 C25 喷射混凝土，周边帷幕注浆管布置如图 4-4-60 所示。

②帷幕注浆设计参数（一循环）：导管规格：孔口管采用 φ108 mm，壁厚 6 mm，管长 3 m。

孔间距：孔底间距按 3～4 m 布置；注浆长度：15 m；注浆材料：注浆材料为水泥、水玻璃混合液（即 CS 浆液）；注浆孔数量：75 个；开挖长度：12 m。帷幕注浆施工工艺如图 4-4-61 所示，超前帷幕注浆施工如图 4-4-62 所示。

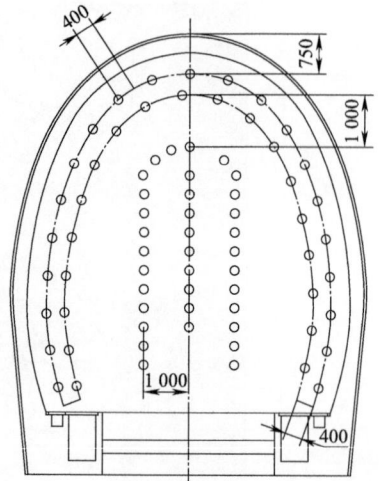

图 4-4-60　周边帷幕注浆管布置图（单位：cm）

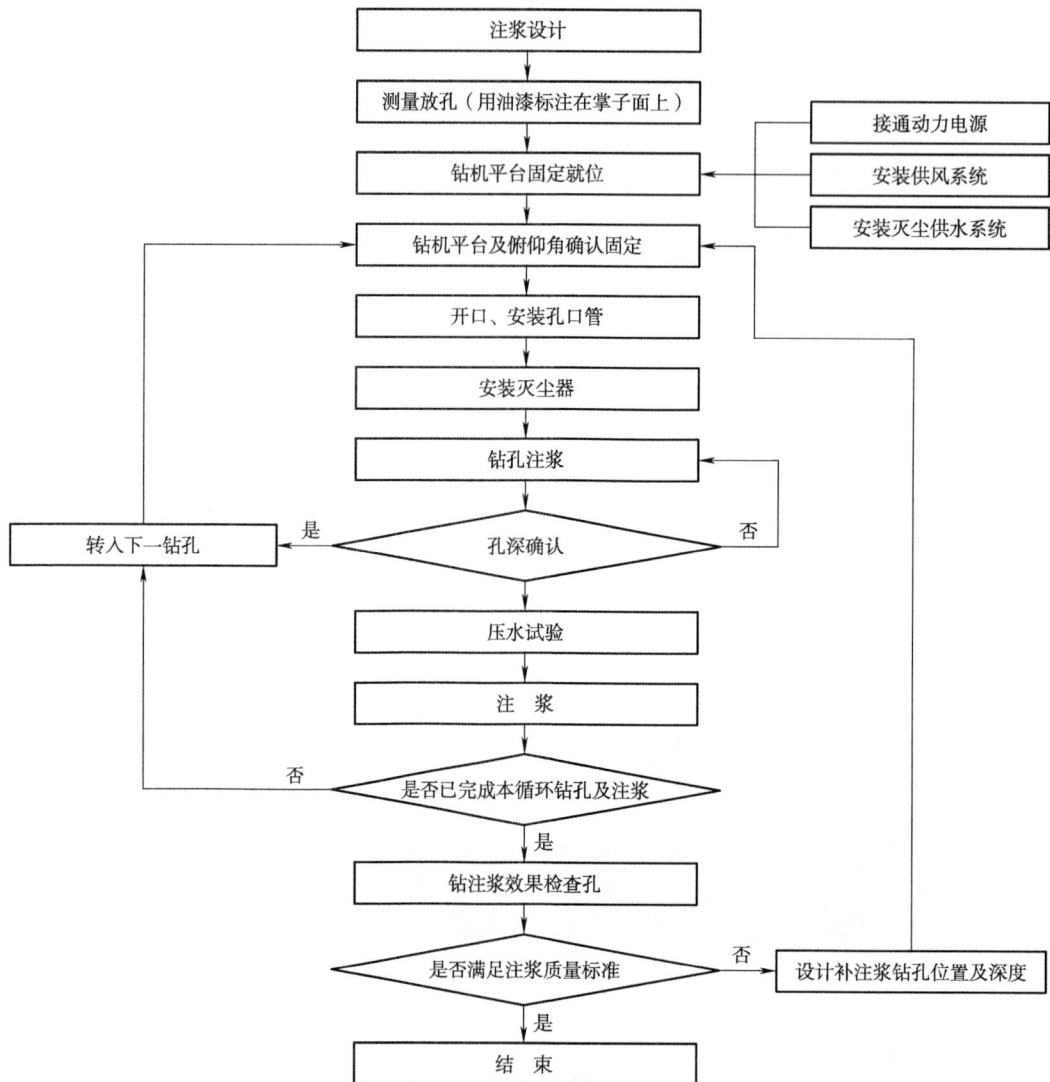

图 4-4-61　帷幕注浆施工工艺流程图

图 4-4-62　超前帷幕注浆施工

五、浅埋、偏压段施工

浅埋、偏压段隧道施工主要以莲花山隧道、高墩隧道浅埋偏压段为例。

1. 莲花山隧道

部分隧道偏压浅埋段采用明挖法开挖,其他地段采用台阶法加临时横撑法及台阶法加临时仰拱法,松动爆破法(或非爆破法)开挖,锚、网、喷初期支护;松动爆破法主要是减少爆破对围岩的扰动,达到不抛掷石渣而经震动松落成型;采用超前大管棚及型钢钢架进行加强支护;衬砌采用Ⅴ级加强衬砌形式;初期支护要及时封闭成环。

顺层偏压隧道在其开挖过程中,其边坡岩体受到较大扰动,强度降低,其稳定性受到开挖卸荷和地下水的综合影响,常常容易引起隧道冒顶坍陷,Ⅴ级围岩顺层偏压段,采用台阶法加临时仰拱开挖法施工,I18 工字钢钢架加强。

2. 高墩隧道

高墩隧道 DK341＋555～＋590 段原开挖揭示的地质情况为:灰黄色、褐红色全风化千枚岩,岩石呈土状,有渗水和小股水流出,全风化千枚岩遇水后极易软化,自稳能力极差;地表为左高右低的一面坡地形,存在地形偏压。初期支护完成后,隧道沉降、收敛以及偏压严重,导致左侧初期支护变形。及时根据该段地质情况采取强有力的措施进行有效处理,确保了隧道安全和施工质量。

(1)封闭掌子面、架立临时仰拱

立即停止掌子面掘进施工,喷射 5 cm 厚 C25 混凝土对掌子面进行封闭。对 DK341＋584～＋590 段上台阶、DK341＋571～＋584 段中台阶增设 I18 型钢临时仰拱进行支护。

(2)分台阶进行回填洞渣、径向注浆

①为防止隧道收敛、沉降、径向注浆压力导致隧道两侧往中间挤压,以及保证施工的安全,需分台阶回填洞渣后、径向注浆,径向注浆范围为 DK341＋555～＋585 段拱墙。

径向注浆钻孔示意图如图 4-4-63～图 4-4-65 所示。

②仰拱回填洞渣、径向注浆:将仰拱栈桥吊离仰拱端头,转运洞渣回填仰拱,回填洞渣至仰拱填充面高度后对下台阶两侧边墙施作 ϕ42 mm 小导管径向注浆,ϕ42 mm 小导管单根长 5 m,间距 1.0 m×1.0 m(环×纵),注浆材料采用水泥浆,配合比:水泥∶水＝0.5∶1～1∶1,注浆压力 1～3 MPa。

③下台阶回填洞渣、径向注浆:转运洞渣回填下台阶,回填至中台阶拱脚高度后,对中台阶两侧边墙施作 ϕ42 mm 小导管径向注浆,ϕ42 mm 小导管单根长 5 m,间距 1.0 m×1.0 m(环×纵),注浆材料采用水泥浆,配合比:水泥∶水＝0.5∶1～1∶1,注浆压力 1～3 MPa。

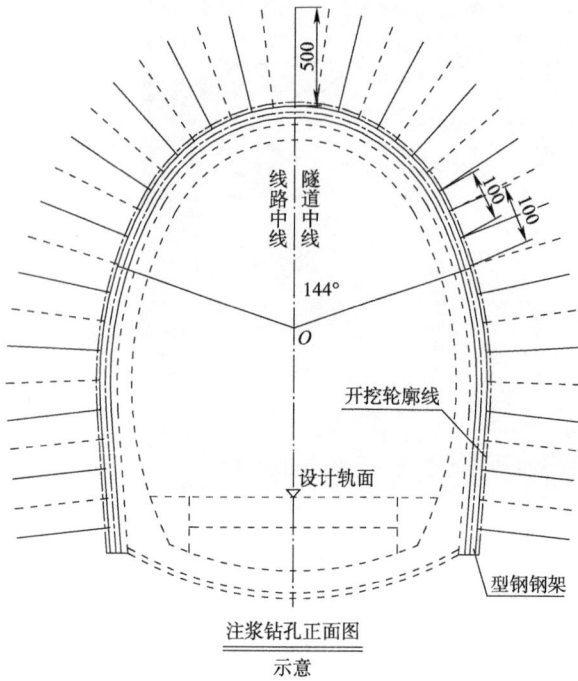

图 4-4-63　注浆钻孔正面图示意(单位:cm)

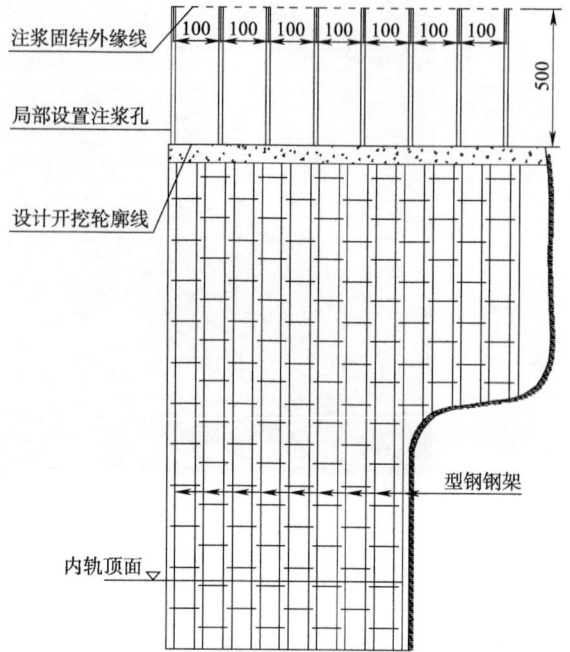

图 4-4-64　注浆钻孔剖面图示意(单位:cm)

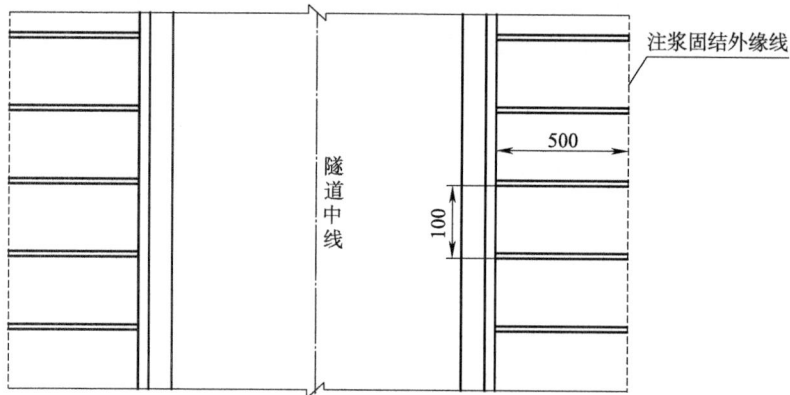

图 4-4-65　注浆钻孔平面图示意(单位:cm)

④中台阶回填洞渣、径向注浆:转运洞渣回填中台阶,回填至上台阶拱脚高度后,对上台阶施作 $\phi42$ mm 小导管径向注浆,$\phi42$ mm 小导管单根长 5 m,间距 1.0 m×1.0 m(环×纵),注浆材料采用水泥浆,配合比:水泥:水=0.5:1~1:1,注浆压力 1~3 MPa。

(3)洞内基底加固:

对 DK341+555~+570 段仰拱基基底采用 $\phi76$ mm 钢花管进行注浆($\phi76$ mm 钢花管垂直设置),在仰拱两侧边缘处,将 2 排 $\phi76$ mm 钢花管替换为 $\phi108$ mm 钢花管($\phi108$ mm 钢花管往远离隧道中心线方向 10°设置)。注浆深度应达仰拱面以下 5 m,间距 1 m×1 m 梅花形布置。注浆材料采用 1:1 水泥浆,注浆压力 1~3 MPa,能保证加固范围内土体能被水泥浆液完全填充。加固后的复合地基承载力不小于 180 kPa。

(4)洞外地表注浆加固:

①地表加固前在洞内初期支护内侧设置临时 I18 型钢临时钢架套拱,间距 0.8 m/榀,设置在洞内初期支护两榀钢架之间,临时钢架与初期支护之间空隙处用垫块楔紧;在临时钢架内侧设置 $\phi22$ mm 纵向连接

钢筋,纵向连接钢筋环向间距 1 m/根。

②洞外地表加固,对 DK341+550~+595 段隧顶地表线路中线左右侧 9 m 范围内进行钢花管注浆加固。其中从线路中线左右侧各 0~5 m 范围采用 ϕ76 mm 钢花管注浆加固,注浆深度距隧道初期支护外测 5~8 m;线路中线左右侧各 5~9 m 范围采用 ϕ108 mm 钢花管注浆加固,注浆深度应从拱顶以上 5 m 到仰拱面以下 5 m 的范围。

注浆扩散半径:0.8 m。

注浆孔布置:浆孔间距 1.25 m×1.25 m,等边三角形布置。

注浆材料:最外一圈 ϕ108 mm 钢花管注浆孔以普通水泥—水玻璃双液浆为主;中间孔注浆以普通水泥单液浆为主;单液浆配比 $W:C=(0.8\sim1):1$,普通水泥—水玻璃双液浆配比:$W:C=(0.8\sim1):1$;水泥采用 42.5 级普通硅酸盐水泥。

注浆顺序:最先施作最外一圈 ϕ108 mm 钢花管,再由外向内,间隔跳孔。

注浆压力:1~2 MPa。

注浆工艺:后退式分段注浆工艺,后退步距 0.6 m,根据现场实际情况调整。

注浆效果评定:采用 P—Q—t 曲线法。通过对注浆施工中所记录的注浆压力 P、注浆速度 Q 进行 P—t、Q—t 曲线绘制,根据地质特征、注浆设备性能、注浆参数等对 P—Q—t 曲线进行分析,从而对注浆效果进行评判。当注浆施工中 P—t 曲线呈上升趋势,Q—t 曲线呈下降趋势,注浆结束时,注浆压力达到设计终压,注浆速度达到设计速度(常取 5~10 L/min)则满足效果检查要求。

注浆施工时应进行洞内结构监控量测,并将监测结果及时反馈至地表注浆处,根据变形情况及时调整注浆参数。

(5)加强沉降观测

洞内、外观察分为开挖工作面观察和已施工区段观察两部分。开挖工作面观察应在每次开挖后进行一次,观察后绘制开挖工作面略图(地质素描),填写工作面状态记录表及围岩级别判别卡。对已施工区段的观察也应每天至少进行一次,观察内容包括喷射混凝土、锚杆、钢架的状况。洞外观察包括对地表情况、地表沉陷、地表水渗透的观察。

①净空变化

净空水平收敛,是测量隧道周边上两点间相对位置的变化。量测方法是在隧道边墙上设置一对或数对测点,采用全站仪、全站仪反射片进行。净空变形量测在每次开挖后进行,初始读数在开挖后 12 h 内读取,最迟不超过 24 h,而且在下一循环开挖前,必须完成初期变形值的读取。每台阶布设一条水平测线。

②测点布置

测线布置如图 4-4-66 所示。

净空变形量测频率见表 4-4-17。由位移速度决定的量测频率和由距开挖面距离决定的量测频率之中,原则上采用较高的频率值。

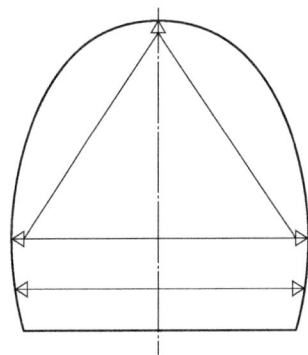

图 4-4-66　侧线布置

表 4-4-17　净空变形量测频率

项　　目		量测频率
位移速度(mm/d)	≥5	2次/d
	1~5	1次/d
	0.5~1	1次/(2~3) d
	0.2~0.5	1次/3 d
	<0.2	1次/7 d

续上表

项　　目		量测频率
量测断面距 开挖面距离(m)	(0~1)B	2次/d
	(1~2)B	1次/d
	(2~5)B	1次/(2~3)d
	>5B	1次/7d

注:B——隧道开挖宽度。

净空变化量测仪器为:全站仪、全站仪反射片。

③拱顶下沉

拱顶下沉量测,是测量隧道拱顶的绝对沉降量。拱顶下沉量测仪器为:全站仪、全站仪反射片。量测方法采用在拱顶中线处设置1个拱顶测点,用测量仪器进行测量。拱顶下沉量测要与水平相对净空量测布置在同一断面内进行。拱顶下沉量测量测频率同净空变形量测频率。

④地表下沉

地表下沉量测,主要是隧道进出口段与山凹浅埋段。地表下沉的测点要与拱顶下沉量测、水平相对净空量测的测点布置在同一断面内进行。地表下沉的测点纵向间距按表4-4-18采用。

表 4-4-18　地表下沉的测点纵向间距

隧道埋深与开挖宽度	纵向测点间距(m)
$2.5B > H_0 > 2B$	20
$B < H_0 < 2B$	10
$H_0 \leqslant B$	5

注:1. 无地表构筑物时取表中上限值。

　　2. H_0——隧道埋深,B——隧道开挖宽度。

横断面方向地表沉降测点间距为2~5m,在一个量测断面内设7~11个测点,隧道中线附近测点适当加密,隧道中线两侧量测范围不应小于$H_0 + B$,地表有建筑物时,量测范围适当加宽。地表沉降量测应在开挖工作面前方$H_0 + B$处开始,直至衬砌结构封闭,沉降基本停止为止。

针对浅埋条件主要的施工措施有:

(1)天沟施工

在浅埋段大小里程侧距边坡坡顶开挖线(开挖线坡率1:0.75)以外设置天沟,天沟总长度166m,每20m设一沉降缝,缝内填塞沥青,采用C25混凝土梯形天沟。施工天沟前对明挖段边坡开挖线及大小里程侧的红线进行放样,确保天沟的平面位置正确,天沟布置不超出红线,其与坡顶的距离为5~10m。天沟底部净宽度0.4m,净高度0.6m,壁厚0.3m,沟顶总宽度2.45m,如图4-4-67所示,天沟采用竹胶板或钢模型进行施工,内设钢筋或方木支撑,保证沟型顺直,并接入浅埋段冲沟。

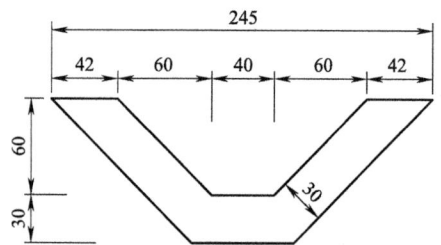

图 4-4-67　天沟截面图(单位:cm)

(2)堵水围堰及排水钢管施工

在浅埋段上游沟谷合适的位置(25~40m)处施工C35混凝土堵水围堰及C25混凝土垂裙,堵水围堰宽度0.8m,高度1.5~3m(根据地形适当调整高度),并在堵水围堰内左右两侧预埋2根ϕ630mm钢管。堵水围堰底部基础宽度1m,高度1m,垂裙宽度0.5m,高度2m。

排水管采用ϕ609mm,壁厚14mm的钢管,排水管布置在河沟两侧,避开浅埋明挖段施工位置,上游与堵水围堰的预埋钢管相接,将河沟内的水引排至浅埋段下游。

（3）浅埋段开挖及边仰坡防护

隧道洞身浅埋段明挖部分为仅上台阶，采用机械明挖。开挖高度为 4.5 m（不包括预留沉降量），两侧临时边坡坡率 1∶0.75，护拱拱脚位置可适当加宽，如图 4-4-68 所示，开挖时在整个浅埋段范围内预留核心土。

开挖后的临时边坡采用以下防护措施：

①放坡临时边仰坡采用挂网喷锚防护，即喷 C20 混凝土厚 8 cm，钢筋网采用 φ6 mm 钢筋网，网格间距 25 cm×25 cm，锚杆采用 φ22 mm 砂浆锚杆，锚杆长 3 m，间距 1.2 m×1.2 m，梅花形布置。

②上台阶直立开挖面开挖轮廓线以外采用挂网喷锚防护，即喷 C20 混凝土厚 8 cm，钢筋网采用 φ6 mm 钢筋网，网格间距 25 cm×25 cm，锚杆采用 φ22 mm 砂浆锚杆，锚杆长 3 m，间距 1.2 m×1.2 m，梅花形布置。

③山台阶直立开挖面开挖轮廓线以内采用喷混凝土防护，即喷 C20 混凝土厚 10 cm。

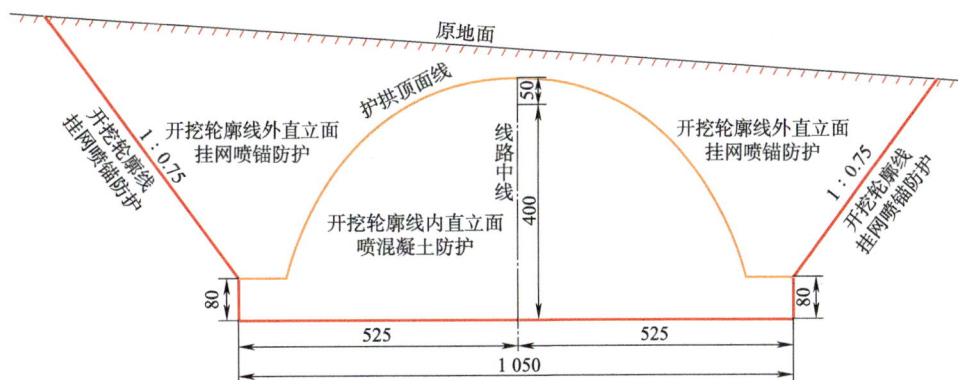

图 4-4-68　开挖轮廓断面（单位：cm）

（4）导向墙及大管棚施工

在明挖段大小里程侧端头，即 DK341+531、DK341+539 处设置直径为 φ89 mm 大管棚及导向墙，管棚数量 27 根，单根长度 20 m。

①导向墙施工

为保证管棚方向、角度的施工精度，设置管棚导向墙，导向墙采用 C20 混凝土浇筑，截面尺寸为 1 m×1 m，沿隧道环向布置，设置范围为拱部 144°。导向墙基底地基承载力必须大于 200 kPa，否则应采取钢管桩加固基底。导向墙内设置 2 榀 I18 工字钢，钢架外缘设置 φ114 mm 壁厚 5 mm 导向钢管，钢管与钢架焊接。利用预留核心土作为导向墙及管棚施工的作业平台。以导向墙内工字钢作为支撑，内外采用 φ18 mm 螺纹钢筋制作支架，木模板封闭，浇筑导向墙混凝土。

大小里程侧导向墙在浇筑前安装环向钢边橡胶止水带，止水带安装位置与护拱中部位置相对应。

②导向管布设

导向管采用内径 114 mm 壁厚 5 mm 钢管，纵向长度 1 m，由测量人员通过计算，将每孔安设位置定位于导向墙内的两榀工字钢外缘，导向管外插角为 1°～3°，按测量交底尺寸安设导向管，复测定位合格后，与工字钢焊接牢固。导向管内外均应采用管口塞封堵，以防导向墙混凝土施工过程中混凝土渗入，其导向管布置图如图 4-4-69 所示。

③管棚施工

大管棚的具体施作细节见本篇第四章第一节中"大管棚施工工艺及工艺方法"相关内容。

（5）护拱基底钢管加固桩施工

护拱底部基础范围内采用 φ76 mm，壁厚 5 mm 的钢管桩注浆加固，钢管桩单根长 5 m，横向间距 0.5 m，纵向间距 1 m，交错布置，如图 4-4-70 所示。

注浆采用水泥浆，水灰比为 1∶1，注浆压力为 0.5～1.0 MPa。

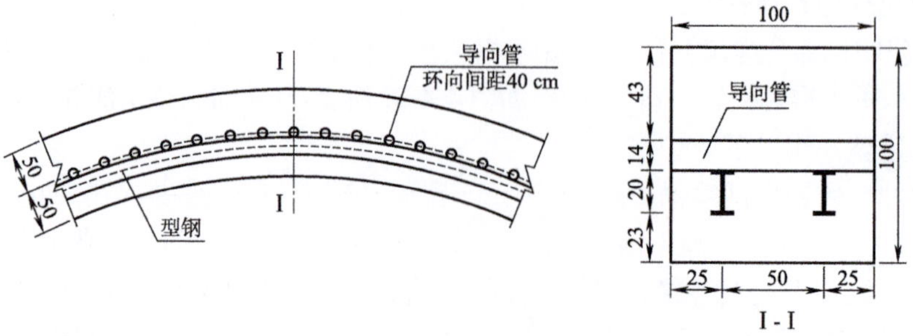

图 4-4-69　导向管布置示意图(单位:cm)

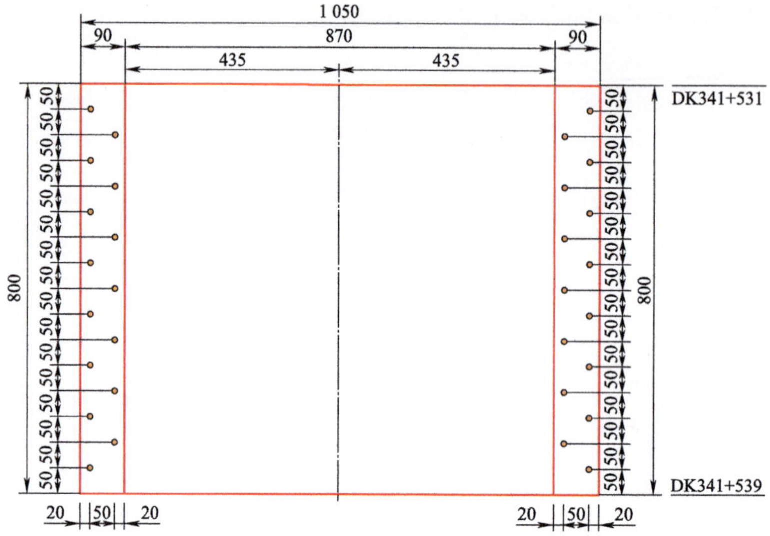

图 4-4-70　钢管加固桩平面布置图(单位:cm)

(6)护拱施工

护拱采用 C35 钢筋混凝土,厚度 50 cm,基础底宽 120 cm,基础顶宽 90 cm,高度 80 cm,如图 4-4-71 所示,长度 DK341+531~+539 共 8 m 长,护拱施工必须要考虑预留沉降量。

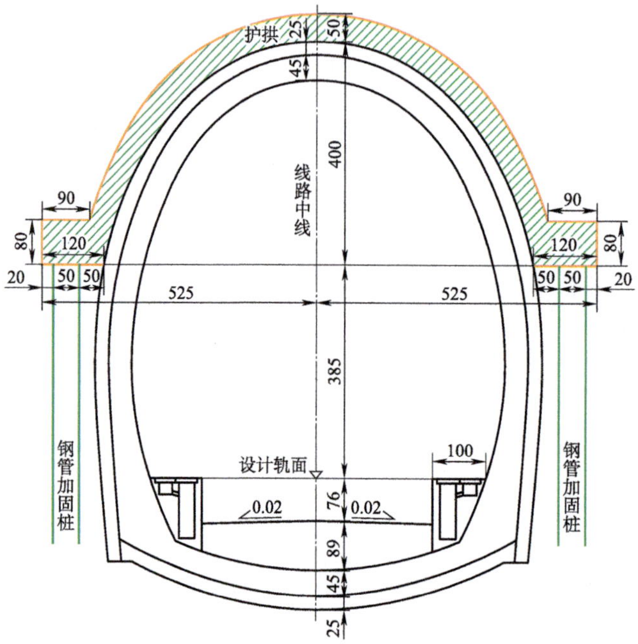

图 4-4-71　护拱正面布置图(单位:cm)

护拱施工时利用预留核心土作为作业平台,内外采用 ϕ20 mm 螺纹钢筋制作支架,木模板封闭,浇筑护拱混凝土,如图 4-4-72 所示,为便于加固护拱模板可在护拱内适当增加工字钢支架,增加模板的安全性与稳定性。护拱施工时必须注意将预埋在导向墙内的钢边橡胶止水带固定在护拱内。

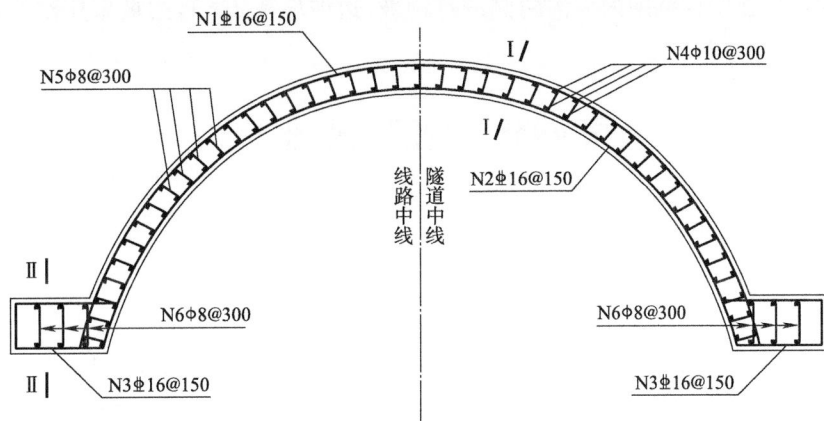

图 4-4-72　护拱钢筋布置图

(7)护拱回填及顶部铺砌施工

护拱回填横断面如图 4-4-73 所示,护拱施工完成后,待护拱的混凝土强度达到 100% 后进行夯填土石回填,回填石方的粒径不大于 15 cm。拱背回填土石对称夯实,每层厚度不宜大于 30 cm,其两侧回填土高差不宜大于 50 cm,回填至拱顶齐平后,再分层夯填至设计高度,严禁任意抛填。因拱顶回填高度小于 1 m,不能采用大型机械设备回填,回填土石密实系数不低于 0.8。

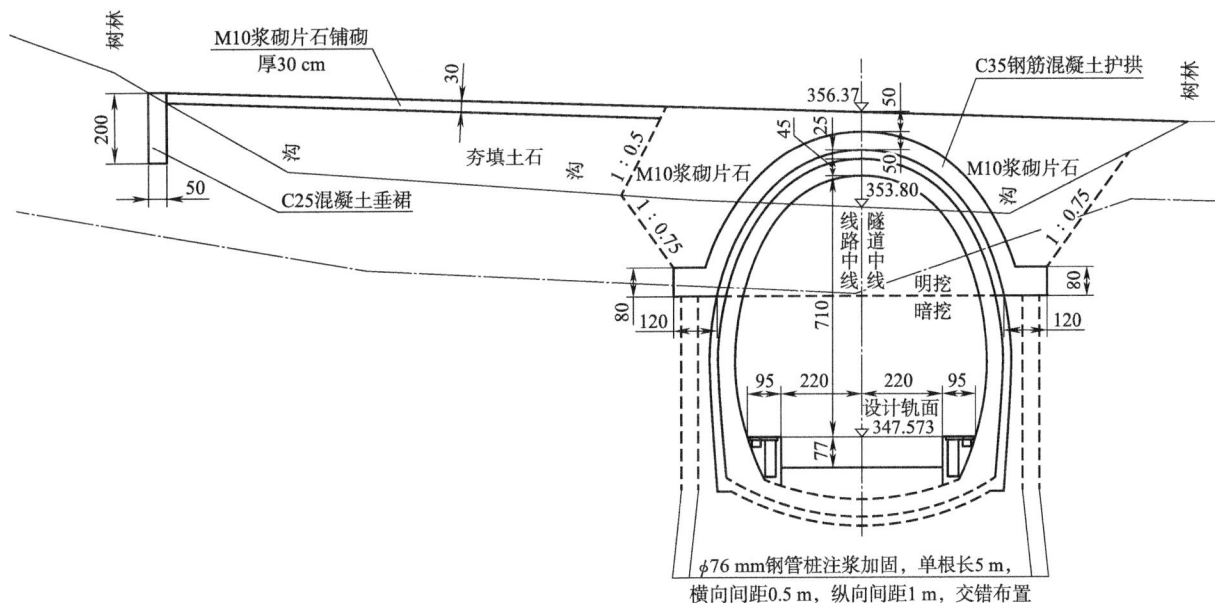

图 4-4-73　护拱回填横断面图(单位:cm)

在回填土石的上部施作 50 cm 厚黏土隔水层,表面夯填平整,在黏土隔水层上方施作 30 cm 厚 M10 浆砌片石。

浆砌片石采用挤浆法分层、分段砌筑,石料不得无砂浆直接接触,也不得干填石料后铺灌砂浆,石料应大小搭配,较大的石料应以大面为底,较宽的砌缝可用小石块挤塞,挤浆时可用小锤敲打石料,将砌缝挤紧,不得留有空隙。定位砌块表面砌缝的宽度不得大于 4 cm,砌体表面与三块相邻石料相切的内切圆直径不得大于 7 cm,两层间的错缝不得小于 8 cm。

浆砌片石的石料形状不受限制,但中部厚度不得小于 15 cm,用作镶面的片石宜表面平整、尺寸较大,边缘厚度不得小于 15 cm。

护拱回填成型后的结构层从上到下应为:30 cm 厚浆砌片石＋50 cm 厚黏土隔水层＋土石分层夯填。

在护拱回填完成后在明挖范围内河沟两侧进行刷坡,边坡坡率 1∶1,边坡采用空心砖内植低矮灌木防护。

第四节　洞口工程施工

一、洞口开挖及支护

1. 施工准备

洞口工程施工前,应由专业工程师向现场技术人员、作业人员进行技术交底,并确认人员、设备、材料、机具、作业环境满足正常作业的要求。施工前,应先检查边、仰坡以上的山坡稳定情况,清除悬石、处理危石,施工期间实施不间断监测和防护。当洞口地表为堆积层、断层破碎带、砂砾(卵)土、砂土时采用地面注浆措施预加固;当洞口地表为地下水位较高的粉砂土、砂质粉土或淤泥质夹薄层砂性土的富水地层、不适合于注浆堵水的隧道洞口段时需先进行井点降水。

2. 边、仰坡测量放样

根据洞口边仰坡设计坡率、平台宽度、明暗洞交界点、边仰坡起坡点设计高程、宽度,结合现场地形情况及山体自然坡度,采用逐点接近法进行洞口边、仰坡开口线测量放样。

3. 洞口位置复核

本着"早进晚出,环保进洞"的原则,根据洞口边仰坡开口线桩点位置和开挖范围,确定洞口设计位置是否合理,如与现场实际地形有较大出入,报请设计院变更洞口位置,避免洞口边仰坡出现深路堑或高边坡开挖,减少对山体的破坏。

4. 洞顶截水沟施工

边仰坡开挖前,应在洞口边仰坡开口线范围以外 5～10 m 按设计浇筑截水天沟,以排除边仰坡范围以上坡体积水,减少冲刷。

人工配合机械清理洞口上方有可能滑塌的表土、树木、危石,边坡以外的植被不得破坏,尽可能确保土体植被的完整。

边、仰坡开挖、支护采用人工配合挖掘机自上而下分层开挖、分层防护。采取分层开挖时,分层高度 2～3 m。施工中严格按照设计开挖,尤其是开挖尺寸和边坡坡率。土质挖方采用挖掘机开挖,自卸汽车运输。开挖过程中及时检查开挖尺寸和边坡坡率,及时修整边坡,做到开挖一层边坡修整完成一层。石质挖方采用钻机打眼爆破,挖掘机和装载机装车,自卸汽车运输。石方爆破采用松动爆破,靠近路基边坡一排眼应采用光面爆破或预裂爆破,做好爆破设计。施工过程中严格控制钻孔位置、深度、装药量起爆顺序等。分层开挖过程中及时修整好边坡,撬掉松动的岩石,确保安全。开挖 1～2 层放样一次,尤其是最后一层严格控制开挖深度及位置,避免超挖。土方开挖预留 20～30 cm 人工进行修整整平处理。当地质条件不良时,应采取预加固措施。对于较硬的土层采用人工手持风镐凿除,石质地层开挖需要爆破时,应以浅眼爆破为主,且预留光爆层。开挖时应随时检查边坡仰坡坡率和坡体稳定。

二、明洞施工

洞口明洞采用明挖法施工,采用挖掘机开挖,局部岩石段采用弱爆破开挖,由自卸汽车运土,人工配合刷坡,边开挖边防护,开挖前在开挖边坡线以外 5 m 设置坡顶防排水系统,尽量避开雨季施工。明洞开挖采取分段开挖,长度控制在 8 m 以内,边开挖边衬砌边回填,成型一段,开挖一段。开挖至明暗分界线后,一般应根据设计情况先施作超前注浆支护小导管或施作护拱混凝土,再施作暗洞超前大管棚,随后进入暗洞开挖支护施工待暗洞形成工作面后,再进行明洞衬砌施工。

洞门明洞在暗洞进洞达到设计要求后及时施作,明洞采用全断面衬砌台车施工,台车长度不够时,采用钢管支架接长大块钢模板;端模采用定制钢模,背模采用建筑钢模。明洞一次浇筑成型。混凝土由输送泵泵送入模,插入式振捣棒振捣。衬砌达到强度后施作防水层,及时按设计回填。明洞施工流程如图 4-4-74 所示。

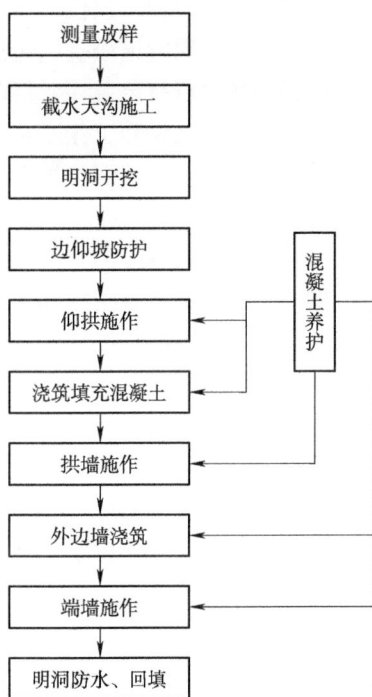

图 4-4-74 明洞施工流程图

1. 施工准备

明洞路堑开挖与路基挖方相同,采取分层开挖,分层高度 2～3 m。施工中严格按照设计开挖,尤其是开挖尺寸和边坡坡率。土质挖方采用挖掘机开挖,自卸汽车运输。开挖过程中及时检查开挖尺寸和边坡坡率,及时修整边坡,做到开挖一层边坡修整完成一层。石质挖方采用钻机打眼爆破,挖掘机和装载机装车,自卸汽车运输。石方爆破采用松动爆破,靠近路基边坡一排眼应采用光面爆破或预裂爆破,做好爆破设计。施工过程中严格控制钻孔位置、深度、装药量、起爆顺序等。分层开挖过程中及时修整好边坡,撬掉松动岩石,确保安全。明洞路堑开挖 1～2 层放样一次,尤其是最后一层严格控制开挖深度,避免超挖。土方开挖预留 20～30 cm 人工进行修整整平处理。

2. 边坡临时支护

边坡成形经检验合格后进行防护,按照设计进行挂网喷锚。合理优化施工工艺,边坡支护可与开挖平行作业,开挖出一层支护一层,避免高空作业搭设脚手架。施工过程中严格按照设计方案进行,主要控制项目:锚杆数量、位置、长度、注浆饱满度、砂浆强度、喷射混凝土厚度和强度。支护完成后按照规范要求在浇筑完成后的 12 h 内对混凝土加以覆盖并保湿养护,潮湿养护时间不得低于 14 d。

3. 基底处理

土质挖方到基地标高后清理浮土,试验室派人在现场进行地基承载力试验,达到设计要求即对基地进行夯实,准备进行下道工序,如地基承载力不够,报业主、监理、设计单位变更设计,可采取浆片、混凝土、换填等处理措施。石质挖方到设计标高后清理浮渣,对进入到仰拱范围内的孤石采用风镐或凿岩机凿除,经验收合格后进入下道工序。

4. 仰拱施工

仰拱需安排在明洞拱墙衬砌施工前浇筑,采取非爆破开挖和爆破开挖的仰拱施工应分别于 8 h 和 12 h 内完成开挖和初期支护作业,靠近边墙墙脚处的仰拱开挖应使用人工风镐等小型机具,尽量减少对墙脚围岩的扰动,为了避免阻碍隧道运输线,仰拱整体浇筑施工,纵向长度结合模板台车长度和图纸对沉降缝的要求确定。

仰拱钢筋在钢筋加工场加工,加工时注意按照规范要求错开钢筋搭接位置,保证搭接长度,钢筋存放在钢筋棚内或用防水布包严,防止锈蚀。仰拱钢筋加工后运至现场绑扎,绑扎前对钢筋的位置进行放样。绑扎过程中严格控制钢筋位置、间距、保护层厚度、搭接焊缝长度和质量、钢筋绑扎点数量。仰拱钢筋绑扎完成经验收合格后进行下道工序。施工中主要控制混凝土配比及混凝土振捣、结构尺寸仰拱顶面高程和曲率符合设计要求。

5. 仰拱填充施工

仰拱完成后进行仰拱回填,为了减少工序可与仰拱混凝土浇筑同时进行。先浇筑仰拱混凝土,仰拱浇筑完成调整配合比马上浇筑上层填充。施工中注意施工要紧凑,保证仰拱混凝土浇筑厚度,仰拱回填注意控制顶面高程,避免侵入路面结构层。

6. 明洞拱圈施工

(1)模板台车拼装、就位

模板台车按照隧道净空周边加大 5 cm 设计,预留出变形量和施工误差,预防衬砌侵入隧道净空。加工后运到现场进行拼装,拼装过程中及时修整模板的平整度和模板间的错台,模板如有孔洞及时修补。模板台车内设上下扶梯和工作平台,并在工作平台四周设扶手,确保施工人员安全;模板台车应安装刹车装置。模板台车行进至明洞位置根据测设的中心线就位,主要控制模板平面位置和拱顶高程,以及支撑的牢固性。

(2)拱圈钢筋绑扎

拱圈钢筋在钢筋加工场加工,加工时注意按照规范要求错开钢筋搭接位置,保证搭接长度。加工后运至现场绑扎,绑扎前对钢筋的位置进行放样;绑扎过程中严格控制钢筋位置、间距、保护层厚度、搭接焊缝长度和质量、钢筋绑扎点数量。

钢筋绑扎中注意安装预埋件,要求预埋件固定牢固,防止混凝土浇筑过程中移动。

(3)外模安装

外模要有一定的刚度,拼接密实、支撑牢固。检查重点为模板缝隙和支撑牢固程度,避免跑浆和跑模。两头端模同样要求拼接密实、支撑牢固。洞门处的端模尤为重要,保证浇筑后位置正确、光滑平整。端模安装过程中按照设计安装环向止水带。

(4)拱圈混凝土浇筑

混凝土由混凝土拌和站集中拌和,混凝土罐车运输,混凝土泵送入模。混凝土泵管架设时要考虑避免摇动和撞击模板台车,防止模板台车移位。浇筑过程中保证混凝土配合比的正确性,勤移泵管,左右侧同步浇筑,防止模板台车偏压移位;浇筑过程加强振捣,保证混凝土的内在和外观质量。浇筑过程中设专人检查模板台车是否移动变形。明洞施工现场如图 4-4-75 所示。

图 4-4-75 明洞施工

7. 防水层施工

明洞防水层施工与洞内二次衬砌基本相同,明洞衬砌与暗洞衬砌应连接良好,暗洞施工时预留出明洞顶部分防水板,与明洞防水连接,确保防排水质量。

在拱圈混凝土达到设计强度的 80% 后,按设计规范要求施作防水层及拱脚纵向排水管、环向盲沟,防水板与暗洞防水板连接良好;防水板需按顺流水方向铺贴,上部压住下部,铺贴后不得有滑移、翘边、起鼓和损伤等现象。

8. 明洞防排水技术措施

(1)钢筋混凝土结构外缘与填土面接触部分以外依次设置水泥基渗透结晶防水涂料、3 cm 厚 M10 砂浆找平层、防水板、土工布、6 cm 厚砖砌保护层。

（2）明洞结构在土石回填后，均应铺设隔水层，隔水层应优先选用带绿色防护的复合隔水层，最大限度减少工程对环境的影响或满足地表复耕需要。明洞长度较短、黏土取材方便时，可采用黏土隔水层。

（3）洞顶隔水层与边坡的搭接、防水层与边坡的搭接均应良好，接缝材料的延伸性应良好，以形成弹性连接，防止不均匀沉陷，造成拉剪破坏。

（4）当明洞顶填土面汇水必须排向洞口时，应设置纵向水沟。

（5）明洞拱脚设置纵向排水管及竖向排水管，纵向与竖向排水管采用 F6040 塑纤排水滤管，并采用三通连接，竖向排水管纵向间距 4 m 并根据地下水发育情况调整。边墙底部纵向设置 $\phi110$ mm 可维护塑纤排水滤管，纵向排水管 10 m 一段，两端均直接接入隧道侧沟。

9. 明洞回填施工

明洞回填应在洞外防水层及排水系统施作完成且混凝土强度达到设计强度的 70% 后进行，回填前按照设计做好两侧的排水系统。

侧墙回填对称进行防止拱圈偏压，石质地层中岩壁与墙壁空隙较小时用与墙身同等级混凝土回填；空隙较大时用片石混凝土或水泥砂浆砌筑片石回填密实。土质底层应将墙背挖成台阶状，用片石混凝土回填至设计标高，混凝土顶面设置砂夹卵石反滤层；拱圈处采用人工夯实；顶部略高于两侧地表，预留回填沉落。回填表层土做隔水层，并与边、仰坡搭接平顺，防止地表水下渗。明洞施工完成如图 4-4-76 和图 4-4-77 所示。

图 4-4-76　明洞施工完成

图 4-4-77　明洞现场图片

10. 注意事项

（1）边坡上浮土危石应予清除，及时施作坡面防护。

（2）开挖衬砌工作应分段进行，地质条件差时可分段间隔进行。

（3）边墙基础须置于稳固地基上，且随挖随作不应暴露过久。

（4）应有防止拱脚下沉措施，并确保拱墙连结良好。

（5）采用挖井拉槽开挖边墙时应施作支护，确保围岩稳定和结构安全。

（6）加强量测与监测。

三、洞门施工

1. 测量放样

测量组应根据交底图纸,准确放样定位出洞门各部位位置,现场喷漆做好测量标识,并将测量结果对现场技术人员及施工人员进行书面交底。

2. 开挖

按开挖部位先外后内,从上至下进行开挖,严禁掏底开挖施工;在确定全段同时开挖以及边坡、仰坡坡率后,力求在施工时间内不致坍塌,并尽可能避免超挖,以免增大回填数量;主要采用挖掘机进行开挖,必要时人工使用风镐进行辅助配合,严禁爆破,以免影响或破坏边坡和仰坡、洞口衬砌的稳定;开挖过程中要随时检查边坡和仰坡,如有滑动、开裂、落石等现象发生,则采用拦挡、防护网等措施,以保证施工安全。

3. 基底承载力检测

洞门端墙与挡墙按设计开挖完成后,测量复核基底标高,与设计无误后报现场监理进行验收,验收合格报试验监理进行基底地基承载力检测。本隧端墙及挡墙要求基底地基承载力不小于 200 kPa,达到承载力要求后方可进行下道工序施工。若基底承载力不达要求,则进行加固处理,换填砂夹卵石,要求加固后的复合地基承载力不小于 200 kPa。

4. 脚手架搭设

采用 $\phi48$ mm×3.5 mm 双排钢管脚手架搭设,立杆横距为 1 m,立杆纵距为 1.5 m,内立杆距端墙 0.5 m,步距为 1.2 m,脚手架板从地面以上 2 cm 开始每 2 m 设置一道(满铺),脚手架前后侧根据高度搭设剪刀撑,每 6 m 高搭设一道,不足 6 m 也要搭设一道,如图 4-4-78 所示。脚手架必须设置纵、横向扫地杆。纵向扫地杆采用直角扣件固定在距底座上皮 20 cm 处的立杆上,横向扫地杆采用直角扣件固定在紧靠纵向扫地杆下方的立杆上,脚手架立杆下端全部垫 10 cm×10 cm 的方木。

安全网的支搭,随着脚手架的搭设在立杆内侧,大横杆之间用绳绑扎,立面防护网,并在施工高度处的防护脚手板下做一道水平安全网。

5. 模板安装

(1)外模板竹胶板拼装,竹胶板尺寸为 122 cm×244 cm,厚度 2 cm,模板之间采用 5 cm×10 cm 方木间距 20 cm 竖向布置及钢管加固,钢管支撑间距为 0.5~1 m,架设必须牢固可靠,内用对拉螺栓将模板拉紧,并用临时钢支撑顶住,以防模板在灌筑过程中发生位移及局部变形。

(2)模板安装过程中,施工班组长、测量人员、质检人员经常进行检查、测量复核,当发现位置有偏差时必须及时进行调整,确保位置准确无误。

(3)模板支架及脚手架之间不得相互连接,以免使用脚手架时影响模板支架位移,造成跑模现象发生。

(4)模板接缝处贴双面海绵胶,以防止混凝土浇筑过程中发生漏浆跑浆。模板安装如图 4-4-79 所示。

图 4-4-78　脚手架搭设

图 4-4-79　模板安装

6. 钢筋安装

（1）洞门端墙与衬砌连接钢筋

连接筋采用 HRB400 ϕ18 mm 钢筋，并采用弯钩，连接筋与洞口段衬砌钢筋牢固连接。

（2）洞门端墙与挡墙连接钢筋

采用 HRB400 ϕ18 mm 钢筋作为洞口端墙与挡墙的连接钢筋，U 形筋间距 60 cm。

（3）接茬筋

施工缝处接茬筋采用 HRB400 ϕ16 mm 钢筋，单根长 60 cm，植入深度 30 cm，沿施工缝处接触面形状间距 30 cm 布置一圈。

7. 混凝土施工

由于端墙最高处可达 12 m，考虑模板及支撑的承重能力，混凝土浇筑时应分节段施工，每节段不高于 2.0 m，使用天泵分层浇筑，分层厚度 30 cm，每层均使用插入式振捣棒进行捣固，振捣棒与模板保持 5～10 cm 距离，捣固时快插慢提，振动棒不得碰撞模板、钢筋及其他预埋件。插棒间距以 50 cm 为宜，防止漏振和过振。上层混凝土振捣时，振捣棒应插入下层混凝土 5～10 cm，使上、下层结合密实。对于每一振动位置，必须振动到该部位混凝土停止下沉、不再冒出气泡、表面呈现平坦泛浆为止。每点振动 20～30 s，避免过振和欠振，过振时混凝土中石子均沉积于底部，上面全为砂浆，引起混凝土产生离析现象，破坏混凝土的均匀性；欠振时混凝土不能密实。

8. 端墙及翼墙装饰

端墙及翼墙在靠线路方向表面采用假缝形式，假缝为凹缝，其制作采用 2 cm 宽 1 cm 厚半圆木条制作，凹缝间距 30 cm×60 cm 交错布置，并涂黑色油漆，如图 4-4-80 所示。

9. 名牌及号标施工

名牌设置于洞门正上方，字体采用楷体，凹进端墙表面 2 cm，字号为 48 号，名牌长 4.0 m，宽 0.9 m，并涂油漆，白底黑字。

号标设置于洞门左侧，底部高度为设计轨面起 4.0 m，以便瞭望而又不侵入衬砌轮廓，号标采用楷书，字体工整；长 0.8 m，高 1.0 m，号标凹进端墙表面 2 cm，号标字体采用刻模喷涂形式，号标第一行为隧道编号，第二行为隧道长度，第三行为隧道竣工年份。

隧道名牌及号标与端墙整体灌注，凹进端墙表面 2 cm。

10. 洞口边仰坡永久、防护

洞门施工完成后，对洞口边仰坡坡面按设计要求及时施工防护措施（锚杆框架梁或拱形截水骨架），在满足设计功能的前提下，结合地形、地貌，尽可能地体现"经济、美观"的原则，如图 4-4-81 所示。

图 4-4-80 洞门装饰

图 4-4-81 洞口边仰坡防护

第五节　运营通风及防灾救援工程施工

一、运营通风工程

峰果岭隧道 2 号斜井于 X2DK0＋100 和 X2DK0＋190 设置防灾风机。风机型号为 SDS-112T-4P-37 型射流风机(电机功率 37 kW/台)。

X2DK0＋100 和 X2DK0＋190 两处各设置一个风机安装基础。

峰果岭隧道 2 号斜井 X2DK0＋185～＋195 段锚喷衬砌设置 C35 混凝土套衬,套衬厚 25 cm,待正洞施工完毕后施作套衬。

二、防灾救援工程

峰果岭隧道 2 号斜井隧道防灾救援通道,洞口处设置临时待避场地,并具有接受外部救援的条件。场地设置长 40 m,宽 20 m 应急救援场坪,场坪四周设置截水沟,道路宽 4 m,路面采用混凝土路面。

第六节　防排水施工

一、防排水施工原则

满足《地下工程防水技术规范》(GB 50108—2008)规定的一级防水标准,衬砌表面无湿渍。隧道工程防排水采取"防、排、截、堵相结合、因地制宜、综合治理"的原则;断层破碎带、岩层接触带、富水带采用"先堵后防、以堵为主、限量排放"的原则,利用径向注浆等进行堵水。初期支护与二次衬砌之间铺设复合防水板加土工布的防水层及透水管盲沟,衬砌施工缝间设置止水带。

一般隧道,地下水不发育或发育情况一般时,隧道防排水设计采用"以排为主,防排结合"的原则,衬砌结构及接缝处采取有效的防水措施,以满足隧道正常运营的需要;对于隧道穿过富水地层、断裂破碎带,预计地下水较大,当采用以排为主可能影响生态环境、地下水发育可能造成严重的施工风险,以及排水沟排水能力限制需要限量排放时,根据实际情况采用"以堵为主,限量排放"的原则,达到堵水有效、防水可靠、经济合理的目的;在岩溶发育地段,则采用"以疏为主、以堵为辅"的原则,应强调尽量维系岩溶暗河的既有通路,严禁随意封堵溶洞、暗河。

1. 防水

一般隧道衬砌抗渗等级为不低于 P10 的防水混凝土。拱墙设不小于 1.5 mm 厚、拉伸强度不小于 12 MPa 的可黏结防水板加土工布(≥350 g/m²);隧道纵环向施工缝设中埋式橡胶止水带,环向数量按 12 m 一道计列,如图 4-4-82 所示。环向施工缝内缘采用双组分聚硫密封膏嵌缝,变形缝宽度为 2.0 cm,变形缝填充聚苯板并加设中埋式钢边橡胶止水带,变形缝外缘采用外贴式橡胶止水带,变形缝内缘采用双组分聚硫密封膏嵌缝。防排水设施施工工艺如图 4-4-83 所示。

2. 排水

隧道排水采取在衬砌背后设置环向凹凸型排水板和纵向设置软式透水盲管,隧道内设双侧沟的方式排水。环向凹凸型排水板纵向每 4.5 m 设置一环,两侧墙壁角设纵向软式透水盲管,每隔 8～12 m 将地下水引入洞内侧沟,纵向盲管与环向凹凸型排水板连为一体,形成完整的排水系统。纵向透水管盲沟在明暗衬砌段分别设置,且不连通。

3. 防倒灌

隧道向下坡开挖时,一定要防止洞外水流入洞内,尤其在雨季,当洞口处在汇水区域时,会发生洪水"倒灌"事故,此时应在洞口前设置拦水坝截住洞外水,并疏通洞顶及两侧排水系统。其处理措施为:

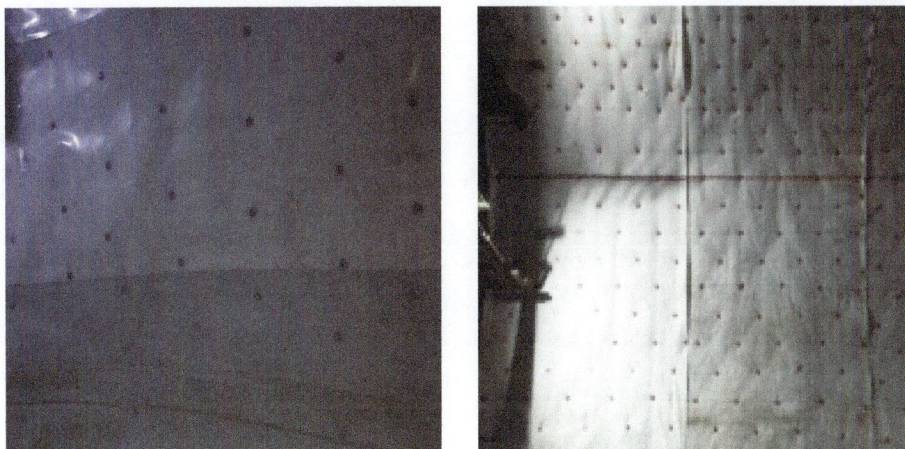

图 4-4-82 防水板安装及土工布铺设

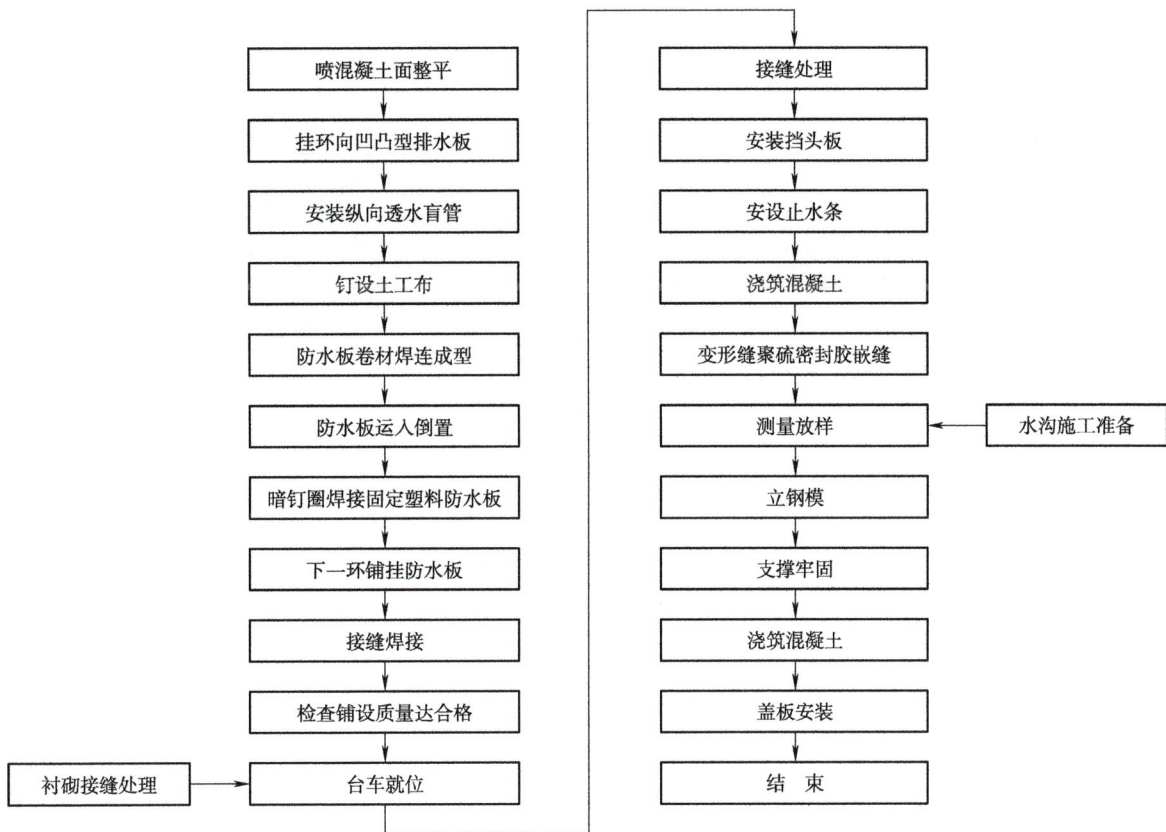

图 4-4-83 防排水设施施工工艺流程

(1)采取机械抽水。

(2)排水方式可根据距离、坡度、水量和设备等情况选用排水沟或管路,分段接力或一次将水排出洞外。

(3)视线路坡度分段开挖反坡排水沟,在每段下坡终点开挖集水坑,使水流至坑内,再用水泵将水抽到下段水沟流入下一个集水坑,这样逐段前进,将不排出洞外,反坡水沟坡度不宜小于0.5%。

(4)隧道较短时,在开挖面附近开挖集水井,安装水泵,将水一次送出洞外。

(5)沟管断面、集水坑的容量应根据实际排水量确定。

（6）抽水机的功率应大于排水量所需功率 20%以上，并有备用抽水机。

二、主要技术措施

1. 防水技术措施

隧道防水措施主要通过防水板及模筑衬砌混凝土自身防水的双重作用避免地下水从混凝土表面渗出。

本线隧道一般地段拱墙敷设防水板，防水板厚度 1.5 mm，土工布质量不小于 350 g/m²；对地下水流失敏感及岩溶地段敷设封闭式防水板，二次衬砌按承受一定水压力设计，并采取加强措施，同时应采取措施实施防水板与喷混凝土间的充填注浆，如图 4-4-84 所示。

隧道衬砌要求二次衬砌混凝土抗渗等级不小于 P10。模筑混凝土结构的衬砌厚度不应小于 30 cm，裂缝宽度不得大于 0.2 mm；当衬砌为钢筋混凝土时，钢筋净保护层厚度不应小于 5 cm。

图 4-4-84　防水板施工及混凝台车

2. 疏排水技术措施

疏排水措施主要针对可以明确的地下水通路位于隧道开挖线以内而被截断时，采用在隧道开挖线附近埋设不小于原通路水量的 PVC 管（外套钢管），连通被截断的出入水口，保证地下水通路的畅通。

排水措施设计的主要目的是使地下水（围岩渗入水或通过注浆堵水措施后的限量排放水）经过防水措施的有效输导，经由排水管路、管沟自行排出洞外。排水措施如下：

（1）单线隧道内排水均采用双侧侧沟的方式。

（2）桥隧相连时，侧沟和中心沟在相连处设置沟槽过渡，为防止相连段反坡排水，在相连段将水槽设置成向洞外的坡度。

（3）隧道衬砌防水板背后环向设置 F6040（方形，60 mm×40 mm）可维护塑纤排水滤管，结合施工缝设置，纵向间距一般 8~10 m 并根据地下水发育情况调整；在隧道两侧边墙墙脚外侧设置纵向 φ80 mm 盲管，每 10 m 一段，纵向排水管两端直接与隧道侧沟连通，以便排水管路的维护。

（4）提高初期支护的施工质量，发挥初期支护的防水作用。对于初期支护渗漏水地段，采取埋设半圆形排水（盲）管外设置一层防水板，并将渗漏水引入侧沟。

3. 施工缝、变形缝（宽 2 cm）防排水技术措施

施工缝及变形缝是隧道防排水的薄弱环节，隧道内主要存在施工缝及变形缝，施工缝分为环向及纵向两种。

隧道环纵向施工缝设置中埋式橡胶止水带，变形缝设置钢边橡胶止水带和背贴式橡胶止水带，橡胶止水带应采用三元乙丙橡胶制作。

中埋式止水带的安装应用附加钢筋卡、铁丝、模板等将止水带固定，采用钢筋套将止水带固定在挡头

模板上。安装止水带时,沿衬砌环线每隔 0.5～1.0 m,在端头模板上钻一个 $\phi12$ mm 的钢筋孔,将预制的钢筋卡,由待灌混凝土侧向另一侧穿过挡头模板,内侧卡进止水带一半,另一半止水带平靠在挡头板上,待混凝土凝固后拆除挡头板,将止水带拉直,然后弯钢筋卡紧止水带,如图 4-4-85 所示。

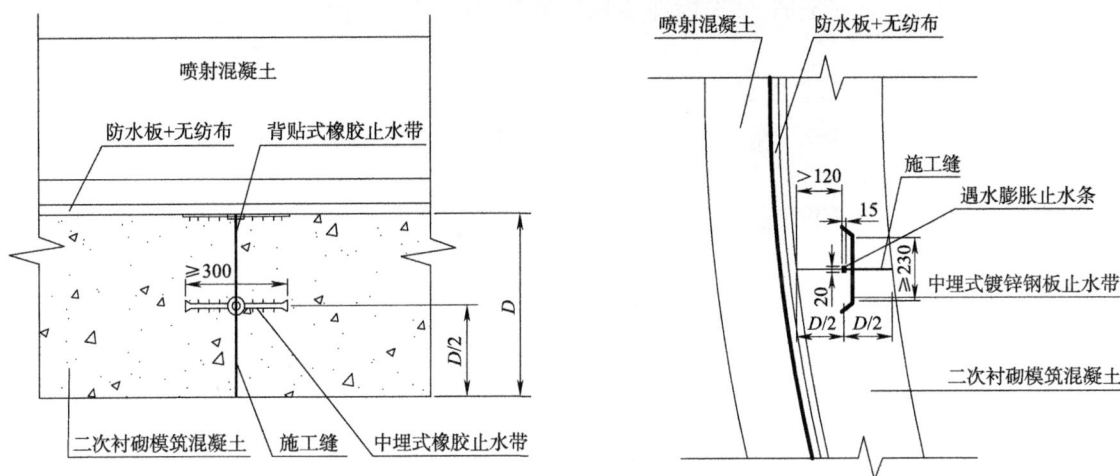

图 4-4-85　拱墙环向施工缝防水构造图(单位:mm)

现浇混凝土表面必须凿毛,并凿除先浇混凝土表面的水泥砂浆和松软层,用水冲洗干净。浇混凝土前,应将其表面浮浆和杂物清除,并及时浇筑混凝土。浇筑混凝土时,注意在止水带附近振捣密实,但不得碰止水带,防止止水带走位。二次衬砌脱模后,若发现施工中有走模现象,致使止水带过分偏离中心,则应适当凿除或填补部分混凝土,对止水带进行纠偏。

(1)环向施工缝

拱墙、仰拱环向施工缝处根据地下水发育情况、隧道长度等因素设置中埋式橡胶止水带、背贴式止水带等。

(2)纵向施工缝

纵向施工缝处设置中埋式止水带。

(3)变形缝(宽 2 cm)

变形缝拱墙部位防水采用钢边橡胶止水带、背贴式橡胶止水带、沥青木丝板塞缝、聚硫密封胶及镀锌钢板接水盒等措施;仰拱部位采用钢边橡胶止水带、背贴式橡胶止水带、沥青木丝板塞缝并环向设置双层抗剪钢筋等措施。拱墙变形缝处衬砌内缘设置钢板接水盒、内缘 3 cm 范围内以聚硫密封胶封堵,其余空隙采用填缝料填塞密实。为减少仰拱变形缝两侧沉降,仰拱部位二次衬砌内设 $\phi50$ mm 双层抗剪钢筋,钢筋环向间距 50 cm,仰拱变形缝空隙采用填缝料填塞。

(4)水沟电缆槽槽身横向施工缝

水沟电缆槽槽身横向施工缝设置中埋式止水带,纵向平均间距 30 m 一道,并与纵向排水管出口、$\phi100$ mm 横向 PVC 导水管等设置位置避开。

(5)无仰拱衬砌结构底板横向施工缝

无仰拱衬砌结构底板横向施工缝设置中埋式橡胶止水带,纵向平均间距 20 m 一道,并与 $\phi100$ mm 横向 PVC 排水管及过轨管等设置位置避开,如图 4-4-86 所示。

4. 洞口及地表防排水设计

隧道洞口排水系统设计遵循截、排水的原则,首先保证洞内水顺畅排出,并避免洞外水冲刷隧道洞门及边仰坡。隧道洞内侧沟与中心沟应与路堑侧沟顺接,洞口地段如沿出洞方向上坡时,应在洞外设反向排水沟,沟底坡度不小于 3‰,并且在洞口前方修一道挡水墙,以截排洞外水流,避免其流入洞内。土质边仰坡开挖后,为降低水对边坡稳定性的影响,边坡在防护时布置 $\phi120$ mm 排水孔,排水孔间距 3×3 m,排水

图 4-4-86　施工缝施工

孔长 10 m，仰斜角度 15°，孔内插入 φ110 mm 塑纤排水滤管。

洞口边仰坡应根据其支挡结构设置排水设施，如在其平台上设置水沟等，并与路堑排水系统衔接。隧道洞门均应设置截水天沟，天沟设于边、仰坡坡顶以外不小于 5 m 处，其坡度根据地形设置，但不应小于 3‰，以免淤积。天沟采用 C25 混凝土预制块浆砌，其地表水排出路基外。天沟形式根据洞口地形地质条件进行设计，并根据地形确定水沟流向。

当隧址区地表有漏斗、洼地等可能汇集地表水的不良地形地貌时，应根据调查情况判别地表水与地下水的联系，对漏斗、洼地采用铺设土工布、填土平整、浆砌铺面等措施，并采用措施截排地表水，避免地表水的汇集。

三、主要施工注意事项

1. 关于隧道纵环向盲沟设置的说明

本线隧道设计采用衬砌背后可维护的纵环向盲沟排水系统，要求纵向盲沟和环向盲沟相互独立、分别直接接入隧道侧沟。具体要求如下：

(1)纵向盲沟通过 135°圆形弯头连接相应孔径的 PVC 圆管接入侧沟中。

(2)环向盲沟通过 110°方形弯头连接相应尺寸的 PVC 方形管接入侧沟中。

(3)所有盲沟接头均采用 PVC 管。

(4)纵、环向盲沟不得采用"三通"接头等形式的直接连接。

(5)纵、环向盲沟主体部分不得包裹土工布以防影响地下水入渗效果。

2. 隧道防水板

(1)隧道防水板应采用分离式防水板，土工布和防水板分开铺设。

(2)防水板铺设应采用热熔焊垫，不得使用索带系挂。

第七节　辅助坑道施工

莲花山隧道为浦梅铁路建宁至冠豸山段最长隧道，位于福建省建宁县均口镇与宁化水茜乡交界处，全长 10.497 km，最大埋深约 380.0 m。结合隧道施工特点及地质条件，并考虑运营防灾救援，隧道总计设计 2 座斜井，1 号斜井与正线交于 DK265＋600，全长 708 m，2 号斜井与正线交于 DK270＋400，全长 1 182 m。下面以莲花山隧道 1 号、2 号斜井为例对辅助坑道的施工展开阐述。

一、开　挖

1. 全断面法施工

辅助坑道Ⅱ、Ⅲ级围岩采用全断面开挖法施工,其施工步序如图 4-4-87 所示,配备多功能台架配合风钻进行钻孔作业,全断面一次成型。全断面开挖支护作业流程为:超前地质预报→台架(车)、机具就位→全断面测量画线布眼→钻炮眼→装药爆破→清危排险→出渣→初期支护→稳定安全检查及监控量测→下一循环。

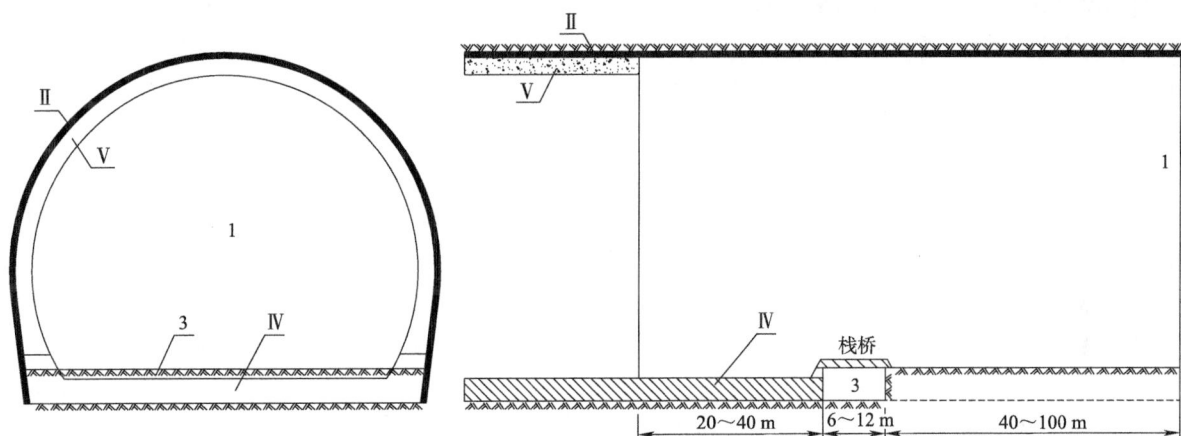

图 4-4-87　全断面法开挖施工步序图

1—全断面开挖;Ⅱ—初期支护;3—隧道底部开挖(捡底);Ⅳ—底板(仰拱)浇筑;Ⅴ—拱墙二次衬砌

2. 台阶法施工

辅助坑道Ⅳ、Ⅴ级围岩采用台阶开挖法施工,其施工步序如图 4-4-88 所示。上台阶采用多功能台架配合风钻打眼,下台阶采用风钻钻眼,实施光面爆破。爆破后,上断面挖掘机扒渣,下断面采用挖掘机配合侧翻式装载机装渣,自卸汽车运输。隧道开挖后及时施作锚、喷、网联合支护,下半断面开挖完仰拱施工紧跟。

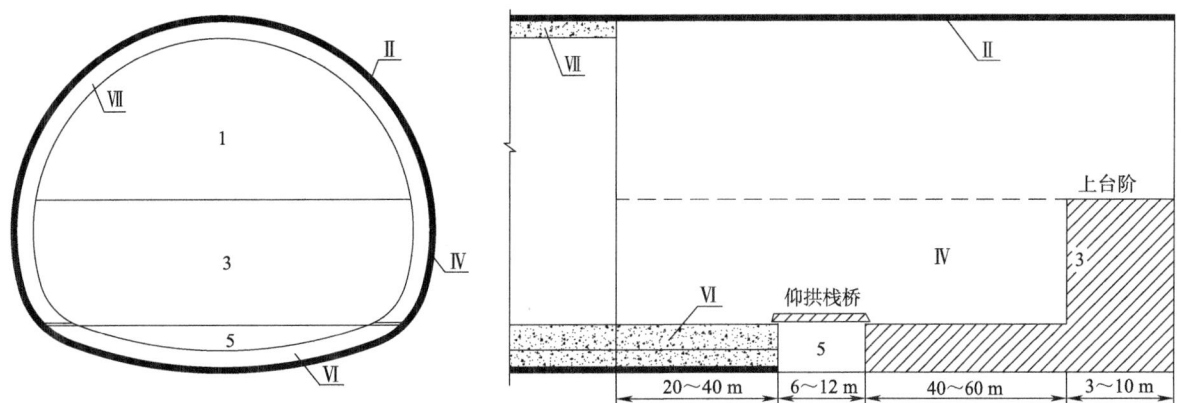

图 4-4-88　台阶法开挖施工步序图

1—上部开挖;Ⅱ—上部初期支护;3—下部开挖;Ⅳ—下部初期支护;5—底部开挖(捡底);Ⅵ—仰拱及混凝土填充;Ⅶ—二次衬砌

二、支　护

1. 洞口土石方

洞口土石方开挖采取全部明挖法,采用自上而下水平分层开挖,施工机械以挖掘机为主;洞口场地用装载机辅以推土机整平压实;遇坚硬石质地层人工钻眼爆破,爆破碎石采用自卸车运输运往指定的弃土场。为防止仰坡坍塌,施工部分洞身护拱,以确保仰坡稳定,同时为隧道进洞创造条件。

2. 边仰坡施工

边仰坡施工同洞口段土石方施工同时进行,按设计坡度一次整修到位,并分层进行边仰坡防护,以防围岩风化,雨水渗透而坍塌。边仰坡防护采用喷锚挂网,以稳定边仰坡。刷坡防护到路基面标高。

3. 钢筋网、钢架施工

钢筋网片、格栅钢架及型钢钢架的钢材种类、型号等应符合设计要求。

钢筋网片由钢结构加工中心统一加工制作,运至现场后人工安装。网片间搭接长度不小于1个网格长度,洞身开挖完成后,首先在围岩表面进行初喷混凝土,厚度一般为4 cm,然后再铺设钢筋网片,安装时用电焊点焊固定在锚杆外露头上,以防喷射混凝土时晃动。钢架在钢筋网片铺设完成后架设,与定位钢筋焊接,架设完毕后须再喷混凝土,并保证不少于3 cm的覆盖厚度。钢拱架间纵向用ϕ22 mm钢筋连接为一体,纵向连接筋长度为80 cm,按照环向间距1.0 m的长度内外层交错布置。钢架拱脚必须放在牢固坚硬的基础上,架立时垂直隧道中线,架设时中线、高程和垂直度及法线方向由测量技术人员严格控制,并将砂浆锚杆或中空锚杆与钢架焊接连为整体。

4. 湿喷混凝土施工

喷射混凝土采用湿喷法施工,施工配合比按现场实际情况根据试验数据进行调整确定。爆破后,应立即喷射混凝土,尽快封闭岩面,才能有效控制围岩松动变形。喷射分段、分片、分层,由下向上,从无水、少水向有水、多水地段集中,多水处安放导管将水排出。湿喷时,喷头与受喷面基本垂直,距离保持在2 m左右。

喷射混凝土前先用高压水或高压风清理岩面,保证受喷面洁净。喷射方向尽量与受喷面垂直,拱部尽可能以径直方向喷射,若岩面被钢架、钢筋网覆盖时,可将喷嘴稍加偏斜。一次喷射厚度不宜超过10 cm,后一层与前一层喷射时间间隔12～20 min。喷射作业应分段分片进行,分段长度不宜大于6 m。按照从下向上喷射,呈现"S"形运动。

当岩面有较大坑洼时,先喷凹处找平。分层喷射时后一层喷射在前层混凝土终凝后进行,并按规定洒水养护。在稳定性差的围岩中,开挖时为保证施工安全,应尽快做好初期支护。喷射混凝土冬季施工,要求混凝土能正常凝结与硬化,避免因冻胀引起的崩裂。钢架架设后应及时喷射混凝土,如果背后空隙较大,应预先在围岩表面喷一层混凝土,使其平顺。钢架与岩面的间隙用喷射混凝土充填密实,喷射顺序先下后上,对称进行,先喷钢架与围岩之间空隙,后喷钢架之间间隙,钢架应被喷射混凝土覆盖,保护层不得小于4 cm。

按施工配合比要求,将混凝土用料在搅拌机中进行拌和,搅拌运输罐车运至洞内,送入喷射机中,在喷射机喷头处按水泥质量的3%～8%加入液态速凝剂。为有效提高混凝土的力学性能,减少回弹,每立方米喷射混凝土中按照设计配合比掺加相应数量的外加剂。

三、二次衬砌

对于复合式衬砌地段,Ⅴ级围岩及正洞衔接地段需要在初期支护稳定后施作二次衬砌。

辅助坑道在初期支护后及时施工仰拱或底板,施工前,将隧底虚渣、杂物、泥浆等清除干净,并用高压风将隧底吹洗干净,超挖采用同级混凝土回填。仰拱超前拱墙二次衬砌,其超前距离保持3倍以上衬砌循环作业长度。

四、辅助设施

施工通风:斜井、正洞前期采用压入式通风,采用大功率通风机,与正洞贯通后采用混合式通风,其通风方式见正洞施工通风措施。

施工供电:在斜井、正洞口配柴油发电机,供隧道各工序施工。待业主安装高压线路贯通后,各施工工区就近接入,在出线至各用电处的线路安装电表进行用电计量。采用高压进洞,斜井、正洞口安装一台变压器,采用增压器为掌子面提供施工用电。

施工照明:洞内配用三防白炽灯具,灯具水平固定在侧壁拱墙连接部位,灯具布置间距 15 m。金属卤化物灯作为局部补充照明使用。

施工供水:斜井、正洞从就近河流中抽取施工用水。在斜井、正洞口适当位置设 1 座 150 m³ 的高压水池,采用 φ150 mm 抽水管路,每个抽水站备用 1 台相同功率的抽水机。

施工排水:斜井设置 1 个移动潜水泵、4 个泵站,顺坡地段,自然排水至积水坑,再由积水坑抽水至水仓,然后由斜井排出,反坡段在掌子面设移动潜水泵,将隧道出水抽至水仓,然后经由斜井抽出至洞口处理池。

五、施工重难点分析及采取的措施

斜井进正洞施工重难点分析及措施见表 4-4-19。

表 4-4-19　斜井进正洞施工重难点分析及措施一览表

序　号	施工重难点	情况分析	采取措施
1	地下水影响较大	初期支护不及时易出现塌方、掉块现象	超前地质预报 TSP 探测,及时探明前方地质、水文情况
2	交叉段可能存在缓倾岩层	受爆破振动易产生塌方	超前小导管注浆预支护,配合格栅钢架进行支护
3	横洞进正洞交叉段跨度大	开挖后不及时支护或支护体系不闭合易出现塌方	交叉段采取上下台阶及左右导坑施工;及时施作初期支护及临时支护
4	工序繁杂,纵向跨度短,爆破振动频繁	爆破振动频繁,对围岩扰动过大,易产生塌方	采用减震爆破,浅孔密布,减少单段最大用药量、延长相邻段位起爆时间差等措施,将爆破振动降到最低

六、辅助坑道进正洞

1. 支护加强过渡段施工

施工时,设置支护加强过渡段,采用异形钢架,钢架间距按角度布置,完成从垂直于辅助坑道中线方向到平行于正洞方向的过渡。

2. 交叉口边缘工字钢施工

在辅助坑道与正洞交叉口正洞边缘处设置 3 榀 I20b 组成的钢门架,为正洞拱部的钢架提供落脚平台。第一榀钢架在安装时,必须严格控制好里程及高程,否则会给正洞挑顶钢架安装带来不便,甚至侵入隧道净空。

3. 辅助坑道进正洞挑顶施工

按照短进尺、弱爆破、强支护、早封闭开挖正洞导坑,开挖宽度 4 m,高度根据正洞拱顶标高进行调整,考虑机械作业的需要,高度以不低于 3.5 m 为宜。施工中严格控制每循环开挖进尺和标高(进入正洞范围后开挖及初期支护需比正洞拱部相应设计标高要高,以预留临时支护厚度);与正洞走向垂直上坡到正洞台阶开挖的上台阶,施作拱部钢架,再施工正洞的上台阶左侧部分,直至形成正洞标准上台阶开挖轮廓线。

第八节　沉降变形观测与评估

一、沉降观测技术要求

1. 一般规定

隧道沉降观测的目的主要是利用观测资料的工后沉降分析结果,指导无砟轨道的铺设时间。无砟轨道铺设前,应对隧道基础沉降做系统的评估,确认其工后沉降符合设计要求。隧道主体工程完工后,沉降变形观测期原则上不应少于 3 个月。观测数据不足或工后沉降评估不能满足设计要求时,应适当延长观测期。评估时发现异常现象或对原始记录资料存在疑问,应进行必要的检查。

2. 沉降观测的内容

隧道工程沉降观测是指隧道内线路基础的沉降观测,即隧道的仰拱部分。其他如洞顶地表沉降、拱顶下沉、断面收敛沉降变形等不列入本沉降观测的内容。沉降变形观测范围为隧道进口隧线分界里程至出口隧线分界里程。

3. 沉降观测点的布置

隧道线下基础工程沉降观测(以下简称"沉降观测")是指隧道基础的沉降观测(即隧道的仰拱部分)以评估隧道内无砟轨道铺设条件。其他如洞顶地表沉降、拱顶下沉、断面收敛沉降变形等不列入沉降观测的内容;隧道的进出口进行地基处理的地段,从洞口起 25 m 布设一个断面;隧道内一般地段沉降观测断面的布设根据地质围岩级别确定,一般情况下 II 级围岩每 500 m,III 级围岩每 400 m,IV 级围岩每 300 m,V 级围岩每 200 m 布设一个观测断面。当长度不足时,每段围岩或不同衬砌段应至少布置一个断面;不良地质和复杂地质区段,观测断面的间距为一般地段的一半;隧道洞口里程、隧线分界里程、明暗分界里程、有仰拱和无仰拱衬砌变化里程及所有设置变形缝两侧均应布置观测断面;地应力较大、断层或隧底溶蚀破碎带、膨胀土等不良和复杂地质区段,特殊基础类型的隧道段落、隧底由于承载力不足进行过换填、注浆或其他措施处理的复合地基段落适当加密布设;施工降水范围至少布设一个观测断面;长度大于 20 m 的明洞,每 20 m 设置一个观测断面;隧道填充或底板施工完成后,每个观测断面设置 2 个沉降观测点,分别布置在隧道中线两侧各 5.7 m 处($W=0$);明暗交界处、围岩级别、衬砌类型变化段及变形缝处每个观测断面设置 4 个沉降观测点,分别布置在隧道中线两侧各 5.7 m 处($W=0$)和变形缝前后各 0.5 m 处。

4. 沉降观测频度

沉降观测的开始时间是在衬砌施工结束后立即进行,至隧道沉降稳定,进行定期观测并详细记录观测资料、绘制沉降时程曲线。沉降变形观测一般不少于 3 个月。当观测数据不足或工后沉降评估不能满足设计要求时,应适当延长观测期。每阶段的沉降观测一般可在开始时每周观测一次,以后可根据两次观测的沉降量调整沉降观测的频度,但两次的观测沉降量不宜大于 1 mm。

二、沉降变形测量

1. 变形监测网主要技术要求及建网方式

线下工程垂直位移监测按沉降变形等级的要求施测,根据沉降变形测量精度要求高的特点,以及标志的作用和要求不同,垂直位移监测网布设方法分为三级:

(1)基准点。要求建立在沉降变形区以外的稳定地区,同大地测量点的比较,要求具有更高的稳定性。基准点使用全线二等精密高程控制测量布设的基岩点、深埋水准点、CP I、CP II 和二等水准点,增设时按二等水准测量的相关要求执行。

(2)工作基点。要求工作基点在观测期间稳定不变,测定沉降变形点时作为高程和坐标的传递点。工作基点除使用普通水准点外,按照国家二等水准测量的技术要求进一步加密水准基点或设置工作基点至满足工点垂直位移监测需要。加密后的水准基点(含工作基点)间距 200 m 左右时,可基本保证无砟轨道垂直位移监测需要。

(3)沉降变形观测点。直接埋设在要测定的沉降变形体上。点位应设立在能反映沉降变形体沉降变形的特征部位,不但要求设置牢固,便于观测,还要求形式美观,结构合理,且不破坏沉降变形体的外观和使用。沉降变形点按隧道专业布点要求进行。

2. 沉降变形测量点的布置要求

沉降变形测量点分为基准点、工作基点和沉降变形观测点。其布设按下列要求进行:

(1)每个独立的监测网应设置不少于 3 个稳固可靠的基准点。基准点应选设在沉降变形影响范围以外便于长期保存的稳定位置。

（2）工作基点应选在比较稳定的位置。对观测条件较好或观测较少的项目，可不设立工作基点，在基准点上直接测量沉降变形观测点。

（3）沉降变形观测点应设立在沉降变形体上能反映沉降变形特征的位置。

3. 特殊环境下沉降观测

隧道测点在轨道铺设前必须按照规定的周期进行观测；当原有的测点遭到破坏或已无法观测时，必须进行测点重埋或转移工作，并做好有关记录，填写测点转移断高表。

4. 隧道沉降观测路线

隧道水准路线观测按二等水准测量精度要求形成附合水准路线，沉降观测点位布设于观测断面隧道内壁两侧，水准路线观测路线如图 4-4-89 所示。

隧道沉降观测点位布设及水准路线观测示意图

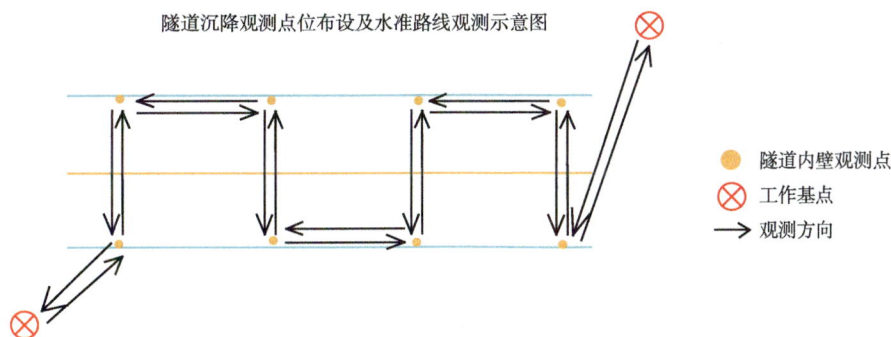

● 隧道内壁观测点
⊗ 工作基点
→ 观测方向

图 4-4-89　隧道沉降观测水准路线

三、沉降观测数据分析

（1）根据隧道完成或回填土后不少于 3 个月的实际观测数据做多种曲线的回归分析，确定沉降变形的趋势，曲线回归的相关系数不低于 0.92。

（2）沉降预测的可靠性应经过验证，间隔不少于 3 个月的两次预测最终沉降的差值不大于 8 mm。

（3）隧道完成或回填土后，最终的沉降预测时间应满足下列条件：

$$s(t)/s(t=\infty) \geqslant 75\%$$

式中　$s(t)$——预测时的沉降观测值；

$s(t=\infty)$——预测的最终沉降值。（注：沉降和时间以隧道完成后为起始点。）

（4）预测的隧道基础工后沉降值不大于 15 mm，并应满足无砟轨道的相关要求。

第九节　新工艺、新工法、新装备、新材料的应用及效果

一、工装使用

1. 衬砌台车混凝土分层逐窗入模浇筑工装

地泵把混凝土泵入主料斗，通过固定的主滑槽、三通分流槽、分流串筒、分流槽混凝土送入一级工作窗口，每个窗口有对应的伸缩滑槽，混凝土入仓时伸缩滑槽伸长至窗内，混凝土浇完时伸缩滑槽后退；一级工作窗口混凝土浇完后，插板插入二级工作窗口下的串筒，拔开二级工作窗口的插板开始浇筑二级工作窗口的混凝土，以此类推直至拱顶混凝土浇筑，如图 4-4-90 所示。

该工装采用主料斗、主溜槽、"三通分流槽"、分流串筒和入窗溜槽结合的方式，通过各级插板阀门，使混凝土流向各工作窗口，实现二次衬砌拱墙混凝土的逐窗进料。

2. 二次衬砌带模注浆工装

通过对衬砌台车进行改造，在衬砌台车模板中心线位置沿台车纵向方向设置 4 个注浆孔，如图 4-4-91

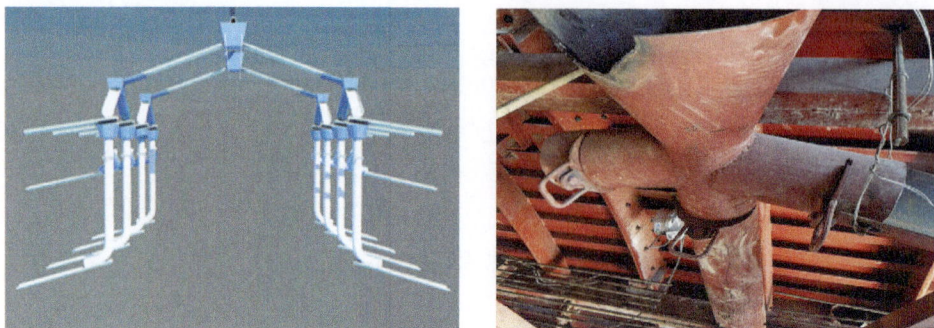

图 4-4-90 加装料斗与滑槽实现分层浇筑

所示,并安装注浆用固定法兰,如图 4-4-92 所示,在浇筑混凝土前预埋活性粉末混凝土(RPC)注浆管,如图 4-4-93 所示,注浆管埋设完毕,如图 4-4-94 所示,即可开始浇筑混凝土。拱顶混凝土浇筑时,观察各注浆口是否泌浆,必要时辅以钝头圆钢筋确定管内出浆情况,以确定混凝土是否达到注浆管出浆口位置。各注浆孔出浆以及端模混凝土饱满后,认为混凝土基本完成冲顶。拱顶混凝土浇筑完毕,及时对注浆口进行清理和防堵,避免注浆管堵塞。拱顶混凝土浇筑完毕宜尽早进行拱顶注浆(宜在混凝土浇筑完毕后 2~4 h 内),原则上不迟于混凝土浇筑完毕 12 h。

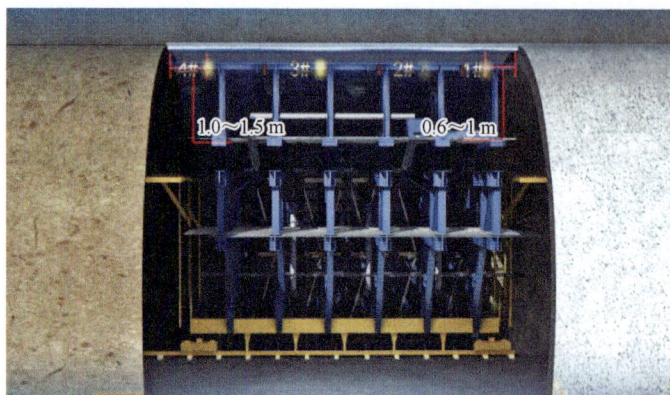

图 4-4-91 二次衬砌台车拱顶开孔布置示意图

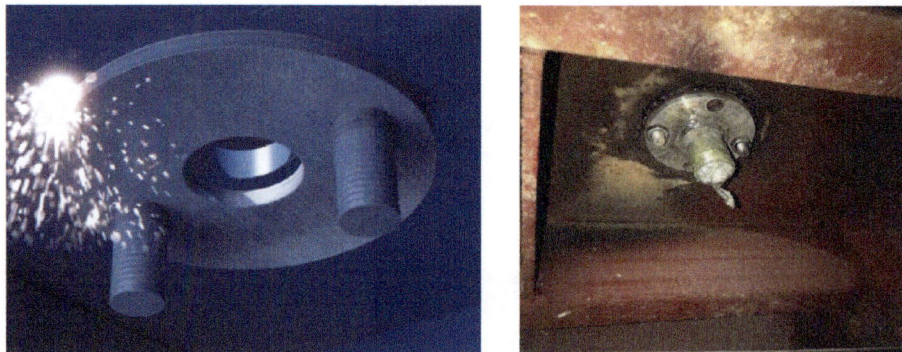

图 4-4-92 焊接固定法兰示意图

3. 仰拱定型腹模及钢端模工装

仰拱定型腹模及钢端模工装采用轻便曲面腹模,与仰拱端头模板连接,形成成套仰拱模板体系,如图 4-4-95 所示。

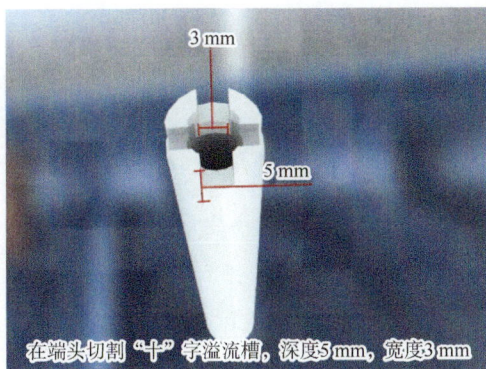

图 4-4-93　RPC 注浆管"十"字溢流槽

图 4-4-94　注浆机连接示意图

图 4-4-95　仰拱定型腹模与钢端模

4. 二次衬砌台车定型组合钢端模工装

二次衬砌台车定型组合钢端模包括分离式端模、带环向中埋式止水带固定夹具，如图 4-4-96 所示。分离式钢端模利用定制弧形钢模板翻转法封端，模板缝隙严密。分离式钢端模铰接在衬砌台车模板的边裙上，通过铰接保证翻转，利用钢支撑及丝杆加固。

5. 门架式水沟电缆槽移动模架工装

预制长 12 m 的移动式模架及配套的定型模板；通过丝杆把模板悬挂起来，可以左右移动模板到设计的平面位置；拧动螺丝帽可上下调整模板高度，使模板与设计标高一致；在模板调整到设计位置后，通过"定位卡"固定模板与模板之间的相对位置和模板与模架的相对位置；模板固定后，浇筑结构；待结构成型脱模后，通过机械牵引使模架的整体移动到下一混凝土浇筑的位置，如图 4-4-97 所示。

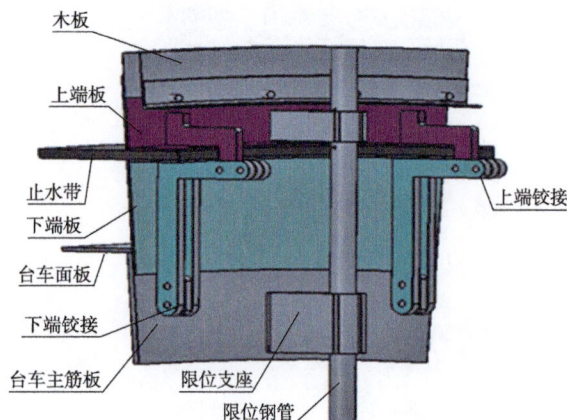

图 4-4-96　二次衬砌台车定型组合钢端模

图 4-4-97　门架式水沟电缆槽移动模架

二、应用效果

1. 衬砌台车混凝土分层逐窗入模浇筑工装

通过衬砌台车混凝土分层逐窗入模浇筑工装的应用,避免了隧道二次衬砌混凝土施工时因拆卸泵管耽误时间,以及工人为了方便而不进行逐窗布料等原因造成二次衬砌混凝土出现集料窝、蜂窝麻面、施工冷缝、驼峰等质量通病;确保了二次衬砌混凝土施工质量,提高了施工效率。具体阐述如下:

(1)施工效率高,操作简便

在采用传统方法施工隧道二次衬砌时,需要多次转移导管到上层窗口,并随着出料口转移须拆解导管。导管单个接口拆解安装时间平均为 10 min,需要 4~6 人配合(图 4-4-98),另须 4 人进行混凝土振捣,且第 2 层窗口及以上为高空作业,拆解运送管节困难。如遇混凝土坍落度较小,长时间的拆解管道易造成堵管,浪费混凝土,增加人工成本。二次衬砌施工平均浇筑时间在 10 h 以上,在单线隧道中对掌子面施工的影响极其明显。采用二次衬砌滑槽逐窗入模施工工艺,避免了工人来回拆卸泵管,提高了施工功效,降低了人工成本。

图 4-4-98　传统二次衬砌施工方法导管拆卸及导管占用通道施工

(2)混凝土施工速度快,实现了逐窗布料,避免了质量通病的出现

在传统工艺施工二次衬砌混凝土过程中,现场施工工人为了方便及减少导管拆解安装时间,施工中往往在同层窗口中选择 1~2 个窗口布料或者混凝土跳层浇筑,导致混凝土集中布料、振捣不及时,特别是环、纵向施工缝处易形成集料窝,蜂窝麻面、施工冷缝、"人字坡"(图 4-4-99),强度不足等质量问题。且采用较少窗口进料易造成混凝土分布不均,二次衬砌台车模板受到不均匀压力,使模板偏位,影响二次衬砌

轮廓,侵占净空及导致施工缝处错台等问题。采用二次衬砌滑槽逐窗入模施工工艺,有效地减少了工人拆卸泵管的施工工序,保证了混凝土的逐窗连续浇筑,避免了集料窝,蜂窝麻面、施工冷缝、"人字坡"等质量问题的出现。

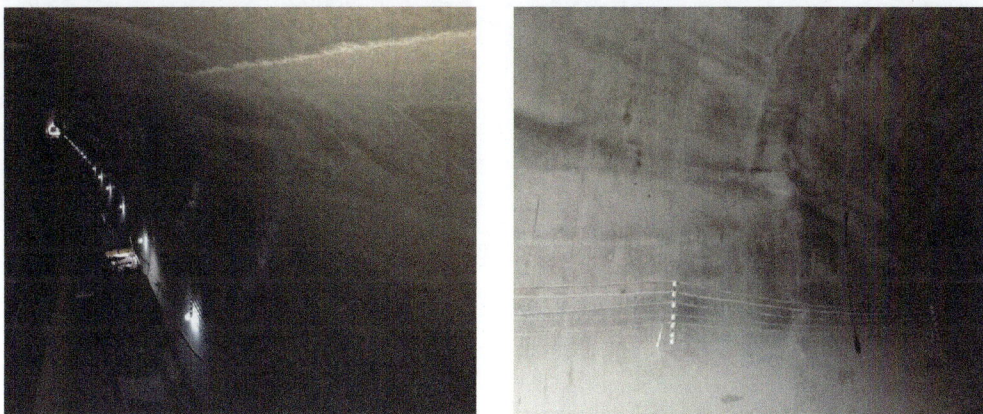

图 4-4-99　传统二次衬砌施工产生的冷缝、"人字坡"

(3)避免了二次衬砌混凝土后期修补,降低成本

采用传统工艺施工二次衬砌混凝土造成的集料窝,蜂窝麻面、施工冷缝、"人字坡"等质量问题后期修补的工作量大、施工难度巨大及成本较高。采用二次衬砌滑槽逐窗入模施工工艺,确保了混凝土的施工质量,避免了后期因混凝土缺陷造成的修补,降低了项目成本。

(4)二次衬砌滑槽逐窗入模技术缺点

采用二次衬砌滑槽逐窗入模施工工艺,每次浇筑混凝土前及浇筑混凝土完成后都将对分流槽及分流串通进行清洗,清洗污水集中排放困难,造成洞内文明施工难以保证。

2. 二次衬砌带模注浆工装

通过二次衬砌带模注浆工装的应用,实现了在二次衬砌浇筑完成 2～6 h 时间后,在不脱模的情况下方可实现对二次衬砌拱顶脱空进行注浆,有效地提高施工效率,确保二次衬砌拱顶的密实。具体阐述如下:

(1)通过带模注浆解决衬砌拱顶脱空问题,并使注浆料与衬砌混凝土结合成良好的受力整体。

(2)通过注浆量量化考核,倒逼施工班组提高衬砌灌注质量。

(3)注浆时间短,对后续施工干扰小。

(4)二次衬砌带模注浆主要缺点:需要做好工序的衔接工作,安排专业人员进行注浆作业,避免出现二次衬砌混凝土班组注浆的情况以及等待注浆时间过长的情况。

3. 仰拱定型腹膜及钢端模工装

通过仰拱定型腹膜及钢端模工装的应用,实现了仰拱与仰拱填充的分层浇筑,确保仰拱结构尺寸,同时确保了仰拱中埋式止水带安装质量,提升了仰拱防水质量。端头模板安装简便,加固快速。有效地控制仰拱的弧度,保证仰拱混凝土浇筑质量。牛峒山隧道仰拱开挖基本机械开挖,通过该工装的使用避免了对止水带的破坏。

4. 二次衬砌台车定型组合钢端模工装

通过二次衬砌台车定型组合钢端模工装的应用,保证了封端的加固质量,利用内外层弧形钢端模夹固中埋式止水带,保证了止水带安装的平顺度和外露宽度,如图 4-4-100～图 4-4-102 所示。

5. 门架式水沟电缆槽移动模架工装

通过门架式水沟电缆槽移动模架工装的应用,达到了提高模板整体性,简化施工工序,加快施工进度,保证结构外观质量,节约工程成本的目的,如图 4-4-103 所示。

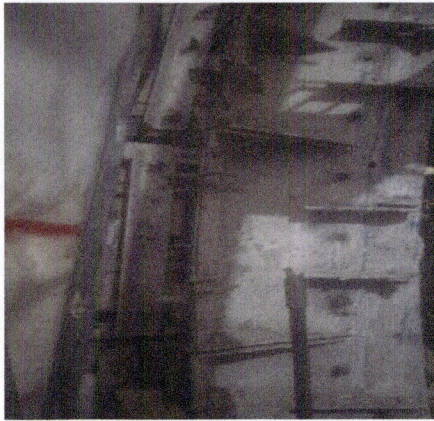

图 4-4-100 二次衬砌钢端模使用

图 4-4-101 二次衬砌钢筋绑扎效果

图 4-4-102 传统工艺止水带安装与 L 形钢合页端模定位效果比较

图 4-4-103 水沟电缆槽移动模架使用效果

三、改进、完善情况

在应用过程中存在问题:目前我部在通过衬砌台车混凝土分层逐窗入模浇筑的施工工程中,由于主滑槽较平顺,混凝土不易自行滑入分料仓中,需要人工辅助施工,影响了二次衬砌混凝土的施工效率。

改造措施:通过对混凝土配合比的微调,增大混凝土入模坍落度,保证了混凝土的自动入仓,加快了二次衬砌混凝土的施工效率。

四、经济、社会、环境效益情况

采用以上 5 种隧道工装施工与常规施工相比较,存在以下优点:施工质量好、作业简便、效率高、工费成本低。以上园隧道水沟电缆槽施工为例,一幅移动模架 3 个杂工 8 h 能完成 1 组(拆模、装模、浇混凝土),与传统方法相比较可节约工时 60%。采用该工法,有效提高了结构的外观质量,减轻了人员劳动强度,减少了成本支出,取得了较好的社会经济效益。

第五章 轨 道 工 程

第一节 有砟轨道道床施工

一、工程概况

以新建浦城至梅州铁路建宁至冠豸山段站前工程 PM-2 标段为例，轨道工程量主要包括：DK226＋700～DK395＋045.75（5 标终点）段正线轨道 170.406 铺轨公里，站线 25.833 铺轨公里。铺设道岔 64组，正线道砟 44.3 万 m³、站线道砟 6.8 万 m³。浦梅铁路正线轨道从 2019 年 10 月 5 日至 2020 年 12 月26 日。

二、有砟轨道道床施工步骤及施工技术要点

1. 施工准备

线路交接与测量定位。线路交接主要是检查路基面成型标准，包括中线、标高、路基面宽、路拱等。测量定位主要是敷设中线桩、边桩等，为铺底砟做好施工准备。线路交接过程中将线路中心桩引至路基水沟、桥梁挡砟墙、隧道电缆槽上用混凝土包钢芯桩并标明里程（点位距离直线上不大于 50 m，圆曲线上不大于 20 m，缓和曲线上为 10 m）在断链处打断链桩，并且标注断链前后里程。

2. 底砟摊铺作业

底砟施工分为三个区段，各作业区间相互独立，互不干扰，如图 4-5-1 所示。施工工艺如图 4-5-2所示。

图 4-5-1 底砟摊铺作业区段划分图

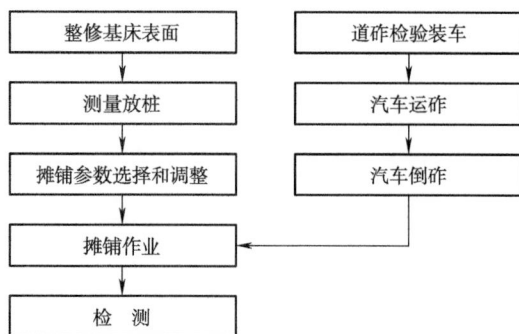

图 4-5-2 道砟摊铺施工工艺流程

（1）整修基床表面

对基床表面进行检测验收评估，检测路段标高、几何外形尺寸正确，对因施工或其他原因造成的基床表面的损伤进行整修处理，符合要求。

（2）测量放桩

将线路中心桩引至路基水沟、桥梁挡砟墙、隧道电缆槽上用混凝土包钢芯桩并标明里程。

（3）道砟检验装车

道砟装车前已检验符合铁路一级道砟相关标准要求。

（4）道砟倒运

采用汽车运砟，汽车由上道口驶上路基，按一定距离倒卸。

（5）人工摊铺

利用装载机倒运摊平，单线底砟摊铺顶宽 4.0 m，摊铺厚度为 10 cm，人工在轨枕中间位置留出凹槽，防止轨枕受力折断。人工摊铺底砟如图 4-5-3 所示。

（6）检测

对已摊铺好的底砟及时进行几何尺寸、表面平整度、摊铺厚度及中间凹槽等外形方面的检测。

3. 人工铺轨作业

钢轨：钢轨无硬弯，同一轨节的两股钢轨选择相同的配对使用，其偏差不大于 3 mm，其偏差值在左右股调整抵消。直线上左右股方正，其相错量不大于 100 mm。

轨枕：路基、隧道轨枕为Ⅲₐ型轨枕；桥梁地段轨枕为Ⅲ₆型桥枕；桥梁梁端布置梭头枕；建宁北至宁化段连续梁主跨加边跨总长大于 160 m 设置小阻力扣件，轨枕采用Ⅲ₆型桥枕配弹条Ⅴ型小阻力扣件。轨枕方面保证桥枕地段梭头枕及桥枕位置布置正确，连续梁上小阻力扣件里程位置无误，路基上单侧护轮轨位置要在铺轨前根据线下单位最新变更进行铺设，保持与设计一致。

准备工作：铺轨前准备曲线表、坡度表和铺设不同类型长度钢轨及轨枕地段表等各种表格。轨料备足、散布。

（1）铺轨作业工序

散布轨枕摆齐；散布轨枕及配件并摆正位置；安装夹板及螺栓、垫圈；轨枕划印及方正；全部钉道；拨正线路方向整道。

（2）铺轨施工工艺要点

①混凝土枕锚固

锚固前将预留孔内杂物和螺旋道钉上黏附物清除干净，保持螺旋道钉干燥。灌浆时，保持熔浆温度不小于 130 ℃，防止离析，一孔一次灌完，灌浆深度比螺旋道钉插入长度大 20 mm。螺旋道钉与承轨槽面垂直，歪斜不大于 2°，中线偏离预留孔中心不大于 2 mm。道钉圆台底面高出承轨槽面，其值按扣件类型确定。在锚固孔顶面和螺旋道钉圆台及其以下部分加涂绝缘防锈涂料，涂层均匀。每个螺旋道钉的抗拔力不小于 60 kN。涂防锈绝缘涂料，目的是防止螺旋道钉锈蚀和提高绝缘性能，锚固后，在螺杆上涂以机油，在螺旋道钉圆台下及四周承轨槽表面涂防锈绝缘涂料。硫黄锚固如图 4-5-4 所示。

图 4-5-3　人工摊铺底砟

图 4-5-4　硫黄锚固

②布轨

人工散布钢轨。钢轨就位后用撬棍拨顺,用道尺量卡轨距,将钢轨两轨头对齐,轨面平齐,插入轨缝片,然后两人分站钢轨内外侧,分别用手托起内外侧夹板,先使夹板下部接触轨底,然后扣向轨腰与钢轨靠紧,再用左手从头部将夹板卡住,右手用螺栓把串对孔眼,使夹板螺栓孔与钢轨眼对齐,从夹板孔的一侧穿入螺栓。为了加快作业进度,每个接头先拧紧两个螺栓,余下的另由专人补齐并拧紧。

分布配件:配件散布在布轨后进行,并散布在轨枕上,不得放在路肩上。

上扣件:待混凝土枕方正后,逐个安置轨距挡板、弹条以及平垫板并带上螺帽,用内燃扭力扳手拧紧。

③检查整修

对所铺线路进行全面检查整修,达到验交标准的要求。

④上砟整道

上砟整道工艺流程如图 4-5-5 所示。

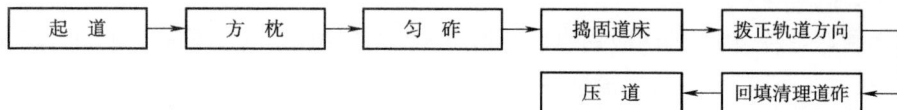

图 4-5-5 上砟整道施工工艺流程

铺轨通过以后,随即进行线路的上砟、养护作业,上砟采用汽车改装卸砟车由铺轨基地装运至施工现场,养护采用人工配合小型起拨道捣固机进行。方枕由人工进行,道砟捣固采用人工配合小型液压捣固机进行施工。整道作业重点是:检查轨枕,补足并紧固配件和机件,拨顺轨道方向,调整轨道水平、高低,密实枕下道砟,消灭三角坑。每次上砟整道,都要先补充轨枕盒内部分道砟,然后起道、方枕、匀砟、捣固道床、拨正轨道方向,回填清理道砟,稳定轨道。捣固时,对混凝土枕钢轨两侧各 45 cm 范围内均匀捣固,钢轨接头处及曲线外侧要加强捣固,严格控制人工上砟整道标高,人工整道后预留标高低于设计标高 10 cm,后续采用大机捣固提速养护至验交标准。

4. 机械铺轨作业(TJ165)

(1)施工工艺流程图

机械铺轨施工工艺流程如图 4-5-6 所示。

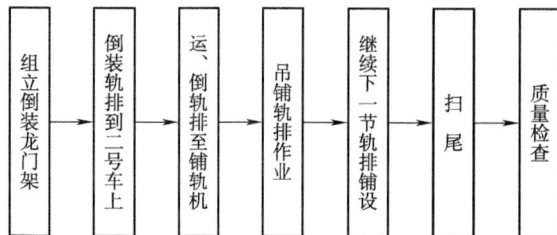

图 4-5-6 机械铺轨施工工艺流程

(2)施工工艺及操作要点

①吊布轨枕:利用龙门吊将轨枕存放区的轨枕直接调运分垛放到作业线台上,并分层布开。吊轨枕时,每钩挂吊轨枕控制在 20～24 根(每层 4 根);钢筋混凝土枕层间的垫木集中堆码整齐。

②翻枕:人工利用撬棍和缓冲木条配合翻动轨枕,使其底面向上,重复以上过程,完成翻枕作业。

③硫黄锚固:先将轨枕拨正落入模板槽内,对准钉孔,将螺旋道钉倒插进钉孔内,然后灌注熬制好的硫黄砂浆。熔制锚固砂浆时,按选定的配合比,称好各材料的一次熔制量,先倒入砂子加热到 100～120 ℃后,将水泥倒入加热到 130 ℃,最后加入硫黄和石蜡,继续搅拌加热到 160 ℃,溶浆由稀变稠成液胶状时即可放入保温锅保温待用,同时不断搅拌,使砂子不致离析;固定模板及时清扫,使轨枕承轨槽与模板密贴,以防漏浆;灌浆量控制在覆盖孔内道钉不小于 20 mm。

④轨枕翻正:用机械翻枕器自动按顺序将轨枕翻正,并将承轨槽面、螺旋道钉四周多余的砂浆铲除,清扫干净。

⑤匀枕:作业前,根据轨排表所标明的轨枕铺设标准,调整好匀枕小车间距,轨排生产时,轨枕放落在小台车上后,进行必要的方枕,再完成匀枕作业。同时完成散放大胶垫、螺栓涂油及涂抹绝缘防锈涂料等作业。绝缘防锈涂料的配合比为:石油沥青∶滑石粉∶机油=1∶0.25∶0.1,熔化温度控制在200℃以内,涂抹时力求均匀。

⑥吊放钢轨:提前对钢轨进行检尺并在轨头处标识,吊放时按轨排表所标钢轨长度及相错量,配对吊放在承轨槽内,用方尺方好接头,画出轨枕间距印,方正轨枕,用油漆点在钢轨内侧轨腰上;轨排编号按顺序标在铺轨前进方向第3根枕上股钢轨轨腰上。曲线缩短轨的吊放,首先以轨排表标明的铺轨前进方向确定出曲线走向,分出上下股,接头方正在铺轨前进方向一端;曲线轨排接头相错量以上股为准。

⑦散放安装扣件:按轨排表注明的扣件类型及号码配置,依次进行散放和安装,普通扣件在安装扣件前,先将轨下垫板调正,然后用撬棍配合,将扣件落槽,安装标准,带上帽后,手拧扣螺纹。

⑧紧固螺帽:对接头及轨枕细方后,确认轨下垫板及扣件安放正确,普通扣件再用电动扳手拧紧全部螺帽。

⑨检查:轨排拼装好后,质检人员对轨排进行全面细致的检查,对有缺陷的轨排进行整改,同时对两端轨头进行涂油并配放鱼尾板及螺栓,校对轨排编号,确认质量符合标准后,方准出场。

⑩轨排吊装:将拼装好的轨排按铺轨顺序吊装上车(或吊放于轨排存放场),并对装够轨排的车辆按有关规定进行加固。起吊轨排时,选准吊点,尽量减小轨排的挠度和摆动幅度。完成一节成品轨排后,往复流水作业依次进行所需轨排的生产。

三、机械设备材料及人员配制

铺轨作业设备、作业人员见表4-5-1和表4-5-2。

表4-5-1 铺轨作业设备配置表

序号	设备名称	规格型号	单位	数量	作业区段	备注
1	架桥机	TJ165	组	1	莲花山隧道—宁化T架设正线有砟铺轨	
2	铺轨机	WZ500C	组	1	清流至连城有砟铺轨	
3	运梁平车	DL1	组	12	建宁—宁化T梁运输	
4	架桥机	YQXZ180	组	1	建宁北—莲花山隧道T梁架设	
5	铺轨机	WZ500C	组	1	正线无砟铺轨	

表4-5-2 铺轨作业设备配置表

序号	名　称	岗　位	人数/班组	备　注
1	上梁作业	安装支座	4	
		指挥	1	
		安全员	1	
2	机组人员	现场指挥	1	
		主机走行司机	1	
		主机起吊司机	1	
		发电司机	1	
		机动平车发电司机	1	
		机动平车走行司机	1	
		倒装龙门司机	2	
		电工	1	

续上表

序号	名　称	岗　位	人数/班组	备　注
3	其他非机组人员	电焊工	1	
		气焊工	1	
		吊装工	4	
		线路工	4	
		其他	8	
合计			33	

WZ500C 铺轨配置 50 人，其中长轨运输及设备操作 10 人，长轨铺设 40 人。

第二节　无砟轨道施工

本节以莲花山隧道为例对无砟轨道施工展开阐述。

一、工程概况

莲花山隧道全长 10 497 m，里程 DK263＋043～DK273＋540。隧道设置两座斜井。无砟轨道设计长度 10 527 m，DK263＋043～＋189.05 位于 $R=2\,000$ m 的左偏曲线上，在施工中该段为超高段。隧道弹性支承块式无砟轨道由 60 kg/m 钢轨、预埋铁座式弹条Ⅶ型扣件、混凝土支承块、橡胶套靴和道床板等组成。无砟轨道与有砟轨道过渡段设置在隧道洞口向外：进口洞外 20 m，出口洞外 10 m。无砟轨道设计预留综合接地条件，每块道床板内利用上层 3 根纵向结构钢筋和 1 根横向钢筋作为接地钢筋，纵向接地钢筋与横向接地钢筋之间采用焊接连接，焊接应满足相关规范、规程要求。

二、工艺流程

弹性支承块式无砟道床铺设施工工艺如图 4-5-7 所示。

1. 沉降评估

首先对数据以及计算结果进行验证，得出在合理范围内的观测限差，写出完整的文字说明，然后根据正确的数据制作表格，对相邻两个时期的观测结果进行计算。预测的隧道基础工后沉降值不大于 15 mm。地质条件较好、沉降趋于稳定且设计实测沉降总量差不大于 5 mm，判定沉降满足无砟轨道铺设条件。

2. 轨枕的运送、验收及存放

轨枕采用 10 t 卡车运输，使用汽车吊装卸。轨枕间采用 10 cm×10 cm 方木支撑，枕木垛绑扎牢固。在轨枕卸车前，轨枕的检验项目有：运输中损坏、裂缝、钢筋变形、伸出的钢筋长度。经验收合格后方可卸载轨枕垛。轨枕垛按相应标记卸车，存放在隧道中心水沟间采用 10 cm×10 cm 方木支撑，每垛存放 2 层，每层 4 根，两垛连放，轨枕垛间距 12 m。

3. 工作面清理、施工放线及凿毛

清除道床板范围内的下部结构表面浮渣、灰尘及杂物。根据设计线路资料、复测成果资料，采用全站仪根据每一循环工作长度要求增设控制桩和标桩。中线控制桩设置为 100 m，桩体埋设牢固，复测查找方便。施工标桩设在线路中线上，桩间距根据轨排长度确定为 12.5 m 或 6.25 m，同时用水准仪测出对应点位的实际标高，在两侧沟槽壁上每隔 10 m 左右放出轨面标高点，并连线全隧贯通，作为轨排粗调措施之一。道床板施工前，将道床板施工范围内前方不少于 200 m 范围的混凝土表面清除干净，根据控制基标检查底板顶面的高程，保证基础面与内轨顶的高差不小于设计高差，以确保道床的厚度及钢筋制安的精度。采用风镐凿除基础面上的水泥砂浆薄膜、松动石子或松弱混凝土层；道床板范围隧道仰拱回填层（底板）表面需进行拉毛或凿毛处理，拉毛深度 1.8～2.2 mm，拉毛纹路均匀、清晰、整齐，新鲜面不小于 90%，采用

```
                          施工准备
                             │
道床板铺设计划书         隧道仰拱回填层或钢筋混凝土底板验收
    │                        │
道床板施工准备    ──→   布置下层钢筋、轨枕、工具   ←──  检查方正和枕距
                             │
                          制作轨排         ←──  扣件连接
                             │
精调系统测量     ←──        粗 调          ←──  粗调机调整
                             │                    安装螺杆支撑
形成轨道线性调整计划     安装钢筋、接地、立模
    │                        │
精调系统监控     ──→        精 调          ←──  调整支撑螺杆、固定
                             │
湿润轨枕与支承层  ──→   道床板混凝土浇筑    ←──  精调系统实时监测
混凝土输送                   │
                    松开钢轨扣件、卸除螺杆支撑
                             │
拆除模板、工具轨  ──→   道床板混凝土养生
                             │
                    中间、道肩处理、排水工程
                             │
                       测量形成资料
                             │
                        移交铺轨单位
                             │
                        配合铺轨及其他
```

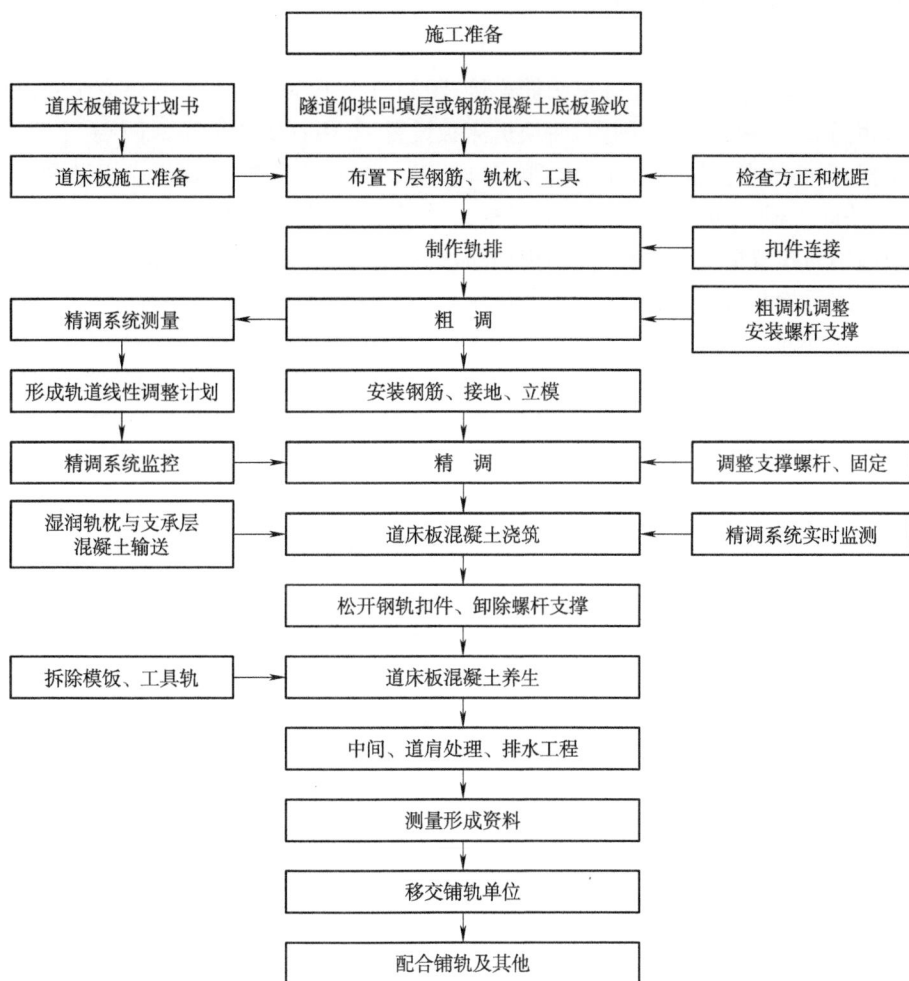

图 4-5-7 弹性支承块式无砟道床铺设施工工艺流程图

高压水枪和钢丝刷将混凝土碎片、浮砟、尘土等冲洗干净,浇筑混凝土前地板表面应湿润,保湿2h以上且无积水,如图4-5-8所示。

图 4-5-8 道床板施工前填充面凿毛

4. 现场组装轨排

弹性支承块顺序摆放到组装平台上,用吊机吊起空排架移动至组装平台上方对位,快速扣件将轨枕与

排架下挂篮扣紧即形成可供铺设的轨排。

5. 植筋

道床板与仰拱回填层(底板)间,通过锚固筋连接,距洞口小于 50 m 地段,每块道床板设置 50 根(每排支承块内 5 根);距洞口 50～200 m 范围内,每块道床板设置 20 根;(每块道床板两端 12 排支承块间和 34 排支承块间各 4 根,中间两个支承块间 4 根),距洞口大于 200 m 范围内,每块道床板设置 12 根(每块道床板两端 12 排支承块间 4 根,中间两个支承块间 4 根)。植筋时钻孔位置及深度精准控制,钻孔前在植筋设计位置检测底板内钢筋布置情况,不得打断结构钢筋,钻孔后立即清除杂物,确保孔内清洁、干燥等。植筋后采用拉拔力实验进行检测,拉拔力不小于 65 kN。

6. 架设道床下层钢筋

道床板钢筋在洞外钢筋加工棚内加工,在洞内绑扎组装。先在洞外加工成钢筋网片,用平板车运至洞内,采用龙门吊吊装。纵下横上,绑扎时在纵、横向钢筋搭接处采用绝缘卡隔离,确保纵、横向钢筋节点绝缘。纵向钢筋进行搭接,相邻钢筋的搭接接头应相互错开,同一截面上的钢筋搭接率不大于 50%。在纵横向钢筋交叉处及纵向钢筋搭接处设置绝缘卡并用塑料带绑扎牢固,绑扎后剪去多余的塑料带。绑扎钢筋,做好绝缘处理。道床钢筋按设计尺寸绑扎牢固,铺设底面距轨面 550 mm,用预制水泥垫块垫平,无歪斜扭曲现象,若存在填充层顶面标高低于设计标高,水泥垫块及 U 形架立筋需根据实际情况进行调整,如图 4-5-9 所示。伸缩缝间隔塑料板按设计里程安装在两支承块中间,与线路中线垂直,板两侧钻孔插入固定钢筋。整块间隔板分为固定和活动两部分,固定板高度低于道床顶面标高 60 mm,活动板和固定板浮放对齐,高度超出道床顶面。当浇筑道床混凝土达到一定强度时,及时取下活动板使道床顶面在固定板上形成一条 40 mm 深的横缝,工后工序填充硅酮填缝密封材料密封。

7. 轨排就位、粗调

(1)支承块悬挂

弹性支承块顺序摆放到组装平台上,用吊机吊起空排架移动至组装平台上方对位,再用快速扣件将支承块与排架下挂篮扣紧即形成可供铺设的 6.25 m 长小型轨排。

(2)轨排铺设

用吊机吊起轨排运至铺设地点,粗调定位,如图 4-5-10 所示。相邻轨排间使用夹板连接,轨缝留 6～10 mm 并按 100 m 准确里程调整轨排端头位置。

图 4-5-9　道床板钢筋安装　　　　　　图 4-5-10　轨排吊装

(3)轨排粗调定位

多榀轨排联结成轨道后,其轨面系的粗调锁定由排架支腿和轨向锁定器完成。调整时应严格按"内轨高程→中线→轨面高低及轨向→水平及三角坑→复核高程及中线"的程序进行。排架精度达到要求时,拧紧支腿螺栓,锁定左右轨向锁定器。

8. 安装道床板上层钢筋

上层钢筋先安装纵向钢筋,位于轨枕桁架上层横筋之上,与轨枕桁架上层横筋交叉处设置绝缘卡,并用塑料带绑扎牢固,在纵向钢筋下安装横向钢筋,纵、横向钢筋交叉处设置绝缘卡,用塑料带绑扎牢固,并剪去多余绑扎带。

9. 接地钢筋、接地端子焊接

除纵、横向接地钢筋交叉点按规定进行焊接外,每块道床板上层 3 根纵向钢筋(中间一根和两侧最外层一根)和 1 根横向钢筋也需进行焊接(焊接要求:横纵向钢筋采用 L 形钢筋连接,单面焊不小于 100 mm,双面焊不小于 50 mm,焊缝厚度不小于 4 mm)作为接地钢筋;每块道床板靠近线路外侧各预埋一个接地端子,接地端子与靠近线路外侧纵向接地钢筋焊接连接。道床板架设完成后,进行绝缘和接地性能测试,确保符合要求。按设计要求对纵横向钢筋进行绝缘处理,并检查绝缘效果。

10. 安装模板

(1)测量放样后,用墨斗弹出两侧纵向模板内边线,在模板锚栓孔位置处用冲击钻提前打设模板加固锚栓孔,在孔内放入膨胀螺丝套管。

(2)在纵向模板底部的钢槽内加塞土工布,以防施工时混凝土跑浆。

(3)人工将模板安装拼接到位。

(4)按照标示的模板边线位置,吊运模板就位,将模板上的加固孔用锚栓固定,上部采用拉杆加固,对于底座局部不平整的地方,用楔块垫平,保持底面支承牢固、水平。

(5)纵向模板间采用螺栓固定,模板两侧端部设置双面胶条,避免漏浆。

(6)模板安装人员沿轨道线路依次行走至下一对模板安装位置,直至安装完循环段内所有模板。

11. 轨排精调

轨排精调是道床板混凝土施工前的最后一道工序,也是道床板线性及高程控制的最关键的技术工作,因此,要充分予以重视。轨排精调的精调小车,通过全站仪与小车顶端的棱镜,将轨排高程、中线偏位等数据显示在小车顶部的电脑上,再用调整螺杆调节器的方法,反复测调,最终使轨排线形满足设计要求。轨排高低位置的确定采用精密水准仪测量,后视 2 个 CPⅢ 水准点,两次读数不超过 1 mm,取平均值,前视工具轨上调整点,通过测量该标高确定轨道高程。通过旋转支腿来调整轨排标高,确定轨道高程。轨排精确定位,经复核无误后,固定轨排的位置。将左、右两侧的斜撑丝杆支撑于底板混凝土面上,并同时拧紧。

12. 绝缘性能测试

采用高阻测定仪进行测试。绝缘卡的绝缘电阻大于设计值(1 010 Ω),方可判定绝缘性能合格,才能进行下道工序施工;接地钢筋检测电阻值大于 2 MΩ,方可进行下道工序施工。

13. 道床板混凝土浇筑

(1)底板、轨枕清洁保湿:浇筑道床板混凝土前,应对仰拱回填层或钢筋混凝土底板表面以及轨枕进行清洁和洒水预湿,保湿 2 h 以上且无积水。

(2)混凝土输送泵整备与管道布置:输送泵置于组装平台后部,本身整备完好,并有处理各类故障的应急措施。

(3)混凝土输送:混凝土由搅拌式输送车从洞外运至工点,运输过程中要保证混凝土质量,卸车时做到卸料准确、均匀,避免遗撒,防止对模板及钢筋绝缘卡撞击。

(4)混凝土捣固:道床混凝土捣固使用插入式振捣棒,作业时分前后两区间隔 2 m 捣固,前区主要捣固下部钢筋网和轨枕底部,后区主要捣固轨枕四周与底部加强。捣固时应避免捣固棒接触排架和弹性支承块,遇混凝土多余或不足时及时处理。混凝土施工过程中加强对轨道排架轨面系的控制。道床使用专用量具控制断面形状,做到一步到位。道床混凝土灌注完毕后及时抹面收光,初凝后洒水养护,强度达到 5.0 MPa 后方可拆除支承架。

(5)混凝土抹面:道床使用专用量具控制断面形状,做到一步到位。道床混凝土灌注完毕后及时抹面,初凝前进行二次抹面收光,如图 4-5-11 所示。

（6）抹面完成后，及时清刷钢轨、轨枕和扣件，防止污染。

（7）扣件防护。无砟道床施工过程中，应加强对扣件的保护。混凝土灌注前，提前安装好扣件防护罩，浇筑过程或振捣过程中，严禁接触防护罩或扣件遮盖物，避免混凝土污染扣件。

（8）道床顶面排水坡度为 0.7%，由两侧向中间排水，施工时根据模板上弹好的控制线作为标准控制混凝土顶面的排水坡度。

14. 道床混凝土的养生和清理

道床板混凝土浇筑后及时进行土工布覆盖洒水养护，轨排拆除后采用全面覆盖保湿养护，养护时间根据所

图 4-5-11　收光抹面

采用的水泥品种及相对湿度来确定，但最低不应少于 14 d。养生强度达到要求后全面清理道床表面，铲除多余灰渣，各部清扫干净。支承块表面不得有任何残留物，预埋铁座刷涂除锈漆防护。

15. 拆除支撑及模板

混凝土强度达到 5.0 MPa 后方可拆除支撑及模板，注意边角保护。

16. 拆除轨道排架

道床板混凝土浇筑完成后，应松开扣件，松开扣件时间要根据试验确定。一般道床经 24 h 养护后可拆除轨道排架，拆除顺序为：轨排间连接夹板，快速扣件，模板间插销，轨向锁定器。然后，松动支腿螺栓和模板，用吊机吊起排架重新悬挂轨枕循环使用。将扣件原位安装好。

第三节　跨区间无缝线路施工

一、工程概况

以新建浦城至梅州铁路建宁至冠豸山段 PM-2 标段为例展开阐述，轨道工程量主要包括：DK226＋700～DK395＋045.75（5 标终点）段正线轨道 170.406 铺轨公里，站线 25.833 铺轨公里。铺设道岔 64 组，正线道砟 44.3 万 m³、站线道砟 6.8 万 m³。

二、跨区间无缝线路施工技术

1. 换铺无缝线路前作业

（1）长轨换铺前先将要换铺地段按照长轨铺设单元里程标注好位置，以便卸长轨时有参照，避免轨缝过大或者搭接量过大造成长轨浪费。

（2）长轨装车前根据工程部下发长轨装车计划进行长轨装车，避免造成后期长轨条单元轨节出现偏差。

（3）换铺施工所需人员、机具、材料准备到位，道心石砟清理干净，保证不超过轨枕面高度。

2. 换铺无缝线路

（1）换轨车进入施工现场后，按照卸轨顺序提前将第一对长轨的锁闭装置单独卸开，其他长轨条处于锁闭状态，防止列车行驶时长轨窜动伤人。

（2）在预定长轨起点位置长轨推送 2 号车连接顺坡小车防止长轨卸下时长轨窜动伤人。利用推送车卷扬装置将两根长轨条拉出，在长轨条端头安装柳锁利用钢丝绳连接捆绑于起点位置工具轨上。调节长轨端头对准长轨起点标记搭接 50 cm。

（3）长轨端头固定后，长轨列车按时速 5 km 缓慢行驶将长轨条整条卸至线路上，然后人工或机械将长

轨条平顺拨移至道心保证机车能通过,不剐蹭机车。再重新上一道工序循环。

(4)长轨卸完后将工具轨拆除拨移至线路两侧待换轨完成后利用收轨车回收。工具轨拆除完毕后,将长轨条拨移至存轨槽内,将拆下扣件摆放至轨枕挡肩处准备下一道工序单元轨焊接。

3. 工地长轨单元焊接

(1)焊接前的准备:检查并确认施工过程中的工具、材料已齐全良好,并分类放置。用钢丝刷或者打磨机清理接头的端面,除去氧化物。检查端部尺寸,并确认端头钢轨无裂缝。检查轨头是否有压塌现象,如有压塌,先进行锯轨。锯轨时,保证钢轨断面的垂直度,锯轨外斜时保证两轨头上下间距均在 $23\sim27$ mm 范围内。工地移动式闪光接触焊工艺如图 4-5-12 所示。

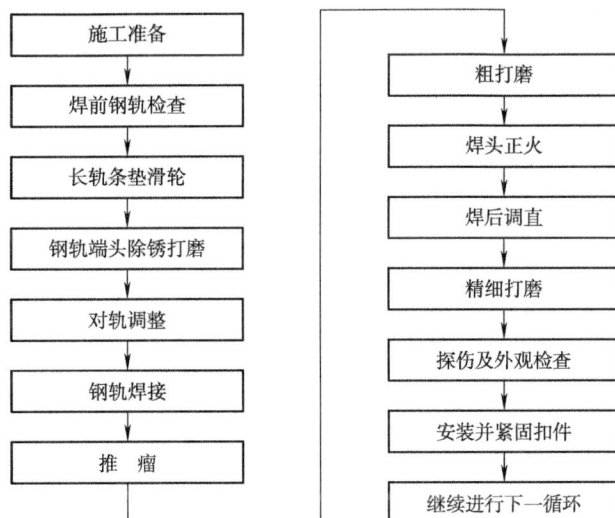

图 4-5-12　工地移动式闪光接触焊工艺流程图

(2)将长轨条顶起垫入自制滚轮,滚轮顺向摆放于长轨底部正下方,15 m 距离摆放一对,以长轨条完全悬空为标准。

(3)钢轨端头的准备:钢轨端头的直角/垂直公差为 1 mm,且端头以前未被气焊或电焊过。

(4)钢轨端头的对正:对钢轨端头进行对正时,考虑四个参数,即间距、尖点、水平对正和扭转。尖点(垂直对正):在焊接之前,两端钢轨向上应有一交点,这样就不会因为焊完后的冷却造成焊头凹陷,并能保证留有一定的凸出余量供打磨。在钢轨运行表的正中央放置 1 m 靠尺,水泥枕上两端间隙必须是 1.6 mm。水平对正:用直尺规分别检查钢轨对接尺寸的一段钢轨轨头、轨腰和轨底,如果两根钢轨不等宽,将两端钢轨中心线对齐,差异均分。扭转:轨头内侧表面和轨肋的底部必须同时对直。端头对正时用钢轨对正架或钢轨对正架梁(对正杆)来调整各个参数。在钢轨端头对正的过程中,严禁踩在钢轨上。要按照同样的程序再重新检查一遍,确保对正的准确性。

(5)准备工作完成,用机车或轨道车推送 LR1200 移动式焊轨车运行至焊接接头处,特制集装箱将二位端前墙向上旋转到与顶棚平齐并锁定。起吊机构连同焊机沿轨道向外移至端墙外平台;吊臂驱动油缸伸长降下旋转臂,将焊机降下接近钢轨,利用转盘转动,使焊机进入焊接位置;将焊机落下置于钢轨上,确保两钢轨间隙位于导轴上标记的正下方,降低焊机直到压在钢轨上。

(6)焊机机头上的两对钳口将两钢轨轨头夹紧,自动对准系统接头两侧各 500 mm 范围内在水平和纵向两个方向上自动对准(两端钢轨在纵向同时被相对抬高 $0.6\sim0.8$ mm/m)。两钳口在通过 400 V 的直流电压后形成两个高压电极,提高焊接电流。启动焊接,激活自动焊接工序;分别进入预闪阶段、稳定的高压闪光阶段(该阶段应锁定钢轨夹紧选择,防止在焊接周期结束时焊机再次夹紧钢轨)、低压闪光加速闪光以及顶锻阶段。顶锻完成以后整个焊接过程结束。随后钢轨夹紧装置快速松开两钳口,在焊机头内的推瘤刀立即进行推瘤,从而完成一侧钢轨的焊接作业。

(7)焊机机架张开到最大位置,起长焊机直至完全离开钢轨焊接接头,去除推瘤焊砟,清洁焊机内部。然后将焊机调整到另一侧完成钢轨焊接。在完成一组焊接接头后,每隔三根轨枕上紧扣件,焊机前行到下一个焊接接头处。闪光焊接如图 4-5-13 所示。

图 4-5-13　闪光焊接

(8)焊后正火:正火作业前焊接接头低于 500 ℃,然后用氧气—乙炔加热器将焊缝温度加热到 850(轨底角)～950 ℃(轨头)之间。

(9)打磨:热打磨是重新恢复交通前必须要做的一道工序。在热打磨过程中注意以下事项:焊工必须穿戴好安全保护装备。在热打磨时,钢轨踏面上保留至少高出钢轨 0.8 mm 的焊头金属。焊头的内侧及外侧与钢轨的两侧平齐。在浇筑完 15 min 后去掉楔子,以便让焊头冷却至水平。假如使用了起轨器来使钢轨端头降低,可以浇筑后过 30 min 将其撤掉。冷打磨是为了除掉由于焊接生成的任何几何不连续,也是为了最终对焊头的验收。冷打磨在浇筑 1 h 后进行,先去掉轨基抬高器,目测尖点,对钢轨表面进行冷打磨使其整体平齐,注意千万不要在某一处打磨过度而造成钢轨淬火。做到宁可少打不可多打,边打边检测直至达到其技术要求为止。

(10)收尾工作:以上工作完毕后,焊工彻底清理焊凸缘,去掉毛刺,清理焊接现场。

(11)质量检测与编号:焊接完毕后,立即进行焊头表面平直度检测和超声波探伤,若有问题及时处理。在焊头附近轨腰处进行焊头编号。

4. 大型养路机械整道

(1)机械整道

线路铺设完毕,即对铺轨后的线路进行重点整道,作业重点为拨顺轨道方向,串实承轨槽处道床,消灭线路三角坑和反超高。线路整道共分五次进行。线路整道施工工艺如图 4-5-14 所示。

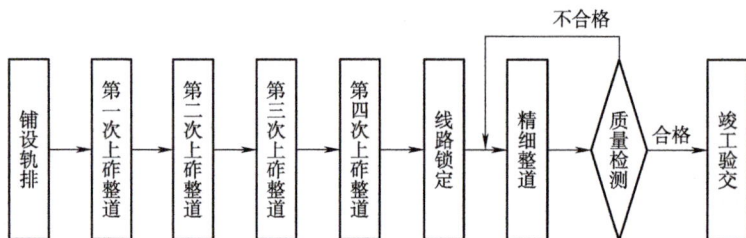

图 4-5-14　线路整道施工工艺流程图

(2)施工测量

在每次整道作业前,进行起拨道量测量,直线段每 10 m、曲线段每 20 m、曲线五大主桩、变坡段起止点等处测量轨道的起、拨道量,并标记在轨枕上,同时整理成《起拨道表》,交整道作业车组。

（3）上砟配砟成形

K13 风动卸砟车将道砟卸在线路两侧，SPZ-200 型配砟整形车将道砟均匀并犁至轨下，配砟整形车的作业速度控制在 2～5 km/h，曲线地段配属人工，将内侧道砟移至外侧，轨面上的道砟也配属人工清扫至枕下。

（4）起、拨道捣固

采用 08-32 型自动起拨道捣固车进行起拨道捣固作业。起拨道捣固作业在铺设轨温的 −20～+15 ℃ 范围内进行，严禁超温作业。

（5）动力稳定

起拨道捣固作业完毕后，立即进行动力稳定作业，作业过程中严格控制运行速度，控制在 0.9～1.2 km/h 范围内，以确保线路的稳定。

（6）轨道质量检测

线路经 4～5 次整道，全面地对线路进行检测，检测主要项目有轨面标高、中线偏位、轨道几何尺寸、道床参数、曲线外股超高、竖曲线等，所有检测项目均须达到最终稳定状态标准，否则需继续整道直至合格。竣工验交前，轨道静态检测精度、动态检测精度、道床状态参数符合设计文件和有关规范要求。

5. 线路应力放散及锁定

钢轨应力放散与线路锁定施工工艺如图 4-5-15 所示。

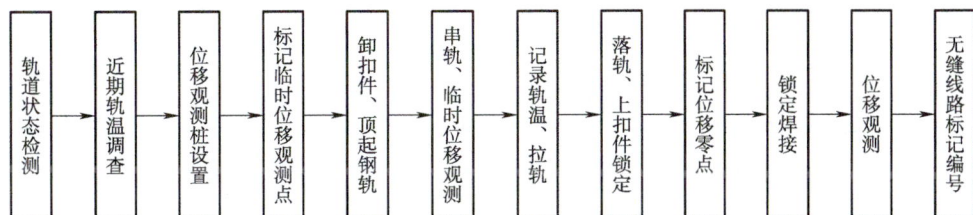

轨道状态检测 → 近期轨温调查 → 位移观测桩设置 → 标记临时位移观测点 → 卸扣件、顶起钢轨 → 串轨、临时位移观测 → 记录轨温、拉轨 → 落轨、上扣件锁定 → 标记位移零点 → 锁定焊接 → 位移观测 → 无缝线路标记编号

图 4-5-15　钢轨应力放散与线路锁定施工工艺流程图

（1）轨道状态检测：应力放散前全面对轨道进行检测，检测项目有：轨道几何尺寸、轨面标高、线路中线位置、枕下道床刚度、横向阻力、焊接质量等，确认线路已达到初步稳定，方可准备进行线路锁定。

（2）近期轨温调查：通过调查，了解当地轨温的变化规律，确定锁定施工时间，如图 4-5-16 所示。

（3）位移观测桩设置：根据设计文件及相关规范要求，埋设位移观测桩，并编号。

（4）标记临时位移观测点：根据设置好的位移观测桩，在钢轨上标记，通过对钢轨位移的观测，以判定应力放散是否彻底，如图 4-5-17 所示。

图 4-5-16　轨温测量图

图 4-5-17　标记临时位移观测点

（5）卸扣件、顶起钢轨：在本次放散轨节和上一轨节 100 m 范围内，每隔 15 m 置一滚筒，将钢轨扣件卸

除,用起道机顶起钢轨落于滚筒上,钢轨顶面高于承轨面 5 cm 左右。

(6)串轨、临时位移观测:由于铺轨与正在进行的作业轨温不一致,弹条卸除、钢轨顶起后,钢轨将产生位移与残余应力,通过两端的拉轨器来回串动钢轨,观察钢轨的位移从起点向终点方向是否呈线性增长,若不呈线性增长则再次串动钢轨并在位移不均匀处辅以撞轨,且轨节终点处最大位移 L 测与计算值 L 基本一致,此时钢轨内部应力判定为零。

(7)拉轨:轨节起点端用拉轨器固定,终点端用拉轨器拉伸,拉轨到位后用拉轨器固定。

(8)落轨、上扣件锁定:钢轨内部应力为零,轨温正处于锁定轨温范围或轨节拉伸至锁定轨温范围内时,由放散起点向终点方向依次去除滚筒,将钢轨落到轨枕上,上好扣件,紧固钢轨,记录轨温和拉伸量。

(9)标记钢轨位移零点:钢轨锁定后,立即进行位移零点的标记。

(10)锁定焊接:采用闪光焊,将本次放散轨节与上一放散轨节焊连。

(11)位移观测:轨节放散的第一个月内每星期观测一次钢轨位移,以后每月观测一次,当钢轨位移超出允许范围时,要查找原因,并重新放散锁定钢轨位移超标区段。

(12)无缝线路标记编号:对轨道的焊缝、锁定焊焊缝、位移观测桩、钢轨位移零点、轨节、锁定轨温、锁定日期等数据按照规定型式和标准标注于钢轨上。

(13)技术要求

500 m 长轨通过闪光焊焊接成 1 500 m 左右的单元轨节后,在进行放散和锁定作业前,现场具备以下条件:道床达到初期稳定、按设计要求已设置钢轨位移观测桩、锁定作业时的温度在设计锁定轨温范围以内或以下。

6. 位移观测桩施工

(1)设置原则:位移观测桩满足牢固、可靠、不易被破坏和易于观测的要求。成对的位移观测桩垂直于线路方向。位移观测桩必须在无缝线路锁定前完成设置,在单元轨节两端就位后,立即进行标记。单元轨节起终点的位移观测桩宜与单元轨节焊接接头对应。现场为充分利用接触网杆(或基础)等结构物时,允许有一定的错动量,但纵向错动量不得大于 30 m。道岔及伸缩调节器的位移观测桩设置准确。

(2)设置位置:线路与道岔均按单元轨节设置位移观测桩。设置位置具体如图 4-5-18~图 4-5-21 所示。单组无缝道岔设 5 对位移观测桩,即道岔前、道岔后、限位器、距离道岔前后 50 m 处各设 1 对位移观测桩。多组焊连道岔位移观测桩位置与单组道岔基本相同。

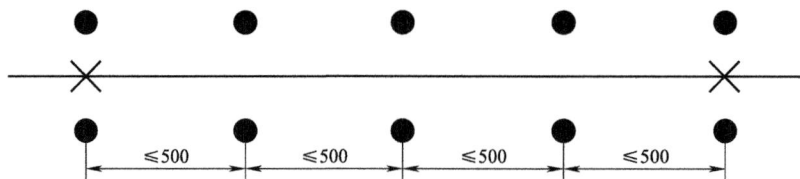

图 4-5-18　普通单元轨节位置观测桩布置图(单位:m)

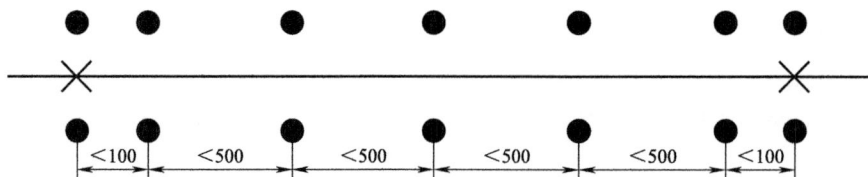

图 4-5-19　长大桥上单元轨节位置观测桩布置图(单位:m)

(3)位移观测桩编号:位移观测桩由铺轨单位进行编号,编号按照下行方向顺序编号,编号方法为"X-Y-X",X 为铺架单位编号,由西向东,分别为 A,B,C,…,Y 为单元轨节顺序号,Z 为单元轨节内的顺序号。编号用阿拉伯数字,并在桩号右上方标注"♯",现场编号清晰、耐久。

(4)位移观测桩是无缝线路养护的重要标志桩,厦深铁路采用现场灌注钢筋混凝土桩,截面可为方形

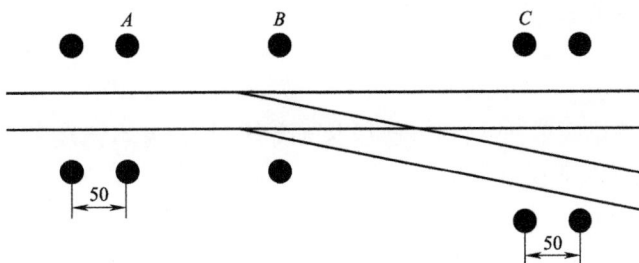

图 4-5-20　单组道岔位置观测桩布置图(单位:m)

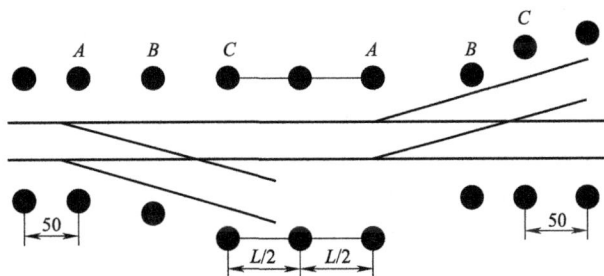

图 4-5-21　多组道岔位置观测桩布置图(单位:m)

A:表示岔前;B:表示限位器;C:表示岔后;注:当 L<50 m 时,中间位移观测桩可不设。

或圆形,混凝土等级为 C15。方桩截面为 100 mm×100 mm,圆桩直径为 100 mm,中心预埋 ϕ14~16 mm 钢筋,钢筋露出顶面 5 mm,长度不短于 300 mm,上刻拉线槽口,槽口深度不小于 1 mm。桩顶高出轨面 5~20 cm(图 4-5-22)。

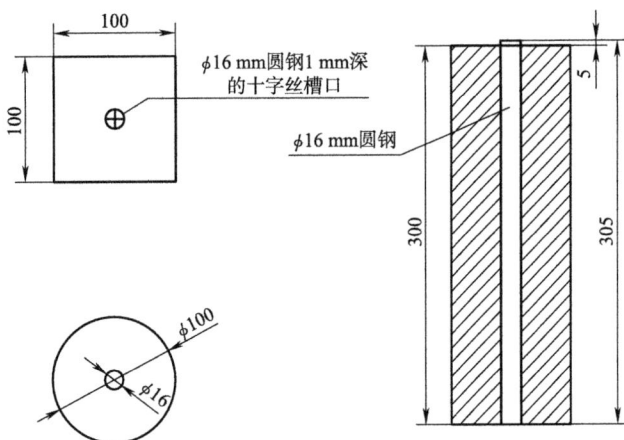

图 4-5-22　位移观测桩制作图(单位:mm)

(5)路基上位移观测桩

横向:观测桩在区间埋设在路肩上,在站内可埋设在站台上;观测桩距道砟坡脚和路肩边缘均大于 300 mm。

纵向:采用"均匀相对"式方法布桩。

位移观测桩可以就近利用线路两侧的接触网基础杆设置。在接触网杆埋设前,在接触网基础上刻划十字沟纹,在旁边涂上油漆做标记。待接触网杆立好后,将临时观测点引至接触网杆垂直于线路纵向的侧面,在接触网杆上刻划拉线槽口,在旁边涂上油漆做标记。观测点精度满足无缝线路位移观测桩的要求。设置高度高于轨面 50~100 mm。

（6）桥上位移观测桩

桥上的位移观测桩设置于桥梁固定支座附近稳固的桥面挡砟墙上,标记必须稳固、耐久、可靠,便于观测。

（7）长大隧道口、长大桥梁两端、伸缩调节器基本轨接头和距离基本轨接头$100\sim150\,m$处增设位移观测桩。

（8）位移观测:应力放散时,每隔$50\,m$或$100\,m$设一位移观测点,观测放散时钢轨位移量,各位移量均匀。

应力放散前,要按设计文件要求,设置位移观测桩,线路锁定后,立即在钢轨上标记位移零点,放散之后一个月内每个星期观测一次,以后每一个月观测一次,位移观测桩处换算$200\,m$范围内的相对位移量大于$10\,mm$,任何一个位移观测桩处位移量不得超过$20\,mm$,发现位移量超标时,要迅速查找原因,重新进行放散。

三、机械设备材料及人员配制

本标段机械设备材料及人员配制见表4-5-3和表4-5-4。

表4-5-3 资源配置

作业工班	施工范围	人数（人）
线路施工班组	负责轨料卸车、底砟摊牌、人工铺轨、上砟整道,单元轨节焊接、长轨应力放散施工	50

表4-5-4 施工机械、设备表

序号	机械或设备名称	规格型号	数量	设备状态	自有/租赁
1	公铁两用架桥机	YQ180	1	良好	租赁
2	轮式运梁炮车		2	良好	租赁
3	小型轮式挖机	60	1	良好	队伍自带
4	装载机	90	1	良好	队伍自带
5	长轨运输支架		1	良好	租赁
6	长轨推送车	TZ500	1	良好	租赁
7	内燃机车	DF4型	4	良好	租赁
8	轨道车	金鹰300	1	良好	租赁
9	闪光焊机	K922	1	良好	租赁
10	线路捣固车	D08-32	1	良好	租赁
11	动力稳定车	WD-320	1	良好	租赁
12	配砟整形车	SPZ-200	1	良好	租赁

第四节 道岔施工

一、施工工艺流程

有砟道岔铺设施工工艺流程如图4-5-23所示。

二、道岔运输、吊装及存储

1. 总体要求

道岔的装卸、运输、储存和堆放保证道岔质量、安全。装卸作业由具有作业资格的人员操作,所有组件的出厂加固措施在铺设前不得拆除,层间包装除外。

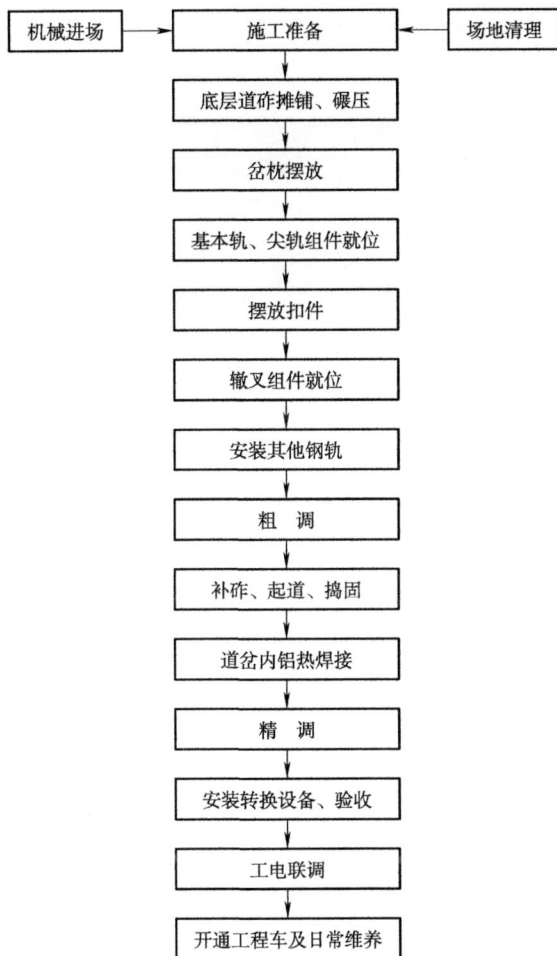

图 4-5-23　有砟道岔铺设施工工艺流程

（1）机具要求

必须采用符合起重要求的起重机械,满足吊点设置的横梁吊具、尼龙软索(吊带)。

特别注意:吊点位置按标记位置布设,需要调整时要得到现场主管工程师的确认。

（2）作业要求

① 存放场地平整。

② 预先设置好垫木,当现场平整度不大于 1 cm 时可直接利用组装垫木支撑。

③ 按照技术要求布置吊点,吊具与钢轨连接完成后,要对锁具锁紧的可靠性和平衡性进行检查。

④ 先进行不大于 10 cm 起升高度的试吊,验证起吊机具、吊具机锁具的可靠性,纵横向最大变形量不超过 10 cm。

⑤ 试吊无误可直接起吊,起吊时慢速启动,注意保持平稳。

⑥ 起升与转向分开进行,严禁边起升边转向。

⑦ 组件离存放位置高度小于 1 m 时要注意减小下降速度。

⑧ 落地后要保持起重机具存在一定受力状况,检查无误后方可落实。

（3）吊点布置

① 有砟 18 号道岔可动心轨辙叉,吊点布置如图 4-5-24 所示。

② 导轨(胶接绝缘轨)组件。

对导轨组件吊装当起吊超过 25 m 钢轨时起吊点间距不大于 5 m,起吊点距端头距离不大于 4 m,吊点布置如图 4-5-25 所示。

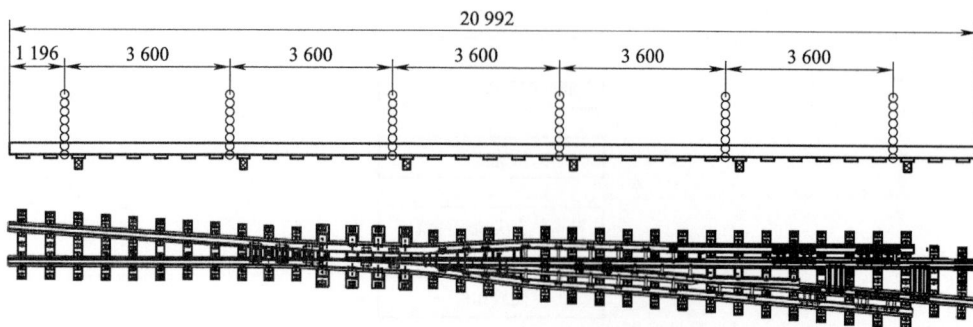

图 4-5-24　可动心轨辙叉吊点布置(单位:mm)

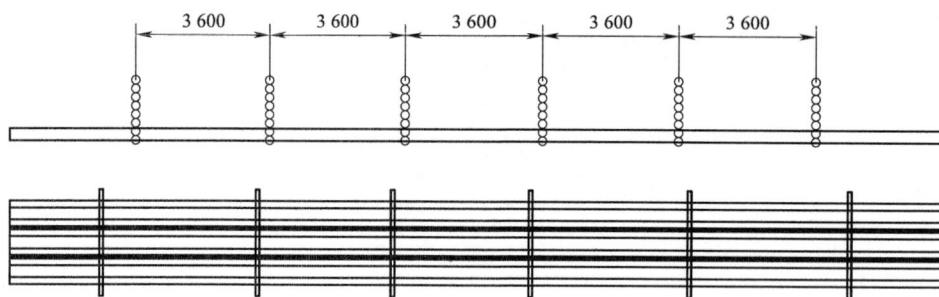

图 4-5-25　导轨组件吊点布置(单位:mm)

③ 基本轨尖轨组件的起吊位置要求同导轨组件。

(4)吊卸要求

① 起吊时要特别注意基板下枕木不要拆卸,可作为临时存放的垫楞使用。

② 钢轨组件起吊时要特别注意防止翻转。

(5)单根轨件的吊卸

长度 15~25 m 的钢轨件,吊点间距允许最大值为 4 m。单根标准断面钢轨吊装时,吊点位置按图 4-5-26 布置,且钢轨端头距离最近吊点间距不大于 3 m;当吊装尖轨时,所有吊点位置向右移动 1 m。采用吊带锁吊卸,如图 4-5-27 所示。

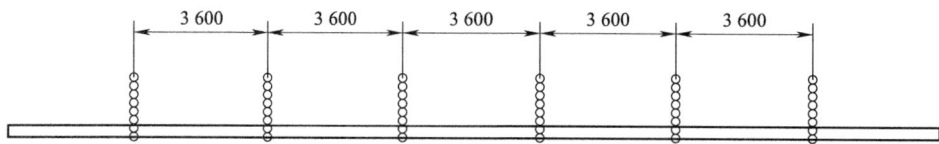

图 4-5-26　单轨吊点布置(单位:mm)

2. 岔枕装卸存放

(1)岔枕装卸

① 使用起重机械,装卸时轻吊慢放,避免互相碰撞,发生磕角、掉块、碰伤或折断;装卸时避免断续加载和急促启动,动荷载必须降至最小值。

② 在吊运过程中掉落的岔枕(不管采用任何保护措施)或以其他方式损坏的岔枕严禁使用。

③ 严格按照枕垛上标记的起吊位置起吊。

④ 岔枕垛临时存放场地坚固、平整。

⑤ 不论临时存放还是长期存放,均不允许两层及以上岔枕垛叠放。(岔枕堆码层数不超过 6 层)

(2)岔枕存放

①码放时保证岔枕螺栓孔防护盖完好无损。

图 4-5-27　道岔吊装

②无论临时存放还是长期存放,均不允许两层及以上岔枕垛叠放。

③长度不同的岔枕多层堆放时高度不超过 6 层(图 4-5-28),层间用木块支垫。保证有足够垂直间隙,木块横断面至少为 100 mm×100 mm。上下层垂直支垫,偏离不大于 25 cm。

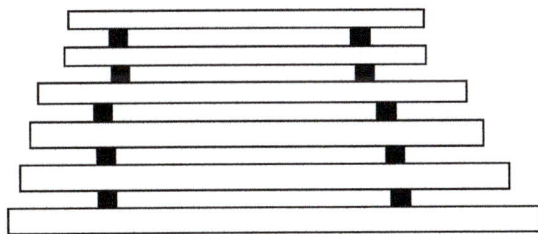

图 4-5-28　最多六层岔枕的堆放图(长度≤5 m)

三、道岔施工的关键技术

1. 施工准备

出厂时,道岔厂家根据相关技术条件进行检验,到达工地后检查尖轨、心轨密贴情况,测量心轨直线度。同时检查钢轨(配轨)有无划伤、刻痕等伤损。道岔进场时,核查托运单及装箱单所列的道岔零部件品种、规格及数量,并检查外观。依据设计资料,铺岔前利用 CPⅢ 网复核岔头、岔心、岔尾混凝土包钢筋桩,桩顶刻十字丝,确保桩位准确无误,并建立道岔控制网。对于岔尾相连的两组正线道岔必须联测,精确定出岔位基桩。

2. 底层道砟摊铺

道砟材质符合《铁路碎石道砟　第 2 部分:试验方法》(TB/T 21402—2018)标准。正线道岔预铺道砟采用压强不小于 160 kPa 的机械碾压,碾压后的岔位道床密度不小于 1.6 g/cm³。砟面平整度用 3 m 水平尺检查,允许偏差满足 ±10 mm/3 m 要求。预铺道床砟道厚度比设计低 50～60 mm,预留道岔抬道量不大于 50 mm。道岔前后各 50 m 范围做好顺坡。

3. 摆放岔枕

从前至后按顺序摆放。选好方向,确定第一根岔枕的位置和方向。定出直股最后一根岔枕位置(里程与中线偏差不超过 2 mm)。以第一根和最后一根岔枕为基线摆放岔枕,如图 4-5-29 所示。用 100 m 长钢尺控制,调整岔枕间隔,不以岔枕间距累积测量,要特别注意牵引点处岔枕间距。粗调高低,对高低差明显(以 5 mm 高差区分)的岔枕进行粗调。调整时严禁用撬棍插入岔枕扣件螺栓套管内撬拨岔枕。利用 100 m 长钢尺核实岔枕摆放间隔、方正。

4. 安装垫板

安装弹性铁垫板,并使轨底坡朝向轨道内侧,螺栓孔中心与预埋绝缘套管孔对正。选择适当型号的缓冲调距块安放到弹性铁垫板的复合定位套内,缓冲调距块有四个沟槽面朝下,并保证其下表面与复合定位套下表面齐平。组装道岔扣件垫板时严格区分左右开向及安装方向;确认钉孔对中,并按标记位置确定内外股摆放方向正确后,才可用螺栓连接垫板和岔枕;垫板组装时,保持岔枕位置及方向不变。

图 4-5-29　摆放岔枕

5. 基尖轨组件安装

先摆放直基本轨及曲线尖轨组件。确定基本轨前端位置,确定基本轨方向。以道岔中心为基准,前长 31 729－4＝31 725(mm)定位直曲基本轨端头,采用 1 号岔枕进行核准,1 号岔枕中心距基本轨端头 296 mm。摆放曲基本轨及直线尖轨组件,注意前端与直基本轨端头的方正与位置,如图 4-5-30 所示。摆放顺序及要求同直基尖轨摆放。

6. 可动心轨辙叉组件安装

吊运可动心轨辙叉组装件,调整并确认可动心轨辙叉位置,并与岔枕连接。辙叉组件的垫板位置及方

图 4-5-30　道岔组件安装

向在道岔制造厂内已经调好,没有特殊情况则以辙叉组件垫板确定岔枕位置及间隔。安装直股普通垫板的轨距块及弹条Ⅱ型扣件系统,达到连接及扣压作用,但不要紧锁。在此期间要做好直股方向和道岔全长的确认工作。测量长心轨股道的道岔全长,确定可动心轨辙叉纵向位置。依据直股方向确定可动心轨辙叉翼轨外侧轨距块的正确性。摆放并连接其余垫板件,并对导轨进行连接,安装及紧定扣压件。

7. 安装其他钢轨

摆放钢轨件于铁垫板承轨面上的橡胶垫板上,按轨距调整要求放置适当型号轨距块于钢轨和铁座间。安装 T 形螺栓、平垫圈、螺母和Ⅱ型弹条,弹条的紧固以三点接触为准,此时螺母扭矩为 120～150 N·m。检查轨距方向,如有不适,根据轨距配置表调整轨距块或缓冲调距块,确认合适后以 300～350 N·m 扭矩拧紧垫板螺栓,固定垫板。

8. 上砟整道、捣固

补砟、捣固:道岔铺设完毕立即组织岔区老 K 车卸补砟或人工配合挖机补砟,补砟后及时清道。补砟并逐步抬道至接近设计高程(注意给后续的大型机养捣固作业留下合适的抬道量,其值不大于 50 mm)。逐层进行小机捣固,一次抬道量不大 30 mm,辙叉部位要加强捣固。

9. 道岔粗调

道岔的粗调分两步进行。先对道岔直基本轨的位置、轨向进行调整,在此基础上对道岔的轨距、水平、高低、道岔构件相对位置进行调整,再对道岔构件密贴项目进行调整。

道岔密贴控制主要为八项和一项间隙:尖轨与基本轨、心轨与翼轨、短心轨与岔跟尖轨、尖轨与顶铁、心轨与顶铁、岔跟尖轨与顶铁、尖轨轨底与滑床台板、心轨与滑床台板等密贴,以及弹条中舌与轨底间隙。

尖轨轨底与辊轮滑床台板密贴调整如图 4-5-31 所示。

10. 道岔内铝热焊接

焊接顺序:首先焊接岔区内部钢轨接头,焊接顺序如图 4-5-32 所示。先焊接直基本外侧轨接头,后焊接曲基本轨外侧接头,再焊接直基本轨内侧接头,最后焊接曲基本轨内侧接头。

图 4-5-31 道岔尖轨

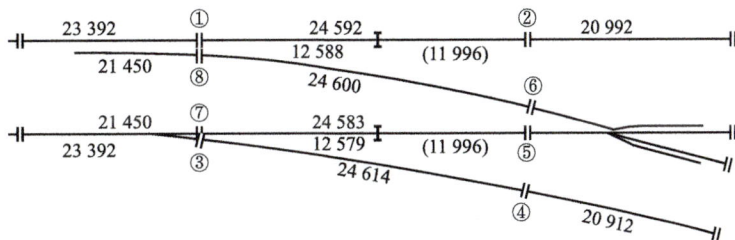

图 4-5-32 道岔焊接顺序(单位:m)

焊接完成后,当轨温降到 50 ℃以下,探伤人员对焊头的轨头、轨底三角区进行探伤。在焊头处先涂抹耦合剂,再用超声波探伤仪进行探伤。如果探伤时存在误判的因素,例如打磨不细致可能会造成仪器误判,则对焊头进行二次打磨再探伤。

11. 道岔精调

道岔焊接完成后,按照如下顺序进行道岔的精调:道岔轨向高低调整—道岔水平与轨距调整—道岔各部密贴与间隔调整。

(1)道岔轨向与高低调整

以直股为基准调整道岔轨向。直线尖轨工作边的直线度,密贴段每米不大于 0.2 mm,全长不大于 2.0 mm。曲线尖轨圆顺平滑无硬弯。可动心轨辙叉,直股工作边直线度为 0.2 mm/1 m,全长(可动心轨尖端前 500 mm 至弹性可弯中心后 500 mm)直线度为 2.0 mm,心轨尖端前后各 1 m 范围内不允许抗线。可动心轨辙叉以及曲股工作边圆顺曲线段,不允许出现硬弯。

(2)轨距与水平调整

调整时以直基本轨一侧为基准,按照先调支距再调轨距的步骤进行,使尖轨跟端起始固定位置支距、尖轨跟端支距和导曲线支距允许偏差符合设计要求。

(3)密贴与间隔调整

用高精度水准仪对道岔轨面逐点测量,确定道岔标高调整数值,精调起平道岔。轨面标高精确调整后,道岔高低、水平不超过设计限值。滑床台板坐实坐平,垫板与台板的间隙不超标。

第五节 轨道及道岔精调

一、线路大机精调施工

1. 基本要求

(1)道砟充足确保大机作业要求,对附加抬道量、附加拨道量地段预拉砟,对侵限石砟完成整形。

（2）轨枕、扣件等各零配件齐全、有效。

（3）线路状态满足大机通行及作业的基本要求，无缝线路完成焊联及应力放散。

（4）大机施工及通过区段线路无侵限工机具及材料。

（5）施工单位交付精调预留抬道量 40~50 mm，中线偏差小于 20 mm。

（6）"四电"枕更换、清理侧沟等影响道床稳定的工作已完成。

（7）提前对作业区段进行放样，并做好标记。

（8）技术资料已整理并移交。

2. 大机作业前准备工作

前期准备工作包括调查、精确确定线路里程、大机精度调试、大机作业数据导入、现场标注。

3. 大机作业流程

线路大机精调是在施工单位将线路基本整正到位的基础上，利用 CPⅢ 精确测量资料再对线路进行三遍大机精细调整，其中第一至第二遍采用单机双捣稳定作业模式，第三遍采用单机单捣精确作业＋稳定＋单机单捣近似法作业。作业流程：稳定—精调—精测—捣固—精测—捣固—精调—精测—捣固—精调—精测—整理外观。

（1）单机双捣一稳作业流程

①确认作业地段石砟是否饱满，严禁缺砟地段进行捣固作业。

②大机严格按照测量资料，采用单机双捣稳定模式作业。

③安排人员对大机作业进行配合。

④严格按照大机作业捣稳频率、夹持时间、压力进行作业。

（2）单机单捣精确作业＋稳定＋单机单捣近似法作业模式

①确认作业地段石砟是否饱满，严禁缺砟地段进行捣固作业。

②第一台大机严格按照测量资料，采用单机单捣稳定模式作业。

③第二台大机以 10 mm 基本起道量，采用单机单捣近似法模式作业。

④安排人员对大机作业进行配合。

⑤严格按照大机作业捣稳频率、夹持时间、压力进行作业。大机施工现场如图 4-5-33 所示。

图 4-5-33 大机施工

4. 质量标准

（1）原则上大机作业后预留抬道量控制在：第一遍 30~40 mm、第二遍 10~20 mm，第三遍 10 mm 以内。如道床密实度较差，稳定后变化较大时，后续大机作业高程控制可根据第一遍大机作业实际起道量及精测资料进行适当调整。作业地段轨道检查仪回检：第一遍精捣后，轨道不平顺质量指数 TQI 不大于 4.5；第二遍精捣后，TQI 不大于 4.0；第三遍精捣后，TQI 不大于 3.5。回检未达标的地段，大机段安排当天（或后面一遍精捣的精测前）增加一遍普捣。

（2）几何尺寸达到下述标准

大机精调几何尺寸控制标准见表4-5-5。

表4-5-5 几何尺寸控制标准

项 目	作业验收	备 注
轨距(mm)	0～+1	不考核大机
水平(mm)	3	
高低(mm)	3	10 m 弦
轨向(直线)(mm)	3	30 m 弦
扭曲(mm/3 m)	3	
轨距递减率	0.5‰	不考核大机
水平递减率	0.5‰	

二、道岔大机精调施工

道岔大机精调施工的基本要求、准备工作部分与线路大机精调施工一致。下面对道岔大机精调施工作业步骤、质量控制标准、质量控制措施进行介绍。

1. 作业步骤

道岔大机精调是在施工单位将道岔基本整正到位后进行放散、焊联,如图4-5-34所示。在施工单位完成放散、焊联作业后方可进行精调,利用CPⅢ精确测量资料再对道岔进行四遍大机精细调整,道岔大机作业采取单机双捣作业模式,电务转辙机处采用三捣作业。作业流程:大机稳定—精调—精测—第一遍大机—精测—第二遍大机—精调—精测—第三遍大机—精调—精测—第四遍大机—精调—精测—刷新标志、标记,整理外观。

图 4-5-34 大机施工

2. 质量控制标准

(1)道岔大机第一遍作业完成后,标高预留 30~40 mm,中线控制在 15 mm 以内。道岔大机第二遍作业完成后,标高预留 20~30 mm,中线控制在 10 mm 以内。道岔大机第三遍作业完成后,标高预留 10~20 mm,中线控制在 5 mm 以内。道岔大机第四遍作业完成后,标高预留 0~5 mm,中线控制在 3 mm 以内。

(2)轨道几何尺寸

岔道精调几何尺寸控制标准见表 4-5-6。

表 4-5-6　岔道精调几何尺寸控制标准

项　　目		作业验收
水平(mm)		3
高低(mm)		3
轨向(mm)	直线	3
	支距	2
三角坑(扭曲)(mm)		3
导曲线反超高(mm)		0

3. 质量控制措施

(1)测量数据至少包含岔区两端各不少于 200 m 顺坡范围线路。

(2)采用分层起道,严格按照设计起拨道量进行作业。每遍大机每次起道量不大于 20 mm,按 5 m 进行放样、控制起拨道量。

(3)道岔区两端线路无放样资料时顺坡采用激光拨道。

(4)配合机捣作业前保持道岔零配件齐全、有效、无离缝、各部零配件扭矩达标。配合大机作业时同步配合对侧向进行起道,并对大机捣固盲区进行“八面镐”通捣。

(5)单头单线道岔捣固作业保持同股水平。

三、有砟轨道精调施工

1. 准备工作

(1)全线检查整正胶垫歪斜,补充缺少的弹条、轨距挡板、挡板座、胶垫,切实做到轨道结构零缺陷,以轨道结构健康良好为目的,保证轨道精调质量。

(2)零配件补充齐全后,安排专业队伍进行全线精确测量,计算中线、高程偏差值,同时提供准确里程、测点里程和现场标记、曲线要素、曲线四大桩点和现场标记、电化立桩对应里程和标记。

2. 精调注意事项

精调步骤和前述一致,这里主要对有砟轨道精调注意事项进行阐述。

(1)方枕:有砟轨道轨枕位置错误或间隔偏差超标不仅影响几何尺寸,还影响轨道刚度的均匀一致,因此首先按标准间距人工先放正轨枕。

(2)矫直硬弯和焊缝打磨:有砟轨道因轨枕、道砟运输工作量巨大,新钢轨铺设后在轨道线形、线位都没有进行细整时即开行大量的运料列车,导致钢轨内部残余应力大,易形成钢轨硬弯,调整几何尺寸、测量前一定要先矫直钢轨硬弯,人工打磨焊缝。

3. 质量控制标准

轨道几何尺寸控制标准和线路大机精调一致,这里说明一下曲线正矢控制标准,具体见表 4-5-7。

表 4-5-7　曲线正矢控制标准

项目	实测正矢与计算正矢差(mm)		圆曲线正矢连续差(mm)	圆曲线最大最小正矢差(mm)
	缓和曲线	圆曲线		
作业验收	2	2	4	6

四、无砟轨道精测精调施工

1. 总体流程

无砟轨道精测精调施工总体流程如图 4-5-35 所示。

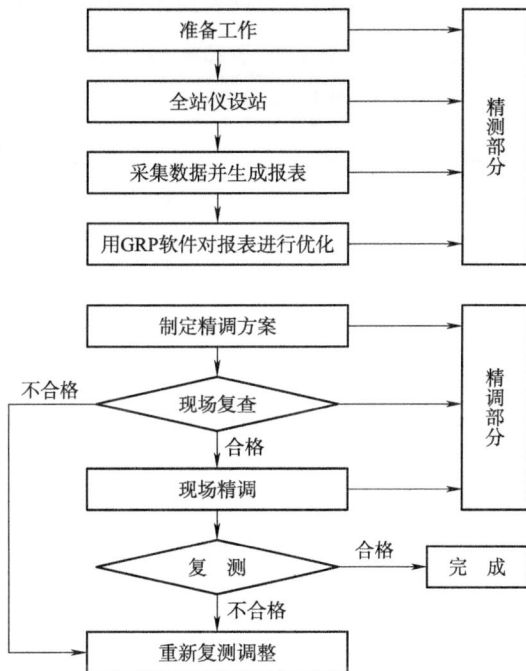

图 4-5-35　无砟轨道精测精调施工总体流程

2. 精确量测

为监测线路设备的变化,指导线路设备养护,需对轨道实测中线、高程进行绝对精度测量。主要采用 GEDO 小车与线路 CPⅢ控制网实现对轨道精测。使用至少 8 个 CPⅢ控制点自由设站,如果现场条件不满足,则至少有 6 个 CPⅢ控制点,其中前后至少各使用一个 60 m 以上的控制点。根据天气条件确定最大目标距离。状况好时控制在 60 m 以内,不好时将距离缩短。

3. 精调方法

精调主要流程为:内业计算—现场放样—精调—扣件复拧—质量回检。

1)内业计算

(1)由精测小组根据轨道测量数据生成"模拟调整量表"。

(2)计算调整量,采用轨道小车配套软件进行调整量模拟计算,将高低、水平、三角坑、轨向、轨距尺寸全部调整到允许范围之内,并对轨道线形进行优化,形成计算调整方案"模拟调整量表"。

(3)现场采用相对测量小车对高低、轨向、轨距进行检测,记录每根轨枕的原始数据。

(4)在相对测量小车进行图上作业,如果现场情况与调整方案精调情况不一致,必须重新对线路进行精测,再制定调整方案,进行复核。

(5)根据现场调查确认,对计算的调整量进行核对优化后形成正式"调整量表",用于现场调整依据。

2)现场放样

将计算的"模拟调整量表"每根轨枕(左、右股)垫片厚度值、改道方向数值标注在每根轨枕的钢轨内侧轨底。

3)现场精调

现场精调采用单股同步垫片、改道作业完毕后再对另一股进行同步垫片、改道作业。单股调整作业先垫片后改道。

（1）垫板作业主要处理高低、水平、三角坑病害。

①先选定一股钢轨作为基准股，曲线地段以下股为基准轨，直线地段选择与前方曲线下股同侧钢轨为基准轨。

②轨下垫板按厚度分为 1 mm、2 mm、5 mm 三种规格，现场根据放样数据选择使用垫板。

③高低调整量为 0～＋20 mm 扣件调高垫板及弹条Ⅶ型扣件调高垫板配置见表 4-5-8。

表 4-5-8　弹条Ⅶ型扣件调高垫板配置表

钢轨高低位置调整量(mm)	轨下调高垫板总厚度(mm)	轨距挡板下调高垫板总厚度(mm)
＋1～＋5	1～5	0
＋6～＋10	1～5	5
＋11～＋15	1～5	10
＋16～＋20	1～5	15

④垫片作业后复拧螺栓并使扭矩达标。

（2）改道作业主要是调整轨向、轨距病害。

①改道作业可采用调整绝缘轨距块和轨距挡板两种方式，调整时先考虑改动绝缘轨距块，后改动轨距挡板，可根据调整量选择配套使用。

②调整轨向、轨距后可根据轨距情况控制（复核）作业是否到位。

③装上平垫圈、弹条、螺旋道钉，将道钉扭力复拧达标。

④轨距和轨向调整更换不同号码绝缘轨距块或轨距挡板，调整钢轨左右位置。

4. 质量控制标准

长弦标准见表 4-5-9。

表 4-5-9　长弦标准

项　目	弦长(m)	容许偏差(mm)
高　　低	42	≤5
	70	≤6
方　　向	42	≤5
	70	≤6

5. 精调注意事项

外力横移钢轨时，严禁使用锤击；严禁用其他方式调整钢轨轨距、轨向。弹条Ⅶ型扣件图如图 4-5-36 所示。

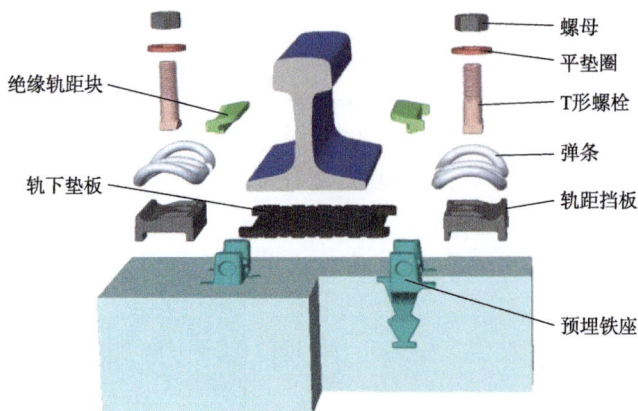

图 4-5-36　弹条Ⅶ型扣件

第六章　站场工程

第一节　一般中间站施工

一、工程概况

浦梅线建宁至冠豸山段共设会让站8座,分别为黄岭站、均口站、黄沙潭站、何屋站、严坊站、田源站、邓家站、文亨站,下面以均口站为例进行介绍。均口站位于福建省三明市建宁县隆下村西侧,车站东南方向靠近潍溪河流与省道S205,交通便利。车站站中心里程为DK262+050,站房位于线路右侧。上行距离黄岭站12.16 km,下行距离黄沙潭站12.00 km。车站性质为会让站。本站位于福建北部山区,为东南丘陵地貌,地势变化大,车站填挖方量高。平面示意如图4-6-1所示,建成效果如图4-6-2所示。

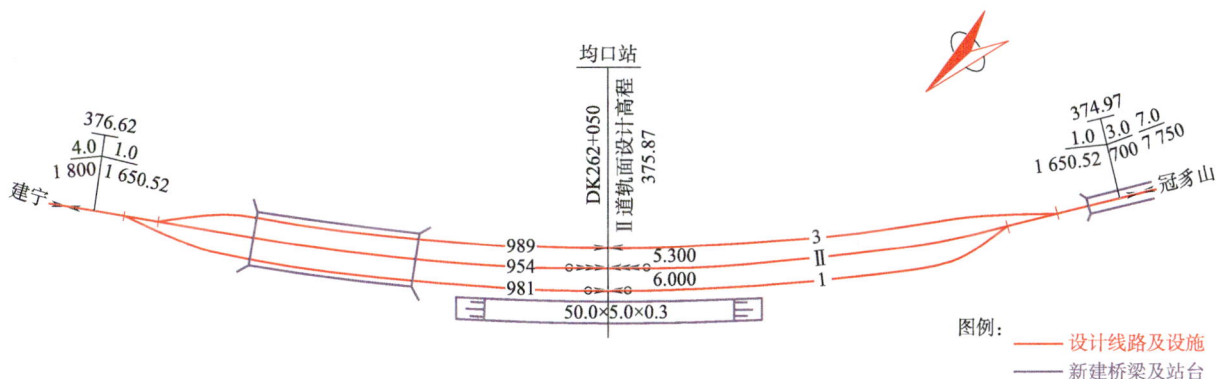

图 4-6-1　均口站平面布置示意图(单位:m)

图 4-6-2　均口会让站效果图

二、主要施工技术

1. 施工准备

主要控制临时设施的建设和测量放线工作,重点是根据现场情况建立精确、方便的平面和高程控制网。解决好水源、电源布设和施工机械设备进场。

2. 构筑物施工

主要控制模板工程的质量、混凝土的浇筑和养护以及钢筋的连接、预埋件的埋设等。混凝土全部由拌和站提供,确保混凝土质量。混凝土浇筑前检查各类预埋件的数量、型号、位置,合格后方可浇筑混凝土。站房效果如图 4-6-3 所示。

图 4-6-3　站房

3. 站台墙施工

(1)施工准备:测量放样,定出基坑开挖边线。

(2)基础施工:采用人工配合挖掘机开挖,开挖到设计标高后,人工清理基础,找平。

(3)找平后浇筑垫层混凝土,严格控制标高。

(4)在垫层上面精确定位,按照图纸绑扎钢筋。搬放好钢筋位置。

(5)支设模板,检查模板平面位置、标高、垂直度。

(6)浇筑墙身混凝土,用振动棒振捣密实。

(7)待混凝土强度达到设计后,分层回填墙背土石方。站台墙建成效果如图 4-6-4 所示。

图 4-6-4　站台墙

4. 通站道路施工

(1)道路施工工艺

基底清理→碎石基层施工→粗砂垫层施工→混凝土面层施工(测量放样→立模→混凝土拌和、运输→摊铺、整平、拉毛及养护→切缝和填缝的施工)。

(2)道路施工方法

道路施工为混凝土路面,面层厚度大于 20 cm,为现浇水泥混凝土,混凝土集中拌和,混凝土搅拌运输车运输,槽钢作为模型,三辊轴机组摊铺,插入式配平板式振捣器振捣,三轴滚整平,真空吸水和圆盘抹面机抹面,表面构造缝采用刻槽法拉槽抗滑。通所道路建成效果如图4-6-5所示。

图4-6-5 通所道路

5. 站场排水沟施工

施工工序:测量放样→基坑开挖→钢筋绑扎→立模→浇筑混凝土→混凝土养生。

首先测定排水沟中线桩,用白灰洒出开挖边线,机械开挖,然后绑扎钢筋并立模浇筑混凝土,注意沉降缝的预留与混凝土养生。

6. 绿化、美化施工

站场绿化、美化采用种花草、乔木、灌木植物的形式,这些植物在适合植物生长的季节进播种。均口站边坡绿化如图4-6-6所示。

图4-6-6 均口站边坡绿化

7. 给排水管线施工

给水管线施工工序:安装准备→预制加工→干管安装→立管安装→支管安装→水表安装→管道试压→管道冲洗→管道消毒→管道通水。

排水管线施工工序:地下埋设管道安装→干管安装→立管安装→支管安装→器具连接管安装→灌水试验→通球试验→管道消毒→管道通水。

采用小型挖掘机进行作业,主要控制沟槽底部标高。

8. 栅栏施工

栅栏安装要做到"严、直、齐、美",线路封闭密实,不留间隙,沿线路方向顺直,不能忽远忽近,防护栅栏顶端与下端纵向过渡平滑整齐,不能忽高忽低,要求整体效果美观,如图 4-6-7 所示。安装前先整平场地。栅栏底部与地面间距离控制在 10 cm,不满足时进行回填夯实。

图 4-6-7　站场栅栏

9. 硬化面施工

施工工序:基底清理→基层施工→垫层施工→铺面砖→灌浆及勾缝。采用人工配合机械整平场地,压路机碾压密实,立模浇筑混凝土。

第二节　主要客运站施工

一、车站概况

以建宁南站为例进行介绍。均口站位于福建省三明市建宁县南侧,站房位于线路右侧,车站西南方向靠近县城快速路,交通便利。建宁南站旅客地道 1 座,新建 8.3 m×4.0 m,要求装修后净宽 8.0 m,装修后净高 3.5 m。旅客地道中心里程 DK240+311,地道主体长度 35.64 m(垂直线路方向),地道主体宽度(9.90 m)顺线路方向,顶板厚度 0.80 m,底板厚度 0.80 m。建宁南站站场的配套工程,新建旅客地道紧邻梁场。本站位于福建北部山区,为西北丘陵地貌,地势变化大,车站填挖方量高。平面示意如图 4-6-8 所示,建成效果如图 4-6-9 所示。

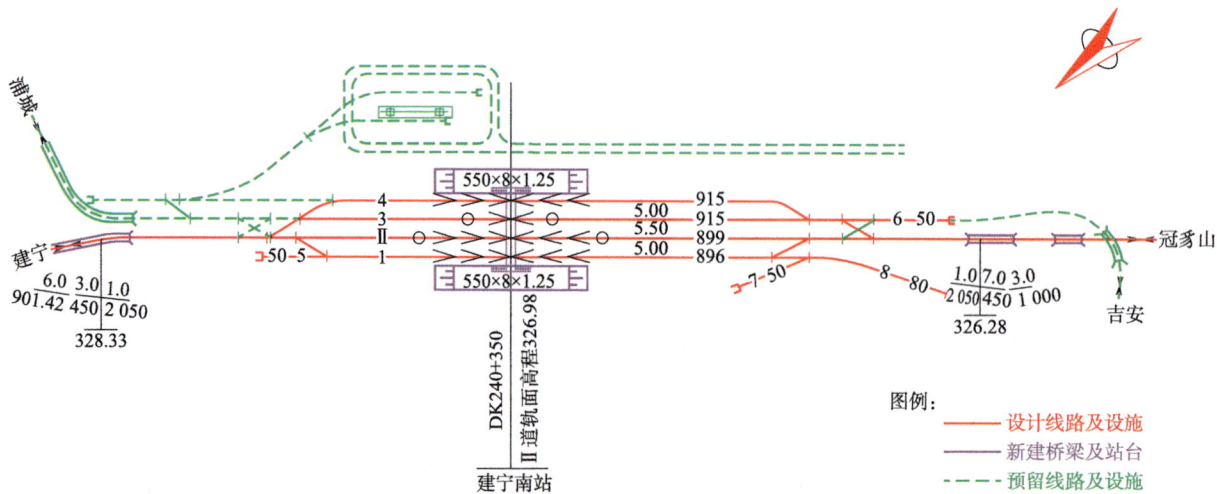

图 4-6-8　建宁南站平面布置示意图

图 4-6-9　建宁南站实景图

二、工程特点

本路基区主要土层为素填土、粉质黏土，全风化及强风化花岗岩，含水层为上更新统残坡积层（Q_3^{el+pl}）粉质黏土、下伏志留系（Sγ）花岗岩层。本工程作为建宁南站站场的配套工程，新建旅客地道紧邻梁场，进行基坑的开挖、地道主体、行包坡道和电梯通道的施工，施工难度较大。因基坑开挖为深基坑，需高度重视边坡防护及排水。

三、施工准备

提前做好施工前的图纸审核和技术交底工作，对施工桩的里程资料进行核对，熟悉施工图和工程地质情况，重点是根据现场情况建立精确、方便的平面和高程控制网。解决好水源、电源布设和施工机械设备进场。

四、站场路基施工

1. 路堤施工

土方填筑以机械作业为主，人工配合。配置足够数量的施工机械。挖掘机、装载机、自卸汽车装运，推土机、平地机整平，振动压路机压实。采用"三阶段""四区段""八流程"的作业程序组织施工。三阶段：准备阶段→施工阶段→竣工验收阶段；四区段：填筑区段→平整区段→碾压区段→检验区段；八流程：施工准备→基底处理→分层填筑→摊铺平整→洒水或晾晒→机械碾压→检验签证→路面及坡面整修，如图 4-6-10 所示。

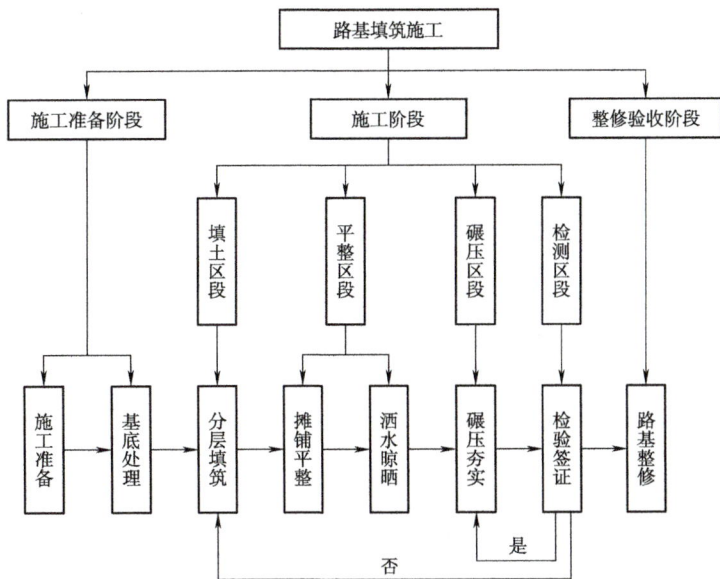

图 4-6-10　路基填筑施工流程

2. 路堑石方开挖

石方的爆破作业方法按以下工序进行:施爆破区管线调查→炮位设计与设计审批→配备专业施爆人员→用机械或人工清除施爆区覆盖层和强风化岩石→钻孔→爆破器材检查与试验→炮孔检查→装药并安装引爆器材→布置安全岗和施爆区安全员→炮孔堵塞→清除施爆区内的人、畜→起爆→清除瞎炮→解除警戒→测定爆破效果,如图 4-6-11 和图 4-6-12 所示。

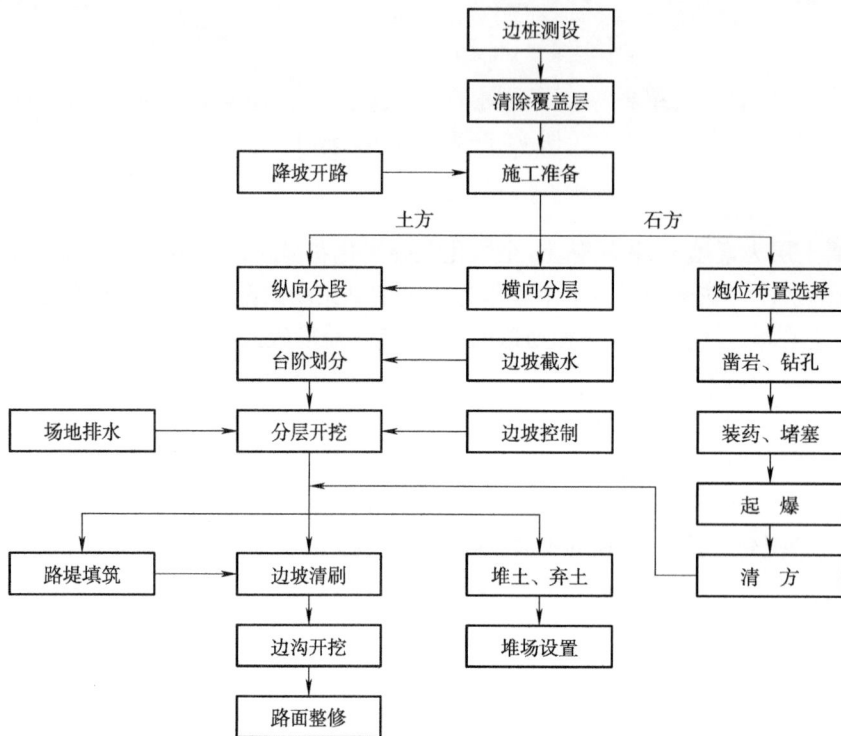

图 4-6-11　路堑土石方开挖施工工艺流程图

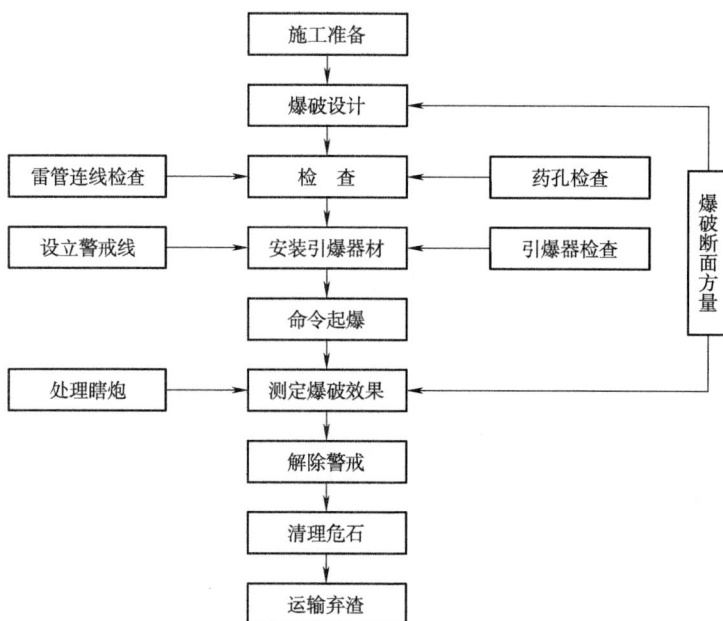

图 4-6-12　路堑石方爆破施工工艺流程图

（1）开挖的基本要求

开挖土方均自上而下进行，不乱挖、超挖，不掏底开挖。施工时保证路堑坡面平顺，无明显的局部高低差，无凸悬渣堆、杂物。平台台面设置向路基侧沟排水的坡度。设防护的边坡，按设计要求及时支护。

（2）爆破设计

爆破作业施工前，进行详细设计并进行爆破试验，通过试验进一步修正爆破设计。根据本标段岩石的岩性、产状及路堑边坡高度和《路基施工工艺细则》的有关规定，选择浅孔爆破法施爆。爆破时严格控制用药量。为确保临近设施的安全，本标段严禁使用深孔爆破、洞室药包爆破。爆破后，必须保证基床、边坡和堑顶山体稳定，爆出的坡面平顺，基床平整。有凹凸不平处用浆砌片石补齐。

台阶法爆破：选用风钻钻孔。采用塑料导爆管非电复式起爆网路，孔内和孔外相结合的微差爆破网路，直线起爆。爆破起爆网路如图4-6-13所示。

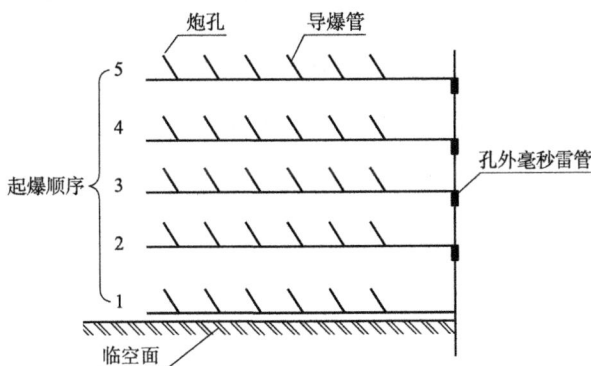

图4-6-13　爆破起爆网路

采用爆破开挖路堑时，施工中预留光爆层，利用二次爆破技术。主要目的：一是减少对路堑边坡及路堑基床下部岩石的爆破松动，二是提高开挖边坡的平顺性，减少超欠挖。预留光爆层爆破通过试验确定爆破参数。当岩层层理大体与边坡平行时，在岩石的走向、倾角不利于边坡稳定及施工安全的地段，采用顺层开挖，不得挖断岩层，且采取减弱施工振动的措施；当岩层层理与边坡成较大夹角时，采用浅孔光面爆破开挖边坡。

土质路堑及软质岩石路堑机械开挖时，采用两边边坡预留20 cm、底部预留20 cm的二次人工开挖。开挖至预留层时，停止机械开挖，待进行路基基床施工时，采用人工开挖，并进行基顶压实。

边坡特殊处理：路堑坡面上出现坑穴、凹槽等时，采取勾缝、灌浆、嵌补等措施进行加固。

3. 路堑路基面检测要求

宽度：路肩边缘至边缘不小于设计宽度。线路中线点至路肩一侧的宽度允许偏差为±5 cm。

路肩高程：在100 m长路基内的个别地段不超过±5 cm，但其连续长度不大于10 m。

平整度：每100 m长路基上，用2.5 m长直尺，垂直于线路中线，间距大致均匀地抽测10次，量得的最大凹凸差，土质基面不超过1.5 cm，石质基面允许有2次超过5 cm，但不大于10 cm。

4. 路基附属工程

路基加固防护工程的主要形式有：混凝土挡土墙、桩板墙、锚杆框架梁、混凝土护坡、混凝土护脚及平台、浆砌片石拱形骨架等。

五、站台墙施工

（1）施工准备：测量放样，定出基坑开挖边线。

（2）基础施工：采用人工配合挖掘机开挖，开挖到设计标高后，人工清理基础，找平。

（3）找平后浇筑垫层混凝土，严格控制标高。

（4）在垫层上面精确定位，按照图纸绑扎钢筋。搬放好钢筋位置。

(5)支设模板,检查模板平面位置、标高、垂直度。

(6)浇筑墙身混凝土,用振动棒振捣密实。

(7)待混凝土强度达到设计后,分层回填墙背土石方。建宁南站站台墙建成效果如图 4-6-14 所示。

图 4-6-14　建宁南站站台墙实景图

六、旅客地道施工

1. 施工方案

(1)进行基坑的开挖、地道主体、行包坡道和电梯通道的施工。

(2)地道主体结构为钢筋混凝土框架结构。

(3)地道主体、行包坡道和电梯通道开挖施工采用明挖法,开挖深度约 11 m,根据现场情况采用 1∶0.5 放坡开挖,大型挖掘机挖土,自卸汽车运弃土。

2. 施工工艺及方法

(1)地道基坑土方开挖与回填

分段开挖每段一次性开挖到位,边坡按 1∶0.5 控制。机械开挖至基底时留 30 cm 厚土,使用人工开挖至设计标高。开挖至设计标高后,于结构外的基坑四周开挖排水沟,经集水坑由水泵抽出地面,保持基底干爽。地道两侧的基坑回填:地道结构及防水层完成后及时进行两侧基坑回填,回填两侧分层对称进行,每层松铺厚度约 15 cm,使用电动冲击夯分层夯实至设计要求的密实度。

(2)地道钢筋砼结构及施工程序

施工顺序:施工顺序同开挖顺序,地道每节结构之间采用流水作业法施工,进行分节混凝土浇筑。

地道开挖阶段连续作业,迅速开挖到底,迅速封底。结构每节顺序:垫层→底板防水→底板→边墙→顶板。地道结构主要施工步骤如下所述:

基底处理;浇筑底板垫层,施工底板防水层及保护层;绑扎底板钢筋、立底板模;跳节方式浇筑底板混凝土;绑扎侧墙钢筋;立满堂脚手架立侧墙模板;浇筑侧墙混凝土;立顶板底模;绑扎顶板钢筋;浇筑顶板混凝土;施作顶板及侧墙防水层和细石混凝土保护层,施作地道路面及内部装饰;回填侧墙顶板土方,恢复原状。地道混凝土结构施工工艺如图 4-6-15 所示。

钢筋施工注意事项:

①柱钢筋接头位置在离板底上下大于搭接长度的区域范围内。

②钢筋接头位置相互错开,焊接接头长度不小于 $35d$,且不小于 500 mm。

③所有钢筋接头留置于结构受力较小的部位。

④钢筋在同一截面上的数量不得超过以下规定的比例:搭接接头受拉区 25%,受压区 50%,焊接接头

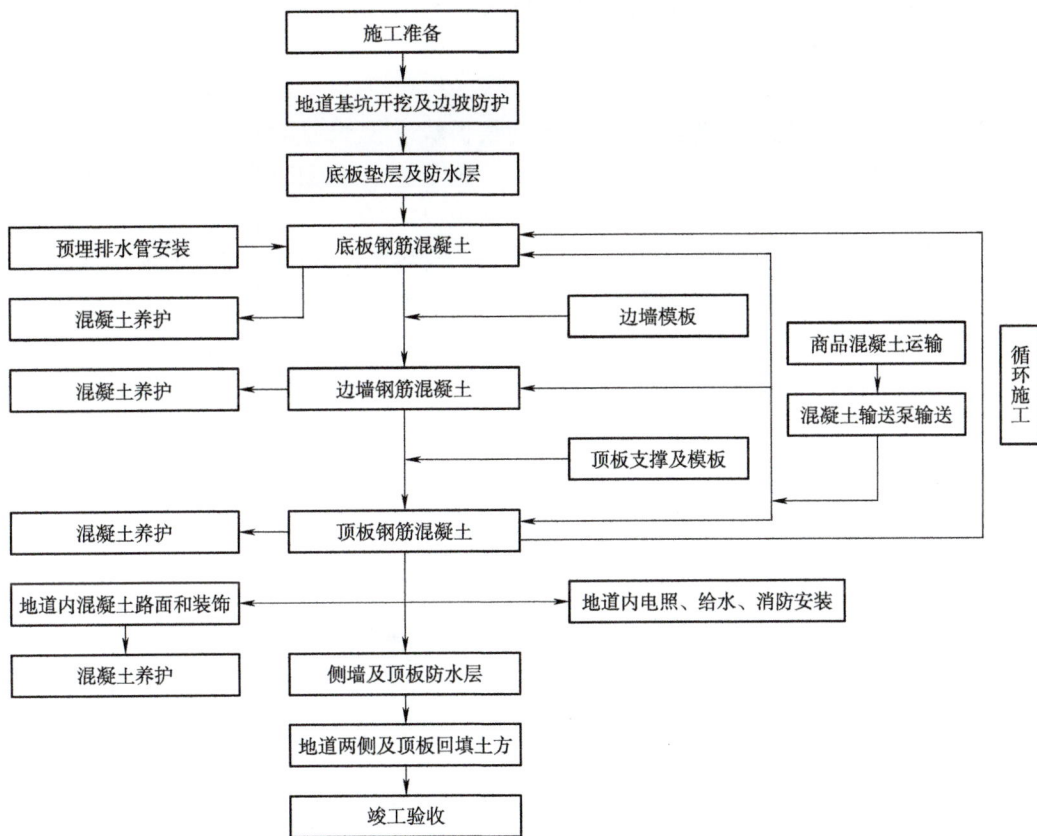

図 4-6-15　地道混凝土结构施工工艺

受拉区 50%。

⑤钢筋锚固长度满足设计图纸和规范要求,任何钢筋锚固不得少于锚固长度的要求。

⑥在平台模支设完后,浇筑混凝土前,派专人按线对钢筋进行检查,凡发现偏离其位者,将其调正固定好。固定采用与钢筋焊接或用铁线斜拉与模板固定。

⑦混凝土浇筑过程中,派专人观察钢筋,对在浇筑混凝土过程中,因混凝土输送泵或振捣棒等引起的钢筋移动,看守人员要及时将钢筋调正过来固定好,确保钢筋不产生偏位。现场钢筋安装如图 4-6-16 所示。

模板施工顺序:

侧墙模板:弹侧墙位置线→找平层、做定位墩→安装侧墙模板→安装水平箍、竖向木方→安拉杆及加固→预检。

钢筋混凝土顶板:搭设支架→安装板模木楞→调整楼板下皮标高→铺设模板→检查模板上皮标高及平整度→绑扎板筋。

拆模时,不得用钢棍或铁锤乱击乱撬,以防混凝土外观及内部受损,严禁把拆下的模板自由抛落于地面。

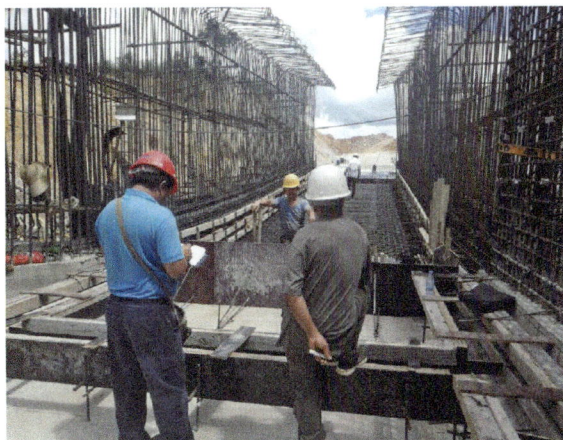

图 4-6-16　建宁南站旅客通道钢筋安装照片

立即组织人员清理拆下的模板表面,在刷完脱模剂后方可调入下次使用。

混凝土浇筑工艺操作要点:

底板、顶板、侧墙混凝土浇筑以一节为一个施工段,共计分为 6 个施工段。采用混凝土输送泵送到施工面,防止施工时间过长产生人为施工缝,各板的施工采取分别从侧墙两头向中线方向进行浇筑,以自然分层,薄层浇筑,逐渐推进,逐步到顶的施工方法。

(3)施工缝的设置及处理

板梁的施工缝按分段情况划分,墙的施工缝留在每层板斜角下和每层板上 20 cm,留在板的斜角下有利于板模的安装,留在板上有利于侧墙模板的安装。板上施工缝除保证设置在结构受剪力较小的位置外且要兼顾到内结构的完整性,尽量避开设备安装处以及有预留孔口处。

所有施工缝均用木模封堵,在终凝后 4 h 及时拆除施工缝端头模,然后人工及时凿毛,避免混凝土强度上来后凿不动。下次浇筑混凝土前再清理施工缝处的杂物,并浇水湿润。

(4)地道结构防水工程

变形缝采用聚苯板作为变形缝,靠内侧设置聚乙烯隔离膜和双组分聚硫嵌缝膏,居中布置中埋式钢边止水带,混凝土外侧设置背贴式橡胶止水带,外侧设置高聚物改性沥青防水卷材,并设置防水卷材搭边,具体布置见图纸。

防水体系:采用以提高结构本身自防水性能为主,附加防水层为辅,多道防线,层层设防的整体防水方案。防水施工划分为围护阶段防水,开挖阶段防水和主体施工阶段防水三个阶段。

(5)基层处理

层面要求做得平整、光滑,不能有蜂窝麻面,阴阳角处抹成圆弧角。必须牢固,不允许起砂或找平层养护不良。建宁南站电梯井及旅客通道建成效果如图 4-6-17 所示。

3.通站道路施工

(1)道路施工工艺

基底清理→碎石基层施工→粗砂垫层施工→混凝土面层施工(测量放样→立模→混凝土拌和、运输、摊铺、整平、拉毛及养护→切缝和填缝的施工)。

(2)道路施工方法

道路施工为混凝土路面,面层厚度大于 20 cm,为现浇水泥混凝土,混凝土集中拌和,混凝土搅拌运输车运输,

图 4-6-17 建宁南站电梯井及旅客通道照片

槽钢作为模型,三辊轴机组摊铺,插入式配平板式振捣器振捣,三轴磙整平,真空吸水和圆盘抹面机抹面,表面构造缝采用刻槽法拉槽抗滑。

4.站场排水沟施工

施工工序:测量放样→基坑开挖→钢筋绑扎→立模→浇筑混凝土→混凝土养生。

首先测定排水沟中线桩,用白灰洒出开挖边线,机械开挖,然后绑扎钢筋并立模浇筑混凝土,注意沉降缝的预留与混凝土养生。

5.绿化、美化施工

站场绿化、美化采用种花草、乔木、灌木植物的形式,这些植物在适合植物生长的季节进播种。均口站边坡绿化如图 4-6-18 所示。

6.给排水管线施工

给水管线施工工序:安装准备→预制加工→干管安装→立管安装→支管安装→水表安装→管道试压→管道冲洗→管道消毒→管道通水。

排水管线施工工序:地下埋设管道安装→干管安装→立管安装→支管安装→器具连接管安装→灌水试验→通球试验→管道消毒→管道通水。

采用小型挖掘机进行作业,主要控制沟槽底部标高。

7.栅栏施工

栅栏安装要做到"严、直、齐、美",线路封闭密实,不留间隙,沿线路方向顺直,不能忽远忽近,防护栅栏

图 4-6-18　建宁南站边坡绿化

顶端与下端纵向过渡平滑整齐,不能忽高忽低,要求整体效果美观。安装前先整平场地。栅栏底部与地面间距离控制在 10 cm,不满足时进行回填夯实。

8. 硬化面施工

施工工序:基底清理→基层施工→垫层施工→铺面砖→灌浆及勾缝。采用人工配合机械整平场地,压路机碾压密实,立模浇筑混凝土。

第三节　站改工程施工

站改工程施工以冠豸山站为例展开阐述。

一、工程概况

冠豸山站位于龙岩市连城县朋口镇,赣龙线、赣瑞龙线并行进入该站,站房中心里程赣瑞龙 K182+036(浦梅铁路施工图里程 GDK205+525.25=赣瑞龙 K182+036)。冠豸山站站内正线 3 条(赣龙线为单线、赣瑞龙线为双线),到发线 5 条;其他站线主要为综合工区线(W1、W2、W3、W4),货场线(H1、H2),专用线(专1、专2)及牵出线 18 道。冠豸山站设客运站台 2 座(其中 1 站台为基本站台,站台 2 为中间站台),货运站台 2 座,其中 1 座设在冠豸山货场。

冠豸山车站 3 道、Ⅰ道、Ⅱ道、4 道为电化赣瑞龙线,6 道为电化赣龙到发线,Ⅷ道、10 道、12 道、18 道为非电化股道。

本次改建经浦梅铁路引入冠豸山站采用双引方案,即接赣龙线、赣瑞龙方案。为充分利用赣瑞龙及赣龙线运输能力,考虑本线客车近期在赣瑞龙线上运行,货物列车主要在老赣龙单线上办理作业。浦梅线在冠豸山站进站端设线路所,左线引入冠豸山站赣瑞龙场 3 道,右线(联络线)接既有赣龙线 6 道,同时改造赣州端咽喉,将既有赣龙场 Ⅷ道、10 道、12 道到发线以及牵出线 18 道进行电气化改造,赣龙线安 2 道、安 4 道升级改造为机待线,增加一组渡线道岔同时进行电化。站改施工是邻近营业线及营业线施工,既有线行车密度较大、站内速度快,安全风险高,确保既有线行车安全是施工的重点。

站改施工是邻近营业线及营业线施工,既有线行车密度较大、站内速度快,安全风险高,确保既有线行车安全是施工的重点。

施工中主要采取如下对策措施:

(1)在进行站改之前,认真做好站改方案及施工组织设计的编制审核交底。

(2)站改前做好路局的安全培训,要点计划,专业对接。

(3)要点作业前做好人员、机具、材料等施工前充分的准备,施工时应在运营单位、设备管理单位指导下进行,以保持既有通信、信号设备的正常运营安全和施工人员人身安全,不得顶点作业。

(4)邻近营业线施工,应按规定设置施工防护,确保人员、机械设备的安全,机械调配不得侵入既有限界,保证既有线稳定和行车安全,施工期间加强观察并派专人守护,插岔施工前应与有关部门协调,征得同意后方可实施。

二、主要工程数量

轨道工程主要工程数量见表4-6-1。

表4-6-1　轨道工程主要工程数量表

序号	工程项目名称	单位	数量	备　注
1	新铺正线	km	0.696	XJ/XJF信号机外侧200 m处为铺轨起点;其中封锁点换铺0.342 km
2	新线站线	km	1.848	站场范围内浦梅铁路左线接入既有3道,右线(联络线)接入6道;其中封锁点换铺0.326 km
3	新道岔正位铺设	组	4	N1号、N9号、N17号、N26号(1组18号岔,3组12号岔)
4	新道岔预拼插入	组	7	N3号、N11号、N19号、N59号、N27号、N45~N51号、N24号(3组18号岔、4组12号岔)
5	安装挡车器	处	2	机待线1、2道
6	铺设道砟	m³	10 132	新铺线路上砟、改造线路补砟
7	既有线拆除	km	1.14	
8	既有道岔拆除	组	4	
9	拆除既有栅栏	m	600	路基施工前进行要点设置
10	设置硬隔离	m	1 400	路基施工前进行要点设置

三、施工技术流程

1. 施工准备

1)内业技术准备

收集好道岔、线路轨料的各种技术资料,包括道岔铺图、轨枕规格型号、扣件规格型号、钢轨材质、轨料数量等。做好装卸人员的安全技术交底。

2)外业技术准备

(1)选好长轨、轨枕、道砟、道岔等路料存放场地,按照施工先后顺序及道岔号分类、分堆存放,以少转运、方便取料的原则规划存放场地,并不得侵入铁路安全限界内。

(2)道岔进场后,现场人员与道岔厂家人员一起对道岔扣配件进行开箱清点验收。

3)进场验收

(1)道岔进场后,由物资部、技术部和质管部对进场道岔进行验收,认真核对道岔型号、长度和使用部位,与道岔厂家人员一起对道岔轨件、扣配件和岔枕数量进行清点,并检查外观是否存在缺陷和损坏等质量问题。对进场数量不足及外观质量存在缺陷的部件,应与生产厂家及监理进行确认,并要求厂家及时进行补充及更换。

(2)查验线路轨料的产品合格证、质量证明文件、规格型号、外观、数量是否符合要求,如图4-6-19所示。

2. 正位铺设线路、道岔

1)硫黄锚固

(1)施工程序

施工准备→筛砂→(晾晒)烤砂→称配和料→进料→熔浆→灌浆→抽测抗拔力。

(2)工艺流程

根据实验所得配合比按每一锅称好材料→加入砂子,加热到100~120 ℃(不停翻动受热均匀)→加入

图 4-6-19 路料组织进场

水泥,加热到 130 ℃→最后加入硫黄和石蜡→继续加热到 160 ℃→溶浆由稀变成液胶状(保持温度)→灌浆→使用锚固架垂直插入道钉→取出锚固架→补浆、铲除残渣。

（3）施工要求

①经过试验,得出施工配合比为:硫黄:水泥:砂子:石蜡＝1:0.5:1.35:0.02。

②将外购进来的砂先过筛,筛除直径大于 2 mm 的砂粒和污泥后,在烤砂盘上加温烘烤,或者晾晒。

③严格按照配合比要求,一次称好各种材料的一次熔制量。首先将称好的砂子倒入锚固锅,加热到 110 ℃左右,再将水泥加入一起加温到 130 ℃左右,最后将硫黄加入,待硫黄融化后加入石蜡,继续搅拌加温到 160 ℃,熔浆由稀稠变成液胶状时,即可使用。

④锚固前应清除轨枕预留孔内杂物和螺旋道钉上的黏附物。灌注干燥的底砂时用有刻度的木棒检查深度,保证灌浆深度不小 160 mm,预留孔底部应堵塞紧密,严防漏浆。

⑤将螺旋道钉顺锚固架缓慢垂直插入定位,与承轨槽面垂直,歪斜不得大于 2°,且偏离预留孔中心不得大于 2 mm。锚固浆从枕面注入孔内后,待锚固浆凝固后再拆除锚固架。道钉圆台底面应高出承轨槽面 0～2 mm。一批混凝土枕锚固完后,采用专用抗拔力测试仪按规范要求对锚固质量进行检查,使螺旋道钉达到抗拔力要求(不得小于 60 kN)

⑥熔制要求:配制成的熔液,应较稠且不影响灌注时应具备的流动度;火力要控制好,火候不得过猛,熔制过程中要不断搅动;工地锚固可用两个铁锅轮流熔制,熔制地点与锚固作业距离不宜过远。

⑦灌浆液应一次完成,但不宜太满。灌浆深度应比螺旋道钉插入孔内的长度大 20 mm。锚固浆顶面应与承轨槽面平,溢出的残渣凝固后应铲除整平、清除干净,以保证垫板和铁座平整安装。

⑧锚固完成后,应在道钉底部及道钉底部承轨面涂刷绝缘防锈材料。

2）正位铺设线路

（1）工艺流程

人工铺轨工艺流程图如图 4-6-20 所示。

（2）线路铺设施工工艺

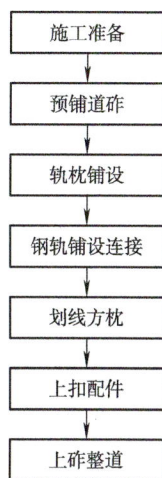

施工准备
↓
预铺道砟
↓
轨枕铺设
↓
钢轨铺设连接
↓
划线方枕
↓
上扣配件
↓
上砟整道

图 4-6-20 人工铺轨工艺流程

①预铺底层道砟

道砟上道前对道砟进行清洗，并进行进场检验，运达施工现场后及时摊铺道砟，预铺底层道砟厚度为 200 mm，虚铺道砟比设计底层道砟厚 5 cm 左右，保证碾压密实后能保证底层道砟厚度，如图 4-6-21 所示。以人工配合机械整平，整平完成后，采用大型履带挖机来回碾压。碾压时由两侧向中央、纵向进退式进行碾压。往返一次为一遍，碾压 4 遍，以达到压实均匀，没有死角。压实密度不低于 1.6 g/cm³，砟面平整度允许偏差为 10 mm/3 m。

在预铺道砟碾压完成后利用卷尺、直角尺及 3 m 靠尺对道砟厚度及平整度进行检测，用灌水法对道床密度进行检测。

图 4-6-21　预铺底层道砟

②铺设轨枕、钢轨

散枕：技术人员根据外移的中线点用滑石粉标识出线路中线和轨枕边线，挖机将轨枕吊运至预铺道砟上，4 人一组按 1 667 根/km 抬运散布均匀。采用人工撬拉的办法使轨枕中心位置对准线路中线，并使轨枕与线路中线垂直，如图 4-6-22 所示。

布轨：人工配合机械散布钢轨。钢轨就位后用撬棍拨顺，用道尺量卡轨距，将钢轨两轨头对齐，轨面平齐，插入轨缝片，然后两人分站钢轨内外侧安装鱼尾夹板，先使夹板下部接触轨底，然后扣向轨腰与钢轨靠紧，再用左手从头部将夹板卡住，安装快速夹具。

③方枕

钢轨连接好后，用钢卷尺、方尺及石笔在钢轨踏面上按相应铺设标准轨枕间距画线（无缝线路轨枕间距按 600 mm 控制；有缝

图 4-6-22　线路拼装

线路按 12.5 m 一节计，接头轨枕间距 540 mm，过渡轨枕间距 575 mm，中间轨枕间距 601 mm），用撬棍移至画线处，并将轨枕端头不齐的方齐。

④上扣配件：配件散布在方枕后进行，并散布在轨枕上，不得放在路肩上。逐个安装轨下垫板、轨距挡板、弹条、平垫圈及螺旋道钉并用专用扳手拧紧。

⑤上砟整道

采用自制老 K 车进行枕盒补砟，线路整道采用人工辅轨以小型养路机械进行，如图 4-6-23 所示，使线路顺直、密实枕下道砟，消除三角坑、反超高等。线路在人工整道 4 遍后，利用大型捣固机组进行配砟、捣固及稳定，如图 4-6-24 所示。

⑥大机捣固

捣固车作业前清除影响镐头作业的障碍物，利用自制老 K 车上砟，然后进行人工补充回填道砟，确保整个道岔上的道砟要充足、均匀，如图 4-6-25 所示。

图 4-6-23 线路上砟

图 4-6-24 线路捣固

图 4-6-25 线路大机捣固

（3）线路铺设质量控制

作业时，按照下列标准进行质量控制；每道工序完成后，质检员按照下列要求进行检验。

①预铺道砟摊铺碾压完成后用靠尺检查砟面平整度，采用灌水法检查压实密度。砟面平整度不得大于 20 mm/3 m，压实密度不得小于 1.6 g/cm³。

②将线路中线距混凝土枕头一端的距离引出并撒灰线。

③钢轨连接时，需从一端向另一端连接，钢轨顺线路圆顺平直，不得有蛇形，以便划钢轨线及减少串轨等。

④划钢轨线需按其中一股钢轨的一端往另一端划，不得分段划，以避免划至最后的枕间距不满足要求。已划线钢轨上用方尺划另一股钢轨线，偏差不得大于±20 mm。划线线条清晰，涂改的叉掉。

⑤方枕时混凝土枕中部在线路中线，混凝土枕端头齐平，方枕后轨枕应方正，并与轨道中心线垂直，轨枕间距允许偏差为±20 mm，连续 6 根轨枕的间距允许偏差为±30 mm。轨道中心线与线路设计中心线允许偏差为 30 mm。

⑥轨距挡块应靠贴轨底安装正确，螺旋道钉丝杆涂油，各种扣件安装不良率不超过 8%。

⑦线路铺设完毕进行拨道、找平等重点整道工作。无缝线路铺设允许偏差应满足设计、规范要求。

3）正位铺设道岔

（1）总体施工流程

采用挖机摊铺底层道砟，人工配合机械找平，使用挖机来回碾压密实，机械配合人工原位铺设，并用齿条压机、液压起拨道器和小型液压道岔捣固机起拨道及重点整治，预留 50 mm 标高作为道岔捣固机（大机）起道量。

（2）道岔铺设施工工艺

①预铺底层道砟

预铺底层道砟厚度为 200 mm，虚铺道砟比设计底层道砟厚 5 cm 左右，保证碾压密实后能保证底层道砟厚度。以人工配合机械整平,整平完成后,在道岔全长范围采用大型履带挖机来回碾压。

②道岔拼装

撒灰线:在预铺并碾压完成的底砟上,沿道岔直基本轨外侧撒灰线。

摆放岔枕:人工配合挖机,根据道岔铺设图中枕木的间距及枕木顺序进行轨枕的摆放,如图 4-6-26 所示。枕木摆放时岔枕编号牌端与基准股同侧,岔枕垂直于基准股。

③散扣件

除道岔辙叉心区的道岔扣配件外,其余扣配件按照道岔铺设图要求,逐一对应枕木编号进行橡胶垫、铁垫板的安装,如图 4-6-27 所示。道岔辙叉心区的特殊垫板预先安装在钢轨件上,同钢轨件一起铺设,垫板螺栓拧入前涂以铁路专用防护油脂。

图 4-6-26　摆放岔枕　　　　　　　　图 4-6-27　散扣件、安装铁垫板

④钢轨件安装

道岔钢轨件过长,道岔调整不容易,在道岔岔前定位及岔前基本轨平头调整时需要反复核对,避免后期再次调整,如图 4-6-28 所示。

⑤画线方枕

利用 100 m 长钢尺在道岔直股钢轨上按道岔图所示枕木间距画枕木位置线,利用方尺划出另一股钢轨枕木位置线,按岔枕位置线从岔前开始逐根方枕就位,如图 4-6-29 所示。

⑥道岔组装及几何尺寸调试

道岔在拼装过程中可能导致岔枕移位,需重新检查对不符合要求的岔枕重新方正,如图 4-6-30 所示。

⑦人工上砟整道

道岔铺设完成后,利用挖机将预先准备于一侧的道砟转至枕木盒及道床范围内,人工上砟整道先拨道后起道再小机捣固,循环 3 次。

图 4-6-28　钢轨件安装

⑧道岔铺砟整道(大机)

捣固车作业前清除影响镐头作业的障碍物,利用自制老 K 车上砟,然后进行人工补充回填道砟,确保整个道岔上的道砟要充足、均匀,如图 4-6-31 所示。

(3)道岔铺设质量控制

作业时,按照下列标准进行质量控制;每道工序完成后,质检员按照下列要求进行检验。

①铺设无渡线的两岔尾相连的道岔时,后铺设的道岔钢轨配置顺序应由岔尾向岔头方向排布,以免产生累积误差。

图 4-6-29　画线方枕

图 4-6-30　道岔组装

图 4-6-31　道岔大机捣固

②为确保子块不发生位移可在调整好的子母块缝隙中加塞铁片等,待锁定焊接完毕再撤除铁片。

③道岔铺设完毕进行拨道、找平等重点整道工作。无缝道岔铺设允许偏差应满足设计、规范及道岔技术条件要求。

3. 应力放散锁定

1)工艺流程

应力放散锁顶工艺流程如图 4-6-32 所示。

2)施工工艺

(1)线路应力放散锁定

将长钢轨先进行应力放散,初步拉伸钢轨并同时敲打钢轨,松开拉伸器继续用撞轨器反向撞击并敲打钢轨,观察钢轨各点位移,待各点位移稳定后停止敲击,做好位移零点标记。位移观测桩在整体道床施工时按设计要求布设,无缝线路锁定后,立即做好位移观测标记,观测纵向位移。在长钢轨上测量轨温,各点固定人员进行位移观测。拉伸钢轨至要求拉伸量,同时敲击钢轨,敲击点间距可按每隔一滚筒密度进行布置。敲击人员来回移动进行敲击钢轨。

(2)道岔应力放散锁定

在设计锁定轨温范围内采用滚筒放散方法,分别以岔前基本轨头部和叉心中部固定点向两侧放散,基

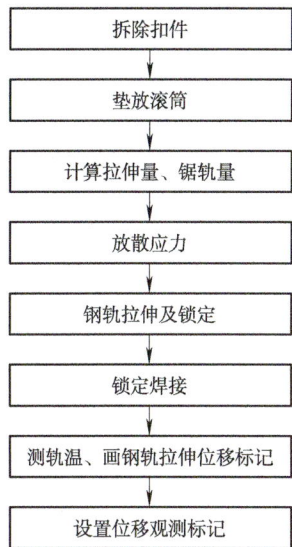

```
拆除扣件
  ↓
垫放滚筒
  ↓
计算拉伸量、锯轨量
  ↓
放散应力
  ↓
钢轨拉伸及锁定
  ↓
锁定焊接
  ↓
测轨温、画钢轨拉伸位移标记
  ↓
设置位移观测标记
```

图 4-6-32　工艺流程

本轨在岔后合龙，里轨在叉心处合龙。

（3）锁定焊接

在设计锁定轨温范围内同时焊接岔后接头。

（4）曲股胶结头紧随放散完后开始作业。

（5）做正式位移观测标记

道岔放散、锁定结束后随即用准直仪在钢轨非工作边做出清晰、耐久的位移标记。

4. 道岔、线路铝热焊接

1）工艺流程

现场铝热焊接工艺流程如图 4-6-33 所示。

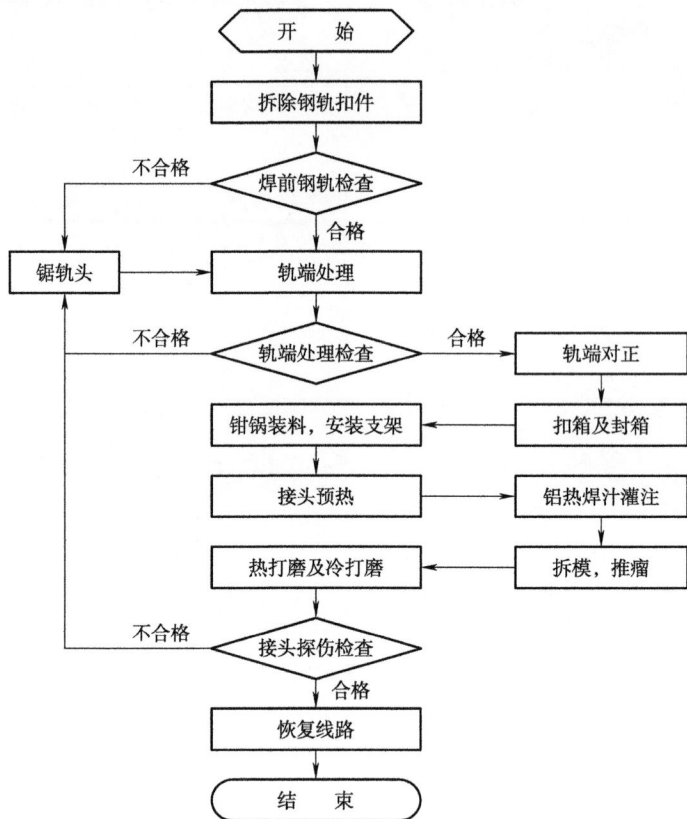

图 4-6-33　现场铝热焊接工艺流程

铝热焊焊接顺序如图 4-6-34 所示。

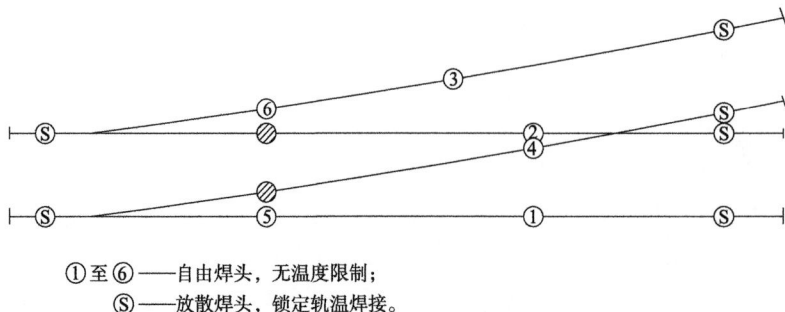

①至⑥——自由焊头，无温度限制；
Ⓢ——放散焊头，锁定轨温焊接。

图 4-6-34　铝热焊焊接顺序

自由焊头采用图中的焊接顺序，焊完这 6 个焊头后根据温度情况对尖轨焊头进行焊接，最后是根据温度情况与前后的正线焊连。

2)施工工艺

(1)道岔、线路焊接前的检查

确保道岔线形、线路已粗调完毕;焊接转辙器时先检查调整样冲点;尖轨焊接时确保基本轨密贴;辙叉焊接时将心轨摆至中间位置;放散焊头焊接时对两端的区间轨进行放散。

(2)锯轨

检查钢轨状态,按轨缝要求进行锯轨,轨缝大小为 27～30 mm,轨缝距轨枕边缘不得小于 100 mm,如图 4-6-35 所示。

图 4-6-35 锯钢轨

(3)轨端处理

仔细检查钢轨端头,并做好焊接前的清理工作,使其达到铝热焊接所应具备的条件,如图 4-6-36 所示。

图 4-6-36 轨端除锈

(4)轨端对正

做好轨端间隙的设定,垂直对正和水平对正,并消除钢轨端头间的不等倾斜,如图 4-6-37 所示。

(5)砂模的准备

砂模封箱如图 4-6-38 所示。

(6)预热

天气寒冷时,如果轨温低于 15 ℃,则应用焊炬加热至 37 ℃,焊缝两侧应加热范围见表 4-6-2。

图 4-6-37　轨端对正

图 4-6-38　砂模封箱

表 4-6-2　焊缝两侧加热范围

轨温	两侧各应加热的长度(mm)
−9～+15 ℃	760～910
−15～−9 ℃	910～1 220

如果轨温低于 15 ℃,则两侧钢轨加热后用毯状物或保温罩予以保温,并在推瘤之后用保温罩扣在焊缝之上保温 10 min,如图 4-6-39 和图 4-6-40 所示。

(7)焊缝探伤

探伤要求:对焊缝全断面进行检测,如图 4-6-41 所示。

五、胶结绝缘

1)工艺流程

MT 胶结绝缘接头安装于铁路信号机的闭塞分区分界点或区间,以满足轨道电路闭塞分区的分隔需要。一套 MT 绝缘接头由两块 MT 鱼尾板、两套合成胶泥原料、六套高强螺栓、六只绝缘小套管组成。将硫黄和石蜡拌和好后加入,继续搅拌加温到 160 ℃,熔浆由稀稠变成液胶状时,即可使用。主要流程为:钢轨准备→钻孔→打磨除锈→干燥处理→对轨→预安装→合成胶泥→安装→紧固。

图 4-6-39 钢轨预热   图 4-6-40 钢轨冷打磨   图 4-6-41 钢轨探伤

2)施工工艺

(1)钢轨准备

胶结钢轨应采用同一根钢轨切割;胶结绝缘钢轨 1 m 范围内,不得有硬弯;轨头和钢轨轨底的受力表面不得有伤损;对于再用钢轨需对其端部超声波检查,确保内部不得有裂纹。

(2)钻孔

使用 ϕ31 mm 空心钻头对接头二侧钻孔,正确的钢铁孔偏差如图 4-6-42 所示,钻孔后需对轨孔倒 1×45°角。

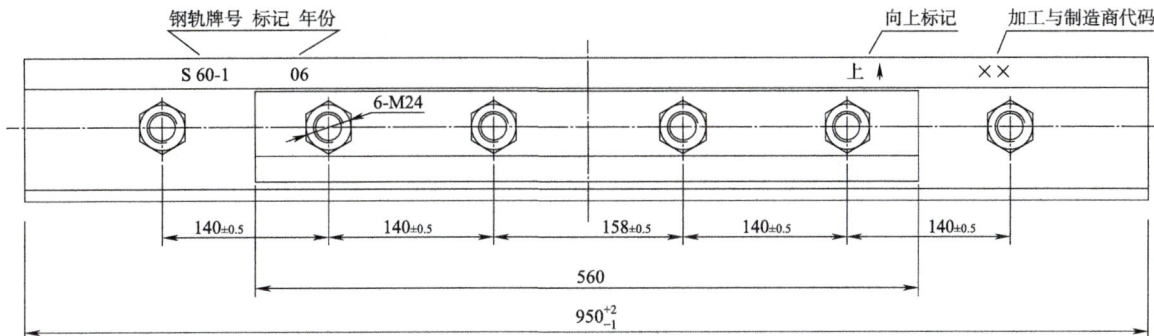

图 4-6-42 钢铁孔偏差示意

(3)打磨去锈

用直砂机、角磨机将胶结缝两端钢轨轨腰、轨底角各打磨 50 cm,要求打磨后具有金属光泽。

(4)干燥处理

如阴雨天须用汽油喷灯或丙烷气体烘烤钢轨和绝缘夹板,去除附着水分。雨天需准备遮雨棚。

(5)对轨

打磨、干燥完毕后用 1 m 直尺检查平直度,用钢楔子调整钢轨。调直后的钢轨满足如下要求:轨顶不超过 0～0.3 mm,严禁低凹,侧面水平方向不应超过±0.3 mm。

(6)预安装

预安装的主要作用是复查螺栓孔,确保绝缘接头安装和胶结成功;保证安装方向的正确性。对安装不成功的应重新钻孔,消除孔距误差。接头间隙要填充填充物,起到绝缘和黏结(在同混合剂混合后)的作用。混合剂是与填充材料混合后,起黏结的作用,因为其材料特殊,可以增强接头黏合成胶泥。胶结材料主要成分是玻璃纤维,成粉状,固化剂:主要是加快填充材料和混合剂的混合物凝固时间,以满足现场施工的要求。

（7）合成胶泥的涂抹

在绝缘鱼尾板的干燥内表面上涂抹已准备好的合成胶泥，用一把油漆铲刀将合成胶泥涂抹成锲形，与钢轨侧面形状一致，沿着绝缘鱼尾板方向慢慢移动铲刀，压上合成胶泥并使之不掉下来。

（8）安装鱼尾板

安装绝缘鱼尾板时，要防止涂抹的合成胶泥掉落，要防止安装方向错误。当穿过高强螺栓时，对已穿过的螺栓螺纹要及时用钢丝刷清理，防止沾上的合成胶泥凝固，影响螺母拧紧。

（9）螺栓紧固

鱼尾板安装后穿好螺杆，用电动扳手初次紧固直至接触到垫片，用扳手夹持螺栓方头确保螺栓不能转动，然后用扭力扳手按由内向外的顺序将高强螺栓紧固到 1 100 N·m，与此同时，用手锤敲击相对应的螺栓。

（10）合成胶泥清理

把夹板四边的缝隙全部用胶泥填充挤实，防止雨水和潮气侵蚀夹板内部，修整钢轨作用面，绝缘塞片低于胶结端轨头不得超过 0.3 mm，不能凸出。

（11）电阻检查

紧固完毕后合成胶凝固后检查电阻。

6. 既有线道岔插铺

1）施工准备

（1）道岔预拼、验收

作业人员根据道岔图纸布置岔枕—安装橡胶垫板—安装铁垫板—连接地脚螺栓—吊放钢轨—安装扣件—调整道岔，如图 4-6-43 所示。道岔拼装完成后，根据图纸及验收规范由建设单位组织各设备管理单位对道岔进行检查验收整改，并做好检查记录，如图 4-6-44 所示。

图 4-6-43　道岔预拼　　　　　　　　图 4-6-44　道岔检查验收

（2）安全、技术交底

组织作业人员进行现场安全技术交底，明确安全交底，明确既有线封锁范围、邻线来车防护方式、插铺道岔流程、现场控制要素、机械设备配备、进出场方式以及夜间照明设施设置等。

（3）LKJ 数据提报

根据设计平面图施工单位编制新站型 LKJ 数据（线路名称表、股道表、道岔表、线路允许速度表、坡度表、曲线表、配线图等），并由监理、建设指挥部、设计、工务段进行复核。

2）施工工艺

（1）总体施工流程

线路拨接战备训练主要是封锁点内完成既有线路拆除、道床捡底、搭设横移滑道、道岔滑移就位、人工上砟整道、锯轨合龙连接线路、大机捣固、铝热焊接、道岔验收、人员及设备撤离、开通线路等施工。

（2）线路拨接施工

现场防护人员设置好施工防护，拆除影响施工的硬隔离，搭设回流线，搭设接触网接地线，工器具转运至施工现场,如图 4-6-45 所示。

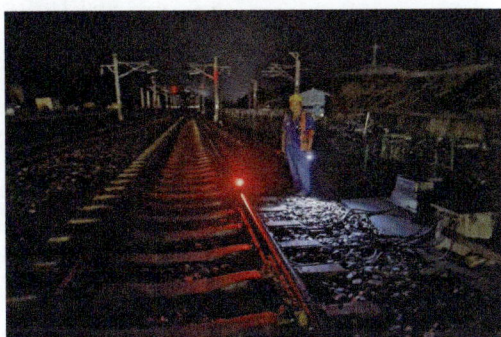
(a) 拆除临时栅栏

(b) 设置现场防护

(c) 安装回流线

(d) 搭接触网接地线

图 4-6-45　线路拨接施工

施工负责人组织作业人员分组进行作业,作业步骤为:

①锯断道岔前后钢轨,利用道岔换铺设备提起道岔范围内线路轨排,换铺设备按照间距 12 m 布置,同时搭设轨排横移滑道,滑道间距按照 6 m/处布置。

②轨排通过滑道横移至邻线,再纵移至指定位置,轨排解体,堆码整齐。

③当既有线路拆除后,采用人工、挖机等方式将道岔区域道砟整平,砟面低于既有枕木底 5 cm;边线控制直股侧同既有线枕木边线。

④当既有线路拆除后,道岔预拼区域间搭设接长横移滑道,间距按 6 m/处布置。

⑤将道岔通过滑道横移至设计位置。

⑥道岔横移到位后,利用道岔换铺设备提起道岔,人工抽出滑轨,拆除临时枕木垛,后将道岔落下,微调道岔到位,连通线路。拆除滑轨和微调道岔分别如图 4-6-46 和图 4-6-47 所示。

图 4-6-46　拆除滑轨

图 4-6-47　微调道岔

⑦线路连通后现场用拉耙、砟袋等方式补砟,同时进行人工拨道、起道、捣固。

⑧对道岔进行大机两捣一稳作业,人工辅助捣固。

⑨大型捣固机组作业完毕后,由调车员指挥捣固机组到达车站指定位置存放,如图 4-6-48 所示。

图 4-6-48　大机捣固

⑩铝热焊接

铝热焊人员对 3 号岔后进行铝热焊施工,焊接 2 个接头,如图 4-6-49 所示。

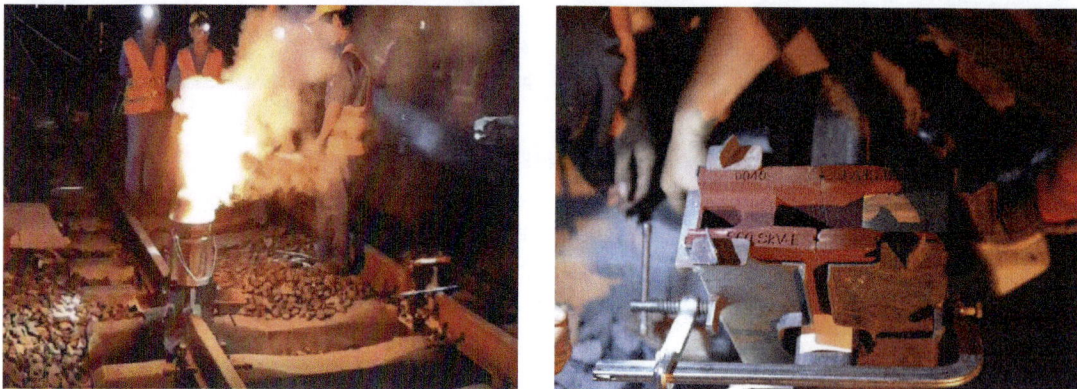

图 4-6-49　铝热焊接

五、施工注意事项

(1)靠近线路堆放材料、机具等,不得侵入建筑限界。道砟的堆放按照图 4-6-50 进行堆放,道砟在每次卸车后,施工负责人应组织人员全面检查堆放情况,不符合规定或堆放不稳固的立即清理。

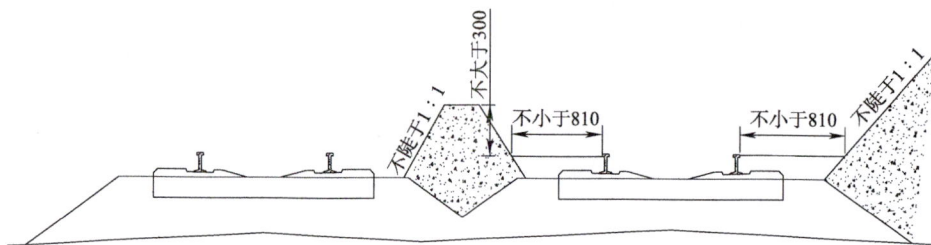

图 4-6-50　材料堆放(单位:mm)

(2)改建所需的物资材料应按规定在车站范围内码放整齐,线路两侧散落的旧轨料、废土废渣应及时清理。因施工等原因线路临时摆放的轨料,要按规定码放整齐,按规定捆扎、涂打标识,并置于两侧的封闭栅栏内;需临时拆除封闭栅栏时,应设置临时防护设施并昼夜派人看守。

（3）本次站改拆除旧轨料数量较大、占地面积大，且站内可利用堆放空间有限。每次拆除完成后，将旧轨料堆放在铁路限界以外，严禁随意堆放，并且每次开通前专人对旧料的堆码进行检查。施工完成后利用天窗点或由车站运转室协调，及时将旧料运出，并交予设备管理单位。

（4）道岔尖轨与基本轨组装件、可动心轨辙叉组装件、配轨及箱装零件应使用起重机械装卸。起吊时使用吊装扁担梁和柔性吊带，绳索的吊点必须是厂家标记的吊点，不允许任意或单点起吊。起吊时缓缓起落，防止道岔件碰摔。

（5）混凝土岔枕使用起重机械装卸，装卸时轻吊慢放，避免互相碰撞，发生磕角、掉块、碰伤或折断。为了有利于岔枕不受伤损，并方便吊装运输，宜采用长短枕分别捆绑、搭配装运方式。

（6）道岔产品存放场地应平整坚实，平整度不大于 10 mm/10 m，底层所垫木楞应高于 200 mm，支垫顶面高差不大于 20 mm。场地排水畅通，严禁积水。存放场地位置尽量靠近道岔铺设现场，并设专人看守。

（7）道岔轨件存放

道岔钢轨件严格按规定分类存放，不得随意堆放，以免产生变形，造成较大质量变化。出厂时临时固定零件不得随意拆除。堆码时，基本轨尖轨、可动心轨辙叉组件最多码放 4 层。钢轨件的码垛层数不得多于 5 层。钢轨件和地面间应铺垫缓冲衬垫（如木质垫块），每层用衬垫垫实垫平，衬垫应按高度方向垂直设置，支垫间距不得大于 8 m，钢轨两端悬出边支垫的距离不得大于 3 m。

（8）岔枕码放

混凝土岔枕按组摆放并设置标签。在未开始铺设前，岔枕垛应保持运输包装状态。堆放后，上面不得放置附加荷载，并必须至少每两个月检验一次木块，若木块受损应立即置换。

需重新码放岔枕时应遵循原则：岔枕按相邻多排堆放，堆放高度不得超过 5 层，层间用木块保证有足够垂直间隙，木块至少应为 100 mm×100 mm。

（9）轨道工程进场存放的轨料品种繁杂，规格型号数量不一，首先要统筹规划，统一安排，按施工组织要求，以"少转运、方便取料"的原则规划存放场地，并进行场地平整夯实，达到安全和质量要求，需要安放垫层的轨料，应准备好垫木。

（10）道砟提前组织进场，选择合适场地进行临时存放。道砟进场检验合格后方可上道使用。

（11）加强封锁拨接的安全管理，施工封锁前需参加由运输部门组织的建设、设计、监理、施工、运营单位参加的协调会，成立施工安全领导小组，各合龙口分别制定专人负责。

第七章　房屋建筑及给排水工程

第一节　一般站房施工

一、工程概况

冠豸山站房位于福建省龙岩市连城县,是新建浦城至梅州铁路建宁至冠豸山段线上新建客运专线县级车站,是连城县的重要交通枢纽,站房形式为线侧平式,站房中心里程为 DK370+550,设计最高聚集人数(远期)400 人,本工程±0.000 相当于绝对标高 419.96 m,站房主体为钢筋混凝土框架结构,屋面为钢网架结构,地上一层,局部两层,地下一层,建筑面积:3 972 m²,建筑檐口高度 16.8 m,建筑平面尺寸 107.6 m×39 m。雨棚采用混凝土柱悬挑 Y 形截面梁的混凝土结构,建筑面积 11 016 m²。两个站台:一站台平面尺寸 550 m×8 m×1.25 m;二站台平面尺寸为:550 m×10.5 m×1.25 m。

站房为钢网架直立锁边铝镁锰合金屋面。外立面主要由玻璃幕墙、石材幕墙等材料装饰而成。

冠豸山站房施工单位从 2020 年 6 月 1 日成立项目经理部并组织施工人员进场,现场站前单位已完成场地整平。

二、重点、难点工程

通过对本工程特点、对设计施工图纸的分析研究、现场的施工管理,本工程施工中存在以下重点和难点问题。

1. 深基坑工程

冠豸山站地下部分基坑开挖深度范围在 5~11.05 m,属于深基坑支护范畴。深基坑在土方开挖过程中极易发生边坡失稳等事故,支护施工必须与土方开挖交替进行,并严格遵循"开槽支撑、先撑后挖、分层开挖、严禁超挖"的原则进行施工。深基坑施工是本工程的重点和难点,也是整个项目施工组织管理的重点。

2、站房高大模板工程

根据《危险性较大的分部分项工程安全管理规定》(住建部令〔2018〕37 号)、《住房城乡建设部办公厅关于实施(危险性较大的分部分项工程安全管理规定)有关问题的通知》(建办质〔2018〕31 号)中规定:搭设高度 8 m 及以上,或搭设跨度 18 m 及以上,或施工总荷载(设计值)15 kN/m² 及以上,或集中线荷载(设计值)20 kN/m 及以上,属超过一定规模的危险性较大的分部分项工程。

经仔细核对工程图纸,本工程中属于高大模板的位置主要有:本工程冠豸山站房标高 9.6 m 处,Ⓐ轴交①~③轴水平悬挑梁截面 300 mm×700 mm,支模高度 8.9 m。板厚 120 mm,支模高度 9.48 m,属于超高模板支撑。

3. 钢网架结构屋面工程

站房候车厅屋盖采用钢网架结构。网架平面尺寸 56.3 m(最长)×46.6 m(最宽),面积 2 554 m²,屋面采用直立锁边铝镁锰合金板,钢结构工程具有工艺复杂、拼装精度要求严、过程控制难度高、高空作业风险大等特点,同时本工程钢结构工程还具有体量大、构件数量多、安装精度高、施工工期紧等鲜明特点,是整个项目施工的关键阶段,也是整个项目施工组织管理的重点。

4. 精品站房工程

装饰装修工程是实现高铁站房功能的重要环节,在施工管理过程中既要达到美观、实用和创新效果,又要保证质量安全。因此需从建设理念、建造方法上下功夫，做到超前策划、精细管理、措施落实，以取得良好的经济和社会效益。

三、总体施工方案

本工程站房施工为主线，按照先地下、后地上，先主体、后围护，先结构、后装饰，先土建、后安装的施工顺序进行，主体框架和围护结构穿插进行流水施工，主体验收后，开始装修装饰施工，房屋水、暖、电等配套专业工程施工随建筑工程同步穿插施工。根据工程特点和施工工艺、工期要求，在组织施工时，采用不同工种、不同专业平行方法，相同专业施工采用分段流水搭接施工。为满足站房"四电"配套专业用房具备"四电"设备进点安装的要求，在主体阶段拟将站房进行分段施工，先行施工候车厅两侧带有"四电"用房的结构，后施工候车厅上空结构，在候车厅结构施工阶段即安排"四电"用房砌体及装修插入施工，重点保证其提前完成，给"四电"配套专业施工预留必要的时间。

站台雨棚按照先雨棚基础、后主体结构、屋面防水系统、站台面铺装等顺序进行，在联调联试之前，站台面铺装、雨棚屋面板系统等均完成施工任务，并通过验收，保证了联调联试顺利进行。站台面铺装需在站台预埋管线完成后安排施工，围墙、道路、栅栏等站场附属工程适时配套完成，站场绿化施工安排在施工后期进行。

站场给排水工程施工在保证主体工程正常施工的前提下可尽早安排与房屋工程并行施工，并按照先给排水构筑物、后管路铺设的顺序进行施工。

四、深基坑工程

1. 工程概况

基坑开挖深度范围内自场坪往下主要土层为：回填土（4～6 m 厚）、粉质黏土、含砾粉质黏土（5～20 m）。场地四周较为空旷，附近仅有旅客地道及行包通道两座构造物，地下无管线、无既有施工道路。本次开挖范围为连城站地道出入口、连廊楼、扶梯处、地下泵房、消防水池的基坑开挖。开挖过程中，土方及时清运，基坑周围不考虑堆载。经现场场地标高实测，站房区域（非地道处）场地地坪标高为 −0.7～−0.6 m；地道处为 −4.0 m。连城站地道底板处结构板底标高为 −8.8～−9.9 m（含 10 cm 厚垫层），即地道出入口基坑土方开挖深度为 8.1～9.3 m；地道内设有电梯坑、扶梯坑、集水坑，最深基坑结构底标高为 −11.5 m（含 10 cm 厚垫层），所以，基坑局部开挖深度达到 10.8 m 左右。

2. 土方开挖

必须确立绝对安全的指导思想，确保基坑坑壁的稳定，最大限度减小支护结构的变形。为此，确定基坑开挖的原则是"分层分段，人工修坡面，限时护坡，严禁超挖"，开挖流程如图 4-7-1 所示。

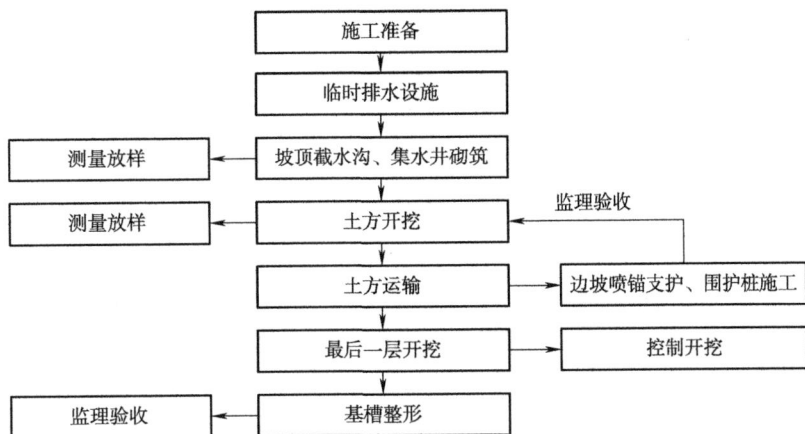

图 4-7-1　基坑开挖流程

（1）分层挖方

① 第一层修坡土：车辆由修筑的临时坡道下到−4 m平台装运靠①和②轴及站台侧土方，土方运至铁路停车场堆放，如图 4-7-2 所示。

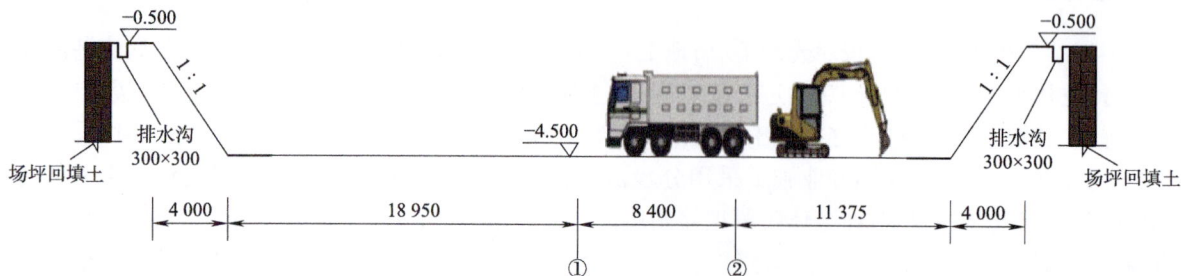

图 4-7-2　连城地道第一层修坡图（单位：mm）

② 第二层土方：在站房 G2-A 轴交①～②轴处布置一条 8 m 宽运土通道，土方由站台侧至站前广场方向退挖，开挖的土方由车辆通过站前广场装运至铁路停车场堆放，运土通道随开挖加深直至基坑底，如图 4-7-3 所示。

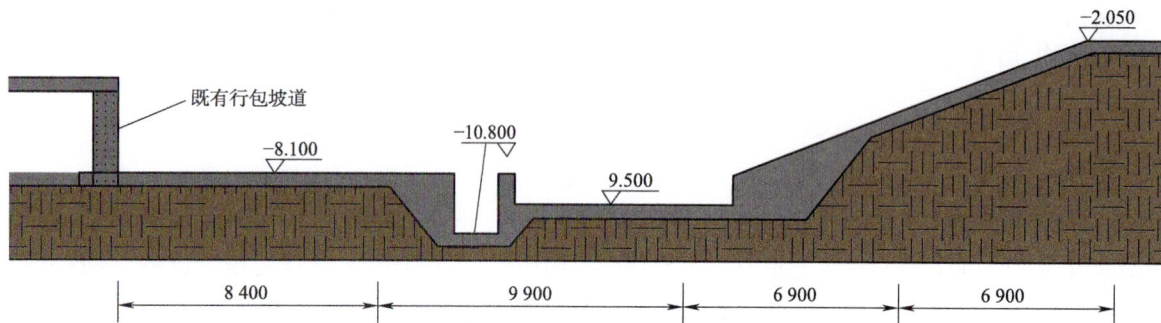

图 4-7-3　连城地道斜坡道剖面图（单位：mm）

（2）基坑底板施工

现场基坑底板施工如图 4-7-4 所示。

图 4-7-4　基坑底板施工

3. 排水措施

为确保地基不被水破坏，土方的开挖要同排水措施紧密结合，做到先排水，再做到分层开挖。降雨期间需密切关注基坑排水设施情况。项目部应安排专人每日对集水井及排水沟进行检查,查看排水是否通畅并及时进行抽排水。

(1)在基坑边坡坡面渗水处设置泄水孔以利排水,按梅花状布置,间距1500 mm,材料采用长975 mm的 φ50 mm PVC管,管外用土工布包裹,入土部分不少于0.8 m。

(2)在距基坑开挖顶边线外侧2 m处设置砖砌0.3 m×0.3 m截排水沟,内抹1:2水泥砂浆20 mm厚。截水沟坡度5‰,可在地面第一层土开挖后先于或与第一道边坡支护同时施工,以避免土方开挖时发生扰动破坏。

(3)在开挖土方过程中,当挖掘机挖至自然地面2 m后,暂停挖掘将挖掘机移至基坑角边缘0.5 m左右,开挖基坑边缘集水井,开挖范围为300 mm(长)×300 mm(宽)×4 000 mm(深)的排水明沟。放入潜水泵进行抽水。重复上述工作直至土方开挖到设计标高。

(4)土方开挖至设计标高后,应在坑内边边坡坡脚0.5 m左右挖砌排水沟、集水井。排水沟沟底比基坑底低0.3 m,坡度3‰;集水井设置在基坑脚上,每20 m设置一个集水井,集水井为600 mm(长)×600 mm(宽)×800 mm(高),坑底比排水沟底低0.5 m,坑壁用砖砌后砂浆抹光。

(5)每个集水井内均应设置一台抽排水设备,抽排水设备采用大扬程的潜水泵,雨期抽出的积水应排至基坑以外地面排水系统,防止乱排产生回渗。保证施工现场水流畅通,不积水,四邻地区不倒灌。

五、高大模板施工

1. 工程概况

高大模板工程属于超过一定规模的危险性较大的分部分项工程,指水平混凝土构件模板支撑系统高度超过8 m,或跨度超过18 m,或施工总荷载大于15 kN/m²,或集中线荷载大于20 kN/m的模板支撑系统。冠豸山站房最大截面梁为500 mm×1 700 mm,梁最大跨度26.4 m,其支模后集中线荷载达到25.5 kN/m,因此,本工程模板既属于超高模板,也属于超重模板。

2. 高大模板设计

(1)模板及支撑体系

梁板模板采用18 mm厚优质胶合板;小楞木采用50 mm×50 mm方管;主楞采用50 mm×50 mm方管;立柱采用φ48 mm×3.6 mm焊接钢管;梁侧模对拉螺栓用M14普通螺杆。支撑体系:用φ48 mm×3.6 mm钢管和扣件连接,立杆顶部采用可调U形顶托受力,底座采用150 mm×150 mm×8 mm钢板和钢管套管焊接组成。整体布置效果如图4-7-5所示。

图4-7-5 模板及支撑体系

(2)地面基础支撑要求

站房大空间钢筋混凝土结构或屋面混凝土主梁跨度大,主次梁结构断面大,导致楼面钢筋混凝土结构自重荷载很大,对高支模钢管支撑立杆底座基础承载力要求高,在一般的室内回填土上设置木垫板或仰铺12号~16号槽钢,不仅代价高,有时还难以满足承载要求。我们在总结类似站房施工成功的经验基础上,拟采取先施工地面永久性混凝土垫层,使地面具备足够的强度,将模板钢管立杆支撑在混凝土地面上。具体做法是:先夯实地基及室内回填土,同时将室内地面以下的给排水及消防管道等地下永久性设施敷设好,夯实后,按设计要求浇筑地面混凝土垫层。例如,候车大厅的地面硬化:100 mm厚C20混凝土,内布$\phi6@200$ mm钢筋网,地基承载力得以保证。

六、钢网架屋面工程

网架拼装以满堂脚手架为作业平台,将一根杆件、一个节点的散件在支架上总拼,或以一个网格为小拼单元在高空总拼组装。安装顺序:沿建筑物纵向,从一个支撑点开始安装至另一个支撑点,进行调整检查两点间支座就位情况,符合规范后,依次向前推进安装,纵向支座点完毕后,开始横向各支座点安装,完工后向内安装网格,直至形成整体全部装完。网架安装完毕后,经验收合格,进行檩条焊接及安装。

1. 钢结构工程主要施工工艺

整体安装流程如图4-7-6所示。

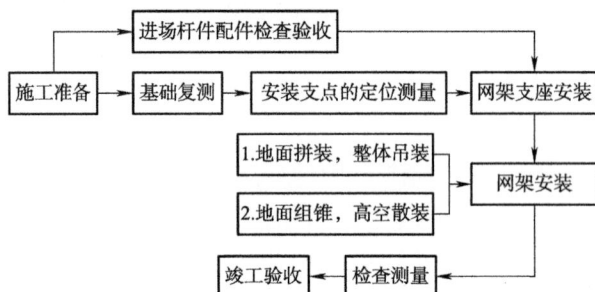

图4-7-6 整体安装流程示意图

(1)地面拼装整体吊装

网架拼装如图4-7-7所示。在下弦平面网络上安装上弦小拼单元:先将小拼单元的腹杆与下弦平面网络中下弦球栓接,后将上弦杆与已安装小拼单元上弦球栓接。控制网架尺寸,由于拧入深度影响到整个网架的下挠度,应控制好尺寸。组装时,根据各个螺栓球受力大小,实时监控检查网架、网格尺寸。组装完毕后,逐个检查各个杆件是否变形和螺栓球节点螺栓是否拧紧。网架整体提升过程:①钢网架整体吊装前的验收,焊缝的验收,高空支座的验收;②钢网架整体吊装前应选择好吊点,吊绳应系在下弦口点上,不准吊在上弦球节点上;③调试吊装(提升)设备,保证吊装(提升)能平稳、连续、各吊点同步;④试吊(提升):正式吊装前应对网架进行试提;⑤连续起吊;⑥逐步就位:网架起吊即将到位时,应逐步降低起吊(提升)速度,防止吊装过位;⑦高空合龙。

(2)高空散装法施工工艺

高空散装法是将网架的构件(小拼单元或散件)吊至设计位置直接进行拼装的方法。高空散拼单元:高空散拼单元是与已经安装完毕的单元进行拼装安装。沿建筑物纵向,从一端开始向另一端延伸。采用吊具辅助高空拼装法时,应控制网架安装过程的挠度,否则应采取增加支撑的措施。高空散装过程:①小拼单元组装;②安装上弦倒三角网格;③安装下弦正三角网格;④调整、紧固;⑤安装屋面帽头;⑥支座焊接与验收。

2. 网架安装方法

(1)起步网架吊装人员配置

起步网架吊装时现场配备1位总指挥、1位副指挥、至少1位安全管理人员进行现场指挥吊车的起吊与安装。

一、放线、验线；放置下弦节点
垫板；完成4个下弦螺栓球节点及
节点间的下弦杆安装定位

二、继续安装下弦螺栓球及下弦杆

三、安装上弦螺栓球节点和腹杆

四、继续安装上弦螺栓球节点和
腹杆；并完成上弦螺栓球节点间
的上弦杆

五、按上述流程进行后续网架安

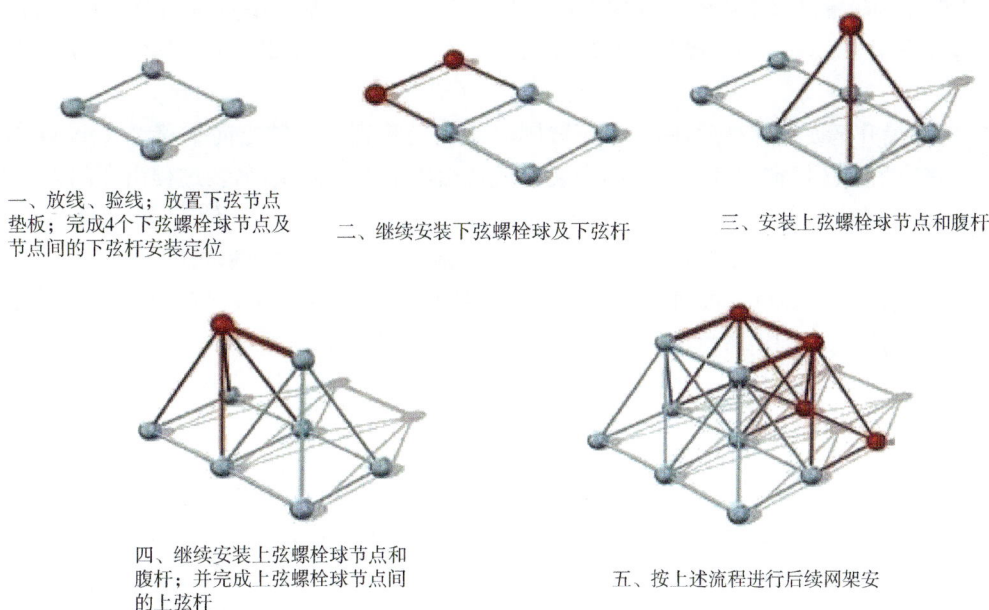

图 4-7-7　网架支座大样图

(2)现场起吊情况说明

连城站房原有塔吊最大起吊高度 34 m,工作半径 60 m,超过汽车吊起重臂最大高度 28.4 m,汽车吊起吊过程与塔吊不存在冲突。起步架吊至设计高度后,通过塔吊配合 25 t 汽车吊完成剩余部分散装。起步架一共 8 个吊点,每台吊车用 4 根钢丝绳固定 4 个吊点,吊点布置以使两辆吊车起吊重量一致的原则布置。4 个吊点位置为:Ⓔ轴~Ⓑ轴方向第二个上弦球及第四个上弦球;Ⓖ轴至Ⓕ轴方向第二个上弦球及第4 个上弦球。具体位置如图 4-7-8~图 4-7-9 所示。

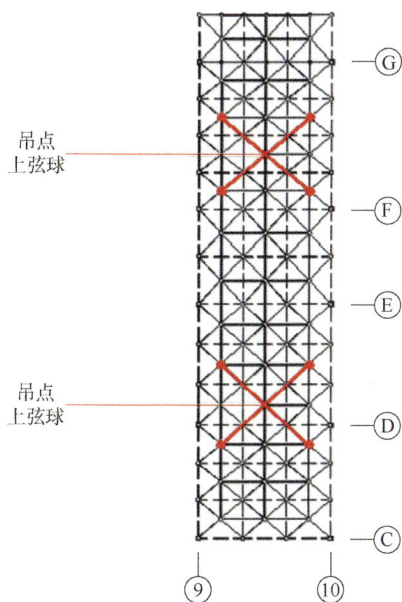

图 4-7-8　吊点位置布置图

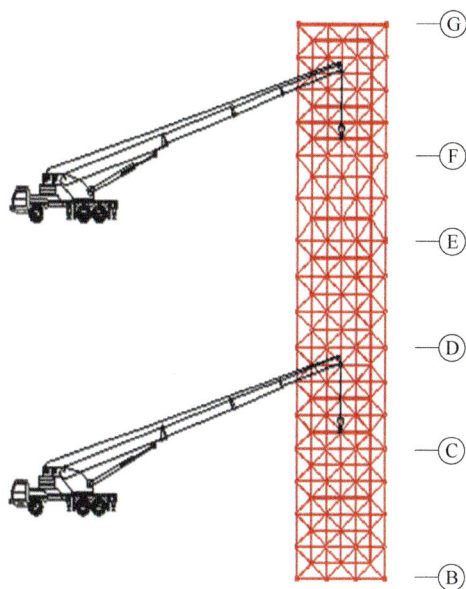

图 4-7-9　网架垂直提升图及吊车停放位置图

(3)起步网架吊装步骤

起步网架⑨~⑩轴交Ⓑ~Ⓖ轴网架置于候车大厅地面拼装,拼装尺寸长 36.6 m,宽 6.9 m,高 3.5 m。
步骤一:网架首先由Ⓖ轴向Ⓑ轴拼装 28.6 m 至Ⓒ轴。拼装完成后,利用 2 台 50 t 汽车吊抬吊至离地

50 cm 处静置 5 min,静置过程中由安全管理人员及吊装总指挥对吊车及吊点进行全面检查,检查正常后进行匀速缓慢提升至 13.5 m 标高,提升过程确保吊车工作半径为 10 m,2 台吊车均匀受力,保持网架整体水平。

步骤二:网架提升至设计标高后,两台吊车臂同时缓慢向垂直于Ⓐ轴方向平移 2.4 m,在Ⓐ～Ⓑ轴混凝土结构屋顶完成吊装区域空中散装部分的拼装。散装由塔吊配合完成,吊装过程由专门人员指挥。

步骤三:完成吊装区域散装网架拼装后,将网架向Ⓖ轴方向平移 5.35 m,使支座球对准支座轴线。

步骤四:网架落位后立即将支座球与支座进行焊接,焊接冷却后两台吊车同步卸载。

步骤五:其余单元分格以⑨～⑩轴交Ⓑ～Ⓖ轴作为基本部分,利用塔吊及 25 t 汽车吊配合进行高空散装,站房两侧悬挑网架同样利用塔吊进行高空散装。空中散装现场如图 4-7-10 所示。

图 4-7-10 空中散装现场图

七、精品站房工程

1. 深化设计细节

根据连城这座城市的地理位置、地域文化、发展方向及人文精神,冠豸山站站房选择以"冠豸山(莲花山)"为设计元素。最终内部施工效果及外部正立面如图 4-7-11 和图 4-7-12 所示。

图 4-7-11 内部效果

2. 站房施工注意事项

(1)样板领路

深化设计完成后,样板施工尤为重要,本工程选择在工程实体上制作,完成后请相关方参与审查,通过后再大面积展开。

图 4-7-12 冠豸山站正立面图

（2）加强材料验收管理

在材料质量上要严格把关,统一颜色、纹理、规格和质量,严格执行进场验收检查制度,主要的材料有质量合格证和进场复试报告。

（3）做好技术交底工作

具有针对性;用数字讲话、明确标准;对自行检测手段要明确,使作业人员及时对自己的工作进行自检,发现问题及时纠正。

（4）注重过程检查、及时整改

项目部要建立严谨、切实可行的检查制度;做好自检、互检、交接检;巡检、抽检工作需落实到位。

（5）严格控制管理

要把好七道关:方案评审关、管理人员关、装饰队伍关、材料验收关、过程控制关、成品验收关和后期跟踪关。

（6）工程收尾与成品保护

装饰工程接近收尾阶段时,不可避免地会存在一些零散、分散、量小、面广的未完成项目,对此要组织有关人员逐步、逐段、逐部分、逐房间地进行查项,检查施工中有无丢项、漏项。一旦发现丢项、漏项,须立即指定专人定期解决,并及时检查验收。

第二节　采暖与通风施工

一、工程概况

站房候车室采用全空气分层空调系统;工艺设备机房配置机房专用空调;变配电房屋设置温控通风及空调降温设施;站房卫生间增设空调降温,优化卫生间气流组织,提升环境品质;其他区域按功能分区分别设置通风空调设施。候车室、售票厅主要入口设置贯流风幕。完善各站设备系统减振降噪措施,优化卫生间通风气流组织,提升卫生间环境品质。

二、施工施工要点

1. 预留、预埋件的加工制作

（1）预留、预埋件统一制作、加工。

（2）原材料严格按照规范、图集要求采购,并作材料进场报验。

(3)钢管切割前必须找平、找直、固定牢固,防止管道在切割过程中移动,以保证切口的平齐。

(4)管材切割后应及时清理钢管切口处的毛刺,将两端打磨平滑。

2. 预留、预埋件的安装

(1)套管及构件预埋

构件预埋大多存在于风管吊装和风机、空调机组、空气末端以及一些其他设备安装上,通风空调预埋件由通风空调专业技术人员配合土建完成。预埋风管按设计厚的钢板焊接而成,内制防锈漆,并在预埋风管外加 3 mm 厚的密闭肋,密闭肋的高为 50～80 mm,与预埋风管的连接为双面焊接。

(2)预留孔洞

风管穿墙预留孔洞尺寸应比实际风管截面尺寸每边大 100～150 mm。

(3)墙、柱内预埋件的安装

预埋件的安装由本专业技术员进行。预埋件的安装位置、高程确定后,将预埋件与钢筋焊接牢固。安装好的预埋件应确定其高程及与其他轴线的相对位置,便于拆模后找到预埋件。模板拆除后,用防锈漆将外露钢板涂刷两遍。

(4)楼板预留孔洞套管安装

套管采用普通薄壁钢管制作,规格比风管管径大 3 号,套管内外壁刷防锈漆两遍。专业人员安装套管,安装前将套管内、外涂刷脱模剂。套管安装时不破坏钢筋,需要移动钢筋时请土建人员协助。套管与模板、钢筋之间固定,防止套管在混凝土施工过程中发生移位。混凝土强度达到 70% 时,将所有套管拔出,并防止破坏混凝土。

(5)内隔墙预留孔洞套管安装

套管安装与墙体砌筑同步进行,现场确定套管的高程及相对位置。套管安装时,保证套管两端与后期的外装饰层平齐。

3. 土建风道的施工质量要求

土建竖井风道应内壁光滑,严密不漏风,风道内抹水泥砂浆,最薄处 10 mm。无法进入的风道要随砌随抹,落地灰要清除干净。垂直风道需要进入操作时,在穿过每层楼板处应设置钢筋安全网。

(1)主要设备安装

风机、空调机组、新风机组与安装通风机的进风管、出风管等装置应有单独的支撑,并与基础或其他建筑物连接牢固;风管与风机连机时,法兰面不得硬拉和别劲,机壳不应承受其他机件的重量,防止机壳变形。

(2)风管安装

风管道施工方案,根据设计材料选择镀锌铁皮角钢法兰风管的施工方案。管道制作设备集中在生产基地,管道现场吊装采用地面组对调直,分段整体吊装方案。管道安装完毕采用漏光试验法检验管道密封性能,采用等比风量法调节各风口风量。

施工安装程序:确定高程(按照设计图纸并参照土建基准确定风管的高程位置并放线);支、托、吊架制作与安装(风管的支、托吊架要严格按照《采暖通风设计选用手册》的用料规格和做法制作)。相同系统、同一规格的每排风管的支、托吊架的形式应一致,其尺寸应按风管距墙、柱或楼板的实际距离确定。风管支、托吊架制作完毕后,应进行除锈,刷一遍防锈漆(埋于墙体的部分不刷漆)。

(3)防火阀的安装

防火阀安装时,阀门四周要留有一定的建筑空间以便于检修和更换零、部件。防火阀温度熔断器一定要安装在迎风一侧。阀门在建筑吊顶上或在风道中安装时,应在吊顶板上或风管壁上设检修孔,一般孔尺寸不小于 450 mm×450 mm,但最小不得小于 300 mm×300 mm。阀门在安装完毕后,应在阀体外部明显的标出开和关的方向及开启程度。

4. 安全施工措施

(1)坚持以"安全第一,预防为主"的基本原则,建立和健全安全生产责任制,根据本工程的特点,采取相应的安全技术措施,以保证施工安全,确保工程施工顺利进行。

（2）进入施工现场必须戴好安全帽，严禁穿"三靴"，使用脚手架、梯子要先认真检查是否扎结实，有无探头板。所有电焊机采用一机一闸，定机定人，电焊机容量与控制开关的总容量要相适应。

（3）施工现场所有保护零线与工作零线应分开，重复接地电阻不大于 10 Ω。移动和手拉电动工具，外壳必须有接地保护，并设有漏电开关保护安全装置。现场装有消防水源，配备灭火器材，做好消防工作。

第三节 给排水工程施工

一、套管及预留孔洞的安装

（1）套管的安装必须与土建外墙钢筋的绑扎同步进行。

（2）确定施工现场"50线"、纵向/横向轴线的位置，确定套管的安装高度、相对位置。

（3）将套管安放在钢筋网格中，找平、找正，以保证混凝土工程施工结束后，套管的平整准确。

（4）绑扎底筋时，开始安装套管，安装前将套管内、外涂刷脱模剂。

（5）套管与模板、钢筋之间固定，防止套管在混凝土施工过程中发生移位。

（6）混凝土强度达到70％时，将所有套管拔出，并防止破坏混凝土。

（7）防水套管采用焊接固定。套管固定完成后，向套管内部填充泡沫塑料或聚乙烯材料，填满填实，防止水泥、砂浆等进入套管内部。

（8）安装工作结束后复查。

二、给排水、消防管道安装

1. 管道安装的基本要求

工程使用的管材、管件及设备的材质、规格和质量必须符合要求，且有产品合格证，方可使用。安装前必须清除内部污垢、杂物，安装中断或完工的敞口处应临时封堵，以免堵塞。管道安装应符合施工图纸、施工验收规范、规程、规定和质量检验评定标准的要求，管道连接应严密、固定牢固，立管安装要垂直。

2. 管道安装前的准备工作

管道安装前应对各系统管道进行综合考虑，同时熟悉与管道有关的建筑、结构、电气设备等情况，以便进行全面综合安排。管道安装不能妨碍对设备、阀门、附件的操作和检修；管道不得从设备人孔、手孔或其他开孔正前方通过，以免影响使用，不得穿过门窗安装；沿建筑物敷设的管道不得妨碍门、窗的开启；空间敷设的管道应尽量避免通过电机、配电盘等上空。管道间距应符合设计要求，并满足施工及维修操作的需要。管道支架间距应根据管架上大多数管道的允许跨度而定。管道沿墙排列时大管靠里、小管靠外，支管少、检修量小的管道靠里，支管多、检修量大的管道靠外，高压的管道靠里，常温、常压的管道靠外。管道安装过程中，如遇到交叉换位时应按下列原则：一般是小管径避让大管径管道，有压管道避让无压管道。

3. 热浸镀锌钢管、焊接钢管的焊接

（1）钢管的进场检验：钢管及其管件进场应有产品出厂合格证、材质单，管材内表面不存在有害层，外表面应光滑、清洁，不应有分层、针孔、裂纹、气泡、粗划痕、夹杂、锈蚀等缺陷。

（2）焊接工艺：管道焊接采用电焊，焊缝应有加强高度和遮盖面宽度，保证焊件能保持焊接所需的足够温度。不得在焊件表面引弧和试验电流。为减小应力和变形，应采取合理的施焊方法和顺序。焊接中应注意起弧和收弧处的焊接质量，收弧时应将弧坑填满。多层焊的间接头应削开。

（3）管道焊接时，做好管端头坡口。焊接钢管焊接质量要求：焊接外观质量应焊缝表面无裂纹、气孔、弧坑、未熔合、未焊透和夹渣等缺陷。焊缝高度应不低于母材，焊缝与母材应圆滑过渡。

4. PPR、PE、HDPE 给排水管道的材质要求

（1）PPR、PE 管道的安装应符合相应的规范和设计的有关规定。管材、管件、胶粘剂应有合格证、说明书、生产厂名、生产日期（胶粘剂尚应有使用有效期）、执行标准、检验员代号。防火套管、阻火圈应有规

格、耐火极限、生产厂名等标志。存放库房应有良好通风,室温不宜大于 40 ℃,不得曝晒,距离热源不得小于 1 m,管材堆放应水平、有规则,支垫物宽度不得小于 75 mm,间距不得大于 1 m,外悬端部不宜超过 500 mm,叠放高度不得超过 1.5 m。

(2)选定支承件和固定形式。确定垂直管道和水平管道支承件间距,选定支承件的规格、数量和埋设位置。土建装修后开始按放线的计划,安装管道和伸缩器,在管道连接之前,将防火套管和阻火圈套在管道外,然后进行管道接口连接。管道安装顺序应自下而上,分层进行,先安装立管,后安装横管,施工应连续。管道连接后应迅速摆正位置,并进行垂直度、水平坡度校正。卡箍不宜过紧,以免损坏管件。

(3)塑料排水管伸缩节的安装:当层高不超过 4 m 时,排水立管每层设一个伸缩节,当层高超过 4 m 时,每层 2 个伸缩节。横、支管直线管段超过 2 m 时,设伸缩节。伸缩节最大间距不超过 4 m。伸缩节应尽量设置在靠近水流汇合管件处。排水塑料管应安装阻火目的处、穿越防火墙处、明装管道穿越楼板处、管道穿越防火分区隔墙处。

5. 管道阀配件的安装

各系统主控阀门的水压试验,按 100% 逐个进行编号、试验,并填写试验单;以该阀门额定工作压力的 1.5 倍作为试验压力,10 min 内压力降不大于 0.05 MPa,不渗不漏为合格。其他阀门的水压试验标准同上,试验数量按不同进场日期、批号、不同厂家(牌号)、不同型号、规格进行分类,每类分别抽查 10%、但不少于 1 个进行试验,合格后分类填写试压记录单;10% 的阀门中有不合格的,再抽 20%(含前面共 30%)进行试压,再出现不合格的,则应 100% 进行试压。

三、水泵安装

1. 水泵的安装

待水泵的基础的混凝土强度达到 75% 以后,就可进行泵的安装。用水平仪在底座加工面上检查是否水平。垫铁找平后,拧紧设备和泵座螺栓上的螺母,并对底座的水平度再进行一次复核。

2. 水泵的配管

管道与泵体的连接不得强行组合连接,且管道重量不能附加在泵体上;水泵吸水口如有变径,应采用偏心大小头,并使平面朝上,带斜度的一段朝下(以防止产生"气囊");为防止吸水管中积存空气而影响水泵动转,吸水管的安装应具有沿水流方向连续上升的坡度接至水泵人口,坡度应不小于 5‰。吸水管靠近水泵进水口处,应有一段长 2~3 倍管道直径的直管段,避免直接安装弯头,否则水泵进水口处流速分配不均匀,使流量减少;吸水管应设有支撑件;吸水管段要短,配管及弯头要少。力求减少管道压力损失。

3. 水泵试转

空车试运行前的检查:驱动装置已经单独试运转,其转向应与泵的转向一致;各紧固件连接部位的紧固情况应牢固,不得松动;润滑状况良好,润滑油或油脂已按规定加入;附属设备及管路是否冲洗干净,管路应保持通畅;安全保护装置是否齐备、可靠;盘车灵活;吸入管应清洗干净,无杂物。无负荷试运转;全开启入口阀门、全关闭出口阀门;排净吸入管内的空气(用真空泵或注水),吸入管充满水;开启泵的转动装置,运转 1~3 min 后停车,不能在出口阀门全闭的情况下长时间运转。无负荷试试运转应达到以下标准:运转中无不正常的声响;各紧固部分无松动现象;轴承无明显升温。负荷试运转:负荷试运转的合格标准是设备运转正常,系统的压力、流量、温度和其他要求符合设备文件的规定,泵运转无杂音、泵体无泄漏,各紧固部位无松动,滚动轴承温度不高于 75 ℃,机械密封泄漏量不宜超过 3 滴/min,泵的电动机的电流不超过额定值,安全保护装置灵敏可靠;在设计负荷值连续运转应小于 2 h 成品保护。

4. 水箱(池)安装

水箱定货加工前应明确水箱各管路出口位置及高程,安装前应对水箱基础进行验收,验收合格后根据厂家提供的产品说明书及安装图集进行安装。水池按设计图纸及施工规范施工,检查口及通风口应封闭保护,防止物品进入水池内。

第八章　通信工程

一、工程概况

1. 工程简介

浦梅铁路通信工程全线车站 14 站(不含宁化、清流),线路所 2 站。10 kV 配电所 3 处,牵引变电所 3 处,通信工区 2 处,派出所 2 处,区间直放站 38 处,隧道内直放站 26 处。挖、填光(电)缆沟 81.1 km,敷设通信光电缆 479 km,敷设漏泄同轴电缆 68.9 km,架设 G 网天线杆/塔 87 处(其中铁塔 41 座,电杆 46 处)。

本线通信工程共包含 14 个子系统,由通信线路、光同步传输系统、电话交换及接入系统、数据网系统、专用移动通信(GSM-R)系统(含漏缆监测系统)、调度通信系统、应急救援指挥通信系统、综合网管系统、时钟及时间同步系统、电源系统、视频监控系统、电源及环境监控系统、防雷及接地系统、综合布线系统组成。

2. 主要技术要求

(1)铁路运输通信网满足铁路运输的需要,提供包括语音、数据、图像等各种信息的通信业务。

(2)铁路运输通信合理布局、互联互通、资源共享,新建和改建的工程做好与既有铁路通信设施的衔接,合理利用既有资源,做到系统完整配套、全程全网。

(3)铁路运输通信网综合考虑应急通信、战备通信的需要。

(4)铁路运输通信网具备远程监控、集中维护管理的功能。

(5)铁路运输通信网满足冗余和保护的要求。

3. 工程特点

(1)本段通信系统工程重点有部分既有运营站,车流密度大,运输繁忙,所以安全行车更是显得尤为重要。在保证行车安全、人身安全和设备安全的前提下,科学组织施工,最大限度地减少施工对运输的干扰。

(2)施工制约因素多,工程干扰较大,配合协调工作量大。本段工程受路基、桥梁等站前专业影响较大,交通不便,工程前期施工任务量小,主要施工任务集中在施工中、后期。本工程基本处于零工期的施工状态,站前工程完工,同时要求站后工程随即完工,工程施工将与站前单位展开平行作业和交叉作业,施工干扰较大,在施工生产安排中利用前期道砟还没有整体铺设的间隙,把施工生产物资及时运放在所需位置,条件成熟后及时施工,缩减施工中的二次搬运距离;工程接口多,与桥梁、路基、房建、综合接地等单位的接口,所以工程全过程与各站前单位进行很好的配合,减少了二次返工,顺利完成施工生产任务。

(3)新技术、新工艺、施工技术要求高。本线为新建普速铁路,光电缆采用直埋方式敷设;隧道口铁塔安装;隧道壁同轴漏泄电缆的挂设等,各个系统的调试及联调等是该项目技术管理的重点。

4. 主要工程数量

通信 48 芯光缆敷设 198.4 km,24 芯光缆敷设 239.2 km,24 芯光缆敷设 50.6 km,16 芯光缆敷设 1.5 km,8 芯光缆敷设 32.9 km,视频电缆敷设 51.5 km,地区通信电缆敷设 9.31 km,漏缆敷设 61.4 km。传输系统 STM-64 设备 9 套、STM-16 设备 18 套、STM-4 设备 17 套;电话交换及接入系统 OLT 设备 16 套,ONU 设备 68 套;专用移动通信系统 BTS 基站设备 18 套、直放站远端设备 77 套、近端设备 14 套。电源系统高频开关电源柜及电池组 33 套、UPS 及电池组 21 套,数调分系统 14 套,通信电源及环境监控系统分站设备 48 套,应急通信现场设备 1 套,GSM-R 铁塔 41 座。

二、总体施工组织及实施

1. 工程实施指导原则

统筹规划、确保工期、突出重点、安全快速、优质高效。

根据现场的工程实际,精心组织实施,严格执行设计方案,准确掌握技术标准,选定合理的操作规程、施工方法;优化资源配置,合理组织施工,做好施工协调配合,减少施工干扰,确保施工运输的相互兼顾。

2. 项目管理机构及队伍安排

浦梅铁路通信工程由中铁武汉电气化局集团有限公司与通号工程局集团有限公司联合体中标施工,结合本项工程的特点该集团组建中铁武汉电气化局与通号工程局联合体 PM-6 标工程指挥部,指挥部地址设在连城县朋口镇,指挥部领导层由项目经理管理、管理层设工程管理、安质环保、物资机械、工程经济、计划财务及综合办公室等六个职能部门。

按照本通信系统工程贯穿全线的特点,为了保证施工质量与施工工期,在龙岩连城、三明建宁分设通信项目部并在全线设置了 4 个施工作业队,按照每个作业队管辖范围的工程数量,配备了相应管理技术及工班技术人员,并给每个作业队配备一定数量的劳务工。

3. 机械仪器设备配置

按照需要分别给项目部及各个施工作业队配备一定数量的施工车辆,机械、工具,仪器仪表,并按照施工需要,由项目部进行统一调配管理,保证工期与施工质量。

4. 基础设施

在保证场内交通运输畅通和满足施工对原材料、半成品堆放要求的前提下,尽量减少场内运输,特别是二次倒运。

作业队驻地在满足正常生产、生活要求前提下,尽量避开闹市区。

施工场地平面布置满足现场卫生、环保、防洪、消防等安全技术要求。

各作业队根据工程施工进展情况,在各区段的合适地点,设置临时工点,方便施工。在项目部驻地设立中心材料库,便于集中管理。在各作业队驻地设置工点小料库,便于日常施工。

根据施工任务内容及现场施工调查情况,并充分考虑施工期间的货物装卸、人员及物资运输,施工期间部分汽车配备给各作业队随队施工,停放于作业队驻地或工点,其余车辆集中停放于项目部驻地。

三、施工完成情况及保证措施

本管段于 2019 年 12 月 16 日开工,于 2021 年 9 月 30 日完工开通。

进度完成主要项目工程进度如下:线路工程:2020 年 9 月 30 日～2021 年 5 月 15 日,设备安装及配线:2020 年 10 月 6 日～2021 年 5 月 31 日,铁塔安装:2020 年 8 月 1 日～2021 年 4 月 30 日,单机调试:2021 年 6 月 1 日～2021 年 6 月 30 日,设备联调:2021 年 7 月 1 日～2021 年 8 月 22 日。

工期保证措施:

(1)组建强有力的指挥机构。

(2)编制科学、严密的实施性施工组织设计,制定科学的施工方案,采用先进施工方法和合理工艺流程,按网络计划组织阶段性工期目标,施工计划合理安排并留有调整余地。

(3)配备性能先进,状况良好的机械设备。

(4)供应物资及时,确保工程施工持续正常进行。

(5)合理运筹资金,加强调控能力,确保工程施工正常运转。

(6)充分利用施工黄金季节,实行倒班作业。

(7)制定切实可行的安全措施。

(8)实行目标管理,奖罚分明。

(9)协调搞好与各个接口工程单位、当地政府及人民的关系,排除施工干扰。

四、主要施工工艺及方法

通信系统工程施工覆盖面广,涉及施工工艺繁杂,有些工艺施工技术难度大,开工之前,项目部组织资深技术人员编写施工工艺工法,在施工过程中严格按照设计、相关技术标准及施工工艺工法给各个作业队下达作业指导书,并在施工过程中根据实际情况对新工艺工法不断完善。

1. 线路施工

本工程长途通信光缆在 200 m 以内路基地段以及桥梁、隧道区段,敷设在站前专业设置的电缆槽内,其他地段采用挖沟直埋方式敷设,站场光电缆敷设于槽道内或直埋,施工时与信号专业密切配合,统一协调进行敷设,避免反复揭掀槽道盖板,提高工效,减少对站前基础设施的扰动。光电缆过轨采用预埋好的钢管进行防护,光缆敷设采用人工牵引方法敷设。

光电缆施工严格按照安装设计要求及相关技术标准下达作业指导书,施工流程为:施工准备→径路测量→单盘测试→配盘→光电缆运输→光电缆沟开挖→光电缆敷设→光电缆防护→光电缆沟回填及槽道恢复。在盖盖板的时候要小心轻放,避免盖板掉入沟槽砸伤光电缆。

图 4-8-1 及图 4-8-2 为现场照片图。

图 4-8-1 光电缆径路标识

图 4-8-2 光电缆径路防护

2. 铁塔施工

铁塔施工严格按照安装设计要求及相关技术标准下达作业指导书,施工流程为:施工准备(含地网施工)→铁塔基础交接→现场布置→塔腿安装→抱杆安装→地面组装→塔身吊装→抱杆提升→平台、避雷针吊装→避雷带焊接→拆除抱杆→安装检查→塔脚包封。图 4-8-3 为铁塔塔身吊装图。

图 4-8-3 铁塔塔身吊装

3. 设备安装及配线

设备安装严格按照设计要求及相关技术标准执行,施工流程为:施工准备→机房环境检查→施工定位与测量→设备安装与固定→布线及配线→安装试验。设备安装一定要牢固,配线要准确,如图 4-8-4~图 4-8-7 所示。

图 4-8-4　走线架安装

图 4-8-5　上走线布线工艺

图 4-8-6　成品保护

图 4-8-7　设备防尘

4. 漏泄电缆施工

漏泄电缆施工在隧道壁及隧道口,是本工程的重点及难点,在施工过程中总结了一套自己的施工工艺工法。

(1)施工工艺流程

施工工艺流程如图 4-8-8 所示。

(2)施工工艺方法说明

①施工测量与配合

根据施工设计图和铁路公里标,隧道内漏缆架挂位置、长度等,测量完毕建立测量台账。

②单盘测试

用数字万用表、兆欧表、直流电桥、耐压测试仪测试漏缆的各项性能指标,测试结果满足规范和设计要求。

③配盘

根据测量台账和单盘漏缆长度,进行配盘。

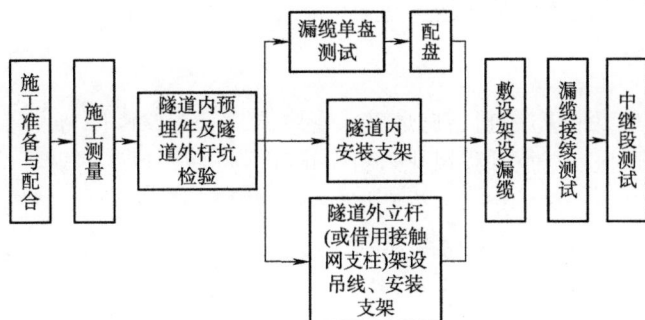

图 4-8-8　施工工艺流程

④安装漏缆支架

隧道内,按定测的卡具位置,采用打眼作业车,利用冲击钻钻孔,然后装入安卡锚栓并固定好漏缆卡具。支架的设置高度为:距轨面 4.5～4.8 m 范围处,原则上选择安装在距轨面 4.6 m 处;支架的安装间距为:型号为 1-5/8 漏缆每间隔 1 m 设置 1 处。隧道内无衬砌面时,采用角钢支架吊挂方式。

⑤漏缆运输

电缆装车时,应使用叉车或吊车,吊装上车;或者找到有斜坡的地方、人工滚动推上汽车;还可以人工搭放斜坡(使用槽钢),将电缆滚动推上汽车,人工滚动时一定要注意安全,电缆盘下方严禁站人,汽车上方应使用大绳将电缆盘兜住进行保护,防止电缆盘下滑。

卸车时亦使用吊车或者找到斜坡处缓慢将电缆盘卸下汽车,严禁将电缆从车上直接推落到地。

电缆盘装上汽车后使用三角形木块进行打眼,并将电缆盘与汽车使用 φ4.0 mm 铁线进行捆绑,汽车运输过程中严禁车上站人手扶电缆盘;滚动缆盘时,必须顺盘绕(箭头)方向,并应做短距离滚动。

⑥敷设漏缆

漏泄电缆安装于隧道内已装好的漏泄电缆卡子上面,敷设前施工人员必须对隧道内已安装好的漏泄电缆卡子、需引入的设备洞室位置进行详细的检查与掌握。

电缆盘用钢管从盘孔中穿过固定于放线架上,放线架固定位置应平坦、无障碍利于出线,电缆应从上方出线,电缆敷设时应先把整盘电缆先全部放出去,然后再用作业车安装到支架上面。

电缆敷设采用人工抬放方式,每 5～7 m 放一人,以免电缆拖地,使用肩膀扛,在抬放过程中不得摇晃电缆,严禁压、折、摔、拖、扭曲电缆;现场工班应对径路情况、起始点位置详细掌握、由班长安排 1 人打头、中间间隔 100 m 左右应有现场人员进行防护;往支架上安装时,同一盘电缆应从起始端开始安装,一直安装到电缆末端,不得从中间安装,或分几段进行安装,安装好后的电缆应平直,严禁急剧弯曲,槽口朝向线路侧,如图 4-8-9 所示。

现场工班在敷设过程中,应全程防护,统一指挥、使用对讲机进行通话保持联系,前进和停止应保持步伐一致,由于现场环境的不同,对讲机的通话距离受限时,应由中间防护人员将通话情况进行转达,对讲机通话语言尽量简短。保证漏缆一次敷设到位,不在地面拖拉。

⑦接续、成端

准备工作:携带专用工具、仪表、接续材料,对照接续位置,用锯弓切割掉多余的漏缆,用毛刷清理断面。切割时断面与电缆垂直,不出现马蹄形。用刮刀修整锯口毛边,并将电缆头向下用毛刷清除断面的金属屑及灰尘。使用进口专用切割刀在端头环锯电缆一圈,用电缆刀纵向切割清除掉电缆外护层。

漏缆接续:严格按照设计图纸及厂家接续操作手册说明书程序进行。

同轴电缆与漏缆接续:用环切刀沿同轴电缆一周环切电缆、去掉外护层;将环切刀插入电缆端头,撑开外导体;将连接器安装到同轴电缆端头上,用扳手旋转适配器拧紧;然后将同轴电缆的连接器与漏缆的连接器对应连接拧紧。

成端制作:漏缆成端制作与接头相同,在端头制作完成后,将终端负载连接拧紧。

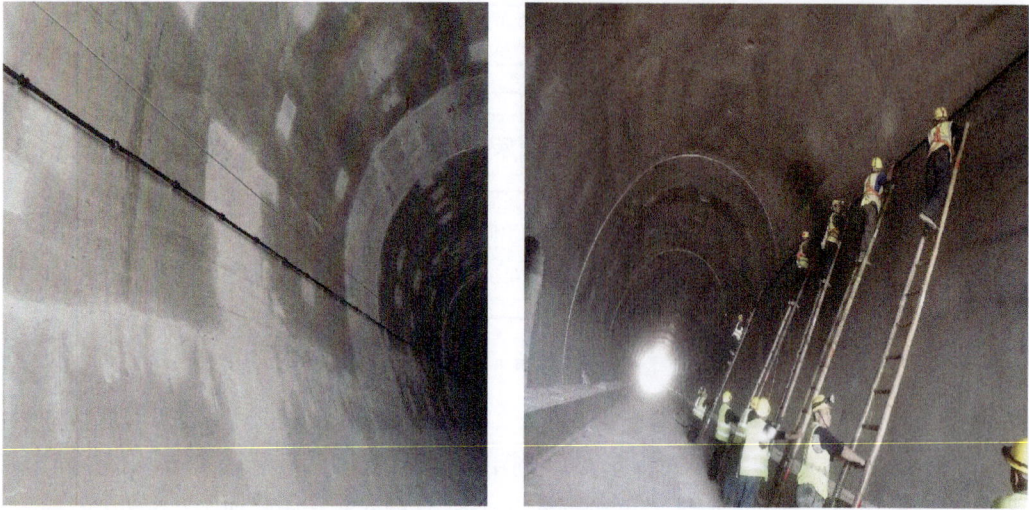

图 4-8-9　漏缆敷设施工

　　漏缆接续、成端测试：用数字万用表、兆欧表分别测试的接头和成端的通断以及绝缘特性。

　　漏缆接续、成端防护：所有接头和成端在制作完成并测试合格后，均用粘胶带或热缩管套进行密封防护。

　　⑧漏缆中继段测试

　　用数字万用表、兆欧表、直流电桥、耐压测试仪分别测试中继段漏缆的绝缘、环阻及耐压性能指标。

第九章　信号工程

一、工程概况

1. 工程简介

浦梅铁路全线信号工程包含建宁县北、冠豸山南 2 个站改工程,斗埕所、建宁南站、黄岭站、均口站、黄沙潭站、水茜站、何屋站、严坊站、田源站、邓家站、杨源站、冠豸山站、文亨站、陈坡所共 12 个车站和 2 个线路所新建工程。

2. 主要技术及工艺要求

1)方向盒、终端盒、变压器箱安装

方向盒、终端盒、变压器箱采用防盗型箱盒,路基地段采用 SMC 复合材料基础。桥梁、隧道地段采用热镀锌金属基础。路基地段的箱盒基础埋深不应小于 500 mm,路基面以上采用 RPC 拼装式混凝土围台,围台顶面低于基础顶面(150±50) mm,围台周边比基坑周边宽不小于 50 mm。图 4-9-1 为室外路基地段信号设备安装,设备箱盒基础采用 SMC 复合材料,该基础施工安装方便,质量轻,使用广泛,稳定性和牢固性好、尺寸准确、后期基本不用维护、使用寿命长。一种基础两头调换使用,互换率高,采购种类减少,可满足多种箱盒的安装,降低更换和维护成本。与角钢基础相比无偷盗价值,可防盗,复合材料基础抗紫外线强,具有优越的耐酸、碱、盐和油腐蚀特性,基础高低温绝缘性能好。基础表面光滑美观,结构尺寸统一。图 4-9-2 为室外隧道地段信号设备安装,设备箱盒基础采用热镀锌金属材质。

图 4-9-1　室外路基地段信号设备安装

图 4-9-2　室外隧道地段信号设备安装

高柱信号机用箱盒,安装在信号机前方;矮型信号机用箱盒,安装在信号机后方。信号机基础与箱盒基础边缘间距宜控制在 300～500 mm 范围内。

路基地段高柱信号机采用 80 cm(长)×20 cm(宽)。字体采用《普速铁路信号维护规则(技术标准)》(铁总运〔2015〕238 号)中的特号字体。居中排列,采用粘贴方式在信号机柱的正面,距离轨面 2 000 mm 处。矮柱信号机采用 16 cm(长)×7 cm(宽),字体采用大号字体,下标采用小号字体,居中排列,粘贴在信号机 SMC 基础正面空白处中心位置。箱盒反光标志牌全部使用粘贴式铭牌,尺寸为 14 cm(长)×6 cm

（宽），所有箱盒铭牌粘贴于基础侧面。

　　桥梁、隧道地段矮型信号机铭牌粘贴于机构连接筒正面，铭牌顶面贴着连接筒顶面。方向盒铭牌粘贴在靠信号楼大地侧的方向盒侧壁上；终端盒铭牌朝向大地侧粘贴；单个轨道箱盒粘贴在靠近信号楼一侧的侧壁；两个轨道箱在一起粘贴在轨道箱盒两外侧（靠近信号楼一侧和远离信号楼一侧）。

　　2）信号设备基础面硬化安装

　　信号设备基础面硬化围桩采用可循环利用超高强度 RPC 拼装板组合式硬面，包括由若干个矩形板单元首位依次连接形成的闭合式框体，内部使用扣角、螺栓等进行连接，填充土沙及小石子，表面使用水泥封闭抹平，如图 4-9-3 所示。这种信号设备组合式硬面化，便于安装于拆卸，使现场操作简便，加快了施工进度，施工部件总数较少，在一定程度保证了施工作业面的秩序，也在一定程度上节省了材料，降低了成本；同时保证受力均衡，结构稳定美观。

　　围台材料采用 RPC 拼装板，具有超高强度、高韧性、高耐久性、良好的体积稳定性、环保性能及排水性能。

图 4-9-3　室外信号设备基础面硬化安装

　　3）箱盒安装

　　根据设计图纸的箱盒型号、安装位置选择相对应的箱盒、箱盒基础及其他附属材料。箱盒内电缆成端制作依据电缆成端工艺制作。地线引入将 25 mm² 环保型贯通地线冷挤压 25-8 接铜线鼻固定在箱、盒内接地铜排端子上。将箱盒安装在基础上，固定箱盒的螺栓、垫片、弹簧垫或防松帽等应齐全，固定牢固。清理现场，打扫施工现场，施工废弃物应回收，统一处理，确保环境不受污染。

　　4）箱盒配线要求

　　信号机、轨道电路、道岔箱盒配线颜色的规定：

　　（1）信号点灯配线按显示颜色区分（2U 灯位采用棕色，灯丝报警线采用黑色）。信号机构至 XB 箱盒间使用黑皮管对线缆防护，信号机变压器箱至机构内线缆采用配线电缆（高柱信号机配线电缆采用带屏蔽配线电缆），具体线色如下：

　　①高柱进站信号机机构内：黄绿灯机构采用 6 芯屏蔽线缆，L 灯用绿色线，1U 灯用黄色线，红 2 黄灯机构采用 6 芯屏蔽线缆，2U 灯用棕色线，H 灯用红色线，引白灯机构采用 3 芯屏蔽线缆，YB 灯用白色线。

　　②矮型单列进站信号机机构内：机构内采用 15 芯线缆，L 灯用绿色线，1U 灯用黄色线，2U 灯用棕色线，H 灯用红色线，YB 灯用白色线。

　　③出站信号机机构内：机构内采用 9 芯线缆，H 灯用红色线，L 灯用绿色线，YB 灯用白色线。

　　④调车信号机机构内：机构内采用 6 芯线缆，A 灯用蓝色线，B 灯用白色线。

⑤接近信号机:机构内采用 6 芯线缆,L 灯用绿色线,U 灯用黄色线。

⑥复式单灯位信号机:机构内采用 3 芯线缆,L 灯用绿色线。

图 4-9-4 为室外出站信号机 XB-1 箱盒配线,内部配线软线颜色与信号机灯位颜色保持一致。

图 4-9-4 室外出站信号机 XB-1 箱盒配线

(2)轨道电路变压器箱内设备配线用颜色区分送受电端;送电端用红色线,受电端用蓝色线,补偿器配线采用蓝色线,轨道电路箱盒电缆配线应满足下列要求:

①轨道电路用内屏蔽数字电缆使用应符合设计规定。

两个频率相同的发送与接收严禁采用同一根电缆。

两个频率相同的发送严禁使用同一屏蔽四芯组。

两个频率相同的接收严禁使用同一屏蔽四芯组。

电缆中有两个及其以上的相同频率的发送或者有两个及其以上的相同频率的接收时,该电缆必须采用内屏蔽数字信号电缆。

电缆中各发送、各接收频率均不相同时,宜采用非内屏蔽铁路数字信号电缆,但线对必须按四芯组对角成对使用。

②主管电缆配线(主保护管),芯线端头应有 2～3 次做头余量,并严禁盘圈。芯线端头做成鹅头弯后与瓷端子连接(采用加强线环)。备用芯线盘成弹簧状放在电缆根部。

③副管电缆(副保护管)电缆沿盒的边缘绑把分线,并严禁与箱盒内边缘接触,数字电缆副保护管线把严禁形成闭合圈,线把绑扎间距应均匀,芯线应有 2～3 次做头余量。芯线端头做成鹅头弯后与瓷端子连接(采用加强线环)。备用芯线可盘成弹簧状放在电缆根部。

④站内、区间主干电缆贯通芯线上端子,胶管上应有贯通电缆芯线标识,干线方向盒(轨道变压器箱)内至少有一对贯通电缆一直贯通到最后一个干线方向盒(轨道变压器箱),轨道及道岔用的支线电缆不贯通,信号机用的电缆一直贯通到末端。

⑤线把绑扎均匀整齐美观。

图 4-9-5 为室外轨道电路 XB-2 箱盒配线。

(3)道岔转辙机至终端盒配线采用彩色线缆,缺口报警线采用红色、绿色、黄色、黑色线缆。

5)箱盒电缆配线要求

①电缆芯线配线严格按照设计图施工,每根电缆在箱盒中挂电缆来、去向铭牌。

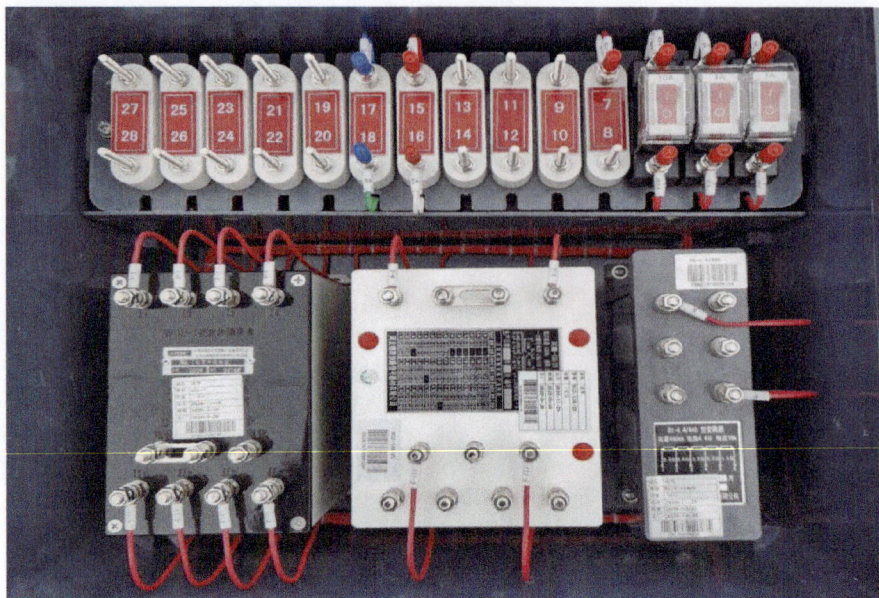

图 4-9-5　室外轨道电路 XB-2 箱盒配线

②电缆编号按标准进行编号,星绞、对绞、加芯顺序进行编号,星绞组按:红、绿、白、蓝。对绞组按:红白、绿白、蓝绿、蓝白。四芯电缆编号:红、白、蓝、绿。

③端子固定方式,对信号机点灯单元底座、灯座、轨道电路设备、道岔内部配线采用端子绕环,信号机灯座回线至灯泡卡片增焊 $7\times0.52\ mm^2$ 防护线,焊接应光滑、无毛刺,无虚焊假焊。

④配线前根据设计图纸,对每一根电缆导通,确认每根电缆应有标识牌,标明去向后方可配线。引入箱盒内的电缆应在接线端子上与其他电缆或设备软线进行连接,电缆芯线均采用鹅头弯与瓷端子相连,每根电缆芯线须留有能重做 2～3 次做头的余量。

⑤主保护管电缆配线,严禁盘圈,芯线端头做成鹅头弯后与瓷端子连接(采用加强线环)。副保护管电缆沿盒的边缘绑把分线并严禁与盒边缘接触,数字电缆副保护管线把严禁形成闭合圈,线把绑扎间距应均匀。备用芯线的长度应能够保证与最远接线端子进行配线连接。备用芯线应绕成弹簧弯,预留在电缆根部。

⑥箱盒内每根电缆的钢带、铝护套采用两根 $1.5\ mm^2$ 多股铜芯软线引出,屏蔽层采用 $1.5\ mm^2$ 屏蔽网环接后引出,固定在箱盒内接地铜排端子上。箱盒内采用 $25\ mm^2$ 多股铜芯软线固定在箱盒内接地铜排端子上,引出箱、盒后采用双 C 型环与信号专用贯通地线连接。

⑦箱盒配件(含保护管螺栓)均采用热镀锌工艺处理,铜质配件均采用镀镍处理。箱盒密封圈采用永久性器材,应满足抗老化、防尘、防水需要,端子编号的标示应清晰、美观并全部配满。箱盒内应附有注明配线来向、去向、使用芯数、备用芯数、长度的铭牌。铭牌字迹应工整、不模糊,耐久、防潮。

6)箱盒内灌胶要求

①方向盒、终端盒、变压器箱电缆配线完成后,灌胶须将电缆分束标记露出。

②箱盒无损伤、裂纹,密封作用良好,盒内清洁、端子无锈蚀。

③电缆引入箱盒后,应用冷封胶灌注固定,胶室严密,不应漏胶,灌胶深度适宜。

图 4-9-6 为室外 HF-7 方向盒配线。

7)室内采用铝合金走线架,采用固线器方式固定线缆,如图 4-9-7～图 4-9-9 所示,利用 BIM 技术进行空间上的合理布局,如图 4-9-10 所示,减少线缆、设备冲突,提升空间利用率。分线盘室增加电缆成端柜,二次成端采用双柱阻燃成端盒,接地安全可靠,电缆成端柜内挂设电缆去向牌及电缆排列顺序表。

图 4-9-6 室外 HF-7 方向盒配线

图 4-9-7 信号楼室内组合柜顶部布线

图 4-9-8 信号楼室内机柜底部布线

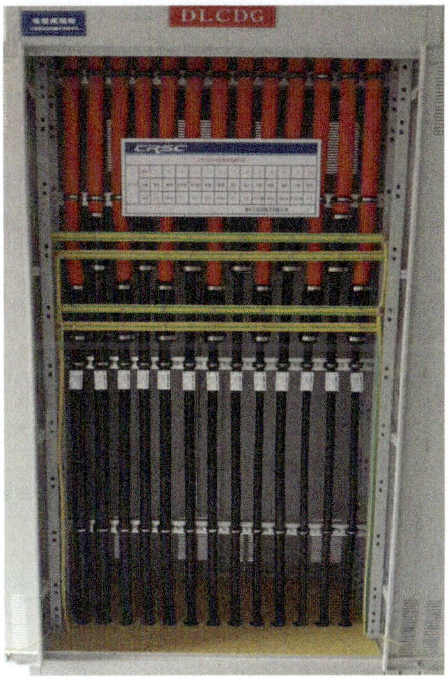

图 4-9-9 室内分线盘室二次电缆成端

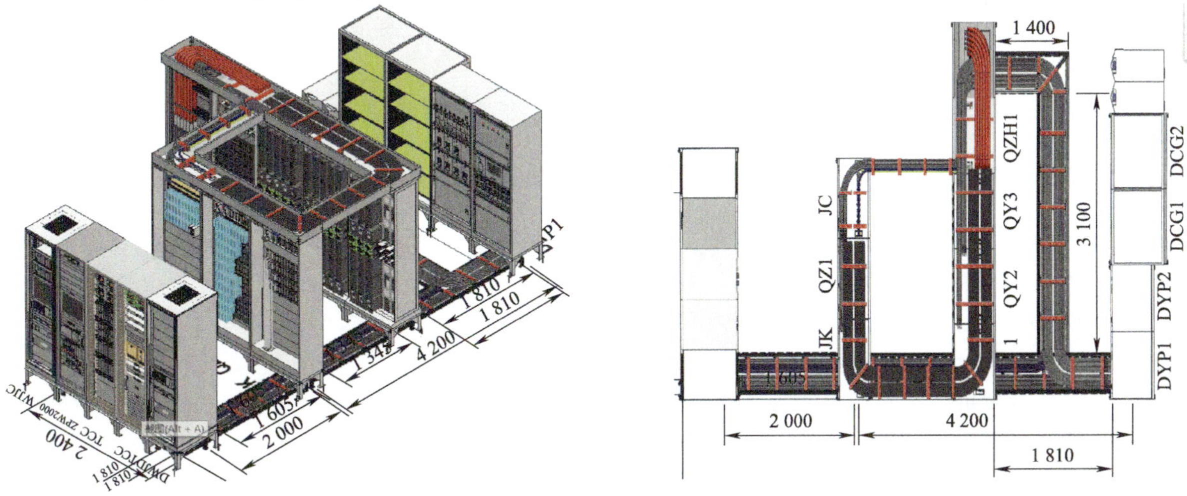

图 4-9-10 采用 BIM 技术对系统机柜及布线进行深化设计(单位:mm)

3. 信号工程数量

新建车站计算机联锁设备14套,修改建宁县北、冠豸山南既有车站2套。新建车站调度集中CTC车站分机设备14套,修改建宁县北、冠豸山南既有车站2套,接入南昌局集团公司兴三调度台一套通信前置服务器、一套通道质量监督设备及软、硬件修改。新建车站信号集中监测车站分机设备14套,修改建宁县北、冠豸山南既有车站2套及接入福州电务段监测中心系统软、硬件修改。新建车站道岔缺口监测车站分机设备14套,修改建宁县北、冠豸山南既有车站2套。新建车站电源设备14套,建宁县北、冠豸山南既有车站改造扩容2套,站间安全信息设备16套(含建宁县北、冠豸山南既有车站2套),区间计轴设备24套,信号电缆516条公里,联锁道岔71组,信号机203架。

4. 主要技术方案

根据《国铁集团工电部关于印发普速铁路CTC中心站集中控制技术方案的通知》(工电通号函〔2019〕48号)以及《南昌局集团公司关于兴泉、浦梅铁路采用CTC中心站集中控制模式及供电专业优化设计的函》(南铁建设函〔2021〕106号)的要求,浦梅铁路建宁至冠豸山段采用CTC中心站集中控制模式,保持CTC整体系统结构不变,功能符合《调度集中系统技术条件》(Q/CR 518—2016)的规定和要求。采用中心站集中控制,在中心站设置集控台,将相邻多个车站的操作集中到中心站控制,CTC由三种操作方式(中心操作、车站操作和车站调车)变为两种操作方式(车站操作和车站调车),车站操作方式车站根据需要可纳入中心站集控台,也可单独设置,车站调车方式车站全部纳入中心站集控台。

在车站操作方式下,集控台具备列车股道运用和列车、调车进路办理权限;在车站调车操作方式下,集控台具备调车进路办理权限,调度台具备列车进路办理权限。在条件具备情况下,中心站集控台具备列车计划和调度命令的编辑、下达和转发功能。

区域集控站的CTC终端设备仅作为应急处置时的后备手段,具备TDCS功能。

表4-9-1为中心站、区域集控站设置表。

表4-9-1　中心站、区域集控站设置表

序号	中心站	区域集控站(中国铁设设计范围内)
1	建宁南站	斗埕所★、黄岭站★、均口站★、黄沙潭站★、水茜站、何屋站★
序号	中心站	区域集控站(中铁二院设计范围内)
1	冠豸山站	严坊站★、田源站★、邓家站★、杨源站、文亨站★、陈坡所★

注:区域集控站中带★号的为无人站,其他均为应急值守站。

在建宁南站(中国铁设设计范围内)、冠豸山站(中铁二院设计范围内)各设置集控台设备1套,相应在建宁南站(中国铁设设计范围内)、冠豸山站(中铁二院设计范围内)信号机房各增加集控台机柜1个,并对原施工图设计设置于建宁南站(中国铁设设计范围内)、连城站(中铁二院设计范围内)的车站服务器进行软件修改,满足CTC中心站集中控制的要求。

对全线各车站CTC分机系统进行软件修改,满足CTC集中控制的要求。

二、信号主要组成系统

浦梅铁路信号工程主要包括车站计算机联锁系统、列车运行控制系统、调度集中系统、自动站间闭塞系统、信号集中监测系统、电源系统等。

1. 计算机联锁系统

(1)各新建车站(线路所)均采用DS6-60型安全冗余结构的计算机联锁系统。

(2)进站外方接近区段及站内区段均采用25 Hz相敏轨道电路,配套二元二位继电器。

(3)站内转辙设备、信号机及25 Hz相敏轨道电路(非电码化)电缆:分支电缆采用PTYA23型综合护套电缆,干线电缆原则上采用PTYL23型铝护套电缆。发送电码化信息的轨道电路电缆根据情况采用普通数字信号电缆或内屏蔽数字信号电缆。引入信号设备房屋的信号电缆采用低烟无卤阻燃型。

2. 列车运行控制系统

各新建车站(线路所)地面采用 CTCS-0 级列控系统,按 LKJ 方式运行。

3. 调度集中系统

本工程行车调度指挥系统为调度集中(CTC)系统,使用 CTC3.0 调度集中系统设备,采用 CTC 中心站集中控制模式。

(1)CTC 系统调度中心

本工程接入兴三调度台,纳入南昌局集团公司 CTC/TDCS 总机管辖。在南昌局集团公司调度所增设一套通信前置服务器,一套通道质量监督设备,并对既有中心设备软件进行相应修改。

(2)车站子系统

全线正线车站新设 CTC 分机设备,按 CTC3.0 技术标准配置。在建宁南站、冠豸山站设车站服务器机柜和集控终端机柜,车站服务器机柜和集控终端机柜就近设置在管辖车站内的信号机房内,并与车站 CTC3.0 局域网络连接。

(3)CTC 组网方案

CTC 系统独立组网,设计为双网双环结构的通道,主备通道各为 2M 数字通道,采用不同的物理径路及独立的传输处理设备,形成环状自愈结构,并按照每 7 个车站节点为一个环的两端分别连接到调度中心的双 2M 通道。包括调度中心的双局域网、车站的双局域网、车站之间的双通道网络、调度中心与抽头站间的双 2M 数字通道网络等。

4. 自动站间闭塞系统

(1)浦梅铁路建宁至冠豸山段采用区间自动站间闭塞制式,预留半自动闭塞功能。

(2)除建宁县北站至斗埕所、黄沙潭站至水茜站、陈坡所至冠豸山南站,其余均采用计轴设备作为区间占用或空闲的检查手段。

(3)设置两段接近区段,在第一接近区段和第二接近区段的分界处,设接近信号机,在第一接近区段入口 100 m 处,设机车信号接通标,如图 4-9-11 所示。

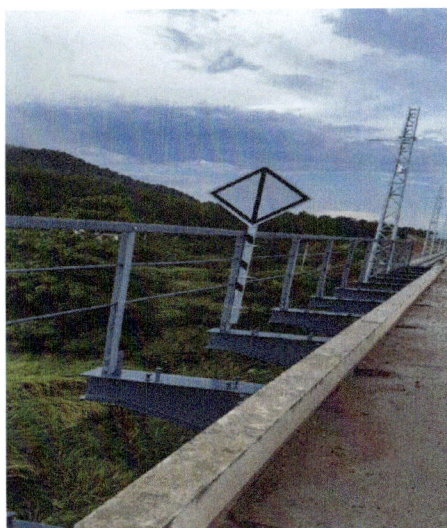

图 4-9-11　桥梁、隧道地段机车信号接通标安装

5. 信号集中监测系统

(1)信号集中监测系统采用上海铁大 CSM-TD 型信号集中监测设备。

(2)浦梅铁路信号集中监测系统组成两个环网,即斗埕所、建宁南站、黄岭站、均口站、黄沙潭站、水茜站、何屋站通道连接成环,并分别从斗埕所、何屋站接入到福州电务段 10 版信号集中监测中心;严坊站、田源站、邓家站、杨源站、冠豸山站、文亨站、陈坡所通道连接成环,并分别从严坊站、陈坡所接入到福州电务段 10 版信号集中监测中心,信号集中监测数据通信网采用通信系统提供的 10M 专用数字通道构建环状网络,用于集中监测系统的信息传输。

(3)信号集中监测系统主要是对电源屏(含 UPS)、车站列控中心、轨道电路、计算机联锁、安全数据网络、转辙机、道岔、信号机以及信号电缆回线进行监测和采集;对于智能电源屏、车站列控中心、计算机联锁等自身具备监测能力的系统通过统一的接口将模拟量信息、开关量信息、状态信息、报警信息传送至集中监测系统,实现对信号设备的集中监测和远程诊断。避免监测信息的重复采集。各主体系统设备(如 CTC 站机、车站联锁、车站列控中心、电源屏等)具有自诊断、检测报警等功能,并能与车站信号集中监测分机设备接口,所有检测、报警等信息应汇集到车站信号集中监测分机设备。

(4)本线设道岔缺口报警监测,视频监测图像采用电缆传输。

6. 电源系统

各新建车站(线路所)均采用客专信号电源 PKZ 型电源屏,CTC 设备、联锁设备、集中监测设备等所有信号设备用电均由电源系统提供,以提高供电效率,减少电源屏的种类和数量,合理分配各类负荷容量。UPS 容量应满足在外电源停电的情况下,能为除转辙设备外的所有信号设备持续供电的要求,有维护人员值守的车站 UPS 持续供电不少于 30 min。在 UPS 前端统一设置Ⅲ级防雷,防雷元器件通过 CRCC 认证。

三、物资管理

1. 物资的采购

计算机联锁设备、调度集中设备、信号电缆、5 机牵引转辙机为甲方供物资,其余均为自购物资,大宗自购物资招标方式为挂网招标。

2. 物资的质量控制

(1)对部分厂家安排专业人员驻厂监督,对制造过程进行控制。

(2)系统设备等物资由供货商、监理公司、业主、施工方四方进行开箱检验。

(3)对需要进所检测的设备材料由供货方直接发货到电务段检测车间进行检测,由施工方运回施工现场。

四、施工体会

在施工过程中,项目部面对疫情影响,工期节点紧张,既有线施工难度大,安全压力重等诸多困难,不妥协,不气馁,技术人员根据现场实际情况不断研讨细化施工方案,根据不同施工内容,精心组织,责任到人,根据大节点倒排工期,仔细梳理各项重点、难点,提前部署施工安排及应急预案;面对工期节点紧张,项目部以"抢抓机遇,攻坚克难,确保工期目标"为契机,只要现场施工条件具备一段,施工生产就跟上一段。在物资方面,积极联系各设备厂家,提前抢订物料,确保到货节点,做好物资检测工作。在安全方面,安质人员准备充足防护用品、劳保用品,制定安全防控管理细则,严格落实三级交底,现场讲解安全、防疫知识,把控安全质量关。

第十章　信息工程

一、工程概况

1. 工程简介

浦梅铁路信息工程范围为新建浦梅铁路建宁至冠豸山客运服务信息系统的综合布线、设备及安装工程。信息系统主要包括旅客服务信息系统、客票系统、车站门禁系统、办公信息系统、公安管理信息系统、综合布线系统、行包管理及服务信息系统、电源及环境集中监控系统、停车场管理系统、货物运输管理系统、货场视频监控系统等。

2. 主要技术要求

铁路旅客服务系统以集成管理平台为核心,对综合显示系统、监控系统、广播系统、入侵报警系统等旅客服务子系统在统一操作界面下进行集中控制和管理。

本工程包括多个系统,集成管理平台系统、综合显示系统、监控系统、广播系统、安检系统、门禁系统、入侵报警系统、票务系统、办公信息系统、公安管理信息、电源及环境监控系统综合维修管理信息系统及时钟系统等多方面内容,各系统功能性介绍如下。

(1)集成管理平台系统

集成管理平台采用以人为本的设计和服务理念,通过统一的接口协议,将广播、综合显示、监控等系统的业务数据、表格集成在一个操作界面内。操作人员通过集成管理平台完成业务操作,实现系统融合,联合操控。集成管理平台根据岗位的不同提供分级控制、定制化的业务操作内容;根据列车到发情况,自动生成广播和导向计划,向旅客发布及时准确的服务信息,降低错误率和减少工作量;实现统一的音频、视频集中管理和信息发布,为旅客提供相同的旅行感受;实现各系统设备终端运营状况的在线监控,并通过电子地图对异常终端进行定位,确保终端设备正常运行及快速维修;可预设紧急情况下的各类应急预案,为管理和操作人员提供决策和操作指导。

操作台安装根据终端设备的数量确定长度和宽度,操作台排列整齐,边缘成一直线,台面保持水平,衔接处无明显高低不平现象。

(2)综合显示系统

综合显示系统在旅客进站、购票、候车、检票、乘车、出站等各个环节上为旅客提供及时准确的信息指向服务。终端的设计和布点采用统一的规范和标准(包括外观、颜色、内容、布点位置等),目标是在各车站提供统一的标准化的综合显示服务,使旅客可以迅速地理解并自行运用。显示终端根据使用环境采用LED、LCD结合运用,在显示效果、质量、档次等方面都达到了很高的水平,如图4-10-1所示。综合显示设备安装结合土建专业结构设计,做到安装牢固。设备机柜垂直度、水平度、设备间隙符合规范。

(3)监控系统

监控系统采用了数字化视频监控的技术,实现了整个车站的全部覆盖、数字化存储、网络化管理。实现了集中监视、统一管理、联动控制等功能,在突发情况下可作为应急指挥中心使用。

视频监控系统包括"售票室视频监控系统"、"安检区域视频监控系统"和"其他区域视频监控系统"三部分。

视频监控设备严格按照设备平面设计图和规范进行安装,安装时充分利用水平尺,定位仪进行测量和检验,保证设备垂直度、水平度符合设计规范要求,机柜内维护监视器安装考虑防滑和加固处理,以防造成位移,摄像机安装保证最佳图像效果,如图4-10-2和图4-10-3所示。

图 4-10-1　候车厅检票闸机及大屏

图 4-10-2　出站口球机安装

图 4-10-3　摄像机安装

（4）广播系统

广播系统采用数字音频传输技术，为旅客提供列车到发、站内通告、票务信息、设施环境说明、安全提示及旅行相关等语音信息。系统具有人工广播和自动广播两种方式，通过中文、英文等多种语言进行分区域的实时广播和插播。在特定情况下，现场工作人员能够实现特定区域内的临时广播和紧急广播。广播系统运用 TTS 技术、环噪补偿技术，保障旅客和工作人员能够在整个站区内清晰明确地获取音频信息，如图 4-10-4 和图 4-10-5 所示。

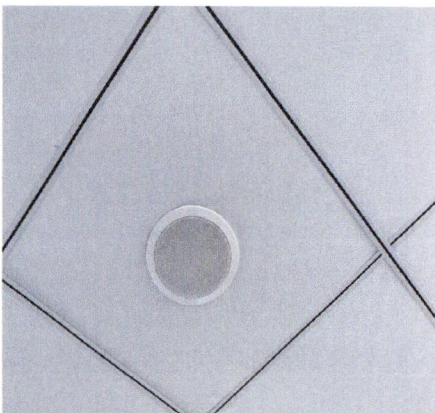

图 4-10-4　出站口广播

图 4-10-5　办公区广播

广播终端设备安装,特别是吸顶扬声器安装,注重牢固、美观及整体效果,同时充分考虑喷淋口、广告、导向显示屏等设施影响,做好防护和隔离,确保设计音响效果。扬声器安装完成后对扬声器网进行交流阻抗测试。

对接与消防专业的接口方式确保突发情况的优先级,保证财产和人身安全。

（5）安检系统

安检系统通过 X 射线安全检查设备,对旅客行包进行安全检查,防止旅客携带容易引起爆炸、燃烧、腐蚀、毒害或有放射性的物品及枪支、管制刀具等可能危害公共安全的物品,同时通过彩色定焦摄像机及录像设备采用 7×24 h 录像方式记录旅客进站、放行李和提取行李的过程,有效地保障了铁路运输和旅客生命财产安全,如图 4-10-6 所示。

图 4-10-6 候车厅安检及监控

（6）门禁系统

控制所有出入通道控制点的电锁开/关,实行授权安全管理,并实时地将每道门的状态向控制中心报告。通过管理电脑预先编程设置,系统能对持卡人的通行卡进行有效性授权（进/出等级设置）,设置卡的有效使用时间和范围（允许进入的区域）,便于内部统一管理。

（7）入侵报警系统

入侵报警系统是指当非法侵入防范区时,引起报警的装置,它是用来发出出现危险情况信号的。入侵报警系统就是用探测器对房间内及按钮对售票窗口重要地点和区域进行布防。它可以及时探测非法入侵,并且在探测到有非法入侵时,及时向有关人员示警。一旦发生入侵行为,能及时记录入侵的时间、地点,同时通过报警设备发出报警信号。

（8）票务系统

票务系统由检票数据库服务器、应用/监控服务器、接口服务器、自动售票机（TVM）、窗口售票机（BOM）、自动检票机（GATE）、补票机、网络交换机、主机、存储、终端、外设、网络系统及安全防护系统等组成。

自动检票机（GATE）与应用/监控服务器连接获取检票计划和规则,完成旅客车票有效性检查处理,并将检票处理结果上传到应用/监控服务器,完成旅客进/出站自动检票功能。

窗口售票机、自动售票机和自动检票机自动采集本设备的运行状态信息,如图 4-10-7 所示,并将相关数据上传至应用/监控服务器,完成设备监控和报警功能。

网络系统对票务系统的正常运行提供保障,管理和监控车站各类终端设备的运行状态,保证各类终端设备与车站服务器之间实时通信。

主机、存储、终端及外设对票务系统的日常运行提供基础保障。

安全防护系统通过访问控制系统、入侵检测系统、漏洞扫描系统、隔离网闸等技术手段对票务系统形成一套整体的安全防御体系,全面保障票务系统的安全。

图 4-10-7　售票厅窗口

（9）办公信息系统

办公信息系统完成公文流转的自动处理，包括办理发文的文件起草、审核、会签、签发、统计和归档，以及办理收文的文件登记、批转、传阅、批示、催办，实现公文处理流程化、电子化、网络化，实现个人办公等功能。

（10）公安管理信息系统

公安管理信息系统主要完成车站公安人员信息化办公的功能，支持多种安全标准，可设置安全系统；一体化的网络管理提供先进而完善的网络管理工具。公安派出所通过铁路传输系统提供的 5×2 Mbit/s（接口为 E1）通道接入铁路公安处。

（11）电源及环境系统

SU 由 RTU、智能一体化采集器、监控模块及环境传感器、探测器（温湿度、烟雾、水浸、空调控制等）构成。电源及环境监控系统与综合视频监控系统互联，实现告警—视频联动功能。联动方式采用后端联动。

（12）综合维修管理信息系统

综合维修管理信息系统实现对线路、桥梁、隧道、供变电、电力、通信、信号、信息、给排水、建筑等除动车以外基础设施与设备的综合维修管理。包括以下功能：监视所辖范围内主要技术设备运行状态；提交维修计划；根据维修调度命令，下达维修派工单；组织制定固定设备与设施的综合维修计划并建立维修台账，控制现场维修过程，统计和分析。

（13）时钟系统

时钟设备进场验收满足客服验收标准，设备接地方式及电阻值符合设计时钟设备功能和性能，满足设计文件及招标设备技术规格书要求。时钟设备安装满足客服验收标准及施工图设计要求。

3. 工程特点

（1）施工制约因素多，工程干扰较大，配合协调工作量大，工程受站房、站台等站前专业影响较大，交通不便，工程前期施工任务量小，主要施工任务集中在施工中、后期。本工程基本处于零工期的施工状态，站前工程完工，同时要求站后工程随即完工，工程施工将与站前单位展开平行作业和交叉作业，施工干扰较大；工程接口多，所以工程全过程与各站前单位进行很好的配合，减少了二次返工，顺利完成施工生产任务。

（2）新技术、新工艺、施工技术要求高

本工程为新建时速 160 km 客货共线铁路工程，电缆槽沟中光缆的敷设、预留、接续；票务，旅服、广播子系统设备安装;各个系统的调试及联调等是本段工程技术管理的重点。

4. 主要工程数量

本次工程范围为新建浦城至梅州铁路"信息客服"系统集成及相关工程,包括建宁南站、水茜站、杨源站、冠豸山站共4个车站客运服务信息系统的缆线槽道敷设、设备及安装工程。客运服务信息系统以集成管理平台为核心,主要由客票发售与预订系统、旅客服务信息系统、综合显示系统、客运广播系统、视频监控系统、报警系统组成的旅客服务子系统在统一操作界面下进行集中控制和管理。其他系统主要由动环监控系统、车站办公自动化系统、公安管理信息系统、货运管理信息系统、工区办公自动化等系统组成。

客服信息系统主要工作量有:敷设钢管38 000 m,缆线166 000 m,安装桥架5 000 m,广播537套,摄像机331套,显示屏41套,闸机28套,动力与环境监控系统7套,客运办公自动化系统4套,工区办公自动化系统2套,公安管理信息系统2套,货运管理信息系统1套。

二、总体施工组织及实施

1. 工程实施指导原则

统筹规划、确保工期、突出重点、安全快速、优质高效。

根据现场的工程实际,精心组织实施,严格执行设计方案,准确掌握技术标准,选定合理的操作规程、施工方法;优化资源配置,合理组织施工,做好施工协调配合,减少施工干扰,确保施工运输双丰收。

2. 项目管理机构及队伍安排

根据信息系统工程贯穿全线的特点,为了保证施工质量与施工工期,项目部设在连城县朋口并在全线设置了4个施工作业队,安排每个作业队管辖范围的工程数量,配备了相应管理技术及工班技术人员,并给每个作业对配备了一定数量的劳务工。

3. 机械仪器设备配置

按照需要分别给项目部、分部及各个施工作业队配备了一定数量的施工车辆、机械、工具、仪器仪表,并按照施工需要,由项目部进行统一调配管理,保证工期与施工质量。

4. 基础设施

在保证场内交通运输畅通和满足施工对原材料、半成品堆放要求的前提下,尽量减少场内运输,特别是二次倒运。

施工场地平面布置满足现场卫生、环保、防洪、消防等安全技术要求。

各作业队根据工程施工进展情况,在各区段的合适地点,设置临时工点,方便施工。在项目部驻地设立中心材料库,便于集中管理;在各作业队驻地设置工点小料库,便于日常施工。

三、施工完成情况及保证措施

工期目标本管段于2021年3月28日开工,严格按业主对工期的要求,于2021年9月26日完工开通。

工期保证措施:

(1)组建强有力的指挥机构。

(2)编制科学,严密的实施性施工组织设计,制定科学的施工方案,采用先进施工方法和合理工艺流程,按网络计划组织施工阶段性工期目标,施工计划合理安排并留有调整余地。

(3)配备性能先进,状况良好的机械设备。

(4)供应物资及时,确保工程施工持续正常进行。

(5)合理运筹资金,加强调控能力,确保工程施工正常运转。

(6)充分利用施工黄金季节,实行倒班作业。

(7)制定切实可行的安全措施。

(8)实行目标管理,奖罚分明。

（9）协调搞好与各个接口工程单位、当地政府及人民的关系，排除施工干扰。

四、主要施工工艺及方法

首先进行设计联络，待第一次设计联络完成后进行施工勘查、施工准备和施工测量。待具备施工条件后，首先进行综合布线系统施工，同时进行设备安装，然后是系统的调试及联调联试，最后进行试运行。

1. 线缆施工

线缆施工严格按照安装设计要求及相关技术标准下达作业指导书：施工准备→径路测量→单盘测试→配盘→电缆槽开盖及清扫→敷设线缆→线缆检查及恢复盖板。在盖盖板的时候要小心轻放，打钉时避免燕尾钉伤到光电缆。

（1）施工工艺流程

施工工艺流程如图 4-10-8 所示。

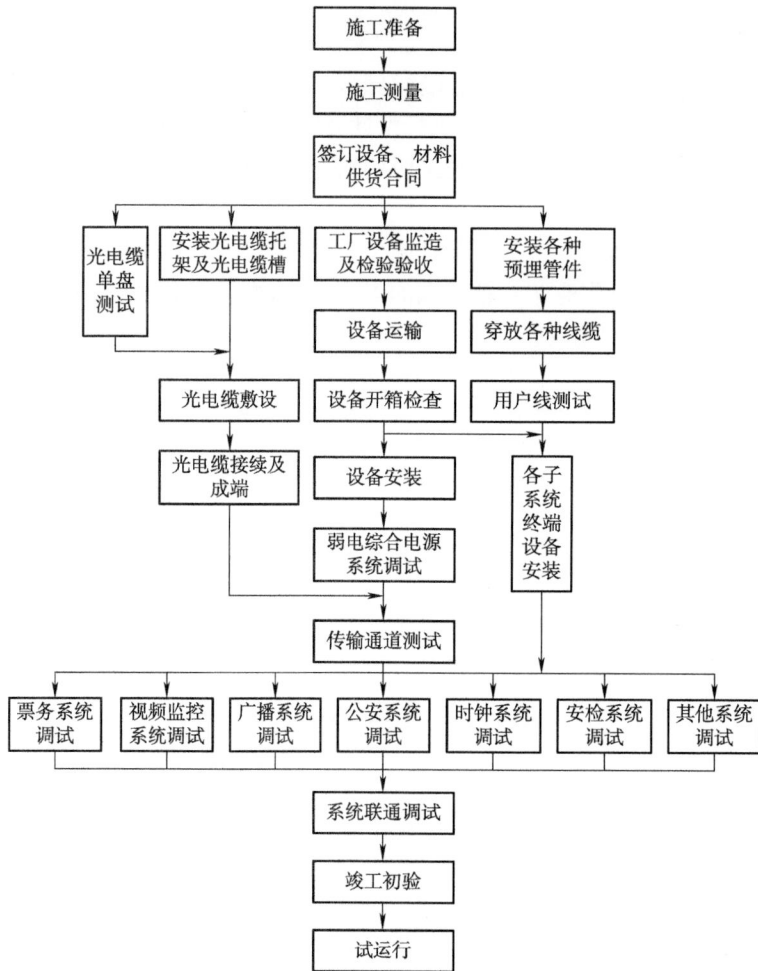

图 4-10-8　施工工艺流程

（2）施工工艺方法说明

①施工测量与配合

根据施工设计图和站内布局，站内桥架、线缆等，测量完毕建立测量台账。

②单盘测试

用数字万用表、直流电桥、测试仪测试电缆的各项性能指标，测试结果满足规范和设计要求。用光时域反射仪（OTDR）进行光缆的单盘性能测试，测试结果满足规范和设计要求。

③配盘

根据测量台账和单盘光缆长度,进行配盘。

④安装桥架托架

吊顶内,按定测的托架位置,采用打眼作业车,利用冲击钻钻孔,然后装入膨胀螺丝并固定好吊杆,一般范围根据站内吊顶高度而定,按要求每米1处。

⑤光电缆运输

光电缆装车时,应使用叉车或吊车,吊装上车;或者找到有斜坡的地方、人工滚动推上汽车;还可以人工搭放斜坡(使用槽钢),将光电缆滚动推上汽车,人工滚动时一定要注意安全,光电缆盘下方严禁站人,汽车上方应使用大绳将光电缆盘兜住进行保护,防止光电缆盘下滑。

卸车时亦使用吊车或者找到斜坡处缓慢将光电缆盘卸下汽车,严禁将光电缆从车上直接推落到地。

光电缆盘装上汽车后应使用三角形木块进行打眼,并将光电电缆盘与汽车使用 $\phi4.0$ mm 铁线进行捆绑,汽车运输过程中严禁车上站人手扶光电缆盘;滚动缆盘时,必须顺盘绕(箭头)方向,并应做短距离滚动。

⑥敷设光电缆

本工程光电缆安装于站内及站台,属于短距离线缆布放,提前在每隔桥架及管道拐角处和引上、下处留人看守接力穿放,以保证在任何情况下施工时光电缆不受损伤。及时做好线缆双头标识。

⑦接续、成端

准备工作:携带专用工具、仪表、接续材料,对照接续位置,先留够足够的光缆预留,一般光缆接续点两侧长度均为 12~15 m 为好。开拨光缆 1.5 m,除去竖管外层纤维包裹绳,根据接头盒规格减掉多余强芯,进行光纤在接头盒内安装及固定。将竖管在接头盒绕半圈,以便以后处理和接续操作,然后进行竖管开拨,一般光纤纤预留不应超过 80 cm,准备好接续工具准备接续。穿好热缩管,开拨涂覆层,用 95% 的酒精棉球对裸纤进行擦拭,用切割刀将裸纤至涂覆层切至 12~15 cm,放入熔接机进行接续,接续完成检查热缩套管是否热缩透彻。将接续好的光纤收至收容盘内,安装接头盒。做好两端光缆标识。

2. 设备安装及配线

设备安装严格按照安装设计要求及相关技术标准下达作业指导书,施工流程为:施工准备→机房环境检查→施工定位与测量→设备安装与固定→布线及配线→安装试验。设备安装一定要牢固,配线要准确,如图 4-10-9 所示。

图 4-10-9　信息机房线缆布放

五、调试开通

1. 设备加电

加电试验前,重新对设备线路电气特性进行检查测试,特别是对电源线绝缘特性进行测试,区分火线和零线,确保供电安全。进行通电时,随时监测供电电压情况和设备状态,做好应急处理。

加电前,设备接地检查测试,接地电阻采用联合接地,接地电阻值不应大于1Ω。

2. 设备接线调试

接线前,将已布放的线缆再次进行对地与线间绝缘摇测;机房设备采用专用导线将各设备进行连接,各支路导线线头压接好,设备及屏蔽线应压接好保护地线。接线时应严格按照设备接线图接线,接完再进行校对,直至确认无误。

3. 调试前的检查

检查各电子元件及配线是否牢固。

检查系统电压和电池的正负极方向,确保安装正确。

检查接地和通风是否符合要求。

4. 检测试验

对各功能单元进行试验测试,全部合格后方可进行试验和检测。

(1)电缆测试仪、网络故障诊断仪采用知名品牌产品。

(2)仪器仪表性能满足本项目招标范围内所有信息系统运营维护需要。

(3)仪器仪表包括但不限于电缆测试仪、网络故障诊断仪、万用表、打线钳等。

试验的范围及内容:信息各子系统主要设备的性能功能试验、通道试验、系统性能测试、系统功能试验。

第十一章　电力工程

一、工程概况

浦梅铁路电力专业新建高压 10 kV 电源线路 16 条,线路总长度 30 km;新建 10 kV 配电所 3 座,分别是连城站、水茜站、建宁南站;既有 10 kV 配电所改造 2 座,分别是冠豸山站、建宁县北站;铁路沿线 10 kV 综合电力贯通线及 10 kV 综合贯通线共计 161 km。14 处站场高低压线外施工;10/0.4 kV 箱式变电站 74 座,箱式电抗器 12 座,10/0.4 kV 室内变电所 15 个;隧道照明 23 处、防灾救援监控系统 2 处。

二、主要工程时间节点

浦梅铁路电力专业工程于 2019 年 11 月 19 日开工,2021 年 8 月 22 日动态验收,2021 年 9 月 26 正式启用。主要工程时间节点见表 4-11-1。

表 4-11-1　主要工程时间节点

序号	工程项目	开工日期	完工日期	备　注
1	外电源线路施工	2019 年 11 月 19 日	2021 年 4 月 28 日	
2	贯通电缆敷设	2020 年 1 月 20 日	2021 年 5 月 30 日	
3	配电所施工	2021 年 7 月 12 日	2021 年 9 月 8 日	
4	箱变安装	2021 年 3 月 10 日	2021 年 5 月 20 日	
5	隧道照明施工	2020 年 5 月 25 日	2021 年 4 月 20 日	
6	10/0.4 kV 室内变电所施工	2020 年 5 月 10 日	2021 年 4 月 30 日	
7	系统调试	2021 年 5 月 30 日	2021 年 8 月 15 日	

三、主要工程数量

浦梅铁路工程电力供电系统主要由高压电源线路、铁路站、段 10 kV 及以上变配电所、沿线单 10 kV 电力贯通线路、站场(房)高压电力线路、10/0.4 kV 变配电设施以及低压电力线路等构成。

(1)新建 10 kV 高压电源线路 16 条,线路总长度 30 km,并且负责各 10 kV 电源及变、配电所进线设备的施工以及与供电公司和铁路既有运营单位的联系、实施直至送电。

(2)新建 10 kV 变配电所 3 座,分别是连城站、水茜站、建宁南站;既有 10 kV 配电所改造 2 座,分别是冠豸山站、建宁县北站。

(3)车站 10/0.4 kV 通号变电所 15 座,陈坡线路所、文亨站、连城站、杨源站、邓家站、田源站、严坊站、何屋站、水茜站、黄沙谭站、均口站、黄岭站、建宁南站、斗埕线路所、建宁县北站。

(4)铁路沿线 10 kV 综合电力贯通线共计 161 km。

(5)10/0.4 kV 箱式变电站 74 座、箱式电抗器 12 座、隧道照明 23 处、防灾救援 2 处。

四、主要施工技术及工艺要求

1. 区间贯通线路施工方法

(1)施工准备:准备电缆线路施工的工机具。测量工具如皮尺、钢卷尺、测量绳、标桩、红油漆等;施工工具如锹、镐、钢钎、大锤、电缆支架、电缆滑车;材料如电缆标志桩、电缆保护钢管、管口封堵材料等。根据设计电缆线路的径路,查清电缆线路上是否有地下设施,从而确定具体的施工和防护方案。了解电缆沟土质情况,根据具体情况,从而确定正确的施工方法。

(2)桥支架安装:电缆上下桥的爬架在地面以上1.5 m范围内使用明显的专业标识;张贴二维码,二维码内容包含电缆信息、用途、方向、实名制信息及设备管理单位联系方式等,实现建管一体化目标。

(3)电缆敷设:敷设电缆前,先进行电缆配盘,并根据电缆的电压等级对电缆进行抽样送检,送检合格后方可敷设电缆。电缆敷设若采用人力牵引的方式进行,敷设较长电缆前,应在电缆行径的路线上每隔20 m放一个电缆滑车,在路面摩擦太大的地方每隔10 m放一个电缆滑车,在转弯处放万向转弯滑车,以防磨坏电缆的外绝缘层或受到机械性损伤。

(4)电缆引入:施工前应准备电缆中间接头或终端头的材料,对电缆进行绝缘测试。根据所要制作的电缆头类型进行主要工机具准备。制作好的电缆头应保证电气性能和机械强度可靠,并满足电气试验要求,制作过程中要保持清洁、干燥、不伤及电缆绝缘层和绝缘强度,制作前后必须用兆欧表进行电缆绝缘测试,要求绝缘电阻必须满足规范要求。电力电缆送电前,必须进行直流耐压及泄漏电流试验和相位试验,满足规范要求方可送电。电缆头制作必须连续作业,一次性完成,防止受潮。

电缆敷设时应根据现场实际情况设置人员及滑轮,不得使电缆在滑动时与地面或其他硬建筑物发生摩擦;直埋电缆采用铺砂盖砖防护时,其上、下部应铺设厚度不小于100 mm的软土或砂层,砖覆盖宽度应超过电缆两侧各50 mm。

区间电缆在桥梁段部分预留采用蛇形敷设方式(以500 m为周期,500 m内在0~50 m内做蛇形),预留长度不小于5 m,蛇形形状采用提前预制模板定型,蛇形拐点距离电缆沟壁5 cm,保证三角形支架、电缆不受桥梁振动损伤。

三根单芯电缆在电缆槽中敷设时呈品字形布置,每隔1.5 m用采用三角形支架进行固定。

单芯电缆在两个高压负荷点电缆接头范围内敷设时,三相在平面位置上应采用全换位周期敷设方式,且三段长度宜相同。单芯电缆穿金属管敷设时,其三相电缆应穿于同一根管内。单芯电缆一端直接接地,一端经护层保护器接地。

2.外电源线路施工

(1)主要施工流程

施工准备→路径测量→杆塔组立→横担子及绝缘子安装→拉线制作及安装→导线架设→设备安装→接地→工艺质量检查。

(2)主要施工方法

①施工准备:对路径、杆位进行复测,建立测量台账。

②杆塔组立:

杆塔组立前应先在底盘上找好中心线,并按测量的坑位将底盘放置在坑中心,埋设时应分层捣实、每次不应大于500 mm。

直线杆卡盘安装时应与线路保持平行,并在电杆左、右侧交替埋设。

埋深应符合设计要求,允许偏差为±50 mm。

电杆组立后周围应设置防沉土层,高度不低于300 mm。

③拉线安装:

楔形线夹舌板与拉线接触应吻合紧密,受力后无滑动现象,拉线尾部应在线夹凸肚侧;安装时不应损伤线股,拉线弯曲部分不应有明显松股。

拉线不应有松股、交叉、折叠、断裂及破损等,拉线、镀锌铁线表面镀锌层应良好,无锈蚀。

UT线夹处露出的尾线长度为300~500 mm,尾线回头后与本线应扎牢。

④导线架设:

根据实际情况合理布置滑轮的数量,不得使导线在地面或横担上推拉。

导线展开后应平整,不应出现打死弯现象或散股现象。

采用并购线夹连接引流线,线夹槽内应清除氧化膜,并涂电力复合脂。

导线架设后其误差不应超过设计尺度的±50 mm,同档距内各相导线尺度应一致,水平排列的导线尺度相差不应大于50 mm。

电力杆塔、水泥制品、铁配件、金具、导线、杆上设备规格、型号、质量符合安装要求。隔离开关杆导线架设如图4-11-1所示,终端杆导线架设如图4-11-2所示。

导线架设宜采用机械化张力牵引放线。

绝缘线连接应采用专用线夹或接续管,并应绝缘处理。

接地主引下线宜安装在顺线路方向、设备接地端的同侧,接地引下线端头外露并沟线夹20～30 mm。

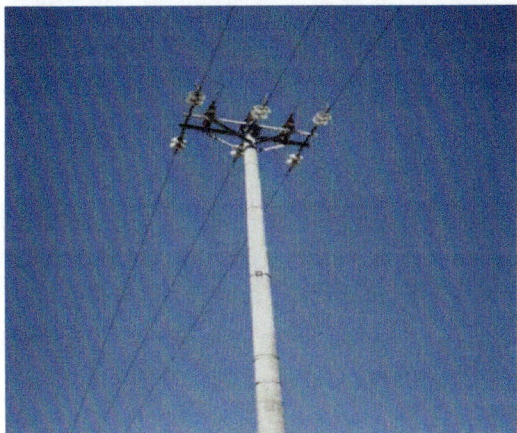

图4-11-1　隔离开关杆导线架设　　　　　图4-11-2　终端杆导线架设

3. 箱变安装及基础浇筑施工

1)基础浇筑施工流程

施工准备→模板支立→基础浇制→基础养护→基础拆模。

2)主要施工方法

(1)施工准备

备齐基础形式配置表、基础施工图、基础施工手册等技术资料;向施工人员进行技术交底:基础的形式、规格尺寸、施工方法、安全措施、质量要求。做好材料准备,水泥强度等级符合施工设计要求,运到现场后必须妥善保管,放在干燥处,防止水泥吸湿受潮、变硬使强度降低。水要符合质量要求,水量要充足;所选用的砂、石料应符合质量要求。基础使用的钢筋品种、规格、数量符合施工图技术要求,凡弯曲变形的钢筋,在施工前必须校正,浮锈要除去,保证表面清洁。

(2)模板支立

施工中采用钢模,以保证基础质量和外形工艺美观。组合模板包括平面模板、阴角模板、阳角模板和连接角模。钢模的连接件包括U形卡、L形插销、钩钉螺栓和紧固螺栓等。钢模采用模数设计,宽度模数以50 mm进级;长度模数以150 mm进级。模板应有足够的刚度,接缝严密、装拆灵活、并可多次重复使用。底模的支立:基础坑底部操平后,在坑底定出底层基础的四角位置,将底层模板拼装成模盒在坑底放置,使模盒四内角对准坑底四角并使底模水平。有条件的地方可以用坑底四壁代模浇制底层基础。二层模支立:在底层坑定出二层基础四角位置,固定好支架。将拼装好的二层基础模盒置在支架上并固定牢固,底部四周平面露出部分用模板封严,以防跑浆。立柱支立:将两根断面为150 mm×200 mm搁木平行放置在二层模盒上,把装好的立柱模盒放于搁木上然后操平,最后固定牢固立柱模盒。

(3)基础浇筑

混凝土搅拌采用机械搅拌,事先在实验室做好水泥、砂、石的化验并提供相应的配合比,施工时,控制混凝土的配合比,搅拌均匀后进行浇筑。浇灌混凝土要求内实外美、尺寸正确,而浇灌是混凝土成型的关键。搅拌好的混凝土应立即进行灌注,浇灌应从一角开始,不能从四周同时浇灌。混凝土倒入模盒内,其自由落下高度不应超过 2 m,超过 2 m 应沿溜管、斜槽或串筒落下,以免混凝土发生离析现象。混凝土应分层浇灌和捣固,每次浇灌层厚度不宜超过 200 mm,然后进行捣固,捣固时采用插入式振捣器直上直下、上下插动、层层扣搭。浇灌时要注意模板及支撑是否变形、下沉或移动,防止流浆。浇灌时还应注意钢筋笼与四周模板保持一定的距离,严防露筋。浇灌混凝土应连续进行,不得中途中断。如因故中断超过 2 h,不得再继续浇灌,必须待混凝土的抗压强度达到 1.2 MPa 后将连接面打毛、并用清水清洗,然后浇一层厚10~15 mm 与原混凝土同样成分的水泥砂浆,再继续浇灌。

(4)基础的养护

混凝土基础浇完 12 h 后,开始对其进行浇水和养护,养护时基础表面要加遮盖物。浇水次数以保持混凝土表面湿润为度。基础拆模经表面检查合格后应立即进行回填土。同时,在基础表面加盖遮盖物。山区或用水困难地方可用养护剂养护,使用时在基础拆模后立即涂刷,涂刷后可不再用水养护。

(5)基础拆模

基础拆模时必须自上而下进行,以保证基础表面和棱角不损坏,并要求其强度示小于 2.5 MPa。

基础施工中,混凝土的配合比应根据所采用的砂、石、水泥等原料及现场施工条件,按国家现行标准规定,通过计算和试配来确定,并有适当的强度储备,并严格按照有关要求进行混凝土试块制作、试验。混凝土浇灌前必须检查复核基础的位置、形式、尺寸、标高及钢筋规格、数量等是否有误,排除基础坑内的积水及杂物。检查所组立的模板应符合设计规定尺寸,并且垂直、不倾斜。模板的支撑要均匀合理并支撑牢固。在浇灌混凝土时模板不变形;钢筋笼与模板之间有一定的保护距离,底板的钢筋应垫起一定的高度。在浇筑混凝土时,应同时制作混凝土试块并与基础同等条件养护。混凝土的浇水养护日期,普通硅酸盐及矿渣酸盐水泥浇制的混凝土不得少于 5 昼夜,必须随时掌握气温变化,所有混凝土在白天浇筑,不应在雨天或雪天进行,当室外日平均气温连续 5 天稳定低于 5 ℃,应采用寒季施工措施。

3)箱式变电站施工

(1)施工工艺流程

施工准备→设备运输→开箱检查→箱体就位→尾工处理。

(2)主要施工方法

①施工准备

对设备运输通道的检查,为吊车吊装就位利用现有的施工便道尽量创造条件;依据设计图纸和技术标准的要求,对先期工程的基础进行检查和核实工作,以保证箱式变电所的基础螺栓预埋位置符合设计图纸要求。依据设计图纸、技术标准和以往的施工经验,对制造厂家的箱体和设备进行检查和核实工作,以保证箱体安装预留孔与基础预留螺栓对位。安装箱体前,应检查基础面的平整度,保证箱体底座与基础接触密贴,以防箱体变形。

②设备运输

依据前期施工调查情况,尽量采用汽车运输方法,进行箱体的运输,利用汽车吊将箱体和设备吊装就位。设备进场通道上,车辆进出的路径范围内,道路畅通,地面平整并压实。拆除路径范围内相应的障碍物。基础周围的场地平整压实,无其他任何杂物。

③开箱检查

对运到现场的设备进行设备外观检查和资料的交接验收。

④箱体就位

依据现场调查的运输路线,用汽车将箱体运抵安装现场。需将箱体由运输车辆上移至基础的安装位置。利用吊车将箱体吊起,安装在箱体基础上。测量基础预埋螺栓的相对位置,标准为预埋螺栓其顶端误差为 +20 mm、−0 mm,各预埋螺栓位置或间距误差为 ±2 mm。利用水平仪对设备基础上面进行水平检查。在基础的表面每隔 0.5 m 选择一个基准点,作为测试点,相邻基准点的水平度应不大于 ±1 mm,全长的不平度应不大于 ±3 mm,确保箱体安装的稳定性。箱变的箱体构件大部分体积大、质量大,利用吊车吊装箱体,安装在设计要求的基础位置。起吊绳安装的位置应严格按照箱体设计的要求,吊装点要在箱体标示的承重点,保证起吊过程中,箱体外形不因受力而变形。在箱体吊装时,应有专业人员对整个吊装过程统一指挥,严格遵守货物起吊管理程序及施工规范,保证人员、设备的安全。当箱体吊到基础上方,且距基础表面的高度稍高于基础螺栓时,指挥人员应要求吊车减慢吊装速度。在箱体的四个角各有一名施工人员,利用圆木棒的一端以地为支点,小心地推动箱体,靠近标示的箱体具体位置的红线,使箱体徐徐落在安装位置。用水平尺检测箱体水平度和垂直度,边调整边测量,直到箱体水平,符合设计要求,固定安装螺栓。

⑤尾工处理

柜体安装完毕后,确认各部的安装位置及尺寸是否符合设计要求,并清除箱体内所有的工机具和杂物,保持箱体内的清洁。

a. 基础浇筑

基础开挖时应严格按照设计图纸开挖,开挖后应及时进行基地承载力复测确保满足设计要求。

注意模板及支撑木是否有变形、下沉、移动及漏浆等现象,发现后应当立即处理。

混凝土应分层捣固,每层厚度不应超过:人工捣固时,一般为 250 mm 以下,在配筋密集的结构中为 150 mm;机械捣固时,平板振捣固为 200 mm,插入式振捣器为振动棒长度的 1.25 倍。

b. 箱变组立

箱变组立时应提前对箱变基础进行预测,找出基础预埋槽钢的中心位置并标记,确保箱变组立后保持在中心位置。

箱变吊装到基础上调整就位后,应分别开启、闭合四周的箱门进行检查,应能够顺畅地操作,不应有阻滞现象的出现,然后再次检查箱体的稳固程度,确认合格后用水泥砂浆封堵箱体与基础之间的缝隙。

施工完毕,检查箱式变电所的所有通风孔应全部通畅,通风道内无施工遗留物,通风机绝缘良好运转正常。

c. 箱变安装

箱基础与地平高度统一,抹面做到平整、美观,箱变上安装存放二维码透明盒子(为二维码修改更换方便)。

设备内电气元件完好,内部接线完整。

增设二维码,主要体现:二次接线图纸、厂家及柜内配置设备厂家信息,体现建管一体理念。

箱变接地电阻符合设计要求。

d. 箱变高低压电缆预留

箱变内高、低压侧安装三层支架,支架距地面保证一定高度,实现箱变内高、低压电缆分侧;电缆预留使用电缆支架固定,保证箱变内电缆不交叉。

4. 10 kV 配电所施工方法

1)施工工艺流程

施工工艺流程如图 4-11-3 所示。

2)主要施工方法

(1)盘柜安装

施工准备:盘柜到达现场后拆除盘柜四周及顶部的包装。检查盘柜外表有无损伤及变形,油漆是否均匀完整,柜门开闭是否灵活可靠,柜内电气元件有无脱落、锈蚀、损伤、裂纹等。检查盘、柜配件、附件、专用工具是否齐全,收集各种技术资料和合格证。

基础槽钢调整:使用水平仪调整基础型钢高度偏差。基础槽钢保证水平度和直线度偏差不超过 1 mm/m,全长不超过 5 mm。各设备的基础槽钢直接焊接在结构层预埋件或采用膨胀螺栓直接固定在变电所房建的结构层上。设备基础槽钢安装完毕后,土建单位进行装修层施工时仍需派人配合,防止外因使基础槽钢变形及移动。

```
┌─────────────────────┐
│   施工准备及施工配合   │
└──────────┬──────────┘
           │
┌──────────┴──────────┐
│      施工定测        │
└──────────┬──────────┘
    ┌──────┼──────────────────┬──────────────────────┐
┌───┴────────┐  ┌─────────────┴──────────┐  ┌────────┴─────────────┐
│ 10 kV盘柜安装 │  │ 变压器、调压器、电抗器安 │  │ 交、直流屏及保护屏安装 │
└────────────┘  └────────────────────────┘  └──────────────────────┘
           │
┌──────────┴──────────┐
│    电缆敷设及接线     │
└──────────┬──────────┘
           │
┌──────────┴──────────┐
│     配电所试验        │
└──────────┬──────────┘
           │
┌──────────┴──────────┐
│     配电所送电        │
└─────────────────────┘
```

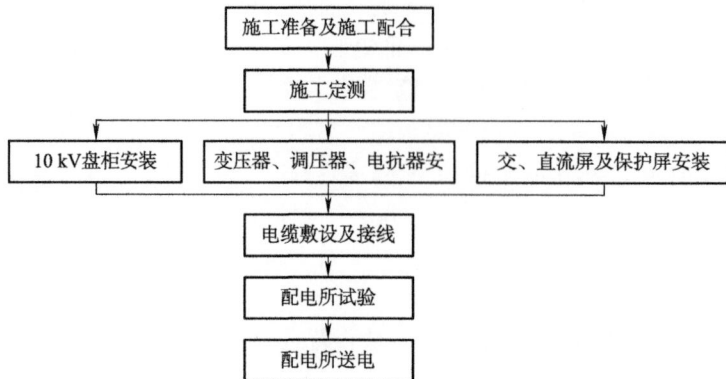

图 4-11-3　施工工艺流程

盘柜组立：按照设计文件规定，将盘、柜按顺序搬放到安装位置。首先把每面盘、柜大致调水平，然后从成列盘、柜一端的第一面开始调整，调整合格后按照设备的要求与基础槽钢进行螺栓固定。按照设计顺序组立盘柜，保证水平度和垂直度符合规范和验收标准；盘柜组立后即可安装附带的附件和电气设备。盘柜安装的允许偏差应满足施工及验收规范要求。

接地线连接：盘柜安装组立后，屏柜及设备接地端与底座接地端与接地母线可靠连接，按照设备厂家要求将盘、柜内接地铜排连接牢固。在成列设备的两端采用软铜编织线与变电所接地网可靠连接。

盘柜清扫维护：安装工作结束后，将盘内外清扫干净，关闭配电盘的通道门，防止灰尘侵入。

（2）电力变压器、电力调压器、电抗器的安装

施工准备：变压器、调压器、电抗器到达现场后先进行外观检查。检查设备外表有无损伤及变形，油漆是否均匀完整，柜门开闭是否灵活可靠，柜内电气元件有无脱落、锈蚀、损伤、裂纹等。检查配件、附件是否齐全，收集各种技术资料和合格证。

设备就位：按照设计文件规定，将设备搬放到安装位置。按规范及设计要求将设置调到合格位置后，将设备进行固定。

（3）电缆敷设

电缆测试：对所需敷设的电缆绝缘进行测试，并检查电缆型号、规格、电压等级是否符合设计要求。

路径选择：进行施工技术交底，准备好电缆清册，明确每条电缆的起始点、型号、规格及长度；检查电缆支架的规格及安装位置是否符合设计要求，且焊接牢固、接地可靠，支架及接地线的油漆完整；检查电缆沟的走向、宽度、深度、转弯处曲线半径等是否符合设计要求和有关规定，电缆需防护处是否已将保护管预埋好，管口是否已做成喇叭口，管内是否穿入牵拉电缆的铁线，确认已将穿管处的沟壁封堵严实。

布放电缆：将与拟敷设电缆对应的电缆牌拴在该电缆端头，由引导员引导布放；在每层支架上并排敷设的电缆，其走向应一致；在电缆沟分支处，按每层并排的电缆之间不得交叉的原则确定电缆敷设的顺序；每层支架最里侧敷设至最远处配电装置的电缆，由里向外逐渐缩短敷设长度，避免在同一层支架上出现敷设方向不同的电缆；由电缆主沟引向电缆支沟的电缆，原则上应设在同一层支架上，当受电压等级或电缆数量限制时，则应将需转弯的电缆敷设在支架上靠近朝支沟转向的一侧；在控制保护盘设备侧及端子箱处应按规范预留足够长度的电缆。同一条电缆沟内两侧均设有支架时，应敷设完一侧的同类电缆后再敷设另一侧的同类电缆，且每侧电缆应尽量避免向另一侧方向的配电装置引出，减少交叉的可能。每层支架上的电缆排满后，先将其全部理顺调直，再按技术要求规定的位置临时绑扎固定，防止脱落。对个别敷设位置不太合理的电缆，临时绑扎前应调整至理想位置。当电缆引向配电装置时，宜正好处于支架的最外侧位置。为了使其不与继续向前延伸的电缆出现交叉，将其从支架上直接引至地面，敷设在沟底从所有电缆的下方穿过，转引到配电装置。控制盘、保护盘之间的连接电缆，由于长度有限，一律待主体电缆全部敷设后再进行施放。敷设采用环形布放方式，不直接敷设在电缆沟底，以方便运营维护。在电缆终端头及电缆中

间接头处、电缆竖井的进出口两端以及电缆维护井内的电缆上挂设标志牌。标志牌上注明电缆编号或注明电缆型号、规格及起始地点。标志牌规格统一,能防腐且挂装牢固。

电缆整理绑扎固定:敷设工作全部完成后,在每一个支架上把电缆绑扎固定牢靠,同时还应将在电缆竖井等处加挂的电缆标志牌分层整理,统一形式和所挂部位,以便查找或核对;对于需要跨沟转向进入另一侧电缆支沟的电缆,应在其转向的悬空部分增加2~3道绑扎固定,以免该部位的电缆散乱。

电缆沟清扫及恢复盖板:电缆敷设工作完成后,运出剩余电缆,消除火灾隐患;施工技术负责人整理并填写电缆安装记录;电缆敷设完毕,在电缆进入电缆沟、竖井、建筑物、盘(柜)及穿入管子处,按施工规范要求进行封堵。最后,恢复电缆沟盖板。

电力电缆和控制电缆不敷设在同一层支架上。高低压电力电缆,强电、弱电控制电缆应按顺序分层配置,一般情况由上而下配置。

(4)二次接线

施工准备:准备好施工工具及材料,如号码烫印机、胶木头、压接端子、烫印管、电缆绑扎线、电缆标牌等。以原理图、端子排接线图和生产厂家提供的背面接线图作参考,分回路对全所配电装置或盘、屏、箱内的内部配线进行一次全面校对,把校线中发现有问题的地方改正过来,同时在背面接线图中把有问题的进行修改,标注清楚。

电缆芯线校核:用校线器对所要校核电缆进行校核;每根电缆所用芯线都确定后,再将所有芯线重新校对一遍。

电缆束固定:按配线顺序把所有的电缆头排列整齐,在电缆头以下100 mm处用细绑线把所有的电缆绑扎成一束;按电缆束尺寸,制作电缆固定卡子,把电缆固定在盘、柜固定电缆的支架上;将铠装电缆接地线编成一束压接铜接线端子连接在接地铜排上。

电缆芯线绑扎:将芯线理顺全部放入塑料线槽中;将线槽内的芯线每隔400 mm用塑料绑扎带进行一次绑扎固定。准备好相应的芯线标号牌(PVC管),对二次配线电缆芯线逐一核校确认同一电缆两端的同一芯线编号,确认好后套上标号牌,将芯线弯一小钩,以防标号牌脱落。电缆芯线标牌打印采用电子标签数码打印机,以保证醒目、整齐、美观、不褪色。将校好的芯线逐根理顺、理直,按芯线编号、端子排的高低顺序进行排线,端子排高处的放在里层,依次将所有芯线排完,并依次将芯线从线槽边孔穿出至端子排接线位置排列好,每根芯线的预留部分留在线槽内,然后每隔20 mm对线槽内的芯线用塑料绝缘线捆绑后,盖上线槽。在线槽至端子排间稍留有预留,经弯曲成统一一致的形状后,确定芯线长度及芯线端绝缘剥出长度后依次截断每根芯线的多余长度和芯线绝缘层,并套上标号牌。

接线:采用线环方式,接线时线环应按螺钉旋紧方向煨弯,线环根部距芯线绝缘层的外缘,应留有不小于2 mm的间距,采用压接端子时,线芯伸出端子10 mm确保压接紧密。电缆标志牌采用统一的工艺制作,即根据电缆清册中所标注的电缆代号、规格、走向、始、终端等文字用微机打印,经过过塑成型。接完芯线立即进行调整,按垂直或水平配置,不应随意或交叉连接,每根芯线的预留要一致,以使其美观。备用芯线预留在线槽顶端,连接时,每个端子的一侧只能接一根,确实需接两根的必须采用可连端子处理,每个端子排的两侧接线不允许接在端子的一侧,以确保设备和人身安全。端子箱的配线要采取线槽配线,配线要用同一颜色的塑料线,接地或接零则用黑色加以区别。线槽至端子排上接线端子应有50 mm的距离。电流型端子压接后全部采用烫锡法使端子与电缆芯线紧密、牢靠连接。接线完毕后,所有芯线的标号牌应齐全、清晰、正确,并将线号(回路编号)统一向外。

①室内接地线制作及安装

室内接地干线采用—40 mm×4 mm热镀锌扁钢,安装高度为距地面向上300 mm处。

②室外隔离开关安装

布局合理、美观,水平度、直度保持一致。

使用二维码信息系统,主要体现:开关控制回路信息、接线图、设备厂家、开关编号及技术信息、施工实名制信息等,实现建、管一体理念。

③区间电缆分接箱

区间电缆分接箱基础增加检修及电缆预留井。

张贴二维码,二维码内容包含电缆信息、用途、方向、实名制信息及设备管理单位联系方式等,实现建管一体化目标。

④室内调压室安装

调压器引线采用上引接方式:使用桥架对调压器的高压电缆进行固定,电缆线直接与调压器连接,不再使用硬母排,如图 4-11-4 所示。

⑤室内开关柜安装

开关柜的开关编号、名称、眉头统一根据供电段要求制作,由厂家统一负责。

开关柜上安装存放二维码透明盒子(为二维码修改更换方便)。

⑥室内控制柜安装

控制柜安装后应排列整齐,各盘柜之间应紧密连接。

盘、柜本体及盘、柜内的设备或电器与各构件间的连接牢固。

盘、柜单独或成列安装时,其垂直度允许偏差不大于 1.5 mm、水平偏差相邻两盘顶部不大于 2 mm,成列顶部不大于 5 mm。室内高压柜安装如图 4-11-5 所示。

图 4-11-4   室内调压器安装

图 4-11-5   室内高压柜安装

⑦电缆敷设及配线

采用 BIM 提前建模规划电缆清册,策划各控制电缆的路径、走向及数量,保证电缆层次分明,避免交叉,使控制电缆排放整齐划一。

电缆敷设时,不应形成交叉现象;敷设后的电缆排列应当整齐。在终端头或接头附近宜留有备用长度。

电缆在普通支架上配置,不宜超过一层;在桥架上的配置,控制电缆不超过三层,交流三芯电缆不超过二层;电缆可紧密排列,如图 4-11-6 所示。

⑧防火封堵及电缆标识牌

箱柜底板处的电缆孔采用防火泥进行封堵,做到平整、美观,必要的地方采用防火盒;管口处采用有机防火堵料,应包裹均匀、密实,如图 4-11-7 所示。

图 4-11-6 电缆敷设及配线

图 4-11-7 控制盘柜二次配线

第十二章　电气化工程

电气化工程即牵引供电工程,分为接触网工程和变电工程。

第一节　接触网工程

一、工程概况

1. 工程简介

浦梅铁路电气化工程正线全长164.886 km。其中,路基72.249 km,桥梁152座38.960 km,隧道51座58.489 km,桥隧占比54.03%。沿线设建宁县北站、建宁南站、黄岭站、均口站、黄沙潭站、水茜站、何屋站、严坊站、田源站、邓家站、杨源站、连城站(改名为冠豸山站)、文亨站、冠豸山站(改名为冠豸山南站),除了建宁县北站、冠豸山南站为既有电气化车站站改外,其余均为新建工程项目。

2. 工程特点

1)接触网悬挂类型

采用全补偿简单链形悬挂。

2)接触网线材及附加导线选择

接触网线材及附加导线选择见表4-12-1。

表4-12-1　接触网线材及附加导线选择

线材用途		线材规格	额定张力(kN)
接触线	正线、站线、疏解线	CTA120	15
承力索	正线、站线、疏解线	JTMM95	15
附加导线	供电线	2×JL3/LB20A-200/10	12
	电缆	300 mm² 铜芯电缆	
	回流线	JL3/LB20A-200/10	12
	避雷线	Zn-5%AL-Re GJ-70	6
	架空地线	JL3/LB20A-60/10	6

3)接触线悬挂高度和结构高度

隧道外导线悬挂点高度为5 800 mm,结构高度为1 400 mm;隧道内导线悬挂点高度5 800 mm,结构高度800 mm。斗埕疏解线、陈坡疏解线导线悬挂点高度为5 750 mm,隧道外结构高度1 400 mm,隧道内结构高度一般为550 mm。

4)跨距

直线路基区段接触网跨距一般不大于60 m,最大不大于65 m;桥支柱跨距根据具体情况确定,一般不大于60 m;160 km/h单线隧道跨距一般为36 m,最大不超过50 m。120 km/h单线隧道内跨距一般不超过30 m。

曲线地段根据半径计算确定;相邻跨距比不大于1.5∶1,困难情况下不大于2.0∶1;山口、谷口、高路堤和桥梁等风口范围内的跨距按设计标准跨距缩小5~10 m。正线直线区段拉出值一般为±300 mm,曲线区段根据曲线半径按接触线允许最大风偏450 mm计算确定,最大拉出值不大于400 mm。隧道内在接触悬挂点及跨中分别设置回流线悬挂点,回流线的跨距一般不大于 30 m。

5)锚段长度

正线接触网锚段长度一般不超过 2×800 m,个别困难情况下不超过 2×900 m,单边补偿的锚段长度不超过 800 m;站线接触网最大锚段长度不宜大于 2×850 m,个别困难时不宜大于 2×950 m,单边补偿的锚段长度不超过 850 m;附加导线锚段长度一般不超过 2 000 m,特殊情况需适当缩小。

6)锚段关节

绝缘和非绝缘锚段关节一般采用四跨,桥梁区段采用五跨。

7)电分相

电分相一般采用七跨锚段关节式、机车自动过分相形式。

8)中心锚结

区间正线采用两跨式防窜防断中心锚结,条件受限处、车站软横跨采用防窜不防断中心锚结。

9)侧面限界

腕臂支柱侧面限界满足大型机械化养路需求,一般不小于 3.1 m 设计;站场内腕臂支柱侧面限界受限处,直线区段侧面限界一般不小于 2.5 m;不通行超限货物列车的支柱侧面限界必须大于 2 150 mm;曲线地段计算加宽,站场软横跨支柱一般不小于 3.3 m,基本站台上不小于 5.0 m,旅客站台上支柱距站台边缘不小于 1.5 m;牵出线处支柱侧面限界一般不应小于 3.5 m,困难情况下不应小于 3.1 m。

10)接地装置

全线接触网支柱及接触网带电体邻近的金属结构,按以下原则接地:

(1)工作接地

①全线贯通设置回流线,回流线兼作闪络保护接地线。

②当成排的支柱不悬挂回流线时,增设架空地线实现集中接地;零散的接触网支柱单独设接地极接地。

③有轨道电路地段吸上线直接与信号专业提供的扼流变压器相接;无轨道电路地段吸上线与电容枕相接。

(2)安全接地

①距接触网带电体 5 m 以内的金属结构(桥栏杆、水鹤、信号机等)均单独设接地极实现安全接地。凡高柱信号机,必须满足其对接触网带电部分 2 m 的安全距离。

②开关、避雷器等设备的底座单独设接地极实现安全接地。

③桥上、车站成排钢柱通过架设架空地线实现安全接地。

④架空地线下锚处及长度超过 1 000 m 的锚段中间单独设接地极实现安全接地。

11)绝缘子的选用

25 kV 绝缘子及绝缘器件的爬电距离按不小于 1 600 mm 设计。

除了隧道内绝缘子、上跨桥两侧腕臂绝缘子以及与接触悬挂直接连接的绝缘子外,其他地方均采用瓷绝缘子。腕臂用棒式绝缘子一般抗弯强度不小于 12 kN。隧道内隔离开关和避雷器用绝缘子均采用复合绝缘子,隧道外隔离开关用绝缘子采用瓷绝缘子。回流线绝缘安装时采用盘形悬式绝缘子悬挂安装。

3. 主要工程数量

接触网工程:H 型钢柱 42 根、混凝土柱 1 668 根、格构式钢柱 1 286 根、隧道吊柱 1 654 根、硬横梁 53 组、软横跨 81 组、腕臂 5 348 套、承力索 229.385 条公里、接触线 229.385 条公里、回流线 170.118 条公里、避雷线及架空地线 154.643 条公里;牵引变电所 3 个、支柱基础 3 357 处、拉线基础 1 007 处、供电基础 560 处、供电塔杆 560 处、架空供电线路架设 97.64 条公里、隔离开关 165 台,避雷器 433 台,地面式自动过分相 26 处、分段绝缘器 63 台。

二、总体施工组织及实施

1. 项目管理机构及队伍安排

浦梅铁路接触网工程由中铁武汉电气化局集团有限公司与通号工程局集团有限公司联合体中标施工,结合工程特点组建中铁武汉电气化局与通号工程局联合体浦梅铁路 PM-6 标项目经理部,经理部设于连城县朋口镇,经理部下设工程管理、安质环保、物资机械、工程经济、计划财务及综合办公室等六个职能部门。

为加强对接触网工程项目管理,项目经理部下设两个接触网作业队。接触网一队驻扎在建宁县,负责建宁县北站(DK226+700)至宁化站(不含)(DK307+278)施工;接触网二队驻扎在灵地镇,负责清流站(不含)(DK312+100)至冠豸山南站(DK395+046)施工。

2. 机械仪器设备配置

按照施工过程实际需求,项目部及两个接触网作业队各配备一定数量的施工车辆,包含送工车、货车、吊车、轨行车辆等。同时配备工具及仪器仪表,由项目部进行统一调配,作业队负责保管和使用,保证工期与施工质量。

3. 基础设施

接触网作业队驻地分别设在建宁县和清流县,分别负责建宁至宁化段和清流至冠豸山段接触网工程施工。中心料库设于全线最中间的宁化县,便于所有材料的接收和配送。各作业队设小料库,便于施工材料的临时堆放,便于日常施工。

根据施工任务内容及现场施工调查情况,并充分考虑施工期间的货物装卸、人员及物资运输,施工期间部分汽车配备给各作业队随队施工,停放于作业队驻地或工点。

三、施工完成情况及保证措施

工期目标:工程于 2019 年 12 月 18 日开工,于 2021 年 9 月 30 日完工开通。

主要施工项目进度:下部工程:2019 年 12 月 18 日~2020 年 8 月 31 日;支柱及吊柱安装:2019 年 12 月 18 日~2020 年 12 月 31 日;支柱装配安装:2020 年 4 月 1 日~2021 年 3 月 31 日;承导线及附加线线索架设:2020 年 8 月 1 日~2021 年 6 月 30 日;悬挂调整:2020 年 9 月 1 日~2021 年 6 月 30 日;静态验收:2021 年 6 月 30 日~7 月 30 日;接触网送电:2021 年 8 月 8 日;动态测试:2021 年 8 月 15 日~12 月 22 日。

工期保证措施:

(1)组建强有力的项目建设指挥机构,并组建专业施工队伍。

(2)编制科学、可行的实施性施工组织设计,制定合理的施工方案,采用先进施工方法和合理工艺流程,按网络计划组织阶段性工期目标,施工计划合理安排并留有调整余地。

(3)配备性能先进,状况良好的机械设备。

(4)供应物资及时,确保工程施工持续正常进行。

(5)合理运筹资金,加强调控能力,确保工程施工正常运转。

(6)制定切实可行的安全措施。

(7)实行目标管理,奖罚分明。

(8)协调搞好与各个接口工程单位、当地政府及人民的关系,排除施工干扰。

四、主要施工工艺及方法

接触网工程施工战线长,施工工艺复杂繁杂。工程开始前,项目部工程部组织资深技术人员编写施工作业指导书及首件工程实施方案,在施工过程中率先完成首段定标工作,顺利通过了首件评估,根据路局及设备管理单位的评估意见,对作业指导书进行了修正,将修改后的作业指导书下发给各个作业队,并在施工过程中根据实际情况对工艺工法不断完善。

1. 基础施工

本工程基础施工主要包含路基区段所安装的横腹式预应力混凝土支柱基础、拉线基础、软横跨钢柱基础、硬横梁钢柱基础、供电线钢柱基础。路基施工紧紧跟随站前单位施工进度,一旦路基成型,具备施工条件便立即组织施工。所有基础基坑均采用人工开挖,利用混凝土回填。

基础施工首先依据技术人员现场定测基坑位置,本线采用先进的 RTK 测量仪利用 GPS 技术进行现场放桩,每个基坑设置线路中心桩、基坑中心桩及辅助桩三个桩位,如图 4-12-1 和图 4-12-2 所示。全线共计 2 943 个基坑全部由 RTK 测量仪进行定测。基坑位置测量完成后,施工人员严格按照技术下发的基坑尺寸、深度、布筋、地脚螺栓型号、混凝土强度等级等要求组织施工。

接触网基础施工工作作为整个接触网工程的基础和起点,影响整个接触网工程的建设。2020 年 4 月 24 日,浦梅铁路接触网专业混凝土支柱安装首件定标工作在连城至文亨区间顺利实施。基础工程作为前期控制性工程,整个施工过程严格遵循工程技术部门下发的作业指导书进行施工。施工主要流程为:施工准备→基坑定测→基坑开挖→基坑支模→坑位复核→基础浇筑→基础养护→拆模。混凝土支柱安装如图 4-12-3 所示。

图 4-12-1 基坑坑位定测   图 4-12-2 基础复测   图 4-12-3 混凝土支柱安装

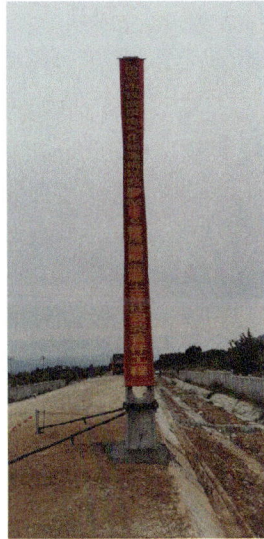

2. 支柱安装

接触网工程支柱安装包含路基混凝土支柱、桥梁区段桥钢柱、软横跨钢柱、硬横梁钢柱及硬横梁、供电线钢柱安装,路基成型后,在上砟铺轨前一般采用随车吊或汽车吊进行吊装,铺轨后采用轨行车辆进行吊装,如图 4-12-5 和图 4-12-6 所示。支柱安装严格按照安装设计要求及相关技术标准下达作业指导书,施工流程为:施工准备→基础质量建厂→支柱运输→支柱外观质量检查→支柱吊装→支柱整正→测量检查。由于接触网支柱质量较大,吊装过程中的安全卡控措施是重中之重。

3. 软横跨安装

软横跨安装是普速铁路的特色,本线共计 104 组软横跨,软横跨安装的工艺流程为:施工准备→测量参数→软横跨计算→软横跨预制→软横跨安装→调整。杨源车站软横跨安装如图 4-12-6 所示。

4. 硬横梁架设

浦梅铁路车站雨棚区段及三股道以上车站桥梁区段设置硬横梁,共计 53 组硬横梁,硬横梁安装的工艺流程为:施工准备→测量参数→硬横梁加工→硬横梁架设→调整。冠豸山车站硬横梁架设如图 4-12-7 所示。

图 4-12-4　随车吊安装支柱

图 4-12-5　轨道吊安装支柱

图 4-12-6　杨源车站软横跨安装

图 4-12-7　冠豸山车站硬横梁架设

5. 附加线架设

浦梅铁路供电方式为直供加回流,全线设贯通回流线,区间设避雷线兼做架空地线,车站设架空地线安装于柱顶,共有三种回流线、避雷线、架空地线三种附加线。本线附加线均采用人工架设的方式,即由人工展放附加线到位后固定,如图 4-12-8 和图 4-12-9 所示。附加线架设的工艺流程为:施工准备→附加线肩架安装→附加线架设→倒鞍子→调整。

图 4-12-8　附加线肩架安装

图 4-12-9　人工架设附加线

6. 承力索架设

承力索在条件允许的情况下宜采用小张力架设,架线张力不小于绕线张力。承力索架设的工艺流程为:施工准备→起锚→放线→落锚→倒鞍子。承力索施工现场如图 4-12-10 和图 4-12-11 所示。

图 4-12-10　承力索架设

图 4-12-11　承力索落锚

7. 接触线架设

接触网通过接触线与机车受电弓直接接触进行供电,因此接触线的架设及调整是整个接触网工程的核心,接触线的施工质量直接决定一条线路接触网专业的施工质量。

接触线架设施工分为 3 道工序,包含起锚、放线、落锚三个阶段。接触线架设的工艺流程为:施工准备→起锚→线索展放→落锚→卡定位→悬挂调整。

(1)施工准备

检查架线锚段的承力索已架设,并归位。检查补偿装置是否安装正确,检查放线机械、工具及材料的质量及数量是否符合作业要求,并将工具和材料装在架线车上。起锚人员提前到达现场,检查支柱强度及拉线、坠砣及棘轮补偿等是否达到要求。在支柱合适位置安装固定抱箍,把坠砣提到设计位置后,固定在临时抱箍上(或用尼龙套固定在限制框架合适位置上),使坠砣串基本保持在该位置。架线车编组顺序为:恒张力架线车(头车)+轨道吊车+平板车+作业车。检查线盘号与锚段号是否符合,打开线盘:注意线头方向是否正确。提前将接触线校直器安装在架线上立柱位置,并调整好。将接触线头与网套分离,将卷扬机离合器扳到脱位,人工将卷扬机钢丝绳收回,把接触线拉向作业台。待放接触线起锚端引过柱顶部张力滑轮(接触线平直度校正器),将其拉到作业平台,架线人员按《接触线锥套式终端锚固线夹安装(拆卸)》安装指导书安装好起锚端终端锚固线夹,使终端锚固线夹的位置置于作业平台长度的 2/3 处,并将接触线放在校正器内,合好校正器,拧紧联结螺栓。

(2)起锚

架线车司机遥控操作,旋转并升作业平台靠近锚柱补偿装置位置处。起锚人员一人上杆,配合架线车上人员将补偿连接件复合绝缘子递给架线车上人员,并检查补偿绳是否在棘轮槽内、平衡绳是否平顺,架线车上作业人员将接触线终端锚固线夹与复合绝缘子连接上。司机遥控操作,使架线平台归位。将架线车与轨道吊和平板车解体,起锚人员下杆,起锚完成。

(3)线索展放

架线车司机在操作台上将放线距离数值清零,计算机故障确认(清零)设定架线参数(即张力等)。架线速度选 1 速。将张力轮下降,司机用遥控器操作放线车开始放线。作业负责人负责观察线条的走向,并负责指挥司机和作业人员操作,1 人准备工具吊弦,两人挂工具吊弦和滑轮,架线车边走边挂,每跨不少于 4 个,工具吊弦上部挂在承力索上,下部挂滑轮,再将接触线挂在滑轮内。为避免产生波浪弯,挂 S 钩时应从上向下拉,不可人为抬动接触线。展放过程中,指挥人员特别注意协调张力车走向速度和挂线作业人员的一致性,恒张力车应尽可能避免停车、启动,并避免两车间距过大。架线车上的作业平台基本接近下锚柱时停止展线,指挥人员与起锚人员随时联系,掌握起锚处的变化状况,并根据此情况指挥司机和架线人员使架线车停止前进,准备进行落锚。

(4)落锚

架线到落锚地点后,司机将工况选择开关保持在 3 号位不动,司机遥控操作,将作业台转向锚柱,并操作使放线车体倾向下锚侧(田野侧)。落锚施工人员在接触线和下锚连线的适当位置安装紧线器,用链条葫芦把补偿装置与接触线连接。旋紧链条葫芦,当链条葫芦加力至葫芦逐渐向田野侧偏移,司机配合逐渐降低接触线的张力,待实际张力稳定后,把张力与百分比的给定值同时设为"0",此时线索基本到下锚方向。

继续旋紧链条葫芦,起、下锚人员观察坠砣串及 b 值,当 b 值符合设计要求时,通知紧线作业人员停止紧线。司机将立柱缓慢下落,使立柱顶线索松开。立柱下落后,如张力与百分比值都已到零,但从外观看不出从架线车立柱顶部引出的线索完全松弛,此时可应下锚人员要求向起锚方向稍微移动架线车(距离 0.5～1 m)以彻底使金属线松弛。此时,严禁使用遥控器移动架线车,必须在司机室内操作。

断线安装终端锚固线夹,先准确对位(在起锚、落锚坠砣高度都符合设计要求的情况下,进行对位剪线)剪线后,严格按接触线终端锚固线夹安装作业指导书安装好终端线夹。

将接触线终端锚固线夹与落锚补偿装置的复合绝缘子连接牢靠,将接触线校正器螺栓松开,抬起校正器,取出接触线。

紧线操作人员缓慢松链条葫芦,拆除链条葫芦和紧线器,架线车归位,即完成正式落锚连接。架线车司机操作使作业平台及车体归位到正常位置。

(5)卡定位及悬挂调整

接触网在架设完成额定张力 24 h 后进行卡定位,以防线索扭面,并进行后续的悬挂调整工作。接触线架设如图 4-12-12 和图 4-12-13 所示。

图 4-12-12　接触线架设　　　　　图 4-12-13　接触线架设

第二节　变电工程

一、工程概况

浦梅铁路新建牵引所三座:邓家牵引变电所、水茜牵引变电所、建宁南牵引变电,改造牵引变电所一座——冠豸山牵引变电所。

二、主要工程时间节点

浦梅铁路变电系统工程于 2020 年 4 月 1 日开工,2021 年 8 月 21 日联调联试,2021 年 9 月正式启用。

主要工程时间节点见表 4-12-2。

表 4-12-2 主要工程时间节点

序 号	工程项目	开工日期	完工日期	备 注
1	基础浇筑	2020 年 4 月 1 日	2020 年 7 月 30 日	
2	设备安装	2020 年 8 月 1 日	2021 年 2 月 10 日	
3	二次电缆敷设	2021 年 2 月 12 日	2021 年 6 月 9 日	
4	系统调试	2021 年 6 月 10 日	2021 年 8 月 21 日	

三、主要工程数量

牵引变压器 8 台;110 kV 隔离开关 24 台、110 kV 电压互感器 18 台、110 kV 电流互感器 18 台、27.5 kV 隔离开关 42 台、27.5 kV 避雷器 31 台、交直流系统 3 套;综合自动化系统 3 套、无人值守辅助监控系统 3 套、大地网在线监测系统 3 套。

四、主要施工技术及工艺要求

根据现场情况,认真分析,合理组织,对施工工艺进行优化,使实际的方案和施工效果更合理,施工质量更优异。

1. 基础

(1)基础模板选用光面板材,使用激光投线仪、水准仪等工器具复核模板尺寸、高程、纵横位置等参数。

(2)基础测量定位,基础位置、标高应按照牵引变电所电气总平面图、基础平面布置设计图进行施工测量。轴线标桩及水准点应与土建专业采用的一致。基础及架构的位置、标高应按照牵引变电所基础平面设计图和土建场地的轴线标桩(设铁路岔线时按岔线中心里程)及规定的水准点进行施工测量,并与房建高程一致。基础测设位置及顶面高程应符合设计要求。

(3)基础模板应支设牢固,应能承受混凝土的侧向压力和施工负荷,拼缝应严密不漏浆。内模板外侧、外模板内侧应采取防脱模措施。

(4)混凝土连续浇筑,一次浇筑完成,混凝土表面应光洁、棱角完整、无跑浆、无蜂窝麻面、无露筋,地面以上部分基础不应进行外修复。养护期间基础表面应覆盖并浇水。主要电气设备及架构基础按规定取混凝土试块。抗压极限强度符合现行《铁路混凝土与砌体工程施工质量验收标准》(TB 10424—2018)的有关规定。基础的外形尺寸应符合设计技术要求基础四周做倒角处理。

(5)屏、柜等基础预埋型钢的安装允许偏差应符合验收标准的规定(详见基础施工允许偏差范围表)。型钢露出地面 10 mm。

(6)基础外漏部分采用倒角工艺,增加美观。

(7)基础外漏地脚螺栓增加防雨帽,既能防雨、防锈、防尘也添增美观效果。

基础施工允许偏差范围表见表 4-12-3;预埋螺栓施工允许偏差范围表见表 4-12-4。基础施工现场如图 4-12-14~图 4-12-16 所示。

表 4-12-3 基础施工允许偏差范围表

项目名称	允许偏差(mm)		
	独立电气设备	三相联动设备	构架基础
纵横轴线中心位置	±10	±10	±20
顶面工程	0~20	0~10	0~10

表 4-12-4　预埋螺栓施工允许偏差范围表

项　目	名　称	允许偏差(mm)
预埋螺栓	中心距	±2
	外露长度	+20
		0
预留螺栓孔	中心位置	±10
	孔深	±20
	孔壁垂直度	10

图 4-12-14　基础模板支护

图 4-12-15　设备基础倒角

图 4-12-16　室内屏柜基础预埋槽钢

2. 构支架、架构组立

(1)各类构支架的安装位置符合设计要求。钢结构设备支架的安装方式一致,接地线位置统一。

(2)架、支架的设备托架平直无变形,防腐层完好;各类紧固件的规格、数量符合设计要求,联结螺栓螺纹外露长度为 2~5 扣,长度应统一。

(3)进线及终端架构在架线后的倾斜度不得大于 10‰;母线横梁的弯曲度不大于其全长的 5‰,安装位置及固定方式符合设计要求。

(4)中间构架、设备支柱同中心线安装偏差不大于 10 mm,垂直地面倾斜度不得大于 3‰,同组类型的支架高差不应大于 5 mm,组立时结合实际杆高和基坑高程。

(5)钢制构支架结构件拼装与连接紧固;钢制构支架安装方式、H 形支柱翼缘方向、电缆及电缆保护管安装方向、固定部位及接地线位置全所(变电所)统一。

(6)横梁的弯曲度不大于全长的 5‰,设备支架倾斜度应不大于 3‰。

现场施工效果如图 4-12-17～图 4-12-20 所示。

图 4-12-17　横梁与架构安装

图 4-12-18　横梁与立柱连接

图 4-12-19　电杆组立

图 4-12-20　水泥单杆架构安装

3. 主接地网安装

(1)工艺标准

①接地体顶面埋深应符合设计规定,当设计无规定时,不应小于 800 mm。

②垂直接地体间的间距不宜小于其长度的 2 倍,水平接地体的间距不宜小于 5 m。

③接地体的连接应采用焊接,焊接必须牢固、无虚焊假焊现象,焊接位置两侧 100 mm 范围内及锌层破损处应防腐。

④采用焊接时搭接长度应满足设计图纸要求。

(2)施工要点

①根据设计图纸对主接地网敷设位置、网格大小进行放线,接地沟开挖深度以设计或规范要求的较高标准为准,且留有一定的余度。

②水平接地体宜采用 150 mm² 铜绞线,垂直接地体宜采用热 ϕ18 mm 铜棒。

③接地线弯制时,应采用机械冷弯,避免热弯损坏锌层。

④铜绞线、铜排等接地体焊接采用热熔焊,焊接时应预热模具,模具内热熔剂填充密实,点火过程安全防护可靠。接头内导体应熔透,保证有足够的导电截面。铜焊接头表面光滑、无气泡,应用钢丝刷清除焊渣并涂刷防腐漆。

⑤接地体垂直搭接时,除应在接触部位两侧进行焊接外,还应采取补救措施,使其搭接长度满足要求。

⑥设备接地引出线应靠近设备基础,埋入基础内的水平接地体在基础沉降缝处应设置伸缩弯。

(3)主接网焊接工艺标准图例

主接网焊接工艺标准图例如图 4-12-21～图 4-12-26 所示。

图 4-12-21　接地极 T 形焊接

图 4-12-22　十字形热熔焊

图 4-12-23　T 形焊接

图 4-12-24　—50 mm×5 mm 铜排 T 形搭接

图 4-12-25　—50 mm×5 mm 铜排一形搭接

图 4-12-26　扁钢搭接

4. 设备接地安装

(1)工艺标准

①同类设备的本体接地引下线位置一致,方向一致。

②接地线弯制弧度弯曲自然、工艺美观。

③接地引线地面以上部分应采用黄绿接地标识,间隔宽度、顺序一致,最上面一道为黄色,接地标识宽度为 15~100 mm。

④部分高压室室内设备工作接地螺栓连接接触面紧密,连接牢固,螺栓丝扣外露长度一致,配件齐全。

(2)施工要点

①断路器、隔离开关、互感器等一次设备底座(外壳)均需接地。

②接地引线材料采用铜芯电缆。

③接地铜排两端搭接面应涂电力脂。

④接地引线与设备本体采用螺栓搭接,搭接面紧密。

⑤机构箱可开启门应用 4 mm² 软铜导线可靠连接接地。

⑥机构箱的箱体接地线连接点应连接在最靠近接地体侧。

5. 构支架接地安装

(1)工艺标准

①接地线焊接均匀,焊缝高度、搭接长度符合规范要求。

②混凝土构支架接地线提前预埋进杆内并在杆外表面露出接地预埋件。

③接地线应顺直、美观。

④混凝土构架接地标识高度一致、方向一致,便于观测。

⑤工作接地引下线螺栓连接的接地线螺栓丝扣外露长度一致,配件齐全。接地引线地面以上部分应采用黄绿接地标识,间隔宽度、顺序一致,最上面一道为黄色,接地标识宽度为 15~100 mm。

(2)施工要点

①避雷器、电压互感器、电流互感器、断路器等电器设备应双接地。每台电气设备应以单独的接地体与接地网连接,不得串接在一根引下线上。

②混凝土构架接地材料宜采用镀锌扁钢,型号采用-50 mm×5 mm。

③接地线弯制前应先校平、校直,校正时不得用金属体直接敲打接地线,以免破坏镀锌层。弯制采取冷弯制作,镀锌层遭破坏时,要重新防腐。

④混凝土构架接地线应采用焊接方式,应从杆顶钢箍处焊接,焊接长度均不少于圆钢直径的 6 倍,扁钢宽度的 2 倍。

⑤支架接地引线在杆顶钢箍处直接引下,焊接长度均不少于圆钢直径的 6 倍,扁钢宽度的 2 倍。

⑥接地标识涂刷应一致。

(3)构支架接地工艺图例

构支架接地工艺如图 4-12-27 所示。

(4)集中接地箱(图 4-12-28)、回流电缆的规格型号应符合设计要求,回流电缆与接地网的连接应符合设计要求,且连接牢固可靠。回流电缆与主变端子箱连接端子情况符合设计要求。防火泥封堵符合验收规范。

(5)避雷针应平直,焊接牢固,焊缝饱满不应有裂缝、气孔、脱焊等缺陷。避雷针当采用螺栓连接时,每节间对角应加焊跨接圆钢,紧固件应齐全。避雷针的防腐层应完好。避雷针安装应垂直牢固,各节中轴线应在一条垂直线上,倾斜度不应大于 3‰。避雷针标识采用 300 mm×500 mm 不锈钢腐蚀烤漆,采用铆钉固定,如图 4-12-29 所示。

(6)所有带电体对地、对网栅、相间距离都必须符合验标要求。

(7)高压室墙上接地线符合横平竖直的要求,焊接长度满足设计及施工验标的要求。

图 4-12-27　避雷针接地

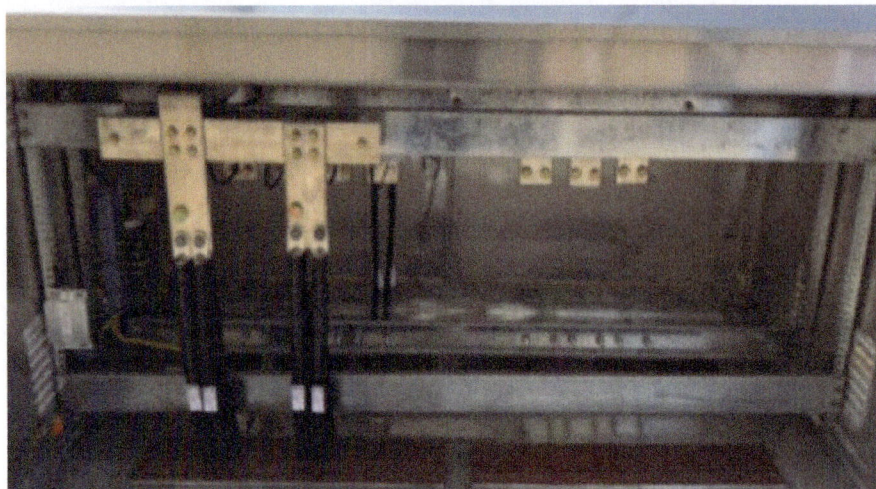

图 4-12-28　集中接地箱

图 4-12-29　避雷针安装

6. 变压器安装

（1）工艺标准

①基础（预埋件）偏移符合验标及设计要求。

②防松件齐全完好，引线支架固定牢固、无损伤；本体牢固稳定且与基础吻合。

③附件齐全,安装正确,功能正常,无渗漏油现象,套管无损伤、裂纹。安装穿芯螺栓应保证两侧螺栓露出长度一致。

④引出线绝缘层无损伤、裂纹,裸导体外观无毛刺尖角,相间及对地距离符合规范要求。

⑤本体两侧与接地网两处可靠连接。外壳、机构箱及本体的接地牢固,且导通良好。

⑥电缆排列整齐、美观,固定与防护措施可靠,有条件时采用封闭桥架。

⑦本体上感温线排列美观。

⑧均压环安装应无划痕、毛刺,安装牢固、平整、无变形;均压环宜在最低处打排水孔。

⑨气体继电器宜有防雨罩。

⑩变压器套管与硬母线连接时,应采取伸缩节等防止套管端子受力的措施。

(2)施工要点

①基础复测:预埋件位置正确,根据主变压器尺寸,在基础上画出中心线。

②主变压器就位:变压器主体就位后,基准线与基础中心线吻合,主体应呈水平状态,允许偏差±10 mm。

③就位后检查三维冲撞记录仪,记录、确认最大冲击数据并办理签证,记录仪数值满足制造设计施工图及验标要求,原始记录必须留存建设管理单位。

④充气运输的变压器、油浸式电抗器在运输和现场保管期间油箱内应保持为正压,其压力为0.01～0.03 MPa。

⑤附件安装前应经过检查或试验合格。气体继电器、温度计应送检;套管TA检查试验,铁芯和夹件绝缘试验合格。

⑥附件安装

a. 安装附件需要变压器本体露空时,环境相对湿度应符合设计要求,连续露空时间不超过8 h,累计露空时间不宜超过24 h,场地四周应清洁,并有防尘措施。

b. 冷却器起吊应保持平衡,接口阀门密封、开启位置应预先检查。

c. 升高座安装时安装面必须平行接触,排气孔位置处于正上方。电流互感器二次备用绕组端子应短接接地。

d. 储油柜安装应确认方向正确并进行位置复核。

e. 连接管道安装,内部清洁,连接面或连接接头可靠。

f. 气体继电器安装箭头朝向储油柜,连接面平行,紧固受力均匀。

g. 温度计安装毛细管应固定可靠和美观。

h. 有载调压开关按照产品说明书要求进行检查。

i. 应按规范严格控制露空时间。内部检查应向箱体持续注入露点低于-40 ℃的干燥空气,保持内部微正压,避免潮气侵入,且确保含氧量不小于18%。

⑦现场安装涉及的密封面清洁、密封圈外埋、螺栓紧固力矩应符合产品说明书和相关规定的要求。安装未涉及的密封面应检查复紧螺栓,确保密封性。

⑧冷却器按制造厂规定的压力值用气压或油压进行密封试验。

⑨变压器、油浸式电抗器注油前后绝缘油应取样进行检验,并符合国家相关标准。

⑩电缆排列整齐美观,电缆不外露,二次接线与图纸和说明书相符合。

⑪整体检查与试验合格。

变压器安装效果如图4-12-30所示。

7. 主变压器接地引线安装

(1)工艺标准

①接地引线采用扁钢时应经热镀锌防腐。

②接地引线与设备本体采用螺栓搭接,搭接面紧密。

图 4-12-30　变压器安装

③接地体连接可靠,工艺美观。

④本体及中性点均需两点接地,分别与主接地网的不同干线相连,中性汇流母线宜采用淡蓝色标。

⑤接地引线地面以上部分应采用黄绿接地标识,间隔宽度、顺序一致,最上面一道为黄色,接地标识宽度为 15～10 mm。

⑥110 kV 及以上变压器的中性点、夹件接地引下线与本体可靠绝缘。

⑦钟罩式本体外壳在上下法兰之间应做可靠跨接。

⑧按运行要求设置试验接地端子。

(2)施工要点

①主变压器接地引线在制作前,对原材料进行校直。

②接地引线制作前结合实际安装位置,弯制出接地引线模型。

③根据模型尺寸下料,为满足弯曲弧度,下料时要留有余度。

④扁钢弯曲过程,应采用机械冷弯,避免热弯损坏锌层。

⑤制作后的接地引线与主变压器专设接地件进行螺栓连接并紧固,螺栓连接处不得有油漆,且接地引线与螺栓规格应满足《电气装置安装工程母线装置施工及验收规范》(GB 50149—2010)要求。

⑥接地引线与(主接地网)在自然状态下搭接焊,锌层破损处及焊接位置两侧 100 mm 范围内应防腐。

变压器泄油池内宜堆放外径 80～100 mm 鹅卵石,石头表面总体水平,应低于油池边缘基础台面 200 mm,顶面采用玻璃钢网格栅。

8. 高压断路器安装

(1)基础中心距离误差、高度误差、预留孔或预埋件中心线误差均应不大于 10 mm;基础预埋件上端应高出混凝土表面 1～10 mm;预埋螺栓中心线误差不大于 2 mm,地脚螺栓高出基础顶面长度应符合设计和厂家要求,长度应一致。

(2)断路器的固定应牢固可靠,宜实现无调节垫片安装(厂家调节垫片除外),支架或底架与基础的垫片不宜超过 3 片,总厚度不应大于 10 mm,各片间应焊接牢固。两相或三相整体式结构断路器的底架平面应水平,误差不应大于 2 mm。

(3)相间中心距离误差不大于 5 mm。

(4)断路器及其操作机构的安装应垂直、牢固。所有部件(包括机构箱)的安装位置正确,并按制造厂规定要求保持其应有的水平度或垂直度。

(5)瓷套外观完整,无裂纹。

(6)断路器本体及支架应两点接地,其两根接地引下线应分别与主接地网不同干线连接。接地线地面以上部分应采用黄绿接地标识,间隔宽度、顺序一致,最上面一道为黄色,接地标识宽度为 15～100 mm。

(7)相色标识正确,设备铭牌采用不锈钢材质,字体印制方式采用钢印。

(8)断路器及其传动机构的联动正常,无卡阻现象,分、合闸指示正确,辅助开关及电气闭锁动作正确、可靠,高压室内断路器轨道安装平整、牢固,小车移动灵活。

(9)均压环安装应无划痕、毛刺,安装牢固、平整、无变形;均压环宜在最低处打泄水孔。

(10)设备的接线端子、电缆接线盒位置及朝向统一,高压套管、机构箱、金属构件颜色统一。设备铭牌、观察窗、避雷器计数器宜位于巡视道路侧。

9. 电压、电流互感器安装

(1)工艺标准

①支架标高偏差不大于 5 mm,垂直度偏差不大于 5 mm,相间轴线偏差不大于 10 mm,顶面水平度偏差不大于 2 mm/m。

②设备外观清洁,铭牌标识完整、清晰,底座固定牢靠,受力均匀。设备安装垂直,误差不大于 1.5 mm/m。

③并列安装的设备应排列整齐,同一组互感器的极性方向一致。

④TA. TV. CVT 支架接地引下线与接地网两处可靠连接,本体接地点应与设备支架可靠连接。接地线地面以上部分应采用黄绿接地标识,间隔宽度、顺序一致,最上面一道为黄色,接地标识宽度为 15~100 mm。

⑤电容式套管末屏可靠接地;TA 备用绕组短接可靠并接地,CVT 的套管末屏、TV 的 N 端、二次备用绕组一端应可靠接地。

⑥相色标识正确、美观。

⑦均压环安装应无划痕、毛刺,安装牢固、平整、无变形;均压环宜在最低处打泄水孔。

(2)施工要点

①支架组立前对基础杯底标高、基础面轴线进行复测。

②组立支架后,找正过程要控制支架垂直度偏差和轴线偏差;灌浆后,对支架垂直度偏差和轴线偏差进行复测。

③控制支架杆头件不允许歪斜,螺栓孔位置与设备安装后底座螺孔位置保持一致。

④吊装应选择满足相应设备的钢丝绳或吊带以及卸扣,TA 吊装时吊绳应固定在吊环上起吊,吊装过程中用缆绳稳定,防止倾斜。

⑤电容式电压互感器必须根据产品成套供应的组件编号进行安装,不得互换,法兰间连接可靠。

⑥电流互感器安装时一次接线端子方向应符合设计要求。电流互感器一次绕组末屏的引出端子应单独引至主接地网。

⑦分级绝缘电压互感器的一次绕组接地端子应单独引至主接地网。对电容式电压互感器具有保护间隙的,应根据出厂说明书要求检查并调整。

⑧油浸式互感器应无渗漏,油位正常并指示清晰,绝缘油指标符合规程和产品技术要求。

⑨根据技术规格书和会议纪要要求对电压互感器、电流互感器、技术参数和型号进行核对,然后安装就位,安装位置、保护间隙、铭牌、相色标志、安装牢固度、接地等符合验标和设计文件要求。

⑩设备安装稳固,螺栓穿向一致,所有安装螺栓力矩值符合产品技术要求。

10. 隔离开关安装

(1)工艺标准

①支架基础杯底标高允许偏差:-10~0 mm。支柱轴线偏差不大于 5 mm,标高偏差不大于 5 mm,垂直度偏差不大于 5 mm,顶面水平度偏差不大于 2 mm/m。

②采用预埋螺栓与基础连接时,螺栓上部要求采用热镀锌形式,预埋螺栓中心线误差不大于 2 mm,全站内同类型隔离开关预埋螺栓顶面标高应一致。

③设备底座联结螺栓应紧固,同相绝缘子支柱中心线应在同一垂直平面内,同组隔离开关应在同一直线上,偏差不大于 5 mm。

④导电部分的软连接需可靠,无折损。

⑤接线端子应清洁、平整,并涂有电力复合脂。

⑥操动机构安装牢固,固定支架工艺美观,机构轴线与底座轴线重合,偏差不大于1 mm;同一轴线上的操动机构安装位置应一致。

⑦电缆排列整齐、美观,固定与防护措施可靠。

⑧隔离开关地刀工作接地应用扁钢连接至主地网。设备底座及机构箱接地牢固,导通良好。

⑨隔离开关部件齐全,无锈蚀及机械损伤,绝缘部件无损伤,连接牢固可靠。

⑩操动机构、传动装置、辅助开关及闭锁装置应安装牢固,操作灵活,触头接触可靠,闭锁正确。

⑪隔离开关过死点,动、静触头相对位置,备用行程及动触头状态,应符合产品技术文件要求。

⑫合闸三相同期值应符合产品的技术规定。

⑬均压环安装应无划痕、毛刺,安装牢固、平整、无变形;均压环宜在最低处打泄水孔。

⑭隔离开关支架应两点接地,其两根接地线应分别与主接地网不同干线连接。接地线地面以上部分应采用黄绿接地标识,接地标识的间隔宽度、顺序一致,最上面一道为黄色,接地标识宽度为15~100 mm。

⑮相色标识正确,接地开关垂直连杆应黑色标识,全站标高应一致。

⑯高压室网栅内隔离开关操作机构固定牢靠。

(2)施工要点

①隔离开关支架安装前,对基础杯底标高误差、杯口综合轴线误差进行测量。

②支架组立过程控制杆头件方向,应与隔离开关安装后底部安装孔位置保持一致,支架找正过程控制垂直度、轴线,灌浆后需要对以上控制数据进行复测。

③开箱检查接地开关附件应齐全、无锈蚀、变形,绝缘子支柱弯曲度应在规范允许的范围内,绝缘子支柱与法兰结合面胶合牢固并涂以性能良好的防水胶。瓷裙外观完好无损伤痕迹。

④隔离开关底座、绝缘子支柱、顶部动触头及接地开关静触头整体组装,组装过程隔离开关拐臂处于分闸状态,检查处理导电部分连接部件的接触面,清洁后涂以复合电力脂连接。触头接触氧化物清洁光滑后涂上薄层中性凡士林油。

⑤所有组装螺栓均紧固,并进行扭矩检测,隔离开关底座自带可调节螺栓时,将其调整至设计图纸要求尺寸,依据设计图纸确定底座主刀与地刀方向,就位找正后紧固螺栓,所有安装螺栓力矩值符合产品技术要求。

⑥隔离开关调整:

a.接地开关转轴上的扭力弹簧或其他拉伸式弹簧应调整到操作力矩最小,并加以固定。

b.隔离开关、接地开关垂直连杆与隔离开关、机构间连接部分应紧固、垂直,焊接部位牢固、美观。

c.轴承、连杆及拐臂等传动部件机械运动应顺滑,转动齿轮应咬合准确,操作轻便灵活。

d.定位螺钉应按产品的技术要求进行调整,并加以固定。

e.所有传动部分应涂以适合当地气候条件的润滑脂。

f.电动操作前,应先进行多次手动分、合闸,机构应轻便、灵活,无卡涩,动作正常。

g.电动机的转向应正确,机构的分、合闸指示应与设备的实际分、合闸位置相符。

h.电动操作时,机构动作应平稳,无卡阻、冲击异常声响等情况。

⑦隔离开关底座与支架应用导体可靠连接,确保接地可靠。

11.避雷器安装

(1)避雷器的各节连接处应涂电力复合脂。

(2)铭牌应位于易于观察的同侧,均压环应安装水平。

(3)工作及保护接地线应分别与地网连接牢固,避雷器计数器应绝缘安装,底座加绝缘胶垫。

12.软母线制安

(1)相色标识安装正确,标识清晰。

(2)软母线安装完光洁平整,同一档距内的三相母线弛度一致,安全净距符合规范要求。

(3)软母线及引下线采用专用电动液压工具压接,导线端头伸入线夹长度应达到压管的终端,压接时相邻两模间重叠的宽度不应小于 5 mm。

(4)软母线和组合导线在档距内不得有连接接头。

(5)母线引下线的上端与跨条连接部位的位置统一,引下弛度相同,引下线下端与设备连接处角度一致。

(6)压接型 T 形线夹的朝向一致,螺栓方向一致;压接时相邻两模间重叠的宽度不应小于 5 mm。

(7)悬式绝缘子串与球头挂环、碗头挂板及锁紧销的规格相互匹配。

(8)母线与各类金具的规格相互匹配。

(9)母线安装驰度符合设计文件要求。

(10)导线的端头伸入耐张线夹的长度符合设计文件要求。

13. 硬母线制安

(1)主母线安装前应矫正平直,切断面垂直平整。母排的搭接尺寸、联结螺栓规格、数量应符合施工规范的要求。安装前应核查同组支持绝缘子安装水平度、垂直度。

(2)硬母线在支柱绝缘子上的固定点为短母线($L<5$ m)的支持点,长母线($L\geqslant5$ m)全长或伸缩节两侧母线的中点。

(3)在支柱绝缘子上非固定的硬母线,支持点压板与母线的间隙平置时保持 1～1.5 mm,立置时保持 1.5～2 mm。

(4)矩形母线应减少直角弯曲,弯曲处不得有裂纹及显著的折皱相同布置引下线及设备连接线应对称一致,横平竖直,整齐美观引下。

(5)母线由主母线上垂直引出的长度为 300 mm(含搭接长度),外侧母线引下线煨弯角度为 30°～45°,里侧母线引下线高差较小,可调整弯长。

(6)母线的接触面平整无氧化膜,加工后截面的减小值:铜母线不超过原截面的 3%,母线表面油漆涂层完整无脱落。

(7)母线连接采用螺栓搭接,T 接或顺接连接时,母线都要做搭接弯,搭接符合验标要求。连接处距支持绝缘子的支持夹板边缘不应小于 50 cm;上片母线端头与下片母线开始平弯处的距离不应小于 50 mm。所有母线搭接面的联结螺栓用力矩扳手紧固,其紧固力矩符合规定。

(8)母线的螺栓连接及支持连接处,母线与电器的连接处以及所有距连接处边向外 10 mm 处刷相同色漆,网栅加工安装牢固、美观、防腐层完好。

(9)母线加工后的弯曲半径应符合规定,弯曲处不得有裂纹。平弯弯曲半径为 $2a$,立弯弯曲半径为 $2b$。

14. 电缆支架及电缆敷设

(1)支架安装工艺标准

①电缆支架钢材应平直,无明显扭曲。下料误差应在 5 mm 范围内,切口应无卷边、毛刺。

②电缆沟内通长扁铁应固定牢固,接地良好,全线连接良好,上下水平。通长扁铁接头处宜平弯后进行搭接焊接,使通长扁铁表面平齐。

③电缆支架应固定牢固,无显著变形。各横撑间的垂直净距与设计偏差不应大于 5 mm。支架的水平间距应一致,层间距离不应小于 2 倍电缆外径加 10 mm,35 kV 及以上高压电缆应小于 2 倍电缆外径加 50 mm。

④电缆支架宜与沟壁预埋件焊接,焊接处防腐,安装牢固,横平竖直,各支架的同层横撑应在同一水平面上,其高低偏差不大于 5 mm,在有坡度的电缆沟内或建筑物上安装的电缆支架,应有与电缆沟或建筑物相同的坡度。电缆支架最上层及最下层至沟顶、楼板或沟底、地面的距离,应符合设计及图纸要求。

⑤钢结构竖井垂直度偏差不大于其长度的 2‰,横撑的水平误差不大于其宽度的 2‰,对角线的偏差不应大于其对角线长度的 5‰。

⑥电缆沟内通长扁铁跨越电缆沟伸缩缝处应设伸缩弯。

(2)支架安装施工要点

①材质要求:电缆支架宜采用角钢制作,工厂化加工,热镀锌防腐。通长扁铁应采用镀锌扁钢。

②电缆沟土建项目验收合格,电缆沟内侧平整度。

③通长扁铁焊接前应进行校制直,安装时宜采用冷弯,焊接牢固。

④电缆支架安装前应进行放样,间距应一致。

⑤金属电缆支架必须进行防腐处理。

⑥金属支架焊接牢固,电缆支架焊接处两侧 100 mm 范围内应做防腐处理。

⑦在电缆沟十字交叉口、丁字口处宜增加电缆支架,防止电缆落地或过度下垂。

⑧金属支架全长均应有良好接地。

(3)电缆敷设工艺标准

①最小弯曲半径应为电缆外径的 12 倍;交联聚氯乙烯绝缘电力电缆:多芯应为 15 倍,单芯为 20 倍。

②电缆绑扎带间距和带头长度规范统一。

③各电缆终端应装设规格统一的标识牌,标识牌的字迹应清晰不易脱落。

④电缆下部距离地面高度应在 100 mm 以上。

⑤防静电地板下电缆敷设宜设置电缆盒或电缆桥架并可靠接地。

(4)电缆敷设施工要点

①确定电缆路径和敷设顺序。

②电缆敷设时,电缆应从盘的上端引出,不应使电缆在支架上及地面摩擦拖拉,电缆上不得有铠装压扁、电缆绞拧、护层折裂等未消除的机械损伤。

③机械敷设电缆的速度不宜超过 15 m/min。

④高、低压电力电缆,强电、弱电控制电缆应按顺序分层配置,一般情况宜由上而下配置。

⑤控制电缆在普通支吊架上不宜超过 1 层,桥架上不宜超过 3 层;交流三芯电力电缆在普通支吊架上不宜超过 1 层,桥架上不宜超过 2 层。

⑥交流单芯电力电缆应布置在同侧支架上,呈品字形敷设。

⑦电力电缆与控制电缆不宜配置在同一层支吊架上。

⑧电缆固定:垂直敷设或超过 45°倾斜的电缆每隔 2 m 固定;水平敷设的电缆每隔 5~10 m 进行固定,电缆首末两端及转弯处、电缆接头处必须固定。交流单芯电力电缆固定夹具或材料不应构成闭合磁路。当按紧贴正三角形排列时,应每隔一定距离用绑带扎牢,以免其松散。

⑨电缆敷设后应及时装设标识牌。

电缆敷设效果如图 4-12-31 和图 4-12-32 所示。

图 4-12-31 电缆敷设	图 4-12-32 电缆支架安装

15. 屏柜安装

(1)施工前应核查基础预埋槽钢或底座支架的水平度和直线度,偏差应符合设备安装要求。

（2）屏柜应满足屏柜外形尺寸、颜色统一,屏柜盘眉字体统一。

（3）屏柜应满足屏柜提供的设备本体及元器件、附件等采用中文标识。

（4）屏柜应满足屏柜端子排距后柜门侧预留距离不小于 200 mm,交直流屏下部元器件距屏底距离不小于 200 mm。

（5）屏柜应满足柜体底部应预留防火封堵盒。

（6）屏柜安装支架或基础预埋槽钢宜高出最终地面 10 mm。

（7）屏柜与底座型钢宜采用焊接,固定牢靠。

（8）当屏柜采用双排布置时,后排屏柜正面朝向墙面侧。

（9）控制室屏柜二次配线采用无线槽接线方式。

屏柜安装效果如图 4-12-33 所示。

图 4-12-33　屏柜安装

16. 二次电缆敷设及配线

（1）工艺标准

①屏柜内配线电流回路应采用电压不低于 500 V 的铜芯绝缘导线,其截面面积不应小于 2.5 mm²,其他回路截面面积不应小于 1.5 mm²,屏柜安装水平度、不平度成列柜面小于 5 mm,接缝小于 2 mm,柜体有明显接地。

②连接门上的电器等可动部位的导线应采用多股软导线,敷设长度应有适当裕度;线束应有外套。塑料管等加强绝缘层;与电器连接时,端部应绞紧,并应加终端附件或搪锡,不得松散、断股;在可动部位两端应用卡子固定。

③施工前应核查接线图、电缆标识牌及线号管。电缆线芯绝缘层颜色应统一,交流电缆芯线颜色为黄绿红蓝黑（A、B、C、N、地）,直流电缆芯线颜色为蓝褐（＋、－）,专用接地线采用黄绿相间色,控制电缆外径宜相近。

④电缆排列整齐,编号清晰,无交叉,固定牢固,不得使所接的端子排受到机械应力。

⑤芯线按垂直或水平有规律地配置,排列整齐、清晰、美观,回路编号正确,绝缘良好,无损伤。芯线绑扎带间距统一、美观。

⑥强、弱电回路,双重化回路,交直流回路不应使用同一根电缆,并应分别成束分开排列。

⑦二次回路接地端应接至专用接地铜排。

⑧直线形接线方式应保证直线段水平,间距一致;S 形接线方式应保证 S 弯弧度一致。

⑨芯线号码管应采用圆形白色塑料管,长度一致,文字字体向外,方向一致。

⑩电缆芯线采用线槽布线时,线槽与端子排间距不小于 70 mm。采用无线槽布线时,端子排与门框间距不小于 200 mm,电缆应单根成束绑扎,备用芯高出端子排 250～300 mm,并采用热缩套管封堵处理。

⑪电缆头与标识牌采用绑扎固定方式,线把绑扎间距宜为 90～180 mm。电缆挂牌固定牢固,悬挂整齐。

(2)施工要点

①核对电缆型号必须符合设计。电缆剥除时不得损伤电缆芯线。

②电缆号牌、芯线和所配导线的端部的回路编号应正确,字迹清晰且不易褪色。

③芯线接线应准确、连接可靠,绝缘符合要求,盘柜内导线不应有接头,导线与电气元件间连接牢固可靠。

④宜先进行二次配线,后进行接线。每个接线端子每侧接线宜为 1 根,不得超过 2 根。对于插接式端子,不同截面的两根导线不得接在同一端子上;插入的电缆芯剥线长度适中,铜芯不外露。对于螺栓连接端子,需将剥除护套的芯线弯圈,弯圈的方向为顺时针,弯圈的大小与螺栓的大小相符,不宜过大,当接两根导线时,中间应加平垫片。

⑤引入屏柜、箱内的铠装电缆应将钢带切断,切断处的端部应扎紧,钢带应在端子箱一点接地,至保护室的控制电缆屏蔽层在始末两端分别接地,其余短电缆屏蔽层一端接地。

⑥备用芯应满足端子排最远端子接线要求,应套标有电缆编号的号码管,且线芯不得裸露。

⑦多股芯线应压接插入式铜端子或搪锡后接入端子排。

⑧间隔 10 个及以上端子排的二次配线应加号码管。

⑨装有静态保护和控制装置屏柜的控制电缆,其屏蔽层接地线应采用螺栓接至专用接地铜排。

⑩每个接地螺栓上所引接的屏蔽接地线鼻不得超过两根。

(3)二次电缆敷设及配线

二次电缆敷设及配线如图 4-12-34 所示。

图 4-12-34　二次电缆敷设及配线

17. 网格栅制作安装

(1)室内外配电装置的高压防护网栅,其安装位置、装配形式及高度符合设计要求。

(2)遮拦及栅栏的门应灵活,防止误入带电间隔的闭锁装置安装应牢靠,闭锁应正确可靠。

(3)遮拦或栅栏与带电体的距离应符合设计文件要求,设计及无要求时应符合室内外配电装置的最小安全净距的规定。

(4)遮拦或栅栏的接地可靠连接,凡可开启的门扇与整体结构间均用软铜线可靠连接。严禁将遮拦或栅栏的接地线与二次回路的接地体连接。

(5)室内配电装置的各种通道的宽度应符合设计要求。

(6)立柱的埋设应垂直牢固,高度一致,同一直线的立柱应在同一平面内,同类间隔的装配方式统一。

(7)板网结构件的钢板或钢板网应平整,板网与边框的焊接牢固,且无外漏尖角及毛刺。

(8)遮拦与栅栏整体结构的焊接牢固可靠。

第十三章 防灾安全监控工程

一、工程概况

浦梅铁路防灾安全监控系统根据相关规范要求,结合沿线气候条件、铁路等级划分以及中国铁路南昌局集团公司现有雨量监测系统运用,本工程设置雨量监测系统。该系统通过实时监视路基地段降雨强度,及时提醒工务人员加强工务巡视密度,从而有效防止路基冲毁或其他设施被破坏。

二、主要工程时间节点

浦梅铁路防灾安全监控系统工程于 2021 年 7 月 1 日开工,2021 年 8 月 21 日联调联试,2021 年 9 月 26 正式启用,主要工程时间节点如图 4-13-1 所示。

表 4-13-1　主要工程时间节点

序号	工程项目	开工日期	完工日期	备 注
1	电缆敷设	2021 年 7 月 12 日	2021 年 8 月 28 日	
2	室内设备安装	2021 年 9 月 21 日	2021 年 9 月 23 日	
3	雨量计安装	2021 年 7 月 12 日	2021 年 9 月 8 日	
4	电缆引入、接续、配线、接地	2021 年 7 月 12 日	2021 年 9 月 2 日	
5	单机调试	2021 年 8 月 27 日	2021 年 9 月 5 日	
6	防灾系统调试	2021 年 9 月 25 日	2021 年 9 月 26 日	

三、主要工程数量

浦梅铁路防灾安全监控系统全线敷设电缆 349 m。安装雨量监测设备 7 套。安装 UPS 不间断电源 7套,永安工务段安装终端 1 套。

设备安装完成后对防灾系统进行单机调试、系统联调及配合其他单位进行联调联试。

四、主要施工技术及工艺要求

根据工程特点和工期的要求,首先进行电缆线路的敷设,同时根据基站房屋建设完成进行雨量监测设备安装,同时进行室外雨量监测设备的安装,以及进行室内外设备的配线、单机调试,最后进行系统调试。

1. 电缆线路工程施工技术及工艺要求

电缆到货后,组织测试人员进行单盘测试。首先应检查电缆型号、规格、电压等级是否符合设计要求,检查电缆是否存在铠装压扁,电缆绞拧、护层折断等损伤。验证电缆的主要电气特性是否符合要求,根据电缆出厂测试记录,进行电气特性测试,测试结束后,用热缩帽封头,并在电缆盘上标明自编盘号、A 端(或 B 端),整理测试记录。

敷设电缆前,安排人员按照施工图进行过路、过轨、槽道检查工作,保证施工工序前后衔接。对于需要直埋敷设地段,用地下管线探测仪探明重点地段缆沟径路的地下管线情况,并画出双线径路,重点标明有地下管线的地点。敷设完成一定长度后,及时组织接续班组进行接续工作。电缆接续完毕,及时进行芯线对地、线间绝缘电阻值测试;电缆接续材料的质量、型号、技术指标符合有关规定。

(1)电缆施工流程图

电缆施工流程如图 4-13-1 所示。

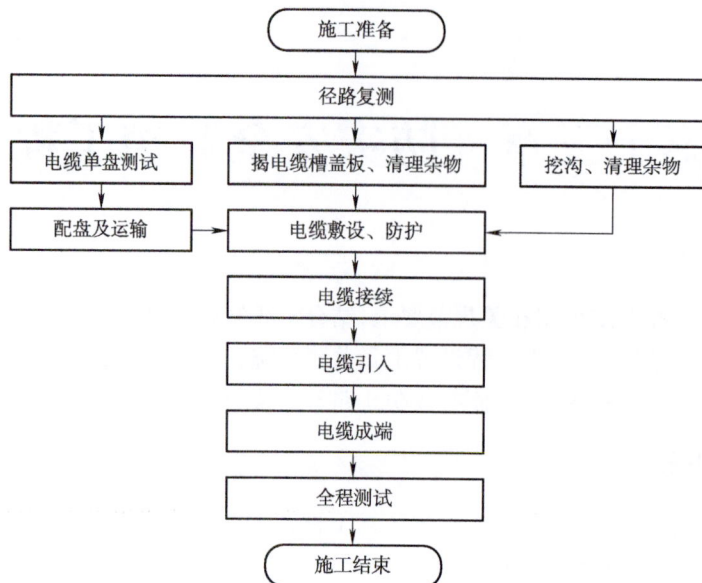

图 4-13-1　电缆施工流程

（2）径路复测

电缆径路复测应按施工设计图进行，并包括下列内容：

（1）实地测量光电缆总长度（包括各种余留长度）。

（2）调查线路电缆槽道贯通情况。

（3）调查设备安装位置。

（4）调查直埋线路径路情况、地下管线状况。

（5）确定穿越轨道、桥梁、河流及有关建筑等需要防护处所和防护方式。

电缆径路复测完毕，及时绘制径路复测台账，并确定单盘电缆长度。如发现实际与设计不符，应按规定程序变更。

2. 雨监测设备施工技术及工艺要求

浦梅铁路防灾安全监控系统工程雨量监测设备采用机械式雨量计，雨量计安装在沿线通信基站、车站或工务维修工区院内。

安装雨量计时应首先制作混凝土基础，雨量计安装在制作好的混凝土台上。安装好后应保证雨量计周围无遮挡物，混凝土基础尺寸符合设计要求，雨量计安装牢固、可靠，如图 4-13-2 所示。

五、防灾系统调试

防灾系统调试分为单机调试和系统调试。

（1）正常接收数据

灾害监测系统监控单元能正确接收对应现场雨监测点的雨量监测数据。

（2）雨监测主机或通信接口状态

雨监测主机或通信接口状态正常。

（3）量现场采集设备电源后备功能

断开外电，UPS 给雨量监测设备供电，供电时间不小于 1 h。

图 4-13-2　雨监测设备安装

第十四章　工 程 接 口

　　浦梅铁路工程包括站前的路基、桥梁、隧道、涵洞、轨道及站后"四电"集成(通信、信号、电力、电气化)、站场、房建、环保、绿化等专业。专业间的接口从大的方面讲有以下两类。

　　(1)站前各工程接口:过渡段(路基与桥梁、路基与隧道、路堤与路堑、无砟轨道与有砟轨道);轨道与路基、桥梁、隧道、涵洞的接口。

　　(2)站后与站前工程接口:路基与通信、信号、电力、接触网、环保等专业的接口;桥梁与通信、信号、电力、接触网、环保等专业的接口;隧道与通信、信号、电力、接触网、环保等专业的接口;站场与通信、信号、电力、接触网、环保等专业的接口。站前与站后"四电"集成各系统的接口工程主要有提供给"四电"专业的构件预埋与线缆通道,前者如接触网立柱基础、声屏障基础、设备基础、接地端子、防雷及电磁屏蔽、隧道和桥墩中接地极(接地网)等;后者如电缆沟槽、过轨管道、房建中布线系统,这些工程属站后专业但需站前施工单位施作,站前各专业间的施工及协调基本属于站前施工单位内部或标段与标段接头处的接口,施工与质量控制较为成熟。从本线施工来讲重点是站后与站前工程接口,特别是"四电"子系统接口。

　　"四电"系统接口主要分为系统内部接口和外部接口,内部接口主要是子系统的通信、信号、牵引供电和电力子系统及其配套房间之间的接口,外部接口是指系统各专业和单位间的接口,主要包括:路基、桥梁、隧道、轨道、车站、房建、综合接地、综合调度等,并协调与外部电网运营商的接口问题。具体而言,站后预留接口施工包括以下主要内容。

　　(1)路基专业。接触网、声屏障基础施工、过轨管道(电力、通信、信号、接触网、牵引供电等)埋设等。

　　(2)无砟轨道。接地钢筋、接地端子、结构钢筋绝缘设置等。

　　(3)桥梁专业。墩台(含桩基础、桩基础承台、明挖扩大基础)和梁部接地钢筋及端子设置、墩身及梁部电缆爬架上桥槽道、梁部接触网基础施工等。

　　(4)隧道专业。接触网防闪络钢筋设置、综合洞室附近的过轨管埋设、初期支护内接地设置、电缆沟槽上的接地钢筋及端子设置等。

第一节　专业间工程接口的施工

一、路基接口

1. 路基与通信、信号、电力工程接口

(1)电缆槽

路基地段电缆槽按左右侧路肩强、弱电分槽设置,电缆槽和盖板均设计为不低于 C25 预制钢筋混凝土结构并符合耐久性相关指标要求,电缆槽采用侧向排水,于电缆槽边部槽底及隔断底部每隔 2 m 设置一处直径为 5 cm 泄水孔,将电缆槽内水引出。

　　在站场站台范围电缆槽设于站台面,并与机械室沟通。电缆槽和盖板均设计为不低于 C40 预制钢筋混凝土结构,于电缆槽底部中间位置每隔 3 m 设置直径为 10 cm 的泄水孔,电缆槽铺设时埋设一根 DN100 铸铁排水管与预留的泄水孔对接,将水排入侧沟(排水沟内)。

　　电缆槽安装:路肩电缆槽在接触网基础完成后进行安装,人工配合起重机具安装电缆槽,挂线施工,安装过程做到轻吊轻放,防止电缆槽损坏,安装时内边外侧离左线中心距离保持一致。电缆槽安装完成后,对电缆槽与路基基床之间的空隙采用 C10 混凝土回填密实,与接触网基础间隙采用水泥砂浆或 M7.5 水泥砂浆填补。路堑处的电缆槽设置于路基两侧侧沟内侧。

盖板安装：安装盖板时，应确定安装顺序，挂线作业，控制缝宽，确保均匀一致，并尽可能把公差范围一致的预制件安装在同一部位或地段，确保线形顺直、平滑、美观。盖板在桥头或隧道洞口加盖异形盖板，保证盖板无缺口。

（2）手孔

手孔是过轨管转接的出口，凡是有过轨管道的位置，在路肩位置按照设计要求设置手孔，手孔与盖板设计为 C25 钢筋混凝土。

手孔开挖：手孔安排在基床表层完成后开挖，预先按设计位置，现场设点标识出手孔开挖的平面及高程位置。

手孔现浇：安排在手孔开挖成型后进行，并保证与相邻电缆槽线形平顺。混凝土采用集中拌和站生产，在混凝土灌注设计高程后，应将其顶面用抹刀抹平。

（3）过轨管

通信信号电缆过轨钢管设计高程在轨面下 997 mm 位置，在路基基床表层第一层级配碎石施工完后，挖槽埋设。按照设计图纸实现确定好过轨管现场埋设的具体位置，路基填筑达到过轨管的埋设高程后，用全站仪测出平面和水平位置。开槽宽度和长度满足安防管道的要求，深度一般为 15～20 cm。

管道安放前采用夯实机具对槽底土进行夯实，平整水平，检测满足压实标准后安放管道。管道内预留两根铁丝。管道连接为焊接，要保证内壁光滑无毛刺。

回填与路基相同的 A、B 组填料，回填料的最大粒径不得大于 20 mm，且级配良好，必要时回填料中可掺入 5% 水泥。

2. 路基与环保接口（声屏障基础）

路基声屏障根据地质情况部分采用部颁通用图《客运专线铁路路基整体式预制混凝土声屏障》（通环〔2008〕8322），部分采用中铁四院非标设计的插板式非金属声屏障。接口为基础部分，基础部分为 $D=0.8$ m 的钻孔桩，桩长 6 m，钻孔桩间距为 4 m，H 形立柱间距为 2 m，底部设宽 0.5 m 的通长底梁。声屏障基础施工严格执行《建筑桩基技术规范》（JGJ 94—1994）及国家有关施工验收、规范和规定，主要施工过程有：挖孔桩施工、钢筋的制作与安装、灌注混凝土、地梁浇筑、边坡恢复。

考虑到路基填料及桩孔位于边坡的特点，孔口开挖深度 0.5～1 m 时，立即灌注 C15 混凝土土围圈（锁口）护壁。护壁厚度不小于 15 cm。护壁模型可加工成两块活动可拆除模型。锁口顶面靠路基边坡外侧地面齐平，靠线路一侧以浆砌片石或混凝土支挡防止路肩表面水流入孔内。

由于现场通信电缆槽电缆及纵向贯通电缆已铺设，在声屏障施工前通知四电人员进行电缆保护。

二、桥梁接口

1. 桥梁与接触网接口

（1）接触网立柱基础

桥梁上部接触网立柱基础螺栓和钢筋已预埋在梁体内，上部基础部分在架梁后立模现浇。接触网立柱基础根据沿线路方向长度和宽度进行桥面板加强，分为 A1、A2、B、C、D 五个类型。施工注意事项：

①接触网立柱基础采用定型钢模板、定位工装现场浇筑，制作钢模板时应综合考虑立柱基础型号、几何尺寸，使模板通过组合具有通用性，一次浇筑成型。

②接触网立柱基础施工前应测设出线路中线，确保接触网立柱基础中心距线路中线不小于 315 cm，否则必须进行调整。施工时可适当往外侧放大 10～20 mm，确保侧向限界合格。

③锚栓外露基础面 220 mm，套丝长度（220±5）mm，配三个螺母两个垫圈。

④螺栓应严格按照布置图的尺寸进行预留，施工完成后及时采取有效措施对螺栓外露部分进行防护，防止锈蚀和损坏。

⑤支柱基础面保持水平，预埋钢板与基础顶面齐平，预埋螺栓与基础顶面垂直，螺栓顶部垂直偏差不

大于 1 mm。

⑥浇筑基础混凝土前严格检查螺栓间距偏差,浇筑时采用高精度(孔径为 39.5 mm)钢板限位,确保成型后螺栓间距偏差控制在 1 mm 以内。

⑦在灌注混凝土基础时,在基础底部预留一个 120 mm×150 mm 的长方形孔洞,以便通信电缆通过。注意基础底部不能低于保护层顶面,若预埋钢筋影响应调整钢筋。注意 LJ-D 与其他类型的区别。

⑧基础面以下 150 mm 内的螺栓及其外露部分均采用多元合金共渗+达可乐+封闭层处理,预埋钢板采用多元合金共渗+封闭层处理。

⑨接触网立柱基础接地套筒位置按图施工,横向距基础内侧 260 mm,纵向距基础边 60 mm。浇筑前后检测接地套筒的贯通性,电阻值不大于 1 Ω。浇筑混凝土时对接地套筒采取保护措施,避免进入水泥浆。

(2)拉线基础施工

拉线基础螺栓和钢筋已预埋在梁体内,上部基础部分在架梁后立模现浇,基础型号为 QJLX-1。施工注意事项:

①拉线基础采用钢模板现场浇筑,一次浇筑成型。

②拉线基础施工前测设出线路中线,确保拉线基础中心距线路中线不小于 315 cm,施工时可适当往外侧放大 10~20 mm。

③拉线基础预埋 4 根锚栓,外露基础面 80 mm,套丝长度 80 mm。

④螺栓严格按照布置图的尺寸进行预留,施工完成后及时采取有效措施对螺栓外露部分进行防护,防止锈蚀和损坏。

⑤拉线基础面保持水平,预埋钢板与基础顶面齐平,预埋螺栓与基础顶面垂直,螺栓顶部垂直偏差不大于 1 mm。

⑥浇筑基础混凝土前严格检查螺栓间距偏差,确保成型后螺栓间距偏差控制在 1 mm 以内。

⑦在灌注混凝土基础时,在基础底部预留一个 120 mm×150 mm 的长方形孔洞,以便通信电缆通过。

⑧基础面以下 150 mm 内的螺栓及其外露部分均应采用多元合金共渗+达可乐+封闭层处理,预埋钢板采用多元合金共渗+封闭层处理。

⑨接触网立柱及拉线基础:螺栓间距偏差不大于 1 mm;外露螺栓垂直度不大于 1 mm;基础中心线距桥中线间距偏差+0,+20 mm;螺栓外露长度立柱基础不小于 170 mm,拉线基础不小于 80 mm;左右线立柱基础对齐。

2. 桥梁与环保接口

桥梁声屏障有两种形式:一种为整体式声屏障,较为笨重;另一种为金属插板式声屏障。浦梅全线桥梁声屏障采用部分通用图《时速 160 公里客货共线铁路预制后张法简支 T 梁(设声屏障)》(通桥〔2012〕2109-Ⅰ、Ⅱ(修))和铁路工程建设通用参考图《时速 250 公里、350 公里高速铁路桥梁插板式声屏障安装图》通环〔2018〕8323,遮板已安装完成地段采用非标设计(插板式声屏障)整体式声屏障采用统一制作的钢模板,进行预制安装。

主要施工过程包括:安装模板、加工钢筋、安装钢筋及预埋件、浇筑混凝土、养护等强、运输安装上桥。

三、隧道接口

1. 隧道与通信、信号电力接口

隧道与通信信号、电力的接口主要为通信信号电缆槽、电力电缆槽施工,主要施工过程包括:测量定位、绑扎安装钢筋、固定钢模、浇筑混凝土、铺设盖板,模板采用大块整体式钢模,混凝土集中拌和,插入式振捣器振捣,浇筑混凝土后加强养护,养护时间不少于 7 d。

电缆槽及排水沟:电缆槽及排水沟建于隧道两侧,与隧道中心线 4.50 m 左右对称布置,组合平面宽度 1.60 m,其中信号槽宽 0.35 m,水沟槽宽 0.3 m,通信槽宽 0.25 m,两侧挡砟墙厚度 0.2 m,内隔墙均为

0.15 m;建设高度以内轨顶面高程为控制点,沟槽顶面高于内轨顶面0.3 m,并以此控制沟槽建筑高度。

2. 隧道与接触网接地系统

隧道内所有吊柱底座通过"上部接地跳线"接地连线与 PW 线相连接,PW 线每隔500 m 通过:下部接地线与隧道内的综合地线连接,隧道内接触网下锚补偿装置需接入综合地线,按设计在隧道施工时预留相应的接地端子。

第二节　工程接口的质量控制

一、建立接口管理程序

1. 外部接口基本管理程序

(1)明确项目必须联络的工程和单位。

(2)明确必须与子系统相协调的技术、功能以及时间进度等事项。

(3)召开接口单位的协调会,共同研究接口事宜。

(4)现场协调所有与接口相关的事宜。

(5)根据已协调的接口处理方案,现场推进。

2. 内部接口基本管理程序

(1)接口项目的确定:明确接口各专业的工作内容、技术要求。

(2)责任分配:根据各专业的分工及施工工序,确定接口的责任人。

(3)设置解决流程:接口解决由接口施工人员根据确定的内容标准与责任直接完成。

(4)确定与测试:接口解决的确定,在安装、测试和调试阶段分别实施。接口管理组将通过测试报告,检查审核结果。

工程接口实体施工:子系统项目部、质量管理部对工程实体质量进行同步全面的监督检查,系统集成施工总承包项目质量管理部对工程实体质量进行不少于30%的不定时抽查,发现质量问题立即整改。系统集成总承包项目部接受联合体的质量监督。

工程接口控制:在实施性施工组织设计编制阶段,由各个子系统项目部编制各专业的进度计划报系统集成施工总承包项目部,施工总承包项目部根据"四电"子系统内部的工序、作业面的相互接口、搭接关系,进行充分的内部协调汇总出总进度计划,报业主、监理批准。批准后的总进度计划作为进度控制的纲领性文件由系统集成施工总承包项目部监督各子系统项目部实施,在项目部内部施工形象进度实行日报制度,对业主实行月报制度。总进度计划一般不做调整,在特殊情况下的调整,其调整流程与初始编制流程相同。

工程接口风险管理:在施工准备阶段,系统集成施工准备阶段,系统集成施工总承包项目部在内部通过头脑风暴法收集施工构成潜在的风险因素;项目部经理组织专门会议识别出潜在的风险,分析风险产生的原因、风险的性质及其可能产生的后果;然后对这些风险进行评估,针对不同的风险采取减轻风险、预防风险、转移风险等风险控制措施。

二、工程接口质量控制措施

1. 加强对影响质量"五大要素"的控制

(1)人的控制:配备技术熟练、经验丰富的施工生产人员。对生产人员进行岗前专业培训及劳动纪律教育、职业道德教育,特别是新工艺、新材料的应用操作培训,合格后方可上岗作业,并明确各级人员的质量责任。

(2)材料的控制:主要器材必须具有生产许可证,所有设备和材料应具有产品证明书,出厂合格证书,使用说明书,三包证和产品试验报告。对原材料、设备等的检验,应有书面记录或按技术标准规定的必要抽检试验报告和专人签字；未经检验或检验不合格的，不得投入使用。

（3）机械的控制：根据不同的工艺特点和技术要求，选用合适的机械设备；正确使用、管理和保养，确保机械设备处于最佳使用状态。

（4）方法的控制：施工方案、施工工艺、施工组织设计、施工技术措施等，应切合工程实际、能解决施工难题、技术可行、经济合理，有利于保证质量、加速进度、降低成本。

（5）环境的控制：根据工程特点和具体条件，对影响施工质量的环境因素，采取有效的措施严加控制。在施工现场，建立文明施工和文明生产的环境，保证材料堆放整齐有序，工作场所清洁整齐，施工程序井井有条，为确保施工质量安全创造良好条件。

2. 严把设计文件核对，制定实施细则

施工前项目工程师认真复核设计文件，施工图审核必须仔细认真，一丝不苟。如发现问题及时与设计专业工程师联系，把设计技术问题解决在施工之前；制定统一施工技术标准、操作工艺。

3. 推行"首段定标"的施工方法及坚持"技术交底"方法

在每道工序施工前，按设计要求、技术标准、施工工艺，对施工班组进行详细的技术交底工作，在交底工程数量的同时交底施工方法、质量要求、安全措施。施工中严格按照设计图纸和规程、规范进行施工。

4. 强化施工过程中的质量控制

做好施工准备工作的质量控制，主要是做好：技术准备、物资准备、组织准备、施工机具和施工现场的准备。

做好施工过程中的质量控制，具体措施是：工序自检、互检、交接检；做到施工项目有方案、技术措施有交底、图纸有审核记录、材料有检验验收记录、隐蔽工程有签证、计量器具有校核、设计变更有手续、质量记录文件有归档等，实行质量一票否决权。

对施工过程形成产品的质量控制，具体措施是：组织调试试验；准备竣工验收资料，组织自检和初步验收；按规定的质量评定标准和办法，对完成的检验批、分项/分部工程及单位工程进行质量检验评定；技术档案资料齐全。

5. 建立、健全各项质量管理制度

建立、健全工程质量终身责任制，认真贯彻实行工程质量检验评定制度，实行建设项目挂牌公开制度。把工程项目的质量要素层层分解，落实到每一位职工，强化施工现场的质量管理，加强计量、检测等基础工作。质量检验工程师对施工过程经常进行检查、抽查、验收，对不合格的项目及时进行分析解决，不留隐患。对关键及技术复杂的工序，设专人负责，重点控制。

严格"隐蔽工程检查和签证"制度。隐蔽工程施工完毕后，项目部质量检验工程师首先进行自检，合格后，按规定格式填写隐蔽工程检查证，于隐蔽前48 h通知监理工程师到现场对隐蔽工程进行检查，并在检查证上签字后，方可继续施工；并随时接受监理工程师的抽查和重点检查，提供检查条件。

6. 贯彻 ISO 9001:2000 标准

在工程建设的过程中，严格按照《质量手册》运行，实现过程控制，使工程质量的控制纳入程序化管理。建立以项目部为核心的质量保证体系，对工程实行全过程控制，保证质量目标的实现。

第十五章 经验体会与问题探讨

一、经 验

1. 交接与交流

工程开工之前做好各项交接工作,我方经过监理以书面形式和甲方交接施工工艺、施工流程,并要求三方签字确认。对基层墙面质量进行验收,确认合格后双方书面交接,可施工。施工现场人际关系的处理非常重要,处理好现场管理人员以及监理的关系就等于节省了时间、增加了效率,关于施工现场存在的问题一定要与相关人员多沟通、多交流,如果出现对我方施工有影响的应即时请甲方解决并处理。

2. 施工质量管理

质量第一,首先要选择一个各项指标优良的施工班组,开工之前,要召集所有施工人员参加现场会议,传达项目工程的施工工艺和施工流程。每天严格检查施工质量,做到及时发现并解决问题,对于不符合要求的施工部位,必须进行处理或者返工;每道工序施工完成后,要经甲方、监理验收签字,方可进行下道工序。

3. 施工进度管理

施工进度是决定工期的最大因素,一定要做好周密详细的时间安排。现场施工要将施工时的周计划、月计划按时上报甲方,如果遇到对我方施工有影响的情况,应及时申请甲方解决处理,以免耽误工期。如果施工进度跟不上的话,在必要的情况下增加施工班组人员,并将每周、每月的施工情况和进度,向公司汇报,以便公司统筹安排、按期结账。

莲花山隧道工程将其施工进度采用如下监控法:

(1)形象进度监控法

对分项、分部工程编制每旬、每月的施工形象进度计划,在施工中及时掌握实际每旬、每月所达到的形象进度,根据实际完成与计划完成工程量的差距,分析差距产生的原因并找出所发生的单位、分部和分项工程,并采取相应对策,同时建立工程管理曲线。

根据每月施工计划,针对各个施工队伍施工任务量,统计现有劳务队配置的资源,梳理缺少的劳力和设备,下达进场考核节点,根据节点时间督促落实到位;在进度控制中,不仅要加大经济处罚,还要采取考核队伍信用等级、切割施工任务等措施来约束作业队伍,让队伍的配置符合指挥部的要求,确保月进度的完成。

(2)关键线路监控法

根据施工组织设计确定的施工进度网络计划图,明确关键线路,在施工组织上,狠抓关键工序,并根据工程进展的变化,实施动态管理,适时调整网络图,明确不同阶段的关键工序,采取相应的有效对策。关键线路分层次进行监控,以关键工序保关键点、关键点保关键线路、关键线路保合同工期。

4. 材料管理

材料的管理是每项工程的关键,首先一定要选好储存材料的仓库(防雨且便于卸货、搬运的位置),施工时搅拌机和施工部位落地灰要清理干净,特别是刮尺上的保温砂浆要倒入灰桶,下班之前仔细检查各处,保证现场的干净整洁,特别是堆积材料的地方要重点排查,以免下雨淋湿造成不必要的损失。申报材料时,要结合施工进度和当时天气情况,只供材料不包工的工程,材料进场要清点数量,并要求甲方管理人员确认签字。

5. 安全管理

以人为本,安全第一,只有确保安全的情况下才能保障效率。每天开工、收班都应清点人数,禁止酒后施工作业,高空作业必须佩戴安全帽、系好安全带,外脚手架没有经过安全员同意和批准,禁止私自拆除和变动,违者严处。

6. 先进设备与合理施工工艺

莲花山隧道施工过程配备性能良好、高效先进的成套工装设备,充分发挥机械作用,实行全套机械化作业;配备先进的计量、检测、超前地质预报设备,提高施工工效和检测、预报的准确性,加快施工进度。为保证安全步距,在加快开挖进度的同时,作业面配备双栈桥、双台车,加快衬砌施工。

采用先进的施工方法,制定合理的施工工艺,及时进行技术交底,使各协作队伍按技术交底操作。在保证质量、安全的前提下,尽可能开展多工序同步施工、平行作业,控制作业循环时间,合理安排作业层次,确保施工正常进行。

7. 桥梁 BIM 应用

充分运用 BIM 技术,对于复杂工程进行技术优化和指导施工在项目建设管理中,对于施工较复杂的连续梁、房屋、隧道的工程施工中可以采用 BIM 技术对复杂结构体进行建模,对于钢筋、预应力钢筋及管线较多的结构体可以采用 BIM 技术对钢筋较密集的情况进行优化或者结构优化。也可以根据 BIM 技术的运用而产生的新工装进行运用,以保证在施工过程中能更好地控制施工质量。

通过桥梁的精细化建模,钢筋和预应力管道碰撞监测等进行优化,进行统一采用自主开发的 BIM 工程管理平台系统对建模的过程进行管理和运作,如图 4-15-1 所示。业主、咨询方通过 BIM 设计管理平台软件在设计过程中参与、掌握、审核、管理 BIM 设计,得到优化设计成果。利用 BIM 工程运维平台进行运营、维护、维修管理,并继续添加运维信息,最终达到工程全生命周期 BIM 技术应用。

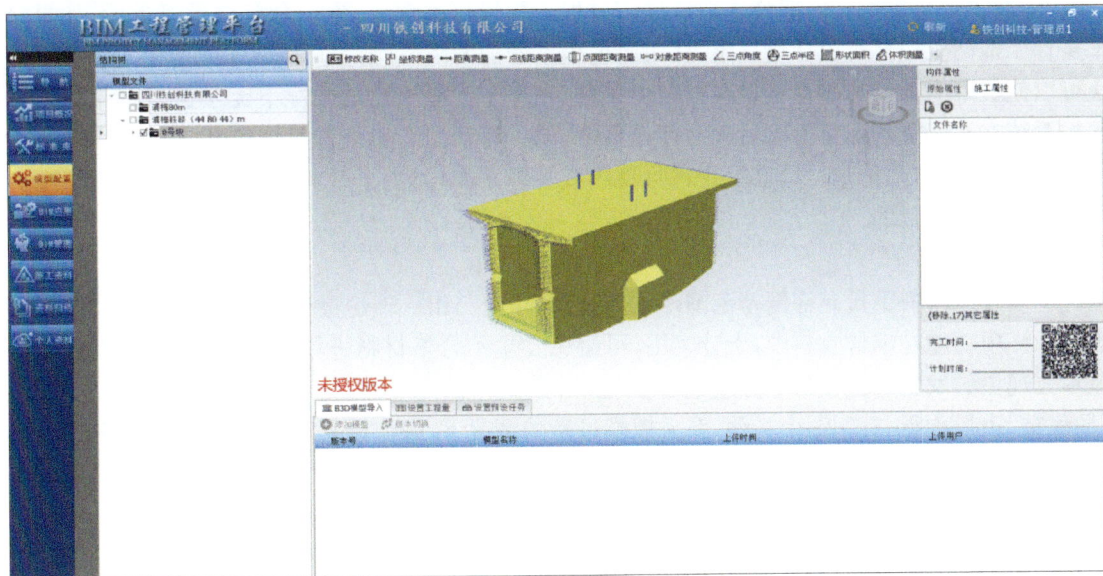

图 4-15-1　BIM 工程管理平台系统

8. 广联达梦龙物料验收系统

针对物资验收过程中存在纸漏,进出场信息不能实时化、透明化,供应商对质量控制不严格,存在投机行为等现象,许多单位引进使用了物资称重计量管控系统,加强了物资管控力度,确保了企业效益不流失。浦梅铁路 PM-3 标各拌和站,钢筋加工厂经公司审批引进了物料验收系统。该系统与传统过磅系统有着明显的优势,传统收料方式存在的材料标准低、虚假冒算、缺斤短两、企业内部收料存在漏洞及效率低下等问题都在广联达梦龙物料验收系统中得到了解决,如图 4-15-2 所示。

(1)防作弊

广联达梦龙物料验收系统除传输方式由模拟信号改为数字信号外,物资称重计量管控系统中的称重计量数据的峰值曲线信号图可以有效解决这一问题,当峰值曲线信号图出现明显跳跃时说明收料重量出

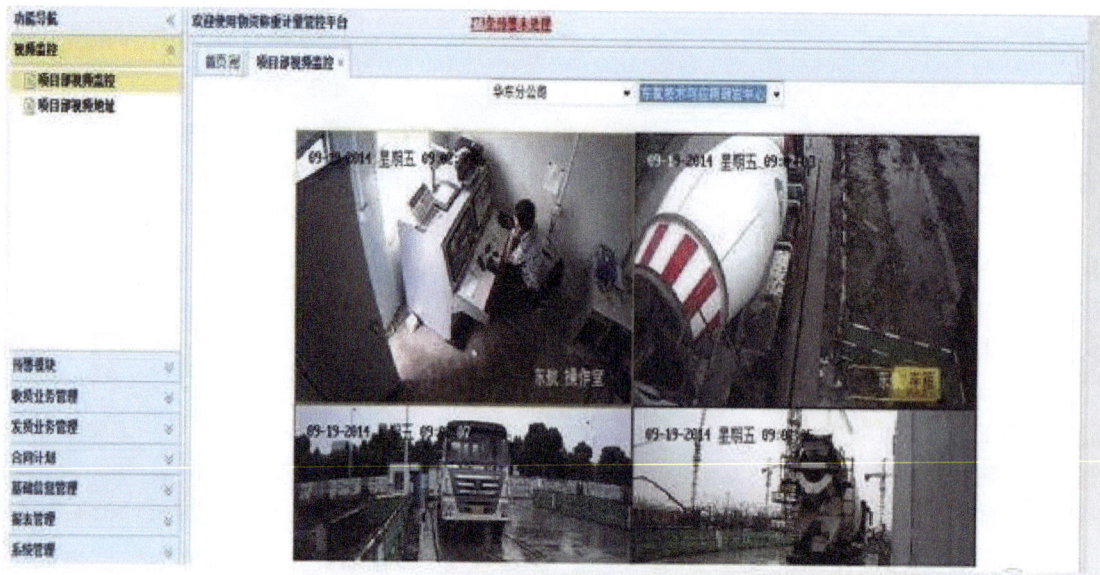

图 4-15-2　广联达梦龙物料验收系统应用

现问题,需引起重视,抓紧排查原因。

物资材料现场过磅时,该系统配备的 4 个摄像头抓拍 4 张图片存档,可避免司机过毛重时在磅上,过皮时下磅,对净重产生影响。一般称重系统过磅过程人为操作因素大,重车全车称量毛重后,如果轻车仅部分车身置于地磅上仍然可以计量皮重,从而出现净重增加的现象,给公司造成了效益流失。该系统的红外模块可以使红外对射仪与称重计量系统同步关联,在车不完全上磅的情况下无法进行称量。物资称重计量管控系统在车辆进场称量毛重后自动存入系统,同一车辆只有出场称量皮重后方可再次进场称量毛重,使同一车辆无法重复称量。堵塞了物料验收环节管理漏洞,避免了材料进场便损失,达到了提升企业及项目部经济效益的目的。

(2)精细化管理

系统可设置原材料重量允许偏差范围,当进场材料净重与出厂理论重量偏差超过允许偏差范围时,系统会预警。该项功能在钢材收料中,十分实用,可避免发生不合格材料进场,同时在混凝土出厂中可以有效避免亏方现象的发生。验收磅单称重过程全记录,数据存储可追溯。该系统操作简单,只需输入车牌号、进场称重、出场称重、打印四个步骤,在大规模过磅的情况下,操作极其简单,可提高收料效率。该系统可自动生成各类材料台账,提高了工作效率,方便后期进行结算和材料统计,并解决了传统的人工登记易出错的问题。

(3)远程监控现场物资验收情况

公司、项目领导可通过物资称重计量管控平台,实时查看各个项目部的过磅量和实际数据,对详细的过磅情况,包括车辆、供应商信息和过磅数据的实际状态(正常过磅、是否补录、是否修改)等,公司都可直接查看分析,可统一有效地管理和监督项目的实际收发货情况。通过手机 App 功能,可使管理者随时关注项目动态,验收不合格提醒、物资偏差过大、正常预警信息、现场收料情况视频监控等平台的丰富功能都可在手机实现。本项目在指挥部专门设置一个监控点,可以同时监控每个拌和站和钢筋厂的实时状况,实时分析,更好地了解现场情况。随着计算机和网络技术的不断发展,现在的建筑施工企业都越来越重视自身的信息化建设,物资称重计量管控平台通过完善强大的权限管理模块,为企业的网络信息化建设提供了安全可靠的保障,可防止企业内部信息不被外界非法的获取、篡改和删除,保证数据的一致性和完整性。公司和项目部等根据不同的岗位,设置严格的权限管理,用户可以灵活地登录系统做相应的操作。

二、问题探讨

1. 隧道工程

莲花山隧道作为是浦梅铁路全线最长隧道,承担着整条浦梅铁路工期的攻坚重任,按期完成施工任务,对浦梅铁路全线通车起到关键性的作用。施工过程中易发生崩塌、掉块、突水突泥等现象。

隧道二次衬砌厚度不足对结构整体稳定性存在巨大安全隐患,如出现因有效受力面减少,局部应力集中,拱顶与拱腰容易产生裂纹等危害。结合浦梅铁路隧道施工过程中的具体情况,通过对施工工艺分析,最容易造成二次衬砌厚度局部不足的主要客观原因有以下几方面:围岩欠挖、围岩变形、初期支护侵限导致厚度不足、脱空引起厚度不足、二次衬砌台车缺陷。主观原因:一是项目部对脱空及红线问题重视程度不够,工序验收不严不实,施工过程中未能及时发现问题并纠正;二是现场管理层标准化意识不到位,在关键工序质量过程控制中仍存侥幸思想,质量管理未严格落实,作业层施工凭经验办事导致施工过程中误判拱顶混凝土已经密实,且未进行带模注浆;三是带班作业流于形式,现场旁站经验欠缺,不能达到旁站指导施工作业的目的。针对上述问题,除了采取超前地质预报、施工爆破控制、支护措施等技术措施外,在管理方面采取以下措施:一是通过多渠道多模式的交流学习,潜移默化提升管理人员的安全质量红线管理意识;二是定期组织专业素质培训学习及考核,提高现场管理人员的专业能力;三是严格施工验收及过程检查,以此为工序转换的前提条件;四是严格跟班作业及领导带班制度,将其作为现场管控的重要手段进行刚性管控。

隧道二次衬砌的施工质量直接影响隧道的整体性能和作用发挥。二次衬砌厚度的控制,开挖前必须做好超期地质预报,开挖时严格控制开挖轮廓线,做好断面检查严禁欠挖。初期支护施工时必须使用符合设计要求的钢支撑,加强优化初喷工艺,坚持断面复测,发现侵限情况,及时处理至合格后才能进行下一道工序。在二次衬砌施工前做好围岩监测。在二次衬砌混凝土浇筑时应安排专人检查模板的变形情况,浇筑完后应及时进行带模注浆。项目结合隧道二次衬砌厚度不足存在主要问题的原因并提出了防控措施以便为其他隧道施工提供参考。

2. 桥梁工程

在桥涵大块无拉杆模板的选用上,采取了高压竹胶板,其强度和刚度均比钢模,且易变形,变形后不易修复,倒用次数少,在今后的施工中还得采用大块的定形钢模板。

3. 成品和半成品保护

预制构件运输、吊装:涵洞预制涵节等半成品及其他成品在存放、运输、起吊及现场拼装时,应对其采取相应的加固保护措施,避免混凝土构件发生损伤,已完的立交涵洞工程的出入口应加设防撞墩或警示标志,以防过往车辆撞伤涵洞。在路基施工期间,土方施工的机械在过涵洞顶部时,一定要在涵洞顶垫不小于1m厚的顺坡土保护层,否则施工机械就有可能碰伤涵洞或压坏涵洞项部已做好的防水层。做好软基沉降观测桩、水准基点及护桩的保护工作,保证测量的正确性。

4. 路基工程施工

路基上方填筑施工中,应事先综合考虑路基附属刷坡、槽多出的土方及便道上可利用的土方,有意识地预留出几百米的路段消化这些多余土方。这样既充分利用了多余土方(就地取材),又减少了多余土方大量外运而增加成本。在路基附属工程施工方面,我部在路基护坡的护被骨架的浆砌片石的施工中,根据建设指挥部的创优要求,提高砌筑和用料标准,我部在路基附属工程质量和评比方面占了优势,但是加大了工程成本,从经济效益方面来讲是不划算的。在今后的铁路施工中,在提高质量标准的同时,要权衡考虑工程的成本,即进行两者兼顾。

路基附属施工中,抗滑桩的成桩质量也是施工过程中经常出现的质量问题,在施工过程中一定要从孔桩开挖、护臂、声测管及混凝土浇筑的施工工序中加大卡控力度,确保抗滑桩的成桩质量。

5. 物质管控

在广联达梦龙物料验收系统运用前期,要加强对过磅人员进行系统的培训。目前公司大部分拌和站收料员为临时工老同志,文化程度较低,虽然物资称重计量管控系统操作简单只需 4 个步骤,在系统使用前期需进行培训,并在操作过程中进行指导,避免出错。同时严格要求每车进场材料必须使用系统过磅,不得人工过磅,一经发现未经请示,私自人工过磅的,给予 50 元一车次罚款。该系统使用一段时间后,满足施工现场需求,但还存在一些软件方面的问题,如会有卡机的情况;手机 App 客户端,实时监控会出现无法访问网络的情况;即时拍会出现间接性的失效,供应商的磅单上传不了等情况。项目应及时跟系统开发商联系,及时反馈解决问题。

6. 电缆槽施工问题

由于铁路施工涉及线下、铺架、电气化等施工单位,因相互关系未协调好,签认不齐全,导致后期缺陷问题责任不清。比如,隧道电缆槽内已铺砂,但电气化单位要铺设贯通地线就必须重新铲砂,并利用线下单位的砂制成砂浆包裹地线,导致电缆槽内到处缺砂。还有中心水沟垃圾、盖板损坏、桥梁电缆槽抱箍缺失及螺栓松落等等。

三、体　会

(1)很多工程管理过程中只注意材料和建设成本的管理,而忽视了施工组织的成本。但在一项工程中,组织管理成本占的比例是成本中的一大部分。很多施工单位造成成本浪费的原因是施工组织过程中无序、紊乱,造成施工脱节的现象时有发生。需要从施工组织计划就着手进行成本控制才能达到提质增效,节约支出的目的。合理地制定计划和施工横道图,在施工过程中进行有序的组织管理。

(2)在施工过程中,尽量利用一切可利用的工具来代替人工,比如说用塔吊搬运代替手推车、用打卡考勤代替签字、大面积回填土用挖机代替人工。

(3)施工应在保证质量的前提下,满足设计和规范,并坚持经济实用的原则,选用合理优化的方案,做到合理投入,适当加快进度。

(4)重视工程质量和安全,大力宣传"没有质量和安全的进度是负进度"的思想。

(5)由于地质复杂,许多地段地质情况与设计不太相符,尤其是隧道工程施工时地质不明,造成施工中变更设计较多,走了不少弯路,既耽误工期又增加施工成本,不利于铁路工程建设。在今后的铁路建设中,应提高设计深度,施工中简化程序,进行动态设计。

(6)在施工之前,要对施工过程有一定的规划,举一反三,思考此处施工将会遇到怎样的难题,施工过程中,遇到问题要立即采取补救措施,并与监理一起探讨解决方案,若出现大问题如自身难以解决,就向上级汇报;施工完成后,对问题进行分析总结,在今后的施工中加以预防。

(7)对于各类不同分部分项工程都采用一套类似的管理办法,只抓宏观大面上的问题,在不同工程的细节处把控不到位,有可能导致事故隐患。既要把握安全施工大局,又要结合分部分项工程不同的特点进行针对性的管理,对症下药才能取得好效果。

第五篇

科研与技术创新

第一章 科研项目的立项与组织实施

一、双侧近接营运高速铁路浅埋偏压隧道工程安全技术研究

项目名称:双侧近接营运高速铁路浅埋偏压隧道工程安全技术研究

起止时间:2017年9月~2020年6月

项目级别:部级(中国国家铁路集团有限公司立项)

完成单位:中国铁路设计集团有限公司 中国铁路南昌局集团有限公司浦梅铁路工程建设指挥部、西南交通大学、中铁十一局集团有限公司PM-2标工程指挥部

研究内容:

(1)新建隧道双向近接营运隧道受力特征研究。由于隧道线间距小,穿越浅埋段软弱围岩,地形偏压,其加之既有隧道修建时已经扰动周边围岩,使得隧道受力特征非常复杂。基于上述因素,对于不同净距下,研究新建隧道和既有隧道的受力特征,寻求围岩的受力与净距之间的变化规律,为设计和施工提供依据。

(2)新建隧道双向近接营运隧道安全防护技术设计。隧道线间距小,穿越的浅埋段软弱围岩,地形偏压,受力特征复杂,系统研究新建隧道和既有隧道结构的安全防护设计方案,确保双向近接地段新建和既有隧道的施工安全和运营安全。

(3)新建隧道双向近接营运隧道施工方法研究。研究内容包括:不同线间距下近接隧道非爆破法与控制爆破法的适用范围、新建隧道采用非爆破法施工对既有隧道运营和结构安全影响分析、新建隧道采用控制爆破法施工的爆破震动安全允许距离、施工过程中应急措施等。

(4)新建隧道近接营运快速铁路隧道安全评价方法研究。研究内容包括:确定隧道近接营运隧道安全评价体系的原则、确定隧道近接营运铁路隧道施工定性和定量相结合的安全评价体系、对浦梅铁路隧道近接营运快速铁路隧道的安全进行评价。

(5)近接营运隧道监测方法研究。研究内容包括:近接营运隧道监测项目、近接营运隧道监测测点布置、近接营运隧道监测工具及方法、近接营运隧道监测频率、近接营运隧道监测报警以及近接营运隧道监测数据处理与信息反馈等。

二、复杂地质条件隧道临近既有线控制爆破施工技术

项目名称:复杂地质条件隧道临近既有线控制爆破施工技术

起止时间:2017年3月~2019年12月

项目级别:局级

完成单位:中国铁路南昌局集团有限公司浦梅铁路工程建设指挥部、中国铁路设计集团有限公司、西南交通大学、中铁十一局集团有限公司PM-2标工程指挥部、南昌华路建设咨询监理有限公司

研究内容:

(1)通过新建武调隧道及疏解线武调1号隧道双向近接既有武调1号隧道的施工过程进行数值模拟,从隧道位移、内力和围岩应力变化等方面进行分析,研究新建隧道施工对既有隧道结构及周边围岩的影响,为隧道施工技术方案提供参考。

(2)建立三维数值模型,通过计算得到新建隧道爆破施工时既有运营隧道衬砌结构的峰值振速,通过研究不同水平间距条件两侧新建隧道分别爆破对既有隧道的影响,探明在偏压条件下既有隧道的振动响

应规律,研究近接隧道非爆破法与控制爆破法的适用范围。

(3)通过既有线隧道施工自动监测技术研究,确定爆破振动对既有隧道轨道、衬砌、应力的影响程度及范围,为爆破施工提供数据指导,形成合理的控制爆破施工工艺技术。

三、新建铁路隧道近接高速铁路综合施工技术

项目名称:新建铁路隧道近接高速铁路综合施工技术

起止时间:2016 年 12 月~2019 年 12 月

项目级别:局级

完成单位:中国铁路南昌局集团有限公司浦梅铁路工程建设指挥部、西南交通大学、中铁二局集团有限公司 PM-5 标工程指挥部

研究内容:

(1)通过分析不同岩石强度下铣挖头受力的变化过程,提出不同岩性中合理的吃刀深度,进一步研究截割厚度,铣挖方式对岩石破碎特征的影响规律,探明不同岩石强度下与吃刀深度匹配的铣挖头施工参数。

(2)通过选择不同开挖关键步,不同配套的施工设备,不同的铣挖头进行正交组合现场试验,分析不同工作面围岩条件下的掘进效率以及施工的经济性,提出与不同围岩条件相适应的铣挖法关键施工工艺参数。

(3)针对岐山隧道及赣龙铁路的具体特点,重点对新建隧道爆破过程中爆破振动的影响范围以及引起的周边岩土体振动效应和特点进行深入研究,研究新建隧道施工爆破振动对地表既有高速铁路周边岩土体的动力响应特性,为判定其对高速铁路影响及其程度提供依据。

(4)分析不同工况爆破振动过程中不同位置的振动特征,分析爆破振动对高速铁路工后沉降的影响规律,判定高速铁路运营的安全性,为制定科学合理的现场监控技术方案提供依据,制定隧道施工近接高速铁路爆破振动控制技术标准。

(5)系统研究不同工况条件下地表高速铁的动力响应特征以对既有构筑物正常使用影响最小为原则,提出相对合理的施工工序及进尺。

(6)根据资料调研、理论分析和数值模拟的结果,对新建隧道施工中爆破减振方法和控制措施(如最大段药量的控制、微差爆破、水压爆破等)进行研究。

四、艰险山区特殊不良地层隧道综合施工技术

项目名称:艰险山区特殊不良地层隧道综合施工技术

起止时间:2018 年 1 月~2020 年 6 月

项目级别:局级

完成单位:中国铁路南昌局集团有限公司浦梅铁路工程建设指挥部、西南交通大学、中铁二局集团有限公司 PM-5 标工程指挥部

研究内容:

(1)研究断层破碎带区域隧道开挖过程中,围岩变形时空效应和应力演变规律,确定出隧道围岩变形及荷载分布特征;结合现行施工方法和配套的预加固措施,分析施工过程中支护结构受力特性,优化支护结构参数,并对围岩及隧道结构的稳定性进行分析和评价,形成穿越断层破碎带隧道合理施工工法以及合理的支护参数。

(2)针对牛铜山隧道工程特点,充分考虑采空区形状、大小、地质条件和施工技术等因素,基于经济、技术和施工条件等方面的综合必选,建立采空区治理原则和标准。采用数值分析方法,结合采空区处理后隧道施工过程中围岩变形及支护结构受力特点,对待选的治理方案进行模拟分析,优选出合理处理方案。

(3)采用流固耦合理论结合数值分析方法,建立掌子面失稳判据;基于富水地层掌子面稳定性分析力

学模型,模拟掌子面渗透破坏以及失稳过程,建立掌子面稳定性评价方法,并提出富水区掌子面稳定控制技术。基于注浆圈布置、防排水模式、支护参数等对支护结构力学行为的影响规律,探讨降低衬砌荷载和保护水环境有效方法。总结出一套适合富水区隧道支护结构的关键技术参数。

(4)基于动力分析软件,结合损伤力学及断裂力学理论,从宏观和细观方面研究围岩动态损伤机制,探明周边岩土体的动力响应特性,确定隧道施工过程中爆破振动的影响范围。结合既有安全控制指标、现场监控及安全记录分析,研究爆破振动对坝体的振动影响,并进行安全评估,确定隧道与水库的安全距离;并提出合理的炮眼布置、药量选择、起爆顺序控制、合理施工工序及相应控制措施。最终形成隧道近接水库安全爆破控制技术。

(5)采用数值方法建立瓦斯在隧道内的运移模型,研究通风方案和效果,优化完善通风方案。重点研究风筒直径、风筒口距掌子面的距离以及风筒悬挂位置对隧道瓦斯浓度的影响。风机的选型和风筒的设置是隧道施工通风方案设计主要考虑的因素,因此在隧道施工中进行风筒优化设置,以弥补前期通风设计工作的不足,提高瓦斯隧道通风效果,降低瓦斯灾害发生的概率。同时,结合牛铜山已有的瓦斯隧道通风控制系统对隧道内施工环境进行监测和对通风设备运行状态进行控制,通过现场实测数据及时掌握隧道内瓦斯浓度和分布情况,为通风效果评估和完善通风设备配套提供依据。

第二章　科研项目对工程的指导作用和成果的工程化应用

一、《双侧近接营运高速铁路浅埋偏压隧道工程安全技术研究》项目

新建武调隧道及疏解线武调1号隧道位于浦梅铁路与接轨车站建宁县北站咽喉区。武调隧道位于既有运营的高速铁路昌福铁路右侧，进口里程 DK227＋428，出口里程 DK230＋730，全长 3 302 m，洞身最大埋深约 258.42 m。DK227＋428～DK229＋220 段设计为时速 120 km 的单线隧道，DK229＋220～DK230＋730 段设计为时速 160 km 的单线隧道。与昌福铁路最近处线间距约 11.8 m，与昌福铁路既有隧道结构之间的最小净距仅 4.4 m。对侧新建的疏解线武调 1 号隧道进口里程 SJDK227＋428.7，出口里程 SJDK228＋508，隧道全长 1 079.3 m，洞身最大埋深约 104.8 m，设计为时速 120 km 的单线隧道，与昌福铁路最近处线间距约 9.9 m，与昌福铁路既有隧道结构之间的最小净距仅 2.1 m。

新建浦梅铁路武调隧道过程中，偏压地形两单线新建隧道临近双线既有隧道的情况，共存在三条隧道，在隧道开挖和支护共同作用下围岩应力场共发生了四次改变，加之偏压地形条件下隧道左右两侧的地应力不对称，双侧近接隧道施工地应力场变化极为复杂。通过研究，工程安全实施、既有隧道结构安全，形成以下研究成果：

（1）鉴于浦梅铁路临近工程施工难点，对左侧隧道明挖右侧隧道暗挖进行数值模拟分析。通过模拟不同开挖顺序，研究不同情况下开挖左右侧隧道对既有隧道、周边围岩的影响，计算结果得到偏压地形双侧临近隧道不同开挖工况下合理开挖顺序，指导了设计。

（2）探明了偏压地形不同水平间距下两侧新建隧道分别爆破对既有隧道动力响应规律，并提出了适用于武调隧道的控制爆破施工顺序；确定了既有隧道控制爆破实施方案。

（3）通过对既有隧道、新建隧道监测，形成了一套完整的监测实施方案，对既有隧道及新建隧道全程监控，确保了复杂环境中的隧道施工安全。

二、《复杂地质条件隧道临近既有线控制爆破施工技术》项目

科研项目依托工程同上，但控制爆破施工是预防和控制对既有隧道周边环境及支护受力变化后产生变形的有效措施。为保证既有武调 1 号隧道的安全、新建隧道顺利建成，南昌局集团有限公司浦梅铁路工程建设指挥部、中国铁路设计集团有限公司、西南交通大学、中铁十一局集团有限公司、南昌华路建设咨询监理有限公司针对武调及武调 1 号隧道施工中涉及的爆破开挖技术，特别是复杂地质条件、临近既有隧道极小间距条件下的爆破开挖技术进行研究。通过现场监测、理论计算与试爆等得到，按照新建隧道与既有隧道直线距离将隧道施工分为 4 个段落，分别总结出以下施工方案指导现场施工。具体研究成果如下：

（1）临近既有线距离 3～30 m 里程段，采用机械法开挖施工。

（2）临近既有线距离 30～50 m 里程段，采用天窗点内控制爆破法施工（对爆破振速进行监测振动速度值不得大于 2.0 cm/s）。Ⅲ级围岩采用全断面施工，每天 1 个循环，每循环进尺按 1.2 m；Ⅳ级围岩采用台阶法施工，每天 1 个循环，每循环进尺按 1.2 m；Ⅴ级围岩采用短台阶施工，每天 1 个循环，每循环进尺按 0.8 m。

（3）临近既有线距离 50～100 m 里程段，在天窗点内控制爆破施工（对爆破振动进行监测，振动速度值不得大于 2.0 cm/s）。Ⅲ级围岩采用全断面施工，每天 1 个循环，每循环进尺按 1.2 m；Ⅳ级围岩采用台阶法施工，每天 1 个循环，每循环进尺按 2 m；Ⅴ级围岩采用短台阶施工，每天 1 个循环，开挖每循环进尺按 0.8 m。

（4）临近既有线距离 100～1 000 m 里程段施工，点外爆破施工（对爆破振动进行监测，振动速度值不得大于 1.0 cm/s)。Ⅲ级围岩采用全断面施工,每天 2 个循环,每循环进尺按 3 m;Ⅳ级围岩采用上下台阶法施工,每天 2 个循环,每循环进尺按 2 m;Ⅴ级围岩采用短台阶施工,每天 2 个循环,开挖每循环进尺按 0.8 m。

三、《新建铁路隧道近接高速铁路综合施工技术》项目

科研项目依托 PM-5 标段岐山隧道,进出口里程 DY1K394+160～DY2K395+225,全长 1 065 m,为单线铁路隧道,隧道最大埋深约 52 m,隧道为低山地貌,地形起伏不大。地表植被发育,上覆粉质黏土、碎块石土,一般厚 2～8 m;下伏基岩主要为侵入花岗岩,存在不均匀风化程度,进出口 60 m 范围内主要为强风化花岗岩,中间段落均位于弱风化花岗岩区域,地下水不发育。线路位于既有赣龙线(普铁 100 km/h)和赣瑞龙线(高铁 200 km/h)之间,距既有线最小间距为 38 m。隧道进口距离赣瑞龙线中线 81 m,隧道出口距离赣瑞龙线中线 33 m,涉及赣瑞龙线既有结构物为:沈坑 1 号大桥、沈坑中桥、洋坊一号隧道和洋坊二号隧道及基站。

通过对新建铁路隧道近接高速铁路综合施工技术的研究,形成以下研究成果:

(1)采用颗粒流离散元方法模拟铣挖头破岩施工全过程,从铣挖机运行状况、破岩效率、能量利用率和安全环保等角度分析,探明强风化、全风化花岗岩条件下,艾卡特 ER1500-3L 铣挖机破岩施工最优吃刀深度、截割厚度和截割方式等关键技术参数。

(2)针对强风化～全风化花岗岩地层,采用铣挖切槽爆破开挖核心土或上台阶铣挖下台阶爆破的综合开挖方法,减小光面爆破时岩体间的挟持作用,减弱爆破振动效应。

(3)采用颗粒流离散元方法精细化研究铣挖法开挖破岩过程和施工力学行为,结合有限元法研究控制爆破掘进技术,探明采用铣挖法(艾卡特 ER1500-3L 铣挖机)与爆破法相结合的综合施工方法的合理适用性和作业条件,提高复合(分层)岩层隧道开挖效率、降低对邻近建构筑物影响。

(4)形成一套较为健全的钻爆法与铣挖法相结合的施工、应用的经验总结措施。

(5)通过对采用铣挖法和钻爆法综合施工技术进行科学研究,掌握铣挖法施工技术、爆破振动衰减规律和既有结构动力响应特征,减小爆破振动对围岩和既有结构的扰动,实现科学合理施工,既能保证新建铁路隧道与近接高速铁路的安全及施工质量合格。

四、《艰险山区特殊不良地层隧道综合施工技术》项目

科研项目依托 PM-5 标牛峒山隧道,进出口里程 DK366+138～DK369+160,全长 3 022 m。隧址内上覆第四系坡洪积粉质黏土、坡残积粉质黏土;下伏基岩为二叠系上统翠屏山组粉砂岩、长石石英砂岩、泥岩、页岩夹煤线、二叠系下统文笔山组泥岩、砂岩夹炭质页岩、煤线。主要工程重难点有:低瓦斯、7 处断层破碎带及向斜、地表水系发达、反坡排水、采空区、压覆矿。复杂的地质条件、特殊的不良地层对铁路隧道的修建和运营产生了严重的影响。隧道洞口浅埋段地质勘查和高仰坡复杂地质条件的研究,直接影响隧道进洞的安全。断层破碎带等不良地质在施工过程中容易引起突泥涌水、塌方、变形等危害,施工完成后在洞内容易造成衬砌裂隙、变形,引起衬砌渗漏水,严重影响隧道施工安全。这是一个逐步发展的过程,可能会对铁路隧道的正常运营使用产生不可忽视的危害。因此,为保证铁路隧道施工及运营期的安全可靠,浅埋及断层破碎带的探测、危害性评价及治理工作势在必行。

通过在 PM-5 标牛峒山隧道项目中应用艰险山区特殊不良地层隧道综合施工技术,有效地解决了艰险山区特殊不良地层施工所面临的一系列关键技术难题,形成以下研究成果:

(1)针对隧道穿越断层破碎带安全施工技术问题,分析研究断层破碎带区域隧道情况,通过采用超前地质预报方法和建立地质保障系统,总结形成穿越断层破碎带隧道合理施工工法以及合理的初期支护参数,同步实现施工安全预警。

(2)针对高陡仰坡桥隧连接段施工技术问题,分析研究施工工艺控制、边仰坡稳定性分析、预加固措施、施工组织等方面,总结出隧道洞口段最优的预加固技术及其相适应(匹配)的施工工法。

(3)针对隧道用高性能混凝土研发问题,分析研究混凝土经济性配合比、工艺及工装设备,总结形成经济性合理的且适用于牛峒山隧道(气密性、腐蚀环境)用混凝土配合比和相应的指南性文件。

第三章 （拟）申报科研成果奖

浦梅铁路项目申报并获得的科研成果奖见表 5-3-1。

表 5-3-1 浦梅铁路项目申报并获得的科研成果奖

序号	项目名称	获奖年度	完成单位	获奖等级
1	复杂地质条件隧道临近既有线控制爆破施工技术	2019 年	南昌局集团有限公司浦梅铁路工程建设指挥部、中国铁路设计集团有限公司、西南交通大学、中铁十一局集团有限公司、南昌华路建设咨询监理有限公司	南昌铁路局科技进步奖一等奖

第四章　技术创新

一、科技论文

(1)范俊怀,吴明辉.浦梅铁路小里程端接轨方案研究[J].科技视界,2020(7):186-188.

(2)刘新元.浦梅铁路建宁至冠豸山段主要技术标准研究[J].铁道标准设计,2017,61(1):30-33.

(3)刘桂卫,郭晓亮.遥感技术在浦梅线地质勘察中应用研究[J].铁道工程学报,2016,33(12):9-13,23.

(4)曲淑娜.浦城至梅州铁路速度目标值选择[J].铁道勘察,2014,40(2):106-109.

(5)范俊怀.浦梅铁路引入武夷山地区方案研究[J].铁道工程学报,2011,28(2):7-12.

(6)张龙.铁路隧道断层破碎带超前地质综合预报应用:以浦梅铁路莲花山隧道F14断层预报为例[J].铁道勘察,2020,46(4):54-58,79.

(7)王志杰,李振,蒋新政,等.新建隧道双侧近接既有隧道施工风险评价研究[J].铁道工程学报,2020,37(5):47-53.

(8)唐力.偏压地形双侧近接隧道施工影响分析及安全评价研究[D].成都:西南交通大学,2020.

(9)郑新新,刘正晨.既有铁路无线通信系统改造组网方案新思路[J].铁道通信信号,2018,54(9):46-49.

(10)洪军.基于BIM技术的悬臂浇筑连续梁0号块优化设计研究:以浦梅铁路九龙溪大桥为例[J].建材与装饰,2018(32):268-270.

(11)张超翔,张志强.穿越破碎带铁路隧道掌子面稳定性分析[J].四川建筑,2021,41(4):44-45,48.

(12)王志杰,蔡李斌,李振,等.隧道双侧近接既有偏压浅埋隧道施工影响研究[J].铁道工程学报,2021,38(3):53-58,106.

(13)祝伟岗.铁路隧道下采煤对隧道稳定性影响分析及对策[J].煤炭工程,2017,49(11):10-12,16.

(14)王志杰,李金宜,蒋新政,等.浅埋偏压双侧近接隧道影响分区及对策研究[J].现代隧道技术,2021,58(4):1-11.DOI:10.13807/j.cnki.mtt.2021.04.001.

(15)张玉淋,李必红.复杂环境下的铁路隧道爆破掘进[J].采矿技术,2020,20(6):131-133.

(16)陈昕,张志强.富水区隧道防排水体系数值模拟分析[J].四川建筑,2021,41(4):117-118,122.

(17)钱阳,张志强.牛峒山隧道钻爆法装药结构数值模拟分析[J].四川建筑,2021,41(4):82-84,87.

(18)王宁.既有隧道两侧新建明、暗洞结构开挖力学行为对比及开挖顺序研究[J].铁道标准设计,2018,62(10):92-96.

(19)王宁.既有隧道两侧新建近接隧道施工力学行为及影响分区研究[D].成都:西南交通大学,2017.

(20)关笑.新建隧道爆破施工对既有隧道的振动影响研究[D].成都:西南交通大学,2019.

(21)蒲实.隧道独头施工通风瓦斯扩散规律及风管优化研究[D].成都:西南交通大学,2020.

(22)谭因军.新建隧道应用铣挖法与钻爆法近接高铁线路施工技术研究[D].成都:西南交通大学,2019.

(23)黄胜杭.调度集中中心站集控方案在浦梅铁路的应用[J].铁道通信信号,2022,58(5):87-91.

二、工　法

(1)桥梁支承垫石锚栓孔精确定位施工工法

批准文号:中铁五科技〔2018〕29 号

编制单位:中铁五局集团有限公司

工法编号:GZSJGF05—2017-17

编制人员:宋作栋、程静、张主勋、张欣、赵武刚

(2)连续梁底板钢筋可拆卸组合式劲性骨架定位施工工法

批准文号:中铁五科技〔2019〕15 号

编制单位:中铁五局集团有限公司

工法编号:GZSJGF05—2018-16

编制人员:程静、张主勋、张欣、邓旭东、刘银华

(3)现浇连续梁竖向无粘结预应力筋施工工法

批准文号:湘建科〔2020〕136 号

编制单位:中铁五局集团有限公司

工法编号:HNJSGF127—2019

编制人员:程静、张主勋、张欣、邓旭东、吴佳佳

(4)连续梁边跨不平衡段施工工法

批准文号:局办发科技〔2020〕29 号

编制单位:中铁五局集团有限公司

工法编号:GZSJGF05—2019-11

编制人员:程静、张主勋、张欣、邓旭东、吴佳佳

(5)隧道Ⅳ级围岩带仰拱全环开挖施工工法

批准文号:局办发科技〔2020〕29 号

编制单位:中铁五局集团有限公司

工法编号:GZSJGF05—2019-12

编制人员:程静、张主勋、张欣、邓旭东、吴佳佳

(6)磁焊枪防水板焊接施工工法

批准文号:四川省住房和城乡建设厅第 100 号通告

编制单位:中铁二局第六工程有限公司

工法编号:SCGF540—2018

编制人员:陈龙、何文俊、杨小东、崔卫星、赵伟

(7)隧道采空区探测及处置施工工法

批准文号:四川省住房和城乡建设厅第 100 号通告

编制单位:中铁二局第六工程有限公司

工法编号:SCGF539—2018

编制人员:何文俊、杨小东、崔卫星、赵伟、陈龙

(8)热塑性复合模型施工工法

批准文号:中铁二局集团有限公司(司科函〔2019〕141 号)

工法编号:GZSJGF02-18-57

编制人员:杨楠、郑杰元、温广金

三、专　　利

(1)王志杰,李振,唐力,王嘉伟,关笑,侯伟名,蒋新政,徐海岩,王宁．用于隧道爆破施工的减噪及净气复合装置[P]．专利号:ZL201920461248.6;授权公告日:2019-12-13.

(2)宋作栋,程静,危新龙,姚德军．一种隧道仰拱止水带的可调节卡具。专利号:ZL201721027200.1;

授权公告日:2018-04-10.

(3)宋作栋,程静,危新龙,姚德军.一种隧道二次衬砌浇筑的分窗入模的装置.专利号:ZL201721026583.0;授权公告日:2018-04-10.

(4)宋作栋,程静,危新龙,姚德军.一种隧道施工防水板铺设台车.专利号:ZL201821159813.X;授权公告号:CN208669325U;授权公告日:2019-03-29。

(5)姚德军,邓志成,程静,张主勋,武大明.一种二次衬砌台车自带混凝土养护工装.专利号:ZL201920296708.4;授权公告号:CN209892226U;授权公告日:2020-01-03.

(6)赵伟,杨小东,何文俊.一种塌腔密实填筑方法.专利号:ZL201810573622.1;授权公告日:2019-11-26.

(7)何文俊,刘小进,赵伟,余幼良,陈龙.一种钻爆施工污染物监测处理装置.专利号:ZL202120353184.5;授权公告日:2022-2-8.

(8)王祯,苏伟,冯沛,苗永抗.基于 BIM 技术的预应力混凝土连续梁设计方法.专利号:CN201610821902.0;授权公告号:CN106354968B;授权公告日:2019-10-15.

四、软件著作权

(1)软件名称:基于 BIM 技术的铁路预应力混凝土连续梁钢筋设计系统;软著登记号:2017SR380324。

(2)软件名称:工程独立坐标系智能设计软件;软著登记号:2018SR948667。

(3)软件名称:航遥测绘工时管理系统 V1.0;软著登记号:2018SR973143。

(4)软件名称:铁路航测调绘片自动制作系统;软著登记号:2019SR0155752。

(5)软件名称:Lidar 航测既有线横纵断面制作软件;软著登记号:2019SR0155738。

(6)软件名称:航遥测绘技术质量管理系统[简称:CRDC-HCIQMS] V1.0;软著登记号:2019SR0816888。

(7)软件名称:GNSS 数据质量检查及管理软件[简称:GNSS 数据质量检查及管理 V1.0];软著登记号:2019SR0857464。

(8)软件名称:铁路精测网精度指标统计软件 V1.0;软著登记号:2019SR1188633。

大 事 记

一、前期工作审批阶段

(一)项目立项

2008 年 月 31 日,国家发展和改革委《关于印发中长期铁路网规划(2008 年调整)的通知》,新建浦城~建宁~龙岩铁路纳入中长期铁路网规划。

2011 年 7 月 1 日,铁道部印发《铁路"十二五"发展规划》(铁计〔2011〕80 号),新建浦城~建宁~龙岩~梅州铁路纳入"十二五"规划。

2015 年 5 月,国家发展和改革委《关于简化铁路建设项目审批程序的通知》(发改基础〔2015〕654 号)明确:对于国家中长期铁路网规划和国务院批准的区域、专项规划明确规划建设的铁路项目,不再审批项目建议书,直接审批可行性研究报告。

(二)可行性研究批复

2015 年 8 月 5 日,国家发展和改革委基础产业司向福建省发展改革委发出《关于加快浦城至梅州铁路建宁至冠豸山段铁路项目前期工作的函》,提出尽快完成项目建设方案、技术标准论证工作并抓紧与中国铁路总公司办理可行性研究报告报批手续。

2015 年 6 月 5 日,南昌铁路局、福建省发展和改革委员会联合向中国铁路总公司上报《关于报送〈新建铁路浦城至梅州线建宁至冠豸山段预可行性研究报告〉的请示》(南铁计〔2015〕280 号),请求审批预可研报告。

2015 年 9 月 28 日,南昌铁路局、福建省发展和改革委员会联合向中国铁路总公司上报《关于报送〈新建铁路浦城至梅州线建宁至冠豸山段可行性研究报告〉的请示》(南铁计〔2015〕468 号,请求审批可研报告。

2015 年 11 月 30 日,中国铁路总公司、福建省人民政府联合向国家发展改革委发出《关于报送浦城至梅州铁路建宁至冠豸山段可行性研究报告的函》(铁总计统函〔2015〕1347 号),请求审批可研报告。

2016 年 1 月 15 日,国家发展改革委以《关于新建浦城至梅州铁路建宁至冠豸山段可行性研究报告的批复》(发改基础〔2016〕89 号),同意建设浦城至梅州铁路建宁至冠豸山段,批复了主要建设内容、技术标准、投资估算、资金来源及建设安排。

(三)勘察设计

2016 年 3 月 1 日至 2 日,中国铁路总公司组织对新建浦梅铁路建宁至冠豸山段初步设计进行了审查。

2016 年 1 月 24 日,中国铁路总公司下发《关于新建浦城至梅州铁路建宁至冠豸山段先期开工段站前工程初步设计的批复》(铁总鉴函〔2016〕62 号)。

2016 年 8 月 30 日,中国铁路总公司、福建省人民政府联合下发《关于新建浦城至梅州铁路建宁至冠豸山段初步设计的批复》(铁总鉴函〔2016〕666 号),初步设计概算总额按 1 065 796 万元控制。

2018 年 11 月 29 日,中国铁路总公司下发《关于新建浦城至梅州铁路建宁至冠豸山段建宁南站等 4 座车站站房、雨棚及相关工程修改初步设计的批复》(铁总鉴函〔2018〕834 号),初步设计概算总额调增 687 万元。

(四)各类评估工作

2015 年 10 月 21 日,国土资源部以《关于新建铁路浦城至梅州线建宁至冠豸山段建设用地预审意见的复函》，原则通过项目用地预审。

2015年10月26日，福建省国土资源厅以《关于新建铁路浦城至梅州线建宁至冠豸山段工程建设项目压覆矿产资源的审批意见》（闽国土资储压〔2015〕30号），准以压覆项目影响范围的39处矿产地及矿权。

2015年11月10日，福建省环保厅以《关于批复新建铁路浦城至梅州线建宁至冠豸山段环境影响报告书的函》（闽环保评〔2015〕51号），原则同意环境影响报告书中所列建设项目的性质、规模、地点和拟采取的环境保护对策措施。

2015年11月6日，福建省水利厅以《关于新建铁路浦城至梅州线建宁至冠豸山段水土保持方案的批复》（闽水水保〔2015〕163号），基本同意主体工程水土保持评价，方案基本可行。

2016年1月6日，国家发展改革委办公厅以《关于浦城至梅州铁路建宁至冠豸山段节能评估报告的审查意见》（发改办环资〔2016〕61号），原则同意项目节能评估报告。

2016年8月17日，福建省水利厅以《关于新建浦梅铁路建宁至冠豸山段水土保持方案变更的批复》（闽水水保〔2016〕107号），同意水土保持方案变更报告书。

2017年7月27日，国土资源部以《关于新建浦城至梅州铁路建宁至冠豸山段（龙岩市境内）工程建设用地的批复》（国土资函〔2017〕504号），批准建设用地130.081 2公顷。

2017年11月22日，国土资源部以《关于新建浦城至梅州铁路建宁至冠豸山段（三明市境内）工程建设用地的批复（国土资函〔2017〕711号），批准建设用地398.044 5公顷。

二、工程建设阶段

（一）2015年度

根据2015年8月5日国家发改委基础产业司向福建省发改委发函《关于加快浦城至梅州铁路建宁至冠豸山段铁路项目前期工作的函》，原项目名称的浦建龙梅铁路、浦建龙铁路、浦梅铁路，均为同一项目，规范为：浦城至梅州铁路建宁至冠豸山段铁路。

9月1日，浦梅铁路工程建设指挥部与三明市人民政府签订《浦梅铁路建宁南站区土地综合开发框架协议》；同一天，浦梅铁路工程建设指挥部与龙岩市人民政府签订《浦梅铁路连城站区土地综合开发框架协议》。

9月24日，福建省委常委、常务副省长与南昌铁路局局长商谈，提出浦梅铁路年内开工目标。

9月26日，中铁二院进场开展定测。10月3日，中国铁设进场开展定测。

10月29日～30日，中国铁路总公司鉴定中心在北京召开浦梅铁路先行开工点初步设计审查会。

12月22日，中国铁路总公司财务部以《关于同意南昌铁路局垫付浦城至梅州铁路工程前期费用的函》（财基函〔2015〕43号），同意在浦城至梅州铁路工程投资计划未下达前，前期费用由南昌局垫付。

（二）2016年度

4月12日，先期施工标PMXQ-1标开工；4月20日，先期监理标PMXQJL-1标开工。

9月14日，中国铁路总公司工程管理中心以《关于新建浦城至梅州铁路建宁至冠豸山段站前工程施工图审核报告审查意见的函》（工管施审函〔2016〕182号），原则同意线路、轨道、路基、桥涵、隧道、站场、环保、征地拆迁、大临工程、与站前工程同步实施的站后接口工程及施工图预算的施工图审核报告的结论意见。

10月12日，中国铁路总公司工程管理中心以《关于新建浦城至梅州铁路建宁至冠豸山段指导性施工组织设计审查意见的函》（工管工技函〔2016〕202号），按总工期54个月进行施工组织安排，以莲花山隧道、峰果岭隧道、武调隧道、武调1号隧道、岐山隧道、濉溪河大桥主跨、跨浦建高速公路大桥主跨、九龙溪大桥主跨为重难点及控制工程。

11月25日上午8:30,浦梅铁路全线开工动员大会在福建省龙岩市闽西宾馆隆重举行,南昌铁路局副局长、福建省重点办主任、浦梅指挥部指挥长及福建省铁办、参建各单位有关领导出席了会议,会上与各标段签订了《廉政承诺书》。

12月1日,浦梅铁路建宁至冠豸山段全线正式开工建设。

12月3日,浦梅铁路项目建宁至冠豸山段举行开工典礼。

12月8日,武调1号隧道、金溪隧道开工建设。

（三）2017年度

1月5日,浦梅铁路PM-4标峰果岭隧道2号斜井完成清表开始刷坡,标志着峰果岭隧道动工。

2月4日,浦梅铁路PM-4标峰果岭隧道2号斜井顺利进洞,为全线第一个正式进洞施工的隧道。

2月6日,莲花山隧道1号斜井进洞施工。

2月11日,莲花山隧道进口进洞施工。

3月2日,莲花山隧道2号斜井进洞施工。

3月5日,浦梅铁路PM-4标将军亭隧道进口正式进洞施工。

3月7日,莲花山隧道出口进洞施工。

3月12日,宁家隧道开工建设。

3月23日,龙岩市委常委、市政府常务副市长调研中铁二局浦梅铁路项目建设。

4月6日,指挥部组织开展浦梅铁路建宁至冠豸山段标准化建设现场观摩,深入开展"比交地、比进洞、比大临设施、比隧道成套工装、比开工标准化"劳动竞赛活动,充分展现浦梅铁路建设亮点,狠抓工作落实,全面推进隧道成套工装及标准化建设。

4月11日,南昌质量监督站对浦梅铁路进行了首次监督检查。

4月16日,浦梅铁路大丰山隧道正式进洞。

5月4日,浦梅铁路团工委组织青年团员及青年安全监督岗岗员对九龙溪大桥、笔架山隧道进口、峰果岭隧道2号斜井的施工现场进行安全隐患排查。

6月21日,国家发展和改革委员会副主任一行,在福建省发改委主任、龙岩市委书记、市长的陪同下,视察了浦梅铁路建宁至冠豸山段下江村特大桥建设工程施工现场,听取了指挥部工作汇报。

（四）2018年度

4月4日,龙岩市委常委、常务副市长,市政府副秘书长带领市环保局、住建局、水利局、河长办、铁办等领导一行到PM-5标浦梅铁路建设指挥部DK381段路基视察指导工作。

5月2日～3日,南昌局集团公司组织全局建设系统单位现场观摩浦梅铁路九龙溪大桥连续梁悬臂浇筑0号块新工装、新工艺,以推动BIM技术在全局建设项目的广泛深化应用。

10月20日,金溪隧道贯通。

11月22日,武调一号隧道贯通。

12月2日,莲花山隧道进口与1号斜井小里程段贯通。

12月3日,下坪三号隧道贯通。

12月16日,宁家隧道贯通。

12月20日,武调隧道贯通。

12月30日,浦梅铁路临近营业线施工的岐山隧道贯通。

（五）2019年度

1月17日,中铁五局集团有限公司浦梅铁路PM-4标指挥部获得2018年度"中国铁路南昌局集团铁路建设先进集体"荣誉称号,是全线唯一连续两年荣获此殊荣的施工标段。

1月17日,莲花山隧道2号斜井大里程与莲花山隧道出口段贯通。

3月6日,浦梅铁路首片T梁成功架设。

4月20日,宣和溪特大桥正线连续梁合龙。

5月23日,中国铁路总公司工程管理中心以《关于新建浦城至梅州铁路建宁至冠豸山段四电及相关工程施工图审核报告审查意见的函》(工管设函〔2019〕63号),原则同意车辆、机械(防护门)、通信、信号、信息(含客服)、灾害监测、电力、电气化、四电独立房屋(含独立信号楼)、给排水、暖通工程及预算的施工图审核报告的结论意见。

6月27日,兴泉铁路永安建设指挥部率全线施工单位、监理单位等50余人到浦梅铁路项目吉龙河大桥观摩学习连续梁施工新工艺、工装。

7月1日,跨泉南高速大桥连续梁合龙。

8月15日,指挥部组织对宁家弃渣场、井尾坑弃土场、PM-4标1号拌和站、尤坊甲弃土场、青甲弃土场进行现场观摩,以点带面、样板引路,全面推进全线水土保持设施标准化建设;同一天,指挥部组织在连城制存梁场进行T梁制作工装工艺现场观摩,以提高T梁制作施工质量,推广构件预制新工装、新工艺。

8月26日,长潭河大桥连续梁合龙。

10月6日,莲花山隧道全隧贯通。

10月29日～30日,指挥部组织开展浦梅铁路无砟轨道、工程线调度系统现场观摩。

12月9日,浦梅铁路"接触网第一杆"顺利立杆。

12月9日,浦梅铁路房建专业建宁南配电所破土动工。

12月13日,峰果岭隧道全隧贯通。

12月26日,浦梅铁路工程建设指挥部组织召开浦梅铁路建宁至冠豸山段"四电"工程设计技术交底会。

(六)2020年度

3月25日,浦梅铁路工程建设指挥部组织召开浦梅铁路建宁至冠豸山段"四电"工程信号专业、通信专业甲供及自购物资技术规格书审查会。

3月31日,黄岭车站外电源第一杆组立完成。

4月19日,何屋车站10kV外电源电杆全部组立完成。

5月10日,国铁集团工程监督局对浦梅铁路隧道工程实体质量进行检测,同时浦梅铁路正式开始铺轨。

5月13日,浦梅铁路首座四电用房建宁南10kV配电所成功封顶。

6月6日,浦梅铁路首座牵引变电所——邓家牵引变电所封顶。

8月3日,浦梅铁路首条接触网回流线成功架设。

8月6日,浦梅铁路工程建设指挥部组织召开新建浦城至梅州铁路建宁至冠豸山段信号工程第一次设计联络会。

8月13日,浦梅铁路工程建设指挥部组织召开新建浦城至梅州铁路建宁至冠豸山段通信工程第一次设计联络会。

8月21日,浦梅铁路工程建设指挥部组织召开浦梅铁路客服信息工程设计交底会。

9月24日,浦梅铁路工程建设指挥部组织召开客服信息物资设备技术规格书审查会。

10月20日,指挥部组织对定甲大桥、青山隧道、K348+200～DK350+090段路基及涵洞工程的单位工程验收情况进行现场观摩。

11月2日,浦梅铁路工程建设指挥部组织召开信号专业首件工程关键工序作业指导书及实施方案审查会。

11月8日,浦梅铁路工程建设指挥部组织召开通信专业首件工程关键工序作业指导书及实施方案审查会。

11月12日,浦梅铁路首台牵引变压器在邓家牵引变电所安装就位。

11 月 26 日,浦梅铁路接触网首段首件工程顺利通过南昌局集团供电部、福州供电段、厦门供电段的评估。

12 月 24 日,浦梅铁路首台户外箱式变电站成功就位。

12 月 25 日,浦梅铁路工程建设指挥部组织召开浦梅铁路通信工程首件工程文亨站评估会。

12 月 26 日,浦梅铁路全线铺轨完成。

(七)2021 年度

1 月 7 日,浦梅铁路电力专业 10 kV 配电所首件工程顺利通过南昌局集团供电部、福州供电段、厦门供电段的评估。

1 月 9 日,水茜站站房主体结构封顶。

2 月 4 日,建宁南站房主体结构封顶。

3 月 9 号,指挥部组织对杨源车站至严坊车站区间的示范工点进行现场观摩,以推进浦梅铁路站前剩余工程及克缺进度。

3 月 10 日,浦梅铁路接触网专业连城站首组站台雨棚上硬横梁架设成功。

3 月 25 日,浦梅铁路工程建设指挥部组织召开客服信息设计联络会议。

3 月 31 号,指挥部组织对 PM-2 标、3 标、4 标、5 标路基及弃土(渣)场进行现场观摩,以加快推进浦梅铁路绿色通道建设。

4 月 8 日,浦梅铁路工程建设指挥部组织召开浦梅铁路通信系统接入既有网方案审查会。

4 月 15 日,浦梅铁路工程建设指挥部组织召开浦梅铁路接入既有建宁县北站、冠豸山站站改信号专项施工方案审查会。

4 月 21 日,浦梅铁路首座 10 kV 配电所(建宁南配电所)一次送电成功。

4 月 27 日,浦梅铁路邓家牵引变电所首件定标评估工作,顺利通过南昌局集团供电部、福州供电段、厦门供电段的评估。

5 月 15 日,冠豸山站房钢网架结构屋面施工完成。

6 月 30 日,浦梅铁路接触网专业静态验收工作正式启动。

7 月 20 日,浦梅铁路全面进入远动系统调试阶段。

7 月 25 日,新建浦城至梅州铁路建宁至冠豸山段电气化铁路接触网正式送电。

8 月 1 日,浦梅铁路接触网全面开始冷滑试验。

8 月 6 日至 8 日,浦梅铁路三座新建牵引变电所及一座改造牵引变电所先后一次受电成功。

8 月 8 日,浦梅铁路接触网全线一次送电成功,全线接触网正式带电,标志着浦梅铁路正式"电通",电气化工作取得阶段性成果。

9 月 6 日,浦梅铁路牵引变电所内导轨式机器人正式上岗,变电所向无人值守的目标迈出了坚实的一步。

9 月 9 日,冠豸山南牵引变电所主变压器更换工程顺利完成。

9 月 30 日,浦梅铁路正式开通运营。

10 月 28 日,南昌局集团公司组织全局建设系统单位对冠豸山站站房及综合工区进行现场观摩。

三、验收阶段及开通运营

(一)静态验收

2021 年 4 月 13 日,浦梅铁路工程建设指挥部以《关于申请开展新建浦城至梅州铁路建宁至冠豸山段工程验收的请示》(浦梅指工〔2021〕57 号),向南昌局集团公司提出竣工验收申请,申请组织开展新建浦城至梅州铁路建宁至冠豸山段静态验收、动态验收、初步验收和安全评估等工作。

2021 年 5 月 13 日,南昌局集团公司以《关于新建兴国至泉州铁路兴国至清流段、浦城至梅州铁路建宁至冠豸山段工程竣工验收的通知》(南铁建设函〔2021〕248号),成立验收工作领导小组、静动态验收工作组和现场验收组、工程初步验收委员会。

2021年5月21日至8月11日,分工务、通信、信号、电力及电力牵引供电、房建、信息、环水保、客服、货运、机务、车辆等专业,完成了浦梅铁路建宁至冠豸山段静态验收及复验工作。

2021年8月12日,南昌局集团公司组织召开新建浦城至梅州铁路建宁至冠豸山段工程静态验收总结会,形成了静态验收报告,通过静态验收。

(二)动态验收

2021年5月13日,南昌局集团公司组织召开了动态检测大纲审查会,原则同意铁科院编制的《新建浦梅铁路建宁至冠豸山段动态检测大纲》。

2021年7月6日,南昌局集团公司印发《新建浦城至梅州铁路建宁至冠豸山段动态验收实施方案》(南铁建设函〔2021〕339号),成立动态验收工作组和动态验收办公室,下设综合协调组、技术测试组、运输组织组、工务组、牵引供电组、电务组、车辆组、机务组、客服信息组、房建组、安全保卫组、后勤保障组。明确动态验收主要设备及试验组织基地、相关规章制度、应急预案、安全保证措施、后勤服务保障方案等事项。

2021年8月14日全体动态检测人员正式进驻动态验收试验基地(龙岩市连城县秘谷酒店)合署办公。8月15日~22日,采用由内燃机车+接触网检测车+轨道检查车+电务检测车+内燃机车组成的检测列车,在建宁县北至宁化区段(含斗埕疏解线)和清流至冠豸山南区段(含陈坡疏解线)进行检测,测试速度级为80 km/h、100 km/h、120 km/h、140 km/h、160 km/h,测试内容包括通信系统、轨旁信号设备等状态测试,各项动态检测内容均验证合格。9月5日铁科院出具了动态检测合格报告。

2021年9月10日,南昌局集团公司组织召开新建浦城至梅州铁路建宁至冠豸山段工程动态验收总结会,形成了动态验收报告,通过动态验收。

(三)初步验收

2021年9月13日,南昌局集团公司组织召开浦梅铁路初步验收总结会,初步验收委员会对新建浦城至梅州铁路建宁至冠豸山段工程静态、动态验收和专项验收等工作完成情况进行了检查确认,形成了初步验收报告,通过初步验收。

2021年9月26日,南昌局集团公司向国铁集团建设管理部正式报送核备《新建浦城至梅州铁路建宁至冠豸山段等工程初步验收报告》(南铁建设函〔2021〕477号)。

(四)开通运营

2021年5月6日,国铁集团工电部以《关于建化、清冠铁路运营里程和线路允许速度的函》(工电综技函〔2021〕31号),明确建化铁路起点为建宁县北站11号道岔尖轨尖,起点里程为K0+000,终点为宁化站14号道岔尖轨尖;清冠铁路起点为清流站5号道岔尖轨尖,起点里程为K0+000,终点为冠豸山南站3号道岔尖轨尖;建化、清冠铁路线路允许速度最高160 km/h。

2021年9月16日~19日,南昌局集团公司组织对浦梅铁路建宁至冠豸山段(建化铁路、清冠铁路)进行运营安全评估。

2021年9月28日,国铁集团以《关于公布兴泉铁路兴国至清流段等线客运运营条件及运价有关事项的通知》(铁客电〔2021〕111号),明确建化、清冠铁路有关站名、里程(建化铁路营业里程80 km,清冠铁路营业里程85 km);明确建化、清冠铁路开行的普通旅客列车执行国铁统一运价,里程通算;公布了《建化铁路客运运价里程表》《清冠铁路客运运价里程表》。

2021年9月29日,国铁集团以《关于公布建化铁路等线货运运营条件及运价有关事项的通知》(铁货电〔2021〕115号),明确建化、清冠铁路货物运价执行国铁统一运价,里程通算;公布了《建化铁路货物运价里程表》《清冠铁路货物运价里程表》。

2021年9月30日,依照国铁集团《关于兴泉铁路兴国至清流段等线路开通运营的通知》(铁运电〔2021〕112号),建化铁路、清冠铁路正式开通运营。

2022年2月22日,国铁集团发展和改革部以《关于委托开展浦城至梅州铁路建宁至冠豸山段项目调整总概算评审的函》(发改投资便函〔2022〕11号),委托经规院公司对项目征地拆迁、材料价差、变更设计、其他费等费用及总概算进行评审。

2022年4月18日18点,建化铁路、清冠铁路启用电子运统—46系统。